中国测绘地理信息年鉴

China Surveying, Mapping and Geoinformation Yearbook

2014

国家测绘地理信息局

中国地理位置图

中国地图出版社多圆锥投影（1983年）

▲ 2013 年 6 月 25 日，国家测绘地理信息局在国家地理信息科技产业园举行党的群众路线教育实践活动院士座谈会，局长徐德明（前排右二）参加座谈会并陪同院士参观。

▲ 2013 年 7 月 31 日，国家测绘地理信息局局长徐德明（左）在中国测绘创新基地会见联合国副秘书长吴红波。

▲ 2013 年 8 月 22 日，总参测绘导航局局长薛贵江少将（中）到总参某测绘信息技术总站检查指导工作。

▲ 2013 年 1 月 22 日，国家测绘地理信息局副局长王春峰出席黑龙江省卫星导航与位置服务产业技术创新战略联盟成立大会暨产业创新高端论坛。

▲ 2013 年 2 月，国家测绘地理信息局副局长王春峰（左）率代表团赴欧洲访问，在德国期间与中国驻德国大使史明德会谈。

▲ 2013 年 8 月 13 日，国家测绘地理信息局召开数字城市及智慧城市建设新闻发布会，副局长李维森在会上发布全国数字城市建设成果及推进智慧城市建设试点情况。

▲ 2013 年 9 月 28 日，国家测绘地理信息局副局长李维森（右三）赴新疆阿勒泰测区生产一线检查指导地理国情监测项目生产。

▲ 2013 年 2 月 26 日，国家测绘地理信息局副局长宋超智（左三）陪同北京市委常委陈刚（左四）到国家地理信息科技产业园调研。

▲ 2013 年 7 月 30 日，国家测绘地理信息局副局长宋超智出席《中华人民共和国测绘法》修订工作组会议并讲话。

▲ 2013 年 12 月 11 日～13 日，国家测绘地理信息局副局长闵宜仁（右二）带队到四川指导地勘行业涉密测绘成果和地质资料使用与管理专项检查。

▲ 2013 年 12 月 24 日，全国国家版图意识宣传教育和地图市场监管协调指导小组联席会议在北京召开，全国协调指导小组组长、国家测绘地理信息局副局长闵宜仁出席会议并讲话。

▲ 2013 年 10 月 12 日，国家测绘地理信息局党组成员、纪检组组长于贤成（中）到中国测绘科学研究院大地测量与地球动力学研究所房山人卫站开展党的群众路线教育实践活动调研。

▲ 2013 年 12 月 17 日，国家测绘地理信息局党组成员、纪检组组长于贤成在直属单位纪检监察业务培训班开班式上作廉政报告。

▲ 2013 年 3 月 14 日，国家测绘地理信息局副局长李朋德（前排左四）在中国测绘创新基地会见荷兰测绘地理信息代表团。

▲ 2013 年 11 月 6 日，国家测绘地理信息局副局长李朋德在卫星测绘技术与应用国际研讨会上作报告。

▲ 2013 年 3 月 16 日，国家测绘地理信息局总工程师胥燕婴（右二）到甘肃检查地理国情普查试生产工作。

▲ 2013 年 4 月 22 日，总参测绘导航局副局长孙刚赴总参驻成都某测绘大队，指导雅安市芦山县抗震救灾测绘导航保障工作。

▲ 2013 年 3 月 15 日，陕西省副省长白阿莹（左二）到陕西测绘地理信息局调研。

▲ 2013 年 6 月 29 日，北京市委常委、常务副市长李士祥（左四）考察国家地理信息科技产业园，与国家测绘地理信息局局长徐德明（左三）共同为国家测绘地理信息局卫星测绘应用中心揭牌。

▲ 2013 年 7 月 10 日，四川省委书记王东明（前排左二）、省长魏宏（前排左一），国家测绘地理信息局局长徐德明（前排右一）在都江堰抢险救灾前线指挥应急救援工作。

▲ 2013年8月12日，北京市委常委、组织部部长姜志刚（右二）到国家地理信息科技产业园调研。

▲ 2013年1月9日，国家测绘地理信息局、中央宣传部、外交部、国务院新闻办公室等13个部门在北京联合召开全国国家版图意识宣传教育和地图市场监管工作总结表彰电视电话会议。

▲ 2013 年 1 月 22 日，由黑龙江省政府、国家测绘地理信息局、中国航天科技集团公司共同主办的黑龙江省卫星导航与位置服务产业技术创新战略联盟成立大会暨产业创新高端论坛在哈尔滨召开。

▲ 2013 年 3 月 9 日，丁肇中教授受聘为中国测绘科学研究院特别顾问暨测绘地理信息国际联合研究中心揭牌仪式在中国测绘创新基地举行，国家测绘地理信息局局长徐德明（左）向丁肇中颁发聘书。

▲ 2013 年 4 月 11 日，总参测绘导航局与武汉大学在北京签署测绘导航领域战略合作协议。

▲ 2013 年 5 月 13 日～16 日，2013 年世界地理空间信息论坛在荷兰鹿特丹举办，国家测绘地理信息局获 2012 年度世界杰出国家测绘地理信息管理部门奖。

▲ 2013 年 6 月 15 日，由国家测绘地理信息局组织举办的"九成杯"第三届全国测绘地理信息行业职业技能竞赛在河南郑州开幕。

▲ 2013 年 6 月 18 日，国家测绘地理信息局举行天地图 2013 版发布暨天地图有限公司入驻国家地理信息科技产业园仪式。

▲ 2013 年 7 月 18 日，总参测绘导航局与中国电信集团公司在北京签署战略合作协议。

▲ 2013 年 8 月 1 日，国家测绘地理信息局与总参测绘导航局在中国测绘创新基地签署《关于进一步推进军地测绘融合发展协议》。

▲ 2013 年 8 月 19 日，第一次全国地理国情普查电视电话会议在北京召开。

▲ 2013 年 8 月 22 日，国家测绘地理信息局与国家安全生产监督管理总局在北京签署应急联动工作机制协议。

▲ 2013 年 8 月 26 日，全国测绘地理信息局长座谈会在北京召开。

▲ 2013 年 8 月 29 日，测绘法宣传日主场活动在太原举行。

▲ 2013 年 8 月 30 日，国家测绘地理信息局在中国测绘创新基地举办杨艳萍同志先进事迹报告会，局领导班子亲切接见报告团成员。

▲ 2013 年 10 月 15 日，由联合国全球地理信息管理委员会和国家测绘地理信息局共同主办、国家测绘地理信息局联合国项目管理办公室和四川测绘地理信息局承办的联合国全球地理信息管理成都论坛在成都召开。

▲ 2013 年 1 月，执行第 29 次南极科考测绘任务的黑龙江测绘地理信息局科考队员为新站选址进行现场测绘。

▲ 2013 年 4 月 20 日，芦山地震发生后，四川测绘地理信息局测绘应急人员及时赶赴现场，运用无人机获取震后资料。

▲ 2013 年 4 月 22 日，总参测绘导航局组成测绘导航保障分队赴四川省雅安市芦山县实施抗震救灾测绘导航保障。

▲ 2013 年 6 月，国家测绘地理信息局第二大地测量队在新疆执行国家现代测绘基准体系基础设施建设一期工程选埋任务。

▲ 2013 年 6 月，水利部新疆维吾尔自治区水利水电勘测设计研究院在新疆叶尔羌河中上游、喀喇昆仑山深处的桑皮勒水电站开展工程测量项目。

▲ 2013 年 7 月 15 日，国家测绘产品质量检验测试中心的工作人员进行质检外业作业。

▲ 2013 年 7 月 17 日，海军某基地测量官兵进行沿岸地形测量作业。

▲ 2013 年 9 月 24 日，江苏省开展测绘地理信息应急保障演练，图为动力三角翼飞行器进行飞行前准备。

▲ 2013 年 10 月 28 日，宁波市测绘设计研究院工作人员开展轨道交通地下管线探测工作。

▲ 2013 年 5 月 27 日 ~ 31 日，全国测绘地理信息系统"九成杯"乒乓球比赛在辽宁省庄河市举行。

2013 年国家测绘地理信息局新任领导简介

国家测绘地理信息局党组纪检组组长、党组成员 于贤成

于贤成，男，汉族，1955 年 5 月出生，山东即墨人，1973 年 1 月参加工作，中共党员，中国人民大学哲学系毕业，大学本科学历。1984 年 8 月至 1986 年 6 月先后在中央纪委研究室、办公厅工作。1986 年 6 月至 2003 年 11 月在中央纪委第一纪检监察室工作，历任副处长，处长，副局级检查员、监察专员。2003 年 11 月至 2007 年 9 月任中央纪委第四纪检监察室副主任。2007 年 9 月，牵头组建中央纪委预防腐败室（国家预防腐败局办公室）并主持工作，先后任副主任，正局级检查员、监察专员兼副主任，同时担任国家预防腐败局新闻发言人。2011 年 5 月至 2013 年 4 月，任中央纪委驻国家食品药品监督管理局纪检组组长、局党组成员。2013 年 4 月，任国家测绘地理信息局党组纪检组组长、党组成员。

《中国测绘地理信息年鉴》编纂委员会

《中国测绘地理信息年鉴》协调员

陈　威　陈晓丽　金志东　金利强　胡　伟
段安林　宣龙华　袁振林　桑长海　曹攀锋
崔昌平

《中国测绘地理信息年鉴》编辑部

主　　　编　宋超智
执 行 主 编　辛　英
副　主　编　周　星　庞秋红
编辑部主任　仇云梅
责 任 编 辑　贾晓林　马驰原　程立海　李鹏飞
通 讯 编 辑　（按姓氏笔画排序）
丁　剑　王尔林　王军国　牛苗苗　甘培喜
龙晓翔　田　甜　白文斌　白振栋　兰小强
毕瑾耀　朱　野　朱永红　伏黎明　任玉荣
刘　聪　刘志渊　刘金玉　闫　利　汤　莹
许天泽　孙　地　孙　华　苏　姗　李　玲
李　强　李玉杰　李朝阳　杨　鑫　肖　力
肖迎虎　何超英　辛　宏　宋　东　张义君
张永波　陈伟亮　罗文妍　金夏玲　赵　洁
胡雪霁　茹良勤　侯　怡　姜朝芳　姚一静
袁青焕　顾　进　徐家成　栾霄雁　唐颖斌
陶文凤　黄远珍　黄继富　曹攀锋　常潇璐
彭丽红　董　伟　韩　辉　韩丽华　程晓军
傅　兆　童传锋　温善强　谢大尉　窦伟通
窦晓刚　毅　彬
英 文 译 校　张世柏

编 辑 说 明

《中国测绘地理信息年鉴》由国家测绘地理信息局组织编纂。本卷年鉴主要记述测绘地理信息行业2013年内对国家经济建设和社会发展有重大影响的事件、活动、成果和重要统计资料等内容，除部首彩页外，设有综述、特载、综合工作、地方工作、行业单位工作、法律法规、公告、大事记、统计资料、插页、附录等11个栏目。

年鉴稿件由国家测绘地理信息局机关各司（室），局属各单位，总参测绘导航局编研室，各省、自治区、直辖市、计划单列市测绘地理信息行政主管部门，新疆生产建设兵团测绘地理信息主管部门，省级主要测绘地理信息单位，部分甲级测绘资质供稿单位，有关测绘地理信息社团，武汉大学，郑州测绘学校等提供。部首彩页和领导批示由国家测绘地理信息局办公室、总参测绘导航局编研室、中国测绘宣传中心和有关测绘地理信息单位等提供。中国地理位置图和中国政区图由中国地图出版集团提供。根据国家有关规定，年鉴各栏目未收录我国香港、澳门特别行政区和台湾省的资料。

二〇一四年八月

Remarks

China Surveying, Mapping and Geoinformation Yearbook, compiled by National Administration of Surveying, Mapping and Geoinformation (NASG), contains major events, activities, achievements and important statistical materials of surveying, mapping and geoinformation sector which were significant to national economic development and social progress in 2013. Besides the colored front pages, it comprised 11 parts including summary, highlights, comprehensive work, local work, work of entities of surveying, mapping and geoinformation sector, laws and regulations, announcements, memorabilia, statistics, foldouts and appendixes.

Materials of the Yearbook were provided by NASG departments and its sub institutions, the Military Surveying, Mapping and Navigation Bureau, surveying, mapping and geoinformation administrative departments of provinces, autonomous regions, municipalities, cities specially designated in the state plan, and Xinjiang Production and Construction Corps, major surveying, mapping and geoinformation organizations at provincial level, organizations or enterprises with Class A surveying and mapping qualification, surveying, mapping and geoinformation societies or associations, Wuhan University, Zhengzhou School of Surveying and mapping, etc. The colored front pages and leaders' instructions were provided by the General Office of NASG, the Editing and Research Office of the Military Surveying, Mapping and Navigation Bureau, China Surveying and Mapping Publicizing Center, and other relating surveying, mapping and geoinformation organizations. China's Geographic Location Map and China's Administrative Map were provided by SinoMaps Press. Statistics of Hong Kong, Macao and Taiwan are not included in the yearbook in accordance with relevant regulations of the State.

August, 2014

目　录

特　载

综合工作

地方工作

行业单位工作

法律法规

公　　告

大　事　记

统计资料

附 录

Contents

Highlights

Comprehensive Work

Local Work

Works of Entities

Laws and Regulations

Announcements

Memorabilia

Statistics

Appendixes

综　述

2013年，我国测绘地理信息事业取得新突破，再创佳绩。2月28日，国务院印发《国务院关于开展第一次全国地理国情普查的通知》。3月24日，财政部正式批准将测绘地理信息行业纳入公益性行业科研专项试点范围。4月22日~24日，第一期发展中国家测绘地理信息局长培训班在北京举行。5月15日，国家测绘地理信息局获2012年度世界杰出国家测绘地理信息管理部门奖。6月8日，国务院办公厅印发《国务院办公厅关于成立第一次全国地理国情普查领导小组的通知》。8月19日，第一次全国地理国情普查电视电话会议在北京召开，中共中央政治局常委、国务院副总理、第一次全国地理国情普查领导小组组长张高丽出席会议并作重要讲话。10月15日，联合国全球地理信息管理成都论坛在成都召开。11月4日~8日，第二期发展中国家测绘地理信息局长培训班在北京和南京举行。

教育实践活动扎实有效

按照中央党的群众路线教育实践活动的要求和安排，中共国家测绘地理信息局党组扎实做好每个环节、每个节点的工作，注重敞开大门搞活动、依靠群众搞活动，完成规定动作，做好自选动作，成立群众监督联系组，确立党组成员联系点，举办“坚持快干好提振精气神”主题演讲活动，开展新时期“感动测绘人物”评选活动，围绕“做大做强三大平台、提升服务保障能力”开展建言献策活动，实现规定动作不折不扣、自选动作有声有色的良好局面，得到中央教育实践活动第30督导组的肯定和认可。坚持边整边改、立行立改，强化理论武装，加强作风建设和干部队伍建设，深入推进党风廉政建设和反腐败工作。贯彻落实中央八项规定，精简会议和文件，改进调研和宣传，削减出国团组，厉行勤俭节约，整改落实动真格、出实招、见实效，思想认识上有新收获、作风建设上有新气象、纪律约束上有新进步、解决问题上有新成就、谋划长远上有新提高。各地各单位突出强调实践特色，深入推进教育实践活动扎实开展，全系统党风、政风、作风明显好转，群众认可度、满意度较高。

地理国情普查开局良好

第一次全国地理国情普查得到国务院总理李克强、副总理张高丽的高度重视，立项快、起点高、起步稳。国务院印发《国务院关于开展第一次全国地理国情普查的通知》，成立了以张高丽为组长的领导小组，召开全国电视电话会议，张高丽作重要讲话并进行动员部署。至2013年底，《第一次全国地理国情普查总体方案》和《第一次全国地理国情普查实施办法》已印发，业务支撑体系建设顺利，质量控制体系有效加强，部门间协调保障机制初步确立，累计获取930万平方千米高分辨率遥感影像，制作完成480万平方千米普查底图，完成约420万平方千米的外业调查，培训管理技术人员2万多人次。全国各省（自治区、直辖市）均已编制完成本地区普查实施方案和经费预算，全部成立了领导机构和办事机构。普查工作按照既定目标和进度扎实推进，全国各地行动积极、步调一致。

三大平台建设全面推进

数字城市建设成效显著，全国累计立项地级市数字城市321个，其中完成建设190个，开发应用系统2500多个，累计立项建设县级市数字城市260个，启动智慧城市建设试点10个，提升了城市管理水平。“天地图”2013版正式上线，实现国家主节点与全国30个省级节点、85个市级节点在线聚合，在国家电子政务外网、国家电子政务内网党委业务系统及有关部门部署了政务版、涉密版，为国家安全部、国家统计局等部门提供地理信息支撑，应用领域显著拓展。地理国情监测取得了陕北地区生态变化、特大矿区地面沉降等试点成果。海岛（礁）测绘一期工程全部完成，全面摸清了我国主张管辖海域的海岛（礁）数量和分布，建成了陆海统一的海域测绘基准体系和海岛（礁）基础地理信息数据库。国家现代测绘基准体系基础设施一期建设工程推进顺利。海南国际旅游岛数字地理空间框架全面建成。1:5 万基础地理信息数据库实现逐年更新。

公共服务广泛深入

积极推进《国家航空应急和突发事件应急体系规划》的落实，编制完成国家应急测绘能力建设项目建议书和可行性研究报告，并报送国家发展和改革委员会。实现了通过网络向国务院应急管理办公室直接传输地图数据，与民政部、水利部、武警部队建立灾情数据交换共享机制，与国家安全生产监督管理总局签署应急联动协议。灾情快速响应机制进一步优化，应急测绘能力大幅提升，灾后 2 小时即可提供应急专题地图。在四川芦山地震、甘肃岷县漳县地震、黑龙江严重洪涝灾害、辽宁清原暴雨、西藏那曲冰湖溃决等抢险救灾中，测绘地理信息人员第一时间到达，第一时间出图，得到各方面高度评价。测绘地理信息成果、保密技术处理插件提供量同比大幅增长，领导工作用图等公共产品领域进一步拓展，新农村测绘等公益性服务成效明显。

地理信息产业持续向好

组织完成《国家地理信息产业发展规划（2013－2020 年）》编制工作，浙江、湖北、江西等地政府出台促进地理信息产业发展的相关举措，地理信息产业发展政策环境不断优化。新兴应用不断涌现，移动互联网地理信息服务呈爆发式增长态势。企业入市势头向好，累计有 18 家地理信息企业在境内外上市。产业兼并重组加速，多元资本强势介入。国家地理信息科技产业园正式开园运营，二期工程及配套工程 120 万平方米主体已陆续封顶，产业园作为地理信息创新基地、孵化基地和科技产业化基地的条件和能力初步显现。浙江、山东、四川、陕西等地的区域性产业园区建设推进顺利，产业集聚发展模式初步形成。

科技创新环境优化

财政部正式批准将测绘地理信息行业纳入公益性行业科研专项试点。“国产民用高分辨率立体测图卫星测绘和应用关键技术”获国家科技进步奖一等奖，“机载多波段多极化干涉 SAR 测图系统”获二等奖。资源三号卫星全球影像有效覆盖面积达 5600 万平方千米，获取能力和影像质量大幅提升。全年新发布测绘地理信息国家标准 6 项、行业标准 10 项，首次发布 5 项部门计量技术规范。

国际地位不断提升

国家测绘地理信息局获 2012 年度世界杰出国家测绘地理信息管理部门奖，国际业界充分认可中国测绘地理信息事业的发展成就和为提升发展中国家地理信息能力所做出的贡献。举办了联合国全球地理信息管理成都论坛和 2 期发展中国家测绘地理信息局长培训班，主导制定 1 项国际标准，全球地表覆盖高分辨率遥感制图项目得到联合国副秘书长的充分肯定，多位专家在国际相关组织担任要职，我国在国际测绘地理信息事务中的参与度和话语权大幅提升。

统一监管规范有力

《中华人民共和国测绘法》修订研究全面展开，《地图管理条例》通过国务院法制办公室审查，《全国基础测绘中长期规划纲要（修编，2013－2020 年）》已上报国务院。《测绘管理工作国家秘密范围的规定》等规范性文件修订顺利推进。辽宁、黑龙江、浙江、四川、吉林、河北、江西等地政府出台测绘地理信息成果与地图管理、基础测绘管理、地理信息交换共享、遥感影像统一管理、军地联合测绘保障等方面的规章制度。积极推进行政审批制度改革，梳理提出 2013 年－2015 年取消、下放和保留的审批事项及监管措施。完成国家级、省级基础测绘成果质量检查。开展全国测绘地理信息行政执法检查，查处一批违法案件。对大宗用户、重点工程项目使用涉密测绘成果情况进行跟踪检查，联合国土资源部、国家安全部、国家保密局等部门开展全国地勘行业涉密测绘成果和地质资料使用与管理专项检查。完善公开地图信息发布制度。开展地图市场专项治理，加大对实景地图的审核管理力度，发布了地图导航定位产品测评结果。北京、湖北两地测绘地理信息管理机构更名、领导高配，市级、县级机构建设进一步加强。

人才队伍和文化建设成效突出

测绘地理信息系统深入学习党的十八大和十八届二中、三中全会精神，认真学习贯彻中共中央总书记习近平系列重要讲话精神，在思想上、政治上、行动上与党中央保持高度一致。坚持“人才强测”，周成虎、郭仁忠分别增选为中国科学院、中国工程院院士，测绘地理信息领域院士总数达21人。2人入选百千万人才工程国家级人选，3人入选国家中青年科技创新领军人才，1个科研团队入选国家重点领域创新团队。举办了第三届测绘地理信息行业职业技能竞赛。测绘地理信息社团组织快速成长，成为推动大测绘的有效载体和重要平台。加强宣传工作，杨艳萍先进事迹在全社会反响良好，艾勇获全国“人民满意的公务员”称号。

特　载

重要批示

国务院副总理张高丽在第一次全国地理国情普查电视电话会议上的讲话

（2013 年 8 月 19 日）

今天，第一次全国地理国情普查领导小组召开电视电话会议，主要内容是：认真落实《国务院关于开展第一次全国地理国情普查的通知》（国发〔2013〕9 号）要求，对全国地理国情普查工作进行动员部署。刚才，徐德明同志对普查工作的总体安排作了说明，财政部、陕西省的同志也作了发言，讲的都很好。下面，我讲五点意见。

一、充分认识地理国情普查的重要意义

地理国情是重要的基本国情，做好重大国情国力调查，是了解国情、把握国势、制定国策的重要基础性工作。由于受经济条件和技术手段等因素的制约，新中国成立以来，我国一直未能对包括地表自然要素和经济社会要素在内的基本地理国情进行全国性的全面系统普查。当前，我国经济社会快速发展，综合国力和人民生活水平不断提高，对地理国情普查提出了迫切要求，同时也为开展地理国情普查创造了条件。

近年来，我国资源、生态、环境的约束日益强化，我们面临严峻的形势和挑战。抓紧开展第一次全国地理国情普查，摸清地理国情家底，准确把握国情国力，科学揭示资源、生态、环境、人口、经济、社会等要素在地理空间上相互作用、相互影响的内在关系，准确掌握、科学分析资源环境的承载能力和发展潜力，对于我们做到心中有数，立足底线思维、进行宏观思考、更好把握大局，有效应对各种风险和挑战，推进解决各种深层次矛盾和问题，意义十分重大。

党的十八大提出了建设中国特色社会主义“五位一体”的总布局，进一步凸显了生态文明建设的战略地位。开展地理国情普查，是建设生态文明、美丽中国的新举措，是时代赋予我们的新任务，是促进经济社会科学发展的新要求，是满足人民生活水平不断提高的新需要，对于提高各级党委政府的管理决策水平，科学制定经济社会发展重大战略、长远规划和宏观政策，助力工业化、城镇化、信息化和农业现代化建设，有效推进重大战略实施和重大工程建设，具有积极的促进作用。

二、准确把握地理国情普查的任务要求

开展新中国成立以来的第一次全国地理国情普查，是新形势下国务院作出的一项重要决定。这次普查工作的总目标任务是，从 2013 年开始，用 3 年时间，全面查清我国陆地国土范围内自然和人文地理要素的现状以及空间分布情况，建立地理国情监测及其统计分析、审核发布制度，形成反映自然资源、生态环境和人文要素的空间分布及相互关系的地理国情普查系列成果，为常态化开展地理国情监测工作奠定基础，进一步提高地理国情信息为政府、企业和公众服务的能力，满足经济社会发展的需求。

地理国情普查是一项庞大的系统工程，也是一项首创性工作，涉及面广，技术性强，实施难度大。各地区、各部门要从全局和战略的高度，对普查工作给予高度重视，采取有力措施，认真履行职责，坚持科学普查、依法普查、创新普查，确保普查工作圆满成功。

一要科学管理。这次普查是对我国陆地国土范围地理国情进行的一次多要素、全覆盖、无缝隙普查，第一次全国地理国情普查领导小组办公室要强化对普查工作的统筹协调，在前期试点工作的基础上，广泛听取各方面意见，精心做好顶层设计，认真制定普查总体方案，细化任务目标，明确工作步骤，确保总体方案的科学性、针对性和可操作性。要加强普查工作的标准制定和制度建设，提高工作效率，使普查工作有章可循、有规可遵。要充分利用新技术、新手段，创新普查管理的方式方法。各地区、各部门要发挥各自优势，创造性地开展工作，确保普查工作有序、有力、有效推进。

二要保证质量。质量是普查的根本，这次普查的核心和关键是保证数据的全面、真实、准确，决不能弄虚作假。如果数据不真实，普查也就失去了价值。因此，要牢固树立质量第一的思想，依托现代科学技术去研究调查，运用先进装备和手段来实施普查，保证普查数据的准确性和权威性。要充分发挥组织和队伍优势，建立全面覆盖的普查工作网络，加强人员培训，落实责任制度，确保普查数据的完整性和实效性。要依法依规开展普查，对篡改、瞒报、伪报普查数据和干扰普查工作的行为，要依据国家有关法律严肃处理，确保普查工作的严肃性和普查数据的真实性。

三要确保安全。这次普查野外作业量大，参与人员多，时间周期长，调查任务重，工作环境艰苦，抓好安全生产尤为重要。要按照“安全第一、预防为主”的方针，以对人民高度负责的态度，结合地理国情普查工作的实际和特点，强化安全管理，制定野外生产、生活安全的有关制度和措施，充分利用高新技术手段和现代化装备设施，保证这次普查任务安全、圆满地完成。

三、做好地理国情普查数据情况分析和应用

普查的目的是为了摸清地理国情家底，更是为了应用这些成果，服务于国家经济社会发展。要坚持边普查、边应用的原则，加快成果转化，充分发挥普查工作的效用。

一要注重成果运用。在开展普查工作的同时，要充分利用普查获取的最新数据，及时开展地理国情监测工作，为国家和地方重大战略、重大工程的实施提供保障，为国家和地方开展经济、农业、人口、国土、水利等方面的普查调查工作提供支持，为解决资源、环境、人口、灾害问题和处置突发公共事件等提供服务。

二要促进信息共享。要制定普查成果审核、发布和提供管理办法，规范成果管理。要建立健全普查信息共享机制，研制地理国情信息系统，做好普查数据的发布工作，及时向有关部门提供最新成果，及时向社会发布普查信息，促进普查成果的及时转化和广泛利用。

三要强化数据分析。要系统分析和深入研究普查获取的海量数据，运用纵向分析、横向分析、类比分析等方法，加强对成果的深度开发，寻找规律性，预测趋势性，客观反映我国的国土空间布局、生态协调程度、区域经济发展状况和社会事业发展水平，揭示经济社会发展与自然资源环境的内在联系和演变规律，为科学管理决策提供可靠依据。

四、加强对地理国情普查的组织领导

各地区、各部门要进一步增强责任感和紧迫感，依据普查总体方案和进度要求，抓住工作重点，提高工作效率，节约普查经费，共同做好普查各项工作。

一是加强领导、落实责任。普查工作要按照“全国统一领导、部门分工协作、地方分级负责、各方共同参与”的原则组织实施。各地区要切实加强对普查工作的组织领导，按照国务院的统一要求，尽快建立起普查领导机构和办事机构。各部门要明确普查工作相关职责，落实工作任务，带头做好工作。第一次全国地理国情普查领导小组办公室认真履行沟通协调、监督检查的职能，加强对普查工作的指导，确保普查工作顺利开展。

二是强化协作、密切配合。各地区、各部门要积极支持普查工作，相互密切配合，形成工作合力。相关部门要切实做好本部门的协同保障工作，帮助落实普查设备和经费，及时提供普查所需各种资料、数据和图件。各地要按照全国统一的工作部署、时间安排、操作规范，认真做好本地区的组织实施工作，并与国家普查工作有效衔接。

三是保障投入、强化监管。按照国务院决定，这次地理国情普查所需经费由中央和地方各级人民政府共同负担。地方各级政府要按照国务院要求落实好普查经费，列入本级政府财政预算，做到统筹安排、按时拨付、确保到位。要树立过紧日子的思想，精打细算，严控开支，厉行节俭。要切实加强经费监管，专款专用，确保经费使用合规、节俭、安全、高效，真正把钱用在刀刃上。

四是广泛宣传、积极动员。要把宣传动员作为这次普查工作的重要环节，充分利用各种媒体，开展灵活多样、通俗易懂、群众喜闻乐见的宣传活动，让广大群众充分了解普查工作的目的和意义，主动参与配合普查工作，积极为普查工作营造良好氛围。

五、推动测绘地理信息工作转型升级

测绘地理信息是经济社会活动的重要基础，是加快转变经济发展方式的有力支撑，是维护国家安全利益的基础保障。因此，测绘地理信息工作非常重要。新中国成立以来，测绘地理信息工作始终发挥着基础先行、服务保障的重要作用，作出了历史性贡献。特别是近几年，测绘地理信息部门解放思想，深化改革，注重科技创新，加强地理信息资源建设，促进地理信息产业发展，着力打造数字城市、天地图网站、地理国情监测三大平台，推动测绘地理信息事业快速健康发展，为经济建设和人民生活提供了高效优质的服务保障。

这次地理国情普查，是对测绘地理信息部门的全面检验，也是推动测绘地理信息事业转型升级的一次重大机遇。各级测绘地理信息部门要在普查中发挥主体作用、承担重要任务，并以此为契机，进一步转变职能，改进工作作风，提高服务水平，加快转变发展方式，优化调整组织结构，完善管理体制机制，培养锻炼人才队伍，全面提升测绘地理信息部门在服务经济社会发展大局中的保障发展、公共服务、应急救急、依法监管能力，推动测绘地理信息事业再上新台阶。各地区、各部门要进一步关心重视、支持配合测绘地理信息工作，为测绘地理信息事业发展创造更为有利的环境。

开展第一次全国地理国情普查，任务艰巨，使命光荣，责任重大。各地区、各部门要在以习近平同志为总书记的党中央领导下，按照国务院的总体部署和要求，精心组织，扎实工作，圆满完成普查任务，为全面建成小康社会、加快推进社会主义现代化、实现中华民族伟大复兴的中国梦作出新的贡献！

重要文献

国务院关于开展第一次全国地理国情普查的通知

国发〔2013〕9号 2013年2月28日

各省、自治区、直辖市人民政府，国务院各部委、各直属机构：

为全面掌握我国地理国情现状，满足经济社会发展和生态文明建设的需要，国务院决定于2013年至2015年开展第一次全国地理国情普查工作。现就有关事项通知如下：

一、普查的目的和意义

地理国情主要是指地表自然和人文地理要素的空间分布、特征及其相互关系，是基本国情的重要组成部分。地理国情普查是一项重大的国情国力调查，是全面获取地理国情信息的重要手段，是掌握地表自然、生态以及人类活动基本情况的基础性工作。普查的目的是查清我国自然和人文地理要素的现状和空间分布情况，为开展常态化地理国情监测奠定基础，满足经济社会发展和生态文明建设的需要，提高地理国情信息对政府、企业和公众的服务能力。

开展全国地理国情普查，系统掌握权威、客观、准确的地理国情信息，是制定和实施国家发展战略与规划、优化国土空间开发格局和各类资源配置的重要依据，是推进生态环境保护、建设资源节约型和环境友好型社会的重要支撑，是做好防灾减灾工作和应急保障服务的重要保障，也是相关行业开展调查统计工作的重要数据基础。

二、普查的对象和内容

普查对象：我国陆地国土范围内的地表自然和人文地理要素。

普查内容：一是自然地理要素的基本情况，包括地形地貌、植被覆盖、水域、荒漠与裸露地等的类别、位置、范围、面积等，掌握其空间分布状况；二是人文地理要素的基本情况，包括与人类活动密切相关的交通网络、居民地与设施、地理单元等的类别、位置、范围等，掌握其空间分布现状。

三、普查的时间安排

普查标准时点为2015年6月30日。2013年1月至2013年6月为普查工作准备阶段，主要完成普查方案和技术规程制定，开展试点试验和技术培训，资料收集与获取等前期准备工作。2013年7月至2015年6月为普查工作第一阶段，主要完成普查底图制作、数据采集与处理、外业调查与核查、数据集建设等工作。2015年7月至2015年12月为普查工作第二阶段，主要完成普查信息的整理、汇总、统计分析，形成普查报告，发布普查结果。

四、普查的组织和实施

全国地理国情普查工作作业范围广、涉及部门多、工作任务重、技术要求高、实施难度大。为加强领导，国务院决定成立第一次全国地理国情普查领导小组，负责普查工作的组织和领导，协调解决重大问题（领导小组成员单位及人员名单另发）。普查领导小组办公室设在测绘地信局，承担领导小组的日常工作，具体负责业务指导与监督检查。各省级人民政府要成立相应的普查领导小组及其办公室，认真组织本地区普查工作。

普查工作要按照“全国统一领导、部门分工协作、地方分级负责、各方共同参与”的原则组织实施。领导小组各成员单位要各司其职、各负其责、通力协作、密切配合，共同做好普查工作。测绘地信局要会同有关部门抓紧制定普查总体方案，建立普查的技术和标准体系，做好技术指导、培训、质量控制、信息汇总和统计分析，帮助中西部贫困地区完成普查工作，充分利用已有地理信息和专题信息资源，建设全国地理国情本底数据库，形成全国普查报告。各省级人民政府要按照普查总体方案，结合当地实际，制定本地区普查实施方案。各地区要充分整合已有资源，组织专业队伍，开展本地区普查底图制作、外业调查与核查、数据处理、数据集建设等工作，做好普查成果的检查验收和汇总上报。

五、普查的经费保障

全国地理国情普查工作所需经费按工作任务由中央财政和地方财政分别承担。中央财政所需承担经费在现有的地理国情监测经费中统筹安排。

六、工作要求

各级普查机构及其工作人员必须严格按照《中华人民共和国测绘法》、《中华人民共和国统计法》、《基础测绘条例》和《中华人民共和国测绘成果管理条例》的有关规定和要求，按时报送普查数据，确保基础数据完整、真实、可靠。任何地方、部门、单位和个人都不得虚报、瞒报、拒报、迟报，不得伪造、篡改普查数据。普查结果要逐级上报，按规定程序报批后对外发布。对在普查中所获得的涉密资料和数据，必须严格保密。

各地区、各有关部门要充分利用报刊、广播、电视和互联网等媒体，广泛深入地宣传地理国情普查工作的重要意义和要求，为开展普查创造良好的社会环境。

（此件公开发布）

国务院办公厅关于成立第一次全国地理国情普查领导小组的通知

国办发〔2013〕49号　2013年6月8日

各省、自治区、直辖市人民政府，国务院各部委、各直属机构：

为加强对第一次全国地理国情普查的领导，根据《国务院关于开展第一次全国地理国情普查的通知》（国发〔2013〕9号），国务院决定成立第一次全国地理国情普查领导小组（以下简称领导小组）。

现将有关事项通知如下：

一、主要职责

负责第一次全国地理国情普查的组织和领导，协调解决普查中的重大问题。

二、组成人员

组 长：张高丽 国务院副总理

副组长：姜大明 国土资源部部长

丁向阳 国务院副秘书长

马建堂 统计局局长

徐德明 测绘地信局局长

成 员：吴恒权 中央宣传部副部长

张业遂 外交部党委书记、副部长

杜 鹰 发展改革委副主任

朱宏任 工业和信息化部总工程师

杨焕宁 公安部副部长

戴均良 民政部副部长

张少春 财政部副部长

杨士秋 人力资源社会保障部副部长

胡存智 国土资源部副部长

吴晓青 环境保护部副部长

唐 凯 住房城乡建设部总规划师

翁孟勇 交通运输部副部长

矫 勇 水利部副部长

余欣荣 农业部副部长

董大胜 审计署副审计长

李 强 统计局副局长

张建龙 林业局副局长

吴文学 旅游局党组成员

修济刚 地震局副局长

刘 琦 能源局副局长

王 宏 海洋局副局长

李维森 测绘地信局副局长

夏兴华 民航局副局长

童明康 文物局副局长

孙 刚 总参谋部测绘导航局副局长

黄海辉 武警部队副参谋长

三、工作机构及其职责

领导小组办公室设在测绘地信局，承担领导小组的日常工作，研究提出需领导小组决策的建议方案，督促落实领导小组议定事项，加强与有关部门和地区的沟通协调，具体负责普查工作的业务指导与监督检查，承办领导小组交办的其他事项。徐德明同志兼任领导小组办公室主任。

领导小组成员因工作变动需要调整的，由所在单位向领导小组办公室提出，报领导小组组长审批。领导小组不作为国务院议事协调机构，任务完成后自动撤销。

（此件公开发布）

关于印发《第一次全国地理国情普查总体方案》和《第一次全国地理国情普查实施办法》的通知

国地普发〔2013〕1号 2013年7月27日

各省、自治区、直辖市人民政府，国务院第一次全国地理国情普查领导小组各成员单位：

根据《国务院关于开展第一次全国地理国情普查的通知》（国发〔2013〕9号），国务院第一次全国地理国情普查领导小组组织编制了《第一次全国地理国情普查总体方案》、《第一次全国地理国情普查实施办法》。现印发给你们，请遵照执行。

第一次全国地理国情普查总体方案

根据《国务院关于开展第一次全国地理国情普查的通知》（国发〔2013〕9号，以下简称《通知》）的要求，制定本方案。

一、普查目标与任务

（一）普查目标

地理国情主要是指地表自然和人文地理要素的

空间分布、特征及其相互关系，是基本国情的重要组成部分。地理国情普查是一项重大的国情国力调查，是全面获取地理国情信息的重要手段，是掌握地表自然、生态以及人类活动基本情况的基础性工作。普查的目标是查清我国地表自然和人文地理要素的现状和空间分布情况，为开展常态化地理国情监测奠定基础，满足经济社会发展和生态文明建设的需求，提高地理国情信息对政府、企业和公众的服务能力。

开展全国地理国情普查，系统掌握权威、客观、准确的地理国情信息，是制定和实施国家发展战略与规划、优化国土空间开发格局和各类资源配置的重要依据，是推进生态环境保护、建设资源节约型和环境友好型社会的重要支撑，是做好防灾减灾工作和应急保障服务的重要保障，也是相关行业开展调查统计工作的重要数据基础。

（二）普查任务

在全国陆地国土范围内，采用航空航天遥感、全球导航卫星系统、地理信息系统等测绘地理信息先进技术，充分利用测绘地理信息部门最新获取的覆盖全国陆地国土的1:5万基础地理信息、已有的1:1万基础地理信息以及大量1:2000或更大比例尺基础地理信息等资源，整合利用其他部门已有的普查成果或与地理国情相关的专题信息，并对无数据、现势性差、重要区域进行补充、更新和细化，通过多源遥感影像快速获取与处理、现场调查、信息提取、地理统计分析等技术手段，对反映地表特征、地理现象和人类活动的各类地理环境要素进行空间化、定量化和属性化的普查，形成反映自然资源、生态环境和人文现象的空间分布及其相互关系的全面普查结果。具体普查任务如下：

一是查清自然地理要素的基本情况，包括与自然资源环境相关的地形地貌、植被覆盖、水域、荒漠与裸露地等地理要素的类别、位置、范围、面积等，掌握其空间分布状况。

二是查清人文地理要素的基本情况，包括与人类活动相关的交通网络、居民地与设施、地理单元等地理要素的类别、位置、范围、面积等，掌握其空间分布现状。

三是开展地理国情信息综合统计分析，包括对自然和人文地理要素等重要地理国情信息的综合统计分析，以及将地理信息与经济社会数据进行整合，对经济社会发展指标进行空间化、综合性统计分析评价。

四是建立覆盖全国的地理国情本底数据库，形成一系列地理国情普查图集和普查报告；同时，形成系统、规范的地理国情普查技术和标准体系，建立科学、高效的地理国情普查工作机制。

二、普查时点

普查标准时点为2015年6月30日。需利用2015年3月1日至2015年6月30日获取的航空航天遥感影像，对前期普查成果进行核准，形成符合标准时点要求的成果。

三、普查范围、对象与内容

（一）普查范围

第一次全国地理国情普查范围为中华人民共和国境内的陆地国土（未含香港特别行政区、澳门特别行政区和台湾省），即我国31个省、自治区、直辖市所辖陆地范围。

（二）普查对象

普查对象为普查范围内地表自然和人文地理要素，包括地形地貌、植被覆盖、水域、荒漠与裸露地、交通网络、居民地与设施和地理单元等。

（三）普查内容

第一次全国地理国情普查包括地形地貌、地表覆盖及地理单元三类内容。主要普查内容如下：

1. 地形地貌普查

利用数字高程模型本底数据库，将全国划分为13个高程带，查清我国实地地表10米×10米分辨率的坡度和坡向；在主要人类活动聚集区（即现有1:1万比例尺地形图覆盖区），查清实地地表5米×5米分辨率的坡度和坡向；结合有关地貌研究和调查资料，查清我国地貌类型的空间分布状况。

2. 地表覆盖普查

（1）查清我国实地面积大于等于400平方米的耕地、园地、林地和草地等4大类植被覆盖类型的类别、位置、范围和面积等。

（2）查清我国实地面积大于等于1600平方米的连片房屋建筑区的空间分布范围，查清我国实际占地面积大于等于5000平方米的连片废弃房屋建筑区（主要对象为整体搬迁或废弃的村落），查清实际占地面积大于等于400平方米的多层独立建筑和实际占地面积大于等于200平方米的低矮独立建筑的类别、位置、范围和面积等。

（3）查清我国地面宽度大于等于3米且长度大于等于500米的各类道路的类别、位置、长度和相关设施的实际占地面积。查清我国各类铁路的类别、位置、长度和相关设施的实际占地面积。

（4）查清我国实地面积大于等于2500平方米的硬化地表、工业设施和其他构筑物的类别、位置、范围和面积等。

（5）查清我国实地面积大于等于400平方米的人工堆掘地（包括采掘场、建筑工地、尾矿和垃圾堆放地等）的类别、位置、范围和面积等。

（6）查清我国实地面积大于等于1600平方米的荒漠和裸露地表的类别、位置、范围和面积等。

（7）查清我国宽度大于等于3米且长度大于等于500米的常年河、时令河和人工河流（渠）高水位、常水位界线的空间位置及影像获取时水面覆盖情况。查清我国常年水面面积大于等于5000平方米的湖泊及常年水面面积大于等于400平方米的水库/坑塘的空间位置及影像获取时水面覆盖情况。查清我国实地面积大于等于10000平方米的冰川和常年积雪的类别、位置、范围和面积等。

（8）在查清房屋建筑区的基础上，查清其中面积大于等于5000平方米的居住区空间范围信息；查清水厂、电厂和污水处理厂空间位置信息；查清学校、医院、社会福利机构、乡级以上政府驻地、行政村驻地、火车站、汽车枢纽站、港口和机场的空间位置信息。查清面积大于等于50000平方米的休闲娱乐区和风景区的空间范围信息，以及实地占地面积大于等于10000平方米的大型体育场馆、文物古迹和宗教场所的空间范围信息等。

3. 地理单元普查

查清主体功能区、国家级开发区和保税区、世界遗产地、重点旅游区、风景名胜区、流域、湿地保护区、沼泽区和地貌类型单元等的空间范围信息。充分收集、利用民政部门乡镇级以上行政区划单位的数据信息、国土资源部门土地权属信息和国家统计部门统计用区划代码、城乡划分代码等各类资料，完善我国各类地理单元空间范围信息。

普查实施中，在保证国家级普查内容完整的基础上，省级地理国情普查内容可结合本地区特点、遵循有关技术规定进行适当扩展。省、自治区、直辖市根据本辖区特点扩展的普查内容应与国家级普查内容架构一致。

四、普查技术路线与步骤

（一）总体技术路线

1. 根据普查目标要求，主要利用分辨率优于1米的多源航空航天遥感影像数据，部分地区利用我国资源三号、天绘系列和高分一号等卫星影像数据资料，结合全国1:5万、省级1:1万、市级1:500至1:2000比例尺基础地理信息成果数据及相关行业专题数据，按照地理国情信息普查内容和指标，针对不同地理要素特点，采用内外业一体化的作业方式和自动与人机交互影像处理、多源信息辅助判读解译、外业调查、空间数据库建模等方法，开展普查信息采集、处理与建库等工作。普查中，可根据普查任务区的实际情况，选择可靠的作业方法。

2. 分辨率优于1米的多源航空航天遥感影像数据主要为2011年1月1日至2015年2月28日期间获取的覆盖我国陆地国土的航空航天遥感影像数据；同一时间内获取的我国资源三号、天绘系列和高分一号等卫星影像数据，主要用于我国约244万平方千米的荒漠、高山等无人地区，也用于补充其他区域卫星资料的不足。2015年3月1日至2015年6月30日期间获取的航空航天遥感影像数据，用于普查时点统一核准。

3. 对于植被覆盖类普查内容，位于我国北亚热带季风落叶阔叶、常绿阔叶林气候区（参见《中国自然地理图集》中国气候类型图）以北的地区，宜利用2011年至2014年间4月–9月时相的遥感影像作为基本数据源进行普查数据采集，再利用2015年3月–6月的航空航天遥感影像资料进行核准；对于水域相关的普查内容，宜收集利用2011年至2014年间丰水期的遥感影像作为基本数据源；对于其他人工营造的覆盖要素内容，可按照普查时点当月数据为准，结合遥感影像采集相关信息，必要时须结合外业调查；对地理单元等变动周期长的要素内容，以收集利用现势性较好的专业部门资料为主，并注意充分利用最接近时点的有关动态变更信息。

4. 普查内容中各类地表覆盖和重要地理国情要素的空间定位信息及测绘地理信息主管部门定义的属性信息，须严格按照有关技术规定采集；部分需参考相关专业部门资料采集的属性信息，须收集利用权威部门的资料。

5. 普查基本统计工作，基于普查内容与指标和相关技术规定采集、汇总的普查数据，按照统一的技术规定完成。普查综合统计与分析工作，在国家级和省级普查数据库基础上，结合收集的有关专业部门数据，如人口、经济、交通、土地利用、水资源、林业资源等普查或调查成果等，按照统一的综合统计分析模型完成。

6. 普查数据库体系包括国家级和省级。按照普查总体方案、实施方案、相关标准和技术规定以及省级实施方案、专业设计书等要求生产的普查基本数据，以省为单元建立数据库，汇总、分析、计算并填报基本统计表。省级普查机构负责组织对普查数据和基本统计数据进行检查、修改、审核以及汇总上报。

7. 国家级普查机构统一组织编制普查总报告和专题成果报告，建立国家级普查成果数据库和管理系统、服务平台，组织编制成果图件和开展分析应用工作。

8. 国家级普查机构统一组织制定普查数据采集、处理、建库、统计分析、存储、质量检查、审核、传输、共享服务等一体化的系列普查标准与技术规定，规范普查各个技术环节。

（二）主要工作步骤

1. 前期准备

主要包括编制普查方案、数据采集技术方案，成立普查机构、落实技术队伍，组织普查试点，开展普查培训，收集并处理基础数据，收集获取遥感影像资料及控制资料，开展正射影像处理，收集整理行业专题数据以及宣传动员等工作。

2. 信息采集

信息采集阶段是普查工作量最突出的阶段，包括内业信息采集、外业调查、内业和外业复核、时点统一核准等工作。

（1）内业信息采集。按照《地理国情普查内容与指标》的要求，以遥感正射影像为基础，利用收集整理的基础地理信息和其他专业部门的资料，采用自动分类提取与人工解译相结合的方式，开展内业判读与解译，补充或更新水系、交通、构筑物以及地理单元等要素实体，提取要素属性，同时进行地表覆盖分类，并按技术要求形成相应的数据集。

（2）外业调查。在内业信息分类与判译提取的基础上，基于融合的彩色正射影像，叠加空间专题信息、内业判读解译数据等，制作外业调查与核查工作底图。对内业分类与判译工作中无法确定边界和属性的地理要素实体，以及无法准确确定类型的地表覆盖分类图斑，开展实地核实确认和补调。同时实地采集影像解译样本。

（3）内业和外业复核。国家级普查机构组织若干个作业队，对各省承担的普查任务进行内业和外业复核，以保证成果质量。

（4）时点统一核准。按照普查时点的要求，重点针对城镇等人类活动强度较大地区和与人类活动关联度较高的普查对象，采用多种方式收集资料，获取 2015 年 3 月至 6 月的航空或航天遥感资料，结合外业调查，开展时点统一核准，使普查成果的整体现势性达到普查时点的要求。

3. 数据上报汇总、建库与统计分析

对外业调查与核查成果进行整理，根据外业调查成果对各数据层进行编辑、修改，形成地理国情普查基本数据，在此基础上建立省级普查成果数据库和省级基本统计数据库。

对省级普查成果数据库和省级基本统计数据库进行抽查及验收，合格后上报汇总至国务院第一次全国地理国情普查领导小组办公室（以下简称“国务院普查办”）。国家测绘地理信息局指定有关单位承担数据汇总、集成、建库工作。主要任务包括：

（1）组织开展相邻省数据的接边处理及跨省数据协调处理。

（2）在验收合格的省级普查成果数据基础上，建设第一次全国地理国情普查成果数据库和全国地理国情本底数据库。

（3）开发统一的软件工具，复核省级上报数据，汇总形成第一次全国地理国情普查基本统计数据库。

省级普查机构负责完成以县或区为统计单元的基本统计和汇总。国务院普查办负责各省统计结果的复核、汇总与分析。

4. 数据审核、发布与应用

国家和省级普查机构组织相关单位进行普查成果开发应用研究。国务院普查办对普查结果进行审核验收，报国务院第一次全国地理国情普查领导小组（以下简称“国务院普查领导小组”）批准后，向社会发布和提供信息服务。

五、普查管理文件、标准与技术规定

普查采用统一的管理办法、方案、标准和技术要求。普查中优先采用适用的现有国家和行业标准、技术规定，并特别注意与相关部门已使用的国家标准或行业标准的协调。无适用标准时须制定专用标准或技术规定。

需统一制定的管理办法、方案、标准和技术规定如下：

（一）普查管理办法

第一次全国地理国情普查实施办法

第一次全国地理国情普查质量管理办法

第一次全国地理国情普查成果审核与发布办法

第一次全国地理国情普查成果使用管理办法

第一次全国地理国情普查涉密成果管理办法

第一次全国地理国情普查档案管理办法

（二）普查方案

第一次全国地理国情普查总体方案

第一次全国地理国情普查实施方案

第一次全国地理国情普查试点工作方案

第一次全国地理国情普查培训工作方案

（三）普查标准与技术规定

地理国情普查内容与指标

地理国情普查数字正射影像生产技术规定

地理国情普查数据库建设技术规定

地理国情普查元数据规定

地理国情普查遥感影像解译样本数据技术规定

地理国情普查多尺度数字高程模型生产技术规定

地理国情普查基于遥感影像的要素提取与分类技术规定

地理国情普查外业底图制作技术规定

地理国情普查外业调查技术规定

地理国情普查内业编辑与整理技术规定

地理国情普查基本统计技术规定

地理国情普查综合统计分析技术规定

地理国情普查数据汇总上交基本要求

地理国情普查检查验收与质量评定规定

地理国情普查与监测网格及编码

地理国情普查地理单元类型与代码

地理国情普查基础地理信息数据整合技术规定

地理国情普查成果图制作技术规定

地理国情普查报告编写基本规定

六、质量控制

（一）质量监督与管理

质量控制是地理国情普查的关键环节，是科学、准确和真实地获取普查数据的重要保障。在开展地理国情普查工作的过程中，坚持全过程、全员和分级分类质量控制的原则。国务院普查办负责全国地理国情普查的质量监督管理工作，编制并下达全国普查成果的监督检查及国家级验收计划；省级普查领导小组负责本行政区域内普查的质量监督管理，组织普查成果的检查验收工作；普查项目组织实施单位负责普查全过程的质量控制工作；普查项目承担单位和作业单位负责本单位任务的质量管理及质量控制，实行“二级检查、一级验收”制度，层层落实质量责任制；国家测绘质量检验单位负责实施全国普查成果的监督检查及国家级验收工作。

（二）质量控制内容和要求

1. 各级普查机构要根据全国地理国情普查质量检查与验收规定，做好本地区地理国情普查的质量检查与验收实施细则的编制工作，确保普查工作成果的质量。

2. 普查人员及质检人员须经普查机构培训考核。按照国家统一要求，分级组织，对普查人员、质检人员进行分期分批培训，经考核合格者方可上岗。

3. 做好普查资料收集整理的质量控制。充分利用相关专业部门的成果资料，做好普查基础数据的比对分析等工作，确保普查依据的基础资料真实可靠。

4. 严格执行质量检查与验收制度。在信息采集过程中，严格执行有关技术标准及规定，准确把握普查内容与指标，对具体问题的处理要统一尺度；内业和外业均须安排不同作业队伍按一定比例进行复核；内、外业核查应保存相应的记录。在生产过程及成果汇总阶段，应对成果及资料进行100%检查，并严格执行“二级检查、一级验收”制度。在统计分析阶段，应复核统计分析各项指标的科学性与合理性，检查统计分析方法的标准化和结果的准确性与唯一性。数据报送过程中，不得任意篡改、瞒报、伪报普查数据。

5. 做好成果发布前的审核。普查成果发布前，应与其他相关部门的有关数据进行对比，分析数据口径、范围和时间的一致性，比较数据收集、计算方法和数据基础的差异，分析数据差异的合理性，并组织跨部门专家进行审查论证，评定数据成果的可靠性和适用性，保障数据发布的权威性。国家级和省级普查机构审核中发现的问题，应保持同步修改。

6. 按照相关国家或行业标准建立地理国情普查成果数据库，开展普查数据资源的规范化、标准化管理，建立地理国情信息发布与服务系统，确保普查成果的共享和可利用性。

七、主要成果

通过第一次全国地理国情普查，形成一整套国家级和省级普查成果资料，包括报告、数据库、地图图件和信息系统等，以及通过对普查成果数据的综合统计分析形成的系列数据成果和有关分析成果等。

（一）报告成果

1. 第一次全国地理国情普查工作总报告

2. 第一次全国地理国情普查成果总报告

3. 第一次全国地理国情普查成果分析系列报告

（二）数据成果

1. 第一次全国地理国情普查成果数据库

（1）第一次全国地理国情普查基本统计数据库

（2）全国地表覆盖数据库

（3）全国高分辨率坡度与坡向数据库

（4）全国地貌类型数据库

2. 第一次全国地理国情普查本底数据库

（1）重要地理国情要素数据库

（2）全国多尺度数字高程模型数据库

（3）全国高分辨率正射影像数据库

（4）地理国情遥感影像解译样本数据库

3. 地理国情综合统计分析数据库

4. 各省、自治区、直辖市地理国情基本统计数据汇编

5. 按地理单元统计的地理国情基本统计数据汇编

（三）信息系统成果

1. 基于地表覆盖、遥感影像和城市三维数据库的地理国情监测平台

2. 地理国情信息数据库管理系统

3. 基于政府内网的地理国情信息发布与服务系统

4. 基于“天地图”的地理国情信息发布与服务系统

5. 地理国情普查业务管理系统

（四）图件成果

1. 第一次全国地理国情普查成果系列图

2. 中华人民共和国地理国情图集

3. 各省、自治区、直辖市地理国（省、市）情图集

八、普查组织实施

（一）组织实施原则

普查工作要按照“全国统一领导、部门分工协作、地方分级负责、各方共同参与”的原则组织实施。

国务院成立普查领导小组及办公室，省级政府应比照国家普查机构设置模式成立相应普查机构，建立国家、省两级地理国情普查机构。

（二）普查机构及责任分工

1. 国务院普查领导小组

负责第一次全国地理国情普查工作的组织和领导，研究决定地理国情普查的重大事项，制定地理国情普查有关政策，协调解决重大问题。

领导小组各成员单位在职责范围内，及时做好地理国情普查所需部门专题资料整理及提供工作，指导和督促地方各级人民政府相关部门做好地理国情普查的协助和配合工作。

2. 国务院普查办

（1）组织部署全国普查工作，开展普查宣传动员。

（2）组织编制普查总体方案、实施方案、相关技术规定及规章制度等普查文件。

（3）落实中央财政承担的普查经费。

（4）组织开展全国普查试点和全国培训工作。

（5）负责协调普查影像资料的获取与分发工作。

（6）帮助中西部贫困地区完成普查工作。

（7）组织指导各地普查工作，协调解决普查实施过程中存在的问题，组织抽查并审核各省普查成果。负责组织全国地理国情普查成果的汇总、统计分析和编制普查报告，负责组织建立全国地理国情普查数据库及信息系统。

（8）管理地理国情普查成果。

3. 专家咨询委员会

聘请相关部门或领域的专家，组成专家咨询委员会，对地理国情普查中的重大问题提供技术咨询。

4. 省级普查机构

（1）成立普查机构，落实工作人员；编制普查经费预算，落实本级普查经费；督促、指导具备条件的下级政府建立普查机构。

（2）制定任务区普查实施工作方案，负责任务区普查的统一组织实施，指导、检查、协调下级普查工作。

（3）负责任务区的普查培训工作，组织人员参加全国培训，指导下级普查培训工作。

（4）负责本行政区域内的普查宣传工作，指导下级普查宣传工作。

（5）负责普查物资设备的准备工作。

（6）重点协调、组织跨部门的专题资料收集

工作。

（7）负责本行政区域内普查成果的汇总、协调与平衡。

（8）负责下级上报数据的汇总、审核、分析工作。

（9）对任务区内普查工作进行质量检查、成果复核、抽查和验收。

（10）负责普查成果的整理、保管、上报及分析应用工作。

（三）普查工作机制

地理国情普查工作由国务院普查领导小组统一领导和部署，国务院普查办负责具体组织实施。

省级普查机构负责本行政区域内地理国情普查工作组织实施。

普查领导小组成员单位设立联络员，采用会议和其他方式沟通协调有关事项。

普查成果发布权属于国务院普查领导小组。省级普查成果须经国务院普查领导小组协调、审核同意后方可发布。

（四）安全与保密

普查工作过程中，严格执行各项安全生产规定，落实安全生产责任制度，确保作业人员的人身财产安全。

普查结果要逐级上报，按规定程序报批后对外发布。

对在普查中所获得和使用的涉及国家秘密的资料和数据，必须严格执行有关规定，确保不发生失泄密问题。

（五）宣传与培训

充分利用报刊、广播、电视和互联网等媒体，广泛深入地宣传地理国情普查工作的重要意义和要求，为开展普查创造良好的社会环境。

采用统一教材，分级负责，分类、分期举办的方式开展普查培训。普查培训分国家级、省级两级培训，由国务院普查办、省级普查机构组织实施。

国务院普查办负责统一编制培训教材。国家负责组织培训省级普查机构和作业单位的主要行政管理负责人、技术负责人、专业技术骨干和质检负责人。省级普查机构主要负责培训本行政区域承担普查工作的普查技术人员。培训考核合格后方可上岗。

（六）进度计划

第一次全国地理国情普查为期3年，从2013年1月–2015年12月。总体上分为前期准备阶段，普查信息采集阶段，汇总建库、统计分析和成果发布阶段。三个阶段工作计划如下：

1. 2013年1月–2013年6月（前期准备阶段）

成立各级普查机构，落实普查工作经费，编制普查总体方案、实施方案和各类技术规定与工作细则，完成影像资料采购，组织开发相关普查软件，开展普查试点，全面部署普查工作，开展第一阶段普查培训及宣传动员等。

（1）方案起草、征求意见和开展技术试验

2013年1月–2月，开展相关调研和资料分析，起草普查方案并征求相关部门及专家意见，开展相关技术试验，验证方案的可行性。

（2）成立各级普查机构，落实工作经费

2013年3月–4月，成立国务院普查领导小组及办公室；2013年4月–6月，成立省级普查领导小组及办公室；做好中央和地方各级普查工作经费的落实工作，保证普查工作正常开展的基本经费需求。

（3）编制普查方案及相关细则

2013年1月–4月，编制完成供试点用的《地理国情普查内容与指标》、《地理国情普查试点方案》以及统计分析等相关技术文件。

（4）开展普查试点及试点培训

2013年1月–3月，10个省、自治区和直辖市在本辖区一定范围进行普查试点；2013年3月–6月，21个省、自治区和直辖市在本辖区一定范围进行普查试点。各试点均开展试点培训和技术试验，完成各项试点工作要求，提出试点总结报告。

2013年3月–5月，根据试点发现的问题及试点工作经验，进一步修改完善《地理国情普查总体方案》、《地理国情普查实施方案》及相关工作细则和技术规定，编制普查培训教材及相关课件。

（5）遥感影像数据资料分发

2013年5月，国务院普查办指定有关承担单位，完成向省级普查机构分发遥感影像数据资料工作。

（6）全面部署普查工作

2013年6月，召开国务院第一次全国地理国情普查电视电话会议，全面部署普查工作。

（7）开展普查培训

2013年5月–6月，国务院普查办组织开展综合培训与专业培训工作。6月底前，省级普查机构基本完成省级培训工作。

2. 2013年7月–2015年6月（普查信息采集阶

段）

（1）内外业信息采集与复核

2013年7月–2014年12月，全面完成普查数据资料获取，完成地形地貌、地表覆盖和地理单元等普查信息的获取与质量检查。

2013年7月–12月，完成国家级和省级普查成果数据库设计和部分省数据入库试验工作。

2014年1月–12月，根据内外业复核及质检情况，完成部分省级数据库及国家级数据库的入库准备工作。

2014年1月–2015年6月，完成复核区域的地形地貌、地表覆盖和地理单元等普查信息的获取与质量检查。

（2）时点统一核准工作

2015年3月–6月，利用统一获取的最新影像开展时点统一核准工作，包括开展必要的外业核查。

3. 2015年7月–2015年12月（数据整理、汇总、建库、统计分析、报告编写与普查结果发布阶段）

2015年7月–11月，完成普查成果的逐级汇总、审核，完成普查数据库建设，开展普查成果数据基本统计、综合统计和分析评价工作，形成普查总报告和地图图件等，开展地理国情信息系统建设。

2015年12月，全面完成地理国情普查数据库和信息系统建设，审核、报批并发布普查结果。

九、普查成果管理、共享与服务

国家级普查成果数据库由国家测绘地理信息局统一管理，按照《第一次全国地理国情普查成果审核与发布办法》和《第一次全国地理国情普查成果使用管理办法》等统一发布和提供共享服务。涉及国家秘密的普查成果和资料按有关规定管理和使用。

省级测绘地理信息行政主管部门可参照国家级普查成果有关管理办法制定本辖区的成果审核、发布和提供管理办法，管理和使用本辖区普查成果。

第一次全国地理国情普查成果从2016年1月起在可以上网共享的政府内网提供共享服务。经批准可公开发布的普查成果通过政府网站和“天地图”提供服务。

第一次全国地理国情普查实施办法

第一章　总　则

第一条　为了科学、有效地组织实施第一次全国地理国情普查，保障普查数据的真实性、准确性、完整性和及时性，根据《中华人民共和国测绘法》、《中华人民共和国统计法》等法律法规以及《国务院关于开展第一次全国地理国情普查的通知》，制定本办法。

第二条　本办法适用于第一次全国地理国情普查（以下简称“地理国情普查”）工作。

第三条　地理国情主要是指地表自然和人文地理要素的空间分布、特征及其相互关系，是基本国情的重要组成部分。

地理国情普查是一项重大的国情国力调查，是全面获取地理国情信息的重要手段，是掌握地表自然、生态以及人类活动基本情况的基础性工作。

第四条　地理国情普查工作按照全国统一领导、部门分工协作、地方分级负责、各方共同参与的原则组织实施。

第五条　地理国情普查所需经费，按工作任务由中央财政和地方财政分别承担。中央财政所需承担经费通过现有资金渠道统筹安排。地方各级人民政府要保障地理国情普查经费。

地理国情普查经费应当统一管理、专款专用、从严控制支出。

第六条　各地区、各部门应当通过报刊、广播、电视和互联网等新闻媒体，及时对地理国情普查工作进行宣传报道。

第二章　普查的内容方法

第七条　第一次全国地理国情普查的标准时点为2015年6月30日。

2015年底前完成普查信息的整理、汇总、统计分析，形成普查报告。

第八条　地理国情普查的对象是我国陆地国土范围内的地表自然和人文地理要素。

第九条　地理国情普查的主要内容是：

（一）自然地理要素的基本情况，包括地形地貌、植被覆盖、水域、荒漠与裸露地等的类别、位置、范围、面积等，掌握其空间分布状况；

（二）人文地理要素的基本情况，包括与人类活动密切相关的交通网络、居民地与设施、地理单元等的类别、位置、范围等，掌握其空间分布现状。

第十条 地理国情普查采用全面普查的方法，以最新高分辨率航空航天遥感影像为基础，综合运用航空航天遥感、全球导航卫星系统、地理信息系统等现代测绘地理信息技术和遥感分析、信息提取、实地调查、统计分析等手段。

第十一条 地理国情普查应当采用统一的方案、标准和技术规程，保证普查数据的统一性和准确性。

地理国情普查方案，由国家测绘地理信息局制定并征求国务院有关部门意见。

第三章 普查的组织实施

第十二条 国务院成立第一次全国地理国情普查领导小组，负责地理国情普查工作的组织和领导，协调解决重大问题。领导小组办公室设在国家测绘地理信息局，承担领导小组的日常工作，具体负责普查的组织实施，业务指导与监督检查。

各省级人民政府成立省级地理国情普查领导小组及其办公室，组织本地区的地理国情普查工作。省级领导小组办公室设在各省级人民政府测绘地理信息行政主管部门。

第十三条 国家测绘地理信息局会同国务院有关部门拟订《第一次全国地理国情普查总体方案》，经国务院第一次全国地理国情普查领导小组审核同意后实施。

《第一次全国地理国情普查总体方案》应当包括普查的目标与任务、主要内容及要求、技术路线与方法、主要成果、质量控制、组织实施等内容。

第十四条 省级人民政府测绘地理信息行政主管部门会同同级有关部门按照国家总体方案要求，根据本行政区域实际，编制本地区地理国情普查实施方案，报国务院第一次全国地理国情普查领导小组办公室备案审查后实施。

第十五条 国务院第一次全国地理国情普查领导小组办公室主要负责以下工作：

（一）建立地理国情普查的生产组织体系和技术标准体系；

（二）统筹航空航天遥感资料获取；

（三）做好地理国情普查的技术指导和培训；

（四）建立地理国情普查质量控制体系，并根据需要对重点区域、重点内容进行抽查；

（五）帮助中西部贫困地区完成地理国情普查工作；

（六）汇总各省（区、市）普查信息，充分利用已有地理信息和专题信息资源，建设全国地理国情本底数据库；

（七）开展重要地理国情信息的综合统计和分析评价，形成全国地理国情普查系列成果。

第十六条 省级地理国情普查领导小组办公室负责以下工作：

（一）充分整合已有地理信息和专题信息资源，组织专业队伍，按照统一要求和有关标准，开展本地区地理国情普查底图制作、外业调查与核查、数据处理、数据库建设等工作；

（二）做好本地区地理国情普查成果的检查验收和汇总上报；

（三）完成本地区数据处理、统计分析，形成本地区地理国情普查系列成果。

第十七条 各地方、各部门、各单位应当积极参与和密切配合地理国情普查工作，依法提供普查需要的相关资料，并确保资料的有效性和现势性。

社会团体以及与地理国情普查有关的单位和个人应当依照本办法的规定，配合普查工作。

第十八条 承担地理国情普查任务的单位应当具有相应的测绘资质、具有一定数量的普查人员、无不良信用记录、近三年未受过行政处罚。

第十九条 承担地理国情普查任务的人员应当具备相应的专业知识，接受省级以上人民政府测绘地理信息行政主管部门组织的业务培训，并经考核合格后上岗。

地理国情普查人员有权根据工作需要进行现场普查，并按照技术规程进行现场作业。

第二十条 国务院第一次全国地理国情普查领导小组办公室应当加强对地方地理国情普查工作的业务指导，并定期组织人员进行监督检查，及时掌握地理国情普查进度，研究解决普查中的问题。

第二十一条 国务院第一次全国地理国情普查领导小组办公室应当建立地理国情普查进度的动态通报制度，根据确定的工作时限，定期通报各地工作的完成情况，对工作进度缓慢的地区，进行重点督导和检查。

第二十二条 各地方、各部门、各单位的负责人不得擅自修改地理国情普查资料、数据，不得强令或者授意地理国情普查人员篡改普查资料、数据或者编造虚假数据。

第二十三条　从事地理国情普查的单位和个人，应当遵守国家有关保密的法律法规和规定。

普查工作中产生的涉密成果资料应当按照国家有关保密法律法规进行保管。

第四章　成果验收和上报

第二十四条　地理国情普查形成下列主要成果：

（一）报告成果；

（二）数据成果；

（三）信息系统成果；

（四）图件成果。

第二十五条　地理国情普查成果实行逐级汇总、统计、上报制度。

汇总、统计、上报成果应当按照第一次全国地理国情普查总体方案和有关标准、规定进行。

第二十六条　省级人民政府测绘地理信息行政主管部门会同同级有关部门对地理国情普查的各个环节实行质量控制，建立普查成果质量控制岗位责任制，切实保证普查的数据、图件和被普查对象的实际状况一致，并对加工、整理、汇总的普查成果的完整性、准确性负责。

省级人民政府对本行政区域的地理国情普查成果质量负总责。

第二十七条　国务院第一次全国地理国情普查领导小组办公室负责组织地理国情普查成果质量的抽查工作。抽查结果作为评价地理国情普查成果质量的重要依据。

第二十八条　地理国情普查成果的检查验收按照以下程序进行：

（一）普查单位对普查成果进行全面自检，形成自检报告，报省级地理国情普查领导小组办公室复查；

（二）省级地理国情普查领导小组办公室组织对普查成果进行全面检查，验收合格后上报；

（三）国务院第一次全国地理国情普查领导小组办公室组织对成果进行核查，根据需要对重点区域、重点地类进行抽查，形成确认意见。

第五章　成果公布和应用

第二十九条　地理国情普查成果实行统一公布制度。任何单位和个人不得擅自公布普查成果。

普查成果公布后，接受公开查询，但依法应当保密的除外。

第三十条　全国的地理国情普查成果，由国务院第一次全国地理国情普查领导小组报国务院批准后公布。

省级地理国情普查成果，应当向国务院第一次全国地理国情普查领导小组办公室备案，由省级人民政府批准公布。

全国的地理国情普查成果公布后，市县人民政府可以根据实际情况公布本行政区域的普查成果。

第三十一条　各级测绘地理信息行政主管部门应当按规定做好全国地理国情普查成果的保存、管理工作，建立健全保管制度，配备必要的存放设施，防止损毁、散失、转让，确保普查成果安全。

普查成果未经省级以上测绘地理信息行政主管部门批准不得提供使用。

第三十二条　各级测绘地理信息行政主管部门应当编制地理国情普查成果目录向社会公布，建立互联共享的地理国情普查成果数据库及信息系统平台，并做好维护、更新工作。

第三十三条　全国地理国情普查成果用于国家机关决策、社会公益性事业和国家建设重点工程的，应当无偿提供。各级人民政府及其有关部门和军队因防灾、减灾、国防建设等公共利益的需要使用普查成果的，可以无偿使用。

第三十四条　地理国情普查成果应当严格管理和规范使用，不作为依照其他法律、行政法规对普查对象实施行政处罚的依据，不作为划分部门职责分工和管理范围的依据。

第六章　监督管理和表彰

第三十五条　地方、部门、单位的负责人有下列行为之一的，根据《中华人民共和国测绘法》、《中华人民共和国统计法》等法律法规依法处理：

（一）擅自修改普查资料、数据的；

（二）强令、授意普查人员篡改普查资料、数据或者编造虚假数据的；

（三）对拒绝、抵制篡改普查资料、数据或者编造虚假数据的普查人员打击报复的。

第三十六条　承担地理国情普查任务的单位有下列情形之一的，县级以上测绘地理信息行政主管部门应当责令限期改正，逾期不改正的，终止普查任务，并不得再次承担普查任务。

（一）在普查工作中弄虚作假的；

（二）无正当理由，未按期完成普查任务的；

（三）普查成果有质量问题，造成严重后果的。

第三十七条 普查人员违反本办法规定，有下列行为之一的，依法给予处分，并不得再次参加地理国情普查工作。

（一）不执行有关普查方案、标准、规程的；

（二）伪造、篡改普查资料的；

（三）强令、授意接受普查的有关单位和个人提供虚假普查资料的。

第三十八条 对在地理国情普查工作中做出突出贡献的单位和个人，由国务院第一次全国地理国情普查领导小组或者省级普查领导小组按照国家有关规定给予表彰奖励。

第七章 附 则

第三十九条 军事禁区、军事管理区的地理国情普查，由国家测绘地理信息局会同军队有关部门按照国家统一规定和要求制定具体办法。

第四十条 市县人民政府可以按照国家总体方案和本地区实施方案成立地理国情普查领导小组，组织和领导地理国情普查工作，必要时，可以设立地理国情普查领导小组办公室负责普查日常工作，具体由省级人民政府确定。

第四十一条 国务院第一次全国地理国情普查领导小组办公室负责协调实施过程中遇到的问题，根据需要可以制定具体规定。

第四十二条 本办法自公布之日起施行。

关于深入学习贯彻落实张高丽副总理在第一次全国地理国情普查电视电话会议上重要讲话精神的意见

国地普办〔2013〕8号 2013年8月30日

各省、自治区、直辖市第一次全国地理国情普查领导小组办公室：

2013年8月19日，中共中央政治局常委、国务院副总理、国务院第一次全国地理国情普查领导小组组长张高丽出席第一次全国地理国情普查电视电话会议并发表重要讲话。为了认真学习、深刻领会、全面贯彻落实张高丽副总理的重要讲话精神，现提出如下意见。

一、统一思想，提高认识，切实增强贯彻落实张高丽副总理重要讲话精神的自觉性和坚定性

张高丽副总理的重要讲话站在全局和战略的高度，深刻阐述了开展地理国情普查工作的极端重要性，指出“地理国情是重要的基本国情，做好重大国情国力调查，是了解国情、把握国势、制定国策的重要基础性工作。”开展地理国情普查，是党中央、国务院在新形势下作出的一项重要决定，是建设生态文明、美丽中国的新举措，是时代赋予我们的新任务，是促进经济社会科学发展的新要求，是满足人民生活水平不断提高的新需要，对于摸清地理国情家底，立足底线思维、进行宏观思考、更好把握大局，有效应对各种风险和挑战，推进解决各种深层次矛盾和问题意义十分重大；对于提高各级党委政府的管理决策水平，科学制定经济社会发展重大战略、长远规划和宏观政策，助力工业化、城镇化、信息化和农业现代化建设，有效推进重大战略实施和重大工程建设，具有积极的促进作用。

张高丽副总理的重要讲话高屋建瓴、总揽全局、内涵丰富，具有很强的思想性、针对性、指导性，是搞好全国地理国情普查的工作纲领和行动指南。要把深入学习贯彻落实张高丽副总理重要讲话精神作为当前的重要任务、列入重要日程，切实把思想和认识统一到张高丽副总理重要讲话精神上来，把工作和行动统一到国务院重大战略部署上来，切实增强贯彻落实张高丽副总理重要讲话精神、搞好全国地理国情普查的自觉性和坚定性。

二、把握实质，全面落实，切实增强地理国情普查工作的统一性和实效性

要坚持科学普查、依法普查、创新普查的总体要求，遵循边普查、边应用的工作原则，依据普查总体方案和进度要求，科学创新管理，坚持质量标准，确保安全普查，加快成果转化，使张高丽副总理的重要讲话精神得到深入贯彻、全面落实。

一要科学管理，精心组织。各地要按照国务院的总体部署，因地制宜制定普查实施方案，细化任务目标，编制工作计划，落实保障措施。各省级普查实施方案要报国务院第一次全国地理国情普查领导小组办公室（以下简称国务院普查办）备案。要按照全国地理国情普查总体方案和实施办法，对普查工作科学、规范、高效、创新管理。要对普查工作实行精细化管理，在“精”上做文章、在“细”上下功夫、在“实”上想办法。要加强普查装备能力建设，依托先进技术手段，遴选精良作业队伍承担普查任务，确保普查工作有序、有力、有效开展，普查任务在统一步调、统一标准、统一时点要求下圆满完成。

二要全程监管，确保质量。要坚持“质量就是生命”的理念，建立普查质量控制体系，严格质量监督，落实质量责任。实行全员、全程和分级分类质量控制，加强对方案设计、底图制作、调查核查、数据处理、汇总分析、成果验收和应用等全过程的质量控制。开展过程质量监督，加强现场指导，严格验收检验。实行普查质量责任追究制度，决不允许弄虚作假，一经发现坚决严惩严处。要确保普查数据全面、真实、准确、经得起历史检验，确保普查成果的高质量、高标准、高水平。

三要预防为主，确保安全。要牢固树立“安全第一、预防为主”的思想，科学制定安全生产各项制度、措施和预案，严格落实安全生产责任制，构建安全生产长效机制。配备安全保障装备，做好安全生产教育，提升安全突发事件应急处理能力。要强化安全生产监管，有计划地组织开展安全监督检查，从安全中要进度、要质量、要实效，把普查工作打造成平安工程。要严格加强数据管理，确保数据安全，严防失泄密事故发生。

四要强化分析，促进应用。注重对普查数据的规律性、趋势性综合统计与分析，针对生态文明建设、优化国土空间开发格局、推进城镇化等重大战略任务的需要，结合本地区中心工作和重点任务，有重点、有步骤地开展地理国情监测工作，研究提出能够综合反映生态协调程度、城镇化进程、区域经济发展情况、社会民生福祉等方面的地理国情产品，为经济社会科学发展和生态文明建设提供依据。建立普查成果共享机制，及时向有关部门提供最新普查成果，向社会公开非涉密信息，促进普查成果及时转化与广泛应用。

三、加强领导，强化统筹，切实增强地理国情普查工作的协调性和保障性

要按照“全国统一领导、部门分工协作、地方分级负责、各方共同参与”原则，强化领导、落实责任、统筹协调、加强宣传，保障普查工作的顺利开展。

（一）强化组织保障。各地区要加强对普查工作的组织领导，抓紧组建强有力的地理国情普查领导小组和办事机构。领导小组要及时研究、协调解决普查中的重大问题，普查办要认真履行沟通协调、监督检查的职能，保证运转灵活、工作高效、服务到位、责任到人。国务院普查办针对各地普查工作开展情况，将实行约谈和督导制度，并与省级普查办签订普查目标责任书，落实普查责任，强化监督考核，严肃责任追究。

（二）强化机制保障。要加强政府部门间统筹协调与配合保障，整合各种资源，形成工作合力，保证普查所需各种资料、数据和图件的按时提供和全面准确。要协调发展改革部门做好地理国情普查方案与规划工作的衔接，协调财政部门保障落实普查经费，协调统计部门做好业务指导，协调军队和武警部队做好军事管理区和军事禁区内地理国情普查工作，协调基层政府做好实地调查、后勤保障、安全作业等工作。

（三）强化经费保障。要科学测算和切实落实本地区普查经费，按要求列入本级政府财政预算。参照《国家地理国情监测专项资金管理办法》，抓紧制定省级普查经费管理办法并报国务院普查办备案。要加强经费使用的监管，严控开支，厉行节约，专款专用，把有限的资金最大限度地用在项目组织实施上、落在各项工程上，确保财政资金使用合规、节俭、安全、高效。

（四）强化宣传保障。要用测绘精神感召和凝聚普查队伍，把“快、干、好”作风贯穿体现在普查工作始终。把宣传动员作为普查工作的重要环节，加强同宣传部门的沟通协作，精心制定普查工作宣传方案，围绕普查各个阶段任务开展扎实有效宣传，形成全社会了解、关心、支持地理国情普查的良好氛围。

四、抢抓机遇，乘势而上，切实增强推进测绘地理信息事业转型升级的主动性和创造性

地理国情普查是测绘地理信息发展史上的一次历史性转折和革命性变革，也是千载难逢的战略性机遇，必将推动测绘地理信息职能的强化、生产组织结构的调整、服务模式的转变。我们要认清形势、抢抓机遇，以贯彻落实张高丽副总理重要讲话精神、开展第一次全国地理国情普查为重要契机，全力推进测绘地理信息事业转型升级和跨越发展。

一是发挥三大平台综合效用。要锲而不舍抓好地理国情普查与监测、数字城市建设、天地图网站三大平台建设，使之成为测绘地理信息事业转型升级、跨越发展的重大突破和重要载体，不断丰富内容，完善功能，促进应用，发挥效益，推动测绘地理信息在广度和深度上更好地服务大局、服务社会、服务民生。

二是提升事业发展基础能力。立足当前、着眼长远、统筹兼顾、打牢基础，强力推进《全国基础测绘中长期规划纲要（修编）》、资源三号后续卫星规划、测绘地理信息公益性行业科研专项规划、应急测绘体系规划等重大规划出台，加快形成与新时期测绘地理信息工作任务相适应的资源基础、科技基础、人才基础、装备基础，使我国测绘地理信息生产力实现历史性跨越。

三是做大做强地理信息产业。按照国务院关于促进信息消费、扩大内需的要求，研究拉动地理信息产业消费增长点相关政策和配套措施，扩大地理信息产品和服务内需。激发市场内生活力，鼓励地理信息企业特别是小微企业加快发展，打造一批龙头企业，充分发挥地理信息科技产业园集聚效益，着力培育一批拉动力强的地理信息产业消费增长点，推动产业强劲增长，为稳增长、调结构、转方式、促就业作出贡献。

四是加快深化改革推动发展。按照“立、改、废”的要求，加快完善测绘地理信息法律法规体系，推进相关法律法规的出台，为事业发展提供坚实法制保障。加强和完善测绘地理信息机构、特别是市县机构建设，加快转变政府职能，形成基本统一、主体合法、权责清晰、运转协调、监督有力的测绘地理信息行政管理体制。坚持公益性发展方向，着眼转型升级发展需要，对测绘地理信息事业单位优化重组、整合力量、科学布局。

五是切实维护地理信息安全。坚持宽严相济、管服并重，在实行适度宽松的市场准入政策的同时，加强对测绘地理信息市场发展规律和趋势的研究，不断完善监管政策，创新监管手段方式，健全市场信用体系，着力提供政府服务，加快构建规范有序、蓬勃发展的测绘地理信息市场。加强部门间、地区间联动执法工作机制建设，发挥整体执法合力，依法查处违法违规行为，切实保障地理信息安全，维护国家主权、安全和利益。

认真学习、深入贯彻张高丽副总理重要讲话精神和国务院重大战略部署，是当前各级普查机构一项重要政治任务，是承担普查任务广大干部职工的历史使命和重大责任，必须统一思想，振奋精神，凝心聚力，切实把张高丽副总理重要讲话精神转化为推动全国地理国情普查开展、推进测绘地理信息事业转型升级的强大动力，转化为广大干部职工团结一致、开拓创新、奋发有为的实际行动，为全面建成小康社会、推进社会主义现代化建设、实现中华民族伟大复兴中国梦作出贡献。

关于认真学习贯彻李克强副总理对测绘地理信息工作重要批示的通知

国测办发〔2013〕1号 2013年1月4日

各省、自治区、直辖市、计划单列市测绘地理信息行政主管部门，新疆生产建设兵团测绘地理信息主管部门，局所属各单位，机关各司局：

2012年12月21日，中共中央政治局常委、国务院副总理李克强同志对测绘地理信息工作作出重要批示：“2012年，测绘地理信息系统广大干部职工坚持服务大局、服务社会、服务民生，进一步解放思想、奋发进取，各项工作取得了显著成绩。希望大家深入贯彻落实党的十八大和中央经济工作会议精神，在新的一年里，以“强基础、提能力”为主线，以“提质量、增效益”为中心，继续加强地理国情监测，切实强化测绘地理信息监管，不断推进地理信息产业发展，为全面建成小康社会作出应有贡献。”为认真学习、深刻领会、全面贯彻落实李克强副总理的重要批示精神，现通知如下。

一、提高思想认识，领会重大意义

李克强副总理在批示中对2012年测绘地理信息工作取得的显著成绩给予充分肯定，对进一步做好2013年测绘地理信息工作提出明确要求、指明发展方向。李克强副总理的重要批示充分体现了党中央、国务院对测绘地理信息事业的亲切关怀和高度重视，是对全国测绘地理信息工作者的极大鼓舞和巨大激励，具有很强的战略性、针对性、指导性和可操作性，是做好2013年及今后一段时期测绘地理信息工作的行动纲领和工作指南，对于测绘地理信息系统深入贯彻落实党的十八大精神，推动测绘地理信息事业实现新的跨越发展具有十分重要的指导意义。各单位、各部门要周密安排、精心组织对重要批示的学习宣传和贯彻落实；地方各级测绘地理信息行政主管部门要主动向本地党委、政府汇报重要批示内容；充分利用测绘地理信息媒体和社会媒体大力做好宣传报道，把学习宣传和贯彻落实李克强副总理重要批示精神不断引向深入。

二、深刻理解实质，准确把握内涵

李克强副总理的重要批示内涵丰富、思想深刻。要“深入贯彻落实党的十八大和中央经济工作会议精神”，指明了今后测绘地理信息工作的总体统领；“以‘强基础、提能力’为主线”，提出了对测绘地理信息工作的根本要求；“以‘提质量、增效益’为中心”，明确了测绘地理信息事业的发展方向；“继续加强地理国情监测、切实强化测绘地理信息监管、不断推进地理信息产业发展”，指出了测绘地理信息工作的重点任务。要从战略和全局的高度，准确把握李克强副总理重要批示的精神实质和深刻内涵，准确把握经济社会发展对测绘地理信息工作提出的新要求、新使命、新任务，准确把握面临的新机遇、新挑战，切实增强责任感、紧迫感和使命感，增强干部职工的积极性、主动性和创造性，增强攻坚克难、推动发展的勇气和决心。

三、认真贯彻落实，推动事业发展

一是深入学习贯彻，明确发展战略。要把学习贯彻李克强副总理重要批示精神与学习贯彻党的十八大精神、中央经济工作会议精神、习近平总书记一系列重要讲话精神和李克强副总理视察中国测绘创新基地时的重要讲话精神有机结合起来，进一步统一思想、凝聚共识，把思想和行动统一到十八大精神上来，统一到中央重大战略部署上来。要着力在学深学透、融会贯通上下功夫，按照国家测绘地理信息局党组确定的“构建智慧中国、监测地理国情、壮大地信产业、建设测绘强国”的战略目标，找准测绘地理信息工作在服务“五位一体”总体布局、促进“四化”同步发展等方面的切入点和着力点，发挥优势，抢抓机遇，主动作为，切实用重要批示指导工作实践，推动测绘地理信息事业更好更快发展。

二是坚持以“强基础、提能力”为主线，不断提升工作能力。要在夯实基础、提升能力上下功夫，强化统筹规划，主动争取项目，切实加大投入，推动测绘地理信息各项重大工程迅速开展，夯实工作基础。要进一步加强数字省区、智慧城市、天地图、地理国情监测的建设与应用。要加强全国测绘地理信息工作内部的统筹和外部的协调，营造有利于发展的良好内外部环境，形成最大合力。要强化科技自主攻关，加强高精尖测绘地理信息装备的研发与配备，提高测绘地理信息生产力总体水平，提升地理信息获取、处理、存储、管理和服务能力。要着力打造高素质队伍，加强行业文化建设，为建设测绘地理信息强国提供强劲的人才支撑、文化引领和智力支持。

三是坚持以“提质量、增效益”为中心，不断提高保障服务水平。要始终坚持“服务大局、服务社会、服务民生”的宗旨，不断提升服务的水平，为全面建成小康社会提供更高质量的测绘地理信息服务保障。要切实树立服务至上的理念，主动适应需求推出新服务、新产品，不断提高服务效率和服务质量。要坚持“按需测绘、效用优先”的原则，根据经济社会发展需要不断调整测绘生产力布局，优化生产结构，增强测绘地理信息工作的针对性、目标性和有效性。要坚持“有用就有效”的理念，通过需求牵引和服务创新双重驱动，推动事业转型升级，加大测绘地理信息成果的社会化应用，实现“零库存”，切实增强测绘地理信息的综合效益，实现测绘地理信息成果的效益最大化。

四是切实加强地理国情监测，保障生态文明建设。要把地理国情监测作为服务生态文明建设的重要举措，积极推进首次全国地理国情普查，形成揭示经济社会发展和自然资源空间分布与内在关系的地理国情普查报告，充分发挥地理国情监测在加强和改善宏观调控、优化国土空间开发格局、促进资源节约、加大自然生态系统和环境保护力度等方面的作用，为科学发展服务，积极做美丽中国的建设者、服务者和支撑者。各地要结合本地实际，积极争取党委政府及其相关部门的支持，主动先行先试，因地制宜地推动地理国情监测工作的开展，最大程度发挥测绘地理信息工作的作用。

五是切实强化测绘地理信息监管，维护国家安全和利益。要加强测绘地理信息依法行政，推进法治政府建设。下大力气完善测绘地理信息管理体制机制，强化省级管理部门的地位、作用和职能，加强市县管理机构建设，下移监管重心。要加强测绘地理信息法制建设，全面开展测绘法修订工作，加快完善市场监管、地图管理、成果应用与安全保密等管理制度，研究制定地理国情监测、位置服务等方面的保障机制和管理制度。要着力提升测绘地理信息监管的行政能力和技术能力，加大行政执法力度，开展专项执法行动，保持严厉查处违法行为的高压态势，保障国家地理信息安全，维护国家主权和利益。继续加强国家版图意识宣传教育和测绘地理信息法制宣传教育，营造良好的社会氛围。

六是切实推进地理信息产业发展，建设测绘地理信息强国。要推动出台促进地理信息产业发展的行业规划和政策措施，努力营造良好的政策环境，支持和引导产业发展。完善测绘地理信息市场招投标制度、信用评级制度和动态监管制度，营造公开、公平、公正的测绘地理信息市场环境，促进企业快速规范发展。鼓励小微企业、科技创新型企业发展，积极营造有利于产业发展的宽松政策环境。要鼓励企业并购重组，做大做强，增强产业整体实力，促进企业“走出去”参与国际竞争，不断开拓国际市场。要注重地理信息技术创新、产品创新、品牌创新、产业组织创新和商业模式创新，发展具有自主知识产权的民族品牌，采取有效手段扩大地理信息产品和服务内需，推动地理信息产业继续保持高速增长，为建设测绘地理信息强国奠定基础。

各单位、各部门要紧密联系实际，认真贯彻落实李克强副总理重要批示精神，并及时将贯彻落实情况报告国家测绘地理信息局。

关于向新时期测绘好干部——杨艳萍同志学习的决定

国测党发〔2013〕29 号　2013 年 9 月 22 日

各省、自治区、直辖市测绘地理信息行政主管部门，计划单列市测绘地理信息行政主管部门，新疆生产建设兵团测绘地理信息主管部门，局属各单位，机关各司室：

杨艳萍同志是山东省国土测绘院第一测绘院院长、党总支书记，是全国测绘地理信息系统唯一的外业测绘院女院长。她投身测绘事业三十八载，脚踏实地、矢志不渝，在平凡的工作岗位上创造了不平凡的业绩，先后荣获山东省先进工作者、全国测绘地理信息系统优秀党务工作者、山东省女职工建功立业标兵、山东省省直机关优秀党务工作者、山东省省直机关“巾帼建功”先进个人等多项荣誉称号。杨艳萍同志是认真贯彻落实十八大精神、在实现中国梦伟大实践中涌现出来的一面旗帜，是坚定理想信念、践行党的宗旨、坚持为民务实清廉的好典型。为大力倡导杨艳萍同志的优秀品格和崇高精神，引导和激励广大党员干部加强党性修养、增强宗旨观念、弘扬优良作风，国家测绘地理信息局党组决定，授予杨艳萍同志“新时期测绘好干部”荣誉称号，并号召全国测绘地理信息系统广大干部职工向新时期测绘好干部——杨艳萍同志学习。

学习杨艳萍同志坚定信念、忠诚事业、敢于担当的高尚品格。杨艳萍同志干一行爱一行钻一行，38 年来，视责任重如泰山，把事业当作生命。在她的职业生涯中，面对岗位变换，她不挑捡、不抱怨，面对工作困难，她不退缩、不懈怠。担任院长后，她仍坚持奋斗在一线，全年二百多天奔波在外业测区，以实际行动培养和锤炼出了一支“热爱祖国、忠诚事业、艰苦奋斗、无私奉献”的测绘队伍，在援川救灾、援疆建设、森林灭火、泰山高程测量、支援扶贫村建设等重要任务中发挥了有力的测绘保障支撑作用。

学习杨艳萍同志解放思想、攻坚克难、开拓创新的进取精神。杨艳萍同志 2004 年就任第一测绘院院长以来，面对单位人心涣散、思想保守、设备陈旧、经济窘迫的困难局面，在探索中破解难题，在创新中谋求发展，硬是凭着坚定决心、顽强韧劲、创新精神，带领第一测绘院脱胎换骨，用一位女共产党员的肩膀扛起了第一测绘院的生存发展重任。经过九年的艰苦努力，把第一测绘院带出一片新气象，实现了从单一传统测绘向综合服务型测绘的转变，软硬件建设达到国内先进水平，年产值增长了十倍。

学习杨艳萍同志心怀大爱、情系职工、服务群众的宗旨意识。她深藏家庭巨大不幸，心系职工所需，关注群众所盼，把全部的爱都倾注给了职工群众。她为人朴实、平易近人，寒冬腊月与职工一起赴测区，为职工下厨房；她改造青年公寓，为职工清洗床单、与他们贴心拉家常，用最朴实的言行让职工感受温暖。她不仅是院长，更是职工心目中的贴心大姐、慈爱妈妈。她的身上集中体现了党员干部与群众的鱼水关系和血肉联系，是全国测绘地理信息系统党员干部立足本职、服务群众、脚踏实地践行党的群众路线的先进代表。

学习杨艳萍同志公道正派、求真务实、廉洁奉公的道德情操。她讲党性、重品行、作表率，不摆官架子，与班子成员互相配合、互相补台，形成和谐团结工作氛围。她坚持原则，不徇私情，用铁面无私赢得信任和尊重。她不搞形式主义、官僚主义，沉得下去、深入务实，远离奢华、不图享受，出差尽量找便宜的旅馆，常常与职工同住测区宿舍。因家里急事用公车自付车费，常常自掏腰包请职工吃加班饭，是艰苦朴素、清正廉洁的好干部。

全国测绘地理信息系统各单位各部门要采取报告会、座谈会、撰写心得体会等多种形式，组织开展好向新时期测绘好干部——杨艳萍同志学习的活动。要把学习活动与贯彻落实党的十八大精神结合起来，与践行社会主义核心价值观结合起来，与弘扬“热爱祖国、忠诚事业、艰苦奋斗、无私奉献”的测绘精神和“快干好”的作风结合起来，与深入开展党的群众路线教育实践活动结合起来。要加大宣传力度，发挥榜样的示范作用，大力营造崇尚先进、学习先进、赶超先进、争当先进的良好氛围。要通过学习活动，使广大干部职工以更加奋发有为的精神状态、更加认真负责的态度作风、更加高涨的积极性和创造性，投身建设测绘强国的宏伟实践，为推动测绘地理信息事业科学发展、实现中华民族伟大复兴的“中国梦”作出新的更大贡献。

中共国家测绘地理信息局党组关于认真学习宣传贯彻党的十八届三中全会精神的通知

国测党发〔2013〕38号　2013年12月5日

各省、自治区、直辖市、计划单列市测绘地理信息行政主管部门，新疆生产建设兵团测绘地理信息主管部门，局所属各单位党组（党委、总支、支部），机关各司室党支部：

为深入学习宣传贯彻党的十八届三中全会精神，全面深化测绘地理信息领域改革，推动测绘地理信息事业转型升级、跨越发展，按照中央部署，结合测绘地理信息工作实际，经中共国家测绘地理信息局党组研究，现就有关学习宣传贯彻部署通知如下。

一、充分认识党的十八届三中全会的重大意义

中国共产党第十八届中央委员会第三次全体会议，于2013年11月9日至12日在北京举行。这是在我国改革开放新的重要关头召开的一次重要会议。会议的召开，是我们党坚持以邓小平理论、“三个代表”重要思想、科学发展观为指导，在新形势下坚定不移贯彻党的基本路线、基本纲领、基本经验、基本要求，坚定不移高举改革开放大旗的重要宣示和重要体现，是全面深化改革的又一次总部署、总动员，必将对推动中国特色社会主义事业产生重大而深远的影响。全会通过的《中共中央关于全面深化改革若干重大问题的决定》（以下简称《决定》），深刻剖析了我国改革发展稳定面临的重大理论和实践问题，阐明了全面深化改革的重大意义和未来方向，提出了全面深化改革的指导思想、目标任务、重大原则，描绘了全面深化改革的新蓝图、新愿景、新目标，合理布局了深化改革的战略重点、优先顺序、主攻方向、工作机制、推进方式和时间表、路线图，汇集了全面深化改革的新思想、新论断、新举措，形成了改革理论和政策的一系列重大突破，是我们党在新的历史起点上全面深化改革的科学指南和行动纲领。

认真学习贯彻党的十八届三中全会精神，对于动员测绘地理信息系统全体干部职工，紧密团结在以习近平同志为总书记的党中央周围，锐意进取，攻坚克难，全面深化测绘地理信息工作改革，推动测绘地理信息事业的转型升级、跨越发展具有重要意义。测绘地理信息部门各级党组织，广大党员和干部职工要把深入学习贯彻会议精神作为当前和今后一个时期的一项重要政治任务，深刻学习领会习近平总书记的重要讲话和全会重大决定的精神，着力提高对于全面深化改革的重大战略意义和系统性部署的认识，坚定中国特色社会主义道路自信、理论自信和制度自信，切实把思想和行动统一到全会精神上来，把智慧和力量凝聚到落实全会确定的各项任务上来，牢固树立进取意识、机遇意识、责任意识，全面深化测绘地理信息领域改革，以脚踏实地的实际行动和丰硕的改革发展成果，向党和人民交上一份满意的答卷。

二、准确把握全面深化改革的指导思想、总体目标和基本原则

全会《决定》明确提出了全面深化改革的指导思想，精辟论述了全面深化改革的总目标，用“六个紧紧围绕”深刻阐述了改革顶层设计和总体思路，从四个方面系统总结了35年改革开放的重要经验，提出了使市场在资源配置中起决定性作用、发挥经济体制改革牵引作用等一系列重大命题，部署了全面深化改革的重点任务和重大举措，勾画了改革时间表、路线图。这些都是改革开放和社会主义现代化建设实践探索的基本结论，是对中国特色社会主义道路的拓展，也是这次全会的重大贡献。各单位各部门要组织广大干部职工认真学习习近平总书记在全会上所做的重要讲话精神，学习全会公报和《决定》内容，着重把握好以下几个方面。

（一）深刻领会全面深化改革的指导思想：必须高举中国特色社会主义伟大旗帜，以马克思列宁主义、毛泽东思想、邓小平理论、“三个代表”重要思想、科学发展观为指导，坚定信心，凝聚共识，统筹谋划，协同推进，坚持社会主义市场经济改革方向，以促进社会公平正义、增进人民福祉为出发点和落脚点，进一步解放思想、进一步解放和发展社会生产力、进一步解放和增强社会活力，坚决破除各方面体制机制弊端，努力开拓中国特色社会主义事业更加广阔的前景。

（二）深刻领会全面深化改革的总目标：完善和发展中国特色社会主义制度，推进国家治理体系和治理能力现代化。必须更加注重改革的系统性、整体性、协同性，加快发展社会主义市场经济、民主政治、先进文化、和谐社会、生态文明，让一切劳动、知识、技术、管理、资本的活力竞相迸发，让一切创造社会财富的源泉充分涌流，让发展成果更多更公平惠及全体人民。

（三）深刻领会全面深化改革的目标任务和总体思路：紧紧围绕使市场在资源配置中起决定性作用深化经济体制改革，紧紧围绕坚持党的领导、人民当家作主、依法治国有机统一深化政治体制改革，紧紧围绕建设社会主义核心价值体系、社会主义文化强国深化文化体制改革，紧紧围绕更好保障和改善民生、促进社会公平正义深化社会体制改革，紧紧围绕建设美丽中国深化生态文明体制改革，紧紧围绕提高科学执政、民主执政、依法执政水平深化党的建设制度改革。

到二〇二〇年，在重要领域和关键环节改革上取得决定性成果，形成系统完备、科学规范、运行有效的制度体系，使各方面制度更加成熟更加定型。

（四）深刻领会35年改革开放的重要经验：坚持党的领导，贯彻党的基本路线，不走封闭僵化的老路，不走改旗易帜的邪路，坚定走中国特色社会主义道路，始终确保改革正确方向；坚持解放思想、实事求是、与时俱进、求真务实，一切从实际出发，总结国内成功做法，借鉴国外有益经验，勇于推进理论和实践创新；坚持以人为本，尊重人民主体地位，发挥群众首创精神，紧紧依靠人民推动改革，促进人的全面发展；坚持正确处理改革发展稳定关系，胆子要大、步子要稳，加强顶层设计和摸着石头过河相结合，整体推进和重点突破相促进，提高改革决策科学性，广泛凝聚共识，形成改革合力。这些也是我们全面深化改革必须长期坚持的基本原则。

三、切实加强党的十八届三中全会精神学习宣传贯彻的组织领导

各单位各部门要以高度的政治自觉、强烈的政治意识、大局意识和责任意识，切实加强组织领导，周密安排部署，将学习宣传贯彻党的十八届三中全会精神与群众路线教育实践活动相结合，紧密联系测绘地理信息工作实际，联系本部门本单位发展实际，联系广大干部职工思想实际，解放思想，攻坚克难，把党的十八届三中全会精神落实到推动测绘地理信息事业深化改革、转型升级、跨越发展上来，扎实有效地将学习宣传贯彻党的十八届三中全会精神引向深入。

（一）加强组织领导。各单位各部门要把学习宣传贯彻党的十八届三中全会精神作为当前和今后一个时期的一项重要政治任务，按照中央部署和局党组要求，立足自身实际，结合党的群众路线教育实践活动，做出专门部署，明确具体要求，着力抓好落实，迅速兴起学习宣传贯彻党的十八届三中全会精神的热潮。各级领导干部要以身作则、率先垂范，带头学习宣传，带头贯彻落实，带头督促检查。全体干部职工要增强积极性和主动性，切实把学习宣传贯彻党的十八届三中全会精神转化为自觉行动。

（二）加强学习培训。各单位各部门要坚持贴近工作、贴近实际，统筹兼顾，科学安排，不断创新方式方法，采取大会传达、通读文件、专题研讨、专家辅导、座谈交流等多种形式，尽快组织党员干部和职工广泛开展学习培训，做到学深学透学懂，融会贯通。要把学习宣传贯彻党的十八届三中全会精神融入到业务工作中，做到目标同向、安排同步、工作同力，努力增强学习宣传贯彻的针对性和实效性。

（三）加强宣传报道。各单位各部门要牢牢把握正确方向，充分利用报纸、杂志、网站等多种载体，开展形式多样、丰富多彩的集中宣传报道，营造关心改革、支持改革、参与改革的浓厚氛围。要大力宣传党的十八届三中全会精神，持续宣传学习贯彻党的十八届三中全会精神取得的新进展新成效，广泛宣传广大党员干部职工学习贯彻党的十八届三中全会精神创造的新做法新经验、展现出来的新的精神风貌。要畅通渠道，广泛倾听社会各界对于测绘地理信息改革发展的思路建议，促进测绘地理信息领域改革不断向深度和广度推进。

各单位各部门要及时将学习宣传贯彻党的十八届三中全会精神的情况报告国家测绘地理信息局党组。

关于印发《测绘地理信息公益性行业科研专项项目管理暂行办法》的通知

国测科发〔2013〕5号　2013年7月4日

各有关单位：

为做好测绘地理信息公益性行业科研专项组织管理工作，根据《财政部关于同意将测绘地理信息行业纳入公益性行业科研专项试点范围的函》（财教函〔2013〕47号）有关要求，我局组织编制了《测绘地理信息公益性行业科研专项项目管理暂行办法》。现将该办法予以印发，请遵照执行。

测绘地理信息公益性行业科研专项项目管理暂行办法

第一章　总　则

第一条　根据财政部、科技部关于《公益性行业科研专项经费管理试行办法》（财教〔2006〕219号）和《关于调整国家科技计划和公益性行业科研专项经费管理办法若干规定的通知》（财教〔2011〕434号）的要求，为规范测绘地理信息公益性科研专项（下称“专项”）的项目管理，制定本办法。

第二条　专项贯彻落实《国家中长期科学和技术发展规划纲要（2006-2020年）》（下称《国家规划纲要》）、《全国基础测绘中长期规划纲要》（下称《测绘规划纲要》）和《测绘地理信息科技发展“十二五”规划》，紧密围绕“构建智慧中国、监测地理国情、壮大地信产业、建设测绘强国”的总体战略，组织开展应急性、培育性、基础性科研工作。主要包括：

（一）行业应用基础研究；

（二）行业重大公益性技术前期预研；

（三）行业实用技术研究开发；

（四）国家标准和行业重要技术标准研究；

（五）计量、检验检测技术研究。

第三条 专项项目管理遵循以下原则：

（一）明确目标，突出应用。专项主要针对测绘地理信息行业的系统性、结构性科技需求，围绕行业特点和科技创新的急需遴选项目，明确研究方向和技术支撑点，且与国家科技计划支持的项目合理区分、有效衔接。专项只设项目层次，项目不分解。

（二）顶层设计，系统工程。要做好专项项目的顶层设计，遵循产、学、研、用一体化原则，持续支持测绘地理信息领域的自主创新、集成创新以及引进消化吸收再创新，推进测绘地理信息行业科技资源的统筹管理、有效整合和广泛共享。

（三）科学决策，规范管理。专项管理坚持政府决策与专家咨询相结合，注重吸收各方面的意见建议。专项实行公开、公平、公正、透明化管理，建立决策、咨询、实施、监督相互独立、相互制约的管理机制，并接受社会监督。

第四条 专项项目管理包括项目建议、评审、立项、实施和监督、验收、成果推广与后评估等环节。

第五条 专项经费管理执行《测绘地理信息公益性行业科研专项经费管理暂行办法》（国测财发〔2013〕22号）有关规定。

第二章 组织管理体系

第六条 国家测绘地理信息局（下称“测绘地信局”）是专项的行业主管部门，在专项业务管理方面的主要职责为：

（一）制订测绘地理信息行业科技发展规划，并报科技部、财政部备案；

（二）制定专项项目管理相关办法；

（三）负责管理咨询委员会（下称“咨询委”）、监督评估专家组的组建和管理工作；

（四）审定项目建议，确定项目承担单位；

（五）组织项目论证和评审；

（六）下达年度项目批复；

（七）与项目承担单位签订项目任务书，组织项目开展协作攻关；

（八）监督检查项目执行情况，协调处理出现的重大业务问题；

（九）组织项目业务验收，开展成果管理和推广工作；

（十）负责项目绩效考评和后评估。

第七条 咨询委由科技、管理、经济等领域专家组成，一般不少于11人，其中测绘地信局及直属单位以外的人员应占40%以上。咨询委主任由测绘地信局领导担任。咨询委成员名单报送财政部、科技部备案。其主要职责是：

（一）根据测绘地理信息事业和科技发展规划，对专项的项目设置提出咨询建议；

（二）对项目承担单位选择方式提出咨询建议；

（三）对项目执行的全过程发挥咨询评议作用。

第八条 监督评估专家组根据需要从专家库中遴选，主要职责是参与项目论证、评审、监督检查、项目验收和绩效考评等工作。

第九条 咨询委和监督评估专家组的成员不得相互兼任。

第十条 项目承担单位在项目管理方面的主要职责是：

（一）按要求编制项目实施方案和项目任务书；

（二）实施项目任务，组织协作单位开展相关科技活动；

（三）接受并配合对项目的监督检查和验收考评工作；

（四）按要求进行成果登记和项目相关资料归档工作；

（五）宣传推广项目成果；

（六）接受并配合对项目进行后评估。

第三章 项目建议

第十一条 测绘地信局根据测绘地理信息行业科技发展规划确定的重点领域和优先主题，结合测绘地理信息行业发展的急需，开展备选项目征集工作，并组织行业内有关专家对项目进行遴选，遴选结果提请咨询委审议，并根据审议结果确定年度项目建议，根据财政部、科技部要求完成报送。

第十二条 项目建议的要求是：

（一）具有明确的目标和考核指标；

（二）完成后能够直接投入应用或具有较强应

用前景；

（三）与国家科技计划及测绘地理信息专项等项目层次区分清楚，避免重复交叉。

第十三条 测绘地信局根据科技部反馈意见对项目进行调整并列入项目库，选定年度专项项目。

第四章　项目评审和立项

第十四条 由测绘地信局根据项目类型特点和咨询委建议采取择优委托或者招投标等方式确定项目承担单位，并组织项目承担单位编制项目实施方案和项目预算。

第十五条 项目承担单位的条件如下：

（一）一般为中国大陆境内具有独立法人资格的科研机构、高等院校、测绘地理信息生产单位、内资或内资控股企业等；

（二）具有项目实施必须的科研设施条件，优先支持国家和局重点实验室、工程（技术）研究中心等建设依托单位；

（三）具有较强的研发优势，拥有相关领域国内知名的学科带头人和稳定的学术团队；

（四）具有丰富的项目组织管理经验，优先支持承担过国家级重大科技项目的单位。

第十六条 项目负责人应符合如下条件：

（一）必须具有中华人民共和国国籍，年龄原则上不超过60周岁，院士不超过70岁，具有高级及以上专业技术职称，有固定工作单位（原则上应在项目承担单位工作），具有较高的学术水平和开拓创新能力，具有较强的组织协调能力，诚信记录良好，主持或参加过国家级科技计划项目；优先支持测绘地信局领军人才、学术技术带头人、创新人才、创新人才团队以及年龄在40岁以下的青年科技骨干；

（二）专项项目负责人同期只能主持1项，最多可另参加1项。

第十七条 项目实施方案主要内容包括：

（一）项目总体目标、年度目标；

（二）研究任务、技术路线和组织实施方式；

（三）项目分年度实施方案；

（四）项目承担单位已有科研条件。

第十八条 测绘地信局建立专家库，完善专家的遴选、回避、问责制度。有下列情形的专家，应当回避：

（一）项目承担单位是专家所在工作单位；

（二）项目承担单位与专家所在单位有利益关系；

（三）在两年内与项目承担单位有合作；

（四）与项目负责人或主要研究人员在研究生或博士后阶段存在师生关系；

（五）与项目负责人或主要研究人员存在直系亲属关系；

（六）与项目承担单位有其他可能影响公正的关系。

第十九条 测绘地信局组织专家对项目实施方案进行评审，按程序将其中未涉密的项目向社会公示。

第二十条 公示期满后，测绘地信局根据评审结果，提出专项项目预算安排建议，按照优先顺序排序后，及时报送财政部。

第二十一条 测绘地信局根据财政部批复的项目总预算，下达年度项目批复，并与项目承担单位签订项目任务书。

第二十二条 实行招标投标管理的项目，按照国家招投标的有关规定执行。

第二十三条 测绘地信局对涉及国家安全和重大国家利益的项目做好保密工作，与项目承担单位签订科技保密协议并监督实施。

第五章　项目实施和监督管理

第二十四条 项目承担单位根据测绘地信局下达的项目批复及项目任务书开展项目研究工作，并接受咨询委评议。

第二十五条 项目实行定期报告制度。项目承担单位应每半年按要求向测绘地信局报告项目执行情况。

第二十六条 项目实行重大事项报告制度和负责人变更、项目计划调整的审批制度。在项目实施期间出现项目计划任务调整、项目负责人变更或调动单位、项目承担单位变更等重大事项，项目负责人和项目承担单位须及时书面报告测绘地信局，审批后按批复意见执行。

第二十七条 项目在实施过程中出现下列情况的，应及时调整或撤销：

（一）需求、技术等情况发生重大变动，造成项目原定目标及技术路线需要修改；

（二）项目负责人调动、变更，项目承担单位、协作单位变更，项目研发技术骨干发生调动、变更等，致使研究工作无法正常进行；

（三）其他不可抗拒因素，致使研究工作无法正常进行。

第二十八条 对撤销的项目，项目承担单位应及时清理账目与资产，编制财务报告及资产清单，对已开展工作、阶段性成果、知识产权等情况向测绘地信局做出书面报告。

第二十九条 测绘地信局建立信用管理和问责制度，对项目承担单位、项目负责人、评审和监督专家等在专项中的信用情况进行客观记录，并作为其参加国家科技活动的重要依据。对弄虚作假，剽窃他人科技成果的项目承担单位和项目负责人，一经查出，立即撤销立项，追回已拨付项目经费，取消项目负责人承担或参与专项的资格，停止其所在单位申报专项项目资格 1 年，并向社会公示。构成犯罪的，交由司法机关处理。对于信用不良的评审或监督专家，一经查出，立即解聘并进行公示，停止其担任专项专家资格 5 年。

第三十条 项目实行公示制度。除有保密要求外，项目承担单位、项目负责人、研究内容、项目进展等相关信息应及时向社会公示，项目成果应尽可能向社会公开。

第三十一条 根据项目评议和绩效考评相关结果，测绘地信局可酌情采取通报批评、责令整改、核减经费额度、终止部分任务、终止项目等措施加强对项目执行的监督管理。

第六章 项目验收

第三十二条 项目执行期间及完成后，测绘地信局负责组织专家开展项目业务验收。

第三十三条 实行公开制度。除有保密要求外，项目承担单位、项目负责人、研究内容、项目进展及项目成果等相关信息应及时向社会公开。

第三十四条 项目验收分为财务验收和业务验收两个阶段，财务验收是进行业务验收的前提。

第三十五条 项目完成后，承担单位应及时向测绘地信局提交验收申请。项目因故不能按规定执行期完成的，应提前 3 个月申请延期验收；未获批准的项目仍按原定期限进行验收。在规定的执行期结束后 3 个月既未提出验收申请又未申请延期验收的，对承担单位和项目负责人进行通报批评。

第三十六条 项目业务验收申请材料包括：业务验收申请表、项目任务书、项目验收自评估报告、项目财务审计报告、项目财务验收意见和有关部门出具的成果应用报告。

第三十七条 存在下列行为之一的，不得通过业务验收：

（一）项目目标任务完成不足 85%；

（二）所提供的验收文件、资料、数据不真实，存在弄虚作假现象；

（三）未经申请或批准，项目承担单位、项目负责人、项目目标、研究内容、技术路线等发生变更；

（四）超过下达的项目任务执行期半年以上未完成，并且事先未做出说明。

第三十八条 项目未通过验收的，项目承担单位应按原渠道归还全部或部分项目经费。测绘地信局对有关单位和责任人进行通报，并取消该单位或个人今后 3 年内申请专项项目的资格。

第七章 项目成果推广与后评估

第三十九条 项目承担单位应在验收完成半年内按要求编报成果推广材料，并将项目成果录入成果数据库，由测绘地信局发布到测绘地理信息成果推荐与共享平台，以促进项目成果的转化、应用与推广。

第四十条 测绘地信局负责跟踪项目成果使用与升级研发情况。探索建立项目后评估机制。在项目验收一年或更长时间后，由测绘地信局组织对成果应用状况、经济和社会效益进行综合评价。对于在成果转化、转让中成效突出的单位，测绘地信局在后续项目申报中予以优先支持，或经成果认定后采取后补助的方式予以资助。

第八章 项目资产与知识产权管理

第四十一条 专项项目取得的成果按照《科技成果登记办法》等有关规定进行登记和管理。涉及国家机密的，执行《科学技术保密规定》。

第四十二条 专项项目形成的知识产权，其归属和管理按照有关知识产权的法律法规和其他规范性文件的规定执行。项目承担单位应当加强知识产权产生、管理和保护工作。项目形成的专利权归属与实施按照《中华人民共和国专利法》的规定执行。论文及专著须标注“测绘地理信息公益性行业科研专项经费资助”字样。著作权的归属和使用按照《中华人民共和国著作权法》的规定或约定的方式执行。

第四十三条　专项鼓励科研成果的转让和转化。成果转让和转化过程中涉及的知识产权及相应权益等问题，遵照《中华人民共和国促进科技成果转化法》、国务院办公厅《关于加强与科技有关的知识产权保护和管理工作的若干意见》执行。

第四十四条　对于合作研究的项目，在项目启动前，项目承担单位应与协作单位约定成果和知识产权的权益分配，不得有恶意垄断成果和知识产权等行为。

第四十五条　项目执行过程中购置或试制形成的固定资产，由项目承担单位代表国家负责管理和使用，资产的处置按照国家的有关规定执行，其维护运转费用由使用人承担。

第九章　附　则

第四十六条　本办法由测绘地信局负责解释。

第四十七条　本办法自发布之日起施行。

领导讲话

全国政协副主席、全国工商联主席王钦敏在参观考察中国测绘创新基地时的谈话

（根据录音整理）

2013 年 1 月 24 日

徐德明局长说：首先我代表国家测绘地理信息局，对王钦敏主席当选为全国工商联主席表示衷心祝贺！对王钦敏主席一行在百忙之中到中国测绘创新基地视察指导表示热烈欢迎！为节省时间，改进方式，先请主席参观，并随时给予指导。

王钦敏主席在考察中国测绘科学研究院地图学与地理信息系统研究所时，对员工们非常感慨地讲——

地理信息涉及的领域非常广，应用领域非常宽，原来基本是困在象牙塔里边，现在“天地图”研发成功后，这些应用是革命性的。信息技术日新月异，发展速度非常快。现在的年轻人要乘着信息化的东风，一代更比一代强，以后的社会进步就靠你们了。当初我在国外开始做数字地球，回国后仍然从事这项工作，近平同志领着我们做，福建省成立了数字福建领导小组，组长由近平同志担任，还有一位常务副省长任副组长，我负责具体技术设计。我们提出了第一个五年计划，开始建设数字福建，然后开展了第二个五年计划，现在是第三个五年计划时期，这项工作一直在坚持做。当时一个主导思想就是怎么利用基础信息为社会服务。我特别欣赏国家测绘局更名为国家测绘地理信息局。信息非常关键，大家要坐在“信息化”这条飞船上向前跑。

我们现在主要问题是什么？从信息化的角度说，信息化实质上要实现信息内容的广泛交流、共享与应用，其中数据在政府信息化，在政府协同和服务中至关重要。现在很多部门都在做基础数据，格式都不一样，对于与空间地理位置相关的内容，如能将测绘地理作为底图，即可标准化共建共享和产生增值产品，这是我的一个主导思想。目前的状况是林业、农业、水文、环保等部门所收集和运用的数据格式标准不一样，各类土地划分标准也不一样，例如同一块地，农业部门划分为“荒草地”，而林业部门就划为“疏林地”，都在自己的立场上进行分类，这样会碰到很多问题，争议多年也解决不了，最后提交到国务院也没办法解决。高速公路在征地

补偿问题上，林业部门也要盖章，是主管部门；农业部门也要盖章，也是主管部门，那赔偿是按疏林地的标准赔，还是用荒草地的标准赔就不好解决，因为标准不一样，所以一定要有一个基础的标准。你们所作的工作是提供信息，而且提供的是最基础的信息，信息化真正做起来能实现每一用户都能成为信息提供商，信息资源能不断循环应用与增值，信息服务业才能健康发展。如在基础测绘数据上增加资源环境、生态环保方面的数据，其价值是1+1远大于2的，还可把数据上网，使其得到补充和叠加。当时我们开展数字福建建设，先从政务网着手，搞“顶层设计、底层共享”，促进部门之间信息共享和业务协同。之所以没有多花钱，就是因为不搞重复建设，坚持统筹规划和集约化，标准统一，数据才能广泛应用。把标准控制住，才能持续叠加，也能避免重复建设与浪费投资。所以基础数据标准统一是非常重要的，还需继续推进，我现在还在到处呼吁，就是因为它很重要，不然发展到必须共享与协同阶段时，以前的信息系统必将推倒重来。所以希望大家都来呼吁政府部门之间加强互动和统筹协同，政务信息化必须要有共同的基础，再协同开展，不然各做各的，以后就难以进行叠加应用，计算机系统间互联不互通就乱套了。

第二方面是社会信息化。现在的“天地图”就是社会服务，这个平台不得了，在天地图这个基础平台上能够产生多种产业。日本“宅急便”，就是家庭配送。比如出差回来后，不直接回家而是先去单位，在机场留下地址，行李可直接托送到家里去。这是一个很巨大的产业。日本人有的节日大家互送礼，但是没有提着东西到家里去的，而是写一个地址给商店，商店就负责送货。有时同一天，一个送鱼、一个送龙虾，同时要送过来，“宅急便”会预通知，家庭主妇可安排哪一天送什么东西，因为货与仓储相连。这就形成了一个基于地理信息的产业，并决定空间位置和时间需求，是一个大信息化服务产业，这种社会信息化产生了现代物流。目前的物流很多只是基于旅游图的应用，产业的品质不高，如果“天地图”能够做好，推广起来会非常有优势。电子商务也是跟位置有关系。我想你们要研究怎么样跟企业去结合，跟服务业去结合，派生出自己新的产业来。

第三方面是企业信息化。实质上刚才说了政府信息化和社会信息化。企业的信息化是工业信息化和商业等行业信息化，讲国家信息化举措只讲工业信息化有偏颇，因为信息化包括了政府信息化、社会信息化和企业信息化三大部分。现在十八大提出来信息化、工业化、城镇化、农业现代化同步，阐明了信息化的全社会服务功能，所以这个四化同步，你们也要推广和应用。本来测绘是属于国家基础设施这一方面，现在你们更名为“测绘地理信息局”已经做到了应用基础设施领域，我到处推广“应用基础设施”这个概念，因为作为基础设施建设应以政府投入为主，“应用基础设施”是通过政府导向性投入培育和形成产业。你们现在已经涉及应用基础设施领域并建立了创新基地，做得漂亮，要进一步考虑后面怎么应用？发展这个产业前景不得了，可能一个人才出去就是一个产业。掌握了这方面内容，就可以开发出一套的应用服务项目；只要瞄准了一群服务的人，就能形成一个产业，位置服务应用广阔。以工商业和企业为例，很重要的生命线就是营销，营销如果和地理位置挂钩的话，营销员到哪里老板都知道，就偷懒不了。我们有一个副主席，是福建泉州的，他是做卫生纸和卫生巾的，现在有两百亿的产业，他06年运用地理信息技术开发了一套软件系统，这几年来连续年利润都增加50%到60%。原来一个管理人员只能掌控30个人以下的营销员或者营销店，现在可以掌控200个，营销员的具体位置，跑了多少地方，销售到什么程度，奖金能拿多少，系统里都会有记录和控制。这个企业现在在福建晋江市纳税就8亿多，做了大贡献。企业通过软件控制，不但能掌握营销员在哪里，营销员的业绩也全部记录下来，老板拿手机查一查就可以了，这属于现代化管理，所以这一应用前景非常广阔。

徐德明局长说：刚才您讲的都是前沿的和现实的例证，您是地理信息界的专家，我们测绘地理信息部门可以与工商联联手推动。工商联是管企业的部门，我们也只有靠企业才能把地理信息数据转化为生产力。就有关发展，今后我们再向您详细汇报，咱们两个部门可以签署一个协议，在全国工商联的支持下，我们共同把地理信息产业发展好。我想我们测绘地理信息界的年轻人听了您的讲述会很受教育和启发的，地理信息产业前景无限、潜力巨大、前景美好，在场的年轻人你们听了就要去努力奋斗！

王钦敏主席在考察中国测绘科技馆数字地球厅后谈到——

对于基础地理信息，测绘非常重要，无论国土还是环保等部门也都认可。现在数字福建所有政府部门的基础数据目录系统已建成，共十本，叠起来有一米多高。这个目录在政务网公开公布，需要哪部分数据就可以向哪个部门索取，避免了各部门各自为政，数据共享标准不统一，各行业做的数据不能互用的弊端。企业、部门的项目也是这样，做完数据不能用，关键就在这。在这方面，我一直主张“权威部门、权威数据，顶层设计、底层共享，一家建设，各家分享”的做法，所以我就用了一批专家，绝对把住技术关，按照近平同志顶层设计、系统工程的建设原则统筹规划，把各自为政的重复投资削减掉，节约下来的投到如测绘基础地理和政府部门信息资源改造与应用上。安全设施也是这样，所有部门都要建安全设施，花费巨大，我们只做一个统一的安全体系，所有经费集中使用，仅此就为省里节约了几十个亿。

关于顶层设计，习近平总书记最近的讲话也讲到了，在系统建设上面就是“顶层设计、系统工程”这八个字，设计完了论证清楚后，分步按需开展，要做就要系统地做下来。信息化的最终目的是共享，如果没有这个最终目的，做的东西最后肯定不能共享应用。信息化建设是不可逆转的，肯定要做，如用不起来，只好再换个名字再立项，从数字地球变成智慧地球，这名字已经说出去了，如再用不起来，恐怕找不到更好听的名字了。关键要看有没有信息内容服务。现在遥感和“天地图”拿出来用是很大的突破，社会信息化需要企业去推进各行各业、千家万户的信息服务和应用。测绘地理信息局，测绘加上了地理信息，开拓了应用空间，非常好。光测绘就只能靠政府，政府给你了，每年吃不饱饿不死，把地理信息加进去，就不得了，天宽地广。

徐德明局长在听了王钦敏主席的谈话后说：我才知道数字城市建设不是我们所说的只有7-8年的历史，而是福建早就启动了。从2000年在全国率先开始建设，到现在已有12年的历史了，知道近平同志很重视数字福建建设，并亲自到福建省测绘局进行视察，并决定给予了一亿多元的财力支持。所以说，福建一直到现在在数字城市建设、天地图建设等方面都非常好，处于领先水平，这都要得益于当时习近平同志的正确领导和关心。应该说王钦敏主席是我国数字城市的开创者、奠基者、创始人之一，今天数字城市建设所取得的成绩，离不开当时福建的开拓、引领和以王钦敏主席为代表的老前辈、老专家、老领导的开拓创造所奠定的基础。习近平总书记强调历史是不能割断的，我们的技术同样也是不能割断的；如果割断了，技术就没有基础。所以，我们数字城市技术的发展是在前人种树的基础上，后人乘凉，我们继续前进。

在交流时徐德明局长表示说：通过王钦敏主席的参观考察，我们对“构建智慧中国，监测地理国情，壮大地信产业，建设测绘强国”的认识更加深化。这次王钦敏主席的参观考察，对我们来说是很难得的一次学习机会，使我们深受启迪、深受教育，对进一步推动测绘地理信息事业的发展是一个鼓励，是一次推动，非常有意义。刚才大家都表示，听了您的讲话很受启发，很受鼓舞。

您是地理信息界的专家，希望您从地理信息专业的角度，带领我们前进。前进有多种方式，首先就是您多给我们及时提出专业指导性的意见。您作为权威提意见和建议，就会被采纳，就有利于防止重复建设，推动政府信息化、社会信息化和企业信息化，推动这三化统一方面，向国家提出建议，这样既避免重复建设而且又促进应用，提高政府决策和实施水平。能不能请您牵头，您列题目，我们测绘地理信息部门来具体实施。能不能由您牵头向国家提出建议，建立国家地理空间信息数据库，按刚才您讲到“权威部门，权威数据，顶层设计，底层共享，一家建设，大家分享”的原则，由测绘地理信息部门来具体实施。

为此我提三点建议：

第一，按您的讲话，我们进行整理，请您来审定。一是把您的讲话整理出来，经您审定后下发，二是制定《国家地理空间数据库建设方案或意见》上报给国务院，也请在座老专家们一起参与。各位老专家虽然退出工作岗位了，但是智慧和经验依然丰富，希望老专家共同为地理信息数据库建设贡献力量。

第二，工商联主要是联系民营企业，我们测绘地理信息领域大部分企业是民营的。希望通过工商联的关心和支持，共同推动地理信息产业发展，营造良好的政策环境、社会环境、发展环境。这个方面还得依靠工商联来整合，来促进产业大发展。一个人就是一个企业，一个人就是一家公司，只有测绘地理信息能做到。前面提到的那家公司，一年纳税8个亿，就因为应用了地理信息管理系统，利润增加50%以上，可见地理信息产业潜力巨大。通过这个平台，把有潜力的企业做大做强。

第三，共同促进国家地理信息科技产业园的发展。从工商联这个角度，来凝聚更多企业入园，让他们在这里进行企业孵化，可以组织创新集成，形成平台，共同打造，包括科技创新，聚合集成。

以上三点建议很冒昧，说得不对的地方请主席批评指正。

我代表国家测绘地理信息局全体职工，再次对王钦敏主席的到来表示衷心的感谢，并致以良好的祝愿和新春的祝福。相信王钦敏主席带领的工商联，一定会在蛇年开好局，迈出新的步伐。

王钦敏主席很有感触地讲——

首先表示感谢！今天下午我们一行到这里主要是来学习参观，看一看地理信息当前的成果，还有会见老朋友，你们这么热情，徐局长亲自陪同，详细给我们介绍情况，表示感谢。第二，谢经荣副主席是曾在测绘局工作，非常敬业，很有水平，在工商联也做了很多贡献，我们表示感谢。第三层，你们是权威部门，我从地理信息应用的角度做了一些事，得到过这里的几个老朋友业务上的指导，正好趁这个机会表示感谢。

我对贵局取得的成果很佩服，看到如此规模的综合性大楼，跟我原来的印象完全不一样，很震惊。而且楼内展览、办公、科研等功能齐备，布局合理，说明了你们的管理水平高，也预示着今后的发展前景非常美好。我特别欣赏国家测绘地理信息局这个名字，加上地理信息几个字，业务完全拓宽，拓宽后可往下游拓展，不只是光抓住一个基础了，往下游发展前途无量，一是表示震惊，同时也表示祝贺。徐局长很有魄力。另外，从国家角度，我觉得对测绘是越来越重视。徐局长又是国土资源部的副部长，国土特别是在整个环境、资源、生态，以及宏观评估、保护、规划，防灾减灾应急指挥等至关重要。现在城市发展，特别是城镇化方面，你们的作用将越来越大，我相信你们会做的非常漂亮。至于地理空间信息，作为国家基础，据我了解已经是国家三大基础数据库之一，主要的职能在你们这里。记得约十一、二年前，两办下发“十七号文件”，那时我刚回国不久，正赶上十七号文件出台。现在“数字福建”咬定青山不放松，仍然按照十七号文件的框架建设，当时做了四大基础数据库，“人口库”、“法人库”、“空间地理基础信息库”、“宏观经济数据库”。但宏观经济库一直没做起来，现在就三大库了，怎么样推广应用还要深入探讨，一方面是部门应用和部门业务协同；一方面是社会应用和企业应用。要把库盘活，数据是资源，在知识经济时代是金山、银山，要学会挖掘使用。应用方面要加大力度，加大国家的支持力度。现在“天地图”出来了，许多瓶颈已经突破了，在这个事情上，我觉得有什么事情需要呼吁的，我作为这个领域里的一员是义不容辞的。我这几年也一直在呼吁这个事。还有一方面，下一步也是必做的，现就是宏观经济数据库建设。实际上，宏观经济库里头包括的东西太多了，很多东西都可以跟空间位置挂钩，做经济数据的空间布局模型，对政府决策很有帮助，经济信息和数字地球的概念挂钩，这方面以后还是要做起来的。现在只是把金融、税收这些很多宏观经济的数据统计上来，很多东西要进行分析，要从实践、空间和时间发展变化规律分析和预测评估等，要进行综合和决策支持，实际上还是离不开空间信息。还有一方面，你们这里图都已经做了，就是灾害的防治，这个对国家来说是至关重要的。对灾害这一方面，要搞灾害决策支持，搞应急指挥，需要大量各类数据，只有以你们的数据为基础，才是可持续运转的。没有以这个基础来做，最后宏观决策者拼不起来、融合不起来，这几块结合上你们的，肯定会做得很好。

另外，从工商联的角度来看，你们可以查一查我们工商联从事这方面业务的会员有哪些企业，现在工商联包括企业会员和团体会员，还有一些行业商会，我们的成员约300万。工商联主要是联系非公有制经济，这一方面占GDP 60%，企业税收占50%，所以合作面还是挺广的，可以从行业商会协会角度出发进行规划发展。你们现在的北京国家地理信息科技产业园就是个据点，行业商会能不能进你们的科技园，可以考虑这个事。因为武汉科技园就做的挺好，它早做了一步，搞了个地球空间信息产业园，我曾经去看过，感觉挺好，还有一些互动。工商联就是为大家服务的，为各种企业服务的。现在企业发展，特别是牵涉到高新技术，非公有制中小企业更多，因为它机制灵活，生存发展能力也强，空间地理方面和高新企业实际上很多是非公有制的，这方面我们以后应该加紧合作。我们的理念，就是为国家服务、为大家服务。

谢谢！

国土资源部部长姜大明在中国测绘创新基地视察调研时的讲话

（根据录音整理）

2013年4月10日

同志们：

很高兴到测绘地理信息局来，主要目的是进进门，认认人。部里、局里都是一个大家庭的成员，一起工作，要多提建议，互相指导监督，互相支持。刚才，参观了中国测绘科技馆，观看了测绘地理信息成果展示，听取了德明同志很简要但是很全面的汇报，结合自己在地方工作时了解的情况，总的感受是：近几年，在德明同志为班长的国家测绘地理信息局党组领导下，全国测绘地理信息广大干部职工改革创新、锐意进取，测绘地理信息事业取得了长足发展，实现了前所未有的历史性跨越，为服务我国经济社会发展大局做出了积极贡献。温家宝同志亲自为中国测绘创新基地大楼题字。李克强同志连续四年对测绘地理信息工作作出重要批示，两度视察测绘地理信息工作，并亲自宣布国家测绘地理信息局更名的决定。特别是克强同志在“5·23”视察中国测绘创新基地时的重要讲话，是指导测绘地理信息工作的纲领性文件。这些都充分体现了党中央、国务院对测绘地理信息工作的高度重视和对大家工作的充分肯定。

借此机会，我代表国土资源部党组，向德明同志为班长的局党组，并通过在座的同志向全国测绘地理信息系统广大干部职工，表示崇高的敬意和诚挚的问候！

下面，我讲几点意见，供大家参考。

一是这些年测绘地理信息事业发展取得的突出成就值得充分肯定。局党组以科学发展观为指导，紧紧围绕党和国家中心工作，坚持全局谋划，顶层设计，制定了新时期测绘地理信息事业的发展战略，明确了发展方向。坚持服务大局、服务社会、服务民生的宗旨，推动了数字城市、天地图、地理国情监测三大工程建设，全力打造提高城市综合管理水平的服务平台、提高百姓生活质量的服务平台和提高领导决策水平的服务平台。“三个服务”、“三大工程建设”、“三大服务平台”都充分体现了测绘地理信息事业对经济社会发展做出的重要贡献。坚持按需测绘、效用优先的原则，积极推进了各级基础地理信息资源建设与更新，奠定了测绘地理信息工作为经济社会发展提供保障服务的坚实基础。坚持以地理信息产业园建设为重要抓手，以产业政策为重要支撑，着力优化发展机制，着眼社会广泛需求，促进地理信息产业做大做强。加强领导班子、机关和事业单位干部队伍建设，努力培养人才。坚持以人为本，积极改善职工工作和生活条件，解除后顾之忧，激发工作热情，增强了单位凝聚力。我认为，国家测绘地理信息局党组高站位、高起点、高水平地谋划和推进测绘地理信息工作，开创了测绘地理信息工作的新局面。

二是要进一步提高对做好测绘地理信息工作的重要性的认识。关键就是要进一步深入学习领会李克强总理关于测绘地理信息工作的重要讲话。虽然是在2011年5月23日讲的，但具有鲜明的时代性，“五个重要”精辟阐述了测绘地理信息工作的重要性。一是测绘地理信息是经济社会活动的重要基础。古代还没有出现文字的时候，就有了地图，先人在与人自然作斗争，在生产、生活中都高度重视运用地理信息。二是全面提高信息化水平的重要条件。我们讲工业化、信息化、城镇化、农业现代化四化同步发展，信息化在“四化”中起到重要提升作用，而地理信息是信息化的重要基础。当前，城市发展进程加快，但是建设过程中重地上轻地下，由于资料不全，挖断下水管、煤气管、通讯线路、地下高压线的事故时有发生，现在看只有测绘地理信息能解决好这个问题。三是加快转变经济发展方式的重要支撑。党的十八大把生态文明建设纳入中国特色社会主义事业总体布局，我们国土资源部门、测绘地理信息部门都应积极发挥作用。山东省有些山体被破坏，恢复起来很难，要花很多钱，补偿与所得不成比例，代价太大。测绘地理信息部门提出要当生态文明建设的监督者，可以对生态情况一目了然，这个对推动生态文明建设具有重要意义。四是战略性新兴产业的重要内容。我认为测绘地理信息是一个产业，克强总理把它定位于战略性新兴产业。从公益性、基础性工作发展成为一个服务产业，这本身就是经济发展方式的转变。五是维护国家安全利益的重要保障。地图具有严肃的政治性、严密的科学性和严格的法定性。从保障国家安全和利益的角度，地图不能错绘、漏绘，不能出现泄密等问题，否则影响和损失都是难以挽回的。

要充分认识测绘地理信息工作在经济社会发展中的基础性和先行性作用，从打造“中国经济升级版”、全面建成小康社会、实现中华民族伟大复兴的“中国梦”的全局和战略高度，进一步精心谋划和加快推进测绘地理信息工作。习总书记提出了“中国梦”，梦要实现首先是在960万平方公里陆域再加上300多万平方公里海域的版图范围内实现。从这个角度讲，中国梦首先是由我们测绘地理信息人来绘制。

三是要精心组织开展第一次全国地理国情普查。关于2013年测绘地理信息工作，德明同志和局党组在年初都作了全面系统的部署，现在关键是抓落实，确保各项工作有序地推进。2月底，国务院发文决定开展建国以来的第一次全国地理国情普查，这是一项重大的国情国力调查，是全面获取地理国情信息的重要手段，是掌握地表自然、生态以及人类活动基本情况的基础性工作。这项工作计划3年完成，责任重、要求高、时间紧。这事抓早不抓晚，因为国务院还布置了全国第三次经济普查，如果我们晚了，重视程度容易受到影响，所以我讲宜早不宜迟。你们提出的建议我都赞成，希望测绘地理信息局加强组织领导，抓紧制定总体方案、抓紧和有关部门衔接，抓紧向国务院提出报告和推进工作，确保任务全面完成。

四是要进一步转变职能强化统一监管。这一次国务院机构改革的核心就是加快职能转变。这是新一届政府开门的第一件大事，部里面也对这项工作作了部署。测绘地理信息部门也要按照国务院的统一部署，认真梳理现有职能，把该管的管住、管好，不该管的放好、放活，逐步放到地方、市场、社会。放权和监管要同时进行，权放下去了监管跟不上，那肯定是一放就乱，乱了再收，损失太大，也影响我们的公信力。地理信息安全作为国家安全的重要方面，安全监管责任和压力都很大。要通过职能转变，切实提高监管能力，强化统一监管，努力维护市场秩序、特别是维护国家安全和利益。以前有一些涉外的非法测绘案件，这些事要管住。同时，现在用地图的也不少，由于城市变化很快，城市旅游图、交通图等不断变化更新，有不少非法的个人和企业出这些东西，地图市场也要管住。

五是要进一步提升科技创新能力。通过今天的考察，我看到局里和所属单位都高度重视测绘地理信息的科技创新。现在事业要发展，一个靠改革、另一个就是创新驱动，这是转变发展方式、也是一个单位一个部门向前发展的不竭动力。地理信息产业是一项新兴的高科技产业，一方面要坚持创新驱动发展战略，加强自主创新，加快国内测绘地理信息高精尖装备和国产软件的研发、推广和应用，提升装备建设的整体水平，抓紧推进资源三号后续星的研制发射，尽快摆脱我国高精度卫星遥感数据严重依赖国外供应的被动局面；另一方面，面对激烈的国际市场竞争，我们要坚持实施“走出去”战略，加强国际合作，充分利用国外资源和技术，加快提高我国测绘地理信息装备水平和装备能力。2011年测绘行业出了3个院士，现在是19名院士。现在能够评出一个院士非常不容易，没有“拿人”的东西，没有高水平的成果是做不到的。每年的科技奖励，国家科技进步一等奖、二等奖、国家技术发明奖都获得不少。这些其实也是表明一个单位科技水平的重要标志。

六是要加强加快地理信息产业的发展。克强总理在视察中国测绘创新基地时的重要讲话里把它作为一个很重要的方面。去年整个产业的产值是2000亿，你们预测到2020年产值是一万亿。一万亿是什么概念呢？就是相当于山东省两年前的工业产值。地理信息产业发展年均增长25%，速度还是很高的，发展前景很大。同时我们这个是一个基础，可以在这个基础之上促进智能交通、手机通讯、现代物流、网络服务等现代服务业发展。同时，天地图的建设，克强总理提出来就希望把它打造成我国互联网地理信息服务的知名品牌，品牌就是商品，在这个基础上就可以衍生出很多新的东西出来。测绘地理信息行业是一个技术密集型、智力密集型行业，仪器设备要多，需要的人也不少，是一个非常重要的就业渠道。局里一是推动各地发展产业也包括我们自己的测绘仪器设备制造，再一个搞了国家地理信息科技产业园来聚集高水平的企业发展，这些做的都很好，部里应该是大力的支持。

七是要进一步加强班子和队伍建设。要按照张高丽副总理到部视察时提出的“坚强、团结、温暖”的要求，加强班子和队伍建设，增强全系统队伍的凝聚力、战斗力和活力。“坚强”就是坚定理想信念、与以习近平同志为总书记的党中央保持一致。“团结”就是相互坦诚相待、相互理解支持，团结在一起来共同做好工作。“温暖”就是珍惜在一起工作的缘分，像亲人一样相互对待，辛苦不心累，公平公正、积极向上、齐心协力、人尽其才、各得其所，这样大家才能工作的很愉快。我原来是做青年工作的，我看我们这边年轻同志也比较多，现在我们讲中国梦要体现在每个人的梦想之上，要拓展青年人能够向上发展的通道。现在行政机关是个独木桥，但是作为业务发展，我们能不能想想办法，比如评职称之类，能够促进年轻人成长，让他来实现他的愿望或者是他的梦想，这样整个单位才能积极向上，才能各尽其才、各得其所。

要坚决贯彻落实中央“八项规定”和国务院第一次廉政工作会议的要求，把改进工作作风落到实处。要注重制度创新，用制度来管人、管事、管权，带动全系统形成风清气正的良好氛围。刚才德明同志讲的“只要公而忘私，就能用好干部；只要相信群众，就能选准干部；只要风清气正，就能成就干部；只要严格要求，就能保护干部”。这几句话我觉得很好。我们真正做到了，就会形成一个很好的氛围和风气，测绘地理信息系统就会沿着正确的方向发展。

关于德明同志汇报中提到的支持地理国情普查、扶持产业发展的政策、推动天地图扩大应用、加强测绘地理信息法制建设等事项，都是自己家里的事，部里一定全力支持。请办公厅协调部有关司局和单位，配合测绘地理信息局开展好这些工作。德明同志写给张高丽副总理的汇报信，高丽副总理也有批示，“请发改委、国土部阅酌。”我们要认真地研究，加以支持。第二个出台扶持地理信息产业发展的政策，这个抓紧推动，部里肯定支持。第三是资源整合的问题，我看应该先从部里做起，这次高丽副总理在看部信息中心的图时，也问各个部门这种资源互通到底怎么样。现在确实是重复建设很多，大家都搞自己各自的系统，总说低水平重复建设，我觉得高水平也在重复建设，其实一家能够做好，大家能够共同应用这才是一个好的办法。所以首先部里系统要充分应用天地图，带动国家其他部委、地方、社会来用。现在我们这个系统已经有天地图、资源三号，这些东西我们都有自己的系统，所以要用自己的东西。包括仪器设备和软件我们都要自己搞，这样才能保证我们国家的信息安全。还有一个健全测绘地理信息法律体系的问题，我们也要抓紧推动。

国家测绘地理信息局是国土资源部管理的国家局，管理就是服务，所以部里要对国家测绘地理信息局加强服务，这一点是确定不移的。今天来，本来说是见个面，以后时间还长，在工作中我们相互支持，共同把测绘地理信息工作做好。我也完全相信，在德明同志为班长的测绘地理信息局党组的带领下，在全体测绘地理信息广大干部职工的共同努力下，测绘地理信息事业一定会蒸蒸日上，为经济社会发展做出新的更大的贡献。

中央第30督导组组长吴定富
在国家测绘地理信息局党的群众路线教育实践活动动员大会上的讲话

2013年7月5日

同志们：

按照中央统一部署，第一批党的群众路线教育实践活动已正式启动。为加强对教育实践活动的督促检查和工作指导，中央决定，由中央党的群众路线教育实践活动领导小组向第一批教育实践活动单位派出45个督导组。根据领导小组安排，我们第30督导组负责国家测绘地理信息局等8个单位的督导工作。

为了开展好党的群众路线教育实践活动，中央下发了《关于在全党深入开展党的群众路线教育实践活动的意见》，召开了动员大会。国家测绘地理信息局党组高度重视，组织广大党员干部认真学习中央文件和中央领导同志的讲话，根据中央的要求，结合测绘地理信息系统的实际，为扎实有效开展教育实践活动做了大量准备工作。今天，局党组召开会议，对开展党的群众路线教育实践活动进行动员部署，刚才徐德明同志作了动员讲话，讲的很好，我都赞成。

下面，我讲几点意见：

一、中央关于开展教育实践活动的基本要求

《中共中央关于在全党深入开展党的群众路线教育实践活动的实施意见》和习近平总书记等中央领导同志一系列重要讲话精神，明确了教育实践活动的指导思想、目标任务、方法步骤和重点举措，为开展教育实践活动指明了方向。中央对这次教育实践活动的基本要求主要体现在5个方面：

一是贯彻“照镜子、正衣冠、洗洗澡、治治病”的总要求。习近平总书记在中央工作会议上的讲话全面阐述了“四句话”总要求的深刻内涵。“照镜子”主要是对照党章、查找差距；“正衣冠”，主要是正视问题、改正缺点；“洗洗澡”，主要是听取意见、自我批评、相互批评；“治治病”，主要是对症下药、治病救人。“四句话”各有侧重、相互关联，核心是要解决问题，密切党群干群关系。

二是聚焦作风建设，坚决反对“四风”。中央明确，这次教育实践活动，要落实为民务实清廉要求，以贯彻中央八项规定精神为切入点，突出作风建设，强化正风肃纪，集中解决形式主义、官僚主义、享乐主义和奢靡之风“四风”问题，以作风建设的新成效凝聚起推动经济社会发展的强大动力。

三是以整风精神开展批评和自我批评。中央强调，这次教育实践活动要贯彻整风精神，拿起批评和自我批评的武器，开展积极健康的思想斗争，敢于揭短亮丑、动真碰硬，深挖根源、触及灵魂。对作风方面存在问题的党员干部，要及时教育提醒，问题严重的要严肃处理。

四是坚持领导带头。中央要求，各级领导班子和领导干部，特别是主要负责同志要带头学习、带头听取意见、带头谈心、带头开展批评和自我批评、带头进行整改。要以普通党员的身份把自己摆进去，力争认识高一层，学习深一步，实践先一着，剖析解决问题好一筹，推动形成上级带头、领导示范、上行下效的生动局面。

五是注重建立长效机制。中央明确提出，开展教育实践活动既要立足当前、切实解决群众反映强烈的突出问题，又要着眼长远、建立健全促进党员、干部坚持为民务实清廉的长效机制。要把中央要求、实际需要和新鲜经验结合起来，制定新的制度，完善已有的制度，废止不适用的制度，要强化制度执行，坚决纠正有令不行、有禁不止、无视制度的行为。

二、认真搞好教育实践活动

开展党的群众路线教育实践活动，是党的十八大关于进一步加强党的建设的重大举措，是以习近平为总书记的党中央坚持党要管党、从严治党，加强党的自身建设的重大决策。各级党组织和广大党员干部特别是领导干部，要深刻领会中央开展这次教育实践活动的重大意义，以饱满的政治热情和良好的精神状态积极投身教育实践活动。

一是要学习领会中央精神。开展教育实践活动基本遵循是《中共中央关于在全党深入开展党的群众路线教育实践活动的意见》和习近平总书记等中央领导同志的重要讲话，我们要学习好、领会好、贯彻好。要深刻领会习近平总书记“三个必然要求”的重要论述，深刻认识开展教育实践活动的全局性、战略意义和现实必要性、现实紧迫性，准确把握教育实践活动的指导思想和目标任务，准确把握“四句话”总要求的精神实质，全面贯彻各项工作部署，把思想和行动统一到习近平总书记重要讲话精神上来，统一到中央的决策部署上来。

二是要保持良好精神状态。教育实践活动成效如何，取决于全党的共同努力，取决于每一个党员干部的积极参与。中央号召，全党同志要积极参与到活动中来，以实际行动密切联系党群干群关系。这是对全党的基本要求，也是每个党员都应具有的正确态度。广大党员、干部特别是各级领导干部都要自觉克服不以为然、消极应付、等待观望等各种思想障碍和畏难情绪，切实增强思想自觉和行动自觉，积极参加教育实践活动，以改进作风的实际成效取信于民。

三是要采取务实管用措施。开展教育实践活动，要按照中央明确的方法步骤，把规定动作抓到位；同时结合实际，加强分类指导，在解决突出问题上下功夫，把自选动作抓扎实。要对三个环节的工作，一项一项认真研究，一件一件落到实处。要通过专题讲座、理论研讨、领导上党课等多种形式，抓好学习教育；要深入基层、深入群众，广泛听取意见，找准抓住突出问题；要贯彻整风精神，组织召开一次高质量的专题民主生活会，认真开展批评和自我批评；要落实正风肃纪的各项措施和制度规定，从活动一开始就建制度、立规矩，推动问题解决；要坚持边学边改、边查边改、边整边改，对作风之弊、行为之垢来一次大排查、大检修、大扫除，确保教育实践活动扎实推进、不走过场，着力形成实践成果、制度成果和理论成果。

四是要坚持两手抓、两促进。各级党组织要把开展教育实践活动同做好当前改革发展稳定各项工作紧密结合起来，同完成本地区本部门本单位各项任务紧密结合起来，统筹兼顾，合理安排，要在推进中心工作中深化活动，借活动之力破解工作难题，把党员、干部在活动中激发出的工作热情和进取精神转化为做好工作的动力，用经济社会发展成效检验活动成效。

最近，中央政治局召开专门会议，对照检查中央八项规定落实情况，讨论研究深化改进作风措施和制度，政治局的同志联系思想实际和所分管的地方、部门单位的工作实际，分析在形式主义、官僚主义、享乐主义、奢靡之风方面存在的问题，开展了批评和自我批评。习近平总书记发表了重要讲话，就加强中央政治局自身建设，提高中央政治局工作水平，提出了5点要求。这是中央政治局开展教育实践活动做出示范和表率。我们一定要以严肃认真的态度和高度负责的精神开展这次活动，力求取得实实在在的效果。

三、扎实做好督导工作

督导工作责任重大、使命光荣，我们督导组将按照中央的要求，履职尽责，积极作为，扎实做好督导工作。

一是紧紧依靠党组开展工作。中央明确，各级党委（党组）是抓好本地区本部门本单位教育实践活动的责任主体。我们将严格按照中央各项部署要求，紧紧依靠国家测绘地理信息局党组开展督导工作。把督导工作寓于服务帮助之中，通过参加党组教育实践活动的重要会议和重要活动、调阅有关材料、深入基层调查研究等方式，了解情况，提出建议，推动工作，做到尽职不越位，督办不包办。

二是认真履行督导工作职责。中央明确了督导组6项主要职责，要求督导组全程督导所负责地区部门单位的教育实践活动，全程参与所督导地区部门单位的领导班子专题民主生活会。我们将在全程督导、全面督导的同时，抓住重点对象、重点要求和重点环节，加强督促检查和具体指导，注意发现总结典型，推动整个教育实践活动健康有序开展。

三是坚持以好的作风抓督导。中央要求，要以好的作风组织开展教育实践活动。我们将切实按照这一要求，把好的作风贯穿督导工作全过程。坚持把学习放在首位，深入领会中央精神和督导规则，虚心向国家测绘地理信息局的同志们学习，向实践学习，提高督导工作能力。自觉遵守中央八项规定，严守政治纪律、工作纪律、廉政纪律，树立中央督导组的良好形象。

这里，我把督导组的联系方式向大家公布：督导组驻地是西单北大街山水宾馆，联系电话是66063388转1110。为便于大家发表意见，我们设置了征求意见箱，放在机关一楼大厅，欢迎大家向我们反映情况，并对我们的工作进行监督。

国家测绘地理信息局局长徐德明
在全国测绘地理信息系统党风廉政建设工作会议上的讲话

2013年4月9日

同志们：

在国务院第一次廉政工作会议闭幕不久，我们召开这次全系统党风廉政建设工作会议，就是要深入学习贯彻党的十八大精神、十八届中央纪委二次全会和国务院廉政工作会议精神，扎实推进测绘地理信息系统党风廉政建设和反腐败工作，意义十分重大。刚才，荣久同志代表国家局党组作了工作报告，报告对2012年的总结全面客观、实事求是，对2013年的部署任务具体、要求明确，我完全赞同。国家局机关各司局和所属各单位党组织的主要负责同志向局党组递交了党风廉政建设责任承诺书，这是国家局党组落实党风廉政建设责任制的一项具体举措，也是一级抓一级、层层抓落实、确保反腐倡廉建设取得成效的重要保证。

过去的一年，全国测绘地理信息系统各单位各部门认真贯彻落实中央关于反腐倡廉建设的决策部署，紧密围绕测绘地理信息事业发展大局，积极开展廉政教育，加强对权力运行的制约和监督，着力强化作风建设，进一步推进惩治和预防腐败体系建设，反腐倡廉建设各项工作取得了新的成效。成绩的取得，与大家的努力是分不开的，在此，我代表国家局党组，向各位与会同志和各级纪检监察干部表示衷心的感谢和诚挚的问候！

下面，我讲六点意见。

一、统一思想认识，把握反腐倡廉建设的新形势

党的十八大从党和国家工作大局的高度，对当前和今后一个时期党风廉政建设和反腐败工作作出了新的战略部署，强调要坚持中国特色反腐倡廉道路，做到干部清正、政府清廉、政治清明，为深入推进党风廉政建设和反腐败工作指明了方向。今年1月召开的中央纪委二次全会，对2013年党风廉政建设和反腐败工作作出了全面部署，习近平总书记在全会上发表重要讲话，对新形势下加强纪律建设、作风建设、反腐倡廉建设提出了明确要求，特别强调在“常”、“长”二字上下功夫，反腐倡廉必须常抓不懈，拒腐防变必须警钟长鸣，坚持“老虎”、“苍蝇”一起打，把权力关进制度的笼子里，向全党发出了建设廉洁政治的动员令。3月26日召开的国务院第一次廉政工作会议，李克强总理强调要转变政府职能，依法规范权力运行，着力建设廉洁政府，坚定不移地把反腐倡廉推向深入，并从简政放权、管住权力、管好钱财、政务公开、勤俭从政、依法促廉六个方面对今年政府反腐倡廉工作提出了要求。各级党组织和广大党员干部一定要把党中央国务院关于反腐倡廉建设的一系列决策部署和任务要求学习好、贯彻好、落实好。

测绘地理信息事业面临难得的发展机遇。党的十八大报告中优化国土空间开发格局、建设生态文明社会，促进新型工业化、信息化、城镇化、农业现代化“四化”同步发展，实施创新驱动发展战略，保障和改善民生，推进社会主义文化强国建设等一系列部署，对测绘地理信息工作提出了新的更高的要求。与此同时，党中央国务院对测绘地理信息工作越来越重视，财政投入越来越大，项目资金越来越多，内外环境越来越好，事业发展越来越快。但我们也要清醒地看到，各种诱惑随之出现，廉政风险随之加大，不良现象有所发生，反腐任务仍然艰巨。如何把好权力、用好资金、管好项目、出好成果，如何弘扬正气、树立新风、抓好班子、带好队伍，是各单位各部门加强反腐倡廉建设共同面对的问题，也是确保事业科学发展、上下团结一心、系统风清气正、干部清正廉洁的关键所在。因此，我们要从党和国家生死存亡的高度，从保障测绘地理信息事业持续健康发展的高度，充分认识反腐倡廉建设的长期性、复杂性、艰巨性，认真贯彻党风廉政建设责任制，切实把反腐倡廉建设抓紧抓实抓好。

二、严明政治纪律，确保测绘地理信息系统政令畅通

党章是党的根本大法，是全党必须遵循的总规矩。测绘地理信息系统全体党员要充分认识党章的权威性和严肃性，认真学习党章、严格遵守党章，自觉用党章规范自己的言行，自觉按照党的组织原则和党内政治生活准则办事，自觉接受党纪约束和规范。同时，要坚决同违背党章的现象和行为作斗争，做维护党章的忠诚卫士。党员领导干部要严格按照党章规定的六项基本条件，经常检查和弥补自身不足，始终做到政治信仰不变、政治立场不移、政治方向不偏。要严格遵守党的纪律特别是政治纪律，始终坚持正确的政治立场和政治方向，提高政治敏锐性和政治鉴别力，在思想上政治上行动上同党中央保持高度一致，绝不允许上有政策、下有对策，绝不允许有令不行、有禁不止，绝不允许在贯彻执行上级决策部署上打折扣、做选择、搞变通。各单位各部门要自觉担负起执行和维护政治纪律的重要责任，按照国家局党组确立的“构建智慧中国、监测地理国情、壮大地信产业、建设测绘强国”的战略方向，以“强基础、提能力”为主线，以“提质量、增效益”为中心，切实把今年全国测绘地理信息局长会议上部署的八个方面的工作完成好，做到重大问题按程序请示报告，中央的大政方针坚决贯彻，国家局的决策部署坚决落实。

三、加强作风建设，不折不扣贯彻中央八项规定

中央关于改进工作作风、密切联系群众的八项规定，是挥向“空谈误国”的利剑，是引领“实干兴邦”的旗帜。各单位各部门决心要大，措施要实，行动要真，不折不扣地执行中央八项规定和国家局党组十项具体措施。要建立长效机制，善始善终，善作善成，以踏石留印、抓铁有痕的劲头抓下去。从整体上来看，测绘地理信息系统的广大党员干部求真务实，作风优良，具有较强的政治意识、责任意识和宗旨意识，继承和发扬“热爱祖国、忠诚事业、艰苦奋斗、无私奉献”的测绘精神，集中精力解决职工群众和基层一线最关心最直接最现实的问题。但有的领导干部忙于拉关系搞应酬，不深入基层，不掌握实情，有的领导干部作风浮夸，不脚踏实地，不实事求是，不重视测绘地理信息产品质量，不去下大力气解决实际问题，有些现象已经比较严重。各单位各部门要高度重视这些问题，以学习贯彻中央八项规定为抓手，以倡俭治奢、倡勤治懒为重点，以求真务实、真抓实干为目标，深入开展看一看、照一照、查一查、找一找、摆一摆的“五个一”自查自省活动，动真碰硬，严查严纠，确保测绘地理信息系统作风得到真正转变。各单位各部门主要领导同志和领导班子既要以身作则、说到做到，又要敢抓敢管、敢于批评，同时还要自觉接受监督，让干部职工不断看到实实在在的成效和变化。国家局要带头过紧日子，在公务用车、公务接待、公款出国等方面严格执行国家的相关规定，该省则省，能俭则俭，欢迎大家监督。

四、围绕中心工作，努力构建惩治和预防腐败体系

中央将颁布惩治和预防腐败体系建设 2013－2017 年工作规划，国家局党组将制定相应的实施意见，各单位各部门也要结合各自实际，认真贯彻落实，努力构建具有测绘地理信息特点的惩治和预防腐败体系。一要加强财务管理。近年来，在国家发展改革委、财政部等相关部委的大力支持下，我局测绘重大项目争取工作取得了可喜进展，实现了国家现代测绘基准体系基础设施建设一期工程、测绘卫星应用系统、地理国情监测等一批重大项目的立项实施，积极争取现代测绘技术装备建设项目、海岛（礁）测绘二期工程建设等项目的立项，并寻求加大边远地区和少数民族地区基础测绘专项经费的支持力度，推进全国基础测绘的协调发展。项目多了，意味着钱就多了。钱多了是好事，但关键是如何把钱管好、花好、用好。要深入研究如何把经费科学合理地用在项目的完成上，用在队伍的能力建设上，用在事业的长远发展上。各单位各部门要严格按照《预算法》的要求，及时把资金落实到各单位各项目中去，推进预算管理规范化、制度化、透明化，确保预算执行进度和质量，决不能变相使用资金，绝不能分光吃净。要严格执行国家局出台的《关于规范和加强测绘地理信息部门业务项目支出管理的意见》，规范资金支出，提高财政资金使用效益。要进一步完善政府采购制度，规范政府采购行为，加强对政府采购各个环节的监管。要继续做好国库集中支付改革实施工作，加强重大测绘项目收支管理，增强财政性资金收付进程的透明度。要积极推进“公务卡”制度的全面实施。建立“小金库”治理的长效机制，严格执行“收支两条线”制度。二要推进依法行政和职能转变。要抓紧修订《测绘法》和《地图管理条例》，健全测绘地理信息法律法规体系，强化行政执法和统一监管。国家局要有“自我革命”的精神，带头推进职能转变，深化行政审批制度改革，下决心把该下放的权力一定要放下去，该精简的程序一定要精简，该管好的事情真正管好。要认真执行国家局政务公开规定，加强电子政务建设，推进行政审批在线办理。要深化细化预算决算公开和“三公”经费公开，公开的形式要通俗，要让老百姓看得懂。三要加强干部人事制度建设。要始终坚守“只要心底无私就能用好干部、只要相信群众就能选准干部、只要风清气正就能成就干部、只要严格要求就能保护干部”的理念，全面贯彻民主、公开、竞争、择优方针，扩大干部工作民主，提高选人用人的公信度。要进一步完善省级测绘地理信息行政主管部门贯彻落实科学发展观考评工作，坚决贯彻民主集中制，认真落实民主议事规则、决策程序和“三重一大”决策制度，进一步完善干部选拔任用、管理监督、激励约束、考核评价等方面的制度。

总之，要继续深化廉政风险防控工作，进一步建立健全反腐倡廉各项制度，用制度管权、管钱、管人，给权力涂上防腐剂、戴上紧箍咒，真正形成不敢腐的惩戒机制、不能腐的防范机制和不易腐的保障机制。

五、整合工作力量，推动监督检查常态化

今年，纪检监察、审计、财务、人事等有关部门要整合工作力量，加强监督检查，强化对权力运行的制约和监督机制，并将监督检查工作经常化、常态化。要严格执行领导干部民主生活会、经济责任审计、报告个人有关事项等制度，抓早抓小、防微杜渐。特别要发挥内部审计的监督作用，确保有限的财政资金用到“刀刃”上，确保资金运行到哪里，监督和审计就延伸到哪里，发现问题，及时整改。要进一步发挥巡视制度的监督作用，注重有效运用巡视成果。一要加强对遵守政治纪律情况的监督检查，加强对国家局重要部署、重点项目、重大工程落实情况的监督检查。二要加强对贯彻落实中央八项规定和国家局党组十项具体措施情况的监督检查，对于没有做到的要抓紧督促，对于违反规定的要责令整改。三要加强对地理国情监测、国家现代测绘基准体系基础设施建设一期工程、测绘卫星应用系统等重大项目组织实施和资金使用情况的监督检查，确保专款专用，严防截留、挤占和挪用。四是要加强对党风廉政建设责任制落实情况的监督检查，对于职责范围内党风廉政建设工作领导不力、落实不到位的，要严肃追究责任。五是要坚持有贪必肃、有案必查、有腐必惩，严肃查处违纪违规案件。

六、抓好廉政教育，促进领导干部廉洁从政

教育是反腐倡廉的基础。列宁曾经说过，“政治上有教养的人是不会贪污受贿的”。很多党员干部走上违纪违法道路，都是从思想蜕化变质开始的。这就要求我们围绕社会主义核心价值体系，积极开展理想信念教育和廉洁从政教育，切实加强廉政文化建设，特别要用身边的先进人物和典型案例开展示范教育和警示教育，引导党员干部树立正确的世界观、人生观、价值观和地位观、权力观、利益观，切实筑牢抵御风险和拒腐防变的思想道德防线。各级领导干部要严格执行《廉政准则》及领导干部廉洁从政有关规定，严禁滥用职权、以权谋私，同时要严格要求配偶、子女及其配偶、其他亲属以及身边工作人员，坚决杜绝违反《廉政准则》行为的发生。

同志们，做好党风廉政建设和反腐败工作，事关测绘地理信息事业发展全局。我们要紧密团结在以习近平同志为总书记的党中央周围，以高度的政治责任感、强烈的忧患意识和扎实的工作作风，不断推进测绘地理信息系统党风廉政建设和反腐败工作，为推动测绘地理信息事业又好又快发展作出新的更大贡献！

国家测绘地理信息局局长徐德明在学习李克强同志视察中国测绘创新基地重要讲话暨国家测绘局更名国家测绘地理信息局两周年座谈会上的讲话

（根据录音整理）

2013 年 5 月 23 日

同志们：

大家上午好！

5 月 23 日是测绘地理信息人永远铭记在心的日子。两年前的今天，李克强总理在百忙之中，亲临中国测绘创新基地视察指导工作，发表重要讲话，并宣布国家测绘局更名为国家测绘地理信息局，对测绘地理信息事业产生了重大而深远的影响，让测绘地理信息人站位更高，方向更明，更加充满信心。

去年 5 月 23 日，我们也召开了座谈会，会上大家畅谈了学习克强总理重要讲话精神的体会和贯彻的实践效果，感到总理的重要讲话为测绘地理信息事业带来了新的发展机遇，开创了新的局面。今年 4 月 10 日，姜大明部长到我局进行调研指导，指出克强总理的重要讲话是指导测绘地理信息工作的纲领性文件，要求我们继续深入学习，认真贯彻，推动测绘地理信息事业不断向前发展。今天，我们再次召开座谈会，目的是不断深化对克强总理重要讲话精神的认识，不断提升工作水平，不断开拓创新。刚才，十位同志作了非常好的发言，认真回顾了两年来学习贯彻总理重要讲话的实践，体会颇深，实践证明克强总理的重要讲话精神使我们的工作方向更加明确，思路更加清晰，工作更加有力，取得了新的成果。通过福建局何清和同志的介绍，习近平总书记早在任福建省省长期间，就高度重视、关心和支持测绘地理信息工作，以敏锐前沿的战略思维和现代信息化的发展理念，在全国率先推动数字福建建设，并亲临省测绘局考察指导，做出重要指示，明确指出“测绘工作作为基础性工作应当与经济发展同步，要达到相应的工作水平。要加快测绘生产技术转型，积极为‘数字福建’建设服务”，使福建在推动数字省区建设方面始终走在全国前列。这些都充分体现了党中央国务院对测绘地理信息事业的高度重视，对测绘地理信息广大干部职工的亲切关怀，是对我们工作的极大支持和鞭策，使我们感到学习近平总书记重要指示和克强总理重要讲话更加亲切，更加温暖，常学常新，因此这次会议是非常有意义的。

同时，座谈会的召开又恰逢国家局荣获“2012年度世界杰出国家测绘地理信息管理部门奖”。会上春峰同志宣读了获奖证书词，朋德同志讲述了作为代表现场领奖的感受，地理空间世界杰出奖评审委员会对中国测绘地理信息事业取得的成就给予高度评价，赞美之词溢于言表，表明中国测绘地理信息在国内外经济社会发展中贡献越来越大，在国际舞台上的影响和作用不断提升。正如中央电视台新闻联播和其他媒体报道的那样，该奖堪称为世界测绘地理信息行业的“奥斯卡奖”“诺贝尔奖”，非常有分量。这是我们为国家争得的荣誉，也是中国测绘人的骄傲。这个奖项的获得，是党中央国务院亲切关怀和坚强领导的结果，是近平总书记重要指示和克强总理重要讲话精神巨大激励和正确指引的结果，也是全系统广大干部职工团结奋斗、开拓进取的结果。

今天的会开得很好，大家的发言从各个方面交流了学习的体会和推动实践的成果，下一步要更加坚定的按照党中央国务院的部署来做好工作。下面我结合大家的发言简单地谈谈感想。

一、认真贯彻落实克强总理重要讲话精神，测绘地理信息事业取得重要进展

两年来，全国测绘地理信息干部职工在克强总理重要讲话精神的指引下，牢记重托、奋发有为，测绘地理信息工作取得了重要进展，呈现出令人欢欣鼓舞的新景象。其主要标志是：

一是我国测绘地理信息事业取得的成就举世瞩目，在国际上获得业界最高荣誉。5月15日，在荷兰鹿特丹举行的2013年地理空间世界论坛期间，地理空间世界杰出奖评审委员会授予国家局“2012年度世界杰出国家测绘地理信息管理部门奖”。昨晚中央电视台新闻联播节目已经进行了报道。这是新中国成立以来我国测绘地理信息部门在世界上获得的第一个重大奖项，也成为第一个获此奖项的发展中国家测绘地理信息政府部门。评选主要指标是：为本国经济社会发展的贡献度，特别是在防灾减灾中发挥的作用；促进本国地理信息产业发展的能力和作用；为国际测绘地理信息发展的贡献度，特别是为帮助其他发展中国家提升地理信息管理能力和技术水平的贡献。评审委员会对我们的评价是：中国国家测绘地理信息局是中国地理信息政策、管理与服务的主管部门，测绘了中国这片资源丰富、地形地貌多样化的土地；提供了测绘地理信息公共服务和应急服务，并且组织引领了测绘地理信息的社会化服务；在鼓励和引导测绘地理信息科技创新以及推动测绘地理信息技术应用和科研成果产业化推广方面树立了榜样；推动建设国家地理信息科技产业园，推动国家地理信息产业发展，促进国家经济社会进步，展示了卓越的战略远见、政策和能力；积极参与全球地理信息管理事务，推动全球地理信息管理能力的提升，在国际上彰显了测绘地理信息大国的责任意识、主导作用和突出贡献；为世界各国测绘地理信息管理部门的改革重组、转型发展和现代化提供了杰出榜样和生动范例，其远见卓识在世界国家测绘地理信息管理部门中首屈一指。这是我们为国家争得的荣誉，也是中国测绘人的骄傲。

二是三大平台建设顺利推进，社会应用和影响日益扩大。我们始终牢记服务大局、服务社会、服务民生的宗旨，把服务和应用放在第一位，通过建设三大平台，使测绘从后台走到前台，从底层走到前沿，使服务得到领导和百姓的认可，得到国内外的认可。如果没有三大平台的支撑，我们很难得到社会和公众的承认。今年3月1日国务院正式印发文件，决定在全国开展第一次地理国情普查工作，为经济社会发展和生态文明建设提供保障支撑。这既是测绘地理信息工作的重大突破，更是测绘地理信息事业发展的重大历史机遇，将推动测绘地理信息工作结构根本性调整，其作用和影响是巨大的。在已建成317个地级市数字城市的基础上，开展了7个智慧城市建设试点，积极推动数字城市向智慧城市的升级迈进。天地图成功链入中央政府门户网站，政务版在国家电子政务外网开通并在中央综治委等部门得到应用，天地图三维城市测试版正式上线。天地图2.0版本上线后，整体性能提升4-5倍。30个省级节点和50个市级节点接入主节点。天地图的社会影响力越来越大，具有标志性、代表性和影响性。我们讲的构建数字中国地理空间框架，实际就是要构建一个平台，一个具有象征意义、代表意义、实际效果的平台，要把所有数据都整合在这个平台上。克强总理把天地图列为“四个平台”，作为我们抢占国际竞争制高点的重要方面甚至突破口，这个评价非常高，所以天地图建设一定要继续加强。

三是产业发展态势良好，集聚效应逐步显现。地理信息产业服务值年均增长30%，已有12家测绘地理信息企业在国内外上市。《关于促进地理信息产业发展的意见》已上报国务院。浙江等省政府发布了促进产业发展的相关文件，产业发展政策环境不断优化。国家地理信息科技产业园被科技部认定为“北京国家地理信息高新技术产业化基地”，一期工程在不到两年时间内竣工面积135万平方米，二期工程建设奠基启动。山东等地区域性地理信息产业园区建设加快，产业集群发展模式和新兴产业高地正在形成。

四是科技装备能力增强，“走出去”战略成效明显。资源三号高精度测绘卫星获取数据有效覆盖我国区域面积为870万平方公里、全球区域面积达6146万平方公里。全国各地配置了100多套我国自主研发的无人飞机航摄系统和10多套应急监测系统，在四川芦山地震抗震救灾等应急保障中发挥重要作用。国务院明确测绘地信部门牵头承担突发事件现场信息快速获取能力建设。财政部批准国家局参加公益性行业科研专项试点。两年来全系统获得6项国家科技进步一等奖、二等奖、国家技术发明奖。2012年国家局代表我国政府与联合国签署信托基金协议，我国成为通过联合国主导推动发展中国家在地理信息领域提高管理开发能力的首个国家。多位测绘地理信息界专家在相关国际组织担任要职，我国在国际测绘地理信息界的话语权和影响力日益扩大。

五是体制机制建设得到加强，外部发展环境不断改善。国务院办公厅将克强总理的重要讲话以《内部情况通报》形式下发，对讲话提出的有关要求以督办形式通知各部门，又将各部门办理情况集中整理后反馈克强总理，对于推动相关工作开展起到了极大的促进作用，提高了我们的政治地位和社会地位，为事业发展营造了很好的外部环境。在体制机制建设方面，各省非常重视，目前已有22个省级测绘局相继更名，市县级机构建设稳步推进，管理职能进一步强化。《测绘法》修订、《地图管理条例》立法已经纳入国务院2013年立法计划。进一步加强测绘成果与地理信息安全监管，普及国家版图意识宣传教育，深化“问题地图”专项治理和测绘成果保密检查活动，有效维护了国家主权、安全和利益。

二、回顾总结两年的工作实践，更加深刻感受到克强总理重要讲话和国家局更名的重大意义

克强总理的重要讲话，从推进党和国家事业发展的战略高度，提出了测绘地理信息工作“五个重要”的科学定位，进一步明确了测绘地理信息事业的新战略、新方向、新任务。讲话提出的一系列测绘地理信息工作的重大理论观点和重要部署，高屋建瓴，逻辑严谨，论述深刻，内涵丰富，对测绘地理信息工作从理论到实践作了深刻总结和科学概括，具有很强的理论性、思想性、针对性和指导性，是推动新时期测绘地理信息事业实现新发展的纲领性文献。

两年来，通过深入贯彻落实克强总理重要讲话精神的工作实践，我们深深感到：

克强总理的重要讲话是做好测绘地理信息工作的行动纲领。对我们统一思想，明确目标，整合资源，凝聚力量，奋发有为，再攀高峰，推动测绘地理信息事业新发展具有划时代的重大意义。

克强总理的重要讲话是推动测绘地理信息工作发展的强大动力。克强总理对测绘地理信息工作者的“眼光、激情和智慧”的高度评价，成为激励广大干部职工不畏艰难、开拓创新、奋力拼搏，推动测绘地理信息事业实现历史新跨跃的不竭动力。

克强总理的重要讲话是建设测绘地理信息强国的根本法宝。克强总理在讲话中号召我们在世界地理信息发展中抢占国际竞争制高点，建设测绘地理信息强国，成为指导我们求突破、谋跨越、快发展，加快建设测绘地理信息强国的根本法宝。

克强总理的重要讲话是测绘地理信息事业发展进程中的重要里程碑。克强总理亲自宣布国家测绘局更名为国家测绘地理信息局，并对国家局更名后提出新的更高的要求，成为测绘地理信息事业发展进程中的重要里程碑。

三、继续深入学习贯彻近平总书记重要指示和克强总理重要讲话精神，努力推进测绘地理信息事业科学发展

一是以近平总书记重要指示、克强总理重要讲话和高丽副总理的具体要求为指南，加快测绘地理信息事业发展。近平总书记的重要指示、克强总理的重要讲话和高丽副总理的具体要求是指引测绘地理信息事业科学发展的大政方针、理论纲领和行动指南。面对测绘地理信息工作前所未有的好形势，我们要继续深入学习贯彻近平总书记重要指示、克强总理重要讲话精神，还有高丽副总理在视察国土资源部工作时提出的一系列要求，从更高的层次，以更宽的视野，深度谋划测绘地理信息工作，认真组织实施“构建智慧中国、监测地理国情、壮大地信产业、建设测绘强国”的发展战略，推进测绘地理信息事业实现新的历史跨越，打造新的经济升级版，早日实现测绘强国梦。部门的梦、行业的梦、个人的梦，是实现中国梦的基础和支撑。每个人都抱以革命理想、胸怀大志、甘愿奉献，为大“中国梦”去做个人的梦，才能梦到一起去，才能实现共同的理想和目标。测绘人的梦就是建设测绘地理信息强国，为强国梦去思考、去研究、去奋斗，去用自己的勤劳双手和聪明才智把梦想变为现实。

二是以转变职能和创新管理为重点，提升科学管理水平。调整机构、转变职能，是党的十八大提出的重要任务，是本届政府的“第一件大事”，意义特别重大。转变政府职能，是这次机构改革的核心。克强总理在国务院机构职能转变动员电视电话会议上强调：要把该放的权力放掉，把该管的事务管好，激发市场主体创造活力，增强经济发展内生动力。我们要坚决贯彻落实党中央国务院部署，大力推进职能转变，提高办事效率，提高服务水平。这几年，测绘地理信息部门本着“一切服务企业，一切服务基层”的原则，推动了地理信息产业的发展。我们说的：政府是企业之父，企业是就业之母。其内涵就是望子成龙。国家主管部门希望企业发展壮大，要为企业做大做强创造条件、提供服务、提供支撑。企业做大了，就业就有空间，职工收入就能增长，实现小康就有希望。要对承担的行政审批事项进行认真梳理，该下放的权利要下放，该简化的程序要简化，该减少的要减少，该管好的要坚决管好管严。要全面加强测绘地理信息法治建设，以法治促进和推动职能转变，真正把工作重点转到创造良好发展环境、提供优质公共服务、维护社会公平正义上来。

三是以开展地理国情普查为牵引，推动三大平台建设发展。三大平台是测绘地理信息工作的立业之本、兴业之基，是创新发展成就的集中展现，也是测绘人智慧与力量的凝聚和结晶，必须牢牢抓住、坚决抓好。地理国情普查是一项全新型工作、创新性任务，是建国来的第一次，这是国家的事，是个大事，对于改变政府的思维方式，提升政府的决策管理能力，建立阳光政府，建立责任政府，加强生态文明建设，意义相当重大、不可估量。高丽副总理讲要摸清家底，搞清情况，这就是摸清家底。我们要高度重视地理国情普查工作，在国务院领导下，精心组织，有序推进，在推进过程中要边普查，边应用，边宣传，边提升，来扩大普查的影响，提高普查的效益。数字城市建设要继续全力推进，并以此为基础开展智慧城市建设试点，发挥测绘地理信息的资源优势、技术优势、平台优势和产业优势，加快智慧城市建设，全面推动数字城市向智慧城市发展。天地图建设要紧紧围绕克强总理提出的“四个平台”建设任务，尽快做大做强，不仅要发展成综合性、权威性的地图服务网站，而且要做成内容更丰富、服务性更强、受众面更广的生活服务平台；不仅要在建设上下功夫，而且要在推广应用方面用气力，把天地图打造成世界一流的民族品牌。

四是以获得“世界杰出国家测绘地理信息管理部门奖”为契机，推动测绘地理信息工作再上新台阶。今天的会也算是庆贺会、庆功会，更是再动员会，我们要以得奖为节点和契机，采取新的举措、产生新的能量，努力打造世界一流的测绘地理信息部门，实现盛名之下再创新高。要加快实施“走出去”战略，落实好与联合国合作的地理信息管理能力开发项目，积极推动资源三号卫星数据走向国际市场，协助推动北斗导航卫星系统的国际化应用，推动我国地理信息企业抢占国际市场，扩大中国测绘地理信息的影响力和竞争力。实施“人才强测”、“科技兴测”战略，突出培养高层次创新型科技人才，抓好公益性行业科研专项试点工作，提升科技创新与成果转化应用的能力。争取国务院尽快出台《关于促进地理信息产业发展的意见》，编制《国家地理信息产业发展规划》，加强对全国地理信息产业园建设的统筹协调，调整产业结构，优化产业布局，激发市场内生活力，增加社会就业。大力推动应急装备建设，切实增强应急保障能力。加强基础测绘工作，不断丰富地理信息资源，夯实事业发展基础。总之，要抓住获得世界重大奖项的契机，提振士气，再鼓干劲，奋发有为，再创佳绩。

五是以开展党的群众路线教育实践活动为抓手，切实加强干部职工队伍建设。根据中央统一部署，从今年下半年开始，深入开展以为民务实清廉为主要内容的党的群众路线教育实践活动。我们要按照中央统一部署，认真学习文件精神，领会和把握其精神实质，结合测绘地理信息实际，按照“照镜子、正衣冠、洗洗澡、治治病”的总要求，加强领导，明确任务，制定方案，细化措施，保证深入细致扎实地做好这次群众路线教育实践活动。通过这个活动，进一步激发“快、干、好”的作风，弘扬测绘精神，进一步提升战斗力、凝聚力和创造力，打造一支过硬的测绘队伍，为经济社会发展提供更强有力的测绘保障服务。要切实贯彻好中央八项规定和国家局党组十项具体措施，改进工作作风，以此来凝聚干群关系，汇集正能量，激发创造力，真正使我们的内在动力得到很好的发挥。

同志们，让我们在党中央国务院的坚强领导下，深入学习贯彻落实党的十八大精神、近平总书记一系列重要讲话精神和克强总理重要讲话精神，弘扬“热爱祖国、忠诚事业、艰苦奋斗、无私奉献”的测绘精神，坚持“快、干、好”的求真务实的精神和工作作风，牢记重托，不负使命，凝心聚力，改革创新，抢抓机遇，真抓实干，为打造中国经济升级版，实现中国梦提供测绘地理信息服务保障，不断创造测绘地理信息事业发展的新的辉煌、新的成就。

国家测绘地理信息局局长徐德明
在天地图2013版发布暨天地图有限公司入驻产业园仪式上的讲话

2013年6月18日

各位来宾、同志们：

今天是个三喜临门的好日子。天地图和国家地理信息科技产业园经过两年多的建设与发展，取得了重要成果。一是天地图2013版正式发布，这也是功能更全、技术更优、性能更稳、运行更快的版本；二是国家地理信息科技产业园迎来了第一家地理信息企业——天地图有限公司正式入驻；三是总面积为27万平方米的产业园配套住宅，首批10万平方米今天正式封顶。这些成绩的取得，是党中央、国务院正确领导的结果，是贯彻落实李克强总理重要讲话和批示精神的结果，是国土资源部及各个部门大力支持、全行业同心协力和共同奋斗的结果，是北京市委市政府及各部门、顺义区委区政府及各部门、国门商务区全力支持的结果，是国测集团精心组织、精心施工建设的结果，也是全体测绘地理信息干部职工大力弘扬测绘精神和“快干好”作风的结果。在此，我代表国家测绘地理信息局，向长期以来关心和支持测绘地理信息事业发展的中央和国务院各部门，向北京市委市政府、顺义区委区政府和国门商务区管委会，向国测集团等建设单位以及一大批优秀地理信息企业表示衷心的感谢！向参与天地图、国家地理信息科技产业园建设的所有工作人员表示诚挚的问候！

天地图是国家测绘地理信息局主导建设的国家地理信息公共服务平台，网络节点分布在全国各省、自治区、直辖市，已形成了强大的网络和服务体系。天地图自诞生以来就备受关注，承载着党中央、国务院的厚望和期许，饱含着测绘地理信息系统广大干部职工的智慧与心血，凝聚着地理信息企业的奉献和辛劳。两年多来，国家测绘地理信息局发挥系统和行业的整体优势，坚持权威性、大众化、公信力的建设宗旨，努力开拓，勇于创新，天地图的社会影响不断增强，已成为宣示国家主权、提供公共服务、促进产业发展的重要平台，成为我国互联网地理信息服务领域具有重要影响力的民族品牌。2011年5月23日，克强总理在视察中国测绘创新基地时指出，天地图既是政府服务的公益性平台、产业发展的基础平台，又是方便群众的服务平台、国家安全的保障平台，是抢占国际竞争制高点的重要方面，甚至是突破口。要加快推进天地图建设，进一步丰富数据资源，完善服务功能，扩大应用范围，打造我国互联网地理信息服务知名品牌。

今天，天地图2013版正式发布，这既是我们贯彻落实克强总理重要讲话精神的重要成果，也标志着我国自主的地理信息网络化服务达到了一个新的水平，天地图朝着以地理信息在线服务为主的综合性、权威性信息服务网站的发展目标又迈进了一大步。

天地图的生命力在于应用，推广使用天地图，将有效避免重复投入，减少“信息孤岛”和“数字鸿沟”，促进信息共享和高效利用，推进国家信息化建设。天地图2013版的发布，将更加有利于各方面依托天地图开发具有特色的各类地理信息应用服务，进一步加速地理信息资源的开发利用，从而促进地理信息产业发展，不断满足政府、企业、社会大众对地理信息的需求。

天地图的权威性在于内容的丰富性。国家测绘地理信息局将继续把天地图作为转变测绘地理信息发展方式、提升公共服务水平的一项战略举措，着力打造全要素、全覆盖、全信息的综合性、权威性服务网站，使天地图成为满足各方面需求的“百宝箱”和“宝葫芦”。希望各级政府部门、有关单位在建设基于地理位置的信息系统或专题应用系统中，充分利用天地图提供的丰富地理信息资源和开发接口，整合、管理和发布本部门、本单位相关信息，构建业务应用系统或进行增值开发，推出更多的社会化地理信息服务产品，充分发挥测绘地理信息在经济社会发展中的独特作用。

国家地理信息科技产业园作为我国首个国家级地理信息科技产业园，对促进地理信息产业集聚发展、服务首都经济社会发展具有战略性意义，已被科技部认定为“北京国家地理信息高新技术产业化基地”。今年5月15日，地理空间世界杰出奖评审委员会授予我局2012年度“世界杰出国家测绘地理信息管理部门”奖，认为我们在国际测绘界树立了杰出榜样和生动示范。评审委员会在评语中专门指出“中国国家测绘地理信息局推动建设国家地理信息科技产业园，加强国家地理信息产业发展，促进国家经济社会进步，展示了卓越的战略远见、政策和能力”。这一评价是国际测绘界的最高荣誉，更加激励我们去努力，为建设测绘强国、实现中国梦而奋斗。

今天，天地图有限公司作为第一家地理信息企业正式入驻，标志着国家地理信息科技产业园已正式开园运营，标志着产业园已具备成为地理信息创新基地、孵化基地和科技产业化基地的条件和能力。国家地理信息科技产业园的正式开园运营，使地理信息产业在加快转变经济发展方式、加速产业集聚、壮大产业集群、推动产业链整合、扩大产业辐射等方面有了重要的平台和坚实的支撑，必将在推动地理信息技术产业化、提供更多就业岗位、增加人民群众收入方面发挥重要作用。

国家地理信息科技产业园不仅要打造成我国地理信息产业化基地，也将打造成国际地理信息优秀企业和知名品牌的摇篮；不仅是向社会展现我国地理信息产业蓬勃发展的窗口，也将是中国测绘地理信息实施“走出去”战略的前沿阵地；不仅会成为推动测绘地理信息事业科学发展的强大动力，也将成为我国由测绘大国向测绘强国转变的加速器。希望各方继续大力支持产业园建设，加紧建设与园区配套的国际会议中心、公租房、公交枢纽、商业网点等一系列公共设施，尽快完善园区综合配套服务，为入驻企业提供工作和生活便利，提升园区管理、运营和服务软实力，真正把园区建设成为功能完备、设施齐全的人才聚集地、研发聚集地和创新聚集地。我们也将履行承诺，专门面向产业园出台一系列优惠政策，并推动相关部门启动产业园优惠政策，即中关村“1+6”鼓励科技创新和产业化系列先行先试改革政策，顺义区“1+X”政策，以进一步加大对园区的扶持力度。

希望天地图有限公司以入驻产业园为契机，充分利用园区优惠政策，依托园区优势，通过体制机制的创新，立足国内，走向世界。同时，加强能力建设，丰富信息资源，与强势相拼，向他们学习，适应市场和发展的需求，大力开发功能多样、形式多样的地理信息服务产品，尽快形成核心竞争力，满足用户更加多样化的互联网地理信息服务需求，做大做强互联网地理信息服务，尽快打造成知名的民族品牌。各级测绘地理信息行政主管部门要借助各方力量，抱团发展，不断推动天地图服务社会、服务大局、服务民生，从而带动地理信息产业发展。

各位来宾，同志们，天地图和国家地理信息科技产业园建设具备了天时、地利、人和，让我们以党的十八大精神、习近平总书记的一系列重要讲话精神和李克强总理“5・23”重要讲话精神为指导，进一步加强合作，携手共进，推动天地图和国家地理信息科技产业园的建设与发展，促进地理信息产业兴旺发达，努力实现“构建智慧中国、监测地理国情、壮大地信产业、建设测绘强国”的战略目标，为实现中国梦作出测绘地理信息人应有的贡献！

国家测绘地理信息局局长徐德明
在国家测绘地理信息局党的群众路线教育实践活动动员大会上的讲话

2013 年 7 月 5 日

尊敬的中央督导组各位领导、同志们：

在庆祝中国共产党成立 92 周年之际，我们召开国家测绘地理信息局党的群众路线教育实践活动动员大会，部署我局党的群众路线教育实践活动，具有重要现实意义，这必将进一步激发我们参加教育实践活动的热情和信心，从而进一步增强我们开展好教育实践活动的自觉性和主动性。我们将以习近平总书记的重要讲话精神为指导，按照《中共中央关于在全党深入开展党的群众路线教育实践活动的意见》（中发〔2013〕4 号）要求，认真组织开展教育实践活动，力求取得实实在在的效果，让群众满意，让党组织满意。

党中央对这次活动高度重视，派出了以吴定富同志为组长、王庭大同志为副组长的中央第 30 督导组，督促指导我局开展教育实践活动。两位组长德高望重、政治水平高、党建经验丰富、领导能力强，相信有他们的精心指导、耐心帮助、强力督导，我局的教育实践活动一定会取得圆满成功。稍后，吴定富同志还要作重要讲话，我们要认真学习，抓好贯彻。在此，我代表局党组，对中央督导组各位领导和同志们莅临会议指导表示热烈的欢迎和衷心的感谢!

在全党深入开展以为民务实清廉为主要内容的党的群众路线教育实践活动，是党的十八大作出的战略部署，是以习近平同志为总书记的党中央从严治党、加强党的建设的重大决策。中发〔2013〕4 号文件印发后，局党组立即组织了集中学习，开展调研。直属机关党委按照局党组的安排着手起草实施方案。6 月 18 日，中央召开了党的群众路线教育实践活动工作会议，习近平总书记发表了重要讲话，对开展教育实践活动提出了明确要求，作出了全面部署。刘云山、赵乐际同志在会上对认真学习贯彻习近平总书记重要讲话、深入开展教育实践活动进行了具体安排。中央会议结束后，局党组立即召开党组会和机关、直属单位副司级以上干部会学习传达会议精神，并提出了具体要求。中办通报〔2013〕第 15 期印发后，局党组及时组织机关处级以上干部进行了认真学习。6 月 22 日至 25 日，中央政治局召开专门会议，对照检查中央八项规定落实情况，讨论研究深化改进作风举措，局党组及时学习了会议精神，增强了把自己放进去、把问题提出来、把事业推上去、把机制建起来的自觉性和坚定性。按照中央要求，我们及时成立了教育实践活动领导机构和工作机构。为了制定一个有针对性、有操作性、体现测绘地理信息特点的实施方案，我们分别召开了测绘地理信息界院士、专家学者和党外人士、离退休干部、青年干部、测绘地理信息企业代表参加的五个座谈会，并通过发放调查问卷、开展“自查自摆”活动、设立意见箱、局长微博等方式，广泛征求了广大党员群众对局党组和局机关作风建设的意见和建议。局党组就教育实践活动实施方案进行了多次研究，已经中央督导组审阅同意。下面，我讲四点意见。

一、切实提高对教育实践活动重大意义的认识

习近平总书记的重要讲话，从贯彻党的十八大精神、坚持和发展中国特色社会主义的高度，从实现党的执政使命、奋斗目标的高度，深刻论述了教育实践活动的重大意义，精辟阐述了教育实践活动的指导思想、目标要求和重点任务，对加强组织领导提出了明确要求。讲话通篇贯穿着马克思主义的群众观，体现了党要管党、从严治党的坚定决心，是全党开展教育实践活动的纲领性文件和行动指南。

（一）必须着力深化对“三个必然要求”的认识。党的根基在人民、血脉在人民、力量在人民，能否保持党同人民群众的血肉联系，关系到人心向背、影响事业兴衰、决定着党的生死存亡。党的十八大确定了实现“两个一百年”的奋斗目标，实现这样的奋斗目标，必须紧紧依靠人民，充分调动最广大人民的积极性、主动性、创造性。新时期以来，党的执政条件发生了深刻变化，党员干部队伍状况

也发生了深刻变化，党群干群关系面临新的严峻考验，精神懈怠危险、能力不足危险、脱离群众危险、消极腐败危险更加尖锐地摆在全党面前。特别是形式主义、官僚主义、享乐主义、奢靡之风严重损害党在人民群众中的形象，严重损害党群干群关系，成为群众反映强烈的突出问题。这些问题得不到及时解决，必然要影响党的事业、侵蚀党的肌体。开展教育实践活动是党的宗旨和性质所决定的，是确保实现党的十八大确定的奋斗目标和中国梦的必然要求；是确保党的先进性和纯洁性、巩固党的执政基础和执政地位的必然要求；更是适应时代发展、顺应群众期盼、反映群众意愿，确保解决突出问题的必然要求。我们必须要把思想和行动统一到习近平总书记等中央领导的重要讲话精神上来，积极主动投身到活动中去，兴利除弊、去垢更新，通过教育实践活动，真正使我们达到思想进一步提高、作风进一步转变、党群干群关系进一步密切、为民务实清廉形象进一步树立的目的。

（二）必须着力解决好教育实践活动中的思想障碍。自局党组传达中央教育实践活动工作会议精神以来，广大党员干部对这次教育实践活动的认识有了普遍提高。但有的党员干部也存在一些模糊认识：有的对当前作风问题的严重性认识不够，对有些问题见怪不怪，缺乏解决问题的紧迫性、自觉性；有的对解决问题的信心不足，认为作风问题积习难改，存在畏难情绪；有的虽然看到八项规定发布后作风建设取得明显成效，但又心存疑虑，担心是“一阵风”；还有的担心影响工作，认为搞活动牵扯精力、增加负担，会顾此失彼。这些轻视的思想、敷衍的态度、担心的情绪，都需要引起我们的高度重视。我们要在解决思想障碍上下功夫，深刻理解和准确把握教育实践活动的内涵和本质，切实增强政治意识、大局意识、责任意识。我们坚信，只要下决心、动真格，就能达到预期目的，圆满完成教育实践活动的各项任务。

（三）必须着力解决我局各级领导班子在作风方面存在的问题。长期以来，测绘地理信息系统广大干部职工默默无闻、勇于拼搏，形成了质朴、精细、忍耐的优秀品质，积淀下了“热爱祖国、忠诚事业、艰苦奋斗、无私奉献”的测绘精神，形成了“快干好”的测绘核心理念和作风，特别是近几年，测绘地理信息工作地位不断提升，作用不断彰显，实力不断增强，影响力不断扩大。但过去的质朴并不代表今天的质朴，过去的优秀也并不决定今天的优秀。在测绘地理信息系统“四风”问题也逐步显现，甚至有蔓延的趋势。我们通过调查问卷、召开座谈会等方式和渠道调研，初步查摆出“四风”方面的问题，主要有以下几种表现：局党组深入基层和调查研究不够，蜻蜓点水，走马观花，哈不下腰，沉不下去；对领导干部管理不严格；听取群众意见和建议不够广泛，帮助群众解决实际困难，特别是青年成长成才、工作生活等具体问题办法不多，尤其是住房问题解决得不好；习惯凭经验办事，工作作风不够实，开会多，讲话多，研究问题少，有时甚至不顾客观实际，盲目指挥；不重视基础工作，只注重所谓的“热点”；侧重于业务工作，对于政治理论学习不够深入；缺少敢于担当的精神，存在推诿，拖拉现象。同时，局机关及直属单位的领导班子，也不同程度的存在上述问题。这是我们初步查摆出来的问题，随着活动的推进，我们还要通过充分发动群众，继续深查、深摆，切实找准制约测绘地理信息事业发展、严重损害党群干群关系的深层次问题，不遮掩、不回避、不搪塞。

二、切实扎实有效地开展教育实践活动

党的群众路线教育实践活动，标准高、要求严，政治性强、原则性强，这就要求我们必须准确把握中央的要求部署，稳步推进各项工作，确保不偏离、不走样。

（一）准确把握活动总要求。这次教育实践活动总要求是“照镜子、正衣冠、洗洗澡、治治病”。这4句话，12个字，简洁明了、内涵丰富，四个方面是一个相互联系、有机统一的整体。我们必须深刻理解，准确把握，做到主动照镜子、自觉正衣冠、认真洗洗澡、彻底治治病。照镜子，主要是对照党章、查找差距。正衣冠，主要是正视问题、改正缺点。洗洗澡，主要是听取意见、自我批评、相互批评。治治病，主要是对症下药、治病救人。

（二）准确把握活动重点。习近平总书记在讲话中指出，脱离群众的种种问题，主要表现在领导机关、领导干部中。按照中央的部署，这次教育实践活动要以县处级以上领导机关、领导班子、领导干部为重点。中央政治局先行开展了教育实践活动，为我们起到了很好的示范带头作用。先禁己身而后人，打铁还需自身硬。“自身硬”，就是在本质上要过硬，坚持立党为公、执政为民；在思想上要过硬，坚定理想信念，永葆政治本色；在能力上要过硬，不断提高开拓创新、攻坚克难、推动测绘地理信息事业发展的能力，提高服务群众的能力，提高拒腐防变和抵御风险的能力；在作风上要过硬，坚决落实中央八项规定。有了这样的底气和决心，批评和自我批评就能开展起来，解决突出问题就会有好效果，一级做给一级看就能落到实处。

（三）准确把握活动聚焦点。这次教育实践活动必须抓住反对“四风”这个要害，努力在解决作风不实、不正和行为不廉上取得实效。“四风”是严重影响党群干群关系的大问题，抓住了反对“四风”，就抓住了干部群众的关注点，就抓住了活动的聚焦点。通过前一段时间广泛征求群众意见和建议，我们初步查摆出了局党组和局机关及直属单位在“四风”方面存在的主要问题。我们要充分认识“四风”的危害性和顽固性，联系各单位各部门实际，深刻剖析根源，拿出可行办法，真正解决问题。要从现在做起、从我做起、从领导带头做起，说到做到、马上就改，通过这次活动推动作风明显改进。

（四）准确把握活动切入点。这次教育实践活动，就是要以贯彻落实中央八项规定为切入点，对作风之弊、行为之垢来一次大排查、大检修、大扫除，教育引导党员、干部牢固树立宗旨意识、群众观点和公仆精神，贯彻党的群众路线，切实改进工作作风。中央八项规定出台后，局党组及时制定印发了《中共国家测绘地理信息局党组贯彻落实中央关于改进工作作风密切联系群众的八项规定的具体措施》，局党组从自身做起，从小事抓起，严格要求，身体力行，取得一定成效，但距离职工群众的期待还有差距。今后，我们要发扬“钉钉子”的精神，持之以恒、锲而不舍，一件事一件事地抓，一个台阶一个台阶地推进，让广大干部群众看到希望，真正把中央八项规定落到实处。

（五）准确把握活动落脚点。服务人民群众、推动事业发展是我们开展教育实践活动的根本落脚点。结合测绘地理信息工作实际，我们要着重形成队伍建设和业务发展的两大成果。一是“坚持快干好，提振精气神”。教育实践活动的核心就是密切党群干群关系，凝聚发展力量。这个力量源于温暖情怀，源于精神寄托。我们要通过活动，把心更多地放到了解关心爱护职工群众上，把精力更多地用在解决职工群众关心的突出问题上，让他们从发展中得到更多的实惠。可以说我们测绘人大都是从苦中来又到苦中去，在苦中锤炼了“热爱祖国、忠诚事业、艰苦奋斗、无私奉献”的测绘精神；在社会主义市场竞争中，形成了“快干好”的测绘核心理念和作风。测绘人知恩感恩，只要你给她一个问候，她就会神情焕发、激情四射。这种精神难能可贵，需要我们呵护、珍惜，不断提振队伍的精气神。这个精气神，就是团结奋斗精神、学习进取精神、创新务实精神、服务奉献精神。要继续强化“快干好”的测绘核心理念和作风，通过“快”，抢抓机遇、创造机遇、赢得机遇；通过“干”，发挥作用、彰显地位、提升能力；通过“好”，强化服务、追求卓越、扩大影响。二是“做大做强三大平台，提升服务保障能力”。要着力打造数字城市、天地图、地理国情监测三大平台，进一步丰富内容，完善功能，改造升级，宣传推广，充分发挥三大平台在带动产业发展、促进经济转型、服务百姓生活、提升城市管理、强化生态监管、建设美丽中国中的作用，不断提升测绘地理信息的保障服务能力。

三、切实抓住“三个环节”有序推进各项工作

我局教育实践活动在局党组、局机关各司室、局所属各单位全体党员中开展，重点是处级以上领导机关、领导班子和领导干部。从 2013 年 7 月 5 日开始，局党组率先开展，大体安排半年时间。局机关各司室教育实践活动与局党组同步开展，局所属各单位与局党组“压茬”进行，8 月开始。本次教育实践活动不分阶段、不搞转段，具体到每个单位，集中教育时间一般不少于 3 个月。在开展教育实践活动过程中，要紧紧抓住三个重要环节，即：学习教育、听取意见环节；查摆问题、开展批评环节；整改落实、建章立制环节。在这三个环节中，学习教育、听取意见是基础，查摆问题、开展批评是关键，整改落实、建章立制是根本。

（一）在学习教育、听取意见环节，要把加强理论武装摆在第一位。开展教育实践活动，要把思想理论武装放在首位，贯穿于教育实践活动的全过程。党组成员要带头学习中国特色社会主义理论体系，学习党章和党的十八大报告，学习习近平总书记一系列重要讲话精神，学习廉政准则，认真研读中央规定的有关篇目，强化政治定力，坚定道路自信、理论自信、制度自信，坚持正确的政治路线、政治立场、政治方向、政治道路，始终不渝，毫不动摇。这一阶段，局党组要举办一期测绘学习大讲堂，开展一次爱国主义教育基地学习考察活动，以党的群众路线为专题开展一次党组中心组（扩大）

集中学习研讨活动，召开一次全国测绘地理信息局长党的群众路线教育实践活动座谈会。各级党组织要从思想教育入手，带着问题学，通过实践学，做到真学深学认真学，入心入脑见行动，会用真用见成效。在学习的同时，局党组成员要深入到基层和一线，聚焦作风建设，围绕分管工作及职工群众关心的问题，开展有针对性的调研，力争通过点的剖析，掌握面的形势。党组成员要通过开展背靠背、面对面、范围广、形式多的征求意见活动，广泛听取群众意见和建议。各单位各部门也要深入基层、深入群众开展调查研究，广泛听取职工群众的意见和建议，努力做到学习教育不放松，听取意见同进行。

（二）在查摆问题、开展批评环节，要体现整风精神，组织开好一次高质量的专题民主生活会。要围绕保持党的先进性和纯洁性，以为民务实清廉为主要内容，按照严肃认真、实事求是、民主团结的要求，组织开好局党组的专题民主生活会，清洗思想和行为上的灰尘，实现自我净化、自我完善、自我革新、自我提高。专题民主生活会前，要认真制定专题民主生活会工作方案，真正做到程序要严格，环节不能少，步骤不能省。要通过采取“群众提、自己找、上级点、互相帮”的方法，分析检查个人和班子在“四风”方面存在的突出问题。群众提，就是对于群众意见和建议，局党组成员要进行认真梳理，对号入座，深刻反思。自己找，就是局党组成员要从主观上认真查找个人和班子在作风建设方面存在的突出问题。上级点，就是要主动听取上级领导的意见。互相帮，就是要坚持“团结—批评—团结”的公式，既深刻剖析和检查自己，又开展诚恳的相互批评，触及思想和灵魂。要认真开展谈心活动，坦诚相见、推心置腹，指出不足、相互提醒。在此基础上，局党组成员要围绕民主生活会主题，紧密联系自己思想和工作实际，紧扣中央八项规定，重点对照检查自身在“四风”方面存在的突出问题，亲自撰写个人对照检查材料。专题民主生活会上，要以整风的精神开展批评与自我批评，敢于揭短亮丑，深挖根源，不避重就轻，不回避矛盾，并有针对性地研究提出整改方向和具体措施，真正红红脸、出出汗、排排毒。专题民主生活会后，要及时在规定范围内通报专题民主生活会情况，接受群众监督。各单位也要按照这个要求，组织开好专题民主生活会。

（三）在整改落实、建章立制环节，要落实正风肃纪的各项措施和制度规定。实践证明，“四风”跟我们越近，群众就离我们越远。局党组和各级领导班子一定要结合实际，针对查摆出来的“四风”方面存在的突出问题，提出解决对策，制定整改任务书、时间表，实行一把手负责制，并在一定范围内公示，确保整改方案落到实处，坚持什么问题突出就着重解决什么问题，什么问题紧迫就抓紧解决什么问题，以解决问题的实际成效取信于民。一是要强化正风肃纪，局党组要按照中央正风肃纪的12项具体工作进行逐一对照检查，凡是不符合要求和规定的，要抓紧治理。要加强各级领导班子建设，严格教育管理干部，对作风方面存在问题的党员干部进行教育提醒，对问题严重的进行查处，对与民争利、损害群众利益的不正之风和突出问题进行专项治理。二是要强化能力提升，要通过教育实践活动，不断提高党员、干部特别是各级领导干部调查研究、掌握实情的能力，科学决策、民主决策的能力，改革创新、推进发展的能力，解决问题、化解矛盾的能力，宣传群众、组织群众的能力。三是要强化制度建设，要坚持将中央要求、实际需要和新鲜经验结合起来，制定新的制度，完善已有的制度，废止不适用的制度。我们要针对查找出的问题，逐步建立密切联系群众提高服务能力的制度、加强监督检查的制度、关心青年成长促进青年成才的意见、内部审计相关制度和干部作风状况考核评价机制；进一步完善测绘地理信息行政审批制度，深入开展调查研究的制度，会议、培训和活动计划及经费管理制度。坚决执行公务用车配备使用、因公出国（境）、领导干部住房、用车等工作生活待遇方面的制度。要强化制度执行力，定下的规矩要立即执行，作出的承诺要坚决兑现，需要改的马上就改，能够做到的马上就做，用严明的制度、严格的执行、严密的监督，形成加强作风建设的长效机制。

四、切实加强对教育实践活动的组织领导

开展党的群众路线教育实践活动是党的十八大作出的一项重大部署，时间紧、任务重、要求高，各单位各部门党委（党组、总支、支部）要把开展好教育实践活动作为一项重大政治任务抓紧抓好抓实。

（一）明确责任职责，主要领导亲自抓。局党组是抓好教育实践活动的责任主体，党组成员要结合分工，切实担负起指导分管部门和联系单位开展教育实践活动的责任。局教育实践活动领导小组已经成立，领导小组下设办公室。各单位各部门党委（党组、总支、支部）要全面负责本单位本部门的教育实践活动，切实加强领导，周密安排部署，精心组织实施，务求取得实效。要抓紧成立领导机构和工作机构。各单位各部门党委（党组、总支、支部）书记要认真履行第一责任人的责任，吃透政策原则，把握进度节奏，解决关键问题。

（二）坚持领导带头，发挥表率作用。各级领导干部既是活动的组织者、推进者、监督者，更是活动的参与者。局党组、局机关和各直属单位的领导干部都要以普通党员的身份把自己摆进去，特别是一把手要高标准、严要求，带头学习、带头听取意见、带头谈心、带头开展批评和自我批评、带头进行整改。坚持上级带下级，一级抓一级、层层抓落实。局党组成员分别设立了教育实践活动联系点，负责指导联系点开展教育实践活动，帮助解决存在的突出问题，充分发挥示范和引领作用。

（三）加强督促检查，确保任务落实。局党组将派出4个督导组，分别由4位党性强、作风正、政治可靠，从局党组和司局级领导岗位退下来的领导干部担任组长，抽调4位在职副局级领导干部担任副组长。督导组要切实负起责任，本着尽职不越位、督导不包办的原则，全程督促和指导所负责单位和部门的教育实践活动。要注意抓好督导重点对象、重点要求和重点环节，什么问题突出就督导解决什么问题，确保中央、局党组各项部署落到实处。要针对机关、企事业单位的不同性质和特点，实行分类指导，确保规定动作做到位，自选动作有特色，不搞“一刀切”。

（四）开门搞活动，群众全程监督。为了落实好开门搞活动的原则，广泛发动群众，充分依靠群众，我们创新成立了群众监督联系组，希望通过他们了解更多的意见和建议。群众监督联系组将按照局党组的统一部署和要求，认真履行多渠道听取群众呼声、监督各个环节、评判活动效果的职责，做到“六参与”，即：参与学习、参与调研、参与督导、参与意见整理、参与整改落实、参与民主评议，切实提高群众的参与度。

（五）坚持统筹兼顾，做到两手抓、两促进。开展教育实践活动，始终要坚持围绕中心、服务大局，这个大局就是党和国家工作大局、改革发展稳定大局、党的领导和社会主义政权安全大局、全党全国团结大局。具体到测绘地理信息部门，就是要围绕国民经济、社会发展和百姓生活，不断提升测绘地理信息服务保障能力。我们要把组织开展教育实践活动与天地图建设、数字城市建设、地理国情普查、《关于促进地理信息产业发展的意见》的尽快出台等重大项目和重点工作结合起来，与业已开展的“转作风、树新风、办实事、求实效”主题支部活动、“五型机关”创建活动等结合起来，与本单位本部门的中心工作结合起来，统筹安排，共同推进，努力做到两手抓、两不误、两促进。

（六）注重宣传引导，营造良好氛围。要通过中央新闻媒体和中国测绘报、国家测绘地理信息局门户网站以及活动简报等，大力宣传教育实践活动的必要性和重要意义，大力宣传教育实践活动的重大部署、重要活动和进展情况，大力宣传各单位各部门开展教育实践活动的经验做法和实际效果，大力宣传教育实践活动中涌现出来的先进典型，为教育实践活动营造良好舆论氛围。

（七）严格活动纪律，实现“三个确保”。为确保时间、确保进度、确保质量，严格按照中央的要求落实参加活动的人员范围，局党组研究制定了三条规定：一是在教育实践活动期间，除国家统一安排的重要外事活动和特殊需要出国外，局内安排的出国考察和培训活动或取消或推迟。二是压缩会议，严格控制各种活动。确需召开的会议或举办的活动，原则上在京内安排。三是严格请假制度，严格执行组织纪律和工作纪律。司局级干部外出必须得到领导小组组长或副组长批准；凡涉及教育实践重要活动和会议，原则上不得请假。

作为局教育实践活动的第一责任人，借这个机会，我也向大家表个态。我要在教育实践活动中，带头学习受教育、带头调研听意见、带头自查摆问题、带头批评讲团结、带头整改求实效，努力做到全身心投入、全过程参加、全面性反思、全方位整改，真正发挥好示范带头作用，也请广大党员、干部对我进行监督。

同志们，搞好群众路线教育实践活动，责任重大，任务艰巨。让我们在以习近平同志为总书记的党中央的坚强领导下，在中央督导组的精心指导下，开拓创新，扎实工作，确保活动取得实效，为早日实现测绘地理信息强国梦提供坚强保证。

国家测绘地理信息局局长，地理国情普查领导小组副组长、办公室主任徐德明在国务院第一次全国地理国情普查领导小组办公室第一次全体会议上的讲话

（根据录音整理）

2013年8月22日

同志们：

8月19日，第一次全国地理国情普查电视电话会议在京召开。中共中央政治局常委、国务院副总理、第一次全国地理国情普查领导小组组长张高丽同志出席会议并作重要讲话。今天，我们召开国务院第一次全国地理国情普查领导小组办公室第一次全体会议，就是要认真贯彻落实高丽副总理的重要讲话精神，研究讨论普查办公室工作规则，部署推动地理国情普查各项工作实施。这次会议，也是普查办公室工作的开局之会，对于我们今后更好地把握普查工作方向，准确地开展普查各项工作，意义重大。刚才，我们研究了办公室的工作规则，三个组的同志分别就业务推进、成果分析、质量保障等谈了初步意见，各相关部门和单位的代表就如何科学组织管理、保障工作进度、保证成果质量等提出了很好的意见建议。大家谈的都很好，我都赞同。下面，我再讲六点意见。

一要深入学习、把握方向。2011年5月23日，克强总理在视察中国测绘创新基地时特别强调地理国情是重要的基本国情，是搞好宏观调控、促进可持续发展的重要决策依据，也是建设责任政府、服务政府的重要支撑。如何科学布局工业化、城镇化，如何统筹规划、合理利用国土发展空间，如何有效推进重大工程建设，地理国情监测至关重要。今年8月19日，高丽副总理在国务院电视电话会议上深刻阐述了开展地理国情普查工作的极端重要性，强调做好重大国情国力调查，是了解国情、把握国势、制定国策的重要基础性工作。这次普查，是建设生态文明、美丽中国的新举措，是时代赋予我们的新任务，是促进经济社会科学发展的新要求，是满足人民生活水平不断提高的新需要。高丽副总理还明确提出了本次国情普查的目标要求和重点任务。我们一定要深入学习克强总理、高丽副总理的重要讲话精神，通过学习，进一步深化对地理国情普查工作重大意义的认识，进一步深刻理解地理国情普查工作的本质特征，进一步准确把握地理国情普查工作的目标任务和总体要求，切实增强做好普查工作的紧迫感、责任感和使命感，切实把思想、认识、行动统一到党中央、国务院提出的各项要求和总体部署上来。

二要准确定位、认真履职。地理国情普查工作，任务艰巨、使命光荣、责任重大。普查办公室在整个地理国情普查工作中担负着承上启下、沟通协调、监督检查、指导服务等重要职责。可以说，普查办公室职责履行的好坏，直接关系到整个普查工作的质量、进度和成效，关系到普查工作的成败，关系到测绘地理信息事业的转型升级。普查办公室的同志们一定要不辱使命，敢于担当，积极主动服务，认真履行职责，扎扎实实把普查各项工作组织好、实施好，切实把普查办公室建设成为运转灵活、工作高效、服务到位的地理国情普查工作中枢，打造成为地理国情普查工作的参谋部、作战部，推动地理国情普查各项工作有序、有效、有力进行。

三要精心组织、科学实施。高丽副总理强调，地理国情普查是一项首创性的工作，也是一个庞大的系统工程，涉及面广、技术性强、实施难度大。普查办公室要切实承担起责任，精心组织，精心设计，科学有效实施，把党和国家赋予我们的职责履行到位。细节决定成败，我们做好各项工作关键在精。只有精才能做得深、做得细。我们要在精上做文章，在细上下功夫，在实上想办法，每一件工作、每一个细节都要一件一件地落到实处、一项一项地做到位。态度决定高度，我们要坚持科学实施。只有用科学的态度、科学的方法、科学的手段，才能够实现多要素、全覆盖、无缝普查，才能够做到事半功倍、运转协调，才能够保障各项目标任务按期

完成、成果质量经得起历史的考验。

四要强化监管、保证质量。质量就是生命，国情容不得虚假。普查工作是党中央、国务院赋予我们的重要任务。高丽副总理专门强调要坚持科学管理、保证成果质量。本次普查是对测绘地理信息广大干部职工的一次全面检验和重大考验。我们作为普查工作的承担者、协调组织者，一定要坚持科学普查、依法普查、创新普查，保证“三普查”都体现在高质量上、高标准上、高水平上。我们要把着眼点、立足点放在高质高效上，全面、真实、准确地做好普查各项工作，拿出高质量、高水平、高标准的普查成果。这样，地理国情普查才能取得实效，真正转化为生产力和各个部门的应用成果，才能奠定好常态化开展地理国情监测工作的基础，为准确把握国情国力、持续服务科学管理决策筑牢基础。

五要保障安全、提高效益。高丽副总理以对广大测绘地理信息职工高度负责的态度，特别强调测绘地理信息工作非常艰苦，一定要注意安全。这就要求我们牢固树立安全第一的思想，始终把安全放在首位，加强安全生产制度建设和能力建设，强化对所有普查人员的安全教育培训，从安全中要进度、从安全中要质量、从安全中要实效，确保每位普查人员高高兴兴出去、平平安安回来。高丽副总理在电视电话会议上反复讲国务院正大力压缩“三公”经费，要严格资金管理，把钱花在刀刃上，花在经济社会建设上，花在改善民生上。地理国情普查项目的启动实施，体现了党中央国务院对这项工作的高度重视，来之不易。我们一定要大力弘扬“热爱祖国、忠诚事业、艰苦奋斗、无私奉献”的测绘精神，把“快干好”的务实作风具体体现到项目的组织实施管理上，切实加强资金管理和经费监督，精打细算，严而又严，减少项目评审等方面的开支，真正把资金用在项目的组织实施上，最大程度地发挥项目的投资效益。

六要协调配合、有效推进。地理国情普查是一项开创性的工作，普查过程中肯定会不断出现一些新情况、新问题。这需要我们要加强统筹协调和督促检查。普查办公室五个组之间，要积极协调配合，互相支持补台，决不允许推诿扯皮。机关各司室要把普查工作摆到事关事业发展全局的政治高度和战略高度给予重视和支持，全力以赴、共同做好各项工作。要坚持创新普查，大胆创新工作思路、工作方法和技术手段，以创新的思想指导普查工作，用创新的方法推动普查工作，使我们的管理、技术始终走在前沿。我们的各项工作，一定要高起点，瞄准国家发展战略的要求，瞄准社会民生的需求，瞄准国际科技发展的方向，瞄准事业进步的关键，否则就是浪费，就会徒劳无功。所以有关质量监管、组织实施等工作，特别是普查成果的统计分析和成果转化等，一定要事先多研究多谋划，高标准高要求。要坚持“边普查边应用”，通过普查成果的广泛应用，宣传测绘地理信息事业战略转型的重大意义，提升测绘地理信息服务在经济社会建设和民生改善中的地位作用，赢得事业加快发展的更大机遇。

同志们，地理国情普查工作关系到测绘地理信息事业的生存和发展，是新的历史时期测绘地理信息事业的一次重大转变和革新。对于这一点，大家可以通过实践来认识。2011 年 5 月 23 日，克强总理对地理国情监测工作给予充分肯定后，国务院、财政部相继批准项目立项，可见国务院和有关部门对普查工作的高度重视。这要求我们以高度的责任感和使命感，上下同心、共同努力来做好各项工作。我也相信，全国测绘地理信息行业的广大干部职工，一定会倍加珍惜这次难得的机遇，当好测绘地理信息事业转型升级的实践者、推动者，全身心地投入，忘我地去奋斗，严格要求，清正廉洁，率先垂范，善治善为，全力将普查工作组织好、实施好、完成好，向党和人民交上一份满意的答卷。

国家测绘地理信息局局长徐德明
在国家测绘地理信息局党组务虚会（扩大会议）上的讲话

（根据录音整理）

2013 年 11 月 30 日

同志们：

我们利用一天半的时间，开了一次重要的务虚会。这次党组务虚会的主要任务是，认真学习贯彻党的十八届三中全会精神，认真学习、深入领会习近平总书记的一系列重要讲话精神，统一思想、提高认识，增强对全面深化改革的信心和勇气，结合测绘地理信息工作实际，总结工作、研究问题，分析形势、理清思路，明确方向、确定任务，推进测绘地理信息事业转型升级、跨越发展。

按照会议要求，与会的 34 位同志结合学习十八届三中全会精神，认真回顾总结了 2013 年总体工作情况，全面分析了事业发展面临的形势和任务，提出了很多具有建设性的意见和建议，达到了相互交流、相互促进、相互启发、相互提高的目的。今天上午，局领导和总工程师紧紧围绕《中共中央关于全面深化改革若干重大问题的决定》（以下简称《决定》），谈了学习十八届三中全会精神的体会，从测绘地理信息事业发展大局出发研究和分析了需要把握的重大问题，提出了具有前瞻性、针对性、历史性的建议措施，不仅立足现实、谋划了当前，也着眼未来、谋划了长远。这次会议对我们更好地贯彻落实十八届三中全会精神和习近平总书记一系列重要讲话精神，进一步推动改革、推动测绘地理信息事业发展意义重大。会议开得很成功、很圆满，达到了预期目的，也为年底即将召开的全国测绘地理信息局长会议奠定了良好的思想基础和工作基础。

下面，结合会议讨论情况，我讲四点意见。

一、对 2013 年工作的总体评价

2013 年，在党中央、国务院的坚强领导下，在国土资源部的直接指导下，在局党组的正确带领下，全国测绘地理信息广大干部职工解放思想、锐意进取、开拓创新，各项工作亮点纷呈，取得了明显成效，在全行业、全系统形成了合力奋进、奋发有为的大好形势，测绘地理信息事业呈现出蓬勃发展、欣欣向荣的大好局面，主要表现在以下几个方面：

一是第一次全国地理国情普查全面开展。这项工作是历史性的、是前无古人的，是一次具有前瞻性的重大决策，体现了党中央、国务院对测绘地理信息工作的高度重视，对国情国力准确把握的迫切需求，是为国家更好地了解国情、把握国势、制定国策做出的正确选择。这项工作得到了李克强总理、张高丽副总理的高度重视，立项很快、起点很高、起步很稳，各项工作扎实有效推进，全国上下反响很大。地理国情普查和监测，这是继国家测绘局更名为国家测绘地理信息局以来，推动事业转型升级、跨越发展的又一个重大机遇，测绘地理信息工作正在从生产型转向服务型、监管型，在国民经济建设和社会发展、特别是在“五位一体”总体布局中的重要作用和重大意义更加凸显，测绘地理信息部门肩负了光荣使命、艰巨任务，测绘地理信息事业迎来了美好的未来。目前，全国各省（区、市）均已完成本地区普查实施方案和普查经费预算的编制，全部都成立了普查领导机构和办事机构。从中央到地方都对这项工作给予了高度重视，应当说开局很好。

二是“三大平台”不断丰富完善好用。开展“三大平台”建设，是测绘地理信息人瞄准市场需求、瞄准社会需求，着眼于形势发展的正确判断和自身发展的客观需要，是更好地发挥地理信息资源的使用效益、提升测绘地理信息保障服务能力和水平，做出的必然选择。“三大平台”的建设历经曲折、历经艰难，但是它从诞生起就有着无限的生命力，在短短几年就唱响全国、唱响世界，数字城市遍地开花，正在向智慧城市升级；天地图被社会广泛认可，得到普遍赞誉；地理国情监测将会在生态文明建设中发挥重要作用。随着时间的推移、随着数据的丰富，“三大平台”将会发挥出更加巨大的潜能，对测绘地理信息事业、地理信息产业发展起到强大的带动作用，其社会效益、经济效益、商业价值、服务价值都将得到全面展现。“三大平台”是局党组集体智慧的结晶，是测绘地理信息系统上下共同努力的结果，是测绘地理信息行业社会形象展示的最好舞台，必须坚定不移、毫不动摇地去推动、去建设，使之不断丰富、不断完善，更加好用、适用，让社会满意、人民赞誉。

三是党的群众路线教育实践活动取得阶段性成果。新一届党中央面对国际国内形势，面对党在新的历史时期的伟大任务，作出了在全党开展党的群众路线教育实践活动的重大决定，是新形势下坚持党要管党、从严治党的重大决策，在党内外产生了强烈反响。党中央高度重视、率先垂范，为全党开展教育实践活动提供了坚强的政治力量、指明了工作方向、提供了重要遵循。局党组认真贯彻落实中央要求，按照教育实践活动安排，认认真真、扎扎实实做好每一步、每一个环节、每一个节点的工作，做到学习深入扎实有效、思想认识根基打牢、开门查找“四风”问题、广泛听取群众意见，让党组更有针对性地查找自身“四风”方面的问题，更好地分析问题产生的原因，更加明确地制定整改的措施。前不久，党组开了一个很好的专题民主生活会，真正发挥了批评与自我批评这个思想武器的作用，真正触及思想、触及灵魂、触及要害，净化了心灵、整肃了自我，进一步增强了政治纪律、组织纪律，得到了中央第30督导组的肯定。党组始终坚持民主集中制原则，坚持党内民主生活会制度，增强了战斗力和凝聚力，推动了教育实践活动深入扎实有效开展，为进一步落实整改奠定了坚实的思想基础。下一步，党组将按照中央的要求不折不扣、扎扎实实、认认真真抓好整改，让教育实践活动的成果真正取信于民，让中央满意、让群众满意。

四是地理信息产业持续快速发展。听了大家的座谈，听了大家的意见，我更加看到地理信息产业处在一个蓬勃发展、日新月异、朝阳似火的黄金机遇期。产业园建设快速推进、地理信息企业入市势头向好、综合转制焕发生机。昨天晚上散会后，我又看了产业园的施工现场，现场建设热火朝天，感到很振奋、很受鼓舞。作为国家级地理信息产业园，首批入驻的天地图公司、卫星测绘应用中心已经成为这里的亮丽名片。郭金龙书记三次到产业园视察并给予高度评价，北京市各大班子领导也多次到产业园考察指导。科技部曹健林副部长来产业园考察后兴奋不已，对地理信息产业发展给予美好祝愿和期待。联合国官员说，这个产业园不是中国的，是世界的，计划要在这里建国际培训中心。与我们合作建设产业园的国测集团说，瞄准地理信息产业十几年了，终于在国家局的主导下有了重要的合作成果。与此同时，四川的西部地理信息科技产业园被地方政府当作一个品牌和亮点来支持、来打造；山东潍坊测绘地理信息产业园建设规模宏大；浙江省地理信息产业园建设如火如荼；黑龙江省地理信息产业园也正在整合发展。包括中冶正元地理信息有限公司在内的大企业在好几个产业园都落户，原因是什么？就是因为看到了这个产业发展具有巨大潜力。我们想搞个事业，不付出辛苦、不付出代价，是很难成功的。为了促进产业发展，国家局党组审时度势、抓住机遇、抢占先机，用快干好的务实作风，用对党、对人民高度负责的精神，营造发展环境、营造发展条件、营造发展未来，打造发展平台，采取集聚发展、集成发展、创新发展、集合发展的模式，为地理信息产业发展注入动力、注入活力，努力做大做强地理信息产业，也得到了企业的纷纷响应和支持。今天，我们可以自信地说，中国的地理信息产业前程似锦。

五是测绘应急救急保障更加有力。这几年，测绘地理信息在应急救急方面的作用不断凸显，应急救急快速响应机制已经初步建立，能够第一时间到达、第一时间出图，建立了一套完整的、科学的应急救急组织体系、指挥体系和装备体系，测绘地理信息应急服务的作用越来越明显、越来越重要，也让应急救急更加有力、更加有效。现在，各级领导、各个部门在自然灾害面前，第一时间想到的就是测绘。因为，我们快一分钟就会减少很大损失，我们快一秒钟就可以挽救无数个生命。今年，我们在救灾中采取积极、快速、有效的举措也得到了各地、各部门的充分肯定。联合国全球地理信息管理成都论坛的代表们还现场观摩了四川测绘地理信息局建立的测绘应急保障体制，四川局向与会代表全面展示了测绘地理信息在灾害面前发挥的重大作用。

六是科技创新与人才培养实现新的突破。我们注重实施“人才强测”“科技兴测”战略，注重对人才的培养，注重对科研的投入，成果不断显现。财政部正式批准将测绘地理信息行业纳入公益性行业科研专项经费试点。《国产民用高分辨率立体测图卫星测绘和应用关键技术》和《机载多波段多极化干涉 SAR 测图系统》2 个项目初评分获国家科学技术进步一等奖、二等奖。在今年的院士评选中，业内又有 2 人成功当选，全国行业院士总人数达到 21 人。领军人才作用不断凸显，测绘科技工程公司、研发公司不断涌现，在测绘科研攻坚中发挥了重要作用。我们还注重培养一线操作人员，成功举办了新一届测绘地理信息行业职业技能大赛。举办了数字城市建设专题研究班，极大地促进了地方政府领导更好地了解测绘、运用测绘、支持测绘。

七是测绘地理信息重点工程成效显著。注重加强项目顶层设计和科学管理，重点工程项目顺利有序实施，为满足“三大平台”数据需求提供了保障，为提升测绘地理信息整体服务能力提供了强大支撑，满足了国家需求、建设需求和市场需求，也为测绘地理信息事业发展奠定了坚实基础。1:5 万基础地理信息数据库更新周期由 5 年缩短为 1 年，实现了一年一更新，动态更新常态化机制基本建立。海岛（礁）测绘一期工程建设基本完成，国家现代测绘基准体系基础设施建设工程推进顺利。

八是测绘地理信息管理体制机制和监管工作不断完善。体制问题对于测绘地理信息事业发展、特别是测绘地理信息市场的监管极为重要。近年来，测绘地理信息市场秩序虽有好转，但局部仍有恶化，市场监管的任务相当艰巨。李克强总理、张高丽副总理的重要讲话中都要求我们建立健全体制机制。最近国家领导人对市场监管又作出了一系列批示。近年来，数字城市的推广带动了测绘地理信息体制机制的建设，国家局更名以后，也进一步促进了市县的体制机制建设。与过去相比，我们在进步、在加强，但是我们绝不能满足于现状。没有良好的体制机制，我们很难适应市场发展的需要，很难适应各方面对测绘保障服务要求不断提高的需要。所以在体制机制建设方面，我们还需要不断完善、不断充实、不断提高、不断取得新的进展。

九是国际合作交流和社会影响不断展示新的形象。一是与联合国合作的中国及其他发展中国家地理信息管理能力开发项目推进顺利，举办了两期发展中国家测绘地理信息局长培训班，受到一致赞誉，这在世界上是首次，是独一无二的。二是我们建设的国家级产业园是世界一流的，也是世界独一无二的。三是今年我们荣获了“2012 年度世界杰出国家测绘地理信息管理部门奖”，这在发展中国家还是首例。四是在第 26 届国际制图大会上，中国地图出版集团选送的《世界海拔 8000 米以上雪山地图集》获得大会含金量最高的、也是唯一的公众投票奖。五是联合国全球地理信息管理委员会和我局共同主办了联合国全球地理信息管理成都论坛，进一步扩大了国际影响，中国正在成为国际测绘地理信息大舞台的中心。

此外，我们在党的建设、干部队伍建设、财务管理、制度建设、成果管理、审计工作等方面也取得了非常显著的成效。

同时，我们要正视事业发展进程中存在的问题：一是各地各单位对地理国情普查工作的认识、重视程度还不一致，特别是经费投入力度还不够。二是“三大平台”建设还存在不同步的现象。三是管理体制机制还不够完善，职能转变和服务还不到位，生产管理、安全监管还不够。对此，我们要结合党的群众路线教育实践活动，进一步认真梳理、及时解决。

二、关于明年的工作

2014 年，测绘地理信息工作的总体思路是：深入贯彻落实党的十八届三中全会和即将召开的中央经济工作会议精神，以习近平总书记的一系列重要讲话精神和李克强总理、张高丽副总理的重要讲话精神为指导，以全面深化改革为动力，以推动转型升级为核心，以地理国情普查为牵引，以服务保障监管为目的，正确处理好政府与市场、管理与服务、改革与稳定、公益性与商业性、社会效益与经济效益、内部与外部、局部与整体的关系，强改革、重市场、优服务、促发展、保安全，深入推进测绘地理信息领域各项改革和各项工作取得新的发展。

从现在到 2020 年，改革都是我们工作的主线，明年是全面深化改革的开局之年，所以要“强改革”；转变政府职能的关键是理顺政府与市场的关系，让市场在资源配置中起决定性作用。现在政府干预市场太多，要建法治政府，尊重市场规律，按照市场规律办事，所以要“重市场”；政府转变职能就是要进一步优化服务，围绕如何更好地服务企业、服务市场、服务社会、服务民生来研究职能转变，政府是服务，人民公务员是公仆，如果不当好公仆，市场的活力、创造力、生产力就发挥不出来，所以要“优服务”；全面深化改革的重点是经济体制改革，发展才是硬道理，政府要为发展创造良好的环境。我常说，“政府是企业之父，企业是就业之母”，政府希望企业办好，企业办好了就业才会好，社会才会稳定，所以要“促发展”；测绘地理信息事关国家安全和利益，现在地理信息失泄、密现象比较严重，要妥善保障地理信息安全，中央领导多次做出批示，所以要“保安全”。

具体来说，2014年的工作任务的初步考虑主要要做好以下八个方面：

（一）全面加快地理国情普查工作

地理国情普查是党中央国务院赋予测绘地理信息部门的一项政治任务，是测绘地理信息的本职工作，更是服务大局的迫切需要。一要统一步调、统一行动。普查是全国一张图、一个节点，时间紧迫、任务艰巨，全国上下必须“一盘棋”，绝不允许任何省（区、市）拖后腿。要按照总体方案规定的时间节点开展普查工作，加快普查、保障进度，使普查工作符合总体安排、总体部署、总体要求，保证任务落实、时间到位。二要加大投入、保证质量。资金是否到位，直接关系地理国情普查的进展与成效。必须有足够的资金投入，才能保证实现多要素、全覆盖、无缝隙的普查，才能达到预期要求。质量是普查的关键，必须坚持全过程质量控制，更加强调质量管理，加强质量检查体制机制创新，确保成果准确可靠。三要边普查、边监测、边应用。十八届三中全会明确提出，要加快生态文明建设，健全自然资源资产产权制度和用途管制制度，划定生态保护红线，实行资源有偿使用制度和生态补偿制度、改革生态环境保护管理体制，这就要求我们在生态文明建设、美丽中国建设中发挥出测绘地理信息的监测、监督、监管的作用，以有为争有位。要始终坚持边普查、边应用的原则，加快成果转化，充分发挥普查工作的效益。四要严格管理、保障安全。张高丽副总理反复强调，普查工作要“确保安全”，体现了领导以人为本的为民情怀。各地、各单位必须严格管理，牢固树立安全第一、预防为主的思想，始终把安全放在首位，加强对所有普查人员、特别是外聘人员的安全培训，认真吸取近期发生的安全生产事故教训，保障普查工作安全实施。

（二）全力打造“三大平台”品牌

我们有技术、数据、资源、人才、网络优势，如果“三大平台”建设不好，只能说明我们不够团结。我们一定要有大局意识、全局意识、整体意识，要有一荣俱荣、一损俱损的观念，集中精力打造“三大平台”知名品牌。一要丰富数据、加快更新。要把测绘地理信息系统的一切成果都体现在“三大平台”上，以丰富的数据取胜、以实时动态更新取胜，并将其作为“牛鼻子”，切实发挥牵引和带动效应，推动地理信息资源建设与共享全面提速。二要系统开发、拓展服务。要想把“三大平台”打造成“聚宝盆”“宝葫芦”“要什么有什么”，关键看我们如何更好地在平台上开发系统、丰富产品、拓展服务、完善功能。三要突出特色、发挥优势。地理信息是整合集成其他信息的基底，我们可以把事关经济、政治、文化、社会、生态文明“五位一体”的数据都整合到“三大平台”上面来，供领导决策使用，这是我们的优势。我们要把已公开的有关部门的年鉴数据与“三大平台”整合起来。这样我们的产品内容就极大丰富了，也能够更加贴近管理决策的需要了。当然，这样做第一次会费点劲，但之后动态更新相对就简单了。四要集成创新、打造品牌。我们要通过创新发展，开发出独特的、别人难以模仿的管理机制、管控模式、运营方式，把“三大平台”做出特色、做出品牌、做成一流。

（三）加快促进地理信息产业发展

李克强总理在中国测绘创新基地视察时强调指出要“促进地理信息产业加快发展”，我们要着力做好以下几方面工作：一要政策支持、创造环境。最近国务院印发了《关于促进信息消费扩大内需的若干意见》等系列文件，里面包含很多地理信息产业的内容，我们一定要解读好、利用好这些政策，借力而上，顺势而行。作为地理信息产业的主管部门，我们要真正为地理信息企业发展提供合理的市场准入、完善的政府服务等各方面的政策措施，为产业发展提供政策支持、创造良好环境。二要鼓励入园、方便入驻。只有集合集成发展才能形成拳头、抱团发展。入驻地理信息产业园就是抱团发展很好的一种途径。实践证明，进驻地理信息产业园区的企业发展都很快，所以我们要鼓励企业入园，建立一站式的服务大厅，为入园企业提供更好的配套政策和各方面便利条件。三要优质服务、公平发展。要把服务作为政府的第一责任，加快建立公平开放透明的市场规则，着力解决市场体系不完善、市场竞争不充分等问题，切实为地理信息企业提供优质服务，营造企业公平发展的环境。四要改革创新、混合发展。《决定》提出允许国有经济和其他所有制经济发展成为混合所有制经济。只有进市场才能有活力。要从发展的角度来推进事业单位分类改革，加强对企业兼并重组的指导和支持，充分发挥各类市场主体的活力。

（四）切实巩固和扩大教育实践活动成果

一要建章立制、规范管理。要形成党的群众路线教育实践活动的一系列制度成果，并在实践中确保制度落地，实现管理的规范化、科学化。二要转变职能、树立新风。围绕反对形式主义、官僚主义、享乐主义和奢靡之风，进一步切实加强作风建设，树立新风，以作风建设促转变职能，进一步凝聚起推动事业发展的强大正能量。三要深入基层、加强指导。要深入基层和一线，了解群众关注的问题，解决基层和群众存在的困难，同时要加强对基层党建工作的指导，切实发挥出基层党组织的战斗堡垒作用。四要立行立改、取信于民。要开展好对活动的“回头看”，巩固扩大活动成果，以实实在在的行动达到取信于民、赢得支持的目的。要健全反腐败领导体制和工作机制，加强体制机制创新和制度保障，营造风清气正的氛围。

（五）认真组织实施重大工程项目

一要精心设计、精心组织。要用国际视野、战略思维、长远眼光，来积极谋划和争取“十三五”事关测绘地理信息长远发展的重大工程项目，来加强重大工程项目的顶层设计，并强化统筹协调，注重工作配合。二要科学管理、严格监督。在重大工程的实施过程中要加强科学化、规范化、精细化、高效化管理，明确责任分工，落实项目责任，强化监督考核，严肃责任追究。三要保证质量、保证安全。要把质量作为测绘地理信息工作的“生命线”，完善质量控制体系，严格质量监督，落实质量责任，真正用质量说话、用成果说话。要强化安全生产意识，加强工程实施全过程安全监管，构建安全生产长效机制，并严格加强数据管理，确保数据安全。四要保证时间、务求实效。要严格按照设计的时间表统筹推进工程建设，确保在规定的时间进度完成预期任务，最终保证工程顺利竣工，取得实效。

（六）组织开展国际合作交流活动

一要加强沟通、协同合作。加强与各国、国际组织间的沟通联系，认真组织好与联合国合作的项目，并积极拓展合作项目的形式和范围，充分发挥在国际组织中任职专家的作用。二要建好平台、发挥作用。办好第三届联合国全球地理信息管理高层论坛，进一步提升中国测绘地理信息的影响力，推动测绘地理信息产品和服务走向国际市场。三要突出重点，争取支持。做好深化科技体制改革的顶层设计，组织实施好测绘地理信息公益性科研专项和其他重大科技攻关项目，继续积极争取发改委、财政部、科技部等有关部门的支持。四要互利共盈、和谐发展。本着互利共赢的原则开展国际双边多边合作与交流，实现在合作中共同发展、和谐发展的目的。积极参与国际标准化工作和全球测图工作。

（七）积极推进北斗导航应用与产业发展

北斗导航系统，是民族的、是中国的。我经常强调，一定要树立“大测绘、大科技、大发展”的理念，一定要提振民族精神、发展民族产业、打造民族品牌，这样才能够实现中国梦。中国梦的内涵就是国家富强、民族振兴、人民幸福。没有民族品牌，我们要屹立于世界民族之林是不可能的，所以我们必须要发展民族产业。北斗就是民族产业的一个平台，必须给予关爱和支持。一要增强自觉、主动应用。卫星导航与位置服务和测绘地理信息有着密不可分的天然联系，相辅相成，融合共生。我们要以北斗产业化为契机，在地理国情普查、“三大平台”建设、测绘卫星及后续卫星数据应用等重大专项中自觉、积极应用北斗系统，推动北斗产业实质性发展。二要系统开发、加大推广。要瞄准移动互联时代对地理信息服务的旺盛需求，鼓励各方面针对北斗应用，进行系统的、全方位的开发，开发出好用、适用的产品，并进一步加大推广力度，增进社会各界对北斗的了解和应用，逐步摆脱对国外产品的依赖，逐步消除导航定位长期受制于人的安全隐患。三要加强研发、提升水平。卫星导航产业不仅是卫星导航系统本身的竞争，更是应用与服务的竞争。我们要着眼于扩大中国测绘地理信息应用领域、提升测绘地理信息服务水平，加强北斗系统与测绘地理信息服务融合发展中的关键技术研究，突破一些技术瓶颈，争取形成一批自主的核心技术，推进北斗服务模式产品创新、内容创新，充分发挥北斗的作用。四要有效保护，塑造品牌。与卫星导航产业发展相对成熟的国家相比，北斗的集成应用和运营服务还处于起步阶段，产业链的不完善成为制约北斗产业化的关键。测绘地理信息行业应守土有责，切实从维护国家安全、力促北斗产业化的大局出发，从政策、法规、标准、项目、资金、市场等多个方面综合施策，加快打造北斗民族品牌。

（八）切实加大测绘地理信息改革力度

一要准确定位、明确职责。要以更好地服务生态文明建设、推动大测绘、大产业发展等为契机，进一步找准定位，强化测绘地理信息行政管理机构设置和职能配置。做好服务与监管两手抓、两手硬，全方位提升测绘地理信息公共服务能力尤其是测绘应急保障能力，大幅提升地理信息市场监管能力。二要转变职能、简政放权。加快职能转变，让市场在地理信息资源配置中起决定性作用。积极推进测绘地理信息行政审批制度清理，推动《地图管理条例》出台，加快《测绘法》修订，完善测绘资质管理规定和分级标准，完善市场信用信息管理措施，紧紧围绕地理国情监测和地理信息产业发展，研究出台有利于强化测绘统一监管、增强市场活力的政策措施等。同时，要加快地理信息安全监管体系建设，加强地理信息市场监管，健全互联网地图安全监管工作机制。三要转型升级、跨越发展。着手对现有生产力布局、工艺流程、技术路线、产品结构、服务模式等进行改革，使之更加适应时代和技术发展，推动地理信息服务从“地图制造者”向“信息整合者”转型，从“数据生产优先”向“信息服务和知识发现优先”升级。四要推动事业单位改革，向企业化发展。要适应新的形势要求，做好测绘地理信息事业单位分类改革的顶层设计，推动条件成熟的事业单位逐渐过渡为企业，优化事业发展组织结构和力量布局。

三、几点要求

第一，加强学习，提高认识，切实增强贯彻落实三中全会精神的自觉性和主动性。学习习近平总书记一系列重要讲话，认真贯彻十八届三中全会精神，是全系统今后相当长一段时期的重要政治任务。中央已印发有关学习贯彻文件，要求组织处以上干部集中培训。各单位各部门要以高度的政治自觉、强烈的政治意识、大局意识和责任意识，切实加强组织领导，周密安排部署，在思想上、行动上与党中央保持高度一致，扎实有效地将学习宣传贯彻十八届三中全会精神引向深入。要通过认真学习和宣传贯彻，坚定信心，增强勇气，更加信心百倍地投身测绘地理信息强国建设，为推动全面建成小康社会和实现中华民族伟大复兴的中国梦做出更大贡献。

第二，加强统筹，协调发展，确保各项工作有序衔接均衡推进。十八届三中全会要求测绘地理信息工作更深地融入国民经济主战场，测绘地理信息技术的快速发展进步也要求我们加快转型升级。我们的事业面临新的挑战和更高要求。为此，必须统筹中央地方、系统内外、政府市场、军队地方、国内国外各种相关资源，妥善协调好服务与管理、质量与效益、近期与长远等多种关系，在工作中学会“弹钢琴”，富有创造性地开展工作，实现互补、形成合力，保证各项工作均衡、协调、稳步推进，达到预期目标，取得实际效果。

第三，加强调研，科学谋划，为事业长远发展、战略发展做好基础工作。在继续实施好“十二五”规划的同时，要认真总结、评估“十二五”工作取得的成效与现阶段客观存在的问题，进一步解放思想、抢抓机遇、破解难题，为测绘地理信息事业转型升级、跨越发展谋划“十三五”蓝图。要围绕《决定》提出的重大命题，深入基层调研，开展战略研究，形成测绘地理信息部门的主张，提出有价值的政策建议，推动测绘地理信息工作在经济社会发展中发挥更大作用。

第四，真抓实干，务求实效，继续发挥“快干好”的精神做好各项工作。测绘地理信息工作使命光荣、任务艰巨，我们要以测绘地理信息人特有的“快干好”精神、作风和行动，抓好局各项决策部署的贯彻落实，保证各项任务高质量、高水平、高效率完成，使我们的工作取得更大的成绩，创造出更高的水平，再创新的辉煌。

第五，抓好班子，带好队伍，以为民务实清廉的形象提升整个队伍战斗力。事业发展，关键在人。要进一步深化干部人事制度改革，切实加强领导班子建设和基层党组织建设，充分发挥干部职工的积极性、主动性和创造性。要始终坚持正确的舆论导向，充分发挥宣传工作的思想引领作用、舆论推动作用、精神激励作用和文化支撑作用。全系统党员干部要真正筑牢为民宗旨，坚持务实作风，树立清廉形象，进一步提升干部队伍的向心力、凝聚力、战斗力。

同志们，这次会议非常重要，集中了大家的智慧，凝聚了大家的共识，统一了思想、统一了认识。我们将把大家在会上提出的好的思想、好的建议、好的观点认真梳理研究，吸纳到年底召开的全国测绘地理信息局长会议工作报告中去，推动2014年及今后一段时间的测绘地理信息工作再上新台阶。

国家测绘地理信息局副局长王春峰在全国测绘地理信息系统办公室主任会议上的讲话

2013年5月24日

同志们：

全国测绘地理信息系统办公室主任会是经国家局党组研究同意召开的一次重要会议。这次会议在革命圣地井冈山召开，对于我们弘扬红军精神、弘扬井冈山精神，继承和发扬革命传统，推动做好办公室工作，具有特别的意义。刚才，高振华局长作了热情洋溢的致辞，介绍了江西局这几年主要工作情况。我代表国家局党组对江西测绘地理信息工作取得的突出成绩表示祝贺！此次会议的主要任务是：认真学习贯彻党的十八大精神和习近平总书记一系列重要讲话精神，认真学习贯彻李克强总理视察中国测绘创新基地时的重要讲话精神，研究贯彻落实党中央关于改进工作作风密切联系群众八项规定和国家局党组十项具体措施的要求，总结交流测绘地理信息系统办公室工作开展情况，研讨新形势下加强和改进办公室工作具体措施。下面我讲三方面意见，供大家讨论。

一、办公室工作取得了新成绩

近年来，在国家局党组和各单位党组（党委）的正确领导下，全国测绘地理信息系统办公室的同志们围绕测绘地理信息事业中心工作，解放思想，转变观念，奋发进取，扎实工作，为推动测绘地理信息事业跨越式发展做出了重要贡献。

一是抓好政务工作，较好地发挥了参谋助手作用。政务工作的质量，是反映办公室工作地位、作用和服务质量高低的重要标准。各单位办公室将参谋职能贯穿和渗透于工作的全过程，做到“身在兵位，胸为帅谋”，紧紧围绕测绘地理信息中心工作和重点工作，充分把握和领会国家局党组、各省局党组（党委）意图，通过调查研究、督促检查、信息交流等方法，及时、准确地为重大决策提供了大量的政务信息和具有较强针对性的意见建议，充分发挥了办公室的“智囊团”、“参谋部”作用。办公室作为政务运转的枢纽，是联系基层和群众的纽带，协调方方面面的桥梁，展示单位形象的窗口，通过大家的共同努力，在文稿起草审核、公文处理、政务信息报送、人大政协提案建议办理、群众来信来访、应急处理等政务工作的各个方面都取得了很大的成绩，保证了各项工作高效有序运转和领导决策意图的贯彻落实。

二是加强统筹规划，较好地发挥了综合协调作用。综合协调是贯穿于办公室工作各个方面的一项重要任务，随着服务职能的扩大，办公室的沟通协调任务也在不断增加。各单位办公室高度重视与上下级、同级部门和兄弟单位之间保持良好的联系和顺畅的沟通渠道，让办公室这个枢纽系统的作用得到有效发挥。各单位积极树立大局意识、注重沟通协调艺术，主动向省人大、政府、政协汇报重大工作进展，并通过安排领导调研、视察或听取汇报等多种方式，将“抓领导”变为“领导抓”，极大地促进了各项工作的开展。积极推动本单位与有关部门开展合作，将测绘地理信息成果的应用效用最大化。重视与兄弟单位之间的交流协作，相互借鉴好的经验做法，形成齐心合力干事业的良好局面，共同推动测绘地理信息事业科学发展。

三是重视宣传工作，较好地发挥了展示窗口作用。各单位对于宣传工作的重视程度不断提高，宣传工作水平也稳步提升，测绘地理信息事业的社会影响力不断扩大。各单位办公室切实推进新闻宣传体制机制建设，保障工作的有序开展；积极加强宣传策划，丰富宣传手段，通过及时召开新闻发布会等方式发布工作重大进展，助推测绘地理信息事业的重点工作顺利开展；注重与中央、地方主要媒体加强联系，保持良好沟通关系，拓宽宣传渠道。各单位围绕党的十八大召开，围绕三大平台建设、资源三号测绘卫星、测绘地理信息应急保障、地理国情普查监测等测绘地理信息工作的重点热点问题开展新闻宣传，为测绘地理信息事业的顺利开展营造了良好的舆论氛围。

四是强化事务管理，较好地发挥了服务保障作用。提高办公室的管理服务水平是提高机关和单位工作效率和工作水平的重要举措。各单位办公室重视加强制度建设，夯实工作基础，把保障机关高效运行作为重要任务，把做好服务、提高质量作为重要职责，把领导和干部职工满意作为重要标准，努力做到事务管理全面化、精细化、制度化。在公文处理、重大会议和活动组织实施、档案管理、保密管理等事务管理的各个方面，不断强化服务、质量和效率意识，积极发挥“服务员”作用，有效保障了机关工作的正常运转，树立了良好的测绘地理信息部门形象。许多单位的办公室还承担着公务接待、安全保卫、资产管理、后勤保障等事务性工作，这些工作都是基础工作，是全局工作有效运转的重要保障，同志们以精益求精的精神，扎实肯干的作风，为领导、机关、基层和群众提供了优质服务。

办公室担负着大量具体、繁重的日常服务和运转工作任务，其中的每一件事情、每一个环节，既事关重大，又默默无闻，甚至是处于边缘，经常充当重点工作上的配角，但是每一个重大项目的顺利完成、每一个重大活动的成功举办都与办公室同志们的辛勤劳动分不开，每一次测绘地理信息事业的重大跨越都包含着办公室同志们扎扎实实、默默无闻而又富有成效的工作！都体现着办公室同志们甘于寂寞的坚韧、脚踏实地的作风和乐于奉献的精神！

在看到办公室工作成绩的同时，我们也应该清醒地认识到：转变职能、改进政风、文风、会风仍是办公室工作的一项长期任务，统筹规划、综合协调还需要进一步加强，对办公室工作规律性认识需进一步提高。这些都有待我们在以后的工作中采取措施认真加以完善。

二、办公室工作面临着新形势

一是经济社会的发展，对办公室工作提出了新任务。党的十八大提出了“五位一体”总体布局，明确了“四化”建设同步发展，这些都对测绘地理信息工作提出来了旺盛需求和更高要求。办公室作为综合部门，要带头学习、带头领会，抓好结合，选准抓手，切实把十八大精神落实到实际工作中，体现在具体行动上。国务院高度重视政府职能转变，要求政府各部门简政放权，转变职能，创新管理，激发市场创造活力和发展内生动力。办公室作为机关运转的中枢部门，要创造性地开展工作，努力打造面向基层、面向企业、面向社会的服务型窗口部门，争做转变职能、提高服务水平的示范者、领头羊。当今社会已进入信息化时代，网络在政治、经济、社会生活中发挥着越来越重要的不可替代的作用，办公室在推进电子政务建设，做好顶层设计，加强天地图、政府网站和电子政务综合应用平台建设和整合等方面，都面临着艰巨任务。

二是测绘地理信息事业的快速壮大，对办公室工作提出了新要求。近年来，测绘地理信息事业发展迅速，实现了历史性跨越，取得了许多令人瞩目的成就。党中央国务院更加重视测绘地理信息工作，克强总理视察并作重要讲话，国家测绘局更名为国家测绘地理信息局并拓展了新业务。地理国情普查和监测、天地图、数字城市三大平台建设驶入“快车道”，地理信息产业迅猛发展，创新驱动发展能力不断提升。事业的快速发展，使办公室工作头绪越来越多，节奏越来越快，面对事业快速发展带来的新挑战，我们要勇立潮头，加强政策研究，努力谋划既能促进事业快速发展又能保证监管到位的好思路、好点子。

三、做好办公室工作的新要求

办公室是综合性办事机构，有着承担政务、管理事务、协调业务和搞好服务的职能，可以说既是机关决策的“参谋部”，又是执行落实的“指挥部”，工作面广、头绪多、责任大。下面就如何做好办公室工作提几点要求：

一是要围绕中心、服务大局。办公室只有做到立足全局，围绕中心，才能在纷繁复杂的事务中真正做到把握时代脉搏、找准发展方向、抓住工作重点。要牢固树立坚定的理想和信念，讲政治、顾大局，在思想上、行动上坚决同党中央、国务院保持一致，同国家局党组保持一致，自觉把测绘地理信息工作纳入到国家经济社会发展大局中来思考和谋划，自觉把办公室工作纳入到测绘地理信息中心工作中来认识和部署。国家局党组制定了“构建智慧中国、监测地理国情、壮大地信产业、建设测绘强国”的总体战略，这是当前和今后一个时期测绘地理信息工作的大局，是党组明确的中心工作，办公室要紧紧围绕建设测绘地理信息强国这一目标来发挥参谋助手的作用，真正做到谋在关键处、抓在点子上。

二是要善于协调，强化服务。办公室承担着承上启下、协调内外、服务各方的职责。协调的过程就是一个沟通情况、研究措施、集思广益、推动落实的过程，所以从某种角度上讲，协调也是生产力。我们要注重上下协调，树立“全国一盘棋”的思想，国家局与省局办公室之间要多沟通工作、各省局办公室之间要多交流经验，促进全局性工作开展。要注重内外协调，做好与省委省政府各有关部门之间的协调，为测绘地理信息工作开展创造良好条件和宽松环境。要注重内部协调，做好办公室与各部门之间的协调，让机关运转更高效，工作推动更顺畅。服务是办公室的根本职责。要树立服务意识，该支持的主动支持，该保障的着力保障，为测绘地理信息事业的发展提供全方位、高质量的服务，力争做到让领导满意、让单位和部门满意、让基层和群众满意。

三是要注重细节，夯实基础。办公室工作头绪繁杂、涉及方方面面，稍有不慎，就会出现失误，影响全局工作，必须精益求精，实行精细化服务、精细化管理。在工作中，要努力培养精确、细致的观念，树立精品意识，责任意识，把每一个环节考虑周全，把每一项工作做精做细。同时，通过完善各项制度，健全工作机制，规范业务流程，明确工作职责，建立和健全激励约束机制，尽量不出纰漏。要进一步打牢办文、办会、办事的基本功，真正做到强基础、提能力。

四是要加强宣传，树立形象。宣传工作是测绘地理信息工作的重要组成部分，是使社会各界了解、关注、支持测绘地理信息事业的重要抓手，我们要进一步创新宣传工作机制，加强与社会媒体的合作，突出行业特色，夯实宣传阵地，加强舆论引导，增强新闻报道的吸引力、感召力和影响力，推动宣传工作再上新台阶，为测绘地理信息事业科学发展营造良好的舆论氛围。

五是要转变作风，提升能力。办公室要做转变作风的表率，不折不扣地执行中央八项规定和国家局党组十项具体措施，文件简报和会议活动该精简的就精简，在精简的同时提高质量。办公室要带头过紧日子，确保把中央和国家局的要求落到实处、取得实效。要高度重视队伍建设，努力把优秀人才吸收到办公室工作中来，努力打造一支作风过硬、战斗力强的办公室队伍。

同志们，做好新时期的测绘地理信息工作，办公室工作至关重要。从事办公室工作的同志们要在党组（党委）的坚强领导下，进一步增强工作的责任感、荣誉感和使命感，再接再厉，再上台阶，为新时期测绘地理信息事业的发展做出新的更大的贡献！

谢谢大家！

国家测绘地理信息局副局长王春峰
在测绘地理信息部门2014年预算布置会上的讲话

2013年6月14日

同志们：

大家好！今天召开这次会议，主要有两项任务：一是简要回顾我局近年来部门预算管理工作，研究解决新形势下预算管理存在的突出问题；二是传达财政部2014年中央部门预算编制工作会议精神，部署测绘地理信息部门2014年预算编制工作。下面，我谈几点意见。

一、共同努力，我局预算管理工作取得明显成效

近年来，国家局党组高度重视预算管理工作。根据财政部的统一部署，我局按照科学发展观的要求，在推进部门预算管理方面，按照“夯实预算基础、争取财政支持、强化预算执行、推进项目管理、坚持依法理财、提高预算绩效”的基本思路，紧紧围绕局党组中心工作和测绘地理信息事业发展目标，在加强管理、争取支持、完善制度、促进保障等方面取得了显著成绩，为保障测绘地理信息各项工作，奠定了良好的基础。

（一）集中全力抓好财政资金的落实工作

财政资金的争取和落实是实现测绘地理信息事业可持续发展的重要保障。近几年，中央财政对测绘地理信息事业的投入大幅增加，在财政部和发改委的大力支持下，海岛礁测绘工程项目、国家地理国情监测项目、国家现代测绘基准体系基础设施建设项目等得以顺利实施。2013年，在财政从严从紧安排预算、要求项目支出“零增长”的不利情况下，经过大家的共同努力，我局继续实现了中央和省级财政投入经费的大幅增加。2013年部门预算收入实现了历史性突破，确保了三个增加，即经费总量大幅增加、新增业务项目增加、增支项目预算增加。按部门预算总量，财政部批复我局2013年部门预算15.6亿元，较2012年增加5.4亿元，增长52.9%；新增加项目7个，新增财政拨款1.7亿元；增支项目6个，共增加财政拨款4.13亿元。再加上2013年现代基准项目预算将要追加，2013年中央财政拨款收入预计将达到17.5亿元，成为我局中央财政资金投入历史最高年份。从2014年开始，公益性行业科研专项试点已获财政部、科技部批准，我局的科研经费也将大幅增加。

（二）预算编制更加科学规范

预算编制是预算管理工作的基础，预算编制工作是否科学、真实和准确，对发挥财政资金使用效益十分重要。几年来，在各单位的共同努力下，我局部门预算管理制度体系已初步建立，制定了项目预算管理制度、修订了预算编制和评审指南、研制了预算项目库管理软件。各单位预算编报工作更加规范，从近年的预算编制情况来看，预算编报质量有了较大提高。一是综合预算管理理念不断深入。大家都能做到一个单位一本完整预算，包括财政拨款、事业收入、非独立核算的经营性收入和其他收入等收入全部纳入部门预算管理，尤其是事业收入、自筹基建支出和地方财政投入等全部纳入预算管理，使预算编报更加全面、真实和完整。二是项目支出全部落实到具体项目、细化到具体承担单位、明确到具体项目内容，有力推进了项目预算的精细化管理。三是预算编制质量不断提高。除重大测绘项目预算由国家局统一细化外，我局已基本形成了自下而上的逐级编报、逐级审核和逐级汇总的预算编报程序，在预算上报的及时性、完整性和准确性上均有明显的进步。在财政部开展的2013年预算编报评比工作中，我局荣获三等奖，这与大家的共同努力是分不开的。

（三）预算执行管理更加高效

预算执行是预算管理的核心工作。我局不断夯实预算执行的基础，一是继续完善预算编制与预算执行、资金结转和资产管理有机结合的机制。同时，利用信息化手段，逐步实现对预算编制、预算执行等环节的准确掌控，不断提高预算管理的科学性。二是积极采取有效措施，花大力气狠抓预算执行进度。建立了预算执行责任制、通报制、承诺制、督导约谈制、奖惩机制等预算执行管理制度，定期召开预算执行领导小组会议，对预算执行进度偏低的单位进行现场督导，沟通预算执行中的有关情况，解决预算执行中的难题，提出督导意见或建议，确保预算执行进度按计划完成。三是进一步完善了预算调整工作，对追加预算及时申报、及时批复、及时落实资金使用计划，对调整预算及时调余补缺，对归垫资金及时完成申报和批复，确保了预算执行的有效和序时。正是由于我局建立健全了预算执行工作的管理机制，在局有关司室和各单位的共同努力下，预算执行管理工作取得显著成效。今年4月份，我局预算执行进度排名为36位，为历史最高水平。为此，财政部对我局的预算执行工作进行了通报表扬，对我局为加强预算执行管理工作所实施的一系列管理措施给予了充分肯定，并作为经验进行推广。我们实施这一系列措施其目的不是为了获得财政部的表扬，而是为后续的财政资金争取工作奠定基础。预算执行工作难度大，执行中的问题也比较突出，解决起来相对困难。正是由于我们加大了预算执行力度，大家共同努力，克服重重困难，使得2013年的预算增加成为现实。

（四）预算绩效管理取得进展

绩效管理是衡量预算管理效果的重要标准，是检验财政资金支出是否规范、资金使用效益是否得以发挥的重要手段。对于财政性资金支出，不仅要看是否合理合规，更要看单位履行职责的程度是否有效。此外，我局结合测绘地理信息部门实际情况，出台了《国家测绘地理信息局关于加强业务项目支出管理的意见》，其目的就是切实提高项目资金使用效率，进一步确保项目绩效。近几年，我局按照财政部的有关要求，较好完成了项目预算绩效目标的制定和绩效评价的实施，并积极探索绩效评价结果的运用。去年，财政部按照《预算绩效管理工作考核办法》，对中央部门和省级财政部门2012年预算绩效管理工作进行了考核，我局获得了财政部通报表扬。

（五）预算管理制度更加完善

近年来，我局陆续出台或完善了一系列加强预算管理的制度。为加强项目支出预算编制和评审管理，我局重新修订了《测绘地理信息部门项目支出预算编制及评审指南》；为加强财政预算执行进度管理，我局修订印发了《测绘地理信息部门财政预算执行进度管理规定》；为完善政府采购监督管理，规范政府采购行为，我局印发了《政府采购代理机构使用管理办法》、修订了《国家测绘地理信息局政府采购管理实施办法》；为加强和规范专项资金的管理，我们配合财政部印发了《国家地理国情监测专项资金管理办法》，出台了《国家现代基准体系基础设施建设一期工程财务管理办法》；为促进项目绩效管理，我局出台了《国家测绘地理信息局关于加强业务项目支出管理的意见》。另外，重新修订的《国家测绘地理信息局事业单位国有资产管理暂行办法》将于近日印发。这些制度的实施，已基本建立起测绘地理信息部门财务预算管理制度体系，在不断理顺和加强测绘地理信息财务预算管理中发挥了重要作用。从预算编制、预算执行、政府采购、预算绩效和专项管理等方面进行了统一和规范，健全了测绘地理信息部门预算管理制度体系，提高了预算管理的科学性。

经过大家的不懈努力，我局部门预算争取工作取得重大进展，预算编制科学化水平不断提升，预算执行进度明显加快，预算监管力度不断加强，制度建设取得明显成效。这些成绩的取得离不开大家的辛勤劳动和财政部、发改委的大力支持。借此机会，我代表局党组，向你们并通过你们向长期工作在预算管理第一线的同志们，表示衷心的感谢和诚挚的问候！也向理解和支持测绘地理信息工作的各有关部门表示诚挚的谢意！

二、不断总结，破解预算管理中出现的新问题

尽管我局预算管理工作成效显著，但与财政部的有关要求还存在差距，在预算管理中还存在一些问题或不足，主要表现在以下几个方面：一是对预算严肃性和约束性的认识不够，预算执行的刚性不足；二是项目预算支出距理想效果还有差距，存在资金浪费现象；三是预算的前瞻性不够，和决算数字存在明显差异；四是预算执行不够严格，在不同项目或预算科目之间调剂使用资金等问题时有发生。

上述问题或不足，有的是通过财务审计、小金库检查、决算稽核和专项资金检查等发现的，有要求整改但仍屡查屡犯的老问题，也有最近几年暴露出来的新问题。出现这些问题，既有重视程度不够、对政策理解不到位等主观原因，也有监管机制不健全等客观原因。要认真分析这些问题产生的原因，在今后的工作中不断总结，不断改进。

第一，有的单位领导对预算财务管理重视程度还需提高。单位领导把主要精力放在抓事业发展，抓单位改革、抓重大工程上，但是对预算和财务管理却忽视了或不够重视。有的只顾跑项目、要资金，但对要回来的钱到底是怎么花、花的效果如何、产生的效益怎么样，关心不够或很少过问。尤其是最近几年，在“三公经费”预算管理中，党中央、国务院三令五申要厉行节约，财政部要求严格控制“三公经费”规模，但仍有一些单位重视程度不够，把关不严，没有实事求是地反映“三公经费”实际情况，存在漏报、少报或转移支出等问题，给预算管理规范化工作带来很大难度。各单位要切实加强对预算工作的领导，重要的预算管理事项要亲自部署，重要的财务问题要亲自过问，重要的预算环节要亲自协调，重要的预算任务要亲自督办。只有这样，预算管理工作的开展才能更加有效。

第二，我们有些单位领导和有的财务会计人员，法制观念淡薄，有法不依、执法不严。《会计法》对单位法人和会计人员的责任有明确规定，有的财会人员账目记得很好，但监督职责没能有效发挥。为此，要不断转变观念，认真学习财政法规，切实增强依法理财的自觉性。要把学习贯彻财经法规纳入日常工作计划，特别是主管领导同志和财务负责人要带头学习《预算法》、《会计法》、《审计法》和《政府采购法》等法律法规，要大力支持财会人员依法履行职责，不授意、不指使、不强令财务人员违法、违规办理财务事项。财务预算管理人员要按照《会计基础工作规范》、相关财务制度和会计准则，规范日常财务行为，做到“要钱”合理、“管钱”严格、“花钱”有效。

第三，财务部门自身力量不足。一些单位忽视财会机构和队伍建设，以至于有些单位会计机构不健全，会计人员配备不足，会计人员年龄及知识结构不合理，业务水平也不高，无法满足新时期财务管理工作的需要。财会部门要有清晰的工作思路、明确的分工协作、强烈的责任意识、良好的工作氛围。进一步加强财务会计队伍建设，强化财务会计人员的职业道德、诚实守信及业务能力的教育培训是我们的长期任务。同时要重视财会干部的培养工作，建立起多层次、多形式的财经理论与财务业务知识的培训制度，切实提高财会人员的综合素质。要注意引进高层次财会人才，优化财会队伍结构。

有条件的单位，可逐步推进总会计师制度的落实。

只有不断总结、查找原因、解决问题，预算执行和管理工作效能才能有效发挥；只有不断创新、完善机制、破解难题，预算执行和管理工作水平才能不断提高。

三、认清形势，把握2014年预算编制工作重点

根据财政部的要求，2014年中央部门预算编制工作的指导思想是：全面贯彻落实党的十八大、中央经济工作会议和全国财政工作会议精神，以邓小平理论、“三个代表”重要思想、科学发展观为指导，紧紧围绕主题主线，深化部门预算改革，加强部门预算管理，逐步建立公开、透明、规范、完整的预算制度。2014年部门预算编制要认真贯彻落实党中央、国务院关于改进工作作风、密切联系群众，厉行勤俭节约、反对铺张浪费的一系列政策规定；坚持依法理财、统筹兼顾，从严从紧编制预算；坚持改革创新，完善预算管理体系，加强预算监督，推进预算绩效管理，提高预算透明度。

当前和今后一个时期，是全面建成小康社会的重要时期，也是抢抓战略机遇、加快推进测绘地理信息事业跨越式发展的关键时期。2014年测绘地理信息部门预算编制，要坚持“统筹兼顾、着眼长远、突出重点、有保有压、优化结构、讲求绩效”的方针，紧紧围绕“构建智慧中国，监测地理国情，壮大地信产业，建设测绘强国”的宏伟目标，着力增强各项中心工作保障能力，严控一般性支出，加强预算项目规划，加强测绘地理信息财政资金绩效管理，为保证和促进测绘地理信息事业又好又快发展服务。

（一）着眼长远，探索构建事业发展和部门预算规划体系

部门预算工作涉及面广、政策性强，既关系到测绘地理信息重点工作的推进和事业发展，也关系到干部职工的切身利益和每个单位的正常运转。但目前在部门预算中存在着前瞻性不足、全局性不强的问题，一些单位申报的项目只局限于本单位的一点一面，只考虑短期需求。测绘地理信息部门预算编制必须认真贯彻党中央的大政方针和国务院的决策部署，着眼于测绘地理信息事业发展大局，立足于测绘地理信息事业的可持续发展，加强顶层设计，统筹中央财政资金、地方财政资金、事业收入和其他收入等资金来源，合理安排测绘地理信息部门履行职责和事业发展的预算需求，做好测绘地理信息事业发展规划与预算的有效衔接，对测绘地理信息事业发展布局需要资金支持的要有全盘谋划，对各项重点工作要有合理安排，积极推进项目支出滚动预算编制，以确保专项规划和年度预算的有机结合。

（二）突出重点，严格控制一般性支出

各单位在编制2014年部门预算时，必须坚决贯彻中央有关精神，严格控制一般性支出，切实降低行政运行成本，必须本着突出重点、有保有压的原则，对新增需求进行认真梳理，紧密围绕测绘地理信息各项中心工作，重点做好履行职责和事业发展以及关系职工切身利益的收支预算编制，重点做好贯彻落实国家局党组确定的重点工作部署，确保局党组中心工作的预算保障。

从严控制因公出国（境）费等“三公经费”预算规模，按照“零增长”的原则编制“三公经费”预算。要树立勤俭节约意识，严把财务支出关，不该花的钱绝不安排。必须严格控制因公出国（境）团组数量；加强和规范公务用车配备使用管理，公务用车运行费预算要与公开的公务用车数量相匹配；要规范和改革公务接待，大力精简会议和文件，严格控制会议经费和庆典、论坛等活动；严格控制办公楼等楼堂馆所建设，完善公务卡制度，从严控制行政成本。

（三）狠抓执行，切实保证财政资金的安全使用

财政部一方面不断加强预算执行的考核，一方面加大了结转和结余资金的统筹使用力度，特别是在2014年预算编制中强调要全面清理规范财政拨款结转和结余资金。由此可见，预算执行不到位，结转和结余资金量过大，将直接影响到单位当年财政拨款预算总规模。

各单位要高度重视预算执行工作，在预算编制时就要提前考虑预算执行问题。要进一步完善预算编制程序，细化预算编制内容，提高预算编制的科学化、规范化水平，将每一项支出分解落实到基层单位和具体用途。严格控制和减少预算执行中的调整事项，强化预算约束。加快资金支付进度，切实减少结转和结余资金。加强内部监督和管理，对基层预算单位的预算、资产、财务及其他事项进行全面监管。要树立政策意识、大局意识和不折不扣执行各项财经政策、法规的意识，强化财务管理风险意识，将内部控制制度建设作为防范财务风险的重要手段。

（四）强化管理，努力提高财政资金的使用效益

深化预算制度改革，加强预算绩效管理，提高预算资金的使用效益和政府工作效率，是贯彻落实科学发展观和经济社会发展现实情况的要求，是新时期新阶段提出的一项重要任务。预算绩效管理是财政部今后强化预算管理的重要工作，预算项目绩效目标管理和绩效评价范围要逐步扩大，2014 年，纳入绩效目标管理的项目资金不得低于项目支出预算的 20%，纳入绩效评价试点的项目资金不得低于公共财政支出规模的 5%，特别是要开展部门（单位）整体绩效评价试点工作。目前，财政部正在研究探索绩效评价结果与预算安排挂钩的应用机制。

各单位要从落实科学发展观、加快政府职能转变的高度，充分认识加强测绘地理信息预算绩效管理工作的重要性，树立绩效管理理念，切实加强领导，认真组织实施。各单位各部门都要建立和完善绩效管理的组织和协调机制，逐步形成财务部门归口组织协调、业务部门分工负责、审计监察部门监督到位齐抓共管的预算绩效管理新格局。局机关各业务主管司室要充分发挥业务管理职责，审查、指导和监督项目承担单位制定科学的绩效目标和评价指标。要逐步建立绩效评价结果应用机制和绩效责任追究机制，强化预算绩效管理责任，努力提高财政资金的使用效率和效益。

四、扎扎实实，高质量地完成 2014 年预算编制工作

部门预算编制工作是财务管理工作的龙头，政策性强，时间和质量要求高。编制 2014 年测绘地理信息部门预算，各单位各部门要做好以下三方面工作。

一要加强领导、精心组织。各单位领导特别是主要领导要充分重视预算编制工作，主要领导要按照“重要工作亲自部署，重要问题亲自过问，重点环节亲自协调，重要任务亲自督办”的原则，切实加强 2014 年部门预算编制的领导和组织工作。要认真学习、领会 2014 年部门预算编制的各项要求，深入研究确定 2014 年本单位的工作重点，全面、完整、真实、详细编制本单位的部门预算。

二要健全机制、科学决策。预算编制是一项综合性、政策性很强的工作，涉及测绘地理信息事业发展的方方面面。各单位在编制 2014 年部门预算时，要紧密结合单位主要职能、发展规划和工作计划，与单位工作职责相互衔接。要进一步完善预算编制决策程序，健全内部工作沟通协商制度，规范预算管理工作流程。各单位财务部门要与业务等综合管理部门积极协调、密切配合、通力协作，按照职能分工和统一部署全力以赴做好 2014 年部门预算编制工作。有预算分配权的国土司、成果司和科技司，要在 6 月底前将预算指标下达到各预算单位，尤其是安排在局本级的预算也要落实到具体单位，不得预留机动。

三要夯实基础、强化管理。各单位机构、编制、人员等是预算编制的重要基础，也是决定预算编制的重要政策依据。四个直属局要加强对下属单位机构、编制和人员基础信息的审核，对发现的问题要及时纠正，切实保证预算管理的科学化、精细化。要进一步健全单位基础信息数据库，实现对行政事业单位机构、编制、人员、资产、经费等数据的动态管理。

同志们，部门预算编制工作历来是领导关切、社会关注、干部职工关心的重要工作。做好 2014 年部门预算编制工作事关测绘地理信息事业改革发展大局。我们一定要认清形势，理清思路，依据《预算法》和《预算法实施条例》，按照财政部的统一部署，紧密围绕测绘地理信息中心工作，积极进取，扎实工作，推动测绘地理信息部门预算编制工作不断取得新成效。希望大家回去以后，精心组织，提早准备，圆满完成 2014 年部门预算编制的各项任务，为测绘地理信息事业的科学发展再创佳绩、再立新功！

我就讲这些，谢谢大家！

国家测绘地理信息局副局长李维森在地理国情普查工作座谈会上的讲话

（根据录音整理）

2013 年 3 月 5 日

同志们：

刚才，国土测绘司白贵霞司长就《国务院关于开展第一次全国地理国情普查的通知》（以下简称《通知》）给大家进行了解读，大家结合本地情况对做好地理国情普查工作提出了很多好的意见和建议，我们将认真研究吸纳。本次会议核心是学习领会《通知》精神，做好前期各项准备工作，尤其是尽快落实普查所需经费。《通知》的及时下达，体现了党中央、国务院对全国地理国情普查工作的重视、支持和期待，为开展全国地理国情普查提供了重要的依据，为全国统一行动赢得了时间。根据大家的意见和建议，结合《通知》内容，我讲几点意见：

一、要高度重视，认真学习，深刻领会《通知》出台的重大意义

首先，《通知》是贯彻党的“十八大”精神出台的重要文件，是十八大有关精神的重要体现。其次，这是国务院第一次专门下文安排一项测绘地理信息重大工程，是国务院对第一次全国地理国情普查的统一部署和要求，大家学习领会好《通知》精神至关重要。第三，开展地理国情普查是测绘地理信息部门转变服务方式的战略行动，将极大的提高测绘地理信息工作在经济、社会发展和生态文明建设中的保障服务能力。

二、要抓住重点、把握关键环节，扎扎实实地做好前期准备工作

第一，各省级测绘地理信息行政主管部门抓紧向本省人民政府汇报，落实国务院《通知》要求，落实普查所需经费。《通知》明确提出了中央和地方的职责分工，确定了普查经费保障措施和投入渠道，是申请经费、组织实施普查工作的基本依据。大家要根据《通知》中明确的工作内容和任务，依照现行《测绘生产成本费用定额》，结合本地区实际情况，组织力量尽快测算出本地区地理国情普查的经费需求，积极主动沟通省级财政等有关部门，做好说明解释工作，确保经费的落实。

第二，积极协助省级人民政府出台贯彻落实国务院《通知》的文件，进一步明确本地区地理国情普查的目标、任务、时间安排、组织实施、经费保障和工作要求，切实把国务院的部署落到实处，确保省级普查行动与国务院布署协调一致。

第三，报请省级人民政府成立相应的普查领导小组及其办公室，健全省级人民政府地理国情普查组织机构。

开展全国地理国情普查这是第一次，时间紧，任务重，要求高，难度大，各省级测绘地理信息行政主管部门要认真研究、周密部署前期各项准备工作。上述三项工作中的第一项务必尽快落实。

三、要加强领导，明确分工，把握关键技术，制定实施方案，确保全国步调一致、统一行动

科学制定实施方案是做好普查工作的关键。目前，中国测绘科学研究院牵头制订的《地理国情监测总体设计》，包含普查方面的内容，可以作为编制实施方案基本依据和参考，总体设计 3 月底下发。国家基础地理信息中心牵头编制《地理国情普查总体方案》和《地理国情普查实施方案》。《地理国情普查总体方案》包含普查目标，任务，内容，计划安排，组织实施，各部门的职责，相互关系，普查成果使用等，比较宏观但内容清晰，待国务院第一次全国地理国情普查领导小组会议审查后下发。《地理国情普查实施方案》是根据总体设计的思路和原则，进一步细化和明确普查任务、计划安排、组织实施和技术要求、工作措施等内容，4 月底之前下发。各省可以依据此实施方案，结合本省实际情况，制定切实可行的普查实施方案，进一步明确普查任务和要求，落实责任，做好分工，排好计划，6 月底前报国务院第一次全国地理国情普查领导小组办公室统一审核批复。

普查需要的相关技术标准正在加紧制订，将陆续推出。其中，《地理国情普查内容和指标》和《地理国情普查统计分析方法和预期成果》是试点工作中最主要的技术文件，国家局正组织修改完善，用于第二批试点工作。

第二批试点，定于3月底启动，到6月中旬结束，用两个半月的时间，完成一个县级行政区域范围的普查试点任务。试点要走通普查的全过程并及时总结经验，要尽快熟悉掌握普查工作要求，积累经验，锻炼队伍，培养骨干人才。

关于组织管理方面。地理国情普查的主管司是国土测绘司；国家局地理国情监测实施领导小组在国务院领导小组成立后转变成领导小组办公室；普查组织实施工作由国家基础地理信息中心负责；技术支持工作由中国测绘科学研究院负责；局卫星测绘应用中心，负责国产卫星影像的统筹和协调。各省工作中有问题、有建议的可及时与他们联系，沟通交流。

四、关于一些具体事宜

1. 有关省情、市情的普查。各省、自治区、直辖市在保证完成地理国情普查的基础上，可以考虑本地区的省情市情普查要求。省情和市情普查工作必须同全国地理国情普查的整体计划步骤一致。陕西测绘地理信息局和浙江省测绘与地理信息局已经先行开展了地理省情监测的试点，各地区可以借鉴学习。

2. 国务院第一次全国地理国情普查领导小组第一次会议之后，计划在6月份召开全国电视电话会议，由领导小组进行第一次全国地理国情普查工作部署、动员和宣传。同时，国家局还将组织召开专门的工作会议，具体布置相关的工作。在此之前，请大家多调研，多学习，多思考，多研究，谋划好普查的整体工作。

3. 加强培训工作。国家局正在抓紧制定地理国情普查培训方案，编制培训教材，即将陆续开始各项培训。各省要抓紧遴选人才，组织骨干队伍，积极参加国家的培训安排，要结合本省的实际情况制定培训方案，认真组织，统筹安排，做好省内培训，全面提升广大职工的业务能力，建成强有力的普查队伍，这次普查工作将实行全员持证上岗，确保普查质量。

4. 西部地区和直辖市的经费申请问题。西部地区要按照国务院《通知》要求，尽力争取地理国情普查工作经费，根据省里经费投入情况，再同国土测绘司沟通，研究国家局如何帮助的措施和办法。各直辖市虽然面积较小，但人口稠密，地物复杂，地理要素密集，区位重要，具有核心辐射带动作用，需要把普查做透做彻底，可以同时考虑市情普查与监测。地理国情普查工作要做细，工作量并不小。

5. 关于监理机制问题。由于测绘没有建立起法定的监理制度，测绘工程还不能搞监理制。各省要充分利用测绘成果质量监督管理机制，通过两级检查一级验收等手段确保质量，充分发挥质检机构的作用，不得虚报瞒报、伪造篡改普查数据。按照国务院的规定，地理国情普查的成果由省人民政府验收，省人民政府对成果质量负责。

五、认真做好组织实施工作

一方面各省级测绘地理信息行政主管部门要高度重视、认真对待、深入研究、狠抓落实，从领导到职工，要积极转变管理方式、工作方式和问题处理方式，既要协调各方面关系，又要扎实推进工作。另一方面，各局要认真建立起本局系统内强有力组织管理、技术支撑和具体实施机构，今后将形成常态化的地理国情监测工作，将同基础测绘一样，成为测绘地理信息事业并驾齐驱的基础性工作。第三，要认真负责，确保成果质量，做到不虚报不瞒报；要增强普查的时点观念，统一行动，不拖拉迟缓，保证普查成果的现势性。要大力弘扬测绘人“热爱祖国、忠诚事业、艰苦奋斗、无私奉献”的测绘精神和“快干好”的工作作风，不等不靠，通过我们大家的共同奋斗，按时取得第一次全国地理国情普查优质成果。

同志们，地理国情普查工作意义重大、责任重大、实施难度大、工作贡献大，一定要周密部署、精心组织，统筹协调、全力以赴，团结一致、努力工作，确保把国务院交给的神圣任务落实好、完成好。

国家测绘地理信息局副局长李维森 在全国测绘地理信息质量工作座谈会暨全国测绘地理信息质检站长会上的总结讲话

2013 年 4 月 3 日

同志们：

大家上午好！

我们这次会议开得很好，虽然会期不长，但内容丰富、务实。会议进一步贯彻了李克强总理“提质量、增效益”的指示精神；胥燕婴总工介绍了近年来测绘地理信息质量管理工作，重点通报了去年监督检查情况，并对有关问题进行了分析，提出了对策；国家测绘产品质量检验测试中心和部分省局、质检站交流了发展思路和质检经验、做法等；昨天下午与会代表分别就如何加强管理、全面提升质量水平，以及如何发挥质检站作用、为成果质量保驾护航进行了座谈，大家讨论十分热烈，分析当前形势，查找存在的问题，剖析产生的原因，并对进一步加强质量管理工作提出了很多意见和建议。

总体来讲，近年来测绘地理信息质量管理工作不断加强，成果质量监管力度进一步加大，为测绘地理信息事业健康稳定发展发挥了重要作用，这是通过大家的共同努力、扎实工作取得的。在此，我代表国家测绘地理信息局，向参加会议的各位代表，并通过你们向工作在质量管理岗位上的同志们表示衷心的感谢和亲切的慰问！

根据当前测绘地理信息质量管理工作现状及大家提出的问题，我讲三方面的意见：

一、测绘地理信息质量工作不断加强，成效显著

首先，质量监督检查力度进一步加大。“十一五”以来，国家测绘地理信息局逐年加大力度，开展全国范围监督检查工作，各省局一方面配合国家局工作，另一方面积极推动本地区的监督检查。除西藏以外，全国 30 个省（区、市）均已将监督检查列入年度重点工作计划，而且检查的力度和广度不断加大。据统计，2012 年，各省完成监督检查 1619 项，涉及甲级资质单位 199 个，乙级资质单位 439 个，丙、丁级资质单位 769 个。

第二，质量管理基础工作明显增强。质量检验和仪器检定相关标准作为测绘地理信息标准体系的重要内容，得到充实和完善，一批质量控制标准和仪检技术规程相继颁布执行，基本可以满足传统测绘和部分数字化生产质量控制的需要；研究开发了一系列质检软件和实用工具软件，在国家基础测绘和重大测绘工程质检工作中得到比较广泛的应用，明显改善了质检工作效率和技术水平。

第三，国家级和省级质检、仪检工作新格局初步形成。国家测绘产品质量检验测试中心、国家光电测距仪检测中心定位明确，大力推进机制建设、人才引进、项目实施、体系建立等工作，积极扩展业务能力和研发能力，科技创新水平持续提升，能力持续增强；国家测绘地理信息质检专家库不断完善，为提升质检水平，公平、公正地开展质检工作，打下了良好的基础；各省质检站、仪检站积极作为，努力提升自身能力水平，保证了质量检查验收和省级监督检查工作的有效实施。

第四，质量管理已成为统一监管的重要手段。随着测绘地理信息管理各项关系的逐步理顺，相关制度和规则的不断完善，质量管理在统一监管工作中发挥越来越重要的作用。目前，测绘单位质量管理体系建设已成为资质审查的重要依据，管理体系落实情况、成果质量检查验收和监督检查结果已成为年度资质考核的基本内容，也成为信用体系基本内容，公信力不断增强。

第五，探索、创新质量管理的新方法和新模式取得进展。近年来，国家测绘地理信息局组织了对西部测图工程、1:5 万数据库更新工程、927 工程等国家重大项目的质量监督检查和评估工作；辽宁、江苏等省开展了质量监理工作的试点；陕西等省开展对测绘单位进行质量认可审查；河北省 2012 年起探索以项目备案登记、成果质量检验、成果资料汇交、资质年检注册和升级换证为一体的测绘地理信息管理新模式；广东省推行了分级负责的测绘质量监督检查工作制度；江苏省开展了2012质量年和2013质量巩固年活动。这些探索性、创新性工作的开展，效果显著，增强了质量管理力度。

尽管质量管理工作力度不断加大，但测绘地理信息成果质量状况并不乐观，我们在去年的质量监督检查工作中，发现了不少问题，部分地区和部分产品甚至出现质量下滑趋势，这与质量管理工作没有及时跟上经济建设的发展，没有及时解决好质量工作中的突出问题密切相关。

二、切实提高认识，增强责任感、使命感

（一）新的历史时期对测绘地理信息提出新的要求。党的“十八大”对推进中国特色社会主义事业、全面建成小康社会作出了“五位一体”总体布局，提出了“四化”建设同步发展。新的历史使命对测绘地理信息工作提出了更加紧迫的要求，也为测绘地理信息事业发展提供了巨大的机遇，我们一定要围绕目标，积极作为，履行职责，勇于担当，从推动国民经济健康稳定可持续发展、保障国防安全、维护人民群众切身利益的高度，不断加强测绘地理信息工作，努力提升质量水平，为总体目标的实现做出新的贡献。

（二）测绘地理信息事业强劲发展需要质量做保障。近年来，随着经济建设的快速发展，测绘地理信息工作迎来新的机遇期，基础测绘工作进一步增强，“数字中国”、“天地图”、“地理国情监测”三大平台建设得到有力推进，产业发展进入快速轨道。按照党中央、国务院的部署，我们今年将全面开展地理国情普查、927测绘工程、现代大地基准测量等专项，旨在查清我国自然和人文地理要素的现状和空间分布情况，摸清我国海岛（礁）家底，统一大地基准服务，以满足经济社会发展、生态文明建设、建设海洋强国对测绘地理信息的需求。这些项目和专项的实施，将为国家政策的制定、重大问题的决策，提供客观的依据和强有力的支撑，对成果质量也提出了更高的要求，我们只有进一步加强管理，夯实质量基础，严把质量关口，不断提高成果准确可靠程度，不断提高质量水平，才能不辜负党和国家对测绘地理信息工作的殷切希望，才能有效发挥测绘地理信息在经济社会发展中的基础作用，才能不断推动事业健康稳定发展。

（三）质量管理是测绘统一监管的重要内容。质量管理是测绘地理信息行政主管部门的重要职责和依法行政的重要方面，也是提高行业管理能力和公共服务水平的有力抓手。提供合格、优质的测绘地理信息成果，是我们的职责，也是推动测绘地理信息事业、产业发展的基石，是我们的立业之本。尤其是对于基础测绘工作，这一《测绘法》赋予测绘地理信息部门最基本的职责，其质量管理尤为重要，基础测绘成果质量出问题就是我们严重的失职！各级测绘地理信息行政主管部门一定要时时警醒肩负重担，要切实增强责任感、使命感，认真履行职责，不断完善政策机制，强化监督检查，推动测绘地理信息成果质量水平的整体提升。

三、需要强调的几个问题

（一）继续保持和发扬高度重视质量工作的优良传统。一直以来，成果质量被认为是测绘工作的生命线，追求精准、注重质量是测绘工作的优良传统，老一辈测绘工作者对质量精益求精的工作态度和执着精神为我们树立了良好的榜样。近年来，经济建设在快速发展的同时，也给社会生活带来了浮躁的负面现象，测绘地理信息工作一定程度上受到影响，尤其是部分领导为了眼前短期利益，放松了质量管理，部分测绘单位为了追求经济效益、为了赶进度，忽视了对质量的要求，导致成果中存在这样或那样问题，有些甚至是直接影响国计民生和百姓生命财产安全的非常严重问题。各级领导必须引起高度重视，坚决杜绝忽视质量的短视的行为，要把质量管理作为促进测绘地理信息事业长远发展的一项重要工作加以落实；要督促测绘单位建立并有效运行质量管理体系，落实责任制，严把质量关口；要引导并鼓励作业人员、质检人员继承和发扬老一辈测绘工作者视质量为生命线的传统，不断强化质量观念，严格执行规范，加强质量控制，提升质量水平。

（二）处理好几个关系。一是管理部门和质检单位的关系。各级测绘地理信息行政主管部门是质量的管理者，负责组织制定质量管理、测绘作业的相关管理规定与标准规范，负责督促测绘单位落实各项质量工作，完善质检专家库及其管理办法，组织开展质量监督检查，是质量总体情况的主要责任者；质检单位是成果质量的把关者，是实施检查验收和监督检查工作的重要抓手，是开展质量管理工作的有效工具。管理部门要特别加强基础测绘以及重大工程项目的质量管理，其成果必须经过质检部门的检验，不得以专家会议验收的方式替代。二是质检单位与系统内单位、行业单位的关系。测绘地理信息质检单位经主管部门考核授权后，开展成果质量委托检验、监督检验、仲裁检验等工作，出具的检验报告具有法律效力。因此，质检单位对系统内单位、行业单位实施检验工作时，应当一视同仁，坚决杜绝对二者区别对待的现象，更不能发生放松系统内单位质量要求、严格行业单位要求的问题。三是国检中心与省级质检站的关系。国家测绘产品检验测试中心是全国测绘地理信息质检工作的排头兵，应进一步加快自身的发展，不断提高能力水平，在质检标准与规范制定、质检新技术探索与推动等方面发挥积极的作用，同时承担国家重大专项成果质量验收检验和国家监督检查相关检验工作，每年监督检验应覆盖各省、自治区、直辖市的有关单位；省级质检站承担本地区基础测绘和重大项目的成果质量验收检验和本地区监督检查相关检验工作，接受国检中心的指导。质检中心和省级质检站应协助管理部门做好国家和省级质检专家库的维护更新，并积极发挥专家作用，保证监督检验工作的质量。

（三）加强质检新技术、新方法的研究。科学技术的快速发展，为测绘地理信息工作带来了日新月异的变化，新的技术、工艺、方法不断涌现，新的设备、软件不断更新，产品及成果形式也不断丰富，为质检工作带来巨大的挑战，面对新形势、新要求，质检单位必须加大研究力度，紧跟科技发展，努力做到质检技术与生产技术同步发展，真正对成果质量起到把关作用。

（四）加快政策制度的研究制定。国土测绘司加快《测绘地理信息质量管理办法》的制定工作，要研究市场经济条件下，不同主体对成果的要求，要针对质量管理工作的主要问题和需求，对测绘监理、质量认可、测绘单位质量体系建设、监督检查以及质量认定等提出明确的规范要求，并围绕《办法》，进一步完善相关制度。各级测绘地理信息行政主管部门，要紧密结合本地区实际，积极开展相关研究，建立健全本地质量管理相关办法制度。测标委、地标委、质检中心、光电测距仪检测中心要积极发挥各自优势，进一步完善测绘地理信息质量标准体系，加快制定修订当前急需的相关标准规范，为质量控制各项工作奠定扎实基础。

（五）加强质检单位的建设。一要优化质检工作环境。管理部门应切实保证质检单位独立性地位，使其在经费和利益上与被检单位脱钩，坚决杜绝干涉质检工作和干涉检验结果的行为。二要进一步强化质检、仪检队伍建设。鼓励质检站、仪检站采取有效手段和方式，引进、培养高素质人才，尽快改善人员不足、结构不优、专业水平不高的现状。三要加大投入和科研开发力度。各级行政主管部门要将质检单位的设备更新工作与其他事业单位的相关工作统筹考虑，鼓励其为促进自身发展，自主开展设备更新、软件研发和科技创新工作，不断提升装备水平和技术水平，提升信息化测绘体系下质检、仪检工作能力。

（六）指导测绘单位规范内部质量管理。各级测绘地理信息行政主管部门指导测绘单位按照相关管理规定的要求，建立符合测绘地理信息行业特点的质量管理保障体系，严格落实生产过程质量控制的各项措施、办法，确保设计质量、仪器设备质量、软件工具质量以及生产操作质量，继续贯彻落实“两级检查，一级验收”等质量控制制度。鼓励测绘单位走质量效益型道路，坚决遏制“牺牲质量追求效益”的不正当竞争，努力营造公平、公正的发展环境。支持并推动测绘单位广泛开展质量教育活动，开展岗位技术培训和职业技能鉴定工作，加强职工的思想素质教育和职业道德教育，切实提高质量意识和履行质量责任的能力。

同志们，新的历史时期对测绘地理信息质量工作提出了新的要求，让我们按照李克强总理“提质量、增效益”指示精神，共同努力，扎实工作，解放思想，开拓创新，为全面提升测绘地理信息成果质量，为实现“构建智慧中国，监测地理国情，发展地信产业，建设测绘强国”的奋斗目标，为实现中华民族伟大复兴的“中国梦”贡献我们的力量！

国家测绘地理信息局副局长宋超智在加强和规范测绘地理信息新闻发布和对外宣传管理会议上的讲话

2013年4月16日

同志们：

大家上午好！

今天这个会议是根据局党组的安排召开的。新闻宣传工作是一项具有全局性、战略性、综合性和系统性的工作，是推进事业发展的“助推器”。近年来，在国家局党组的正确领导下，在国家局机关各司局、所属各单位的大力支持、积极配合和共同努力下，我局新闻宣传工作认真贯彻落实党中央、国务院关于新闻宣传工作的方针政策，围绕测绘地理信息中心工作，服务测绘地理信息事业发展大局，把握正确舆论导向，努力拓展对外宣传渠道，新闻宣传工作不断取得新进展，为推动社会各界对测绘地理信息工作的认知，提高测绘地理信息工作的社会地位，营造事业发展的良好社会环境，推动测绘地理信息事业又快又好发展做出了积极贡献。在此，我谨代表局党组对机关各司局和各直属单位做出的共同努力表示衷心的感谢！

当前，面对我国在安全与主权方面所面临的新形势、新问题，作为能够直观反映国家领土范围，体现国家对管辖疆域主张的测绘地理信息工作日益受到国内外舆论的关注。作为国务院测绘地理信息行政主管部门，我们的一言一行，都体现国家的立场、代表国家的利益，这就要求我们时刻与党中央保持高度一致，进一步提高新闻宣传工作水平，特别是新闻发布和对外宣传的能力和水平，谨言慎行，善用媒体，掌握分寸，争取舆论主导权，把握正确舆论导向，服务于国家在领土主权斗争中的总体战略和具体部署，服务于国家整体对外宣传战略的需要，努力在复杂多变的国际环境中赢得主动，同时树立测绘地理信息系统的良好形象，为测绘地理信息事业的发展创造良好的舆论环境。

日前，国家局印发了《关于进一步加强和规范测绘地理信息新闻发布和对外宣传管理的通知》（测办〔2013〕19号），对进一步规范测绘地理信息新闻发布和对外宣传管理提出了具体要求。这个文件和国家局以前发布的一系列规定一起构成了新闻宣传工作的制度体系，希望大家全面学习，认真贯彻落实，确保新闻宣传工作健康有序的开展。在这里我受徐局长委托再强调几点：

一是要讲政治。讲政治是新闻宣传工作把握正确方向的一个至关重要的问题。我们要始终保持清醒的政治头脑、敏锐的政治眼光、正确的政治辨别能力，在政治上、思想上、行动上和党中央保持高度一致，和国家局党组的决策部署保持高度一致。要把握新闻宣传的政治导向和工作重点，确实做到讲政治、顾大局、守纪律，确保测绘地理信息新闻宣传工作在局党组的领导下健康有序开展。

二是要顾大局。顾大局就是要求我们必须把测绘地理信息宣传工作置于党和国家工作的大局中思考、谋划、推动，正确处理好测绘地理信息工作与党和国家工作大局的关系，正确处理好本部门本单位工作与测绘地理信息工作大局的关系，自觉维护测绘地理信息部门的整体形象。要善于从政治大局的高度和事业发展的角度，找准自己的位置，紧密结合自身实际，增强工作预见性和创造性，希望机关各司局和在京各直属单位能够认真按照19号文的要求，查找薄弱环节，完善规章制度，谋划思路举措，把握好宣传工作的重点和环节，把握好分寸和力度，推动测绘地理信息宣传工作上一个新台阶。

三是要守纪律。“讨论无禁区，宣传有纪律”，这是中宣部一再强调和明确要求的。新闻宣传工作必须自觉遵守宣传纪律、自觉地置于党的统一领导之下，要坚持党管宣传，无条件地遵守宣传纪律，无论何时何地，在事关政治原则、政治方向的问题上，都一定要头脑清醒、把握大局、旗帜鲜明，始终保持正确的政治方向和坚定的政治立场。严守新闻纪律，首要的就是要严格遵循新闻宣传工作程序，程序是规则，是科学，同时也是经验的总结。各部门各单位要严格按照国家局制定的有关新闻宣传工作的程序办事，对涉及重要、敏感、复杂问题的新闻题材，该请示的必须请示，该报审的必须报审，该备案的必须备案。对拿不准、吃不透的问题，在宣传报道前，要研究提出处理意见并按程序逐级请示汇报。对外宣传的归口管理部门是局办公室，局办要把好关，并及时审批相关部门需对外宣传的内容。凡没有经过局办审批同意的对外宣传内容一律不得擅自提供给社会媒体，更不能未经局办批准擅自邀请社会媒体参加局内的有关活动，报道未经审核的相关内容，以确保测绘地理信息新闻宣传主题准确无误，避免出现原则性问题。

四是要慎言行。“慎言行”就是要求我们在新闻宣传活动中要做到言行小心谨慎。在接受采访、答记者问、与媒体人员交流等场合谈论到敏感话题或者涉及国家的政治外交军事领域、国家局的重大决策部署等问题时，必须要有谨慎的态度，对外表态一定要慎重，有统一宣传口径的必须严格按口径回答；没有统一宣传口径的，要仔细思考，什么该说，什么不该说，不要授人以柄。要避免为一时口快，造成不必要的麻烦，或给国家、给事业造成损失。随着网络传播手段的日益发达，现在我们已经进入了以微博、微信为代表的信息快速广泛传播的自媒体时代，如果有不恰当的言论，其影响是不可估量的，我们不论在面对群众还是面对媒体时，都必须要慎言行，以树立测绘地理信息部门的良好形象。

五是要争主动。变被动应付为主动应对，是做好新闻宣传工作的有效方法，正面的东西宣传出去了，负面的消息自然就失去了市场。各部门、各单位对重大活动，要主动与局办公室、宣传中心沟通和协商，统一制订宣传报道方案，统一组织研究和部署，确保报道重点及时，提高宣传效果。测绘地理信息新闻宣传工作的实践证明，组织与不组织，策划与不策划，其结果是大不一样的。对媒体关注的事件，无论大小、无论轻重，我们都要主动认真应对处理，否则看似微小的事情，都可能通过记者的关注、媒体的放大、网络的扩散造成难以收拾甚至难以挽回的局面。对突发事件、舆论关注事件，要主动向外发布消息，正确引导舆论导向。同时，我们也要主动与新闻记者交朋友，交心谈心，开展有益交流，加深了解，增进友谊，做到主动应对、热情服务、周到安排，争取广大新闻单位的理解和支持。

六是要落责任。做好新闻宣传工作不是某个部门的事，也不是仅靠局办公室、宣传中心、管信中心就能做好的，需要大家各负其责、逐级把关、层层负责。在新闻宣传工作中，也要克服不愿、不敢、不善面对媒体的问题，自觉地把宣传工作作为“份内事”和应尽职责，随时掌握新闻宣传工作的新情况、新动态。每遇突发事件、重大事件、敏感事件时，境内外媒体总会在第一时间直接与负责该事件的相关部门、单位了解情况，并询问如何处理。在这个时候，如果我们不能及时回答、逃避回答或者回答不当，同样会成为媒体穷追猛打的一个新闻焦点，受到舆论的强烈关注，这种例子在现实生活中举不胜举。因此，在信息高度发达的今天，我们每个部门、每个单位都应高度重视并学习如何应对危机、如何应对媒体，增强责任感，各负其责，共同营造良好舆论氛围。

同志们，根据局党组的要求，今天请各单位各部门主要领导参加，充分体现了局党组对新闻宣传工作的高度关注和重视，也体现了局党组对做好新闻宣传工作的信心和决心。希望各部门各单位回去以后，一定要把会议精神尽快传达下去，让每一位相关工作人员都认真学习刚刚下发的19号文件，切实把新闻宣传工作，尤其是新闻发布和对外宣传工作纳入规范化、制度化轨道，不断提高宣传工作水平，创造良好的社会舆论环境，为测绘地理信息事业发展鸣锣开道、鼓劲打气、提供正能量！

国家测绘地理信息局副局长宋超智在测绘地理信息行政审批制度改革工作会上的讲话

2013年6月17日

同志们：

加快转变政府职能，深化行政体制改革，是党的十八大提出的重要任务，也是本届政府成立后的“第一件大事”。5月13日，国务院召开全国电视电话会议发出动员令，李克强总理发表重要讲话，要求以更大力度、更广范围、更深层次加快国务院机构职能转变，彰显了新一届政府推进职能转变的决心和意志。近日，国务院审改办对推动行政审批制度改革工作接连作出工作部署。今天，我们召开这次会议，目的就是认真学习贯彻中央精神，围绕测绘地理信息行政审批制度改革和行业管理工作进行研讨，提出意见和建议。在讨论之前，我先讲三点意见，供大家参考。

一、充分认识做好行政审批制度改革工作的重要意义

这次国务院机构职能转变的特点，是把职能转变作为核心，把行政审批制度改革作为突破口和抓手。具体来说，就是要解决好政府与市场、政府与社会的关系问题，通过简政放权，进一步发挥好市场机制的作用，激发市场主体创造活力，增强经济发展内生动力；就是要把政府工作重点转到创造良好发展环境、提供优质公共服务、维护社会公平正义上来；就是要加快推进创新政府、廉洁政府、法治政府建设，促进国民经济和社会持续健康发展。经国务院领导同意，5月29日，国务院审改办印发了《关于进一步推动行政审批制度改革有关工作的通知》，对下一阶段重点工作进行了部署，归纳起来主要有以下四点内容：

一是摸清底数。完整列出各部门行政审批事项的“权力清单”。对各部门现有的行政审批事项，以及日常管理中带有管理性质的其他事项，再次进行全面、彻底的清理核实，并广泛征求各方面意见。最终确认的行政审批事项目录，经报国务院后向社会公布，接受社会监督。

二是简政放权。加大力度取消和下放行政审批事项，按照本届政府任期内，国务院部门实施的行政审批事项要减少1/3以上的公开承诺，研究制定本部门减少行政审批事项的时间表、路线图，分年度分阶段作出安排。

三是强化监管。加强和改善宏观管理，强化事中、事后监管，防止出现监管真空或服务缺位。进一步规范行政审批程序，优化审批流程、提高行政审批效能。加强行政审批工作的科学管理，严格控制新增行政审批事项，防止边减边增、明减暗增、中途截留、变相审批等问题。

四是健全机制。国务院要求各部门主要负责同志负总责，明确具体主抓的负责同志，明确牵头司局和任务分工。要求各部门把内设机构、所属单位及相关负责人开展行政审批制度改革情况纳入年度考核。国务院审改办将把各部门工作情况报送中组部、国办、监察部等，作为部门领导班子年度考核和部门绩效考核的重要内容。

这次国务院机构职能转变，贯穿了“小政府大社会”的有限政府执政理念，对政府权力的依法行使、政府职能的有效履行，都提出了新的更高的要求。这对测绘地理信息部门而言，也意味着更大的责任和挑战。长期以来，测绘地理信息部门习惯于“抓项目、养队伍、分任务”，忙于微观事务性工作多，疏于抓行政管理、抓市场监管、抓法规制定，这与政府部门的职责不相匹配。我们常说，基础测绘是事业之基，依法行政是立局之本。加快政府职能转变，不仅是贯彻中央精神履行政府职责的必然要求，更是关系到测绘地理信息部门长远发展的重大课题。我们一定要借这次职能转变的东风，扎实做好这项工作。

二、收放并举营造公平竞争发展环境

国务院审改办要求今年6月25日前，国务院各个部门要上报本部门减少行政审批事项的时间表和路线图。为此，请大家重点围绕以下三个方面的内容进行讨论：

一是取消行政审批。历经6次清理，目前国家局共保留11项行政审批项目（含10项行政许可和1项非许可备案）。按照国务院要求，这次将对这11项行政审批项目进行再次清理。请大家结合地方测绘地理信息工作的实际，对哪些行政审批项目近期就可以取消，哪些行政审批项目应当取消但一时还不具备取消的条件，2013–2015年每年减少多少审批事项、减少哪些审批事项等，充分发表意见。

二是下放管理事权。按照国务院要求，要充分发挥中央和地方两个积极性，更好地发挥社会力量在管理社会事务中的作用。请大家对哪些行政审批项目可以下放，应当下放至哪一级省级测绘地理信息部门或社团组织，下放后可能带来的问题及如何避免或应对等，充分发表意见。

三是加强市场监管。按照国务院要求，要创新行政管理方式，加强和改善宏观管理，加快制定管理规范和标准，强化事中和事后监管，防止出现管理“真空”和服务缺位。请大家围绕如何提升市场监管能力和水平，维护公平有序的市场环境；如何规范和优化行政审批程序，建立标准明确、程序严密、运作规范、制约有效、权责分明的行政审批制度；如何加强宏观管理，给企业松绑、放权、让利，强化行业服务，助推产业发展，充分发表意见。

三、对会议的几点要求

“开弓没有回头箭”。加快转变政府职能，深化行政体制改革，时间紧，任务重，要求高，责任大，是一项必须完成好的政治任务。在此，对会议提三点要求：

一是切合实际稳步推进。当前，测绘地理信息行政管理体制机制还不健全，市场秩序有待规范，监管任务越来越重。大家在研讨测绘地理信息部门机构职能转变时，要充分考虑上述因素，把握好工作的力度和节奏。既不能裹足不前，消极应付；也不能盲目冒进，脱离实际。要通过机构职能转变，把该放的放到位，把该管的管住管好，一定要走出“一放就乱、一乱就收、一收就死”的怪圈。

二是明确分工厘清职责。机构职能转变带来了监管体制的转变。为此，要对减少的行政审批事项、下放的管理事权、调整的监管内容进行全面梳理，确保无遗漏事项。要明晰中央和地方的边界、政府和市场的边界、政府和社会组织的边界，避免出现职责不明、推诿扯皮的状况，避免出现监管的“死角”和“真空”，真正使测绘地理信息行政管理做到不缺位、不越位、不错位、做到位。

三是上下联动加强监督。机构职能转变对各级测绘地理信息部门而言都是一件大事，要树立全局一盘棋的思想，做好上下联动和协调配合。希望各单位加强领导，落实责任，本着对事业负责的态度，对国家局的行政审批制度改革和行业管理工作，认真提出意见和建议。国家局已经把加快转变政府职能，纳入了2013年对各省级部门的科学发展观考评指标体系，希望我们共同努力做好这项工作。

国家测绘地理信息局副局长闵宜仁在国家测绘地理信息局应急测绘保障工作座谈会上的讲话

2013年6月20日

同志们、朋友们：

今年是汶川特大地震5周年，今天也是芦山强烈地震两个月的日子，我们在这里召开应急测绘保障工作座谈会，主要任务是，贯彻落实党的十八大会议精神，总结近年来应急测绘保障工作，分析研判当前形势，探讨国家航空应急和突发事件应急体系规划推进落实思路和措施，研究部署下一阶段工作。刚才，国务院应急办介绍了国家应急体系建设有关情况，国家局测绘成果管理司介绍了落实规划的基本思路，六位同志分别介绍了本单位应急保障工作，讲的都很好，希望大家研究借鉴吸纳。借此机会，我讲四个方面的意见。

一、充分肯定应急测绘保障工作取得的显著成效

科学救灾，测绘先行。测绘地理信息在突发事件应急处置和防灾减灾中具有不可或缺的重要作用。近年来，在党中央、国务院的正确领导下，在各省、自治区、直辖市政府的大力支持下，测绘地理信息部门积极探索、扎实工作，应急保障从无到有、从小到大，逐步成为测绘地理信息部门的重要业务工作之一，在突发事件应急处置和防灾减灾中发挥了不可或缺的作用。

一是应急保障机制逐步健全。国家局认真履行“组织提供测绘应急保障”职责，成立了测绘应急保障领导小组，领导、统筹全国测绘地理信息应急保障工作，印发了《国家测绘应急保障预案》、应急保障工作流程和全国应急测绘保障通讯录。各省级测绘地理信息行政主管部门及局属有关单位也成立了测绘应急保障领导和办事机构，制定了本地区本单位的测绘地理信息应急保障预案和工作流程，统筹组织本行政区域突发事件应急测绘保障工作。全国基本建立起分工清晰、责任明确、运转协调、有机联动的测绘地理信息应急保障运行机制，有力推动了应急保障工作的顺利开展。

二是应急测绘保障体系基本形成。应急测绘保障作为测绘地理信息部门的一个重要任务与职责，依托国家基础测绘、地理国情监测、公共服务等工作，已经形成了较为完善的测绘业务体系。组建了国家级和省级测绘地理信息应急保障队伍，承担全国测绘地理信息应急保障工作。组织动员测绘地理信息行业单位参与应急保障工作，提高了应急保障队伍的社会参与程度。基本形成了领导有力、协调有序、专兼并存、保障有力的测绘地理信息应急保障队伍体系。积极开展应急测绘资源储备工作，收集整理自然灾害、突发事件高发易发区域的各种地理信息资源，加强部门间的合作和资源共享，建设储备数据库、资料库以及应急地理信息服务平台，测绘应急资源储备不断增强。这都为测绘地理信息应急保障工作提供了强有力的支持。

三是应急技术装备水平得到提高。测绘地理信息部门积极推进具有国际先进水平的无地面控制航空摄影、机载合成孔径雷达、应急监测移动平台系统等高新测绘地理信息技术装备在应急保障工作中的运用。自主研制的约 100 套无人飞机航摄系统已全部装配到全国 31 个省、自治区、直辖市测绘行政主管部门以及重庆测绘院，自主研发的国家地理信息应急监测系统已在陕西、四川、河北、福建、海南、贵州、江西等九省交付使用。2009 和 2011 年联合举办的两次“中国无人机大会暨展览会”，促进了无人机技术交流，展示国家地理信息应急监测系统，收到非常好的推广宣传效果。各种现代测绘装备的应用，极大提高了应急测绘保障的质量和效率。

四是应急保障工作成效明显。测绘地理信息部门在 2008 年 5 月 12 日四川汶川特大地震发生后，提供专题地图 300 多种、灾区地图 5.3 万张、遥感影像等基础地理信息数据约 12000GB；在 2010 年 4 月 14 日青海玉树强烈地震发生后，提供地形图 4088 张、专题图 1315 张、专题数据 13GB、基础地理信息数据 396GB、遥感影像图 20470 张、遥感影像数据 6848GB、应急保障信息系统 40 套；在 2010 年 8 月 7 日甘肃舟曲特大山洪泥石流地质灾害发生后，提供地形图 285 张、专题图 279 张、基础地理信息数据 278GB、遥感影像图 1520 张；今年芦山“4.20”强烈地震发生后，提供专题地图、影像数据等约 19000 幅，数据量约 813GB。在应对其他重大自然灾害以及西藏、新疆维稳、利比亚撤侨、北京奥运会、上海世博会、广州亚运会等重大活动安保指挥等重大公共事件中，快速提供测绘保障和服务，满足了党中央、国务院、中央有关部门、地方党委政府和前线救灾指挥机构、救灾救援单位以及社会公众等多方面的需要，受到各方好评，被誉为“灾区上空的眼睛”。

成绩来之不易，经验弥足珍贵，我们要认真总结，在今后工作中继承发扬和丰富完善。在此，我代表国家测绘地理信息局，向国务院应急办及所有关心、支持应急测绘保障工作的领导和同志们表示衷心的感谢，向从事应急测绘保障工作的广大干部职工致以亲切的问候！

二、深刻认识当前应急测绘工作面临的严峻形势和艰巨任务

在充分肯定应急测绘工作取得显著成效的同时，我们也清醒地认识到，目前应急测绘工作还存在许多不足之处。我们必须充分认识做好应急测绘工作的重要性、艰巨性和必要性。

（一）充分认识应急测绘保障工作的重要性。首先是服务型政府的必然要求。管理急、难、险是政府部门的重要职责，也是落实以人为本和科学发展观的基本要求。不管是美丽中国还是中国梦，都体现了政府对百姓生活更高程度的关注，这是新的趋势，也是体现政府管理能力的必然要求。服务型政府必须服务于社会突发事件的管理，测绘部门也是如此。其次是发挥测绘地理信息作用的重要途径。我们开展基础测绘已有很长的时间了，每隔几年就要开展一次大规模更新，储备了一大批测绘地理信息成果，要积极利用已有成果提供地图和服务，充分体现测绘工作的重要地位，使应急测绘成为保障服务的重要途径。再次应急测绘保障是测绘部门的重要职责。提供应急测绘保障是测绘地理信息部门一项重要任务，我们有一支高素质的专业测绘队伍，有大量权威的地理信息数据，这为我们测绘部门履行应急职责提供了有力支撑。

（二）充分认识应急测绘保障工作任务的艰巨性。首先在于自身能力仍然有限。当前应急工作还存在一些薄弱环节：组织调度不够灵活畅通，数据获取、处理不够及时有力，设施装备不够先进高效，测绘应急保障装备、资金、队伍的总体水平还有较大地提升空间，因此要加强自身能力建设。其次是来自外部的信任和挑战。现在越来越多的部门开展航空摄影等应急测绘，给我们带来了挑战。但我们有两万多人的应急队伍，有长期稳定的资金与人员投入，有长期以来信任我们的用户，因此我们有优势。

（三）充分认识测绘应急保障工作的严峻性。由于人类对资源环境的过度开发，各类自然灾害发生的越来越频繁，加上改革开放深层次矛盾逐步体现，公共安全面临的压力增大。这些都使得应急测绘保障工作面临的形势变得更加严峻。

因此，当前的形势对应急测绘保障工作提出了新的要求。首先要充分把握应急测绘保障的四个环节。第一，要在灾害发生一小时内尽快提供已有的行政区划图、各类专题数据。目前要做到这点还有些困难，但随着地理国情监测项目的启动、地理信息数据储备的更加完善，这个环节将能更快更好的实现。第二，要第一时间获取、处理并提供影像。要根据应急需求调整测绘保障方案，不要按部就班的进行外业控制、内业成图、地图印刷三部曲。第三，要加大力度开展灾害评估工作。通过地理国情监测项目，提高影像解译能力，从影像上判读地质灾害点、开展损失评估。最后，规划重建阶段要提供具有精度的测绘地理信息服务。这里要强调一点，在抢险救灾阶段要注重测绘保障服务的速度，而在重建阶段就要重视测绘地理信息的精度。其次要把握住当前党中央国务院提出的要求。即《国家突发事件应急体系建设规划》和《国家航空应急救援体系建设“十二五”规划》两个规划对测绘地理信息保障提出的要求。规划中已经对应急响应时间限制进行了清晰的描述，如要多长时间内到达现场、覆盖多大范围等。以后国家局也将对此进一步细化规范，如现场获取数据的类型、标准、格式等等要求，逐步规范化。

三、扎实做好下一步应急测绘保障各项工作

当前和今后一个时期，测绘地理信息部门要深入贯彻落实党的十八大精神，着力推进国家应急体系规划立项实施，进一步统筹规划地理信息资源开发，完善应急测绘工作机制，切实做好应急测绘地理信息保障服务工作。

一是统筹国务院相关应急规划推进落实。按照国务院办公厅关于突发事件和航空应急规划的有关要求，积极推进“国家级应急测绘处理平台”和三支应急测绘保障分队建设，推进在省会城市和灾害常发地区新增一批无人机和浮空器建设。建立覆盖全国、“天空地”一体的国家级航空应急测绘队伍，形成突发事件现场信息“第一时间”快速应急测绘保障服务能力，为防灾减灾、应急指挥和快速救援等提供决策支撑服务。

二是抓好技术统筹。一方面要明确专题数据库的数据格式。针对实践过程中发现的专题数据库格式不统一问题，尽快征求意见，在基础测绘工作的基础上，统筹考虑确定应急数据的统一格式。另一方面，要积极争取财政在资源建设上的投入，其中一项就包括按统一格式设计专题数据库。

三是加快成果推广应用。首先是推进天地图平台和应急办指挥平台的融合，在政务版天地图基础上，加大力度，尽快与应急办指挥平台衔接。其次是加快科技成果的转化，国家局统一协调，采用拷贝复制的方式，在全国推广应用快速打印系统、影像处理系统等已有成果，避免每个单位都从头研究，拖延总体工作推进。

四要抓好试点工作。国家局每年都有应用项目试点规划，各省局要围绕有影响力的项目，积极申请试点，努力做好试点工作。

四、进一步加强对应急测绘工作的组织协调

应急测绘工作是一项系统性工程，涉及方方面面，任务艰巨、意义重大，社会关注度高，必须科学高效。各单位要充分认识做好应急工作的重要性，切实加强组织领导和协调指导，努力把应急测绘工作规划好、部署好、实施好。

（一）要认真履行职责。要站在维护社会和谐稳定和人民生命财产安全的高度，进一步增强做好测绘应急保障工作的紧迫感和责任感。把应急测绘工作摆在更加突出的位置，及时研究解决工作中遇到的困难和问题，提高救灾的科学性和实效性。落实以一把手负总责、分管领导亲自抓的测绘应急保障责任制，加强测绘应急保障的组织领导，认真履行职责，扎实做好测绘地理信息应急保障的各项工作。

（二）要强化沟通协作。应急测绘工作需要各方面的大力协助、密切配合，要强化上下沟通、内外沟通。国家局要积极与兄弟部门沟通交流，加强与应急指挥机构、应急相关部门的沟通和协作，形成跨部门、跨军民统一协调的应急工作机制。要增强政治敏感性，提高主动服务意识，保持通讯联系与信息传递通畅，建立健全规范高效的测绘地理信息应急保障工作机制。

（三）要加强队伍建设。人才是做好应急保障工作的基础。要选择一批具有专业知识和技能的人员，采用日常工作与应急测绘保障工作相结合的方式，组建测绘地理信息应急保障队伍。通过业务培训、经验交流、实战演练等多种方式，提高应急测绘队伍的素质和能力。

（四）要注重宣传报道。要重视信息报送，应急保障情况及时报送当地省委、省政府和国家局。要充分利用测绘报刊、网站和社会媒体，大力宣传应急测绘地理信息工作，提高社会公众对应急测绘工作的认识，努力营造全社会了解支持测绘地理信息应急保障工作的良好氛围。

同志们，做好应急测绘地理信息保障工作，使命光荣，责任重大，任务艰巨，我们要深入贯彻落实党的十八大精神，团结协作、扎实工作，努力推进应急测绘保障各项工作，为全面建设小康社会、促进社会和谐发展做出应有的贡献！

国家测绘地理信息局副局长闵宜仁在天地图建设与应用工作座谈会上的讲话

（根据录音整理）

2013 年 6 月 18 日

同志们：

大家下午好！天地图建设工作座谈会近年来已经举办三次了。第一次在湖北，那时天地图刚刚起步，主要讨论天地图建设的方案问题。第二次在黑龙江，天地图已取得了一些进展，我们就天地图建设中面临的各节点服务聚合等重要问题进行了探讨。今天，我们在这里召开座谈会，主要是讨论如何大力推动天地图建设与应用问题，这说明我们的工作一直在不断推进，认识也在逐步深入。借此机会，我和大家交流三方面意见。

一、天地图建设与应用工作成效显著

（一）天地图网络体系基本形成。2011 年以来，全国各级测绘地理信息行政主管部门深入贯彻落实李克强总理讲话精神，在国家局党组的统一部署下，紧紧围绕将天地图建设成为“一张图”的目标，大力整合系统内、部门间以及有关企业的地理信息资源，按照《天地图省市级节点建设方案》要求，全力开展本地区天地图省、市级节点建设。目前，已有 30 个省级节点、52 个市级节点实现了与主节点的服务聚合，还有 200 多个数字城市公众版具备了与天地图主节点实现超链接的条件。这标志着天地图“一张图”的网络服务格局已基本形成，提供的“一站式”在线地理信息服务更加便利、有效。

（二）天地图技术日渐成熟。我们对天地图的认识是一个不断深化的过程。天地图刚启动时，提出先建设政务版和涉密版的思路，但推进难度很大。后来我们及时调整思路，先在互联网环境推出公众版。天地图公众版的开通，极大地促进了在线地理信息服务技术的发展，也使得测绘地理信息部门服务能力得到加强，同时为政务版和涉密版建设打下了坚实的基础。两年多来，各级测绘地理信息部门勇于创新、不断摸索、不断反思，已形成了一套自己的天地图数据处理、网络服务、在线发布等体系，且技术日趋完善和成熟。当前，天地图正由超链接、服务聚合的方式向数据融合、节点同构的方式过渡，这对地理信息技术也提出了更高要求。

（三）天地图服务初见成效。目前，天地图基本上实现公众版、政务版、涉密版的同步服务。基于互联网的公众版今天上午已发布了 2013 版，整体性能有了非常大的提高；基于国家电子政务外网的政务版，已在中央综治委得到初步应用；近期，我们将在党委系统业务网部署涉密版。同时，我们还在水利部、环保部、安监总局等部门部署了天地图的前置服务。这些不同版本的部署，进一步扩大了天地图服务范围，凸显了天地图的服务地位。

（四）天地图品牌效应初步显现。经过两年多的建设，我们实现了在线地理信息服务从无到有的历史性跨越，天地图数据内容更加丰富、网站功能更加全面、地图表达更加美观、服务方式更加灵活，服务能力明显提高，主节点已成功链入中央政府门户网站。目前，天地图在重大工程、专业部门、企业增值、百姓生活方面得到了广泛应用，安全、公安、石油、残联、地调等多个部门还主动找上门，寻求使用天地图提供的地理信息服务。总的来说，天地图建设成效显著，品牌效应初步显现。

这些成绩的取得，主要得益于国家局党组的正确领导，得益于国家局机关有关司室和直属单位的大力支持，得益于各省、市级测绘地理信息行政主管部门的积极配合和大胆探索。在此，我代表国家局对大家的努力表示感谢！

关于天地图建设与应用工作，我有三点体会：

一是坚持政府主导。天地图建设初期，是完全由政府主导推动的，这是天地图建设的特色之一。天地图的建设在确保国家安全前提下，促使测绘成果应用得到了进一步开放，相关政策进一步细化，如公开使用的遥感影像分辨率放开到不优于0.5米；基础地理信息公开表示内容实行分层分类，在1001层中，有743层可公开。目前，国家局已启动了对《测绘管理工作国家秘密范围的规定》（国测办字〔2013〕17号）的修订工作，测绘成果保密政策可能还有大的突破。当然，随着天地图的发展，也越来越需要靠市场来配置资源，从而实现天地图的良性运作。目前，天地图市场化运作主要由天地图有限公司负责。今天上午举办的天地图2013版发布暨天地图有限公司入驻产业园仪式，标志着天地图市场运作的新起点。作为政府部门，我们主要依托所属事业单位负责运维政务版和涉密版，同时争取财政给予一定的经费支持。

二是坚持需求牵引。天地图的建设迎合了国家信息化建设和社会公众对地理信息服务的实际需求。同时，我们通过天地图建设，整合了国家、省、市测绘地理信息部门的地理信息资源，推进了跨部门、跨行业的合作，为建立地理信息资源共建共享机制奠定了基础。我们通过天地图提供地理信息服务满足各部门需求的同时，也应当满足自身需求，共享其他部门的数据资源，实现“1+1>2”的效果。刚才，上海、江苏、甘肃在做典型发言时，也谈到了与有关部门开展共享合作，这也是天地图未来发展趋势之一。

三是坚持技术驱动。今天上午发布的天地图2013版已是第四个版本，也是第二代技术的应用。天地图刚开通时，主要用的是服务器集群技术，这次主要用的是云计算技术。在天地图建设过程中，我们遵循“边建边用、边改善边提高”的原则，通过不断探索新技术、建立新标准、思索新模式、设定新目标，才有了版本的升级、信息的丰富、用户体验的改善和各领域的高质、深度应用。可以说，技术的驱动，极大地提升了天地图的服务能力和服务效率，同时也增强了我们服务的信心。

二、认清天地图建设与应用工作的严峻形势

（一）天地图建设与应用工作极端重要。上世纪90年代末，我国实现了从传统测绘向数字化测绘的跨越，测绘生产效率得到极大提高，并提供标准的4D产品。现在，我们正在从数字化测绘向信息化测绘阶段迈进。信息化测绘体系的一个重要特点，就是实现信息资源的共享，提供在线地理信息服务。目前，信息化部门也在从事在线地理信息服务，有的地方还形成了“一张图”并提供服务，这给我们很大的压力与挑战。面对这种形势，我们需要转型，需要开展信息服务。因此，我们及时调整发展思路，从建设数字中国地理空间框架发展到建设国家地理信息公共服务平台，在一个平台上展示我们的信息，提供地理信息服务。当前，我们又启动了地理国情监测，实现了测绘地理信息保障服务的又一次飞跃。地理国情监测主要是在地理统计方面的监测，有一部分是市场干，一部分是政府干，但都需要“一张图”，这张图必然由天地图提供。因此，天地图建设已成为测绘地理信息部门非常重要的一项工作，同时也是与其他部门信息融合和共建共享的有效载体。我们要在未来发展中把握这种需求，从而不断掌握先机。

（二）天地图建设与应用工作任务艰巨。一是技术快速发展。有人说，我们已经进入了移动的时代，各种基于地理信息位置的服务层出不穷，可能有些服务我们是想象不到的。最近，有一家以色列的公司正准备进入中国市场，主要是利用手机终端采集数据，并上传至服务器上，实现路况信息的共享。这种基于移动的应用是发展的一种趋势，我们要研究和跟踪。可以预见的未来，外部基于地理信息的需求会逐步提升，IT行业进军测绘地理信息行业，面对激烈的竞争，我们平台建设人才短缺、机制不健全等问题急需解决，测绘地理信息部门承担的责任和义务更加艰巨。二是机制建设滞后。机制建设总是滞后于技术发展。关于天地图的建设与应用机制，我们还在研究探索过程中，没有强制要求各地必须采用公司机制运作，没有一刀切。市场配置资源效率很高，让我们没想到的是，天地图主节点数据中心即将从北京迁移至天津，并可享受1G的免费带宽接入。从国家局启动天地图项目到现在的6-7年时间里，我们一直在探索，逐步形成了现在的服务方式，确定了测绘地理信息行政主管部门主要提供政务版服务的思路，并指导市场做增值服务的模式。总的来说，天地图建设与应用工作形势严峻，任务很重。希望通过大家的共同努力，不断促进技术进步，逐步完善机制建设，并实行分类分阶段指导，全面推进天地图建设与应用工作。

三、下一阶段工作思路

（一）强能力，提高服务水平。围绕建设一流的具有国际影响力的互联网综合信息服务网站目标，加大研发力度，提升装备水平，做好运行维护，进一步提高天地图服务能力。推进天地图各节点建设，实现主节点与省级节点、省级节点与市级节点的数据融合与软件同构，提升天地图各节点间的协同服务能力。进一步完善天地图政务版。政务版在现有天地图公众版的基础上，增加一些政府专题信息，位置精度和影像分辨率可以放开一些。

（二）聚信息，丰富数据内容。在现有数据和服务功能的基础上，将各种公开的有关生活、医疗、卫生、就业、教育、住房、交通、水利、城建、旅游以及一些特色信息整合在天地图上，实现与位置信息的深度融合，形成专题图层，为用户提供辅助业务决策和综合信息服务。同时，进一步完善天地图英文频道，推进蒙文、维吾尔文等少数民族频道建设，提升公益性服务能力。

（三）推应用，扩大社会影响。天地图发展的生命力在于应用。要组织实施好首届天地图应用开发大赛，广泛挖掘天地图应用领域；各地要积极配合，组织有关单位和个人基于天地图开发各类应用。加大工作协调力度，推动各级政府部门使用天地图，并通过天地图及时公布应公开的信息，逐步实现信息资源的共享与业务协同。同时，鼓励和支持企业在天地图基础上进行地理信息增值开发。

（四）建机制，实现良性发展。实行分类指导，天地图公众版实行市场化机制运作，天地图政务版和涉密版由政府部门负责推广应用，从而逐步形成天地图良性发展机制。加强与有关部门的合作，探索建立基于天地图的共建共享机制。认真开展天地图建设与应用服务评估工作，对优秀的省市级节点授予星级评价，对优秀单位和个人进行表彰。

四、几点要求

（一）加强统筹协调。这是做好天地图建设与应用工作的法宝。我们要发挥各级测绘地理信息行政主管部门组织和队伍优势，发扬“快、干、好”的优良作风，进一步加大统筹力度，推进天地图主节点、省级节点、市级节点协同发展，特别是加快推动数字城市与省级节点数据的融合。

（二）加强对外合作。一是加强与企业的合作。要跳出测绘看测绘，顺应测绘地理信息与信息技术的融合发展趋势，利用企业资源，充分挖掘移动互联网时代地理信息的新价值。二是加强与有关部门的合作。天地图提供在线地理信息服务模式，符合信息化建设的需求，甚至是有关部门信息化建设中是必不可少的。我们要利用好这个契机，加强与有关部门的沟通与合作，以多种方式推动共建共享。

（三）加大科技成果推广。要进一步完善天地图现有技术体系，紧密跟踪云计算、大数据等技术前沿，解放思想，敢于超越，敢为人先，勇于尝试新技术。同时，加大标准规范制定力度，避免重复建设。各地可通过《天地图应用插件汇编（2013版）》，相互借鉴，互为利用，提升能力。

（四）加大宣传力度。下半年，国家局将组织中央媒体开展对天地图应用的集中宣传。各地要注意收集具有典型意义和代表性的天地图应用事例，以便提供给新闻媒体。各地也要通过多种方式开展宣传推介，全方位、多渠道展示天地图建设成果与应用实效，扩大影响，激活天地图潜在用户。

同志们，天地图建设与应用工作已进入快速发展时期。希望大家不断思考，总结经验，抓住机遇，勇于创新，为早日将天地图打造成为一流的有国际影响力的综合性、权威性信息服务网站贡献应有的力量。

国家测绘地理信息局党组成员、纪检组组长于贤成在国家测绘地理信息局直属单位离退休干部工作会上的讲话

2013 年 6 月 5 日

同志们：

根据年初的工作安排，经国家局党组批准，我们今天在这里召开国家局直属单位离退休干部工作会。会议的主要任务是：深入学习贯彻落实党的十八大精神和 2013 年全国老干部局长会议精神，回顾总结 2012 年以来国家局老干部工作的成效和经验，

安排部署今年的重点工作。这次会议安排在哈尔滨召开，也有现场会议的考虑，因为近年来黑龙江局老干部工作开展的有声有色，特别是基础设施建设得到大幅加强，会议期间我们还要组织与会代表进行实地参观学习。所以这次会议对于各级老干部工作部门统一思想、明确目标、增进共识、推动工作具有重要意义。

十七大以来，我局各级老干部工作部门，结合实际，围绕中心、服务大局，离退休干部工作全面发展，取得了显著的成绩。2012 年，按照中组部、国家局党组的统一部署，迅速在老干部及老干部工作部门中掀起学习十八大精神的热潮；全面回顾总结了干部离退休制度建立 30 年来工作成效和经验；组织开展十七大以来老干部工作政策落实情况大检查；不断加强新形势下离退休干部思想政治建设和党支部建设，积极落实好老同志各项政治待遇和生活待遇；各级老干部工作部门深入开展创先争优活动，坚持增强服务意识、创新工作方法，离退休干部工作科学化水平进一步提高，为测绘地理信息事业科学发展做出了积极的贡献。在此，我代表国家局党组向辛勤工作在离退休干部工作一线的同志们表示衷心的感谢！

下面，我就做好今年的老干部工作讲几点意见。

一、进一步提高做好老干部工作的认识

党的十八大提出“全面做好离退休干部工作”。我们要站在全局的高度，充分认识老干部工作在构建和谐社会、促进测绘地理信息事业大发展大繁荣中的重要地位和作用，切实增强做好老干部工作的责任感和使命感。

刘云山同志在 2012 年 12 月 7 日专门对老干部工作作出重要批示，指出：“党和国家的事业是在一代代人接续奋斗中不断取得胜利的，广大老干部为我国革命、建设和改革开放做出了巨大贡献，是党和国家的宝贵财富，是中国特色社会主义的坚定拥护者，是我们党执政兴国的重要资源和全面建成小康社会的重要力量。各单位要认真贯彻落实党的十八大精神，自觉把老干部工作作为组织工作、干部工作的重要组成部分，切实加强领导。要始终坚持政治上尊重、思想上关心、生活上照顾、精神上关怀老干部，以满腔热情、深厚的感情和创新精神全面做好老干部工作，进一步把中央关于老干部工作的方针政策落到实处，为老干部多办实事、多做好事、多解难事，努力做到让党组放心、让老干部满意。”国家局党组书记、局长徐德明同志多次强调：“老干部是党的宝贵财富，是测绘地理信息事业的宝贵财富，我们今天测绘地理信息事业大发展大繁荣的局面是一代代测绘人用智慧和心血努力奋斗的成果，一定要用心用情做好老干部工作”。中央领导和国家局领导的重要指示，从全局和战略的高度深刻阐述了老干部工作的重要地位和作用，对做好老干部工作具有重要指导意义，我们一定要认真学习领会，切实抓好贯彻落实。

二、以更加科学的态度和方法做好老干部工作

老干部工作是党的组织工作、干部工作的重要组成部分。我们要坚持用科学的理念谋划老干部工作，用科学的规律指导老干部工作，用科学的方法抓好老干部工作，不断推动老干部工作全面发展、科学发展。要树立以人为本、服务为先的理念，始终把实现好、维护好、发展好老干部根本利益作为工作的出发点和落脚点，确保老干部的各项待遇落到实处。

针对离休干部逐年减少、普遍步入“双高”期、退休干部快速增多的趋势，在继续抓好离休干部待遇落实的同时，更加注重加强退休干部的服务管理。要把握老干部思想状况发展变化的特点，积极适应经济社会变革时期各种社会问题叠加出现，大力加强老干部思想政治建设和党支部建设，不断改进方式、完善机制，增强思想政治工作的针对性和实效性，引导老干部正确看待现实生活中的各种矛盾问题，分清主流和支流，增强对党和国家、对中国特色社会主义、对改革开放和对测绘地理信息事业大发展大繁荣的信心，传递正能量。

三、以更大的创新力度做好老干部工作

随着形势的发展和老干部队伍自身的变化，一些影响和制约老干部工作科学发展的问题难题日益凸显。比如，“双高”期离休干部需求多样化的问题，行动不便、生活难以自理以及“空巢”、“独居”等现象增多，迫切需要提供紧急救助、便老设施等方面的服务，迫切需要人文关怀和精神慰藉。我们要不断创新服务理念、服务手段，提高服务保障水平。完善和落实好困难帮扶制度，建立帮扶基金，特别是对参加革命早、家庭收入低、身患重病的离退休干部，应当给予特别的关心照顾，对有特殊困难的老同志，要特事特办。随着时间推移，退休干部已经成为老干部队伍的主体，能否把退休干部管理好、服务好、作用发挥好，直接关系到老干部队伍的稳定、单位和社会的和谐。中组部即将出台加强退休干部工作的意见，各单位要认真学习，深入调研，结合实际，制定出实施意见。

近年来，国家局机关和各单位新建、改建、扩建了一批老干部活动中心，较好地改善了老同志的活动和学习条件，但离广大离退休干部的需求还有一定差距。我们要结合本单位实际情况，继续抓好老干部活动中心建设并加强管理，积极组织开展多种多样适合老同志的活动，为丰富离退休干部精神文化生活创造更好条件。要认真研究和解决老干部反映的问题和诉求，按照有关政策规定，及时解决老同志实际困难。

四、以更加深入细致的作风做好老干部工作

老干部工作政治性、政策性、思想性、服务性都很强，不能拖也不能错、不能粗也不能误，不能有半点马虎；同时，老干部工作责任重大，又非常繁杂具体，需要耐心细致。这就要求我们必须进一步强化服务意识，端正工作态度，用务实的态度和扎实的作风，把“用心用情”为老同志服务的意识具体化、实在化，对于老同志的诉求，能解决的要尽快解决，暂时不能解决的要做好解释说明。要发自内心地尊重老干部，饱含真情地关怀老干部，满腔热情地照顾老干部，用深厚的感情、细致的服务、扎实的作风做好老干部工作，尽最大努力为离退休干部办实事、做好事、解难事，让老干部深切感受到党的关怀和组织的关心。

五、以更加优化的机制做好老干部工作

全面做好离退休干部工作，不仅是老干部工作部门的职责，也是各级党组（党委）和有关部门义不容辞的责任。各单位要以强烈的政治意识、大局意识和责任意识，高度重视老干部工作，大力推进各有关部门齐抓共管，为做好老干部工作提供保障。一是切实把老干部工作摆到重要位置，纳入全局工作，要定期研究部署，及时解决遇到的困难和问题，尤其是在机构建设、人员配备、经费保障等方面要给予大力支持。二是主要领导要带头尊重、关心老干部，经常过问老干部工作，主动参加老干部的各项重大活动，做关心老干部、重视老干部工作的表率。三是组织人事部门要加强对老干部工作的统筹协调，切实加强老干部工作部门的队伍建设，多为老干部工作者提供培训、交流、学习的机会，为他们的成长进步创造条件，不断激发这支队伍的内在动力。

同志们，认真贯彻党的十八大精神，全面做好新形势下的老干部工作，任务艰巨，责任重大，使命光荣。我们一定要在国家局党组的领导下，不断解放思想、开拓创新，求真务实、真抓实干，勤奋工作、真情服务，促进老干部工作再上新台阶，为测绘地理信息事业科学发展做出积极贡献！

国家测绘地理信息局党组成员、纪检组组长于贤成在2013年度国家测绘地理信息局青年学术和技术带头人培训班上的讲话

2013年10月27日

尊敬的刘先林院士，各位青年学术和技术带头人：

大家上午好！很高兴参加国家测绘地理信息局青年学术和技术带头人培训班。下面，我代表国家测绘地理信息局党组讲几点意见。

一、国家测绘地理信息局高度重视青年学术和技术带头人培养工作

青年科技人才是测绘地理信息事业的未来和希望。国家测绘地理信息局高度重视青年科技人才培养，把青年科技人才培养作为人才工作的重要内容和战略任务之一。青年学术和技术带头人（简称带头人）作为测绘地理信息青年科技人才的核心骨干，是国家测绘地理信息局重点培养的对象。对于带头人的培养，国家局采取了一系列举措。一是明确培养目标。青年学术和技术带头人培养工程列入了测绘地理信息“十二五”人才发展规划，目标是“十二五”期间选拔120名左右青年学术和技术带头人进行重点培养。二是加强经费保障。国家局年度预算中设立带头人培养专项工作经费，前几年工作经费（含带头人津贴、科研计划资助资金等）是100万元，2013年提高到了120万元。三是定期培训交流。每年举办青年学术和技术带头人培训班，邀请院士专家作报告，为大家提供学习与交流的平

台。四是资助开展科研计划。自2004年起针对带头人基础研究项目和生产一线创新课题进行资助，为带头人科研创新提供基础支持，资助经费从最早的每年8、9万元逐步增加到现在的70多万元。五是实行动态管理。每两年考评增选一次，充实带头人队伍，优化带头人队伍结构。六是优先推荐申报高一级人才项目。在青年拔尖人才、青年科技奖等项目中优先推荐带头人申报。以上措施有效地激发了带头人队伍的活力。明年，我们将修订国家局带头人管理办法和科研计划管理办法，扩展带头人选拔培养范围，并进一步加强考核，畅通进出机制，完善激励措施。相信通过大家的共同努力，带头人培养工作一定会更加完善。

二、青年学术和技术带头人制度实施取得显著成效

国家测绘地理信息局1995年起开始实施跨世纪学术和技术带头人制度，是在行业领域中实施带头人制度较早的部委之一。2000年起改称新世纪人才培养工程，也叫青年学术和技术带头人培养工程。这一制度辐射带动了各省区市的人才培养，全国大部分省局都建立了本地区的带头人制度，部分省局所属院所也建立了自己的带头人制度，基本形成了国家局、省级主管部门、基层生产单位共同推动、良性发展的三级带头人培养格局。制度实施以来，国家局先后培养跨世纪学术和技术带头人54名、青年学术和技术带头人180名，目前在册青年学术和技术带头人112人。

近年来，测绘地理信息事业取得了长足的发展和进步，呈现出令人欢欣鼓舞的新景象，带头人在其中起到了核心和骨干作用，并产生了一批高水平的科研和生产团队。在国家局带头人当中，有2人当选院士，有6人次作为主要完成人获得国家科技进步奖一等奖，49人次作为主要完成人获得国家科技进步奖（自然科学奖、技术发明奖）二等奖，11人入选国家局科技领军人才，20人入选特支计划、百千万人才工程、创新人才推进计划等国家重大人才工程，11人在国际组织中任职，其中3人担任了重要领导职务。青年学术和技术带头人队伍已成为测绘地理信息领域高层次人才队伍的重要组成部分和后备梯队。

三、青年学术和技术带头人要做推动测绘地理信息事业科学发展的骨干

目前，测绘地理信息事业进入了转型升级发展的新阶段。《测绘地理信息发展“十二五”总体规划纲要》提出了建成“数字中国”地理空间框架和信息化测绘体系、实现基础地理信息在线服务、地理信息产业实现跨越式发展等目标。各位带头人在这些重大科技任务的实施进程中担负着重要责任，任重道远。借此机会，对大家提几点希望：

一是积极参与党的群众路线教育实践活动。开展党的群众路线教育实践活动是我党以身作则、率先垂范、严于律己、从严要求，以实际行动转变作风、改进党风、密切联系群众的重要举措，是党在新形势下坚持党要管党、从严治党的重大决策，是顺应群众期盼、加强学习型服务型创新型马克思主义执政党建设的重大部署。带头人绝大多数是党员，有的还担任单位领导职务或在重要岗位工作。带头人不但要成为科研创新和生产管理上的带头人，更要成为落实党的群众路线教育实践活动要求、密切联系群众、为群众服务的带头人，体现出带头人队伍的先进性，体现出带头人队伍的综合能力，体现出党的群众路线教育实践活动的实效。目前各地各单位的党的群众路线教育实践活动正在陆续展开，各位带头人都按照各自单位的活动步骤参与其中。希望大家从测绘地理信息事业长远发展的角度，带头严要求、带头抓落实、带头做表率，认真贯彻落实党的群众路线教育实践活动的各项要求，切实把党的群众路线落实到各项工作中去。要牢记党的宗旨，从根本上解决“为了谁，依靠谁，我是谁”的问题，保持党员本色，为群众排忧解难。要坚持科学决策，到群众中寻找破解问题的钥匙，汲取发展的智慧和力量，切实解决群众反映强烈、制约测绘地理信息事业发展的瓶颈问题。要以高度的政治自觉和为民负责的精神，严格贯彻落实中央八项规定，强化纪律意识、群众观点和公仆精神，查找解决自身存在的四风问题，实现自我净化、自我革新、自我完善、自我提高。

二是围绕地理国情普查等中心工作创造新业绩。测绘地理信息是战略性新兴产业和生产型服务业的重要结合点。加强主体功能区规划建设、加快城镇化和信息化步伐，建设数字城市、发展地理信息新型业态等多项工作被列入《国民经济和社会发展第十二个五年规划纲要》。上半年，财政部批准测绘地理信息行业纳入公益性行业科研专项试点，国家测绘地理信息局成为国家第13个纳入试点的公益特点突出、行业科研任务较重的部门。目前，国家局正按照“构建智慧中国，监测地理国情，壮大地信产业，建设测绘强国”24个字战略方针，全力组织测绘地理信息重大关键技术攻关，全面组织实施重大测绘地理信息科技项目，最重要的就是数字城市、天地图和地理国情监测三大平台建设。其中，第一次全国地理国情普查是当前的重中之重。今年2月28日，国务院专门印发了《国务院关于开展第一次全国地理国情普查的通知》，部署开展第一次全国地理国情普查工作。这次地理国情普查，是对测绘地理信息部门的全面检验，也是推动测绘地理信息事业转型升级的一次重大机遇。在这场大会战中，各位带头人作为技术和业务骨干，相信都分到了任务。在重大任务中各位带头人应该发挥什么样的作用，体现什么样的价值，大家应该多思考。工作中能不能跟上国家的战略思路，对当前开展的工作有没有全面正确的认识，有没有实施大项目所需要的素质和能力，有没有科学有效的工作方式方法，能不能迎难而上、攻坚克难，能不能独辟蹊径、拓展机遇，能不能借项目实施锻炼团队，能不能在项目会战中做出经得起长期检验的成果，是各位带头人面临的重大考验。大项目对个人是挑战，更是机遇。希望各位带头人坚持“快干好”，提振精气神，开拓创新、创先争优，接受事业发展对我们提出的新挑战，在事业发展中创造新业绩，实现新价值。

三是进一步发挥示范引领作用。在科技创新和生产管理中发挥模范带头作用，在单位和团队中发挥示范引领作用，是每一位带头人应尽的义务。形成一定规模的学术技术团队，“领头雁”十分重要。各位带头人都是所在单位学术技术团队中的“领头雁”，一个优秀的学术技术带头人，往往能够带出一支富于创新的学术技术团队。因此，各位带头人要充分发挥示范引领作用，积极主动地帮助团队成员开展工作。在严于律己，恪守规范，勤勉敬业，完成生产科研任务的同时，主动担负起传承学术和技术、培养人才的责任，对年轻人多指导、多帮助，多交任务、多压担子，积极发挥传帮带作用，带领团队成员共同提高，共同成长。

各部门、各单位要从大力实施人才强测战略的高度进一步加强青年学术和技术带头人培养工作，把带头人队伍建设作为一项长期任务来推进。要强化组织领导，制定和完善本地区、本单位的带头人培养政策，增强带头人培养的针对性，并从人才引进、评价等各个环节中加强梯队建设，及早选苗、重点扶持、跟踪培养，保持带头人队伍的持续发展。要完善工作机制，支持带头人参加各类学术和技术活动，使他们及时吸收新知识，获取新信息，提升参与国际国内科技竞争的素质和能力。要积极吸收带头人承担各类科研和生产项目，让他们在项目、课题中承担重要任务，为他们搭建更广阔的平台，使他们在实践中锻炼成长。要落实保障措施，对科研计划资助经费和带头人津贴要按规定给予配套保障，工作和生活中要创造宽松有利的环境，用事业留人，用感情留人，用适当的待遇留人，切实造就一支具有全局观念、战略眼光、学术造诣深、敬业精神强的带头人队伍，为测绘地理信息事业发展提供人才保障和智力支撑。

最后，希望各位带头人珍惜这次难得的学习交流机会，通过聆听院士、专家的讲座，进一步开阔视野；通过相互间的深入交流，取长补短，争取学有所得，共同进步。

谢谢大家！

国家测绘地理信息局党组成员、纪检组组长张荣久在国家测绘地理信息局直属单位人事干部业务培训班上的讲话

2013年3月14日

同志们：

大家上午好！

今天，出席局直属单位人事干部业务培训班，有机会和局属各单位人事部门的同志们见面交流，我感到很高兴。这次局直属单位人事干部业务培训班，是经局党组同意举办的，培训班的主要任务是：深入学习贯彻全国组织部长会议、全国人才工作座谈会、全国人力资源和社会保障工作会议、全国行

政机关公务员管理工作会议精神，回顾总结近年来局人事人才工作，认真分析面临的新形势、新任务，研究部署2013年人事人才工作，对人事人才业务工作进行交流培训，进一步提高人事人才工作的科学化、规范化水平。

2012年，是测绘地理信息事业在取得“十一五”圆满收官、“十二五”开门红的良好基础上，再创新业绩，取得新辉煌的一年。这一年，局各级人事部门紧紧围绕全局中心工作，统筹兼顾、突出重点，创新理念，干部人才队伍建设取得了一系列新的重大突破。诸如：进一步强化各级领导班子建设，有力增强了领导班子活力和整体功能，提高了各级领导干部推动科学发展的能力；加大了年轻干部培养选拔力度，进一步提升了年轻干部能力和素质，也为事业发展储备了大批优秀年轻干部；不断深化干部人事制度改革，创造性地建立了全员述职、全员测评、全员评优、全员推荐的干部使用评价监督机制，营造了民主公开、荐贤选能、风清气正的良好选人用人环境；积极落实中央分类推进事业单位改革工作，研究制定了局属事业单位清理规范方案并得到中央编办批准；进一步加强局属事业单位岗位设置管理，制定印发《国家测绘地理信息局事业单位专业技术二级岗位实施办法（试行）》，并组织完成了新一轮的聘用工作；着力搭建高层次人才培养平台，在全国范围内遴选了第二批8名测绘地理信息科技领军人才，继续实施了青年学术和技术带头人、卓越工程师培养计划等一系列人才培养工程，推进了专业技术和高技能人才队伍的发展壮大；积极促进测绘地理信息国际化人才培养，与美国乔治梅森大学签署了人才培养合作协议；扎实推动测绘地理信息职业资格制度贯彻实施，圆满完成了2012年度全国注册测绘师资格考试，注册测绘师总人数达6231人；成功组织举办第五期数字城市建设专题研究班，进一步促进了地方测绘地理信息事业加快发展，扩大了测绘地理信息工作的影响，有力地推进了数字城市的建设及应用；积极为测绘地理信息高校长远科学发展服务，联合教育部组织召开测绘地理信息部分高校座谈会，有力推动测绘地理信息行业与高等教育协同创新、协同育人。这些重点工作取得的突破，为测绘地理信息事业科学发展提供了坚强的组织保证和人才支撑，局党组是十分满意的。特别是德明局长对人事部门协助党组抓班子、带队伍给予了充分肯定，他在2012年度考核工作的报告上批示：“从投票测评情况看，机关干部总体素质不断攀高，班子成员工作取得了实效，队伍士气不断高涨，希望继续巩固保持好势头”。一年来测绘地理信息人事人才工作所取得的优异成绩，凝聚着各级人事部门的努力和创新，凝聚着每一位人事干部的心血和付出，来之不易。我代表局党组，向大家并通过你们向全体测绘地理信息人事干部表示诚挚的问候和衷心的感谢！

当前，测绘地理信息工作正面临着前所未有的发展机遇，呈现出前所未有的蓬勃发展态势，形成了人心最齐、士气最高、干劲最足的历史最好局面，测绘地理信息事业进入到了全面、快速健康发展的新时代。去年11月党的十八大胜利召开，对测绘地理信息工作提出了一系列新的更高的要求，局党组根据新形势新要求提出了新的24字总体战略，以做大做强测绘地理信息事业为核心，突出重点强平台，完善功能扩服务，提升能力推监测，健全体制优结构，服务发展壮企业，增强实力建强国。这无疑对我们人事人才工作提出了诸多新要求、新挑战，局各级人事部门要及时研究新情况、解决新问题、总结新经验，在提高人事人才工作科学化水平上取得新成效，在为推动测绘地理信息工作再上新台阶、再创新辉煌提供坚强的组织保证和人才支撑上有新作为。关于今年的人事人才工作，赤一同志还要进行部署，我在这里着重强调几点。

一、要坚持围绕中心、服务大局，以十八大精神统领人事人才工作

党的十八大统筹伟大事业与伟大工程，对新形势下加强和改进党的建设进行了深刻阐述，从指导思想、主题主线、方针原则、工作布局、重点任务等方面作出了全面部署，提出了一系列新任务、新要求，为全面推进党的建设新的伟大工程提供了根本指导和行动纲领。把握好十八大提出的各项新任务、新要求，对做好测绘地理信息工作以及我们的人事人才工作至关重要。局各级人事部门作为党委（党组）的重要职能部门，在加强和改进新形势下党的建设中首当其责，必须要在学习贯彻十八大精神方面走在前头、当好表率，努力学得更深一点、运用得更好一点，坚持用十八大精神武装头脑、指导实践、推动工作。谋划各项工作，要以十八大精神为基本遵循；推进各项工作，要把十八大部署要求作为聚焦点、着力点、落脚点；检验各项工作，要看十八大提出的新要求、新任务落实得怎么样。要牢牢把握十八大关于党的建设的指导思想、总体要求、方针原则和重大任务，紧扣党的建设的主题主线推进测绘地理信息人事人才工作。主题就是全面提高党的建设科学化水平，这是党的建设贯彻落实科学发展观的内在要求，是党的建设发展到新阶段的客观需要；主线就是要加强党的执政能力建设、先进性建设和纯洁性建设，这是马克思主义执政党的根本建设，是党的自身建设的永恒主题。我们人事部门的各项工作，无论是干部工作、人才工作，还是领导班子建设、干部人事制度改革，都要围绕这个主题主线来推进，都要朝着这个方向目标来努力，只有这样才能在服务测绘地理信息事业大发展大繁荣的征程中发挥更大的作用。

二、要坚持统筹兼顾、突出重点，带动人事人才整体工作协调推进

国家局根据中央精神和局中心工作，对 2013 年人事人才工作进行了认真研究，梳理出了 5 个方面共计 16 项重点工作，工作任务较以往更重、头绪更多。局各级人事部门在工作开展中必须牢牢把握好统筹兼顾这个根本方法，增强工作的前瞻性、针对性、协调性、有效性，统筹安排时间、统筹组织人员，协调好各项任务的衔接和力量分配。统筹兼顾的核心是突出重点，处理好突出重点与整体推进的关系，只有重点工作突破了才能带动整体工作全面、协调、有序地开展。今年是全面贯彻落实党的十八大精神的开局之年，局各级人事部门要切实把思想统一到中央精神上来，要围绕测绘地理信息中心工作和国家局人事人才重点工作，对本单位人事人才各项工作任务进行梳理，找准主攻方向，整体推进，确保把十八大和国家局人事人才工作的各项部署落到实处。干部教育培训工作要突出加强理想信念教育、党性教育和能力培训，抓好党的十八大精神学习培训，不断提高各级领导干部推动科学发展、促进社会和谐的能力。干部队伍建设要突出从严管理干部，完善干部考核评价、选拔任用、管理监督机制，统筹抓好领导班子调整补充和年轻干部的培养选拔工作，不断深化干部人事制度改革。人才工作要围绕人才强测战略，以提高核心技术水平、增强自主创新能力为目标，进一步健全党管人才工作格局，深入推进重大人才工程，突出培养高层次创新型测绘地理信息科技人才。体制机构建设工作要抓住新一轮政府机构改革的难得机遇，攻坚克难，积极争取，逐步实现局党组提出的健全完善测绘地理信息行政管理体制和优化事业单位布局的总体思路和设想。

三、要坚持改革创新、攻坚克难，不断提高人事人才工作的科学化水平

党的十八大明确提出要全面提高党的建设科学化水平，其中相当重要的一部分是要全面提高人事人才工作的科学化水平。十八大将科学发展观确定为我们党必须长期坚持的指导思想，它不仅是指导经济社会发展的科学理论，也是指导党的建设的科学理论。各级人事部门推进人事人才工作科学化，必须始终坚持以科学发展观为指导，把“四个更加自觉”深度融入到人事人才工作之中。近年来，在局党组的正确领导和各级人事部门的共同努力下，测绘地理信息人事人才工作坚持不懈地推进改革创新，努力破解各种新问题，取得了明显成效，也积累了许多好经验、好做法。但同时我们也应清醒地认识到，当前人事人才工作各项任务特别是改革任务繁重，复杂性、敏感性都非常强，面对测绘地理信息工作的大发展、大繁荣，测绘地理信息人事人才工作依然存在改革创新力度不足、破解重大疑难问题的能力欠缺等问题。比如，在干部人事制度改革中如何处理好坚持以往经验与改革创新的关系，进一步形成科学、管用、高效的干部选拔任用制度和机制；如何依托重大工程和科研项目，加快培养科技领军人才、核心技术研发人才和创新团队；如何通过制度建设、政策创新，发挥测绘地理信息人事部门在全行业人事人才工作的指导作用等等。这些都迫切要求各级人事部门准确把握形势任务的新变化，自觉把思想认识从那些不合时宜的人事人才观念、做法和体制中解放出来，牢固树立改革创新、克难攻坚意识，坚持用创新的精神抓重点、用改革的办法克难点、用务实的态度树亮点，着力解决那些与测绘地理信息事业科学发展不相适应、不相符合的突出问题，破除制约事业科学发展和自身科学发展的体制机制性障碍，提升人事人才工作科学化水平。

四、要坚持加强学习、改进作风，加强人事干部和人事部门自身建设

落实十八大部署要求，全面提高人事人才工作科学化水平，为测绘地理信息 24 字总体战略的实施提供组织保证和人才支撑，必须坚持不懈地推进模范部门和过硬队伍建设，提高人事部门自身建设水平，把组织人事部门建设成为党性最强、作风最正、工作出色的部门。打铁还需自身硬，只有自身过硬，别人才能信服。各级人事部门要带头深入落实徐局长在全国测绘地理信息局长会议上关于改进作风的十点要求，带头贯彻执行中央“八项规定”和国家局十项具体措施，将作风建设作为自身建设的重点任务，作为提高人事人才工作科学化水平的有力保证，真正达到“照镜子、正衣冠，洗洗澡、治治病”的效果。要懂全局、抓大事。各级人事干部要自觉在思想上、政治上、行动上与党中央保持高度一致，在大是大非问题上保持清醒、站稳立场，要不折不扣地完成好国家局党组和各级党委（党组）交办的各项任务，坚决服从大局、服务大局、维护大局，把事关测绘地理信息事业和单位发展的大事抓紧、抓实、抓好。要管本行、强服务。各级人事干部要立足本职岗位、精通业务、尽心履责，以一流的工作标准、良好的精神状态种好“责任田”；强化服务意识、改进服务方式、提高服务质量，着力建设服务型人事部门，使人事部门成为名副其实的干部之家、人才之家。要转作风、求实效。各级人事部门要带头开展好以为民务实清廉为主题的党的群众路线教育实践活动，切实转变工作作风，多深入基层、深入一线、深入职工开展调查研究，听真话、摸实情、找对策，解剖麻雀、抓点带面、推动落实。要严律己、作表率。各级人事部门作为管理干部、服务人才的职能部门，要求领导干部和职工做到的，应当率先做到；要求领导干部和职工不做的，一定坚决不做。各级人事干部要从严要求自己，讲政治、守规矩，讲原则、敢坚持，讲公道、强公信，以良好的形象让党委（党组）放心、让干部职工满意。同时，各级人事部门要切实关心人事干部的能力培养和健康成长，营造团结和谐、心情舒畅的良好环境。

同志们，希望大家紧紧围绕局中心工作，振奋精神、锐意进取，攻坚克难、狠抓落实，努力完成全年目标任务，不辜负各级领导和干部职工的期望和重托。

最后，祝大家学习、生活顺利，预祝培训班取得圆满成功。

谢谢大家！

重要会议

全国国家版图意识宣传教育和地图市场监管工作总结表彰电视电话会议

主办单位：国家测绘地理信息局

时间：2013 年 1 月 9 日

地点：北京

参加人员：国土资源部副部长、国家测绘地理信息局局长徐德明，全国国家版图意识宣传教育和地图市场监管协调指导小组组长、国家测绘地理信息局副局长闵宜仁，国家测绘地理信息局、中央宣传部、外交部、教育部、工业和信息化部、公安部、民政部、商务部、海关总署、国家工商行政管理总局、新闻出版广电总局、国务院新闻办公室、国家保密局等 13 个部门有关人员，国家版图意识宣传教育和地图市场监管工作先进集体、先进个人及 2012 年全国国家版图知识竞赛、少儿手绘地图大赛获奖单位代表和个人代表在北京主会场参会。各省、自治区、直辖市国家版图意识宣传教育和地图市场监管工作协调指导机构成员单位负责人及有关人员在各地分会场参会。

议题（主要内容）：全面总结 2005 年来全国国家版图意识宣传教育和地图市场监管工作，表彰国家版图意识宣传教育和地图市场监管工作先进集体、先进个人及 2012 年全国国家版图知识竞赛、少儿手绘地图大赛获奖单位和个人。

全国测绘地理信息质量工作座谈会暨全国测绘地理信息质检站长会

主办单位：国家测绘地理信息局

时间：2013年4月2日～3日

地点：江苏无锡

参会人员：国家测绘地理信息局副局长李维森、总工程师胥燕婴，国家测绘地理信息局国土测绘司负责人及有关人员，各省、自治区、直辖市测绘地理信息行政主管部门分管质量工作的领导和质检（仪检）站长，中国地图出版集团、中国测绘科学研究院、国家基础地理信息中心、国家测绘地理信息局卫星测绘应用中心主管领导，国家测绘产品质量检验测试中心负责人及相关人员。

议题（主要内容）：分析测绘地理信息质量工作形势及存在的问题，研究加强管理、提高成果质量水平及健全质检保障体系的政策和措施，交流质检机构建设及工作开展情况。

全国测绘地理信息系统党风廉政建设工作会议

主办单位：国家测绘地理信息局

时间：2013年4月9日

地点：北京

参加人员：国土资源部党组副书记、副部长，国家测绘地理信息局党组书记、局长徐德明，国家测绘地理信息局领导班子部分成员，各省、自治区、直辖市、计划单列市测绘地理信息行政主管部门、新疆生产建设兵团测绘地理信息主管部门主要负责人和纪检组组长（纪委书记），国家测绘地理信息局所属单位党组（党委、总支、支部）书记、纪检组组长（纪委书记），局机关各司（室）主要负责人近80人。

议题（主要内容）：深入学习贯彻党的十八大关于反腐倡廉工作的决策部署，学习贯彻十八届中央纪委二次全会和国务院廉政工作会议精神，总结2012年测绘地理信息系统党风廉政建设和反腐败工作，部署2013年测绘地理信息系统党风廉政建设和反腐败工作。

学习李克强同志视察中国测绘创新基地重要讲话暨国家测绘局更名国家测绘地理信息局两周年座谈会

主办单位：国家测绘地理信息局

时间：2013年5月23日

地点：北京

参加人员：国土资源部副部长、国家测绘地理信息局局长徐德明，国家测绘地理信息局副局长王春峰、宋超智、闵宜仁，局党组成员、纪检组组长于贤成，副局长李朋德，总工程师胥燕婴；局在京所属单位负责人，局机关副司级以上干部及部分省、自治区、直辖市测绘地理信息行政主管部门负责人100多人。

议题（主要内容）：总结两年来测绘地理信息部门贯彻落实李克强重要讲话精神的情况，交流学习体会和取得的成果，深化对讲话精神的认识。

应急测绘保障工作座谈会

主办单位：国家测绘地理信息局

时间：2013 年 6 月 20 日

地点：四川成都

参加人员：国家测绘地理信息局副局长闵宜仁；国务院应急管理办公室相关负责人；各省、自治区、直辖市测绘地理信息行政主管部门，新疆生产建设兵团测绘地理信息主管部门，局属有关单位应急测绘工作相关负责人。

议题（主要内容）：总结近年来应急测绘保障工作，研究落实国家航空应急和突发事件应急体系规划推进的具体措施，部署下一阶段应急测绘保障工作。通报国家应急测绘保障能力建设情况，介绍国家应急体系建设有关情况，四川测绘地理信息局、河北省地理信息局、江西省测绘地理信息局、云南省测绘地理信息局、中国测绘科学研究院、国家基础地理信息中心 6 家单位作典型经验交流发言。

群众路线教育实践活动院士座谈会

主办单位：国家测绘地理信息局

时间：2013 年 6 月 25 日

地点：国家地理信息科技产业园

参会人员：国土资源部党组副书记、副部长，国家测绘地理信息局党组书记、局长徐德明，国家测绘地理信息局党组成员、副局长宋超智，国家测绘地理信息局副局长李朋德、总工程师胥燕婴，测绘地理信息领域 11 名院士。

议题（主要内容）：听取院士对局领导班子、领导干部、领导机关的工作作风问题以及地理信息事业发展、产业园建设等方面的意见和建议，重点征求对国家测绘地理信息局深入开展群众路线教育实践活动、落实中央八项规定、反对“四风”等方面的意见、建议。

国务院第一次全国地理国情普查电视电话会议

主办单位：国务院第一次全国地理国情普查领导小组

时间：2013 年 8 月 19 日

地点：北京设主会场，各省、自治区、直辖市设分会场

参加人员：第一次全国地理国情普查领导小组成员及联络员，国家测绘地理信息局领导班子成员、总工程师，各省、自治区、直辖市地理国情普查领导小组成员和联络员在北京主会场参会。各省、自治区、直辖市测绘地理信息行政主管部门领导班子全体成员，各省级地理国情普查办公室有关人员在各地分会场参会。

议题（主要内容）：贯彻落实《国务院关于开展第一次全国地理国情普查的通知》要求，全面启动第一次全国地理国情普查工作，明确任务、提出要求，确保第一次全国地理国情普查按时、有序、高效实施。

贯彻国务院第一次全国地理国情普查电视电话会议精神局长座谈会

主办单位：国家测绘地理信息局

时间：8月26日

地点：北京

参加人员：国土资源部副部长、国家测绘地理信息局局长徐德明，国家测绘地理信息局副局长王春峰、李维森、宋超智、闵宜仁、李朋德，总工程师胥燕婴；各省、自治区、直辖市、计划单列市测绘地理信息行政主管部门，新疆生产建设兵团测绘地理信息主管部门，局所属各单位、机关各司室、测绘地理信息相关学会、协会主要负责人。

议题（主要内容）：深入贯彻落实国务院副总理张高丽在第一次全国地理国情普查电视电话会议上的重要讲话精神，总结普查前期工作完成情况，交流年度重点工作推进情况，研究贯彻落实张高丽重要讲话精神的具体措施，全面推进地理国情普查和其他各项工作的开展。

联合国全球地理信息管理成都论坛

主办单位：联合国全球地理信息管理委员会、国家测绘地理信息局

时间：2013年10月15日~17日

地点：四川成都

参会人员：联合国副秘书长吴红波，国土资源部副部长、国家测绘地理信息局局长徐德明，四川省副省长王宁，国家测绘地理信息局副局长、联合国全球地理信息管理亚太区域委员会主席李朋德，联合国统计司代司长斯蒂芬·史威凡斯特，以及来自40多个国家和地区测绘地理信息部门、有关国际组织、国家测绘地理信息局系统有关单位、企业界的代表近200人。

议题（主要内容）：论坛主题为“城市灾害测绘的发展与应用”，围绕灾害相关地理信息的生产、管理、分析、建模和发布的经验和方法等问题进行交流。

中共国家测绘地理信息局党组务虚会

主办单位：国家测绘地理信息局

时间：11月29日~30日

地点：北京

参加人员：国土资源部党组副书记、副部长，国家测绘地理信息局党组书记、局长徐德明，局党组副书记、副局长王春峰，局党组成员、副局长李维森、宋超智、闵宜仁，局党组成员、纪检组组长于贤成，副局长李朋德，总工程师胥燕婴，机关各司（室）、局所属各单位党政主要负责人；部分省级测绘地理信息行政主管部门和测绘地理信息企业的主要负责人。

议题（主要内容）：学习党的十八届三中全会精神，统一思想、提高认识，增强对全面深化改革的信心和勇气，结合测绘地理信息工作实际，总结成绩、分析形势、研究问题、理清思路、明确方向。

重大事件

“国产民用高分辨率立体测图卫星测绘和应用关键技术”获国家科技进步一等奖

2013年1月10日，中共中央、国务院在北京举行国家科学技术奖励大会。国家测绘地理信息局推荐的“国产民用高分辨率立体测图卫星测绘和应用关键技术”项目获国家科技进步一等奖。该项目突破了我国高分辨率民用立体测图卫星的核心技术，实现了国产卫星从难以测图到立体测图的根本性转变。其各类产品已全面应用于测绘、国土、水利、地矿等行业的500多家单位。

第一次全国地理国情普查正式启动

2013年2月28日，国务院印发《国务院关于开展第一次全国地理国情普查的通知》，决定于2013年~2015年开展第一次全国地理国情普查工作，以全面掌握我国地理国情现状，满足经济社会发展和生态文明建设的需要。该通知从普查的目的和意义、普查的对象和内容、普查的时间安排、普查的组织和实施、普查的经费保障和工作要求6个方面对第一次全国地理国情普查做出总体部署。

重大灾害测绘应急保障

2013年4月20日，四川省芦山地震发生后，国家测绘地理信息局立即启动测绘应急保障预案，组织开展应急保障服务工作。紧急制作灾区专题图、地势图和行政区划图，派遣无人机获取芦山灾区第一批高分辨率航空影像，及时提供给国家和四川省有关部门。抗震救灾期间，累计向中共中央办公厅、国务院办公厅、国务院应急管理办公室、中国地震局等部门和单位，四川省抗震救灾指挥部及省国土、交通、水利等部门提供专题地图、影像数据约1.9万幅，数据量约813GB。发布国家测绘地理信息局公告，向社会公布芦山地震灾区的测绘地理信息成果目录。在“天地图”网站公布灾区地图、影像，并向百度、腾讯、搜狐、高德等网站提供有关影像数据，为公众了解芦山地震灾情提供便利。

2013年7月22日，甘肃省岷县、漳县地震发生后，国家测绘地理信息局启动应急预案，协调有关公司的大型航摄飞机赴灾区开展航空摄影，迅速获取震后灾区1200多平方千米航摄影像数据。编制了甘肃省全图、定西市地势图、定西地震震源区域地势图和影像图等17个图种，及时提供给中共中央办公厅、国务院办公厅、国务院应急管理办公室和甘肃省抗震救灾指挥部、省应急办、省军区等部门和单位。抗震救灾期间，累计提供各种地图600多幅，数据量超过40GB，在“天地图”网站开通岷县、漳县6.6级地震专题栏目。

国家测绘地理信息局获世界杰出国家测绘地理信息部门奖

2013 年 5 月 15 日，国家测绘地理信息局在荷兰鹿特丹举行的 2013 年世界地理空间信息论坛上被世界地理空间杰出奖评审委员会授予 2012 年度世界杰出国家测绘地理信息部门奖。这是新中国成立以来我国测绘地理信息部门在世界获得的第一个重大奖项，国家测绘地理信息局也成为获得该奖项的第一个发展中国家测绘地理信息政府部门。

世界地理空间杰出奖评审委员会评介，国家测绘地理信息局推动建设国家地理信息科技产业园，加强国家地理信息产业发展，促进国家经济社会进步，展示了卓越的战略远见、政策和能力；同时，向联合国捐款建立发展中国家地理信息管理能力开发基金，积极参与全球地理信息管理事务，推动全球地理信息管理能力的提升，在国际上彰显了测绘地理信息大国的责任意识、主导作用和突出贡献。

第一次全国地理国情普查机构建设进展顺利

2013 年 6 月 9 日，国务院办公厅印发《国务院办公厅关于成立第一次全国地理国情普查领导小组的通知》（国办发〔2013〕49 号），成立以国务院副总理张高丽为组长的第一次全国地理国情普查领导小组，由 26 个部委局组成，主要职责是负责第一次全国地理国情普查的组织和领导，协调解决普查中的重大问题。领导小组办公室设在国家测绘地理信息局，局长徐德明兼任领导小组办公室主任。7 月 26 日，第一次全国地理国情普查专家咨询委员会成立。

数字城市及智慧城市建设新闻发布会在北京召开

2013 年 8 月 13 日，数字城市及智慧城市建设新闻发布会在北京召开，国家测绘地理信息局副局长李维森在会上发布全国数字城市地理空间框架建设成果，介绍“智慧城市”时空信息云平台建设试点进展。我国数字城市建设成绩显著，逐步向智慧城市转型升级。

首批地理国情监测成果正式发布

2013 年 12 月 4 日，国务院第一次全国地理国情普查领导小组办公室通过权威媒体向社会公布首批地理国情监测成果，主要包括陕北地区植被覆盖度由 2000 年的 31% 提升至 2013 年的 53%，科学合理的退耕还林、防沙治沙措施成效显著；四川省松潘县森林覆盖、水域湿地覆盖等自然生态环境维护良好，经济社会与生态环境协调发展。

党的群众路线教育实践活动扎实有效

国家测绘地理信息局认真完成党的群众路线教育实践活动规定动作，做好自选动作。成立群众监督联系组，举办“坚持快干好 提振精气神”主题演讲活动，开展新时期“感动测绘人物”评选，围绕“做大做强三大平台，提升服务保障能力”开展建言献策活动，做到了学习深入扎实有效、开门查找问题建议、广泛听取群众意见，推动全系统党风、政风、作风明显好转，得到中央教育实践活动第30督导组的肯定。

综合工作

重点工作

数字城市、智慧城市建设

【总体情况】

至2013年底，全国累计立项地级行政区数字城市324个，其中完成建设159个；306个县级行政区启动建设工作；累计开发涉及国土、交通、公众服务等多个领域的应用系统2500多个，10个城市开展智慧城市时空信息云平台试点；国家测绘地理信息局组织召开数字城市及智慧城市建设新闻发布会，提升数字城市建设工作的社会影响力。

【技术体系建设】

国家测绘地理信息局出台《智慧城市时空信息云平台建设试点技术指南》，支持技术支撑单位推出支持云计算服务的平台软件新版本；参加国务院关于《促进智慧城市健康发展的指导意见》起草、意见征询、编制修改等工作，明确测绘地理信息部门在智慧城市建设中的定位、任务、作用等；与住房和城乡建设部、工业和信息化部等部门组织召开第八届中国智慧城市建设技术研讨会暨设备博览会。

中国测绘科学研究院推动《数字城市地理空间框架基本规定》《数字城市地理信息公共平台基本规定》2项行业标准升级为国标，完成了《数字城市地理信息公共平台政务电子地图制作规范》和《数字城市地理信息公共平台公众电子地图制作规范》行业标准的征求意见稿。研发新一代大型地理信息网络化服务平台软件NewMap4.0，支撑数字城市到智慧城市的跨越。

【培训研讨】

由中央组织部主办、国家测绘地理信息局承办的数字城市建设专题研究班在重庆举办；河北、吉林、江苏、江西等省举办全省数字城市建设县（市）长专题研讨班。国家测绘地理信息局组织开展数字城市建设与应用标准化培训，培养了一批数字城市建设管理与应用技术人才。组织2次全国范围智慧城市技术培训研讨。数字城市与“天地图”国家节点、省级节点衔接工作进一步得到落实，建设成果共享汇交工作取得较大进展。

“天地图”建设与应用

【运行水平】

国家测绘地理信息局启动“天地图”天津国家数据中心建设，启用天津滨海、克拉玛依和长沙数据中心。发布基于云计算的“天地图”2013版，数据源由30TB增至60TB，整体服务性能提升4～5倍，硬件运维成本降低40%以上，是国内唯一提供“经纬度投影”和“球面墨卡托投影”的地理信息服务站，为用户提供独立网络环境中符合开放地理信息联盟（OGC）标准的瓦片地图服务（WMTS），并可定制开发各类专业应用功能。8月“天地图”网站V2.1版、“天地图·手机地图”V2.2版、“天地图·三维城市”V2.1版上线。手机版地图采用矢量数据格式，移动服务能力进一步提升。全国30个省级、83个市级节点实现在线聚合。国家测绘地理信息局建立省、市级节点考核机制，进一步提高“天地图”省、市级节点服务水平。

【信息集成】

国家测绘地理信息局启动江苏、甘肃等11个

"天地图"省级节点数据融合与软件同构工作。组织完成国内外主节点数据补充与更新，并优化地图表达，提高国内区域数据丰富程度及现势性，增加国外区域数据。整合国家统计局、国家旅游局、中国气象局等部门的专题信息，开通综合服务频道。发布100多万条英文地名数据，建立英文地名搜索引擎，开通英文频道，启动蒙文、维文频道测试。发布天津、黄冈等6个城市城区的三维城市模型，推出三维城市服务。建成"天地图"旅游频道，实现一站式的旅游地理信息服务。

【应用服务】

2013年，"天地图"国家主节点日平均访问量超过88万次，同比增长69.7%，日访问峰值超过260万次。国家测绘地理信息局组织在国家电子政务外网、国家电子政务内网党委业务系统网以及有关部门部署"天地图"政务版、涉密版和前置服务，为中共中央办公厅、中央社会管理综合治理委员会、安全部、水利部等部门提供在线地理信息支撑。国家统计局、中国地调局、中国地震台网中心等部门实现基于"天地图"公众版的专题信息发布。为中央电视台《2013我们与藏羚羊》提供全程二维和三维地图服务，在雅安、定西地震中提供全程播报服务。为第六届东亚运动会提供网站服务。国家测绘地理信息局组织举办第一届"天地图"应用开发大赛，推动"天地图"的社会化应用。组织完成国家测绘地理信息局门户网站基于"天地图"的公共应急服务系统建设，于10月正式上线运行。

地理国情监测

【总体情况】

国家测绘地理信息局贯彻落实国务院关于第一次全国地理国情普查的部署，及时召开全国局长座谈会，制订具体措施，推进组织实施；成立第一次全国地理国情普查领导小组办公室，建立联络员制度，成立普查专家咨询委员会，指导各省（自治区、直辖市）组建普查领导小组和工作机构；组织制定《第一次全国地理国情普查总体方案》《第一次全国地理国情普查实施办法》《第一次全国地理国情普查实施方案》《第一次全国地理国情普查项目管理办法》等指导性文件，印发了《地理国情普查内容与指标》等10项普查系列技术规定；下达8个地理国情监测生产性试验项目；组织中国测绘科学研究院、国家基础地理信息中心等单位研发了普查生产、质量检验所需系列软件，实现软件国产化；组织完成普查试点工作，实现普查试点全国覆盖；组织完成西部地区约370万平方千米地理国情普查外业生产任务；组织开展国家级培训11期、培训人员1876人次，各省培训人员1.2万多人次。

【地理国情监测服务于区域发展总体战略实施合作协议】

国家测绘地理信息局积极沟通协调，与国家发展和改革委员会就地理国情监测服务于区域发展总体战略实施联合起草合作协议，已完成协议签署仪式相关准备工作。

【地理国情普查统计分析】

中国测绘科学研究院研发地理国情信息要素提取与解译软件系统和地理国情普查基本统计软件系统，装配至全国地理国情普查试点单位使用。与试点单位合作开展6个省（市）试点区的基本统计、综合统计分析试验和统计分析关键技术实验，编制基本统计技术规定、综合统计技术方案，完成基本统计成果汇总并形成《全国地理国情普查试点基本统计报告》，组织开展7个省的综合统计分析试点。出版《地理国情普查基本统计》教材1部。开展城市发展变化监测、自然生态遥感监测等6个方面的监测工作。

【成果汇交和质量管理】

国家基础地理信息中心完成第一批10个省（自治区、直辖市）和第二批21个省（自治区、直辖市）试点区域的试生产及成果汇交检查。国家测绘产品质量检验测试中心编写完成《第一次全国地理国情普查质量管理细则》《地理国情普查质量检查验收与评定规定》《地理国情普查过程质量监督抽查规定》等普查成果质量检验相关文件，研发了普查成果质量检查验收软件。9月～10月，对西藏、新疆、青海、内蒙等测区15家测绘单位实施普查外业过程质量控制抽查，涉及50个县，初步掌握过程质量控制总体情况，对存在的问题提出整改意见。累计培训全国各类质检人员共计440多人（次），编制了普查质量控制与管理培训教材。

地理信息产业

【总体情况】

至2013年底，我国共有地理信息企业（有测绘资质）14040家；340多所高校（含部分科研单位）开设测绘地理信息相关专业；18家地理信息企业在境内外上市。

【产业政策】

国家测绘地理信息局配合国务院办公厅对《国务院关于促进地理信息产业发展的意见（送审稿）》进行多次修改。启动地理信息产业分类与公众应用指数研究。江西省政府办公厅印发《江西省地理信息产业发展规划（2013-2020年）》；湖北省政府印发《湖北省北斗卫星导航应用产业发展规划（2014-2020）》，省政府办公厅印发《关于促进北斗卫星导航应用产业发展的意见》，成立湖北省北斗卫星导航应用产业发展专项领导小组，领导小组办公室设在湖北省测绘地理信息局。

【产业园区建设】

我国地理信息产业聚集效应日益彰显，已基本建成黑龙江地理信息产业园、武汉国家地球空间信息产业化基地、国家地理信息科技产业园等地理信息产业园区。全国地理信息产业园基本情况见下表：

序号	产业园名称	所在地	规划占地面积（亩）	建设启动年份
1	黑龙江省地理信息产业园	哈尔滨	368	2005
2	国家地球空间信息产业化基地	武汉	644	2008
3	国家地理信息科技产业园	北京顺义	1500	2011
4	山东测绘地理信息产业园	潍坊	2039	2011
5	浙江省地理信息产业园	湖州德清	1970	2011
6	云南省地理信息产业园	昆明	768	2011
7	广州地理信息产业园	广州	2400	2012
8	江苏省地理信息产业园	南京	200	2012
9	西部地理信息科技产业园	成都	500	2012
10	中国原点地理信息产业园	咸阳泾阳	2000	2013

政策与法规

政策研究

【“智慧中国”研究】

国家测绘地理信息局组织局测绘发展研究中心等相关单位，结合我国城市现代化建设和测绘地理信息事业发展态势，对“智慧中国”地理空间智能体系的基本组成、发展目标、主要任务、推进步骤和保障措施等方面内容进行了全面、系统研究，提出强化测绘地理信息在“智慧中国”建设中作用的意见和建议。组织编辑出版测绘地理信息蓝皮书《智慧中国地理空间智能体系研究报告（2013）》。

【地理国情监测体制机制研究】

国家测绘地理信息局组织局测绘发展研究中心对地理国情监测工作“进法律”“进职责”“进规划”“进预算”进行分析论述，提出建立地理国情监测长效机制的对策建议。

【“十三五”测绘地理信息重大项目前期研究】

国家测绘地理信息局针对重大项目立项周期长、难度大等现实状况，在2012年进行调研和资料收集的基础上，2013年组织局测绘发展研究中心研究提出“十三五”测绘地理信息重大项目的基本设计思路和建议。

【规划修编研究】

国家测绘地理信息局组织局测绘发展研究中心对《全国基础测绘中长期规划》执行情况进行评估，研究分析发达国家测绘地理信息发展态势及对我国的启示，提炼了我国经济社会发展对地理信息的新需求和新思路，进一步修改完善修编文本，启动辅导读本编写工作。

【地理信息产业分类研究】

国家测绘地理信息局测绘发展研究中心借鉴国外地理信息产业的相关概念和信息产业分类原则与方法，对国家地理信息产业总体构成及各细分产业链进行深入分析，研究了我国地理信息产业的概念、范畴以及产品和服务模式，提出了几种分类方法，形成初步的研究报告。

【信息化政策研究】

国家测绘地理信息局组织局测绘发展研究中心开展地理信息资源开发利用信息化试点前期研究，提出测绘地理信息领域信息化发展的方针、原则、主要任务和重大措施，起草了有关文本。在总结军地测绘地理信息资源共享的基础上，明确军地地理信息资源共享的内容、义务和权利，编写完成研究报告和相关文本。

【钓鱼岛地图研究】

国家测绘地理信息局测绘发展研究中心收集、整理与钓鱼岛相关的地图和地理信息，研究我国各个时期关于钓鱼岛的地图和地理信息，为维护领土主权和海洋权益提供支持。

立法工作

【测绘法修订】

国家测绘地理信息局印发《中华人民共和国测绘法》修订工作方案。成立修订工作组和3个专题研究组，围绕地理信息安全、测绘应急保障、地理国情监测、海洋测绘管理、体制机制建设、强化市场监管等主题，分片区、分专题内容开展实地调研，广泛收集大量数据案例，形成10万多字的专题研究成果，编印6辑修订参考资料汇编和1辑专题研究成果汇编。至年底，已完成修订初稿。

【《地图管理条例》立法】

国家测绘地理信息局与新闻出版广电总局、民政部、外交部、国务院台湾事务办公室、商务部等部门进行协调，向国务院法制办公室报送近3年地图市场基本情况数据等资料，邀请国务院法制办公室副主任夏勇到国家测绘地理信息局开展立法工作调研，配合国务院法制办公室农林司对《地图管理条例》草案内容多次进行修改完善，组织撰写该条例条文释义初稿。12月4日，国务院法制办公室审议通过《地图管理条例（送审稿）》。

【《第一次全国地理国情普查实施办法》】

国家测绘地理信息局按照《国务院关于开展第一次全国地理国情普查的通知》要求，结合第一次全国地理国情普查的实际情况，起草了《第一次全国地理国情普查总体方案》和《第一次全国地理国情普查实施办法》。7月27日，经国务院普查领导小组审核批准后印发执行。

【局内立法】

国家测绘地理信息局组织召开局内立法情况半年交流会，对有关重要规范性文件提出修改意见。《测绘地理信息行政执法证管理办法》已通过国土资源部法规司审核并报部务会审议。建立测绘地理信息法规、规章、重要规范性文件备案制度，编印3期《测绘地理信息法制工作参考》。

依法行政

【行政审批制度改革】

按照国务院统一部署，国家测绘地理信息局全面开展行政审批制度改革。对现有行政审批项目进行梳理，研究提出取消、下放和保留的初步意见及行政审批制度改革的时间表和路线图，提出2013年~2015年减少的行政审批事项和相应的监管措施。9月25日，国务院常务会议决定取消国家测绘地理信息局行政审批项目1项。

【行政复议案件】

2013年，国家测绘地理信息局共收到行政复议申请11件，其中立案受理2件、不予受理1件、要求补正材料对方未补正8件。政府信息公开类复议案件占案件总量的80%以上。

【法律法规意见反馈】

国家测绘地理信息局向国务院法制办公室及有关部门反馈了《国防交通法》《城镇住房保障条例》《民间统计调查管理条例》等近10件法律法规的意见。配合商务部中美、中韩投资谈判，完成我国测绘服务业不符合国民待遇措施的梳理工作，将不符措施情况报送商务部。

行政执法

【全国测绘地理信息行政执法检查】

5月~11月，国家测绘地理信息局在全国范围开展了测绘地理信息行政执法检查活动，对贯彻落实《中华人民共和国测绘法》各项管理制度进行检查。各级测绘地理信息主管部门和测绘单位开展执法情况自查和重点检查，发现问题及时整改，推动行政执法工作，为修订测绘法提供资料。

【违法案件查处】

国家测绘地理信息局组织召开案件查处工作会，组织查处涉嫌从事测绘地理信息违法活动的案件，联合国土资源部加强农地确权涉军测绘监管。加强与相关部门在信息共享、联合执法等方面的合作，推动地理信息市场监管工作向纵深推进。通报了2012年测绘地理信息典型违法案件。

【规范行政执法行为】

国家测绘地理信息局组织开展测绘地理信息行政处罚案卷评查，共评查案卷60件，其中省级33件、市级23件、县级4件；90分以上案卷47件，占评查案卷总数的78%。起草国家测绘地理信息局行政执法案件查办工作程序规定。完成全国测绘行政执法证注册工作。与国家安全部联合开展优秀涉外测绘执法案件评选活动。

【行政执法人员培训】

国家测绘地理信息局举办2期全国测绘地理信息行政执法人员培训班，副局长宋超智出席开班式并作专题辅导报告，国家安全部、国家测绘地理信息局、中央党校有关专家进行了专题辅导。350多人参加培训。

法制宣传

【“六五”普法】

国家测绘地理信息局按照全国普法办公室的部署，完成全国测绘地理信息系统“六五”普法中期检查督导工作。印发《2013年测绘地理信息普法依法治理工作要点》，全面部署法制宣传教育工作。积极参加全国普法办公室组织的年度法制好新闻评选、“六五”普法中期先进集体和先进个人推荐、“中国普法”官方微博法律知识竞赛等一系列宣传活动。组织制作测绘地理信息“六五”普法成就演示片并在全国普法网登载，编印《测绘地理信息法律法规知识问答》等“六五”普法教材。

【“8·29”测绘法宣传日活动】

国家测绘地理信息局围绕“依法普查地理国情，测绘服务美丽中国”宣传主题，开展2013年测绘法宣传日主题口号、宣传口号、公益短信、宣传画有奖征集活动。共收到应征作品1959份，评选出宣传口号10条、公益短信3条、宣传画1幅。统一印制1.25万份宣传画免费发放给各地。7月~8月，举办“中科宇图杯”微博测绘地理信息法律知识有奖问答活动，33895人次参与答题，转发微博41378次。

8月29日，国家测绘地理信息局和山西省政府在太原市联合举办“8·29”全国测绘法宣传日主场宣传活动。司法部、国家测绘地理信息局，山西省人大、省政府、省国土资源厅，太原市政府等有关领导出席活动，山西省测绘地理信息局、太原市国土资源局、太原市测绘资质单位及驻太原各新闻单位参加主场宣传活动。全国各地测绘地理信息行政主管部门和测绘单位开展形式多样的测绘法宣传日活动。《中国测绘报》开设专版，国家测绘地理信息局门户网站开设专栏对各地宣传活动进行报道。

规划与计划

【《全国基础测绘中长期规划纲要（修编，2013-2020年）》】

国家测绘地理信息局对《全国基础测绘中长期规划纲要》文本初稿广泛征求了参加编制部门、各地方测绘地理信息行政主管部门、各直属单位的意见和建议，形成了修编论证稿。组织召开专家论证会暨第二次部门联席会议，经专家论证后修改完善，形成规划纲要修编报批稿，并经局务会议审议通过。完成《全国基础测绘中长期规划纲要（修编，2013-2020年）》，并经各修编部门会签后报国务院审批。

【《国家地理信息产业发展规划（2013-2020年）》】

国家测绘地理信息局组织召开相关地理信息企业座谈会，研究分析地理信息产业发展重点和方向。与国家发展和改革委员会共同对《国家地理信息产业发展规划（2013-2020年）》进行统稿修改，广泛征求有关单位的意见建议，修改完善后形成初稿。

【立项申报工作】

国家测绘地理信息局积极推动现代测绘技术装备建设项目立项工作，根据国家发展和改革委员会意见对项目建议书进一步修改。做好国家应急测绘保障能力建设项目、海岛（礁）测绘二期工程、资源三号后续星建设等项目立项申报工作，国家应急测绘保障能力建设项目已报送国家发展和改革委员会。

【测绘地理信息系统信息化建设研究】

国家测绘地理信息局在各单位信息化研究成果的基础上，对测绘地理信息系统信息化建设开展研究，并进行项目细化和资金概算，广泛征求相关地理信息企业、测绘地理信息部门的意见和建议。

【重大项目前期研究】

国家测绘地理信息局积极推动《统筹经济建设和国防建设“十二五”规划》中2个测绘地理信息重大项目有关工作。联合总参测绘导航局成立军地统筹规划重大测绘工程立项工作组织机构，统一组织实施立项论证工作，召开2次联合工作小组会议，确立了项目编制的工作原则和时间安排。

基础测绘

经费投入

【重大项目经费】

国家测绘地理信息局落实国家现代测绘基准体系基础设施建设项目2013年度投资计划1.9亿元，财政部已下达相关预算；落实地理国情监测项目2013年经费5亿元，保障地理国情普查工作顺利开展；积极推动国家测绘档案成果存储设施项目，该项目初步设计方案已进入评审阶段，相关工作进展顺利。

【财政预算申请】

国家测绘地理信息局加大预算争取力度，预算经费大幅增加。财政部已下达国家测绘地理信息局2014年一下预算指标13.57亿元，按可比口径计算，较2013年增加1.67亿元。其中，离退休经费控制数较上年增加3450万元，填补了陕西测绘地理信息局和海南测绘地理信息局离退休经费缺口；预算行政人员津补贴经费较上年增加558万元，保障了京外直属局机关津贴补贴标准的落实。积极申请增加实行定员定额管理的事业单位，提高财政拨款保障水平，财政部批准自2014年起将国家测绘地理信息局卫星测绘应用中心和国家测绘产品质量检验测试中心纳入定员定额试点，共增加经费预算590万元，人均经费标准由2.2万元提高到7.1万元。至此，国家测绘地理信息局实行定员定额管理的事业单位增加到5家，人员由67人增加到198人。通过积极争取，财政部同意将原定核减的国家测绘地理信息局所属西安、哈尔滨和成都地图出版社基本支出经费836万元予以保留，统筹用于新增的3家制图院。

【公益性行业科研专项试点】

国家测绘地理信息局向财政部、科技部申请参加公益性行业科研专项试点。4月，财政部正式批准国家测绘地理信息局纳入该试点。组织制定并印发经费管理暂行办法和项目预算编制指南，完成2014年22个项目预算申报工作。

【拓展财政资金申请渠道】

国家测绘地理信息局为国家基础地理信息中心和武大吉奥信息技术有限公司申请到国家发展和改革委员会卫星及应用产业发展专项资金2400万元，为中国地图出版社等文化单位申请到财政部文化产业发展专项资金和中央文化企业国有资本经营预算资金2100万元。

基础测绘项目

【基础测绘计划】

国家测绘地理信息局编制印发2013年国家基础测绘生产计划，提出2014年国家基础测绘生产项目“一上”和“二上”计划。每月汇总编制各单位基础测绘项目和重大专项进度表，对执行较慢的单位和项目加强督促。

【国家基础地理信息数据库动态更新】

国家测绘地理信息局组织完成2012版1:5万

DLG 数据库项目验收和成果对外发布工作，建成最新的 2012 版 1:5 万 DLG 数据库，重点要素现势性提升至 1 年内，实现数据库基于要素级、多时态的动态管理和协同更新服务。完成覆盖全国陆地国土的 1:5 万地形图制图数据库和 1:25 万基础地理信息数据库的快速联动更新，为地形图快速输出和印刷奠定基础。创新组织实施管理、资料保障、技术支撑和质量控制等方面管理模式，建立 1:5 万 DLG 数据库动态更新常态化机制，不断提升生产效率和成果质量。组织国家基础地理信息中心编制《1:25 万地形要素数据联动更新生产技术规定》《1:25 万地形图制图数据生产技术方案》等，研发联动更新系统、联动制图系统、网络化更新情报搜集系统等软件系统，为动态更新项目顺利实施提供技术支持。全面完成 2013 年度更新生产，成果分批次全部汇交。启动实施 1:1 万数据库整合升级项目，明确项目任务和计划进度要求，组织完成项目设计、技术培训和试生产，按计划推进项目大规模生产实施，年度工作进展顺利。

【数字省区建设】

国家测绘地理信息局加强对数字省区建设工作的监督指导，与重庆市、山西省签署省部合作协议。2013 年前已签约的省、自治区、直辖市完成生产任务的准备工作，按计划推进。

【2000 国家大地坐标系推广应用】

国家测绘地理信息局印发《关于加快 2000 国家大地坐标系推广使用的通知》，对测绘地理信息部门使用 2000 国家大地坐标系作出部署；组织编制大地控制点坐标转换技术规范、2000 国家大地坐标系转换技术指南；举办 2000 国家大地坐标系推广使用研修班，为行业单位培养人才，推动该坐标系在各行业使用；对广东、浙江等省 2000 国家大地坐标系成果进行质量监督检查。

【新农村建设测绘保障服务示范项目】

国家测绘地理信息局选定江西、福建、湖北、浙江、吉林、甘肃、广东、河北 8 个省作为 2013 年新农村建设测绘保障项目试点，树立了一批测绘地理信息技术和成果服务涉农工程的典型。完成 2013 年前开展建设的山东、湖北等 7 个试点项目的验收工作。组织调研，全面梳理立项项目建设情况，积极探索新农村建设测绘保障服务于城乡一体化建设的新模式。

【“927”工程】

中国测绘科学研究院组织完成“927”工程技术支撑与技术管理工作。编写《关于“大陆岸线”修测的基本原则》《927 一期工程似大地水准面精化成果检测方案》，修订完成《海岛（礁）空间信息可视化与制图技术规程》等 4 项技术规程。组织完成 6 个单项工程验收材料的编制工作，协调项目办公室开展单项工程验收工作。完成 GPS 激光测距定位测量、陆海似大地水准面精化、卫星连续运行站数据处理与陆海 2000 大地坐标框架维护，及“927”工程测绘基准数据分析与服务系统开发。

【国家现代测绘基准体系基础设施建设一期工程】

2013 年，国家基础地理信息中心组织各承担单位完成国家现代测绘基准体系基础设施建设一期工程专业技术设计书和实施方案的编写。开展一等水准观测实测考核和理论培训考核；举办 2 期项目财务管理培训、2 期 GNSS 基准站设备安装培训；组织大地测量型 GNSS 接收设备培训、基准工程外业生产管理系统培训。

完成 5 次外业现场监督检查，主要检查区域覆盖新疆、西藏、青海、甘肃、辽宁、内蒙古、宁夏、四川等测区，对 90 个 GNSS 大地控制点和 245 个一等水准点的外业选埋现场进行检查。开展了对河北、浙江、福建、广西、江苏 5 个省局承担的一等水准观测现场监督检查。全年各承担单位所建点位各项关键技术指标均满足或优于规范、规程要求，外业成果质量检查结果整体优良。

【2000 中国大地坐标系框架网点复测】

总参测绘导航局会同国家测绘地理信息局等有关部门组织实施了 2000 中国大地坐标系框架网点复测任务，完成基准网绝对重力测量 28 点，区域网相对重力联测 140 多点、测线 150 多条，区域网 GNSS 联测 490 多点。

【全国三级 GNSS 大地控制网建设】

总参测绘导航局组织各测绘导航基地完成三级 GNSS 大地控制网选点埋石 1700 多点、GNSS 观测 2000 多点、EDM 高程导线联测 1.5 万多千米、数据处理 900 点、EDM 高程导线数据处理 5 万多千米。

【新一代 1:5 万地形图建库与出版工程】

总参测绘导航局组织完成新一代 1:5 万地形图建库与出版编辑 4200 多幅，印刷 1.3 万多幅。

【港澳专项测绘】

总参测绘导航局组织测绘部队开展香港海域水深测量资料搜集，完成 1:1 万水深图验证性测量；

完成澳门地区120平方千米高分辨率航摄影像，制作了该地区正射影像图、三维地理环境仿真数据等专题产品，为保障澳门回归十五周年系列活动提供最新测绘成果。

测绘基准管理

国家测绘地理信息局组织完成150个GNSS连续运行基准站的施工图设计、66个基准站土建工作，开展31个基准站建设；完成552个卫星大地控制点选建、33820千米一等水准路线踏勘埋石、24488千米一等水准观测、6500点相对重力测量；组织完成2期设备招标采购工作。国家基础地理信息中心完成全国已建卫星导航定位综合服务系统（CORS系统）的实地调研，编写《全国卫星导航定位服务系统统筹建设方案》和《导航卫星定位连续运行基准站网管理方法》。

基础航空摄影与卫星影像获取

【国家基础航空摄影】

国家测绘地理信息局不断改进国家基础航空摄影项目日常管理、成果验收、分发服务、成果管理等方面工作，提高管理效率及服务水平；统筹影像利用及获取计划，充分发挥资料利用效益，避免重复投入；完善政府采购方案，调整实施方案中自有设备投入、执行进度安排、技术设计分析等方面的权重，保证影像获取的进度和质量；加强项目执行监督，改进合同文本，严肃合同违约处罚，对重大项目约谈公司负责人，重申合同要求，帮助分析解决问题，实施重点监控；改进成果资料验收办法，加快成果入库速度；强化统筹协调，充分利用国家、地方和企业力量，综合提高全局遥感影像获取能力，采取“已有资料采购”等模式，鼓励有资质企业投入影像获取业务。2013年，完成国家航空航天遥感影像获取378万平方千米，其中航摄获取面积72万平方千米、高分辨率卫星影像（优于1米）306万平方千米；结算影像获取经费1.9亿元，其中国家财政经费1.653亿元、地方配套经费2470万元；为地理国情普查、省级基础测绘、数字城市等重大测绘工程及时提供可靠的影像资料。

【无人操控与机务维护考核】

6月，国家测绘地理信息局在北京组织第二批无人飞行器飞行操控与机务维护考核，全国17个省（自治区、直辖市）26家测绘资质单位的专业技术人员参加考核，121人通过考核。

【SAR飞行实验】

中国测绘科学研究院承担国家“863”计划主题项目“面向对象的高可信SAR处理系统建设”，在四川若尔盖和大兴安岭根河开展机载SAR遥感综合实验。若尔盖实验区飞行13个架次60条航线，覆盖面积约3000平方千米，获取了约15.6TB的X-波段InSAR数据和6TB的P-波段全极化SAR数据；根河实验区共飞行4个架次32条航线，获取约4.8TB的机载X-波段双天线InSAR数据和2.1TB的P-波段全极化SAR数据，覆盖面积5619.8平方千米。

【影像成果接收及分发】

2013年，国家基础地理信息中心共接收96个摄区航摄资料，像片85.93万片，数据量231.1TB；对外提供航片12.99万片，数据量28.62TB。接收高分辨率遥感影像36579景，数据量89.03TB，覆盖面积518.86万平方千米；对外提供高分辨率遥感影像65943景，数据量147.9TB，覆盖面积697.1万平方千米。

安全生产

国家测绘地理信息局传达全国安全生产电视电话会议精神，印发《国家测绘地理信息局2013年安全生产工作要点》和《国家测绘地理信息局2012年安全生产工作总结》，系统部署全年安全生产工作。印发《关于推动“安全生产月”工作保障测绘生产安全的通知》，积极组织各直属单位开展“安全生产月”活动。组织开展安全生产大检查，要求各单位加强领导，扩大宣传，排查隐患，确保安全，各单位按要求报送了安全生产大检查情况总结。针对局所属单位在外业工作中出现的问题，印发《关于加强外业安全生产工作的通知》，要求各单位组织开展安全生产自查工作，加强监管力度，强化外业行车安全，杜绝安全生产事故的发生。

海洋测绘

航海图书编制出版

【航海图书】

3 月，中国航海图书出版社编制出版《台风位置标示图》，反映了中国受台风影响的自然地理环境，方便用户在图上标示台风位置。4 月，编制出版2014 年《航海天文历》，记述全年不同时刻太阳、月亮等天体的格林时角等信息。5 月，编制出版《世界时区图》挂图、2014 年《太阳和月亮出没时刻表》。6 月，编制出版《航海图书生产与服务法律法规》。10 月，编制出版 2013 年度航标表，该表共 7 册，其中军用航标表 3 册、民用航标表 4 册；改版编制《国际航空和海上搜寻救助手册》（第三卷《移动设施》）。12 月，编制《太阳方位表》，该书可以确定太阳任意时刻真方位，是船舶上确定罗经差和校正磁罗经自差的重要工具书。

【民用《航海图书目录》】

1 月，中国航海图书出版社编制出版民用《航海图书目录》（K102 号），该书主要包括全球海域小比例尺海图约 300 幅，中国沿海及附近海区总图、航行图、港湾图和渔业图等专题图 500 多幅；《中国航路指南》《中国港口指南》《潮汐表》《航标表》《国际信号规则》等各类航海书表 40 多册。

【《航海通告》等编制与发布】

中国航海图书出版社全年编制中、英文版《航海通告》及《海图改正透明纸》各 52 期，《航海通告有效临时通告汇编》2 期，《海图改正索引》1 期；发放航海通告 37.2 万多册（含英文版 1.2 万册）、航海通告透明样纸 2.8 万份。

海图编制出版

【总体情况】

2013 年，中国航海图书出版社共编制出版航海图 236 幅；印刷航海图 85 万多张、航海书表 12 万多册、海图改正透明样纸 3 万多份；发行海图 68 万多张、航海书表 12 万多册、海图改正透明样纸 2.6 万多份；改正海图 536 万多张，制作备考图改正样纸 8384 张，刻绘海图改正蜡纸 10978 张。

【电子海图发行】

中国航海图书出版社全年共发行电子海图光盘 628 套、电子海图 40 万多幅，范围覆盖全部中国海区及全球热点海域。按合作协议向英国海道测量局、挪威杰普森公司等提供了整套中国海区官方电子海图及 52 期 ER 更新文件。向民用船舶用户发行 S-63 格式电子海图光盘 1000 多张、电子海图 3000 多幅，通过互联网每周向用户提供最新 ER 更新文件。

【民用 S-57 标准数字海图生产】

中国航海图书出版社完成民用 S-57 标准格式数字海图编制任务，共编制全球海图 698 幅。

边界测绘

【中国与俄罗斯国界第一次联检测绘】

总参测绘导航局组织完成中国与俄罗斯国界第一次联合检查大地联测任务，建立了中俄边界地区似大地水准模型；派员参加 4 次联合测图组会议，讨论解决生产过程中的技术问题，与俄方交换了大地测量成果；组织测绘导航部队完成中俄国界 4100 多千米界线两侧各 5 千米的航空摄影任务。

【中国与不丹边界联合勘察】

9月2日~15日，总参测绘导航局派员随中国与不丹两国联合勘察组到中不边界白玉争议地区实地勘察。通过实地勘察，基本确定白玉地区地理环境、双方领土主张线走向和双边实际管控现状，为做好中不边界会谈积累了资料。

【《陆地边界情况图集》编制】

总参测绘导航局继续开展《陆地边界情况图集》编制工作，组织人员进行图集资料搜集和基础地理信息准备，召开编制任务协调会，完善了图集整体技术方案，编制完成电子图集的设计和实施方案。

【出版地图国界审查】

2013年，总参测绘导航局共完成300多批次、9000多幅军内出版地图的国界审查。

卫星测绘

测绘卫星建设与规划

【测绘卫星规划】

国家测绘地理信息局卫星测绘应用中心（以下简称卫星中心）参与国家民用空间基础设施规划的编制工作，提出了发展光学雷达、激光测高、重力等测绘卫星体系的总体规划，涵盖1:5万到1:1万比例尺卫星测图的需求。相关内容已列入国家有关规划。卫星中心编制完成资源三号02星工程立项建议书。

【资源三号测绘卫星应用系统建设】

资源三号测绘卫星应用系统搬迁至国家地理信息科技产业园，搬迁过程实现系统业务平稳过渡，在新址环境中全面推进系统建设。至年底，应用系统各分系统软硬件集成联调全面开展，初步具备业务化运行能力。可以实现每天接收、处理20轨以上数据，加工5000景以上传感器校正产品，入库、归档2TB以上数据，满足了资源三号数据产品5年的存储需求。门户网站支持最大日访问量4万次，支持最高同时在线人数1000人。

【资源三号测绘卫星数据生产】

卫星中心制定《资源三号测绘卫星传感器校正产品生产技术规程》和《资源三号测绘卫星影像传感器校正产品质量检查细则（试行）》，对资源三号测绘卫星传感器校正（简称SC）产品生产全过程进行梳理和优化。全年共完成资源三号原始数据编目生产和人工云判1735轨共437993景，SC产品生产和几何辐射质量检查1678轨共277845景，以生产日报、周报等方式反映SC产品生产及质量情况，实现精轨数据配进生产环境后第三天即可完成SC产品生产和质量检查。卫星中心以国家基础测绘项目1:5万正射纠正影像产品生产项目为核心，完成大批高质量正射纠正影像产品；根据“基于资源三号测绘卫星影像的西部困难地区数字表面模型生产”项目要求，开展资源三号测绘卫星第一次大规模业务化立体应用。作为项目牵头和技术总体负责部门，组织国家测绘地理信息局相关直属单位利用资源三号影像数据，快速完成西部地区约350万平方千米范围内满足1:2.5万几何精度的数字表面模型产品生产。实施国家发展和改革委员会国家高技术产业化项目，全面开展全国范围DOM生产工作。至年底，建成全国高精度遥感影像控制点数据库、全国DOM库，全面开展全国DSM库建设。

【资源三号测绘卫星影像服务】

国家测绘地理信息局优先安排并重点保障地理国情监测、“天地图”、全国1:5万基础地理信息数据库更新等国家重大测绘工程建设，提供卫星影像数据4.5万多景、总数据量达35TB、覆盖面积超过2000万平方千米。面向各应用行业的500家单位提供了资源三号测绘卫星数据产品及服务，提供数据量6万多景，总数据量达50TB，覆盖面积累计超过4500万平方千米。

卫星中心与湖北省测绘地理信息局、浙江省测绘与地理信息局、中国交通通信信息中心等7家单位签署战略合作协议；推出公共影像图、影像机顶盒、变化监测产品、立体影像数据等新产品服务；针对年内发生的四川芦山地震、黑龙江嫩江流域特大洪涝灾害、浙江余姚等地区特大水灾，统筹多颗卫星资源，快速提供了灾区卫星影像数据。

【资源三号测绘卫星检校工作】

卫星中心在内蒙古自治区和澳大利亚西澳州同步开展多星联合检校，实现对资源三号、资源一号02C、委内瑞拉遥感卫星等9颗卫星的整体联合检校。在黑龙江开展卫星几何检校，完成5颗卫星检校任务，大幅提升了影像内部精度和配准精度，初步形成国产光学卫星几何检校体系。完成资源三号测绘卫星辐射标定工作，实现了资源三号测绘卫星三线阵全色影像与多光谱影像的辐射质量参数更新与定期监测。

【卫星影像统筹】

卫星中心初步完成多源国产卫星遥感影像统筹综合服务平台及遥感影像元数据库建设和影像覆盖分析子模块建设，实现遥感影像元数据入库、遥感影像云量提取、遥感影像覆盖分析和遥感影像覆盖方案等功能。完成航空航天遥感影像获取任务管理原型系统研制。根据地理国情普查的任务要求，开展系列影像统筹实践工作，制定并完成《高山及人烟稀少区优于2.5米卫星影像获取方案》及《年度国产卫星影像统筹报告》等影像统筹方案。开始设计普查时点高分辨率遥感影像数据获取方案。为贵州省制定现势影像库数据获取方案，基本实现贵州省域范围高现势性影像数据全覆盖；向湖北、青海等省提供影像统筹推广应用服务，建立长期合作关系。积极开展多星协同共享工作，与天绘卫星、资源系列卫星形成数据交换与共享策略，协调高分一号卫星和尖兵系列卫星，形成共享方案。

卫星测绘关键技术研究

【总体情况】

国家测绘地理信息局完成卫星大总体一体化设计与仿真、高精度几何检校、成像模型建立、自动化数据处理及控制点数据库等5大技术难题。实施国家国防科技工业局高分预先研究项目“基于在轨成像物理机理的国产卫星测绘精度分析模拟系统”，攻克并行密集光线跟踪及测绘卫星建模等关键技术；完成20项资源三号测绘卫星应用系统标准规范初稿的编制。

7月，由卫星中心、江苏省测绘地理信息局与南京大学联合共建的卫星测绘技术与应用国家测绘地理信息局重点实验室正式成立，举行了第一届学术委员会第一次会议暨揭牌仪式。

【卫星测绘项目】

卫星中心牵头开展“资源三号测绘卫星立体测图技术与应用示范”项目，已完成项目主要内容，进入结题验收阶段。开展“时空变化本体论分析研究”“星载光学多器件多谱段遥感影像高精度几何配准技术研究”与“卫星重力梯度技术确定地球重力场的极空白问题研究”等4个国家自然科学基金项目实施工作。牵头申请到1项新的自然科学基金项目。完成高分测绘行业应用专项一期1380万元项目的实施，开展项目二期建议书的编制。完成资源三号测绘卫星工程配套研究项目“资源三号测绘卫星数据处理应用及在轨测试关键技术研究”。民用航天技术预研项目“基于在轨成像物理机理的国产卫星测绘精度分析模拟系统”进展顺利，年底已基本完成项目内容，进入总结验收阶段。

【国产测图卫星三线阵立体测绘关键技术研究】

中国测绘科学研究院承担国家科技支撑项目“国产测图卫星三线阵影像高精度立体测绘”子项目“国产测图卫星三线阵立体测绘关键技术”，完成基于三线阵影像高效高精度匹配的DSM/DEM自动提取关键技术研究，提出了分布式处理高分辨率卫星影像DEM/DSM自动提取方法；完成三线阵影像区域网联合平差关键技术的研究，形成了基于惯性坐标系ZY-3卫星状态矢量的严密几何成像模型构建等方法。北京四维远见信息技术有限公司完成基于GPU的三线阵影像的实时核线生成技术研究、三目立体条件下的地物实时自动切准算法和基于三线阵立体的人工地物和自然地物实时辅助三维量测算法研究。

质量监督

【2013 年全国测绘地理信息成果质量监督检查】

国家测绘地理信息局组织开展 2013 年全国测绘地理信息成果质量监督检查工作，监督检查内容为甲级测绘资质单位在 2010 年 1 月 ~2012 年 12 月期间完成的 1:1 万地形图，包括数字线划图、数字高程模型、数字正射影像图等成果。成立领导小组，组织召开全国测绘地理信息成果质量工作座谈会，组织开展《测绘地理信息质量管理办法》制定工作，在全国范围征求意见，召开《测绘地理信息质量管理办法》研讨会。各省、自治区、直辖市测绘地理信息行政主管部门成立了本地区监督检查领导小组，开展测绘地理信息成果质量监督检查工作，检查内容涉及省、市、县级基础测绘，房产测绘，地籍测绘，地下管线测绘，变形监测及重大工程测绘等方面，年底向国家测绘地理信息局上报了监督检查结果。

【重大项目质量监督】

国家测绘产品质量检验测试中心（以下简称质检中心）承担“927”一期工程海岛（礁）测图成果质量验收收尾工作，完成“3D”成果 9813 幅、制图数据成果 3266 幅的检查任务；承担“927”一期工程海岛识别定位成果质量检查验收工作，完成 1791 个海岛识别定位成果检验。完成 2000 幅 1:5 万资源三号卫星 DOM 成果质量检查验收任务。

质检中心完成国家现代测绘基准体系基础设施建设一期工程 2013 年度建设成果质量验收任务，成果总体优良率 100%。主要包括 2012 年度 1195 座大地控制网点和 127 条路线（4 万千米）一等水准网标石选（补）埋成果，2012 年度 78 条路线（1.6 万千米）水准观测成果。联合该工程项目部开展 4 次外业成果质检工作，检查了新疆、内蒙古、西藏、甘肃、青海、辽宁和四川等测区的 GNSS 大地控制网和国家高程控制网埋石质量情况，现场检查了河北和四川测区国家高程控制网一等水准观测质量情况。

总参测绘导航局组织总参某测绘信息技术总站，分 5 批赴河南、山西、内蒙古、甘肃、云南等地，对全军测绘导航部队和地方有关测绘单位承担的三级 GNSS 大地控制网选埋、陆态网工程 GNSS 观测、新一代 1:5 万地形图建库与出版等 3 项重大测绘工程进行了质量监理，及时发现并纠正了工程建设中存在的质量问题，确保了作业成果质量。

【2013 年导航电子地图质量检测】

质检中心完成 2013 年度全国导航电子地图检测工作。检测范围涉及 7 家导航电子地图制作资质企业生产的导航电子地图数据，涵盖华北、东北和西北地区的 7 个样区。制定工作方案，对 7 个样区的数据进行基准数据采样，结合检测结果与参测企业进行一对一交流，实地调研各企业生产质量管理体系运行情况，检测结果得到了参测企业的一致认可。

市场监管

测绘资质管理

【市场准入政策修订】

国家测绘地理信息局成立 11 个专业标准修订小组，遴选技术实力强、行业影响力大的单位担任《测绘资质分级标准》组长单位和组员单位。征求各方面修订意见 1200 多条，召开工作会议 20 多次，完成《测绘资质管理规定》和《测绘资质分级标准》（修订初稿）起草工作。

【行业指导】

根据国务院第六批行政审批项目清理结果，国家测绘地理信息局协调住房和城乡建设部，印发

《关于调整房产测绘资质审批程序的通知》，理顺房产测绘资质初审工作。印发《关于无人飞行器航摄测绘资质审查有关工作的通知》，方便行业单位申请资质。提出支持测绘地理信息企业兼并重组问题的政策批复并抄送全国。对入驻国家地理信息科技产业园的行业单位，从缩短审批时间、简化申请材料、放宽准入条件等方面给予支持。研究提出鼓励中小微企业快速发展、促进产业做大做强的有关资质政策，纳入《测绘资质管理规定》和《测绘资质分级标准》修订的具体条款。研究批复关于采集地名要素行为界定、测绘资质保密审查条件、工艺地球仪制作等资质管理问题。

【测绘资质行政审批改革】

国家测绘地理信息局召开测绘地理信息行政审批制度改革座谈会，研究测绘资质管理工作简政放权、加强监管的思路和举措。按照国务院审批制度改革办公室行政审批项目清理工作要求，提出2013年~2015年测绘资质行政审批制度改革主要思路，全面梳理甲级测绘资质行政许可前置审批的中介服务项目。

【甲级测绘资质审批】

国家测绘地理信息局有关部门依法审查晋升甲级测绘资质申请和变更业务范围申请17批次。全年共审核批准晋升甲级测绘单位41家、不予批准9家，批准甲级测绘单位增加业务范围37件，批准甲级测绘单位变更单位名称、地址、法定代表人等事项150件。截至年底，全国共有甲级测绘资质单位784家。

【资质系统运行机制建设】

国家测绘地理信息局印发《关于做好测绘资质管理信息系统运行维护经费保障工作的通知》，明确资质系统建设和维护费用全部纳入部门预算，停止一切针对测绘单位的收费行为，理顺政务信息化投入机制，减轻测绘单位负担。

【测绘资质年度注册】

国家测绘地理信息局组织完成2013年测绘资质年度注册工作。全国应参加年度注册单位12499家，通过注册11449家（通过率91.60%），缓期注册865家，注销资质106家，吊销资质22家，降低资质等级17家，核减业务范围40家。

印发《关于2014年测绘资质年度注册工作的通知》，简化2014年测绘资质年度注册程序，将主管部门核查改为资质单位自查，减轻基层管理部门和行业单位负担。

市场管理

【市场信用体系建设】

国家测绘地理信息局组织完成2012年~2013年全国甲级测绘单位信用信息征集、审核和信用评价工作，将信用等级评价结果提交局党组会审议。河北、山西、江苏、湖北、广西、海南、四川、甘肃、青海、新疆等10多个省、自治区、直辖市发布了乙级以下测绘单位信用评价结果。

【测绘资质巡查】

国家测绘地理信息局组织起草《测绘资质巡查办法（试行）》并经局务会审议通过，指导各地结合实际情况，开展部分测绘单位巡查工作。

【甲级单位负责人培训】

5月和11月，国家测绘地理信息局举办2期甲级测绘资质单位负责人培训班，邀请有关专家进行授课。全国31个省、自治区、直辖市的350多名甲级测绘单位负责人参加培训。遴选并组织20多名甲级测绘资质单位负责人赴欧洲参加第五期中英测绘技术与产业发展高级研讨班，为测绘单位扩大交流、加强合作搭建平台。

地图管理与地图公共服务

地图编制管理

国家测绘地理信息局对陕西、黑龙江、四川、山东、广东、湖南、福建等地7家出版单位及武汉大学出版社的525种地图编制选题申请进行批复。

地图审核

【地图审核管理】

国家测绘地理信息局组织局地图技术审查中心（以下简称审图中心）和中国测绘科学研究院等单位开展地图审核信息化建设工作，明确地图审核信息化建设内容和工作分工，组织开展地图审批管理系统、地图技术审查系统和互联网地图监督管理系统的总体设计和研制工作。

审图中心首次开展街景地图审查，完成互联网地图服务企业送审的实景地图10件。全年共收到公开出版的地图备案样图669件，占应备案地图的9.9%。对没有按照要求报送备案样图的单位，发送地图样图备案催促函。

2013年，受理地图审核4249件。经审核，批准3501件、不符合地图管理有关规定不予批准675件。

【全国地图审核人员培训班】

国家测绘地理信息局举办全国地图审核人员培训班，来自全国59家单位的85名测绘行政管理人员和地图审核人员参加培训。其中，47人考试合格，取得地图内容审查人员上岗证。

互联网地图监管

【互联网地图监管】

国家测绘地理信息局组织召开网上地理信息安全监管联席会议，总结2013年网上地理信息安全监管和防范工作，制定2014年工作要点，形成报告上报国务院，同时印发给网上地理信息安全监管工作协调组各成员单位。指导中国测绘科学研究院进一步完善互联网地图监管系统，研制互联网地图标注过滤系统并在百度、腾讯等互联网地图服务企业试点运行。召开由工业和信息化部、国家安全部等部门和互联网地图服务企业参加的座谈会，进一步改进互联网地图标注过滤系统，加强推广应用。

【互联网地图监督检查】

审图中心全年共检查互联网网站158个，发现存在“问题地图”的网站36个，编发“问题地图”告知函36件。重点对“天地图”、百度等31家的三维、街景地图服务网站进行调查，编写6期互联网地图和地理信息服务网站监督检查简报。对新浪、百度、“天地图”等6家甲级互联网地图服务企业开展调研。为做好互联网地图新增POI检查和备案工作，要求15家互联网地图服务企业于11月底前将POI数据备案。

【全国互联网地图安全审校人员培训班】

国家测绘地理信息局举办第十期全国互联网地图安全审校人员培训班，来自全国191家单位的685名人员参加培训。其中，652人考试合格取得互联网地图安全审校人员上岗证。

地图市场监管

【重点监管工作】

国家测绘地理信息局组织开展2013年全国地图市场重点监管工作。制定印发《2013年地图市场重点监管内容及工作方案》，组织查处损害国家主权、安全的互联网地图违法违规行为，检查和清理未经地图审核、“一号多用”、盗用审图号的地图导航定位产品，清查不符合公开地图管理规定的地图。调查处理地图市场中不规范的有偿标注商业信息行为。

【地图导航定位产品测评】

国家测绘地理信息局组织实施地图导航定位产品测评工作。召开2013年地图导航定位产品测评启动会，向获得2012年度地图导航定位产品推荐产品的单位颁发证书。进一步完善测评工作方案和测评大纲，指导中国卫星导航定位协会、质检中心等单位完成2013年地图导航定位产品测评工作并对外公布。

【地图市场调查】

审图中心对陕西、吉林、辽宁、山东等地开展地图市场调查，采取拍照、购买等方式进行取据，为依法查处提供材料。开展北京市电器市场、电子产品销售市场、汽车用品市场导航定位地图产品调查，编写调查报告，针对存在的问题提出相应的建议。

地图公共服务

国家测绘地理信息局印发《关于进一步规范重要地理信息在公开地图上表示的通知》，要求各地根据与地理信息相关的重要信息，及时编制有关样图并提供相关服务，强化公开地图中公益性地理信息的表示与管理，规范商业信息标注。编制和发布行政区划调整、可在公开地图上表示的机场等重要地理信息10多项。启动领导工作用图共享工作，整合各地、各单位领导工作用图服务资源，提高服务水平。国家基础地理信息中心研发中央首长考察出访信息管理系统。全年国家测绘地理信息局为中共中央办公厅、国务院办公厅、外交部等相关部委提供工作用图200多次，编制成图1000多幅，提供地图成品5000多册（幅）。

国家版图意识宣传教育

国家测绘地理信息局组织召开全国国家版图意识宣传教育和地图市场监管工作总结表彰电视电话会议，全面总结2005年来全国国家版图意识宣传教育和地图市场监管工作，表彰国家版图意识宣传教育和地图市场监管工作先进集体、先进个人和2012年全国国家版图知识竞赛、少儿手绘地图大赛获奖单位和个人。

开展第二届“美丽中国”全国国家版图知识竞赛和少儿手绘地图大赛筹备工作，完成比赛工作方案设计和题库设计工作。

成果管理

成果汇交与资料档案建设

【档案管理】

国家测绘地理信息局组织起草《测绘地理信息档案管理规定（征求意见稿）》和《测绘地理信息档案归档范围（征求意见稿）》，向国家档案局等有关部门和省级测绘地理信息行政主管部门征求意见。研究部署2006年～2012年国家基础测绘项目归档情况清查工作，确定2014年重大测绘活动档案整理和档案数字化等工作项目。开展测绘档案宣传工作，在国家测绘地理信息局门户网站和《中国测绘报》报道山东省有关档案信息化建设、测量标志保护、测绘档案提供，浙江省测绘与地理信息局测绘档案管理系统建设，国家基础地理信息中心馆藏古地图档案等情况。

【测绘档案资料收集】

2013年，国家测绘档案资料馆共收集中国周边国家基本比例尺地形图1310幅。其中菲律宾1:5万纸质地形图737幅，马来西亚1:5万扫描地形图496幅，阿联酋1:10万扫描地形图54幅，阿联酋1:20万扫描地形图23幅，分辨率均为400dpi。收集总参历史地形图扫描数据1730幅、全国1:10万联合作战图315幅、1:25万联合作战图264张。收集国内外出版的各类专题图（图书）129册。

【测绘档案成果归档】

2013年，国家测绘档案资料馆共接收国家现代测绘基准体系基础设施建设一期工程GNSS大地控制网、高程控制网项目、“927”一期工程、新农村建设、数字城市以及国情监测试点等53个项目档案归档，共查验纸质与电子文件约5.4万件，完成大量新进馆文档资料的整理组卷、目录信息著录等工作，全年立卷4597卷。共接收各类档案资料216批次，49万多件。全年新备份各类档案数据36.6TB。

【档案地图修复】

针对档案地图陈旧、破损情况，总参某测绘信息中心制定《军事测绘档案保护建设方案》《军事测绘档案保护技术方案》，组织开展破损档案地图修复工作，共修复档案地图3881幅4068张。

【测绘档案成果资料提供情况】

国家测绘档案资料馆全年为地理国情监测、“927”工程等重大工程项目及社会用户提供各类档案资料50多批次，为浙江省测绘与地理信息局、重庆市勘测院等单位扫描加工航摄底片2400多片、历史地图1000多幅。

【测绘档案信息化建设】

国家测绘档案资料馆实施“测绘成果档案管理与信息化建设”项目，按年度计划扫描完成1994幅1980西安坐标系1:5万地形图档案。委托武大吉奥公司开发档案馆虚拟库房管理系统，建立3D全景虚拟库房，实现档案库房及排架统一化管理、批量上架、分类统计、立体浏览等功能。

成果提供使用

国家测绘地理信息局全年办理涉密基础测绘成果提供审批760件。经审核准予使用754件、不准予使用1件、主动撤销5件。向交通、能源、水利、航空等国家重点建设项目和地质矿产调查、环境监测、全国水利普查等提供各类基础测绘成果。试点向部分导航地图企业提供基础测绘成果分层要素，用于导航电子地图产品更新和制作，支持地理信息企业发展。全年提供地形图7940幅8161张，提供数字成果189.98TB 。

国家测绘地理信息局行政许可受理大厅全年接待用户咨询9900多人次，发布各类行政许可受理微博信息11097条，通过QQ解答用户各类问题和疑难问题1.6万多条。开通涉密成果行政许可受理与地图审核受理微信公众账号，通过移动互联网发布受理信息，提供一对一信息查询。

涉密测绘成果管理

【涉密测绘成果保密检查】

7月，国家测绘地理信息局部署开展对大宗用户、重点工程项目使用涉密测绘成果情况的跟踪检查。11月，联合国土资源部、国家安全部、国家保密局印发《关于开展全国地勘行业涉密测绘成果和地质资料使用与管理专项检查的通知》和《关于印发全国地勘行业涉密测绘成果和地质资料使用与管理专项检查工作方案的通知》，开展全国地勘行业涉密测绘成果和地质资料使用与管理专项检查。全国共有1962家领取涉密测绘成果和地质资料的地勘单位开展自查，组织现场抽查439家。

【涉密人员培训】

国家测绘地理信息局组织举办2期测绘成果核心涉密人员培训班，对来自全国511名核心涉密人员进行培训，为合格者颁发了培训证书。积极配合保密、安全等部门开展测绘成果保密审查与密级鉴定工作。组织涉密测绘成果介质加密等安全防护技术的研发和试点应用。

测量标志保护

国家测绘地理信息局印发《关于做好国家现代测绘基准体系基础设施建设一期工程中测量标志保护工作的通知》，要求做好国家现代测绘基准体系基础设施建设一期工程中测量标志保护工作，确保测量标志建设和保护同步进行。召开测量标志信息分类表示座谈会，交流测量标志信息化建设经验，探讨在互联网形势下测量标志信息分类表示方法，推进测量标志信息化管理和社会化服务。全年办理测量标志迁建审批7件。

合作共建

国家测绘地理信息局与国家安全生产监督管理总局、国家旅游局、中国石油天然气股份有限公司签署合作协议，促进地理信息与专题信息的深度融合和共享。

4月11日，总参测绘导航局与武汉大学签署战略合作协议，在测绘导航科技领域建立战略合作关系，在测绘导航基础理论、学科建设、人才培养、科学研究、国际合作、应用服务等方面开展互惠合作。8月4日，总参测绘导航局与桂林市政府签署战略合作协议，在测绘导航产业基地建设、北斗民用系统开发、天绘遥感产品应用、地理信息资源共享等方面建立共建共享机制。11月19日，总参测绘导航局与湖北省政府签署战略合作协议，建立健全军民融合体制机制，共同推动北斗导航产业发展、智慧城市建设、地理国情监测、大比例尺地形图与CORS站信息资源共享共用，加强技术交流与人才培养，开展联合应急保障。

测绘地理信息服务与应用

成果推广应用

国家测绘地理信息局加强国家基础测绘成果应用推广项目管理，支持“天地图”建设、电子政务保障服务、测绘成果社会化应用、应急测绘服务、领导工作用图等测绘成果应用。加强地图管理、测绘成果管理信息化建设，组织完成2012年结题项目验收及归档、2013年新增项目设计书评审和批复、2014年项目计划编制与申报材料审查。启用应用项目管理信息系统，提高项目管理水平和工作效率。

中国测绘科学研究院全年累计推行3套PixelGrid、FeatureStation试用220多套、CGCS2000控制点坐标转换软件118套、国家地理信息应急监测车9套、SSW车载激光建模测量系统6套、JX4摄影测量工作站115套、SWDC系列数字航空摄影仪3套（4个正式用户，30个城市倾斜摄影作业）、GPS激光测距动态定位系统13套、无人飞艇低空航测系统2套以及高精度轻小型航空遥感系统（5个工程项目，飞1560平方千米）、TOPDC系列数字航摄系统（80小时，获取影像25000多幅）、3DPT立体投影展示平台、土地执法巡查两网化信息系统、三维数字地震科普教育沙盘等各类软硬件产品近500台套，有效提升了行业的装备能力与技术水平。

应急保障管理与服务

【应急规划】

国家测绘地理信息局积极推动国务院相关应急规划的落实，组织编制《国家应急测绘保障能力建设》项目建议书及可行性研究报告，已上报国家发展和改革委员会。

【应急机制建设】

国家测绘地理信息局与国务院应急管理办公室开通专线，实现应急数据的互联互通和快速传输，提高应急效率。与民政部、水利部、武警部队等部门建立灾情数据交换共享机制。

【应急保障】

芦山地震等突发事件发生后，国家测绘地理信息局立即启动应急响应机制，组织指导四川、甘肃等地获取航空影像，制作灾区救灾专题图、地势图和行政区划图、影像图，及时向有关部门提供使用。芦山抗震救灾期间，累计提供各类地图约1.9万幅，数据量约813GB，同时通过“天地图”向社会公布灾区地图和影像。甘肃岷县、漳县抗震救灾期间，累计提供各类地图600多幅，数据量约40GB。组织协调为黑龙江、辽宁及内蒙古抢险救灾提供急需的各类测绘成果。

【军队应急保障】

芦山地震发生后，总参测绘导航局迅速启动应急机制，组织有关测绘导航部队开展抢险救灾测绘导航保障。至4月26日，共提供地形图112幅6210张、地图数据24.7GB，成都军区军事交通图等专题地图11幅80张；芦山灾区震前、震后影像图8幅，不同比例尺地图14幅；通过天绘卫星获取部分灾区震后卫星影像数据，将灾区最新地图成果发布到地理信息网络服务系统；为救灾部队配发北斗装备260多台，提供北斗系统RDSS服务32万多次、通信服务26万多次。

6月26日，新疆发生恐怖袭击事件后，总参测绘导航局迅速组织驻京某测绘导航基地完成反恐维稳用图保障任务。至29日，为驻疆和遂行任务单位提供新疆地区地形图3113幅，共61570张。

甘肃岷县、漳县抗震救灾期间，共制作《岷县、漳县地区仿真图》《岷县6.6级地震影像分布图》《军队岷县抗震救灾部署图》等专题图35种，地形沙盘1个；对灾区实施航空摄影测量，制作正射影像图4100平方千米；利用无人机获取梅川镇及重灾村庄航摄像片5800多张，制作了震区情况图、交通图、仿真图等专题图；依托地理信息网络服务系统，处理和发布影像专题图19幅、新一代1:5万地形图202幅。

科技工作

科技创新体系

【创新机构建设】

2013 年，国家测绘地理信息局依托卫星中心、江苏省测绘地理信息局和南京大学联合共建了卫星测绘技术与应用重点实验室。依托北京超图软件股份有限公司和北京大学联合共建了基础地理信息软件与应用工程中心。依托武汉大学和南方测绘仪器公司成立了空间智能信息感知工程中心。依托浙江省测绘与地理信息局和武汉大学组建了地理国情监测重点实验室。依托中国地图出版集团和青岛勘察设计研究院组建了地图创意文化工程中心。依托中测新图（北京）遥感技术有限责任公司成立了国家测绘地理信息局首个企业重点实验室——航空遥感技术重点实验室。中国测绘科学研究院成立了测绘地理信息国际联合研究中心以及英国分中心。国家光电测距仪检测中心获得国家质检总局批准，建立了 5 个国家级测绘仪器型式评价实验室。

国家测绘工程技术研究中心组建工作通过科技部组织的现场验收和综合会议验收。由深圳大学、深圳市规划和国土资源委员会、香港理工大学、香港中文大学联合申请的海岸带地理环境监测重点实验室通过建设可行性论证，该实验室是首个内地与香港联合共建的国家测绘地理信息局重点实验室。由江西省测绘地理信息局、华东理工大学和江西师范大学联合共建的数字流域资源环境监测重点实验室通过建设可行性论证。

【重点实验室评估】

国家测绘地理信息局组织开展局重点实验室自评估和综合评估工作，对参评重点实验室基本信息和相关材料进行审核，编写完成《“十二五”以来重点实验室建设与发展情况报告》，召开实验室评估工作会议。

组织编写并印发《国家测绘地理信息局重点实验室及工程技术研究中心 2012 年度科技发展综述》，总结梳理各个重点实验室和工程中心一年来的工作情况。

科技项目

【地图集编研工作】

根据《科技部关于组织申报科技基础性工作专项 2014 年度项目的通知》，国家测绘地理信息局积极组织申报工作，报送的“中国东海、南海及周边国家历史地图资料整编”项目已通过科技部立项。组织召开“新世纪版《中华人民共和国国家大地图集》编研”项目启动会，成立了由 7 位业界知名院士、专家组成的专家组，制定了项目管理办法。

【测绘地理信息公益性行业专项工作】

国家测绘地理信息局多次与财政部、科技部沟通协调，深入试点部委调研学习，完成测绘地理信息公益性行业科研专项的申请立项工作。成立编写组编制印发《测绘地理信息公益性科研专项实施方案》《测绘地理信息公益性行业科研专项项目管理暂行办法》。立项研发公益性行业科研专项管理平台并投入使用，提升专项项目管理信息化水平和工作效率。根据《测绘地理信息公益性科研专项实施方案》确定的研究方向，组织开展 2014 年度测绘地理信息公益性行业科研专项项目征集、遴选工作，通过 2 轮遴选，推荐 26 个项目报送科技部查重，获得超过 80% 的查重通过率。组织项目承担单位开展项目实施方案编制和论证工作，召开管理咨询委员会议对论证结果进行打分排序，最终确定 22 个项目。

【国家科技项目】

国家测绘地理信息局组织实施的“地理国情监测应用系统”“测绘装备国产化及应用示范”“海岛礁地理信息监测与生态保护关键技术研究与示范”“地震危险性评估及灾情快速获取关键技术研发”等国家科技支撑计划项目进展顺利，完成中期检查及 2012 年财务决算。

组织召开地理国情监测支撑项目与工程对接会议，促进科技项目成果在重大工程中得到更好地转化和应用。

【局科技项目计划】

国家测绘地理信息局制定印发《2013 年测绘地理信息科技与标准计划》，组织专家对 2013 年测绘地理信息新上科技项目实施方案进行评审，根据评审意见印发项目批复。

创新 2014 年基础测绘科技新上项目遴选方式，设立“面向青年骨干”“面向在京单位”和“面向信息化测绘”三大项目类别，向各有关单位开展征集工作并组织专家对征集到的项目进行遴选，完成 2014 年测绘地理信息科技计划“一上”的制定。

【信息化测绘技术体系建设】

国家测绘地理信息局加紧推进信息化测绘技术体系建设，在公益性行业科研专项中设立“基于航测遥感的信息化测绘生产基地建设示范”项目，在 2014 年基础测绘科技计划中设立“信息化测绘技术体系升级改造技术研究”等 9 项信息化测绘相关项目，确立了以项目促进信息化测绘技术体系建设发展的工作思路。选择基础较好的 5 家单位设立 2014 年信息化测绘技术体系建设及升级改造类项目，同时在直属生产、科研单位开展相关项目研究。

依托公益性科研专项支撑，组织编报信息化测绘技术体系试点项目，对以项目牵引带动信息化测绘技术体系建设起到重要的示范、促进作用。

【中国测绘科学研究院科技项目】

2013 年，中国测绘科学研究院共新立各类项目 97 项，其中国家级科技项目 12 项，经费 1712 万元；行业外省部级项目 6 项，经费 423 万元；中央级公益性科研院所基本科研业务费项目 15 项，经费 560 万元。

一、科技项目立项

（一）基础研究计划项目

中国测绘科学研究院共获得“利用航空重力测量数据确定高精度区域大地水准面的理论方法研究”“基于多角度多视影像匹配模型的倾斜航空影像数据处理关键技术研究”“几何约束自检校的无人机高精度影像定向与纠正算法研究”等 8 项国家自然科学基金项目资助，其中青年科学基金项目 1 项、面上项目 7 项，累计资助金额 515 万元。获得“973”课题 1 项“利用时变重力场研究地表浅层物质迁移机制”，前两年经费为 319 万元。

（二）“863”计划项目

中国测绘科学研究院承担的“863”计划课题“全球动态地心坐标参考框架维持关键技术”“互联网地理空间信息探测发现与预警技术研究”等 3 项，经费 1283 万元。

（三）国家科技支撑计划项目

中国测绘科学研究院牵头承担的国家科技支撑计划项目包括“远岛礁地理信息监测关键技术研究与示范”“倾斜摄影、地面 LiDAR 和野外测绘装备国产化”2 项；承担的国家科技支撑计划课题包括“地理国情监测技术平台”等 3 项，经费共 2472 万元。

（四）基本科研业务费项目

中国测绘科学研究院承担的基本科研业务费项目包括“基于地理加权回归的三江源区产草量估算模型研究”“PPP/INS 组合导航关键算法研究及软件开发”“机载 SAR 大比例尺地形测图技术研究”等 17 项，经费共 600 万元。

二、科技项目实施

中国测绘科学研究院组织实施的“863”主题项目“面向对象的高可信 SAR 处理系统”进展顺利，研制了单机版和集群版 SAR 处理原型系统，能处理国内外主流星载、机载 SAR 等海量数据，可生产 1:5000～1:5 万地形图。国家科技支撑计划“远海岛礁地理信息监测关键技术研究与示范”“倾斜摄影、地面 LiDAR 和野外测绘装备国产化”以及“地理国情监测技术平台”项目，攻克多项关键技术，研制多种软硬件系统，受到科技部表扬。“863”重大项目课题“互联网地理空间信息探测发现与预警技术研究”，开发的软件已应用于互联网泛在地理信息的提取和分析。“863”重大项目课题“特大城市室内外无缝定位信号体制与系统构建”已完成无缝导航定位原理样机研发。承担的国家科技计划项目全部通过科技部中期检查。

【国家基础地理信息中心科技项目】

一、“863”计划项目

国家基础地理信息中心牵头实施“863”计划重点项目全球地表覆盖遥感制图与关键技术研究。2013 年，完成 2 期 30 米分辨率水体、湿地、人造覆盖、耕地、冰雪、林地、灌丛、草地、裸地的数据分幅集成，最终形成覆盖全球的 2 期 30 米分辨率地表覆盖遥感数据，其中，2000 期数据 913 幅、2010 期数据 885 幅。开展有关数据的初步分析和精度评价工作，组织完成《全球生态环境遥感监测报告》中《陆表水域面积分布状况》中英文版的编制发布工作，项目的主要任务目标全部完成。

二、国家科技支撑计划项目

国家基础地理信息中心承担国家科技支撑计划项目主要围绕多尺度地理信息快速制图关键技术及软件研制开展研究工作，根据地震灾害对应急地理信息制图的特殊需求，对原有应急制图流程进行优化，重点研究了应急快速制图关键技术，研制了多尺度地理信息应急快速制图系统。完成《基础地理信息应急制图规范》，申请软件著作权4项，发表论文1篇。

承担国家科技支撑计划项目，重点完成课题资料和数据的收集，设计并建成周边百万地理地图数据库，完成周边地理空间数据的动态整合、无控制多源遥感影像高精度定位、周边地缘环境信息服务平台等各项关键技术研究，形成可行的技术解决方案并进行试验。发表学术论文9篇，开发“数字周边”信息服务平台、周边地理信息整合软件、无控制遥感影像定位试验系统、周边宏观态势信息搜索等软件平台。

三、国家自然科学基金项目

国家基础地理信息中心承担国家自然科学基金项目顾及地球分层的大地测量联合反演模型与应用研究，项目执行期限4年。2013年主要开展“顾及地壳粘弹性结构的地震断层震后形变反演分析”和“基于GPS和海底观测点形变数据反演日本地震断层同震滑动分布”研究，发表论文1篇。

承担国家自然科学基金项目全球地表覆盖变化信息的动态服务模型与方法研究，开展8项研究工作，发表学术论文7篇，申请专利成果3项。

科技成果

国家测绘地理信息局继续加大科技成果转化和科技装备建设力度，形成从数据获取、处理到应用、服务的全流程解决方案，满足生产单位的信息化测绘需求。大力推进国家地理信息应急监测车、SSW车载激光建模测量系统、JX4摄影测量工作站、SWDC系列数字航空摄影仪、无人飞艇低空航测系统、高精度轻小型航空遥感系统等装备的推广和应用，提升测绘行业的装备能力与技术水平。推广“高分辨率遥感影像一体化测图系统PxielGrid”与“多源遥感影像采编一体化测图系统FeatureStation”等软件产品，支持地理国情普查工作；推广NEWMAP等软件产品，支持数字城市到智慧城市的转型跨越。

中国测绘科学研究院全年出版《西部地形困难区测图的原理与方法》等专著5部；获得“一种多时相影像的海岛岸线量测方法”等发明专利10项；获得“一种数字航空倾斜摄影测量装置”等实用新型专利6项；取得软件著作权登记24项；发表EI/SCI论文15篇，核心期刊论文75篇。研发了倾斜航空摄影测量系统、SSW车载激光建模测量系统、高精度无人直升机航摄系统V750-SW等科技装备。

科技奖励

国家测绘地理信息局推荐的科技项目“国产民用高分辨率立体测图卫星测绘和应用关键技术”获2013年国家科学技术进步奖一等奖，“机载多波段多极化干涉SAR测图系统”获二等奖。经国家测绘地理信息局科技委员会评审和局党组审定，推荐“国家基础地理信息更新技术体系与工程应用”和“国家西部测图工程技术体系及其应用”2个项目为2014年国家科学技术进步奖申报项目。

国家测绘地理信息局指导中国测绘地理信息学会完成2013年测绘科技进步奖评选工作，评选出特等奖3项、一等奖11项、二等奖38项、三等奖57项。指导中国地理信息产业协会完成2013年地理信息科技进步奖评选工作，评选出一等奖16项、二等奖55项、三等奖55项。指导中国卫星导航定位协会完成2013年卫星导航定位科技进步奖评选工作，评选出特等奖2项、一等奖5项、二等奖13项、三等奖29项。

国家测绘地理信息局推荐的《地图》杂志被国家新闻出版广电总局评为2013年全国“百强报刊”，该杂志是入选的唯一测绘地理信息期刊。

测绘地理信息标准化

标准化研究

国家测绘地理信息局围绕测绘地理信息重大项目需求与未来发展方向，推进测绘地理信息标准化研究。组织完成“室内外无缝导航与位置服务地理信息重要标准研究”的立项申报，完成“地理信息导航标准体系及重要标准研究”“基础地理空间信息标准体系框架研究”等标准化科研项目的研究工作，组织开展测绘地理信息软件标准体系研究。组织开展军民测绘地理信息标准通用化前期研究，形成军民测绘地理信息标准通用化研究报告。

国家基础地理信息中心完成质检公益行业标准化科研专项“地理信息导航标准体系及重要标准研究”，研究成果包括3个研究报告、6项标准草案和5篇公开发表的论文。完成“城市地理信息公共服务与市政设施管理重要标准研究”公益科研专项申报，推动“室内外无缝导航标准研究”项目列入2014年公益科研专项重点支持目录。

国家标准制修订

国家测绘地理信息局组织开展2013年标准制修订项目提案征集工作，组织完成40多项国家标准提案的征集与审查，向国家标准化管理委员会新申报测绘地理信息国家标准制修订项目立项38项，申报的《导航电子地图框架数据交换格式》等34项国家标准项目通过审批并被列入国家标准制修订项目计划。组织审查《地理空间数据库访问接口》《基础地理信息数据库基本规定》《地理信息公共平台基本规定》《地理空间框架基本规定》等6项国家标准送审稿并报送国家标准化管理委员会，均获准发布。《地理空间框架基本规定》《地理信息公共平台基本规定》2项行业标准升格为国家标准。

国家标准化管理委员会2013年度批准下达测绘地理信息国家标准项目34项，其中制定24项、修订10项；批准发布地理信息国家新标准11项，其中制定10项、修订1项。截至年底，现行测绘地理信息国家标准共计113项；纳入制修订计划的测绘地理信息国家标准项目59项，其中制定44项、修订15项。

行业标准制修订

国家测绘地理信息局做好重大工程项目建设标准化服务，加快推进数字城市建设、“天地图”建设、地理国情监测等关键技术标准编制和立项，实施了资源三号测绘卫星17项工程规范的标准化转化工作；组织完成60多项行业标准提案征集与审查，下达《国家地理信息应急监测车技术要求》等7项行业标准制修订项目计划。全年发布实施行业标准10项。

计量标准化

国家测绘地理信息局积极推进测绘地理信息计量标准建设，逐步提升测绘计量标准化服务水平，组织开展部门计量技术法规的编写、报批工作；首次发布《数字航摄仪检定规程》《全球导航卫星系统（GNSS）测量型接收机RTK检定规程》《数字水准仪检定规程》《因瓦条码水准标尺检定规程》《陀螺经纬仪检定规程》5项部门计量技术法规。

国际标准化

国家测绘地理信息局稳步推进测绘地理信息自主国际标准研制，组织开展ISO 19163国际标准《地理信息 影像与格网数据的内容模型及编码规则》的研制工作，完成面向国内外专家的意见征求，在ISO/TC 211第36、37次全会期间，召开项目组会议进行讨论与修改。积极参与跟踪国际测绘地理信息标准化活动，组织业内专家参加ISO/TC211第36、37次全体会议和工作组会议。加大对成熟且符合我国国情的国际先进标准转化力度，及时将国际标准等同或修改转化为国家标准。组织有关专家持续跟踪研究测绘地理信息国际标准化动态，编译出版《地理信息国际标准译文集（2013）》，编译完成12期《国际测绘地理信息标准化动态》。

标准宣传贯彻

国家测绘地理信息局积极开展测绘地理信息标准宣传贯彻活动，及时组织新发布标准的专题培训，举办了测绘地理信息质量检验标准专题培训班、测绘地理信息标准化基础培训班、数字城市建设与应用标准化培训班、测绘地理信息计量技术规范培训班共4期，累计培训近600人次。做好标准解读和标准化咨询服务，组织编写出版《1:5000 1:10000基础地理信息要素采样与识别》专业技术书籍。采用新形式推广普及标准化知识、传播标准化信息，编制4期《测绘标准化》。积极开展“世界标准日”主题活动，组织企业座谈会、国际标准研讨会、标准化学术报告会等交流活动，面向重点地区、重点领域开展测绘地理信息标准化工作专题调研等。与相关部门联合启动社会管理和公共服务标准化试点，组织完成测绘地理信息行业的标准化试点项目申报。

财务工作

财务制度建设

国家测绘地理信息局配合财政部印发《国家地理国情监测专项资金管理办法》，加强和规范国家地理国情监测专项资金的管理，提高资金使用效益。制定印发《联合国基金项目配套经费管理暂行办法》《国家现代测绘基准体系基础设施建设一期工程财务管理办法》。修订《测绘地理信息部门项目支出预算编制及评审指南》。制定《测绘地理信息公益性行业科研专项经费管理暂行办法》《测绘地理信息公益性行业科研专项项目预算编制指南》和《2014年测绘地理信息公益性行业科研专项项目预算评审指南》。印发《国家测绘地理信息局政府采购合同范本》，加强对政府采购公开招标工作的管理。

预算管理

按照财政部的统一部署和要求，国家测绘地理信息局完成所属20家单位2013年各项经费的预算批复工作，共批复财政经费155766.75万元，完成局2013年预算公开工作。

在财政部组织的2013年预算编报评比工作中，国家测绘地理信息局获三等奖。2月，印发《关于编制2014年测绘地理信息部门项目预算的通知》，对项目预算的编制、项目经费的测算提出具体要求。6月，下发《关于编制2014年测绘地理信息部门预算的通知》，召开测绘地理信息部门2014年预算布置会，传达2014年中央部门预算编制工作会议精神，部署测绘地理信息部门2014年预算编制工作。7月底，完成2014年测绘地理信息部门“一上”预算的汇总、审核、上报工作，按要求重点审核了“三公经费”和会议费预算编制，严格控制一般性支出，提高财政资金使用效益。11月~12月，根据财政部下达国家测绘地理信息局2014年部门预算“一下”控制数要求，及时下达各预算单位，组织完成“二上”细化预算编报工作。

决算管理

根据财政部对各项决算编审的总体要求，国家测绘地理信息局分别组织审核、汇总、报送2013年行政事业单位部门决算、测绘新闻出版企业决算、固定资产投资决算、住房改革支出决算、政府采购统计报表等。根据财政部的批复，对各单位2012年总收入支出情况和财政拨款收入支出等情况进行批复。在财政部组织的2012年部门决算考核评比中，国家测绘地理信息局获决算编审先进工作单位一等奖。结合近几年决算数据，对局属二级单位财务数据进行综合分析，形成财务决算分析专题报告。组织完成国家测绘地理信息局2012年部门决算、“三公经费”及行政经费支出情况公开相关工作，提高决算工作的透明度。

财务监管

国家测绘地理信息局组织召开2013年财政资金预算执行承诺书签字仪式视频会议，明确预算执行要求，各预算单位签订预算执行承诺书。强化预算执行责任制、通报制、承诺制、督导约谈制、奖惩机制等预算执行管理体制，加强对预算执行偏慢单位的督导工作，促进预算执行工作。

组织开展“927”一期工程资金使用情况、地理国情监测项目等重大项目专项财务检查工作。针对存在的问题，责成有关单位进行整改，进一步规范专项资金的使用。组织相关单位开展非税收入收缴自查工作，针对自查中的问题进行调研，印发《关于加强非税收入管理的通知》，进一步提高非税收入管理水平。

政府采购

国家测绘地理信息局组织完成国家现代测绘基准体系基础设施建设一期工程、地理国情监测、倾斜摄影系统及后处理软件等项目的公开招标相关工作，为项目顺利实施提供设备支持。加强对购买进口产品及变更政府采购方式等政府采购行为的管理，完成遥感影像资料采购、云计算平台、多波束水深测量系统等项目进口或变更政府采购方式审核报批及相关批复工作，确保相关工作顺利开展。加强政府采购计划、执行情况与信息统计工作，促进政府采购预算、计划与执行工作的衔接。

财务保障

【部门预算】

国家测绘地理信息局加大2014年预算争取力度，与财政部反复沟通协调后，通过多方式、多渠道重点保障2014预算经费，基本支出预算保障水平稳步提高，项目支出预算取得重大突破。

【重点项目财务保障】

国家测绘地理信息局向财政部、科技部上报《关于申请参加公益性行业科研专项试点的请示》，经过反复沟通，4月24日，正式批准国家测绘地理信息局纳入公益性行业科研专项试点。为规范和加强该专项经费的管理，印发《测绘地理信息公益性行业科研专项经费管理暂行办法》和《测绘地理信息公益性行业科研专项项目预算编制指南》，完成2014年项目预算申报工作，首次得到6479万元的财政资金支持。

国有资产管理

国家测绘地理信息局汇总编制测绘地理信息部门2012年行政事业单位国有资产年度决算报告；汇总编制国家测绘地理信息局2012年度中央部门管理企业国有资产统计报表，报送国务院国有资产监督管理委员会；开展2012年行政事业单位资产报表编报工作。根据《财政部关于批复国家测绘地理信息局所属成都地图出版社（转制部分）等3家出版社清产核资结果的函》批复精神，国家测绘地理信息局对所属的成都、西安、哈尔滨3家出版社清产核资结果进行批复，指导3家出版社根据批复结果进行调账；对3家出版社开展财务审计并完成财务审计报告；指导3家出版社进行产权登记工作。

行政体制与队伍建设

机构编制

全国各省级测绘地理信息行政主管部门继续贯彻落实国务院总理李克强指示精神，推进辖区管理体制机制和机构建设，至年底，24个省级部门、约150个设区市测绘地理信息管理部门更名挂牌，强化测绘地理信息监管职责，落实管理人员及内设机构，增加相应人员编制和领导职数。国家测绘地理信息局对照中央全面深化改革决定和国务院职能转变方案，组织开展学会有序承接政府转移职能调研，强化政府职能研究。适应教育培训工作需要，依托国家测绘地理信息局职业技能鉴定指导中心内部组建了局党校和管理干部学院；批复调整4个直属单位内设机构。

事业单位改革

【事业单位分类改革】

国家测绘地理信息局贯彻落实中央分类推进事业单位改革工作要求，组织摸清事业单位实有人数、主要职能、实际承担职责和分类意向等底数，形成事业单位分类初步意向，与中央机构编制委员会办公室（以下简称中央编办）分类工作第四组基本达成一致意见。深化非时政类报刊出版单位体制改革，推进中国测绘报社从中国测绘宣传中心剥离转制方案获得非时政类报刊出版单位体制改革工作联席会议办公室批准；争取中央编办同意剥离转制后的编制核销方案，核销中国测绘报社15名事业编制、保留中国测绘宣传中心40名事业编制。组织完成局属检验检测认证机构设置、人员配备、经费形式等情况统计。

【人事制度改革】

国家测绘地理信息局深化推进事业单位人事制度改革，组织开展事业单位岗位设置管理情况检查，进一步强化事业单位岗位设置及聘用管理。持续规范事业单位进人行为，落实公开招聘制度，组织事业单位编制完成2013年公开招聘计划并在局门户网站及公开发行的报刊上发布招聘信息，保证招聘工作公开、公正、公平。

【收入分配制度改革】

国家测绘地理信息局贯彻落实《国家测绘局直属事业单位职工工资性收入管理暂行办法（试行）》，组织完成局直属单位工资总额2012年实际执行情况审核及2013年工资总额计划分解下达工作，进一步规范和加强对局直属单位工资总额和领导班子成员工资性收入的管理。规范局国有企业收入分配秩序，组织完成局国有企业工资内外收入监督检查。配合人力资源和社会保障部、国土资源部，组织开展测绘地理信息事业单位执行测绘野外津贴范围和标准情况调研。

人才队伍建设

【党政人才】

国家测绘地理信息局组织认真学习全国组织工作会议精神，重点围绕“怎样是测绘地理信息好干部”“怎样成长为测绘地理信息好干部”和“怎样把测绘地理信息好干部用起来”，提出4方面具体贯彻落实措施。组织举办2期学习贯彻党的十八大精神培训班，轮训处级以上领导干部近700人。强化领导班子建设，组织完成12名司局级干部调整补充，优化班子结构、增强整体功能。加大优秀年轻干部培养选拔力度，推荐选拔7名优秀年轻干部到副处级岗位任职，选派1名副局级领导干部到地方政府挂职锻炼、1名处级干部到地方挂职扶贫，接收省级测绘地理信息行政管理部门3名优秀年轻干部到局机关挂职锻炼。创新年轻干部培养机制，通过选派年轻干部到党校、行政学院等参加培训，提高年轻干部特别是后备干部队伍素质。加大从具有基层工作经历人员中补充公务员力度，局机关从基层公开遴选1名公务员，陕西、黑龙江测绘地理信息局从基层录用8名公务员。领导班子和干部队伍建设取得成效，涌现出以第八届全国“人民满意的公务员”艾勇为代表的一批先进人物。

贯彻习近平总书记“信念坚定、为民服务、勤政务实、敢于担当、清正廉洁”好干部标准和党的群众路线教育实践活动“强化干部作风考核”要求，修订完善促进测绘地理信息科学发展的领导班子及领导干部考核评价指标。组织完成直属单位领导班子、领导干部以及局机关公务员年度考核工作，确定20名直属单位局级干部、19名机关公务员年度考核等次为优秀。认真执行领导干部报告个人有关事项制度，集中组织开展局管干部和机关处级以上干部个人有关事项报告工作。强化领导干部管理监督，组织完成领导干部在企业兼职任职情况摸底调查和清理规范工作。加强局直属单位干部选拔任用工作监督，组织完成局直属单位干部选拔任用“一报告两评议”工作，经民主评议，直属单位干部选拔任用工作和2013年新选拔任用处级干部的总体满意率均较高。

修订完善全国省级测绘地理信息行政主管部门贯彻落实科学发展观2013年度测绘地理信息工作绩效考核指标体系，组织完成绩效考核工作，评定全国31个省级测绘地理信息行政主管部门的考评等次，确定优秀单位12个、突出进步单位2个、特色工作创新单位4个。

【专业技术人才】

国家测绘地理信息局强化专业技术人才队伍建设，坚持突出高端引领，推进各类重点人才工程实施，组织开展各类国家重大人才计划的各层次人才选拔推荐工作，高层次人才队伍及其梯队建设取得成效。测绘地理信息界2名专家分别当选中国科学院和中国工程院院士；2人入选百千万人才工程国家级人选；2人入选国家创新人才推进计划中青年科技创新领军人才、1个团队入选该计划重点领域创新团队；1人获第十三届中国青年科技奖；2人入选全国新闻出版行业第三批领军人才。继续实施青年学术和技术带头人培养工程，组织完成国家测绘地理信息局青年学术和技术带头人考评增选，新增带头人36人，带头人总数达112人（1人因意外去世）；加强青年学术和技术带头人培养锻炼，组织开展带头人学术交流活动，举办带头人培训班，提升人才梯队专业技术水平和能力。强化专业技术人才队伍后备力量储备，局直属单位2013年共接收各类高校毕业生254人，其中京内直属单位接收高校毕业生75人（含57名研究生）。

【技能人才】

国家测绘地理信息局推进高技能人才发展计划实施，技能人才队伍特别是高技能人才队伍逐步壮大。组织开展第十二届全国技术能手候选人遴选推荐工作，共向人力资源和社会保障部推荐全国技术能手候选人2名，技能人才培育突出贡献候选单位1家、候选个人1名。组织开展进一步加强测绘地理信息高技能人才队伍建设调研，推动高技能人才队伍培养、评价、选用和激励等方面机制建设。以全国测绘地理信息行业职业技能竞赛、全国职业院校技能大赛高职组测绘测量竞赛为入手点，搭建高技能人才成长平台。组织开展测绘地理信息行业技师评审，328人申报，经评审，对214人的技师职业资格予以确认。其中，高级技师22人、技师192人，至年底，全行业技师和高级技师累计达2077人。组织国家测绘地理信息局职业技能鉴定指导中心开展高技能人才队伍建设调研，形成《关于进一步加强测绘地理信息高技能人才队伍建设的调研报告》。

【西部人才援助】

国家测绘地理信息局继续加大人才援藏工作，选派1名干部作为中共中央组织部第七批对口支援干部进藏工作，完成第六批对口支援西藏干部期满考核工作。继续实施测绘地理信息人才援疆工程，选派7名测绘地理信息专家赴新疆维吾尔自治区开展专业技术援助，该自治区测绘地理信息局选派1名处级干部、2名专业技术人员分别到国家测绘地理信息局机关挂职锻炼和所属单位学习培训；协调武汉大学举办面向新疆维吾尔自治区测绘地理信息工作人员的工程硕士班，58人入学学习。继续通过接收“西部之光”访问学者、举办面向西部地区的高层次专业技术人员培训班等方式，推进西部地区测绘地理信息人才队伍建设。

【教育培训】

国家测绘地理信息局制定2013年专项教育培训和机关公务员教育培训计划，指导局继续教育中心等培训机构拟定专业技术培训和岗位培训计划。全年共组织、举办干部调训、重点工作培训、专业技术培训和岗位培训4类培训班60多个，培训党政干部、专业技术人员、经营管理人员和技能人员1万多人次。为保证教育培训计划得到落实，组织对教育培训计划执行情况进行检查，对进度较慢的项目进行督促，对个别项目予以调整，确保培训任务如期完成。制定2013年领导干部脱产进修选派计划，对局机关及在京直属单位处级及以上领导干部、京外直属单位局级领导干部、处级干部中的后备干部及重点培养干部的脱产培训做出具体安排。全年共选派干部40多人次赴中央党校、中央国家机关分校、国家行政学院及井冈山和延安干部学院脱产学习。组织16名司局级干部参加中央和国家机关选学。

受中共中央组织部委托，举办第六期数字城市建设专题研究班，全国28个省（自治区、直辖市）所辖市政府分管副市长、部分省（自治区、直辖市）测绘地理信息行政主管部门负责人共72人参加学习。继续抓好测绘地理信息系统领导干部培训工作，举办测绘地理信息系统局长培训班，组织14名省级测绘地理信息行政主管部门和直属单位负责人赴美国乔治梅森大学短期培训。组织实施人力资源和社会保障部“2000国家大地坐标系推广使用”高级研修班、全国甲级测绘资质单位负责人培训班、全国测绘地理信息行政执法培训班等重点班次培训，培训人员3000多人次。

职业资格管理

【执业资格与职称制度】

国家测绘地理信息局推进注册测绘师制度建设，联合人力资源和社会保障部组织完成2013年度全国注册测绘师资格考试。全国共有22439名测绘地理信息专业技术人员参加考试，538人通过考试并获得注册测绘师资格证书，全国获得注册测绘师资格证书人数达6769人。推进注册测绘师注册、执业和继续教育配套制度建设，起草《注册测绘师执业管理办法（试行）》（送审稿），组织局测绘发展研究中心开展注册测绘师制度建设调研、局职业技能鉴定指导中心开展注册测绘师注册管理系统开发工作。

国家测绘地理信息局履行职称改革工作领导小组职责，完善测绘专业技术人员职称评价机制，支持省级测绘地理信息行政主管部门争取将所在地测绘工程专业评审纳入国家测绘地理信息局评委会评审范围；审核批准直属单位测绘高级专业技术职务任职资格127人，为直属单位及相关部委符合条件的专业技术人员进行委托评审。

【职业技能大赛】

经人力资源和社会保障部批准，全国测绘地理信息行业职业技能竞赛列为国家级职业技能竞赛。“九成杯”第三届全国测绘地理信息行业职业技能竞赛由国家测绘地理信息局牵头举办，国家测绘地理信息局职业技能鉴定指导中心（以下简称职鉴中心）、中国就业培训技术指导中心、中国能源化学工会全国委员会、共青团中央城市青年工作部联合主办，设置地籍测绘和地图制图2个职业竞赛项目，来自全国除西藏外的各省、自治区、直辖市和新疆生产建设兵团31支代表队、124名选手参赛。赛后，2人被授予“全国五一劳动奖章”，6人被授予“全国技术能手”称号、4人被授予“全国青年岗位能手”称号、30人被授予“全国测绘地理信息技术能手”称号、90人被授予“全国测绘地理信息行业优秀技能人才”称号，近100人获得省级“技术能手”“青年岗位能手”“巾帼岗位能手”等称号。

“科力达”杯第三届全国职业院校技能大赛高职组测绘测量竞赛由国家测绘地理信息局主办，全国测绘地理信息职业教育教学指导委员会、教育部职业教育与成人教育司、河南省教育厅、南阳市政府联合承办，来自全国部分测绘地理信息职业院校60支代表队、240名选手参赛。

【职业技能鉴定管理】

国家测绘地理信息局推进测绘行业特有工种职业技能鉴定工作，全年申请鉴定的测绘地理信息行业从业人员36091人，通过考核并获得国家职业资格证书约3.3万人，单年获证人数再创历史新高。

职鉴中心为行业单位、职业院校、高等学校和培训机构开展职业技能培训提供技术支持和业务指导，全年共组织开展培训130批次，培训学员约1.5万人，向各有关单位提供职业技能培训教材约8000册。

【职业分类大典修订】

职鉴中心推进测绘地理信息行业职业分类大典修订工作，截至年底，已基本完成专业技术类和技能类职业分类修订中分类体系、职业名称、职业定义、职业工种、新增职业的汇总上报工作。

【工程测量员国家题库建设】

工程测量员国家题库由全国骨干鉴定站和郑州测绘学校等单位有关专家编写，经人力资源和社会保障部评审和认证，于2013年11月1日正式启用。题库试题格式规范、难易适中、题量丰富、送达及时，满足了鉴定工作需要。

离退休干部管理

至年底，国家测绘地理信息局管理的离退休干部共2770人，其中离休干部154人、退休干部2616人，局机关直接管理的离退休人员89人。

【思想政治建设】

国家测绘地理信息局及时为离退休党支部党员和离退休干部配发习近平总书记系列讲话精神和十八届三中全会学习辅导材料，组织离退休干部学习先进事迹，参加专题讲座、测绘大讲堂，举办局机关离退休干部2013年政治理论学习班。组织离退休干部学习会和讨论会10多次。积极组织离退休干部党的群众路线教育实践活动，认真听取离退休干部的意见和建议，及时向老干部传达通报活动开展情况，充分发挥老干部在活动中的作用。

【离退休干部服务管理工作】

国家测绘地理信息局认真做好离退休干部信息数据调查的统计工作，对离退休干部信息资料库实行动态更新。编印老干部工作简讯《夕阳鸿雁》。向国家机关事务管理局争取“夕阳红”救助资金2万元，帮扶机关特困离退休人员。为离退休党支部订阅《人民日报》《老干部参考》等理论报刊，为每位老干部订阅《中国测绘报》和《中国老年报》，配发《老年人权益保障法》和《北京市交通地图册》等。全年走访慰问离退休干部80多人次。协助做好更换就近医院和异地医疗工作，组织离退休干部健康体检，为75岁以上的离退休干部安装“一键通”居家服务呼叫系统。

【离退休干部文体活动】

国家测绘地理信息局对局机关老干部活动中心（站）资产进行清查盘点，新增部分器材设备，维修改造部分设施。向离退休干部发放中央在京单位资源共享活动中心9个活动站活动通卡。举办机关老干部迎春茶话会，组织离退休女干部参观中国科技馆，举办地理国情普查科普知识讲座，组织离退休干部参观国家地理信息科技产业园。积极组织离退休干部参加中央国家机关工委老龄工作办公室主办的各类讲座、艺术欣赏活动，丰富离退休干部文体生活。

对外合作与交流

外事管理

根据中央八项规定的要求，国家测绘地理信息局修订印发《国家测绘地理信息局外事和香港澳门台湾事务管理规定》，严格按照中央有关外事管理的各项规定对局所属各单位团组出国和邀请国外团组来华项目进行审批。全年共审批派出访问团组57个321人次，涉及33个国家和地区；共接待来访团组30个203人次，涉及57个国家和地区；在国内举办国际会议3个，国外参会代表99人次，涉及41个国家和地区。

测绘地理信息“走出去”

国家测绘地理信息局在世界地理空间论坛上被授予2012年度世界杰出国家测绘地理信息管理部门奖，成为第1个获此奖项的发展中国家测绘地理信息部门。积极争取其他部门和单位对测绘地理信息“走出去”的支持，制订测绘地理信息援外工作5年规划和2014年测绘地理信息援外培训计划报送商务部，国际科技合作项目和引进国外智力项目在科技部和国家外国专家局立项。

与联合国合作的“中国及其他发展中国家地理信息管理能力开发信托基金项目”启动实施并初见成效。成功举办联合国全球地理信息管理成都论坛及2期发展中国家测绘地理信息局长培训班。遴选出全国测绘地理信息系统21位赴联合国有关机构挂职工作候选人，安排在外交学院进行英语及外事、外交知识强化培训；派出5名技术与管理人员赴联合国机构及相关国外机构挂职培训。取得联合国2014年第三次全球地理信息管理高层论坛在北京的举办权。联合国副秘书长吴红波到访国家测绘地理信息局。

在联合国全球地理信息管理委员会第三次会议和剑桥世界测绘局长会议期间，国家测绘地理信息局举办了以“分享经验，共同发展”为主题的测绘地理信息国际合作“中国日”活动，集中展示近年来我国测绘地理信息领域取得的重要成就。组织地理信息产业单位参加在尼日利亚举行的2013国际测量师联合会展览会、在巴西举行的拉美地区地理空间信息大会展览会及在成都举行的联合国全球地理信息管理论坛展览等。通过“中国测绘走出去”专题网站和《国际测绘与地理信息简讯》等媒介向测绘地理信息产业单位提供国内外有关政策和项目信息。

双边合作

国家测绘地理信息局加强与有关国家测绘地理信息部门的双边友好合作关系。与荷兰国家地籍土地登记与测绘局签署双边合作谅解备忘录，与阿塞拜疆国家土地和测绘委员会、匈牙利国家测绘局、蒙古国家测绘局、墨西哥地理与统计局、英国国家测绘局、加拿大自然资源部、联合国外勤支助部测绘处等机构商谈合作事项，筹备签署双边合作协议。中国和瑞典的地理信息产业协会签署了合作协议。

国家测绘地理信息局与美国乔治梅森大学合作举办测绘地理信息系统局级干部培训班；与英国诺丁汉大学合作举办面向国内甲级测绘资质单位高级管理人员的中欧测绘地理信息技术与产业发展高级研讨班；与荷兰地理信息科学与对地观测学院合作举办青年学术和技术带头人培训班，加强了国际化人才的培养。

多边合作

国家测绘地理信息局参与国际组织事务的力度不断加强，中国测绘地理信息的国际地位和影响力不断提升和彰显。在联合国全球地理信息管理委员会及其亚太区域委员会、国际摄影测量与遥感学会、国际测量师联合会、国际地图制图协会等国际组织积极履职并发挥作用。国家测绘地理信息局代表当选全球空间数据基础设施协会执行局成员。选送的地图作品在国际地图制图协会第 26 届国际地图制图大会上获多项大奖。

港澳台事务

国家测绘地理信息局继续巩固和加强与港澳台地区的联系和交流。参与组织在香港举办的第 7 届海峡两岸测绘发展研讨会，组团访问台湾地理信息相关机构，进一步加强两岸业界之间的交流合作。

政务工作

建议提案办理

2013 年，国家测绘地理信息局承办的十二届全国人大一次会议代表建议 6 件，其中主办 3 件、单独办理 2 件、会同办理 1 件；承办的十二届全国政协一次会议提案 7 件，其中主办 4 件、会同办理 3 件。内容涉及地理信息产业发展、“天地图”建设应用、遥感影像统筹协调、边少地区基础测绘、地图管理、地理国情监测等多个方面。

国家测绘地理信息局积极推动办理工作的规范化、制度化，确立了由局办公室负责分配转办和协调督办，各业务司具体承办的工作机制，完善承办、催办、审核等环节。周新源代表提出的关于开展国家边境地区 1:1 万地形图测绘项目的建议，已列入国家《统筹经济建设和国防建设的“十二五”规划》，国家测绘地理信息局积极推动项目立项，力争通过项目实施整体解决我国边境地区 1:1 万地形图覆盖缺少的问题。王学求代表提出的关于优先开展环京津地区地理国情普查和监测工作的建议，国家测绘地理信息局已将河北省曹妃甸、天津市滨海新区和北京市房山区优先纳入普查前期试点范围，取得阶段性成果。徐德明委员提出的关于我国遥感影像统筹协调管理的提案，国家测绘地理信息局已利用测绘地理信息部门获取的全国多分辨率、多时相的航空航天遥感影像逐步建立遥感影像数据服务平台，定期更新完善，及时公开发布目录信息，无偿提供各部门使用，同时积极与相关部门沟通协调，推动国家航空航天遥感影像数据统筹协调机构的建立。张友君委员提出的关于把地理信息产业纳入国家发展战略性新兴产业规划的提案，在国家发展和改革委员会会同有关部门制定的《战略性新兴产业重点产品和服务指导目录》“2. 3 高端软件和新兴信息服务产业”章节中，将“地理信息加工处理服务”列为战略性新兴产业重点产品和服务目录。

文秘档案管理

【公文与档案管理】

国家测绘地理信息局开展局内网办公系统升级改造工作，新设短信提醒功能，以专栏形式增设《局机关日常工作手册》并启用局智能文件交换箱，实现公文快速流转、会议通知及时送达。提升档案管理水平，组织开展年度机关档案归档工作，年度归档 1383 件。充分发挥机关档案提供利用作用，截至年底，网上档案查阅3227人次、1056件次，人工查阅100多人次。

【精简文件简报】

国家测绘地理信息局开展局机关和直属单位简报清理工作，对简报数量、质量和时效提出明确要求。至年底，机关各司（室）和局所属各单位编印的简报精简50%左右。制定精简公文管理规定，对发文数量、范围、审核等作出具体要求，明确规定7种情况不再发文；加强公文监督管理，对各司（室）发文按月进行统计通报，并在局门户网站开设问题公文监督信箱；10月以来局月均发文数量88件，较2012年下降53%。全年共审核发文685件。充分利用机关办公自动化建设，通过提前发放电子文本会议资料及利用投影设备进行会议讨论等形式，大幅减少会议纸质文件和材料。

【精简会议】

年初，国家测绘地理信息局制定局会议计划，经局党组审定后下达执行。修订局会议管理办法，对会议计划、会议审批、通知印发、会务组织、材料准备、费用报销等作出明确规定，强化会议全程闭合管理。完善管理薄弱环节，强化对各司（室）召开的专业性四类会议的管理力度；一、二、三类会议同比减少20%以上，四类会议大幅削减。对局机关、所属单位、社团组织举办的节庆论坛、展会进行全面摸底普查。

【精简接待活动】

国家测绘地理信息局严格执行局机关食堂公务接待用餐管理办法，原则上只在中国测绘创新基地和国家测绘数据研发基地食堂安排用餐，对用餐标准作出明确规定。同时，接待程序、活动安排和会场布置一切从简，不张贴悬挂标语和会标，不铺设迎宾地毯，不摆放花草，不安排宴请。

信息编发

国家测绘地理信息局全年共编发《内部情况通报》60期，主要收录局领导在重要会议和重要活动上的讲话、测绘地理信息重点工作进展情况通报等。围绕国家测绘地理信息局年初工作要点和重点工作情况，每季度就局机关和在京所属单位工作进展情况进行通报。

全年共编发《国家测绘地理信息局简报》2期，报送中央和国务院等有关部门。向中共中央办公厅、国务院办公厅报送信息7期，其中国家测绘地理信息局为四川省芦山“4·20”地震及时提供应急测绘保障1篇被采用。

全年编发《局内要情》48期，主要收录局领导重要批示和参加的重要会议、活动，国家测绘地理信息局所发重要文件和测绘地理信息系统重要信息。

保密工作

国家测绘地理信息局联合国家保密局、总参测绘导航局启动《测绘管理工作国家秘密范围的规定》修订工作。认真开展保密普查工作，制定印发《国家测绘地理信息局保密普查工作方案》，完成局保密普查数据的汇总和上报，推动保密制度贯彻落实。购置配发《保密知识读本》《党政机关工作人员保密须知（图文本）》等保密知识读物。及时通报重大泄密事件，特别是涉及测绘地理信息方面的典型失泄密案件情况，加强警示教育力度。组织开展“六五”保密法制宣传教育中期检查。开展政府信息公开保密审查专项检查活动，配合国家保密局做好对国家测绘地理信息局的抽查工作。组织开展局2013年重点领域信息安全检查工作，对局门户网站、内网办公系统及国家地理信息公共服务平台“天地图”系统进行全面自查。开展对国家测绘地理信息局使用的各型各类网络的核查确认工作，完成局机关全部计算机的日常巡检和网络保密检查工作。完成《“十二五”时期全国保密事业发展规划》贯彻实施情况中期检查。开展测绘地理信息系统保密要害部门、部位重新确定和责任书签订工作，建立完善保密要害部门、部位及重点涉密人员调整报备制度。

维护稳定工作

2013年，国家测绘地理信息局指导局机关和在京直属单位积极做好“两会”“十八届三中全会”等重大活动和重大节日期间的安全保卫和应急处置工作，维护了安全稳定的局面。认真做好信访接待和办理工作，提前预防和处理各类矛盾，全年共处置信访来信26件，信访量比2012年增加24%；接待来访群众多批次，妥善进行接访和处理。做好安全保卫工作，开展在京直属单位节日安全保卫大检查。

为做好中央巡视组巡视国家测绘地理信息局期

间信访突发事件应急处置工作，依据信访工作有关规定，制定《中央巡视组巡视国家测绘地理信息局期间信访应急处置工作预案》，并报国土资源部备案。

宣传工作

宣传管理

【总体情况】

国家测绘地理信息局充分发挥中央与地方新闻媒体、局所属报刊网站的作用，对局重点工作取得的重大成果和全国测绘地理信息事业取得的成就进行宣传报道，为测绘地理信息事业发展营造良好的舆论氛围和外部环境。据不完全统计，《人民日报》、新华社、《光明日报》《经济日报》、中央电视台、中央人民广播电台等中央主要媒体全年累计刊（播）发测绘地理信息新闻600多条，其中中央电视台播出60多条。人民网、新华网、中国政府网、新浪网、搜狐网等网络媒体和各地方媒体刊（转）发有关测绘地理信息新闻2万多条。

国家测绘地理信息局制定《关于进一步加强和规范测绘地理信息新闻发布和对外宣传管理的通知》和《国家测绘应急保障宣传工作预案》。制定印发宣传工作要点，每季度总结回顾新闻宣传工作进展并形成季度宣传报道综述。积极借助外力开展宣传，加强与有关部门、单位的沟通联系，与中央各新闻媒体建立良好的协作关系，促进了对外宣传稿件数量和质量提升。各地测绘地理信息主管部门注重与当地媒体加强合作，为测绘地理信息工作争取关注与支持创造良好的舆论环境。局办公室统筹协调、中国测绘宣传中心和局管理信息中心具体承办、系统各单位各部门密切配合的宣传工作机制运转良好并发挥成效。

【报刊宣传】

《中国测绘报》加强对重大事件的实时、追踪和深度报道。全年安排重要政务采访报道200多人次，推出“两会专访”“地理国情普查动态”“群众眼中的教育实践活动”等系列专题、专版和专栏。刊发社论和评论30多篇、特稿和专题文章100多篇。

推进新闻战线“走基层、转作风、改文风”活动，派出记者100多人次，在“走基层 一线报道”“寻找最美测绘人”“中国梦”等特色专栏刊发来自基层一线的文章80多篇。创新宣传内容形式，与中央电视台合作，基本完成8集大型专题片《地图传奇》的制作。进一步扩大测绘地理信息媒体的影响，《中国测绘报》全年采写新闻稿件100多万字、文化专刊6期。《中国测绘》杂志全年出版6期。

【网站宣传】

国家测绘地理信息局门户网站全年刊登各类新闻稿件5519篇，转载新华网、人民网、中央电视台、中国广播网等主流媒体稿件881篇，制作专题专栏20个，包括“第一次全国地理国情普查”“深入开展党的群众路线教育实践活动”“抗震救灾，测绘地理信息保障先行”等。全年点击量超过3.3亿次，社会关注度进一步提高。在中国软件测评中心主办的第12届（2013年）中国政府网站绩效评估活动中，局门户网站在14家参评的部委管理国家局网站中排名第二。中国测绘新闻网全年刊登稿件5400多篇。

专题宣传

【党的群众路线教育实践活动和十八届三中全会精神宣传】

国家测绘地理信息局围绕党的群众路线教育实践活动组织开展系列宣传报道。局长徐德明主动通过微博面向社会征集意见、建议，引发众多网友热议，受到中央及地方新闻媒体的高度关注。人民网首页刊发报道《国家测绘地理信息局局长微博征集意见 网友热赞“接地气”》，搜狐、网易、中国网、光明网、凤凰网、环球网等各大网站转载近100条。中央人民广播电台、中国广播网等媒体作了《测绘地信局坚持开门搞活动 创新形式听意见》《国家测绘地信局成立群众监督联系组提高教育实践活动质量》等报道。编发教育实践活动简报43期、专报46期，被中央党的群众路线教育实践活动办公室主办的群众路线网采纳34条。局门户网站制作“党的群众路线教育实践活动征求意见”漂浮窗口，设置“做大做强三大平台、提升服务保障能力”建言献策活动入口，收集整理有效建议108条。开设官方微博，宣传测绘地理信息系统开展教育实践活动的最新情况，收集网友评论。

面向全社会开展新时期“感动测绘人物”推选活动，新华网、中国平安网、腾讯网开辟专题网页，新华网开通专题官方微博，《中国测绘报》编写30多篇候选人物通讯报道。

《中国测绘报》、局门户网站开办专栏专题，宣传党的十八届三中全会精神，报道测绘地理信息系统学习领会、贯彻落实情况。

【第一次全国地理国情普查宣传】

国家测绘地理信息局组织开展第一次全国地理国情普查新闻宣传，帮助广大群众充分了解普查工作，引导群众主动参与、配合。通过新华社、《光明日报》、中央电视台均对《国务院关于开展第一次全国地理国情普查的通知》进行宣传。国务院召开第一次全国地理国情普查电视电话会议后，中央电视台《新闻联播》报道了会议召开的消息，《人民日报》刊发报道《扎实开展地理国情普查 服务经济社会可持续发展》，新华社刊发消息《张高丽在第一次全国地理国情普查电视电话会议上强调：扎实开展地理国情普查 服务经济社会可持续发展》，《光明日报》《经济日报》等媒体进行转发。新华社、《地球》杂志分别刊发国家测绘地理信息局局长徐德明专访文章，《经济日报》刊发《热词解读——地理国情》。《人民日报》及其海外版刊发我国首批地理国情监测成果公布的消息，人民网、新华网、网易等网站进行转载，《经济日报》《科技日报》、中央人民广播电台、中新社等媒体刊发相关消息。《中国日报》刊发徐德明专访《中国开展首次全国地理国情普查》。《中国测绘报》通过刊发社论、系列评论员文章，及时跟踪报道动态进展，面向全国征集普查标语、口号、标志等方式对地理国情普查进行全方位、深层次报道。局门户网站开设专题，及时报道全国普查开展情况。

【数字城市建设和智慧城市宣传】

国家测绘地理信息局组织召开新闻发布会，副局长李维森发布全国数字城市建设成果及推进智慧城市建设试点情况。《光明日报》刊发国家测绘地理信息局局长徐德明署名文章《展望智慧城市》，《中国信息界》杂志对徐德明进行专访，刊发文章《加快推动数字城市向智慧城市发展》。中国测绘宣传中心组织《人民日报》、中央电视台记者赴山东泰安和济宁市实地采访数字城市建设应用成效，中央电视台《新闻直播间》栏目先后播出《数字城市升级 建设智慧城市》《我国数字城市基本建成》等多篇报道。新华社刊发报道《我国数字城市开始向智慧城市升级 拉动产值300亿》，《科技日报》刊发《我国数字城市全面向智慧城市升级》，《经济》杂志刊登《测绘地理信息是智慧城市建设的基础——专访国家测绘地理信息局副局长李维森》，《中国测绘报》采写重点报道、刊登各地典型经验文章，局门户网站设计制作“全力建设数字城市 加快构建智慧中国”专题。

【“天地图”宣传】

《经济日报》刊发报道《多举措做大做强“天地图”》，《国土资源报》刊发报道《徐德明：将“天地图”做成世界一流的民族品牌》。“天地图”2013版上线后，中央电视台经济频道播出《天地图产业迎来千亿商机 新版天地图上线》《2013版天地图上线 性能大幅提升》等报道，《人民日报》《经济日报》《中国测绘报》均刊发相关报道。“天地图”及“我秀中国”网站推出覆盖100个城市的实景地图后，《人民日报》、新华社刊发相关报道，中央电视台播出《我国最大实景地图网站正式上线》《自主创新实景地图应用广泛》等讯息。

【地理信息产业宣传】

国家测绘地理信息局组织宣传中国卫星导航定位协会与天津市武清商务区协议建立北斗战略新兴产业园、2013年中国地理信息产业大会召开、国家地理信息科技产业园正式开园等情况，《人民日报》刊发《北斗战略新兴产业园区将落户天津》，《经济日报》刊发《求解北斗产业化之路》等报道，为产业发展营造良好氛围。中央电视台《午夜新闻》和《新闻直播间》栏目播出首个北斗产业化应用示范基地建成的消息，社会反响强烈。

【测绘地理信息应急保障宣传】

四川芦山地震发生后，国家测绘应急保障宣传工作立即启动，及时报道国家测绘地理信息局成功获取第一张芦山地震灾区震后无人机航拍影像图的情况。中央电视台多个频道进行报道并把“天地图”应用到新闻直播中，专门发来感谢信对国家测绘地理信息局在四川芦山地震新闻节目中提供测绘地理信息保障服务表示感谢。《人民日报》在显著位置刊登国家测绘地理信息局制作的专题地图。人民网、新华网、《中国应急》杂志、《地球》杂志等对测绘应急保障进行深入报道，《卫星与网络》杂志刊发大型报道《从雅安地震看中国应急界的进步》。国家测绘地理信息局提供了大量灾区震前震后高清航摄影像图、专题地图等，百度、新浪、搜狐、腾讯等各大门户网站也相继转载，社会反响强烈。此外，对甘肃岷县、漳县6.6级地震，四川都江堰特大滑坡测绘应急保障服务以及黑龙江、辽宁、浙江等地测绘地理信息部门为洪涝、台风灾害提供测绘保障服务情况进行宣传报道。

【围绕法治建设和市场监管情况开展宣传】

国家测绘地理信息局以“8·29”全国测绘法宣传日为契机，围绕“依法普查地理国情 测绘服务美丽中国”主题，宣传报道全国各地开展活动的情况，国家测绘地理信息局局长徐德明发表署名文章《建设测绘强国 助力实现中国梦——纪念现行测绘法颁布十一周年》，中国广播网、人民网、《卫星应用》杂志、《中华英才》杂志进行转发。宣传报道2013年全国测绘地理信息行政执法检查工作情况，人民网刊发国家测绘地理信息局副局长宋超智答问测绘法贯彻执行情况大检查的详尽报道，新华社、《经济日报》《光明日报》和《科技日报》刊发相关报道，中央电视台《新闻直播间》《朝闻天下》栏目，中央人民广播电台《全国新闻联播》栏目均对专项整治行动进行报道。

【科技发展和“走出去”战略实施宣传】

中央电视台《新闻直播间》栏目播出《资源三号一星：影像覆盖全球超3500平方公里》和《北斗产业基地》，《光明日报》头版刊发《资源三号运行一年作用明显》，《经济日报》和《科技日报》刊发相关报道，宣传我国首颗民用高分辨率立体测图卫星资源三号成功发射一年运行和使用情况。国家测绘地理信息局组织宣传报道财政部将测绘地理信息行业纳入公益性行业科研专项试点、国家测绘地理信息局获2012年度世界杰出国家测绘地理信息管理部门奖、联合国全球地理信息管理成都论坛、中国政府与联合国地理信息管理能力开发合作协议推进情况、“天地图”将落户意大利等情况，《人民日报》、新华社、《光明日报》《经济日报》、中央电视台《新闻联播》栏目等刊播相关报道，新浪网、搜狐网、中国网、人民网、新华网等网站登载有关消息。其中，中央电视台新闻中心派出资深记者前往荷兰鹿特丹，全程拍摄、采访了国家测绘地理信息局获2012年度世界杰出国家测绘地理信息管理部门奖的过程。

【先进典型和人才队伍建设宣传】

国家测绘地理信息局积极宣传先进典型，授予山东省国土测绘院第一测绘院院长杨艳萍“新时期测绘好干部”称号，号召全国测绘地理信息系统广大干部职工向杨艳萍学习。《光明日报》刊发长篇人物报道《杨艳萍：测绘人的本分》，中央人民广播电台播出长篇录音报道，新华网刊发《责任 忠诚 坚强——记最美测绘外业女院长杨艳萍》等报道。积极宣传报道第八届全国“人民满意的公务员”艾勇，新当选中国科学院和中国工程院院士周成虎、郭仁忠，发挥典型示范的带头作用。

【重大举措、重大活动宣传】

国家测绘地理信息局组织对学习李克强视察中国测绘创新基地重要讲话暨国家测绘局更名两周年座谈会、全国测绘地理信息局长座谈会、局党组务虚会等重要会议和活动进行宣传报道。中央人民广播电台刊发报道《国家测绘地理信息局更名两年来硕果累累》。“两会”期间，国家测绘地理信息局局长徐德明发表署名文章《建设“天地图”实现“中国梦”》，中央电视台“聚焦两会”特别节目播出《两会信息台 李朋德：2020年建成天空地一体化测绘体系》报道。国家测绘地理信息局召开新闻发布会，宣布2012版国家1:5万基础地理信息数据库全面建成，中央电视台播出《1:5万基础地理信息数据库更新》《多项技术缩短数据更新周期》，《经济日报》刊登《测绘地理信息局表示1:5万数据库实现“一年一版图”》等报道，展示了我国首次实现“一年一版图、一年一更新”的背景和意义。《人民日报》刊发消息《新版中国地图发布 南海诸岛与大陆首次同比例展示》，新华社在微博头条进行报道。中央电视台《新闻直播间》栏目播出《全球地表覆盖遥感制图取得成果》的消息，引发观众热议。组织宣传报道了中国测绘创新基地被评为“首都绿化美化花园式单位”、国家测绘地理信息局预算绩效管理工作获财政部表彰、《地图》杂志被评为全国“百强报刊”、我国地图作品获国际地图制图协会大奖等情况。

新闻出版

地图图书出版

【出版总量】

中国地图出版集团全年出版地图、图书共2283种，其中新出版782种，重印1501种。

星球地图出版社全年编辑出版《中国地图集》《世界地图集》《中国共产党90年图集》《军民两用区域交通详图集》《中华人民共和国钓鱼岛及其附属岛屿地图》《中华人民共和国海南省三沙市地图》，以及部分省份、城市交通旅游图（册）等图书2150种，发行图书10950多万册（张）。

【实用参考图出版】

中国地图出版集团立足测绘地理信息产业，巩固发展实用参考图出版主业，不断提升地图出版核心竞争力，全年实现发货码洋2.05亿元，较2012年增长21%，地图类图书市场占有率上升至55.42%。

申报并实施“面向教育信息化的教学地图资源库建设”“旅游出版产业链整合与发展”“数字化转型升级”3项财政部文化发展项目；申报“公益性标准地图编制与发布”等5项测绘成果应用推广项目；申报“国家版图地图公共服务平台建设与应用”“中国古地图综合管理数据库及应用平台建设”2项新闻出版改革发展项目；组织实施“领导工作用图”“土地利用图件编制”“中国分省能源地图的编制”“《世界标准地名地图集》编制”等多项重大地图编制项目。

中国地图出版集团出版的《北京古地图》《中华舆图志》获第四届中华优秀出版物提名奖；在第三届中国出版政府奖评选中，《中华舆图志》《中国血吸虫病地图集》获图书奖提名奖，《高德导航电子地图（安卓版）》获电子出版物奖提名奖，《中华人民共和国国家历史地图集》获图书奖，《中华舆图志》获装帧设计奖；《中国出生缺陷地图集（1996-2006）》《海岛礁测绘技术与方法》入选第四届“三个一百”原创图书工程；《嫦娥一号全月球地形图集》获国际制图大会ICA地图评比图集类第三名，《世界海拔8000米以上雪山地图集》获公众投票奖；《辛亥革命历史地图》《中华舆图志》《中华人民共和国钓鱼岛及其附属岛屿地图》获“测绘地理信息文化精品”称号；《百个爱国主义教育示范基地地图集》和《地图的见证——中国疆域变迁与地图发展》入选首届全国党员教育培训优秀教材；《十年徒步中国》被全民阅读活动协调办公室、人民网评为“大众喜爱的50种图书”。

【教材与教辅图书出版】

中国地图出版集团重视教材产品的编制、送审工作，完成全国版八年级地理教科书和配套图册、北京版全套地理教科书和配套图册等国标初中地理教材的编制、送审工作，均通过教育部审查。全年实现教材产品发货码洋6.14亿元，较2012年增长4%。

重点加大《中小学寒暑假作业》《中高考复习材料》《高中生物实验报告册》及与中图版教材配套的同步练习产品等4大系列教辅产品的研发力度。积极投入各省、市教辅评议，多方开展战略合作，拓展营销范围，全年实现教辅产品发货码洋7600万元，较2012年增长12%。

【测绘地理信息图书出版】

中国地图出版集团认真落实测绘出版基金专著、院士文库项目，进一步巩固测绘出版优质品牌，完成《地理国情监测文选》《大地测量与导航拾微——刘经南院士学术文选》等测绘地理信息事业发展成果的结集出版工作。出版测绘科技图书17本、行业保障用书6本，13部书稿获测绘地理信息科技出版资金支持。申报《工程测量》等8个教育部“十二五”职业教育国家规划选题。

【综合出版】

中国地图出版集团重点开发《青少年探索·发现之旅丛书》《咔咔虎故事屋系列》《宝宝涂鸦系列》等系列少儿产品，注册“舆图天下”品牌商标并开发《三山五园图》《足迹BEJING地图》等系列地图文化产品，结集出版《孩子眼中的世界——“中图杯”全国少儿手绘地图大赛优秀作品集》，完成《北京电子地图》（2013 版）、《美国离线地图》（苹果版）、《法国离线地图》（苹果版）、《中国行政区划地图 2013 版》（苹果版）等新媒体地图产品。7 月，中国地图出版社获新闻出版广电总局授牌全国首批“数字出版转型示范单位”。

【版权引进及对外合作】

中国地图出版集团深度推进与 Lonely Planet 的旅游图书合作出版项目，发展旅游产品线，出版了《云南》《四川和重庆》《贵州》等 5 本中国旅行指南，以及《泰国岛屿和海滩》《尼泊尔》《东非》等 16 本国际旅行指南，实现发货码洋 1400 万元。其中，《云南》上市之初位列中国旅游类图书排行榜前 10 名，入选新华网、中国图书商报社联合评选的“2013 年度中国影响力图书”。

继续与日本创河公司合作出版 Hello Kitty 少儿图书，全年推出以 Hello Kitty 为主的 20 种儿童益智图书产品，共出版少儿产品 62 个，取得良好市场反响，促进形成少儿产品品牌。

在地球仪产品方面，坚持“精品加新品”战略，积极开发、创新地球仪产品和新媒体教育产品，与美国知名教育产品生产商赫福琼斯公司开展合作，为集团多元化拓展打通了关键通道。《中国测绘》杂志出版 6 期，刊发理论和深度文章近 20 篇，图片 800 多幅，改自办发行为邮发，发行量大幅提高。

报刊出版

2013 年，《中国测绘报》编辑出版 100 期（其中月末版 12 期），共 464 个版面，刊登图片 1000 多幅。深入基层一线调研采访，采写新闻稿件 100 多万字，稿源覆盖全国 30 多个省（自治区、直辖市）。《中国测绘报》累计向各大中央新闻媒体推荐新闻稿件 89 篇，近 25 万字。

《测绘学报》《测绘通报》采取电子邮件和微信平台推送服务，进一步提升被引评价数据，实现中国科学技术协会精品科技期刊工程项目的规定目标。其中，《测绘学报》被中国学术期刊电子杂志社、中国科学文献计量评价研究中心和清华大学图书馆评为中国国际影响力优秀学术期刊。

《地图》杂志充分整合中国地图出版集团旅游出版资源，重新定位选题重点，进一步与 Lonely Planet 融合转型，引入其专栏作家，加强与旅行指南图书的紧密联系，得到了广大读者的认可。被国家新闻出版广电总局评选为“2013 年百强社科期刊”，内容被《读者》《凤凰周刊》等多家知名杂志转载。引入“分享式阅读”，利用二维码将纸质杂志与互联网、移动互联网融合阅读。

统计工作

统计管理

国家测绘地理信息局组织参加国家统计局召开的服务业统计部际联席会议、服务业部门统计年报工作会议等活动，加强与国家统计局的交流沟通。将测绘地理信息行业统计工作纳入省级测绘地理信息行政主管部门贯彻落实科学发展观 2013 年度测绘地理信息工作绩效考核指标。根据《测绘地理信息统计工作考核评比办法（试行）》，国家测绘地理信息局管理信息中心组织开展首次测绘地理信息统计考核工作，对各单位（部门）2012 年统计工作情况进行考核，发函给被考核单位对考核结果予以确认。

统计制度建设

国家测绘地理信息局启动《测绘地理信息统计报表制度》修订工作，召开了 3 次统计指标修订专题座谈会，完成报表制度的初步修订稿。在修订《测绘地理信息统计工作考核评分细则》的基础上，制定印发了《测绘地理信息统计工作考核细则》，自 2014 年 1 月 1 日起执行。

统计培训

3 月，国家测绘地理信息局管理信息中心组织召开测绘地理信息统计经验交流暨业务培训会议，交流经验，开展《测绘地理信息统计报表制度》和统计网络直报系统培训，70 多人参加。11 月，组织召开 2013 年测绘地理信息统计年报工作布置暨业务培训会议，对《测绘地理信息统计报表制度》、统计网络直报系统、年报统计分析报告撰写等内容进行培训，70 多人参加。

统计信息服务

国家测绘地理信息局管理信息中心组织完成测绘地理信息系统各单位 2012 年各项专业统计年报的收集审核汇总工作；编制完成 2012 年测绘地理信息统计年报，经国家测绘地理信息局批准对外提供使用；完成 2012 年季度统计报表的汇编工作。

组织开展统计分析，从测绘地理信息行业发展、测绘地理信息系统发展、测绘成果提供使用等角度编写系列分析报告，编入 2012 年测绘地理信息统计年报。编制《2012 年测绘地理信息统计分析报告汇编》，以内部参考资料形式发放至各单位。向国土资源部、国家统计局等单位报送测绘统计资料。

专项调查

国家测绘地理信息局管理信息中心完成了测绘地理信息软硬件装备制造和应用情况专项调查，专项调查填报单位共计 800 多家，调查内容涉及单位基本情况及 7 类 34 种测绘地理信息软硬件装备的生产、销售、应用等情况。

测绘地理信息教育

教育指导

国家测绘地理信息局继续发挥行业主管部门作用，进一步完善测绘地理信息教育工作机制，加强测绘地理信息教育教学指导。建立健全测绘地理信息教育教学指导机构，联合教育部成立教育部、国家测绘地理信息局测绘类专业教学指导委员会（含地理信息专业，以下简称教指委），组织召开第一次全体会议；组织召开全国测绘地理信息职业教育教学指导委员会（以下简称行指委）2013 年度工作会议，组建了测绘地理信息行指委高职教学、中职教学和校企合作 3 个分委员会。加强测绘地理信息青年教师培养，组织开展第七届全国高等学校测绘专业青年教师讲课竞赛，涉及测量平差、摄影测量学、地理信息系统原理与应用 3 门课程，设特等奖、一等奖和二等奖，来自全国 40 多所高等学校的近 100 人参加比赛。深入推进测绘地理信息类专业认证工作，组织召开年度专业认证工作会，选派 21 名专家参加教育部认证专家培训，进一步壮大认证专家队伍；组织完成中国矿业大学（徐州）、中南大学、中国地质大学（武汉）、西安科技大学测绘工程专业认证工作。组织制订中职院校工程测量专业和地图制图与地理信息系统专业教学标准，启动测绘地理信息类高职高专专业目录修订工作。

郑州测绘学校

【日常教学与教研科研】

郑州测绘学校组织全体师生就“如何激发学习热情、如何提升教学质量”开展大讨论，制定相应措施，促进教育教学工作。重视专业课课间实习、外业实习和毕业生职业技能鉴定工作，开展水准测量技能竞赛、工程测量专业学生技能大赛等活动。做好武汉大学郑州测绘学校函授站 3403 名函授生的课程安排、教学组织及成绩考核。经河南省教育厅批准，成立测绘职业技术教育培训中心，主要负责函授站工作和测绘地理信息行业培训工作。

承担河南省教育厅职业教育教学改革立项课题、省教育科学“十二五”规划立项课题的研究工作。“中等职业学校教学质量评价体系研究”等 6 项课题结项。开展“测量工程专业中等职业教育人才培养模式改革研究”“中职生顶岗实习中厌工现象及其解决方法研究”等课题研究。大地工程测量、航测遥感、地形地籍、地图制图与地理信息4个专业课教学部的教师在公开刊物发表论文45篇。

【国家示范校建设】

郑州测绘学校全面开展国家中等职业教育改革发展示范学校建设。3月，派出9名教师参加由中国职业技术教育学会主办的中等职业学校重点专业建设与精品课程开发实践高级研修班；6月，召开“国家示范学校建设项目”任务分解工作会议，对相关工作进行再部署。围绕工程测量、地图制图与地理信息、国土资源调查3个重点建设专业和“多证书测绘人才培养模式特色项目”开展示范学校建设，办学水平明显提高。

【师资队伍建设】

郑州测绘学校选派12名教师参加测绘地理信息专业培训，11名教师参加测绘地理信息生产实践，5名教师参加职鉴中心组织的测绘地理信息行业职业技能鉴定考评人员资格培训。组织16名教师参加郑州测绘学校与武汉大学联合举办的测绘技术工程硕士研究生课程进修班，学完全部课程。组织完成变形监测培训班、地理信息系统数据处理与建模实用技术培训班相关课程的授课任务，安排教师承担教育部《中等职业学校工程测量专业教学标准》《中等职业学校地图制图与地理信息系统专业教学标准》的制订工作。6月，选派2名教师参加第七届河南省高等学校测绘学科青年教师讲课竞赛，1人获高职组特等奖，1人获二等奖。组织参加河南省教育厅主办的优质课讲课比赛，获一等奖2个、二等奖2个、三等奖1个。

【招生与就业】

2013年，郑州测绘学校共招收全日制中专生1260人（含西藏学历教学班80人）。武汉大学郑州测绘学校函授站共招收2014级函授生1044人。按照《郑州测绘学校毕业生就业工作细则》，做好2013届毕业生的就业工作。

【校企合作与实用人才培训】

郑州测绘学校按照“工学结合、校企合作、顶岗实习”人才培养模式，9月，安排2014届1391名学生到测绘地理信息生产单位进行为期1年的顶岗实习。组织人员赴省内外89家生产单位开展顶岗实习回访工作。成立实训管理中心，出台《郑州测绘学校实习实训指导教师（校内）工作条例》《郑州测绘学校学生顶岗实习违规违纪处理办法》等规章制度，加强对顶岗实习工作的管理。

承接河南省新郑、汝州、平顶山等市地农村集体土地确权数据建库，国家电网黑龙江省城区基础数据建库，浙江省富阳市1∶500 DLG（数字线划地图）基础地理数据编辑入库。举办3期测绘地理信息实用人才培训班，培训学员50多人，社会效益良好。

【合作办学】

6月1日，西藏自治区测绘局与郑州测绘学校签订《西藏自治区测绘局与郑州测绘学校合作办学协议书》。按照协议，双方根据西藏测绘地理信息事业发展对人才的需求情况，每年举办1～2期专业技能培训班，2013年、2014年分别举办一期中等专业学历教学班。7月8日，联合举办西藏测绘学会测绘技术人员航测遥感技能培训班。7月12日，西藏自治区教育厅批准学历教学班2013年招生计划，计划招生80人；23日，学历教学班开始授课。

【民主建设及行风评议】

3月，郑州测绘学校召开七届三次教代会暨工会会员代表大会，审议通过学校工作报告、财务工作报告、工会工作报告等文件。出台《郑州测绘学校校务公开制度》《郑州测绘学校党务公开制度》。

行风评议活动中，开展自查自纠、征集意见和建议、制定整改方案、全面进行整改等工作，提高为师生服务的质量和水平。

【新校区建设与省局共建工作】

郑州测绘学校加强与郑州市政府、河南省政府相关部门的沟通，新校区用地面积基本达到的预期。年底，新校区建设规划的调整基本到位。

6月15日，郑州测绘学校与职鉴中心签订战略合作协议，合作推进测绘地理信息人才队伍建设。为落实《河南省人民政府和国家测绘地理信息局共建郑州测绘学校的协议》，成立郑州测绘学校促进省局共建工作领导小组，推进省局共建工作。

武汉大学

【概况】

武汉大学测绘类本科教育由测绘学院、遥感信息工程学院、资源与环境科学学院以及印刷与包装系承担，研究生学位教育由测绘学院、遥感信息工程学院、资源与环境科学学院、测绘遥感信息工程国家重点实验室、国家卫星导航定位工程研究中心（武汉大学卫星导航定位技术研究中心）、中国南极测绘研究中心承担。

武汉大学拥有测绘类专任教师400多人，其中正、副教授近300多人，中国科学院院士2人，中国工程院院士6人，欧亚科学院院士3人，国家教学名师2人；拥有14个省部级科研机构，与20多个国家和地区的100多所大学、科研机构建立了合作关系；测绘学科共有普通本科生4000多人，硕士研究生1500多人，博士研究生600多人。

2013年，武汉大学测绘学院、遥感信息工程学院、资源与环境科学学院、测绘遥感国家重点实验室、国家卫星导航定位工程研究中心（武汉大学卫星导航定位技术研究中心）、中国南极测绘研究中心共招收测绘相关专业研究生705人，其中博士研究生156人、硕士研究生549人；毕业研究生702人，其中博士研究生132人、硕士研究生570人，毕业研究生就业率约为95%。

2013年，武汉大学测绘学科获国家科技进步奖2项，省部级奖17项。发表科研论文520篇，其中SCI 151篇、EI 267篇、CPCI-S 43篇；出版专著18本，授权发明专利50项、实用新型专利16项，申请软件著作权58项；在研项目1000多项，经费总额近3亿元。

【学科专业工作】

4月23日，教育部印发《关于成立2013-2017年教育部高等学校教学指导委员会的通知》，武汉大学4名教师入选教学指导委员会委员，其中3名教师是测绘类专业或与测绘密切关联的专业，分别为李建成入选测绘类专业（含地理信息专业）主任委员，李斐入选地球物理学类副主任委员，刘耀林入选地理科学类副主任委员。

9月，本科生院正式成立，内设5个机构，负责本科生招生和人才培养工作。

11月，教育部公布了第三批国家级精品资源共享课立项项目名单，中国工程院院士李建成负责的《物理大地测量学》等课程入选第三批国家级精品资源共享课。截至年底，共有10门测绘类精品课程入选国家级精品资源共享课。

【获奖情况】

武汉大学测绘学院选送的本科生论文，获第六届全国大学生测绘科技创新论文竞赛一等奖3项、二等奖2项、三等奖4项。

1月，与测绘遥感信息工程国家重点实验室合作的外籍教授法比奥·洛卡（Fabio Rocca）获国际科学技术合作奖。4月，武汉大学测绘学院院长李建成获“全国五一劳动奖章”。6月，在第21届国际地理信息科学大会上，李德仁院士获国际地理信息科学杰出教育奖。11月，2012年度教育部“长江学者奖励计划”评审结果揭晓，武汉大学卫星导航定位技术研究中心教授姜卫平被评为特聘教授。12月，武汉大学测绘学院教授、空间信息工程研究所所长姚宜斌获中国青年科技奖。

【全国第三轮学科评估】

1月29日，教育部召开新闻发布会公布全国第三轮学科评估结果，武汉大学取得较好成绩，学科水平全面提升。其中测绘科学与技术、地球物理学2个学科排名第一。

【重要会议】

5月，武汉大学与武汉市科技局、中国科学院武汉物理与数学研究所等单位在武汉共同承办了第四届中国卫星导航学术年会。期间，武汉大学与中国卫星导航定位协会、中国科学技术协会、武汉市政府共同主办“北斗科技周”科普讲座系列活动。12月3日~5日，武汉大学资源与环境科学学院承办我国首个地图与地理信息预警应用和危机管理国际研讨会，来自国内外多所研究机构和高校的100多名专家参会。12月14日，武汉大学、浙江省测绘与地理信息局在武汉共同主办首届地理国情监测技术与应用研讨会。

【“北斗”科研工作获表彰】

武汉大学在北斗导航建设中承担多项重大专项课题，在北斗高精度定轨、定位和应用中有着突出贡献。其中，自主研制的我国首个北斗高精度米级差分导航、北斗厘米级实时动态定位系统，以及在全球布设的北斗卫星跟踪站网络，为北斗卫星高精度轨道确定提供了数据支持与技术保障。国家卫星导航定位工程研究中心（武汉大学卫星导航定位技术研究中心）获“北斗二号卫星工程建设突出贡献集体”称号。

【人才培养】

5月16日，武汉大学与广州中海达卫星导航技术股份有限公司成为战略合作伙伴，共同培育测绘地理信息技术装备领域的优秀人才，推进产学研结合。12月10日，武汉大学承办的西部测绘地理信息专业技术人员培训班开班，来自云南、四川等地区的近200人参加。12月20日，武汉大学在深圳主办测绘遥感新技术在智慧城市中的应用培训班，培训对象为省级测绘地理信息主管部门信息化管理职能部门、地理信息中心等单位的专业技术人员和管理人员。

党的建设与精神文明建设

党的群众路线教育实践活动

按照中央统一部署，国家测绘地理信息局组织开展党的群众路线教育实践活动。7月5日召开活动动员大会，印发《国家测绘地理信息局深入开展党的群众路线教育实践活动的实施方案》，组建活动领导小组及办公室，成立督导组、群众监督联系组和制度建设工作组，明确工作职责和办事规则，召开专题民主生活会、情况通报会、民主评议会议。各单位、各部门党组织均制订方案，设计了载体，进行动员和部署。

7月起，局领导带队赴各地调研，听取干部职工的意见建设。累计发出调查问卷和征求意见函550多份，召开征求意见座谈会28个。汇总整理意见建议391条，其中贯彻落实中央八项规定的12条，“四风”方面的46条。局党组成员与分管部门和联系单位负责人谈心；与干部职工“双向”约谈共37人次，参加16个基层党支部的学习讨论，与360多名职工座谈交流。通过开展教育实践活动，进一步强化了群众观点，密切了党群关系，建立了长效机制，取得了群众满意的成效。

党建工作

【创建学习型党组织】

国家测绘地理信息局局党组中心组带头学习，坚持每月必学，全年共进行了12个专题的学习，集体学习研讨13天。推进学习型党组织建设，举办“测绘学习大讲堂”7期，邀请有关领导和专家学者作专题辅导报告，加强党员干部的理论素养和战略思维。充分利用网络平台进行理论宣讲，共发布专题讲座视频30期。坚持每季度印发直属支部理论学习指导意见，及时为各支部提供学习资料和指导。积极开展荐书读书活动，坚持每季度向党员干部推荐优秀书目并赠阅书籍，全年共推荐书目21本，配发优秀书籍2000多册。

【学习贯彻党的十八大和十八届三中全会精神】

国家测绘地理信息局举办专题辅导、召开学习交流会，深入学习宣传贯彻党的十八大和十八届三中全会精神，引导党员干部找准结合点，增强做好工作的主动性、积极性、创造性；组织开展学习党的十八大报告和党章知识竞赛活动。

【向杨艳萍学习活动】

国家测绘地理信息局组织在北京、四川、重庆、海南、黑龙江、陕西、浙江举办7场杨艳萍同志先进事迹巡回报告会，3000多名党员干部参加报告会。人民网、中央人民广播电台、《经济日报》、新华网、《中国测绘报》等新闻媒体进行报道，国家测绘地理信息局门户网站开设学习专栏，营造学习先进、争当先进的氛围。

【基层党组织建设】

国家测绘地理信息局印发《关于开展“转作风、树新风、办实事、求实效”优秀活动评选工作的通知》，组织开展直属机关优秀支部主题活动评选。积极参与中央国家机关工委开展的基层组织建设年相关活动。在测绘地理信息系统和部分企业开展党建工作调研，发放调查问卷108份，为研究提出加强测绘地理信息系统党建工作的指导意见做好前期准备。

根据机构和人员调整，指导相关党支部进行换届选举和增补委员工作。认真贯彻新形势下党员发展和管理工作的有关规定，全年共发展预备党员6名，13名预备党员如期转正。认真完成2013年党内统计和党费收缴工作，做到应统尽统，应收尽收。

【群团和维稳工作】

国家测绘地理信息局直属机关团委与北京顺义国门商务区团总支联合开展主题为“共植希望树，畅叙测绘情，永远跟党走”的五四青年节纪念活动。及时向局属有关单位传达中央有关维稳工作的文件精神，并组织做好相关维稳工作。

党风廉政建设

【中央决策部署贯彻落实】

4月9日，国家测绘地理信息局在北京召开全国测绘地理信息系统党风廉政建设工作会议，对2013年党风廉政建设和反腐败工作做出部署。起草印发《中共国家测绘地理信息局党组关于2013年党风廉政建设和反腐败工作实施意见》，对反腐倡廉建设工作进行责任分解和任务分工。组织开展了局属各单位、机关各司室党风廉政建设第一责任人向局党组递呈《党风廉政建设责任承诺书》活动。

【权力制约和监督】

国家测绘地理信息局研究起草《局纪检监察机关监督政府采购工作暂行办法》，加强对重点项目、重点工作安排实施和资金管理使用情况的监督检查。严格执行领导干部述职述廉、诫勉谈话、函询、报告个人有关事项、民主生活会等制度。对陕西测绘地理信息局领导班子进行集中巡视。依法依规查办违纪违法案件，通过征集“廉洁测绘扬清风”廉政格言警句活动、观看廉政教育片《四风之害》等形式，开展理想信念教育、党性党风党纪教育和法制教育。切实做好信访和案件查办工作。

【“五型机关”创建活动】

国家测绘地理信息局印发《“五型机关”创建活动2012年工作总结和2013年工作要点的通知》，进一步推进“五型机关”创建活动。组织开展2013年度“五型机关”创建活动先进司室、先进处（室）和先进个人评选表彰工作，2个司、9个处（室）、26名公务员受到表彰。

【内部审计】

国家测绘地理信息局组织编印《测绘地理信息系统内部审计法规汇编》，指导所属单位进一步建立健全内部审计工作制度，完善内部监督和制约机制。组织开展对部分所属单位主要负责人的离任经济责任审计，对相关单位的预算执行和财务收支情况进行审计调查，参与地理国情监测项目的财务监督工作。

思想政治工作

国家测绘地理信息局组织开展中国测绘职工政研会2012年度优秀研究成果评选表彰，共评出组织奖9名，个人奖26名。采取重点课题分组研讨的形式，开展2013年度重点课题调研工作，共征集优秀研究成果160篇。积极参与中央国家机关党建研究会重点课题调研，提交的《深入贯彻党的十七届六中全会精神切实加强测绘地理信息文化建设》调研报告获三等奖。

文化建设

国家测绘地理信息局印发《关于开展“十八大礼赞”测绘地理信息文化系列活动的通知》，组织开展“十八大礼赞之经天纬地映华夏”摄影比赛、“十八大礼赞之妙笔生花抒豪情”诗歌散文比赛，共评选出组织奖16名、个人奖68名。进一步加强了以“快、干、好”为核心的测绘地理信息文化建设研究与实践。积极组织参加中央国家机关干部职工学习党的十八大精神主题赛诗会和中央国家机关妇工委开展的“书香‘三八’”征文活动，共有23篇作品获奖。组织开展全国测绘地理信息系统第三届乒乓球比赛、机关跳绳比赛等文体活动，每月定期在中国测绘创新基地组织播放电影。

学术社团

中国测绘地理信息学会

【更名与换届】

经国家测绘地理信息局同意，中国科学技术协会、民政部批准，10月，中国测绘学会正式更名为中国测绘地理信息学会。更名后，选举产生第十一届理事会理事长、秘书长、理事和常务理事，增加了名誉理事长、顾问职务，充实了领导机构。健全分支机构，增加测绘地理信息产品质量工作委员会、卫星测绘应用工作委员会、电子商务工作委员会，分支机构增加至21个；完成4个分支机构的更名和2个分支机构挂靠单位的变更。完善规章制度，将承担的国家测绘地理信息局转移的部分职能写入章程，制定学会工作管理办法，建立完整的工作规章和流程，推进学会组织管理的规范化。

【学术交流】

中国测绘地理信息学会举办以“实干、创新、共赢、发展——发展测绘地理信息，助推美丽中国建设”为主题的第十次全国会员代表大会暨2013年综合学术年会，邀请中国科学技术协会和民政部的领导及9位院士出席会议并作报告，举办发展高端论坛和学术报告会。举办第三届全国测绘地理信息技术装备展览会，展会总面积近2万平方米，参观人员超过3万。与中国测绘科学研究院联合主办陈俊勇院士学术思想研讨会。组团参加国际测绘地理信息会展和交流访问活动。选送参加第26届国际地图制图大会的优秀地图作品获多项大奖，其中《世界8000米以上雪山图集》获国际地图展览唯一一项参会代表票选大奖。

【科学普及】

为推动定向运动普及和发展，中国测绘地理信息学会与教育部体育协会等单位联合举办全国雪地徒步定向比赛、全国学生定向越野锦标赛和测绘地理信息职工定向越野赛，100多所院校、30多家测绘地理信息企业2000多人参加。组织参与全国科普日、防灾减灾日和测绘法宣传日等主题科普活动及全国食品安全科普知识竞赛。推进测绘地理信息科普基地建设，认定国家测绘地理信息局第一大地测量队、大连九成测绘信息有限公司、北京苍穹数码测绘有限公司等单位为学会科普基地、中国测绘科技馆特色活动连续2年得到中国科学技术协会全国科普教育基地特色科普活动项目经费支持。与有关单位联合主办全国高校GIS技能大赛。

【职能履行】

中国测绘地理信息学会充分发挥科学技术、人才资源和组织网络优势，积极组织和动员科技工作者，更好地为测绘地理信息事业服务。受国家测绘地理信息局委托，开展全国测绘地理信息市场信用信息管理工作，积极做好信用信息的征集、整理、查询和信用信息平台的日常管理维护工作，推进测绘地理信息市场信用体系建设。推进测绘地理信息类教育专业认证工作，完成2014年申请认证学校的受理和审核工作。发布2012年测绘地理信息创新产品目录，首批认定测绘地理信息创新产品37项；组织开展2013年测绘地理信息创新产品认定工作。完成国家重大工程项目评估。

【科技奖励】

中国测绘地理信息学会完善测绘科学技术奖励制度，印发《中国测绘学会表彰奖励办法》和《中国测绘学会先进集体和先进个人评选办法》。评选出2013年测绘科技进步奖109项，其中特等奖3项、一等奖11项、二等奖38项、三等奖57项；全国优秀测绘工程奖332项，其中白金奖7项、金奖30项、银奖105项、铜奖190项；优秀科技工作者10人、先进集体30个、先进个人60人。

【企业和科技工作者服务】

中国测绘地理信息学会建立会员建议上报制度等，完善会员联系、沟通和交流机制，积极主动听取会员意见和建议。召开团体会员工作会议，就搭建学术交流平台、促进科技进步、做好会员服务等方面进行讨论。制定有关培训制度，规范举办培训的程序和要求，组织全国注册测绘师资格考试辅导、测绘地理信息前沿技术等培训。

中国地理信息产业协会

【中国地理信息产业大会】

9月14日~17日，主题为“抱团 创新 机遇 梦想”的2013中国地理信息产业大会在山东潍坊召开。大会表彰了2013年中国地理信息科技进步奖、中国地理信息产业优秀工程奖、“九成杯”中国地理信息产业优秀论文获奖单位和个人，举办了中国地理信息产业高端论坛、地理信息科技创新等多个论坛，以及中国地理信息产业成就展、地理信息产业园入驻签约仪式。大会收到论文140多篇，举办报告会120多场。会议期间，召开中国地理信息产业理事会会议、第八届海峡两岸GIS研讨会筹备会议。

大会授予山东测绘地理信息产业基地“中国地理信息产业示范基地”称号。中国地理信息产业协会、潍坊市国土资源局、腾讯公司联合发布腾讯潍坊街景地图，腾讯街景地图覆盖城市达49个。腾讯正式进入地理信息行业。

【地理信息科技奖励】

中国地理信息产业协会组织开展2013年中国地

理信息科技进步奖评选工作，从198个项目中，评选出获奖项目126项，其中一等奖16项、二等奖55项、三等奖55项。项目涉及测绘、国土、城建、电信、能源等20多个行业领域。年内，中国地理信息科技进步奖获国家科学技术奖申报资格。

组织开展2013年中国地理信息产业优秀工程评选工作，来自测绘、国土、城建、电信等近30个领域203个项目申报，经评审，评选出金奖40项、银奖73项、铜奖60项。

开展2013“九成杯”中国地理信息产业优秀论文评选活动，收到论文140多篇，评选出优秀论文12篇。

【组织建设】

7月20日，中国地理信息产业协会在北京召开工作会议，通报协会工作，建立工作委员会工作机制，明确会长、秘书长和工作委员会主任职责和分工。年内增设咨询工作委员会和旅游地理信息工作委员会，工作委员会增至28个。

该协会被列为国务院审批制度改革办公室联络的15家协会联络单位。8月，完成国务院审批制度改革办公室行政审批事项的征求意见工作，推荐4位专家作为国务院审改办咨询专家库专家。

召开陕西、吉林、河北、江苏4省协会联谊会，推动地方地理信息产业协会更名成立，建立联络服务机制。

【分支机构活动】

10月12日~13日，中国地理信息产业协会理论与方法工作委员会主办的2013中国地理信息科学理论与方法学术年会在福州大学召开，200多名专家学者参加年会。

【网站建设和书刊出版】

2013年，中国地理信息产业协会网站共登载新闻稿612篇，点击浏览约94万人次。中国地理信息产业协会会刊《地理信息世界》从2014年起改为邮发。该刊物2013年共发行6期，每期7000册。6月19日通过年检。《中国GIS快讯》2013年共发刊7期，为产业发展提供了重要资讯。

【民主办会与服务行业】

中国地理信息产业协会支持企业开展各类活动15次，走访、考察企业21次。召开会长会议1次、常务理事会2次、秘书长会议2次，评审会11次，常务理事会通讯会议2次，理事会通讯会议3次，研究落实有关工作，为会员提供便捷服务。

积极与金融机构、咨询评估机构沟通协调，协助资本运作，帮助企业融资上市。帮助做好会员单位的兼并重组和国家项目立项的专家咨询服务工作。为浙江GIS工程项目招标协调维权、广东地理信息市场等有关市场秩序的维权做了大量工作，受到广泛好评。

【对外交流】

3月16日，瑞典耶夫勒省副省长安娜·莱娜女士一行访问中国地理信息产业协会，就地理信息领域合作有关事项进行交流。

11月26日，中国地理信息产业协会与瑞典地理信息协会在北京签署合作协议，加强交流，促进共同发展。

中国卫星导航定位协会

【第二届中国卫星导航与位置服务年会暨展览会】

9月24日~25日，第二届中国卫星导航与位置服务年会暨展览会在北京举行。会议表彰了2013年卫星导航定位科学技术奖获奖项目、优秀论文作者、为行业做出贡献的优秀人物和企业，宣布了地图导航定位产品推荐名单、北斗高精度测量型接收机推荐名单，发布了卫星导航与位置服务产业发展白皮书。年会设9个分论坛，70多家单位参加展览会，展览面积近4000平方米。中央电视台、新华社、《科技日报》《光明日报》《经济日报》等多家媒体进行采访报道。

【公益性刊物出版】

中国卫星导航定位协会正式出版《2013年卫星导航定位与北斗系统应用论文集》，编印《北斗应用解决方案汇编》，展示我国卫星导航与位置服务产业的技术成果，受到业内好评。

【北斗应用知识竞赛】

8月7日~9月20日，中国卫星导航定位协会组织开展北斗应用知识竞赛活动，该竞赛是第二届中国卫星导航与位置服务年会的一部分，通过年会网站、协会网站及新浪科技频道在线答题。

【卫星导航与位置服务国际论坛】

5月26日~28日，中国卫星导航定位协会与交通运输部公路科学研究院、深圳市交通运输委员会联合主办第四届中国智能运输大会暨第二届深圳国际智能交通与卫星导航位置服务展览会，并举办卫星导航与位置服务国际论坛。

【北斗产业园建设】

中国卫星导航定位协会积极推动北斗应用，深入研究产业整体规划和布局，推动企业集群和产业链的形成。与地方政府合作，依托区域优势，利用当地产业基础配套以及相关产业发展的协同效应，促进合作项目的建立和实施。与天津武清商务区签约，推动建立北斗战略新兴产业园；授予鄂尔多斯、济宁和厦门“北斗产业化应用示范基地”称号、赣州北斗产业园“国家北斗产业应用示范基地”称号；推动山东东平县建设北斗应用智能养老示范基地。

【产业调研】

中国卫星导航定位协会与电子工业出版社、国家无线电监测中心联合举办北斗卫星导航系统应用现状调研会，3月~4月，在西安、深圳、上海、南京、北京了解企业情况，听取企业建议和意见，为我国北斗卫星导航产业健康发展提供政策决策的依据。

【测量型北斗接收机性能检测】

中国卫星导航定位协会组织专家对测量型北斗接收机产品性能指标进行严格检测，对软硬件技术性能等进行综合评审，发布产品推荐目录，为工程项目设备采购提供科学依据。

【地图导航定位产品测评】

中国卫星导航定位协会牵头组织相关单位开展地图导航定位产品软硬件和导航电子地图质量的全面检测和评判，针对移动互联网地图等新型地图导航应用产品进行研究，对相关测评方法和技术手段进行探索。9月，测评合格的推荐产品名录在协会年会上正式发布。

【“高精度卫星定位的养老智能关爱中心”示范项目】

中国卫星导航定位协会积极发挥科技引领、服务生活的作用，将卫星导航与位置服务技术应用于老年人居家养老，组织开展“高精度卫星定位的养老智能关爱中心”示范项目建设。选择优秀社区做为试点，利用信息化手段助力养老服务升级。该项目得到民政部的支持，通过了民政部的验收。

【卫星导航定位科学技术奖评选】

9月，中国卫星导航定位协会完成2013年卫星导航定位科学技术奖的评奖工作，评选出98个获奖项目并正式对外公布。

【对外交流】

中国卫星导航定位协会组织部分企事业单位，参加第13届国际地学大会暨展览会、2013拉美地区地理信息展，访问巴西国家空间研究院、巴西国家地理统计局等。与荷兰地籍局、荷兰校友会联合在荷兰驻华大使馆举办中荷地理信息研讨会，荷兰驻华大使出席会议并讲话。与老挝政府部门签订合作协议，开发适用老挝的北斗导航技术和应用。与新加坡经济发展局签订合作协议，在新加坡开展北斗系统地基增强系统建设和应用示范。

【技术培训】

中国卫星导航定位协会举办2期北斗卫星导航应用与全球导航卫星系统连续运行基准站网技术培训班、1期北斗卫星导航系统与交通运输车载终端及通讯技术研修班和1期地理空间基础框架建设与高新技术应用培训班。

5月27日，在深圳召开第五届三次常务理事会，通报上半年主要工作情况，部署第二届中国卫星导航与位置服务年会暨展览会的筹备工作。11月13日，在江西赣州召开第五届四次常务理事会，总结2013年工作，部署2014年工作，集中学习《国家卫星导航产业中长期发展规划》并展开讨论。

【非营利组织免税资格认证】

中国卫星导航定位协会认真筹备，向主管税务机关递交免税申请材料，经过反复修改、审查，被财政部、国家税务总局认定获取非营利组织会费免税资格。

国际摄影测量与遥感学会（ISPRS）

【学术活动】

国际摄影测量与遥感学会（ISPRS）中国办公室职责由国家基础地理信息中心承担，组织国际摄影测量与遥感技术前沿的调研分析，联络各国摄影测量与遥感学（协）会，积极开展双边和多边技术交流，邀请ISPRS国际专家进行技术讲座，负责在ISPRS任职的中国专家相关活动组织和发动等。

4月27日~28日，与地球观测组织GEOUNION地学联盟在北京联合召开第三届高分辨率全球地表覆盖制图国际研讨会；8月20日~22日，协助ISPRS第七委员会第六工作组在吉林召开第三届影像和数据融合国际研讨会；10月15日~17日，在成都协办联合国全球地理信息管理论坛；11月10

日～12 日，协助 ISPRS 第四委员会第五工作组在江苏召开第三届网络制图和地理处理服务和应用程序国际研讨会；12 月 5 日～6 日，与北京师范大学地理学与遥感科学学院联合承办周边地缘环境解析与可持续发展国际研讨会。

【ISPRS 主席国职责履行】

ISPRS 中国办公室协助 ISPRS 主席完成学会日常管理工作，召集年度 ISPRS 执行局会议，协助筹备 ISPRS 2016 年布拉格大会，联系其他相关国际学术组织，协调学会内部活动。

地方工作

北京市

概况

2013年，北京市规划委员会根据首都科学发展提出的新要求，以促进北京测绘地理信息建设和引领行业可持续健康发展为目标，以规划为引领，以高端求带动，以创新谋转型，全面做好各项工作。

完成沉降区一、二等水准复测1050千米以及中心城区1500点GPS RTK加密控制网更新工作，对1:2000地形图六环范围2700平方千米进行全要素更新、六环外平原地区约4436平方千米部分新城地区全要素更新、其他区域重点要素更新。推进内外业一体化，实现1:500地形图的内外业一体化测绘；推进1:2000地形图图库一体化工作。

数字东城建设通过验收，数字房山通过中期验收；数字中关村项目（智慧中关村一期）正式进入项目实施阶段；推进昌平、大兴、石景山等区（县）的数字城市建设工作，开展智慧北京空间信息云平台可行性研究，完成“天地图·北京”硬件架构升级改造。

北京市第一次全国地理国情普查领导小组组建完成。不断完善北京市普查实施方案，编制完成《北京市第一次全国地理国情普查工作方案》和《北京市第一次全国地理国情普查技术方案》初稿。组织人员参加国家测绘地理信息局举办的技术培训，在西城试点中积累了工作经验。

8月~10月，联合相关部门有针对性在全市范围内开展涉密测绘成果索取、使用、加工、管理和对外提供情况检查，检查工作采取自查和抽查相结合的方式，针对存在的问题，责令6家单位限期整改。

经北京市机构编制委员会办公室批准，北京市规划委员会完成测绘地理信息行政管理机构升级、更名工作，北京市勘察设计与测绘管理办公室更名为北京市勘察设计和测绘地理信息管理办公室，5月31日正式挂牌。

重点工作推进

【数字城市建设】

数字东城建设通过验收，数字房山通过中期验收；数字中关村项目（智慧中关村一期）正式进入项目实施阶段；北京市规划委员会推进昌平、大兴、石景山等区（县）数字城市建设工作，开展智慧北京空间信息云平台可行性研究。依托城市地理空间信息和相关信息数据库，编制了地理信息公共服务平台建设方案，积极向发展和改革等部门申请立项。

在数字城市建设中，建立了一批规范、完善的基础地理信息数据库，丰富了城市地理信息资源；搭建了面向政府和公众的地理信息公共平台，实现了地理信息与城市其他经济社会、自然资源和人文信息的互联互通与整合集成，促进了信息资源的共建共享与开发利用，避免了重复建设，解决了城市建设中重复投入等问题，为实现系统的互联互通、数据的分建共享打下基础。

【“天地图·北京”建设】

北京市规划委员会组织完成“天地图·北京”节点数据更新2次，完成15级~18级数据的上线发布，做好运行维护、网站运营等工作。“天地图·北京”

节点开展了“红色地图”“北京人文地理”“地图产品”“服务资源”等典型应用，提供专题信息分层显示和综合查询服务。与市国土资源局开展合作，在节点开展土地储备和地价信息公共服务典型应用，取得良好效果。

【地理国情普查】

北京市规划委员会大力推进地理国情普查工作，服务首都精细化管理。北京市第一次全国地理国情普查领导小组组建完成，由北京市委常委、副市长陈刚担任组长，北京市政府副秘书长张玉平、市规划委员会主任黄艳、市统计局局长王文杰担任副组长，各相关部门主管领导担任组员。编制完成《北京市第一次全国地理国情普查工作方案》和《北京市第一次全国地理国情普查技术方案》初稿，开展多方调研和专家讨论会，收集各相关部门意见和建议，不断完善工作方案和技术方案。北京市规划委员会组织编写《北京市第一次全国地理国情普查预算》框架，开展经费预算编制专题讨论，细化各项工作的经费预算。与市财政部门进行多次沟通，研究完善经费预算，尽快落实普查经费。

进一步征求统计、国土、发展和改革、规划编制与管理等部门和专家的意见，以需求为导向，研究北京市开展第一次全国地理国情普查的解决方案。整合资源，将北京市浅层地下水、东部沉降监测数据、轨道交通运维监测、地下管线监测等项目数据与地理国情普查相结合。研究统一社会经济、人口与规划统计单元标准，统一城市功能区分类和服务半径标准，将城市规划与有关部门的标准相结合。运用测绘部门的空间地理数据优势，建设市级地理国情普查监测应用平台，提供空间分析服务。

【行政管理职能落实】

经北京市机构编制委员会办公室批准，北京市勘察设计与测绘管理办公室正式更名为北京市勘察设计和测绘地理信息管理办公室，5 月 31 日正式挂牌。下设国土测绘处、地理信息与地图处、资质资格管理处、科技与质量处、市场监管处、综合处 6 个处室。增加了负责权限范围内的地理国情监测；指导本市测绘地理信息产业发展；负责地理信息公共服务平台建设、管理和维护；组织提供测绘地理信息公共服务和应急保障等职能。同时，完成了领导职务的竞争上岗工作，各岗位人员已到位并开展工作。

5 月 31 日，国家测绘地理信息局副局长宋超智（左五）为北京市勘察设计和测绘地理信息管理办公室揭牌。

【行政审批改革】

北京市勘察设计和测绘地理信息管理办公室创建北京市勘察设计测绘行业综合服务窗口。与北京大学首都发展研究院，共同建设公共服务体系创新示范基地。

为响应国务院、北京市政府对行政审批制度改革提出的新要求，北京市勘察设计和测绘地理信息管理办公室从减少审批、下放权限、优化服务、畅通信息等方面提出了“减、放、优、畅”4 项举措。与市工商行政管理局信息联动，将勘察设计单位数据库与工商企业数据库进行比对，对工商部门注销、吊销的 5 家企业资质进行了清理；将企业资质与企业工商注册信息及企业经营的诚信情况实施联动，为建立勘察设计企业诚信行为数据库提供数据支撑。与市社保中心信息联动，及时查询资质申报技术人员的社保情况，减少企业往返社保局开具证明的环节；社保中心开通网上查询平台，输入企业社保账号即可进行查询比对，提高了审查的准确性，杜绝人证分离的现象。

法制建设与市场监管

【普法宣传】

北京市规划委员会以“8·29”测绘法宣传日为契机，集中开展北京市测绘地理信息及测绘法宣传工作。8 月 28 日，召开新闻媒体见面会，向在京的主要媒体宣传数字城市建设、“天地图”建设、地理国情普查和地理信息产业发展、测绘地理信息保障服务等工作。

测绘法宣传日当天，以“依法普查地理国情，测绘服务美丽中国”为主题，在北京市测绘设计研究院设立集中宣传点，现场介绍测绘法规和技术知识，开展测绘地理信息咨询服务，摆放宣传展板，发放4000多份宣传材料及北京市交通图等。各区（县）的规划分局以“建设数字城市，开启智慧生活”等主题开展宣传活动，张贴、悬挂测绘宣传画和宣传条幅，发放法规宣传材料及宣传地图1万多份，开设网站专栏进行测绘法宣传，开展测绘知识问卷调查和测绘知识竞赛，向公众普及测绘知识，营造依法测绘的良好氛围。

【测绘市场信用体系建设】

北京市规划委员会完成全市测绘资质单位信用信息征集录入工作，及时更新企业违法违规不良记录，严控企业诚信机制。开展测绘地理信息市场信用体系宣贯和培训，全面推动测绘地理信息市场信用体系建设。根据国家测绘地理信息局统一安排，组织召开测绘地理信息市场信用宣贯及培训工作。

【测绘资质管理】

2013年，北京市规划委员会共受理测绘资质行政许可申请274项，准予许可82项，主动办理撤件192件。办理新申请资质9件。截至年底，共有测绘资质单位318家，其中甲级100家、乙级110家、丙级56家、丁级52家。办理测绘作业证641件，出京诚信证明10项。

结合党的群众路线教育实践活动，北京市规划委员会2次向测绘地理信息行业单位征求意见和建议。针对征集到的关于“简化设计资质行政审批程序、审批权限下放、网络办事平台、地理信息产业发展”等八方面问题进行归纳，4条建议被采纳并完成整改工作。

基础测绘

【现代测绘基准体系建设】

北京市规划委员会积极推进现代基准体系建设，开展GNSS连续运行基准站服务系统建设。有序推进控制点普查、补埋及重新观测工作，不断更新城市导线网，定期维护CORS系统，保障测绘成果的准确性与实时性，取得了较好成效。完成国家现代测绘基准体系基础设施建设一期工程，进行延庆四海卫星定位连续运行基准站建设并做好测量标志的保护工作。推进地方独立坐标系向2000国家大地坐标系转换，制定《CGCS2000国家大地坐标系推广应用工作方案》。

【基本比例尺地形图测绘及更新】

北京市规划委员会组织推进北京市1:1万基础地理信息数据库建设与更新，组织相关技术人员完成《北京市1:10000基础地理信息数据库整合升级实施方案》和《北京市1:1万基础地理信息数据库整合处理专业技术设计书》的编制工作，开展了数据整合试验。

完成沉降区一、二等水准复测1050千米及中心城区1500点GPS RTK加密控制网更新工作。对1:2000地形图六环范围2700平方千米进行全要素更新、六环外平原地区约4436平方千米部分新城地区全要素更新及其他区域重点要素更新，完成1:1万地形图平原地区全要素更新，每年定期更新维护1:2000、1:1万基本比例尺地形图数据库。协助国家测绘地理信息局收集1:5万动态更新所需资料，并配合国家测绘地理信息局组织完成北京测区1:5万更新成果的内外业抽检工作。

开拓新城基础测绘任务，完成平谷1:500地形图41.3平方千米，1:2000地形图318平方千米；通州1:500地形图43平方千米；昌平1:500地形图7平方千米。

【基础航空航天遥感影像获取与应用】

北京市规划委员会定期组织航空摄影和遥感数据获取工作，影像资料用于北京市1:2000和1:1万基本比例尺地形图更新和全市域数字正射影像制作、地理信息数据库更新，影像资料使用率达100%。2013年采用数码航摄方式获取航空摄影资料。

地图管理与地图服务

【地图管理】

北京市规划委员会严格地图编制单位的资质管理，严把准入关，保障编制高标准高质量的地图产品；严格地图管理，就国家版图表示、高速公路命名变化等情况向地图编制单位提出要求，及时编制发布北京市标准地图；依法开展地图审核工作，严把审核关，截至11月中旬，共受理地图审核申请35项，许可30项，地图备案率100%。

继续加强“问题地图”的专项治理工作，清查不符合现行地图管理规定的有关地图。针对地图导航定位产品和互联网地图服务开展日常性监管工作，组织技术力量对100多个动态网址进行了检查，对登载“问题地图”的网站提出了处理意见。

【地图编制与服务】

北京市规划委员会完成《北京政务地图集》(2013 版)、《北京市交通旅游图》(2013 版)、《北京市新城地图册》《测绘法宣传用图》(2013 版)编制出版工作。推广地理信息应用领域，积极开展各区县的《北京人文地理》编辑出版工作，发布怀柔卷、石景山卷，启动顺义卷、丰台卷的编纂工作。与国家测绘地理信息局建立领导工作用图共享机制。

测绘地理信息成果管理与应用

【涉密测绘成果管理】

8 月 ~10 月，北京市规划委员会联合相关部门在全市范围内采取自查和抽查相结合的方式开展涉密测绘成果索取、使用、加工、管理和对外提供情况检查工作。检查对象是 2012 年 1 月 ~2013 年 6 月，参与交通、电力、石油石化等行业重点项目并领用涉密测绘成果的单位、重点科研单位及申请数量较多涉密测绘成果的单位。共有 34 家单位进行了自查，对其中 11 家单位进行了抽查。通过检查发现，大多数单位管理和使用情况较好，少数单位存在安全保密意识淡薄、涉密资料管理不规范、在非涉密计算机使用涉密测绘成果等问题，责令 6 家单位限期整改。

【基础测绘数据服务】

2013 年，北京市规划委员会组织为 23 家单位提供了各类基础地理信息数据，涵盖了政府部门、科研院所、企事业单位，收到良好的社会和经济效益。向社会各界用户提供各种比例尺地形图 1.96 万幅，地形图数据 49491 幅，提供各类测绘资料借阅 1.88 万人次。

【地理信息公共服务与推广应用】

北京市规划委员会积极推动基础测绘成果的社会化应用，向 100 多家单位提供了各类基础地理信息数据，涵盖政府部门、科研院所、企事业单位。与市国土资源局、园林绿化局、市容市政委等部门建立共享机制，促进地理信息资源共享应用。

积极开展市级地理信息公共服务平台可行性研究和空间信息云实验平台搭建。通过可行性研究，对地理信息公共服务平台建设中标准规范体系、数据汇聚与融合框架、服务平台及典型应用建设等问题进行深入探讨，开展立项工作。

【应急保障】

北京市规划委员会积极落实航空应急体系和突发事件体系规划，建立健全测绘应急保障机制，制定《测绘应急保障预案》。开展行业单位数据成果调查，摸清底数，并在实践中提升应急保障能力，积极向各级政府及部门提供应急测绘保障服务。

科技与标准化

【标准编制】

2013 年，北京市测绘设计研究院作为主编单位编制、修编行业标准 4 项，地方标准 2 项；作为参编单位，编制行业标准 2 项、地方标准 1 项，参与编写的 1 项国家标准正在审批中。修编住房和城乡建设部行业标准《城市综合地下管线探测技术规程》，编制国家测绘地理信息局行业标准《建设工程竣工测量成果规范》《竣工测量成果更新地形图数据技术规程》《地面三维激光扫描作业技术规程》，编制北京市地方标准《城市基础地理信息要素分类与代码》《轨道交通工程规划监督测量规程》。参与编写国家测绘地理信息局行业标准《管线测量成果质量检验技术规程》《管线信息系统建设技术规范》，参与编写北京市地方标准《民用建筑信息模型设计标准》。

【科技项目】

北京市测绘设计研究院承担完成的“特大异型超高悬挑结构精密工程测量技术研究及其应用”通过了中国测绘地理信息学会组织的科技成果鉴定。城市空间信息工程北京市重点实验室 2013 年度科技创新基地培育与发展工程专项项目——“‘数字城市’综合地下管网三维空间分析关键技术研究”项目通过市科委组织的立项专家评审。

【科研机构建设】

北京市测绘设计研究院联合中国测绘科学研究院建设的城市空间信息工程北京市重点实验室获得北京市重点实验室认定。北京市测绘设计研究院通过北京市科学委员会组织的评审，成为首批北京市设计创新中心。

党的建设与文化建设

【党的群众路线教育实践活动】

北京市规划委员会扎实开展党的群众路线教育

实践活动。成立教育实践活动领导小组，建立“两横两纵”的工作模式和简报、微博、媒体、情况反映、网站等“五位一体”的宣传格局；采取请进来“开门纳谏”、走出去“上门询诊”、面对面座谈交流、背对背民主评议等多种方式，深入查找“四风”方面存在的问题，累计查找问题和收集到建议91条，经过认真总结、梳理，共提炼总结问题36条，其中“四风”方面的问题12条。针对查找到的问题，制定了7个方面24项具体措施，并确定了具体任务书、时间表，明确责任领导、部门和整改时限，确保整改方案切实可行。

【党风廉政建设】

北京市规划委员会落实《建立健全惩治和预防腐败体系2013-2017年工作规划》的实施方案，构建具有首都规划特色的惩治和预防腐败体系。进一步细化《党风廉政建设责任制检查考核办法》，完善监督检查考核机制。探索建立反腐倡廉网络舆情收集、研判和处置工作机制，利用“走进直播间”和“城市零距离”专题栏目、网站、微博平台推介规划，充分发挥群众监督和支持的作用。开展自醒、自查、自纠活动。成立由单位一把手任组长的党风廉政建设工作领导小组，负责党风廉政建设整体工作的组织、协调、实施；领导小组下设办公室，负责日常工作。逐级签订《党风廉政建设责任书》，将党风廉政建设任务进行分解、逐级负责，明确了各级领导和党员干部在党风廉政建设中的任务和主要职责，严格履行“一岗双责”。

【文化建设】

北京市规划委员会开展群众性建言活动，做好备选首都规划核心价值观表述语的征集、公示、讨论、票选工作；邀请专家学者对核心价值观内涵进行研评，召开系统外座谈研讨会，听取上级部门及相关委办局的意见建议；公开征求社会民众的意见建议，初步提炼形成首都规划核心价值观表述语。重点抓好首都规划核心价值观认识实践活动的宣传教育，制定主题教育实践活动实施方案，在全委推开学习践行活动。以“核心价值观”为主题，举办摄影、书画作品展，通过多种形式推动首都规划核心价值观深入人心。打造勘察设计与测绘行业综合窗口，提出“咨询解答时要耐心，现场接待时要热心，材料审阅时要细心，业务办理时要用心，让服务对象要称心”的“五心”服务理念。

北京市测绘设计研究院定向越野队代表北京市在第五届青年定向越野比赛中获男子青年组、女子青年组和团体冠军。举办院首届男子乒乓球超级联赛、职工迷你马拉松、天门山植树、职工摄影展等文体活动，增强了干部职工队伍的凝聚力。

地方社团工作

【北京测绘学会】

2月，北京测绘学会获“5A”级学会称号。5月，开展以“携手建设创新型国家”为主题的北京科技周活动，300多人参加；协办第八届京港澳测绘技术交流会。8月，承办的京台青年科学家论坛在北京召开，400多人参加；举办北京市地理国情普查综合论坛，200多人参加。10月，与北京市测绘设计研究院共同承办中国测绘地理信息学会第十次会员代表大会暨2013年综合学术年会。11月，在北京召开2013年学术年会暨十一届四次理事会，230多人参加。组织召开专题学术报告会，30多人参加。

【中国城市规划协会城市勘测专业委员会】

中国城市规划协会城市勘测专业委员会组织编写的《中国城市勘测行业发展研究报告》通过评审。召开了城市勘测专家组长会议，拟定2013年全国优秀城市勘测工程评选工作评选办法和细则。召开四届四次常务理事会议，通报2012年工作总结和2013年工作计划，对课题进行复审。召开智慧城市专家论坛暨中国城市规划协会城市勘测专业委员会2013年年会。开展2013年度全国优秀城乡规划设计奖评选活动。

【中国城市规划协会地下管线专业委员会】

4月，中国城市规划协会地下管线专业委员会在厦门市举办第七期城市地下管线普查项目经理培训班，90多人参加。6月，在中山市举办城镇雨污分流、排水管道检测现场交流会暨《城镇排水管道检测与评估技术规程》宣贯培训班，120多人参加。7月，在青岛召开全国城市道路塌陷灾害普查探测研讨会暨地下管线专家委员会二届二次会议，120多人参加。11月，在郑州市召开2013年年会，300多人参加。12月，在深圳市召开城市排水管网安全运行维护技术应用研讨会，80多人参加。撰写《关于在全国试点和逐步推广城市道路塌陷灾害普查探测工作的建议报告》；开展《城市地下管线探测技术规程》的修订、《管线信息系统建设技术规范》的编制工作；参与《城镇供水管道内衬及修复技术规程》的编制工作。

天津市

概况

2013年，天津市测绘地理信息事业发展顺利。天津市第一次全国地理国情普查各项前期工作有序推进，成立了市普查领导小组。“天地图·天津”正式接入“天地图”国家主节点。建立数字天津地理空间框架建设联席会议制度，建成基础地理信息数据库和地理信息公共服务平台。编制完成《天津市1:1万基础地理信息数据库整合升级实施方案》《全国1:10000基础地理信息数据库整合升级项目天津市数据整合处理生产专业技术设计书》《天津市2000国家大地坐标系推广使用工作方案》并上报国家测绘地理信息局，基本完成控制点、1:1万地形图及相关地理信息数据库等基础测绘成果的转换。完成2013年测绘资质年度注册和测绘产品质量监督检查工作。完成天津市测绘地理信息市场首次信用评定，并在天津市规划局政务网上发布评定结果。围绕“8·29”测绘法宣传日开展系列宣传活动，推进国家版图意识宣传教育进学校、进社区、进媒体“三进”活动。

重点工作推进

【数字天津建设】

天津市规划局积极组织数字城市地理空间框架建设工作，推动建立由市政府副秘书长牵头的联席会议制度。《关于推进数字天津地理空间框架建设及应用工作的实施意见》（津政办发〔2013〕32号）已由市政府正式印发。完成基础地理信息数据库建设，建成地理信息公共服务平台。智慧城市时空信息云平台建设试点申报工作有序进行。

【“天地图·天津”建设】

天津市规划局组织完成“天地图·天津”市级节点的数据更新和评估工作，以及系统运行维护、升级改造、数据融合等工作，“天地图·天津”正式接入“天地图”国家主节点。已整合市旅游局等多家政府部门的专题信息到“天地图”网站，实现天津节点门户网站提供专题信息分层显示和综合查询的服务。新增凤凰网（天津）地图导航、天津市滨海新区规划和国土资源局电子地图网站、天津市现代农业发展图形管理系统等典型应用，并在用户单位取得良好效果。

【地理国情普查】

天津市政府成立以分管副市长为组长，以天津市规划局等28家单位相关领导为成员的第一次全国地理国情普查领导小组。天津滨海新区普查试点工作通过国家测绘地理信息局检查组组织的质量检查和第一次全国地理国情普查领导小组办公室组织的项目验收。该试点结合国家标准与大城市特点，选用1:2000地形图作为工作底图，提高了成果数据的精确性。在总结滨海新区普查试点工作的基础上，结合天津地区实际，天津市规划局组织制定了天津市普查指标体系。组织编写天津市第一次全国地理国情普查总体方案和实施方案并通过评审。

法制建设与市场监管

【法制建设】

天津市规划局组织实施2013年度局立法计划，加强与市人大、市法制办公室的沟通联系和协调配合，稳步推进立法工作。局领导组织召开立法推动会，听取立法工作情况汇报，及时协调解决立法工作中存在的问题。《天津市测绘地理信息违法行为查处程序规定》《天津市测绘地理信息统计工作管理办法实施细则》进入审议阶段。

【测绘资质管理】

截至年底，天津市共有测绘资质单位111家，其中甲级17家、乙级32家、丙级55家、丁级7家。天津市规划局组织完成2013年测绘资质年度注册工作，99家需要年度注册的资质单位中，95家通过注册、4家缓期注册。全年共受理乙、丙、丁级测绘资质审批20项，甲级测绘资质初审6项；注销测绘资质3家。

【质量监督】

天津市规划局坚持实行测绘地理信息成果抽检制度，下发检查通知，明确各阶段工作的时间节点。全年共抽查102家测绘单位316个项目（天津市292个，外省市24个），2家未上交质检材料，4个项目不合格，合格率98.7%。

【地图市场监管】

天津市规划局组织召开天津市国家版图意识宣传教育小组成员单位工作例会，印发了工作方案。组织文化市场、新华书店和保存有历史地图资料的图书馆开展自查及全市图书批发市场现场检查。开展全市涉密测绘成果跟踪检查，涉及天津市单位6家，外省市单位5家（购买天津市涉密测绘成果）。至年底，天津市单位已完成自查并上报自查报告，外省市单位由属地省级测绘地理信息行政主管部门协查。跟踪抽查3家相关单位，发现1家存在违规现象，下发限期整改通知书，要求以书面形式反馈整改情况。

【市场信用管理】

天津市规划局组织编写《天津市测绘地理信息市场信用信息管理实施细则》，细化评价标准。组织完成天津市测绘地理信息市场首次信用评定、发布工作，共征集全市乙、丙、丁级测绘资质单位信用信息280条，最终评定A级单位2家，评定结果在天津市规划局政务网上公开发布。

基础测绘

【GNSS连续运行基准站建设】

天津市规划局组织实施天津市GNSS连续运行基准站建设，编制完成国家测绘基准工程改造基准站（蓟县站）建设实施方案并通过评审。完成基准站选址工作，开展观测墩及防雷系统改造工作。

【1:1万基础地理信息数据库整合升级】

天津市规划局组织编制《天津市1:1万基础地理信息数据库整合升级实施方案》和《全国1:10000基础地理信息数据库整合升级项目天津市数据整合处理生产专业技术设计书》并上报国家测绘地理信息局。对现有的天津市全域1:1万地形图数据进行转换和整合处理，并进行更新和补充完善。

【2000国家大地坐标系推广使用】

天津市规划局组织编制《天津市2000国家大地坐标系推广使用工作方案》并上报国家测绘地理信息局。在全市范围启用2000国家大地坐标系，已基本完成控制点、1:1万地形图及其他地理信息数据库等基础测绘成果的转换。在全行业、各部门和各区县积极开展2000国家大地坐标系推广应用，同时规范独立坐标系的建设和使用。

【航空摄影】

天津市规划局组织开展2013年天津市航空摄影工作，主要获取天津市全市域0.5米分辨率航空遥感影像数据，工作成果主要用于1:5000 DOM数据生产、建库和1:1万地形图更新。

地图管理与地图服务

2013年，天津市有关测绘地理信息部门依法办理地图编制审核12件次，其中地图6件次、图书（报纸、期刊）插附地图5件次、互联网地图1件次。编制天津市应急挂图、轨道交通图、历史风貌图册、革命遗址图册等地图产品20多种。在天津市重点工程“四清一绿”一号工程项目中，为天津市民政局、水务局、林业局和环保局制作天津市社区物业盲点分布图、林业资源分布图等专题图20多幅。

测绘地理信息成果管理与应用

【地理信息系统开发】

天津市规划局组织在地理信息公共服务平台上增加各类兴趣点信息，更新公开版电子地图、政务版电子地图、航空影像图等数据；开发业务流管理及智能移动端应用等新功能，以及基于安卓和苹果操作系统的服务平台，加载了文化中心、海河流域等地区高精度地上建筑及地下管线三维数据；完成天津市道桥设施动态养管平台、“影像天津”触摸屏互动系统、包头市地理信息公共服务平台等系统建设；为天津市质量技术监督局、河西区政府等多个部门提供相关技术服务。

【地理信息资源共建共享】

天津市相关测绘地理信息部门为“美丽社区建设”工作提供技术支持，在河北区王串场街、汉沽区寨上街和河西区友谊路街开展三维数字社区系统建设试点工作，与市民政局合作开展社区管理信息系统开发项目，与市国土资源和房屋管理局合作开展物业管理地理信息系统开发建设；利用三维激光扫描技术对50多个历史风貌建筑实体进行扫描，建立了高精度三维模型，为历史风貌建筑的展示、修缮、科研等提供了详实信息，同时积极拓展该技术在文物保护方面的作用，与市文物局合作开展蓟县摩崖石刻高精度三维模型制作工作；开发北辰区京津城际两侧和黑牛城道两侧规划综合提升改造地理信息系统、中新生态城动漫园区综合服务平台等多个管理系统。

科技、标准化与国际合作

【科技成果转化及应用】

天津市有关测绘地理信息部门开展智慧城市、快速出图等多项先进技术研究，其中“基于制图数据与GIS数据的地理信息数据整合方法”等7项技术已向国家申报发明专利。此外，测绘生产管理系统、测绘产品质量检查系统、基于车载激光雷达测量技术的大比例尺地形图测量系统等成果转化应用工作进展顺利。

【科技项目管理】

天津市规划局修订《天津市规划局科技项目管理办法》并于5月19日正式印发执行。组织完成2013年度局科技计划项目编制和下达工作，确定2013年度局科技计划项目30项，其中对外公开征集项目承担单位的项目10项、自主研发项目20项。申报部级课题立项6项，市科学技术委员会项目10项，市建设交通委员会项目5项。建立并完善局专家库及科技项目信息管理库，整理录入705名专家的信息，收录2010年～2011年25个科技项目资料及2013年度科技项目资料。

【科技活动】

天津市规划局组织举办主题为“提升科技素质建设美丽天津”的天津市第二十七届科技周活动；认真研究各区县提出的126个需要协调解决有关科技方面的问题，已答复85个；组织访问学者报告会、专题学术报告会、研讨会、展览会等24场次，1万多人参加；组织青年干部赴典型建筑、重点工程施工现场进行参观学习。

【专利情况】

2013年，天津市规划局申报并获取发明专利1项（城市部件自动化测量方法ZL201110001906.1），实用新型专利1项（用于预留注浆孔道注浆补漏施工方法的膨胀胶塞ZL201220369419.0）。

【标准化工作】

天津市规划局组织申报的地方标准《天津市基础地理信息要素数据字典第2部分：1:10000基础地理信息要素数据字典》，已被天津市质量技术监督局列入2013年度第一批天津市地方标准制修订计划。

【对外合作与交流】

天津市测绘院与美国国际FCC集团公司培训中心合作，举办“测绘地理信息技术在民生工程中的应用”主题论坛，选派9人赴美国交流。参与中国与柬埔寨500万吨炼油项目，初步达成合作意向。6月，天津市勘察院组织派员赴德国、保加利亚就卫星导航技术应用和无人机系统进行技术交流与调研。

【人才培养】

天津市有关测绘地理信息部门制定《天津市规划局“十二五”人才发展规划》和《天津市测绘院“十二五”人才发展规划》，在重点人才培训工程中明确了高技能人才培训的具体内容。在专业技术人才培养工程中，分领军人才、专业技术带头人和优秀青年技术人才3个类别逐年按照分解任务抓好落实。天津市规划局选拔产生28名授衔专家（测绘专业7人）、144名专业技术带头人（测绘专业34人），分2期赴新加坡、港台地区进行专业培训。借助天津市“131”创新型人才培养工程平台进行人才培养，2人进入第一层次，9人进入第二层次，13人进入第三层次。3人入选国家测绘地理信息局青年学术和技术带头人培养库，2人为全国工程勘察设计大师推荐人选，3人为天津市授衔专家推荐人选。

天津市规划局会同市人力资源和社会保障局举办天津市第二届测绘地理信息行业职业技能竞赛暨第三届全国测绘地理信息行业职业技能竞赛选拔赛，全市24支队伍、72名选手参加比赛。天津市测绘院成绩突出，并代表天津市参加第三届全国测绘地理信息行业职业技能竞赛。地图制图和地籍测绘2个专业纳入天津市一类竞赛项目，获奖人员获得天津市人力资源和社会保障局、天津市总工会、共青团天津市委和天津市妇女联合会的表彰。

党的建设与文化建设

【党的群众路线教育实践活动】

天津市规划局通过反复查摆和开展“五必谈”，

班子成员查找出“四风”方面问题141个、分析原因55条。组织开展“接地气”体验活动，运用“走、听、看、讲”的方法，深入基层听取群众意见，现场察看实际困难，在换位思考中查找作风上存在的问题。局领导班子13名成员、局系统217名处级干部，1600多名党员干部参加了体验活动，共组织下基层服务3286人次，走访街道、社区213个，学校、医院、建设单位等398家，整理形成167份体验报告。天津电视台、天津广播电台、《天津日报》等媒体对天津市规划局开展的“下基层、进社区、贴民意、惠民生”民情体验活动进行了专题报道。

【落实中央八项规定和国家测绘地理信息局党组十项措施】

天津市规划局对贯彻落实中央八项规定情况进行自查，向天津市纪委按时上报了自查报告。7月和10月，在局系统纪检监察干部和所属单位、机关处室在职干部中开展会员卡专项清退活动。在局领导班子成员、机关处级以上干部中开展严禁党政机关出资购置车辆注册登记在个人名下自行承诺工作。全局系统干部职工3190人均做出零持有报告。召开中秋、国庆期间刹住公款送礼、公款吃喝和奢侈浪费等不正之风专题会议，印发停止以任何名义印制、购买、馈赠、寄送贺卡、挂历和台历的通知。

【党风廉政建设】

天津市规划局组织局属单位、机关处室主要负责人与局党组签订《2013年规划局系统党风廉政建设责任书》，制定《市规划局2013年党风廉政建设和反腐败工作任务分工意见》，落实“谁主管，谁负责”和“一岗双责”制度。修改重点岗位和关键部门廉政防控措施，编制审批权力风险防控流程图，印发《市规划局重点部门关键岗位廉政风险防控手册》并发至局属各单位和机关各处室，签订廉政承诺书，建立廉政档案。对全局确定的廉政风险点逐一划分风险等级，确定高级风险点221个、中级风险点614个、低级风险点6个。认真查找“一网保廉”信息化规划管理系统在应用中存在的问题，提出10项深化完善的具体措施，将违法违纪举报查处系统纳入“一网保廉”监督范围。

【基层党建工作】

天津市测绘院通过座谈会、问卷调查、群众意见箱等方式，共征集意见和建议282条；领导班子查找“四风”方面问题16个，班子成员查找问题23个；制定整改方案、细化任务书、开展“回头看”活动，在学风、会风等15个方面落实整改，解决了退休职工医药费、住房补助等37个突出问题；制定18项长效工作制度。坚持中心组学习制度，全年组织中心组学习12次，班子成员带队外出调研25次，到基层调研、交流座谈26次；开展“创先争优”评比、“十佳青年”评选、精神文明共建、困难村帮扶等专题、专项活动22项，开展“天测大讲堂”11次。

【文化建设】

天津市规划局建立以“精神文化、制度文化、行为文化、育人文化、形象文化、廉政文化”为核心的文化建设体系，局机关提炼以“科学规划和谐发展”为核心，涵括规划理念、工作理念等9个理念的文化价值理念体系。局文化建设课题入选市级重点社哲课题。出版文化建设论文集，印制文化建设成果宣传册和宣传版，召开天津市规划局文化建设成果发布会。以天津市测绘院为测绘文化建设基地，初步形成具有天津测绘特色的核心价值体系。制定下发《2013年天测文化建设实施方案》，在OA内网建立了教育实践活动等12个宣传专题。天测网站连续3年获得测绘地理信息系统网站绩效评估非政府网站前三名。组织召开“三维数字社区”等新技术宣传会，12家社会媒体进行宣传报道。在《中国测绘报》、国家测绘地理信息局网站等媒体发表新闻稿38篇。组织定向越野等职工小家活动150多次，组织青年趣味运动会、摄影艺术展等文化活动24项；积极开展羽毛球、声乐等7个职工社团活动。

地方社团工作

【组织建设】

2013年，天津市测绘学会召开理事会、常务理事会3次，发展团体会员3家、个人会员207人。对不遵守学会章程的4家单位予以除名。召开第七届会员代表大会，完成换届工作，通过了第六届理事会工作报告、学会新章程，投票选举出第七届理事会理事。

【学术活动】

天津市测绘学会8个专业委员会全年共开展学术活动20场次，参加人数2061人次。组织召开2013年度学术年会，53家会员单位和有关部门派员参加。全年出版《天津测绘》2期，发表论文72篇、发行1100册。

【评奖活动】

天津市测绘学会组织评选出天津市优秀测绘工程奖76项，其中一等奖7项、二等奖27项、三等奖42项，授予天津市测绘院等5家单位为天津市2013年度优秀测绘工程奖评选工作先进组织单位、张慧等10人为先进组织个人。

河北省

概况

2013年，河北省地理信息局全面贯彻落实国家测绘地理信息局和河北省委、省政府的工作部署，大力推进各项测绘地理信息重点工作。河北省渤海测绘管理中心成立，各设区市均加挂“地理信息局”牌子，70多个县（市）完成更名挂牌工作。河北省政府常务会议审议通过《河北省地理信息交换共享管理办法》，建立测绘项目备案登记、基准数据提供、成果统一检验、成果汇交、资质管理五位一体的市场监管模式。截至年底，全省共有测绘资质单位722家，其中甲级45家、乙级100家、丙级200家、丁级377家。

全省11个设区市数字城市建设全部立项启动，26个县（市）批准立项，15个县（市）启动建设。“天地图·河北”升级到2.0版本，石家庄、邯郸、廊坊市级节点上线运行。地理国情普查工作全面推进，省政府印发通知，成立领导小组，落实经费5025.25万元，普查工作稳步推进。

基础测绘规划稳步实施，财政投入机制更加健全，各级财政共投入基础测绘经费1.1亿元。省级完成470幅石保沧测区、邢台市区、隆尧县地区1:1万数字线划图和数字正射影像图更新和入库工作。完成全省5000个帮扶村和3029个农村面貌改造提升村测图工作。全年向社会各界提供各种比例尺地形图2841幅，“4D”产品数据282GB，航摄数据成果6102GB，控制点成果424个。

科技装备创新步伐加快，建成河北省地理信息应急监测卫星通信系统，实现三维城市模型的快速建立及批量生产，利用美国贷款建设基础测绘现代化技术装备体系项目获国家发展和改革委员会批准并稳步实施。全年派出3个团组出访培训，接待3个外宾团组来访，推进地理信息事业的对外交流与合作。

干部职工队伍不断壮大，全局共有国务院特贴专家1人，国家测绘地理信息局青年学术和技术带头人3人，省突出贡献中青年专家2人，省“三三三”人才工程第二层次3人。河北省地理空间技术创新基地建成并投入使用。在全国省级部门贯彻落实科学发展观2013年度测绘地理信息工作绩效考核中，河北省地理信息局名列第3，连续3年受到国家测绘地理信息局表彰奖励。

重点工作推进

【数字城市建设】

河北省11个设区市数字城市建设全部立项启动，数字石家庄在原有10个应用示范的基础上，新增2个应用系统，用户数量稳步增加。邯郸、廊坊、秦皇岛3市完成建设任务并申报验收。2013年省级财政预算2250万元，推动市县数字城市建设，全省26个县（市）批准立项，15个县（市）启动建设。其中，正定县申请为全国县级数字城市建设试点城市。

6月25日，经河北省委组织部批准，河北省地理信息局举办河北省数字城市建设县（市）长专题研讨班，全省11个设区市国土资源局主管副局长、分管地理信息工作的副县（市）长和县（市）国土资源局主要负责人130多人参加，为全面推进县（市）级数字城市建设打下基础。

【“天地图·河北”建设】

2013年，河北省地理信息局在局属基础地理信息中心成立“天地图”事业部，开展河北省15-17级矢量数据整理、融合、配图、切片等工作，分2

期完成河北省级节点与国家主节点的数据融合同构工作，完成全省8068幅1:1万矢量数据更新和“天地图·河北”2.0版本升级改造，实现与河北各大门户网站链接。新增空气质量信息发布、事业单位分布、测量标志管理、街景4个典型应用。石家庄、邯郸、廊坊市级节点上线运行。

【地理国情普查】

7月18日，河北省政府印发《河北省人民政府关于做好第一次全国地理国情普查的通知》，明确河北省开展第一次全国地理国情普查的目的、对象和内容、时间安排、组织实施、经费保障和工作要求。8月21日，河北省地理信息局编制完成《河北省第一次全国地理国情普查实施方案》并通过专家论证。河北省第一次普查经费预算3.37亿元，2013年落实5025.25万元。9月3日，河北省政府办公厅印发《关于成立河北省第一次全国地理国情普查领导小组的通知》，成立由主管副省长张杰辉为组长，24个省直厅局相关领导为成员的领导小组，领导小组办公室设在河北省地理信息局。河北省地理信息局所属各普查单位分别成立地理国情普查工作机构，抽调专业人员组成普查队伍，形成国家、省、普查单位三位一体，上下联动的普查工作制度。10月28日，河北省第一次全国地理国情普查领导小组第一次会议召开，副省长张杰辉出席。

河北省地理信息局先后开展9次省级技术培训，培训骨干技术人员360多人、普查作业人员3000多人。与普查建设单位签署目标责任状，组织开展地理国情普查试点工作，试点区域约3600平方千米。加强普查进度管理，制定普查进度表，坚持月报制度和每月生产协调例会制度。制定《河北省地理国情普查过程质量监督抽查实施方案》，组织开展普查质量培训班。完成30多个省直厅局专题资料收集和170多个设区市、县（市、区）专题资料收集部署工作。截至年底，共完成全省17.5万平方千米遥感影像处理工作，34%内业采集编辑和10%核查工作。开展石家庄市空间格局变化监测、衡水湖重要湿地变化监测、曹妃甸工业园区变化监测等监测工作。

【河北省地理信息交换共享管理办法】

11月19日，河北省政府常务会审议通过《河北省地理信息交换共享管理办法》，以省政府令颁布，2014年1月1日正式实施。该办法规定了地理信息交换共享的范围，明确了参与地理信息交换共享的政府有关部门；明确了地理信息交换平台建设的原则，要求县级以上政府将地理信息公共服务平台及相关应用系统的建设、运行和维护纳入本级基础测绘规划和信息化发展规划；规定了无偿提供和使用地理信息的范围。要求地理信息工作主管部门建立突发事件应急处置地理信息保障机制。

法制建设与市场监管

【制度建设】

《河北省测绘成果管理办法》修订案经省政府常务会议审议通过。河北省地理信息局承担《中华人民共和国测绘法》修订工作中“地理信息安全与应用”子课题修订研究工作。制定印发《河北省测绘资质巡查办法》《关于进一步下放行政管理事权的通知》。开展省政府规章、非行政许可审批和行政监管事项清理工作，保留非行政许可审批事项2项、行政监管事项8项及规范性文件23件。

【执法队伍建设】

河北省地理信息局组织对河北省地理信息市场管理中心执法人员开展专题执法培训，办理测绘行政执法证件。组织40多人参加国家测绘地理信息局举办的甲级测绘单位负责人、行政执法人员培训班各2期。11月28日，举办河北省测绘地理信息行政管理培训班，各设区市、省直管市、扩权县（市）测绘地理信息主管部门90多人参加。

【依法行政】

河北省地理信息局下放丁级测绘资质审核、测绘作业证审核发放与注册、测绘项目备案登记、基础测绘成果资料提供使用审批、地图审核等一批行政管理事权，制定事权下放实施细则，明确下放行政管理事权的条件、程序、依据、期限。以优化流程、压缩时限为重点，进行行政审批项目流程再造，对保留的8项行政许可、2项非行政许可审批、8项行政监管事项办理流程按照统一模式进行重新设计，明确专人全程协办，建立两岗审结制度，实现主要事项网上办理，时限在原来基础上压缩30%以上，审查环节减少20%以上，申报材料精减10%以上。

【行政执法】

河北省地理信息局制定印发《全省测绘地理信息系统开展规范基层执法行为提高行政执法能力专项活动实施方案》，对工作任务进行分解，提出力争用3年时间，建立权责明确、行为规范、监督有效、保障有力的测绘地理信息行政执法体制的目标。组织开展测绘行政执法证注册、清理工作，市、县测绘地理信息行政主管部门（包括国土资源所）确定2人以上专门执法人员并向社会公布，将执法层级延伸至管理最基层。制定《2013年河北省测绘地理信息行政执法检查工作实施方案》，开展行政处罚案卷评查和测绘地理信息六五普法中期督导检查工作，推荐6份案卷报国家测绘地理信息局参与案卷评查。

开展“问题地图”专项治理、保密检查、互联网地图等专项执法检查，加大对测绘地理信息市场的整治力度。排查非法互联网地图网站361个，对存在“问题地图”的网站下达责令整改通知书。据不完全统计，2013年全省各级测绘地理信息行政主管部门开展执法检查116次，开展重大专项执法活动17次，发现涉嫌违法行为123起，立案调查5起，作出行政处罚1起，罚款1万元。所有行政处罚案件均及时报送国家测绘地理信息局备案。

【法制宣传教育】

3月，河北省地理信息局印发《2013年全省测绘地理信息法制宣传教育工作要点》，部署全省测绘法制宣传教育工作。印发《关于做好测绘地理信息法制宣传教育有关工作的通知》，部署以“依法规范地图市场，更好服务社会大众”为主题的系列宣传活动。8月29日，举办测绘法宣传日活动，河北省地理信息局、衡水市国土资源局、冀州市政府相关领导参加衡水市主会场活动，现场发放宣传材料1万多份，解答群众咨询2000多人次。宣传日当大，全省各地共设立宣传站点200多个，制作宣传展板800多块，悬挂彩球、横幅标语、设置拱门1000多条，印制宣传品10万多张，发送公益短信近1万条。召开测绘法宣传日活动座谈会，就地理信息机构建设、数字城市、地理国情普查、基础测绘等重点工作进行讨论交流。开展测绘地理信息法律知识有奖竞赛活动。

【统一监管】

2013年，全省各级测绘地理信息行政主管部门累计受理测绘项目备案登记事项2900多件。河北省地理信息局全年共审批发放测绘作业证309个，测绘作业证件办理实现网上申请、审核和制作。加强对全省航空摄影和遥感资料的统一管理，提高航空摄影、遥感资料的使用效率。

【市场专项监管】

河北省地理信息局以测绘项目备案登记、市场巡查为日常监管手段，重点加强无证测绘、超资质范围测绘，漏绘、错绘国家版图图形等各类测绘违法案件的查处工作。联合工商、新闻出版及保密等部门开展测绘地理信息市场监督检查活动，对无证测绘、违法编制出版地图、擅自提供利用涉密测绘地理信息成果等违法案件进行查处。加强网上地图、涉外测绘项目等重点领域监管。举办测绘管理人员、核心涉密人员、标准化和质检人员培训班及测绘地理信息项目招标投标等培训班，提高各级管理人员和测绘地理信息从业人员的法制意识和工作水平。

【专项检查】

按照国家测绘地理信息局的统一部署，河北省地理信息局联合省国土资源厅、省国家安全厅、省保密局印发《关于开展河北省地勘行业涉密测绘成果和地质资料使用与管理专项检查的通知》，制定专项检查工作方案，成立专项检查领导小组，赴邢台、保定、石家庄3市对河北省地矿局第十一地质大队等7家单位进行专项检查，对发现的问题责令整改，检查总结报告及时报送国家测绘地理信息局。

【测绘资质管理】

河北省地理信息局严格测绘资质审批管理，实行两级审核、处务会集体研究、处务会会议纪要纪检部门备案制度。2013年受理测绘资质申请72项（批准67项、不予许可5项），审批名称、地址、法人等信息变更89家。上报新申请甲级测绘资质单位4家，甲级增加业务范围5家。

结合测绘资质年度注册工作开展测绘资质巡查，共巡查54家不同等级的资质单位，行政约谈11家，缓期注册21家，注销测绘资质11家。将相关测绘资质违法情况向各级测绘地理信息主管部门和测绘单位进行通报。

【信用体系建设】

河北省地理信息局根据国家测绘地理信息局统一部署，6月底前征集上报全省测绘单位不良信用信息，协助完成甲级测绘单位信用信息评价发布工作，完成乙、丙、丁级测绘单位信用信息评价发布工作。评级涉及乙、丙、丁级单位515家，按基本信用信息、良好信用信息和不良信用信息综合计分，评出A级单位17家、B级单位493家、C级单位5家。

基础测绘

【省级基础测绘计划】

河北省地理信息局积极争取省财政和国土资源部门投入；制定2013年省级基础测绘年度计划，加大基础地理信息数据采集、建库、数字航摄等专项的投入力度；制定年度1:1万数字线划图生产和入库、数字城市、“天地图·河北”、地理国情监测及普查等项目的任务量和完成时限。

【基础测绘项目】

河北省测绘地理信息部门完成石保沧摄区像控和数字正射影像图制作410幅，邢台市区、隆尧县地区1:1万数字线划图更新60幅。启动省级基础地理信息数据库升级改造工程，完成全省1:1万基础地理信息数据坐标系转化和标准数据生成。完成各设区市城区、部分县（市）城区以及约8000个村大比例尺地形图测制工作。完成河北省卫星定位综合服务系统核心软件扩展升级，优化系统网络性能。完成河北CORS系统崇礼、文安、河间、黄骅等已有气象局站点及渤海新区新建站点迁址踏勘、环境测试工作，完成临城站迁站土建、设备安装调试等工作。河北省地理信息局制定全省2013年度航空摄影和遥感资料统一购置及处理计划。省财政安排资金740万元，统一购置河北省范围资源三号卫星影像，实现河北省2.5米分辨率卫星影像全覆盖。影像资料使用率达到100%。

河北省地理信息局承担国家现代测绘基准体系基础设施建设一期工程GNSS连续运行基准站建设、国家1:5万数据库更新抽检、正定县新农村建设测绘保障服务示范等项目。完成GNSS网建设项目1221千米一等水准观测工作，灵寿、围场、涞水、丰宁4个新建基准站土建工作；开展曲阳、深州、临西、遵化4个基准站改建工作。国家1:5万数据库更新抽检项目完成河北省境内2012年更新数据的抽检。正定县新农村建设测绘保障服务示范项目完成立项、实施方案编制评审及报批工作。

【质量管理】

河北省地理信息局认真落实《河北省基础测绘管理办法》，委托河北省测绘产品质量监督检验站完成55家测绘单位55个测绘地理信息项目的监督检验工作，完成11个设区市169个市县5000个帮扶村地形图成果的检查验收及数字廊坊地理空间框架、昌黎1:5000地形图调绘、保定1:500地形图修补测等18个项目验收工作。完成河北省农村集体土地确权登记发证1:2000数字线划图制作的验收工作。

【全省帮扶村规划紧急测图项目】

河北省地理信息局承担2013年全省深化加强基层建设年活动帮扶村和农村面貌改造提升行动重点村的村庄规划测图工作。及时制定工作方案，与省住房和城乡建设厅沟通，筛选出重点帮扶村。7月，完成并向省住房和城乡建设厅提供全省5000个深化加强基层建设年活动帮扶村和3029个农村面貌改造提升行动重点村的村庄规划编制所需1:1000正射影像图和数字线划图等资料。

【安全生产】

河北省地理信息局制订《河北省地理信息局安全生产应急预案》，建立完善局安全生产应急组织机构。编制《测绘地理信息安全生产手册》，发放给作业一线的职工。开展“安全生产月”活动，加强生产一线督导检查，全局安全生产情况总体良好。

地图管理与地图服务

【地图监管与审核】

河北省地理信息局深化“问题地图”专项治理与日常巡查工作，委托省地理信息市场管理中心对11个设区市的地图市场进行全面集中和不定期排查，重点检查“5·18”廊坊国际经济贸易洽谈会、石家庄正定小商品博览会、石家庄图书批发市场、火车站、大型商场等场所，共查扣违法地球仪32件、“问题地图”140多幅、存在“问题地图”宣传册1200多本，制止和撤销含有“问题地图”的大型展牌6块，与43家地图销售商及地球仪销售商签署《增强测绘法律法规意识自觉维护和净化地图市场倡仪书》。开展互联网地图服务监管，利用互联网地理信息安全监管系统对1000多个网站进行互联网上传涉密地理信息标注监控，排查兴趣点信息，对存在严重政治性问题的电子地图和网站，及时告知并限期改正。

严格执行地图审核质量委托检验、地图审核结果网上公告、地图出版样本备案等一系列行政许可制度，全年共受理地图审核行政许可39项。

【地图编制与出版】

河北省有关测绘地理信息部门先后出版河北省电子地图、省领导工作用图电子版、河北省卫星影像图、河北省及石家庄市扶贫挂图、张家口申办2022年冬奥会用图等专题地图1.2万多幅（册）。

【国家版图意识宣传教育】

河北省地理信息局印发《河北省国家版图意识宣传教育和地图市场监管2013年工作要点》，进一步深化宣传教育“进学校、进社区、进媒体”活动。以“8·29”测绘法宣传日和“12·4”法制宣传日为契机，制作宣传展牌，印制地图宣传材料3万份，在宣传日当天向广大群众免费发放。将国家版图意识宣传教育作为地方测绘地理信息管理干部培训的一项重要内容。

测绘地理信息成果管理与应用

【成果汇交】

河北省地理信息局加强测绘资质单位成果汇交管理，组成工作组赴各市进行工作督导，全年汇交测绘地理信息成果864项。

【成果质量监督】

河北省地理信息局开展2013年测绘地理信息成果质量监督检查，编制监督检查工作方案和技术方案。对57家甲、乙级测绘资质单位的测绘地理信息成果进行检查，被检单位数量占甲、乙级单位的41%。检查结果显示，测绘资质单位成果质量体系、质量状况良好。

【成果审批与提供】

河北省地理信息局全年共完成测绘地理信息成果行政审批事项313项，受理并审批省外申请128项。提供各种比例尺模拟地形图2841幅，提供“4D”产品282GB，航摄数据成果6102GB，各等级控制点成果424个。

【成果保密管理】

河北省地理信息局建立健全保密管理制度，制定《地形图保密技术处理系统使用管理规定》《地形图保密技术处理情况备案制度》及《河北省地理信息局涉密载体与计算机网络保密管理规定》；加强对重点部门、重点部位核心涉密人员管理，组织4名核心涉密人员参加国家测绘地理信息局组织的培训，实现全行业核心涉密人员全部持证上岗。结合事权下放工作，分11批次对全省测绘地理信息行政管理人员进行测绘地理信息保密培训，培训人员356人次。开展测绘地理信息成果保密检查工作，与省保密局组成检查组，对行业16家民营企业进行测绘成果保密检查，进一步摸清保密工作底数。开展涉密地理信息成果资料安全保密跟踪检查，制定工作方案，深入保定、唐山、秦皇岛、承德等市检查大宗地理信息用户10家，发出整改通知书1份。加强涉密测绘地理信息成果提供使用管理，严格执行提供使用审批办法、提供审批程序和具体要求，实现成果管用分开。

【测量标志管理】

河北省各级测绘地理信息管理部门认真落实乡镇国土资源所管理测量标志职能，加强对测量标志及基础设施的维护。结合权力下放事项，将测量标志普查工作改为市、县测绘日常管理工作，2013年石家庄、张家口2市完成测量标志详查工作。

【共建共享】

9月5日，河北省地理信息局与中国人民解放军某部队签署合作共建协议，建立河北省区域军地测绘工作通报制度，在测绘地理信息成果共享共建、测绘技术支持、项目合作共建、异地数据备份、成果使用与保密等方面加强合作。

11月27日，河北省地理信息局与某部队签署战略合作协议，双方建立卫星影像数据应用合作联络机制，加强卫星影像数据资源建设和卫星影像产品应用开发，建立卫星影像产品加工与应用开发合作机制，推进卫星影像数据的共享利用。

【服务经济建设】

河北省地理信息局开展全省1:1万基础地理信息数据DLG2000国家大地坐标系转换工作，对河北省1:1万地形图按照国家规范进行地形类别的划分。整合省、市、县三级行政区划图以及城市规划、国土资源、交通运输、水利农业等30多类400多幅图，制作《河北省电子地图集》。完成卫片执法专项设备项目、利用现代遥感技术开展全省国土资源系统土地执法监察工作项目、河北省新民居建设用地多维动态管理系统项目、省地震局数据整理项目、省国民经济动员管理信息系统升级改造项目、省第二次全国地名普查三维可视化平台项目。开展石家庄气溶胶时空特征星地协同观测项目和省级地理信息公共平台建设。

【服务国土资源工作】

河北省地理信息局实施“河北省村庄地籍调查数字线划图制作”“全省设区市及部分县（市）数字城市建设中国土资源基础数据采集”“唐山海岸带、海岛三维地表模型建设示范工程”“利用现代遥感技术开展省级卫片执法检查”等项目，服务领域包括土地执法、地质灾害监测、海洋资源调查等。

【应急保障】

河北省地理信息局完善测绘应急保障机制，加强基础建设，配备国家地理信息应急监测车、测绘无人机和三角翼低空航摄系统等应急装备。3月26日，河北省政府应急管理办公室、省森林防火指挥部办公室、省地理信息局、承德市政府在承德市联合举办首次地理信息无人机火灾现场信息监测实地演练，实战检测河北省地理信息应急支撑系统的保障能力。9月，按照省政府应急管理办公室统一部署，参加河北省地震应急演练。河北省地理信息局全年为省地震局地震应急平台建设提供1:1万地形图6500幅，为省政府应急管理办公室提供承德市三维地理信息数据和全省三维影像数据，为中共中央办公厅提供北戴河中直机关疗养院影像图，为中宣部提供河北省涞水县影像图、1:1万地形图和省电子地图集。

科技、标准化与国际合作

【科技成果】

2013年，河北省测绘地理信息行业21项科技成果分别获得2013年中国测绘学会测绘科技进步奖、全国优秀测绘工程奖，以及中国地理信息产业优秀工程奖和卫星导航定位科技进步奖。2013年度河北省优秀测绘地理信息工程奖获奖项目共108项，其中一等奖17项、二等奖47项、三等奖44项；2013年度河北省测绘学会科技进步奖56项，其中一等奖12项、二等奖16项、三等奖28项。

【测绘标准化】

河北省地理信息局制定标准化培训学习计划，9月，组织测绘地理信息质检人员培训班，对全省丙、丁级单位质检人员开展质检标准培训。组织人员参加国家测绘地理信息局2013年测绘地理信息质量检验标准培训班、测绘地理信息标准化基础培训班和数字城市建设与应用标准化培训班，推动全省测绘标准化工作。

【人才培养】

河北省地理信息局完成2013年国家测绘地理信息局青年学术和技术带头人考评和增选推荐工作，2人考评合格，1人新增选为国家测绘地理信息局青年学术和技术带头人。全局共有国务院特贴专家1人，国家测绘地理信息局青年学术和技术带头人3人，省突出贡献中青年专家2人，省“三三三”人才工程第二层次3人。全年共培训各类人员1000多人，14人通过注册测绘师考试，1985人通过职业技能鉴定培训。与中国矿业大学合作举办工程硕士研究生班。

【对外合作与交流】

河北省地理信息局积极开展对外技术合作与交流，继续拓宽测绘对外合作领域，加强与瑞典、美国、加拿大等国家的技术交流与合作。全年组织出访3批次10人，接待来访3批次10人。

利用美国贷款建设基础测绘现代化技术装备体系项目获国家发展和改革委员会批准，河北省地理信息局借用美国进出口银行主权担保贷款950万美元，主要用于购置直升机及机载激光雷达扫描系统、机载数码航摄仪、机载定位定向系统、数据处理系统等。所借国外贷款本息由河北省财政负责偿还，贷款期为9年。项目可享受进口免税优惠政策。

党的建设与文化建设

【党的群众路线教育实践活动】

河北省地理信息局深入开展党的群众路线教育实践活动。制定《中共河北省地理信息局分党组的群众路线教育实践活动实施方案》，成立局教育实践活动领导小组和办事机构。在深入开展学习的基础上，采取多种形式，广泛征求意见建议，共征求意见建议86条，归纳出3个方面主要问题。召开局分党组民主生活会，制定整改落实方案。开展领导干部正风肃纪、测绘地理信息市场监管提质提效、大气污染综合防治、农村面貌改造提升、地理国情普查推进、应急保障服务能力提升6项专项行动。公布《河北省地理信息局分党组克服“四风”十项承诺》，进一步优化审批流程，简化审批手续，以作风的转变推进工作的开展。

【党建工作】

河北省地理信息局印发《2013年度河北省地理信息局直属机关党委工作要点》，举行中共河北省地理信息局直属机关党委第二次代表大会，选举产生新一届局直属机关党委委员。严格党员发展工作，全年审批预备党员8名，党员转正12名。

【党风廉政建设】

河北省地理信息局召开局系统党风廉政建设工作

会议，印发《河北省地理信息局2013年党风廉政建设工作要点》；印发《中共河北省地理信息局分党组关于贯彻落实中央八项规定的实施意见》《中共河北省地理信息局分党组关于贯彻落实党风廉政建设责任制的实施办法》《关于中共河北省地理信息局分党组2013年党风廉政建设和反腐败工作任务分工的通知》，落实党风廉政建设责任制，逐级签订《党风廉政建设责任书》；加强干部队伍建设，举办处级干部培训班；抓好机关效能建设和行政权力公开透明运行工作，规范行政许可事项的办理程序；定期召开各级领导班子民主生活会，加强干部选拔任用工作监督，坚持干部任前谈话制度，促进全局各项工作的开展。

【文化建设】

河北省地理信息局组队参加全国测绘地理信息系统乒乓球赛，获团体第四名。参加全省国土资源系统运动会，获优秀组织奖。参加省直工委、省国土资源厅“清风杯”书画摄影评展活动，展出作品200多幅。举办局系统庆“3·8”职工文艺联欢会。

地方社团工作

【河北省地理信息产业协会】

6月1日，经河北省地理信息局同意，河北省民政厅批准，河北省测绘行业协会更名为河北省地理信息产业协会。3月，召开三届五次理事会，总结2012年工作、部署2013年工作。7月，河北省地理信息产业协会十佳单位表彰暨三届六次理事会在石家庄召开，150多人参加，表彰12家十佳单位、15家优秀单位、14家业绩良好单位。

【河北省测绘学会】

3月21日，河北省测绘学会召开七届四次常务理事会，审议通过河北省测绘学会2012年度工作报告及增补常务理事等事宜，围绕“测绘地理信息科技创新与企业发展”等专题进行交流发言。5月，地籍测绘专业委员会召开地籍测绘新技术应用交流会。7月，房产测绘专业委员会召开房产测量技术研讨会。11月14日，召开学会2013年度学术年会暨第七届五次理事会，120多人参加。

河北省测绘学会组织开展2013年河北省优秀测绘地理信息工程奖和河北省测绘学会科学技术奖评审工作，全省120个测绘项目申报河北省优秀测绘地理信息工程奖，62个测绘项目申报省测绘学会科学技术奖。经评审，评选出2013年度河北省优秀测绘地理信息工程奖108项，河北省测绘学会科学技术奖56项。

河北省测绘学会与河北省地理信息产业协会共同编辑出版《河北测绘》期刊4期，总发行量达到2800多册。按要求完成学会年检工作。

山西省

概况

2013年，山西省委、省政府高度重视、大力支持测绘地理信息工作。年初，省委书记袁纯清、省长李小鹏先后对测绘地理信息工作做出批示，属多年来首次。4月8日，常务副省长高建民到省测绘地理信息局调研座谈，提出明确要求。6月20日，省政府与国家测绘地理信息局签订《关于加强山西省国家资源型经济转型合作配套改革试验区测绘地理信息服务合作协议》。“8·29”测绘法宣传日活动期间，省委、省政府主要领导出席有关活动。

6月20日，山西省政府与国家测绘地理信息局签订加强合作协议。

组织实施全省1089幅1:1万基础地理信息数据采集任务。完成山西省1:1万基础地理信息数据库整合升级工作。国家GNSS连续运行基准站的新建和改造工作有序推进。加大对县级基础测绘的支持力度，实现省级基础测绘全省全覆盖。

山西省政府印发《山西省人民政府关于开展第一次全国地理国情普查的通知》（晋政发〔2013〕15号），成立由省委常委、常务副省长高建民任组长的普查领导小组，普查经费得到落实。完成陵川试点任务，成果数据及时上交国家测绘地理信息局。选取朔州市作为试生产区域，开展了试生产任务。

完成5个市、县数字城市项目建设任务，启动7个市（县）数字城市建设。太原市启动2项智慧城市（二期）国家“863”计划项目和智慧太原时空信息云平台建设，在全国率先开始数字城市向智慧城市的转型升级。山西省公共地理信息服务平台完成政务版和公共版2次省级节点数据更新；整合交通、国土、林业、公安等政府部门专题信息，新增10多个部门的应用系统。

完成3个重点测绘项目，启动4个新开发项目。11月15日，组织测绘应急保障演练，使用突发地质灾害应急监测移动平台和JD3飞艇航摄系统等先进设备，达到预期目的。为省重大项目山西科技创新城选址方案制作各种图件近100幅，为国家土地督察北京局华北五省土地督察提供技术支撑和保障服务。

成立山西省测绘地理信息院士工作站。考察遴选了7名科技带头人，资助科技项目10项，资助总额98万元；各单位配套科技经费152.7万元。山西省测绘地理信息局12项科研成果获省部级科技奖励。

完成首次全省测绘资质单位信用等级评价和发布，开展了行政处罚案卷评查工作。投入100多万元，加强测量标志管理和维护。开展国家版图教育，制定了教育规划。自主编制并赠送太原、朔州、晋城和临汾4市《版图教育知识读本》18.5万册。

重点工作推进

【数字城市建设】

完成数字古交、数字昔阳、数字朔州、数字介休和数字孝义项目建设并通过验收。完成数字忻州、数字运城项目建设。启动数字怀仁、数字高平及数字原平项目。落实数字太原成果应用项目经费500万元，开展了林业、园林等12个部门应用系统建设工作，至年底，共建成部门应用系统33个，开展技术培训和服务80多次。

太原市智慧城市研发中心编制完成《太原市智慧城市总体规划》并通过专家评审。8月29日，国家测绘地理信息局、山西省测绘地理信息局、太原市政府共同启动“智慧太原时空信息云平台建设试点”项目，项目有序推进。“智慧太原智能公交方案”获第三届巴塞罗那国际智慧城市博览会“智慧城市大奖决赛奖”。

【“天地图·山西”建设】

山西省测绘地理信息局完成对“天地图·山西”门户网站升级工作。集成交通、旅游、统计、气象、环保等专题信息，提供地图浏览、搜索、驾车等基本服务功能，以及统计年鉴数据展示、历史影像、矢量影像联动显示等特色功能。年内对“天地图·山西”的省级节点数据进行2次更新。完成省级数据与晋中、晋城2个市级节点数据的融合，在省级节点统一发布服务。省交通环境保护站、省气象局、省地质环境监测中心等7家单位通过公众网接入平台，省政府、省水利厅、省民政厅、省武警总队等单位通过政务内网接入平台。

完成环保噪声应用专题地图、旅游专题应用等10个专题的应用开发。在国家测绘地理信息局举办的第一届“天地图”应用开发大赛中，山西省综合地理信息中心的参赛作品“天地图·万里茶路”获二等奖。

【地理国情普查】

4月15日，山西省政府印发《山西省人民政府关于开展第一次全国地理国情普查的通知》。5月17日，省政府印发《山西省人民政府办公厅关于成立山西省第一次全国地理国情普查领导小组的通知》，由省委常委、常务副省长高建民任组长，成员单位包括省发展和改革委员会、省经济和信息化委员会、省财政厅等20个部门，领导小组办公室设在省测绘地理信息局。7月26日，省政府办公厅颁发山西省第一次全国地理国情普查领导小组及其办公室印章，并正式启用。8月7日，省测绘地理信息局组建山西省第一次全国地理国情普查领导小组办公室，明确了机构、成员和工作职责。

山西省测绘地理信息局组织实施了普查试点项目，陵川县地理国情普查工作被列为第二批试点项目，共投入60人，完成1700平方千米的普查试点任务，并向国家测绘地理信息局上交了试点县普查成果数据。选取朔州市作为试生产区域，下达试生产任务。

组织编制普查实施方案并通过审议。8月19日国务院电视电话会议结束后，省政府召开全省第一次地理国情普查动员部署会，高建民在会上对普查工作提出明确要求。测绘法宣传日活动期间，以“依法普查地理国情，测绘服务美丽中国”为主题宣传了地理国情普查工作的意义和作用，形成了良好的工作氛围。组织1期地理国情普查试点技术培训和3期地理国情普查技术专题培训，全省持证上岗的普查人员达500多人。

【重点项目】

“全省及区域地籍测量控制及服务体系建立”“航空与航天影像快速获取与处理系统建设”项目通过专家验收。“山西省汾河主河道流域生态地理环境影像信息系统建设”项目完成科技项目成果鉴定。“山西省高程测量现代化建设”项目完成年度生产任务。“全景影像数据库建设”项目完成全部DLG、DOM数据整理，运城、晋中城市全景影像数据获取及运城市辖区300多千米高速公路全景影像数据采集。

法制建设与市场监管

【立法工作】

山西省测绘地理信息局向省人大城建环保工作委员会报送了省十二届人大及其常委会五年立法规划建议项目、2014年立法计划建议项目；《山西省测绘管理条例》被列入省十二届人大及其常委会五年立法规划二类项目。向省政府法制办公室报送了2013年、2014年测绘地理信息立法计划建议项目。参加省人大法律工作委员会、省政府法制办公室组织召开的立法准备汇报会，对立法准备情况进行专题汇报。组织起草《山西省地理空间数据交换和共享管理办法（草案）》（送审稿）、《山西省测绘地理信息市场管理办法（草案）》（送审稿），并上报省政府法制办公室。制定印发《山西省测绘地理信息局测绘资质巡查办法》，修订印发《山西省测绘地理信息局测绘作业证实施细则》。

【测绘普法】

8月29日，山西省政府、国家测绘地理信息局在太原联合主办2013年全国测绘法宣传日主场活动，宣传主题是“依法普查地理国情，测绘服务美丽中国”。国家测绘地理信息局、司法部、山西省政府、山西省直有关部门、太原市委、太原市政府、山西省测绘地理信息局以及近30家新闻媒体等单位1000多人参加主场宣传活动。全省共发放各类宣传资料15万份，在《山西日报》刊发了宣传专版，在山西省测绘地理信息局门户网站开展山西省测绘法制与测量标志管理知识网上答题活动，向全社会发布测绘法宣传公益短信200万条。

山西省测绘地理信息局组织开展2013年依法行政宣传月和“12·4”全国法制宣传日宣传活动，开展了局机关及局属单位无纸化学法和普法考试工作。

【依法行政】

山西省测绘地理信息局组织完成2013年测绘行政执法证注册及新领证工作，全省共注册测绘行政执法证172人，新申请领取测绘行政执法证242人。继续深化局行政审批制度改革工作，印发《山西省测绘地理信息局行政审批办事指南》；组织开展行政审批项目清理工作，建议2项行政许可项目改为日常服务性工作，2项日常服务性工作下放市级测绘地理信息行政主管部门。年底，将测绘作业证件审核发放、距离永久性测量标志400米范围内新建大功率无线电发射设施审批2项日常服务性工作下放市级测绘地理信息行政主管部门。启用了升级后的省行政审批电子监察平台。

山西省测绘地理信息局政务服务大厅全年共接收各项行政许可申请489件。其中，测绘资质申请54件、测绘作业证申请53件、地图审核申请39件、基础测绘成果提供使用申请329件、测绘项目登记申请8件、永久性测量标志拆迁审批5件、建立相对独立平面坐标系统审批1件，已全部办结。

【测绘执法】

山西省测绘地理信息局组织开展2013年测绘地理信息行政执法检查工作，对《中华人民共和国测绘法》《山西省测绘管理条例》贯彻实施情况进行全面检查；11月，组织对11个市的行政执法检查情况进行监督检查。组织市级测绘地理信息行政主管部门开展2013年度测绘资质巡查工作。对太原航空摄影有限公司、山西航遥地理信息勘测中心和太原市并测科技有限公司等单位涉嫌违法测绘事宜进行了调查核实，并对其中2家的违法情况进行了全省通报。举办全省测绘地理信息行政执法培训班，60多人参加。组织参加2013年第一、二期全国测绘地理信息行政执法人员培训班，全省共18人参加。

【市场信用体系建设】

山西省测绘地理信息局进一步完善测绘地理信息市场信用体系建设，组织开展全省测绘资质单位测绘地理信息市场不良信用信息征集。完成首次全省乙、丙、丁级测绘资质单位信用等级评价和发布工作。460家测绘资质单位中，B级信用等级评价453家、C级7家，无不合格单位。依据有关规定，在测绘地理信息市场信用信息平台上发布2012年~2013年全省乙、丙、丁级单位信用评价结果。

【测绘资质管理】

山西省测绘地理信息局组织完成2013年测绘资质年度注册工作，全省应参加注册的单位498家，其中通过注册450家、缓期注册42家、注销测绘资质6家。依法开展测绘作业证件审核发放工作，自6月起，测绘作业证件审核发放变为日常管理事项。

截至年底，全省共有测绘资质单位540家。其中，甲级21家、乙级59家、丙级155家、丁级305家。

【房产测绘管理】

山西省测绘地理信息局为晋中市明灿测绘公司培训业务人员7人，并赠送学习资料。指导朔州市房产测绘质量专项检查，组织房产测绘单位技术人员学习房产测绘政策法规和技术规范。全年处理房产测绘热线电话和接待来访人员30人次。

【国家版图意识宣传教育】

山西省测绘地理信息局以进学校为重点，深入开展国家版图意识宣传教育“进学校、进社区、进媒体”活动。制定了“投资300万元，以进学校为重点，以初中生为对象，用三年时间对全省初中学生进行一次版图教育全覆盖”的规划，自主编制太原、朔州、晋城、临汾4市《版图教育知识读本》18.5万册。8月，与省教育厅联合在太原市三十七中学开展版图教育进学校和赠书活动，向太原、朔州、晋城和临汾4市17.3万中学生和团省委、省教育厅及相关市、县教育局免费赠送国家版图教育读本。

基础测绘

【省级基础测绘】

2013年，山西省级财政共投入基础测绘经费3136万元，保障了省级基础测绘工作。运城、晋城测区833幅1:1万基础地理信息采集项目的DLG成果（478幅）已通过验收；汾河流域、左权测区1089幅1:10万基础地理信息数据采集项目的外业调绘工作已全部完成。编制完成《山西省1:10000基础地理信息数据库整合升级实施方案》并通过专家评审。

【市、县基础测绘】

太原市落实基础测绘经费600万元，组织实施城区360平方千米1:500地形图修补测等工作。县级基础测绘经费全面落实，古交、清涂各落实经费30万元，阳曲、娄烦各15万元；共完成1:2000影像图制作80平方千米，1:500线划图修测、补测5平方千米。

忻州市共投入1390多万元开展原平、保德、偏关等11个县（市）的基础测绘工作，全市14个县（市、区）实现县级基础测绘数据全覆盖。

晋城市实现市、县两级筹措资金，主动开展基础测绘工作。市级取得财政资金预算经费598万元，泽州县争取财政资金100万元、阳城县争取财政资金72万元、沁水县组织矿山企业投资60多万元用于开展基础测绘。

长治市实现县级基础测绘全覆盖。潞城市结合数字城市项目建设，投入基础测绘经费345万元，长子县落实基础测绘经费80万元，吕梁市各县基础测绘进展有序。运城市对实施基础测绘项目的9个县共补助经费180万元。大同市将基础测绘任务写进各县（区）的目标责任状，推动了县级基础测绘工作。

【成果验收】

山西省测绘地理信息局完成国家1:5万基础数据山西全省更新检查项目，完成运城-晋城测区1:1万基础地理信息数据更新项目833幅、朔州市1:500基础测绘项目281幅等基础测绘成果检查验收项目12个，完成其他市场委托检验项目15个。

【质量管理】

4月16日，山西省测绘地理信息质量管理年活动正式启动。活动以“加强质量管理、提高质量意识”为主题，山西省测绘地理信息局成立活动领导小组，负责全省活动的统一组织实施；省、市、县三级联动，通过组织质量管理大调研、成果质量大检查、质量检验技术培训、优秀工程评选等活动，使质量检验员持证上岗和基础测绘成果统一委托验收2项制度得到落实。制定《山西省测绘地理信息局省级基础测绘质量管理实施办法》，建立山西省测绘地理信息质量检验专家库。

【测绘仪器检定】

山西省测绘产品质量监督检验站全年共检定水准仪、经纬仪、全站仪、GPS接收机、测距仪4000多台，其中不合格仪器389台。完成测距仪基线检定场、GPS接收机检定场、经纬仪检定台等检定设备的周期检定工作及新建测距仪基线检定场及GPS接收机检定场建标考核工作。加强实验室能力验证工作，先后与内蒙古自治区测绘产品质量监督检验站、河南测绘产品质量监督检验站、山西省计量科学研究院等单位完成经纬仪检定装置、水准仪检定装置、测距仪检定装置、GPS接收机检定装置的比对试验。

地图管理与地图服务

【地图编制审查】

2013年，山西省测绘地理信息局完成《山西省交通图》《山西省县域经济发展图集》等普通地图、地图册及网络地图审查32项。

【地图市场监管】

山西省测绘地理信息局出台《2013年全省地图市场重点监管内容及工作方案》，对全省互联网地图、地图导航定位产品中的违法违规行为，不符合现行公开地图内容表示规定、损害国家主权的有关地图的监督管理检查工作进行统一部署。全年全省共开展地图市场检查185次，收缴违法违规地图产品690件。

【大型地图集编制项目】

山西省测绘地理信息局组织完成朔州、阳泉、晋城、太原4个地级市的《山西省县域经济发展地图集》编制工作；启动大同、晋中、忻州3个地级市分卷的编制工作。组织召开《山西省非物质文化遗产地图集》选题论证会，实施了图集的总体设计及部分资料的分析整理工作。开展了《山西省行政区划历史沿革地图集》资料收集、分析、整理和样本、样图试制工作。

【为政府决策服务】

全年山西省测绘地理信息局为中央和国家领导人赴山西视察、省领导日常公务提供工作用图共570多幅。完成《2013版省领导工作用图》编制工作及《长治县实用工作图册》《朔州市领导工作用图网络版》研发工作。为全省11个地级市、108个县（区）免费制作城区影像图和县域地势交通图。“两会”期间，山西省地图院编制《山西省地图册》（16开本）并赠送“两会”代表1900册。

测绘地理信息成果管理与应用

【涉密测绘成果管理】

山西省测绘地理信息局制定《山西省涉密测绘成果跟踪检查工作方案》，组织了全省48家测绘成果领用单位的自查和抽查。11月，开展了为期一个半月涉及114家地勘资质单位的涉密测绘成果和地质资料使用与管理专项检查，选定太原、晋中等9个地级市12家单位作为重点检查单位，对发现的涉嫌泄密或严重违规问题，当场取证，依法查扣涉案成果资料和计算机、存储介质等涉案设备。

组织忻州、晋中等市测绘成果管理人员和测绘资质单位相关人员300多人参加涉密测绘成果管理人员岗位培训，其中103人参加考试、101人取得涉密测绘成果管理人员岗位培训证书。

【测量标志管理】

2月19日，《山西省测绘地理信息局测量标志管理实施办法》印发，自3月1日起实施。山西省测绘地理信息局全年办理测量标志迁建行政审批事项5件。山西省测绘地理信息局投资18万元，为临汾市西部8个县（市）设置测量标志警示牌。投资4万元，对已建成的山西省测量标志管理数据库进行数据维护和更新，同时，指导各市（县）测绘地理信息行政主管部门进行山西省测量标志动态管理系统的维护和更新。投资55万元，用于全省11个地级市部分测量标志维修。投资12.5万元用于太原、大同、朔州、忻州等地5座测量标志的恢复重建。投资12万元，用于太原市2座景观性测量标志建设。山西省测绘地理信息局举办山西省测绘法制与测量标志知识网上答题活动，共收到答卷5502份，对获奖人员和优秀组织单位进行了表彰。

【应急保障】

长治市天脊化工厂苯胺泄露事故、临汾市曲亭水库溃坝事故和吕梁市交口县“11·27”山体滑坡事件发生后，山西省测绘地理信息局迅速启动应急预案，及时提供事发地高分辨率卫星影像图和矢量地图，及基于政务内网的在线应急服务。“2·18”

襄汾县地税局家属楼爆炸案和汾西“8·24”恶性伤害儿童案发生后，山西省综合地理信息中心及时为省公安厅提供地形图、影像图，为案件的顺利侦破提供了技术支援。

【服务社会】

山西省测绘地理信息局向52家用户提供1:1万基础地理信息数据1551幅，数据量45GB；向12家用户提供1:5万基础地理信息数据44幅，数据量近1GB；向有关部门无偿提供基础地理信息数据1078幅，数据量4GB；提供各种比例尺地形图约4200张，各种控制点约640多个。

【服务重点项目】

山西省测绘地理信息局为山西科技创新城项目规划制作了山西科技创新城区域系列图、乌金山影像图、乌金山1:1万地形图、东山地势图等140多张。向山西科技创新城建设办公室提供了覆盖山西科技创新城规划区510平方千米的0.5米分辨率最新正射影像图以及最新的1:10万地形图34幅，北部主体区（核心区）20.3平方千米的1:2000、1:500地形图，南部主体区（产业区）80平方千米的1:2000、1:500地形图。

【服务政府部门】

山西省测绘地理信息局组织开发山西省地理信息空间数据库快速更新发布系统并通过成果鉴定。完成山西省集体林权管理数据库建设任务。山西省综合地理信息中心派专人长期为林业系统提供现场技术服务，为国家公益林一张图的数据采集汇总工作提供技术支持。山西省森林资源信息管理系统已在省林业厅稳定运行，该系统的县级版本在全省119个县、11个省直国有林管理局、400多个林场得到推广。

科技工作与人才培养

【科技创新】

山西省测绘地理信息局与中国工程院李建成院士团队合作成立了山西省测绘地理信息院士工作站，投入研发资金1000多万元，落实科研支撑项目5个。遴选了7名科技带头人，全年资助科技项目10项，资助总额250多万元。

“山西省煤层自燃遥感调查”项目通过验收。该项目在全省首次运用航空航天遥感、地理信息等先进技术，对全省6大煤田、5个煤产地煤层自燃的火区范围、灾害现状进行调查，为煤层自燃火区治理和生态环境恢复工程的实施提供了依据。“山西省重点城市建设用地遥感监测系统”建设项目通过验收，该项目对全省11个重点城市2500平方千米建设用地现状进行调查及监测，对打击土地违法占用行为等具有重要意义。

【科技奖励】

2013年，山西省测绘地理信息系统12项科研成果获省部级科技奖励。其中，“山西省地理信息公共服务平台”项目获山西省科技进步奖一等奖；“利用卫星定位系统建立与维持高精度坐标框架的关键技术及推广应用”项目获2013年中国测绘学会测绘科技进步奖一等奖，“山西省以工代赈管理信息系统”获三等奖；“山西省专题地图数据库”获2013年全国优秀测绘工程奖银奖，“太原市1:2000数字线划图缩编项目”获铜奖；“全栈式GIS平台uninpho的研制与应用”等2个项目获2013年中国地理信息科技进步奖二等奖；“数字阳泉地理空间框架建设项目”“山西省汾河主河道流域生态地理环境影像信息系统”获中国地理信息产业协会优秀工程奖银奖；“基于连续运行参考站系统进行GNSS接收机RTK检定方法的研究”获2013年中国卫星导航定位科技进步奖二等奖。

【人才培养】

山西省测绘地理信息局全年完成各类培训班24个，培训人数2443人次。其中，全省地理国情培训5期，培训人数500多人次；全省质量培训3期，培训人数700多人次。开展了执法培训、注册测绘师考前培训、工人技术等级考核培训等。举办测绘地理信息大讲堂9期，培训机关干部和测绘专业技术人员近2000人次。

党的建设与文化建设

【党的群众路线教育实践活动】

8月6日，山西省测绘地理信息局作为第一批开展党的群众路线教育实践活动的省直单位，正式启动教育实践活动，圆满完成三个环节各项任务。共组织集中学习7天、讲党课1次、专题讨论5次、专题辅导2次、观看各类影视片5次，收到学习心得156篇，形成调研报告6篇。通过在局门户网站设立征求意见栏、设立意见箱、公布投诉电话多种形式收集到162条意见和建议。局机关共聚焦“四风”方面问题28条，其他意见、建议8条；局领导班子聚焦“四风”方面问题36条，其他意见、建议32条；局领导班子成员聚焦“四风”方面问题共99条、其他问题22条。结合领导班子和局机关查摆出的“四风”方面问题，开展7个方面的专项整治活动，重点解决了16个问题。

【党建工作】

山西省测绘地理信息局修订了党建工作考核指标，与机关各处室、直属单位签定党建工作目标责任书，召开全局2013年党风廉政建设暨党建工作会议，印发全年党建工作要点。安排5名入党积极分子参加培训学习。开展“学习贯彻落实十八大推动测绘地理信息新发展”知识竞赛活动。以落实中国测绘职工政研会2013年度重点课题编组牵头工作为入手点，做好局政研会关于测绘地理信息核心价值观研究和关于开展学习型、服务型、创新型党组织建设2个课题的研究工作。

【党风廉政建设】

山西省测绘地理信息局召开党风廉政建设工作会议，印发2013年党风廉政建设和反腐败工作的实施意见。确定党风廉政建设年度重点，制定了《中共山西省测绘地理信息局党组关于落实中央改进工作作风密切联系群众的八项规定的具体措施》。全年全局各类会议活动次数和参加人数同比减少50%；文件种类同比减少7%、数量同比减少17.4%，支出经费同比减少63%；简报数量同比减少11.7%，支出经费同比减少22.6%；建立健全、强化落实有关规章制度37项。

开展会员卡和违规用车专项清退活动。全局干部职工741人提交了《个人会员卡零持有报告》和《个人报告承诺书》，未发现省纪委规定的八种违规用车问题；开展了停止新建楼堂馆所和清理办公用房专项工作，清退超标面积办公用房约187平方米；专项治理“吃喝不正之风”工作。加强“三公经费”管理，规范津贴补贴，局机关公务接待批次同比下降50%，接待人数同比下降47.1%，支出经费同比下降65.7%；加强公务用车管理，公务用车购置及维护费同比下降4.3%；公务出国（境）费用为零。

【文化建设】

山西省测绘地理信息局组织开展“服务创新忠诚奉献”山西测绘地理信息核心价值观诠释学习展示活动。组队参加全国测绘地理信息系统乒乓球比赛，获团体亚军；组织参加省直机关第九套广播体操比赛并获金奖；举办“测绘梦，我的梦”演讲比赛、山西省测绘地理信息局职工文艺汇演及第一届“测绘工程”杯乒乓球比赛。

地方社团工作

【山西省测绘学会】

5月22日，山西省测绘学会第八届会员代表大会在太原召开，完成了理事会换届工作。第八届山西省测绘学会工作机构和专业机构的挂靠单位及主任委员名单由学会理事长办公会议通过。

9月14日，山西省测绘学会参加在太原市举行的“保护生态环境，建设美丽中国”山西省2013年全国科普日活动，提供测绘地理信息现场咨询，免费发放最新版的《山西省交通旅游图》《太原市交通旅游图》《太原市政区图》和《山西省交通旅游图册》，积极宣传测绘地理信息工作。

【山西省地理信息系统协会】

3月21日，山西省地理信息系统协会召开一届二次常务理事会议，总结2012年工作，部署2013年任务，通过了增补常务理事、2012年财务状况等事项。

【山西省测绘行业协会】

3月，山西省测绘行业协会与中国测绘地理信息学会工程测量分会在太原联合举办GNSS测量技术及应用培训班。5月，召开第四次会员代表大会，完成换届工作。

内蒙古自治区

概况

2013年，内蒙古自治区国土资源厅紧紧围绕经济社会发展大局，积极推进基础测绘工作，进一步加强数字城市、“天地图”和地理国情普查等重大项目建设，测绘地理信息公共服务能力进一步提升。

2013年，国家和自治区财政基础测绘项目经费总投入12253万元。年度基础测绘任务完成后，全区1:1万地形图覆盖面积达56.6万平方千米，较2012年同期增加4.4万平方千米，覆盖率达47.9%。重大项目进展顺利，数字城市地理空间框架建设全面推开，已延伸到部分旗县，内蒙古地理国情普查按计划进行；测绘地理信息公共服务能力不断提升，测绘地理信息成果保障与技术服务面的涉及逐步扩大，各项工作取得新发展。

内蒙古自治区测绘事业局更名为内蒙古自治区测绘地理信息局，自治区编办对其职责重新进行了调整划分。至年底，全区13个盟市国土资源局单设了测绘科。全区101个旗县均有专人负责测绘工作。

重点工作推进

【数字城市建设】

内蒙古自治区国土资源厅完成了巴彦淖尔、兴安盟、锡林浩特、二连浩特、呼伦贝尔、乌兰察布、满洲里、通辽等地区地形数据库建设。

【“天地图·内蒙古”建设】

“天地图·内蒙古”已接入国家主节点，内蒙古自治区国土资源厅完成教育、医疗、气象等方面的6项示范应用，组织开展政务版建设。

【地理国情普查】

内蒙古自治区国土资源厅组织编制《内蒙古自治区第一次全国地理国情普查实施方案》《第一次全国地理国情普查技术文件汇编》（一、二）和《内蒙古自治区第一次全国地理国情普查经费预算》。完成呼和浩特市赛罕区普查试点工作及7个旗县约1.5万平方千米内外业的试生产工作。确定了内业解译分类和外业核查软件，开展业务培训近800人次，对开展普查工作的单位进行技术指导。完成自治区承担的约40万平方千米地理国情普查工作正射影像图制作和其他有关资料的收集、整理、分析工作。

法制建设与市场监管

【法制体系建设】

内蒙古自治区国土资源厅主动加强与自治区人大等相关立法部门的沟通联系，不断推进地方测绘法制体系建设。开展《内蒙古自治区测绘地理信息市场管理办法》前期调研工作。开展规范性文件清理工作，废止和宣布失效了一批厅发规范性文件。制定测绘年度立法计划，配合国家测绘地理信息局做好测绘地理信息立法调研、论证、反馈意见工作。

【依法行政】

按照《关于加强测绘地理信息法治建设的若干意见》要求，将依法行政工作纳入自治区政府法制办公室对自治区国土资源厅的年度考核范畴。内蒙古自治区国土资源厅参加了国家测绘地理信息局和自治区政府法制办公室举办的“六五”普法和依法行政知识培训班，以及自治区政府法制办公室一年一度的依法行政考试。规范简化了测绘行政审批事项，由15项精减到11项。

【行政执法】

内蒙古自治区国土资源厅通过厅门户网站公布了行政执法依据、主体资格、执法职责等。参加国家测绘地理信息局举办的行政执法培训班，邀请内蒙古大学法律专业的教授进行依法行政方面的培训。组织检查测绘资质单位402家，涉密测绘成果资料使用单位52家，地图市场14个；下发整改通知书要求限期整改的116家，立案调查的7家。与自治区国家安全厅联合查办的锡盟地区无人驾驶飞机非法航测案被国家安全部和国家测绘地理信息局评为优秀涉外测绘执法案件二等奖。

【法制宣传】

内蒙古自治区国土资源厅制定年度测绘普法经费预算。利用“6·25”土地日、科普宣传周、“8·29”测绘法宣传日等契机，加大测绘地理信息工作的宣传力度。通过内蒙古广播电台、内蒙古电视台、《内蒙古日报》等媒体宣传测绘地理信息工作。测绘法宣传日期间，在呼和浩特市设立主会场，市国土资源局、自治区测绘地理信息局、驻呼10多家甲级测绘单位等设立宣传点，投放LED广告，派出宣传车巡街宣传，营造了良好的舆论氛围；首次在呼和浩特市政务服务中心设置宣传点，向各窗口单位和办事的民众开展测绘法宣传。各盟市、旗县国土资源部门开展多种形式的宣传活动，收效明显。

基础测绘

【基础测绘项目】

内蒙古自治区国土资源厅全年组织完成1:1万地形图测绘外业1458幅，内业1794幅，更新872幅。完成巴彦淖尔地区1000千米三等水准测量与100个C级GPS点布测。

【参考站综合服务网项目】

内蒙古自治区测绘地理信息局组织完成国家测绘地理信息局委托建设的6座基准站及自治区20个基准站点的建设工作，实现了全区旗县（区）政府所在地参考站全覆盖。可提供服务的参考站数量达到115座。

【其他测绘项目】

内蒙古自治区测绘地理信息局完成呼和浩特、包头地区国家一、二等三角点和150个B级GPS点等测量标志的维护。完成了武川县、宁城县新农村建设1:1000地形图测绘。为鄂尔多斯、二连浩特、阿拉善等盟市的乡镇进行约100平方千米1:500地形图测绘；完成呼和浩特、赤峰部分城镇1:1000、1:2000地形图测绘；完成赤峰、巴彦淖尔、通辽等地区的乡镇农村宅基地使用权、农村集体建设用地使用权及城镇村庄外围国有土地使用权确权调查；完成鄂尔多斯市引黄灌区水权转换暨现代农业高效节水工程测绘；完成阿拉善、霍林河、阿尔山、鄂尔多斯机场总体平面图、净空障碍物图、环平图测绘及各种报批图件以及上海市地形图修实测等测绘项目。

测绘地理信息成果管理与应用

【地理信息数据获取】

内蒙古自治区测绘地理信息局完成覆盖全区的资源三号卫星遥感影像数据获取和处理、全区旗县（区）政府所在地高分辨率卫星影像获取和处理及30个旗县（区）政府所在地高分辨率航空摄影，以上项目均通过验收，资料已入库，可提供使用。

【测绘保障服务】

内蒙古自治区测绘地理信息局为自治区党政军机关及有关部门提供各类用图500多幅，各类地图集、地图册8000多册；为自治区住房和城乡建设厅提供了全区影像资料。为重大工程项目提供各种比例尺地形图7600多张，各类控制点成果1.3万多个，专题及数据库成果（境界数据）3772幅，卫星影像314GB，航片1.67万多片。

【成果保密】

内蒙古自治区国土资源厅全面落实各项保密工作责任制，完善保密制度，进一步明确和规范了保密工作内容，全年组织开展2次系统内的保密检查，重点围绕各部门、各单位制定的保密制度落实情况，涉密人员、计算机、网络管理情况以及涉密测绘地理信息成果保密情况进行抽查，同时完成保密普查工作并建立年度保密工作台账。

【合作共建】

3月19日，内蒙古自治区测绘地理信息局和黑龙江测绘地理信息局战略合作协议签署仪式在哈尔滨举行。双方协议在现代测绘基准、基础测绘、地理国情监测、数字城市建设、地理信息公共服务平台建设、科技创新、技术交流与合作、人才队伍建设等方面开展合作。

地图编制

内蒙古自治区测绘地理信息局为自治区发展和改革委员会编制了《内蒙古省级领导干部联系贫困旗县工作手册》；为自治区交通厅编制了全区高速、国道、省道路网规划布局图等；与自治区公路局签订公路图集、图册、挂图编制的合作协议，完成《内蒙古公路图集》部分工作；为呼和浩特市政府编制《呼和浩特市系列实用地图》；按计划推进《内蒙古自治区地图集》编制工作；编制乌兰察布、锡林郭勒民政部门以及呼伦贝尔等盟市部分旗县交通图和新巴尔虎左旗、太仆寺旗、阿鲁科尔沁旗、西乌珠穆沁旗、奈曼旗、乌兰察布市行政区划图。

科技与人才工作

【科技工作】

内蒙古自治区测绘地理信息局利用UCE数码航空相机完成54个航飞项目，航摄面积4.7万平方千米，获得6.2万张影像数据；利用地下管线探测仪完成锡林浩特市1500千米的各类地下管线探查，实施建库、建模工作。研究制定了推扫式航摄像片与框幅式航摄像片的航测外业像片联测的布点方案及2000国家大地坐标系与1980西安坐标系1:1万基础测绘成果的接边方法。

【人才培养】

内蒙古自治区测绘地理信息局公开招录8名专业技术人员，通过特殊专业人才计划从武汉大学招录5名测绘专业应届毕业生。民主推荐1名副局长、1名总工程师、6名处级干部。和武汉大学加强合作，建立合作培养测绘地理信息研究生机制；和自治区人力资源和社会保障厅联合建立“人才引进直通车”机制，基本缓解了测绘专业人才不足的局面。内蒙古自治区国土资源厅组织开展了第三届全国测绘地理信息行业职业技能竞赛选拔工作，经过理论知识考试和技能操作考试，选拔选手代表自治区测绘行业参加了全国竞赛。

党的建设

【党的群众路线教育实践活动】

内蒙古自治区国土资源厅扎实开展党的群众路线教育实践活动，研究制定了实施方案，组成调研组深入基层征求意见，共征集意见建议269条。确定学习专题，制定进度表，撰写心得体会，处以上干部全部递交了心得体会文章。召开民主生活会，针对“四风”方面存在的问题，制定了32条整改措施，认真进行剖析整改，确保教育实践活动取得实效。

【党建工作】

内蒙古自治区国土资源厅重点学习党的十八大和十八届三中全会等文件精神，召开全区国土资源系统党风廉政建设工作会议，认真落实党风廉政建设责任制，与处级干部签订了廉洁自律承诺书。组织参观乌兰夫纪念馆等爱国主义教育基地，积极开展测绘地理信息文化建设和核心价值观教育活动。组织举办了自治区测绘地理信息运动会、自治区第二届测绘地理信息职业技能竞赛。

地方社团工作

内蒙古自治区测绘学会举办航空航天遥感数据获取、加工处理、成果应用一体化技术讲座，数字城市建设专家报告会，2000国家大地坐标系和内蒙古GNSS连续运行参考站综合服务系统培训班等。与北京超图软件股份有限公司联合举办了“智慧城市发展与创新”研讨会和GIS自主创新与应用大会。5月25日，在内蒙古工业大学举行内蒙古自治区大、中专院校学生“苏一光杯”测量技能竞赛，13所院校、104名学生参加。8月，组织完成2013年内蒙古自治区测绘学会测绘科技进步奖和优秀工程奖评选工作，共评选出科技进步奖5个、优秀测绘工程奖20个。

9月15日，地图学与GIS专业委员会，自治区公安厅小区与民建呼和浩特市新城区总支部、新城区海东路街道办事处、内蒙古地图院联合举办“地图让生活更美好、合作共建测绘科普进社区”活动启动仪式。

辽宁省

概况

2013年，辽宁省测绘地理信息工作取得良好成绩。辽宁省测绘地理信息局实现测绘服务总产值2.35亿元，同比增长72%，创历史之最。连续第二年被省委、省政府评为目标绩效管理先进单位，被国家测绘地理信息局评为全国省级部门贯彻落实科学发展观2013年度测绘地理信息工作绩效考核优秀单位，获全国测绘地理信息系统网站建设成绩突出单位，获省定点扶贫先进单位、省政府法制工作先进单位等称号。辽宁省测绘地理信息系统2人获省五一劳动奖章，1人被评为国家测绘地理信息局青年学术与技术带头人。

基础测绘工作计划在2014年底基本实现省域1∶1万地形图更新全覆盖。2013年，全面实施辽宁省B、C级GPS网、二等水准网、似大地水准面精化、卫星导航定位连续运行基准站网建设。在第十二届全国运动会、锦州世界园艺博览会、中央领导视察辽宁、“8·16”抚顺市清原县特大洪灾等工作中测绘保障服务发挥重要作用。

全省14个设区市和4个县全面起动数字城市建设，6个地级市和2个省管县完成建设工作。全国第一次地理国情普查开局顺利。朝阳、丹东、阜新、盘锦4市试生产工作基本完成。

《辽宁省测绘成果管理规定》由省政府285号令颁布实施。印发《辽宁省测绘地理信息局行政机关负责人出庭应诉制度》。完成全省测绘资质年度注册工作。

制订《辽宁省测绘地理信息科技促进办法》，规范了辽宁省测绘科技进步奖的评审工作，组织开展2013年评审活动。加大装备投入，全年全局设备投入5036万元，同比增长16.2%，新购置的ADS80、ADS100相机和LAS70雷达扫描仪等大型高新技术设备已配备到位。

辽宁省测绘地理信息局按照国务院转变政府职能、简政放权的要求，调整取消行政许可8项。制订《局机关工作人员行为规范》《局车辆管理维修制度》《局机关工作限时办结规定》等20项管理制度，规范机关管理工作。改革局系统目标绩效管理模式，制定《局直属单位领导班子和局管干部考评细则》，编制了《局直属单位和机关处室工作计划汇编》。

辽宁省测绘地理信息局增设了局纪检监察处。进一步推进市、县测绘地理信息行政主管部门机构建设，沟通协调铁岭市和葫芦岛市测绘管理机构建设问题，葫芦岛市9月挂牌成立了测绘地理信息局。

重点工作推进

【数字城市建设】

辽宁省14个设区市和绥中、昌图、本溪、大洼4县全面启动数字城市建设工作，其中，沈阳、大连、抚顺、本溪、阜新、盘锦6市和绥中县、本溪县已完成建设任务。加大数字城市的推广应用力度，大连、抚顺、本溪、阜新市结合实际，利用数字城市平台，开发了数字旅游、数字交通、数字城管等系统。据统计，全省数字城市推广应用项目达100多个。

【“天地图·辽宁”建设】

辽宁省测绘地理信息局组织编制了“天地图·辽宁”公众版（三期）、政务版（一期）建设方案，5月10日通过专家评审。至年底，公众版（三期）、政务版（一期）平台建设已全面完成，实现了基本数据更新和公众版平台服务系统的调整升级。沈阳、抚顺、本溪、阜新、大连、盘锦6个地级市和绥中县节点已上线运行，沈阳、抚顺、阜新3市接入国家主节点。完成了基于“天地图·辽宁”公众版的锦州世博园应用系统和全国第十二届运动会地图服务网站建设。

【地理国情监测】

辽宁省测绘地理信息局积极开展地理省情监测工作，实施了“辽宁省海域现状监测与沿海经济带开发潜力评估项目”，积极和国土资源、林业等部门沟通协调，做好地理国情普查成果在地质灾害监测、林业资源环境监测等方面的应用。对抚顺矿山环境实施了有效监测，划定了抚顺市采煤沉陷区等值线，确定了不同区域沉陷区界线；依据西露天矿监测成果，提出了西露天矿南部千台山发生地裂缝的结论，引起市政府有关部门的重视；监测了处于生产阶段的东露天矿区地面变形问题，查出了边坡失稳的灾害隐患。

8月25日，辽宁省政府办公厅印发《关于成立辽宁省第一次全国地理国情普查领导小组的通知》，成立了由刘强副省长任组长，省委宣传部、发展和改革委员会、财政厅、国土资源厅、统计局等29个省级部门相关负责人为成员的领导小组。组建辽宁省第一次全国地理国情普查领导小组办公室。编制了《辽宁省第一次全国地理国情普查经费预算》，审定全省地理国情普查经费预算为3.33亿。

辽宁省测绘地理信息局组织普查管理及技术骨干100多人次参加国家级培训。制定省级培训方案，分阶段、分工序培训1600多人次。

10月15日，召开全省地理国情普查试生产誓师动员大会，启动朝阳、丹东、阜新、盘锦4市的试生产工作。制定了《辽宁省第一次全国地理国情普查质量管理规定》，严格执行“二级检查、一级验收”制度，对项目进行全程监理。

【科学发展观考评】

根据《全省市级测绘地理信息主管部门落实科学发展观年度考评办法（试行）》，辽宁省测绘地理信息局对全省14个市和2个省管县测绘地理信息行政主管部门落实科学发展观工作情况进行考评，确定沈阳市地理信息局等3家单位为优秀单位、鞍山市测绘地理信息局等12家单位为达标单位、昌图县测绘管理办公室为不达标单位。

法制建设与市场监管

【立法工作】

辽宁省测绘地理信息局组织起草《辽宁省测绘成果管理规定》，开展省内立法调研工作，在听取多方意见的基础上对规定进行多次修改。8月23日，该规定经省政府第9次常务会议审议通过，8月27日，由辽宁省政府第285号令公布，自10月1日起正式实施。印发《辽宁省测绘地理信息局行政机关负责人出庭应诉制度》《辽宁省测绘地理信息系统重大行政处罚案件备案制度》和《测绘违法案件举报制度》等，完善测绘法制体系。《沈阳市测绘管理办法》经市政府第7次常务会议讨论通过，自12月1日起施行；《本溪市测绘地理信息管理办法》经市政府第17次常务会议讨论通过，自2014年1月1日起施行。

【立法计划】

辽宁省测绘地理信息局制定2014年立法计划。起草《辽宁省测绘地理信息数据交换与共享管理办法》，编制了该办法立法依据对照表和立法必要性与可行性报告，会同省政府法制办公室对办法草案进行修改并向水利厅等8个相关厅局征求意见。9月，组织《辽宁省测量标志管理条例》立法立项工作，起草条例草案，撰写立法必要性与可行性报告及立法依据对照表，征求7个相关厅局的意见，及时将立法项目申请材料报送省政府法制办公室，申请将《辽宁省测量标志保护管理办法》列入2014年省政府立法计划。

【测绘法宣传】

辽宁省测绘地理信息局组织“8·29”测绘法宣传日活动，局领导带队为群众免费发放背面印有《中华人民共和国测绘法》的沈阳市城区地图、《辽宁省测绘条例》《辽宁省测绘市场管理办法》单行本和印有相关测绘法律法规宣传语的手提袋，解答相关问题。沈阳、大连、鞍山、抚顺、本溪、阜新、葫芦岛、绥中等市、县测绘地理信息行政主管部门举办宣传活动。

【法制培训】

7月27日，辽宁省测绘地理信息局在沈阳组织举办2013年全省测绘地理信息行政执法人员培训会议，来自局机关、直属单位及各市县的187人参加。培训结束后，组织了测绘地理信息行政执法资格考试，175人成绩合格，取得测绘地理信息行政执法证。

【行政执法】

辽宁省测绘地理信息局组织开展全省测绘地理信息行政执法检查工作，发现铁岭市部分书店出售的地图产品存在地图审图号过期或重复使用情况，阜新市个别单位涉密计算机有外来U盘使用记录、涉密计算机无开机密码、涉密测绘成果保管场所不符合要求等情况，沈阳市部分书店销售不合格地球仪现象等。各市、县针对检查中发现的问题制定了具体解决方案，提出了整改措施和改正期限。

辽宁省测绘地理信息局对无证测绘和超越资质范围从事测绘活动等违法行为予以重点查处。对大连建城测绘有限公司和大连金地测绘公司等5家单位涉嫌超越资质范围测绘进行了查证和处理。加大地理信息市场专项检查力度，通过互联网地图日常巡查，发现3家公司涉嫌在网站上登载展示违法地图，及时对其做出相应行政处罚。

【测绘资质管理】

辽宁省测绘地理信息局组织完成全省2013年测绘资质年度注册工作。全省应参加测绘资质年度注册631家，予以通过注册516家、缓期注册61家、降级8家、注销测绘资质16家、核减业务范围30家。依托互联网地图服务企业资质监测系统，对疑似从事互联网地图服务的企业实时监管，筛选出150多家网站。对大连阿拉丁网络公司等单位存在的违法违规行为进行立案处理。

基础测绘

辽宁省测绘地理信息局进行1:1万地形图更新，已完成1023幅、在实施中1767幅。推进辽宁省现代测绘基准体系建设，开展3887千米二等水准线路测量，完成辽宁境内4500千米一等水准线路标石选埋，建设辽宁省卫星导航定位连续运行基准站48座、国家现代测绘基准体系GNSS基准站7座。实施了总投资1.68亿元的全省0.2米分辨率航空摄影及1:2000 DOM制作，完成全省耕地占补平衡技术复核和三类用地调查等项目。配合国家测绘地理信息局组织本溪、大连、建平摄区0.5米分辨率航空摄影48827平方千米。实施1:1万地形图数据库整合升级、2000国家大地坐标系转换工作。沈阳、大连等市的基础测绘工作取得进展，制定《沈阳市基础测绘发展中长期规划》《大连市“十二五”基础测绘规划》，完成了大比例尺地形图更新等基础测绘任务。

测绘地理信息成果管理与应用

【成果提供】

辽宁省测绘地理信息局为省委、省政府、省人大、省政协及土地、矿产、水利等部门提供各类比例尺地形图9425幅，航片12316张，各类控制点坐标数据2258个，量测净空点285个。为省气象应急系统平台加工制作盘锦市域1:1万地形图197幅，为省扶贫移民工程提供用图24幅，为省青山工程提供全省1:5万地形图447幅，为省“两会”制作工作用图5000幅，协调有关单位编制了《沈阳十二届全运会用图》《大四环图》等。

【质量监管】

辽宁省测绘地理信息局对全省70多家丙级测绘资质单位的测绘地理信息成果进行质量监督检查，在每个地级市抽取2～3家丙级单位进行实地检查。通过检查发现，4家单位承担的4个测绘项目成果质量不合格，并进行通报批评、下达整改通知。

【应急保障】

为应对自然灾害、沈阳全运会、锦州世界园艺博览会、中央首长视察辽宁提供测绘服务保障，特别是“8·16”抚顺清原洪灾发生后，辽宁省测绘地理信息局迅速启动应急预案，编制抗洪救灾所需图件，及时送达抗洪救灾指挥部，为省委、省政府领导指挥抗洪救灾提供服务。

【共建共享】

辽宁省测绘地理信息局与沈阳军区、黑龙江测绘地理信息局、吉林省测绘地理信息局共同起草了《东北地区军地测绘联合保障办法》，于8月30日出台，首次建立了东北地区军地测绘联合保障机制，推动军地测绘保障融合，避免重复测绘。

科技与人才工作

【科技工作】

辽宁省测绘地理信息局制订了《辽宁省测绘地理信息科技促进办法》，进一步规范全省测绘地理信息科技进步奖评审。在中国测绘地理信息学会组织的评奖活动中，辽宁省获科技进步奖二等奖2项，优秀测绘工程奖银奖4项、铜奖2项。11月，组织以“北斗导航”和“现代测绘基准”应用为主题的现代测绘基准体系建设论坛，邀请许其凤院士等国家和省内的专家做学术报告。

【人才培养】

辽宁省测绘地理信息局制订《省测绘地理信息局青年学术和技术带头人选拔培养实施方案》，辽宁省基础测绘院丰勇获第九届辽宁青年科技奖。修订《辽宁省工程系列测绘地理信息专业技术职务任职资格评审标准》，组织干部职工培训2600人次。联合省人力资源和社会保障厅、省总工会、团省委开展全省测绘地理信息职业技能竞赛活动，并在全国测绘地理信息职业技能竞赛中取得较好成绩。

党的建设与精神文明建设

【党的群众路线教育实践活动】

辽宁省测绘地理信息局系统开展党的群众路线教育实践活动，以多种形式征求各方面的意见和建议117条，进行认真梳理，落实整改。对原有各项管理制度进行汇总和清理，计划编印成册，印发至局机关全体干部和直属单位班子成员。

【党建工作】

辽宁省测绘地理信息局组织完成更名后的第一次党代会，对直属机关党委和纪委进行了换届选举。印发局直属机关2013年党建工作要点。开展创建“三型”党支部活动，组织局系统党委、支部负责人参加创建“三型”党支部书记培训班。开展局系统在职党员进社区活动及局机关支部与基层支部结对共建活动。组织局机关全体干部和直属单位科级以上干部参观辽宁省警示教育基地。组织干部职工参加省直纪工委部署的征集“廉”字作品活动，报送作品55幅。

【文化建设】

辽宁省测绘地理信息局开展征集局徽、局旗、局歌作品活动，共征集局徽作品95个、局旗作品62个、局歌歌词12篇、词曲作品9个。经评选，11个作品入围，经局分党组审核后确定了局徽、局旗、局歌。组织完成《辽宁测绘》改版后第一、二、三期的编辑出版工作。3月，协调中央电视台驻辽宁记者站对局重点工作进行宣传报道，5月，协调《辽宁日报》、辽宁电视台、《辽沈晚报》和东北新闻网等媒体对全省测绘地理信息职业技能竞赛进行宣传报道。全年在各类新闻媒体发布信息635篇，图片42幅。

【精神文明建设】

辽宁省测绘地理信息局组织干部职工220多人次参加学习郭明义先进事迹活动。组队参加省直机关组织的象棋、围棋、羽毛球比赛，组队参加国家测绘地理信息局举办的全国测绘地理信息系统第三届“九成杯”乒乓球比赛，获团体第五名。开展省直机关“五一劳动奖章”评审推荐活动，省地理信息中心李恩宝获省直机关“五一劳动奖章”。省摄影测量与遥感院的孙雅荣当选第十二届全运会火炬手。

【共青团、青工委工作】

4月25日，辽宁省测绘地理信息局召开局直属机关团员大会，选举产生新一届直属机关共青团委员会。5月4日，组织团员开展“展青春风采、聚团队精神”拓展培训的主题团日活动。成立局第一届直属机关青年工作委员会，印发《辽宁省测绘地理信息局直属青年工作委员会工作章程》（试行）。组织局系统青年团员开展以“品读经典，品味人生——砺心；励志；力行”为主题的读书征文活动。参加省直单位青年文明号争创活动，省地理信息院地理信息室获“2013年辽宁省直属机关青年文明号”称号。

地方社团工作

7月，辽宁省测绘学会组织召开第十届三次常务理事会议，审议通过2012年省测绘学会工作报告，审议了学会负责人、常务理事、资深理事人选变更情况提案等。配合中国测绘地理信息学会，组织近100人参加2013年注册测绘师培训班。8月，协助吉林省测绘学会召开第十二届东北三省测绘学术与信息交流会，组织辽宁省有关测绘单位50多人参加，2家测绘单位代表作交流发言。组织了ESRI杯首届“天地图·辽宁”应用开发大赛，30人参加，评出一等奖1人、二等奖2人、三等奖3人、优秀奖10人。

吉林省

概况

2013年，吉林省测绘地理信息工作继续保持平稳快速发展。共完成全省测绘地理信息行业服务总值14.21亿元，其中民营企业（测绘资质单位）5.7亿元。

吉林省地理信息产业得到吉林省委、省政府高度重视，2013年《政府工作报告》明确提出发展地理信息产业，加强测绘地理信息工作。省政府领导对测绘地理信息工作多次作出批示，出台《吉林省人民政府关于扶持遥感卫星及应用产业发展的意见》。印发《深入推进吉林特色城镇化示范城镇建设工作方案》，明确提出要“加快信息化建设，推进‘三网融合’、数字城镇建设，发展智慧城镇”。全省9个市（州）数字城市建设全部立项并启动建设，7个县（市）完成立项工作。成立“天地图·吉林”建设领导小组，新增3个地理信息典型应用，开展省、市节点数据融合试点工作。制定《吉林省地理国情普查试点实施方案》和《吉林省地理国情普查试点技术方案》，完成辽源市东丰县地理国情普查试点项目，落实2013年普查经费预拨款5000万元。

编制印发《吉林省连续运行卫星定位参考站综合服务系统运行使用管理办法》。省级基础测绘经费投入达2606万元。拓宽JLCORS的社会化应用，全年为测绘、土地、石油等行业客户办理业务卡180多张。完成吉林省境内的国家GNSS基准站堪选站址工作，其中4个站完成基础建设工作。开展矿山安全监测项目，完成矿业权的实地核查、矿区三维扫描及系统平台建设。

起草《吉林省地理信息公共服务办法》并通过省政府组织的立法咨询专家论证。开展行业统计、市场信用信息、成果保密等方面的立法工作，修订完善行政审批项目“八公开”内容。出台《关于促进吉林省测绘地理信息民营经济发展的实施意见》，放宽全省测绘地理信息民营企业市场准入政策，缩短测绘资质审批时限。制定《吉林省涉密测绘成果保密管理暂行规定》，建立健全测绘地理信息涉密成果资料管理。

成立全国首家由省科技厅设立的地理省情监测工程技术研究中心，筹建吉林省测绘地理信息标准化技术委员会，成立吉林省专业技术人员继续教育基地。确定了7个局科技创新项目，和中国科学院东北地理与农业生态研究所、东北师范大学、吉林大学签订产学研用战略合作框架协议，启动地理省情黑土地监测合作项目。加强卫星影像接收、加工、提供的技术研究和引进，推进卫星导航与物联网、移动互联的融合协调。

加强测绘地理信息机构建设工作。9个市（州）、长白山管委会和41个县（市）均已成立测绘地理信息管理机构。通过省机构编制委员会办室“三定”方案明确测绘地理信息管理职责，设立省纪委驻吉林省测绘地理信息局纪检组，局下属5家事业单位办理了更名。

重点工作推进

【数字城市建设】

吉林省政府印发《深入推进吉林特色城镇化示范城镇建设工作方案》，明确提出要“加快信息化建设，推进‘三网融合’、数字城镇建设，发展智慧城镇”。吉林省测绘地理信息局加快推进数字城市地理空间框架建设，截至年底，全省9个市（州）均已立项并启动数字城市建设，其中数字通化、数字九台、数字长春、数字延吉通过验收，数字城市建设成果在规划、国土、气象等60多个领域得到广泛应用。开展县级数字城市建设，公主岭、汪清、柳河、榆树、梨树、龙井、敦化7个县级市正式立项，为启动“智慧城市”时空信息平台建设试点奠定基础。

延吉市政府发布《数字延吉地理空间框架管理办法》，长春市政府印发《数字长春地理空间框架建设与使用管理办法》。吉林省测绘地理信息局协调指导数字辽源NewMap平台软件的调研工作，完成辽源区域实体地理信息数据坐标转换，免费向辽源市、公主岭市、龙井市提供1:1万、1:5万、1:25万相关实体地理信息数据，用于数字城市地理空间框架建设。制作《数字城市让生活更美好》宣传片，展现数字城市建设的意义和成果。举办数字城市建设市（州）、县（市）长专题研究班，共80多人参加。

【“天地图·吉林”建设】

2013年，吉林省测绘地理信息局成立“天地图·吉林”建设领导小组，推广吉林省森林公园和国家保护区查询系统、吉林都市网、长春市英文电子地图网站等典型应用案例，新增长春路况、吉林旅游、政府机构3个地理信息典型应用平台。开展省、市节点数据融合试点工作。“天地图·通化”“天地图·延吉”接入国家主节点。

利用“天地图·吉林”为吉林卫视《春满长吉图》专题提供地图服务与技术支持。丰富吉林省级节点数据资源，地名地址数据融合后数据量达28多万条，完成全省范围内乡镇级行政区划地理实体数据生产，实现与主节点行政区划实体数据融合。完成“天地图·吉林”2.0版的升级改造和省级节点2轮数据更新和维护，省级节点门户网站互联网版已上线试运行。为智能手机用户开发“天地图·吉林”安卓版。

【地理国情普查】

3月，吉林省省长巴音朝鲁对吉林省第一次全国地理国情普查工作作出批示。吉林省测绘地理信息局向省政府报送《吉林省测绘地理信息局关于我省实施第一次全国地理国情普查有关事项的请示》，制定了《吉林省地理国情普查试点实施方案》和《吉林省地理国情普查试点技术方案》，成立地理国情普查项目组和辽源试点作业组，在局门户网站开辟“吉林省开展地理国情普查工作”专题。6月23日，吉林省完成辽源市东丰县地理国情普查试点项目，向国家测绘地理信息局上交了普查成果。选取长吉图重点区域开展地理国情普查工作。

8月，吉林省成立由常务副省长马俊清任组长、省直各有关厅局负责人为成员的吉林省第一次地理国情普查领导小组，组建领导小组办公室。9月，省政府印发《吉林省人民政府关于开展全省第一次地理国情普查的通知》。制定普查工作制度、实施方案等，落实2013年普查经费预拨款5000万元。组织技术骨干参加国家测绘地理信息局举办的普查试点技术培训，举办3期地理国情普查相关培训。

【地理信息产业】

吉林省测绘地理信息工作得到吉林省委、省政府高度关注，2013年吉林省政府工作报告明确提出发展地理信息产业和加强测绘地理信息工作的内容，全年省政府领导对测绘地理信息工作作出9次批示，省长巴音朝鲁、常务副省长马俊清对地理信息产业发展、产业园建设等作出指示，加快构建全省测绘地理信息产业孵化园区。4月26日，吉林省测绘地理信息局印发《关于促进测绘地理信息民营经济发展的实施意见》，从7个方面对扶持测绘地理信息民营经济发展提出16项具体实施意见，被省政府作为重要政务信息上报国务院办公厅。9月24日，省政府召开2013年第9次常务会议，讨论通过《吉林省人民政府关于扶持遥感卫星及应用产业发展的意见》。

吉林省测绘地理信息局完成《吉林省地理信息科技产业园建设项目建议书》初稿，确定10项重点工作任务，加强地理信息产业发展问题研究，与省财政厅联合开展地理信息产业发展调研。

法制建设与市场监管

【制度建设】

吉林省测绘地理信息局组织修订《吉林省地理信息公共服务管理办法》（送审稿），完成重庆市和青海省，及省内长春、吉林、松原和通化4个地区的立法调研工作，12月，该办法通过立法咨询专家论证。制定了《吉林省测绘地理信息行业统计工作管理办法》，起草《吉林省测绘地理信息市场信用信息管理办法》《吉林省测绘地理信息市场信用评价标准》和《吉林省测绘成果保密管理暂行规定》，已完成意见征求。

【测绘行政管理】

吉林省测绘地理信息局制定《2013年全省市（州）、县（市）测绘地理信息行政管理重点工作考评实施方案》，加强测绘地理信息行政管理工作。

6月，吉林省测绘地理信息局对14个测绘地理信息行政审批项目进行清理，将清理意见上报省机构编制办公室。经省政府确定，2个审批项目不再作为省级行政审批项目，2个审批项目转为部门内部业务管理。12月，对剩余10个行政审批项目进行再次清理，建议将6个审批项目下放，实行省、市、县分级管理。

【行政审批】

吉林省测绘地理信息局行政审批办公室全年办理行政审批项目746件。其中，测绘资质、复审换证、信息变更132件，编印、出版、展示地图及其示意图96件，利用涉及国家秘密的测绘成果517件，拆迁、报废永久性测量标志1件。接受咨询60多人次。提前办结率78.73%，限时办结项目即时办理率95%。

【测绘资质管理】

吉林省测绘地理信息局完成2013年全省测绘资质单位年度注册工作。全省应参加测绘资质年度注册的单位400家，予以注册369家、缓期注册18家、注销或吊销资质13家。全年完成45家新申请资质、资质升级或业务增项的材料审核、实地核查和发证工作，2家申请甲级资质单位的材料报送工作，33家资质单位法人、单位名称变更申请的审核受理工作，17家资质单位共257人测绘作业证的审核发放工作。

【行政执法】

4月～11月，吉林省测绘地理信息局组织全省测绘地理信息管理部门行政执法人员参加全国测绘地理信息行政执法人员培训班。全年为25人办理测绘地理信息行政执法证。完成全省2013年度测绘地理信息行业行政处罚案卷评查工作。在全省范围内开展测绘资质巡查、测绘成果质量检查工作，对长春、白城和松原3个地区的51家测绘资质单位进行巡查，依法对其中12家问题突出的单位下达责令限期整改通知书，并在整改期满后进行实地验收，其中10家单位整改结果合格，整改不合格的2家单位予以相应处罚。5月，印发《2013年全省测绘地理信息行政执法检查工作方案》，9月23日～27日，开展测绘地理信息行政执法检查工作。在各地测绘管理部门自查的基础上，对通化、四平等地区69家资质单位进行抽查。

【测绘法宣传】

8 月 29 日，吉林省测绘地理信息局组织开展以“依法规范地图市场，更好服务社会大众”为主题的测绘法宣传日活动。制作宣传品 4000 份，分发给全省各市、县测绘管理部门和部分甲、乙级测绘资质单位。向全省发送手机公益短信 800 多万条，在长春市区设立 10 多家测绘资质单位定点宣传点。门户网站开辟测绘法宣传日活动专题。各地测绘管理部门和各级测绘资质单位也开展形式多样的宣传活动，营造了良好的社会舆论氛围。

基础测绘

【省级基础测绘】

2013 年，吉林省省级基础测绘经费投入大幅增长，由 2012 年的 1306 万增加到 2606 万元。9 月 10 日，省政府 2013 年第 9 次常务会议讨论通过《吉林省人民政府关于扶持遥感卫星及应用产业发展的意见》。完成《吉林省测绘事业发展“十二五”规划》和《吉林省地理空间信息基础设施建设及应用“十二五”规划》中期评估、修编及追加“地理国情监测”项目。全年完成基础测绘任务主要包括蛟安测区 2289 幅 1:1 万 DLG 数据更新，东丰县地理国情普查试点、梨树新农村建设、长吉一体化地理信息综合服务工程专题等项目，边远少数民族地区基础测绘补助经费项目——数字汪清基础测绘数据更新，国家“十一五”规划实施的国内支线——通化三源浦机场跑道中心线、无方向信标（NDB）导航台、航管楼、气象雷达站等测量工作。

【JLCORS 应用与运行维护】

3 月，吉林省测绘地理信息局印发吉林省连续运行卫星定位参考站综合服务系统运行使用管理办法。利用吉林省连续运行卫星定位参考站综合服务系统（JLCORS）为省文物部门管理、保护和研究长白山区干沟子古墓群提供数据，为气象部门应对特大洪涝灾害提供全省空间气象数据。全年向省气象局推送数据 8760 次，总数据量超过 8TB。举办基于 CORS 的 GPS 外业测量技术讲座。完成和龙、孤家子、二道白河等站点的维护更新。

【无人机和机载雷达应用】

吉林省测绘地理信息局利用无人机航摄系统为农业、国土、交通、水利等多个行业提供服务保障。利用无人机航摄系统为数字梨树、数字德惠、数字双辽和丰满水电站大坝改造工程等项目提供航空影像资料，完成飞行面积 535 平方千米；完成农村土地承包地经营权确权登记试点镇（德惠市布海镇）航摄任务 137 平方千米。11 月，启动测绘应急保障预案，在松原震区配备无人机和专业人员，利用 ALS70 机载激光扫描系统编制 3 万平方千米航摄计划，实现飞行面积 1.2 万平方千米，可用于产品制作的范围为 5000 平方千米。

【信息化测绘生产体系建设】

吉林省测绘地理信息局加快测绘生产技术体系从数字化到信息化的升级转型，信息化测绘生产体系建设试点工作初见成效。完成公共地理框架数据库管理系统、影像数据库管理系统等原型系统的部署，实现业务审批、生产、质检环节中大量数据传输的高效整合。举办 2 次信息化测绘体系业务管理平台应用培训班。组织编写《吉林省信息化测绘服务体系建设方案》，进一步完善了管理体系、生产体系、提炼生产流程依托信息化生产管理系统。省地理信息院引进清华山维信息化生产体系，实现地理信息获取、处理、管理、应用服务的科学化管理流程。

【质量监督】

吉林省测绘地理信息局建立质量管理报告制度和季度通报制度，全年发布质量情况通报 4 次。制定《2013 年度 1:10000 基础测绘项目监理实施方案》，成立局测绘质量监理项目组，完成 2 个阶段监理和监督检查。全年完成基础测绘检验任务 11 项，基础测绘成果合格率为 100%。

制定《2013-2014 年度质量管理工作方案》。对局系统 121 名质检岗位工作人员和部分非质检岗位作业人员进行考评，首次通过率为 65.6%。修订完成《吉林省省级基础测绘生产项目质量监督实施办法》。配合国家测绘成果质量监督检查组对省航测遥感院蛟河测区 1:1 万 DEM 成果进行复查，提供样本量 40 幅，检查结果为合格。完成全省 3 个地区 47 家测绘资质单位成果质量检查，对存在问题的 9 家单位下达整改通知书，责令整改。全年检定维修测绘仪器 2300 多台（套）。

【基础设施建设与维护】

吉林省三维基线检定测试基地完成 25 个观测墩、周期误差检定工作室、基线场内部道路建设；完成吉林省境内的国家 GNSS 基准站的招投标工作及堪选站址工作，启动 4 个站建设用地征用、设计及土建工程；完成 35 个 JLCORS 站点整修和维护工作。

【安全生产管理】

吉林省测绘地理信息局严抓安全生产管理工作，安全生产全年零事故。年初，召开局生产协调会，要求局属各生产单位上报安全生产预案；5 月，领导带队到蛟河测区、敦化测区实地检查基础测绘外业作业区安全生产工作；开展安全生产隐患排查专项整治工作；6 月，召开局安全工作会议；7 月，印发《吉林省测绘地理信息局关于加强汛期安全生产工作的通知》。

地图管理与地图服务

【地图编制管理】

吉林省测绘地理信息局全年受理地图审核 102 件，批准 105 件（包括 2012 年受理的 9 件），不予批准 6 件。制定印发《2013 年全省地图市场重点监管内容及工作方案》，下发至市（州）、县（市）测绘地理信息主管部门。在局门户网站发布《吉林省地图审核规定》《吉林省地图审核程序》和地图审核申请表，为送审单位提供方便。发布 2012 年度地图审核公告。

【地图市场监管】

吉林省测绘地理信息局印发《2013 年吉林省地图市场重点监管内容及工作方案》，部署全省地图市场监管工作。受理盗版《吉林省地图册》一案，向全省各地部署查处盗版《吉林省地图册》工作，会同省新闻出版局、省地图技术审核中心对长春市联合书城、新华书店等多家图书批发、零售市场和公共场所进行走访、排查和取证。省新闻出版局已将盗版《吉林省地图册》进行立案调查。承办的北京建龙国际投资有限公司非法窃取涉密军事地图案在国家测绘地理信息局和国家安全局联合开展的 2010-2012 年度优秀涉外测绘执法案件评选中获特别贡献奖。

【互联网地图监管】

吉林省测绘地理信息局加强网络地图监管，利用互联网地理信息安全监管系统进行网上搜索常态化管理，规范全省互联网地图编制、出版、登载地理信息服务行为。督导省地图技术审核中心定期上交网络地图监管工作报告，及时了解和掌握网络地图监管动态。完善互联网地图日常监管制度和工作流程，指定专人定期进行检查和监管，发现问题及时通知相关单位和部门，并对其整改情况进行跟踪。对软件筛查出的 114 家网站进行研判，确定对其中 42 家进行重点跟踪检查。全年未发现互联网“问题地图”。

【地图公共服务】

吉林省测绘地理信息局不断提升地图公共服务能力建设，为省政府编制《吉林省省情用图》；为《吉林年鉴》（2013 卷）提供最新版《吉林省行政区划图》《吉林省地势图》；为省发展和改革委员会制作吉林省县（市）主体功能区划系统，编制《中蒙大通道两山铁路专题图》；赶制全省城镇化试点规划方案领导工作用图，编制《吉林省省级城镇化示范城镇初选布局示意图》等 6 幅规划方案地图；为省气象局制作《吉林省卫星影像图》；扶持少数民族地区发展，为延边州编制《东北亚区域图》《中俄朝三国交界区位图》；为吉林省第二次旅游资源普查提供旅游资源地理信息数据、地图等成果；制作长春市交通管理规划系统、《中国政区大典》插图等。

【地图编制与出版】

吉林省基础地理信息中心完成新版《吉林省地图》《长春城区全图》等系列挂图编制出版。该套地图使用最新的基础地理信息数据和先进的制图技术，首次使用超大全开版面。编制出版《东北地区旅游交通图》《吉林省交通地图集》《吉林市街区图》，更新出版“十全十美”吉林省城市地图系列、九市州两拼全开挂图等。

测绘地理信息成果管理与应用

【成果管理】

吉林省测绘地理信息局组织完成 2012 年度测绘成果目录汇交工作，全省共有 356 家测绘资质单位汇交了测绘成果目录，汇交总数 3059 条，在局网门户站发布汇交公告。

举办第五期全省测绘成果核心涉密人员岗位培训班，245 名学员通过考试获得岗位培训证书。组织省内甲级测绘单位参加国家测绘地理信息局第七期测绘成果核心涉密人员岗位培训班。开展地勘行业涉密测绘成果和地质资料使用与管理专项检查活动，制定工作方案，会同省国土资源厅、省国家安全厅、省国家保密局、省地质矿产勘查开发局会签印发，要求领用涉密测绘成果和地质资料的地质勘查单位进行自查，组成联合检查组进行抽查，将抽检结果以书面形式上报全国专项检查领导小组。

【成果提供】

2013 年，吉林省测绘地理信息局向社会各界提供各种比例尺地形图 4231 张，各类控制成果 5059 点。为省基础测绘院、省航测遥感院等单位提供四平、通化等测区 1:1 万地形图调绘片 1873 幅。为总参测绘导航局提供 1:1 万数字地形图 200 幅。全年接待利用涉密测绘成果用户 690 多人次。向社会各界提供数据成果 203 人次，共 4569 幅、数据量约 6805GB。

【涉密测绘成果管理】

吉林省测绘地理信息局全年出具国家秘密基础测绘成果资料使用证明函 50 份。组织开展基础测绘成果数据异地存储工作，保障基础地理信息数据的安全备份。9 月，会同相关部门对长春市、延边州和吉林市 22 家测绘成果使用单位开展涉密测绘成果跟踪检查，检查对象为 2012 年 1 月 ~2013 年 6 月期间参与交通、电力、石油石化等重点项目的建设单位，重点科研单位、高校及申请较大数量涉密测绘成果的用户单位等。通过检查，提升涉密测绘成果监管水平。对存在问题的单位下达整改通知书 4 份。组织全局开展保密普查工作，按时向省国家保密局报送保密普查项目数据表格。起草《吉林省涉密测绘成果保密管理暂行规定》。

【资料档案建设】

吉林省基础地理信息中心编印完成《吉林省基础测绘及馆藏资料汇编》，分发有关单位和部门使用。向国家基础地理信息中心索取用于地理国情监测项目卫星影像数据量 137GB；向国遥新天地公司索取立体像对影像数据 4 项，数据量 7000GB；接收吉林省基础测绘院、吉林省地理信息院等单位上交的计划内生产项目 25 项，数据量 700GB；接收长春、四平、通化、白山测区 1:1 万地形图档案 2018 幅。完成 2013 年上交数据成果的整理备份、存储及纸质地形图销毁工作。

【测量标志管理】

吉林省测绘地理信息局严格执行永久性测量标志拆建行政审批制度，全年办理完成 1 个批次测量标志拆迁申请。在松原市区、前郭县、扶余县等 5 个市（县）开展测量标志巡查工作，普查维护 GPS、水准点、控制点 682 个，全部通过验收，平均完好率为 100%。完成对长春市区、双阳区和农安县等 5 个市、县三等以上水准点巡查工作，共巡查水准点 341 个。安装完成白城市和四平市的景观型测量标志。落实测量标志保管人经费发放工作，至 10 月上旬，2013 年度测量标志保管经费全部下发到县级测绘地理信息主管部门。

【服务政府部门】

吉林省测绘地理信息局为省委、省政府、省人大、省政协等提供 270 多套领导工作用图。为省发展和改革委员会、长吉图开发开放先导区等部门提供专题服务。编制《长吉图战略规划图集》《吉林省经济发展系列图》《吉林省公路交通专题图》《九地市四十县市区 1:10000 电力规划设计电子地图》《中储粮吉林分公司辖区库点地图册》等，完善公益性地图公开信息更新与发布机制。

【服务基层】

为加快推进东辽县农村宅基地地籍调查，吉林省测绘地理信息局组织省基础测绘院实测每个界址点坐标并计算宗地面积，制作大比例尺地籍图。参与农村土地承包经营权确权登记颁证试点工作，被省委、省政府确定为吉林省农村土地承包经营权确权登记领导小组成员单位。组织省航测遥感院利用航摄系统，采集德惠市布海镇 137 平方千米地表信息，获取高分辨率数字影像和高精度定位数据，自主研发德惠市布海镇农村土地承包经营权登记试点项目土地调查管理信息系统。省基础测绘院完成双辽市农村集体土地所有权确权登记发证项目并通过验收，共调查 19 个乡镇 286 个行政村，总调查面积 2800 多平方千米。

【应急保障】

吉林省测绘地理信息局建立健全突发应急管理机制，积极与省政府应急管理办公室沟通，提出吉林省测绘地理信息应急体系重点项目建设方案，将测绘应急演练列入 2013 年度省级突发事件应急演练计划。4 月，吉林省基础地理信息中心为省政府防汛抗旱指挥部办公室编制《吉林省防汛基本情况概化图》。7 月，吉林省遭遇多次强降雨过程，全省河流、水库多处发生大汛险情，省航测遥感院为长春市水利局编制《长春市水利工程分布图》。11 月 ~ 12 月，吉林省松原地区连续发生地震，部分地区受灾严重，省测绘地理信息局为松原震区赶制 5 个县（市、区）抗震救灾应急保障专题电子地图，及时提供给省地震与火山监测中心；12 月 4 日，为省出版集团有限责任公司编制《抗震救灾安全手册》所需用图开通行政审批绿色通道，仅用 3 个小时办理完成审批；12 月 5 日，吉林省基础地理信息中心制作了《松原震区区位图》《松原市周边地图》等 23 幅地图。

科技、标准化与国际合作

【科技工作】

吉林省测绘地理信息局投入科技专项经费 35 万元，同比 2012 年增长 75%。3 月，召开 2013 年科技创新项目立项评审会，对“基于 Android 系统‘天地图 · 吉林’电子地图技术的研究与应用”“基于机载激光雷达数据反演森林结构参数的研究”等 7 个科技创新项目进行立项评审，对“长春市城区三维地籍数据库管理系统”和“吉林省主体功能区重点开发区域城镇化进程监测技术应用的研究”2 个项目进行了评审验收。10 月 22 日，对局属各生产单位科技工作计划的执行、科技创新项目的推进和学术与技术带头人科研项目进展等情况实施跟踪督查。通过年终考核目标设定对科技创新项目实施情况进行复查。12 月 11 日，举办 2013 年度科技创新项目管理培训班。

【标准化管理】

吉林省测绘地理信息局修订完成《吉林省测绘单位技术、质量保证体系认定标准》。在中国测绘标准出版社购进新标准，补充、完善标准档案库。在全省范围内对执行国家标准、行业标准的情况进行监督检查，发现部分资质单位存在缺少与资质业务范围相适应的技术标准或使用已被替代的国家及行业标准等情况，已责令改正。6 月，组织技术人员参加国家测绘地理信息局质量检验标准培训班。8 月 28 日 ~30 日，组织相关单位参加标准申报基础知识培训。11 月 13 日 ~15 日，组织省航测遥感院参加数字城市建设与应用标准化培训班。

【科技奖励】

吉林省测绘地理信息局完成 2012 年度吉林省测绘地理信息科技进步奖和第二届吉林省熹光测绘科学技术奖评选工作，7 个项目获省测绘地理信息科技进步奖、1 人获熹光测绘科学技术奖。完成吉林省熹光测绘科学技术奖励办法修订工作。按照科技厅行政审批办公室管理要求对 2 个奖项评审表彰情况进行了备案。

【科技机构建设】

吉林省测绘地理信息局局长张立民向宁津生院士颁发聘书。

吉林省基础地理信息中心加挂“对地观测工程中心”牌子。吉林省地理信息公共服务平台更名为吉林省地理省情监测工程技术研究中心。10 月，吉林省测绘地理信息局起草《吉林省地理省情监测工程技术研究中心组织机构建设建议》，成立以宁津生院士为主任的组织机构，在局科技处设立综合办公室，省基础测绘院、省航测遥感院、省地理信息院、省基础地理信息中心、省测绘产品质量监督检验站分别设立地理省情监测工程技术研究部门。吉林省测绘职业资格管理中心向省人力资源和社会保障厅申报设立测绘专业技术人员继续教育基地，12 月，正式成为全省首批专业技术人员继续教育基地。

【人才培养】

2013 年，吉林省测绘地理信息局公开招聘参照公务员管理岗位 2 人、事业编制岗位 30 人，开辟人才引进“绿色通道”，招聘武汉大学毕业生 4 人。选派 53 人次参加省委党校、行政学院、工委党校培训班学习。召开局系统青年专业技术人才座谈会，收集数十条对人才培养、科技发展等方面的意见和建议，逐一进行回复和解决。推荐 1 人并被增选为国家测绘地理信息局青年学术和技术带头人；1 人通过考评，继续作为国家测绘地理信息局青年学术和技术带头人。2 人被分别确定为“吉林省第四批拔尖创新人才”第二、三层次人选。全局共有国家测绘地理信息局青年学术和技术带头人 2 人，省突出中青年专家3人，省级拔尖创新人才3人。完成2013年全省测绘工程专业职称评审工作，149人申报高级和中级专业技术职称，104人通过评审。11月，吉林省测绘地理信息局与省委组织部联合举办数字城市建设（市、县）长专题研究班。

【职业技能培训与鉴定】

1月21日~25日，吉林省测绘职业资格管理中心举办长春地区测绘地理信息行业第五期职业技能培训鉴定班，对长春地区25家测绘资质单位65人进行工程测量和地籍测绘职业技能培训。5月9日，举办测绘地理信息实用技术培训班，长岭、乾安2县13家单位50多人参加。9月11日，与吉林省测绘学会联合举办注册测绘师考前培训班，70多人参加。全年在18所院校开展职业技能鉴定工作，共鉴定29个批次4228人，鉴定的学校和学生数量均创历史新高 。

党的建设与文化建设

【党的群众路线教育实践活动】

7月，吉林省测绘地理信息局启动以“为民、务实、清廉”为主要内容的党的群众路线教育实践活动。印发《局深入开展党的群众路线教育实践活动实施方案》，成立活动领导小组，建立联系点，召开动员大会。在认真学习、听取意见环节，局党组理论中心组召开4次扩大学习会，局机关集中学习20次，组织4次相关知识测试。采取9种形式广泛征求干部群众意见和建议200多条，局党组逐条研究整改和解释说明意见。针对“四风一顽症”方面的突出问题全部整改到位，取得明显成效。局机关的“三公经费”与上年同期相比节省30.2万元。11月19日~20日，局属单位召开领导班子专题民主生活会。修改完善了《吉林省测绘地理信息局工作规则》《吉林省测绘地理信息局会议管理办法》《吉林省测绘地理信息局公文处理暂行办法》。按省直机关要求开展会员卡清退工作。

【党建工作】

吉林省测绘地理信息局组织党员干部深入学习贯彻党的十八大和省委十次党代会精神，召开党委和基层支部书记会议，学习省委书记王儒林对机关党建工作的重要批示。局党组理论中心组全年召开4次学习扩大会，重点学习中纪委二次全会和省纪委十届二次全会精神、全国“两会”精神等，组织党员干部集中收看专题讲座和教育片，学习规定书目。组织开展“学理论、促发展，全局工作大家谈”活动，党组书记、局长张立民在《吉林机关党建》发表署名文章《真抓实干引领测绘地理信息新发展》。组织部分党员干部参加吉林高端讲坛，5人参加省直机关理论骨干培训班。组织党员干部《新党章》考试。全年选派4名处级干部参加省直机关廉政教育培训班。

【政务宣传】

吉林省测绘地理信息局建立政务信息公开发布机制，在局门户网站公示相关法律法规、省级规范性文件、通知公告及公开目录等。全年有2篇政务信息被作为重点信息上报国务院办公厅，省委主办的《吉林信息》等刊物共采用信息17次。被评为“2012年度省政府系统公文处理工作先进单位”，2人被评为优秀信息员。1人被评为《吉林年鉴》2013卷优秀撰稿人。

围绕行政管理、数字城市建设、测绘服务保障等方面撰写报道200多篇，累计被转载刊发近1000次。吉林电视台对全省测绘地理信息行业服务科学管理决策、重大战略实施等情况进行采访，在《吉林新闻联播》播出《测绘地理信息民营经济大有可为——促进测绘地理信息民营经济发展的实施意见解读》等报道8篇。吉林人民广播电台、长春电视台等媒体播报了测绘地理信息服务政府决策、经济社会发展等新闻。制定《省测绘地理信息局网站管理办法（试行）》，完善网站信息发布程序和保密制度。局门户网站总点击量全年突破1000万次，被评为2013年度全国测绘地理信息系统网站建设成绩突出单位。

【文化建设】

吉林省测绘地理信息局在全局范围开展“我为单位发展献良策”活动，开通网上邮箱，全年共有26人对全局工作提出41条意见和建议，分别给予“建言奖”。组织开展“测绘地理信息大家谈”和省直机关首届书香“三八”读书征文活动，举办全局第二届职工羽毛球赛和“迎新春·促和谐”文艺汇演，参加国家测绘地理信息局组织的乒乓球赛和省直机关组织的乒乓球赛、游泳比赛。局团委举办“五四”青年测绘地理信息知识竞赛。工会为女职工办理安康保险，组织保护女职工健康专题讲座，组织完成全国测绘职工思想政治工作研究会重点课题调研，1 篇论文获优秀研究成果一等奖。

开展扶贫济困“送温暖”活动，局领导带队慰问系统内困难职工 18 户，送去慰问金 9000 元。协助精神文明对口共建村投入 4 万元购买健身器材；为新农村共建帮扶点购买电视机 1 台、摄像机 1 部。筹集资金 6 万元帮助水灾困难户建房。完成 2013 年慈善救助“双日捐”工作，全局 504 人捐款 8 万多元。开展“阳光助学”活动，帮助 2 名困难职工子女申报助学金各 800 元。

【获奖情况】

吉林省测绘地理信息局直属机关党委被授予 2012 年度省直机关党建工作先进单位称号，局直属机关工会被授予 2012 年度省直机关先进工会称号，局直属机关妇委会被授予省直机关先进妇女组织称号。省测量标志管理站党支部和省航测遥感院测绘产品与地理信息开发分院党支部被授予省直机关优秀党支部称号，2 人被授予省直机关优秀党支部书记称号。省基础地理信息中心、省基础测绘院、省测绘产品质量监督检查站、局机关服务中心 4 个单位被授予省直机关文明单位称号。省基础测绘院三分院获省直机关工人先锋号称号。省地理信息院五分院、省航测遥感院遥感分院、省基础地理信息中心获省直机关青年文明号称号。省地理信息院武立军和省航测遥感院彭清涛获省直机关“五一劳动奖章”；省基础测绘院石海燕被授予省直机关“三八”红旗手称号。闫晗被评为吉林省优秀工会干部和省直机关优秀妇女工作者称号。秦琦、崔京男、刘聪坦被授予省直机关青年岗位能手称号。

地方社团工作

【吉林省测绘学会】

8 月 16 日，由吉林省测绘学会、黑龙江省测绘地理信息学会、辽宁省测绘学会共同主办的第十二届东北三省测绘学术与信息交流会在延吉市召开，来自东北三省 117 家单位的 173 名代表参加。会议以“监测地理国情，服务政府决策”为主题，宁津生院士等专家作学术讲座，三省有关专家就地理国情监测的数据获取、技术方法等方面的内容作专题报告。

9 月 25 日，由吉林省测绘学会大地专业委员会主办，长春市测绘院、四平市地勘测绘院、吉林省基础测绘院承办的 2013 年吉林省测绘与地理信息技术交流会在长春召开，特邀省内测绘地理信息行业专家学者作专题讲座。省测绘学会刘润新、杨国东、许长胜、倪德春获 2009 年～2013 年中国测绘地理信息学会“天目杯”先进个人称号。11 月，在 2013 年吉林省自然科学学术成果奖评选中，省测绘学会组织申报《基于 ArcGIS 的土地利用现状图缩编方法研究》《中小比例尺正射影像挂图设计与编制》《精密单点定位及其精度分析》3 项论文成果获优秀奖。

【吉林省测绘与地理信息行业协会】

2 月 26 日，吉林省测绘与地理信息行业协会在长春召开会员代表大会，共 240 多人参加。大会通过了增选协会副会长、常务理事和理事单位人选名单，表彰了协会 2012 年度先进单位、专业委员会优秀组织单位、突出贡献单位和优秀工作者。6 月 15 日，主办吉林省测绘地理信息行业第一届篮球赛，12 支代表队参赛。7 月 19 日，协会地籍工作委员会在长春召开技术经验交流会。

黑龙江省

概况

2013 年，黑龙江测绘地理信息局紧密围绕全省经济社会发展大局，加强能力建设，公共保障服务水平显著增强，测绘地理信息事业发展再上新台阶。

《黑龙江省测绘地理信息数据交换和共享管理办法》列入省政府立法计划，印发了黑龙江省地理信息信用信息管理、成果质量监督等规范性文件。哈尔滨、牡丹江、大庆、鸡西、双鸭山、七台河、绥化、大兴安岭、省农垦总局 9 个市（地）及绥芬河、讷河市、东宁县 3 个县（市）测绘地理信息局完成更名、挂牌工作。黑龙江测绘地理信息局首次与各地市测管部门签订年度科学发展观考核目标责任状。

黑龙江测绘地理信息局完成的西部1:5万地形图空白区测图工程、“927”一期工程、国家现代测绘基准体系基础设施建设一期工程、国家基础地理信息数据库动态更新、国家边少地区基础测绘专项补助经费项目、极地重点区域基础测绘工程等国家基础测绘项目及重大专项测绘工程。

数字龙江地理空间框架建设深入推进，哈尔滨等4个市（地）数字城市建设通过验收并向社会提供成果应用服务，牡丹江等4个市（地）数字城市建设完成预验收，智慧讷河时空云平台一期工程建设启动。“天地图·黑龙江”与数字城市建设、省基础测绘生产同步推进。黑龙江测绘地理信息局承担的新疆、西藏、内蒙古自治区地理国情普查生产试点工作顺利开展。黑龙江省第一次全国地理国情普查工作全面启动，成立了领导小组及其办公室等工作机构，召开了领导小组第一次会议，副省长于莎燕出席会议并讲话；省政府印发《关于开展第一次全国地理国情普查的通知》；黑龙江省地理国情普查实施方案和经费预算方案编制完成，开展普查前期培训和资料收集工作。

黑龙江测绘地理信息局确立了13项局科技基金项目，10项软件成果取得软件著作权，7项成果获省部级科技进步或优秀工程奖，5个科技项目获国家级、省级科技项目立项。黑龙江省测绘地理信息科学技术奖经省科技厅批准设立。配备了移动测绘地理信息获取系统倾斜摄影相机、街景工厂等先进软硬件设备。加大合作力度，牵头成立了黑龙江省卫星导航与位置服务产业技术创新战略联盟。

持续推进《黑龙江省地图集》编纂和市县政府用图工程，完成全省13个地市、64个市县政府用图编制工作，出版地图公共服务产品300多种。7月，利用应急监测车为内蒙古自治区牙克石市图里河镇紧急提供洪水淹没区影像数据。7月~9月，在黑龙江省防汛抗洪救灾工作中，为省政府指挥决策和各级防汛部门提供测绘应急保障服务，受到省委、省政府表彰。

重点工作推进

【数字城市建设】

黑龙江省地级数字城市地理空间框架建设全面开展。5月，数字哈尔滨地理空间框架建设通过国家测绘地理信息局验收；11月~12月，数字黑河、鸡西、双鸭山地理空间框架建设通过黑龙江测绘地理信息局验收；数字牡丹江、大兴安岭、大庆、鹤岗地理空间框架建设通过预验收。数字嘉荫、智慧讷河被确定为县级数字城市地理空间框架建设试点，分别通过智慧讷河实施方案、项目设计书的评审。

【“天地图”建设】

黑龙江测绘地理信息局组织完成“天地图·黑龙江”省级主节点黑河、三江平原地区共8万平方千米影像数据覆盖并上线服务。完成三江平原、佳木斯测区2873幅1:1万DLG数据，佳木斯测区1072幅1:1万DOM数据的生产、制作。市级节点建设稳步推进，“天地图·鸡西”“天地图·鹤岗”“天地图·牡丹江”上线运行并正式接入国家主节点，在旅游、城市三维规划、应急管理、地下综合管网等方面开展示范应用。

【地理国情普查】

黑龙江测绘地理信息局完成内蒙古、新疆、西藏部分区域125.6万平方千米正射影像图生产、普查底图制作、外业调查与核查、遥感解译样本制作；完成内蒙古自治区呼伦贝尔市陈巴尔虎旗、海拉尔市、根河市、巴彦淖尔市乌拉特后旗、阿拉善左旗13.46万平方千米的地理国情信息编辑及整理工作；完成2012年试点区域12.3万平方千米的地理国情数据库入库、基本统计试验工作。

全面启动黑龙江省第一次全国地理国情普查工作，9月29日，黑龙江省机构编制委员会印发《关于成立黑龙江省第一次全国地理国情普查工作领导小组的通知》，明确了领导小组及其办公室职责。10月10日，黑龙江省政府召开第一次全国地理国情普查领导小组第一次会议。11月，《黑龙江省人民政府关于开展第一次全国地理国情普查的通知》印发至各市（地）、县（市）政府（行署）及省直各单位；黑龙江测绘地理信息局完成《第一次全国地理国情普查黑龙江省实施方案》和《第一次全国地理国情普查黑龙江省经费预算》编制工作。组织开展国情普查培训600多人次，完成15个厅局和5个地市的行业专题资料收集工作。

法制建设与市场监管

【法制建设】

5月，黑龙江测绘地理信息局印发《黑龙江省测绘地理信息信用信息管理办法》，修订并印发《黑龙江省测绘地理信息成果质量监督管理办法》。

【市场监管】

6月，黑龙江测绘地理信息局印发《2013年黑龙江省测绘地理信息行政执法检查工作方案》，对行政执法检查工作做出部署。9月，对全省69家测绘资质单位、3家大宗用户进行测绘地理信息行政执法检查，对6家测绘资质单位进行通报表扬，对存在较大问题或检查不合格的4家测绘资质单位进行通报批评，责令其限期整改。6月，与省新闻出版局联合开展全省地图出版物市场专项检查工作，对各市（地）辖区内编制、出版、印刷、销售的地图特别是单张旅游交通图及刊载在新闻媒体上的地图进行检查。联合省新闻出版局、省扫黄打非办公室，对个人非法编制《鸡西旅游交通图》案进行查处，依法对涉案当事人及单位做出了不同程度的行政处罚。9月，联合哈尔滨市测绘地理信息局对哈尔滨市教化电子市场、船舶电子大世界、奔马汽配件城销售的地图导航定位产品进行执法检查。

【测绘资质管理】

黑龙江测绘地理信息局组织完成2013年测绘资质年度注册工作，全省527家单位中，免予注册33家、通过注册460家、缓期注册31家、注销测绘资质3家。

基础测绘

【国家基础测绘】

一、国家基础地理信息数据库动态更新

黑龙江测绘地理信息局组织完成黑龙江、吉林、辽宁等10个省（自治区、直辖市）共7205幅1:5万地形数据库重点要素更新，7211幅1:5万一体化制图数据更新，238幅1:25万数据库重点要素更新和246幅1:25万一体化制图数据更新及成果汇交归档；完成西部区域4515幅1:5万一体化制图数据生产任务及成果汇交归档。

二、极地重点区域基础测绘工程

黑龙江测绘地理信息局完成中国第29次南极科学考察极地重点区域基础测绘工程项目南极拉斯曼丘陵地区2个D级GPS点改造，利用资源三号卫星影像，采用无地面控制方法完成南极查尔斯王子山脉重点考察区1:5万数字正射影像地图、数字高程模型、数字线划图制作各100幅，测区面积4万平方千米。9月，选派2人参与第30次南极科考任务。

三、基础地理信息系统运行与维护

黑龙江测绘地理信息局完成哈尔滨全球定位系统跟踪站每日GPS数据采集下传、整理和汇交上传以及跟踪站的日常维护与管理等工作，数据有效率100%。完成省级基础地理信息数据库日常维护与管理等工作。

【国家重大专项测绘】

一、西部1:5万地形图空白区测图工程

黑龙江测绘地理信息局完成194幅总参测绘导航局后续任务的影像地形图、DEM和DOM的生产和处理工作。

二、“927”一期工程

黑龙江测绘地理信息局完成1:1万海岛航空航天遥感影像测图21幅、海岛1:5000测图479幅、海岛1:2000测图617幅地形图制图数据的生产；完成海岛1:5000测图1229幅、海岛1:2000测图216幅DLG、DEM、DOM、地形图制图数据的入库质量检查与建库整合处理工作；完成渤海和南海部分区域海岛（礁）识别定位数据的入库质量检查与建库整合处理工作。

三、国家边少地区基础测绘专项补助经费项目

2013年，中央财政补助黑龙江省650万元，用于开展数字绥化、数字双鸭山、数字七台河、数字大兴安岭和数字嘉荫地理空间框架建设，及抚远县深水港区、五大连池景区基础测绘工程。其中，数字绥化、数字双鸭山、数字七台河、数字大兴安岭地理空间框架建设的数据处理工作已完成质量验收。

四、国家现代测绘基准体系基础设施建设一期工程

黑龙江测绘地理信息局完成全省8个新建全球卫星导航（GNSS）连续运行基准站的二次站址勘选与测试工作；完成新疆、青海、甘肃一等水准路线普查32条，共8997千米1608座，补埋各类水准标石524座，GNSS大地控制点普查3座，选建142座；完成福建、广东一等水准验潮站支线普查6条，共348千米108座，补埋水准标石15座；完成内蒙古、浙闽赣、山东一等水准路线外业观测，广东、广西一等水准路线观测共1.15万千米；完成辽宁、内蒙古、吉林GNSS大地控制点选建27座；完成辽宁、内蒙古、吉林11条一等水准路线、4条验潮站支线普查，共3163千米643座，补埋各类水准标石135座。

【省级基础测绘】

根据《黑龙江省基础测绘“十二五”规划》的安排，落实省级基础测绘经费5000万元。黑龙江测绘地理信息局组织开展数字龙江地理空间框架建设一期工程，开展齐齐哈尔测区1723幅、牡丹江测区3533幅、黑乌测区896幅外业控制、外业调绘，DEM、DOM、DLG生产等工作。完成黑龙江省连续运行卫星参考站（CORS）建设和似大地水准面精化项目经费预算申报工作，年内完成全省一、二等水准线路普查工作，其中一等线路6770千米、二等线路6500千米，二等线路新设初步堪选3500千米；完成水准标石预制约200块。

【安全生产管理】

黑龙江测绘地理信息局调整安全生产管理委员会及其办公室成员构成。3月，印发《黑龙江测绘地理信息局2013年安全生产工作要点》。组织开展安全生产专题培训，400多人次参加。4月，启动外业车辆安全监管系统。5月，印发《关于加强安全生产工作的紧急通知》。6月~9月，对黑龙江测绘地理信息局直属单位进行安全生产大检查，并对存在的问题限期整改和复查。全年未发生安全生产责任事故。

地图管理与地图服务

【地图管理】

黑龙江测绘地理信息局全年受理审核各类地图121件，批准94件。5月，与中国哈尔滨国际经济贸易洽谈会组委会联合印发《关于第二十四届哈洽会正确使用国家版图的通知》；对参展商使用的地图进行检查，对发现的“问题地图”进行纠正；制作了国家版图意识宣传教育宣传展板，在哈洽会政府服务展区全程驻会开展地图监管和版图意识宣传。6月，与哈尔滨市特殊教育学校合作开展“祖国在我心中”国家版图意识宣传教育进校园主题活动。

【地图出版】

哈尔滨地图出版社编制出版《中国分省挂图系列》《中学地理图解高考读图填图地图册》《黑龙江省地市交通旅游图系列》《哈尔滨市分区挂图系列》等图册、单张地图共305种。其中，地理教辅类图书作为品牌图书发行量持续向好。积极推进《黑龙江省地图集》编撰工作，完成72个县区地理底图、哈尔滨市12幅地貌晕渲图编制及13个市（地）、64个县（市）文字编写工作。

测绘地理信息成果管理与应用

【成果提供与汇交】

黑龙江测绘地理信息局全年为各行业提供各种比例尺地形图3000多幅，大地控制点成果2万多点，基础地理信息数据成果13万幅、总数据量5TB，卫星遥感影像3万多景，航摄底片数据5000多片、总数据量60TB。完成1:5万数据库DLG重点要素更新、1:25万数据全面缩编更新与建库、地理国情普查、“927”一期工程等国家基础测绘项目成果资料汇交共21批次。

【涉密测绘成果管理】

12月，黑龙江测绘地理信息局联合黑龙江省国土资源厅、省国家安全厅、省国家保密局开展黑龙江省地勘行业涉密测绘成果和地质资料使用与管理专项检查，采取自查与抽查相结合的方式，60家地勘单位开展自查工作，省联合检查小组选取9家重点单位进行抽查。

【成果推广应用】

黑龙江测绘地理信息局加大成果推广与应用力度，承担并完成国家基础地理信息公共服务平台省级节点建设试点（云架构试点）等7项国家基础测绘成果应用推广项目；8月，确立了“天地图·黑龙江”省级节点建设、地理国情监测成果开发利用与服务建设试点等5大方向、9个项目的局级基础测绘成果应用推广项目。

【应急保障】

3月，黑龙江测绘地理信息局落实航空应急体系和突发事件体系规划，编写《国家应急测绘保障哈尔滨分队建设方案》。4月，受黑河市爱辉区森林防火监测中心委托，紧急编制5版森林防火指挥专用系列挂图。7月，利用应急监测车为内蒙古自治区牙克石市图里河镇紧急获取了洪灾区域0.15米分辨率低空无人机影像16平方千米。7月~10月，为省委省政府20多个部门提供了基础用图、工程用图、动态监测图等多比例尺专题图（集）约4000幅（册），提供1:1万地形图1018幅，1:5万地形图90幅。利用COSMO雷达影像，提供遥感动态监测服务；构建黑龙江省防汛地理信息应急指挥原型系统，提供预测模拟分析服务；依托“天地图·黑龙江”

平台，提供防汛抗洪专栏信息服务；派遣防汛抗洪应急测绘保障分队，提供应急监测车服务。10月，黑龙江测绘地理信息局、国家测绘地理信息局黑龙江基础地理信息中心被省委、省政府授予2013年全省抗洪救灾先进集体称号，4人被评为2013年全省抗洪救灾先进个人。

【为政府部门服务】

3月，黑龙江测绘地理信息局应省发展和改革委员会要求，以黑龙江省相关地理信息数据为基础，编制完成《黑龙江省重点产业园区布局图》，标注了黑龙江省八大经济区、十大产业相关重点产业园区类别、数量等信息。

【基于“天地图”的位置服务平台】

9月，黑龙江测绘地理信息局制定印发《“天地图·黑龙江”数据处理技术规程》和《“天地图·黑龙江”软硬件系统及服务建设技术指南》，保障“天地图”省、市级节点建设及推广应用。11月，开展三甲医院、高等院校、农业统计、工商、应急等5类政府部门的专题信息整合工作，以专题栏目、专题图层等形式在公众版和政务版发布可公开信息。

科技、标准化与国际合作

【科技创新】

黑龙江测绘地理信息局确立了地理国情普查生产应用与管理集成系统研发、基于北斗二代车载终端的安卓智能手机监控管理应用研究等13项局级科技项目。承担并完成“基于多时相多传感器遥感数据的大宗农产品优势产区监测研究”等4项2013年国家测绘地理信息局科技项目。申报2014年国家测绘地理信息局公益性行业科研专项项目建议16项，1项获批立项；申报2014年国家测绘地理信息局青年骨干科技项目建议7项，1项获得支持；申报2013年地理空间信息工程国家测绘地理信息局重点实验室项目6项，2项获得支持；申报国家发展和改革委员会卫星及应用产业发展专项1项；申报2013年黑龙江省科技厅省级应用技术研究与开发计划重点项目2项、软科学项目1项，2项获批立项；向省科技厅推荐成果招商项目9项。全局10个软件取得软件著作权。修订发布《黑龙江测绘地理信息局科技项目管理办法》；成立了黑龙江测绘地理信息局移动测图技术研究与应用实验室。

【测绘地理信息标准化】

黑龙江测绘地理信息局组织申报测绘与地理信息标准制修订提案10项，承担行业标准制订工作1项；反馈有关标准或指导性技术文件征求意见与建议10项。面向全省开展测绘地理信息标准化监管工作，通过发布网络公告、组织会议、培训等渠道，宣传贯彻测绘地理信息标准化。组织地、市及局属单位共11人次参加国家级标准化培训。面向行业开展2000国家大地坐标系转换技术、应用软件培训，全省丙级以上测绘资质单位300多人参加。

【对外合作与交流】

黑龙江测绘地理信息局派员参加2013年世界地理空间信息论坛、防灾减灾中的地理信息应用及新技术发展技术培训、国际测量师联合会2013年大会、拉丁美洲地理空间产业展览会等国际会议及学术交流活动。7月，接待澳大利亚联邦科学与工业研究组织计算信息研究所、澳大利亚地政署等5家机构10人组成的科技代表团访问。全年共组织因公出国10批次。

【人才培养】

黑龙江测绘地理信息局修订出台直属单位领导班子考核、局青年学术和技术人才管理、后备干部管理等办法，形成了完备的考核工作体系，为干部选拔任用提供了科学依据。2013年，26人被列为黑龙江测绘地理信息局直属事业单位领导班子后备干部。提拔、转正和岗位交流15名副处级以上干部；选派11人参加中央、省委党校及省直机关工委党校的培训学习。举办测绘生产春训、新入职职工启航培训等各类技术培训近20期，培训2000多人次；举办第三届全国测绘地理信息行业职业技能竞赛黑龙江省选拔赛，全省23家测绘资质单位100多人参加。

党的建设与文化建设

【党的群众路线教育实践活动】

8月，黑龙江测绘地理信息局开展党的群众路线教育实践活动，活动坚持教育为先、开门原则、问题导向，坚持边活动边整改，组织学习规定书目，请一线工作者上党课，开展“弘扬光荣传统，践行优良作风”主题活动，局党组成员参加各类座谈会44个，“双向约谈”110多人次，走访慰问500多人次，征集意见建议近300条，查找出8个“四风”

方面问题和17项具体工作问题，扎实推进整改落实、专项整治和制度建设，群众路线教育实践活动达到预期目标。在民主评议中，对领导班子总体评价“好”和“较好”的占99.12%。

【组织建设】

黑龙江测绘地理信息局加强学习型党组织建设，组织全局副处级以上干部进行学习贯彻十八大精神集中培训；建立长效学习机制，设立龙江测绘学习大讲堂。加强党建基础性工作，成立黑龙江省地理信息产业园总支委员会。开展优秀党支部主题活动评选。王广海等8人被评为省直机关优秀共产党员，黑龙江第一测绘工程院第七测量队被评为先进党组织。

【党风廉政建设】

3月，黑龙江测绘地理信息局出台贯彻落实中央八项规定的9项具体措施。完善局党组“三重一大”民主议事规则和决策程序。4月，与职能处室、局属单位签订党风廉政建设责任承诺书。4月~11月，分别对局属5家单位进行了内部审计和干部离任审计。开展“廉洁测绘扬清风”廉政格言警句征集、评选活动；组织全局80多名处级干部参观黑龙江省廉政教育基地；举办“履职尽责规范管理，服务事业发展大局”专题审计讲座；开展局属单位贯彻落实中央八项规定专项监督检查。

【群团工作】

黑龙江测绘地理信息局团委和青年联合会积极开展志愿服务、主题团活大赛等活动，激发团员青年工作热情。关心青年职工生活，主动联系黑龙江省直机关团工委及省直各厅局，举办单身职工交友联谊活动。哈尔滨地图出版社编辑部被评为“省直青年文明号”，4名青年职工分别获省直优秀岗位能手、优秀共青团员、优秀团干部等称号。1人当选共青团黑龙江省十三大代表、省直团工委委员。举办职工拔河比赛、毽球赛、趣味运动会等大型群众性文化体育活动。

【文化建设】

黑龙江测绘地理信息局举办“我的测绘强国梦”主题演讲比赛。组织参加国家测绘地理信息局“十八大礼赞”测绘地理信息文化系列活动，6人获奖。组织开展“感动测绘人物”推选，召开杨艳萍先进事迹报告会。将关心下一代工作纳入党建工作目标，局关心下一代工作委员会被评为省直机关“五好关工委”。参与中国测绘职工思想政治工作研究会重点课题调研和优秀研究成果评选，黑龙江第三测绘工程院等多家单位获重点课题研究成果奖，黑龙江测绘地理信息局获优秀组织奖。9月，组织全局党员领导干部为全省抗洪救灾捐款6万多元。局机关等5家单位通过省级文明单位标兵考核，2家单位进入省直文明单位行列；黑龙江第二测绘工程院第二测量队获“全国工人先锋号”称号。国家测绘地理信息局黑龙江基础地理信息中心获“黑龙江省五一劳动奖状”，罗鹏被授予“黑龙江省五一劳动奖章”；黑龙江地理信息工程院获第三届全国测绘地理信息行业职业技能竞赛地图制图专业团体第三名，王天明、李桂芬被授予“全国测绘地理信息技术能手”称号。

地方社团工作

4月，黑龙江省测绘学会联合黑龙江工程学院测绘工程学院共同主办第十九届“测绘杯暨测绘科技活动月”活动。5月，黑龙江省测绘地理信息科学技术奖经省科技厅批准设立。在哈尔滨工业大学、黑龙江工程学院分别举办“极地科考，测绘先行”主题科普活动。6月，黑龙江省测绘学会更名为黑龙江省测绘地理信息学会，并举行揭牌仪式。召开八届一次常务理事会，修订发布《黑龙江省测绘地理信息科学技术奖励办法》《黑龙江省测绘地理信息科技进步奖评选办法》和《黑龙江省优秀测绘地理信息工程奖评选办法》。开展2013年度黑龙江省测绘地理信息科技进步奖、优秀测绘地理信息工程奖评选工作，评选出科技进步奖9项，优秀工程奖47项。7月，首次面向全省民营测绘地理信息企业开展助理工程师职业技术资格评定工作，全省共154人取得助理工程师资格。8月，与辽宁、吉林省测绘学会联合举办第十二届东北三省测绘学术与信息交流会。10月，参与主办东北林业大学土木工程学院校园测绘技能大赛。黑龙江省测绘地理信息学会主办的《测绘与空间地理信息》被评为中国科技核心期刊。黑龙江省测绘地理信息学会被评为2010~2013年度“天目杯”中国测绘地理信息学会先进集体，1人被评为先进个人。

上海市

概况

2013年，上海市进一步强化测绘地理信息统一监管，推进智慧上海、“天地图”、地理国情普查和监测等重大项目建设，提升测绘地理信息公共服务水平。上海市测绘管理办公室连续13届获上海市文明单位称号，首次获全国模范职工之家称号，获全国省级部门贯彻落实科学发展观2013年度测绘地理信息工作绩效考核特色工作创新单位。

业务开展方面，组织完成年度基础测绘任务，有序推进上海市第一次地理国情普查和监测工作，积极推进上海市地理信息公共服务平台建设和推广应用，“天地图·上海”通过国家测绘地理信息局组织的市级节点评估并完成年度更新任务，为中央和市有关领导定制了浦东陆家嘴地区发展演变图册，为上海市建设工程设计方案三维审批等规划和土地资源管理工作、全市重大工程和重点地区建设等提供专业服务和技术支撑。

科技创新方面，上海市测绘院成为现代工程测量国家测绘地理信息局重点实验室依托单位。上海市测绘管理办公室组织建立了国内首个管道测绘系统校正中心，完成“上海现代基准框架研究与建设”等课题，出台了我国卫星定位测量领域第一部地方标准《卫星定位测量技术规范》，“天地图·上海”“上海城市三维模型数据库建设”分获2013年全国优秀测绘工程奖白金奖和金奖，“上海市户外广告监管系统”获2013年中国地理信息优秀工程奖金奖。

行业管理方面，按期完成测绘资质单位年度注册工作，集中开展测绘法宣传活动，组织开展测绘地理信息单位信用管理、地图和涉密测绘成果等专项检查，开展全市测绘地理信息产业发展现状调研，组织参加第三届全国测绘地理信息行业职业技能竞赛。

重点工作推进

【智慧上海】

上海市测绘管理办公室认真落实国家测绘地理信息局与上海市政府签署的《共建上海智慧城市地理空间框架合作协议》，采用市级统一集中建设管理模式，推进上海智慧城市地理空间框架建设。制定了上海市地理信息公共服务平台2013年更新计划表及经费预算，完成了政务地图、公众地图、影像地图、线划地图等图层的更新，平台地址定位功能成功应用于上海“12345”市民服务热线，历史影像等服务资源应用于上海市农委现代农业地理信息系统，上海市规划和国土资源管理局、市公安局、市水务局、市消防局等40多家市级委办局使用全市域范围的数字城市建设成果。启动智慧城市时空信息云平台建设试点相关工作，组织开展赴区县调研并拟定初步工作计划。

【“天地图·上海”建设】

“天地图·上海”采用市级集中建设、更新和运维管理模式。按照《天地图省市级节点建设方案》要求，“天地图·上海”在2013年完成2轮更新，增加了1948年、1979年的历史影像数据和老地名，以及地图API服务、应用案例、地图展示、便民生活等板块；新增了上海市城市图像监控系统运行管理平台项目（上海市人民政府办公信息处理中心）、浦东新区规划和土地管理局电子地图（浦东新区规划和土地资源管理局）、上海便民早餐地图（上海市商务委）等典型用户，增加了上海市交通流量信息、上海市实时空气质量等专题信息和应用。

【地理国情普查与监测】

根据国务院开展第一次地理国情普查的通知精神，上海市测绘管理办公室成立工作小组，向市政府作了专题汇报。7月4日，上海市政府下发《上海市人民政府关于开展第一次地理国情普查和监测的通知》，明确上海将同步开展全市性第一次地理国情普查和监测工作。10月25日，上海市政府成立由分管副市长蒋卓庆任组长的上海市第一次地理国情普查和监测领导小组，组建了普查机构，建立了普查工作制度，明确领导小组办公室设在上海市测绘管理办公室，普查经费通过部门预算落实。上海市测绘管理办公室组织编制《上海市第一次地理国情普查和监测实施方案》并通过审核。完成嘉定、黄浦2区483.78平方千米的试点工作，完善了普查流程。在国家规定的普查内容和汇总各小组成员单位要求的基础上，上海确定了10类地理市情普查和监测要素。

【地理信息产业】

上海市测绘管理办公室围绕上海“创新驱动、转型发展”的方针，成立工作小组，开展促进地理信息产业发展的政策研究。工作小组走访上海地区有代表性的地理信息产业单位，初步掌握了上海地区测绘地理信息从业单位的现状及上海推进测绘地理信息产业发展的优势，加紧与上海市有关部门协调，推动出台促进地理信息产业发展的有关政策、措施。

法制建设与市场监管

【法规建设】

上海市测绘管理办公室根据《加强上海测绘地理信息法治建设的工作计划（2011－2015）》，对《上海市地图编制出版管理若干规定》和《上海市测绘成果管理规定》2个市政府规章进行修订调研。《上海市测绘管理条例》列入上海市人大（2013－2017）五年立法规划项目。配合国家测绘地理信息局做好测绘法修订调研工作，及《涉密测绘成果对外提供管理规定》、注册测绘师制度实施等立法工作的调研、论证，及时反馈了23条意见，承担了《测绘资质分级标准》的“工程测量专业标准”的修订方案草拟工作。研究制定了规范全市规划竣工测量活动的管理措施。

【法制宣传】

上海市测绘管理办公室全面部署测绘法宣传活动，积极组织参与国家测绘地理信息局举办的“8·29”测绘法宣传日主题、宣传口号、公益短信和宣传画有奖征集活动，获公益短信优秀奖。8月上旬，上海市测绘管理办公室向全市17个区县测绘管理部门和180多家行业单位发出《关于本市开展2013年测绘法宣传日活动的通知》，指导设立宣传点，张挂横幅标语，赠送宣传材料。

8月29日，推出“八个一”系列活动，采用多种形式集中宣传测绘地理信息工作。在《文汇报》“文汇时评”栏目发表评论文章，在《新民晚报》刊登测绘公益广告，联合上海电信部门向50万个手机用户发送测绘法公益短信，通过“上海发布”和“上海规土发布”等政务微博发布宣传日主题、口号及活动信息，在上海城市规划展示馆播放宣传短片和标语口号，借助上海市300个社区信息苑向市民派送5万份测绘法宣传资料，在上海市测绘管理办公室门户网站开辟宣传专栏。

【依法行政】

上海市测绘管理办公室组织2批人员参加国家测绘地理信息局举办的行政执法人员培训，提高执法人员的执法水平。全年开展测绘地理信息市场检查33次，完成156个地图网站的检查和“问题地图”取证工作，立案查处10件，发出行政建议书1份，做出行政处罚4件，没收地图产品200份，罚款2.5万元。上海市测绘管理办公室立案查处的吉普中国俱乐部网站未经审核登载“问题地图”案入选“2012年七大测绘地理信息违法典型案件”。完成2013年执法案卷评查工作自查和总结，相关案件执法专报、总结和卷宗材料已报国家测绘地理信息局备案，上报了依法行政工作总结。

【市场监管】

上海市建立由工商、海关、安全、保密、信息、通信等14部门组成的联合监管领导小组，形成了测绘地理信息市场专项整治协调合作机制，包括联合执法、定期检查、联席会议、集中通报、执法快速通道等。上海市测绘管理办公室会同市国家安全局查处1起违法编制销售《中华石油全图》和《中华天然气全图》案件，对违法编制主体处以2万元的行政处罚；联合市技术质量监督管理部门开展导航电子产品专项抽查，规范了行业秩序。按照《测绘地理信息市场信用信息管理暂行办法》的要求，开展全市测绘地理信息单位第二轮信用信息征集，并进行比对、区分管理，分为资质、质量、经营、管理、违法等多个类别，同时与上海市政府法人库建设工作组沟通，逐步实现信息共享，充实和完善测绘地理信息信用平台。

【测绘资质管理】

上海市测绘管理办公室组织完成2013年测绘资质年度注册工作。应参加注册单位177家，予以注册161家、缓期注册10家、注销测绘资质2家，对4家未按规定上报注册材料的依法不予注册。强化审批公示和公告制度，全年新批资质单位7家，增加业务范围4家，资质升级2家，完成37家单位的名称、住址或企业法人变更工作，对4家申请甲级测绘资质单位进行初审。截至2013年底，上海市共有测绘资质单位182家（私营企业75家），其中甲级22家、乙级65家、丙级69家、丁级26家。

基础测绘

【经费管理】

上海市测绘管理办公室根据市级财政集中支付要求，加强对基础测绘项目的预算编制、进度控制、中间抽检等管理，全年落实基础测绘经费5330万元。2012年基础测绘实施项目经上海市财政局组织的专项评估，总体评价良好，社会有偿使用率超过预期水平，使用者满意度较高。经上海市测绘管理办公室与市规划和国土资源管理局、市财政局协调，2013年安排数字正射影像、数字地表模型、城市三维模型建设等重大专项预算2410万元。

【测绘项目】

上海市测绘院全年完成1:500数字地形图21024幅、1:1000数字地形图13123幅、1:2000数字地形图6883幅生产，1:1万数字地形图161幅更新，及17个区县地图新一轮修编工作。完成3项专项测绘任务，主要包括上海市航空摄影测量（其中，全市航空摄影约8000平方千米、航摄控制测量9556幅、1:2000数字正射影像图9837幅、工业用地范围数字地表模型制作2345幅），中心城区（中环线以内）300平方千米的城市三维建模更新等。

【质量监督】

上海市测绘管理办公室积极配合国家测绘地理信息局收集1:5万数据库动态更新所需资料，组织完成上海市1:5万数据库动态更新外业抽检工作。完成全市1:500、1:1000、1:2000数字地形图，正射影像图，区（县）图，城市三维模型，DSM变化检测等年度计划和专项计划任务204批次，经上海市测绘产品质量监督检验站验收，合格率为100%。组织开展建筑工程竣工规划验收测量专项检查和地下管线测绘质量监督检查，共检查行业单位46家（甲、乙级资质单位覆盖率24.1%），测绘成果质量合格率为100%。继续加强地下管线跟踪测量项目，对非开挖管线测绘项目进行监管，已完成管线送检项目671件，涉及28家管线资质单位（甲、乙级资质单位覆盖率31.4%），管线测绘成果质量合格率为100%。完成测绘资质单位委托的测绘成果检验项目253件，成果合格率为97.1%。

地图管理与地图服务

【地图编制与公共服务】

上海市测绘院完成《上海市行政区划与地名图集》《上海道路交通指南》《旅游观光图》等图册30多种，新编制了17个区（县）地图。为上海市政府等办公驻地更换地图120幅，免费向上海市人大和政协会议赠送地图，及时为各委办局和区（县）提供工作用图，提供各类图种喷绘稿近300幅。开发了基于IPAD等移动终端的领导工作用图。上海市测绘管理办公室门户网站地图产品专栏提供了公益性地图信息更新与发布服务。

【地图审核与监管】

上海市测绘管理办公室进一步加强地图审核管理，全年共审核网络地图3件、地图集6册449幅、地图883幅、领导工作用图14件32幅，发放审图号106个。开展2次省级测绘主管部门间的地图协审工作，对298幅地图进行了出境销密处理。使用国家测绘地理信息局配发的网络地图管理插件，完成30个静态网站地图和18个动态地图网站的实地检查、“问题地图”取证工作，及时纠正使用“问题地图”的行为，重点查处了美利达自行车（中国）有限公司上海分公司网站登载“问题地图”等违法案件，维护了地图市场秩序。

【国家版图意识宣传教育】

上海市测绘管理办公室分别与复旦大学舆图社、七宝中学地图爱好者团队、金山区华东师范大学第三附属中学、金山区地籍事务中心等开展测绘地理信息知识及国家版图知识宣传活动。借助出台《地理信息市场监管合作机制》的契机，深化与工商、海关、安全保密、通信等部门的合作，在制度设计、监管执法等方面互联互通，共推共管。上海市国家版图意识宣传教育和地图市场监管工作协调指导小组达成了继续深化合作机制、凝聚监管合力、促进市场发展、加大查处力度、建立长效机制的共识，促进了地图和地理信息市场有序发展。上海反地图盗版联盟组织成立了上海地图爱好者俱乐部。

测绘地理信息成果管理与应用

【成果管理】

上海市基础测绘成果做到100%汇交，非基础测绘成果目录在资质年度注册中实行统一汇交。全市基础测绘成果每年初经评审后，在上海市测绘管理办公室门户网站对外发布，同时提供相应的查询工具。上海市测绘管理办公室举办测量标志法规知识培训班；对全市范围200多个1.2米以上控制点钢标进行检查，清理和修复了28座，维护钢标23座；拆迁测量标志2个；对全市3100多个水准点进行现场巡查。

【涉密测绘成果管理】

上海市测绘管理办公室严格贯彻落实测绘成果核心涉密人员管理制度，组织行业单位参加国家测绘地理信息局举办的核心涉密人员岗位培训，与核心保密部门和人员签订责任书。6月，组织对领用涉密测绘成果的35家单位以及具备地理信息系统资质的42家行业单位进行涉密测绘成果保密情况专项检查，对不按要求进行自查及领用全市范围全要素涉密测绘成果的单位进行现场检查。

【应用服务】

上海市测绘院向上海市医疗急救中心提供上海市地理信息数据，满足上海120调度指挥系统对地理信息的需要。为上海市绿化和市容管理局完成了全市2600多株古树名木的坐标采集和建库工作。积极参与第三次经济普查，完成全市16047个单元的数据入库工作。为杨浦区、临港新城等政府部门提供测绘应急服务。为黄浦江两岸、虹桥商务区、迪士尼国际旅游度假区等上海重大工程和重点地区建设提供技术服务。

科技、标准化与国际合作

【科技工作】

上海市坚持科技兴测、人才强测方针，形成了由总工程师主管、科技处负责的科研管理机制和基础地理信息中心为主、生产部门为辅的研发机构。上海市测绘院首次成为现代工程测量国家测绘地理信息局重点实验室依托单位，与上海北斗卫星导航平台有限公司签订关于共同成立卫星应用产业化上海市重点实验室的战略合作框架协议。开展特大城市公共设施安全监测技术体系与应急服务、基于DSM和遥感信息的土地利用变化监测研究与应用、隧道自动化控制测量及数据处理应用研究等项目研究，申请了任意变形地图的空间定位方法、建筑的三维建模方法等新技术专利。

【标准体系】

上海市测绘管理办公室组织完成上海地方标准《卫星定位测量技术规范》(DG/TJ08-2121-2013)，修编《建筑工程规划检测规范》(DG/TJ08-2030-2007)，参与修订《管线测量成果质量检验技术规程》。由上海市测绘产品质量监督检验站主导编制的《上海市汽车GPS导航系统产品质量监督抽查技术规范》通过上海市质量技术监督局组织的评审。上海市测绘管理办公室参与国家测绘地理信息局组织的《管线测量成果质量检验技术规程》修编工作，反馈了对《三维地理信息模型产品质量检查与验收》《10000地形要素数据规范》《天地图数据融合技术要求》等技术文件的意见。9月，组织行业单位技术人员对上海地方标准《卫星定位测量技术规范》进行了宣贯培训。

【合作交流】

上海市积极实施测绘地理信息“走出去”战略，按规定做好出国申报、审批、组织、管理等工作。全年选派多人赴英国、瑞士、荷兰、瑞典、丹麦等国家参加学术会议，1人作为访问学者赴荷兰特文特大学国际航天测量与地球科学学院(ITC)进行为期半年的集中学习。上海市测绘产品质量监督检验站和上海芝麻机械设备有限公司、比利时Reduct公司合作成立世界第三、国内首个管道测绘系统校正中心，为亚太地区Reduct用户提供校正服务，填补了我国地下管线探测设备校正领域的空白。

【人才培养】

冯琰工作室获全国能源化学系统“劳模创新工作室”称号，1人增选为国家测绘地理信息局青年学术和技术带头人。上海市测绘管理办公室完善各类人才教育和人才培养机制，全年举办地理国情普查系列培训、地理信息延伸服务培训、全国注册测绘师培训等26期，培训1697人次。上海市测绘职业技能培训中心和测绘行业特有工种鉴定上海站认真履行技能培训和职业技能鉴定职责，全年举办培训鉴定上岗证3期119人、等级工3期139人、技师1期12人。上海市测绘管理办公室组织参加第三届全国测绘地理信息行业职业技能竞赛活动，获优秀组织奖，在地图制图竞赛中，团体总分排第11名，3名选手被授予“全国测绘地理信息行业优秀技能人才”称号。

党的建设与文化建设

【党的群众路线教育实践活动】

上海市测绘管理办公室认真组织开展党的群众路线教育实践活动，得到上海市委督导组的高度肯定。确立了“反对骄傲自满、提升服务水平”的目标要求，先后开展7次专题学习，梳理出领导班子在“四风”方面的突出问题10个，剖析了6方面的原因，提出了6方面整改方向。

【党建与廉政建设】

中央八项规定和国家测绘地理信息局党组、上海市委相关措施出台后，上海市测绘管理办公室及时在全院干部中传达学习。组织制定《贯彻落实关于改进工作作风、密切联系群众八项规定的实施意见》，明确了6个方面22项具体措施。提出“增强纪律意识、增强为民意识、增强责任意识、增强节俭意识”的工作要求，坚持领导干部个人有关事项报告制度，形成“以制度规定流程、以流程优化管理、以管理完善制度”的风险防控运行机制和制度体系。

【文化建设】

上海市测绘管理办公室组织开展“我给别人添麻烦了吗?”大讨论活动，举办“达者为师”系列讲座，《以人为本ABC研究》软课题通过专家评审。积极组织参加国家测绘地理信息局、中国测绘报社举办的相关征文和摄影比赛，选送10幅摄影作品和15篇文章参加“十八大礼赞”系列活动，获“测绘地理信息文化大家谈”征文活动优秀组织奖，3篇文章被评为优秀征文。《上海市地图集》(2010年上海世博会专版）获测绘地理信息文化精品奖，《测绘职工健康心态研究》获中国测绘职工思想政治工作研究会2012年度重点课题优秀研究成果一等奖。

地方社团工作

上海市测绘学会积极参与国内的技术交流。8月22日~24日，参加华东六省一市第十五次测绘地理信息学术交流会，推荐的10篇论文均获奖。10月11日~12日，参加中国测绘地理信息学会全国会员代表大会，推荐的项目有11个获测绘科技进步奖、全国优秀测绘工程奖等奖项，沈爱萍被授予学会工作先进个人称号。11月20日，参加上海市科学技术协会主办的第十五届中国国际工业博览会科技论坛——“数字海洋”建设与应用论坛。

组织开展2011-2012年度优秀测绘产品（工程）评选活动，评出一等奖7项、二等奖14项、三等奖24项。完成学会所属个人会员的信息化管理与入库管理工作，出版《上海测绘》杂志4期，完成《上海测绘》杂志、社会团体法人重新登记证及组织机构代码证的年检工作。

江苏省

概况

2013年，江苏省测绘地理信息工作保持平稳较快推进，在全国省级部门贯彻落实科学发展观2013年度测绘地理信息工作绩效考核中，江苏省测绘地理信息局位列第三，连续第四年被评为优秀单位。截至年底，全省共有测绘资质单位707家，比上年末增加51家；全省测绘地理信息行业共有13639人从事测绘生产，同比增长6.75％，其中高级技术人员1423人、中级技术人员3442人、初级技术人员4328人。

2013年10月22日，江苏省测绘地理信息局局长刘聪参加中国江苏网在线访谈节目。

《江苏省测绘条例》修订工作列入省人大立法规划。首次组织全省测绘地理信息市场巡查，全省测绘地理信息“质量巩固年”活动达到预期效果。首次组织全省乙、丙、丁级测绘资质单位信用评价并发布结果。深入开展国家版图意识宣传教育，一批活动亮点和成果相继涌现。

全年新建4个省级连续运行卫星定位站点，完成二等水准复测1700千米，更新基础地理信息数据库。“十二五”第一轮数字正射影像图、数字线划地图成果通过验收。省级基础测绘做到3年更新一轮，市县级基础测绘成果覆盖面、现势性进一步提高。

地理国情普查全面展开，落实省级财政经费8854万元，江苏省成立由副省长徐鸣任组长、30个部门负责人为成员的第一次全省地理国情普查领导小组；南京、无锡、常州等市成立了地理国情普查领导小组。徐州、泰州、镇江、常州数字城市建设通过省级验收，增加了多个应用系统。开展“天地图”省级节点和国家主节点同构部署示范试点，构建了云环境和云GIS计算中心；建成10个市级节点、2个县级节点，启动了近1/3县级节点建设，总体进度和成果质量全国领先；常州当选为“天地图”示范市。

全年对外提供测绘地理信息成果18700幅，编制省政区系列图、省领导工作用图、省“两会”工作用图等161幅（册）。“天地图”省、市节点提供的各类应用服务近70个，其中5个项目被国家相关部委在全国推广，9个项目参加国家“天地图”应用大赛并获奖，获奖总数列全国第二。

与河海大学共建研究生培养基地，在与院校和科研机构的常态化交流中培养人才。承担了2项科技部国家科技支撑计划项目、2项国家测绘地理信息局项目、1项江苏省科技厅项目和1项中国测绘科学研究院项目。举办第三届全省测绘地理信息行业职业技能竞赛暨全国选拔赛和第二届江苏省海洋测绘技能比赛，选拔优秀人才。

重点工作推进

【数字城市建设】

徐州、泰州、镇江、常州数字城市建设通过省级验收，增加了多个应用系统；南通、扬州等市按计划完成建设任务。推进数字县区建设工作，江苏省测绘地理信息局下发《关于深入推进全省数字城市建设工作的意见》，镇江、扬州出台加强数字城市地理空间框架建设工作的意见，徐州、苏州、扬州所辖县（市、区）数字城市建设全部启动。江苏省测绘地理信息局完成了丰县、射阳、丹阳等18个县（市）数字城市审批立项，完成了丰县、射阳、丹阳、张家港、海安数字城市设计书评审和省、市、县（市、区）三方签约。积极开展智慧城市建设，徐州、无锡被国家测绘地理信息局列为智慧城市时空信息云平台建设试点城市。

【“天地图·江苏”建设】

江苏省测绘地理信息局继续深化“天地图·江苏”省级节点建设，全面更新影像和矢量电子地图，在全国率先开展天地图省级节点和国家主节点同构部署示范试点，构建了云环境和云GIS计算中心。“天地图·江苏”已建立村庄环境整治、电影下乡、土地出让等8个示范应用。积极推进市、县节点建设，建成10个市级节点并接入国家主节点，全面启动3个市级节点建设；建成2个县级节点，启动了近1/3县级节点建设。常州被国家测绘地理信息局命名为“天地图”示范市。建成国内首个省级GIS云服务平台——政务版地理信息公共服务平台，融合国家和省地理信息数据，为政府部门提供多层次、立体化的“测绘·云”服务，成果发布后得到了省级机关30多个厅（局）的认可。截至年底，“天地图·江苏”网站累计访问量36万多次，各委办局累计调用“天地图·江苏”各类型瓦片数据达5.6亿张。

【地理国情监测】

江苏省政府办公厅印发《关于成立第一次全省地理国情普查领导小组的通知》，成立了由副省长徐鸣任组长、30个部门负责人为成员的第一次全省地理国情普查领导小组，召开领导小组第一次全体会议。下发《关于做好第一次全省地理国情普查工作的通知》，制定了普查项目管理办法和实施方案，落实省级财政经费8854万元。根据“统一要求、分级实施”的原则，南京、无锡、常州等市成立地理国情普查领导小组，组织辖区内普查工作，其中，无锡、常州、苏州、镇江已开展市级试生产。丹阳市完成普查全流程的作业生产，试点成果已上报第一次全国地理国情普查领导小组办公室，江阴市、海安县开展了地理省情专项监测试点。

法制建设与市场监管

【法规建设】

《江苏省测绘条例》修订工作列入省人大2013-2017年立法规划。《江苏省测绘地理信息基础设施管理规定（草案）》已报省政府转交法制办公室审查。测绘法修订江苏课题组研究成果通过论证并报国家测绘地理信息局。江苏省测绘地理信息局制定印发《江苏省测绘地理信息行政处罚程序规定》《江苏省测绘地理信息行政复议程序规定》《江苏省测绘质量监督管理办法》等规范性文件。南京、扬州、无锡等市政府出台了测绘地理信息管理相关办法。

【测绘普法】

江苏省测绘地理信息局完成全省测绘地理信息“六五”普法中期监督检查工作。8月29日，与部分甲级测绘资质单位联合开展测绘法宣传日活动，庆祝《中华人民共和国测绘法》修订颁布11周年。江苏省人大环资委、省国土资源厅和省测绘地理信息局领导到现场巡视指导。全省13个省辖市测绘地理信息行政主管部门均开展测绘法宣传日活动，省测绘地理信息局相关领导赴部分市县进行检查指导。全省各级测绘地理信息行政主管部门印发宣传资料6万多份，制作展板近1000块，发送短信2万多条。江苏省测绘地理信息局与省法制办公室联合举办《江苏省测绘市场管理规定》颁布实施3周年座谈会。

【依法行政】

江苏省测绘地理信息局组织开展全省测绘地理信息行政执法检查，赴6个市进行现场抽查，对检查中发现的问题进行分析，提出整改意见。处理10多起涉嫌违法从事测绘地理信息活动的案件，2起案件被依法立案。处理1起要求复议的案件，并按照规定答复了查处结果。完成某中外合资公司违法从事涉军、涉密测绘地理信息活动案件的调查取证工作，经与保密、安全、军队等部门协商，依法作出测绘地理信息行政处罚决定。组织部分甲级测绘资质单位负责人和市县测绘地理信息行政执法人员参加国家测绘地理信息局组织的有关培训。举办市县测绘地理信息行政执法人员业务培训班，梳理汇编《测绘地理信息法律法规制度文件》，分发全省测绘地理信息行政执法人员。

【市场监管】

江苏省测绘地理信息局首次组织开展全省测绘地理信息市场巡查，省、市、县测绘地理信息行政主管部门共巡查测绘资质单位371家，占全省测绘资质单位总数的58%。完成全省乙、丙、丁级测绘地理信息单位市场信用评价活动，在局门户网站、江苏省测绘地理信息市场信用网站公告了评价结果。启动全省测绘地理信息市场监控平台建设，该平台面向江苏省全球导航卫星连续运行参考站综合服务系统（JSCORS）所有用户，由省、市、县三级测绘地理信息行政主管部门共同监管。与省工商行政管理局联合建立全省测绘地理信息市场监管合作机制。完成121家单位测绘资质申请、资质升级、增加业务范围、资质延续的审查，86家单位变更名称、地址、法定代表人的审查，32家单位补充和修改数据的审查。审核发放测绘作业证317本。

基础测绘

【省级基础测绘】

江苏省测绘地理信息局全年新建4个省级连续运行卫星定位站点。完成二等水准复测1700千米，普查二等以上水准点和B、C级GPS点1619个。更新南京、宿迁、淮安、徐州等测区1:1万数字线划地图3058幅，更新1:1万基础地理信息数据库，入库数字线划地图1040幅、数字正射影像图4131幅。完成“十二五”第一轮数字正射影像图、数字线划地图成果验收。江苏省1:1万数据库整合升级实施方案和专业设计书通过国家基础地理信息中心的审核。完成无锡、常州、苏州、镇江、南通等地区新一轮0.3米分辨率的航空摄影。启动“十二五”省级基础测绘项目绩效考核。省级基础测绘做到3年更新一轮。获取了全省2.5米分辨率卫星遥感影像，更新了省级遥感影像数据库。制定《江苏省2014、2015年航空航天遥感影像需求计划》，完成全省“十二五”第二轮航摄招标工作。

【市（县）级基础测绘】

全省各地年度基础测绘经费总计超过1亿元，完成1:500、1:1000、1:2000航摄及地形图成果累计3.57万多平方千米。徐州市完善了市级连续运行卫星定位服务系统并纳入省级网体系，南通市完成全市域基础控制网的同步构建。扬中、丹阳等县（市）实现了1:1000成果全覆盖，张家港、吴江、江阴等县（市）基本实现基础测绘常态化更新。

【质量管理】

江苏省测绘地理信息局开展全省“测绘地理信息质量巩固年”活动，对全省测绘地理信息成果质量进行监督检查，抽查30家省内测绘单位和3家省外测绘单位2010年~2012年完成的33个测绘项目，涵盖地形测量、管线测量、地图编制等8个专业，省内测绘单位抽查结果为“批合格”26项、“批不合格”4项，批合格率为86.7%；省外测绘单位成果质量检查结果为“批合格”“批不合格”“暂不下结论”各1项。开展年度省优秀测绘工程奖评选，共受理申报项目98项，评出一等奖9项、二等奖25项、三等奖48项。做好测绘单位质量保证体系考核工作，组织省1:1万地形图成果质量自查。全年，江苏省测绘产品质量监督检验站进行测绘仪器计量检定8000多台（次）。

【国家现代测绘基准体系基础设施一期工程】

江苏省测绘地理信息局完成国家测绘基准网络建设方案，并提交国家测绘基准工程项目部评审。完成泰州和六合2个新建站点的选址和施工图的设计审查工作。协调GNSS连续运行基准站的土地使用和建设工作，完成土地使用协议的签署和土建招标。完成改造站点的调整、踏勘，站点改造实施方案通过国家测绘基准工程项目部组织的评审。完成一期工程中高程控制网一等水准1568.8千米的观测任务。

【2000国家大地坐标系推广】

江苏省测绘地理信息局积极推进2000国家大地坐标系使用，国家测绘产品质量检验测试中心对江苏省2000国家大地坐标系转换成果进行监督检查，认定江苏省该坐标系成果在生产单位合法性、数学基础符合性、数据内容符合性、生产过程符合性和成果精度检核等方面均满足要求。

地图管理与地图服务

【地图管理】

江苏省测绘地理信息局全年共审核地图132批次，发放审图号127个、图形号7个。南京、无锡、镇江等地对地图市场进行了整顿。江苏省国家版图意识宣传教育指导小组对无锡、南通、镇江、泰州等地的地图市场进行了专项检查，对违法违规地图案件进行了查处，对地图导航定位产品进行检查与清理。召开全省互联网服务单位服务监管工作会议，利用国家测绘地理信息局地图网监管系统对互联网地图服务进行实时监管。

【地图服务】

江苏省测绘地理信息局组织有关单位更新编制了1:30万、1:50万、1:70万、1:100万《江苏省领导工作用图》《长江三角洲地区地图集》（2014年“两会”用图）、《江苏省系列政区图》。建立了国家与省级领导工作用图共享机制。南京市行政区划调整后，编制了新版南京政区图。建立了公益性地图公开信息更新与发布机制，定期更新全省市县标准样图，利用“中国·江苏”“天地图·江苏”和“江苏地图网”等网站及时发布相关变更信息。

【国家版图意识宣传教育】

江苏省测绘地理信息局推进国家版图意识宣传教育“进学校、进社区、进媒体”。在全省范围开展国家版图意识宣传教育示范学校评估活动，实施爱我中华国家版图意识宣传教育信息系统建设项目。协助江苏教育学院附属小学编写了国家版图进校园教材读本。

测绘地理信息成果管理与应用

【成果管理】

江苏省测绘地理信息局全年为政府决策和全省经济建设提供地形图1.87万多幅、控制点1632个，总数据量达767GB。完成2012年度全省测绘成果汇交工作，共汇交测绘成果目录8638条，纳入成果发布系统对外公布。2013年完成涉密测绘成果审批202批次，转函85批次。建立常态测量标志普查维护机制，开展新一轮测量标志普查维护工作部署及培训，普查一、二等水准线路34条，完成徐州、淮安、连云港、宿迁4市省管测量标志普查维护。全年共普查近1300点，实地勘察、批准建设景观型测量标志3座，办理测量标志拆建11批次，发放省管测量标志保管津贴3000多人次。联合相关部门开展重点领域和地勘系统保密安全检查，将核心涉密人员岗位证书作为保密考核和检查的重要内容，并列入资质考核。组织江苏省海洋与渔业局、省地震局、省交通信息中心等用户单位参加国家测绘地理信息局组织的成果保密等方面的培训。举办2期保密岗位培训，全省各级测绘地理信息行政管理部门、测绘单位和用户单位270多人参加。

【成果应用】

江苏省测绘地理信息局召开互联网服务企业“天地图”应用推荐会，部分互联网企业达成“天地图”应用意向。为政府部门、企业和社会公众提供地理信息服务，与省公安厅签订PGIS影像数据和地名地址共享协议；为省太湖水污染预防办公室协调编制太湖流域电子地图研发移动终端；与省农业资源开发局签订测绘地理信息共建共享协议并受委托建设农业资源管理信息系统；为省国家安全厅提供全省矢量电子地图数据，为重点人物监控提供基础数据；为青年奥林匹克运动会反间反窃提供信息数据和技术支持；为省地震局地震监测和抗震救灾更新基础数据；为体育部门开展“十分钟健身圈”提供保障服务等。

【应急保障】

江苏省测绘地理信息局开展以抗震救灾为主题的测绘地理信息应急保障演练，局长刘聪任总指挥长，演练内容包括灾区震后影像数据获取、灾区地理信息数据采集、专题图制作、应急保障平台启用等，局机关和相关直属单位共106人参演，出动应急移动数据采集车等设备83台（套）。完成江苏应急保障服务平台建设，参加省政府应急保障宣传活动，积极提供应急测绘保障服务。

【为亚青会服务】

江苏省测绘地理信息局配合南京军区司令部，完成8月在南京召开的第二届亚洲青年运动会安全保卫任务。运动会期间，提供南京市及周边地区最新大比例尺地形图，以制作安全保卫指挥部首长挂图；提供最新获取的南京地区30厘米分辨率航摄影像，并标注周边道路、重要设施等信息；出动三维信息采集车，赴11个主要比赛场馆现场采集信息，供安全保卫部门制定详细方案。

科技、标准化与国际合作

【科技创新与成果】

江苏省测绘地理信息局与国家测绘地理信息局卫星测绘应用中心联合成立了卫星测绘技术与应用国家测绘地理信息局重点实验室，9月23日正式挂牌；与南京大学合作，向省科技厅申报建立江苏省地理信息重点实验室；与河海大学共建研究生培养基地。投入60多万元资助22个科研项目，验收结题10个往年项目。承担科技部国家科技支撑计划项目“国产测图卫星在太湖流域生态环境监测与评价中应用示范”“地理国情监测应用服务”，国家测绘地理信息局项目“全国1:1万基础地理信息数据库整合升级”“天地图同构”，江苏省科技厅项目“天地一体化的江苏省地面沉降动态监测业务化运行平台”，中国测绘科学研究院项目“集成稳定特征和先验知识的影像变化检测技术研究”等。与省科协联合开展2013年度江苏省测绘科技进步奖评选，共评出获奖项目25项，其中一等奖5项、二等奖8项、三等奖12项。

【标准化建设】

江苏省测绘地理信息局不断完善测绘标准建设，参与测绘行业标准《测绘单位质量保证体系通用标准》编制工作，组织人员参加国家测绘地理信息局举办的数字城市建设与应用标准化培训等相关培训。

【人才培养】

江苏省测绘地理信息局全年通过公开招聘引进人才42名，其中研究生以上学历25名。局系统新增选1名国家测绘地理信息局青年学术和技术带头人、2名省“333高层次人才培养工程”第三层次培养对象。向国家测绘地理信息局推荐2名赴联合国及有关国际组织挂职工作人员候选人。首次面向全省测绘地理信息行业开展杰出测绘技术人才评选活动，评选出3人为“全省测绘地理信息行业2011-2012年度杰出测绘技术人才”。与省海洋渔业局、省人力资源和社会保障厅联合主办第二届江苏省海洋测绘技能比赛。举办第三届全省测绘地理信息行业职业技能竞赛暨全国竞赛江苏选拔赛，选派2支代表队参加全国测绘地理信息行业职业技能竞赛，分获地籍测绘赛区及地图制图赛区团体二等奖，1名选手获地图制图赛区个人第一名。局信息中心在省信息安全竞赛中获团体第一名。局系统有8人被授予“全省技术能手”称号。

全年举办测绘地理信息业务、专业技术等培训班7期，共培训1358人。开展职业技能鉴定50批次，鉴定4000多人。

【合作与交流】

江苏省测绘地理信息局组织全省测绘地理信息系统25名技术骨干和管理干部赴美国马里兰大学美华中心进行地理信息技术及地理国情监测培训。10月31日，英国格拉斯哥大学地理与地球科学学院院长Maggie Cusack教授一行到江苏省测绘地理信息局，双方就人才培养、科技合作等内容进行交流。

党的建设与精神文明建设

【党的群众路线教育实践活动】

江苏省测绘地理信息局党组认真贯彻落实中央和江苏省委要求，组织开展党的群众路线教育实践活动。局系统各级党组织共进行中心组学习讨论会18次，党支部专题学习会72次，党员学习成果交流会26次。发送征求意见函65份，设意见箱4个，召开座谈会78次。征集235条意见和建议，梳理归纳“四风”方面问题51条。坚持“四个必谈”，面对面，谈心谈话共178人次。撰写体会交流文章323篇，在“江苏党建网”发表文章13篇。认真查摆“四风”问题，开展批评与自我批评。及时整改“四风”方面存在的突出问题，制定了49项制度规定，初步建立了反“四风”的长效机制。

制定出台《中共江苏测绘地理信息局党组进一步改进工作作风、密切联系群众的具体措施》。局机关会议、发文、简报数量同比减少了20%，进一步精简规范检查评比表彰活动，严格控制因公出国（境）的团组和人次，严格按照标准进行了办公用房调整合并。不定期开展作风建设督促检查，将执行情况纳入干部管理和考核。元旦、春节等重要节点开展检查，发送廉政短信，强化执纪监督，严肃查处违反中央八项规定精神的行为，制止公款赠送礼品、公款吃喝、公款旅游和奢侈浪费等不正之风。

【党风廉政建设】

落实党风廉政建设责任制，印发《2013年党风廉政建设工作责任分解意见》，各单位各部门向局党组递交了《2013年度党风廉政建设承诺书》。组织观看党内教育参考片、警示教育片，发放《领导干部从政道德启示录》等廉政书籍。认真执行《关于领导干部报告个人有关事项的规定》等有关制度。

【文化建设】

江苏省测绘地理信息局注重开展文化活动，积极参加国家测绘地理信息局举办的“十八大礼赞”系列活动，1篇散文获优秀征文奖。开展新时期“感动测绘人物”推选，在局门户网站开设“测绘地理信息文化建设巡礼”专栏，组织开展乒乓球、篮球和“漫步玄武湖”等娱乐活动，团委组织大龄青年积极参加“相约明天”单身青年联谊活动。组队参加国家测绘地理信息局组织的乒乓球比赛；参加江苏省国土资源系统第六届“国土资源杯”职工运动会，江苏省测绘地理信息局获精神文明奖。选送7幅作品参加国土资源系统党的群众路线教育实践活动主题摄影比赛，1幅作品获三等奖。

【精神文明建设】

江苏省测绘地理信息局继续深入开展文明单位创建活动，局系统3家单位（处室）申报了文明单位（处室），3家单位开通了“文明单位在线”。江苏省测绘工程院被评为江苏省文明单位，局机关国土测绘处被评为省级机关文明处室。组织团员青年志愿者参加学雷锋活动和“科普知识进社区”宣传活动。组织局系统青年向南京民工子弟学校捐书捐物，为六合竹镇镇泉水小学贫困师生捐衣捐物并解决部分困难学生的生活费。组织局机关青年参观王荷波廉政教育基地，开展向灾区人民献爱心活动，为雅安地震灾区捐款8万多元。局系统6家单位被重新确认为2011-2012年度省级机关青年文明号，1家单位被新确定为省级机关江苏省青年文明号，4家单位被重新确认为省级机关江苏省青年文明号。

地方社团工作

【江苏省测绘地理信息学会】

4月9日，江苏省测绘学会在南通召开九届十次常务理事扩大会议，会议通过了学会2013年工作计划及各专业（工作）委员会2013年活动安排。8月21日，在镇江举办九届十一次常务理事会，听取学会2013年主要工作汇报和换届事宜。9月20日，召开九届理事会第七次会议，总结全年工作并商讨换届事项。9月21日，召开第十次会员代表大会和2013年学术年会，确定了第十届理事会理事长及全体理事成员，通过了学会更名为江苏省测绘地理信息学会的决议和新一届理事会章程。

江苏省测绘地理信息学会、江苏省测绘与地理信息协会、江苏省测绘科技信息站共同主办的《现代测绘》杂志共收到稿件1000多篇，正式出版6期，增刊2期，刊登学术论文400多篇。

【江苏省测绘地理信息行业协会】

江苏省测绘地理信息行业协会在13个市设立了三届理事会联络处，制定联络处工作职责和工作规则，开展2013年度联络处工作考核，表彰7个市先进联络处。“8·29”测绘法宣传日当天，各市联络处配合测绘地理信息行政主管部门组织辖区内行业单位进行测绘法宣传。完成《江苏省测绘地理信息服务合同（示范文本）》的起草、论证工作。首次与省科技厅直属单位省生产力促进中心合作，组织行业单位16人参加2013年德国测量技术博览会。举办全省测绘地理信息行业第三届中国象棋比赛，15支代表队62名选手参赛。组织2012年~2013年“诚信测绘单位”评审活动，62家会员单位获“诚信测绘单位”称号。12月，在南京召开三届二次常务理事会和理事大会，修订制度，表彰先进，总结2013年工作部署2014年工作。

【江苏省测绘地理信息职工思想政治工作研究会】

1月，江苏省测绘地理信息职工思想政治工作研究会开展“乐山乐水乐业——苏测人风采”征文活动，共收到投稿170多篇，选用82篇，计划出版发行。3月，在全省测绘地理信息行业开展“测绘地理信息文化建设示范单位”申报推荐评选工作，从13家申报单位中评选5家为首届全省测绘地理信息文化建设示范单位。出版了《学习与思考》（2011-2012）一书。获中国测绘职工思想政研会2012年度重点课题调研工作优秀组织奖。7月，在全省测绘地理信息行业开展“基层政工队伍建设调研”活动，形成了专题调研报告。9月，召开了江苏省测绘地理信息思想政治工作研究会二届二次理事大会暨2013年年会。10月，举办第十一届江苏“测绘杯”定向锦标赛，24支代表队，近200多名运动员、教练员和领队参加比赛。

浙江省

概况

2013年，浙江省测绘与地理信息局围绕经济社会发展大局，推动浙江省测绘与地理信息事业取得新进展，在全国省级部门贯彻落实科学发展观2013年度测绘地理信息工作绩效考核中连续第四年名列第一。2013年，全省测绘行业单位实现服务总产值32.39亿元，比2012年增长15.8%，继续保持了较快的增长势头。

数字城市地理空间框架建设全面铺开，延伸到各县（市、区），并与“天地图”市、县节点建设紧密结合，做到同步推进、同步验收，突出示范应用，在各地数字城市、智慧城市建设中发挥了基础支撑作用。第一次地理国情普查前期准备工作基本完成，省、市、县第一次地理国情普查全面展开。浙江省地理信息产业园建设取得新进展，地理信息产业得到较快发展。

基础测绘计划体制和财政投入机制更加健全，全省各级财政共投入基础测绘经费5.06亿元，比2012年增长24.89%。省、市、县基础测绘年度计划全面完成。完成陆海统一空间定位基准框架建设、1:1万基础地理信息数据快速更新、省自然资源与地理空间数据库建设立项等工作。海洋测绘工作扎实推进，成果应用广泛。

浙江省测绘与地理信息局全年共向社会提供各种比例尺地形图149968张，大地成果2096点，航摄数据40784平方千米，卫星遥感数据1486689平方千米。浙江省地理空间数据交换和共享平台通过验收并正式运行，为专业部门工作提供测绘成果保障与地理信息技术服务。

全省市、县（市、区）测绘与地理信息管理机构得到加强，工作职能进一步落实。深入开展测绘与地理信息行政执法检查，进行全省测绘项目备案、涉密测绘成果保密、测绘成果质量的专项监督检查，进一步加强地图产品和互联网地图的监管，全省测绘与地理信息市场秩序更加规范。

浙江省市、县（市、区）测绘与地理信息管理机构进一步加强，工作职能进一步落实，全部完成增挂牌子、落实职责、配备人员的工作。杭州、温州、嘉兴市在原有测绘管理处的基础上，增设管理地理信息工作的处室，其他设区市测绘与地理信息管理部门单独设立了测绘与地理信息管理处室；县（市、区）级测绘与地理信息管理部门内设单独或合署的测绘与地理信息管理科室。

浙江省测绘与地理信息局成立地理国情监测国家测绘地理信息局重点实验室，出台了《科技带头人青年科技骨干管理办法》等科技激励政策，多项科研成果获国家测绘科技奖项。全国首个省级测绘与地理信息标准化委员会正式成立。全局共有国土资源部青年学术带头人1人，国家测绘地理信息局青年学术和技术带头人3人，省“151”人才工程第二、第三层次人才各1人。

重点工作推进

【数字城市建设】

金华、台州市数字城市地理空间框架建设项目通过国家测绘地理信息局组织的验收，浙江省所有设区市的数字城市地理空间框架项目均已建成。纳入省级数字城市地理空间框架建设计划的县（市、区）已全部完成立项工作，其中17个县（市、区）数字城市地理空间框架项目已通过验收。全省各市、县（市、区）积极推动数字城市地理信息公共服务平台在政府决策、城市管理、民生服务等方面的应用，在数字城市、智慧城市建设中起到了基础支撑作用。宁波市成为国家测绘地理信息局智慧城市时空信息云平台建设试点。

【“天地图·浙江”建设】

至年底，“天地图·浙江”省级节点和11个设区市级节点全部接入“天地图”国家主节点；24个县（市、区）完成县级节点建设，其中20个县级节点通过国家测绘地理信息局测评，与国家主节点、省级节点实现互联互通和服务聚合。浙江省测绘与地理信息局把2013年作为“天地图”应用年，积极推动“天地图·浙江”在政府部门和社会公众中的推广应用，全省以“天地图”为支撑的地理信息公共服务平台应用项目超过400个，应用领域涉及国土、民政、农业、旅游、城管等多个领域。组织行业单位参加第一届“天地图”应用开发大赛，获一等奖2个、三等奖16个。“天地图·浙江”及时发布全省最新的交通、旅游、登山、摄影、美食等地图及位置服务信息，为社会公众提供多样化的地图和地理信息服务。

【地理国情普查】

浙江省第一次地理国情普查工作全面展开。7月17日，浙江省政府印发《关于在全省开展第一次地理国情普查的通知》，成立了以副省长黄旭明为组长的浙江省第一次地理国情普查领导小组，召开了普查领导小组第一次全体会议和电视电话会议。普查领导小组办公室设在浙江省测绘与地理信息局，承担领导小组的日常工作。浙江省测绘与地理信息局组织开展第一次地理国情普查试生产，为全省地理国情普查全面展开积累经验。普查领导小组下发《浙江省第一次地理国情普查实施方案》，除了完成国家普查任务外，还根据浙江实际增加了主体功能区、生态功能区、产业集聚区和绿化覆盖率等地理省情普查内容，以及全省海岸线、海岛（礁）数量、沿海滩涂资源、水土流失、平原地面沉降等地理省情监测内容。省级普查经费基本落实，普查工作有序推进。至年底，全省大部分市、县（市、区）政府印发相关通知，成立普查领导机构，召开专题会议，积极筹备普查工作。

【地理信息产业】

浙江省政府召开促进地理信息产业发展联席会议，贯彻落实《浙江省人民政府关于促进地理信息产业加快发展的意见》和《浙江省地理信息产业发展“十二五”规划》，加强部门间的交流和协作。浙江省发展和改革委员会批准浙江省地理信息产业园为省高技术产业基地。浙江省地理信息产业园招商引资工作取得新进展，至年底，已有32家省内外知名地理信息相关企业入驻园区，协议投资金额达61.3亿元。浙江省地理信息产业园（一期）被列入浙江省重点建设项目，规划设计方案和地质勘查工作已完成，18幢产业大楼已开工建设。联合国全球地理信息管理德清论坛永久会址建设方案设计完成。

【海洋测绘】

浙江省海洋测绘工作扎实推进，完成了海洋大地基准测量、水下地形测量和深水岸线调查测绘、海岛（礁）地形测量、滩涂地形测量等年度计划项目。通过验收的海洋测绘成果已及时提供给涉海部门和沿海及海岛市、县政府使用，较好地满足了浙江省2个海洋国家战略需求。

【浙江省地理空间数据交换和共享平台】

1月29日，浙江省地理空间数据交换和共享平台项目通过浙江省发展和改革委员会组织的专家验收；3月30日，通过国家测绘地理信息局组织的科技成果鉴定。至年底，浙江省地理空间数据交换和共享平台已集成整合38个省级有关部门和单位的233大类、1105个图层的地理信息数据，提供公众版、政务版、安全版和涉密版的不同内容服务，授权57个用户，支撑基于平台的应用系统73个，在国内率先建成了集空间数据交换及其相关目录、元数据的地理信息公共服务平台，全省地理信息资源“一张图、一个网、一个平台”综合服务格局基本形成。

【浙江省信息化测绘创新基地】

浙江省信息化测绘创新基地（国家测绘地理信息局东海测绘基地）项目各项前期工作基本完成，12 月 28 日，在杭州举行开工奠基仪式，项目建设进入具体实施阶段。

法制建设与市场监管

【立法工作】

3 月 1 日，修订后的《浙江省基础测绘管理办法》正式施行。浙江省测绘与地理信息局制定了规范性文件《浙江省测绘与地理信息项目备案及外国的组织或者个人在浙江测绘的项目备案管理办法》。

【测绘资质管理】

浙江省测绘与地理信息局组织完成 2013 年全省测绘资质注册工作。应参加测绘资质年度注册 444 家，通过注册 412 家、缓期注册 26 家（其中 2 家连续 2 年缓期注册），6 家单位因不符合相应测绘资质标准条件，被注销测绘资质或降低测绘资质等级。至年底，全省共有资质单位 513 家，其中甲级 29 家、乙级 56 家、丙级 104 家、丁级 324 家；资质单位中民营测绘单位 255 家，占全省测绘资质单位总数的 49.7%。

【行政审批改革和信用信息评定】

浙江省测绘与地理信息局进一步推进审批制度改革，开展行政许可事项、非行政许可事项、行政规范性文件的清理，完成对全省测绘与地理信息行业涉及行政审批前置中介服务事项的清查工作。对省级行政管理事权下放工作进行调研和评估，提出进一步规范管理的措施。完成全省首次测绘与地理信息信用等级评定工作，公布测绘单位的信用信息及信用等级。对设区市测绘与地理信息局年度工作进行考核，宁波、衢州、温州、舟山和嘉兴市测绘与地理信息局被评为 2013 年度优秀单位。

【市场监管】

浙江省测绘与地理信息局组织开展全省测绘项目备案、涉密测绘成果保密等专项监督检查。2013 年，全省共开展各类测绘与地理信息行政执法检查 267 次，发现并查处违法案件 29 件，作出行政处罚 11 件。会同省国家安全厅、省工商局、省保密局建立浙江省测绘与地理信息安全监管联合工作机制。联合省国家安全厅建立“测绘控制区”测绘活动审查通报机制，加强对重要军事目标周边测绘活动的管理。出台《浙江省测绘与地理信息项目备案管理办法》，对全省测绘与地理信息项目实行网上备案，开展专项检查。做好永久性测量标志日常监管工作，开展动态巡查。组织完成全省 28 家测绘资质单位和 20 家房产测绘单位测绘成果质量的监督检查。

基础测绘

【经费投入】

2013 年，浙江省有 69 个市、县（市、区）基础测绘工作列入当地国民经济与社会发展计划，基础测绘经费纳入当地财政预算。全省各级财政投入基础测绘经费 5.06 亿元，比 2012 年增长 24.89%。其中，省级基础测绘经费投入 1.14 亿元，比 2012 年增 20.52%；市、县（市、区）基础测绘经费投入 3.92 亿元，比 2012 年增长 26.23%。

【基础测绘工作】

浙江省、市、县基础测绘年度计划全面完成。陆海统一空间定位基准框架建设，1:1 万基础地理信息数据快速更新、1:2000、1:500 基础地理信息数据必要覆盖等重大基础测绘项目按期完成。组织完成卫星定位连续运行综合服务系统兼容接收北斗卫星项目的设计、省自然资源与地理空间数据库建设工作方案和立项工作。启动省级基础测绘（含应急测绘）现代化技术装备建设规划（2014～2018 年）和新一轮海洋测绘中长期规划的编制工作。组织开展《浙江省基础测绘“十二五”规划》和《浙江省信息化测绘体系建设发展规划》的中期评估。2013 年，全省测绘行业单位实现服务总产值 32.39 亿元，比 2012 年增长 15.80%。

地图管理与地图出版

【地图管理】

浙江省测绘与地理信息局全年审核地图 512 件。其中公开出版地图 125 件、登载地图 17 件、展示地图 204 件、地球仪图片 166 件。对网络地图、新型地图（集）等加强保密审核，处理测绘成果脱密 289 批次、数据总量 5TB。

【地图出版】

浙江省和部分设区市组织编制了《领导工作用图》。各地测绘与地理信息管理部门主动为党委、政府和有关部门提供用图服务，编制出版了《浙江省行政区划图集》等专题地图册（集）。浙江省测绘与地理信息局会同上海、江苏、安徽等地测绘地理信息主管部门编制了《长三角地区地图集》，在浙江省“两会”期间赠送各位代表和委员。

测绘地理信息成果管理与应用

【成果提供】

浙江省测绘与地理信息局全年向社会各界提供各种比例尺地形图 149968 张、大地成果 2096 点、航摄数据 40784 平方千米、卫星遥感数据 1486689 平方千米。

【应急保障】

浙江省测绘与地理信息局进一步完善应急测绘工作机制，加强应急测绘队伍和装备建设，做好省应急地图数据更新和应急平台升级维护工作，开展经常性应急演练，成立应急测绘青年突击队。10 月 7 日，浙江省受到强台风“菲特”袭击，宁波、嘉兴等地持续暴雨形成洪涝灾害，浙江省测绘与地理信息局及时启动应急预案，运用无人机航摄系统及时获取灾区航摄影像，快速制作灾区影像图，为当地政府和部队抢险救灾提供测绘保障。

【服务政府部门】

浙江省测绘与地理信息局积极服务各级党委、政府和省级有关部门，为全省第三次经济普查、农村山区地质灾害调查评价、道路运输信息化管理等工作提供测绘与地理信息保障。继续为国土资源系统提供服务，做好国土执法的遥感监测保障，为省地质灾害管理信息系统提供地理信息服务。

【服务新农村建设】

浙江省测绘与地理信息局积极服务新农村建设，为德清、安吉等地“美丽乡村”建设测制 1:2000 数字地形图，指导磐安县申报国家测绘地理信息局新农村建设测绘示范工程并获批准。

【合作共建】

浙江省测绘与地理信息局和省电力公司共同推进地理信息数据分工采集合作，实现了“权威数据来自权威部门，权威部门负责权威数据更新”。结合地理国情普查工作，与省水利、林业、建设等部门共同开展地理国情（省情）普查标准制定工作。与省公安厅、省地震局、省民政厅等部门签订全面战略合作协议，双方从单纯的数据共享和交换，逐步转向业务协同、科技合作、项目共建、装备共享，共建共享工作不断向纵深发展。

科技、标准化与国际合作

【科技工作】

浙江省测绘与地理信息局制定《科技带头人青年科技骨干管理办法》等科技激励政策，组织行业单位积极申报省重大科技专项，承担国家测绘地理信息局和浙江省科技厅多个科研项目，成立了地理国情监测国家测绘地理信息局重点实验室。组织研发的地理国情普查外业调绘检查系统在湖南、重庆等多个省市推广应用；加载可量测相机的大载荷无人机获国家发明专利，自主研发的数字城市公共服务平台在全省多个市、县（市、区）部署。全省获 2013 年中国测绘学会测绘科技进步奖一等奖 2 项、二等奖 6 项、三等奖 5 项。浙江省测绘科学技术研究院与浙江大学等单位合作的“高精度三维工程环境构建理论、方法及公路勘察设计成套技术”项目获国家科技进步奖二等奖。

【标准化工作】

6 月，浙江省测绘与地理信息标准化技术委员会正式成立。举办数字信息新技术暨数字城市地理空间框架建设、地理信息软件应用等 5 期培训班。组织编制《三维数字地图技术规程》《1:500 1:1000 1:2000 基础数字地形图测绘规范》。

【人才培养】

浙江省测绘与地理信息局配合省委组织部做好 1 名副厅级非领导职务干部的选拔推荐和 1 名局机关副处长面向乡镇正职公开竞争性选拔工作，局系统选拔任用 3 名副处级领导干部，选送 1 名副处级领导干部到舟山市挂职锻炼。重视高层次技术人才培养，推荐 1 名科技骨干作为省突出贡献中青年专家候选人，选派 1 名科技人员赴相关国际组织挂职，派出 3 名科技人员赴荷兰、美国参加技术培训。局直属单位公开招录 39 名事业编制人员。浙江省测绘行业职业技能鉴定站在全省测绘行业和高职院校组织了 6 批 447 人次的技能鉴定。浙江省测绘与地理信息局会同省人力资源和社会保障厅、省总工会、团省委举办全省第一届测绘与地理信息行业职业技能竞赛，选拔优秀选手参加第三届全国测绘地理信息行业职业技能竞赛，浙江省首届测绘与地理信息职业技能竞赛第一名获得者王贝贝获省“浙江省五一劳动奖章”。

【对外合作与交流】

浙江省测绘与地理信息局多次派员随国家测绘地理信息局代表团赴荷兰、德国、美国等地考察测绘新技术发展与应用，参加测绘地理信息相关培训。7月，组团赴美国、加拿大考察交流数字城市与地理信息系统、地籍测绘与国土规划等工作情况。11月，派员随浙江省质量技术监督局赴美国参加标准化培训。

党的建设与文化建设

【党的群众路线教育实践活动】

7月，根据中央和省委的统一部署，浙江省测绘与地理信息局组织开展党的群众路线教育实践活动，通过集中学习、交流讨论、征求意见等方式，认真查找党员干部在“四风”方面存在的主要问题，深入剖析问题根源，局党委共征集和查找了各类意见、建议72条，制定了9方面117条具体整改措施，明确了整改时限、责任部门和牵头领导，切实整改落实。组织开展正风肃纪专项行动，促进了党员干部队伍作风的改进、工作效能的提升。

【党建工作】

浙江省测绘与地理信息局以服务型基层党组织建设为入手点，推行党支部工作目标管理，引导基层党支部创建五星级基层党组织。局直属机关党委编发《党务工作常用手册》。在局机关全体干部和局管干部中开展撰写理论文章竞赛。开展在职党员进社区志愿服务，全局407名党员到社区报到，开展服务820人次，服务群众1560人，帮助解决问题35个。

【党风廉政建设】

浙江省测绘与地理信息局全面落实党风廉政建设责任制，积极推进教育、制度、监督和惩治并重的惩防体系建设，认真贯彻执行中央八项规定和浙江省委“28条办法”“六个严禁”，开展局系统贯彻落实中央八项规定具体措施的专项督查，切实改进干部作风。加强对基础测绘、地理国情普查、海洋测绘等重大项目实施的跟踪监察，进一步规范项目招投标等工作。

2月起，组织开展了局系统“管理年”活动，深入查找局系统在管理方面存在的主要问题，提出整改措施，局系统共制定各类制度31项、修订制度46项。

【文化建设】

浙江省测绘与地理信息局深入实施《浙江省测绘与地理信息文化建设发展规划》，全面推进浙江测绘与地理信息科技博物馆、《浙江省测绘与地理信息志》等重大文化项目建设，《浙江测绘》杂志更名为《浙江测绘与地理信息》。举办局系统干部职工自编自演的“经纬浙江”大型文艺汇演。12月11日，浙江省测绘与地理信息局、浙江省直机关工委在杭州联合举办了杨艳萍先进事迹报告会。浙江省测绘与地理信息局门户网站建设进一步加强，开通了局政务微博和网站英文版，局门户网站连续第三年获全国测绘地理信息系统网站绩效评估第一名。

地方社团工作

【浙江省测绘与地理信息行业协会】

4月12日，浙江省测绘与地理信息行业协会召开六届一次会员代表大会，总结协会第五届理事会工作，选举新一届理事会和常务理事会。配合浙江省测绘与地理信息局开展测绘与地理信息市场信用体系建设，做好信用等级评定相关信息的收集和整理、信用档案建设、信用信息平台日常管理维护等工作，6月8日，召开了全省测绘行业信用体系建设座谈会。10月18日，举办浙江省第七届测绘职工乒乓球比赛，21支队伍参赛。11月29日，在临安召开浙江省中小型测绘与地理信息单位经验交流会，全省50多家中小型测绘与地理信息单位参加。12月27日，召开六届二次理事会，总结2013年主要工作，部署2014年工作。全年举办注册测绘师考前辅导、房产测绘上岗培训、浙江省涉密测绘成果培训等培训班12期，累计培训2000多人次。组织会员赴四川、内蒙古、新疆等省（区）开展学习考察交流活动。全年新增会员单位10家，会员单位总数达432家。

【浙江省测绘与地理信息学会】

5月9日，浙江省测绘与地理信息学会和江苏省测绘学会联合举办了以“大数据时代背景下的规划信息化发展与创新”为主题的第七届规划信息化实务论坛。5月10日，浙江省测绘与地理信息学会召开九届八次常务理事会，对2013年学术交流活动作出安排，调整了学会常务理事和理事人选，审议通过《浙江省测绘与地理信息科技进步奖励办法（试行）》。8月22日，组织会员参加在山东召开的第十五届华东六省一市测绘学会学术交流会，30多篇论文参加会议交流，获一等奖2篇、二等奖3篇、三等奖5篇。12月27日，召开理事大会暨综合性学术年会，总结2013年工作，部署下一阶段工作，举办多场学术报告会。全年出版《浙江测绘》杂志4期，共发表论文95篇。举办浙江省地理信息新技术暨数字城市地理空间框架建设、测绘质量标准和检验技术等多期培训班，累计培训学员540多人次。组织开展2013年度浙江省优秀测绘与地理信息工程奖评选工作，评选出一等奖8项、二等奖15项、三等奖23项。全年新发展个人会员31人，批准单位（团体）会员6家。

【浙江省测绘职工思想政治工作研究会】

4月19日，浙江省测绘职工思想政治工作研究会召开五届三次理事会暨第十四次年会，总结2012年工作，部署下一阶段工作重点，交流政研成果和论文22篇，评选出优秀政研成果7篇，新吸纳会员单位4家。浙江省测绘职工思想政治工作研究会摄影分会组织会员参加国家测绘地理信息局“经天纬地映华夏”摄影比赛，获优秀组织奖；组织行业单位摄影作品参加“美丽浙江”摄影比赛，多幅作品入围优秀作品。

安徽省

概况

2013年，安徽省认真抓好“十二五”测绘地理信息发展规划的实施，不断提高测绘地理信息公共服务的能力和水平。基础测绘工作进一步加强，建立了稳定的定期更新和投入机制，2013年省级预算单独增列“基础测绘专项经费”5000万。数字城市建设工作有力推进，全省16个市的数字城市建设全面展开，县域数字城市建设稳步实施。“天地图·安徽”进展顺利，完成105个县城、合肥市城区、16个地级市开发区范围的基础地理信息核心要素全面更新。地理国情监测服务领域进一步扩大，利用低空遥感技术完成合肥市秸秆禁烧动态监测和全省土地整治、土地执法监察、文物普查、水利普查等工作任务。安徽省第一次地理国情普查工作启动，成立省普查工作领导小组，印发了普查相关通知，制定了规章制度。修订完善安徽省涉密测绘成果管理办法和基础测绘汇交管理办法等规章制度。以测绘资质管理、测绘行政执法、地图市场监管、测量标志管护等服务和监管为核心内容，进一步加强测绘地理信息市场监管力度，维护测绘地理信息市场秩序。继续完善长三角地理信息共建共享联席会议机制，有效利用长三角地区资源优势，加快区域地理空间信息平台建设。测绘科技和人才队伍不断充实，自主创新能力得到提升，省CORS系统建设中的关键技术研究与应用取得成果。测绘地理信息服务保障能力明显提高，2013年向社会各界提供各种比例尺测绘成果17904幅、基准成果点6654个，航摄数据26900GB，卫星遥感资料1500GB，编制各类专题地图80多幅。为安徽边少贫困地区发展、美好乡村建设无偿提供基础地理信息数据。2013年，安徽省测绘系统生产总值1.7亿元，保持了良好的增长势头。

重点工作推进

【数字城市建设】

安徽省持续推进数字城市建设，全年完成池州、淮北、淮南、铜陵、宿州、蚌埠、宣城7市数字城市项目设计的评审工作，完成数字亳州立项申请、数字马鞍山验收和发布、数字明光县域城市建设省级立项工作。至年底，全省16个地级市数字城市建设全面开展，1个县级市开始建设。选送部分市分管副市长参加数字城市建设工作专题研究班。2013

年度数字城市地理空间框架建设投入专项资金1400万元。

【“天地图·安徽”建设】

安徽省测绘局整合“天地图”国家主节点、省级节点和“天地图·马鞍山”“天地图·滁州”市级节点资源，保证国家、省、市级节点在线数据的互联互通。全面更新“天地图·安徽”影像和矢量电子地图数据，实现全省0.5米分辨率影像电子地图数据的全覆盖。更新安徽省105个县城、合肥市城区、16个地级市开发区范围的基础地理信息核心要素。完善“天地图·安徽”门户网站功能。

加强“天地图·安徽”宣传推广和应用，开发安徽省测绘资质专题地理信息系统和团购专题应用系统并正式上线运行。通过《新安晚报》《合肥晚报》《市场星报》等安徽主流媒体，宣传报道“天地图·安徽”成果应用和综合性服务功能。

【地理国情普查】

根据国务院《关于开展第一次全国地理国情普查的通知》要求，安徽省政府印发《安徽省人民政府关于做好第一次地理国情普查的通知》，成立了以省委常委、副省长陈树隆任组长，省委、省直有关部门以及省军区、省武警总队共23个单位分管负责人为成员的普查工作领导小组；印发《安徽省人民政府关于做好第一次地理国情普查的通知》《安徽省国土资源厅关于印发安徽省第一次地理国情普查领导小组办公室工作职责组成人员内设机构的通知》，全面启动全省第一次地理国情普查工作。编制印发普查实施方案、普查培训实施方案及普查招投标实施办法。完成固镇县和蚌埠市区域数据收集与影像处理、工作底图制作、外业普查等试点任务。分期分类对全省参与地理国情普查工作的管理人员、技术人员进行培训，为通过考试的人员颁发了资格证书。至年底，落实启动资金5000万元。

法制建设和市场监管

【测绘资质管理】

安徽省国土资源厅认真组织测绘资质申领、注册和清理工作。全年共审查97家单位测绘资质的申请，为通过审查的73家单位颁发了资质证书。完成测绘资质年度注册工作，予以注册325家、缓期注册79家、降级3家、核减业务范围3家、注销测绘资质9家。

【行政执法】

安徽省国土资源厅将“六五”普法、测绘地理信息系统行政处罚案卷评查、测绘地理信息成果质量监督检查、涉密测绘成果跟踪检查、地图市场监管等工作纳入年度测绘地理信息行政执法检查范围。全年全省查处各类“问题地图”、伪劣地图产品及宣传品18多种1000多份（幅），检查各级政府部门网站300多个，撤换“问题地图”产品20多幅；抽取43家测绘资质单位的测绘项目成果进行质量监督检查，38家被判定为“批合格”，2家被判定为“批不合格”，3家因故不作判定；完成测绘产品检验30项1400幅，检定各类仪器2320多台（套）；对交通、电力、石油石化、林业、大学等领用涉密测绘成果使用较多的80多家单位进行涉密测绘成果跟踪检查，向省外发出协查函10份。

【信用信息评价】

安徽省启动测绘地理信息市场信用信息评价工作，对符合条件的470多家测绘资质单位进行业务培训，完成审核、评定、发布。

【法制宣传】

安徽省国土资源厅以宣传依法规范地图市场和增强国家版图意识，展示测绘地理信息法制建设为重点，充分利用“8·29”测绘法宣传日、国家版图意识宣传教育等契机，借助各类宣传平台和载体，广泛进行测绘地理信息行政监管宣传，营造了良好的法制氛围。

基础测绘

【基础测绘计划执行情况】

安徽省国土资源厅组织落实基础测绘2013年度计划，全面实施新一轮1:1万地形图测绘更新工作，航空影像资料使用率达85%以上。基础测绘定期更新和投入机制逐步稳定，在2013年省级预算中增列“基础测绘专项经费”5000万元。全年共完成基础测绘“3D”产品3000幅。

【全省边远地区基础测绘工作】

安徽省测绘局完成金寨县基础测绘项目，向县政府无偿移交共180幅1:1万DLG数据，涵盖全县3800多平方千米的范围。霍山县、舒城县、六安市、阜阳市的边少贫困地区测图项目有序开展。

【航空摄影】

安徽省测绘局利用无人机航摄技术为省国土资

源厅土地整治示范建设项目服务，完成59个项目区域近2600平方千米的航飞任务，获取了覆盖整个项目区的0.16米分辨率航摄影像；完成2013年无人机遥感系统土地执法监察飞行任务。完成凤阳县小岗村正射影像图的更新制作任务。

【现代测绘基准体系建设】

安徽省国土资源厅积极推进2000国家大地坐标系的推广使用，完成1∶1万DLG 7373幅、DOM 2017幅、DEM 2378幅和51824个平面点、58565个高程点的坐标转换工作。

安徽省卫星定位综合服务系统（以下简称AHCORS）通过验收。制定印发《安徽省卫星定位综合服务系统使用管理规定》。加强对AHCORS控制中心、基准站的运行维护和管理，截至年底，AHCORS为120多家单位和440个流动站用户注册入网并提供技术服务。

【质量管理】

安徽省国土资源厅组织开展2013年安徽省基础测绘成果质量监督检查工作，制定《全国2013年测绘地理信息成果质量监督检查（安徽省）技术方案》，抽查测绘资质单位43家，督促整改检查中发现的问题。完成测绘产品检验30项1400幅，检定各类仪器2320多台（套）。

地图管理与地图服务

【地图编制与出版】

安徽省测绘局编制新版《安徽省领导工作用图》《安徽省地图集》，完成《安徽省电力图集》《滁州市乡镇地名图集》《安庆市行政区划图系列图》等各类专题地图（集）80多幅。制作全省土地整治、“矿山复绿”“三边三线”治理及耕地调查等项目工作底图、专题实施图和调查图。

【保密管理】

安徽省国土资源厅进一步规范和加强涉密测绘成果管理，积极开展涉密测绘成果跟踪检查和地勘行业涉密测绘成果与地质资料使用和管理专项检查。向国家测绘地理信息局申请配发地形图数据保密处理系统，制定《地形图数据保密处理系统使用管理暂行规定》，开展测绘地理信息数据安全防护系统的开发试点工作。改造安徽省测绘档案资料馆，完善现代化保密设施设备。根据安徽省国家保密局要求，做好全国保密普查数据采集汇总、涉密信息系统分级保护、涉密人员培训等工作。严格执行涉密资料销毁的有关规定，2013年通过安徽省国家保密局销毁涉密地图30多万张。

测绘地理信息成果管理与应用

【成果管理】

2013年，安徽省测绘局共完成测绘资料归档组卷253卷，扫描整理历史航片2.83万张。8月，与湖北省测绘地理信息局联合开展的测绘地理信息成果、档案数据异地备份工作正式实施，截至年底，备份数据量达9TB。

【成果提供】

安徽省测绘局全年向国土、交通、规划、农业等多个行业部门提供各种比例尺地形图17904幅、基准成果点6654个、航摄数据26.27TB，卫星遥感资料1500GB，主动为各级政府和有关部门规划、科学决策提供地理信息与技术支持。

【土地变更调查和美好乡村建设保障服务】

安徽省国土资源厅完成全省105个县（市、区）2012年统一时点土地变更数据库的变更、检查、库体维护和数据汇总上报工作；为美好乡村建设规划提供基础地理信息数据。

【成果开发利用】

安徽省测绘局完成黄山乡村旅游基础地理信息系统和马鞍山地理信息公共平台建设，已正式上线为公众提供服务。完成安徽省“林业一张图”数据库建设，为安徽省政务版地理信息公共服务平台、安徽省文物考古资料信息系统解决方案、淮河流域测绘应急保障系统解决方案等多个项目提供技术支持。

【测量标志监管】

根据国家测绘地理信息局关于加强测量标志保护管理工作相关要求，安徽省依法对蚌埠等市开展第二轮测量标志普查工作，12月全部完成。此外，因经济建设需要依法迁建永久性测量标志3座。

【共建共享】

为深化长三角地区地理信息资源共建共享合作，安徽省测绘局承办了2013年度长三角地理信息共建共享联席会议，围绕长三角地区地理信息共建共享各个项目的实施成立若干专题小组，扎实推进区域地理空间信息基础设施建设。

科技与国际合作

【科技工作】

安徽省测绘局研发数字马鞍山一站式在线地理信息服务。首次实现在省级 CORS 系统中使用加密网络通讯技术。自主研制“强制对中高度测量延伸臂装置”获国家发明专利和实用新型专利。成立安徽省测绘局科技委员会，制定印发《安徽省测绘局科研立项和奖励暂行办法》。

【人才培养】

安徽省测绘局 2 人被评为国家测绘地理信息局青年学术和技术带头人。在全局范围内采取竞争上岗方式选拔 2 个局属事业单位的主要领导，完成局属 7 个事业单位 9 名主要负责人的轮岗工作。面向社会公开招聘事业单位工作人员 22 名。

【合作交流】

安徽省测绘局组织人员赴尼日利亚参加国际测量师联合会 2013 年大会、参加国家测绘地理信息局组织的“灾害管理及测绘新技术”培训等。与安徽大学签署安徽大学测绘工程与地理信息科学实践教学基地协议，开展测绘地理信息学科理论、应用实践等方面的合作交流。

党的建设与文化建设

【党的群众路线教育实践活动】

安徽省测绘局按照中央和安徽省委要求，有序开展党的群众路线教育实践活动，制定活动实施方案，成立活动领导小组，召开动员大会，部署活动开展有关事宜。举办群众路线教育实践活动先进事迹报告会、专题学会会、党课报告会等，做好“党员干部走访基层行动”等工作。制定印发《安徽省测绘局公务接待管理规定》，开展全局在编不在岗和违规领取财政资金人员、会员卡及党员领导干部违规建房和多占住房、违规经商办企业等多项专项清理工作，确保活动取得实效。

【党的建设】

安徽省测绘局全年共组织 10 多次党委理论学习中心组学习活动，专题学习党的十八大、十八届三中全会、习近平总书记在中纪委会议上的重要讲话精神和安徽省纪委关于反腐败工作会议精神。制定印发《安徽省测绘局 2013 年党风廉政建设与反腐败工作实施意见》，严格党员干部的监督管理，加强作风建设和效能建设。

【文化建设】

安徽省测绘局开展“同心共筑中国梦”和系列主题教育活动；积极组队参加全国测绘地理信息系统第三届“九成杯”乒乓球比赛，举办老干部书画摄影展、春节文体活动等，丰富广大干部职工的文化生活。

地方社团工作

安徽省测绘学会增补 6 家单位为常务理事单位，9 家单位为理事单位。截至年底，团体会员单位共 190 多家，会员近 3000 人。

组织参加第十五届华东六省一市测绘学术交流会，提交的论文获一等奖 2 篇、二等奖 3 篇、三等奖 5 篇；组织召开安徽省国土资源厅科技奖励（测绘地理信息领域）评审会，共评出项目质量优秀奖 23 个、科技进步奖 3 个；推荐省优秀科技奖项参加全国优秀测绘工程奖评选，6 家单位获奖；积极参加“全国科普日”活动。《安徽测绘》杂志通过年检，全年编辑印刷 3 期，发行 3900 册。

福建省

概况

2013 年，福建省测绘地理信息局深入开展党的群众路线教育实践活动，加强基础测绘，大力推进“三大平台”建设，为福建省经济社会发展提供强有力的测绘地理信息保障服务。2013 年福建省测绘服务总值 19.2 亿元，比 2012 年增长 32.7%。福建省委、省政府重视测绘地理信息工作，加大基础测绘投入，省级基础测绘经费达5772万元，比2012年增加1772万元。11月，福建省省长苏树林在政府务虚会议上指出“测绘是基础工作，要给予支持”。副省长洪捷序在省国土资源厅调研国土资源信息化工作时指出，要充分利用测绘单位卫星遥感影像等信息资源，破解“信息孤岛”。福建省成立第一次全国地理国情普查领导小组，洪捷序任组长，多次召开福建省第一次全国地理国情普查工作部门协调会议。福建省政府及省政府办公厅在2013年数字福建工作要点、成立减灾委员会、加强城乡基础设施建设及地震、森林防火、自然灾害预案等文件中对测绘地理信息工作提出具体要求。福建省测绘地理信息局简政放权，下放或部分下放省级测绘行政审批权2项；完成第一次全国地理国情普查任务约3万平方千米；全面启动数字城市地理空间框架建设，南平、三明、龙岩3市数字城市建设通过验收，数字福州通过预验收，7个县数字县域地理空间框架建设启动；“天地图·福建”成果更加丰富，应用更加广泛。

重点工作推进

【数字城市建设】

福建省九个设区市数字城市地理空间框架建设全面展开。数字泉州成果应用于公安警用、应急指挥、房产管理、国土管理等领域，平台数据与市旅游局、无线电管理局、国税局等部门数据对接服务；数字龙岩、数字三明、数字南平项目建设完成，通过竣工验收；数字福州通过项目预验收；数字漳州完成项目招投标工作；数字厦门通过项目设计书评审，基本完成项目招投标工作；数字宁德通过项目设计书评审，项目实施方案获宁德市政府批准。

数字县域地理空间框架建设稳步推进。福建省测绘地理信息局编制《福建省数字县域地理空间框架建设指南》，作为数字县域地理空间框架建设工作的指导。组织完成数字永春、数字晋江、数字永定项目设计书的编制，并通过专家评审。数字尤溪、数字建阳、数字武平、数字古田4个数字县域建设通过批复立项。

【“天地图·福建”建设】

福建省测绘地理信息局进一步改善福建省地理信息公共服务平台运行支撑环境，升级虚拟化平台，购置和部署15台IPAD，对政务网平台和公众网平台存储分别扩容5TB。“天地图·福建”由数字福建云计算平台节点向福建省基础地理信息中心节点迁移。结合数字城市地理空间框架建设，2次全面更新9个设区市基础框架数据及全省交通路网数据，完成全省1:1万、1:5万、1:25万、1:100万等比例尺数据整合更新；更新全省地名地址数据；完成政务版公共地理框架数据与“天地图·福建”数据同步更新。

基于“天地图·福建”平台新开发福建省地震应急避难场所公共服务系统、福建省文物信息服务系统、福建省旅游公共服务系统等11个专题应用系统，总应用数达39个。拓展“天地图”平台应用服务领域，开发林业信息查询系统、福建省地名区划查询系统、海沧区政府电子地图等应用服务系统，方便了公众的出行、生活。

“天地图·福建”实现与国家“天地图”2.0版服务对接，完成自然库专题数据服务、泉州平台、南平平台、三明平台、龙岩平台等数据服务的注册和互联互通。与国土、防汛、气象、林业、交通、地震等部门开展合作，完成建设专题应用系统和服务对接。“天地图·福建”省级节点服务通过国家测评。

【地理国情普查】

根据国家测绘地理信息局的安排，福建省选取厦门市作为地理国情普查试点区域开展试生产，普查总面积1565平方千米。6月26日，福建省测绘地理信息局召开福建省第一次全国地理国情普查试点工作汇报会，试点工作基本完成。

8月23日，福建省政府印发《关于开展第一次地理国情普查工作的通知》（闽政〔2013〕36号），成立由副省长洪捷序任组长，福建省测绘地理信息局、省国土资源厅、省统计局等26个部门组成的领导小组，领导小组办公室（以下简称普查办）设在福建省测绘地理信息局。普查办印发了《福建省第一次全国地理国情普查实施方案》和《福建省第一次全国地理国情普查经费预算方案》。

编制印发《福建省第一次全国地理国情普查项目设计书》《福建省第一次全国地理国情普查项目管理规定》等制度。成立由国土、林业、水利、统计等18个行业专家组成的普查专家咨询组。组织7批50多人次参加国家测绘地理信息局举办的普查培训班；举办普查综合培训和内外业技术人员上岗培训3期，共520人次参加。完成全省土地调查、水利普查以及教育、卫生等21个厅局行业专题数据收集，总数据量34.3GB。选取福建省内同时具有摄影测量与遥感专业和地理信息系统专业乙级以上资质的7支队伍，开展普查全流程试生产，与承担普查任务各单位签订目标责任书。至年底，福建省完成约3万平方千米的普查生产任务。

【地理信息产业】

福建省测绘地理信息局组织编写福建省《关于促进地理信息产业加快发展意见（征求意见稿）》，开展地理信息产业园建园调研。探索“天地图·福建”运营公司组建方式，编制“天地图·福建”市场化运营企划案，与有关企业研究合作模式。

【机构建设】

平潭综合实验区环境与国土资源局设立地质矿产与测绘管理处加挂测绘地理信息局牌子；三明市国土资源局测绘地理信息科加挂测绘地理信息局牌子；厦门、南平、莆田加挂测绘地理信息办公室牌子。三明市土地档案馆更名为三明市国土资源与基础地理信息中心；永安市、尤溪县、将乐县、明溪县、宁化县设立测绘管理站；宁化县、将乐县、沙县在国土资源局内设测绘地理信息股；尤溪县成立国土信息管理中心，挂靠尤溪县测绘管理站。南平市编委同意所有县（市、区）国土资源局加挂测绘地理信息办公室牌子，设立国土资源与地理信息中心。

法制建设与市场监管

【行政审批权清理】

福建省开展省级测绘行政审批项目清理工作，下放测绘作业证核发，部分下放拆迁或使用永久性测量标志审批，保留乙、丙、丁级测绘资质审批，建立相对独立平面坐标系统审批等7项省级测绘行政审批项目，将测绘专业人员执业资格、测绘计量检定人员资格审批改为一般性日常管理方式。开展规范性文件清理工作，保留福建省政府及省政府办公厅发布的测绘地理信息文件5件；保留福建省测绘地理信息局发布的规范性文件28件，修改5件，废止4件。

【法制建设】

福建省测绘地理信息局出台《福建省测绘地理信息统计管理实施办法》《福建省卫星遥感影像资料管理规定》，修订《福建省测绘地理信息局测绘地理信息行政处罚程序规定》。收回原委托福建省测绘地理信息局地图审查中心承担的部分行政执法权，印发《关于进一步明确局机关职能处室执法办案职责的通知》，重新明确测绘违法案件管辖、移送规定及各职能处室执法职责。

【行政执法】

福建省测绘地理信息局制定《2013年全省测绘地理信息行政执法检查工作实施方案》，成立由分管领导任组长的检查领导小组，开展为期1个月的检查，对全省贯彻落实测绘法情况进行全面检查。经全面自查、抽查，查处1家无测绘资质、1家超越资质等级许可范围从事测绘活动案件，发现1家单位测绘成果质量严重不合格。

【测绘资质管理】

福建省测绘地理信息局加强测绘资质审批，完成申请甲级测绘资质单位材料初审3家、业务范围变更单位5家，审批41家测绘单位资质申请。完成374家测绘资质单位年度注册，予以注册343家、缓期注册26家、注销测绘资质5家。截至年底，全省共有测绘资质单位426家，其中，甲级21家、乙级52家、丙级153家、丁级200家。

【信用体系建设】

福建省测绘地理信息局开展全省乙、丙、丁级测绘资质单位信用信息征集、录入工作，对237家测绘单位报送的信用信息进行审核，并进行测绘资质单位信用评定，其中1家测绘资质单位信用评定为A级，236家为B级。组织福建省内甲级测绘资质单位向国家测绘地理信息局报送信用信息。

【测绘法宣传】

8月29日，福建省测绘地理信息局与福州市国土资源局及部分测绘地理信息单位联合举办以“依法普查地理国情，测绘服务美丽中国”为主题的测绘法宣传日活动。围绕“天地图·福建”建设和应用、数字城市建设、互联网地图服务、导航地图服务等新型服务形式，宣传地理信息服务大局、服务社会、服务民生所取得的成果。在宣传现场设立咨询台，向过往群众宣传测绘地理信息法律、法规知识，发放《中华人民共和国测绘法》《福建省测绘条例》宣传画、《国家版图知识》小册子和《地理国情普查》科普专刊等宣传材料3万多份，发送手机短信10万多条。

基础测绘

【省级基础测绘】

福建省测绘地理信息局完成“十二五”规划中

期评估。完成7个全球导航卫星系统基准站选址、土建工作。首次承担国家高程控制网一等水准观测项目，完成600多千米的观测任务。完成全省1:1万基础地理信息数据改造和重要要素年度更新，更新1:5000基础地理信息数据3000平方千米。建成全省统一的基础地址库，完成地名地址数据模型研究、数据库设计，对已有地名地址数据全面梳理和比对，利用最新的资料对地名地址和兴趣点进行更新和补充。至年底，共有数据181万条。福建省自然资源与地理空间基础信息库项目一期工程通过验收。《福建省情地图集》完成更新资料的收集。

【市县基础测绘】

福州市服务闽江口经济区发展和马尾新城建设，完成优于0.2米分辨率的航空影像7230平方千米、1:2000数字线划图2872平方千米、1:2000数字正射影像图7230平方千米。漳州市投入450万元建设数字漳州，龙海、云霄、诏安、东山、南靖5个县（市）基础测绘共投入410万元。泉州市泉港区投入450万元开展基础测绘建设，永春县投入400多万元开展数字永春初期建设，晋江市投入1000多万元用于数字晋江建设。三明市级基础测绘投入716万元。莆田市基础测绘投入800万元，服务湄洲岛生态文明岛示范建设、莆田城市绿心规划。南平市投入近108万元，完成规划区内685平方千米1:2000正射影像图制作；武夷新区投入362万元开展基础测绘建设；邵武市投入350多万元，完成规划区155平方千米1:1000地形图测绘。龙岩市投入648万元开展数字龙岩建设；永定县投入280万元开展全县域高精度人地水准面精化工作；武平县投入300元万开展数字武平建设；上杭县投入150万元开展9个建制镇约16.7平方千米1:500地形图测绘；连城县投入150万元开展200平方千米1:500、1:1000航测成图工程。宁德市投入1405万元开展数字宁德建设。平潭综合实验区投入380多万元开展现代测绘基准体系建设，专项投入168万元用于建设测绘信息中心机房。

【海洋基础测绘】

3月，国土资源部出台9条措施支持福建省海峡蓝色经济试验区发展，包括海洋基础测绘能力建设、保障海洋经济发展合理用地等内容。福建省政府会议纪要增补福建省测绘地理信息局为福建省加快海洋经济发展领导小组成员。6月9日，福建省测绘地理信息局编制的《福建省海洋基础测绘实施方案（2014~2016年）》通过专家评审。福建省测绘院完成福建省13个重点港湾及重要河口1:1万水下地形测量项目设计，开展福清湾、海坛峡及坛南湾单波束水深测量。

【福建省连续运行卫星定位服务系统】

福建省连续运行卫星定位服务系统（FJCORS）由74个参考站网、1个系统控制中心、1个数据中心、1个用户应用系统和多条数据通讯线路组成。1月24日，该系统通过专家验收，免费向全省161家单位提供使用，全年提供数据量4.5TB。

【2000国家大地坐标系转换】

福建省测绘地理信息局完成省级2000国家大地坐标系转换，印发《福建省加快2000国家大地坐标系推广使用工作方案》，要求各设区市结合数字城市地理空间框架建设，在2014年底前完成现行国家大地坐标系向2000国家大地坐标系的转换工作。3月8日，漳州市政府办公室印发《漳州市启用2000国家大地坐标系实施方案》（漳政办〔2013〕31号），要求全市5月起启用2000国家大地坐标系，2014年底前完成全市现行国家大地坐标系向2000国家大地坐标系的过渡与转换。

【航空摄影】

福建省测绘地理信息局测绘无人机航飞面积大幅增加，总面积870多平方千米，主要包括上杭县、连江县可门港、平潭县安海澳等38个项目。应用DMC II航摄仪航拍面积4200多平方千米。购置机载激光雷达系统（LIDAR），在龙岩投入使用，航摄7500多平方千米。

【质量监督】

福建省测绘产品质量监督检验站对25家测绘单位、26个测绘项目进行质量监督检查，合格率达100%。完成基础测绘项目的成果验收，主要包括公开版地图数据库更新、海西交通图集、1:1万数字线划图更新、1:1万数字线划图2000国家大地坐标系转化、省基础地理信息公共服务平台和省地理国情普查试点等。承担市场委托检验任务167项，主要包括大福州经济区1:500、1:2000比例尺地形图更新项目、武夷新区1:1000数字地形图测绘31平方千米、莆田市湄洲岛1:500数字化测图项目20平方千米、漳州招商局经济技术开发区1:500地形图测量项目等。

【计量检定】

福建省测绘计量检定站检定各类仪器4263台

(套)，其中，全站仪1298台、GPS接收机773台(套)、测距仪817台、水准仪1142台、经纬仪169台、钢卷尺64把。

【安全生产】

5月28日，福建省政府办公厅印发《关于成立福建省减灾委员会的通知》（闽政办〔2013〕61号)，省测绘地理信息局副局长陈智仁担任减灾救灾工作委员会委员，省基础地理信息中心主任袁存忠担任减灾救灾委员会专家组副组长。针对汛期，福建省测绘地理信息局印发《关于加强安全生产工作的通知》。结合福建省消防安全隐患排查整治月活动，制定消防安全应急预案，成立消防安全工作领导小组和机关业余消防队。组织福建测绘创新基地各直属单位制定《测绘大厦消防演练方案》。

地图管理与地图出版

【地图审核】

福建省测绘地理信息局地图审查中心审核地图95项，其中，纸质地图84项、网络电子地图11项，发现不合格6项。

【地图出版】

福建省制图院新编和修编公开版地图80多种，主要包括《福建省交通能源发展布局图》《海西高速公路、铁路、电力发展布局图》《福建省海防设施图》等。新出版的大型图集《海西交通图集》《福建省交通地图集》广受好评。推出“美丽福建”系列福州、厦门、泉州的地图。出版福建省、9个设区市及福州城区图，厦漳泉大都市中心区域图等13系列卷轴挂图，售出4400多幅。《福建省地图集》销售量突破1万册。

【地图公共服务】

福建省测绘地理信息局积极服务全省经济社会发展，为福建省第三次经济普查提供全省遥感影像制作地理底图和普查格网定制服务；为省水利部门水土保持监测工作提供各种比例尺地理信息数据1746幅，卫星影像18万平方千米；为省林业部门提供卫星影像30万平方千米；为交通部门提供各类地理信息数据497幅；为环保部门开展十年环境评价工作提供各类遥感影像数据65万平方千米；为数字城市建设提供地理信息数据6301幅、卫星影像数据13万多平方千米。

为100多家单位提供定制纸质地图4500多册(幅)。为福建省领导提供定制更新《世界地图》《中国地图》《福建省地图》及领导工作用图等100多幅；为全省工作大检查提供布质领导工作用图11套121幅；为福建省政协十一届一次会议、省十二届人大一次会议制作赠送2500册《福建省两会用图》。

【涉密测绘成果检查】

福建省测绘地理信息局开展涉密测绘成果跟踪检查，在118家单位自查基础上，抽查36家单位，发出整改通知书13份。联合福建省国土资源厅、省国家安全厅、省国家保密局开展全省地勘行业涉密测绘成果和地质资料使用与管理专项检查，在46家领用涉密测绘成果或涉密地质资料单位自查基础上，抽查5家单位，发现涉密计算机或信息系统违规上网事件2宗。

【国家版图意识宣传教育】

福建省测绘地理信息局和省教育厅合作，举办中小学教师国家版图意识教育培训班，联合对中小学校园内张贴和悬挂的中国地图及世界地图进行全面检查，对不规范的地图进行整改。利用测绘法宣传日、全国科普日等契机，在电视、报纸、电子广告牌等多种媒介上宣传国家版图意识知识。对国家版图意识宣传教育和地图市场监管先进集体和个人进行表彰，授予10家单位“国家版图意识宣传教育和地图市场监管工作先进集体”称号、24人“国家版图意识宣传教育和地图市场监管工作先进个人”荣誉称号。

测绘地理信息成果管理与应用

【成果汇交】

福建省基础地理信息中心接收技术文档225本、图例簿95本、地图集4册、专题图11幅、控制片1084片、航片3929片。接收数据档案143批次，“4D”数据档案资料41619幅、卫星遥感影像资料1098景，福州UCX航片数据11662片，大地点982个，数据量共7.89TB。

【成果分发服务】

福建省测绘地理信息局向203家单位提供测绘成果分发服务，向1300多人次提供咨询服务，签订数据使用协议253份。提供模拟图及“4D”成果共40088幅，其中，无偿提供“4D”数据25979幅、图纸416幅、影像数据655景。

【成果开发应用】

福建省基础地理信息中心积极开展移动地理信息系统的研究和应用，解决移动终端数据存储显示、查询分析等关键技术，完成龙岩、三明、南平、漳州等地公务用图开发。升级福建省基础三维地理信息系统，可基于规划数据实现虚拟道路实时建模。开发三维模型库管理系统，实现百万栋数据级别的三维建筑模型数据的有效管理与应用。

开发10多个应用系统，主要包括为山东省国土资源厅测量标志动态监管信息系统、福建出入境检验检疫局进口食品安全追溯系统、福建省财政厅财政信息动态展示系统等。

【影像采购与分发】

福建省测绘地理信息局2013年安排专项影像采购、处理经费761.9万元，比2012年增加400多万元。完成196景2米~5米分辨率影像购买、134景约12.3万平方千米影像处理、影像库管理系统开发和影像的整理入库。提供各类卫星影像205多万平方千米，数据量3.6TB；提供航摄影像5213片1984平方千米，数据量4.6TB；提供大地控制点798点。影像成果主要应用于民政、水利、交通、电力、城乡建设、林业等行业。

【测量标志保护】

福建省基本完成全省测量标志外业普查工作，进入验收阶段。泉州市审批完成晋江市气象局关于永久性测量标志迁移的申请。福州市明确测量标志保管单位和管理人员，落实第一期142个测量标志点委托保管工作。

科技、标准化与国际合作

【科技创新】

福建省测绘地理信息局直属各单位参与4项国家级科技项目的研究，主要包括“863”计划项目“导航与位置服务系统关键技术及应用示范（一期)”支撑计划课题“海峡西岸公共安全应急指挥与位置服务系统及应用示范”、“863”项目“重点海域海洋环境精细化监测集成应用示范”子课题“无人机海洋监测系统”、国家发展和改革委员会卫星及应用产业发展专项“天地一体卫星技术城市管理综合应用”、国家自然科学基金项目“红树林下游河口区二氧化碳交换通量的时空变化遥感研究”子课题“建立基于无人机的水体二氧化碳分压遥感算法”。福建省基础地理信息中心开发的“福建省防汛三维地理信息系统V1.0”“福建省位置服务平台”等系统取得计算机软件著作权。

【测绘标准化】

福建省测绘地理信息局向省质量技术监督局递交6个标准申报书及标准草案，其中《测绘行业专用钢卷尺检定规程》《福建省1:500 1:1000 1:2000基本比例尺数字地形图测绘技术规定》《三维地理信息系统技术规范》3个标准草案获得立项。

【闽台测绘交流】

10月24日~30日，应台湾省测量技师公会邀请，福建省测绘学会组织28人代表团到台北参加以“测绘地理信息技术与应用”为主题的2013年闽台测绘技术交流研讨会。会议期间，福建省测绘学会到台北市测量技师公会、台湾海洋大学地理资讯中心、逢甲大学GIS测绘中心参观，交流学习海洋地理资讯系统、卫星遥感测量海洋生态分析、防灾监测等。

【海峡项目成果交易会】

6月17日，第十一届中国·海峡项目成果交易会开幕式在福州海峡国际会展中心举行，省测绘地理信息局组织10多家测绘单位、20多个项目参展，设立测绘地理信息展厅，展出测绘无人机、地理信息应急监测保障车、车载激光扫描仪等测绘技术装备，以及“天地图·福建”、数字城市建设成果、位置服务应用等地理信息应用系统等。

【人才培养】

福建省测绘地理信息局新增国家测绘地理信息局青年学术和技术带头人1人、局青年学术和技术带头人5人。举办3期全省测绘行业专业技术人员继续教育培训班，1113人参加。完成2013年度初、中、高级职称评审工作，通过初级12人、中级75人、高级48人。

党的建设与文化建设

【党的群众路线教育实践活动】

福建省测绘地理信息局扎实开展党的群众路线教育实践活动，召开5场动员大会、9次中心组专题学习。征求群众意见建议61条，整理归纳成28条，涉及“四风”方面问题13条，其他业务工作类的15条。印发《局关于开展“四下基层”工作的实施意见》，通过制度巩固教育实践活动成果。

【效能建设】

福建省测绘地理信息局加强机关效能建设，出台《机关工作人员效能问责暂行规定》《关于实施“马上就办、办就办好”工作方案》。组织新一轮“学厦航、学先进，打造优质软环境作表率”活动，开展“首问负责制”“一站式”服务、“共产党员示范岗”“青年文明号优质服务示范月”等活动。倡导勤俭节约之风，反对铺张浪费，开展“文明餐桌”、办公室节水节电节纸“三节约”等活动，全年用水、用电、用纸大幅减少。

【文化建设】

福建省测绘地理信息局组织举办第二届“测绘地理信息杯”全民健身系列运动会，137 人次参加。组队参加全国测绘地理信息系统第三届“九成杯”乒乓球比赛，获优秀组织奖。开展慰问困难党员、职工和帮扶挂钩扶贫村活动，慰问 78 名老干部、老党员和困难党员职工及困难户，慰问生产一线干部职工 348 名，共送出慰问款和扶贫款 52.83 万元。福建省测绘地理信息局被省直机关工委评为“学雷锋，践行福建精神”十佳典型组织奖，省基础地理信息中心“无障碍爱心地图”被评为省直机关优秀服务项目。

【职业技能竞赛】

福建省测绘地理信息局联合省总工会、省人力资源和社会保障厅、团省委和省妇联联合举办首届“海西测绘地理信息杯”职业技能竞赛，42 支代表队 119 人参加。省总工会授予 2 人“福建省五一劳动奖章”，省人力资源和社会保障厅授予 10 人“福建省技术能手”称号，团省委授予 5 人“福建省青年岗位能手”称号，省妇联授予 1 人“福建省巾帼建功标兵”称号，省测绘地理信息局授予 12 人“福建省测绘地理信息技术能手”称号。

地方社团工作

【科技奖项评选】

1 月 6 日，福建省科技厅批准省测绘学会设立福建省测绘地理信息科学技术奖。福建省测绘学会组织开展福建省优秀测绘地理信息工程奖评选活动，评选出获奖项目 46 项，其中一等奖 7 项、二等奖 10 项、三等奖 29 项。开展福建省测绘地理信息科技进步奖评选活动，评选出获奖项目 11 项，其中一等奖 1 项、二等奖 2 项、三等奖 8 项。福建省测绘学会获 2013 年“优秀科技社团”称号。

【学术交流】

8 月 22 日，福建省测绘学会组织会员单位参加华东六省一市测绘学会第十次学术交流会。9 月 25 日，福建省测绘学会在泉州举办以“测绘科技创新，构建智慧福建”为主题的福建省科协第十三届学术年会测绘分会。9 月 22 日，组织参加全国省（区）地理信息产业发展研讨暨测绘行业协会年会。10 月，组织 27 名代表参加中国测绘地理信息学会第十届会员代表大学暨 2013 年综合学术年会。

【测绘科普】

8 月，福建省测绘学会组织 6 家会员单位参加全国测绘职工定向越野比赛。9 月 14 日，参加以“保护生态环境，建设美丽福建”为主题的 2013 年福建省“全国科普日”活动，展示测绘地理信息科普挂图，开展科技咨询，发放测绘地理信息科普资料 6000 多张，赠送测绘科普书籍 500 多册。

江西省

概况

2013 年，江西省测绘地理信息行业主动服务江西“发展升级、小康提速、绿色崛起、实干兴赣”新目标，围绕鄱阳湖生态经济区建设和赣南等原中央苏区振兴发展 2 个国家战略，完成鄱阳湖水利枢纽工程三维演示系统、昌九一体化示意地图以及鄱阳湖综合治理管理系统等项目，为江西经济社会发展和领导科学决策提供保障服务。省政府出台《江西省地理信息产业发展规划（2013-2020 年）》《关于加强全省航空航天遥感影像资料统一管理的通知》2 个有关测绘地理信息的文件，落实第一次全国地理国情普查经费2.65亿元，新增基础测绘专项资金1007万元。地理国情普查顺利启动，数字城市建设全面铺开，“天地图·江西”作用彰显。地理信息产业园建设已启动，省测绘地理信息创新基地即将入驻，国外合作项目实现零的突破。

江西省测绘地理信息局所属7家单位均创造了历史最佳成绩，各设区市测绘地理信息行政主管部门体制机制建设有突破。新余市国土资源局被全国国家版图意识宣传教育和地图市场监管协调指导小组评选为“优秀组织奖”并成为全省首家“智慧城市”建设试点市。上饶市政府出台《上饶市数字城市地理空间框架建设与应用管理办法》，宜春市所辖县（市）测绘地理信息机构更名和职责调整全部到位。

在保持全国文明单位称号的基础上，江西省测绘地理信息局获省级文明单位两连冠、省直文明单位八连冠，被评为全省社会管理综合治理目标管理先进单位及全省平安单位。在国家测绘地理信息局组织的全国省级部门贯彻落实科学发展观2013年度测绘地理信息工作绩效考核中排名第二。

重点工作推进

【数字城市建设】

江西省测绘地理信息局组织召开全省数字城市运维工作会议和全省数字城市及智慧城市建设推进工作会议。全省11个设区市全部纳入国家测绘地理信息局数字城市地理空间框架建设试点或推广项目，宜春、萍乡、新余、上饶市已通过验收并完成成果汇交，建立了运行维护和数据更新长效机制；智慧新余时空信息云平台建设试点项目已获国家测绘地理信息局立项；井冈山、婺源等县级数字城市开展红色旅游、绿色生态、云计算中心等特色项目建设；吉安、吉水、泰和、铅山、瑞金等县积极申报县级数字城市建设。投入资金近5000万元开展省级地理信息公共服务平台（政务版）建设，已开通运行。

【“天地图·江西”建设】

江西省各设区市正在加快推进“天地图”市级节点建设，吉安、上饶、新余、宜春市实现与“天地图”国家主节点的互联互通。完成全年2次省级节点数据更新工作，整合江西省旅游景点分布和工业园区分布2个政府部门专题信息，建成11个应用示范项目。成立了全国首家省级天地图科技有限公司，进一步完善政府支持、市场运作的地理信息产业发展资源配置机制，推进“天地图”市场化运营。

【地理国情普查】

8月，江西省政府印发《江西省人民政府关于做好第一次全国地理国情普查工作的通知》；9月，成立江西省第一次地理国情普查领导小组，领导小组办公室设在江西省测绘地理信息局。召开省普查领导小组第一次工作会议及全省电视电话会议，对普查工作进行了总体部署，提出具体要求。普查实施方案已通过专家评审，经省普查领导小组批准予以发布实施。10月，组建江西省第一次地理国情普查领导小组办公室，明确了工作职责、内设机构及人员组成。至年底，已到位启动资金3000万元。在国家普查任务基础上增加具有江西特色的红色旅游、鄱阳湖生态经济区地理省情普查和江西省地质灾害隐患点普查，鹰潭市已完成普查深入试点及推广应用。

【地理信息产业】

2013年江西省政府工作报告明确提出要“积极发展新一代信息技术产业和生产性信息服务业，大力发展地理信息产业”。江西省连续两年在省政府工作报告中对加快地理信息产业发展予以明确。江西省测绘地理信息局与南昌县小蓝经济开发区签约建设江西省地理信息科技产业园项目，面积约350亩，投资总额约20亿元，预计2016年投入使用。江西省测绘地理信息创新基地已建设完工。

【市县机构建设】

江西省11个设区市设立了测绘地理信息管理机构并明确了职责，7个设区市为市测绘地理信息办公室，2个设区市加挂测绘地理信息局牌子，2个设区市加挂市测绘地理信息办公室牌子。全省大部分县（市、区）测绘地理信息管理机构实现更名并增加职能，6个县成立了副科级测绘地理信息局（办）。江西省测绘地理信息局筹措50万元奖励成立了副县级、副科级的市、县测绘地理信息局。

法制建设与市场监管

【立法工作】

江西省测绘地理信息局制定了《江西省测绘地理信息质量管理办法（试行）》《江西省测绘地理信息项目备案办法》《江西省测绘地理信息行政处罚自由裁量权适用规则》等规范性文件。继续开展

《江西省地理信息公共服务管理办法》（省政府规章）立法工作，该办法连续2年被列为江西省政府立法工作计划。配合省政府法制办公室完成省内外立法调研和修改论证工作。

【行政许可事项清理】

8月，江西省测绘地理信息局对负责实施的8项测绘行政许可事项和1项非行政许可审批事项进行自查自清，提出保留7项行政许可事项和1项非行政许可审批事项，取消地方性中、小学教学地图的审定1项行政许可事项的意见。9月，对《国务院关于第六批取消和调整行政审批项目的决定》（国发〔2012〕52号）涉及下放的测绘计量检定员资格认证审批项目进行梳理和流程再造，绘制了行政审批项目流程图。11月，对《江西省测绘成果管理办法》《江西省测绘成果及资料档案和保密管理考核办法》中涉及的行政许可事项进行清理，确定取消测绘成果及资料档案和保密管理考核，将其作为测绘资质审批的前置性审查。

【行政执法】

江西省测绘地理信息局印发《江西省测绘地理信息行政执法依据》和《江西省测绘地理信息行政执法职权分解》，收录了各级测绘地理信息行政主管部门应当执行的执法依据51件，梳理分解行政执法事项119项。

联合保密、公安、国土、工商、出版、军队等部门开展多次专项行动，对测绘与地图市场、成果保密、互联网地图、网上地理信息服务等进行统一执法检查，查处了赣州优利玛工艺有限公司生产问题地球仪、水务部门违反涉密资料管理规定等案件。纠正武汉恒光大地测量系统有限公司超越资质等级许可范围从事测绘活动的行为。对景德镇市瓷都房产测绘所涉嫌出具不实房产测绘面积报告等举报件进行核实处理。查处上饶市宏宇测绘有限公司涉嫌测绘成果弄虚作假案，作出吊销测绘资质证书的行政处罚决定。指导抚州市国土资源局对江苏科信岩土勘察有限公司分公司在抚州从事非法测绘行为案件作出责令停止违法行为并处罚款的行政处罚。

【质量监管】

江西省测绘地理信息局制定了《江西省测绘地理信息质量管理办法（试行）》，改质量管理体系前置性许可为事后考核，首次在仪器检定证书上加盖二维码防伪标识，提高了测绘资质审查中对仪器检定证书真伪性的辨别率。选取南昌、上饶、吉安、鹰潭、新余5个设区市开展质量监督抽查试点，对不合格项目责令整改。开展测绘项目质量认可工作，连续举办3期质量管理培训班。

【测绘资质管理】

江西省在2013年测绘资质年度注册工作中，首次将市场信用信息和测绘项目质量认可情况纳入审核。经审核，准予注册358家、缓期注册51家，16家因连续2次缓期注册分别被注销资质、降低资质等级或核减业务范围，3家因整改不到位被注销资质或降低资质等级。全年共完成9家测绘资质申请和6家测绘资质升级的审批工作，完成2家甲级单位材料初审。至年底，江西省共有测绘资质单位453家。

【项目备案】

江西省测绘地理信息局修订印发《江西省测绘地理信息项目备案办法》，在全国率先实现测绘项目网上备案，以数据电文的方式实行在线办理，减化了备案手续和上报材料，全年共备案1094项。将行政审批项目全部纳入全省网上审批电子监察系统。投资350万元建成测绘成果管理网络分发服务系统，实现涉密成果审批网络服务。

【信用体系建设】

江西省测绘地理信息局推广应用全省测绘地理信息市场信用信息管理系统，合理划分省、市权限，由各设区市负责乙、丙、丁级测绘单位信用信息的初审、终审，江西省测绘地理信息局负责信用信息的发布及等级评定工作。2013年，全省403家测绘单位完成信息申报工作，审核127家单位334条良好信用信息，完成测绘单位信用信息的发布及信用等级评定工作。

【普法宣传】

江西省测绘地理信息局组织各级测绘地理信息行政主管部门和测绘资质单位参加“8·29”测绘法宣传日主题口号、宣传口号、公益短信、宣传画有奖征集活动及“中科宇图杯”微博测绘地理信息法律知识有奖问答活动。订购400本《测绘地理信息法律法规知识问答》，发放给全省各级测绘地理信息行政主管部门工作人员学习。与南昌市城乡规划局在南昌市联合开展测绘地理信息法制宣传暨为民服务日活动，全省各市、县共悬挂宣传横幅800多条，设置宣传展板200多块，发放宣传资料4万多份，发送宣传短信50多万条。江西日报、江西电视台等媒体对活动进行了报道。

基础测绘

【基础测绘经费】

江西省测绘地理信息局全年共落实基础测绘项目经费3700万元，保证了省级测绘项目的有效实施和年度计划的顺利完成。

【专项经费】

江西省第一次地理国情普查经费落实2.65亿元，2013年已到位启动资金3000万。江西省财政投入省级地理信息公共服务能力建设经费5000万元。

【测绘基准管理】

江西省GPS基准站网监测系统（简称JXCORS）运行稳定，维护良好，受到用户一致好评，共有入网用户388个。江西省测绘地理信息局开展了江西省现代大地基准完善项目，10月10日总体方案通过评审。

【基础航空摄影】

江西省测绘地理信息局组织完成数字省区及赣东北摄区航飞，影像资料使用率达100%，已接收的航摄资料全部用于生产；数字城市获取的影像资料已全部用于数字城市地理空间框架建设。自筹资金实施的九江市100平方千米倾斜摄影数据已用于数字九江地理空间框架建设项目的三维模型生产。安排410万元用于获取0.2米分辨率航空影像，完成了鄱阳湖区域100平方千米的倾斜摄影。

【基础地理信息数据库建设与更新】

江西省测绘地理信息局组织完成江西省级1:1万基础地理信息数据库整合升级工作，安排932幅第三代1:1万地形图测制与更新。

启动全省现代大地基准完善项目，该项目投资约3500万元，是江西省首次开展的测绘基准体系建设。

地图管理与地图服务

【地图管理】

江西省测绘地理信息局全年共审查61批次的纸质地图和1批次电子地图。联合工商、公安、通信等单位开展地图市场检查。查处了上饶市五悦景区连锁酒店集团公开出版的《五悦旅游》刊物及宣传册登载“问题地图”案件、九江庐山西海北戴河宾馆公开展示“问题地图”案。

【地图服务】

江西省测绘地理信息局制作完成《鄱阳湖水利枢纽工程三维影像片专题片》，为鄱阳湖水利枢纽工程深化论证工作提供测绘地理信息保障服务得到省委省政府领导的肯定。为省发展和改革委员会、省纪委、省扶贫办公室、省公安厅、省农工部等部门制作《万安县杨万线美丽乡村示范带地图》《全省廉政文化与廉政教育分布图》《罗霄山脉扶贫与攻坚区域图》《江西省涉毒情况分布图》等专题地图。更新制作了《江西区域经济分布图》《江西省地图》《南昌市地图》《江西省交通图》《江西省政区图》《南昌西站周边交通地图》。

【国家版图意识宣传教育】

江西省测绘地理信息局组织12个省直部门召开省国家版图意识宣传教育和地图市场监管工作联席会议，制定江西省2013年国家版图意识宣传教育和地图市场监管工作要点及地图市场重点监管工作实施方案，继续深化开展国家版图意识宣传教育“进学校、进社区、进媒体”活动。

测绘地理信息成果管理与应用

【成果提供】

江西省有关测绘地理信息部门全年提供基础测绘成果地形图2811张、“4D”产品47626幅、各类测绘基准成果4860点、航摄成果资料133567片。

【成果档案管理】

江西省测绘地理信息局制定《江西省测绘成果档案管理制度汇编》，将测绘成果资料归档工作纳入局基础测绘生产、科研计划，档案管理经费纳入预算。测绘成果分发服务系统完工并正式投入使用。收到24家单位汇交的测绘成果目录199项、副本23项，在省测绘地理信息局门户网站和省测绘成果分发服务系统网站上公布。

【应急保障】

江西省测绘地理信息局购置无人机航摄系统、应急监测车、移动测量车等高新技术设备，完成鄱阳湖旱情监测、鄱阳湖水利枢纽工程建设、城市发展变化监测、农村集体土地确权登记发证等工作，完成铅山县葛仙山乡1:1000地形图测量（扶贫项目）应急保障任务等。在省地质灾害应急指挥部综合演练中，测绘地理信息部门的无人机、应急监测车发挥了重要作用，有效地探索了多部门互相配合的应急联动机制。

【保障服务】

江西省测绘地理信息局开发鄱阳湖重点区域综合治理信息平台，完成鄱阳湖国际重要湿地、南矶山自然保护区无人机航摄及影像图制作（应急）项目，完成共青城、湖口城区及鄱阳湖水利枢纽无人机航摄项目和省级党政机关新址无人机航摄及影像图制作项目。

科技与国际合作

【科技创新】

江西省测绘地理信息局完成“自创编码实现外业采集与内业成图一体化”及“批量无损数据转换平台的实现”等项目，在江西省地理国情普查及基础测绘中发挥了重要作用。积极与高校、企业合作，实现产学研相结合。制定科学技术奖励办法，鼓励技术创新。与江西师范大学等高校共建的数字流域资源环境监测国家测绘地理信息局重点实验室通过论证。组织实施的“江西省 GPS 基准站网监测系统建设的技术创新与实践”和“数字萍乡地理空间框架”2 个项目获 2013 年中国地理信息科技进步奖二等奖。

【人才培养】

江西省测绘地理信息局组织实施《江西省测绘地理信息“十二五”人才发展规划》，继续实施青年学术技术带头人培养计划等人才培养工程，推荐 1 人为国家测绘地理信息局青年学术和技术带头人、省级“百千万人才工程”人选。全年全省通过注册测绘师资格考试 139 人。举办 3 期共 615 人参加的江西省 2013 年度测绘专业工程技术人员继续教育培训班并参加全省专业技术人员继续教育公需科目统一考试。选派 4 名处级干部到省直工委党校进修，选派 1 人参加全省公务员职业道德建设研讨班。

【国际合作】

江西省测绘地理信息局与中美联合湖泊-湿地-流域研究中心、江西师范大学地理与环境学院共同申请了鄱阳湖湿地与流域研究教育部重点实验室主任开放基金项目“鄱阳湖生态经济区地理国情监测与信息服务关键技术研究”，已进入实质性开展阶段。江西省国土资源工程总院首次取得省商务厅对外承包工程资格证书，与江西中煤建设集团有限公司签订合作协议书，已选派人员赴境外实地调研海外项目。

党的建设与精神文明建设

【党的群众路线教育实践活动】

江西省测绘地理信息局开展以“为民、务实、清廉”为主要内容的党的群众路线教育实践活动。局党委坚持以“反对‘四风’、服务群众”为重点，突出学习教育，深入查摆问题，形成 6 篇调研报告，开展 8 个方面的专项治理，制定修改 13 项制度。开展执行中央八项规定情况检查、行业不正之风突出问题集中整治和收送红包问题等专项治理活动。在原有惠及民生的“五子”工程基础上，赋予“五子”新内涵，即抓好班子、选准路子、出好点子、扑下身子、做出样子的“新五子工程”。在保持全国文明单位称号的基础上，实现了省直文明单位八连冠。

【党风廉政建设】

江西省测绘地理信息局印发 2013 年党风廉政建设和反腐败工作任务分工，层层签订党风廉政建设责任书，把落实党风廉政建设责任制与局属单位、处室各项工作同研究、同部署、同落实、同检查。制定《江西省测绘地理信息局工作人员防止利益冲突的若干规定》和《关于在全局开展党员领导干部违反规定接受和赠送现金、有价证券、支付凭证问题专项治理活动的通知》。通过“3+4+10”（即：3 个党委、4 个单位纪检委员、10 个党支部书记）工作体制建设，让“一岗双责”落实到每个领导干部身上。

【精神文明建设】

江西省测绘地理信息局组织开展“情系测绘，胸怀祖国”测绘地理信息文化系列活动，举办摄影比赛、征文比赛、廉政格言警句书法征集和江西省测绘精神表述语征集活动。在全省第五届全民健身运动会暨省直机关登山比赛中，3 人获得较好名次；在全国测绘地理信息系统乒乓球赛中获男子个人第二、团体第五名。组织全局 44 名干部职工无偿献血，组织志愿者到共建帮扶点开展志愿服务活动、青年志愿者到省残疾人康复中心开展“关爱听障儿童、传递青春正能量”志愿者活动。开展“致测绘青年·我的中国梦”演讲比赛，举办“道德讲堂”建设活动。

江西省测绘地理信息局获江西省第十三届文明

单位、全省社会管理综合治理目标管理先进单位、第九届省直文明单位、省直机关党的工作优秀单位等称号；江西省基础地理信息中心顾华奇被全国总工会授予“全国五一劳动奖章”。

地方社团工作

4月，江西省2013年“振兴杯”测绘地理信息行业职业技能竞赛在南昌举行，全省测绘地理信息行业25家单位40支队伍80多人参加。8月，江西省测绘学会组织参加第十五届华东六省一市测绘学会学术交流会，向大会提交测绘科技论文10多篇，获一等奖2篇、二等奖3篇、三等奖6篇。12月，江西省测绘学会在南昌召开学术年会，会议为2013年江西省优秀测绘工程项目和学会先进专业委员会颁奖。江西省测绘学会被中国测绘地理信息学会评为2010-2013年度先进集体，连续第12年获江西“省级先进学会”称号。10月，江西省测绘与地理信息行业协会举办首届羽毛球比赛，来自全省12个代表队共109人参赛。

山东省

概况

2013年，山东省测绘地理信息工作坚持以“服务大局、服务社会、服务民生”为宗旨，全面实施“十二五”基础测绘规划，积极推进依法行政，稳步提高测绘地理信息保障与服务能力，各项工作顺利开展。

测绘地理信息事业发展环境进一步优化。分管副省长孙绍骋3次对测绘地理信息工作作出批示，视察山东省国土测绘院基础测绘生产基地，多次听取测绘地理信息工作汇报，部署重点工作。副省长夏耕对测绘地理信息工作作出批示；省委常委、省委组织部部长高晓冰，副省长季缃绮先后接见“新时期测绘好干部”杨艳萍并作出指示。山东省国土资源厅向省政府报送《关于2012年度省级基础测绘成果提供应用服务情况的报告》，就基础测绘投入、地理信息资源共享等问题争取政府及有关部门的支持。将地理国情普查、省级基础地理信息数据库整合转换、2000国家大地坐标系转换、数字城市建设应用、成果汇交等国家测绘地理信息局部署的各项要求落到实处。

继续健全完善符合山东省实际的测绘地理信息行政管理体制。截至年底，全省17个设区市和138个县（市、区）都明确了测绘管理机构，设立了相应科室，配备了专（兼）职管理人员。8个设区市和29个县（市、区）设立了测绘局、测绘地理信息局或地理信息局，4个设区市任命了测绘地理信息局局长或副局长。临沂、东营等市所辖县（市、区）全部加挂测绘局或测绘地理信息局牌子。山东省国土资源厅组织对市级测绘地理信息工作进行年度考核，表彰了临沂市国土资源局等11家考核优秀单位。根据中央“简政放权、转变职能、创新管理”的要求，积极推进各级测绘地理信息行政职能转变，下放省级高分辨率遥感影像等部分基础测绘成果使用审批权限，强化市县级行政管理职能，逐步从重审批转向重监管。

以杨艳萍为代表的山东测绘地理信息模范人物在全国国土资源系统、全国测绘地理信息系统和山东省直机关进行了集中宣传报道；省厅机关和省国土测绘院继续保持“省级文明单位”称号，省遥感技术应用中心和省地图院继续保持“省直文明单位”称号。

重点工作推进

【数字城市建设】

山东省国土资源厅加快推动全省市县两级数字城市建设与应用工作，山东省数字城市建设覆盖全部设区市，全年验收完成5个地市的数字城市建设，全省17个设区市已累计验收13个地市，其余4个地市验收工作已准备。新启动6个县级数字城市建设，累计启动率达60%；新验收县级数字城市23

个，累计建成率达40%。完成数字城市建设的市县均实现了与“天地图”国家级、省级节点的互联互通。数字城市建设成果在全省200多个部门的400多个业务系统中得到应用，节约财政资金超过10亿元，在服务政府管理决策、宏观规划、信息化建设和便民利民方面成效显著，中央电视台、《光明日报》等媒体对此进行了报道。按照国家测绘地理信息局要求，组织数字城市建设成果资料汇交。推荐临沂、淄博2市列入国家智慧城市时空云平台建设试点，加快推动数字城市向智慧城市发展。

【“天地图·山东”建设】

山东省加大对“天地图·山东”的建设和推广力度，省政府召开近50个部门和单位参加的省级地理信息公共服务平台（“天地图·山东”）应用推广会。山东省国土测绘院认真做好“天地图·山东”运行维护，门户网站日均访问量600多次，服务日调用量2万多次；对“天地图·山东”矢量、影像电子地图进行全面更新，选择泰安、德州等市完成了省市数据融合同构试验；整合发布了交通、气象、环保等部门专题数据。全年“天地图·山东”演示共接待中央及省内外有关单位参观考察、对接应用人数达700多人次。“天地图·山东”新增业务应用16个，业务应用累计达48个，节约省级财政重复投资超过2亿元；已与14个市级节点和13个县级节点实现了互联互通，其中6个市级节点接入国家主节点。山东省国土资源厅将“天地图”节点运维和应用工作列入市级测绘地理信息工作综合考评内容，明确考核指标；印发专门文件，推广临沂市政府“天地图”应用推广方面的经验，将全省各级节点100多个典型应用案例汇编成册，扩大了社会影响，进一步促进了各级部门应用“天地图”节点的积极性。

【地理国情普查】

8月29日，山东省政府办公厅印发《关于成立山东省第一次全国地理国情普查领导小组的通知》（鲁政办字〔2013〕108号），成立山东省第一次全国地理国情普查领导小组。分管副省长孙绍骋任组长、35个省直有关部门和单位负责人为成员，领导小组办公室设在山东省国土资源厅并组建了内部工作机构。落实年度普查专项经费300万元，出台普查项目管理办法，编制财务、经费、质量等专项管理办法。山东省依照《地理国情普查内容与指标》，结合全省经济建设和社会发展需要，适度扩展普查内容与指标，制定了《山东省扩展内容与指标》，提升普查成果的使用性和适用性。编制印发《第一次全国地理国情普查山东省实施方案》。积极开展省级和市县级专题资料收集工作，基本完成省级28个部门的专题资料收集工作，满足了普查试生产的需要。完成东营市东营区国家试点任务，按时向国家测绘地理信息局汇交成果，其中基本统计成果纳入全国培训案例。山东省被列为地理国情普查综合统计试点省份之一，完成综合统计方案的编写。启动全省23个县（市、区）普查试生产工作，完成全省69幅地表覆盖与地理国情要素采集及质检工作，并实现自动解译与人工解译对比分析。成立了23人组成的普查质量监督组，组织2次面向试生产单位的质检员培训。积极派员参加国家级各类普查技术培训，共组织管理类培训1期、生产技术类培训11期、质检培训1期、统计分析培训1期，2200多人次参加，1700多人考试合格。

【地理信息产业】

山东省积极推进测绘地理信息产业基地建设，基地建设列入潍坊市政府百项重点工程。2.7万平方米的研发孵化中心开始入驻，数据加工园区和装备制造园区的主体建筑已经封顶，生活配套设施开始建设。潍坊市政府及坊子区政府、高新区管委会出台了支持基地建设发展的各项扶持政策，在北京、广州等地举行招商推介会。截至年底，已有31家企业和事业单位落户基地，投资16亿元的6个生产类项目和1个配套类项目开工建设，基地聚集发展效应日趋显现。山东省国土资源厅鼓励地理信息企业基于地理信息公共服务平台开展增值服务，免费向社会提供SDCORS系统和“天地图”服务，严格地理信息市场监管，为促进地理信息产业健康发展提供保障。

法制建设与市场监管

【法制建设】

山东省制定年度立法计划，将《山东省测绘成果管理办法》修订纳入2013年度省政府立法计划，制定工作方案，召开专题研讨会，明确调研计划和修订重点，完成修订稿起草工作。

山东省国土资源厅加强规范性文件管理，按照省人大和省法制办公室的要求，开展了行政法规、规章和规范性文件的清理工作；出台《关于加强涉密测绘地理信息安全管理的通知》等文件。积极配合国家测绘地理信息局做好测绘地理信息立法调研工作。及时将山东省国土资源厅印发的《关于进一步加强测绘资质管理工作的通知》等规范性文件报国家测绘地理信息局备案。

【依法行政】

山东省国土资源厅落实《山东省国土资源行政主管部门行政执法责任追究办法》，将依法行政工作纳入国土资源年度工作考核。编制了《依法行政知识读本》和《山东省国土资源厅行政许可手册》，明确了测绘等行政许可审批业务的工作标准和办理时限等并向社会公开。2013 年未出现测绘案件，无测绘败诉案件。

深入实施《山东省国土资源厅政府信息公开暂行办法》《山东省国土资源厅政府信息依申请公开暂行办法》，明确了信息公开的原则、范围、形式、组织领导、监督考核等内容，政务信息公开工作得到有效规范。通过测绘资质管理系统，实现测绘资质申请的网上受理；通过省级测绘成果网络化分发服务系统和厅政务内网行政审批系统，实现了基础测绘成果使用和地图审核的全流程网上审批，提高了审批的透明度。

山东省国土资源厅把测绘信访工作纳入国土资源信访工作统筹安排，开通 12336 热线电话，在厅门户网站设立网络举报和信访投诉窗口。全省未发生测绘地理信息上访事件。

【法规宣传】

山东省国土资源厅下发《关于开展 2013 年全省测绘法宣传日活动的通知》，明确 2013 年测绘法宣传日的宣传主题、内容及具体安排。在测绘法宣传日当天，各市设立宣传点，张贴宣传画、摆设宣传板、发放《国家版图知识读本》等宣传材料、提供现场咨询。组织参加测绘地理信息法律知识微博答题活动，被评为优秀组织单位。在全省“4·22”地球日、“6·25”土地日活动中大力宣传测绘地理信息法律法规，提升了社会各界对测绘地理信息工作的认知和关注程度。

【测绘资质管理】

山东省国土资源厅严格测绘资质审批和批后监管，下发《关于开展测绘资质监督检查和 2013 年度注册工作的通知》，重点对全省测绘资质单位测绘业绩、成果质量和依法测绘等情况进行了巡查，处理了存在问题的单位，清退了问题严重的单位。全省参加年度注册单位 693 家，通过注册 663 家。严格测绘资质审批工作，施行省、市测绘管理部门逐级审查，书面审查与实地核查相结合的模式，认真执行审批前公示制度。2013 年共受理测绘资质申请 76 家，批准 58 家。

【市场监管】

山东省国土资源厅会同有关部门下发《关于进一步加强地理信息市场监管的意见》，建立地理信息市场监管长效机制。开展测绘地理信息行政执法检查、行政处罚案卷评查、测绘成果跟踪保密检查及违法地图检查等各项专项检查工作，对各市工作提出了具体要求并对淄博、枣庄、东营、临沂、菏泽等市进行实地督导检查。联合省保密局、省国家安全厅等部门对省国土测绘院等单位保密安全工作进行了检查。加强省国土资源厅执法局和执法总队建设，将测绘地理信息纳入国土资源统一执法，落实职责和工作经费，开展专项执法检查，依法查处各类测绘违法案件。

【信用体系建设】

山东省加快推进测绘地理信息市场信用体系建设，通过地理信息市场信用信息管理平台首次对测绘资质单位进行信用等级评价。组织对全省测绘地理信息市场信用信息管理平台操作人员进行了岗前培训，853 人参加。制定《山东省测绘地理信息市场信用信息管理暂行办法》和《山东省测绘地理信息市场信用评价标准（试行）》，下发《关于做好测绘地理信息市场信用信息征集工作的通知》，完成全省乙级以下 704 家资质单位信用信息审核和等级评价工作，通过全国测绘地理信息市场信用信息管理平台予以发布。

基础测绘

【规划计划】

山东省各级基础测绘规划落实到位。省和全省 17 个设区市及大部分县级政府批准了“十二五”基础测绘规划，《山东省“十二五”基础测绘规划》已报送国家测绘地理信息局备案，市、县测绘地理信息行政主管部门按规定向上级主管部门进行了备案。山东省国土资源厅下达 2013 年度基础测绘计划和重点工作任务；组织各级测绘地理信息行政主管部门会同发展和改革部门，编制 2014 年基础测绘计划。

【经费投入】

山东省国土资源厅组织编制《2013 年～2016 年：省级基础测绘计划和经费预算方案》，明确了未来 4 年省级基础测绘投资规模和年度拨付计划。2013 年落实省级基础测绘经费6500 万元，同比增长 47.7%；分解全省 2013 年基础测绘计划并下达各市。2013 年，市、县共落实基础测绘经费 3.4 亿元，整体保持快速增长态势，青岛、淄博、济宁 3 市年投入均超过4000 万元。

山东省国土资源厅争取省级基础测绘装备专项资金 2620 万元，引进集群影像处理系统和数码航摄仪，提升全省遥感影像获取和处理能力。连同基础测绘专项经费，全年省级财政共投入测绘经费 1.21 亿元，创历史新高。此外，山东省国土资源厅争取省发展和改革委员会预算内基本建设投资、省经济和信息化委员会信息化建设投资 300 万元，继续用于测绘应急服务保障工程项目建设。菏泽、枣庄、莱芜、德州等市加大测绘投入规模，保障数字城市建设顺利推进。

【省级基础测绘】

山东省国土资源厅按期完成承担的 3 座国家现代测绘基准体系一期工程 GNSS 新建站任务，上报并实施 8 座已有 GNSS 站改造工作，并协助外省相关建设单位在省内的作业。印发《山东省 2000 国家大地坐标系转换实施方案》，各市均制定了本级实施方案；淄博、滨州、日照等超过半数的市已完成转换工作，省级及大部分市县基础地理信息数据库更新均已采用2000 国家大地坐标系。加强山东省卫星定位连续运行综合应用服务系统（SDCORS）运维和社会化应用，启动系统优化升级工作，全面实现了与邻省站网的站点资源的共享，加密了 2 个站点；新增入网设备 1200 台，累计达 3700 多台，在工程测绘、资源调查、监督执法等领域广泛应用。

积极推进 1:1 万数据库整合升级工作，完成 800 幅国家试点任务，制定了全省 1:1 万数据库整合升级实施方案和专业技术设计，完成了 3095 幅 1:1 万数据整合。大力推进省级基础地理信息数据库更新工程，实现全省范围1:1 万 DLG 和 DOM 更新，使全省 1:1 万 DLG 框架要素和 DOM 数据现势性保持在 1 年以内；继续推进 1:1 万 DLG 全面更新，完成更新 1516 幅。开展了数据库管理系统优化升级工作，进一步提升数据库质检、管理、分发服务等功能。协助开展 1:5 万数据库动态更新工作，结合地理国情普查开展了专题资料收集工作，按期完成了国家测绘地理信息局安排的 1:5 万动态更新成果外业抽检任务。

【影像获取和共享机制】

山东省国土资源厅落实影像获取计划管理制度，及时向国家测绘地理信息局报送 2014、2015 年 6.3 万平方千米省级航摄计划以及青岛市数字城市航摄计划，累计有 16 个市通过国家基础航摄计划获取了高分辨率影像，使用率 100%。自主获取全省新一轮 2.5 米分辨率卫星影像，满足全省 1:1 万 DLG 和 DOM 更新需要。

山东省国土资源厅充分利用地理信息公共服务平台推进地理信息资源共建共享机制建设，继续落实与交通、民政、气象、公安、地震等部门及济南军区测绘大队、青岛市房屋与国土资源管理局的共享协议。

【安全生产】

山东省国土资源厅及省国土测绘院强化基础测绘安全管理制度建设，成立了安全生产管理机构，建立安全生产责任制，落实测绘单位安全生产主体作用，省级基础测绘单位制定了《安全生产管理规定》和《安全生产工作要点》。开展安全生产年、安全生产月主题活动，举办安全生产培训和安全生产警示教育，定期开展安全生产大检查。强化安全生产设施建设，及时对装备设备进行检修检查。全年未发生安全生产事故。

地图管理与地图出版

【地图市场管理】

山东省国土资源厅依法做好地图审核工作，全年审核公开出版、展示地图和登载地图 141 项，备案率 100%。深化“问题地图”专项治理，在全省开展集中查处违法违规地图产品清查工作。加大地图市场违法行为查处力度，组织有关单位对济南出版社出版的“问题地图”教辅资料进行了查处。落实国家互联网地图服务资质管理政策，对 300 多家通过互联网提供地图服务的网站进行检索检查，及时督促存在问题的单位进行整改。

【地图出版】

4 月，山东省地图出版社进行改制，成立山东省地图院，并出资设立山东省地图出版社有限公司，取得发行资质许可。11 月 27 日，山东省地图院、山东省地图出版社有限公司正式挂牌。年内编制了《山东省历史地图集》，更新了《领导工作用图》。

山东省国土资源厅制定了全省领导工作用图的共享办法，做好与国家、各市领导工作用图的共享工作。枣庄、日照和临沂等市组织编制地图册、领导工作用图，实施县级以上行政挂图编制项目，完成7市53县的挂图编制任务，积极服务各级政府。

【国家版图意识宣传教育】

山东省国土资源厅召开由省委宣传部、省教育厅等13部门参加的山东省国家版图意识宣传教育和地图市场监管协调指导小组联席会。积极开展国家版图知识“进学校、进社区、进媒体”活动，组织中小学踊跃参加全国国家版图意识宣传教育系列活动，社会影响良好。

测绘地理信息成果管理与应用

【成果提供】

山东省国土测绘院全年共向社会提供各种比例尺纸质地形图1430张、数字化测绘成果数据产品10868幅、大地控制点成果2101个、航摄底片6735片、卫星遥感影像57景、“4D”产品3746幅。服务范围涉及国土、建设、地矿、交通及教育科研等20多个行业。

【成果汇交】

山东省国土测绘院基于山东省测绘成果目录服务系统，增加了在线成果目录汇交功能，实现了各级基础测绘成果和行业汇交成果目录的一站式发布。落实《山东省测绘成果汇交暂行办法》，将测绘单位执行成果汇交制度情况与资质升级、年度注册、成果评优、业绩考核等挂钩，组织专项检查，有效提高了成果汇交率。全年共汇交测绘地理信息成果副本、目录近5000项。完善成果管理制度，规范成果归档程序，对各类成果特别是基础测绘成果及时归档。实施测绘档案数字化工程，基本完成历史航片和测绘档案的数字化工作。

【成果保密】

山东省国土资源厅严格实行测绘成果核心涉密人员管理制度，分批对全省测绘资质单位、涉密测绘成果使用单位核心涉密人员岗位设立和人员配备情况进行梳理和培训，实现了全省核心涉密人员全部持证上岗。开展涉密测绘成果跟踪检查，在全省针对涉及能源、铁路及申请使用涉密成果较多的单位进行了检查，重点检查各单位涉密测绘成果使用情况、存储使用涉密成果设备管理情况、涉密测绘成果保密管理等情况。

【成果质量与仪检管理】

山东省国土资源厅组织开展全省测绘成果质量监督检查，成立了由省测绘地理信息局局长任组长的省级质量监督检查领导小组，对2010年1月~2012年12月完成的全省行政区域内的测绘成果进行监督检查。省级监督检查重点抽查了22家甲、乙级测绘资质单位的测绘地理信息成果，抽检比例20.4%，合格率100%；市级监督检查对辖区丙、丁级测绘资质单位进行抽检，抽检比例达到30%。组织省国土测绘院对1:1万基础测绘成果进行全面自查，针对存在的问题进行整改，向国家测绘地理信息局上报了自查报告。积极配合国家测绘地理信息局对省国土测绘院质量管理体系、落实情况和有关测绘成果进行监督检查，检查结果合格。省国土测绘院强化基础测绘生产质量控制，完善质量过程控制体系，省级基础测绘成果一次验收合格率达到100%。

全年完成仪器检定5740台/次，完成530项市场委托项目的检查验收。

【服务重大规划及活动】

山东省国土测绘院继续为山东半岛蓝色经济区、黄河三角洲高效生态经济区、中原经济区三大国家发展战略提供测绘地理信息服务；为省发展和改革委员会等部门设计制作各类规划图件。

11月，山东省国土测绘院为中共中央总书记习近平视察山东制作并提供工作用图。

【应急保障】

山东省国土资源厅进一步健全测绘应急保障管理机制，成立由厅长刘俭朴任组长的测绘应急保障工作领导小组，组建了测绘应急分队，配备了应急装备和车辆，明确了测绘应急保障机构，编制并印发《山东省测绘应急保障预案》。向省发展和改革委员会提出申请并获支持，启动山东省测绘应急保障工程项目建设，引进机载Lidar数据采集和车载移动测量系统。配合汛期地质灾害防治，开展综合应急演练，提供测绘应急保障服务。

【测量标志管护】

山东省国土资源厅进一步完善测量标志管护体制，按照分级管理的原则，将测量标志管护职能落实到基层国土资源所，完好率纳入年度工作目标考核。研发山东省测量标志动态管理信息系统。推进测量标志用地确权工作，严格测量标志迁建审批，及时组织对市、县测量标志管维工作进行督导检查。全省测量标志完好率继续保持较高水平。

科技、标准化与国际合作

【科技工作】

山东省国土资源厅积极支持山东科技大学国家海岛礁测绘重点实验室建设，在山东农业大学设立省级数字村镇重点实验室。将测绘创新作为全省国土资源科技进步的重要组成部分，统一组织评定和奖励。山东省测绘单位获2013年全国优秀测绘工程奖金奖1项、银奖12项、铜奖9项；获2013年中国测绘学会测绘科技进步奖二等奖3项、三等奖3项。

山东省国土测绘院、山东省遥感技术应用中心与中国测绘科学研究院和省内测绘院校建立长期合作机制，设立了山东科技大学实践基地。山东省国土测绘院设立了院级科技考评，成立研发机构，出台《科研项目管理办法》，在数据库更新、地理信息平台数据融合、北斗导航社会化应用等方面开展科技攻关。会同有关单位参与国家测绘地理信息公益性行业科研专项。积极开展Lidar航摄系统、移动三维测量系统等先进技术装备的引进吸收，提高科技成果转化率。

【标准化建设】

山东省国土资源厅举办全省测绘资质单位的测绘标准培训班，组织30多人次参加国家测绘地理信息局举办的地理信息生产、卫星定位等方面的标准培训，在制定年度工作计划时明确测绘地理信息标准工作计划，及时转发国家测绘地理信息局关于加强标准化管理的文件，要求各市加强测绘地理信息标准执行情况的监督管理。积极配合国家测绘地理信息局新制修订标准的征求意见工作。

【人才培养】

山东省国土资源厅继续贯彻落实“十二五”人才发展规划，2013年新增国家测绘地理信息局青年学术和科技带头人1名，累计达到3名。选拔一批科技水平高、创新能力强、带动能力突出的人员作为科技人才重点培养。加强专业技术人才的引进，引进院校专业技术人才24名。加强对党政人才、专业技术人员、经营管理人员和技能人员培训工作，与山东科技大学联合举办在职职工工程硕士班，提高各类人才的综合素质。组织省内高校测绘技能竞赛。选拔行业单位优秀选手组队参加第三届全国测绘地理信息行业职业技能竞赛。组织省内甲级测绘单位负责人、市（县）测绘行政管理及有关人员参加全国测绘地理信息行政管理、行政执法、地图审核和地图安全审校等各类培训班，共计培训200多人次。

山东省测绘职业技能鉴定中心积极开展测绘从业人员职业技能培训，完成8批次、427人的职业技能鉴定，较上年增长25%。

【对外交流与合作】

山东省国土测绘院在非洲承担测绘任务，为开展境外测绘项目积累了经验；深化国际友好合作关系，与日本地质调查局和瑞典测量学会建立了稳定的交流合作机制。山东省测绘学会组团赴波兰和俄罗斯进行测绘地理信息访问交流，取得良好效果。

党的建设与文化建设

【党的群众路线教育实践活动】

山东省国土资源厅认真开展党的群众路线教育实践活动，配发了《论群众路线——重要论述摘编》等6种辅导材料，组织各党支部抓好学习，征求意见，分别到青州、惠民、平阴等党建联系点调研。通过多层次、多渠道征求广大干部职工及服务对象意见建设，共征集意见建设794条，经认真梳理研究，确定4个方面49个重点整改任务，制定整改措施49项，确定31个制度建设计划。截至年底，完成整改事项38项，继续整改11项；完成制度建设25项，继续研究和制定6项。通过抓整改、促落实，进一步提高了全系统贯彻落实中央和省委、省政府决策的自觉性、主动性，教育实践活动的成效不断显现。

【党建工作】

山东省国土资源厅根据工作需要对直属机关党委、机关各党支部、工会、妇委会人员、5个事业单位党组织负责人进行调整充实。对厅直属机关入党积极分子进行重点培养，年内发展预备党员24名，转正30名；坚持和完善“三会一课”制度，落实领导班子民主生活会、党员领导干部参加双重组织生活制度；6月27日，省厅党组组织召开庆祝建党92周年暨先优表彰大会，对2011～2012年度厅直属机关16个先进基层党组织、55名优秀共产党员和14名优秀党务工作者进行了通报表彰。举办“庆七一、转作风”摄影图片展，共展出117幅图片，国土资源部部长姜大明观看了展览；组织厅机关和厅属事业单位人员赴孔繁森纪念馆参观，观看电影《周恩来的四个昼夜》。厅党组获省直机关工委授予的“2013年度机关党建宣传报道先进单位”称号。

山东省国土资源系统继续深入实施作风能力建设系统工程，全面加强“五个建设”（机关、作风、能力、党风廉政、干部队伍），提高全系统依法行政水平。通过网站、报纸、杂志及信息专刊等平台相互交流、借鉴，发表文章180多篇。对全系统加强“五个建设”的情况进行年度自查评估并形成自查评估报告。

【党风廉政建设】

山东省国土资源厅认真贯彻落实党中央、国务院和省委、省政府关于反腐倡廉的会议和文件精神，召开全省国土资源系统廉政建设工作会议，继续在全省国土资源系统推行工作日中午禁酒制度。签订廉政责任书。集体观看警示宣传教育片，到省监狱进行警示教育，邀请省检察院宣讲团进行专题宣讲。全省测绘地理信息系统没有出现腐败行为和事件。

【群团工作】

山东省国土资源厅组织开展“旧物再利用，爱心我传递”公益捐赠活动并建立了长效机制；省委常委、省委副书记王军民，省委常委、省委秘书长雷建国对活动给予高度评价，批示在省直机关提倡和推广。全年厅机关开展3次捐赠，共捐赠衣被1198件、书籍396本、其他物品105件。厅团委组织厅机关团员青年50多人赴日照、诸城开展“关爱自然、爱护环境”志愿者实践活动。组织救济厅直属机关困难党员20人、困难职工13人，救助金额3.8万元。厅直属机关妇委组织开展救助贫困母亲的春蕾女童活动、“慈心一日捐”和慈善“学习宣传年”等活动。开展了金秋助学活动，组织义务献血活动。

【文化建设】

山东省国土资源厅继续开展学习杨艳萍先进事迹活动，2013年杨艳萍获“山东省先进工作者”称号。国家测绘地理信息局授予杨艳萍“新时期测绘好干部”称号，发出向杨艳萍学习的号召，在全国测绘地理信息系统和全省国土资源系统掀起学习热潮，事迹报告团举办巡回报告26场。《光明日报》、中国人民广播电台、《中国测绘报》等多家媒体对杨艳萍先进事迹进行了集中报道，在全系统营造了学先进、比先进、赶先进的浓厚氛围。

山东省国土资源厅组织开展全省国土资源系统“中国梦·国土梦·我的梦”征文及演讲比赛，共评出一等奖5名、二等奖10名、三等奖15名、优秀奖10名。举办全省国土资源系统“地利人和杯”羽毛球比赛，18支代表队207人参加比赛。

【宣传工作】

山东省国土资源厅健全测绘新闻宣传机制，突出发挥《国土资源导报》、省厅门户网站、省国土测绘院门户网站的宣传主阵地作用，对厅门户网站进行改版，增强时效性和美观度。定期召开国土资源新闻宣传工作座谈会，邀请中央驻鲁和省内各大新闻媒体沟通情况，与新华社山东分社建立了长效合作机制。2013年共在各类媒体发表新闻宣传稿300多篇，取得了良好的社会反响。

地方社团工作

【组织建设】

山东测绘学会召开七届三次理事会议，审议通过2家单位和10名个人会员的入会申请。讨论通过《山东省测绘优秀科技工作者评选办法》。

山东省测绘行业协会召开第三届第三次理事大会，吸纳31家新获测绘资质的单位入会，取消了7家单位的会员资格。

【学术交流】

4月13日~14日，山东测绘学会与教育部地理信息系统软件应用中心在济南联合举办山东高校GIS高层论坛，70多名专家、学者参加。

8月23日~24日，第十五届华东六省一市测绘学会学术交流会在山东日照召开，来自华东六省一市的测绘科技工作者代表163人参加。会议评选出优秀论文70篇，由《山东国土资源》2013年第八期编辑出版。

【科普教育】

8月，山东测绘学会代表队共17人参加了在广东省中山市举办的第九届全国测绘地理信息职工定向越野赛。10月19日~20日，由山东测绘学会和山东省测绘行业协会主办的第七届“南方测绘杯”山东大学生测量技能比赛在山东科技大学泰安校区举行，6所大学的14个代表队、56名选手参加比赛。

河南省

概况

2013年，河南省落实省级基础测绘经费5805万元，数字城市、数字县域、数字乡镇建设经费落实近亿元。河南省测绘地理信息局完成测绘服务总值18344.49万元，其中测绘生产单位服务总值15389.95万元；财务总收入为19293.76万元。全省测绘资质单位完成测绘服务总值206718.26万元。为全省提供成果服务182次，对外提供涉密测绘成果审批1次；提供纸质地形图1039张，成果点2503个，“4D”成果18089幅、数据量561.34GB；提供航摄像片5299片，航摄数据26658片，数据量3659.34GB，航片总覆盖面积约13.7万平方千米；提供卫星遥感影像920景，数据量2206.44GB，覆盖面积36.4万平方千米。

1月，河南省测绘地理信息协同创新高端论坛在解放军信息工程大学举行；“天地图·平顶山”市级节点正式开通。6月，承办第三届全国测绘地理信息行业职业技能竞赛地籍测绘专业全国总决赛。8月，河南省副省长赵建才出席全国地理国情普查领导小组召开的电视电话河南分会场会议。10月，河南省政府第十二次常务会议通过《河南省第一次全国地理国情普查工作方案》。

重点工作推进

【数字城市建设】

智慧郑州时空信息云平台项目列入国家测绘地理信息局试点计划。三门峡、驻马店、周口、信阳、安阳5市启动数字城市建设，全省在建数字城市达15个，其中，平顶山、郑州、鹤壁、南阳等市通过验收。启动16个数字县域建设，其中，商城、伊川、二七、新蔡数字县域建成并通过验收。全省在建数字乡镇50个。

【“天地图·河南”建设】

河南省测绘地理信息局年内对“天地图·河南”数据进行2次更新，矢量数据基本覆盖全省，高分辨率影像数据覆盖全省50%地区。新增宏观经济、省情监测、水源地区划图3个典型应用。“天地图·平顶山”市级节点正式开通，实现河南省首个市级节点与省级节点和国家主节点三级联通。“天地图·济源”正式接入国家主节点。河南省遥感测绘院承担的“天地图·郑州”节点建设项目通过审查。“天地图·濮阳”制作完成，进行接入测试。

【地理国情普查】

河南省成立第一次全国地理国情普查领导小组，副省长赵建才担任领导小组组长。河南省测绘地理信息局派出60人参加国家测绘地理信息局举办的地理国情普查培训。举办1期全省第一次全国地理国情普查培训班，102人参加。10月，河南省省长谢伏瞻主持召开省政府第十二次常务会议，会议通过《河南省第一次全国地理国情普查实施方案》。河南省基础地理信息中心完成的“中原经济区地理国情监测示范——郑汴一体化城市扩展监测研究”项目成果通过鉴定。河南省测绘地理信息局与中海达公司合作研发完成地理国情普查外业核查调绘系统，开展1:1万地形图更新与地理国情普查协同作业。按照“边普查，边应用”的原则，在先行普查的基础上，对丹江口水库汇水区域3市6县生态环境、郑州航空港经济综合试验区扩张、郑州市控制规划区撤村并城改造等6个项目进行监测，作为普查成果应用重点。完成许昌、济源、开封、濮阳试点市相关区域内业数据采集、解析及外业核查等工作。至年底，全省地理国情普查工作完成领导机构、工作方案、人员培训、生产试点与项目经费“五到位”，普查全过程的质量控制实行“二级检查、一级验收”制度。

【地理信息导航产业园建设】

河南省测绘地理信息局完成“北斗导航应用及产业化”“智慧城市时空信息云平台建设”2项战略专题研究并上报省政府。河南省地理信息导航产业园建设项目完成确址审批。项目占地457亩，总投资约30亿元。建设内容包括产业功能区、产业公共服务区和综合服务区3个功能区。

【农村集体土地确权登记】

河南省测绘地理信息局开展部分县区农村集体土地所有权和使用权确权登记工作，完成平顶山、许昌、漯河、南阳等市农村集体土地登记发证专项工作控制测量项目，测量面积42092平方千米，完成D、E级GPS控制点5120个。

【郑州航空港经济综合试验区扩张监测】

国务院正式批复《郑州航空港经济综合实验区发展规划（2013～2025年）》。这是全国首个上升为国家战略的航空港经济发展先行区，是郑州市朝着国际航空物流、高端制造业基地和服务业基地方向发展的主要载体。河南省测绘地理信息局与省发展和改革委员会等部门合作，利用资源三号卫星、worldview卫星影像，对郑州航空港经济综合试验区财政投资、国土面积、用地性质等地表要素和人文要素变化情况进行监测，综合反映试验区扩张、变迁情况，形成年度监测报告和图件成果，为郑州航空港经济综合试验区建设提供保障。

【机构建设】

濮阳市测绘管理办公室更名为濮阳市测绘地理信息办公室。开封市国土资源局加挂测绘地理信息局牌子。至年底，河南省17个省辖市设置测绘地理信息管理机构，159个县中114个县设立测绘地理信息管理机构，9个省辖市和7个县级测绘地理信息管理机构已挂牌。

法制建设与市场监管

【制度建设】

河南省测绘地理信息局制定出台《河南省测绘地理信息市场信用信息管理暂行办法》《河南省测绘地理信息市场信用评价标准（试行）》《河南省测绘地理信息统计工作考核评比办法》和《2013年度测绘地理信息工作考核内容及标准》等制度。起草《河南省测绘地理信息市场管理办法（草案）》提交河南省法制办公室。

【法制宣传】

河南省测绘地理信息局印发《关于开展测绘法宣传日活动的通知》，明确普法经费列入年度经费预算并专款专用。参加国家测绘地理信息局组织的测绘法宣传日主题口号、宣传口号、公益短信、宣传画有奖征集活动，获公益短信一等奖、优秀奖和宣传口号优秀奖。8月29日，组织驻郑州测绘资质单位开展测绘法宣传活动，摆放展板，设立咨询台，发放印有《河南省测绘成果管理办法》、宣传日主题口号的河南省旅游图。向全省手机用户发送测绘法宣传日公益短信5万条。郑州、平顶山、信阳等省辖市也开展了宣传活动。全省共设立宣传点234个、摆放宣传展板1000多块、悬挂宣传横幅600多条、出动流动宣传车61辆，发放测绘宣传彩页6万多张、中华人民共和国全图300份、河南省旅游地图4900份、省辖市地图5300份、纪念品4000份。

安阳市组织全市国土系统测绘单位参加“中科宇图杯”微博测绘地理信息法律知识有奖问答活动。《平顶山日报》刊登《加强基础测绘建设助推经济社会发展》的市长署名文章，市电视台对测绘法宣传情况进行报道。

【测绘资质管理】

2013年，河南省共有测绘资质单位788家，其中甲级26家、乙级155家、丙级253家、丁级354家。分3期对全省资质单位1000多名技术人员进行测绘生产质量、标准及新技术的推广应用培训。河南省测绘市场信用体系建设初见成效，征集测绘市场信用信息2352条，713家完成测绘资质单位基本信息录入。完成全省测绘资质单位信用评价及结果发布工作。全省完成任务备案138项。

【行政执法】

河南省测绘地理信息局办公室印发《2013年河南省测绘地理信息行政执法检查工作方案》。开展测绘地理信息软硬件装备制造和应用情况专项调查。河南省测绘地理信息局、省国家保密局联合检查组在周口、三门峡、鹤壁、平顶山等市检查指导测绘地理信息行政执法、测绘工程成果质量和保密工作。许昌、焦作、南阳市对全市测绘资质单位、涉密测绘成果使用单位进行测绘地理信息行政执法检查。周口市开展测绘资质、项目管理、仪器鉴定、保密制度执行等情况检查活动。

基础测绘

【基础测绘经费】

2013年，河南省测绘地理信息局落实省级基础测绘专项经费5805万元，省级基础测绘投入达到

9890.78 万元。全省省辖市基础测绘经费投入18955.68 万元，比去年增加 5015.68 万元。

【基础测绘项目】

河南省测绘地理信息局组织开展全省 1:1 万地形图数据库整合与升级工作。河南省 1:1 万地形图、DLG、DEM、DRG、DOM 覆盖面积 16.7 万平方千米，覆盖率 100%。更新 1:1 万地形图和 DLG 862 幅 2.15 万平方千米；更新 DOM 2479 幅 6.19 万平方千米。完成机载 LiDAR 扫描与数据处理 2.7 万平方千米；周口、鹤壁、濮阳等市 1:1 万地形图快速更新。

组织完成省国土资源厅农村宅基地使用权和集体土地建设用地使用权确权登记发证及省级专项控制测量工作项目 1:500 数字线划图测量及建库、1:2000 数字线划图缩编及建库及 D、E 级控制测量 4902 点。完成郑州至机场高速公路改扩建工程机载三维激光雷达扫描测量"4D"产品 26 千米。完成平顶山市小比例尺地形图数据更新 7882 平方千米、市城区大比例尺地形图更新修测及建库 361.95 平方千米。

推进 1:1 万及更大基本比例尺基础地理信息数据库建设与更新。向国家测绘地理信息局报送《河南省 1:1 万基础地理信息数据库整合升级实施方案》《河南省数据整合处理生产专业技术设计书》。启动省辖市数字城市建设 1:1 万地形图二轮更新或快速更新测绘，完成豫西山区 1:1 万地形图空白区测绘与建库。完成全省行政区 1:5 万地形图动态更新资料收集。

河南省测绘地理信息局通过国家测绘地理信息局获取资源三号卫星影像资料 920 景。

【测绘基准管理】

河南省开展 GNSS 连续运行基准站服务系统建设、大地水准面精化、GNSS 大地控制网改造等工作。河南省 GNSS 连续运行基准站施工方案获国家测绘地理信息局批准。河南省测绘地理信息局组织完成开封、周口、洛阳、平顶山、信阳等市国家 GNSS 连续运行基站网河南基准站选址工作，进入建设阶段。向省政府提交建设北斗地基增强系统的专题报告。制定推进 2000 国家大地坐标系使用实施方案，完成全省 1:1 万基础测绘 DOM、DLG 建库数据成果坐标系转换工作。分 3 期对全省测绘资质单位技术人员进行 2000 国家大地坐标系推广应用培训。

【重大工程测绘】

河南省测绘工程院承担郑州市轨道交通航空港配套工程沿线 1:1000 数字地形图测绘项目。中铁大桥局一公司中标"宁波-舟山港六横公路大桥测量控制中心项目"，中标价 1068 多万元，该项目全线 40 千米，其中跨海桥梁长约 22 千米，陆地接线长约 18 千米。黄河水文勘察测绘局完成贵州省夹岩水利枢纽工程库区路桥复建 1:1000 地形图测绘。

【质量监督】

河南省测绘地理信息局开展全省测绘成果质量年活动，建立河南省测绘地理信息成果质量 9 个专业监督检验专家库，第一批入选专家 26 人。派出 1 名质检专家参加全国测绘成果质量监督检查工作。

在地理国情普查工作中，验收济源、鹤壁、许昌、开封、焦作、濮阳等地市 1:1 万正射影象图 928 幅。检验完成周口、信阳、商丘等市 2012 年基础测绘 1:1 万快速更新项目外业调绘与编辑 2066 幅，焦作、济源、郑州等测区 1:1 万快速更新正射影像图制作 2247 幅。完成郑州、鹤壁、南阳等市数字城市"3D"产品约 4500 平方千米检查和验收。组织实施全省优秀测绘地理信息工程（成果）奖项目质量鉴定和检验近 200 项，通过质量鉴定项目 160 多项。

2013 年，完成公开版地图检验 11 批次，受理全省测绘行业委托检验项目 20 多项，为全省测绘单位检定各类测绘计量器具 2400 多台次。完成质检实验室复审授权换证工作。

【安全生产】

河南省测绘地理信息局印发安全生产大检查实施方案，成立安全检查组，开展 2 次安全检查抽查活动，落实安全生产责任制。对局属生产单位安全生产情况，局机关、直属单位及家属区进行火灾隐患安全排查，邀请消防专家对职工进行安全生产培训。全年未发生安全事故。

地图管理与地图出版

【地图市场监管】

河南省测绘地理信息局联合国土、工商等部门组成省市区三级执法组突击检查郑州市地图市场，查出巨幅广告使用"问题地图"案件，收缴各类违法地图产品 150 多件。第八届中国中部投资贸易博览会前夕，河南省测绘地理信息局和郑州市国土资源局在火车站国际小商品销售市场等场所进行地图市场联合检查，查处违法地球仪13件、地图若干张。洛阳市国土资源局联合市公安局、市文化市场执法大队在火车站、汽车站、图书批发市场、旅游景点开展地图市场检查，没收“问题地图”、违规地图150多幅。平顶山市测绘地理信息局开展地图市场检查及地图法律法规、地图知识宣传教育，参加执法人员60多人次，出动执法车辆20多台，检查商店等100多家，没收违法地图产品50多份；到30多所中小学校进行宣传。

【互联网地图监管】

河南省测绘地理信息局加强地图网站监管，联合省工商局、省新闻出版局在郑州对地图导航定位产品进行检查，筛选鉴别网站821家，整改存在问题的网站5家。查处河南文化网“文化资讯”栏目登载“问题地图”案件。

【国家版图意识宣传教育】

河南省召开国家版图意识宣传教育和地图市场监管协调联席会议，制定《河南省国家版图意识宣传教育和地图市场监管协调指导小组2013年工作要点》。11月，河南省测绘地理信息局在郑州市郑上路社区开展国家版图意识宣传教育进社区活动，展出图板10多块，发放宣传品500多份。平顶山、信阳2市测绘地理信息局、市教育局联合组织全市中小学开展国家版图意识主题教育课活动。

【地图服务】

9月，河南省测绘地理信息局门户网站充实公益性地图，在“标准地图服务”栏目新增河南省交通图、地势图、政区图和18省辖市政区图，方便用户使用。

【地图出版】

河南省测绘地理信息局完成市县挂图更新工程，编制完成《领导工作用图》《中原经济区规划图集》《郑州航空港区图》等专题地图。舞钢市测绘局、河南省地图院联合编制完成2013版《舞钢市地图》。河南省地图院编制完成《许昌市领导工作用图》，内容包括总图图组、专题图图组、县市区图组共25幅图。

全年，河南省测绘地理信息局审核地图71幅（册），备案65幅（册）。

测绘地理信息成果管理与应用

【成果服务】

河南省测绘地理信息局为商丘市城市总体规划和商丘市中心城市组团规划、漯河市中心城市组团式发展规划暨市域城镇体系规划、全国林地年度变更调查扩大试点工作等重大项目提供测绘成果分发保障服务。为政府部门、省重大工程提供《中原经济区土地规划图集》《中原经济区地图》《郑州市铁路局军事交通工作图》等多批次地图、地形图和大量电子数据。为首个国家战略航空港经济综合实验区（郑州）提供各类地形图177幅及多个控制点成果。

【应急保障】

河南省测绘地理信息局紧急为河南省重点工程郑州至新郑机场高速公路改扩建工程项目提供测绘成果点。为郑（州）万（州）铁路客运专线平顶山段设计改线紧急提供1:1万地形图数据29幅。为参加第八届中国中部投资贸易博览会的中央领导提供《领导工作用图》，应河南省商务厅求助，向该博览会提供河南省和郑州市交通图各500幅。

【成果汇交与分发】

河南省测绘地理信息局印发《关于加强测绘地理信息成果管理工作的通知》。2010年～2012年省级基础测绘项目全部进行成果汇交，档案正式入馆。为交通、地矿、电力等10多个行业提供测绘成果服务，提供纸质地形图1039张，成果点2503个，“4D”成果18089幅、数据量565.34GB，覆盖面积122万平方千米；提供航摄像片5299片，航摄数据26658片，数据量3659.34GB，航片总覆盖面积约13.7万平方千米；提供卫星遥感影像920景，数据量2206.44GB，覆盖面积36.4万平方千米。

【涉密测绘成果管理】

河南省测绘地理信息局受理涉密测绘成果提供使用258次，通过审批182次；审批对外提供涉密测绘成果1次。与河南省国家保密局联合开展全省地勘行业涉密测绘成果和地质资料使用与管理专项检查，对18个省辖市测绘主管部门及127家资质单位进行保密检查，对47家涉密测绘成果使用单位进行跟踪抽查，共抽查处理测绘资料计算机92台，其中涉密计算机23台，移动存储介质18个。查办河南太古可口可乐销售商违法获取涉密测绘成果案件。930人通过测绘成果核心涉密人员上岗考核并获取证书。

【测量标志管理】

2013年，河南省测绘地理信息局接群众举报及时制止3起破坏测量标志事件，处理5起测量标志保管员上访索要保管费事件。平顶山市测绘地理信息局组织开展全市测量标志普查工作。舞钢市测绘局成立专项工作领导小组，组织开展全市测量标志普查工作，投资3万多元为全市D级、E级GPS控制点埋设保护桩。焦作市拨付20万元经费，开展测量标志普查工作，普查测量标志357个，保存完好的测量标志共194个。信阳市拨付15万元经费，开展测量标志普查与维护，完成全市区D级GPS控制网普查工作。

科技、标准化与人才培养

【科技管理】

河南省测绘地理信息局指导局属单位设立直接服务生产的科研开发小组，全局各科研开发小组成员总数占局系统高、中级专业技术人员的10%左右。

【科技创新】

2013年，河南省测绘地理信息局利用无人机完成南阳水库区域航空影像项目——鸭河口水库约150平方千米航飞及DOM制作。河南省寰宇测绘科技发展有限公司承担完成的无人机巩义市1:500航摄数字化地形图试验项目成果通过验收，该项目填补了河南省无人机1:500航摄数字化成图的空白。河南省测绘工程院引进SSW车载激光建模测量系统，在郑州轨道交通线项目中投入使用，完成“电子政务应急服务关键技术研究”项目。

【科技合作】

河南省测绘地理信息局坚持“请进来，走出去”战略，与国内知名公司就机载激光扫描系统、LiDAR软件升级与新应用等方面进行交流和技术培训。河南省遥感测绘院与矿山空间信息技术国家测绘地理信息局重点实验室签订《校企产学研全面合作协议书》，与河南理工大学测绘与国土信息工程学院签订《专业学位研究生实践与科研合作基地协议》，与河南工业大学签订《共建测绘工程学科硕士学位授权点协议书》，与河南工业大学信息科学与工程学院签订《校外教学实习基地合作协议》。

【标准化管理】

河南省测绘地理信息局强化全省测绘标准化工作机制，把测绘与地理信息高新技术快速发展及应用等列入全省标准化年度工作计划，实行标准化工作经费专款专用。开展测绘地理信息标准宣传贯彻和实施监督工作，组织技术人员参加国家测绘标准化工作委员会举办的质量检验标准培训班。

【职业资格管理】

测绘地理信息行业特有工种职业技能鉴定河南站开展2期全省测绘地理信息行业职业技能鉴定工作，参加房产测量、地籍测绘、工程测量等职业技能鉴定125人，通过119人。完成郑州工贸学校工程测量专业毕业生考核鉴定127人，黄河水利职业技术学院毕业生工程测量、摄影测量和地图制图3个专业考核鉴定544人，新乡测绘中等专业学校毕业生工程测量专业考核鉴定407人。

【技能竞赛】

4月16日~18日，河南省测绘地理信息局、省人力资源和社会保障厅、省总工会、共青团河南省委联合举办第九届全省机关事业单位工勤技能岗位人员技能竞赛暨第三届河南省测绘地理信息行业职业技能竞赛。全省测绘地理信息行业18支参赛队110名选手参加地籍测绘和地图制图专业竞赛，选出2个专业4名选手代表河南参加全国测绘地理信息行业职业技能竞赛。

6月15日~19日，河南省测绘地理信息局承办“九成杯”第三届全国测绘地理信息行业职业技能竞赛地籍测绘专业全国总决赛，获国家测绘地理信息局颁发的“特别贡献奖”。

【人才培养】

河南省测绘地理信息局通过竞聘上岗，聘用副处级干部6人，交流轮岗处级干部11人，选派处级、科级干部参加省直党校干部培训学习8人。河南省测绘地理信息局所属单位向社会公开招聘工作人员39人。河南省测绘地理信息局有2人当选为国家测绘地理信息局青年学术和技术带头人，推荐2人参加国家测绘地理信息局赴联合国及有关国际组织挂职锻炼选拔。遴选全局青年学术技术带头人10人，院级青年学术技术带头人8人。开展河南省机关事业单位测绘行业工勤技能岗位实操考核工作，分地籍测量、工程测量、房产测量和地图制图4个专业，共考核255人。河南省基础地理信息中心开展地籍测绘和地图制图专业技能比武活动。

【人员及培训情况】

2013年，河南省测绘地理信息局共有专业技术人员489人，大学本科以上学历人员219人。全省测绘地理信息行业高级专业技术人员400人，中级1385人，初级2158人。

河南省测绘地理信息局举办测绘地理信息统计培训班，近800人参加。10人通过全省测绘地理信息行业地籍测绘专业技师培训考核。近1000人通过全省测绘地理信息高新技术、标准、质量培训考核。组织参加国家测绘地理信息局各类高新技术培训30多期60多人受训。

【获奖情况】

2013年，河南省测绘科学技术进步奖评出特等奖2项、一等奖7项、二等奖7项。河南省优质测绘工程（成果）奖评出一等奖20项、二等奖71项、三等奖86项。河南省相关测绘地理信息单位完成的“郑州铁路局铁路用地图绘制项目”“舞钢市枣林乡等数字乡镇地理空间框架建设项目”“数字濮阳地理空间框架采集与建库工程”分获2013年全国优秀测绘工程奖金、银、铜奖。“LIDAR支持下数字三维城市关键技术及规模化应用”“WitsMap地理信息公共服务平台”分获2013年中国测绘学会测绘科技进步奖二、三等奖。“中原经济区地理国情监测—郑汴一体化区域试点项目”获2013年中国地理信息科技进步奖二等奖。《河南省领导工作用图网络版》获首届“天地图”应用开发大赛三等奖，“建筑物顶部及侧面纹理自动裁切贴图软件1.0”获国家专利。

党的建设与文化建设

【党的群众路线教育实践活动】

河南省测绘地理信息局召开党的群众路线教育实践活动动员大会及征求意见座谈会。举办党的群众路线教育实践活动骨干培训班。组织学习河南省委书记郭庚茂在全省教育实践活动大会上所作的《学习弘扬焦裕禄精神，做为民务实清廉表率》辅导报告，局党委成员封闭学习《论群众路线——重要论述摘编》等规定和自选篇目，邀请第十届全国政协委员、“太行公仆”吴金印作群众路线教育实践活动报告，组织全体党员干部职工观看党内教育片。面向广大干部职工和基层服务对象广泛征求意见，收集到意见105条，梳理出7大类10项问题，并及时整改落实。

【党建工作】

河南省测绘地理信息局召开局系统工作和党风廉政建设会议，贯彻落实党的十八大及省委九届五次全委扩大会议、全国测绘地理信息局长会议和省委经济工作会议精神。局属各单位一把手签订党风廉政建设目标责任书。在局门户网站开辟党风廉政建设专栏，报道局机关及局属各单位廉政动态。表彰2012年度先进党组织、优秀共产党员、优秀党务工作者。开展党的理想信念和革命传统学习宣传教育，举行新党员宣誓、老党员重温入党誓词等活动。

【共青团工作】

河南省测绘地理信息局团委授予河南省地图院、河南省基础地理信息中心团支部先进团组织称号，授予张玉琼等6人优秀团员称号，授予杨闪闪等5人优秀团干部称号。举办团员青年学习新知识、新技术、新技能“三新学习”系列讲座。组织“七一”青年电影周、“温暖冬天·希望工程爱心大动员”等活动。

【文化建设】

河南省测绘地理信息局开展“我们的节日”主题活动，组织干部职工利用元旦、春节等法定假日，做好公民思想道德素质提升工作。开展“紧密联系工作实际，学习贯彻十八大精神”征文活动，评出一等奖2篇、二等奖5篇、三等奖8篇，组织奖4人。参加中国测绘职工思想政治研究会的课题调研活动，2个课题被选为重点课题。开展河南省测绘文化建设和精神文明创建工作征集作品活动。组队参加“九成杯”第三届全国测绘地理信息系统乒乓球比赛。开展以放映爱国主义为主题的“2013年迎新春电影周”活动。

河南省测绘地理信息局文明办开展“道德讲堂”建设活动，向局扶贫村捐款42470元；组织30人参加省直文明交通志愿服务活动；组织参观河南省公共机构“新能源、新产品、新技术”节能展示会；组织参加郑州市“全民健身3510（3千米步行、5千米骑车、10千米乘公交）大行动”活动月暨省直文明单位健步走比赛，获二等奖。郑州航空港区小学学生创作的手绘地图《和谐》获第26届国际地图制图大会芭芭拉·佩斯尼克儿童地图大赛二等奖。

【宣传工作】

2013年，《河南日报》刊登河南省人大副主任储亚平《加强测绘地理信息工作 提升服务河南经济发展能力》署名文章。5月，河南省测绘地理信息局副局长禄丰年接受中央电视台大型专题片《地图传奇》摄制组专访，介绍数字河南、“天地图·河南”建设发展与应用，河南省数字城市省市县乡四级统筹联动工作的情况。河南省测绘地理信息局门户网站被国家测绘地理信息局评为全国测绘地理信息系统网站建设成绩突出单位。河南省测绘地理信息局被评为《中国测绘地理信息年鉴》(2013年卷)优秀供稿单位。《中国测绘报》河南记者站被评为2013年度全国先进记者站。

河南省测绘地理信息局在各类媒体发表稿件400多篇，编辑简报12期。完成《河南省测绘地理信息志》初稿66万多字。

地方社团工作

河南省测绘学会第八次会员代表大会暨2013年学术年会在郑州召开，全省会员代表400多人参加。大会进行换届选举，审议了第七届理事会工作报告，修改了学会章程，表彰2007～2012年度会员单位先进集体41家和先进个人43人。举办2013年注册测绘师考前辅导培训班，培训55人。印发《河南测绘》4期，发表论文56篇，新闻稿件40条。编辑发行2013年河南省测绘学术年会论文集，收集论文43篇。完成全省7个地市“十二五”测绘规划的编制工作。向河南省科协上报《地理国情服务河南生态省建设研究》科研报告。发展新会员单位21家。

湖北省

概况

2013年，湖北省测绘地理信息工作进展良好。湖北省测绘地理信息局围绕湖北省委提出的“建成支点，走在前列”的总体目标，扎实工作，全年完成服务总值2.6亿元，较去年同期增长27%。7月，湖北省成立第一次全国地理国情普查领导小组，成员单位包括25个省直部门，办公室设在省测绘地理信息局，湖北省第一次全国地理国情普查工作有序展开。湖北省政府将北斗应用产业确立为促进湖北省经济社会发展转型升级的六大产业之一，12月12日，省政府出台《省人民政府关于印发湖北省北斗卫星导航应用产业发展规划（2014-2020年）的通知》，12月20日，省政府办公厅印发《关于促进北斗卫星导航应用产业发展的意见》，北斗卫星导航应用产业成为湖北省加快经济发展方式转变，促进信息消费扩大内需、拓展智能化服务的重要产业。

湖北所有市州已全面开展数字城市地理空间框架建设工作，黄冈作为湖北最后一个国家试点，顺利通过国家测绘地理信息局组织的竣工验收。湖北省被选为“天地图”省级节点建设试点，开展了“天地图”省级节点同构部署示范项目并通过验收。在新农村建设方面，省测绘地理信息局继续实施大别山革命老区黄冈、孝感12个乡镇1:2000大比例尺测图和鄂州城乡一体化新农村测绘保障服务示范项目。湖北省1:1万基础地理信息数据库整合升级项目全面启动，完成600多幅DLG整合处理工作，编制印发了《湖北省1:10000基础地理信息地形要素数据暂行规定》。

重点工作推进

【数字城市建设】

数字湖北地理信息公共服务平台软件系统和应用系统已全部建设完成，警用、区域规划、卫生、地灾防治4个应用已进行部署。全省所有市州均已开展数字城市地理空间框架建设，武汉、鄂州、黄冈、潜江通过了国家测绘地理信息局的竣工验收。湖北省测绘地理信息局印发《关于开展县市级数字城市地理空间框架建设工作的通知》，老河口被批准作为试点；武穴和竹溪获批推广，已开展设计编制工作；老河口和武穴被列为2013年基础测绘计划项目。

【“天地图·湖北”建设】

湖北省被选为“天地图”省级节点建设试点，开展了“天地图”省级节点同构部署示范项目。该项目对湖北省级节点和国家主节点影像数据进行融合处理，在湖北省级节点部署“天地图”2.0版软件并发布服务，在同构节点间开展了负载均衡技术试验，已建设完成并通过验收。在市级节点方面，襄阳、随州、黄冈、黄石均已完成“天地图”市级节点建设，整合了地质灾害和水利专题信息，加强典型应用示范，开展数据更新、运行维护、应用推广等工作。

【地理国情普查】

7月29日，湖北省政府办公厅印发《关于成立湖北省第一次全国地理国情普查领导小组的通知》，成立湖北省第一次全国地理国情普查领导小组，明确了工作机构和职责。湖北省常务副省长王晓东任领导小组组长，副省长许克振任第一副组长，省政府副秘书长陈新武、省统计局局长李克勤、省测绘地理信息局局长陈文海任副组长，成员单位包括25个省直部门。领导小组办公室设在省测绘地理信息局。湖北省测绘地理信息局全年举办2期地理国情普查培训班，局属生产单位管理和技术人员共260多人次参加培训。第一次全国地理国情普查电视电话会议召开后，湖北省副省长许克振对落实第一次全国地理国情普查工作提出具体要求。8月24日，湖北省第一次全国地理国情普查实施方案和内容指标专家咨询会在武汉召开，实施方案通过评审。

湖北随州市曾都区被列入国家测绘地理信息局第二批地理国情普查试点。4月起，历时3个月，全面获取了试点区域各类地理国情信息，形成了地理国情普查相关图件、报表及技术报告，试点普查成果已上交国家基础地理信息中心。

【北斗卫星导航产业】

中国首个北斗卫星导航地面增强网——北斗地基增强系统湖北示范项目建成试运行，3月22日在武汉通过验收。该系统可在大众应用领域实现米级精确导航，在专业应用领域实现厘米级精确定位。7月，湖北省测绘地理信息局组织起草《湖北省北斗卫星导航及产业发展规划（征求意见稿）》《湖北省人民政府关于促进北斗卫星导航及产业发展意见（征求意见稿）》；11月18日，该规划和意见通过省政府第21次常务会议审议，分别于12月11日和31日印发。8月7日，湖北省政府在武汉召开北斗卫星导航及产业发展专题会，筹集2亿资金用于支持北斗高端芯片研发，集中资金支持新型产业发展。11月19日，湖北省政府与总参测绘导航局签署战略合作框架协议。

法制建设与市场监管

【立法工作】

湖北省测绘地理信息局开展了地理空间信息空间数据交换和共享管理办法及航空航天遥感影像管理暂行办法等方面的立法调研工作。配合国家测绘地理信息局开展《测绘资质管理规定》和《测绘资质分级标准》修订征求意见工作，先后在武汉、宜昌、黄冈、咸宁、荆门、潜江召开座谈会，征求各个资质单位及市县测绘行政主管部门负责人意见和建议，上报国家测绘地理信息局。

《湖北省基础测绘管理条例》被纳入《湖北省第十二届人大常委会立法工作规划（2013年-2017年）》的立法项目库，《湖北省基础测绘管理条例》和《湖北省地理空间信息数据交换和共享管理》作为2014年立法规划项目已分别报省人大和省政府法制办公室。

【行政审批专项清理】

湖北省测绘地理信息局开展行政审批专项清理工作，共清理并保留行政权力和服务事项51项。其中，行政许可9项、行政处罚29项、行政确认3项、行政监督检查5项、行政服务1项、行政备案1项、专项资料分配管理类2项、其他权利事项1项。在局门户网站公示了对行政权力和政务服务事项名称、设立依据。

【依法行政】

湖北省测绘地理信息局按时完成测绘资质年度注册与审验工作。开展测绘资质类和测量标志类行政执法12次，未发生行政复议案件和行政诉讼案件。向国家测绘地理信息局报送了《湖北省测绘地理信息局行政处罚案卷评查自查报告》，推荐武汉市立案查处的1起案件为优秀行政处罚案卷。推进《湖北省测绘项目登记管理办法》组织实施，开通湖北省测绘项目网上登记系统，对各市县测绘行政主管部门执法人员进行培训。5月，召开全省测绘法制工作会议，对参会人员进行法制培训。联合安全、公安、工商、保密等相关部门开展测绘行政执法活动，做好涉嫌非法测绘案件的核查工作，切实加强测绘地理信息监管。组织甲级测绘资质单位负责人参加国家测绘地理信息局举办相关培训。印发《2013年全省测绘地理信息行政执法检查工作方案》，开展全省测绘系统行政执法工作检查监督。

【法制宣传】

湖北省测绘地理信息局积极开展“六五”普法工作，印发《2013年全省测绘系统普法依法治理工作要点》并组织实施。开展“8·29”测绘法宣传日活动，下发400份测绘法宣传日主题宣传画、900

本《测绘地理信息法律法规知识问答》。全省“8·29”测绘法宣传活动共发放各种宣传资料及各类地图8.5万份，设立宣传咨询点120多个，摆放宣传展板200多块。积极开展“12·4”全国法制日宣传工作，组织行业单位参加中宣部、司法部、全国普法办组织开展的百家网站暨中国普法官方微博法律知识竞赛活动。

基础测绘

【服务总值】

2013年，湖北省测绘地理信息局直属单位完成测绘服务总值2.6亿元，较2012年增长27%。全年基础测绘总经费3600万元。

【新农村建设测绘保障服务】

湖北省测绘地理信息局围绕“百镇千村”建设、仙洪新农村建设试验区、鄂州城乡一体化建设、武汉城市圈城乡一体化建设等项目实施新农村测绘保障服务，2007年~2013年共投入2600多万元，其中国家支持500万元、省级投入900万元、地方配套超过1200万元。在“十二五”规划中列入新农村测绘保障服务工作内容，每年下达新农村测绘保障项目专项计划，在项目与经费安排上向新农村建设测绘保障倾斜，优先、优惠提供测绘成果资料。11月22日，湖北省国土资源厅组织专家在武汉召开“湖北省农村集体土地确权登记发证1:2000影像基础数据制作项目”成果验收会，验收了62个县（市、区）11.2万平方千米1:2000影像数据。

【基础航空摄影与卫星影像获取】

2013年，湖北省政府投入260万元，保障1:1万基础地理信息数据覆盖，配套国家基础航空摄影计划项目等。航摄鄂北、鄂西北2个摄区共6.5万平方千米。获取禁飞区1.2万平方千米的全部航摄影像和90%的卫星影像。鄂南区13多万平方千米航摄已完成大部分。完成17个市（州）数字城市大比例尺航摄工作。

地图管理与地图服务

【地图编制管理与服务】

湖北省测绘地理信息局为襄阳、孝感、鄂州、天门、老河口等20多个市县编制了行政区划、卫星影像、交通和旅游地图，以及湖北省、武汉市交通和旅游图及图册。坚持为水利、交通、电力、国土、规划等部门提供专题地图，编制了长江中下游河道图、南水北调图、省水利水电工程图、省电网地理接线图等10多种专题地图。为省领导、省直厅局、地方政府、省军区、省重大工程建设提供地图集、特色地图和应急工作用图2000多份。

【地图市场监管】

湖北省测绘地理信息局制定印发《2013年地图市场重点监管及工作方案》，深化“问题地图”专项治理行动，对未经地图审核或一图多用、盗用审图号的“问题地图”进行检查。审核并备案各类公开版地图（册）48件。

【互联网地图监管】

湖北省测绘地理信息局按照国家测绘地理信息局的统一部署，运用互联网地理信息安全监管系统，对互联网地图和地理信息服务网站进行跟踪管理，对市州测绘地理信息主管部门网上地图监管工作给予指导。对互联网地图服务单位的测绘资质、出版资质及登载的地图是否经过审核等进行专项检查。

【国家版图意识宣传教育】

湖北省测绘地理信息局印发湖北省国家版图意识宣传教育和地图市场监管2013年工作要点，深入开展宣传教育活动和“进校区、进社区、进媒体”活动。进一步加大对地图重大违法案件曝光力度，增强公众辨别“问题地图”的能力，利用科技周和“8·29”测绘法宣传日，在全省各市设立展台，发放地图和宣传资料。

测绘地理信息成果管理与应用

【成果汇交与资料档案建设】

湖北省测绘地理信息局组织整理了2011年~2012年1:1万DEM 1048幅、1:1万DOM 257幅、1:1万DLG 539幅等汇交成果。完成湖北省土地确权项目高分辨率航空影像数据约1307万平方千米。收集整理了全省资源三号卫星影像数据和部分优于1米卫星影像数据、国家GPS打底天文控制网成果、2000国家大地坐标系成果，保障了数字湖北、数字城市、基础测绘和地理国情普查工作的开展。

【成果提供】

湖北省测绘地理信息局为省公安厅警用地理信息平台的数据库建设、地图服务发布等提供了大量的地理信息数据资源，与省水利厅、林业厅的项目合作中交换了部分专题数据。

【涉密测绘成果管理】

湖北省测绘地理信息局完善测绘成果核心涉密人员岗位管理制度，明确工作职责，建立了持证上岗制度。举办7期涉密测绘成果管理人员岗位培训。在全省范围内对参与交通、电力、石化、地质勘测等重点项目的建设单位、重点科研单位、高校及申请较大数量涉密测绘成果的用户单位，组织开展2次涉密测绘成果跟踪检查活动。

【测量标志保护】

湖北省测绘地理信息局在宜昌、咸宁、黄冈、仙桃、随州、荆门、荆州等地开展多次测量标志巡查，批准标志迁建10起。5月，在武汉召开2013年全省测绘法制工作及测量标志管护工作会议，印发《湖北省测量标志管护专项经费使用管理暂行规定》。湖北省测量标志管理信息系统2.0版已通过评审并投入使用。

【合作共建】

湖北省测绘地理信息局组织完成局属测绘资质单位近3年的测绘成果汇交工作，编制测绘成果目录并向社会发布。召开全省地理信息资源共享专题座谈会，与省水利厅、公安厅、国土厅、林业厅等部门在地理空间信息数据交换共享方面取得实质性进展。11月19日，湖北省政府与总参测绘导航局签署了战略合作框架协议。

科技创新与人才培养

【科技奖励】

湖北省测绘地理信息行业单位有3个项目获2013年中国测绘学会测绘科技进步奖二等奖，4个项目获三等奖；2个项目获2013年全国优秀测绘工程奖白金奖，7个项目获银奖，11个项目获铜奖。

【人才培养】

湖北省测绘地理信息局机关民主推荐2名正处级干部，对10名副处级以上干部进行了试用期满考核。选派局属单位3名技术骨干到鄂州挂职。局属单位公开招聘26人，引进专业技术人才4人。3名青年学术和技术带头人通过了国家测绘地理信息局组织的考评和增选。全年安排10人参加省委党校、省直机关工委党校和华中师范大学党校学习培训。举办了湖北省第三届测绘地理信息行业职业技能竞赛暨全国测绘地理信息行业职业技能竞赛选拔赛。开展7期测绘技能培训，对569名测绘从业人员进行了测绘职业资格鉴定。

党的建设与文化建设

【党的群众路线教育实践活动】

湖北省测绘地理信息局举办党的群众路线教育实践活动专题研讨会，开展“改进作风、提升服务”演讲点评活动和教育实践活动专题知识测试。通过召开座谈会、问卷调查和发函等形式，开展征求意见活动57次，共征集意见、建议579条。认真精简文件、会议，会议次数同比下降32%，发文数量下降23%。全局“三公经费”同比下降31.6%。通过教育实践活动，较好地解决了领导班子和党员领导干部在“四风”方面存在的突出问题。

【党建工作】

湖北省测绘地理信息局按照《省直机关党组（党委）中心组2013年理论学习安排意见》，坚持党组中心组理论学习，学习贯彻党的十八大精神和习近平总书记系列重要讲话精神。编制《湖北省测绘局开展“学习贯彻十八大争创发展新业绩”主题实践活动学习资料汇编》，组织各党支部学习。局党组结合实际工作，下发了局2013年党建工作意见。

【党风廉政建设】

湖北省测绘地理信息局开展第14个党风廉政宣传月活动及岗位廉政教育活动。贯彻落实中央八项规定和省委六条意见。对局属单位“三重一人”民主决策执行情况、落实局党组重大决策执行情况、行政审批办件工作和网上诉求工作开展专项治理，对“三公经费”进行监督检查。加强电子政务系统和行政审批系统日常监督管理，关注群众来信来访网上监督。节日发送廉政短信，提醒党员干部加强约束、清廉过节，营造“干部清正、政府清廉、政治清明”的廉政氛围。

【文化建设】

湖北省测绘地理信息局再次获省级文明单位称号，连续第5届获武昌区“区级最佳文明单位”称号。开展“文明出行从我做起”主题宣传活动，获中南路街“优秀志愿者服务队”称号。组织全局200名职工参加省直机关开展的《女职工劳动保护特别规定》知识竞赛活动。1人获团省委及省人力资源和社会保障厅颁发的“全省青年岗位能手”称号，2个团组织、3人获省直机关团工委表彰。制定《湖北省测绘局测绘文化建设指导意见》，举办以“激情跨越”为主题的系列文体活动，展现了测绘地理信息干部职工的精神风貌。

地方社团工作

【湖北省测绘学会】

4月，湖北省测绘学会向英国皇家特许测量师学会推荐了第二批共10位测绘资深专家。5月，主办了以“共创服务生态，构建数字湖北”为主题的2013湖北省空间信息技术高层研讨会，特邀美国科学院院士等专家，以“GIS如何服务数字城市建设”为主题进行专题演讲和研讨。8月，组织会员在广东中山参加中国测绘地理信息学会“中国四维杯”第九届全国测绘地理信息职工定向越野赛，获优秀组织奖及团体第二名。10月18日，在武汉召开第十一次会员代表大会暨2013年学术年会，390多人参加。会议表彰了18个先进集体和50名先进个人，颁发了31份“南方杯”优秀学术论文证书，中国科学院、中国工程院院士李德仁作了报告。组织专家对武汉市国土资源和规划信息中心的“湖北省测绘工程项目登记系统”项目进行成果鉴定、对湖北省水利水电勘测设计院的“荆江大堤综合整治工程测量”项目进行了验收。完成本省507家乙、丙、丁测绘资质单位的基本信息和良好信息的接收、审核及提交工作。

【湖北省测绘行业协会】

4月12日，湖北省测绘行业协会在武汉召开第四次会员代表大会，选举产生新一届协会理事会、常务理事会、监事会成员。组织开展优秀测绘工程奖评选活动，评出2013年度湖北省优秀测绘工程奖一等奖24项、二等奖42项、三等奖49项。

湖南省

概况

2013年，湖南省测绘服务总值突破20亿元。“三大平台”建设稳步推进，地理国情普查试点工作顺利完成，基础测绘数据更新和基准建设计划圆满完成，测绘地理信息推广应用不断加强，行业统一监管不断强化，市场环境持续健康稳定。

截至年底，全省14个市（州）全部开展数字城市地理信息基础工程建设，其中6个市已建设完成。天地图（长沙）数据中心正式落户湖南，“天地图·湖南”数据持续更新，长沙、湘潭市级节点与国家主节点互联互通，实现全天侯不间断服务。全省建成HNCORS基准站94座，完成12个国家GNSS基准站土建工程，为10多个行业700多家用户提供应用服务。地理国情普查在7个县（市）完成试点，为普查工作全面展开积累了经验。

基础地理信息数据更新和数据库建设计划圆满完成，全年更新1:1万“4D”产品6509幅，获取洞庭湖测区航空影像42240平方千米，完成8套基础地理信息库建设，在建13套。为国土资源“一张图”、连片区推进农村土地整治、基本农田重大工程土地整治、地理国情普查等重大项目做好保障服务，全年提供地形图36043幅，服务范围涵盖国土、水利、电力等20多个行业。与国家安全、交通运输、公安、科技、民政、旅游、工商、质监等11个厅局签订共建共享协议，推动数据共享、信息互通、需求互补。

湖南省国土资源厅下发《关于进一步加强测绘地理信息工作的通知》，不断强化统一监管，优化市场环境，引导产业转型升级。推动宣传体制机制、内容形式、方法手段的创新，提高传播能力，使社会各界了解、关心和支持测绘地理信息事业发展。

重点工作推进

【数字城市建设】

湖南省数字城市建设突出“两式四化”，即分布式、一站式和数字化、空间化、网络化、协同化，以需求为引领，结合各地实际，稳步推进。截至2013年底，全省14个市（州）数字城市建设已全部纳入“数字城市地理信息基础工程建设”试点或推广计划，其中长沙、株洲、郴州、益阳、湘潭、衡阳6市已完成建设。各地依托数字城市地理信息公共服务平台，建设了人口管理、园林绿化、电力管理、市政服务等应用示范系统或推广系统。开展湘乡、道县、资兴、韶山、茶陵5个县（市）数字城市建设。

【“天地图·湖南”建设】

“天地图”国家级6大节点之一——天地图（长沙）数据中心正式落户湖南，主要服务区域辐射湖南、湖北、广东、广西、江西、海南6省（区）。按标准配置了20台主服务器，其中10台由国家测绘地理信息局支持，实现了负载均衡，确保了访问速度。

“天地图·湖南”建成了全省覆盖、核心要素更新的地理实体数据库、地名地址初始库，编制了全省基本要素版和专题版标准图。数据进一步丰富，年内分2次对水系、交通、居民地、林地、行政区地名等要素进行数据更新，整合了全省法人单位数据共60多万条、地名地址数据5万多条，完成了地名地址匹配工作。应用不断拓展，省级法人库、省农行三农管理、省旅游管理等系统均使用了最新版的“天地图·湖南”。制定《天地图·湖南网站管理运维制度》，实现了全天24小时不间断服务。“天地图·长沙”“天地图·湘潭”市级节点已与国家主节点互联互通，并持续开展更新、维护工作，保持数据的现势性。

【地理国情监测】

根据国务院统一部署，湖南省地理国情普查工作顺利开展。在完成株洲市普查试点工作的基础上，8月29日，省政府召开地理国情普查电视电话会议，部署全省地理国情普查工作。成立了地理国情普查组织机构，编制了普查总体方案、实施方案和技术方案，制定了普查工作总体和年度计划，印发了普查项目经费管理、质量控制、安全与保密管理等制度。落实普查经费4860万元，收集了覆盖全省97%面积的普查所需高分辨率影像数据及相关专题资料，组织1100多人次参加国家和省级生产、质检培训，完成7个县（市）地理国情普查试生产，严格进行过程质量控制，确保了试生产成果质量。同时，组织开展了普查成果与第二次土地调查成果的对比分析、综合统计分析与成果应用工作。

法制建设与市场监管

【法制建设】

湖南省国土资源厅严格按照统一登记、统一编号、统一公布要求开展规范性文件清理工作，共清理出与测绘地理信息工作相关的各类文件5个。

湖南省国土资源厅下发《关于进一步加强测绘地理信息工作的通知》，明确全省测绘地理信息工作战略目标和任务，提出3大重点和15条具体措施，积极鼓励科技创新，提升核心竞争力，深化测绘地理信息成果管理与应用。开展《湖南省地理空间数据交换和共享管理办法》立法调研工作，赴浙江、辽宁、重庆等省市实地考察，该办法已作为2014年立法计划上报省政府。

【测绘资质管理】

湖南省国土资源厅组织做好2013年全省测绘资质年度注册工作。全省参加注册的资质单位568家，通过注册553家、缓期注册11家、降级2家、注销测绘资质2家。全年新批资质单位12家，升级2家，完成2家单位申报甲级测绘资质的初审工作。组织3个检查组对全省33家单位开展资质巡查，对存在问题的单位下达整改通知书，责令限期整改。

截至2013年底，全省共有测绘资质单位578家，其中甲级32家、乙级102家、丙级196家、丁级248家。民营企业112家，占测绘资质单位总数比例达19.4%。

【质量管理】

湖南省国土资源厅组织对30个批次的基础测绘数据更新、数字城市地理信息基础建设项目验收，成果涵盖DLG、DEM、DOM、航摄相片、街景数据等，验收合格率100%。6月~8月，组织3个检查组对长沙、岳阳、株洲、湘潭、衡阳、郴州6市33家甲、乙级测绘资质单位进行测绘地理信息成果质量监督检查，占全省甲、乙级测绘资质单位的24.4%。经检查，成果质量批合格30个，批不合格3个，抽样合格率90.9%。严格做好地理国情普查成果质量管理，进行全过程质量控制，执行两级检查一级验收制度，省普查办对7个试生产单位普查成果质量进行过程质量监督检查，成果质量总体良好。

【成果管理】

湖南省国土资源厅组织有关部门审批基础测绘成果402件，提供纸质地形图3825张，数字地形图31848幅，控制点成果655个。会同省国家安全厅、省国家保密局开展2次涉密成果检查，5月~10月，对全省涉密测绘成果生产和使用情况进行抽查，共抽查衡阳、郴州、岳阳、株洲等市涉密测绘成果生产单位和使用单位28家；12月，开展地勘单位使用涉密成果情况专项检查。对发现的问题，省检查组下发整改通知书，约谈有关负责人，提出整改要求，限期整改落实。

【行政执法】

全省全年开展重大专项检查6次，发现违法行为2起，立案调查2起。其中，郴州市国土资源局对一村集体项目建设破坏GPS控制点案件进行立案调查，依法给予罚款等处罚。加大对无资质测绘、超资质范围测绘、非法转包、恶意压价竞争等违法违规行为的查处和打击力度，积极开展专项治理工作，依法规范测绘地理信息工程项目招投标秩序，取得显著成效。

【信用信息管理】

湖南省按时完成测绘地理信息信用信息征集录入工作，举办信用信息管理系统培训班，编发系统操作指南，指导各单位上传信息。扩展不良信息征集渠道，一方面将日常监管工作中发现的测绘成果质量不合格、不汇交成果资料、缓期注册等情况纳入不良信用信息记录，另一方面积极寻求同工商、法院等部门和单位进行合作，扩大不良信息的有效来源。积极探索利用市场信用信息管理平台辅助市场监管，充分发挥信用体系对市场行为的约束作用，进一步规范测绘地理信息市场秩序。

基础测绘

【测绘基准体系建设】

湖南省国土资源厅组织对全省测量标志进行全面系统的实地普查，建立了测量标志发布与服务系统，对部分受损的测量标志点进行维修、加固，配合国家测绘地理信息局开展一等水准修复测工作。推进2000国家大地坐标系应用，将华东、华中精化似大地水准面成果和已有的坐标转换软件进行整合升级，推出网络版坐标转换软件，配合HNCORS向全省推广使用。

截至2013年底，全省累计建成HNCORS基准站94座，用户700多个，涵盖国土测绘、气象预报、考古等10多个行业，有效满足经济社会发展对高精度空间定位的要求，实时定位精度从米级提高至厘米级，在航空摄影测量、土地确权发证、农村水利改建测量等方面发挥重要作用，广泛应用于资源调查、防灾减灾、应急指挥及科学研究等多个领域。国家现代测绘基准体系基础设施建设一期工程计划在湖南建设12个国家GNSS基准站，已完成全部土建工程。

【基础地理信息数据库建设与更新】

2013年，湖南省共有13套基础地理信息数据库在建，其中市级9套、县级4套。至年底，全省累计完成8套基础地理信息库建设，包括省本级1套、市级5套、县级2套。在基础地理信息数据更新方面，通过航空、航天影像更新道县、慈利、洞庭湖等测区1:1万地形图1442幅，开展吉首测区1296幅1:1万建库数据整合处理。全年累计完成1:1万“4D”产品更新6509幅，保障了全省基础地理信息数据的现势性。

省级国土资源“一张图”数据管理系统投入应用2年多来，实现了对全省各类国土资源数据的集中管理和维护，建成各类数据库50多个，已整合入库“一张图”核心数据库38个。本底数据以1:1万DOM数据为基础，从2009年开始实现年度更新，已建成2008年~2013年覆盖全省、分辨率优于0.61米的DOM数据库。

【基础航空航天遥感影像获取与应用】

湖南省国土资源厅进一步加大遥感影像获取力度，对邵阳、怀化、湘西自治州等市（州）进行补助，获取了0.2米分辨率的航空摄影影像数据，在国家测绘地理信息局的支持下，配套完成洞庭湖测区42240平方千米的国家基础航空摄影任务，所获取的影像数据用于洞庭湖测区1:1万地形图更新项目。

在基础测绘、数字城市建设、农村集体土地确权登记发证、1:5万数据更新等方面，实现了航空航天影像资源共享。“天地图·湖南”建设、地理国情普查项目试生产等工作广泛使用了农村集体土地确权登记发证和数字城市建设所获取的航空航天遥感影像。

地图管理

【地图审核出版】

湖南省国土资源厅全年受理审核地图、核发审图号67批次共646幅（包括6件互联网地图），全部按照要求备案。继续做好领导用图和应急地图保障服务工作，出版各类地图（册）、图书169种，实现经济效益1022万元，同比增长40%。

【地图市场监管】

湖南省在全省范围内开展“问题地图”清查行动，印发《2013年国家版图意识宣传教育和地图市场监管工作实施方案》，要求各市（州）组织对车站、景区、书市、图书馆等场所涉及的地图进行全面清理，对存在问题的地图依法没收。6月~8月，重点抽查长沙、岳阳、株洲、湘潭、衡阳、郴州6市，对不符合现行规定的地图作出停止展示、下架、没收的处理。各市（州）对家电市场、电子产品市场、汽车配件市场和电子商务网站中的地图导航定位产品进行抽查，发现绝大部分在售的地图导航定位产品已经过审核。定期利用互联网地理信息安全监管系统进行研判，对涉及湖南省的317家网站、1525个可疑POI信息点进行了排查，排查及处理情况已按时上报国家测绘地理信息局。

【国家版图意识宣传教育】

8月23日，湖南省国土资源厅联合省政府新闻办公室等湖南省国家版图意识宣传教育领导小组成员单位在长沙共同举办湖南省首届国家版图知识媒体培训班，邀请专家作专题培训，普及了地图基本知识、错误地图的快速识别方法、获取规范地图的渠道及地名、地址的正确使用方法等，来自全省16家省直媒体的总编室主任，42家市（州）党委机关报、电视台、政府门户网站的负责人共60人参加。培训结束后，《湖南日报》、湖南经济电视台、红网等参训媒体都发表了国家版图意识宣传教育专题报道。

科技创新与人才培养

【科技创新】

“面向地理国情监测的高分辨率遥感影像城市道路自动提取及动态更新方法研究”“湖南省应急遥感监测标准体系建设研究”等13个湖南省国土资源厅科技计划项目批准立项，项目经费合计136万元。湖南省国土资源厅共安排“全球导航卫星系统连续运行基准站网运行维护技术规范”“湖南省地理信息公共服务平台建设规范”等8个湖南省地方标准化项目，项目经费合计145万元。厅科研项目全年累计发表论文19篇，有11项成果获奖，其中包括3个省部级奖项。

开展SUF30低空无人飞行器测绘遥感系统推广应用工作并在株洲1:500地形图成图试验中获得成功。围绕HNCORS和无人驾驶飞机低空摄影测量系统开展相关课题研究，开展了HNCORS在远程变形监测中的应用研究、HNCORS运行维护、基于HNCORS地理空间框架维持及创新发展等课题。

【装备建设】

2011年以来，湖南省国土资源厅连续3年推动测绘能力建设，引进高、精、尖技术装备，淘汰落后产能。各类软硬件装备在数字湖南、“天地图·湖南”、地理国情普查、连片区推进农村土地整治等重大工程项目中发挥了重要作用。2013年，在测绘装备能力建设方面继续预算1000万元，配置了ADS100航空摄影相机等装备，进一步提高了装备水平。

【交流培训】

湖南省国土资源厅全年组织1个团组6人次赴美国、加拿大等国考察学习，安排1人次参加测绘地理信息国际会议，1人次参加国家测绘地理信息局组织的国外培训。湖南省测绘科技研究所与湖南科技大学联合申报国家重点实验室获批。

9月28日，全国测绘地理信息行业技师评审工作会议在长沙召开，湖南省国土资源厅积极配合国家测绘地理信息局职业技能鉴定指导中心组织完成了此次技师评审工作。10月28日~30日，湖南省国土资源厅在长沙举办测绘地理信息管理培训班，14个市（州）近300人参加。

【技能竞赛】

5月8日~9日，湖南省国土资源厅联合省人力资源和社会保障厅、省总工会举办湖南省第三届测绘地理信息行业职业技能竞赛。竞赛设地籍测绘和地图制图2个项目，来自全省14个市（州）的57支代表队、114名选手参赛。

党的建设与文化建设

【党的群众路线教育实践活动】

湖南省国土资源厅认真贯彻落实中央八项规定

和省委九项规定，按照“转作风、解难题、树形象”的工作目标，扎实深入开展党的群众路线教育实践活动。先后组织5个工作组分赴全省14个市（州）和18个厅直属单位开展现场调研；10名党组成员下基层，通过座谈、谈话、发放征求意见函等形式听取各方意见，共收集各类意见1090条，其中“四风”方面的问题499条。以“比作风、比效能、比服务，治理不作为、乱作为、慢作为”为主要抓手，重点解决群众反映强烈的突出问题。在省委明确的7个方面34项专项整治任务的基础上（其中相关的任务31项），自行增加10项共8个方面41项任务，逐一明确了责任领导、责任单位和整改时限，组织力量集中开展清理和整治，一批“四风”突出问题和损害党群干群关系的突出问题得到解决。

【文化建设】

组织开展“学习十八大，维护职工权益法规政策”知识竞赛，举办“学十八大精神，建设美丽湖南”主题演讲比赛，开展“读有所得”征文比赛，组织团员干部参观学雷锋档案展、召开学习雷锋精神座谈会，组织青年团员参加“纪念毛泽东同志诞辰120周年”活动。组队参加省直工会组织的“低碳生活骑行”活动，组织机关干部职工开展环湖赛跑和拔河比赛，组织机关女干部职工参加省直机关第九套广播体操比赛和首届文化建设成果汇展广场舞比赛。6月~8月，开展慰问一线野外作业工人的“送清凉”活动，全年看望慰问干部职工60多人次，组织团员慰问留守儿童，组织志愿者到娄底市涟源经开区东轩小学进行爱心捐赠活动。

地方社团工作

【组织建设】

3月12日，湖南省测绘学会在长沙召开九届五次常务理事会议，44名常务理事参加。会议审议通过了专业委员会和各工作委员会2013年工作总结和2014年工作计划，增补6名常务理事、2名理事、1个团体会员和20名个人会员。至年底，学会共有团体会员244个，个人会员2389人，建立了11个专业委员会。连续第13年被省科协评为学会工作先进集体。

【日常工作】

湖南省测绘学会全年编辑发行《湖南测绘简讯》4期7400多册，加强对湖南测绘网的日常维护和更新，追踪测绘时事动态，促进行业会员之间的交流学习。积极组织会员单位参与申报中国测绘地理信息学会相关奖项，获得测绘科技进步一等奖1项、三等奖1项，获全国优秀测绘工程奖金奖1项、银奖6项、铜奖6项。

10月，湖南省测绘科技奖励委员会组织对申报湖南省优秀测绘地理信息工程奖的82个项目和申报测绘科技进步奖的6个项目进行评审，共评选出湖南省测绘地理信息工程奖一等奖8个、二等奖23个、三等奖31个，测绘科技进步奖一等奖2个，二等奖3个。

【学术交流】

7月5日，湖南省测绘学会联合省地图院举办湖南省2013年地图学与GIS学术论坛，全省200多人参加。

广东省

概况

2013年，广东省测绘地理信息工作得到进一步加强。广东省委、省政府出台《中共广东省委 广东省人民政府关于加强和改进我省国土资源工作意见》，提出加强基础测绘，强化地理信息统筹力度，加快建设珠三角地理信息公共平台等工作要求。6月，国土资源部批复《广东省深入推进节约集约用地示范省建设工作方案》（国土资函〔2013〕371号），广东省国土资源厅组织开展农村大比例尺地籍调查和常态化高分辨率航空遥感监测，建立国土资源管理“一张图”。数字县（区）地理空间框架建设、“一村一镇一地图工程”和海洋测绘地理信息工程列入2013年广东省政府工作要点，作为重点项目大力推进。7 月，广东省委常委、常务副省长徐少华，副省长许瑞生率省直有关部门负责人到省国土资源厅调研，专题观看珠江三角洲基础地理信息公共平台演示，听取情况汇报，就平台建设和下一步测绘地理信息工作做出重要指示。广东省第一次全国地理国情普查全面铺开，佛山市三水区和高明区国家普查试点顺利完成；全省 21 个数字城市地理空间框架建设全面完成，372 个典型应用示范系统建成使用；40 个数字县（区）地理空间框架建设和“一村一镇一地图”项目建设稳步推开；珠江三角洲基础地理信息公共平台和广东省地理信息公共服务平台基本建成；电白县新农村建设测绘服务保障示范项目列入国家试点，正式启动；领导机关工作用图编制工作积极推进，编制完成 21 个市域和 51 个县域地图；测绘地理信息产业健康发展，截至年底，全省共有测绘资质单位 610 家（比 2012 年增加 19 家），测绘从业人员 16725 人（较 2012 年增加 1170 人），完成测绘服务总值 379137.65 万元。

2013 年 7 月 19 日，广东省委常委、常务副省长徐少华和副省长许瑞生到广东省国土资源厅调研。

重点工作推进

【数字城市建设】

广东省 21 个地级市完成数字城市地理空间框架建设，建成 372 个典型应用示范系统，涵盖政府管理和社会公共服务等方面。启动数字县（区）地理空间框架试点，开展 40 个数字县（区）地理空间框架建设，其中 4 个县（区）已完成。结合数字县（区）地理空间框架建设，启动“一村一镇一地图”项目，调查收集农村地名地址数据，建立“一村一镇一地图”数据库和村镇地图应用系统，将地理信息公共服务延伸到农村地区。

【“天地图·广东”建设】

“天地图·广东”完成覆盖全省的矢量数据更新、珠江三角洲地区影像数据和三维地形制作以及矢量、影像和地名目录发布，集成 4 类专题数据，部署旅游、天气、社会统计专题应用系统。建成基于“天地图”省市节点建设的典型应用系统 21 个，涵盖地震、旅游、规划、环保等方面。编制运行维护管理制度和应急响应方案，完成移动端的应用、多时相功能开发。“天地图·佛山”“天地图·惠州”完成市级节点建设，“天地图·广州”“天地图·深圳”“天地图·中山”完成数据生产。

【地理国情普查】

广东省第一次全国地理国情普查全面启动，佛山市三水区和高明区国家普查试点完成。8 月 23 日，广东省政府办公厅下发《广东省人民政府办公厅关于成立广东省第一次全国地理国情普查领导小组的通知》（粤办函〔2013〕505 号），广东省副省长许瑞生任领导小组组长，领导小组共由 27 个成员单位组成。普查领导小组办公室设在广东省国土资源厅。11 月 21 日，广东省政府下发《广东省人民政府关于做好第一次全国地理国情普查的通知》（粤府函〔2013〕236 号），明确普查任务分工、经费保障及要求。12 月 23 日，广东省政府召开全省第一次全国地理国情普查电视电话会议和普查领导小组第二次会议，许瑞生出席会议并讲话。会议部署全省地理国情普查工作，审议通过《广东省第一次全国地理国情普查实施方案》和《广东省第一次全国地理国情普查领导小组成员单位职责分工》。广东省国土资源厅举办地理国情普查技术培训班，培训人数 200 多人次。

【地理信息产业】

广东省省委、省政府出台《广东省农村信息化行动计划（2013～2015 年）》《广东省人民政府关于印发促进信息消费实施方案（2013～2015 年）的通知》《广东省人民政府办公厅关于印发广东省物联网发展规划（2013～2020 年）的通知》等文件，通过加大财税政策、技术创新、融资贷款、设立地理信息产业园等手段，推动地理信息产业发展。广东省国土资源厅构建测绘地理信息企业交流平台，召开测绘地理信息企业座谈会，举办测绘质量、信用、地图管理培训班，提供《测绘法律法规及管理文件汇编》给测绘资质单位使用，公布基础测绘成果汇交目录，加强测绘地理信息行业指导和服务，促进企业交流合作。

法制建设与市场监管

【制度建设】

广东省国土资源厅编制2013年度立法计划，印发《广东省国土资源厅关于进一步加强我省测绘质量监督管理工作的通知》《广东省国土资源厅关于做好我省测绘地理信息市场信用评价发布有关工作的通知》《广东省国家秘密基础测绘成果利用审批程序规定（试行）》，起草《广东省测绘成果管理办法（草案稿）》并报送省法制办公室。开展测绘地理信息法规、规章及规范性文件清理，印发《测绘法律法规及管理文件汇编》。

【测绘资质管理】

广东省国土资源厅组织完成2013年测绘资质年度注册工作，参加年度注册单位559家，其中通过注册504家、缓期注册50家、注销测绘资质5家。核准测绘资质14批106家单位，验证登记外省来粤测绘单位43件。截至年底，全省共有测绘资质单位610家，其中甲级43家、乙级132家、丙级184家、丁级251家。

【质量监管】

广东省国土资源厅公开2012年度全省测绘质量监督检查结果。全面检查测绘法各项制度贯彻执行情况，省级实地检查测绘资质单位101家，依据检查结果作出注销资质6家、降级6家、减少业务范围2家、落实整改57家的处理。规范测绘计量器具检定工作，规定省内资质单位用于测绘生产的计量器具须由广东省内法定测绘计量检定机构出具检定合格证书。组织完成2013年全省测绘质量监督检查工作，共检查测绘资质单位123家。开展测绘地理信息市场信用体系建设，完成全省乙、丙、丁级测绘资质单位基本信息和其他信用信息的录入、审核、复核，以及信用等级评定和评价结果发布等工作。结合2013年全国测绘地理信息成果质量监督检查，完成广东省2010年~2012年生产的1:1万地形图及46个省级基础测绘项目检查。

【依法行政】

广东省国土资源厅组织制定2013年依法行政年度工作计划和检查考核标准，建立依法行政定期检查考核制度。印发《广东省国土资源厅关于组织开展推进依法行政和“六五”普法工作中期检查督导的通知》，组织全省国土资源系统开展依法行政工作检查考核，将考核结果作为领导班子和领导干部综合考核评价的重要内容。推进行政审批制度改革，向国土资源部及省政府报送《广东省国土资源厅关于国土资源管理职能转变有关建议的报告》，开展网上办事大厅办理事项合法性审查，简化审批手续，提高审批效率；将测绘行政许可等重大事项纳入信息公开范围，向社会公布相关法律法规、审批信息、工作动态、办事规程及办事指南等多项便民服务信息，方便申请人办理各种事项。编印《国土资源管理法规文件汇编（2012年）》《国土资源管理法规文选》，组织全省国土资源系统学习国土资源（测绘管理）法律法规，举办厅机关国土资源管理法律法规普法考试和2011年~2012年新入职公务员法律法规考试，开展公务员学法用法情况检查。8月29日，与茂名市政府联合举办2013年测绘法宣传日活动，社会各界群众和测绘业界代表近400人参加活动。通过宣传标语、宣传展板、有奖问答、专家现场咨询、测量仪器展示等方式，向群众宣传测绘法律法规和专业知识。在南方网等网站制作“8·29”测绘法宣传日活动专栏，报道活动情况。

【行政执法】

根据国家测绘地理信息局的部署，广东省国土资源厅开展2013年地理信息市场行政执法检查，发现涉嫌违法行为10起，其中市场准入类5起、测绘项目类3起、地图类2起；查处违法案件3起。

基础测绘

【国家基础测绘项目】

广东省国土资源厅积极参与国家重大测绘项目实施，完成“927”工程项目饶平、陆丰、大万山3个卫星定位连续运行站土建资料、验收资料编写及汇交；开通3个卫星定位连续运行站，其中大万山站被国家测绘地理信息局评为“927”优质工程，列为全国示范站点。开展1:1万地形图数据库改造整合和1:5万地形图数据库动态更新，完成1:5万地形图数据库重点要素2012年度动态更新项目抽查。配合开展国家基础航空摄影，完成10多万平方千米0.5米分辨率航空影像数据获取。

【省级基础测绘】

广东省国土资源厅落实“十二五”省级基础测绘项目资金1.05亿元。编制下达2013年度省级基础测绘项目计划，部署开展地理国情普查、数字县（区）地理空间框架建设试点影像数据获取和生产、湛江雷州湾1:1万浅海滩涂地形测量、全省测量标志普查（二期）、湛江三等水准点选埋等基础测绘项目任务。组织完成34个数字县（区）高分辨率航空影像数据获取和1:2000彩色正射影像图生产；湛江雷州湾300平方千米的1:1万浅海滩涂地形测量；全省1:1万DOM影像的融合、匀色处理；2000国家大地坐标系转换；GPS大地控制点测量52点；水准点测量2630千米。依据《基础测绘计划管理办法》，编制2014年基础测绘计划，报送国家测绘地理信息局、省发展和改革委员会。

【市县基础测绘】

2013年，广东省市县两级基础测绘投入2.12亿元。开展数字县（区）地理空间框架建设、“一村一镇一地图”建设、领导机关工作用图编制、地理国情普查、2000国家大地坐标框架建立及成果转化、市级CORS系统的实时坐标服务系统建立等基础测绘项目任务。组织完成5503幅1:2000、2586幅1:1000、69290幅1:500地形图生产；完成水准点测量76千米。获取3万多平方千米高分辨率影像航空影像数据、8万多平方千米卫星影像数据。

【公共平台建设】

珠江三角洲基础地理信息公共平台基本建成，珠江三角洲基础地理信息公共平台涉密版、政务版和公众版建设基本完成，平台数据覆盖全省，建设成果扩展成为广东省地理信息公共服务平台，实现与各市级平台互联互通。广东省政务版、公众版地理信息公共服务平台开通，向省直各部门、市级平台和社会公众提供地理信息服务。

地图管理与地图服务

【地图市场监管】

广东省国土资源厅积极推进标准地图服务、公共地图服务和地图管理信息化建设，研究网络地图等新载体、新形式地图内容审核技术和政策，完善互联网地图服务监管机制。利用互联网地图安全监管系统和互联网信息服务监管系统，加强互联网地图监管，检查384家广东省互联网地图服务资质单位和政府网站开设的地图网站，整改存在“问题地图”的网站148家。立案查处广州新世纪出版社《泰晤士世界历史》刊登“问题地图”案件。检查6家大型图书店，查处存在“问题地图”的图书56本、地球仪10个。全年受理审核地图116件，通过审核101件，完成地图技术审查110件。

【地图编制】

广东省国土资源厅部署开展领导机关工作用图编制工作，编制完成21个市域和51个县域地图。编制出版《中华人民共和国地图》《广东省地图》（丝绸版）、《珠江三角洲地区地图》《中山市地图集》《土地科学漫谈》等28种地图和图书；为交通、文化等部门编制卫星影像图、高速公路图、交通图、历史古迹图等40幅，地图集2册；做好《广东历史》《广东地理》《东莞地理》《顺德历史》等乡土教材再版重印、发行工作。全年共出版公开版地图77种，测绘图书10种，总印数为80万幅（册）。

测绘地理信息成果管理与应用

【成果管理】

广东省国土资源厅实施《广东省国家秘密基础测绘成果利用审批程序规定（试行）》，起草《广东省测绘成果管理办法（草案稿）》报省法制办公室纳入2014年省政府规章新制定项目。与省保密部门联合开展全省涉密测绘成果跟踪检查，针对交通、能源等重点项目涉密测绘成果使用单位、重点科研单位及涉密测绘成果大宗用户、2011年全省测绘成果保密检查工作中需整改的674家单位进行检查，发出整改通知书39份。与省国家安全厅、省国家保密局联合开展全省地勘行业涉密测绘成果和地质资料使用与管理专项检查，全省自查单位共101家，重点抽查单位35家，发出整改通知书7份。开展全省测量标志普查，完成21个市外业普查，14个市提交普查成果。全年受理省级国家秘密基础测绘成果申请157批次，批准114宗。

【应用服务】

广东省国土资源厅向社会和有关部门提供各种比例尺地形图和数字产品33386幅，各种控制点成果14369点；向省领导和省直部门提供各类公开地图800多幅。市、县国土资源管理部门向社会和有关部门提供各种比例尺地形图和数字产品188323幅，各种控制点成果90350点。无偿提供茂名市283幅1:1万地形图、汕头市2285平方千米高分辨率航摄影像数据用于应急救灾抢险；启用无人机获取汕头41平方千米高分辨率影像数据，为受灾地区提供应急测绘保障服务。推进基础地理信息数据资源共建共享，与广东省公安厅签订《关于加强地理信息数据资源共享与合作协议书》。

科技创新与交流合作

【科技创新】

广东省国土资源厅积极争取国家和省重大科技项目支持，承担科技部“十二五”国家科技支撑计划“村镇建设用地再开发关键技术研究与示范”项目，科研经费4550万元；国家科技支撑计划“863”课题“海岛礁地理信息监测与生态保护关键技术研究与示范”；国家自然基金项目“联合CORS网络的高分辨率PSI大气延迟定标方法研究”。承担广东省科技计划项目“广东省突发事件应急卫星定位与低空遥感技术研究”，广东省战略性新兴产业发展专项“面向卫星导航重点领域应用的北斗/GPS双模‘换芯’工程”。“利用卫星定位系统建立与维持高精度坐标框架的关键技术及推广应用”项目获2013年中国测绘学会测绘科技进步奖一等奖，“广东省2000国家大地坐标框架的建立及实时服务”等3个项目获二等奖；“基于三维GIS基准房价体系构建关键技术及示范应用”项目获2013年中国地理信息科技进步奖一等奖，“广东省国土资源‘一张图’信息体系建设与典型应用”等7个项目获二等奖；“数字阳江地理空间框架建设项目”获2013年中国地理信息产业优秀工程奖金奖；“惠州市博罗县第二次土地调查”和“2009年全国‘一张图’工程建设（广东片）”2个项目分别获2013年全国优秀测绘工程奖银、铜奖；“广东省土地利用信息动态监测系统”和“广东省国土资源信息服务体系建设与应用”2个项目分别获中国信息学会2013年信息化成果（国土资源领域）信息化建设技术创新成果二、三等奖。

【合作交流】

广东省国土资源厅加强粤港澳技术交流合作，组团赴香港参加GPS+GLONASS卫星定位参考站服务启用仪式、香港测量师学会2013年周年庆典和第七届海峡两岸测绘发展研讨会。与香港测量师学会开展注册测绘师工作交流。派员赴美国参加2013年测绘地理信息系统培训班。与澳门地图绘制暨地籍局合作开展《珠澳地图集》编制工作。

党的建设与文化建设

【党建工作】

广东省国土资源厅认真抓好机关党组织建设，组织学习十八届三中全会精神、习近平总书记系列重要讲话精神，邀请省委党校教授作专题辅导，举办4期中心组扩大学习会、2次专题辅导报告会。深入开展党的群众路线教育实践活动，召开个别访谈和集中座谈会建言献策，发放征求意见表、无记名调查问卷和征求意见函收集群众意见，厅党组、机关各处（室）、直属各单位及11位厅领导，83名处级领导干部撰写对照检查材料，并在专题民主生活会上开展批评和自我批评。针对查找出来的问题，提出整改任务23项，建章立制计划18项。

【党风廉政建设】

广东省国土资源厅出台《广东省国土资源厅党组关于改进工作作风密切联系群众的措施》，结合党的群众路线教育实践活动，查找“四风”方面问题，出台作风建设、宣传教育、暗访检查、案件检查等多项举措。召开加强作风建设动员大会，布置开展整治庸懒散奢和民主评议政风行风工作。深化廉政风险防控，进一步梳理《权力运行廉政风险防范措施表》和《廉政风险点监管工作流程图》，修订《廉政风险防控手册》等。开展建立健全全省测绘地理信息服务标准工作，规范行政规程、办事指南、服务指标、服务流程、服务术语、受理投诉等，形成全省系统统一规范的服务标准管理体系。大力宣传“大地清风”国土资源廉政文化宣教品牌，开通广东省国土资源厅网上廉政教育大厅，实现廉政宣教载体创新，成为全省测绘地理信息系统廉政宣教的重要工作平台。

【文化建设】

广东省国土资源厅积极组织干部职工开展文体活动，举办足球、网球、羽毛球、游泳、体操、书画等各类培训。积极参加省直工委举办的技能大赛、趣味运动会、智力运动会等文化体育活动和国家测绘地理信息局举办的体育比赛活动等。举办第三届全国测绘行业职业技能竞赛广东省选拔赛，选拔优秀人员参加第三届全国测绘地理信息行业职业技能竞赛，获地籍测绘团体第一名，个人第二名、第八名的成绩。庞桂宾获“全国测绘地理信息行业优秀技能人才”称号，钟焕良获“全国测绘地理信息行业职业技能鉴定先进工作者”称号，邹伟健和谭妃仁获广东省妇联“广东现代十大好邻里”称号。

地方社团工作

【广东省测绘学会】

一、学术交流

广东省测绘学会加强学术交流，2月，召开地图学与地理信息年会；3月，举办2013年测绘教育论坛；5月，召开2013年度城市测量与测量工程学术经验交流会；6月，召开GIS技术行业交流会；7月，与香港测量师学会开展两地注册测绘师工作交流；8月，组织会员参加全国学生定向越野锦标赛暨“中国四维杯”第九届全国测绘地理信息职工定向越野大奖赛；9月，组织会员参加全国测绘科技信息网中南分网第二十七次学术信息交流会，提交论文32篇，其中16篇被评为优秀论文。

二、技术培训

7月，举办注册测绘师资格考试考前培训班，培训人数132人；11月，受广东省国土资源厅委托，举办广东省测绘高新技术研修班，邀请陈俊勇等8位院士作学术讲座，337人参加。

三、评奖工作

组织开展2013年广东省优秀测绘地理信息工程奖评选工作。受理申报项目144项，评选出获奖项目100项，其中一等奖13项、二等奖31项、三等奖56项。与广东省土地学会、省遥感与地理信息系统学会、省土地估价师与土地登记代理人协会、省地质灾害防治协会联合举办第一届国土资源（广东）科学技术奖评奖活动。

四、期刊发行

全年发行《测绘时空》6期，发表论文60篇，总印数1.38万本。与湖北《空间地理信息》期刊合作，推荐12篇论文在该刊公开发表。

【广东省遥感与地理信息系统学会】

广东省遥感与地理信息系统学会完成第七届换届选举和第七届学会机构建设，获广东省科协学术活动周优秀组织奖。8月，与ESRI中国（北京）有限公司、中山大学地理科学与规划学院共同主办ENVI遥感图像处理技术培训班，75人参加；11月，召开遥感与地理信息高新技术研讨会，130人参加；11月，与华南师范大学地理科学学院、ESRI中国（北京）有限公司共同主办广东GIS DAY主题活动；12月，开通广东省遥感与地理信息系统学会网站。组织开展国土资源（广东）科学技术奖评选、地理信息师认证和广东省丁颖科技奖候选人初审和推荐工作。承担珠三角及天津滨海高新区遥感动态监测项目监理和珠江三角洲及天津滨海新区高分辨率卫星遥感技术应用项目监理；承担“天地图”中山在线服务数据集建设、清远市市区公房管理中心公房管理系统技术开发、恩平市沙湖镇卫星遥感彩色影像挂图制作、怀集县粤桂合作产业示范区选址范围地形GIS综合分析技术开发技术监理咨询服务。

广西壮族自治区

概况

2013年，广西壮族自治区各级测绘地理信息管理部门以“构建数字广西，监测地理区情，推进项目建设，发展地信产业”为战略目标，以“完善机制、强化监管、提高质量、增加效益”为总体要求，以“完善体制机制，强化统一监管，加快地信更新，提高保障能力，建设数字广西，开展国情普查，建天地图节点，培育地信产业，打造人才队伍”为主要任务，取得了较好成绩。体制机制逐步健全，全区14个设区市国土资源局已全部加挂测绘地理信息局牌子。数字广西和数字城市地理空间框架建设稳步推进。大力推进测绘地理信息市场信用体系建设，“问题地图”市场专项整治效果明显，进一步强化依法行政力度，有效推进联合执法机制。重大项目及基础测绘扎实推进，广西第一次全国地理国情普查工作全面启动，累计已有58个县完成基础测绘规划评审。积极为各级党委、政府和军队建设提供地图产品服务，为经济社会发展提供测绘保障，开展农村集体土地所有权、农村宅基地使用权和集体建设用地使用权等“农村六权”调查和确权工作。全区共有资质单位514家，同比增长10.54%；从业人员近1万人。广西壮族自治区测绘地理信息局（以下简称广西测绘地理信息局）年度服务总值达1.96亿元，同比增长8.6%。在全国省级部门贯彻落实科学发展观2013年度测绘地理信息工作绩效考核工作中，广西壮族自治区连续第四年被评为优秀；在广西壮族自治区绩效考评中，连续第三年获得优秀成绩。

重点工作推进

【数字城市建设】

《数字广西地理空间框架建设可行性研究报告》《数字广西地理空间框架建设方案》通过专家评审，落实项目经费2.7亿元。广西全面启动14个设区市数字城市地理空间框架建设，数字北海、数字柳州、数字百色、数字玉林和数字钦州建成并在各领域开始应用，其中柳州市地理信息公共服务平台的作用逐步显现，全市地理信息共享共建的局面初步形成。积极推进数字县区建设，数字巴马、数字东兴和数字南丹被广西测绘地理信息局列为地理空间框架建设试点县区。

【“天地图”建设】

广西测绘地理信息局建立了“天地图·广西”更新机制和数据共享与定期交换机制，完成14个设区市城区矢量地图和影像电子地图更新以及地名地址数据更新，在原地名地址数据基础上增加10万个。“天地图·钦州”接入国家主节点，“天地图·柳州”“天地图·百色”“天地图·北海”已完成建设并向国家测绘地理信息局提出接入主节点申请。

【地理国情普查】

7月24日，广西壮族自治区政府办公厅印发《关于成立第一次全区地理国情普查领导小组的通知》，成立了由自治区党委常委、自治区副主席林念修担任组长，26个区直有关单位为成员单位的广西第一次全国地理国情普查领导小组。9月23日，召开普查领导小组会议和电视电话会议，全面部署地理国情普查工作，要求在完成国家部署普查任务的基础上，增加具有广西特色的蔗糖业、茧丝绸业和石漠化3项自选普查项目。12月20日，区政府印发《广西壮族自治区人民政府关于做好我区第一次全国地理国情普查工作的通知》，对广西第一次全国地理国情普查工作提出明确要求。各市测绘地理信息局成立地理国情普查办公室，协调普查有关工作。印发普查实施方案，落实了全部普查经费4.3亿元，得到国家测绘地理信息局的肯定。全年完成航空摄影14.6万平方千米，占全境面积的61.68%；通过验收的影像数据6万平方千米。广西测绘地理信息局开展地理国情普查专业技术培训4期，960人通过培训考试。以钦州市钦南区为普查试点的工作如期完成。

【广西 CORS 基础设施建设】

广西 CORS 基础设施建设项目进入最后安装调试阶段，除国家级站点外，所有64个站点已全部完成土建工作并安装设备。全部站点已通过网络接入数据处理中心，进入系统试运行状态。组织广西地理国情监测院、地理信息测绘院、基础地理信息中心开展基准站精密数据处理及 CORS 系统维护内容学习，完成了基准站坐标精密计算并在全区进行测试，12月完成预验收。

【管理体制建设】

广西壮族自治区14个设区市国土资源局全部加挂测绘地理信息局牌子，健全了市级测绘地理信息行政管理机构；县级测绘地理信息行政管理机构逐步建立，浦北、凤山2个县国土资源局加挂测绘地理信息局牌子，落实了工作机构，明确了工作职责。经自治区国土资源厅党组研究决定，各市国土资源局局长兼任市测绘地理信息局局长。

法制建设与市场监管

【法制建设】

10月，广西测绘地理信息局受国家测绘地理信息局委托，完成《测绘资质管理规定》（修订草案）的起草及修订说明的编写工作；配合国家测绘地理信息局做好《中华人民共和国测绘法》修订书面调研工作。结合广西实际，制定出台《广西壮族自治区测绘统计管理办法（试行）》。

【法制宣传教育】

广西测绘地理信息局完成“六五”普法中期督导检查自查工作和年度普法工作，建立了无纸化普法考试系统，局机关干部均按要求参加年度普法学习和考试，考试合格率100%。组织开展微博测绘地理信息法律知识有奖问答活动和“8・29”测绘法宣传日主题口号、宣传口号、公益短信、宣传画等有奖征集活动。部署开展全区“8・29”测绘法宣传日活动，认真组织各级测绘地理信息行政管理部门和测绘资质单位参与宣传活动。

【依法行政】

广西测绘地理信息局开展全区2013年测绘地理信息行政执法检查工作。完成《测绘行政执法证》的年度注册和申领工作，其中新申领证件234本、注册5本、注销13本。

5月，组织人员到桂林指导当地地图市场检查，到贺州重点针对安全部门举报的某单位无证测绘案进行调查；指导贵港市测绘地理信息局妥善处理1个CORS基准站的拆迁重建工作。

组织开展2013年度市级测绘地理信息行政管理工作考评，柳州、北海、钦州、百色、河池、贵港6个市测绘地理信息局被评定为优秀单位，其余8个市局被评定为合格单位，崇左、防城港、南宁测绘地理信息局获特色工作单位称号。

【信用评定】

广西测绘地理信息局认真做好2012年度全区测绘资质单位信用评定工作，全区464家乙、丙、丁级测绘资质单位中，35家因取得资质未满6个月不需参加评定，406家完成信用信息申报，23家未申报，经评定，AA信用等级单位1家、A级57家、B级348家、信用不合格单位23家。对23家信用不合格单位下发了信用等级不合格告知书，要求限期整改；11家整改不合格单位被列入2012年度失信测绘资质单位黑名单，5家整改不合格的单位被注销测绘资质。

【市场监督】

广西测绘地理信息局积极联合各职能部门，开展全区地理信息市场整治工作。5月，分别召开8部门参加的自治区地理信息市场专项整治领导小组联席会议及13个部门参加的自治区国家版图意识宣传教育和地图市场监管协调指导小组联席会议，研究部署全区2013年地理信息市场专项整治、“问题地图”市场监管及国家版图意识宣传教育工作。

【行政审批】

广西测绘地理信息局全面深化行政审批制度改革，再次清理和优化行政审批事项，取消2项、下放1项、保留8项。通过优化行政审批事项、简化申请材料、规范办事程序、减少办事环节，大幅缩减了办结时限，理顺了审批运行机制，行政审批效能进一步提高。2013年，共受理行政审批事项1166件，办结1160件。在政务服务中心窗口的每月情况通报中，测绘地理信息服务窗口的群众评议率、群众满意率、提速办结率均排名前列。

【测绘资质管理】

广西测绘地理信息局组织完成2013年度测绘资质年度注册工作。应注册单位388家，通过注册350家，缓期注册38家。

2013年，广西测绘地理信息局受理初次申请测绘资质61件，批准57件，报国家测绘地理信息局申请甲级资质1件并得到批准。至年底，全区共有测绘资质单位514家，其中，甲级17家、乙级72家、丙级226家、丁级199家，从业人员近1万人。

广西测绘地理信息局首次开展全区测绘资质巡查工作，制定了全区测绘资质巡查工作方案。测绘资质单位按要求开展了自查，各级测绘地理信息行政主管部门进行了抽查，市级抽查率不低于20%，区级抽查率不低于5%。全区457家测绘资质单位完成了自查，共抽查单位166家，发出整改通知书5份，全部完成整改。

基础测绘

【国家基础测绘项目】

广西测绘地理信息局负责的合浦西场、北海铁山港、涠洲岛3个GNSS连续运行跟踪站建设（“927”工程）已全部通过“927”项目部的现场验收，基准站已正式运行，最终成果资料已移交“927”项目部。54幅海岛礁1:5000测图的外业调绘、入库数据及成图数据通过验收，所需上交成果已经移交“927”项目部。

【省级基础测绘】

广西测绘地理信息局完成中越边境、德保测区、隆林测区、乐业测区、东兰测区等区域1:1万DLG生产1423幅，数字钦州地理空间框架1:2000 DOM生产1046幅。

【边远地区、少数民族地区基础测绘项目】

数字崇左地理空间框架建设、数字梧州地理空间框架建设、广西边远地区1:1万DLG生产被确定为边远地区、少数民族地区基础测绘经费补助项目，得到财政部、国家测绘地理信息局批准，共获得国家财政650万元经费支持。目前数字崇左项目设计书通过评审，项目按计划进行；数字梧州进行编写项目设计书；广西边远地区1∶1万DLG生产全面完成。

【县（市）基础测绘规划】

广西测绘地理信息局在全面完成市级基础测绘规划编制工作的基础上，继续指导并加快推进县（市）级基础测绘规划编制工作，完成苍梧、岑溪、兴安、永福等县的基础测绘规划评审工作，全区74个县已有58个县完成了基础测绘规划编制工作，完成率达78%。

【航空摄影】

广西测绘地理信息局组织完成广西重点区域航空摄影任务141330平方千米，其中南宁测区15619平方千米、柳州测区19711平方千米、桂东测区约7.2万平方千米、桂西测区约3.4万平方千米。更新、覆盖边境地区1米分辨率立体遥感影像数据约8000平方千米。完成南宁、桂林、贵港、崇左、贺州、梧州市数字城市航空摄影4018平方千米。

【质量监督】

广西测绘地理信息局开展全区测绘地理信息成果质量监督检查，对30家单位2010年1月~2012年12月完成的广西境内1∶5000、1∶1万地形图和北海、钦州、防城港3市辖区内2011年1月~2012年12月完成的测绘地理信息成果进行随机抽样，完成全部抽查项目的产品质量检验工作，出具了检验报告，撰写了年度测绘地理信息成果质量监督检查工作总结。

地图管理与地图服务

【地图审核】

2013年，广西测绘地理信息局共受理地图审核申请78件，已审地图78件，其中电子地图件5件。

【地图编制出版】

广西测绘地理信息局编制《广西历史地图集》，出版64幅；编制印刷广西壮族自治区交通旅游图、中国水资源分布图等专题地图；编制领导工作用图83幅；编制巴马、东兰、龙胜、三江、融水、融安等县绸布地图；编制吴圩国际机场、两江国际机场应急救援综合方格网图，柳州市城市空间布局规划系列地图，南宁铁路局线路示意图，贵港市工业企业排污分布图，广西高速公路网路线示意图等普通地图、专题地图136幅。

【地图市场监管】

广西测绘地理信息部门联合保密、工商和新闻出版等部门开展涉及地图的教辅、旅游、引进版图书以及有损国家主权、安全的互联网“问题地图”专项治理行动；对涉嫌危害国家主权、泄露国家秘密、未经地图审核、“一号多用”、盗用审图号以及装载多份不同厂家电子地图的地图导航定位产品等开展全面检查与清理；对新中国成立以来至1975年间出版、印制的国界线和岛屿名称标注等不符合现行公开地图内容表示规定、损害国家主权的地图予以清理；对辖区内所有地图服务网站和登载地图图片的网站进行检查。全年，共开展“问题地图”执法检查31次，查封、收缴违法违规地图产品19份（件），下达“问题地图”整改通知书9份。

【国家版图意识宣传教育】

广西测绘地理信息局完成对自治区国家版图意识宣传教育和地图市场监管协调指导小组的调整工作，召开联席会议，部署开展全区深化开展国家版图意识宣传教育活动。开展国家版图意识宣传教育“进学校、进社区、进媒体”活动，落实宣传经费，组织征订国家版图意识宣传教育宣传资料，发放给广大中小学生和社区居民，提高中小学生、社区公众和新闻媒体单位的国家版图意识和辨别“问题地图”的能力。

测绘地理信息成果管理与应用

【成果应用与服务】

广西测绘地理信息局协助区农村工作领导小组办公室开展农村集体土地所有权、农村宅基地使用权和集体建设用地使用权等“农村六权”调查和确权工作；积极参与土地整理和废弃矿用地调查，为交通、林业、农业、能源、城镇规划、新农村村镇规划等部门提供地形图测绘服务；按照国土资源部要求，遥感监测宁夏、辽宁及青海3个省（区）土地利用现状约40万平方千米；为各级政府和部门应对突发事件提供应急测绘保障服务。全年为自治区党委、政府领导决策提供地图成果114份，为有关部门和单位提供地形图及数字化产品30480幅、大地控制点成果4420点。全年，局本级年度服务总值达1.96亿元，同比增长8.6%。

【涉密测绘成果管理】

广西测绘地理信息局加强测绘成果保密管理，结合涉密测绘成果专项检查和测绘资质巡查，对全区涉密单位测绘成果核心涉密人员岗位设定、岗位证书持有等情况进行检查。6月，在南宁举办涉密测绘成果管理人员岗位培训班，共305人参加，为考试合格人员颁发《涉密测绘成果管理人员岗位培训证书》。

广西测绘地理信息局联合自治区国家安全部门和保密部门，开展大宗用户（包括重点工程项目）使用涉密测绘成果跟踪检查工作，全区200家涉密单位完成了保密自查，抽查测绘成果领用单位101家，下发限期整改通知书29份。

配合全国地勘行业涉密测绘成果和地质资料使用与管理专项检查领导小组完成对广西地勘行业单位的保密抽查工作。12月，组织全区地勘行业涉密测绘成果和地质资料使用与管理专项检查领导小组成员单位，分2个检查小组对全区39家地勘单位进行抽查，共检查南宁、柳州、桂林、北海4个市共9家地勘行业单位，抽查率23%。对检查发现的问题，及时反馈整改意见，要求限期整改。

【测量标志管理】

广西测绘地理信息局加强测量标志管理，严格执行永久性测量标志拆迁审批制度，全年受理和批准测量标志迁建6件，转报国家测绘地理信息局审批1件。严格按照审批程序，先后与南宁、桂林、百色、河池等地的测绘地理信息主管部门进行实地核查，确保每个审批事项（测量标志点）做出谨慎审批决定。

科技创新与人才培养

【科技创新】

广西测绘地理信息局组织开展重大项目测绘技术研究，其中，组织立项的“基于无人飞机平台大比例尺成图技术研究”等科研项目按时完成验收，“车载移动测量系统的应用研究”“广西北部湾经济区现代空间定位基准框架稳定性研究”等项目获得立项申请。协助承担国家测绘地理信息局“地理国情普查地貌类型单元精确定位生产试验”和“基于GPS技术的广西现今地壳运动特征研究”项目被列为广西“新世纪十百千人才工程”专项经费项目，“基于智能算法的尾矿库遥感动态监测研究”项目被列为广西自然科学基金项目。参与完成的“基于多源自主卫星遥感的陆海环境关键要素定量化监测技术及应用”获2013年中国测绘学会测绘科技进步奖一等奖，完成的“地形实模数控刻制技术集成及若干区域经济实模制作”和“南宁市规划管理局规划审批与动态监察、图文一体化系统”获三等奖；完成的“数字柳州地理空间框架建设”项目获2013年中国地理信息产业优秀工程奖金奖。“贺州市城镇土地调查”“兴安县第二次土地调查（城镇部分）测绘项目”“崇左市城南科教片区东南面地形图测绘”获2013年全国优秀测绘工程奖。

【人才培养】

广西测绘地理信息局出台《自治区测绘地理信息局党组关于加强干部队伍建设的意见》，明确干部队伍建设的目标任务和保障措施；逐步健全干部选任机制和退出保障机制，干部队伍结构比例更趋合理。全年在局系统内选拔干部18名、挂职锻炼28名、轮岗交流19名、退出领导岗位28名，选拔青年学术和技术带头人17名，面向社会公开招聘工作人员27名。与区总工会、人力资源和社会保障厅、团区委联合举办第三届全区测绘地理信息职业技能竞赛暨全国选拔赛。广西测绘地理信息局组织完成局属事业单位清理规范意见的报送，抓好区编制委员会办公室批复意见的落实；积极开展事业单位分类改革。制定《自治区测绘地理信息局直属事业单位执行绩效工资实施方案指导意见》，指导完成8个局属事业单位进一步规范绩效工资分配。

党的建设与文化建设

【党的群众路线教育实践活动】

广西测绘地理信息局深入开展党的群众路线教育实践活动，坚持开门搞活动，广泛听取意见；坚持边学边改，虚心接受批评；坚持党内生活制度，深刻剖析问题根源。7月10日，召开动员大会，对活动开展进行部署。通过集中学习、交流讨论、征求意见等方式，广泛征求“四风”方面存在的主要问题，查找各级领导班子和领导干部在的“四风”方面存在的主要问题，制定整改措施，完善了相关的规章制度。

【党风廉政建设】

广西测绘地理信息局认真贯彻落实中央纪委十

八届三次全会、自治区纪委十届五次全会和全国测绘地理信息系统党风廉政建设工作会议精神，按照“一岗双责”的规定，把党风廉政建设工作与业务工作统筹安排部署、综合检查指导，制定了《自治区测绘地理信息局党组党风廉政建设责任制实施细则》《自治区测绘地理信息局关于开展廉政风险点排查和建立风险防范机制活动的实施方案》《自治区测绘地理信息局全面推进廉政风险防控实施方案》《自治区测绘地理信息局预防职务犯罪工作制度》和《加强机关作风建设制度规定》等各项内部管理制度。认真抓好责任制执行情况的日常监督、年中监督和年度考核工作。加大财务和财产管理，强化测绘物资采购及业务招待费管理，防止违法违纪行为。制定出台《自治区测绘地理信息局党组关于进一步改进工作作风密切联系群众的实施意见》《公务用车管理规定》《自治区测绘地理信息局关于改进文风会风的制度规定》等规定，结合党的群众路线教育实践活动，在局机关开展机关作风专项整顿活动，对公务用车、办公用房进行清理，多次组织对中央八项规定落实情况进行监督检查。

【获奖情况】

广西地理国情监测院任建福获广西“五一劳动奖章”。广西遥感信息测绘院陈瑞波获“第七届广西区直机关十大杰出青年”称号；郭小玉、陈瑞波获区直机关工委2011-2012年度区直机关优秀共产党员称号。广西地理国情监测院陈雪芹获区直机关工委2011-2012年度区直机关优秀党务工作者称号。广西航空遥感测绘院获区直机关五四红旗团（总）支部称号，姚茂华被评为区直机关优秀共青团干部，付堃被评为2012年度区直机关优秀共青团员，彭健华被评为广西优秀共青团干部。

【文化建设】

广西测绘地理信息局首次在全区测绘地理信息系统组织开展以摄影比赛、书画比赛、诗歌散文比赛、廉政格言警句征集、核心价值理念等为主要内容的“礼赞十八大共筑强测梦”测绘地理信息文化系列活动。组织开展“共筑强大国防建设美丽家园”主题国防教育宣传活动。以增强国防意识为主要内容，出版国防教育专题板报1期，举办主题演讲1次。开展“美丽广西梦想起航”全区中国梦国情区情知识竞赛。

地方社团工作

【广西测绘学会】

1月，广西测绘学会协助自治区测绘地理信息局举办2013年迎春学术技术报告会、智慧城市技术报告会等。4月，在南宁召开广西测绘学会九届四次全体理事会议。5月，组织推荐中国测绘学会测绘科技进步奖和2013年全国优秀测绘工程奖候选项目。9月，推荐的项目获2013年中国测绘学会测绘科技进步奖三等奖2项，全国优秀测绘工程奖银奖1项、铜奖5项。10月，组织参加中国测绘地理信息学会第十次全国会员代表大会，周涛当选为第十一届理事会理事，广西测绘学会获中国测绘地理信息学会2010-2013年先进集体称号，陈仲怀、李建常被评为先进个人。10月，协助自治区科协在南宁举办数字广西地理空间框架建设学术报告会；参加广西壮族自治区科学技术协会第七次代表大会，周涛当选为第七届委员会委员，广西测绘学会获2008-2013年度广西科协系统先进集体称号，李建常被评为先进个人。组织召开2013年度广西测绘地理信息科学技术奖、优质测绘地理信息产品（工程）奖评审会，对38个项目进行评审，评选出2013年广西测绘地理信息科学技术奖一等奖3项、二等奖5项、三等奖2项，优质测绘地理信息产品（工程）奖金奖2项、银奖5项、铜奖12项。全年编辑《广西测绘与遥感》2期，发表22篇论文，印发3500多册。

【广西测绘科技信息站】

4月，广西测绘科技信息站2013年工作会议在南宁召开，总结2012年工作，部署了2013年工作任务，选举周涛为站长。9月，组织参加全国测绘科技信息网中南分网第二十七次学术信息交流会，获优秀论文一等奖2篇、二等奖5篇。11月，组队参加中国测绘地理信息学会科技信息网分会主办的第二届测绘地理信息科技成果全国推介会。

海南省

概况

2013 年，海南测绘地理信息局围绕国家测绘地理信息局和省委省政府的中心工作部署，强化地理信息应用服务，大力保障海南省“项目建设年”“科学规划年”，积极服务海南国际旅游岛建设。海南省政府成立海南省第一次地理国情普查领导机构，召开第一次领导小组会议，全面开展地理国情普查工作；海南国际旅游岛数字地理空间框架完成建设，并通过验收；市县数字城市地理空间框架建设积极推进，全省共有 65% 的市县启动数字城市地理空间框架建设；“天地图 · 海南”开展了数据更新，为各部门提供基于“天地图”的应用。组织实施基础测绘重大工程，有效推进国家现代基准工程建设、全省 1:1 万基础地理信息数据库建设更新和整合升级等国家级、省级基础测绘项目。出台系列规范性文件，有效推进依法行政工作。海南省首次测绘地理信息资质单位信用等级发布。成果管理应用水平不断提高，积极为省重点工程提供测绘保障服务。省财政部门向海南测绘地理信息局拨付基础测绘经常性项目经费，首次将省基础测绘工作经费列入省级部门预算，测绘发展环境不断优化。

重点工作推进

【数字城市建设】

文昌、昌江、白沙等市、县数字城市立项申报得到海南测绘地理信息局的批准。文昌、定安、陵水等市、县政府与省测绘地理信息局签署共建协议。截至年底，全省已有 65% 的市县启动数字城市地理空间框架建设。12 月 24 日，海南测绘地理信息局举办数字城市建设与应用培训班。

【“天地图 · 海南”建设】

“天地图 · 海南”省级节点完成影像数据、矢量数据和兴趣点的更新，并通过国家测绘地理信息局的更新评估。开展基于“天地图 · 海南”地理实体同构服务试点，完成乡级行政区划地理实体数据生产，与主节点行政区划实体数据融合。对“天地图 · 海南”进行升级改造，建立资源中心，对“天地图 · 海南”发布的服务进行管理，提供服务查询、服务纵览、服务注册等功能，整合了海南旅游、海洋风暴潮疏散路径和疏散场地图等旅游部门和海洋部门的专题信息。与武警海南省总队合作开展勤务地理信息系统建设，与海南电网合作开展主网配电信息系统建设，与电力设计部门合作开展线路设计，不断扩大“天地图 · 海南”的应用领域。

海南测绘地理信息局向全省市、县印发《关于加强“天地图”市县级节点建设工作的通知》，明确各市县级节点建设有关要求及具体任务。1 月，“天地图 · 儋州”通过国家测绘地理信息局的评估和测试。11 月，“天地图 · 儋州”完成影像数据、学校和旅游专题数据等更新，与多个部门合作开展示范应用。12 月，“天地图 · 保亭”通过国家测绘地理信息局的评估和测试。

【地理国情普查】

7 月 26 日，海南省政府办公厅印发《关于成立海南省第一次全国地理国情普查领导小组的通知》，成立海南省第一次全国地理国情普查领导小组，领导小组办公室设在省测绘地理信息局。9 月 2 日，海南省召开第一次全国地理国情普查领导小组会议，部署全省地理国情普查工作。制定了普查总体实施方案，编制了普查总体技术方案。11 月 14 日，组织举办地理国情普查培训班，159 人通过上岗考核。11 月 26 日，印发地理国情普查第一期任务计划，按行政区对各直属单位任务区域进行了划分，要求各单位做好地理国情普查工作。

海南测绘地理信息局组织完成海南省地理国情普查第一批试点任务，成果按要求于 5 月 20 日上报国家测绘地理信息局。成果内容包括海口市、琼海市、澄迈县等海南省北部 8 个市、县的 DOM 影像、海南岛 1:1 万 DEM 精细化数据成果，以及海南省北部8个市、县的地表覆盖、地理国情要素等普查成果，形成了专业技术设计书、技术总结和检查报告等技术文本。

【海南国际旅游岛数字地理空间框架建设】

4月26日，海南国际旅游岛数字地理空间框架通过专家评审组验收。该项目实现了高分辨影像覆盖全岛，制作完成覆盖全岛的1:1万、1:5万地形图数据，重点城市精细三维模型数据等产品，建立了基础、政务和公众地理信息数据库、政务版和公众版地理信息公共平台。建立了应用机制，除完成项目规定的省发展和改革委员会、省应急管理办公室、省国土厅、省旅游委员会、省公安厅、省海洋厅6个部门示范应用外，增加省交通厅、省武警总队等部门的示范应用；建立基于公众版地理信息公共平台在线调用、基于政务版地理信息公共平台在线调用、服务器前置托管3种应用机制。

12月4日，海南省政府印发规范性文件《海南省地理信息公共平台建设与应用管理办法》，推动海南省地理信息资源的共享和应用，规范地理信息公共平台的建设与管理，明确了海南国际旅游岛数字地理空间框架建设项目后续维护更新与管理工作的要求。

法制建设与市场监管

【依法行政】

《海南省基础测绘管理办法》拟列为地方性法规立法项目，纳入省五届人大常委会五年立法规划。根据《关于加强海南省测绘地理信息法治建设的实施意见》，海南测绘地理信息局明确年度工作任务，将依法行政情况纳入市县测绘地理信息局的年度工作考核内容；举办2期全省测绘地理信息普法依法行政培训班，提高机关全体公务员及各市县测绘地理信息行政主管部门负责人的学法用法意识。

【测绘资质管理】

海南测绘地理信息局以实地抽查等方式对20家测绘单位开展测绘资质监督检查。市县测绘地理信息局对辖区内资质单位进行实地监督检查，及时通报测绘单位违法从事测绘活动。至年底，全省共有资质单位142家，其中甲级7家、乙级17家、丙级44家、丁级74家。年内，丁级升丙级4家，新增资质单位12家。

【市场信用评定】

海南测绘地理信息局组织完成海南省首次测绘地理信息市场信用评定。参加首次信用等级评价工作的资质单位共121家，上报信用信息931条，审核通过信息420条，予以发布信息364条。最终评价结果为A级7家、B级114家。

【市场监管】

海南测绘地理信息局联合省住房和城乡建设厅、省物价局、省工商行政管理局开展全省房产测绘市场专项整治检查行动。联合省工商行政管理局、省文化广电出版体育厅对地图和导航电子地图市场开展执法检查，指导海口市、东方市开展专项执法检查工作。组成检查小组到海南省图书馆、海口市图书馆检查各类地图集、地图册及旅游图书，查出问题图书8种共13本，要求下架封存处理。7月～9月，各市、县开展不符合现行地图管理规定的地图清查，海南测绘地理信息局抽查白沙、三亚、澄迈3个市县，重点检查书店、车站等场所。

海南测绘地理信息局全年共审核“天地图·海南”“天地图·儋州”、三亚市政务版电子地图等7件互联网电子地图，发现问题及时与送审单位沟通，确保了互联网地图的安全准入。利用互联网地理信息安全监管系统对互联网地图进行日常监督管理，对互联网地图服务网站海南省范围内17657个POI兴趣点进行了检查，对777个存在疑问的POI点进行了人工审核，保证互联网地图信息的安全。在国家测绘地理信息局和国家安全局联合开展的2010-2012年度优秀涉外测绘执法案件评选中获特别贡献奖。

【法规宣传】

海南测绘地理信息局普法工作通过省“六五”普法中期督导检查。组织开展2013年度“8·29”测绘法宣传日活动，主会场设立在儋州市。活动现场播放测绘法律法规有关条文，展示了“天地图·海南”“天地图·儋州”及数字儋州的建设成果，介绍了无人航摄小飞机及应急监测车的应用，举办了国家版图意识宣传教育版图拼图小竞赛，发放了6000多份海南国际旅游岛旅游图、海南省旅游图及儋州市旅游图。

【国家版图意识宣传教育】

9月23日～27日，海南测绘地理信息局联合省教育厅在全省中小学校组织开展2013年国家版图意识教育宣传周活动。组织编制《全国少儿手绘地图大赛（海南赛区）优秀作品集》，收录大赛中海南省获奖作品及部分未获奖的优秀作品共63幅。9月23日，海南测绘地理信息局举办2013年海南省国家版图知识及地图管理培训班，50多人参加。

基础测绘

【国家现代测绘基准工程建设】

海南测绘地理信息局参与国家现代测绘基准工程建设，完成万宁、昌江、儋州3个GNSS连续运行基准站新建站工作，26个卫星大地控制点建设，1472.4千米一等水准路线踏勘、选（补）埋及1949.4千米一等水准观测。向全省各市、县印发《关于协助做好国家现代测绘基准体系基础设施建设的通知》，为国家现代测绘基准体系基础设施建设争取多方协作和支持。

【国家1:5万地形数据库重点要素更新】

海南测绘地理信息局承担的国家1:5万地形数据库重点要素更新任务涉及海南、广东（含港澳）、福建、台湾4省。全年共完成4省1:5万地形数据库重要要素更新1042幅、1:5万地形图制图数据更新864幅、1:25万地形数据库更新32幅、1:25万地形图制图数据85幅。

【海南省1:1万基础地理信息数据库更新】

海南省开展琼北地区1:1万地形要素数据更新生产，完成琼北地区651幅的内业更新采集，完成所有海南平面坐标系下DLG数据到2000国家大地坐标系的转换。

【海南省1:1万基础地理信息数据库整合升级】

海南省分阶段开展1:1万地形要素数据整合升级，完成南部地区345幅，约占总量的59%；完成北部地区562幅的调绘前内业更新采集，约占总量的87%；完成90%数字正射影像图的处理工作。

【质量监督】

海南测绘地理信息局组织开展2013年测绘地理信息成果质量监督检查，检查对象是2010年1月~2012年12月在海南省完成的测绘地理信息成果。随机抽取17家测绘资质单位完成的17个测绘地理信息工程项目进行检查，其中地理信息成果1项、工程测量8项、海洋测绘4项、房产测绘3项、地籍测绘1项。经检查，15个测绘地理信息成果判定为批合格，2个判定为批不合格。

地图管理与地图编制

【地图审核】

海南测绘地理信息局全年共审核74件（495幅）地图，其中单张地图58张、教辅书1件、地图集2件、书刊插图5件，电子地图8件，公开版地图备案率为87%。

【地图编制】

国家测绘地理信息局海南测绘资料信息中心积极为省有关部门提供地图服务，编制博鳌亚洲论坛年会用图、泛珠大会工作用图、交通能源基础设施图、海域执法用图等专题地图，较好地满足了各行业和社会公众对地图产品的需求。

测绘地理信息成果应用与服务

【成果提供】

海南测绘地理信息局严格按规定做好基础测绘成果提供使用工作，全年对外提供1:1万“4D”产品1580幅、1:5万“4D”产品179幅、高分辨率影像32547幅、大地控制点成果8193个。

【成果管理】

海南测绘地理信息局组织开展全省2012年度测绘地理信息成果目录汇交工作，共有115家单位汇交，汇交目录总数为3941项。2012年汇交成果目录和基础测绘成果目录通过局门户网站向公众公布。2013年共归档各种纸质档案21个全宗，电子档案3TB；共审批测量标志拆迁2件。

8月~11月，海南测绘地理信息局联合省国家保密局在全省范围内对涉密测绘成果资料大宗用户单位和测绘资质单位开展涉密测绘成果跟踪检查。对部分大宗用户和测绘资质单位进行现场抽查，对测绘成果保密管理工作存在重大安全隐患的单位按规定进行了处理。9月，海南测绘地理信息局组织召开全省涉密测绘成果管理人员岗位培训班，共130多人参加。

【保障服务】

海南省测绘地理信息有关单位积极为省重点工程提供测绘保障服务。为海口市琼山区府城三镇设街道办、澄迈县金江镇规划等地区城镇化建设提供测图保障服务；完成西沙群岛部分岛屿1:1000数字地形图测绘；参与远海岛礁地理信息监测示范工程项目建设，为三沙市规划建设提供基础地理信息数据。直属各单位积极参与农业部门的三亚市农村土地承包经营权登记工作、民政部门的海南省全国第二次地名普查项目、交通部门的“智能交通”建设等，为各行业提供测绘地理信息保障服务。为领导机关宏观决策、博鳌论坛等重大活动提供领导工作地图400多件。

科技、人才与国际合作

【科技工作】

海南测绘地理信息局与山东科技大学签署合作协议，双方以海岛（礁）测绘技术国家测绘地理信息局重点实验室为平台，在海岛（礁）测绘技术研究的基础上，拓展海洋测绘科技领域，逐步开展海洋遥感、海洋测量、海洋制图、海洋信息等领域的合作开发与研究。与武汉大学签署合作协议，在人才培养、科技开发及成果转化、项目合作等方面建立合作关系。海南测绘地理信息局申报的“无人机在数字三沙3D产品生产中的关键技术研究”获2013年国家测绘地理信息局科技创新基金项目立项。

【人才培养】

海南测绘地理信息局与省人力资源和社会保障厅共同做好海南省注册测绘师考试工作，全省全年共有2人通过注册测绘师考试。开展第二次事业单位岗位聘任工作，落实好各级专业技术人员及职工岗位聘任及工资待遇。海南省2013年度测绘地理信息从业人员共2566人，同比增长5%，其中具有高、中、初级专业技术职称人员共1526人，约占从业人员的60%。

海南测绘地理信息局完成2013年度测绘专业技术职称评审工作，完成6名测绘专业高级工程师职称的初评，报国家测绘地理信息局高级工程师评定委员会审批。全省共评定工程师17人、助理工程师58人、技术员15人。完成2013年全省测绘行业工人技能鉴定考核工作，评定房产测量员6人，其中中级工2人、初级工4人；评定工程测绘工17人，其中高级工1人、中级工7人、初级工9人；地图编绘工3人，初级工3人。

【对外合作与交流】

海南测绘地理信息局派员随国家测绘地理信息局团组赴荷兰参加2013年世界地理空间信息论坛、赴尼日利亚参加国际测量师联合会（FIG）2013年大会；派员随国家基础地理信息中心团组赴美国参加GNSS设备培训。

党的建设与精神文明建设

【党的群众路线教育实践活动】

8月22日，海南测绘地理信息局召开党的群众路线教育实践活动动员大会，对开展教育实践活动进行动员部署。制定实施方案，成立活动领导小组及其办公室。在学习教育听取意见环节，通过召开党组中心组理论学习（扩大）会和支部集中学习会、作主题发言、观看教育片、开展群众路线教育实践主题演讲活动等方式，使党员干部深受教育；广泛开展征求意见活动，采取召开座谈会、发放征求意见调查表、设置征求意见箱等方式，认真查找党组及其成员、局机关各处（室）及其负责人、事业单位领导班子等在“四风”方面存在的突出问题。活动期间，局有关部门累计发出调查问卷和征求意见函212份，召开27个不同层次、不同类型的征求意见座谈会，开展4轮意见征集工作，征求到意见建议35条。其中，贯彻落实中央八项规定方面6条，“四风”方面问题29条。制定了建章立制工作计划，确定了需要修订制度2件，需建立制度14件。

【党建工作】

中央八项规定出台后，海南测绘地理信息局党组通过召开专题会议和中心组理论学习（扩大）会、专家辅导报告等形式，及时传达学习中央八项规定的主要内容。充分发挥党组理论中心组的示范带头作用，召开5次党组理论中心组学习（扩大）会，由局党组成员分别作专题发言，结合工作实际引导党员干部开展学习。

海南测绘地理信息局在“七一”前夕开展“两优一先”评选表彰活动。评选2011-2013年度“五个好”先进党支部2个，优秀党务工作者2名和“五带头”优秀共产党员12名。开展对各党支部党建基础工作、制度建设及文化建设的调查工作，有针对性地加强基层党建工作。

【党风廉政建设】

海南测绘地理信息局取消春节团拜会，将经费用在慰问困难群众、扶贫等方面。制定《2013年党风廉政建设和反腐败工作要点》，签订党风廉政建设责任书，机关各处室负责人向局党组做出2013年党风廉政建设承诺。开展领导干部报告个人有关事项工作和纪检监察干部会员卡专项清退活动，全局副处级以上党员干部按时完成个人有关事项报告工作，纪检监察干部均向局纪检监察室提交个人会员卡“零持有”书面报告。

【文化建设】

海南测绘地理信息信息局注重开展主题教育活动，组织党员干部参观海南建省25周年图片展，开展“测绘地理信息文化大家谈”征文活动、测绘地理信息文化精品评选活动和“十八大礼赞”测绘地理信息摄影比赛、诗歌散文比赛、廉政格言征集等系列文化活动。

海南测绘地理信息局工青妇群团组织举办了“我心中的测绘梦”职工子女美术作品展，组织女职工参加“关爱女性月”系列主题活动，开展“迎新春”男女篮球赛、羽毛球团体赛、乒乓球个人赛和拔河等体育比赛活动。10月27日~28日，举办海南省测绘地理信息系统第一届羽毛球比赛，各级测绘地理信息行政主管部门及资质单位的34支队伍参加。

地方社团工作

海南测绘学会举办2期测绘技术培训班，邀请专家为测绘资质单位的技术人员授课。组织参加“中国四维杯”第九届全国测绘地理信息职工定向越野赛，获优秀组织奖。9月12日~16日，组织24名会员单位人员参加全国测绘科技信息网中南分网第二十七次信息交流会。组织开展2013年海南省优秀测绘工程奖评选，评选出一等奖3个、二等奖5个、三等奖7个。组织评选了2013年度海南省测绘地绘信息优秀科技论文，评选出优秀论文一等奖1篇、二等奖3篇、三等奖6篇。

重庆市

概况

2013年，重庆市政府与国家测绘地理信息局签订《科学发展富民兴渝测绘保障暨智慧重庆建设合作协议》，积极开展全国第一次地理国情普查，全市测绘地理信息工作跨入新的发展阶段。

制定完善全市基础测绘地理信息覆盖策略和更新机制。完成全市航空摄影，获取8.3万平方千米航空影像，1.8万平方千米卫星影像和低空影像。更新主城区1:500主干道框架地形图，继续扩大1:5000地形图测绘范围。维护基础地理信息数据库，继续完善1:2000数据建库，整合升级1:1万数据库，开展1:5000数据建库。

启动潼南、万州、綦江等数字城市建设，强化国家示范工程的典型应用。“天地图”实现永川、长寿、黔江与国家主节点互联互通，增加4个应用系统。启动智慧重庆公共信息平台建设，报批《智慧重庆公共信息平台发展纲要》，开展智慧重庆时空信息云平台试点和两江新区智慧城市建设。推进行业共享应用，完成重庆市地理信息公共服务平台三维升级改造，为36家应用单位、44个业务系统建设提供地理信息支撑。推进社会化服务，提供各种基础测绘成果分发服务345次，更新《重庆市领导机关用图》和38个区（县）挂图，出版《重庆市历史地图集》第一卷《古地图》，编制320个社区地图集，开设新浪微博“重庆微地图”，实施“每周一图”工程，推出大量便民地图产品。

开展行业管理评比，组织表彰8个全市测绘地理信息工作先进集体和30名先进个人。创新科技，获得32项省部级科技奖，成功申报4项专利，获准6项著作权登记。推进测绘地理信息市场信用体系建设，在网上公布测绘地理信息资质单位信用信息。加大市场监督，开展全市测绘地理信息行政执法检查、国家版图意识宣传教育和地图市场监管、测绘地理信息成果大宗用户保密检查、地勘行业保密检查和成果质量检查5项专项工作。加强执法监管，开展重大执法检查11次，专门执法行动25次，调查涉嫌违法行为16件，立案处理1件。

国家测绘地理信息局重庆测绘院（以下简称重庆测绘院）以国家重点基础测绘和地方基础测绘为

主，完成测绘服务总值为12858万元。完成的国家重点基础测绘项目包括1:5万数据库重点要素动态更新、国家测绘现代基准体系基础设施建设、“927”海岛（礁）测图、地理国情普查等项目；完成的地方基础测绘项目包括重庆市1:5000数字地形图测绘、重庆第一次地理国情普查DOM生产、四川省地理信息公共平台建设等。主要固定资产8051万元，仪器、设备资产4051万元。新增仪器、设备530万元，增加投资主要用于承担国家和地方基础地理信息生产。

重点工作推进

【数字城市建设】

重庆市规划局继续推进数字城市建设，完成数字潼南、数字万州、数字綦江合同签订和方案评审，全面开展数据资源建设和系统开发；强化数字永川、数字长寿、数字黔江在应急、公众服务、规划等行业的应用。全面启动智慧重庆公共信息平台建设工作，编制报批《智慧重庆公共信息平台发展纲要》，开展国家测绘地理信息局智慧重庆时空信息云平台建设试点，启动住房和城乡建设部两江新区和商务部现代服务业智慧城市建设试点，完成重庆市科协“智慧重庆路径研究”。

【“天地图·重庆”建设】

重庆市规划局继续推进“天地图·重庆”建设，实现永川、长寿、黔江与国家主节点的互联互通，完成数据更新、服务升级，新增市统计局、市自来水公司、渝中区交巡警、北碚人口计生委4个应用系统，应用效果良好。

【地理国情普查】

重庆市积极推进全国第一次地理国情普查工作，为全面开展普查工程奠定基础。成立重庆市地理国情普查领导小组和38个区（县）普查机构，副市长陈和平任组长，普查办公室设在重庆市规划局，在国土资源、建设、交通等部门成立12个专业工作组。市政府第25次常务会议审议批准普查工作方案，落实普查工作经费2.8亿。召开全市地理国情普查电视电话会议，《重庆市第一次地理国情普查实施方案》通过国家测绘地理信息局组织的专家评审。开展技术培训，全市35人获得国家地理国情督导员和质量监督员资格，979人通过省级技术培训，获得普查员资格，完成普查“第一幅图”试生产并通过质量评定。完成市域航空摄影，获取8.3万平方千米0.4米高分辨率影像，基本编制完成全市正射影像图，形成普查工作底图，启动收集12个专业专题资料工作。

【科学发展富民兴渝测绘保障暨智慧重庆建设合作协议】

6月，重庆市政府与国家测绘地理信息局在重庆签订《科学发展富民兴渝测绘保障暨智慧重庆建设合作协议》。双方确定在重庆市现代测绘基准体系、地理国情监测、1:5000地形图测绘和智慧重庆地理信息时空平台4个方面开展合作，推动重庆测绘地理信息行业转型升级，促进事业发展。

【重庆市综合市情系统】

重庆市规划局启动综合市情系统建设。按照“立足服务全市经济社会发展，提升政府辅助决策能力”的指导方针，开展前期建设工作。搭建基础平台，以地理空间数据为基础，分常用地图、重庆概况、专题信息、区县信息、三峡库区5大类，以图表、报告文本、地图等形式为各级领导机关提供综合信息服务。立足专题信息共享，积极对接发展和改革、环保、统计、地税等部门，编制《重庆市地理空间信息共建共享目录》，推动国家四大基础数据库重庆相关信息的整合和行业专题数据库建设。

市场监管

【保密专项检查】

12月，重庆市规划局、市国家保密局、市国家安全局和市国土资源房屋管理局联合开展地勘行业涉密测绘成果和地质资料使用与管理专项检查。在全市19家地质勘查单位自查的基础上，采用听取汇报、实地检查和座谈等形式，抽查4家单位，对涉密测绘成果和地质资料的保管、复制、转借、销毁管理情况，电子数据的存储和使用情况，保密管理制度和场所设施情况，存储和处理计算机、网络等设备管理情况进行重点检查。通过专项检查，各地质勘查单位进行整改完善，强化保密意识，健全了保密管理制度。

【成果质量检查】

重庆市规划局组织开展全市测绘地理信息成果质量大检查，抽查了20项测绘地理信息成果，批合格19项。8月，重庆市测绘产品质量检验测试中心挂牌成立，开展1:5000地形图质量过程检查，协助完成1:5万地形图更新质量检查，日常监督检查488项测绘工程项目，其中1:500地形图278平方千米、1:1000地形图6平方千米、1:2000地形图8平方千米、地下管线1306千米，测绘塔基1728个，等级点319点。

【行政执法】

重庆市规划局组织开展全市测绘地理信息行政执法专项检查，对测绘资质管理、测绘项目监督、外商投资企业及外国人来华测绘监管制度等9个方面33个重点项目进行执法检查，通过检查，理清了各项管理制度，对存在的问题提出了整改措施。

基础测绘

【基础测绘地理信息覆盖更新机制】

11月，重庆市规划局印发《关于测绘地理信息有关管理工作的通知》，明确全市基础测绘地理信息新的覆盖策略和更新机制。1:1万、1:5000地形图市域全覆盖，更新周期5年；主城区1:2000地形图全覆盖，更新周期1年；主城区1:500地形图覆盖面积1500平方千米，实行动态更新；各区县城区、工业园区1:500地形图全覆盖，更新周期3年~5年；主城区地下管线、地下空间和三维仿真数据实行动态更新。

【现代测绘基准】

重庆市基本建成国家GNSS彭水基准站，实现重庆市GPS综合服务系统与国家系统的联网。启动重庆市GPS综合服务系统“北斗”增强改造，研究测试北斗、GPS和GLONASS三星定位系统服务技术，积极实现市域二星定位服务，健全完善系统远程监控和日常数据存储、维护、传输检查机制，优化数据中心网络构造，提高稳定率。推广应用GPS-RTK新技术，开通545个账户，日均访问量1500多次。建设市测绘仪器检验场，完成10个观测点基岩墩施工、7个GPS微网观测墩和5个GPS中长基线网组站点观测墩施工。

【基础地理信息数据】

重庆市完成1:1万地形图数据库整合升级试点，组织完成全市0.4米分辨率航空摄影，获取8.3万平方千米影像数据，完成1.9万平方千米1:5000数字线划图，开展主城区1:500地形图框架地形图更新工程，启动更新1:2000地形图，实施完成万州、忠县、南川、石柱国家补助基础测绘项目。

【基础地理信息库】

重庆市规划局更新维护全市基础地理信息库，完成1132平方千米1:2000地形图数据建库，完成1:5000数据库建设《入库数据规定》和《技术设计书》编写及120幅成果建库。获取低空影像620平方千米，卫星影像1.73万平方千米，覆盖主城及全部远郊区县建成区。开展专项地理调查工作，完成29个远郊区县建筑物普查项目，采集354043栋建筑的基本信息，采集主城区31万条市政基础设施、交通设施信息，新增及更新310219条地址数据，更新全市14481千米道路、548千米铁路信息。

【重庆测绘院基础测绘项目】

重庆测绘院承担地理国情普查（西藏测区）相关任务，完成底图制作和地理国情信息外业核查18.7万平方千米，地理国情信息编辑及整理4.9万平方千米。完成国家1:5万基础地理信息数据库动态更新248个区（县）1:5万DLG重点要素数据更新1042幅，制图数据更新1033幅；完成1:25万DLG数据缩编更新29幅；完成1:25万制图数据生产29幅。完成国家现代测绘基准体系基础设施建设一期工程GNSS大地控制点选建32点，一等水准线路补埋2140千米、一等水准观测2225千米以及选埋资料整理工作。完成“927”工程阳江测区1:2000制图数据生产195幅，阳江、珠海、台州、宁波测区1:5000制图数据生产165幅、珠海测区1:2000制图数据生产8幅以及3D数据资料整理汇交工作。完成西部测图工程（总参后续工作）中印、中尼边界162幅1:5万DLG、LC制图数据、影像地形图、数据生产及DEM、DOM数据转换。

重庆测绘院承担部分地方基础测绘项目，完成重庆1:5000数字地形图测绘万州测区和梁平测区约1.3万平方千米的像控点测量、空三加密，完成1126幅DLG内外业生产。完成重庆第一次地理国情普查3424幅1:5000 DOM数据生产，面积约为2.3万平方千米。完成三亚市1:2000地形图一、二期740平方千米机载Lidar数据的点云分类，DOM、DEM、DLG生产，外业信息调查，以及建库工作。

地图管理与地图服务

【地图管理】

重庆市规划局依法开展地图审核工作，审核批准公开地图64项，备案率达到100%。加强互联网地图服务网站日常监控，利用国家测绘地理信息局互联网地图服务监管系统，自主排查全市互联网地图服务中更新标注23次，协助排查1200多次。加强地图市场监管，清查地图导航定位产品违法违规行为，开展地图市场重大执法检查4次、专项执法行动11次，调查涉嫌违法行为7件，立案处理1件。

【古地图集】

6月，《重庆市历史地图集》第一卷《古地图》由中国地图出版社出版，地图集包括巴渝寻踪、重庆疆域、主城变迁、区县方舆、分舆图汇5部分，收录古地图500多幅。该图集已通过专家鉴定，获重庆市科委科技进步奖二等奖。

【地图服务】

重庆市规划局为市级领导机关提供装裱地图、便携地图和电子地图1000多幅，开发完善适用于平板电脑的重庆市城乡规划与测绘地理信息查阅系统。开发编制《重庆市立体地图》《湖广会馆专题地图》等多种特色地图，更新《火锅地图》《厕所地图》等便民地图，免费赠送100多万份。实施“每周一图”工程，通过微博、微信、报纸、网络等媒体，每周向社会推出《重庆漂流地图》《重庆周边自驾游地图》等专题地图，重庆市政府公众服务网站主动登载，反响良好。更新完善“重庆通”移动便民服务产品，开设新浪微博“重庆微地图”、微信“重庆地理”，为社会提供实时地图服务。

测绘地理信息成果管理与应用

【成果汇交与收集】

重庆市规划局开展测绘地理信息成果汇交工作，汇交数据量6.5GB，包括4万平方千米彩色航片、5500平方千米1:5000数字线划图、1500平方千米1:2000数字正射影像图、190多平方千米大比例尺地形图、683.7千米管线。开展专题信息成果收集工作，收集地税、人口、卫生、教育等行业专题数据216万多条，数据量80GB，丰富了数字重庆成果资源。

【社会化服务】

重庆市测绘档案馆初步形成测绘地理信息成果分发管理一张图机制，完成档案成果双磁带备份工作，发布测绘地理信息成果目录45次，分发测绘地理信息成果345次，提供735个等级控制点、4564幅各类比例尺地形图、7.6万平方千米影像数据，为全市经济社会发展提供可靠的地理信息保障服务。

【地理信息公共服务平台】

重庆市地理信息公共服务平台进行升级改造，开发数据管理系统、接口服务系统、数据交换系统和运维管理系统，构建三维GIS数据制作、管理、发布、应用开发全流程软件体系，完成平台虚拟化布局、地理编码引擎升级和新版电子地图发布，完成主城区650平方千米核心要素三维建模，实现三维模型与地理实体属性信息无缝集成，建成主城区三维GIS数据库。合作开展市发展和改革委员会等7家单位专题数据库建设，开发市人力资源和社会保障局等8家单位专题系统，支撑全市36个部门和单位的44个业务管理系统。

【应急保障】

重庆市地理信息应急服务队编制《重庆市应急救援地理信息装备体系建设规划》，组织完成三维地理信息应急指挥系统及视频会议系统与市政府应急平台的互联互通，衔接公安等6个主要应急部门，形成应急合作联动服务新机制。处理应急调度指令350次，参与“4·20四川雅安市7.0级地震”“嘉陵江最大洪峰过境重庆主城”等3次应急突发事件处置工作，组织（参加）现场指挥部地理信息系统搭建演练、“重庆·2013”生产安全事故指挥部应急演练、2013年重庆市突发性地质灾害应急综合演练等大型演练10多次。向各级政府部门提供测绘应急保障服务，制作各类应急图件400多幅，协助维护市卫生局、市农业委员会、市环境保护局、市水利局、市港航管理局等20家专题应急地理系统。

【城乡规划应用】

重庆市地理信息中心做好遥感技术支撑城乡规划工作，推动航空影像、数字摄影测量网格和实景影像采集“三位一体”的新三维技术在城乡规划中的应用，建立遥感数据全方位和动态更新机制，提升遥感技术服务城乡规划的准确性和时效性，保障规划编制、规划管理、规划实施评估等工作。完善城市建设用地遥感解译监测体系，开展2013年主城区、区（县）城市建设用地遥感解译，实施16个区（县）53个中心镇规划实施评估，潼南、酉阳、黔江3区（县）城镇化布局研究，实现遥感技术对“市域-主城-区县-镇”4个层级城乡规划的全面服务。

【国土资源“一张图”】

重庆市国土资源和房屋勘测规划院开展主城区

土地房屋类的数据建库和部分区（县）国土资源“一张图”建设工作，截至年底，已形成基础数据、专业数据和管理数据3大类，以及行政区划、遥感影像、土地利用现状等13类基础数据，开展经开区、沙坪坝区、两江新区、高新区等国土资源综合数据管理平台建设工作。

科技创新与人才培养

【科技平台建设】

重庆市勘测院与重庆邮电大学联合开展的“社会化泛在无线网络节点关系感知与可信协同机理研究”被国家自然科学基金委员会列为资助项目，“规划监督测量一体化信息平台”“基于物联网的重大基础设施安全监测云服务平台”被列为住房和城乡建设部技术开发类项目，“三维地理环境下城市竖向规划设计关键技术研究”被列入国家测绘地理信息局青年学术和技术带头人科研计划资助项目。重庆市地理信息中心成功申报智慧重庆云计算服务试点单位，开展全国首批智慧城市试点——智慧南岸建设工作，获得重庆市工业振兴专项资金100万元支持。重庆市国土资源和房屋勘测规划院被批准设立国家级博士后工作站。重庆市土地利用与遥感监测工程技术研究中心被认定为重庆市级工程技术研究中心。

【新技术研发和推广】

重庆市规划局组织开展国家和省部级重大科研项目10多项，推进了测绘地理信息行业转型升级。开展国家“十二五”科技支撑计划“安全保障型城市的评价指标体系与评价系统研发”、国家测绘地理信息局“基于微波遥感技术对山地城市特征地物提取”、住房和城乡建设部“基于住区格局的城市碳排量估算研究”、市科委决策咨询与管理创新计划“重庆市市域生态功能区划与发展导向研究”等项目，拓宽专业服务面。建成覆盖重庆都市区的北斗卫星地基增强系统，满足高精度定位需要，完成1:5000地形图测绘内业采编、外业像控、外业调绘生产作业平台的研发和配置，基本实现外业调绘全数字化以及内、外业数据无缝交接。推广集景三维数字城市平台应用，应用扩展到四川、辽宁、陕西、江苏、福建等地，完全替代国际国内同类产品，自主知识产权研究成果获得较大效益。

【重要科研成果】

2013年，重庆市获得32项测绘地理信息省部级科技奖，其中“数字重庆地理信息平台建设”获重庆市2012年科技进步奖二等奖，“重庆市主城区高分辨率航摄影像获取与处理”获2013年全国优秀测绘工程奖金奖，“数字长寿地理空间框架建设”获2013年中国地理信息产业优秀工程奖金奖，“重庆市轨道交通一号线（一期）工程测量”获中国勘察设计协会2013年全国优秀工程勘察设计行业奖一等奖。成功申报专利4项。获准规划监督测量三环节智能一体化系统、基于CORS系统实时获取特定坐标系成果的方法等著作权10项。

重庆测绘院获中国测绘地理信息学会颁发的测绘科技进步奖特等奖1项，全国优秀测绘工程奖银奖1项；在各级刊物上发表论文22篇。

【重庆测绘院科技项目】

重庆测绘院落实科技项目3项，其中国家测绘地理信息局项目1项、人力资源和社会保障部留学人员科技活动项目1项、院自主项目1项。内容主要涉及地理国情普查关键技术研究、信息化测绘体系关键技术研究等方面。

【职业技能竞赛】

重庆市规划局与市人力资源和社会保障局、总工会共同举办第三届重庆市测绘地理信息行业职业技能竞赛，全市22家测绘单位的66名选手参加地籍测绘和地图制图竞赛，对获得一、二、三等奖的个人和团体进行了表彰，其中2人获重庆市“五一劳动奖章”，重庆市勘测院获重庆市五一劳动奖状。重庆市组队参加第三届全国测绘地理信息行业职业技能竞赛，获地籍测量赛区团体三等奖和地图制图赛区团体三等奖，2人被授予“全国测绘地理信息技术能手”称号，2人被授予“全国测绘地理信息行业优秀技能人才”称号。

【人才培养】

重庆测绘院全年引进本科以上人员7人，其中，博士研究生1人、硕士研究生3人、本科生3人。截至年底，拥有博士研究生5人，硕士研究生66人，本科生112人，本科以上学历人员比例达到39%。教授级高工3名，国家测绘地理信息局青年学术技术带头人3名，人才队伍结构更加优化。

党的建设与文化建设

【党建工作】

重庆市规划局制定局机关党委2013年工作要点，落实党组织年度工作计划；编印《中央国家机关工委12个党支部工作法》，指导各党支部创新工作方法；制定《党建工作经费管理办法》，规范党务活动经费标准和使用。开展党的群众路线教育实践活动，聚焦“四风”，认真查找问题，分析原因，开展批评与自我批评，制定了切实有效的整改措施，取得初步的成效。认真学习党的十八大精神和市委四届三次全会精神，编写党建基本知识考试试卷，对400多名党员进行书面测验。组织开展党员干部撰写学习党的十八大精神心得体会活动，对表现积极的基层党组织和个人进行通报表彰。与市直机关工委举办测绘系统党的好干部杨艳萍同志先进事迹报告会。开展“七一”表彰活动，对10个基层党组织和35名优秀共产党员、10名优秀党务工作者进行表彰。

【文化建设】

重庆市规划局加强工会组织建设，积极发挥工会民主管理与监督作用，组织工会干部集中培训，完成2个单位工会组织隶属关系调整和工会组织机构改选工作，4个基层工会组织向市直机关工会申报合格职工之家或模范职工之家，交通规划研究院申报模范职工之家已通过检查验收。积极开展文体活动，组织职工参加市体育局和市直机关工委举办的登山、游泳和铁人三项比赛，获得较好成绩。组织开展局系统篮球、乒乓球、羽毛球、足球比赛和职工登山健身活动。开展人文关怀工作，对局工会爱心基金使用管理办法进行了修订，完善了困难职工资助制度和具体措施，常态化开展干部职工生日慰问工作。开展对口扶贫工作，筹集50万元扶贫款，支持秀山兴隆坳规划希望小学塑胶跑道建设。重庆测绘院获“市级文明单位”称号。

四川省

概况

2013年，四川省测绘地理信息工作秉承“以进促稳，领先发展”的工作基调，确立了担当“两个跨越”的先行者、美丽四川建设的支撑者、全面小康社会的服务者的工作定位，各项工作取得突破性进展。

《四川省地图管理办法》正式实施。全省21个市（州）都明确了测绘地理信息行政管理机构，其中自贡、阿坝等17个市（州）加挂了测绘地理信息局牌子；183个县（区）全部落实到了相应管理部门，其中140多个加挂了牌子。基础测绘计划纳入省级国民经济和社会发展计划体系，经费预算纳入财政预算体系，2013年四川省公共平台建设项目预算资金到位3.24亿元，芦山地震灾后重建测绘保障专项工程获批。在宜宾、广元、凉山、眉山等市推进省市对接，合作推进基础测绘和管理体制建设。全程参与、全程保障“4·20”芦山强烈地震抗震救灾工作，开展地质灾害防治专用图测制及“6·18”以来洪灾对地震核心灾区地形地貌变化对比分析工作。21个市（州）数字城市地理信息公共平台建设项目全部纳入建设计划，成都、巴中、达州、雅安年内完成建设任务和项目验收。“天地图·四川”成功链入省政府门户网站，新接入达州等8个市级节点，完成省级节点2013年第一次数据更新，增加了移动版应用程序和6个应用示范。第一次全国地理国情普查完成组织机构建设、实施方案制定、技术培训、专业队伍遴选以及普查试点等工作。西部地理信息科技产业园项目正式启动，13家企业签约入驻。

四川省测绘地理信息工作得到国家测绘地理信息局、四川省政府领导的批示20多次，省委、省政府以及省人大、政协领导考查调研、参与重大活动10多次。在全国省级部门贯彻落实科学发展观2013年度测绘地理信息工作绩效考核中，四川测绘地理信息局位列全国第七。

重点工作推进

【数字城市建设】

四川省21个市（州）城市地理信息公共平台建设项目全部纳入建设计划，9个市（州）完成项目验收工作；巴中、达州、雅安年内完成建设和验收。数字成都项目与县级数字温江公共平台相结合，示范应用推广效果良好。广元市智慧城市时空信息云平台建设已立项。

【“天地图·四川”建设】

5月10日，“天地图·四川”链入四川省政府门户网站，完成省级节点2013年第一次数据更新，增加移动版应用程序。全年新接入达州等8个市级节点。整合发布水电气缴费营业网点、学校、医院分布等3个专题服务，提供专题数据咨询功能，新增6个应用示范。开展“天地图·四川”进高校应用开发大赛。

【地理国情普查】

7月，四川省成立第一次全国地理国情普查领导小组，8月成立领导小组办公室，9月省政府印发开展普查通知，11月印发实施方案。四川测绘地理信息局组织编制经费概算，建立工作制度，明确成员单位职责分工，开展各部门、各市（州）专题数据收集。征选首批17个专业队伍，开展7期技术培训。编写宣传工作方案，创办普查工作简报，在局门户网站开设专栏。在芦山地震灾区、天府新区等5个地区开展普查工作试点。

【地理信息产业】

5月17日，西部地理信息科技产业园项目通过准入评审并正式立项。7月10日，国土资源部、国家测绘地理信息局联合为产业园授牌。10月15日，产业园项目推进现场会召开，产业园开始建设。11月28日，首批地理信息企业正式签约入园，至年末共有13家企业签约。11月26日，四川测绘地理信息局印发《关于支持西部地理信息科技产业园企业发展的意见》，出台了项目支持、政府服务等多项措施，促进相关公共平台、重大工程、新产品新技术研发机构入园发展。金牛区政府出台了《西部地理信息科技产业园入驻企业扶持办法》，计划提供3000万元产业扶持基金，出台多项优惠政策。12月11日，成都市委副书记、市长葛红林在国家地理信息科技产业园考察调研时表示全力支持西部地理信息科技产业园建设。

【应急保障】

为满足四川应急测绘保障的急需，四川测绘地理信息局加强应急测绘保障体系建设，编写了《国家应急测绘保障成都分队建设方案》。

全程参与、全程保障“4·20”芦山强烈地震抗震救灾工作：2小时提供第一张抗震救灾专题地图，7小时获取第一批灾区高分辨率影像，第一时间实现了核心灾区高分辨率灾后影像全覆盖；解译发布灾区66个场镇崩塌滑坡等地质灾害点2000多处；为100多个单位提供抗震救灾专用图3万多幅，各类地理信息数据1.27TB；参与四川省灾后恢复重建总规划编制和防灾减灾、地质灾害防治2个专项规划编制以及资源环境承载力评价专项评估工作。牵头开展雅安地震灾区重建规划专用图测图工作，共测制1:500地形图130平方千米、1:2000地形图650平方千米并及时提供给相关部门，满足了救灾指挥、重建规划等工作的急需。

开展地质灾害防治专用图测制工作，在宜宾、绵阳、德阳、广元等地测绘1:2000专用图52平方千米，获取无人机影像110平方千米。为省国土资源厅开展地质灾害防治提供测绘应急保障，获取都江堰、阆中、平昌等市县多处地质灾害点、受威胁小城镇无人机影像210平方千米。

按照省政府的工作部署，对汶川、芦山地震灾区重点区域开展了影像获取和数据处理，完成了对地震重灾区“6·18”以来洪灾地形地貌变化情况的对比分析，提出了对生态恢复和重建规划的建设性意见。成果受到四川省省委书记王东明、省长魏宏的肯定和省级各部门的高度关注。

11月22日，青岛市发生输油管线爆炸重大事故后，国家测绘地理信息局地下管线勘测工程院青岛项目部积极开展主动服务，在爆炸现场开展地下管网扫描探测，向青岛市政府提供事故发生片区综合地下管网图、管线成果表等资料。参与编写地下管网排查方案，在重点区域开展地下管线排查。

为重点区域应急维稳开展精确测绘工作。在白玉县亚青寺附近牧民因争夺草场资源发生群体性事件中及时响应，获取现场无人机影像15平方千米。根据省公安厅工作需求，获取阿坝、道孚、白玉、炉霍、色达县城及亚青寺、五明佛学院等区域高分辨率影像数据共150多平方千米。

举办首届应急测绘保障技术论坛和应急测绘保障技术座谈会，来自全国各省、自治区、直辖市测绘地理信息行政主管部门，四川15个省级部门的近150名专家出席。期间向四川省国土资源厅移交了地质灾害防治专用图首批成果。

4月21日，“天地图·四川”推出了“4·20”芦山7.0级地震地理信息发布平台。

法制建设与市场监管

【法制建设】

3月1日，《四川省地图管理办法》正式实施。《四川省测绘地理信息市场管理办法》草案拟订完成并上报省政府法制办公室。

【测绘法宣传】

8月29日，全省21个市（州）、31个甲级测绘资质单位、部分县级测绘地理信息管理部门和测绘单位开展测绘法宣传日活动，共设置宣传点近300个，出动宣传人员2000多人。共发放宣传资料30多万份、公益短信20多万条。开展测绘地理信息法律法规网络答题活动，2000多人参与。

【依法行政】

四川测绘地理信息局全面清理法规、规章和规范性文件，修订和完善全局9项行政许可办事指南和程序规定，梳理测绘行政执法依据14项，清理行政权力72项，将62项行政处罚细化成389项自由裁量标准。启动行政权力运行监管平台，全面规范行政权力运行。

加强对市（县）管理工作的指导和目标考核，开展为期半年的全省测绘行政执法大检查活动，联合省人大、省委编办到成都开展执法调研和检查；加强测绘行政执法队伍建设，全省已建立700多人的执法队伍，开展多期普法学习、执法培训、依法行政培训和房产测绘培训以及执法案卷评查活动。

完成测绘资质年度注册工作，共注册单位740家，依法注销测绘资质12家，吊销测绘资质2家；加强日常监督、年度监督检查和实地检查。完成对4家单位升甲级测绘资质的考核与推荐工作；受理资质审批120件，办理资质延期与变更140件；办理作业证及注册2100多件。完成全省700家单位市场信用信息的收集和测绘资质信用等级评价工作，审核发布信息3039条。完成2013年测绘行业年度统计工作，参加统计单位800家。

【市场监管】

四川测绘地理信息局开展地图市场监督检查，以及针对变形观测和无人机航摄市场的专项整顿，查处多起房产测绘违法案件和伪造资质违法从事测绘活动案件。出台加强房产测绘市场监管的措施，召开全省房产测绘工作会议，开展房产测绘市场专项检查，处理房产测绘质量纠纷2起，书面答复技术问题60次。

成都市自6月起在全市启动执法检查，对非法从事航空摄影活动的北京中纬宇翔航拍技术有限公司进行了行政处罚，对违规发布三维地图的成都市潘多拉信息技术有限公司进行了纠正。眉山市加强对农村土地确权登记项目实施进程的监督，联合相关部门开展专项检查5次，日常工作检查、巡查30多次，立案查处眉山市图衡房地产测绘有限公司等单位违法案件3起，吊销1家单位测绘资质。宜宾市查处1起无证从事测绘活动案件，纠正2家单位超资质范围开展测绘活动的行为，对筠连县某局宗地统一代码编制项目存在竞争性谈判过程不规范的行为进行了纠正。泸州市加大对外商投资企业及外国人来华测绘监管力度，对叙永县农业局在农村土地承包经营权确权登记项目招标公告未要求有航空摄影测绘资质的不当行为进行了纠正。

基础测绘

【国家基础测绘项目】

2013年，四川测绘地理信息局承担完成多项国家基础测绘项目。完成四川、云南、广西、江西、西藏5省（自治区）1:5万数据库重点要素更新与入库，以及相应地区1:25万数据库重点要素更新与入库工作。基础地理信息数据库建设与更新完成计划任务的70%。完成国家现代测绘基准体系基础设施建设一期工程 GNSS 连续运行基准站成都站的新建、改造，卫星大地控制点选埋 102 座，一等水准路线踏勘、选（补）埋 7033 千米，观测 12409 千米；完成“927”工程海岛 1:2000、1:5000 测图、海岛（礁）识别与定位、像控点数据处理、海岛（礁）位置与分布挂图制作以及地形图印刷、数据库建库等任务；完成西藏地区地理国情普查工作全部 66.8 平方千米正射影像图制作、内业数据采集和外业调查与核查，内业数据编辑与整理约 12 万平方千米。

【省级基础测绘规划项目】

四川测绘地理信息局新测 1:1 万地形图 1815 幅，提高约 8% 的覆盖率。更新 1:1 万地形图 2465 幅，新建 GNSS 跟踪站 12 个，更新天府新区 1:1 万全要素更新 123 幅，测制 1:2000 地质灾害专用地形图 1037 平方千米，完成部分航空航天遥感影像获取、地理省情监测、基础地理信息数据库建设等任务。

【其他重点项目】

四川测绘地理信息局推进甘孜州乡城县基础地理信息数据生产及地理信息公共服务平台建设，完成乡城县县城和 6 个重点乡镇 1:500 地形图测绘、乡城县县城正射影像挂图、寺庙信息数据采集等工作。承担海伦市地下管线普查任务，完成普查约 50 千米。

【市（州）基础测绘】

四川测绘地理信息局加强省市对接，与宜宾、广元、凉山、眉山等市（州）政府签订战略合作协议，协同推进市县各级基础测绘工作。

成都市形成了市县两级基础测绘规划体系，并纳入财政专项资金予以保障，制定了《成都市基础测绘规划（2013－2017）》。数字成都地理空间框架建设取得重要成果，建立了数字成都地理信息公共平台，形成统一的地理信息数据体系和数据标准，初步建成了信息共享机制。

眉山完成岷东新区二期 40 平方千米地形、地籍图测绘，环城区域 166 平方千米 1:2000 地形图测绘等项目。

绵阳完成涪城、游仙区 0.5 米分辨率卫星影像获取 2028 平方千米；完成地下管线普查工作标准长度 7100 多千米，该项目自 2012 年启动，至 2013 年 11 月 8 日完成成果验收。

广元市级财政投资 3000 多万元开展川陕甘结合部经济文化生态强市测绘地理信息保障工作，完成新村规划建设、实时位置服务能力建设、部分区域 1:500 和 1:2000 地形测量、苍溪县和旺苍县 2000 国家大地坐标系控制网工程等工作。

宜宾市、县两级财政投资 3000 多万元加强川南经济发展高地和长江上游生态屏障建设基础测绘保障，完成数字宜宾建设、宜宾市 2400 平方千米 0.2 米分辨率航空摄影等工作。

遂宁市完成《国家智慧城市试点申报书》的编制工作及项目申报工作，8 月 5 日，被住房和城乡建设部确定为国家智慧城市试点。编制完成《数字遂宁地理信息公共平台建设方案》，总投资 1330 万元。

地图管理与地图服务

【地图管理】

2013 年，四川测绘地理信息局开展地图审核和备案 70 多项，审查地图 243 幅。

四川省、市各级测绘地理信息行政主管部门全面组织开展网络地图监管工作，对 21 个市（州）政府门户网站，17 个甲、乙级互联网地图服务资质单位网站及 90 个涉及地图的网站进行检查，监测兴趣点 30 多万个，对存在问题的网站进行了处理。开展 3 次地图市场执法检查，分别对成都市导航电子地图市场、第十四届中国西部国际博览会、资阳市图书市场进行了执法检查。抽查成都地图出版社有限公司 2 次、《华西都市报》等报纸 2 种，查处违法违规行为 6 起。

【地图出版】

2013 年，成都地图出版社共出版图书 365 种，累计发行 2094 千张/册。其中包括《中华人民共和国分省地图》系列等新版图书 179 种，再版图书的修改和更新 186 种。

《青少年历史知识彩绘丛书》《山西省交通地图集》获 2013 年度第二十一届中国西部地区优秀科技图书奖；《中国汽车司机专用地图集》被评为 2012－2013 年度全行业优秀畅销书；《地图上的中国》《地图上的世界》获 2013 年度国家出版基金资助，已完成结项验收；《我爱我家》少儿读物系列列入“十二五”国家重点图书出版物规划项目。

【国家版图意识宣传教育】

全省各市（州）共发放国家版图意识宣传张贴画 2 万多份，在中小学、城镇主要街道、社区进行宣传展览。

资阳市给27所中小学发放国家版图相关宣传资料1800多份，针对信息相对闭塞的22个乡镇开展了送地图下乡活动；开展专项检查，查出无审图号、漏绘漏标重要地理信息要素等违法地图出版物6份，涉及出版社5家，责令经营者立即下架，对其进行了教育引导。内江市制作了宣传展板，印制宣传资料2000份，向学校分发《正确使用中国地图》宣传画，对市区新华书店以及其他书店、书摊销售的地图产品进行了检查。

测绘地理信息成果管理与应用

【成果管理】

四川测绘地理信息局全年受理使用国家涉密基础测绘成果审批1445项，开展测量标志迁建审批5次，完成2012年度测绘资质单位测绘地理信息成果目录汇交工作，建立测绘地理信息成果目录发布系统，新汇交成果目录94条。继续做好四川省测绘资料档案馆的全部馆藏档案重新规范化整理、装盒、入库和信息采集工作。

【质量监管】

2013年，《四川测绘地理信息局测绘生产质量管理实施细则》《四川测绘地理信息局测绘质量检查人员资格管理办法》《四川省优秀测绘地理信息工程奖评选细则》修订发布。四川测绘地理信息局在西昌、眉山举办2次面向测绘资质单位的质量管理培训，共180人参加。

3月~10月，四川测绘地理信息局会同省质量技术监督局联合开展2013年全省测绘地理信息质量监督检查，抽查79家单位，对其中技术质量管理体系不合格的24家单位下发了限期整改意见，对成果质量不合格的18家单位依法给予了行政处罚。对2012年测绘质量监督检查不合格的单位进行了复查，对局属各生产单位报验的各类国家和省级基础测绘成果检查验收49批次。

【成果应用】

四川省测绘资料档案馆全年提供测绘地理信息成果服务1030人次，对外提供各种比例尺地形图2125张、控制点1025点、“4D”产品8028幅、原始影像数据7096片（处），总数据量148TB。

向省国土资源厅免费提供国土资源“一张图”所需的全省1:25万、1:5万、1:1万基础数据及数据管理应用平台建设所需的测绘地理信息成果；向凉山州政府移交凉山州城市控制网基础测绘成果。为省水利厅提供天府新区1:1万和1:5万DLG数据，用于开展天府新区水资源配置规划；为省交通运输厅开展公路规划提供基础地理信息数据；为省气象局开展气象预测提供全省省、市、县行政区域界线及主要道路河流数据；为成都市规划管理局提供成都全域航摄数据和1:1万地形图资料，用于开展“全域成都”城乡总体规划，提供天府新区航飞资料，用于开展天府新区规划；为成都市体育局提供成都市3000米以上山峰海拔统计数据，用于开展成都市境内山峰攀登行政审批。

【涉密测绘成果管理】

四川测绘地理信息局和省国家保密局联合对宜宾、巴中42家领用国家涉密测绘成果资料的单位进行保密检查，对问题单位进行查处和全省通报。组织对电力、交通、石油石化、科研院所涉密测绘成果进行跟踪保密检查。与国土、安全、保密部门联合开展涉密测绘成果和地勘资料专项检查，配合国家检查组开展四川省检查工作。对南充2012年测绘成果保密检查中有问题的单位进行督查、鉴定和处理。在局系统开展保密专项检查。完成对广元市航务管理局、宜宾市畜牧兽医局关于销毁国家涉密图件申请的审批。

科技、标准化与国际合作

【科技管理】

四川测绘地理信息局修订了《四川省测绘地理信息科学技术奖励办法》《四川省测绘地理信息科技进步奖评选细则》《四川省测绘地理信息科技项目管理办法》。改进项目申报制度，围绕四川省地理信息公共平台建设和转型发展方向申报科技项目，推荐30位测绘地理信息科技评审专家纳入省科技厅专家库。

【科技项目】

四川测绘地理信息局各单位获科技项目立项批准32项，共获得国家测绘地理信息局资助600多万元、省局“十二五”平台资助1600万元、科技厅资助160万元。申报2014年国家测绘地理信息局公益性项目“应急测绘保障机制及支撑技术应用研究”和四川省科技厅重大项目“基于北斗的全息位置地图服务及其在智慧旅游中的示范应用”，均获立项。

四川测绘地理信息局承担的2011年和2012年国家测绘地理信息局9个科研项目通过专家验收。1:5万地形数据库快速更新方法研究系统1.0等3项成果获软件著作权登记。

【科技创新】

四川测绘地理信息局开展实施创新驱动发展战略提升创新能力和科技创新平台管理办法的研究。9月，四川省应急测绘保障与地质灾害监测工程技术研究中心、四川省地理国情监测工程技术研究中心试运行。组织以“测绘地理信息科技装备和最新研发产品”为主题参加第十四届中国西部国际博览会，以“地理信息是智慧城市建设的基石”为主题参加2013年中国（四川）国际智慧城市及物联网展览会。

【科技奖励】

2013年，四川测绘地理信息局系统获中国测绘地理信息学会颁发的测绘科技进步奖2项，其中，“应急测绘基准后续服务技术方案研究”获二等奖，参与的“国家西部测图工程关键技术及其应用”获特等奖；获中国地理信息科技进步奖2项，其中，“管道与场站管理信息化平台建设应用研究”获二等奖，“基于移动终端GIS办公辅助决策系统”获三等奖。获省测绘科技进步奖6项。

【标准与计量管理】

四川测绘地理信息局编制了标准年度工作计划，按计划完成《四川省地理信息公共服务平台数据规定之一：矢量数据规定》等3项地方标准和《调绘成果质量检验技术规程》等3项行业标准的立项和征求意见稿。

5月，制定《四川省2000国家大地坐标系推广应用工作方案》，印发各市（州）测绘地理信息主管部门及局属有关单位。全年共审核批准凉山、广元、内江20个县建立相对独立平面坐标系的申请。开展测绘地理信息标准宣贯工作，6月，在成都举办测绘地理信息成果质量检验相关标准培训班，约200人参加。

四川省测绘计量检定站对质量管理文件进行了全面梳理和修订，8月，通过了省质量技术监督局的计量标准及计量授权考核。加强泸州、凉山、眉山3个分站检定环境和计量文化建设。全年检定测绘仪器8197台套，比2012年增长14.8%。

【开放合作】

2013年，四川测绘地理信息局与中国测绘科学研究院、同济大学、四川省科技厅、西南交通大学、九洲电器集团等单位签订战略合作协议或备忘录，至年末累计签约18家。

与中国测绘科学研究院合作开展四川北斗示范应用，与同济大学合作开展地质灾害监测（国家“973”重点项目）等科研项目。与九洲电器集团合作推动北斗卫星导航产业化应用。加入四川省北斗卫星导航产业联盟，四川省基础地理信息中心成为副理事长单位、1人被列为专家组成员。

【国际交流】

四川测绘地理信息局全年共派出14人次，分别赴泰国、尼日利亚、荷兰、巴西、美国等国家参加学术交流和技术培训。

10月15日～18日，联合国全球地理信息管理成都论坛在成都举行，与会嘉宾参观了四川测绘地理信息局，澳大利亚等国代表对四川测绘地理信息局的装备、科研成果和测绘成果给予赞扬。

【人才培养】

四川测绘地理信息局推荐的3人被省委、省政府批准为第十一批四川省有突出贡献的优秀专家，1人被增选为国家测绘地理信息局青年学术和技术带头人。与武汉大学联合举办2013级研究生课程班，举办全省测绘管理、质检、专业技术培训和继续教育，共计4期，1799人次参加。10月，开展测绘专业技术任职资格评审，评审通过初级241人、中级169人、高级39人。开展4个工种的初、中、高级和技师等测绘行业特有工种职业技能鉴定工作，鉴定合格2817人。

4月16日～19日，四川省举办第一届测绘地理信息行业职业技能竞赛。组队参加第三届全国测绘地理信息行业职业技能竞赛，四川省代表队获地图制图竞赛团体第2名，向勇、何丽分获地图制图竞赛个人第2名、第14名，高永超获地籍测绘竞赛第15名。3人被授予“全国测绘地理信息技术能手”称号，20人被授予“四川省测绘地理信息技术能手”称号。

党的建设与文化建设

【党的群众路线教育实践活动】

8月16日，四川测绘地理信息局召开党的群众路线教育实践活动动员大会。制定实施方案、建立组织机构，印发活动安排表、各环节工作通知。活动期间，召开座谈会11个，参加240多人次，发放调查问卷140多份，形成调研报告7篇；采取问卷调查、座谈讨论、个别谈心、设置意见箱等方式广泛听取意见建议，收集意见建议230条。梳理局党组“四风”方面突出问题10条。在年底制定了整改方案、专项整治方案和制度建设计划。

制定贯彻落实中央关于改进工作作风密切联系群众的10条具体措施，并认真抓落实。压缩会议活动，各种会议比2012年减少15%以上，取消春节团拜会餐等活动。精简文件简报，简报种类比2012年减少20%左右，以局名义下发的文件减少30%。坚持勤俭节约，局内会议、行业会议等选择在局机关会议室和局属单位内部会议室召开，实行自助餐或机关食堂就餐，严格控制用餐标准。深入调查研究，局党组成员分别带队深入联系点和基层一线慰问、调研，帮助解决实际困难和问题。深化党务、政务和重大事务公开，发布公开指南，及时通过局门户网站、职工大会等方式公开相关事务和文件，通报重大决策、重点工作及进展。

9月26日，四川测绘地理信息局局长马赟率队赴甘孜州乡城县慰问一线职工。

【党风廉政建设】

四川测绘地理信息局制定2013年党风廉政建设和反腐败工作任务分解表，确定41项任务并逐项分解落实，各单位制定了相应措施。加强廉政学习教育，深入开展纪检监察“三项建设”活动和廉政文化教育活动，组织观看反腐倡廉教育片，到川西监狱、锦江监狱接受廉政教育。各级领导干部认真贯彻执行廉政规定，严格党员领导干部个人收入申报、个人重大事项报告和收受礼品上交登记等制度。

【思想政治建设】

四川测绘地理信息局建设学习型党组织和“四好班子”，全年举办四川测绘大讲堂6期。开展多层次的学习活动，深入学习贯彻党的十八大精神、习近平总书记系列重要讲话等。局党组被省委宣传部、省直机关工委评为2012年度中心组理论学习先进单位。

开展“实现伟大中国梦、建设美丽繁荣和谐四川”主题教育活动、向先进典型学习活动，与省直机关工委联合举办杨艳萍同志先进事迹报告会。开展读书交流活动以及政研论文评选。

【基层组织建设】

四川测绘地理信息局贯彻落实《党政领导干部选拔任用工作条例》，推行直属单位党政负责人分设制度，加强年轻干部培养选拔，完成干部调整24人次。抓好局属单位领导班子的工作考评，完善考评激励机制。制定干部挂职锻炼管理办法，选派3名年轻干部到企事业单位及市级测绘地理信息行政主管部门挂职锻炼。召开第三次党员代表大会，完成直属机关党委、纪委换届改选。

全年全局发展党员22名，选派3名处级干部、2名中青年党员干部参加省直机关党校培训学习。

【文化建设】

四川测绘地理信息局积极开展创先争优活动，全局多个集体和个人被省委省政府、国家测绘地理信息局、省直机关工委、省总工会、团省委等评为先进。6月4日，通过四川省委文明办组织的省级最佳文明单位现场考核验收。

开展形式多样的文体活动，丰富职工文化生活。举办首届智力运动会、青年羽毛球赛、微博征文赛、抗震救灾“青春行动”“光盘行动”、老年杯钓鱼比赛、趣味运动会，开展摄影大赛、诗歌散文、廉政格言警句征集等“礼赞十八大、共铸中国梦”测绘文化活动和读书活动，提炼形成机关精神核心词。支持民主党派和群众团体活动，8月15日，九三学社四川省测绘地理信息局支社成立。

【宣传工作】

四川测绘地理信息局继续加大宣传力度，加强局系统宣传队伍建设、培训和考评；局门户网站全年发稿1200多篇；在国家测绘地理信息局门户网站登载稿件300篇、《中国测绘报》刊发147篇，分别居全国第二、三名；中央人民政府网站等各大媒体刊登四川测绘地理信息工作报道414条，《四川日报》刊登6个专版；编印《2012年四川测绘地理信息事业发展报告》等宣传画册，制作芦山抗震救灾测绘应急保障等宣传片3个；8月6日，开通四川测绘政务微博，全年共发信息24条，听众1.3万多人。

地方社团工作

【学会活动】

四川省测绘学会加强组织建设，全年共发展新会员106名。5月，召开十届四次常务理事会，增补理事9名、常务理事7名、单位理事8名。房产测绘专业委员会进行重组，调整了挂靠单位，9月7日召开了成立大会，吸纳委员135人。10个专业委员会召开了学术交流会。眉山、泸州、广元成立了市测绘协会。

【奖励评选】

10月22日，2013年四川省测绘地理信息科技进步奖评选结果发布，13项成果分获一、二、三等奖。“应力自动监测预警系统”“重要地理信息变化发现技术研究”和“高精度GPS测量成果质量检验技术研究”3项成果获一等奖，“油气管道选定线地理信息平台的研究与应用”等4项成果获二等奖，“成都市排水设施管理处排水监控管理系统”等6项成果获三等奖。

【《测绘》期刊】

3月，《测绘》期刊通过了四川省新闻出版局的期刊年检。4月，《测绘》期刊编委会召开会议，对编委会委员进行了调整，并对《测绘》期刊的改革、发展及办刊的指导思想进行了研究。

全年《测绘》期刊共出版6期，发行1.5万册。

贵州省

概况

2013年，贵州省测绘地理信息事业发展呈现良好态势，截至年底，全省共有测绘资质单位401家，其中甲级15家、乙级58家、丙级128家、丁级200家，全省测绘地理信息专业技术人员共5035人，全年测绘服务总产值达9.97亿元。“三大平台”建设成效显著，数字城市建设、地理国情监测、“天地图·贵州”建设和测绘地理信息体制机制建设等国家、省重点工作有序开展。行政监管更加有力，基础测绘和设备购置经费较往年有所增长，测绘市场逐渐规范，应急保障监测车、四人座航测直升机及航空摄影测量系统、激光雷达系统等高科技测绘产品落户贵州，测绘应急保障能力进一步增强。国土资源科技园建设取得进展。

重点工作推进

【数字城市建设】

数字遵义建设完成，开发了国土资源综合管理信息系统、“天地图·遵义”、城市规划管理系统3个应用系统，已申请国家测绘地理信息局验收。数字毕节完成“天地图·毕节”、土地利用规划管理系统建设，开展建设规划管理系统、人口计生管理系统、扶贫开发系统建设。数字六盘水完成地理信息共享平台、国土地政示范系统、城市公安示范系统等7个应用系统建设。开展消防示范系统建设。数字兴义完成旅游示范系统、土地储备示范系统、地质灾害示范系统、公众服务系统建设。数字凯里、数字铜仁建设有序开展。数字安顺、数字都匀完成立项工作。

【“天地图·贵州”建设】

“天地图·贵州”省级节点正式接入“天地图”国家主节点，实现了国家级、省级的服务聚合，已完成在线服务系统、现势影像库建设。

【地理国情普查】

贵州省选取贵阳市白云区作为第一次全国地理国情普查试点区域。6月，完成试点全部工作。普查白云区自然、人文地理要素270.37平方千米。

贵州省政府成立由副省长慕德贵任组长、全省26家省直有关单位为成员单位的贵州省第一次全国地理国情普查领导小组，办公室设在省国土资源厅。省政府要求各市、县级政府成立相应的普查机构，配合辖区内的普查工作。9月，领导小组办公室组织完成《贵州省第一次全国地理国情普查实施方案》，由省政府办公厅印发。年内共落实普查启动经费3000万元。

【体制机制建设】

贵州省国土资源厅开展贵州省测绘地理信息局组建筹备工作，已通过省编制委员会办公室审核。黔西南州、六盘水市在国土资源局组建了副县级测绘地理信息局，铜仁市组建了正科级测绘地理信息局，遵义市、毕节市、安顺市、黔东南州、黔南州等市（州）测绘管理办公室已更名为测绘地理信息局并挂牌。贵州省国土资源厅印发《关于加快完善测绘地理信息体制有关问题的通知》，各市（州）国土资源部门抓好落实工作，截至年底，全省88个县级国土资源部门中有63个组建、更名或加挂测绘地理信息局牌子。

【应急保障】

2月18日，贵州省黔东南州凯里市龙场镇发生山体滑坡，省国土资源厅立即组织无人机组做好应急准备并赶往灾害现场。19日，利用新配备的国家地理信息应急监测车、无人机系统对灾害现场进行航拍，第一时间提供灾前灾后无人机影像对比图纸。龙场镇山体滑坡航拍任务是贵州省配备国家地理信息应急监测车后，首次执行的地质灾害应急保障任务。

法制建设与市场监管

【法制建设】

贵州省国土资源厅推动将《贵州省测绘条例》修订工作列入贵州省法制办公室调研计划。

【依法行政】

贵州省取消房产测绘资质申请在省住房和城乡建设厅的初审流程。贵州省国土资源厅与省住房和城乡建设厅召开座谈会，商谈关于房产测绘的具体管理办法。

贵州省国土资源厅将涉及测绘地理信息审批审核业务的办事依据、程序、结果等信息在外网公布，印制《依法行政手册》并公开。全年通过厅门户网站回复测绘地理信息相关咨询24条。

【测绘资质管理】

6月~11月，贵州省国土资源厅在全省范围内开展测绘资质管理制度执行情况检查，印发《测绘资质管理制度执行情况检查自查表》，单位填写后报送至相应的测绘地理信息行政主管部门。省国土资源厅、市（州）国土资源局在此基础上进行实地检查，全省共巡查资质单位56家，发出整改通知书9份。

贵州省国土资源厅开展2013年测绘资质年度注册工作，实行分级负责制，丙、丁级资质由市（州）级测绘地理信息行政主管部门负责，甲、乙级资质由省国土资源厅负责，所有测绘单位均使用测绘资质管理信息系统注册；落实专人对专业技术人员、仪器周期性检查进行全面审查，对全省30多家单位重复注册的87名高、中、初级专业技术人员进行清理，1000多台（套）设备进行检验。

2013年，全省372家测绘资质单位参加注册，经审查，通过注册349家（甲级14家、乙级55家、丙级126家、丁级154家），缓期注册16家，注销测绘资质7家。

【保密检查】

9月，贵州省国土资源厅制定《贵州省2013年涉密测绘成果跟踪检查工作方案》，组织开展涉密测绘成果跟踪检查。分别对贵州省交通规划勘察设计研究院股份有限公司、中国水电顾问集团贵阳勘测设计研究院、中国建筑材料工业地质勘查中心贵州总队等9家单位进行抽查，基本掌握了测绘单位生产和使用涉密测绘成果过程中存在的突出问题，为进一步做好测绘成果保密工作奠定了基础。

【行政执法】

2013年，贵州省、市、县三级共开展测绘地理信息行政执法检查和测量标志例行检查485次，发现涉嫌违法行为2件。依法查处了贵阳云岩路通制图中心无资质测绘案，对贵州商报刊登不规范国家版图案进行调查取证，铜仁松桃、毕节赫章故意破坏测量标志案已由当地公安部门立案调查。

【法制宣传】

贵州省各级国土资源部门将国家版图意识宣传教育纳入年度主要工作统筹安排并实施，在“4·22”地球日、“6·25”土地日、“8·29”测绘法宣传日期间，对相关人员进行国家版图意识宣传和正确地图画法的培训，通过悬挂横幅、发放地图和宣传品、召开有奖地图知识问答等多种形式，进行全方位、大面积宣传，收到预期效果。

基础测绘

【经费投入】

为保障数字城市建设、地理国情普查等重大项目和贵安新区建设等省内重大工程的顺利实施，改善贵州省基础测绘严重滞后的局面，贵州省国土资源厅积极与省财政厅沟通协调，获得省级财政基础测绘经费1904.73万元，按项目计划安排到5个厅属测绘事业单位实施。

【基础测绘】

贵州省国土资源厅组织完成贵安新区测图工作，共完成E级GPS控制点埋设450个，观测了其中200个点；获取贵安新区0.2米分辨率1:2000航空影像1078平方千米；完成第一期航飞任务内业采集工作500平方千米。

贵州省国土资源厅组织编制完成《贵州省1:1万数据库整合升级方案》《贵州省1:2000大地坐标系转换方案》，上报国家测绘地理信息局。

地图管理与地图出版

【地图审核】

2013年，贵州省国土资源厅共审核发放《贵州省万亩大坝地图集》《黔南州地图》《黔西南州投资指南交通旅游地图》等审图号38个。

【地图市场检查】

贵州省国土资源厅印发《2013年测绘市场检查工作方案》。11月11日～15日，省国土资源厅牵头，省工商行政管理局、省国家保密局、省经济和信息化委员会、省通信管理局、省国家安全厅、省新闻出版局、省军区等部门参加，对安顺市、六盘水市进行综合性检查，检查分为2个组，对测绘成果使用单位的保密情况和测绘资质单位的成果生产、传输、应用等环节以及地图市场进行检查，共检查图书、报刊零售店6家，新华书店2家。根据检查情况，贵州省地图市场经销商的守法意识显著提高，未发现错绘、漏绘重要地理信息等的“问题地图”。

【国家版图意识宣传教育】

贵州省国土资源厅印发《关于认真组织国家版图进社区、进学校、进媒体的通知》，要求各级国土资源部门抓好国家版图进社区、进学校、进媒体活动，加强群众、学生对三沙市和南海诸岛的了解。印制2万份宣传地图，赠送乡镇政府、社区居委会、中小学校。采用多种形式开展国家版图“进乡镇、进社区、进学校”活动，活动覆盖面达到社区的20%、乡镇政府所在地的100%、中学的80%、小学的10%。

【互联网地图监管】

贵州省国土资源厅继续采用互联网地图监管软件检查和人工判断的工作方式，重点对政府网站和上传有地图的互联网网站进行监管检查，共涉及网站119家，其中政府网站111家、有地图的网站8家。通过检查，无“问题地图”的网站94家，链接、使用不规范地图的网站20家，不能打开的网站5家。存在的主要问题是上传地图未注明资料来源和无审图号，未发现国家版图方面的“问题地图”。

科技创新与人才培养

【科技创新】

贵州省第二测绘院开发的“机载LIDAR与摄影测量集成技术在贵州山区（惠水长田）1:500比例尺地形测量中的应用研究”项目获2013年中国测绘学会测绘科技进步奖二等奖。贵州省第一测绘院承担的“六盘水市中心城区远景规划区1:2000航测3D产品生产”项目获2013年全国优秀测绘工程奖银奖和贵州省2013年优秀测绘工程奖一等奖；“北盘江董箐水电站枢纽建筑物变形监测控制网建网、年度复测”项目获2013年全国优秀测绘工程奖铜奖。

6月3日，由省财政拨款、贵州省国土资源厅配备的第一架航测直升机成功试飞。

【人才培养】

贵州省测绘产品质量监督检验站开展工程测量、地籍测绘、房产测绘等培训，全年共培训1273人。制定贵州省第一次地理国情普查工作相应培训方案，全年培训人员超过1500人，要求外业核查和内业数据处理人员必须持证上岗。

针对贵州省民营测绘资质企业较多、从业人员超过2000人，专业技术人员评聘职称难以解决的问题，11月，贵州省人力资源和社会保障厅、省工商联牵头，委托省测绘行业协会在全省范围内组织测绘地理信息民营经济组织的职称评定工作，主要面向全省民营测绘地理信息从业单位和仪器设备生产销售企业。经初审，报送待评人员300多人。

4月，贵州省国土资源厅组织开展第三届全国测绘地理信息行业职业技能竞赛选拔暨贵州“南方测绘”杯职业技能竞赛，15支参赛队伍共39名参赛选手参加竞赛，8人分别获得地籍测绘和地图制图优秀奖。各项目前三名的选手被贵州省国土资源厅授予“职业技术能手”称号。

党的建设

7月，贵州省国土资源厅召开全省国土资源系统党的群众路线教育实践活动动员大会，活动正式启动。举办党的群众路线教育实践活动专题讲座，组织各类活动49次，发出征求意见稿1550份，征求到意见建设560条，整理出各类意见建设156条。认真制定了整改措施，组织整改落实，确保活动取得实效。

地方社团工作

【贵州省测绘行业协会】

8月，贵州省国土资源厅委托省测绘行业协会开展2011年~2012年度优秀测绘工程奖评选工作，共有48个项目参加评审，其中“机载LIDAR与摄影测量技术在贵州山区（惠水长田）1:500比例尺地形测量中的应用研究”等16个项目被评为2011年~2012年优秀测绘工程奖。

9月23日~26日，全国省（区）地理信息产业发展研讨暨测绘行业协会年会在贵阳召开，陕西、福建、江苏省（区）共80多名代表参加。会议讨论了《全国省区测绘行业协会联席会议制度》，确定2014年全国省（区）行业协会年会在福建省召开。

贵州省测绘行业协会被省民政厅评为“AAA”级民间组织。

【贵州省测绘学会】

3月18日、6月21日，贵州省测绘学会联合省测绘行业协会、广州南方测绘仪器贵阳分公司、重庆星辰测绘仪器贵阳分公司举办新产品、新技术发布会，2次会议共600多人参加。

云南省

概况

2013年，云南省全面启动地理国情普查工作，成立普查组织领导机构，编制完成《云南省第一次全国地理国情普查工作方案》并印发各州（市），落实前期经费，完成华宁县试点普查任务，启动7个县的试生产任务，开展普查人员培训考核。数字玉溪、数字安宁建成并通过验收，项目成果在国土管理等多个领域得到推广应用。举办“天地图·云南”新闻发布会，开展二期数据资源建设，年访问量大幅增加。继续推进大理海西监测试点，完成12期土地利用态势监测及数据分析。

全年落实的基础测绘财政投入同比增长28%，全省1:1万“3D”数字地图国土覆盖率提升至76%，文山CORS和玉溪CORS建成并通过验收。

进一步规范测绘地理信息市场、无人飞行器航摄活动和测绘仪器检定，成立地图审查办公室，对地图涉密数据审查建立了测绘、保密、军队三方会审机制；测绘资质行政审批在线办理全面推行，完成7个水电站库区范围测量标志的实地踏勘调查，组织开展全省行政执法检查。

全年受理测绘地理信息成果资料提供使用审批579起，开展成果质量年活动，组织行业测绘成果质量抽检，合格率达71.4%。完成涉密测绘成果使用管理抽查、全省地勘行业涉密测绘成果和地质资料使用与管理专项检查。根据云南省政府的部署，研发云南省应急救灾指挥信息系统，在迪庆“8·28”“8·31”地震中发挥重要作用。

重点工作推进

【数字城市建设】

数字玉溪、数字安宁建成并通过验收，玉溪市被国家测绘地理信息局授予“全国数字城市建设示范市”称号。数字玉溪项目建成国土资源综合服务系统、环境保护信息系统、城市规划管理信息系统及公众服务系统、“天地图·玉溪”共4个典型应用示范系统。数字安宁成果先后应用于农村“两权”发证、土地利用规划、低丘缓坡综合利用开发专项规划等方面。数字昆明和数字红河项目完成主体数据资源建设；沧源县域经济地理信息系统项目完成建设；以“影像+框架”为核心的数字区域快速搭建新模式在富民、弥渡、景洪、文山、洱源、元江等县（市）成功推行。

【“天地图·云南”建设】

云南省政府新闻办公室主持召开“天地图·云南”新闻发布会，新华社、《云南日报》、云南电视台、《大公报》等多家媒体进行了报道，提高了“天地图·云南”的社会知晓度。云南省测绘地理信息局继续加大投入，开展2期数据资源建设，完成12-17级矢量数据更新，数据现势性进一步提升。积极开展南博会专题应用、车辆监控、洱源地震灾后影像发布等典型应用，完成移动客户端建设。积极推动“天地图·云南”商业化运营，服务前景已经显现。“天地图·玉溪”“天地图·安宁”两个市级节点已进行接入测试。

【地理国情普查】

云南省成立第一次全国地理国情普查领导小组及其办公室，年内，楚雄、临沧、昭通、红河相继成立了地理国情普查领导小组及其办公室。云南省政府批准《云南省第一次全国地理国情普查工作方案》并印发全省各州市。落实省级财政2013年度前期经费3260万元，完成玉溪华宁县普查试点任务，组织实施保山市隆阳区、临沧市双江县、昭通市绥江县及水富县、德宏州瑞丽市、迪庆州维西县和怒江州福贡县共7个县（区）的地理国情普查试生产任务，积累生产经验和方法。完成约60%普查影像处理工作，开展地理国情普查人员培训，完成6期共1982人的培训考核，对拟参加普查工作的从业单位完成资格审核。

继续推进大理海西地理国情监测试点，完成12期土地利用态势监测及数据分析，为海西区域土地日常管理提供信息化管理工具。

【应急保障】

根据云南省政府“主动防灾、充分备灾、科学救灾、有效减灾”的要求，云南省测绘地理信息局组织研发云南省应急救灾指挥信息系统，制作了《云南省救灾力量分布图》及救灾、抢险、物资、医疗和避险5幅专题地图，在迪庆“8·28”“8·31”地震抢险救灾中发挥重要作用。地震灾害发生后，政府部门通过该系统迅速掌握了灾区及周边地区的灾情信息，形成了抢险救援力量和救灾物资装备配置的初步方案；云南省测绘地理信息局启动低空无人机航拍，获取灾后高清影像，并与指挥信息系统平台数据叠加，制成三维电子沙盘，直观展示灾情，受到云南省政府领导和省减灾委成员单位的充分肯定。

法制建设与市场监管

【测绘法宣传】

“8·29”测绘法宣传日期间，云南省测绘地理信息局编制测绘法宣传地图5万份配发到全省各州（市）、县，围绕“依法普查地理国情，测绘服务美丽中国”主题，指导各州（市）开展宣传活动。各地按要求在繁华地段、中心广场设立宣传点，发放宣传资料、出动宣传车、开展现场咨询服务。红河、文山、德宏、曲靖、玉溪等地发送宣传短信，在广播、电视媒体上进行多方宣传，取得良好效果。

【依法行政】

2月28日，云南省测绘地理信息局召开云南省测绘地理信息工作会议，对加强测绘地理信息行政管理工作进行具体安排。做好行政许可项目清理规范工作，拟保留9项行政审批权限，已报云南省机构编制委员会审批。全面推行测绘资质行政审批在线办理，在线受理审批新办资质单位40家，资质升级20多家。完成测绘资质年度注册工作，参与年度注册的单位626家，通过注册554家、缓期注册69家、注销测绘资质3家。

【市场监管】

针对省内无测绘资质、超越测绘资质范围承揽测绘地理信息业务等突出问题，云南省测绘地理信息局印发《关于进一步加强测绘地理信息市场管理的通知》，进一步加强测绘项目的源头监管。印发《关于加强无人飞行器航摄管理的通知》，对规范航空摄影测量活动提出了具体管理措施，并与空军方面建立联合监管机制。印发《云南省测绘地理信息局关于规范测绘仪器检定工作的通知》，明确全省测绘产品检测站为云南唯一授权的测绘产品检定单位。

【行政执法】

为推进测绘法贯彻实施，云南省测绘地理信息局组织开展行政执法检查。制定了行政执法检查工作方案，成立以分管副局长为组长的行政执法检查领导小组，全省16个州（市）和部分县（市、区）均制定工作方案，成立相应的领导组织机构。重点检查资质管理、项目监管、基础测绘项目实施等7个方面，在资质单位自查、州（市）测绘地理信息行政主管部门检查的基础上，领导小组对大理州、保山市、德宏州、临沧市4个州（市）16家单位进行了重点核查。查处1起无测绘资质非法从事以测绘为目的的无人飞行器航摄案；发现13家无测绘资质单位非法承揽测绘地理信息项目，通报有关部门并取消中标资格；对检查中发现的其他问题要求相关单位限期整改。

基础测绘

【基础测绘规划】

云南省测绘地理信息局与国家测绘地理信息局测绘发展研究中心合作，启动云南省测绘地理信息事业发展规划纲要及相关专项规划编制前期准备工作，开展需求调研，进行“十二五”基础测绘规划执行情况评估。启动云南省地方基础测绘规划编制最后一个州（市）——昭通市基础测绘规划编制前期准备工作。

【藏区基础测绘工作】

云南省测绘地理信息局积极推进云南藏区基础测绘工作，帮助落实云南藏区基础测绘项目经费，支持《云南藏区基础测绘建设项目可行性研究报告》编制工作，协调迪庆州国土资源局、州发展和改革委员会积极申报藏区基础测绘经费。《云南藏区基础测绘建设项目可行性研究报告》已通过评审。

【重点基础测绘项目】

云南省“十二五”基础测绘规划重点项目完成情况良好，“万幅测图”项目在年内完成2410幅1:1万“3D”数字地图的测制和2050幅1:1万“3D”数据整合入库工作，全省1:1万“3D”数字地图国土覆盖率提升至76%；现代测绘基准体系建设深入开展，已完成省级控制中心建设方案的编制。2月，玉溪市卫星定位综合服务系统开始试运行，提供给44家资质单位使用，在玉溪市农村集体土地“两权”确权调查发证、地形测量、工程测量、土地勘测定界等项目中发挥了积极作用；12月，该系统全面建成，新建基准站点13个，接入国家陆态网站点1个，共享红河州站点3个、昆明市站点1个。3月，文山州卫星定位综合服务系统建设完成并通过验收，该项目是国家边远地区、少数民族地区基础测绘专项补助经费项目，建成18个基准站，共享红河州7个基准站观测数据，覆盖文山州3.2万平方千米，服务国土、规划、电力、气象、农林和水利等行业。滇西南（保山、德宏）综合卫星定位服务系统完成设备招标，楚雄州CORS建设完成设备招标工作，开展基础设施建设工作；普洱CORS开展基准站建设；曲靖CORS完成基准站勘选、设计评审；香格里拉CORS完成项目设计。至年底，全省共4个州（市）CORS建成。

【基础航空摄影】

云南省测绘地理信息局协调国家测绘地理信息局，获取宣威摄区944幅0.5米分辨率1:1万数码航空影像约2.73万平方千米，开远摄区446幅0.5米分辨率1:1万数码航空影像约1.317平方千米，主要用于1:1万“3D”数字地图测制；获取曲靖、芒市、楚雄、文山、红河5个摄区0.1米分辨率数码航空摄影资料，用于数字城市建设1:2000数字影像图制作。

地图管理与地图服务

【地图编制与出版】

云南省测绘地理信息局组建地图审查办公室，对地图涉密数据审查建立了测绘、保密、军队三方会审机制，全年共受理审核地图39件，核发审图号39个，印刷纸质地图300多万张，编制出版《中国南亚博览会出行图》《云南旅游交通图》（中英文版）、《云南省交通图册》《昆明主城区道路临时停车泊车位分布图》《滇中城市群空间发展结构图》等地图。编制完成云南首部州（市）级地图集《普洱市地图集》。

【地图市场管理】

云南省测绘地理信息局制定《2013年云南省地图市场重点监管内容及工作方案》，全省各地结合实际情况，联合文化、工商等部门，开展“问题地图”清理、导航定位产品检查。文山州在检查中发现“三无”工艺品地球仪1个、未标注钓鱼岛和赤尾屿的地图册8本，依法作出相应处理。各州（市）在开展检查工作中，积极向使用、销售地图及其制品的单位和商家宣传地图管理相关法律法规、国家版图知识、地理信息安全知识，引导公众正确使用、合法销售地图。

【地图服务】

云南省测绘地理信息局创新地图服务模式，在以往提供一般工作用图（纸制地图）的基础上，提供三维地图、地图数据、综合地理信息系统等多种服务形式。年内，为省委、省政府提供各类地图服务41次923幅（张）。做好临时性、紧急性保障服务，为香港凤凰卫视采访云南省委书记秦光荣紧急制作《云南山脉水系图》和《云南省交通图》；为接待国家领导到云南视察工作提供视察线路图7次；为省政府、省发展和改革委员会主要领导办公室配备工作用图；继续为滇中产业新区规划、桥头堡建设和孟中印缅经济走廊规划建设等全省重点建设项目提供测绘保障服务工作，制作各类专题地图。

测绘地理信息成果管理与应用

【质量监管】

云南省测绘地理信息局组织开展测绘地理信息成果质量年活动。下发《关于开展2013年测绘地理信息成果质量年活动的通知》至各州（市）测绘地理信息行政主管部门和有关测绘单位，成立领导小组及其办公室。配合国家测绘产品质量检验测试中心对2010年1月~2012年12月云南省完成的1:1万地形图成果进行自检和复查。开展年度测绘地理信息成果质量监督检查工作，重点检查昆明市、大理州和保山市甲、乙、丙级测绘资质单位，抽取15项测绘地理信息成果进行核查，判定批合格10项，合格率为71.4%；州（市）组织开展丙、丁级测绘单位的质量监督抽查；对2008年以来年度测绘质量监督检查中被判定为批不合格的项目成果进行复检。启动云南省测绘地理信息质量专家库建设，有效整合行业资源，充实质检力量。

【保密管理】

根据国家测绘地理信息局开展涉密测绘成果跟踪检查的部署，云南省测绘地理信息局组织44家测绘单位开展保密管理自查，基于自查结果，确定对27家单位开展涉密测绘成果跟踪检查。配合国家专项检查组，会同云南省国土资源厅、省国家安全厅、省国家保密局，开展全省地勘行业涉密测绘成果和地质资料使用与管理专项检查，对存在问题较多单位的计算机进行查封，责成检查整改。

【成果应用与服务】

云南省基础地理信息中心与省地质调查院签订地理信息公共服务平台服务协议，拓展服务平台的应用空间。全年，云南省测绘地理信息局受理国家秘密基础测绘成果提供使用审批579起，向国土、地矿、通讯、林业及航空等部门提供各种比例尺纸质地形图5750幅，电子地图9561幅，卫星影像3430景，各等级控制点33406点。结合云南省国土资源管理部门的工作部署，组织开展昆明、曲靖、丽江等12个州（市）低丘缓坡综合开发利用示范项目的无人机航摄和影像图生产。组织完成兴地睦边49个项目的测绘任务，无人机数码航摄面积1237平方千米，测制1:2000地形图716平方千米，完成2012、2013年度兴地睦边项目中测绘工作的验收，至此，历时5年的云南省兴地睦边农田整治项目测绘服务保障测图工作全部完成。利用无人机航拍技术和基础地理信息资源，为昭通镇雄“1·11”滑坡泥石流地质灾害与大理洱源“3·03”地震灾害提供及时有效的测绘地理信息服务。

【测量标志管理】

云南省测绘地理信息局全年审批测量标志拆迁件4件，提前、主动介入重大工程项目测量标志迁建工作，组织开展金沙江流域托巴等7个水电站库区范围测量标志的踏勘，为科学迁建测量标志奠定了基础。

科技、标准化与国际合作

【科技工作】

云南省测绘地理信息局引进地理信息应急监测车，开展云南省基础测绘成果2000国家大地坐标系转换、数字城市地理信息公共服务平台关键技术等5个课题的研究，积极做好科技成果转化应用工作，坐标系转换研究的初步成果已在地理国情普查工作中发挥了积极作用。完成的“利用IGS站和CORS技术进行GPS接收机校准研究”获云南省科技进步奖二等奖，“精密单点定位技术在省级基础测绘中应用研究”获三等奖；参与完成的“国家西部测图工程关键技术及其应用”项目获2013年中国测绘学会测绘科技进步奖特等奖，云南师范大学等3家单位完成的“无人机遥感技术在突发事件测绘保障中的应用研究”项目获三等奖；昆明市测绘研究院完成的“弥勒县1:500数字化地形图测量”项目获2013年全国优秀测绘工程奖金奖，昆明市国土规划勘察测绘研究院完成的“昆明阳宗海风景名胜区

1∶2000 基础地形测绘”项目获铜奖。

【标准化工作】

云南省测绘地理信息局召开4次技术标准协调统一会议，结合云南省的特点，对基础测绘标准统一问题进行研究。认真贯彻执行国家标准化工作，派出相关人员参加国家测绘地理信息局举办的基础测绘、数字城市、“天地图”、地理国情普查标准培训，50多人参加。

【对外交流合作】

云南省测绘地理信息局进一步加强与国际测绘地理信息学术机构的交流合作，组织2个代表团赴德国、瑞士和瑞典学习先进经验。云南省测绘学会组团赴越南、柬埔寨等国参加第48、49、50、51次东南亚测绘协会理事会议，组团参加在菲律宾召开的第十二届东南亚测量大会，云南省测绘学会理事长刘继元再次当选为东南亚测绘协会理事，理事徐继忠当选为特许理事与联系人。11月，云南省测绘学会与英国皇家特许测量师协会在昆明签署合作协议，进一步促进国际学术交流。

党的建设与文化建设

【党的群众路线教育实践活动】

7月，云南省测绘地理信息局召开全局系统动员大会，启动党的群众路线教育实践活动，紧紧围绕“为民务实清廉”的主题，坚持把学习教育贯穿活动始终，在提高思想、深化认识上下功夫。结合职能职责和行业实际，通过召开座谈会、发放民主评议表、发送征求意见函、约谈群众、深入野外测区和挂钩扶贫点调研等多种形式，广泛征集各方意见建议150条（其中局党组及机关33条），开展批评与自我批评，查摆“四风”方面存在的突出问题，制定了6个方面19条整改措施，严格执行中央八项规定和云南省委十项规定，取消2个因公出国（境）团组，精简会议、压缩会期、减少发文，降低公务接待和会务成本，教育实践活动取得阶段性成果。

【基层党建工作】

云南省测绘地理信息局组织开展“跨越发展当先锋，测绘党建走前头”活动，将云南省测绘工程院一分院党支部和云南省航测遥感信息院党委确定为活动示范点创建单位，积极推先进、树典型，向局系统内部印发公开承诺书，自觉接受群众监督。组织各类集中学习教育11次，分7期安排局系统50名处级干部到云南省省级机关党校参加培训。增补局直属机关党委委员5名、直属机关纪委委员3名，指导局属单位云南省测绘资料档案馆选举产生第一届中共云南省测绘资料档案馆委员会和纪律检查委员会，完成由党支部到党委的升级。

【文化建设】

云南省测绘地理信息局深入推进精神文明建设，举办以书画、摄影、征文和体育竞技为主要内容的云南省测绘地理信息文化建设系列活动，得到全行业积极响应，收到征文稿件77篇、书画摄影作品377件。组织开展“十八大礼赞”测绘地理信息文化系列活动，在诗歌散文比赛中获优秀组织奖，1首诗歌获一等奖，2篇散文获二等奖，1条廉政格言警句获一等奖。组队参加全国测绘地理信息系统第三届“九成杯”乒乓球比赛；参加云南省直机关工会第七片区运动会，获羽毛球第三名、乒乓球第六名。举办第三届全国测绘地理信息行业职业技能竞赛云南赛区选拔赛，选拔选手参加全国地图制图与地籍测量总决赛，1人获“全国测绘地理信息行业优秀技能人才”称号。编写《云南省测绘地理信息公报（2012年度）》，向社会公众宣传云南测绘地理信息事业发展的新举措、新亮点、新成绩。

地方社团工作

【学会建设】

云南省测绘学会召开第九届五次理事会暨学术交流大会，表彰21篇年度优秀论文，召开4次常务理事会，新增会员8人、理事8人、常务理事3人，因工作变更调整副理事长2人。出版《云南测绘》6期，印发9000册；编辑《论文集》1本。云南省测绘学会被评为中国测绘地理信息学会2010－2013年度“天目杯”先进集体；理事长刘继元被评为先进个人。云南省测绘学会被云南省科协授予2013年度优秀学会称号。

【学术活动】

云南省测绘学会联合云南省土地学会举办首届云南省国土与测绘地理信息高端论坛系列活动，同时，举办了首届云南省高等院校大学生测绘技能竞赛，国土与测绘地理信息新技术、新产品及测绘单位成就展，测绘项目洽谈会和人才招聘会。主办以“共创服务生态，构建数字云南”为主题的2013云南省空间信息技术交流会，特邀香港中文大学教授林辉等专家做专题演讲。参与主办第二届测绘地理信息科技成果全国推介会。

西藏自治区

概况

2013 年，西藏自治区持续开展“问题地图”专项治理工作，重点查处了盗版地图《西藏游》。推动测绘成果基本服务应用和应急保障水平提升，全年为西藏自治区各界提供各类测绘成果 12005 幅（本、点、张），无偿向各职能部门提供各类工作和应急用测绘成果资料 1473 幅（本、点、张）。组建了西藏自治区第一次全国地理国情普查领导小组及工作机构，承担了拉萨市 7 县 1 区约 3 万平方千米的地理国情普查工作，完成当雄县、尼木县 1.3 万平方千米影像制作。持续推进西藏重点地区 C 级 GPS 控制网及三等水准网测量项目和 1∶1 万基础地理信息数据采集及成图项目。投入 180 万元改善测绘技术装备条件，引进 10 台全数字摄影测量系统软硬件设备，建成初具规模的西藏省级基础测绘生产基地。加快人才队伍建设，引进 5 名测绘专业本科毕业生和 1 名硕士研究生到西藏自治区测绘院工作。

重点工作推进

【“天地图·西藏”建设】

西藏自治区测绘局与天地图有限公司沟通配合，完成“天地图·西藏”实施方案的修改工作。

【地理国情普查】

西藏自治区测绘局承担了拉萨市 7 县 1 区约 3 万平方千米的地理国情普查工作，其他 6 个地区约 119.9 万平方千米普查工作由国家测绘地理信息局以项目带“资金+人员”的方式承担。8 月，西藏自治区政府办公厅印发《开展全区第一次地理国情普查的通知》和《关于成立西藏自治区第一次全国地理国情普查领导小组办公室的通知》，成立由西藏自治区政府常务副主席邓小刚为组长，28 家单位负责人为成员的普查领导小组，领导小组办公室设在西藏自治区测绘局。编制和修订普查实施方案，先后派出 8 批 20 人次参加国务院第一次全国地理国情普查办公室举办的培训并通过考试。完成达孜县 1300 多平方千米试生产任务，形成较丰富的试点成果，为后续正式生产奠定了基础。截至年底，完成当雄县、尼木县 1.3 万平方千米影像制作。

【地理信息信用信息平台建设】

西藏自治区测绘局启用测绘地理信息市场信用信息平台，首次将资质单位信用信息的收集、上报、整理和发布工作与测绘任务备案制度结合开展。5 月，在拉萨举办西藏测绘地理信息市场信用信息平台操作应用及测绘统计直报系统培训班，全区 20 多家测绘资质单位 30 多人参加。

市场监管

西藏自治区测绘局完成测绘资质年度注册工作，通过注册 23 家，缓期注册 4 家，注销测绘资质 1 家。新审批 1 家单位丙级测绘资质。落实备案制度，全年受理区外测绘单位进藏开展测绘活动备案 19 件。在林芝和拉萨开展资质单位实地核查和地图市场执法检查。

基础测绘

【平面控制网、高程控制网建设】

西藏自治区测绘局组织完成 375 个 C 级 GPS 点的观测和 5500 千米三等水准测量以及 800 千米二等水准测量。

【西藏自治区重点地区 1∶1 万基础地理信息数据采集及成图】

西藏自治区测绘局组织完成“西藏自治区重点地区 1∶1 万基础地理信息数据采集及成图”项目 461 幅 1∶1 万数字正射影像、数字模型高程、数字线划图产品测制。

【装备建设】

西藏自治区测绘局加速推进基础测绘生产基地设施建设，通过国家测绘地理信息局专项支持和西藏自治区测绘院自筹资金，投入180万元，引进10台全数字摄影测量系统等软硬件设备，建成西藏自治区基础测绘生产基地，试生产了西藏1:1万数字化测绘产品。

地图管理与地图服务

【地图市场监管】

西藏自治区测绘局联合自治区工商、新闻出版等部门开展“问题地图”专项治理工作，全年共开展集中执法检查11次，重点对拉萨、林芝、昌都等地区的地图市场进行了摸底排查。通过对新华书店、报亭、文化用品商店、宾馆饭店等地图展示场所的检查，发现违法地图或地图产品10多种、登载“问题地图”案件2起，收缴“问题地图”及地图产品500多份。重点查处了《西藏游》盗版地图案。联合自治区通信管理局开展网上地图清查治理，共检查动态地图网站6个，静态地图网站页面30多个。坚持集中整治与日常网上监管相结合，配置高性能电脑，安装互联网地理信息安全监管系统，对网上地图进行动态监管。

【地图审核及编制出版】

西藏自治区测绘局全年受理地图审核6件，发放审图号6个。编制出版2013版《西藏自治区交通地图》和《西藏自治区交通旅游地图》。完成A5幅面《西藏自治区行政区划图》《拉萨市行政区划图》《昌都地区行政区划图》《林芝地区行政区划图》《阿里地区行政区划图》《那曲地区行政区划图》《山南地区行政区划图》《日喀则地区行政区划图》8幅图的编辑制作。完成A3和A4幅面《西藏自治区行政区划图》、A4幅面6地1市行政区划图的编辑制作。开展西部县（市）挂图数据更新项目，完成阿里地区、山南地区、昌都地区3个地区共31个县行政区划图的修编任务。对双湖县和尼玛县的样图进行修正。

【国家版图意识宣传教育】

西藏自治区测绘局继续推进国家版图意识宣传教育“进学校、进社区、进媒体”活动，联合拉萨市教育局，拉萨市发展和改革委员会驻村工作队及测绘资质单位，在林周县小学开展国家版图意识宣传教育“进学校”现场活动，发放教学用图和版图宣传资料500多份（张）。向拉萨市警务站赠送版图宣传资料约1000张。

测绘地理信息成果管理与应用

【成果管理】

西藏自治区测绘局在国家测绘地理信息局大地测量数据处理中心帮助下，建立西藏大地测量数据库应用服务系统。从国家测绘地理信息局接收西藏区域内西部测图1:5万纸质地形图284幅，馆藏西部测图1:5万纸质地形图达1899幅。从国家测绘地理信息局索取拉萨区域PAN全色影像数据和MUL多光谱影像数据共352景，覆盖面积29670平方千米，数据量889GB。接收青海省第二测绘工程院更新的日喀则测区1:1万航测数字测图成果汇交资料DOM、DEM、DLG、制图数据各351幅。接收四川测绘地理信息局更新的林芝测区1:1万航测成图基础地理信息数据、空三加密成果、外业控制调绘成果、文档资料共53.7GB。

【成果服务】

西藏自治区测绘局全年向社会各界提供测绘成果资料443次，共12005幅（本、点、张），共收入557323元。其中，纸质地形图814张、数字地形图44幅、各类控制点533个、内部图913张、公开图8262张、地图册1419本、电子版地图6幅、地图集14本。无偿提供各类测绘成果资料1473幅（本、点、张），总价值109272元。

为国家测绘地理信息局直属单位进藏参与地理国情普查提供数据保障，向黑龙江测绘地理信息局、四川测绘地理信息局、国家测绘地理信息局重庆测绘院提供西藏重点地区1:1万地形图DEM、DOM、DLG、制图数据各633幅；1:5万地形图DEM、DOM、DLG各20幅；1:5万纸质地形图689幅；各类控制点194个，其中A级GPS点7个、B级GPS点3个、C级GPS点43个、一等水准点107个、三等水准点34个。

协助高原地区先天性心脏病的预防科研项目，向中国人民解放军海军总医院提供西藏自治区74个县（区）政府所在地海拔和全区694个乡镇平均海拔。积极参与和支持西藏第三次全国经济普查工作，为西藏自治区统计局提供西藏自治区74个县（区）基础地理信息数据。

【涉密测绘成果管理】

西藏自治区测绘局联合自治区国家保密局，采取自查和实地检查相结合的方式对林芝地区、昌都地区和拉萨市交通、电力、地矿、农牧等部门28家测绘资质单位和涉密测绘成果使用单位进行跟踪检查。表彰6家用户单位，通报批评19家存在失泄密隐患的单位，帮助10家单位进行整改，销毁硬盘3个。举办第三期全区涉密测绘成果管理人员岗位培训班，区内外共40家涉密测绘成果使用单位的60人参加。

【应急保障】

西藏自治区测绘局主动服务应急决策，在墨竹工卡县甲玛矿区大面积山体滑坡、昌都地区左贡-芒康地震、那曲地区嘉黎县忠玉乡冰湖溃决等自然灾害中，及时启动重大突发事件应急响应预案，派出无人机测量小分队赴现场进行作业，为区党委、政府和相关部门开展救援工作提供及时有效的保障。其中，墨竹工卡县山体自然滑坡前线救灾中，提供了灾害区域1:2.5万地形图8张，《墨竹工卡县行政区划图》《墨竹工卡县卫星影像图》数十张。为昌都地区左贡-芒康地震抗震救灾提供地震区域1:25万DLG数据13幅，制作了《昌都地区左贡-芒康地震区域地形图》。

人才培养与合作交流

【人才培养】

西藏自治区测绘局加大年轻干部培养选拔力度，公开提拔11人担任领导职务；重视培养选拔少数民族干部和女干部，少数民族干部和女干部人数占到提拔人数的一半以上。促进测绘地理信息本土化人才培养，与郑州测绘学校合作，开展测绘地理信息从业人员技能培训、职业技能鉴定及工程测量中专学历再教育，进一步提升从业人员的技术水平。通过实施各类重大测绘项目，培养西藏测绘地理信息技术带头人和领军型人才。在连续四年引进测绘专业本科生的基础上，继续从区内外高校引进5名测绘专业本科生和1名硕士研究生到西藏自治区测绘院工作。

【交流合作】

8月26日，西藏自治区测绘局与青海省测绘地理信息局在拉萨签订《战略合作协议书》，协议在测绘软科学开发应用、行业管理、党的建设、测绘文化建设等领域进行合作，在管理、技术应用与实践等方面开展交流。

党的建设与文化建设

【党的群众路线教育实践活动】

西藏自治区测绘局印发党的群众路线教育实践活动实施方案，明确活动的指导思想、总体原则、基本要求、方法步骤。开展荐书读书，采取自学和集体学习的方式组织专题学习，撰写心得体会，开展“为了谁、依靠谁、我是谁”大讨论。组织参与“领导干部进村入户、结对认亲交朋友”活动，联系基层群众，促进教育实践活动的开展。坚持开门搞活动，通过召开座谈会、个别走访、深入调研、设立征求意见箱等多种形式，广泛征求意见和建议。开展谈心活动，召开专题民主生活会和组织生活会，保证教育实践活动深入推进。

【创先争优强基础惠民生活动】

西藏自治区测绘局轮换6人派驻拉萨市当雄县巴灵村开展创先争优强基础惠民生活动，帮助该村建设基层组织、做好维稳工作等，驻村工作队被当雄县委评为2013年度先进工作队，1名驻村队员被评为自治区级先进驻村工作队员，1名驻村队员被评为县级先进驻村工作队员。

【作风建设】

西藏自治区测绘局贯彻落实中央八项规定和区党委“约法十章”“九项要求”，“三公经费”开支同比下降10%。开展会员卡专项清退活动，干部职工全部提交《个人会员卡持有报告》，实现零持卡、零报告。出台《西藏自治区测绘局工作人员纪律守则》，加强政治纪律、组织纪律等。

【文化建设】

西藏自治区测绘局重点组织对新时期“感动测绘人物”候选人多杰先进事迹进行宣传，撰写《雪域测绘的守望者》的推荐材料，多杰个人事迹材料在新华网、中国平安网、腾讯网、《中国测绘报》、国家测绘地理信息局门户网站上进行展示。举办测绘精神和老西藏精神的宣讲活动，开展“重温入党誓词、永远跟党走”七一建党节纪念活动。举办摄影比赛和中秋晚会。

【宣传工作】

西藏自治区测绘局发挥《中国测绘报》记者站优势，及时宣传西藏测绘地理信息事业发展形势。加强与地方媒体的联系，西藏电视台报道了无人机航测那曲地区嘉黎县忠玉乡堰塞湖与冰湖灾情的新闻。国家测绘地理信息局门户网站和中国西藏新闻网分别刊发新版《西藏自治区交通地图》出版发行的消息。西藏新闻联播播发西藏第一次全国地理国情普查试点工作纪实。

地方社团工作

2013年，西藏测绘学会共有会员单位33家，会员370人，理事单位16家，常务理事单位10家，覆盖全区主要测绘单位。4月，召开五届四次常务理事会，吸纳2家民营企业入会。7月，召开换届大会。西藏测绘学会被中国测绘地理信息学会授予2010-2013年度先进集体称号，学会党支部被自治区党委授予“全区基层组织建设年先进基层党组织”称号。

西藏测绘学会举办“地理国情普查技术应用”专题技术交流会和第一期航测遥感技能培训班。与自治区教育厅、郑州测绘学校沟通协调，5月，自治区教育厅同意委托郑州测绘学校在区内测绘行业单位在职人员中招收100名测绘专业中等学历教育生源，7月，首期工程测量中专学历教育班开班，全区各会员单位81名学员参加。组织开展全国优秀测绘工程奖申报工作，“西藏自治区重点地区C级GPS控制网及三等水准测量”项目获2013年全国优秀测绘工程奖铜奖。

陕西省

概况

2013年，陕西测绘地理信息局局系统涌现出了全国“人民满意的公务员”艾勇、全国特别关注“最美青工”白芝勇等21名获省部级以上荣誉的先进个人，11家单位获省部级以上表彰。陕西测绘地理信息局被陕西省政府纳入到北斗卫星应用示范、“十二五”应急体系建设、第三次经济普查、防震减灾工作、“数字陕西·智慧城市”建设、主体功能区规划和西安国际化大都市规划等重点工作和项目的领导机构。《陕西省测绘成果管理条例》修订列入省人大2014年一类立法计划；《陕西省测绘航空摄影测量管理办法》制订顺利推进。汉中、商洛2市测绘地理信息局挂牌；铜川设立测绘信息中心；商洛特批增加1名专职负责测绘的局领导职数，升格市规划测绘院、增加8个事业编制。依法查处一批涉外、涉军非法测绘案，测绘成果泄密案和“问题地图”案，得到国家测绘地理信息局、国家安全部表彰。陕西省政府成立地理国情普查领导小组并召开首次领导小组会，落实了省财政投入初步计划，与成员厅（局）签订专业资料提供责任书，制订系列管理和技术文件，在全省范围开展了作业队伍遴选，786名技术人员通过培训考核，承担并完成国家西部地区11万平方千米的普查试点和先期20万平方千米普查任务。继续深入实施地理国（省）情监测试点，发布了第二批监测成果。陕西省地理国情普查和监测成果被国家测绘地理信息局纳入到全国普查宣传主体内容。全省10个地级市数字城市全部立项。西安、榆林市地理信息公共服务平台接入国家测绘地理信息局主节点。发布“天地图·陕西”2013版，高分辨率影像覆盖10个设区市、杨凌区及72个区（县）建成区。西安街景地图正式上线服务。省电子政务办公室要求各级政府部门和直属机构门户网站接入“天地图·陕西”，为公众提供标准地图服务。陕西省启动了国家四大基础数据库融合试验研究，省级公共服务平台在省信息化综合服务中心部署并开始提供服务。省应急地理信息平台被列为省“十二五”应急体系规划重点建设项目。《丝绸之路核心经济带地图集》编纂工作被纳入省丝绸之路经济带新起点建设工作。启动中国原点地理信息产业园建设，落实一期建设用地454亩和首期建设资金2.8亿元，23家企业签订入园协议。

重点工作推进

【数字城市建设】

数字安塞成果已汇交陕西省测绘资料档案馆。已建成的数字西安项目主动服务部门需求，在药品监督、消防应用、数字化城管、地震、应急等10多个领域开展了应用示范。自主开展县级数字城市建设工作，完成数字商州地理空间框架建设立项批复。与西安市工业和信息化委员会联合推动西安市进入国家测绘地理信息局智慧城市建设试点，基本完成各项准备工作。陕西测绘地理信息局被省政府列为“数字陕西·智慧城市”建设地理信息应用牵头和指导部门，陕西省省长娄勤俭对做好智慧城市建设中地理信息和其他专业资料共享工作作出批示。

【“天地图”建设】

“天地图·榆林”“天地图·西安”通过接入测试评估，正式接入国家主节点。“天地图·安塞”已上报国家测绘地理信息局进行接入前测试评估。按照《天地图省市级节点建设方案》要求，完成省级节点数据更新2次，组织市级节点做好数据更新、运行维护、信息整合、应用推广工作。发布“天地图·陕西”2013版暨西安街景地图成果。启动国家四大基础数据库之地理空间数据库、法人库、人口库、经济库的融合试验研究。组织参加首届“天地图”应用开发大赛，选送的外业安全管理平台、榆林旅游HD平台获三等奖。基于“天地图·陕西”原有数据和服务功能基础，整合专业部门信息，开发人口、旅游、地铁、邮政快递4个示范应用服务，提供了专题信息显示及综合查询服务，构建旅游地理信息系统等7个典型应用示范，为用户提供一站式地理信息服务。

【地理国情普查】

9月29日，陕西省政府召开省第一次全国地理国情普查领导小组第一次会议。

陕西省成立第一次全国地理国情普查领导小组，副省长白阿莹任领导小组组长。组织编制《第一次全国地理国情普查陕西省实施方案》《陕西省第一次全国地理国情普查领导小组工作规则》并通过专家评审。起草完成《陕西省第一次全国地理国情普查专业资料提供责任书》。完成宁夏、甘肃等外省区以及西安、榆林等省内地区约11万平方千米的普查试点工作，形成普查试点成果并向国家测绘地理信息局汇交。结合陕西省地理国（省）情监测试点项目的实施，开展了城镇化建设进程监测、主体功能区监测、地面沉降监测、城市综合地理国情监测、文物保护监测、重大工程及建设热点监测、生态环境变化监测、地理省情基础信息系统建设、地理省情图册制作等工作。发布陕西省第二批地理国（省）情监测成果，主要内容包括黄土塬面区域、自然保护区分布、陕北侵蚀沟道信息等基本地理省情和陕北植被覆盖变化、十地市主城区空间扩展、西安市地表形变、秦岭生态环境变化等专题地理省情信息成果。

【地理信息产业】

陕西测绘地理信息局起草《陕西省人民政府关于促进地理信息产业发展的意见（征求意见稿）》，印发《陕西省测绘地理信息成果质量奖评选办法》《民营企业技术人员初级职称评审办法》。与西咸新区泾河新城管委会签署中国原点地理信息产业园项目合作协议，落实一期建设用地454亩，与投资开发商签订产业园建设框架协议，23家企业签订入园意向协议。地球空间信息产业被列为西安市碑林区环大学创新产业带六大特色产业之一。与高校共建省测绘地理信息从业人员生产实训基地，推进测绘行业技术学院建设。开展初级职称评审工作，为104家民营企业的393人评定了初级职称。完成2013年陕西省测绘地理信息成果质量奖评选和发布工作。

法制建设与市场监管

【法规体系建设】

陕西测绘地理信息局落实省人大“一法两条例”执法检查成果，推动《陕西省测绘成果管理条例》修订列入省人大立法计划和省政府一类立法项目；推动《陕西省测绘航空摄影测量管理办法》制订初步列入省政府规章立法项目。制定出台《陕西省测绘地理信息成果质量监督检查管理办法》《陕西省测绘地理信息成果质量奖评选办法》《陕西省测绘地理信息局法规制定管理办法》等配套管理规范性文件。

【市场监管】

陕西测绘地理信息局开展测绘资质、地理信息市场、地图市场、成果质量、成果保密等专项检查活动。编制《陕西省国家版图意识宣传教育和地图市场监管2013年工作要点》，与省文化厅、省教育厅和省工商行政管理局联合向各市发文部署地图市场监管工作。组织各市测绘地理信息管理机构开展地图市场专项整顿工作。与省国家保密局联合开展保密检查，对3家保密成果使用单位进行实地检查。联合省国土资源厅、省国家安全厅、省国家保密局组织开展地勘行业涉密测绘成果和地质资料专项检查。与省文化厅、省教育厅联合抽查陕西省和西安市图书馆，西安交通大学、西北大学等重点高校图书馆。加强大型展会地图监管，对第17届中国东西部合作与投资贸易洽谈会、第6届中国·陕西（洛川）国际苹果博览会、第20届杨凌农高会等展会地图进行检查。

【测绘普法】

陕西测绘地理信息局制定2013年度普法依法治理工作要点，编印测绘法普法宣传材料2万份并发放各测绘地理信息管理部门和甲、乙级测绘单位。向各市测绘地理信息管理部门配发《测绘地理信息法律法规知识问答》。组织机关人员、事业单位领导干部参加学法用法考试答题活动，开展测绘执法证件复审换证法律法规学习培训。开展测绘法宣传日活动，印发活动通知、制印宣传画、创新主会场宣传形式，各市测绘地理信息管理部门组织辖区内测绘资质单位参加宣传日活动。8月29日活动当天，全省投入宣传人员500多人次，累计发放各类宣传资料3万多份，发送公益短信2万多条。

2013年8月29日，陕西测绘地理信息局领导与商洛市委、市人大、市政府领导共同参加测绘法宣传日活动。

【测绘资质管理】

陕西测绘地理信息局组织完成全省测绘资质年度注册工作，向国家测绘地理信息局提交年度注册报告。以抽查、巡查等方式对5家测绘资质单位开展监督检查。组织对测绘资质单位的人员、仪器等情况进行检查，全年共抽检省内资质单位40家（其中甲级12家、乙级28家），覆盖甲、乙级持证单位的36%，向社会公告了抽检结果。完成甲级测绘资质复审换证初审工作，转报3家资质单位升甲级资质申请。完成测绘资质审批工作，全年新审批资质单位46家（其中乙级13家、丙级28家、丁级5家）。完成全省乙级测绘资质单位信用信息的征集、整理、查询及评价和发布工作。制定《信用信息申报说明》《信用信息平台操作说明》《信用信息征集规范》《信用信息查询（异议处理）程序流程》等管理文件。

基础测绘

【经费管理】

2013年，陕西测绘地理信息局争取省财政投入基础测绘经费3000万元，测绘行政管理专项经费100万元，信息化重点项目地理信息公共平台专项经费200万元，省应急规划重点项目资金100万元。加大市级基础测绘配套经费支持力度，落实老少边基础测绘专项补助经费400万元，筹集并落实市级基础测绘配套经费250万元。

【国家基础测绘】

一、地心坐标系维护与推广应用

陕西测绘地理信息局印发《陕西省2000国家大地坐标系推广应用工作方案》并报国家测绘地理信息局备案。完成对各省区省级基础测绘数据2000国家大地坐标系转换的技术支撑工作。完成秦岭测图工程涉及的2310幅图、新建地理信息系统、2008年~2012年更新生产及汶川地震灾后重建测绘保障生产涉及的1838幅图的2000国家大地坐标系转换工作。在年度全省测绘成果质量监督检查工作中，向资质单位推荐使用2000国家大地坐标系。举办5期全省测绘资质单位坐标转换技术培训，涉及测绘资质单位327家；承办2000国家大地坐标系推广使用高级研修班；举办面向市级测绘管理部门和测绘资质单位的2000国家大地坐标系成果转换质量控制培训班。

二、国家基础地理信息数据库动态更新

陕西测绘地理信息局组织完成《陕西省1:10000基础地理信息数据库整合升级实施方案》编写及上报。完成《全国1:10000基础地理信息数据库整合升级项目陕西省数据整合处理生产专业技术设计书》编写及备案。完成延安-安塞、陈仓、凤翔等9个测区共1564幅数据资料的收集整理工作。全年完成控制测量836幅，外业调绘885幅，DLG、DEM数据生产984幅。西安、宝鸡、渭南3市实现了1:1万基础地理信息市域范围全覆盖，全省1:1万基础地理信息覆盖率达90%。协助完成1:5万数据库动态更新所需2012年~2013年省级基础测绘成果的收集。

【国家重大专项测绘】

一、“927”工程

陕西测绘地理信息局承担“927”工程“海岛（礁）测绘基准建设与精确定位”“海岛测图与海岛（礁）系列地图编制”“数据处理与基础地理空间数据库建设”3个单项中24个子项目任务。完成海岛卫星定位连续运行站绝对重力测量3点，相对重力联测2条边；卫星定位连续运行站数据处理50点；陆地卫星定位连续运行站一等水准联测数据处理1010千米，二等水准联测数据处理1047.4千米；重力基本网数据处理绝对重力测量数据处理35点，相对重力测量数据处理484条边，加密重力测量数据处理1800个点；1:2000制图数据生产186幅，1:5000制图数据生产212幅；海岛地形图印刷1012幅；完成陆海重力场集成与似大地水准面精化工作1项。同时，完成各项目工作报告、技术总结、检验报告、财务分析报告、归档报告编写和数据整理与入库等工作。

二、国家现代测绘基准体系基础设施建设一期工程

陕西测绘地理信息局全面实施国家现代测绘基准建设工程中GNSS连续运行基准站建设、大地控制点选建、一等水准路线选埋、一等水准观测、绝对重力测量和相对重力测量6项任务，测区分布在内蒙古、新疆、西藏等27个省、自治区、直辖市。指导市级测绘地理信息管理部门申请同级财政测量标志保护经费。协助相关工程建设单位在陕西省开展工作，并做好新建测量标志的保护工作。受理太白青峰峡森林公园国家三等水准点迁建申请，为其出具《准予拆迁永久性测量标志通知书》。

【省级基础测绘】

陕西测绘地理信息局组织完成陈仓测区、宁略测区、榆林测区、延安测区、安塞测区、咸阳测区和商洛-渭南测区、凤翔测区、秦岭北麓测区、大荔测区共1564幅数据资料的收集整理工作和1:1万成果汇交工作。完成秦岭测图工程外业像片控制测量836幅，下达外业调绘任务955幅，完成DLG数据生产任务1097幅，DEM生产任务851幅，DOM生产任务659幅，影像地形图制作任务221幅。发布秦岭测图工程一期成果。

【装备建设】

陕西测绘地理信息局投入资金6000万元引进徕卡RCD30倾斜数码航摄仪、法国视宝街景工厂三维影像处理系统等一批高精尖软硬件装备。完成2013年资产报废报表申请上报工作，拟报废设备977台套，总价值727万元。

地图管理与地图出版

【地图管理】

陕西测绘地理信息局印发《陕西省2013年地图市场重点监管内容及工作方案》，部署地图市场重点监管工作。组织召开全省测绘成果管理工作会，对各市测管机构人员进行地图知识培训。审核纸质地图及互联网电子地图、街景地图等共31件，备案率达到85%。组织开展陕西省区域内互联网地图网站集中检查，发现存在“问题地图”网站32家，通知15家及时整改。发现26家网站链接使用外省（自治区、直辖市）“问题地图”并反馈国家测绘地理信息局，联合监督整改。

【国家版图意识宣传教育】

陕西测绘地理信息局联合省教育厅举办国家版图意识宣传教育进校园主题活动，向西安电子科技大学附属中学等19所中小学赠送了国家版图知识宣传材料；与西科中学签订《国家版图意识宣传教育进校园活动合作协议书》，将西科中学作为国家版图意识宣传教育定点学校和爱国主义教育基地。

测绘地理信息成果管理与应用

【保障服务】

陕西测绘地理信息局联合省工业和信息化厅编纂出版全国首部工业地图集《陕西省工业地图集》。

为省政府、省军区以及延安、商洛等市编制并提供多种类型的领导机关工作用图。为省领导提供基于IPAD的电子版工作用图并及时更新和补充内容。组织测绘成果为政府重点项目和重大工程服务，为省第三次经济普查领导小组办公室、西安国际化大都市规划编制提供保障用图，为西北土地督察工作底图制作、关中产业布局、榆林市防汛工程建设、咸阳机场电磁环境保护等多项重点工作提供保障服务。开展《丝绸之路经济带核心区域地图集》的编纂工作。

【成果提供】

陕西测绘地理信息局组织开展全省2013年度测绘地理信息成果汇交工作，组织10个设区市和杨凌区测绘地理信息管理部门利用陕西省测绘成果目录服务系统汇交测绘成果目录，全省312家测绘资质单位汇交成果目录1891项，完成54个省级基础测绘成果汇交。

【成果管理】

陕西测绘地理信息局印发《关于开展涉密测绘成果保密检查工作的通知》，汇总全省各测绘成果使用单位2009年~2013年上半年领用的涉密测绘成果资料清单。全面完成大宗用户和重点工程项目使用的涉密测绘成果跟踪检查工作，会同省保密局实地抽查单位11家。开展全省测绘计量检定人员资格认证工作，共审核认证测绘计量人员38人。举办保密培训班6期，培训学员600多人，全局涉密人员全部持证上岗。完成《陕西省对外提供我国涉密测绘成果审批程序规定》的制定。

【地理信息公共服务平台推广应用】

陕西测绘地理信息局开展“天地图·陕西”应用服务频道开发。“天地图·陕西”旅游地理信息服务系统分别接入省旅游局、西安市旅游局、延安市旅游局网站，实现专题信息与地理位置信息的深度融合。“天地图·陕西”正式链接到陕西省政府门户网站首页，成为陕西省政府门户网站唯一为社会公众提供“一站式”在线地理信息服务的支持保障平台。与省工业和信息化厅合作完成陕西省地理信息公共服务平台建设并通过专家验收。

【合作共建】

陕西测绘地理信息局与省文物局举行战略合作协议签约仪式和陕西省文物测绘工程技术中心揭牌仪式，双方在文物保护和地理信息工作领域进一步加强合作。与省统计局签署合作协议书，在陕西省第三次经济普查信息资源共享与服务方面明确了合作内容。

科技与国际合作

【科技创新项目】

陕西测绘地理信息局牵头申报2014年测绘地理信息公益性行业科研专项“信息化测绘生产基地构建技术研究和应用示范”项目。承担“我国重力空白区的航空重力测量可行性研究”“信息化测绘技术在不可移动文物保护中的应用研究”“卫星导航定位接收机（GPS、GLONASS、北斗）室内计量检定方法的研究”等省部级科技项目6项。“HDS三维激光扫描技术在文物保护中的应用研究”“基础测绘成果区域更新技术手段的研究”“数字测绘成果质量检验规范化数据库系统”等5项国家测绘地理信息局基础测绘科技创新项目通过验收。承担“国家重力基准点动态变化研究”“机载激光雷达点云数据的滤波和分类研究”“CQG2000的长跨度工程建设高程获取方法研究”等5项现代工程测量国家测绘地理信息局重点实验室项目。“制图与建库数据生产与管理的一体化技术体系研究”项目成果应用于第一次全国地理国情普查。“基于CGCS2000下独立坐标系的改造与建立方法研究”“中国大陆精密水准测量海潮负荷改正技术研究”“地理信息公共服务关键技术研究”等10多项科技项目成果在矿产监测、城市现代测绘基准体系建设、政府公共服务平台建设中得到广泛应用和推广。行业单位研发的“天润信息化摄影测量系统TR-IPS”“智能化测绘无人机系统”2项科技成果通过国家测绘地理信息局鉴定。

【对外交流】

陕西测绘地理信息局全年参加国家测绘地理信息局团组和其他团组因公出国（境）10人次，组织团组因公出国（境）7人次，共计17人次。选派1人赴荷兰参加防灾减灾中地理信息应用及新技术培训，选派2人赴香港参加第八届国际空间数据质量研讨会，选派4名技术人员赴英国诺丁汉大学学习大地测量数据处理、InSAR技术和移动测量等技术；选派1名技术人员赴瑞士伯尔尼大学参加高精度GNSS BERNESE软件培训学习。邀请国际欧亚科学院、英国诺丁汉大学、香港理工大学等高校的院士、专家作新技术学术报告和交流。

【人才培养】

陕西测绘地理信息局完成《干部挂职锻炼管理办法》制订及《高级专业技术人员创新能力考核办法》修订工作。出台《局编制外聘用人员管理暂行办法》《局所属事业单位优秀编制外聘用人员比照编制内人员管理办法（试行）》。开展双向挂职工作，选派2名高级技术人员分别赴商洛市测绘地理信息局和天润科技股份有限公司挂职锻炼。选拔、任用、交流15名处级干部。新录用机关公务员6名。选送7名局属单位优秀科级干部到省行政学院参加省直机关提升公共服务能力专题培训班；4名新任处级干部参加省政府机关公务员任职培训班；选派第二批表现优异职工20人参加与武汉大学测绘学院联合举办的在职工程硕士班；举办局青年学术和技术带头人培训班。全年累计举办专业技术人员培训班16期，参加培训人员2000多人次。组织开展2013年局属事业单位工作人员公开招聘工作，共招聘各类人才60人，其中博士1人、硕士研究生32人、本科生27人。开展全省测绘专业技术职务评审认定，36人取得高级任职资格，119人取得中级任职资格。面向全省测绘行业资质单位分片分区开展职业技能鉴定工作，涉及建筑、交通、煤炭、水利水电等行业单位的测量人员和高校、职业技术学院的测绘专业生源，共完成7个批次2062人的鉴定。

党的建设与文化建设

【党建工作】

陕西测绘地理信息局印发《中共陕西测绘地理信息局党组关于贯彻落实中央改进工作作风八项规定的通知》《陕西测绘地理信息局兼职审计员聘任与管理实施细则》。深入开展党的群众路线教育实践活动，组织教育实践活动专题报告会5场，参加人数2000人次以上；召开20个不同层次、不同类型的征求意见座谈会，发出调查问卷和征求意见函400多份，共征集到意见、建议473条。举办3期学习十八大精神处级干部轮训班，组织开展学习十八大精神知识竞赛；召开陕西测绘地理信息局2013年党风廉政建设工作会议。开展会员卡、商业预付卡专项清退工作，覆盖面100%。组织全局纪检干部前往渭南市蒲城县陕西省爱国主义、廉政教育基地参观学习。

【文化建设】

陕西测绘地理信息局举办10期测绘文化大讲堂，开展形势政策教育、基本国情教育、社会公德教育。安排局机关及局所属单位30人参加省直机关工委党校的各类培训。实施住房改善工程、饮食健康工程、环境美化工程、送温暖工程四大系列民生工程，切实改善职工工作、生活、子女教育等各方面条件。面向行业发行《测绘青年》《大地简讯》和《大院》等13种内刊。举行元宵节系列庆祝活动、金秋文化月系列活动、离退休职工健身大会、迎“三八”系列活动、“为一线职工送清凉”活动。开展“我最反感不文明行为”专项整治活动。举办首届陕西省测绘地理信息行业职工运动会，开展文艺汇演、摄影展、气排球比赛等多类项目的“中国梦·劳动美”迎“七一”系列活动。开展摄影协会秦岭采风活动。成立陕西省测绘合唱团，组织参加陕西合唱协会“纪念中国合唱百年”展演活动。组队参加测绘地理信息系统第三届乒乓球比赛和陕西省领导干部球类比赛。

地方社团工作

【陕西省测绘地理信息学会】

6月26日，经陕西省科学技术协会和省民政厅社团管理局批准，陕西省测绘学会更名为陕西省测绘地理信息学会。召开2012年度测绘科技进步奖评审会。和中煤航测遥感局共同承办全国现代地测技术与开发沉降学术会议暨数字矿山论坛和全国工程测量2013年技术研讨交流会。组织李德仁院士学术报告会、智慧城市与城市安全学术报告会、卫星重力测量与应用学术报告等学术活动，全年共有2500多名会员和测绘地理信息科技工作者参加。开展5次大型科普活动，向市民发放各类地图、地图册和《看地图识中国》等科普图书共1000多份（册）。为6家企业举办了新产品、新技术推介会，举办1期新技术培训班。陕西省测绘地理信息学会被省科协评为“四星级先进学会”。

【陕西省地理信息产业协会】

陕西省地理信息产业协会重点协助陕西测绘地理信息局推进地理信息产业园建设。制定《陕西省地理信息产业协会会员公约》，定期印发《陕西省地理信息产业协会会讯》。建立技术专家库，共33人入选第一批专家库。举办地理信息企业技术业务培训班和乙级测绘资质单位法人代表培训班，70多家企业的负责人和技术骨干230多人次参加。组织西安地图出版社有限公司、华测航测遥感公司等5家单位申报西安市科技局2013年科技计划项目。

甘肃省

概况

2013年，甘肃省测绘地理信息局紧紧围绕全省中心工作，扎实推进基础测绘工作，完成航空摄影15万平方千米、省级基础测绘9.94万平方千米，省级基础测绘覆盖省域面积的82%。全力推进地理国情普查工作，完成普查影像底图制作和地理国情普查试生产。积极推动完善“天地图·甘肃”服务功能，“天地图·甘肃”平台社会关注度不断提高，日均访问量达3.49万次。全省数字城市地理空间框架建设进展顺利，建设成果实现了与“天地图”国家级、省级节点的互联互通。省、市、县测绘地理信息部门三级联动，深入开展行政执法检查和市场统一监管，全年开展测绘地理信息市场检查466次。甘肃省卫星定位连续运行基准站网建设全面完成，9月起向社会提供空间定位服务。全年共为500多家企事业单位提供1150批次测绘地理信息成果服务，成果广泛应用于甘肃省“3341”项目工程、“1236”扶贫攻坚行动。主动为省委省政府、省抗震救灾指挥部等部门提供各种地图1000多幅、地图集50多套，保障了抢险救灾和灾后恢复重建的顺利进行。

1月，省委常委、常务副省长刘永富在2013年全省测绘地理信息工作会议召开前夕，听取专题汇报，审阅了会议主题讲话，对测绘地理信息工作作出重要批示。

重点工作推进

【数字城市建设】

甘肃省测绘地理信息局被增补为全省数字城市建设协调领导小组成员单位。兰州、嘉峪关2市数字城市建设基本建成并通过预验收；天水、张掖、金昌、武威、庆阳5市有序推进；酒泉市正式启动。白银、甘南、陇南、天水、张掖、武威、庆阳等市数字城市地理空间框架建设成果实现了与“天地图”国家级、省级节点的互联互通。

【“天地图”建设】

“天地图·甘肃”省级节点完成升级和国家主节点的数据同构，更新影像注记、地名地址20多万条，更新了兰州新区等区域数据，新增岷县、漳县6.6级地震灾前灾后影像对比等4个专题系统，开发完成安卓版客户端，搭载了全省各市县的人口、地震灾情等信息，服务内容不断丰富，服务领域不断拓展。推进“天地图”市级节点建设，完成白银、庆阳、兰州市级节点建设并正式接入国家主节点；“天地图·嘉峪关”“天地图·天水”正式上线运行。“天地图·甘肃”社会关注度不断提高，日均访问量达3.49万次，已成为政府决策和信息化建设的主要基础数据来源。

【地理国情普查】

甘肃省政府印发《关于在全省开展第一次全国地理国情普查的通知》，成立了甘肃省第一次全国地理国情普查领导小组；召开全省地理国情普查电视电话会议，部署全省地理国情普查工作；召开全省地理国情普查领导小组第一次会议，原则通过《甘肃省第一次全国地理国情普查实施方案》。甘肃省测绘地理信息局完成兰州新区1700多平方千米地理国情普查试点；编制完成《甘肃省第一次全国地理国情普查实施方案》和《甘肃省第一次全国地理国情普查工作经费预算方案》；制定印发组织实施管理办法、质量管理办法和专项资金管理办法；分类、分批完成管理、督导、技术3类人员共1230多人的培训工作；组织3支测绘队伍深入祁连山腹地戈壁荒漠、腾格里沙漠和巴丹吉林沙漠无人区完成野外像控点的选点和测量工作，完成26万平方千米普查影像底图制作；遴选9家实力较强的测绘资质单位完成普查试生产任务。

法制建设与市场监管

【法制建设】

甘肃省测绘地理信息局向甘肃省人大、省政府法制办公室报送了地方性法规修订计划。制定了《甘肃省卫星定位连续运行基准站网管理暂行规定》，对建立和使用卫星定位连续运行基准站网作出明确规定。编制印发《测绘法律法规汇编》2000册。

【依法行政】

甘肃省测绘地理信息局积极推进测绘地理信息行政审批制度改革，取消3项行政审批项目，行政审批事项由原来的10项减少为7项。进一步简化现有审批项目的审批程序、环节，将审批时限由20个工作日减少到10个工作日。

【法制宣传】

甘肃省测绘地理信息局组织开展全省测绘地理信息系统“六五”普法中期检查督导，促进“六五”普法工作扎实推进。8月29日，在兰州市东方红广场用LED电视和30多块展板，宣传普及测绘法律知识，向市民展示介绍无人机，发放各类宣传资料共计3万多份，发送测绘法宣传日公益短信400多万条。全省各地也举办了形式多样、内容丰富的测绘法宣传日活动。

【测绘资质管理】

甘肃省测绘地理信息局组织开展测绘资质年度注册工作，通过注册253家，吊销和注销10家，降级1家，缓期注册17家。截至年底，全省共有测绘资质单位320家。完成全省资质单位首次信用评级工作，共发布信用评级资质单位225家，其中，A级信用资质单位2家、B级216家、C级7家。

【市场监管】

甘肃省测绘地理信息局与教育、工商、新闻出版等8部门建立测绘地理信息市场联合监管工作机制，开展联合执法检查。全年省、市、县测绘地理信息行政主管部门组织测绘地理信息市场检查466次，开展重大执法检查101次，发现涉嫌违法案件13起并依法进行了处理。开展测绘地理信息市场专项检查，重点对电子商贸城、汽车配件市场等场所销售的20多个品牌的车载导航电子地图进行全面清查。

基础测绘

【省级基础测绘】

甘肃省测绘地理信息局按照《甘肃省十二五基础测绘规划》和年度计划，完成航空摄影15万平方千米，省级基础测绘9.94万平方千米。其中，1:1万数字地形图生产3.23万平方千米、1:1万影像图生产6.47万平方千米、1:5000数字地形图生产2400平方千米，至此，省级基础测绘已覆盖省域面积的82%。

【现代测绘基准体系建设】

甘肃省测绘地理信息局全面完成甘肃省卫星定位连续运行基准站网建设基准站勘选、结构设计与施工、系统安装与调试、基准站网坐标联测及数据处理、通信网络及数据中心建设等工作，与省气象局、省地震局等部门沟通协调资源共享，落实建在气象台（站）的39个基准站维护保管工作，协调做好地震局陆态网8个站点联接并网工作。9月，基准站服务系统开通试运行，向社会提供空间定位服务，注册用户500多家，成果广泛服务于全省基础测绘、甘肃东部百万亩土地整治重大项目、农村集体土地确权登记发证等领域。

【基础地理信息数据库建设与更新】

甘肃省测绘地理信息局开展1:1万和1:5000数字地形图测制和更新，其中，新测和更新1:1万数字地形图1294幅、数字正射影像图2587幅、1:5000数字地形图384幅。全面开展1:1万数据整合处理工作，完成兰白、武威测区数据整合处理2665幅。推进省域1:1万及更大基本比例尺基础地理信息数据库建设与更新，完成武威测区数字地形图数据入库1380幅、数字正射影像图数据入库44幅、1:5000数字地形图数据入库272幅。

地图管理与地图服务

【国家版图意识宣传教育】

甘肃省测绘地理信息局结合测绘法宣传日活动，发放《国家版图意识宣传教育宣传页》等宣传资料2万份。通过制作专题宣传片、宣传折叠手册，召开推广应用会，在高速路旁投放大幅广告牌等措施和开展“进学校、进社区、进媒体”活动，深入开展国家版图意识宣传教育。

【地图审核与监管】

甘肃省测绘地理信息局全年受理、审核地图34个批件，核发审图号34个。加强互联网地图日常监管，对地图内容陈旧，存在质量问题、无ICP备案号、无审图号等问题的网站，向网站注册地的省级测绘地理信息行政主管部门进行了移交。

【专项检查】

甘肃省测绘地理信息局开展图书馆馆藏地图和节会地图市场专项检查。中国兰州投资贸易洽谈会召开前夕，对“兰洽会”各展位布展地图使用情况进行现场检查，共检查各类地图110多幅，查处“问题地图”及错误地理信息标识5处。2013年兰州国际马拉松比赛前夕，对“马拉松”赛事沿线、市内重点区域和相关网站中地图使用的情况进行全面检查，未发现“问题地图”。

【地图编制】

甘肃省测绘地理信息局编制更新了《甘肃省领导专用政务图集》。编制甘肃省第一本县级地图册——《武山县地图册》和第一本汉藏双语对照地图集——《甘南藏族自治州地图集》。在甘肃省政府及省测绘地理信息局门户网站发布加载了行政区划、地形等10类信息的甘肃省情专题地图并定期更新。全年共编制了20多种专用地图。

【地图服务】

甘肃省测绘地理信息局为中央领导视察甘肃、省委省政府领导决策提供地图服务40个批次，地图（纸质、绢质）约500幅、地图集70多册。天水市测绘地理信息局为天水市委、市政府及有关部门提供天水娘娘坝自然灾害抢险救灾和灾后重建地图34类总计715幅；庆阳市测绘地理信息局为中国·庆阳农耕文化节暨第24届中国西部商品交易会等重要节会提供地图服务。

测绘地理信息成果管理与应用

【成果目录汇交】

甘肃省测绘地理信息局完成2012年度全省258家测绘资质单位的测绘地理信息成果目录汇交工作，共汇交各类测绘地理信息成果目录1810项，从中遴选760个项目在甘肃测绘地理信息网公布。

【成果应用】

甘肃省测绘地理信息局全年为500多家企事业单位提供了1150批次测绘地理信息成果服务，累计提供各种比例尺纸质地形图8640张、控制成果15688点（其中无偿提供占89%）、成果数据8774幅（其中无偿提供占89%），航摄数据和卫星影像数据23.8万平方千米（其中无偿提供占98%），全年提供的测绘地理信息数据总量达16660 GB。成果广泛应用于省委、省政府实施的“3341”项目工程、土地开发整理、交通设计、光伏发电及各种规划编制等。

【成果质量检查】

甘肃省基础测绘、测绘专项成果一次验收合格率达100%。5月，甘肃省测绘地理信息局开展全省测绘地理信息行业质量监督检查工作，对省内6家甲级测绘资质单位近两年完成的6大工程测绘项目进行抽检，涉及工程总投资约355亿元。10月，积极配合国家测绘产品质量检验测试中心，对甘肃省地图院生产的兰白测区基础测绘成果质量内外业监督及质量体系进行了监督检查，检查结果合格。

【涉密成果管理】

甘肃省、市、县三级联动，对全省交通、电力、石油石化等重点项目建设单位、重点科研单位、高校等138家涉密测绘成果应用单位开展了抽检。甘肃省测绘地理信息局联合省国土资源厅对全省地勘行业涉密测绘成果和地质资料使用与管理情况进行了专项清理检查，确保测绘成果安全。联合省国家安全厅对某单位在全省重要军事禁区进行涉及测绘的非法探测活动进行了调查和处理。

【应急保障】

甘肃岷县、漳县6.6级地震发生后，甘肃省测绘地理信息局第一时间启动抢险救灾测绘地理信息保障应急预案，为省抗震救灾指挥部等部门提供急需工作用图；在国家测绘地理信息局的支持下，对1231平方千米重灾区进行航空摄影，获取0.2米分辨率的航摄彩色影像，赶制成各种地图供有关部门抗震救灾使用。在抗震救灾和灾后恢复重建过程中，为省委、省政府、省抗震救灾指挥部、省政府应急管理办公室、省军区及有关部门提供各种地图1000多幅、地图集50多套、正射影像数据38GB。

科技、标准化与国际合作

【科技创新】

甘肃省测绘地理信息局全面完成国家测绘地理信息局科技项目“面向信息化测绘的省级基础地理信息服务体系建设示范”，通过了国家测绘地理信息局组织的验收及鉴定，鉴定结果为国内领先。该项目共投入1000多万元，基本建成信息化测绘地理信息服务体系，实现了测绘地理信息资料成果服务的转型，服务能力得到大幅度提升。

【人才培养】

甘肃省测绘地理信息局坚持“科技兴测”战

略，选拔优秀的青年技术骨干走上领导岗位；组织召开中级职称评审会，推进职称管理工作；开展培训，全面提高职工队伍理论水平和业务技能；加强测绘从业人员的职业鉴定和技术、法规培训等工作，提升全省行业水平。全省测绘地理信息行业通过不同渠道引进各类人才600多人，其中，局系统引进人才14人。新增国家测绘地理信息局青年学术和技术带头人1人。

【科技奖励】

兰州市勘察测绘研究院完成的“数字兰州卫星定位连续运行参考站系统与似大地水准面精化研究”获2013年度甘肃省科技进步奖二等奖。甘肃省测绘地理信息局参与完成的“国家西部测图工程关键技术及其应用”等3项研究成果分别获2013年中国测绘学会测绘科技进步奖一、二、三等奖。甘肃省基础地理信息中心完成的“天地图·甘肃”等5项成果获2013年全国优秀测绘工程奖。

【合作共建】

甘肃省测绘地理信息局积极推动部门合作和军地合作，开展测绘地理信息共享。甘肃省测绘地理信息局向总参某导航基地提供兰州市、兰州新区等3市1区城区的基础测绘数据。兰州军区某测绘信息中心支持全省第一次地理国情普查，提供大量测绘成果。

【对外交流】

甘肃省测绘地理信息局分别派员赴荷兰参加2013世界地理空间信息论坛和美国参加第五届“测绘科学前沿技术”论坛暨“中美3S集成技术与应用”研讨会，加强测绘地理信息国际交流与合作。

党的建设与文化建设

【党的群众路线教育实践活动】

甘肃省测绘地理信息局党委深入开展党的群众路线教育实践活动。7月10日，召开动员大会，成立领导小组。制定教育实践活动实施方案，组织党员干部上党课、观影片、听讲座、深入基层调研，局领导班子、班子成员和全局处级干部深入查摆7个方面“四风”问题，征求群众意见建议17条，制定落实计划，分类、分步进行落实。

【党风廉政建设】

甘肃省测绘地理信息局深入学习贯彻习近平总书记系列重要讲话精神、党的十八大和十八届三中全会精神。严格贯彻落实中央八项规定、省委“双十条”规定，制定甘肃省测绘地理信息局落实中央八项规定的实施意见，召开全局廉政工作会议，深入开展效能风暴行动、清理超标公务用车和会员卡等活动，“三公经费”大幅压缩，文件简报数量减少，文风会风持续改进。

【文化建设】

甘肃省测绘地理信息局获全国和全省巾帼文明岗称号；获国家测绘地理信息局“经天纬地映华夏”摄影比赛优秀组织奖，局系统4人的作品获奖；获省直机关“和谐家庭·幸福人生”征文活动优秀组织奖，11人的作品获奖。局工会获省直工委直属机关2012年工会目标责任制二等奖。举办“测绘情，陇原梦”职工摄影书法展，组织干部职工参观八路军驻兰州办事处，为岷县、漳县6.6级地震灾区捐款。积极筹集资金，帮助帮扶点（曲坪、丁窑2村）建设道路、添置设施推进双联行动向纵深开展。

【宣传工作】

甘肃省测绘地理信息局通过局门户网站、国家测绘地理信息局门户网站、《中国测绘报》等媒体开展日常宣传，加强同省内主流媒体的联系。全年有40多条（篇）反映全省测绘地理信息工作的信息被《甘肃日报》、甘肃电视台、甘肃省政府门户网站等媒体刊登、转载，在甘肃省测绘地理信息局门户网站刊登信息515条，《中国测绘报》46条，《甘肃地质矿产报》111条，《甘肃国土资源》杂志38条，国土资源部门户网站转载68条，人民网、新华网等网络媒体50多条。与甘肃电视台合作完成的《搞好测绘地理，助力经济发展》专题节目在甘肃卫视播出，反响强烈。岷县、漳县6.6级地震抗震救灾期间，组织专家3次参加甘肃卫视直播节目，解读测绘地理信息在抢险救灾和灾后恢复重建中的作用。

地方社团工作

4月，甘肃省测绘学会召开八届二次常务理事会议，传达中国测绘地理信息学会团体会员工作会议暨全国测绘学会工作会议精神，总结2012年工作，部署2013年工作。9月，甘肃省测绘学会被省民政厅省属社会组织评估委员会评为4A级学会，并通过《甘肃日报》向社会公布。9月17日，甘肃省测绘学会学术报告会暨2012年度科学技术奖颁奖大会在兰州召开，表彰甘肃省测绘学会科技进步奖和优秀工程奖的项目完成单位和个人。

组织开展2012年甘肃省测绘学会科学技术奖申报和评审工作，最终评出获奖项目37项，其中科技进步奖一等奖4项、二等奖7项、三等奖6项；优秀工程奖金奖5项、银奖8项、铜奖7项。

青海省

概况

2013年，青海省测绘地理信息局强化测绘行政监管，保障测绘成果质量，提升科技创新能力，稳步推进重大项目的落实，全年实际完成测绘服务总值14127.76万元，圆满完成各项工作任务。

地理国情普查开局良好，省政府下发通知，成立了以副省长骆玉林为组长的领导小组，召开领导小组第一次会议，审议通过了《青海省第一次全国地理国情普查实施方案》，普查试点任务顺利完成。积极协调推进省地理信息公共服务平台建设项目。省政府下发《关于加快青海省地理信息公共服务平台建设的实施意见》，成立了以副省长马顺清为组长的青海省地理空间信息协调领导小组。青海藏区现代测绘基准体系（一期工程）、数字德令哈地理空间框架建设项目开始实施。

开展整合资质巡查、“问题地图”查处等专项执法，加强地图审核和资质审查，积极开展测绘法制宣传和国家版图意识宣传教育，推动“天地图”推广应用工作。完成93家测绘资质单位年度注册工作，缓期注册7家，依法注销3家。各州、市局配合开展测绘地理信息成果监督检验和保密检查，认真做好综合执法检查。黄南州成立地理国情普查领导小组，安排部署了相关工作。

建立青海省测绘地理信息行业专家库，健全测绘地理信息成果质量管理体系，测绘地理信息行业单位质量检查机构和人员全面登记备案。各测绘单位全部汇交2012年度青海省域范围内基础测绘成果副本和非基础测绘成果目录。全年办理测绘地理信息成果使用申请236份，提供各种比例尺地形图1688幅，各类控制点1835个。

研发“天地图·青海”安卓版、地理国情普查野外调绘系统和质量检查软件、西宁市城东区医疗卫生资源信息查询系统等软件，建立了无人机应急测绘保障服务系统。青海省测绘地理信息局参与完成的“测绘基准和空间快速获取关键技术及其在灾害应急测绘中的应用”项目获国家科技进步奖二等奖，省基础地理信息中心被青海省人才工作领导小组授予青海省信息科学领域人才“小高地”称号。

重点工作推进

【数字城市建设】

德令哈市列入国家级数字城市推广建设城市名单，数字德令哈项目已正式实施。利用西宁市地理信息公共平台，通过野外基础地理数据更新、城市部件调查与测绘，为西宁市城西区数字化城市管理信息系统建设提供公共平台数据与技术支撑，3个典型示范应用系统在实际工作中发挥了良好的作用。开展了格尔木、乐都、平安、共和恰卜恰、玉树结古镇数字城市建设工作。

【“天地图·青海”建设】

青海省测绘地理信息局组织完成德令哈市、同仁县、玛沁县、西海镇及大武镇外业兴趣点采集、数据加工和城区矢量、影像电子地图。完成在线服务软件系统搭建工作，实现门户网站改版、全国区域定位、全国兴趣点查询工作，新增了气象信息、空气质量信息、旅游景点、用户标注等功能的“天地图·青海”2.0版本正式上线。运维管理系统建设实现用户权限管理、服务管理、资源监控、日志管理等功能。为西宁市城北区数字城管应用提供前置地理信息服务，“天地图·青海”安卓1.0版本开发完成。青海省级节点地理实体同构服务试点项目，完成全省乡级行政区划数据的收集、整理，与国家主节点数据进行了融合并同步发布服务。

【地理国情普查】

3月27日，青海省政府召开由省委宣传部、省发展和改革委员会等31个部门参加的工作部署会议，研究贯彻实施《国务院关于开展第一次全国地理国情普查的通知》的具体意见。7月25日，省政府下发《关于开展第一次全国地理国情普查的通知》，成立了以省委常委、常务副省长骆玉林为组长，省国土资源厅、省统计局、省测绘地理信息局主要领导和省政府副秘书长为副组长，省委宣传部、省发展和改革委员会等30个部门负责人为成员的青海省第一次地理国情普查领导小组。领导小组办公室设在省测绘地理信息局。编制了《青海省第一次全国地理国情普查实施方案》，3月，普查试点项目正式启动，4月，普查试点项目在西宁市湟源县全面展开，6月，完成生产和质检工作，试点项目数据成果通过质检验收并上报国务院普查办公室。根据湟源县普查试点情况，各承担地理国情普查任务的单位在黄南藏族自治州开展地理国情普查试点工作，确定黄南州4个县为试点县，年都呼乡等4个乡为试点乡。组织相关部门和承担单位参加国家测绘地理信息局举办的各类培训、研讨活动，制定了甘肃省地理国情普查培训计划，已组织60多名技术骨干开展了为期6天的培训并进行了考核。

【青海省地理信息公共服务平台建设】

9月11日，青海省政府下发《关于加快青海省地理信息公共服务平台建设的实施意见》，成立了由副省长马顺清任组长，省政府副秘书长晁海军，以及省发展和改革委员会、省财政厅、省国土资源厅、省测绘地理信息局负责人任副组长，省经委、省教育厅、省科技厅等20家单位相关领导为成员的青海省地理空间信息协调领导小组。领导小组办公室设在省发展和改革委员会。起草完成《青海省地理信息公共服务平台实施方案》《青海省地理空间数据交换和共享管理办法》《青海省地理空间数据交换和共享目录》《青海省地理信息公共服务平台技术设计》。

【信息化测绘体系建设】

青海省测绘地理信息局完成了新数据标准、质量检查方案、国家1:1万数据库整合省级方案以及信息化测绘生产体系方案的制定，开展生产管理系统的开发布设及服务体系建设方案制定。自2013年起，计划利用3年的时间，逐步完成信息化测绘管理体系、现代测绘基准体系、信息化测绘生产体系和信息化测绘服务体系建设，实现地理信息获取实时化、处理自动化，基础测绘年生产能力达到1500幅至2000幅。

【青海藏区现代测绘基准体系建设】

青海省藏区现代测绘基准体系基础设施建设（一期工程）已通过国家发展和改革委员会审批，资金投入5160万元。完成项目方案编制、项目基建工程招标、观测墩点位的选点及测试工作，项目建设方案、技术设计已通过专家评审，进入土建施工阶段。

法制建设与市场监管

【法制建设】

青海省测绘地理信息局明确了全局“十二五”中后期及年度立法计划，并积极与省政府法制办公室沟通落实《青海省测绘地理信息市场管理办法》和《青海省地理空间数据交换和共享管理办法》立项、调研和前期组织工作，发布实施了《青海省测绘行政处罚自由裁量权适用规则（试行）》《青海省测绘行政处罚自由裁量权参照执行标准（试行）》及《青海省测绘地理信息局关于实施〈测绘资质管理规定〉和〈测绘资质分级标准〉的补充意见》。

【法制宣传】

青海省测绘地理信息局向全省各州（市）印发《青海省2013年国家版图意识宣传教育和法制宣传及地图市场监管工作要点》。8月29日，组织西宁市43家测绘单位参加主题为“依法规范地图市场，更好服务社会大众”的测绘法宣传活动，制作展板、悬挂横幅、播放法制宣传视频、散发宣传资料，达到预期宣传效果。在局系统开展依法行政普法知识讲座和测绘法律法规知识问答活动，制定《青海省测绘地理信息局行政许可公开透明运行流程》，并登载在局门户网站，供社会公众使用。

青海省测绘地理信息局测绘管理与政策法规处获国土资源部颁发的“国土资源系统六五普法中期先进单位”称号。

【测绘资质管理】

青海省测绘地理信息局组织完成2013年测绘资质单位年度注册工作，并对年度注册情况进行公示、公布。全年受理并完成7家测绘单位的资质申请，注销测绘资质3家，完成复审换证3家，升级资质2家，受理业务范围变更申请3家、法人变更9家、地址变更1家。至年底，共有测绘资质单位104家，其中甲级11家、乙级21家、丙级53家、丁级19家。全年注册测绘作业证124本。

【市场监管】

青海省测绘地理信息局开展中国青海结构调整暨投资贸易洽谈会等专项执法检查4次，发现涉嫌违法行为19起，立案调查涉嫌违法案件4起，做出行政处罚案件4起，同时将案件中非本省管辖事项移送至涉案地的省级测绘地理信息行政主管部门。组织召开多部门参加的测绘地理信息联合执法工作会议，共同商讨整合多项相关执法检查工作、开展2013年全省测绘地理信息市场综合执法检查工作的有关事项，7月~9月，会同省通信管理局、省国家保密局、省工商行政管理局、省文化和新闻出版厅、省国家安全厅和省军区司令部6部门联合开展测绘地理信息市场综合执法检查，并对果洛、玉树地区执法检查工作进行了实地抽查指导。

【信用体系建设】

青海省测绘地理信息局委托青海省测绘地理信息行业协会承办全省测绘地理信息市场乙、丙、丁级测绘单位信用信息管理有关工作，并转发《测绘地理信息市场信用信息管理暂行办法》和《测绘地理信息市场信用评价标准的通知》，拟定了《青海省实施〈测绘地理信息市场信用信息评价暂行办法〉实施意见》。完成全省测绘资质单位信用信息的征集和录入及全省81家测绘资质单位的评价工作，将评价结果在信用信息评价平台和局门户网站进行公布。

基础测绘

【基础测绘规划】

青海省国土资源厅编制《青海省国土资源“十二五”规划》，综合考虑土地、矿产、基础测绘工作，将基础测绘工作作为重要内容写进规划，测绘投入总和达10亿元。

青海省测绘地理信息局根据《青海省国土资源“十二五”规划》编制《青海省2014年基础测绘计划》，同时上报国家测绘地理信息局。

【经费投入】

青海省已建立稳定的地方财政投入机制，基础测绘计划纳入青海省国民经济和社会发展年度计划。省财政年度基础测绘投入600万元。经省政府批准，省财政从矿产资源“两权价款”中列支部分基础测绘专项经费2000万元。

【基础测绘生产】

青海省测绘地理信息局共投入基础测绘项目经费2600万元，主要用于格尔木、德令哈、门源地区共361幅1:1万地形图测绘、“天地图·青海”二期建设、青海省公共服务平台前期建设及青海省1:1万数据库改造整合。

至年底，1:1万地形图数据入库幅数增加至1622幅。积极协助省政府转发国家测绘地理信息局1:5万数据库动态更新相关文件，协助提供并收集青海省省级行政区内动态更新所需的资料，配合完成更新工作。

【质量监督】

根据青海省测绘产品质量技术监督检验站质检报告，青海省测绘地理信息局基础测绘成果一次验收合格率100%，测绘资质单位测绘成果质量状况良好。

青海省测绘地理信息局对青海省第一测绘院和省第二测绘院2012年完成的1:1万基础测绘成果进行了再次外业实地检查和内业抽样检验，进一步提高1:1万基础测绘成果质量。2013年省内抽检的1:1万基础测绘项目顺利通过了国家级检验，成果合格。

年内采用随机抽查的方式监督检查的测绘单位28家，其中甲级5家、乙级8家、丙级7家、丁级8家。

【基础航空摄影】

青海省测绘地理信息局组织制定了2014年、2015年影像需求计划；2013年基础测绘项目完全使用2012年度航摄影像，确保资料的现势性；2013年，完成同仁县、西海镇、共和县共307平方千米0.1米分辨率航摄验收工作。

【安全生产】

青海省测绘地理信息局建立安全生产管理机构，完善了《青海省测绘应急保障预案》《青海省测绘地理信息局突发事件总体应急预案》。向省国土资源厅等上级单位分月、季度汇报安全生产工作情况。制定了安全生产、工作进度月报制度，多次进行全局安全生产大检查，全年未发生重大安全生产事故。

地图管理与地图服务

【地图审核】

青海省测绘地理信息局全年受理地图审核申请

18件，再版申请3件，立项申请5件，审核地图180幅，核发审图号18个，按要求完成地图备案工作。

【地图出版】

青海省测绘地理信息局组织编制出版《青海省领导工作用图》《青海省行政区划图》《2013年两会领导工作用图》和《青海游览2013》，制作《青海省情专题地图》，编制《党政军企共建示范村示意图》《三江源自然保护区生态保护与建设二期规划图》《青海省湟水流域高标准基本农田治理重大工程土地整理系列图》等专题地图，完成西宁市、海北州、海南州、海西州、黄南州、果洛州金太阳工程系列专题地图。

【国家版图意识宣传教育】

青海省测绘地理信息局深入开展国家版图意识宣传教育"进学校、进社区、进媒体"活动。举办"美丽中国——青海省少儿手绘地图大赛"，组织开展"送法进社区（西宁市北关社区、德令哈路社区和城南新区）系列活动"等，在《西海都市报》上刊登了测绘法律法规及国家版图小知识和《测绘法律法规及国家版图知识竞赛题》，取得较好的宣传效果。

【"问题地图"查处】

青海省测绘地理信息局全年共开展3次"问题地图"专项执法检查，发现涉嫌违法行为19起，发出整改通知书3份，做出行政处罚案件4起，同时将案件中非本省管辖事项移送至涉案地的省级测绘地理信息行政主管部门。

测绘地理信息成果管理与应用

【成果汇交】

青海省测绘地理信息局组织完成青海省内各测绘行业单位2012年省域范围内基础测绘成果副本和非基础测绘成果目录的汇交。共83家测绘行业单位汇交了成果目录，其中汇交副本101个、目录821个，进行了公布。

【成果保密管理】

青海省测绘地理信息局制定《申请使用涉密基础测绘成果资料流程图》和《申请使用涉密基础测绘成果资料程序说明》，加强对核心涉密人员的管理，将安全保密责任落实到局属单位的年度目标责任中，在局属各单位的年度考核中安全保密目标责任实行一票否决制。开展全省涉密测绘成果管理人员岗位培训工作，发放工作证；针对未及时参加培训的，进行了继续教育。对大宗用户在重点项目工程中测绘成果的使用目的、使用范围及销毁情况进行跟踪检查，杜绝了测绘成果失泄密事件的发生。

【测绘保障服务】

青海省测绘地理信息局开展玉树州12个重点城镇土地确权工作，完成部分地籍、地形图测绘38.63平方千米，调查15502宗；完成各县农牧民安置点及农用地转用勘测定界234宗，非法用地、绿化工程等项目测绘任务1551.2亩；为玉树县国土资源局货币处置、以地换房工作提供图纸397张。宗地变更及空地补测、量算653宗；为援建单位红线放样1645点，控制测量18点，红线验线23点；为中建集团测制地形图35宗，完成落地项目竣工测量约130宗，完成道路竣工测量16条及管线竣工测量50千米。9月，对玉树灾区进行无人机航空摄影，辅助灾后重建；为省减灾委员会提供灾情防治所需数据。

做好促进东部城市群（海东）建设测绘保障服务工程的组织协调工作。积极与海东市以及国土资源、住房与城乡建设等部门沟通协调，为进一步推进成果应用和开展数字城市建设创造条件。

【公共服务】

青海省测绘地理信息局为西宁机场二期工程、格尔木机场、祁连机场等建设项目提供测绘服务；为S308玉树至不冻泉、花石峡至久治、德令哈至香日德、西三线等路段共2660千米公路网建设提供测绘服务；为青藏铁路（开心岭至拉萨段）、敦煌至格尔木铁路建设用地提供土地勘测定界测绘服务。为省委、省政府各部门提供挂图110幅，各类图册245本。为社会各界提供各种比例尺地形图5230幅，控制点成果2498点，提供各种数字化成果、航片合计1.29TB。

【应急保障管理】

青海省测绘地理信息局完善测绘应急预案，建立青海省公共应急地理信息系统、玉树地震应急地理信息系统、水库溃坝洪水演进分析系统，对应急事件处置及预案制定提供辅助决策。

科技、标准化与国际合作

【科技项目】

青海省测绘地理信息局结合2012年1:1万基础测绘任务，进行了自动化数据处理方案DEM自动匹配及等高线反演试验，试验结果达到预期目标，已在 2013 年度基础测绘中得到应用。参与完成的“国家西部测图工程关键技术及其应用”科技项目获 2013 年中国测绘学会测绘科技进步奖特等奖。

【科技创新体系建设】

青海省测绘地理信息局根据生产工作实际需求，建立了由多个部门业务骨干组成的科学技术创新与研究委员会，开展信息化测绘生产体系与服务体系建设，对生产中有创新、有突破的个人和组织给予奖励。开展青海大学加挂“青海省测绘仪器综合检定场”“青海省测绘地理信息行业职业培训基地”牌子的前期筹备工作。

【标准化工作】

青海省测绘地理信息局审核批准了《青海省基础地理信息数据生产与建库 1:1 万数据规定》，制定了“天地图·青海”地名地址数据库建设、电子地图配图、兴趣点采集等方面的一系列标准。积极参与国家标准和行业标准的制修订，组织宣传、实施测绘与地理信息标准；进一步加强对州（市）县测绘地理信息行政主管部门标准化工作的检查指导。

【国际合作】

在青海省测绘地理信息局的积极推动及配合下，青海省核工业地质局开展老挝人民民主共和国万象省杜拉贡县、甘蒙省他曲县境内钾盐矿控制与地形测绘工作；选送 1 人参加在荷兰举办的国际会议。严格按照国家相关规定申报、审批、组织、管理出国（境）团组及人员，未出现违规情况。

【人才培养】

青海省测绘地理信息局全年招聘 8 个专业 67 名事业单位工作人员。为引进高层次人才，出台了购房补助 3 万元等优惠政策。积极选派事业单位领导和技术负责人到武汉大学和国家测绘地理信息局参加专业技术和管理方面的培训，并以重大项目为依托培养、选拔、造就科技领军人才。组织局属各单位开展测绘专业知识、测绘管理等各类培训，将培训结果备案，列入年度目标考核。年内共 921 人次参加各类专业技术培训班。与武汉大学测绘学院共同举办测绘工程专业在职硕士学位研究生班。与青海大学进行了“产学研”合作意向框架协议书的商讨工作。推进科技创新，省基础地理信息中心“天地图·青海二期”入选青海省人才“小高地”建设单位。

至年底，全局有教授级高级工程师 2 人，国家测绘地理信息局青年学术和技术带头人 2 人，青海省国土资源厅系统优秀测绘专家 4 人，高级工程师 25 人，注册测绘师 6 人，人才引进和培养工作成效明显。

党的建设与文化建设

【党的群众路线教育实践活动】

青海省测绘地理信息局成立党的群众路线教育实践活动领导小组，建立联系点，7 月 26 日召开动员大会；统一购买、编印学习资料；采取党委成员辅导和局属单位、机关处（室）负责人重点发言相结合的方式，召开 9 次中心组学习会；利用一楼大厅电子显示屏、局门户网站、教育实践活动简报三大平台，宣传活动进展情况；拓展渠道，广泛征求意见建议，局党委成员分别深入到联系点、测区一线调研，召集离退休老干部、州市测绘地理信息主管部门、测绘行业单位等召开座谈会 12 场，800 多人（次）参加，征求意见、建议 71 条；坚持边学边查、立查立改，从 8 个方面整治“四风”方面问题。通过努力，群众反映强烈的就餐难、提升学历难、自行车停放难等问题得到有效解决，活动达到预期效果。

【党建工作】

深入学习贯彻党的十八届三中全会精神，进一步规范党委中心组学习制度；建立党员领导干部联系群众制度，广泛开展下基层交朋友活动；全面加强局机关党建工作及党组织建设，充实配备专职党建干部。局党委围绕发展测绘、服务社会的目标，深入开展文明单位创建活动，2013 年被省直机关工委命名为“省直机关文明单位”。

【党风廉政建设】

青海省测绘地理信息局认真贯彻落实中央八项规定和省委 21 条措施，制定出台改进工作作风、密切联系群众的意见，开展了风险防控，新制定和修订了公务接待、公车管理、财务管理、装备建设、财务报销的制度和规定，并制定制度落实督查办法，加强督促检查。在全局范围内开展“讲勤廉履职敲防控警钟”谈话活动，基本做到了谈话前有准备，谈话中有记录，谈话后有材料。组织全局副处级以上领导干部参加警示教育活动。全面开展会员卡清理工作。

【文化建设】

青海省测绘地理信息局党委举办首届主题为“辉煌测绘四十年”的测绘青年论坛，以“测绘、文化、青春、梦想”为主旋律，服务局测绘文化建设，提高测绘地理信息青年科技工作者的科技创新能力；结合地理国情普查开展岗位大练兵活动，组织全局技术能手参加岗位技能比赛，号召全局职工在本职岗位上争先创优，做出一流业绩；组织开展以“中国梦、劳动美”为主题的演讲比赛、“全民健身月”和“工间操”活动，组织全局女职工参加“三八”节爬山活动；举办第十六届测绘文化周，增强了职工的凝聚力和向心力，丰富了职工业余文化生活。上报中国测绘职工思想政治工作研究会重点课题4篇并通过，上报自选课题3篇，2篇被采纳。

地方社团工作

【青海省测绘学会】

青海省测绘学会组织完成2013年度青海省测绘学会优秀测绘科技奖、优秀测绘工程奖的评选工作。评出优秀测绘科技奖一等奖1项、二等奖2项；优秀测绘工程奖一等奖1项、二等奖2项。

3月18日，经青海省测绘地理信息局研究并经省文化和新闻出版厅同意，《青海测绘》杂志更名为《青海测绘地理信息》，该杂志是面向全省测绘地理信息行业的综合性内部刊物。全年共刊发4期，印刷2000册，社会效益良好。

青海省测绘学会推荐的2个项目获2013年全国优秀测绘工程奖银奖。

【青海省测绘与地理信息行业协会】

青海省测绘与地理信息行业协会开展2013年度测绘资质持证单位的信用信息征集、录入和汇总工作，配合行政管理部门做好信用信息评价工作，并向社会提供信用信息查询。配合省测绘地理信息局做好综合执法检查工作，开展2013年测绘地理信息事业诚信调查；举办全行业职业技能竞赛，共有16家单位34名选手参加选拔赛，选拔出3家单位的4名选手代表青海省参加全国测绘地理信息行业职业技能竞赛；配合省测绘地理信息局完成2013年全省测绘地理信息行业质量巡查；举办GNSS测量技术及坐标转换方法培训班；举办首届测绘地理信息行业职工男子篮球比赛。

宁夏回族自治区

概况

2013年，宁夏回族自治区国土资源厅（测绘地理信息局，以下简称宁夏国土资源厅）围绕宁夏经济社会发展大局，创新工作思路，确保工作落实，测绘地理信息各项工作有序推进。

截至年底，全区除固原市原州区外的所有市、县（区）国土资源局均加挂测绘地理信息局牌子，落实了测绘地理信息行政管理职能，配备了专（兼）职的行政管理人员。

组织完成固原市、中卫市数字城市地理空间框架建设的签约仪式和方案评审，完成固原市各种比例尺数据的生产。开展“天地图”省、市节点建设，增强“天地图·宁夏”在线动态服务能力。加快推进地理信息公共服务平台在政务领域的应用，与自治区政府应急管理办公室、水利厅、地震局等进行了地理空间数据交换和共享平台的推广应用。完成国家现代测绘基准体系建设宁夏境内3个站和宁夏现代测绘基准24个站的基础建设，6月底试运行提供二维位置服务。完成石嘴山市大武口区地理国（区）情普查试点工作。召开全区地理国情普查工作会议，对宁夏开展第一次地理国（区）情普查工作进展情况进行通报，对2014年开展地理国（区）情普查工作进行全面动员部署。

组织完成2013年测绘资质年度注册工作，完成全区79家资质单位信用信息的征集、审核以及信用评级结果的发布工作。印发《外省、区（市）测绘地理信息单位来宁备案登记管理办法》。完成全区测绘地理信息行政执法检查工作。

重点工作推进

【数字城市建设】

宁夏国土资源厅积极推进数字宁夏地理空间框

架建设。完成银川、石嘴山、中卫市1410平方千米0.1米分辨率的航空摄影测量。5月，与固原市政府签署《“数字固原”地理空间框架建设合作协议书》。11月，与中卫市政府签署《“数字中卫”地理空间框架建设合作协议书》。

【地理国（区）情普查】

8月，宁夏回族自治区政府印发《关于开展第一次地理国（区）情普查的通知》（宁政发〔2013〕82号），成立由分管副主席任组长，政府副秘书长和国土资源、统计部门主要负责人任副组长，相关厅（局）为成员单位的普查领导小组。成立领导小组办公室，组建专家咨询委员会。宁夏国土资源厅组织完成石嘴山市大武口区地理国（区）情普查试点工作，完成收集资料、编制普查方案、制作影像图、采集普查信息、开展外业调查与核查等工作。组织编写《宁夏第一次地理国（区）情普查实施方案》并通过审查。全年共组织宁夏国土资源厅40多人参加国家测绘地理信息局举办的5期地理国情普查培训班。组织开展宁夏第一次地理国（区）情普查培训，共70多人参加。召开全区地理国情普查工作会议，对宁夏开展地理国（区）情普查工作进展情况进行通报，对2014年开展地理国（区）情普查工作进行动员部署。

法制建设与市场监管

【测绘资质管理】

1月~3月，宁夏国土资源厅组织完成2013年测绘资质年度注册工作。全区参加年度注册单位共81家，通过注册77家，缓期注册4家，年度注册结果通过厅门户网站公告。缓期注册的4家中，2家整改后符合要求予以注册，2家被注销测绘资质。全年共受理办结新申请测绘资质6家，申请增加业务范围6家，资质信息变更单位11家。

5月10日，宁夏国土资源厅印发《外省、区（市）测绘地理信息单位来宁备案登记管理办法》，明确了外省（自治区、直辖市）测绘地理信息单位到宁夏备案登记的适用范围、需提供的各项材料及分级管理等内容。全年共受理办结25家外省（自治区、直辖市）测绘地理信息单位到宁夏备案登记工作。6月底，完成全区79家资质单位信用信息的征集、审核工作，通过测绘地理信息市场信用信息系统向社会公布2013年度测绘资质单位的信用评级结果。

【行政执法】

6月，宁夏国土资源厅成立了以分管厅领导任组长的全区测绘地理信息行政执法检查领导小组。向各市、县（区）国土资源局印发了《2013年全区测绘地理信息行政执法检查工作方案》。在全区各地全面自查、重点检查的基础上，9月，组成抽查组分别对5地级市国土资源局及8家测绘资质单位进行实地检查。对检查中发现的问题提出整改意见，责令限期整改。

【测绘法宣传】

8月，宁夏国土资源厅印发《自治区国土资源（测绘地理信息）系统2013年度“8·29”测绘法宣传周活动实施方案》。各市、县（区）国土资源局在当地开展宣传活动。据统计，全区各市、县（区）共悬挂各类横幅70条，制作宣传展板68个、宣传专栏27个，全区共设置广场宣传咨询点28个，发放各类宣传品1万多份。

基础测绘

【基础测绘生产】

宁夏国土资源厅完成中卫市至石嘴山市沿黄经济区1.2万平方千米1:1万基础地理信息数据更新工作；完成国家现代测绘基准体系建设宁夏境内3个站和宁夏现代测绘基准24个站的基础建设，6月底试运行提供二维位置服务；完成全区1:1万基础地理信息数据库升级改造工作。

【质量监督】

宁夏测绘产品质量监督检验站完成470幅1:1万地形图像片控制测量成果的内外业检验；完成148幅1:1万地形图外业像片调绘成果的质量检验；完成宁夏中北部土地开发整理重大工程项目中卫镇罗等17个项目区及高标准基本农田建设项目灵武农场等7个项目区的测绘成果检验；完成数字固原地理空间框架建设54.6平方千米1:500地形图测绘成果检验；完成宁夏国土资源动态监测基准站网（NXCORS）项目二等水准点的标石制作和埋石质量检查及宁夏第一次地理国（区）情普查大武口试点项目区质量检验工作；完成全区质量监督抽查彭阳测区的抽查工作。

宁夏测绘产品质量监督检验站全年共检定GPS接收机、全站仪、经纬仪、水准仪等各类测绘仪器1500多台（件）。5月，完成数字水准仪检测台的安装调试工作，启动数字水准仪的检定项目。

地图管理与地图服务

【“问题地图”查处】

宁夏国土资源厅组织开展了以查处“问题地图”为重点的测绘地理信息市场检查活动。会同区工商行政管理局、文化市场综合执法局等部门对银川市测绘地理信息市场进行了检查，发现4起违规登载地图问题并责令整改。对在银川举办的第五届中国西部（银川）房·车博览会及2013中国银川房地产交易博览会暨绿色家博会进行了专项检查，对检查中存在的问题提出整改意见，责令限期整改。

【国家版图意识宣传教育】

5月，宁夏国土资源厅会同经济和信息化委员会等14部门召开全区国家版图意识宣传教育和地图市场监管协调指导小组办公室联席会议。印发《2013年全区国家版图意识宣传教育和地图市场监管工作要点》，制订实施方案。8月23日，《宁夏日报》等区内6家主要平面媒体分别在显著位置刊发了宁夏国土资源厅撰写的《国家版图意识宣传教育活动答记者问》。自8月20日起，连续2个月在全区所有网吧电脑屏幕上显示国家版图意识宣传口号。宁夏国土资源厅门户网站开辟了“国家版图意识宣传教育工作专栏”，增强社会公众的国家版图意识。

测绘地理信息成果提供

2013年，宁夏国土资源厅为宁夏第一次地理国（区）情普查、西气东输、农村集体土地确权、基础测绘等重大项目和交通、水利、电力、煤炭等各行业提供各种比例尺地形图1495幅、各类控制点551个、航片卫片2996张（景）。

党的建设

【党的群众路线教育实践活动】

7月，宁夏国土资源厅组织开展党的群众路线教育实践活动，召开了动员大会，制定实施方案，成立领导小组和工作机构，厅系统42个党支部、639名党员参加。征求到对厅党组及领导干部“四风”方面意见建议320条，梳理归纳为7大类44条。厅党组召开专题会议，确定了立说立改的问题5个，专项整改的48个，需要建立长效机制解决的23个。

【党建工作】

宁夏国土资源厅充分利用中心组学习、专家辅导、道德讲堂、“我推荐我评议身边好人”、党建QQ群等平台对广大干部职工进行党的十八大精神、中国特色社会主义道路和社会主义核心价值观教育。共举办党的十八大精神专题辅导讲座10期，印发相关学习资料20多份，组织“学党章、守纪律”知识测试。

宁夏国土资源厅建立了厅党组统一领导、分管领导分工负责、部门具体落实、驻厅纪检组组织协调的党风廉政建设工作机制。自觉落实“一岗双责”，层层签定党风廉政建设责任书。认真贯彻落实党中央八项规定，精简审批事项，优化办事程序，提高工作效率。

地方社团工作

3月，宁夏测绘学会在银川召开2013年房产测绘经验交流会。4月，组织部分常务理事赴河南、山东调研学习。5月，向中国测绘地理信息学会报送优秀测绘工程奖评选材料，3个项目获2013年全国优秀测绘工程奖铜奖。7月，举办宁夏测绘学会2013年度注册测绘师考前辅导培训班，全区11家单位近30人参加。8月，召开2013年全区优秀测绘工程奖评选会议，评选出金奖1项、银奖4项、铜奖5项。10月，组织学会会员22人参加中国测绘地理信息学会第十次全国会员代表大会暨2013年学术年会。组织开展宁夏测绘学会先进集体暨先进个人评选表彰工作，共评选出先进集体7个、先进个人11人。11月，举办2013年全区测绘地理信息专业技术人员继续教育培训班，全区40家会员单位的216人参加。

新疆维吾尔自治区

概况

2013年，新疆维吾尔自治区测绘地理信息局（以下简称新疆测绘地理信息局）以深入开展党的群众路线教育实践活动为契机，积极推动地理国情普查、数字城市和新疆基础地理信息公共服务平台（“天地图·新疆”）建设与应用等重点工作，服务保障新疆跨越式发展。新疆测绘地理信息局在全国省级部门贯彻落实科学发展观2013年度测绘地理信息工作绩效考核中被评为特色工作创新单位。

新疆测绘地理信息局全年完成测绘服务总值13207.69万元，其中测绘生产单位完成服务总值9858.52万元。新疆财政投入基础测绘经费4300万元。完成1:1万基础测绘测图2213幅，成图面积约55325平方千米。落实国家“十二五”支持重点地区（新疆）基础测绘工程6个项目的2013年度中央预算内资金5600万元。13个城市开展数字城市地理空间框架建设，数字石河子、数字奎屯通过国家测绘地理信息局验收并投入使用，乌鲁木齐、克拉玛依、博乐、伊宁等地的数字城市建设工作加快推进。“天地图·新疆”节点数据覆盖、更新及应急、旅游、移动定位等应用项目积极推进，“天地图·石河子”“天地图·奎屯”顺利接入国家主节点。新疆第一次全国地理国情普查全面展开。

加强测绘地理信息统一监管，积极部署开展法制宣传、区域互联网地图专项整治、测量标志保护、测绘地理信息成果跟踪检查等工作。发布286家测绘资质单位测绘地理信息市场信用信息评级情况。全区各地开展测绘地理信息执法检查445次，重大专项执法行动21起，发现涉嫌违法行为6起，依法查处各类非法测绘案件4起。提升测绘地理信息服务保障能力，修订出台《自治区应急测绘地理信息保障预案》。启用新疆测绘成果目录汇交信息直报和查询系统。积极为自治区党委、政府、公安和武警等部门反恐维稳及自治区应急平台体系基础地理信息平台（二期）、公安警用地理信息平台建设、丝绸之路经济带建设提供基础地理信息保障。

重点工作推进

【数字城市建设】

新疆13个城市（含11个地级政府所在地城市）开展数字城市建设工作。数字石河子、数字奎屯通过国家测绘地理信息局验收并投入使用。乌鲁木齐、克拉玛依、博乐、伊宁等地的数字城市建设工作加快推进。积极协调推进国家测绘地理信息局统一建设的喀什市、和田市、阿克苏市等6个数字城市续建工作，其中，数字塔城已完成整个项目三分之二的工作任务；完成阿勒泰市、阿图什市数字城市续建项目建议书修改完善工作，督促昌吉市、吐鲁番市和哈密市申报立项。

【“天地图·新疆”建设】

“天地图·石河子”“天地图·奎屯”顺利接入国家主节点，开展“天地图·新疆”节点数据覆盖、数据更新、节点应用等工作。开展应急、旅游、移动定位等6个应用项目建设。库尔勒、克拉玛依、塔城节点完成调试，基于“天地图·新疆”的新疆基础测绘项目管理系统、乌鲁木齐市劳动保障监察网络化管理系统和奎屯市地价管理信息系统等应用系统建成并投入使用。计划每年筹措200万元资金用于“天地图·新疆”建设并争取财政专项经费支持。

【地理国情普查】

新疆维吾尔自治区第一次全国地理国情普查全面展开。区政府下发《关于做好第一次全国地理国情普查工作的通知》，成立以自治区党委常委、自治区常务副主席黄卫为组长，自治区党政军和武警、兵团系统等25个部门为成员单位的自治区第一次全国地理国情普查领导小组；印发《自治区第一次全国地理国情普查实施方案》；召开自治区第一次全国地理国情普查电视电话会议，建立健全普查工作机构，完成普查办组建工作，明确职责分工。新疆测绘地理信息局组织完成自治区第一次全国地理国情普查经费预算编制工作，经费总预算 3.2 亿元。加强地理国情普查宣传工作，制定印发《自治区第一次全国地理国情普查宣传实施方案》。积极做好自治区级综合培训准备工作，编制完成普查培训方案。加强新疆第一次全国地理国情普查与国家测绘地理信息局直属单位普查工作的协调机制建设，成立新疆第一次全国地理国情普查工作局际协调小组。推动地（州、市）、县（市）普查机构建设。积极协调新疆有关地州和相关部门，协助黑龙江、海南、陕西测绘地理信息局做好在疆承担的地理国情普查工作。承担完成克拉玛依市地理国情普查试点项目。

【机构建设】

新疆测绘地理信息局积极与自治区党委、政府及编制管理部门沟通，推动从根本上解决机构、职责、编制等影响和制约新疆测绘地理信息事业发展的问题。起草《各省测绘地理信息行政管理机构设置情况的汇报》《自治区地州市、县市两级测绘地理信息管理体制情况的汇报》及《关于恢复自治区测绘地理信息局正厅级规格、局属事业单位均列入公益一类的请示》。完成局机关、局属事业单位更名后的干部任免工作。

法制建设与市场监管

【行政许可事项清理】

新疆测绘地理信息局开展测绘行政审批制度改革工作，对自治区测绘行政审批事项进行清理。取消“测绘专业技术人员执业资格认定”行政许可事项，保留测绘资质审批等 8 项行政许可事项，规范测绘行政行为。

11 月，将“自治区行政区域内除国家审核公布的重要地理信息数据之外的其他重要地理信息数据公布前的审核”许可事项，上交自治区政府执行；将“测绘作业证审批”许可事项下放至各地、州、市测绘地理信息行政管理部门；合并“利用属于国家秘密的基础测绘成果的审批”和“对外提供属于国家秘密的测绘成果的审批”为“利用属于国家秘密的测绘成果的审批”，待自治区政府法制办公室审核批准。

【法制宣传教育】

4 月，新疆测绘地理信息局开展自治区第 10 个“宪法法律宣传月”系列活动。统一征订《反暴力讲法制讲秩序》法治书籍 170 册。邀请新疆依法治区讲师团成员作法治专题讲座。组织完成 2013 年公职人员学法考试，抽调 4 人参加自治区学法统一考试，组织局机关及局属 5 个事业单位 402 人进行学法考试。

8 月 29 日，全疆开展以“依法普查地理国情，测绘服务美丽中国”为主题的测绘法宣传日活动，乌鲁木齐设宣传主场地，15 个地（州、市）和 70 个县（市）共设立宣传咨询台 214 个，悬挂横幅 500 条，摆放宣传展板 340 块，发放测绘地理信息法律法规宣传单 8.3 万份，发送手机宣传短信 515 万条，印制 1.1 万份附带新疆旅游图的测绘法宣传材料，共有 220 多家测绘资质单位参与宣传活动。

【信用体系建设】

7 月，新疆测绘地理信息局首次发布全疆资质单位 2012 年 ~2013 年信用信息评级情况，对 286 家测绘单位（其中乙级 53 家、丙级 90 家、丁级 143 家）进行信用评级，评出 A 级 17 家、B 级 261 家、C 级 8 家，23 家测绘单位因成果质量及注册规定等原因被列入不良信息单位。

【行政执法】

新疆测绘地理信息局印发《2013 年自治区测绘地理信息行政执法检查工作方案》，组织全疆各地、州（市）测绘地理信息局开展测绘地理信息行政处罚案卷自查工作（其中登载和展示“问题地图”案件 1 起、破坏测量标志案件 3 起）。组织 12 名基层测绘行政执法人员参加国家测绘地理信息局举办的 2 期测绘地理信息行政执法人员培训。汇编《新疆维吾尔自治区测绘地理信息违法案例选编》。

【测绘资质管理】

新疆测绘地理信息局组织完成测绘资质单位年度注册工作，通过注册 309 家、缓期注册 26 家、注销测绘资质 2 家。审核批准测绘资质申请 20 家、资质升级 8 家、升级并增加业务 4 家、增加业务 3 家，审核办理测绘作业证 264 个，测绘资质信息变更 51 次。至年底，全疆共有测绘资质单位 365 家，其中甲级 15 家、乙级 60 家、丙级 103 家、丁级 187 家。

基础测绘

【测绘基准体系建设】

新疆测绘地理信息局开展全区 CORS 站踏勘、选址及测试工作，完成新勘选 50 个 CORS 站站点的踏勘选址工作。编写《新疆维吾尔自治区加快2000国家大地坐标系推广使用工作方案》。8月，完成2000国家大地坐标系基础地理信息数据转换软件的开发，实现新疆已有1∶1万、1∶5万、1∶10万、1∶25万数字线划图、数字正射影像图等基础地理信息数据从1980西安坐标系向2000国家大地坐标系的转换。全年共批准2县1市建立相对独立平面坐标系统。

【基础航空摄影】

新疆测绘地理信息局开展数字城市航空摄影2690平方千米，包括克拉玛依市1200平方千米、博乐市197平方千米、阿勒泰市67平方千米、昌吉市300平方千米、和田市346平方千米、喀什市490平方千米、阿图什市90平方千米；开展基础测绘1∶1万航空摄影43700平方千米，包括巴州14088平方千米、喀什地区4872平方千米、和田地区24740平方千米；获取博州边境地区8000平方千米卫星遥感影像。

【基础测绘测图】

2013年，新疆财政投入基础测绘经费4300万元。新疆测绘地理信息局与阿勒泰地区等12个地（州、市）签订1∶1万基础测绘项目实施协议，安排18个测区1∶1万地形图基础测绘2213幅，面积约5.5万平方千米。截至年底，完成全部外业工作，克州阿图什北测区、昌吉州天池测区、和田地区策勒东测区、巴州库尔勒北测区通过验收，其余测区在开展内业生产。

新疆测绘地理信息局组织开展1∶1万基础地理信息数据库整合升级工作。成立工作领导小组，组织编写实施方案和技术设计书。编写完成《1∶1万基础地理信息数据采集及符号展示方案》《1∶1万数字线划图数据库标准》和《基础地理信息数据库管理系统建设项目设计书》；开发完成符号化插件软件、入库数据转制图数据软件、质检软件；编写《新疆1∶1万基础地理信息数据库质检细则》。

【质量监督】

2月17日，新疆测绘地理信息局在局门户网站公示2012年全疆66家单位测绘地理信息成果监督检查结果，对10家不合格单位进行复检。12月16日，在新疆测绘地理信息局门户网站发布《2013年新疆维吾尔自治区测绘地理信息成果质量监督检查和定期检验结果公告》，定期监督检验项目批次合格的测绘单位42家，不合格13家。

新疆测绘地理信息局全年共完成新疆1∶1万地形图基础测绘项目验收14批次，1∶1000地形图测绘项目验收7批次，1∶500地形图测绘项目验收8批次，委托检验22批次，定期检验21批次，测绘地理信息成果监督检验34批次。截至10月底，检定各类仪器746台（套）。

【安全生产】

新疆测绘地理信息局先后向局属单位、外省到新疆测绘的单位下发《关于在全疆测区作业注意安全事项的紧急通知》等文件，组织参加自治区防灾减灾日活动，加强安全生产工作。局党组与局属各单位签订年度安全生产目标管理责任书，在重大节日前开展全局系统安全生产大检查。全年未发生安全生产事故。

地图管理与地图服务

【地图审核】

截至年底，新疆测绘地理信息局共受理审核地图57件372幅图，完成全年备案工作。共审批涉密测绘成果领用手续1365批次。

【地图市场监管】

新疆测绘地理信息局加大对地图市场违法违规行为监管力度。9月，在第三届“中国-亚欧博览会”期间，联合自治区有关部门、部分地州测绘地理信息管理部门，深入各展馆依法开展地图宣传品检查。

【国家版图意识宣传教育】

1月，新疆测绘地理信息局联合自治区新闻出版局开展面向全区新闻出版系统的国家版图意识宣传教育与地图市场监管专项行动，组织召开国家版图意识宣传教育活动动员大会，对自治区12家出版单位和自治区新华书店、乌鲁木齐新华书店的地图出版发行情况进行检查。4月，召开自治区国家版图意识宣传和地图市场监管工作会议，组织全疆各级测绘地理信息管理部门开展国家版图意识宣传教育“六进”活动。6月，与乌鲁木齐市友好北路友好新村东社区共同开展国家版图意识宣传教育“进社区”活动，与乌鲁木齐市邮政局联合开展国家版图意识宣传教育“进学校”活动。向沙区教育局所属学校赠送版图意识宣传册近千本。

【地图公共服务】

新疆测绘地理信息局全年为自治区党委、政府，为武汉大学、中国科学院，陕西测绘地理信息局等部门和单位提供各类地图产品近1600张（册）。为自治区招商发展局提供《新疆政区图》《新疆战略区位图》、14个地（州、市）行政区划的电子地图，为新疆塔什库尔干县、和布克赛尔县、富蕴县、乌恰县等地机场规划、资源开发无偿提供基础测绘成果数据、影像数据。为浙江省测绘与地理信息局测绘援疆无偿紧急提供阿克苏全境1∶1万1411幅、1∶5万792幅测绘成果数据。

测绘地理信息成果管理与应用

【成果管理与提供】

新疆测绘地理信息局全年接收基础测绘6个测区1∶500地形图1825幅、15个测区1∶1万地形图1626幅。全年完成组卷归档545卷，其中基础测绘274卷、基础测绘地形图资料1810幅、航摄像片6022片。

全年对外提供成果资料1196人次；提供地形图14684幅、控制成果11882点，提供各类测绘地理信息成果数据总量36.1TB。向各地（州）国土资源局提供20个测区1∶500地形图7153幅、6个测区1∶1万地形图1142幅。

【成果汇交】

9月，新疆测绘地理信息局完成2012年全疆268家测绘单位的测绘地理信息成果汇交工作，其中，整理、编纂测绘地理信息成果目录8类2320项，汇交目录在新疆测绘地理信息局门户网站上发布。

【涉密测绘成果检查】

3月，新疆测绘地理信息局举办新疆维吾尔自治区测绘地理信息执法培训班，各地（州、市）测绘技术人员共399人参加。制定印发《新疆维吾尔自治区涉密测绘成果跟踪检查方案》，重点对全区46家大宗用户单位进行检查。向北京、安徽等18个省局发出《协助开展涉密测绘成果跟踪协查函》，对外省58家单位2012年1月～2013年6月在新疆领取的共79批次成果进行跟踪协查。9月，抽调部分地（州）测绘管理干部组成专项检查组，开展涉密测绘成果跟踪检查。建立测绘成果核心涉密人员登记备案制度，登记备案人数达327人。

【测量标志管理】

新疆测绘地理信息局严格测量标志拆迁管理，全年共批准拆迁永久性测量标志6座（其中转报国家测绘地理信息局批准拆迁永久性测量标志1座，由自治区测绘地理信息局批准拆迁测量标志5座）。新疆财政投入400万元用于测量标志巡查保护。昌吉回族自治州奇台县、阿克苏地区库车县测绘地理信息局依法查处3起破坏测量标志案件。

【应急保障】

6月29日，新疆测绘地理信息局紧急制作全开版《乌鲁木齐市城区影像图》2套20幅送自治区党委；为新疆人防系统提供应急数据库建设，用于新疆人防应急管理工作。向自治区国土资源厅紧急提供1∶1万、1∶5万和1∶10万地形图数据资料，为科学分析地质灾害隐患点动态变化，实时把握灾害点二次威胁和及时开展地质灾害防治勘查救援工作提供服务保障。

【共建共享】

新疆测绘地理信息局向自治区公安厅提供警用地理信息平台所需基础测绘成果数据、影像数据；向自治区政法委提供新疆维稳指挥中心地理信息平台所需基础测绘成果数据；组织测绘单位完成60平方千米1∶1000地形图全野外测绘，为口岸建设环境保护局研建地形图数据管理查询系统，为口岸的2个街道办事处建立数字社区综合管理系统。

科技创新与人才培养

【科技创新】

新疆测绘地理信息局主要开发了2000国家大地坐标系数据转换系统、克州国土资源局三维矿产展示系统、辽塔新区三维规划辅助决策系统等，开展利用地理国情遥感监测关键技术监测棉花生长情况的研究等科技创新工作。

【科技奖励】

新疆测绘地理信息局承担完成的多个项目获得奖励，其中，“伊犁地震灾后重建1∶1000地形图基础测绘项目”获2013年全国优秀测绘工程奖银奖，“警用三维地理信息系统平台建设项目”获铜奖。“阜康市九运街镇和滋泥泉子镇农业综合服务基础地理信息平台建设项目”获2013年中国地理信息产业优秀工程奖铜奖。

【人才培养】

新疆测绘地理信息局选派1名副处级干部赴河南省测绘地理信息局挂职；2人参加区直机关工委

党校学习培训；1名处级援疆干部继续在新疆第二测绘院挂职。开展部分处级领导岗位竞争上岗工作，提拔任用8名处级干部；对局机关及事业单位7名处级领导干部进行轮岗交流和职务调整。组织局属事业单位面向社会公开招聘26人。

【教育培训】

新疆测绘地理信息局全年举办各类培训班7期，798人次参加。面向行业单位开展测绘专业继续教育培训，398人次参加。组织全疆408名专业技术人员参加注册测绘师考试。完成自治区测绘行业及大中专院校在校生职业技能鉴定培训，275人参加，248人通过鉴定并取得证书。举办1期行政执法培训班，125人参加。组队参加第三届全国测绘地理信息行业职业技能竞赛，4名选手均获“全国测绘地理信息行业技术能手”称号，新疆测绘地理信息局获优秀组织奖。

制定出台《自治区测绘地理信息局青年学术和技术带头人培养管理办法（试行）》，共7人担任局级科技带头人。2名专业技术骨干入选国家测绘地理信息局青年学术和技术带头人。选派2名专业技术人员到国家测绘地理信息局属事业单位学习，引进7名专家到新疆测绘单位指导生产技术。在国家测绘地理信息局的大力支持下，在乌鲁木齐举办武汉大学工程硕士研究生课程班，全疆共58名测绘地理信息系统技术骨干、管理干部参加课程培训。

党的建设与文化建设

【党的群众路线教育实践活动】

7月30日，新疆测绘地理信息局召开党的群众路线教育实践活动部署会。印发活动实施方案，通过多种渠道征集群众意见建议，共征集9方面97条，确定了7个方面21条整改措施。出台《局机关党员和干部联系基层群众暂行规定》，使教育实践活动形成长效机制。

【党建工作】

新疆测绘地理信息局组织党员干部学习党的十八大精神，加强党员理论武装。组织观看学习贯彻党的十八大精神专题录像讲座，举行党员干部十八大精神和新党章及测绘知识闭卷考试。加强学习型党组织建设，举办形势政策、心理健康、文明礼仪、法律法规和测绘新技术等学习讲座，开展“阅读-新航程”读书活动。开展社区共建活动，组织干部到社区讲授国家版图知识，与社区居民联合开展“庆七一欢乐社区行”文体活动。召开直属机关党委换届党员大会，选举产生自治区测绘局第三届直属机关党委。召开局系统2013年党风廉政建设工作会议，局党组与局属各单位签订《新疆测绘地理信息局2013年党风廉政建设责任书》，组织开展自治区第15个党风廉政教育月活动。

【文化建设】

新疆测绘地理信息局与新疆人民广播电台继续联办《测绘之声》栏目，宣传测绘地理信息法规政策及成果应用。组织全局职工开展自治区第12个公民道德建设月和第31个民族团结教育月活动。举办6期“道德讲堂”。组织全局团员青年开展“欢度五四唱响青春”歌咏比赛。组织开展“西域测绘情”摄影比赛、“我的测绘梦”诗歌散文比赛等系列活动。开展测绘行业核心价值观的提炼征集活动，全局干部职工200多人参加。5月13日，组织召开基础测绘成果服务新疆经济社会发展新闻发布会，全疆23家媒体近30名记者报道了自治区基础测绘自1998年实施以来取得的成绩及其成果服务新疆经济社会发展情况。在全局范围内组织开展“最美测绘人”推荐评选活动，3人被评为“最美测绘人”。新疆测绘地理信息局开展自治区级精神文明单位创建工作，连续第12年保持自治区级文明单位称号。自治区第二测绘院遥感分院获团中央“全国青年文明号”称号，自治区第二测绘院禁毒防艾志愿者扎依旦·吐尔逊获第三届全国“十大民间禁毒人士”称号；4家单位保持自治区级“青年文明号”称号；创建或继续保持5个自治区级“巾帼文明岗”称号。局系统全年在各种媒体发表新闻稿件700多篇，向自治区党委、政府报送政务信息100条。

地方社团工作

【组织建设】

新疆测绘学会按照章程取消4家会员单位资格，吸收3家会员单位，表彰20家会员单位为2012年度先进单位，调整《新疆测绘》编委会，修订工作职责，完成新疆测绘学会联系人重新登记工作。

【学术交流】

3月23日~24日，新疆测绘学会在自治区党校举办GNSS测量技术及坐标转换方法培训班，全疆41家单位70名专业技术人员参加。6月20日，与北京超图软件股份有限公司在乌鲁木齐联合举办“三维美丽中国移动智慧城市”GIS自主创新与应用研讨会，160人参加。12月16日~20日，在乌鲁木齐举办全国地理国情普查省级综合培训班，全疆102人参加。12月21日~22日，在乌鲁木齐举办地理信息标准暨控制测量新技术培训班，110多人参加。

组织会员单位向中国测绘地理信息学会报送9个项目参加2013年全国优秀测绘工程奖评选工作，其中2个项目获银奖、4个项目获铜奖。

【科普培训】

3月，新疆测绘学会、新疆测绘行业协会在乌鲁木齐举办全区测绘技术人员继续教育培训班，全疆各地（州）398人参加。在“8·29”测绘法宣传日当天，采取多种形式普及和宣传测绘科普知识。向自治区科协提交《你了解“天地图”吗?》《地图的起源与发展》2篇科普文章。

新疆生产建设兵团

概况

2013年，在国家测绘地理信息局、新疆生产建设兵团党委的领导及自治区测绘地理信息局的业务指导下，新疆生产建设兵团国土资源局（以下简称兵团国土资源局）协调兵团勘测规划设计研究院（集团）有限责任公司等相关测绘单位，认真落实2013年基础测绘计划，完成测绘项目56项，产值4000万元。其中大中型项目10个（包括基础测绘项目1个、工程测绘项目7个、地理信息项目2个），为兵团在屯垦戍边新型团场建设和重大工程建设方面提供了重要的保障和支撑。

法制宣传

根据国家测绘地理信息局《关于开展2013年全国测绘法宣传日活动的通知》，兵团国土资源局及时下发通知，在全兵团范围内开展测绘法宣传日活动。测绘法宣传日期间，全兵团共设立宣传站14处、制作宣传板报239块、悬挂宣传横幅165条、散发宣传材料1.2万多份，接受相关咨询100多人次，发送公益短信13万多条，取得良好的宣传效果。

基础测绘

【规划与计划】

兵团国土资源局积极与兵团发展和改革委员会配合，协调兵团勘测规划设计研究院（集团）有限责任公司等相关测绘单位制定了兵团2014年基础测绘计划。

【基础测绘项目】

兵团国土资源局加强以GPS控制网建设、高程控制测量为主的基础测绘项目建设，落实基础测绘计划各项任务，共完成高程控制测量四等水准580千米，平面控制测量C、D级GPS控制点186点；完成兵团南疆三地州垦区团场城镇化建设1:1000地形图测绘86平方千米344幅图；完成兵团第三师、第十四师1:1000地形图航空摄影190平方千米。

【重大工程测绘项目】

2013年，兵团国土资源局完成的重大工程测绘项目主要包括和田地区皮山县2万亩土地平整设计项目，塔什库尔干（米斯克尼水电站）项目，云南红河州1:1000地形图测绘项目，农五师奎屯河新龙口电站（二期电站）工程测量项目，第十三师巴木墩引水工程测绘项目，第三师图木舒克市及第十师北屯市信息管理系统建设项目。

【科技创新】

兵团勘测规划设计研究院（集团）有限责任公司在“塔什库尔干（米斯克尼水电站）项目”中首次采用三维激光扫描系统测绘1:2000地形图，提高了山区地形图测图精度及效率。

兵团勘测规划设计研究院（集团）有限责任公司天地纵横QC小组获2013年度自治区工程建设（勘察设计）优秀QC小组评选优秀奖。被中国质量协会、中华全国总工会、中华全国妇女联合会及中国科学技术协会共同命名为2013年全国优秀质量管理小组。

党的建设与文化建设

【党的群众路线教育实践活动】

根据新疆生产建设兵团的部署，兵团国土资源局党的群众路线教育实践活动取得明显效果，获得兵团督查组的认可。针对全局干部职工和基层提出的突出问题，立查立改。根据老干部提出的意见建议，出台了《兵团国土资源局党组关于进一步加强老干部工作的意见》；对局会议进行清理，出台《进一步规范兵团国土资源局会议的通知》；按照办公用房规定标准，主动调整办公用房；广泛征求机关干部职工的意见，进一步规范了局休假制度；在局办公场所设立触摸屏，将审批程序、收费标准、各处室位置分布和职责、报件审批进程等进行公开、公示，方便办事人员查询；加强与各师党委的沟通协调，增进了解，为基层人员解决后顾之忧。

【党建工作】

兵团国土资源局召开党总支专题会议，讨论制定了《兵团国土资源局党总支2013年度学习计划安排》，全年局党总支组织全体党员干部上党课4次，局中心组学习5次。对所属党支部进行了换届选举，对党总支委员进行了增补；结合换届新进人员较多的情况，协调兵直党工委派专人对各级支委及党小组长进行党务知识授课。

【党风廉政建设】

兵团国土资源局认真组织开展党性党风党纪、理想信念等教育，制定《兵团国土资源局第四个廉政文化建设活动月实施方案》，局党总支与各党支部签订党风廉政建设责任书，局领导与局各处室、直属单位签定党风廉政建设责任书，分解落实责任制。结合实际，下发《关于开展转变作风服务基层调研活动的通知》，组成10个组，3月6日~20日，赴13个师（建工师除外）开展调研工作，贴近基层、贴近群众、贴近一线主动服务。开展清理楼堂馆所，禁止用公款购买赠送月饼、贺卡、年货，清理公务人员兼职等活动。全局副处级以上干部填报了收入、福利、投资、配偶子女从业等情况。

【文化建设】

兵团国土资源局党组印发《关于加强兵团国土资源文化建设的意见》。3月，结合创先争优活动，对年度兵直机关各类先进、优秀个人和集体予以通报表彰。4月，组织局青年干部开展“我为国土献一计”活动，通过演讲形式征集意见和建议20多条。“七一”期间，组织局机关党员干部深入137团边境牧场阿吾斯奇，学习全国优秀党员项瑞芝和“兵团戈壁母亲”陈月香先进事迹。9月，组织全局党员干部前往兵直222团开展“情系基层，强身健体”徒步健身活动，与222团领导座谈，征求党建方面的意见及建议。至年底，全局在省部级以上报纸发表稿件20篇，编撰兵团国土资源工作简报31期，制作局走廊宣传板5块，更新局门户网站稿件600多篇。

青岛市

概况

2013年，青岛市测绘地理信息工作以“强平台、扩服务、推监测、优结构、壮企业、建强市”为指导，以“心系测绘，保障发展”为服务理念，积极探索成果推广应用渠道，加强测绘市场监管，取得多项突破。

数字青岛地理信息公共服务平台项目通过国家测绘地理信息局组织的验收；全面推进7个县级市数字城市建设，其中数字城阳已建成并上线运行，测绘地理信息保障能力和服务水平进一步提高。全年基础测绘投入4664.2万元，其中市本级投入4382万元；开展近海1:5000水下地形图测量项目。青岛市第一部综合性规范测绘地理信息市场秩序的政府规章《青岛市测绘地理信息管理办法》于7月1日正式颁布施行，实现了测绘地理信息法规建设新突破。开展测绘地理信息市场监督检查和涉密地理信息成果检查，建立地理信息市场信用体系，推动测绘单位加强自律建设，测绘地理信息市场更加规范。测绘专业技术人员构成稳定，全市测绘服务总值持续增长，2013 年测绘服务总值达 5.05 亿元，全市测绘地理信息行业呈现蓬勃发展势头。

重点工作推进

【数字城市建设】

4 月 19 日，青岛市地理信息公共平台建设项目通过国家测绘地理信息局组织的验收，同日，召开数字平台成果发布会。青岛市地理信息公共平台已在国土、规划、房产等多个政府部门广泛应用，建成了青岛市保障性住房建设管理监控系统、青岛市停车收费数字查询系统、青岛市全员人口和计划生育管理 GIS 系统等 30 多个业务应用系统。全面推进县级市数字城市建设，其中城阳区已完成公共平台建设，崂山区、莱西市、平度市、黄岛区启动数字城市建设工作。

【“天地图·青岛”建设】

青岛市国土资源和房屋管理局组织完成“天地图·青岛”网站建设，与“天地图·山东”省级节点和“天地图”国家级主节点实现了互联互通，基于市级节点建设 10 多个专业系统。完成覆盖市区范围的 18 级～20 级矢量地图和 41 万条地名地址数据，市民可通过互联网直接访问“天地图·青岛”，获取平台提供的医疗、旅游、购物、交通等在线地理信息服务。

【地理国情普查】

青岛市召开全市地理信息成果共享会议，为地理国情普查提供数据成果。12 月，召开全市各委办，市直单位、部门第一次全国地理国情普查工作协调会，传达国家测绘地理信息局和山东省国土资源厅关于做好全国地理国情普查工作的会议精神及市领导批示，对青岛市专题资料收集提供事项进行部署，已完成 19 家单位专题资料收集工作。

法制建设与市场监管

【法制建设】

3 月 25 日，青岛市政府第 21 次常务会议审议通过《青岛市测绘地理信息管理办法》，5 月 2 日，以市政府令第 226 号发布，自 7 月 1 日起施行。

【市场监管】

青岛市国土资源和房屋管理局开展测绘地理信息市场综合行政执法工作，结合测绘地理信息成果质量监督检查、测绘项目登记成果及测绘资质监督检查，对测绘单位 2013 年完成的测绘项目成果质量、测绘资质管理制度执行情况、测绘项目招投标、测绘项目登记备案情况、测绘成果和档案管理制度落实情况等内容进行全面检查，历时 4 个月，抽查单位 18 家，抽查率达 21%。从检查情况看，青岛市测绘地理信息市场总体状况良好，无重大违法违规案件。存在的主要问题是部分测绘单位技术人员流动较大、未及时补充专业技术人员，个别单位超越资质等级许可范围进行市场作业，已责令限期整改。

【测绘法规宣传】

青岛市国土资源和房屋管理局着重做好依法行政和普法宣传工作，普法宣传经费列入年度经费预算并专款专用。“8·29”测绘法宣传日，围绕“依法普查地理国情，测绘服务美丽中国”宣传主题，以《青岛市测绘地理信息管理办法》为宣传重点，通过制作展板、悬挂横幅、在电子屏滚动播放宣传口号、发布微博、发送宣传短信、安排专家答疑等形式开展宣传。发放《青岛市测绘地理信息管理办法》宣传页、国家版图知识宣传页及各种地图等资料 800 多份，发送公益短信 5000 多条，摆设宣传展板 10 个。

【国家版图知识宣传教育】

青岛市国土资源和房屋管理局开展国家版图知识进社区活动，联合青岛八大关街道、红岛路社区工作人员，为社区居民、物业公司员工讲述国家版图知识，发放国家版图知识地图、读本及宣传页 1000 多份。

【测绘资质管理】

青岛市行政审批服务大厅全年共受理、初审新申请测绘资质单位 5 家，测绘资质升级 3 家，受理业务范围变更申请 20 家，全部按要求实行测绘资质网上审批。青岛市国土资源和房屋管理局组织开展乙级以下测绘单位测绘资质年度注册工作，根据测绘资质监督检查结果，对 80 家乙、丙、丁级测绘单位的注册材料进行核实，同意注册 76 家，缓期注册 4 家。

截至年底，青岛市测绘资质单位共 90 家，其中甲级 4 家、乙级 16 家、丙级 27 家、丁级 43 家。

【信用体系建设】

青岛市国土资源和房屋管理局组织完成全市测绘资质单位信用信息的征集、记录、核查、上报工作，信用信息评价结果将作为基础测绘项目招标、资质升级、表彰评优等方面的重要参考条件。

基础测绘

【基础测绘计划】

青岛市国土资源和房屋管理局会同市发展和改革委员会编制《青岛市2014年基础测绘计划》。主要任务是开展数字莱西、数字平度、数字黄岛3个县级地理信息公共平台建设，开展崂山区、开发区698平方千米1:2000地形图、正射影像图、数字高程模型的测绘、更新与建库工作，即墨市、平度市、莱西市主城区185平方千米1:500地形图的测绘、更新与建库工作。

【海洋测绘】

青岛市国土资源和房屋管理局组织完成“全市沿海1:5000水下地形图测量”项目，按照国家、行业统一技术规范及标准，利用机载激光雷达、船载三维激光扫描等先进测绘技术手段，完成全市近海2164平方千米1:5000水下地形图测绘，沿海岸线向海2千米范围内39个海岛、浅滩和暗礁等海域现状测量，沿海岸线陆地部分1:5000地形图修测，实现了陆海大比例尺地形图全覆盖，该项目完成2000国家大地坐标系、理论深度基准和1980西安坐标系、1985国家高程基准4套成果。

【质量监督】

青岛市国土资源和房屋管理局下发《关于开展2013年全市测绘地理信息成果质量监督检查的通知》，采取市区管理部门和质检专家联合、委托山东省测绘产品质量检验站内外业检查的方式，共检查测绘项目84个，4家单位成果质量整改后合格，合格率100%。

测绘地理信息成果管理与应用

【成果提供】

青岛市行政审批大厅全年完成测绘地理信息成果提供审批12件，为全市部门和企业提供基础测绘地理信息成果5507幅、控制点成果41点。

【成果管理】

青岛市国土资源和房屋管理局完成2013年测绘项目登记和成果汇交工作，汇交测绘地理信息成果84项。举办全市涉密测绘成果管理人员保密培训，各区市国土资源局、测绘资质单位共130多人参加。9月~10月，青岛市国土资源和房屋管理局组织开展全市涉密测绘成果跟踪检查工作。在29家领取涉密成果单位自查的基础上，重点抽查4家，检查活动共涉及1164幅图，发出整改通知书1份。基于青岛市地理信息公共服务平台的21项典型应用案例被山东省国土资源厅收录到《地理信息公共服务平台典型应用案例汇编》，全市36个部门单位提供了共享数据。

【测量标志保管】

青岛市国土资源和房屋管理局根据青岛市新的行政区划调整，指导督促高新区、保税港区国土资源分局建立测量标志档案，完善测量标志管护制度，现场对测量标志进行移交、查验。针对青岛市危旧房改造和新型农村建设等重大工程，下发《关于进一步加强测量标志管护工作的通知》，加大对拟规划区域标志点巡查力度和宣传力度，做到提前预防、提前保护。积极推进测量标志确权发证工作，已完成测量标志用地权属登记发证45个。

【应急保障】

11月，青岛市国土资源和房屋管理局启动测绘应急保障预案，组织开发区分局、青岛市基础地理信息中心等单位，为青岛开发区中石化黄潍输油管线爆炸事故处理绘制开发区局部工作用图6幅、影像图6幅、1:2000地形图71幅，为抢修和重建提供了保障。

文化建设

青岛市国土资源和房屋管理局在全市测绘地理信息行业开展以“心系测绘保障发展”为品牌理念的“让群众顺心、让企业宽心、让区市放心”的“三心”服务活动。先后18次深入区市、企业，组织开展品牌文化口号征集活动，“测神州山河绘美好家园”口号获一等奖。组织测绘地理信息高新技术知识培训班、国家测绘地理信息局测绘科普基地考察等12项服务企业活动。

大连市

概况

2013 年，大连市测绘地理信息事业蓬勃发展。按计划开展现有测绘地理信息成果向 2000 国家大地坐标系的转换工作，完成数字大连地理空间框架建设、地形图更新、地理信息数据更新、测量标志普查和行业管理等各项工作。全年共受理各类文件、报件 667 件，全部按时办结，办结率 100%。为 2 家单位 4 个项目申领使用国家秘密测绘成果出具证明函。为规划、城建等 5 家单位提供 6 项基础测绘成果资料。对 1 家外阜到大连测绘项目进行备案。完成《2012 年测绘行业统计年报》《2013 年测绘统计季报》等填报工作。

重点工作推进

【数字城市建设】

11 月 20 日，数字大连地理空间框架建设试点项目通过国家测绘地理信息局验收。该项目充分整合大连已有成果数据，及时更新变化区域地形图、影像图，开发数字大连地理信息公共平台、“天地图 · 大连”及城乡规划编制管理、公安智能卡点堵截指挥等 14 个应用示范项目。该项目建立了覆盖全市域、多尺度、多类型的地理空间框架数据。

【2000 国家大地坐标系转换】

大连市规划局继续推进现有成果向 2000 国家大地坐标系转换，完成大连市 350 平方千米 1∶500 DLG、金州以南 1329 平方千米 1:2000 DLG 数据库等成果转换工作。

法制建设与市场监管

【法制宣传】

7 月，大连市规划局下发《关于开展测绘地理信息保密知识答题活动的通知》，在全市测绘地理信息系统开展保密知识答题活动，共回收试卷 511 份，有效提高了测绘人员学习宣传测绘法的热情。8 月 28 日 ~9 月 3 日，大连市规划局围绕“测绘法修订颁布 11 周年暨《辽宁省测绘市场管理办法》颁布实施 1 周年”宣传主题，在全市范围开展“测绘法宣传周”活动。活动期间，在国土资源部、国家测绘地理信息局、辽宁省测绘地理信息局、大连市规划局门户网站及各区（市、县）政务网站发布测绘法宣传信息 8 篇，设置宣传点、咨询站 27 个，设置宣传拱门 24 个，张贴宣传画 100 张，悬挂大型主题宣传条幅 150 多幅，发放宣传单及资料 5000 多份，为群众提供咨询 260 多人次。

【依法行政】

大连市规划局组织全市测绘地理信息行政主管部门 9 人参加辽宁省测绘地理信息局举办的测绘执法培训，经考试合格，领取执法证件。开展行政执法检查，组织测绘管理部门和 102 家测绘单位进行自查，自查率达 100%，在自查基础上深入 35 家单位进行抽查，抽查率达 34%。从自查和抽查情况看，全市各级测绘管理部门依法行政情况良好，未发现有法不依、执法不严、违法不究等行为。102 家测绘单位上报的自查报告中，无举报或反映测绘管理部门违法乱纪等行为，无上访、行政诉讼、复议等问题发生。

【测绘资质管理】

大连市规划局完成全市 96 家乙、丙、丁级测绘单位 2013 年度资质注册初审、转报工作。应参加注册单位 94 家，其中乙级 26 家、丙级 51 家、丁级 17 家。全市缓期注册 6 家、核减业务范围 14 家、降级 2 家、注销测绘资质 1 家。此外，完成 2 家丙级单位资质申请、2 家丙级单位晋升乙级、7 家业务增项、4 家法人变更、4 家地址变更、1 家名称变更和 1 家资质注销等工作。

基础测绘

【中心城区 1:2000 数字线划图更新】

2013 年，大连市规划局在“十一五”基础测绘成果基础上，启动并完成了中心城区 1:2000 数字线划图更新及入库工作。

【普湾以北 0.2 米分辨率航空摄影测量】

大连市规划局在完成普湾新区以南 0.2 米分辨率航空摄影的基础上，启动并完成普湾新区以北 0.2 米分辨率航空摄影工作，面积约 7350 平方千米，覆盖瓦房店市、普兰店市、庄河市等区域，为普湾以北区域的城市规划、工程建设提供保障。

地图出版与地图服务

大连市规划局出版《大连市域影像地图集》《大连市地图册》，详细标注了各级政府机关、社会团体及道路交通等地理信息。为 29 个政府机关和单位提供大连市各类卫星影像图、政区地图、正射影像图等 72 幅。

测绘地理信息成果管理与应用

【成果汇交】

大连市规划局组织完成测绘地理信息成果汇交工作，全市 98 家单位共上报测绘地理信息成果 1835 项。

【测绘成果质量检查】

大连市规划局组织开展测绘成果质量和档案保密管理“两项考核”复核工作，在各单位自查基础上，与区（市、县）测绘管理部门联合对中山区、西岗区、沙河口区等地 30 多家测绘单位进行抽查，抽查率达 30% 以上，合格率 100%。组织由辽宁省测绘地理信息局确定的 11 家丙级测绘资质单位开展测绘成果质量自查，同时将相关文件在政务网站发布，要求全市测绘单位全面自查。9 月 10 日 ~ 13 日，配合辽宁省测绘地理信息局对 4 家丙级单位成果质量进行检查，对新升乙级的 6 家单位质量管理情况进行考核。

【涉密测绘成果管理】

大连市规划局组织 2013 年申领使用基础测绘成果的 4 家单位、申领使用涉密成果的 1 家单位和全市 102 家测绘单位进行涉密测绘成果自查，自查率达 100%。8 月，深入上述 5 家单位和 35 家测绘企业进行抽查。从检查总体情况看，全市涉密测绘成果使用及管理情况良好，未发现重大隐患和安全问题。

【测量标志普查】

大连市规划局在“十二五”期间全市首轮测量标志普查工作基础上，继续开展金州以南区域全市第二轮测量标志普查维护，共普查测量标志 145 个，其中 GPS 测量标志 20 个、水准测量标志 125 个。

【应用系统建设】

大连市规划局组织完成大连市道路交通标志标线管理信息系统建设。开展大连环卫作业车辆 GPS 智能监管指挥系统（测绘部分）建设，对大连市中山区、西岗区、沙河口区及甘井子区部分区域共 185 平方千米范围内的环卫垃圾点进行分批次实地测量普查，涉及各类垃圾箱、垃圾桶及公厕、旱厕等信息约 2.1 万个。完成土地储备中心地理信息系统建设。

【地名普查后续服务及推广应用】

大连市规划局在 2012 年第二次地名普查基础上，为各区（市、县）提供地名目录、地名成果表、地名标准化表、地名标志表、地名工作图等成果、资料 11 万份。同时，将最新地名普查成果应用于大连市地理信息公共平台，扩大了地名普查成果的应用范围。

【为大连市政府职能部门服务】

2013 年，大连市规划局继续推动政府职能部门对基础测绘成果的应用和开发工作，为市环保局、公安局城建档案馆、房地产档案馆、住房保障中心等单位提供大量基础测绘成果和地理信息专题数据。

科技创新与人才培养

【获奖情况】

大连市测绘院实施的“大连市现代测绘基准体系建设”项目获 2013 年中国测绘学会测绘科技进步奖二等奖，“基于 ADS80 的 1:2000 数字线划图三维测绘及入库”项目获 2013 年全国优秀测绘工程奖银奖。“基于大连市地理信息公共平台的水源环境保护信息系统建设研究”项目获辽宁省测绘科技进步奖一等奖，“基于卫星遥感技术的《大连市域影像地图集》编制”项目获二等奖，“基于地理信息公共平台的《大连市地图册》编制”与“基于 DLCORS 和地理信息公共平台的全国第二次地名普查”2 个项目分获三等奖。“大连市 1:500、1:2000 数字线划图更新”项目获省优秀城乡规划设计（城市勘测类）一等奖，“大连市新农村 1:1000 数字线划图测绘”与“基于大连市地理信息公共平台的土地储备中心地理信息系统”2个项目分获二等奖。《大连市域影像地图集》与“大连市大范围快速地形三维建模的探索”分获辽宁省自然科学学术成果三等奖。

【业务交流】

大连市规划局积极支持全市测绘技术骨干参加中国测绘地理信息学会2013年综合学术年会、第二届全国激光雷达大会、第七届海峡两岸测绘发展研讨会等学术会议及技术培训，不断拓宽技术人员视野和思路。

党的建设

【党的群众路线教育实践活动】

大连市规划局党委组织局机关12个支部、73名党员深入开展党的群众路线教育实践活动。成立活动领导小组，召开动员大会，印发活动实施方案和局领导班子成员开展活动工作方案。全局党员干部深入学习习近平总书记一系列重要讲话和《论群众路线》《教育实践活动文件选编》《厉行节约、反对浪费》等书目，紧密联系思想实际进行思考。局领导班子成员到12个局属单位和区（市、县）规划部门调研，向全市城建部门、服务对象和社区发放征求意见函130多份，共征求意见、建议92条。研究制定教育实践活动整改方案、制度建设工作计划，为整改落实奠定了基础。

【党建工作】

大连市规划局党委邀请市委党校教授作十八大精神、新党章辅导讲座；组织机关各支部学习讨论7次，查摆“四风”问题，制定整改措施；组织党员干部学习先进事迹；组织25人参加各类学习培训，组织市局系统108名公务员参加网上在线学习考试；组织市局系统150名党员开展进社区服务活动；市局处级以上领导干部签订《党风政风廉政建设承诺保证书》，落实“一岗双责”；组织学习贯彻廉政准则，观看《“四风”之害》等廉政教育片；认真落实中央八项规定和《党政机关厉行节约反对浪费条例》，开展公务用车、办公用房、因公出国专项治理。

宁波市

概况

2013年，宁波市测绘与地理信息局扎实开展各项测绘地理信息工作，加强行业统一监管力度，实施基础测绘、海洋测绘，推进地理信息共享服务平台建设与应用，启动地理国情普查工作。全市共投入测绘类财政资金7233万元，其中，市本级投入3309万元。完成1座海岛参考站建设，880座大地控制点的建设与维护，900千米的高程控制网建立与维护，665座重点测量标志的保护工作，3884平方千米基本地形图的测绘与更新，96平方千米三维数字地图的测制与更新，964平方千米水下地形图测制，3100平方千米海岸带及滩涂雷达数据处理。完善基础测绘体制机制建设，推进县（市、区）基础测绘计划与财政投入体制机制的规范化建设；提升基础测绘项目深度，强化项目管理，建立基本比例尺地形图的动态更新机制，推进全市CGCS2000成果建设，丰富基础地理信息共享服务平台数据资源；深化数字宁波地理空间框架建设，完成智慧城市时空信息云平台建设试点申报并获批，“天地图·宁波”通过国家测评并正式上线运行；启动地理国情普查工作，成立普查机构，落实普查专项经费，测绘保障能力和服务水平进一步提高。

重点工作推进

【地理空间构架建设】

智慧城市时空信息云平台建设国家试点获得批准。宁波市测绘与地理信息局加快推进市县统筹建设，采取将市级成果免费移植区（县）、统筹建设市县一体化“天地图”建设模式，完成全市主要区（县）数字城市建设立项，数字奉化、数字鄞州相继建成，数字镇海、数字宁海、数字北仑按计划推进；同步推进“天地图”市、县级节点建设，“天地图·宁波”“天地图·奉化”通过国家测绘地理信息局测试。

启动宁波市“智慧空间”一期项目建设，组织开展智慧宁波时空信息云平台国家试点建设。会同市经济和信息化委员会，联合武汉大学共同开展“智慧空间”项目建设策划和研究工作。

【地理国情普查】

宁波市成立第一次地理国情普查领导小组，组建普查办公室；召开市第一次地理国情普查领导小组（扩大）会议，部署全市地理国情普查工作。宁波市测绘与地理信息局完成宁波市第一次地理国情普查实施方案编写工作，新增7项市情普查内容，编制普查经费预算。

【2000国家大地坐标系成果建设】

宁波市测绘与地理信息局开展宁波独立坐标系到宁波2000地方坐标系转换方案研究，编制项目设计，组织专家论证。统筹安排全市2000国家大地坐标系成果建设工作，完成市、县（市）、区控制测量成果及基础地理信息数据转换工作，同步推进了市域测绘成果向2000国家大地坐标系转换工作。做好2000国家大地坐标系成果的数据质量检查工作，市级和各县（市、区）成果统一抽检并通过浙江省测绘产品质量监督检验站的检查验收，确保了转换成果质量。至年底，宁波市三大平台都采用了2000国家大地坐标。

法制建设与市场监管

【行业监管】

宁波市测绘与地理信息局组织完成46家丙、丁级单位2013年测绘资质注册工作。完成首次测绘地理信息行业信用等级评定信息的征集、录入和初审。会同市保密局抽查7家测绘地理信息成果使用单位；会同浙江省测绘产品质量监督检验站对7家单位测绘产品质量进行实地抽查；查处违法案件2件；完成测绘“六五”普法中期自查、测绘行政执法案卷评查和年度执法检查；开展行业发展问卷调查，举办1期测绘法律法规培训。

【行政审批】

宁波市测绘与地理信息局从审批依据、审批时限、审批流程、审批内容、历年审批情况等方面清理测绘审批事项，依法向老三区分局下放部分行政审批事权。配合浙江省测绘与地理信息局做好省、市测绘项目备案管理系统并联工作，配合市工商局做好测绘行业信用平台与市信用平台对接联系工作。做好规范性文件的清理工作，废止规范性文件8件。做好日常行政审批管理工作，办理建设工程规划验线271件，建设工程竣工规划核实测量135件，受理、审核测绘资质申请10件，测绘项目备案423件，测量标志拆迁审批4件。

【法制宣传】

8月29日，《宁波日报》专版报道了宁波市测绘地理信息建设成果，介绍测绘地理信息科技创新、信息共享、海洋测绘和地理国情普查的相关成果和工作情况。测绘法宣传日活动期间，共张贴宣传画200多张，悬挂横幅400多条，发送短信5万多条，接待市民咨询2000多人次。

基础测绘

【经费投入】

2013年，宁波市基础测绘投入4789多万元，市本级投入2209万元（其中海洋测绘409万元）。主要项目包括市域CGCS2000成果建设，宁波市区地面沉降水准网监测（第十三期），海曙、江东、江北基础地理信息数据联动更新，宁波市自然资源和空间地理基础信息共享服务平台数据库建设等。宁波市测绘与地理信息局组织编制了2014年基础测绘和海洋测绘计划，拟定市本级项目16个，计划投入2500多万元。

【体制机制建设】

6月，宁波市测绘与地理信息局会同市发展和改革委员会、财政局印发《关于进一步加强基础测绘工作的通知》，要求县（市、区）将基础测绘计划纳入国民经济和社会发展年度计划白皮书发布施行，纳入年度财政预算等。至年底，宁波市基础测绘计划体制、财政投入机制基本实现规范化和制度化管理。

【规划中期评估】

宁波市测绘与地理信息局开展《宁波市基础测绘十二五规划》的中期评估，组成评估小组，全面总结“十二五”以来宁波市基础测绘工作，分析存在的问题，提出了进一步推进该规划实施的对策措施，形成中期评估报告报市政府。

【基础测绘项目】

宁波市测绘与地理信息局组织完成年度基础地理信息数据联动更新工作240平方千米1:500、1:2000地形图数据的动态更新，85平方千米三维地图和侧视地图数据动态更新及3300平方千米1:1万“3D”数据的年度更新。完成宁波市自然资源和空间地理基础信息共享服务平台数据库228.4平方千米1:500地理实体数据、9816平方千米1:1万地理实体数据、22千米360度街景数据、30平方千米地名地址数据的生产。

宁波市测绘与地理信息局完成宁波市基础地理信息系统的建设、更新与维护。对基础地理信息数据进行管理维护及数据入库，完成2885幅1:500数字地形图和120个竣工项目数据的更新入库、493.3千米管线数据的更新入库、1074平方千米1:1万及1778平方千米1:2.5万水下地形图的更新入库；完善数据库管理功能，增加三维数字地图数据管理功能；建立测绘地理信息成果文件安全管理系统，解决CAD数据的使用安全问题。

宁波市测绘与地理信息局组织完成宁波市地理信息共享服务平台建设、更新及运维工作，完成“天地图·宁波”网站迁移工作。全年为28个政府部门提供161次技术服务，新增业务应用示范系统10个。

【海洋测绘】

宁波市测绘与地理信息局组织完成248平方千米1:1万、716平方千米1:2.5万水下地形测量和深水岸线调查，3100平方千米海岸带及滩涂雷达数据处理，1座CORS基站建设。

地图管理与地图出版

【地图市场监管】

宁波市测绘与地理信息局和市文广新闻出版局联合开展地图市场检查，实地检查海曙、江东、江北区的车站、机场、书店、酒店、商场、图书批发市场等21个公共场所，对涉嫌盗版的非法地图出具地图产品技术鉴定意见书，移交至文化部门处理。共收缴盗版《宁波市交通旅游图》96张。

【地图出版】

宁波市测绘与地理信息局组织在全国第二次地名普查成果的基础上，编制出版《宁波市行政区划图集》；编制《宁波市农家乐休闲旅游图册》，介绍宁波市91个农庄和35个特色村；编制《宁波文化地图》，介绍宁波市文化产业基地、重点文化企业、文化集聚区；全年共编制出版交通、生活、购物、房产和商贸等地图产品23件。

测绘地理信息成果应用与服务

【成果提供】

2013年，宁波市测绘与地理信息局累计向政府部门、公益性项目免费提供基础地形图3920幅，控制点100多个；接待地形图查询70多次，提供地形图290多幅；为规划管理提供管线及基本地形图6000多幅。

【地理信息共享服务平台应用】

宁波市地理信息共享服务平台支持包括海曙卫生局、江东统计局等23个部门的31个应用系统建设；政务版共享平台在鄞州、镇海、宁海等地部署，“天地图”完成奉化、鄞州建设，基本完成镇海和宁海建设。

【NBCORS保障服务】

宁波市连续运行卫星定位服务系统（NBCORS）年度新增用户12家，新增注册仪器40台，共为68家单位的231台仪器提供了定位服务；年内累计在线时长432万分钟，比2012年增长70%，累计提供坐标转换500个。完成宁波市2000坐标系的在线转换功能开发，新增建设奉化站，开展系统日常维护建设，提升NBCORS保障服务能力。

【重大工程测绘保障】

宁波市测绘与地理信息局开展市轨道交通建设施工监测，监测站点、区间开挖基坑、周边道路、房屋、管线等变形，为轨道施工提供实时监测数据；为东部新城中央广场工程基坑施工提供变形监测；开展重点监测小区的房屋变形监测，为政府决策提供依据。研究三维仿真技术在地下空间规划中的应用，开发地上、地下一体化的全空间三维可视化平台，为实现宁波市地下空间规划由二维平面向三维立体转变提供技术保障。

宁波市测绘设计研究院成立重大重点工程服务办公室，为轨道交通、南北外环高架、火车南站、智慧城管等市重点建设工程提供测绘保障服务。实施轨道4号线管线详查和地形修测、2号线竣工测量、3号线管线详查和南站南北广场管线探测、宁波地质灾害防治、石料矿山整治测绘等项目。

科技工作

【智慧位置建设】

宁波市测绘与地理信息局开展市智慧位置应用服务项目。在调研对接市城市管理局、市工商行政管理局、市残疾人联合会、市住建委、市公安局等10多个单位需求的基础上，整合各单位面向公众公开的专题信息，初步搭建完成公益类专题数据库，实现数据的动态更新。以公众需求为导向，逐步开展“有车e族”“爱心护航”等各项便民应用服务。

【科技奖励】

宁波市测绘与地理信息局积极推荐测绘单位参加国家、省和市级优秀测绘成果评选活动，“车载激光扫描与全景成像城市测量系统”项目获2013年中国测绘学会测绘科技进步奖一等奖，4个项目获2013年全国优秀测绘工程奖，1个项目获2013年中国地理信息科技进步奖，2个项目获2013年中国地理信息产业优秀工程奖，13个项目获浙江省优秀测绘工程奖。

党的建设与文化建设

【党风廉政建设】

宁波市规划局制定《2013年市规划局党风廉政建设和反腐败工作要点及责任分解》，按照一岗双责要求，认真贯彻落实党风廉政建设责任制。组织党员干部131人，赴宁波望春监狱接受警示教育；编印《廉政教育参考》，实时更新“廉政视窗”栏目内容，廉政防控和教育稳步扎实推进。

【文化建设】

宁波市测绘与地理信息局积极开展“十八大礼赞”活动，组织全市“经天纬地”摄影比赛、“妙笔生花抒豪情”诗歌散文比赛和“廉洁测绘扬新风”廉政格言警句征集活动。活动共征集摄影作品65件、诗歌散文25篇，格言警句49条，向国家测绘地理信息局选送优秀作品58件。

地方社团工作

宁波市测绘与地理信息学会在奉化市举办第二届“测绘杯”定向越野比赛，全市120多名代表参加比赛。举办第三届全国测绘地理信息行业职业技能竞赛选拔赛，选送4名代表参加省和国家竞赛，1名选手获“全国测绘地理信息技术能手”称号，1名选手获“浙江省五一劳动奖章”。组织1次国内考察交流活动；组织1次综合学术会议，参与2次大型学术交流活动；举办1次新技术讲座、1次技术培训，共计260多人次参加；出版2期《宁波测绘》，刊登论文30篇；出版1本论文集，刊登论文78篇。召开第九次会员代表大会，完成学会换届选举，选举产生新一届理事会，审议通过学会新章程，宁波市测绘学会更名为宁波市测绘与地理信息学会。

深圳市

概况

2013年，深圳市规划和国土资源委员会以“改革年”为主题，围绕深圳市年度测绘地理信息工作目标和重点任务，新建基础测绘项目26项。

有序推进深圳市地理国情普查工作；拓展数字深圳空间基础信息平台推广应用，截至年底共有用户56家；开展“天地图·深圳”建设，完成政务版数据汇交。完善测绘基准体系建设，完成163.9平方千米地形图和2065.5千米管线数据修测入库；开展测量标志普查、地图编制等基础测绘工作，进一步丰富基础地理数据资源。提升测绘公共服务和测绘地理信息应急保障能力，全年共提供服务194批次。加强测绘质量监督检查，对50家测绘单位和23家成果领用单位开展涉密测绘成果跟踪检查；严格资质管理和年度注册审批程序，推动测绘诚信体系建设，强化行业统一监管，保障测绘资质单位健康发展。注重测绘创新型人才培养，全年开展测绘专业培训5次；深圳市规划和国土资源委员会副主任郭仁忠当选中国工程院院士，其主持的“城市地理信息技术应用”项目获2012年度世界地理信息杰出（应用）奖。

重点工作推进

【数字深圳推广应用】

深圳市规划和国土资源委员会组织完成数字深圳空间基础信息平台数据管理、资源目录、应用服务和运维安全等技术体系升级工作。在服务全市政府部门应用基础上，开发一手房源、教育培训、地质灾害及旅游景点等13大类共95小类的民生地图专题，提升公共服务水平。完成15次平台用户专题调研，新增用户10家，总数达56家。

【“天地图·深圳”建设】

深圳市规划和国土资源委员会组织开展“天地图·深圳”市级节点建设，汇交政务版电子地图瓦片数据、三维模型数据、地理实体数据；完成地名地址数据整合建库；完成保密技术处理申请工作；开展省、市节点互联互通测试。

【地理国情普查】

深圳市规划和国土资源委员会组织制定地理国情普查工作总体计划，组织人员赴上海、武汉、佛山等地开展专项调研，就普查工作思路、技术路线、工作重点及难点进行交流学习；编制《深圳市第一次全国地理国情普查实施方案》（送审稿）；选择代表性区域开展普查试点工作，根据试点评估结果修改完善实施方案；12月，完成深圳市0.2米分辨率航空正射影像数据的获取，作为普查工作的主要数据源。12月23日，市普查领导小组正式成立。

法制建设与市场监管

【测绘立法】

深圳市规划和国土资源委员会继续推动《深圳市连续运行卫星定位服务系统管理规定》《深圳测量标志日常维护实施细则》等文件制定，推进《房屋建筑面积测绘技术规范》的修订工作。

【质量监督】

9月～11月，根据上级有关要求和深圳市2013年度测绘质量监督检查实施方案，开展质量监督检查工作，检查工作小组协助省国土资源厅对9家甲、乙级测绘资质单位进行质量监督抽查，并单独赴全市10家丙、丁级测绘资质单位办公地点进行现场检查，被查单位各项指标基本符合相关规定。

【测绘资质管理】

3月，深圳市规划和国土资源委员会组织开展测绘资质年度注册工作，完成27家乙、丙、丁级测绘单位的资质初审上报和注册审批工作。至年底，深圳市共有测绘资质单位51家，其中甲级16家、乙级25家、丙级8家、丁级2家。

【依法行政】

7月～10月，深圳市规划和国土资源委员会根据广东省国土资源厅要求，结合测绘质量监督检查、测绘资质审批、基础测绘计划管理等工作，通过全面自查、重点检查的方式组织开展深圳市测绘地理信息法律法规执行情况检查工作。

【信用体系建设】

深圳市规划和国土资源委员会组织完成2012年～2013年测绘地理信息信用信息的征集、录入和公布工作，对深圳市测绘地理信息信用管理系统进行升级优化并上线运行。围绕行业信用主题，在门户网站开展问卷调查，广泛征求社会公众意见。

【法制宣传】

8月29日，深圳市规划和国土资源委员会组织开展以“依法普查地理国情，测绘服务美丽中国”为主题的测绘法宣传活动，通过摆放展板、测绘仪器，门户网站和微博宣传等形式，宣传测绘地理信息法律知识，让更多市民了解和支持测绘地理信息工作。

基础测绘

【测绘基准体系建设】

深圳市规划和国土资源委员会组织完成深圳独立坐标系向2000国家大地坐标系的转换，研发深圳市基础地理信息数据库的转换软件；开展北斗地基增强系统建设；推动二等精密水准网和二等GPS控制网的建立工作，建立2000国家大地坐标系下的高精度GPS控制网。

【SZCORS系统维护】

深圳市规划和国土资源委员会继续做好深圳市卫星定位连续运行系统（SZCORS）日常维护和推广应用工作，年内新增GPRS专用卡30张，用户共210个，涉及的测绘单位达40家。

【地形图和地下管线修补测】

深圳市规划和国土资源委员会组织完成全市163.9平方千米地形图、2065.5千米综合地下管线的修补测任务和数据检查入库工作。完成“2013－2014年度深圳市地形图及地下管线动态修补测”项目的招标工作。

【测量标志普查】

1月～7月，深圳市规划和国土资源委员会完成市测量标志普查工程项目立项、实施方案制定、控制点实地摸查等工作；12月，完成招标工作，确定作业队伍，组织作业人员进行技术培训，开展外业调查和数据验收。

【基础地理数据修补测】

深圳市规划和国土资源委员会组织完成基础地理数据修补测1:1000地形图数据8批24次，涉及图幅3076幅769平方千米，市政地下管线6批15次共2141千米，新建三维建筑模型1.7万栋，更新市政地下管线三维模型2.8万千米。全年更新发布2个版本全市域的电子地图，新增和更新电子地图要素10万个，新增和更新公共设施点信息6万个。开展1999年～2011年历史基础地理数据的整理和建库，提高基础地理数据的完整性。

【基础数据库坐标转换】

深圳市规划和国土资源委员会完成全市2012年卫星影像、电子地图、三维建筑物、地理实体和地名地址数据库的深圳独立坐标系向2000国家大地坐标系的转换工作。

地图编制

深圳市规划和国土资源委员会完成《深圳市地图》《深圳市中心城区图》的更新编制工作，制作一批挂图提供领导机关使用；完成《深圳市街道影像地图》的编制，为57个街道的基层单位提供影像地图服务；组织开展《深圳·香港交通旅游图》编制工作。

测绘地理信息成果管理与应用

【成果管理】

2013年，深圳市规划国土房产信息中心全年接收测绘成果文本档案761册、图纸3987幅、光盘数据21张。其中重力文本4册，海洋测绘文本7册、海测图474幅、光盘2张，地形文本61册、地形图2470幅、光盘8张，管线文本656册、地下管线图617幅、光盘6张，测绘地籍文本33册、地籍图纸426幅、光盘5张。另外，地图编绘文本5册、地图及行政区划图64张、电子数据3张。

【成果提供】

2013年，深圳市有关测绘地理信息部门共为全市部门和企业提供有关测绘数据194次，其中1:1000、1:2000的地形图利用量为36893幅，重复利用率511%；1:1万地形图利用量为112幅，重复利用率88%；地下管线数据利用量为30498千米，重复利用率122%；1:1万影像数据利用量为697幅，重复利用率549%；专题图利用量达57幅。主要用于城市更新、交通、水利、环保、科教文卫等领域。

【应急保障】

截至年底，数字深圳空间基础信息平台服务覆盖深圳市区各委、办、局和机关事业单位共56家，为市级快速测绘应急响应、应急指挥联动提供了有力的技术保障和服务支撑。5月20日，深圳市某工业园突发塌陷，深圳市规划和国土资源委员会快速启动二级响应，提供4幅地形图数据，为现场救灾提供决策支持。组织编制《深圳市测绘地理信息应急保障预案》并筹备应急预演工作。

【涉密测绘成果检查】

8月～10月，深圳市规划和国土资源委员会组织对市内50家测绘资质单位和23家涉密测绘成果领取单位开展涉密测绘成果跟踪检查工作。组织73家单位开展自查并对7家单位进行现场抽查，共发出4份整改通知书，至年底均已完成整改。

科技创新与人才培养

【科技创新】

5月，在2013年世界地理信息论坛上，深圳市规划和国土资源委员会完成的“城市地理信息技术应用”项目获2012年度世界地理信息杰出（应用）奖，这是中国内地城市首次获得该奖项。

组织开展的“深圳市城乡一体化地籍信息整合应用工程”和“GIS技术在西气东输征收评估中的应用”项目获2013年中国地理信息产业优秀工程奖金奖；深圳市测绘地理信息行业共获得2013年全国优秀测绘工程奖银奖7个、铜奖17个，2013年中国地理信息产业优秀工程奖金、银、铜奖各3个。

12月，深圳市规划和国土资源委员会副主任郭仁忠当选中国工程院院士，成为深圳市首位本土院士。

【人才培养】

深圳市规划和国土资源委员会加强干部队伍建设，全年提拔处级干部37人、科级干部75人。加大干部交流力度，组织干部参加全国、省、市级专题培训120多批次。3月3日，组织2013年度房产测绘能力测试，选拔出一批素质高、业务能力强的房产测绘能手。8月2日，邀请中国工程院院士刘经南作“北斗卫星导航系统高精度应用研究进展及地基增强网”学术讲座。12月17日，召开测绘地理信息统计业务培训会。

党的建设与文化建设

【党的群众路线教育实践活动】

深圳市规划和国土资源委员会坚持把学习教育与查摆问题、解决问题和建章立制结合起来，推动党的群众路线教育实践活动扎实开展。开展窗口治理行动，通过上级点、群众提、自己找等多种方式，查摆了8大类问题，明确了窗口服务整改方向，提升了窗口服务水平。通过召开座谈会、市委督导组“病历本”等渠道，反复征求“四风”方面意见建议，从多种渠道收集意见建议275条。查摆“四风”问题，转变机关作风，“三公经费”同比下降，其中公务接待费用减少20%、因公出国费用减少5%、公车运维费用减少10%。整改完成超标使用的办公场所，全面停止黄标公务车辆使用。提升行政效率，出台会议规则，优化前期管理，精简会议流程，提高会议效率；精简行政审批事项，通过跨部门协同办理、重大项目审批流程优化、集中审批城市更新业务、网上办事大厅证照共享等做法，提升了审批效率。

【党的建设】

深圳市规划和国土资源委员会完善党组织建设工作，开展建设廉洁城市专项行动；以“刑事诉讼法”为主题，举办系列廉政教育活动20多场次；积极完善内外监督体系建设，加强案件查办力度，强化党风廉政建设。完成为期3年的第一轮全省扶贫开发“双到”（规划到户、责任到人）工作任务，积极开展新一轮汕尾陆丰市东山村扶贫“双到”工作。

【文化建设】

4月20日，深圳市规划和国土资源委员会组织市测绘学会举办“凯立德杯”羽毛球赛，全市80多名测绘地理信息工作者参加了比赛。6月28日，在门户网站开展“深圳市城市地理信息技术应用”在线访谈交流活动，获得网民的肯定与欢迎。

深圳市规划和国土资源委员会对门户网站测绘频道进行优化调整，新增测绘专题3个、专栏5个、查询（管理）系统2个；开展民意征集2次；增加科普知识、科技成果等内容；对数字深圳空间信息平台建设、地理国情普查等工作动态信息进行持续更新；对测绘地理信息服务重大战略实施、改善民生等方面进行了报道，全年发布测绘新闻201条。测绘频道在2013年全国测绘地理信息系统网站绩效评估中名列第三名。

地方社团工作

6月，深圳市测绘学会举办注册测绘师资格考试考前培训班，共100多人参加。6月21日，召开第四届五次常务理事会暨企业座谈会，审议新会员单位入会申请，通报测绘地理信息文化建设系列活动开展情况。12月14日，召开第四届六次常务理事会暨企业座谈会，听取深圳市海洋环境与资源监测中心的海洋测绘业务介绍，审议2013年工作总结报告和增补理事、常务理事事宜，通报2013年全市测绘地理信息单位科研获奖情况。8月16日，组织5家测绘地理信息单位参加“四维杯”第九届全国测绘地理信息职工定向越野赛，获团体和个人奖项共15项。11月21日~23日，组织相关企业共17名代表参加第七届海峡两岸测绘发展研讨会。

厦门市

概况

2013年，厦门市测绘保障取得突破，数字厦门地理空间框架项目顺利推进，地理信息政务服务系统（政务版公共平台）进入试运行阶段；厦门市现代基准体系建设项目获2013年中国测绘学会测绘科技进步奖三等奖，厦门市首级控制网改造项目获福建省优秀测绘地理信息工程奖二等奖；更新编制2013年版《厦门市地图》《厦门市卫星影像挂图》等图件，保障领导决策；为政府职能部门及社会单位提供各种比例尺基础地理信息数据16676幅，累计完成竣工规划条件核实测量392个项目、建筑物1466栋、建筑面积1234万平方米；完成50.14平方千米的1:500（1:1000）大比例尺全野外全要素地形图测绘，经申请并获市政府批准由5年~8年实施一次全辖区高清航空摄影变更为1年1次，成功获取1800平方千米0.2米分辨率航摄影像；厦门市地理国情普查作为试点城市已经取得成果；厦门市"违法用地非法建设"监测项目取得初步成果；测绘设施使用管护制度形成常态化机制。

重点工作推进

【数字城市建设】

9月24日，数字厦门地理空间框架建设项目设计书评审暨合作共建协议签署会议在厦门召开，设计书通过评审，厦门市政府与福建省测绘地理信息局共同签署《数字厦门地理空间框架建设合作共建协议书》。厦门市国土资源与房产管理局依专家评审意见对设计书和项目预算进行修订，向福建省测绘地理信息局报批，向厦门市财政信息部门申报项目经费，推动二期项目开展。

【地理国情普查】

厦门市被福建省测绘地理信息局确定为第二批全国地理国情普查全省唯一试点城市。厦门市国土资源与房产管理局积极协调，为福建省测绘院及时提供普查所需的1:5000影像资料和厦门市第二次全国土地调查成果资料，派人参加《福建省地理国情普查试点（厦门市）项目技术设计书》专家评审会，针对厦门实际情况提出了意见和建议。至年底，福建省测绘院已完成厦门市普查成果，双方已就推广成果可用性和权威性商定计划。

【非法占地违法建设监测项目】

厦门市国土资源与房产管理局会同市城市管理行政执法局、"两违"整治办（厦门市非法占地违法建设专项整治工作领导小组办公室）开展城市违法占地、违法建房地理信息监测、量算与评估工作。利用2013年11月获取的0.2米分辨率航摄影像数据与2012年10月采购的卫星影像数据进行地面地理信息和人工构筑物比对、测量、统计，获取2013年各区新增非法占地违法建设面积及分布，对非法占地和违法建设进行监控，评估城市行政执法工作效能。

法制建设与市场监管

【"9·8"中国国际投资贸易洽谈会地图监管】

5月14日，厦门市国土资源与房产管理局牵头会同厦门海关、市工商局、市会展局等厦门市国家版图意识宣传教育和地图市场监管协调指导小组成员单位召开专题会，讲评反馈历年"9·8"中国国际投资贸易洽谈会地图执法检查工作情况，研究制订了4条具体措施并加以落实。9月8日，厦门市测绘地理信息执法人员参加第十七届"9·8"中国国际投资贸易洽谈会保障协调委员会全体成员会议及联合执法组执法工作，13人次参与现场执法，发出整改通知书18份。经复查，全部作出整改。

【宣传工作】

8月21日，厦门市国土资源与房产管理局在《厦门日报》刊载《数字城市地理空间构建三维美丽厦门》专版，将测绘地理信息宣传纳入厦门市委、市政府缔造"美丽厦门"主旋律。8月29日，在《厦门日报》和《厦门晚报》各制作1个专版，内容包含局长署名文章等共9篇文章和9幅专题照片（图片）。12月11日，《海峡资源报》专刊刊载《融入主旋律，抒发测绘情》专题文章，展示厦门测绘地理信息工作融入地方经济文化建设发展大局，服务经济特区发展的历程。

厦门市国土资源与房产管理局组织撰写的《综合局测绘行政履职的思考与实践》和《厦门市4条新举措加强规范展会地图使用》2篇署名文章（报道）在国家测绘地理信息局主办的《测绘地理信息法制工作参考》第6期刊发。

【测绘法宣传日活动】

8月29日，厦门市国土资源与房产管理局在厦门江头公园设立宣传咨询点，现场发放各类地图及图册共430多份，向群众提供测绘地理信息业务和法律法规咨询服务。向广大市民发放7000张厦门岛无障碍地图，利用户外广告牌展示“地理国情普查”宣传标语，发送测绘法宣传公益短信5万多条，在市国土房产信息网站及时刊登2013年测绘法宣传日主题、口号及宣传文章、照片，加大宣传力度和受众面。

【测绘资质管理】

厦门市国土资源与房产管理局完成全市22家丙、丁级单位测绘资质年度注册工作，19家通过，3家缓期注册。完成全市测绘资质管理系统变更、升级等信息资料初审工作，全年新增1家乙级资质单位、1家丙级资质单位。至年底，厦门市共有测绘资质单位40家，其中甲级9家、乙级8家、丙级13家、丁级10家。

基础测绘

【大比例尺测图】

厦门市1:500暨1:1000大比例尺数字测图项目继续向岛外新城区和新农村建设倾斜，全力保障“美丽厦门”建设需求，施测区域为厦门岛及集美、同安、翔安区，预计施测49.5平方千米，竣工实际作业面积50.14平方千米。继续按照厦门模式执行测绘产品质量监管制度，厦门市基础测绘项目形成行政主管部门规划计划、市测绘与基础地理信息中心质量管理、测绘生产单位实施、专职测绘过程监理、专业质检单位检验的测绘地理信息产品计划、生产、监督模式，4个合同包产品均通过福建省测绘产品质量监督检验站质量检查，全部被评定为“优质”产品。

【航摄影像获取】

厦门市国土资源与房产管理局会同市行政执法局向市政府申请实施每年1次航飞，将5年~8年1次全辖域航空摄影变更为1年1次航空摄影，经过多方协调与商议，厦门市政府确认由市国土资源与房产管理局牵头实施该项工作。2013年，市财政局已核拨经费320万元，获取优于0.2米分辨率航空摄影，获取覆盖全市辖域的影像数据1800平方千米。在此基础上，制作1:2000、1:5000正射影像图。

【测绘设施管护】

厦门市已形成常态化的连续运行卫星定位服务综合系统运行维护机制，6个卫星定位地面参考站运行正常，接受服务的用户达30个。与市气象局就厦门市新一代气象雷达选址与保护现有测量控制点进行协调，达成共识并形成纪要，有效保证了辖域控制点的完整和使用效能。

地图出版与地图服务

厦门市国土资源与房产管理局编印厦门市遥感影像挂图（2013年版）并分发给各有关部门、单位600多张。编制2013年版1:5.5万《厦门市地图》，更新了厦门市地铁一号线线路等重要地理信息，印制了3000份。完成1:16.8万《厦门市地图》、1:4.8万《厦门岛地图》编制，喷绘布质地图360张保障领导使用。此外，为土地变更、楼盘分布图编制、直属分局执法等提供用图保障。

测绘地理信息成果管理与应用

【征地拆迁测算】

厦门市测绘与基础地理信息中心开展征地拆迁测算工作，拓展业务领域，服务用地保障。全年完成两岸金融核心区一期、忠仑公园、火车站南广场3个征地拆迁项目的占地测算、地类测算、建筑物体量测算，形成了图、文、表的测算成果，为厦门市征地拆迁财政支出控制提供了详实可靠的依据。

【重点工程测绘服务】

厦门市测绘与基础地理信息中心完善绿色通道超常规服务保障机制，通过预约服务、集中突击、先测绘后补手续等超常规服务保障措施，完成了东南国际航运中心、轨道交通岛内建设基地等118件次省市重点建设工程项目的测绘服务保障工作。突击完成华侨大学学生宿舍、厦门市气象局业务用房电梯项目、岛内5个排污点治理的工程测量保障，全年累计完成拨地测量、建筑物放样等工程测量1821多件。累计完成竣工规划条件核实测量392个项目、建筑物1466栋、建筑面积1234万平方米。完成南湖公园过街天桥、海沧水云湾桥、快速公交系统等市政工程竣工规划条件核实测量，配合执法与规划部门，开展了园林植物园经营类建设项目、市绿化管理中心枝叶粉碎厂基础设施完善工程等项目的违法建设现状调查测绘成果审核工作。

【测绘保障】

厦门市国土资源与房产管理局、厦门市测绘与基础地理信息中心全年累计提供土地违法图斑地类计算58件、卫星影像图和地形图23件；为市公安局、华润燃气、安监局提供电子地图API服务，为市民政局政区大典编纂提供44个政区单元的经纬度数据，为市纪检、各级法院、检察院解读、提供卫星影像图、地形图等50多幅/次。2013年对外提供基础地理信息图件与数据量16676份（幅）。

【房产测绘成果信息化建设】

厦门市国土资源与房产管理局完成房产测绘成果管理系统软件的开发验收、房产测绘历史数据分户图数字化及图户衔接处理等，为房产测绘成果管理提供了数据库平台。基本完成全市房产测绘历史数据的清理工作，搭建了以“项目-幢-户”为结构的测绘楼盘，实现了数据整理成果与楼盘数据标准的统一。开展房产测绘数据整理与测绘成果原始纸质档案归集，并实现电子化。

【房产测绘质量管理】

9月，厦门市测绘与基础地理信息中心组织开展全市房产测绘技术业务培训，全市13家房产测绘单位技术人员参加，进一步加强房产测绘成果质量管理。完成日常房产测绘成果审核工作，累计审核房产测绘成果488件，土地房屋权证配图43530宗，增容建筑面积确认117件，妥善处理了一批与房产面积有关的信访投诉案件与历史遗留问题。

【地籍权属调查】

厦门市测绘与基础地理信息中心解决了厦门华厦学院、厦门长塑实业有限公司、厦门出入境边防检查站等历史遗留地籍调查案件，有效化解了社会矛盾，保障了重点项目的建设需要。

积极推进旧宗地图数据整理，抽调10多名业务骨干对历年来已登记办证但未进入现行地籍宗地信息系统的宗地图进行全面整理，累计完成约8000多条旧宗地地籍号的整理入库工作，海沧、集美2区的宗地地籍数据整理已全部完成。

【地籍业务管理和队伍建设】

厦门市测绘与基础地理信息中心强化地籍业务管理和队伍素质建设，通过建立业务件跟踪督查制度、定期集中排查等措施，确保业务件不积压、不拖延，保证承诺时限办结。开展定期学习和交流，组织学习相关法律法规及业务系统操作，对典型案件进行讲解、演示，及时做好技术总结，累计完成日常地籍权属调查业务985宗。

党的建设与精神文明建设

【党的群众路线教育实践活动】

厦门市国土资源与房产管理局全面深入开展党的群众路线教育实践活动，按照各环节要求扎实推进各项工作，推出具有国土房产特色的“10个课题、6个工作组、5项行动”的教育实践自选动作。全局系统共安排走访调研、座谈会41场，安排集中学习专题讨论会277场，发放征集意见表535张、领导班子民主评议表273张。共征集到147条意见和建议；针对局领导班子“四风”方面8个具体问题，制定了43条整改措施。积极开展“四下基层”活动，整理汇总活动主要情况193条，收集群众反映的突出问题56条。

【党风廉政建设】

厦门市国土资源与房产管理局深入开展党风廉政宣传教育月活动，修订印发《局廉政风险防范管理暂行规定》，排查风险点，评定风险等级，制定防控措施，针对重点环节和部位完善各项制度建设。全系统共查找涉及廉政风险的职责542项、权力点689个、潜在风险表象748个，制定防控措施1250个，编制了《风险防控目录》，组织各单位编制了《廉政风险防范图》。组织开展“制度建设年”活动，全面梳理局系统现行各项制度，共废止25件，新修订、新制定100多件；清理涉及局职能的市政府规范性文件172件。任命16人为基层纪检干部并组织培训。重新调整聘请局党风廉政行风效能监督员。严格落实中央八项规定，厉行勤俭节约，严格遵守“十项严禁”规定，严格控制“三公经费”和车辆运行费支出，加强对公务接待标准和人数的控制审核，“三公经费”较2012年下降11.24%，其中公务接待费下降34.43%。

【效能建设】

厦门市测绘地理信息单位继续深入开展“深化效能建设年”活动，厦门市测绘与基础地理信息中心进驻厦门市政务服务中心后，制定了相关规章与制度，明确该中心与政务服务中心业务办理流程与环节、人员调配与职责分工，理顺管理关系。根据厦门市行政审批办公室的要求，对承办的业务进行归类减并，将原32项业务归并整合为4大类17项，补充完善了流程图、示范文本、申请表等材料，方便群众和企业办事。对涉及行政审批事项的地籍权属调查、房产测绘成果审核办理时限进行压缩，基本实现了“审批时限压缩在40%以内”的目标。

【精神文明创建】

厦门市国土资源与房产管理局所属10家单位保留市直机关文明单位称号。制定年度志愿服务计划，组建网络文明传播队伍，开通网络文明传播微博、博客各64个，全年举办道德讲堂19场。组织城乡结对文明共建溪林村贫困户。加强与市消防支队共建活动，被省委、省政府、省军区联合授予“爱国拥军模范单位”称号。积极开展“工人先锋号”“职工之家和小家”“青年文明号”“妇女之家”“巾帼文明岗”创建活动，局综合服务大厅被住房和城乡建设部、团中央评为“2010–2012年度全国青年文明号”称号。

行业单位工作

北京市

概况

截至2013年底，北京市共有测绘资质单位318家，其中甲级100家、乙级110家、丙级56家、丁级52家，比2012年减少7家。经过软件企业认定的测绘资质单位共55家，其中甲级25家、乙级29家、丙级1家。通过软件产品认证的软件有203项，其中甲级单位有88项、乙级单位115项。

2013年，北京市测绘地理信息行业实现年总产值65.2亿元，年均增长率30%。其中，涉及高端地理信息产业的（地理信息、导航电子地图制作、互联网地图服务、测绘航空摄影、摄影测量与遥感、地图编制）年服务总值41.3亿元，占67%。北京市测绘单位从业人员超过4万人，龙头企业高度聚集，新兴测绘活动不断拓宽。与全国其他城市和地区相比，地理信息厂商密集，人才和资金的密度较高，应用水平最高，具有相对成熟的市场环境和秩序。全国从事遥感卫星和GIS基础软件研发的大部分单位集中在北京，是地理信息产业发展的优势地区。

北京四维图新科技股份有限公司

【业务】

据汽车领域权威调研机构Frost & Sullivan发布的中国车载前装导航地图市场最新数据显示，2013年，北京四维图新科技股份有限公司已连续第11年在中国车载导航市场份额领先。数字地图已获宝马、大众、奔驰、通用、沃尔沃、福特、上汽、丰田、日产、现代、标致等主流车厂的订单。通过合作共赢的商务模式在消费电子、互联网和移动互联网市场占据50%以上的市场份额，汇聚了百度地图、搜狗地图、诺基亚地图、图吧地图、老虎地图、导航犬、天地图等1000多家网站地图和手机地图品牌。率先在中国推出行人导航地图产品，并在语音导航、高精度导航、室内导航、三维导航、增量更新技术等新领域实现了技术突破和产品成果化应用。

北京四维图新科技股份有限公司建立了面向乘用车和商用车的车联网应用服务体系，依托模块化车联网服务云平台，为客户量身定制平台搭建、内容管理、导航服务、车联网运维及一站式服务解决方案，率先在国内推出车联网业务品牌“趣驾”。已为宝马、丰田、奥迪、大众、沃尔沃、长城等国内外主流车厂的车联网项目提供服务。

在动态交通信息服务领域，拥有中国覆盖最广、质量最高的服务体系，已建成30多个主要城市的服务网络，高品质服务已连续5年全天候可靠运营。依托全国最大浮动车数据平台，集成海量动态交通数据，提供交通拥堵、交通事件、交通预测、动态航班信息等丰富的智能出行信息服务。

【其他】

北京四维图新科技股份有限公司获2013－2014年度国家规划布局内重点软件企业、中国卫星导航与位置服务行业50强企业等称号，完成的项目、产品获北斗产业应用新锐奖、地图导航定位产品推荐证书、2013 CITE创新产品与应用奖、2012地理信息最具价值产品奖、3SNews最具价值产品编辑推荐奖等荣誉。

北京天下图数据技术有限公司

【业务】

2013 年，北京天下图数据技术有限公司建成全国最大的航空遥感中心、无人飞行器遥感中心和世界最大的像素工厂数据自动化处理中心。共完成台州市公安局影像地图与矢量地图建设、大冷一级公路线路无人机航测项目、贵州省贵安新区航摄等 215 个项目，广泛应用于测绘、国土、农业、金融、规划、水利、环保、应急救灾等领域。

该公司参加了云南洱源地震、雅安地震、芦山地震等重大自然灾害航摄数据获取与处理工作，受到科技部国家遥感中心的表彰。

【其他】

10 月 2 日，北京天下图数据技术有限公司在香港联交所正式挂牌交易（股票代码为 00402. HK），简称“天下图控股”，成为地理信息产业首家在港股上市的企业。

该公司研发的三维空间信息服务平台和天下图空间信息共享服务平台分获国家遥感中心颁发的优秀软件和表彰软件称号。“车载空间信息采集系统及发布平台”通过国家测绘地理信息局科技成果鉴定。完成 13 个软件著作权的申报工作。

中科宇图天下科技有限公司

【业务】

2013 年，中科宇图天下科技有限公司完成地理信息与资源环境科研类项目 10 多项，完成基础测绘类项目 130 多个，高分辨率影像数据覆盖河北、山西、陕西、黑龙江、湖南、四川、新疆、云南、广西、贵州 10 个省区 120 个地级市，其中云南电网二三维数据项目单项合同额超过 2000 万元；完成地理信息工程类项目 120 多项，其中内蒙古环境监察移动执法与应急管理系统单项合同额超过 2500 万元。

【其他】

中科宇图天下科技有限公司承担的“城市及区域生态过程模拟与安全调控技术体系创建和应用”获国家科学技术进步奖二等奖；“河北省张家口市环境保护局环境监控与应急工程”获 2013 年全国优秀测绘工程奖银奖；全国环境监察执法系统试点“吉林省环境监察移动执法系统项目”获 2013 年中国地理信息科技进步奖三等奖。

中测新图（北京）遥感技术有限责任公司

【业务】

2013 年，中测新图（北京）遥感技术有限责任公司组建航空遥感技术国家测绘地理信息局重点实验室和北京市低空遥感数据处理工程技术研究中心；作为理事单位加入北京无人机与航空应用服务产业技术创新联盟；作为课题承担单位申报国家“863”课题 1 项和科技部公益性科研专项课题 1 项，在研的 8 个科技计划项目进展顺利；完成 2 项行业标准编制；无人机遥感装备技术升级、倾斜摄影及数据处理技术、三维地理信息应用服务技术、双介质摄影测量技术、高分辨率多光谱遥感影像的水深反演技术等关键技术取得突破；TOPDC 系列数字航摄系统通过国家测绘地理信息局的科技成果鉴定；研制国家海域监测车、国土资源应急监测车等系列移动监测平台，在海洋、国土行业推广应用；土地执法巡查两网化信息系统在嘉兴市及其所辖 3 县 4 区、56 个乡镇部署应用；“三维数字地震科普教育沙盘”在北京市地震局部署应用。全年申报专利 21 项，授权以往发明 2 项，实用新型 1 项，获软件著作权登记 2 项。

4 月 20 日，芦山地震发生后，该公司组织技术人员为四川测绘地理信息局无人机组芦山抗震救灾提供保障服务，在最短时间内完成芦山地震应急三维地理信息系统的集成，制作完成 11 幅雅安地区灾前灾后卫星遥感影像图，提供给国家减灾中心等部门。

【其他】

中测新图（北京）遥感技术有限责任公司完成的“机载高精度捷联惯性位置姿态测量系统关键技术及应用”获 2013 年教育部高等学校科学研究优秀成果（技术发明）一等奖；“国家地理信息应急监测系统研制与应用”获北京市科技进步奖二等奖；“全国土地利用变更调查监测与核查遥感监测项目”获 2013 年全国优秀测绘工程奖金奖；“长山列岛航空摄影项目”获 2013 年中国地理信息产业优秀工程奖银奖；“佛山市南海区航空遥感土地利用现状核查项目”获北京市优秀地理信息工程奖一等奖；该公司被评为中国测绘地理信息学会 2010-2013 年学

会工作先进集体。公司总经理李英成入选国家百千万人才工程国家级人选，并被授予“有突出贡献中青年专家”称号。

北京超图软件股份有限公司

【业务】

2013 年 3 月，北京超图软件股份有限公司发布移动 GIS 产品 SuperMap iMobile 6R for Android，支持离线在线一体化、导航 GIS 一体化功能；9 月，SuperMap iMobile 7C for Android/iOS 发布，支持二、三维一体化，海量动态目标实时显示功能。6 月，SuperMap 在线商店（istore. supermap. com. cn）正式上线，向用户提供产品中心、应用中心和图书中心 3 种服务。

9 月，召开 2013 SuperMap GIS 技术大会，推出云端一体化 GIS 平台软件——SuperMap GIS 7C，新版本在三维技术方面，提供了三维模型 LOD 等技术，支持 100 平方千米的精细模型流畅显示；在三维产品体系方面，推出三维移动端产品，在产品形态上，实现了组件、桌面、服务器、客户端和移动端 5 大产品全覆盖。

【其他】

2013 年，北京超图软件股份有限公司获得软件著作权 27 项，发明专利授权 1 项；承担国家科技支撑计划课题“多尺度生态系统演变与未来情景模型模拟技术”；参与编写的《GB/T 30321-2013 地理信息基于位置服务多模式路径规划与导航》《GB/T 30320-2013 地理空间数据库访问接口》2 项国家标准被批准实施。该公司加挂“北京市地理空间信息技术国际合作基地”“北京市地理信息系统平台软件研发与应用工程技术研究中心”“地理信息基础软件与应用国家测绘地理信息局工程技术研究中心”牌子。被中国电子信息产业发展研究院等单位评选为 2013 年中国金软件十大杰出企业。获得 2013-2014 年度国家规划布局内重点软件企业称号。

该公司承担的“全国水利普查空间信息系统构建与应用”获 2013 年中国测绘学会测绘科技进步奖特等奖，“‘一张图’国土资源综合监管平台”获二等奖。“河北省公共气象服务平台”“中原油田地面工程综合管理系统”“湖北省水利业务应用系统地理信息共享服务平台（一期）”“赣州市一张图矿政管理信息系统”获 2013 年中国地理信息产业优秀工程奖金奖；“中海油船舶油耗监控系统”“青海省土地整治管理信息系统”“绥中 36-1 油田一期调整开发项目工程勘察及海管海缆电子海图信息系统”“深圳东部华侨城景区内部综合指挥调度平台”获银奖。

天津市

概况

截至 2013 年底，天津市共有测绘资质单位 111 家，其中甲级 17 家、乙级 32 家、丙级 55 家、丁级 7 家，比 2012 年增加 7 家。天津市测绘地理信息系统从业人员 667 人，专业技术人员 504 人。

2013 年，天津市测绘地理信息行业完成服务总值 13.69 亿元，比 2012 年增加 4.17 亿元，增长 44%。私营企业完成测绘服务总值 1.32 亿元，比 2012 年增加 0.19 亿元，增长 16.8%；其中工程测量 9753.04 万元，地理信息服务 346.4 万元，互联网地图服务 17.8 万元，其他 3055.51 万元。完成数字天津地理空间框架建设、“天地图 · 天津”节点建设、天津市第一次全国地理国情普查、天津市建设用地集约评价范围内城镇土地利用现状调查数据的补测更新、天津蓟县北部山区地质灾害遥感监测等重点测绘地理信息项目。

中铁隧道勘测设计院有限公司

【业务】

2013 年，中铁隧道勘测设计院有限公司承担西安市地铁 1 号线一期工程（后围寨-纺织城）、3 号线一期工程、4 号线控制测量和施工测量检测、4 号线第三方监测项目（D4JCFW-2标）；承担郑州市轨道交通1、2号线一期工程控制测量、杭州地铁2号线西北段第三方监测等多项测量监测项目。参与了天津地铁5、6号线工程第三方现场监测项目，南京地铁3号线工程测量、4号线工程测量等项目。

【其他】

中铁隧道勘测设计院有限公司承担的“深圳地铁5号线工程5105标段（测量监理）项目”获2013年全国优秀测绘工程奖铜奖。“深圳地铁1号线续建工程控制测量检测项目”“珠江三角洲城际快速轨道交通广佛线控制测量及施工测量检测工程标段B项目”获2013年天津市优秀测绘工程奖二、三等奖。

铁道第三勘察设计院集团有限公司

【业务】

2013年，铁道第三勘察设计院集团有限公司完成深圳市中低速磁浮8号线三维地理信息精细建模32千米；浩勒报吉北矿区集运铁路初测167千米；长春至白城铁路扩能改造工程初定测330千米、蒙西至华中地区铁路煤运通道工程乌审旗至三门峡西段定测653千米、北京至沈阳铁路客运专线初定测697千米、哈尔滨至满洲里铁路电化改造工程定测933千米；新建六盘水现代有轨电车工程1号线初定测21千米、珠三角城际新塘至白云机场初测57千米；京津城际铁路运营监测120千米、长沙至昆明铁路客运专线（湖南段）精密工程控制测量复测414千米；吉林省通化至集安公路LiDAR航飞作业649平方千米、平凉至鄂尔多斯石油管线LiDAR航飞作业1567平方千米；吉布提至埃塞俄比亚铁路初定测48千米。

【其他】

铁道第三勘察设计院集团有限公司新增软件著作权4项，取得国家发明专利1项、实用新型专利1项。获得省部级以上工程奖和科技进步奖17项，其中“京沪高速铁路（北京至济南段）区域地面沉降监测”“长昆客运专线湖南段三维地理信息管理系统”分获2013年全国优秀测绘工程奖白金奖和金奖，“石家庄至武汉客运专线石家庄至郑州段精密工程控制测量”获2013年天津市优秀测绘工程奖一等奖，“哈大客专沈阳至大连段精密工程控制网测量”和“蒙西至华中煤运通道浩勒报吉至三门峡段航测”获2013年中国中铁股份有限公司优秀勘察奖一等奖，“高速铁路精密测量控制技术试验研究”和“机载激光雷达技术在铁路勘察设计中的应用研究”获2013年中国铁道学会科技进步奖一等奖。鹰视天下QC小组获2013年全国优秀质量管理小组称号。

天津水运工程勘察设计院

【业务】

2013年，天津水运工程勘察设计院完成地形、海籍、水深、监测、水文测验等测绘任务，以天津港为中心，任务范围辐射国内各大港口及国外部分建设中的港口。承担天津港散货物流中心商贸区地形测量，天津港沿岸海籍测绘，围海造地、地基加固检测，天津港、黄骅港、盘锦港、钦州港、贵州草海等水深测量，连云港、温州港大型水文全潮测验等项目。另外，承担斯里兰卡科隆坡潮流观测、安哥拉KBR疏浚、吉布提多用途码头、塞拉利昂普杰洪矿石码头的扫海测量项目。

【其他】

天津水运工程勘察设计院完成的“波浪能、潮流能海上试验与测试场建设论证及工程设计项目场址选择及精细调查勘测”获2013年全国优秀测绘工程奖银奖；“甬舟高速公路金塘大桥桩基冲刷初始状态检测”获天津市优秀测绘工程奖一等奖，“涠洲11-4D平台地质地貌测量”获二等奖；“天津中心渔港5000吨级码头地基处理工程造陆三四区监测、检测”获2013年中国水运建设行业协会二等奖。获得实用新型专利7个，计算机软件著作权1个。

天津港湾水运工程有限公司

【业务】

2013年，天津港湾水运工程有限公司完成测绘项目60多项，涉及中国的渤海、东海、南海，坦桑尼亚的Mnazi海湾等海域。在海洋测绘方面，完成13座海上导管架的安装预调查，完成海底管道（或海底电缆）预调查和后调查路由总长1570千米，以及荔湾3-1 CEP大型组块浮拖的导航定位等工作。在工程测量方面，完成盘锦港和绥中港港口建设施工放样、地形测量、管线路由测量、土石方验方测量等工作。

【其他】

天津港湾水运工程有限公司的“一种用于水下定位综合系统”“一种基于 GPS 的浅水高精度定位导航系统”“一种用于深海导管架安装的无人高精度定位系统”等 9 项技术被授予实用新型专利。完成的“盘锦港荣兴港区散货及杂货堆场地形测量”获 2013 年天津市优秀测绘工程奖三等奖。

天津市地质工程勘察院

【业务】

2013 年，天津市地质工程勘察院完成测绘项目 29 项，主要包括滨海站交通枢纽配套市政道路工程和地下空间工程第三方现场监测、桩基检测、测量工程，津湾广场项目 7、8 号楼桩基检测及基坑监测工程，天津市电视台二期基坑监测工程。完成天津市矿政管理“一张图”工程（一期）建设、天津市地质信息服务平台建设、津南水利地理信息系统等地理信息工程项目，以及“天津市高速公路图（丝绸版）”等专题地图的编绘工作。

【其他】

天津市地质工程勘察院完成的“天津市滨海新区地质资料二次开发”项目获 2013 年中国地理信息产业优秀工程奖铜奖，“天津市矿产资源与环境灾害管理地理信息系统”项目获天津市优秀测绘工程奖二等奖。

天津市勘察院

【业务】

2013 年，天津市勘察院完成天津海河教育园综合测量项目、地铁 6 号线项目核定用地、京沪高速铁路京津联络线项目核定用地、国家会展中心工程项目（一期）核定用地等重点项目。承担天津市基本农田图表册制作项目，共完成除中心城区以外 11 多万平方千米 1:2000 基本农田保护图制作 9800 幅；区（县）基本农田保护区分布图（挂图）制作 160 幅。完成天津市基本农田保护测绘项目 60 万亩。承接港清三线（天津段西段）天然气管道工程项目规划路径地下管线测量，路径全长约 51.4 千米，途径滨海新区、静海县、津南区等地区。承担天津市地名调查项目，完成南开区、红桥区外业调查及数据建库工作，开展北辰区、西青区地名外业调查工作。主导完成测绘行业标准《管线测量成果质量检验技术规程》的编制工作。参与完成《天津市地下建（构）筑物信息管理技术规程》的编写工作。

【其他】

天津市勘察院参与完成的“天津市全市域机载激光雷达航空测量”“蓟县新城新农村建设挂钩试点项目”“天津医院改扩建一期第三方监测项目”分获 2013 年全国优秀测绘工程奖白金奖、金奖、银奖。“三维数字化建模软件研发及应用”获 2013 年中国测绘学会测绘科技进步奖二等奖。

交通运输部北海航海保障中心天津海事测绘中心

【业务】

2013 年，交通运输部北海航海保障中心天津海事测绘中心共完成秦皇岛、天津、莱州、日照等 13 个港口 8364.01 换算平方千米的外业测量任务。完成 45 幅港口航道图数据汇交任务，数据汇交时间保障率 100%，产品质量优良率 100%。组织完成“辽大甘渔 15279”“莞港湾疏浚 2 号”“兰海 1 号”等 13 项应急抢险探测任务。销售发行海图 35368 幅。全年完成 53 期中英文改正通告发布，改正通告编辑差错为零。

组织完成的水上多功能升降系统获实用新型专利证书。推广应用海图地形信息遥感影像处理系统、海事测绘综合处理系统、应急扫测支持辅助系统；完成“GPS 在航潮位测量方法及软件系统开发研究”测试数据的采集，进一步研究潮位提取模型和相关算法；完成激光验潮仪设计及水文信息采集管理系统总体开发。

【其他】

交通运输部北海航海保障中心天津海事测绘中心组织完成的“龙口海域公用锚地扫海测绘工程”和“成山角船舶定线制新增水域测绘项目”获 2013 年度水运交通优秀勘察奖三等奖；“营口港新增锚地扫海测绘工程”和“营口港 25 万吨级航道扫海测量工程”分获 2013 年全国优秀测绘工程奖银、铜奖；“天津港主航道、大沽沙航道扫海测绘工程”和“莱州港 5 万吨级航道测绘工程”获 2013 年天津市优秀测绘工程奖二等奖，“乳山港及附近港口航道图”获三等奖。

天津市市政工程设计研究院

【业务】

2013年，天津市市政工程设计研究院承揽天津市市区地下综合管线探测普查、港城大道和滨海新区西外环等市内高速公路及天津地铁5号线等城市道路和轨道项目，天津市文化中心、天津滨海机场航站楼、唐津高速拓宽改造、海河教育园区及天津西站改造等大型工程的监测工作。承担苏州地铁3号线B标管线探测及地下建筑物调查项目，海南省文琼高速（65.7千米）高速补测、定测，海南琼海市博鳌机场联络线（6千米）、海南乐东滨海大道（54千米）、尖峰镇旅游公路（4千米）的初测工作。

【其他】

天津市市政工程设计研究院全年共获市级以上优秀测绘工程奖6项，其中“天津文化中心交通枢纽工程第三方监测”项目和“天津西站交通枢纽配套市政工程施工监测第四标段”项目分获2013年天津市优秀测绘工程奖二、三等奖；“京津高速公路（天津段）工程测绘”项目和“天津市大沽排污河治理工程测绘项目”获2013年全国优秀测绘工程奖铜奖；“天津文化中心交通枢纽工程第三方监测”和“宁波市世纪大道北延一期工程测绘”项目分获2013年天津市“海河杯”优秀勘察设计奖二、三等奖。

中交天津港航勘察设计研究院有限公司

【业务】

2013年，中交天津港航勘察设计研究院有限公司完成疏浚工程测量、港口工程测量、海洋测绘、海洋调查、水下障碍物探测等测绘项目，主要包括天津滨海旅游区北部填海项目海洋测绘、天津临港北港池北侧施工区软基处理工程测量、天津港东疆港区新港九号路地基加固工程五标段工程测量、天津南港工业区东港池东侧吹填造陆工程测量（二标）测量、天津港大港港区10万吨级航道工程测量等。

【其他】

中交天津港航勘察设计研究院有限公司自主研制的潮汐调和分析与推算软件取得计算机软件著作权。“天津港航道、港池泊位维护及基建工程测量（2010年度）”获2013年全国优秀测绘工程奖银奖，“天津港航道、港池泊位维护及基建工程测量（2011年度）”获2013年天津市优秀测绘工程奖二等奖。

天津市测绘院

【业务】

2013年，天津市测绘院参与数字天津地理空间框架建设、“天地图·天津”节点建设、地理国情普查等重点项目，按照基础测绘“01234”更新维护方案，实时更新中心城区1:500、1:2000地形图。完成全市域1.2万平方千米1:2000地形图修测工作；全市域4000多千米Ⅰ等、Ⅱ等水准复测工作；230个C级GPS点、139个三角点和1700个水准点的调查工作和测量标志管理系统升级与维护工作。完成和平、河西、河东、河北4个区地名普查、道路地名规划图、河道规划图和建设用地分布图的制作及测绘违法行为监管系统、城建档案汇交监管系统和地名违法行为查处系统的研发等任务。

该院承担的《天津市基础地理信息要素数据字典第2部分：1:10000基础地理信息要素数据字典》被天津市质量技术监督局列入2013年度第一批天津市地方标准制修订计划。开展智慧城市、快速出图等10多项先进技术研究，其中基于制图数据与GIS数据的地理信息数据整合方法等7项技术向国家申报发明专利。完成住房和城乡建设部3项科研课题的验收工作，在天津市高新技术成果转化中心进行登记；“INSAR在地面沉降长期监测中的应用研究”和“天津市陆海一体化地理信息服务平台建设研究”2项科研课题分别在国土资源部和国家测绘地理信息局立项；“天津市域亚米级区域导航定位差分改正模型的建立”和“天津市地理市情监测若干关键技术研究”2项科研课题已纳入天津市规划局2013-2014年度科研计划；“基于建设用地动态监测的天津市总体规划实施评估研究”在天津市规划局公开招标科研项目中中标。

【其他】

2013年，天津市测绘院共获得省部级以上科技进步和工程奖32项，其中“天津市基础地理信息公共服务平台的研究与应用”获中国地理信息科技进步奖三等奖；“2011年天津市地理市情监测”获

2013 年中国地理信息产业优秀工程奖金奖。全年在国内外公开期刊发表论文 88 篇，其中 EI 检索 2 篇、中文核心期刊 6 篇。

天津金宇信息技术有限公司

【业务】

2013 年，天津金宇信息技术有限公司完成数字天津地理空间框架项目建设与应用相关工作，完善天津市地理信息公共服务平台的功能，整合了各类兴趣点信息资源，开发了业务流管理及智能移动端应用等新功能。积极推广天津市地理信息公共服务平台在各部门中的应用，完成天津市道路桥梁管理处道桥设施动态养管平台、天津市北辰区京津地区综合管理平台、“影像天津”触摸屏互动系统。开发了基于安卓和苹果操作系统的地理信息公共服务平台展示系统。

该公司完成“天地图・天津”数据更新工作，更新了天津市 2012 年 0.5 米分辨率航空影像，建立“天地图・天津”运行与维护支撑体系，增加了街景、医院、教育、历史风貌等多个专题数据内容。组织并实施了 2013 年国家基础航空遥感影像获取（天津市摄区）项目，完成昆明、常州、桂东等摄区的航空摄影项目。

【其他】

天津金宇信息技术有限完成的“宁夏电力智能电网技术（电网坐标及基础地理信息数据采集）支撑 SGERP”项目获 2013 年全国优秀测绘工程奖金奖，“天津市基础地理信息公共服务平台的研究与应用”项目获 2013 年中国地理信息科技进步奖三等奖，“天津城投集团土地置业业务 GIS 管理平台”获中国地理信息产业优秀工程奖银奖和天津市优秀测绘工程奖二等奖，“天津市环境保护基础地理信息系统”获天津市优秀测绘工程奖一等奖。

天津市水利勘测设计院

【业务】

2013 年，天津市水利勘测设计院承接天津市大清河中下游段（新开河-金钟河）治理工程、王兰庄地区河道水循环工程、外环河阻水建筑物治理工程实施方案、潮白新河治理工程乐善橡胶坝至宁车沽防潮闸段、天津市大黄堡洼蓄滞洪区工程与安全建设初步设计、中小河流重点县综合整治和水系联通试点天津市武清区龙凤河（下段）实施方案、北大港水库 1:5000 地形图测量、天津市南水北调东线工程规划、新建外环河入北塘排水河泵站、中新生态城景观用水工程、南运河综合治理工程、宝坻区中小河流综合治理工程等多项测量任务。

【其他】

天津市水利勘测设计院承担的“宁河县潮白新河乐善橡胶坝上游河道蓄水工程”获 2013 年天津市优秀测绘工程奖三等奖和“海河杯”天津市优秀勘察设计奖二等奖；“天津市南水北调中线滨海新区供水一期工程”获“海河杯”天津市优秀勘察设计奖三等奖。

中国地震局第一监测中心

【业务】

2013 年，中国地震局第一监测中心完成中国综合地球物理场观测、陆态网络工程、中国地震背景场探测等项目。完成水准观测任务共 6548.4 千米，GNSS 观测 379 点，相对重力联测 295 点（302 测段）。完成中国大陆及周边地区 GNSS 连续站和流动站数据解算及处理。研发了卫星定位数据处理软件（SPAS）。

【其他】

中国地震局第一监测中心全年发表各类论文 41 篇。“中国大陆构造环境监测网络 2009 年、2011 年区域网 GPS 联测”项目获 2013 年天津市优秀测绘工程奖一等奖，“‘中国综合地球物理场观测——青藏高原东缘地区’项目 2010 年、2011 年区域精密水准测量”“天津恒隆广场基坑监测”获二等奖，“津湾广场一期 6、7 号地基坑变形监测”获三等奖。

中交第一航务工程勘察设计院有限公司

【业务】

2013 年，中交第一航务工程勘察设计院有限公司完成测绘服务项目 67 项，涉及海洋测绘、工程测量、施工监测等，范围覆盖国内沿海大部分区域。

在缅甸和塞拉利昂承担马德岛第二原油码头工程工程测量、PEPLE`35 Mtpa Port project 水域测量2个境外测绘项目。

【其他】

中交第一航务工程勘察设计院有限公司完成的“2011年海底管道路由复勘工程”获中国水运建设行业协会2013年度水运交通优秀勘察奖三等奖；完成的“2011年海底管道路由复勘工程”“南通港洋口港区港池航道及码头等工程水域定期测量”“日照港石臼港区南区焦炭码头工程测量”分获2013年天津市优秀测绘工程奖一、二、三等奖。

中水北方勘测设计研究有限责任公司

【业务】

2013年，中水北方勘测设计研究有限责任公司完成了全国蓄滞洪区基础信息数据库系统总体设计。完成大地测量与海洋测绘、工程测量与权属测绘、摄影测量与遥感、地图制图与地理信息系统等方面20多项测绘任务，包括老挝拉森水电站施工控制网建造及初始值观测、采用机载Lidar技术的柬埔寨王国国公省基里沙果县旅游项目地形图测量等。作为主编单位完成《水利水电工程施工测量规范》SL52-93的修编工作。组织召开全国水利水电测绘信息网第三片学术会议。在科技创新和产品开发方面，完成了基于TerraSolid机载Lidar点云数据处理-点云高程拟合方法研究、船载多波束系统在病险水库及近岸水下地形测量的研究与应用2个科研项目。

【其他】

中水北方勘测设计研究有限责任公司完成的“太湖流域统一高程系统项目”获2013年全国优秀水利水电工程勘测设计奖金奖，“贵州省铜仁市重点水源工程可研阶段工程测量”获2013年天津市勘察设计协会“海河杯”优秀勘察设计奖一等奖。

天津市国土资源测绘和房屋测量中心

【业务】

2013年，天津市国土资源测绘和房屋测量中心完成房产测绘项目2512个，建筑面积8205万平方米，同比增长4.8%。完成土地测绘项目362个，宗地面积1809万平方米，同比增长20%。升级天津市CORS系统，提高系统性能，增加对北斗导航定位系统的支持，为全市“一张图”用户提供定位保障。

【其他】

天津市国土资源测绘和房屋测量中心扩大天津市房屋测绘一体化处理及应用系统的应用范围，为各区县登记机构提供各类图形数据19万多幅。升级作业软件，调整数据格式，将房产面积数据直接上传至商品房销售许可网，实现与商品房销售许可网对接，提高开发企业办理销售许可的效率。对中心业务管理服务系统进行功能升级，增加车辆管理模块、改进档案管理模块，改进软件部分功能，提高中心业务信息化水平。

完成的项目获2013年全国优秀测绘工程奖铜奖2项，2013年中国地理信息产业优秀工程奖铜奖2项，天津市优秀测绘工程奖二、三等奖各3项。

天津市星际空间地理信息工程有限公司

【业务】

2013年，天津市星际空间地理信息工程有限公司共完成测绘工程项目近30项，业务范围涉及工程测量、航空摄影测量、摄影测量与遥感、地理信息系统工程等方面，主要包括中亚天然气管道D线工程（中国段）线路机载LiDAR数据采集、山东省济宁测区机载LiDAR航测、2013年度山东省1:1万基础地理信息更新工程项目（第六标段）、辽宁中路环线高速公路铁岭至本溪段机载激光雷达航空测量及1:2000地形图测绘等项目。

【其他】

天津市星际空间地理信息工程有限公司获省部级以上工程奖和科技进步奖7项。其中，参与完成的“天津市全市域机载激光雷达航空测量”项目获2013年全国优秀测绘工程奖白金奖，“三维数字化建模软件研发及应用”项目获2013年中国测绘学会测绘科技进步奖二等奖，“青藏109国道西大滩至安多段车载lynx测量及DEM、DOM数据制作”项目获2013年“海河杯”天津市优秀勘察设计奖一等奖。取得软件著作权4项。“一种城市部件自动化测量方法”获发明专利。承担的“盘山城建和旅游资源城乡一体化系统建设”项目被列入住房和城乡建设部信息化示范项目。该公司被中国卫星导航定位协会授予2013“中国卫星导航与位置服务行业五十强企业”称号。

河北省

概况

截至2013年底，河北省共有测绘资质单位722家，其中甲级45家、乙级100家、丙级200家、丁级377家，比2012年增加40家。测绘资质单位专业技术人员10043人，较2012年增加606人；其中民营企业（测绘资质单位）专业技术人员4935人，占专业技术人员总数的49.1%，较2012年增加1334人。

全省测绘单位涉及国土资源、地理信息、城乡建设等20多个行业，共完成服务总值21.5亿元，其中民营企业（测绘资质单位）完成服务总值5.95亿元，占全行业服务总值的27.7%。全省测绘单位参与或完成了第一次全国地理国情普查、“天地图·河北”、市县级数字城市建设、农村集体土地三权确权发证、帮扶村测图、大气污染综合防治、农村面貌改造提升、沿海三维地表模型建设、重大地质灾害专业监测、资源开发地表沉降监测、城市似大地水准面精化等多项重点测绘地理信息项目（工程）。在河北省地理信息局的支持和引导下，测绘地理信息行业各单位加快推进现代化测绘技术装备建设，引进倾斜摄影技术，完成了5个城市的航飞及保定市140平方千米模型建设；研发单人智能测绘系统，实现了基础测绘生产外业调绘和内业编辑作业一体化；在我国首次应用星载雷达干涉技术监测地下采矿区域变化，系统地进行地下采矿活动区域变化的监测研究；广泛应用无人机低空数字测绘航空摄影系统，大量集成空间定位技术、航空飞行姿态传感技术、地理信息技术，信息化测绘水平不断提高。

河北省基础地理信息中心

【业务】

2013年，河北省基础地理信息中心承担全省1:1万基础地理信息数据库整合升级工作，完成实施方案、数据整合处理专业技术设计书的编制和8000多幅全省1:1万数字线划图2000国家大地坐标系转换工作。

开展“天地图·河北”建设，制定运维管理制度，保证省级节点的正常稳定运行；加大推广力度，开发天气、人口、统计、红色旅游、河北全景网、河北省机构编制地理信息系统等典型应用。完成“天地图·河北”全省矢量、地名地址与国家主节点的数据融合，实现与国家主节点的数据同构。加强对“天地图”市级节点建设的指导，完成邯郸、廊坊2市与省级节点的数据融合，并正式接入国家主节点。

完成河北省数字城市地理空间框架建设技术总支撑工作。完成正定、武安、三河等17个县级数字城市地理空间框架建设总体设计方案审核，完成邯郸、秦皇岛数字城市建设的数据编辑整理并建成图形数据库。

完成河北省国土资源利用成果数据管理系统、河北省新民居建设用地多维动态管理系统、河北省国土资源厅卫片执法专项设备、石家庄市大气污染源分布三维系统等项目。利用现代遥感技术开展全省国土资源系统土地执法监察工作项目并通过专家验收。

【其他】

河北省基础地理信息中心被评为河北省2013年度电子政务先进单位。

河北省保定地质工程勘查院

【业务】

2013年，河北省保定地质工程勘查院主要完成保定市雄县、唐县、阜平县，张家口市宣化县、蔚县、阳原县6个县农村集体土地所有权确权登记发证工作和基本农田调查工作，面积11617平方千米；涞水县新兴产业示范园区1:2000数字地形图测量32平方千米；河北省地质找矿13个项目地质工程测量，其中矿山钻孔测量54个、剖面测量91.24千米、地质工程点135个、E级控制点测量26个；内蒙古自治区兴和县杨树沟1:2000地形图测量10平方千米；保定、张家口市城镇建设用地勘测定界项目100多项；河北省邯郸市村镇地籍调查及登记发证工作成果省级预检任务；马达加斯加国安巴努贝锆铪矿区1:2000地形图测量5平方千米、1:1万地形图测量10平方千米和地质工程测量。

【其他】

河北省保定地质工程勘查院承担的“河北省雄县城区地籍调查”项目获2013年全国优秀测绘工程奖铜奖；“河北省蔚县第二次土地调查”项目获2013年河北省优秀测绘地理信息工程奖二等奖。

中国建筑材料工业地质勘查中心河北总队

【业务】

2013年，中国建筑材料工业地质勘查中心河北总队承担萧山区1:500数字地形图测绘（动态更新）工程，完成1:500地形图测绘面积30平方千米；承担萧山区四等水准网布测工程，施测全区四等水准网水准点118个、水准线路约1020千米；完成河北省新乐市、安国市、清苑县、阜平县农村集体土地所有权确权登记发证项目；完成云南红河州弥勒县新农村建设规划设计项目，河南嵩山遥感定标与综合试验数字高程模型（DEM）工程，河北献县城市管理行政执法局管网探测工程；承担山西榆次区农村集体土地使用权地籍调查、宗地编码、数据库建库项目；承担山西浮山县农村集体建设用地使用权/宅基地使用权确权登记发证项目一标段、二标段项目。

【其他】

中国建筑材料工业地质勘查中心河北总队完成的“滨海县第二次土地调查项目”获2013年河北省测绘学会科学技术奖二等奖；“保定市城区1:500数字线划图修补测及测量标志维护”获2013年河北省优秀测绘地理信息工程奖一等奖，“萧山区1:500数字地形图测绘（一标段）”“亭湖区村庄地籍调查项目”获二等奖。

河北博翔地理信息技术有限责任公司

【业务】

河北博翔地理信息技术有限责任公司完成武安市2013年度土地变更调查与遥感监测项目，面积1818平方千米；广平县1:1000数字地形图测量44.9平方千米，E级GPS点测量25个，四等水准路线110千米；武安市农村集体土地确权登记发证工作项目12个镇农村集体建设用地使用权和宅基地使用权确权登记任务，地籍图测绘19.8平方千米，宅基地调查2万宗，建设用地调查500多宗；山东枣庄航测项目1:500 DLG采集项目枣庄滕州数字采集9.5平方千米；永年县控制测量项目全县域908平方千米D级GPS控制测量，D级GPS点24个，四等水准测量251千米；广州市航空摄影测量项目DEM特征线采集8100平方千米，数字线划图采集6平方千米；数字邯郸地理空间框架建设项目三维模型建设A标段S1图块35平方千米。5月，协助河北省测绘学会组织召开河北省地籍测绘新技术应用交流会。

【其他】

河北博翔地理信息技术有限责任公司承担的“数字邯郸地理空间框架建设项目（C标段）数据采集及地名/地址普查”获2013年全国优秀测绘工程奖铜奖；“广平县1:1000、1:5000数字地形图测量项目”“邯郸中心城市卫星遥感影像数据购置及加工处理”获2013年河北省优秀测绘地理信息工程奖二等奖。

邯郸市恒达地理信息工程有限责任公司

【业务】

邯郸市恒达地理信息工程有限责任公司主要完成涉县、成安县、大名县农村集体土地确权登记及数据库建设项目，鸡泽县农村集体土地所有权确权登记发证项目，鸡泽县鸡泽镇农村集体建设用地和宅基地确权登记发证项目，邯大高速公路地籍测绘工程等6项地籍及地理信息系统工程；完成邱县高标准基本农田建设项目勘查测量，广平县高标准基本农田建设工程勘测、规划设计与预算编制，邯济铁路扩能改造工程邯郸段土地勘测定界等8项勘界、规划设计项目；完成烟台市莱山区初家办事处测绘项目、大名县基本农田项目、涉县耕地质量等级成果补充完善与基本农田划定等5项工程测量及基本农田划定项目。

【其他】

邯郸市恒达地理信息工程有限责任公司完成的“成安县土地利用总体规划编制与数据库建设”“邯郸县土地利用总体规划编制与数据库建设”项目获2013年河北省优秀测绘地理信息工程奖二等奖；“涉县土地利用总体规划编制与数据库建设”项目获2013年河北省测绘学会科学技术奖二等奖，“大名县土地利用总体规划编制与数据库建设”“磁县土地利用总体规划编制与数据库建设”项目获三等奖。

河北九华勘查测绘有限责任公司（华北地质勘查局五一九队）

【业务】

2013年，河北九华勘查测绘有限责任公司（华北地质勘查局五一九队）共完成集体土地所有权登记、管线普查、地形图测绘、沉降观测、摄影测量、地理信息系统软件开发等项目80多项。牵头完成哈尔滨、青岛、温州、扬州等大中型城市的地下管线普查工作，探测管线41873千米，参与《城市地下管线探测技术规程》的修编；完成天津宁河、武清、北辰3个区县（实验区）宅基地使用权调查，承担涞源、安新、容城3个区县土地三权登记发证项目，完成所有权调查工作并通过省国土资源厅验收；在地理信息软件开发领域推进科技创新，完成多项软件的研发工作。

【其他】

河北九华勘查测绘有限责任公司（华北地质勘查局五一九队）完成的“天津市第二次土地调查城镇地籍调查和土地总登记工程”获2013年全国优秀测绘工程奖银奖，“宿迁市地下综合管线普查工程”“昆山市地下管线探测项目（基础地理信息）”获铜奖。“济宁市城区地下管线探测工程”“天津市团泊新城现状地形图测绘工程”分获2013年河北省优秀测绘地理信息工程奖一、三等奖。“昆山市地下管线探测项目”获2013年河北省测绘学会科学技术奖一等奖，“无锡地下管线普查探测工程”“七台河地下管线综合数据库工程”获二等奖。

河北中核岩土工程有限责任公司

【业务】

2013年，河北中核岩土工程有限责任公司主要完成中原油田管道天然气气化邯郸工程、中国石化天津液化天然气（LNG）项目输气干线工程等1:2000带状地形测量600多千米，青龙铀矿二期矿区控制测量及1:500地形图补测、山东海阳核电厂辐射环境现场监督性检测站地形测量、辽宁徐大堡核电厂首级控制网复测等任务。

在建的项目有田湾核电站扩建工程5、6号机组人工边坡监测，田湾核电站3、4号常规岛及UQN基坑监测，中国原子能科学研究院科技综合楼沉降观测及基坑变形监测，飞凤山低中放固体废弃物处置场边坡监测及山东海阳核电厂全厂相关生产构建筑物沉降测量等。完成的工程质量全部合格，未发生安全事故和泄密事件。

【其他】

河北中核岩土工程有限责任公司完成的“新疆中核天山铀业有限公司采矿权实地核查”获2013年河北省测绘学会科学技术奖三等奖。

河北省水利水电第二勘测设计研究院

2013年，河北省水利水电第二勘测设计研究院主要完成邵明煤田采空区变形对南水北调中线总干渠影响监测研究（2013年度观测分析），河北省南水北调配套工程保沧干渠（保定段）加密施工控制网测量，高邑、新河、饶阳县水厂及供水管网测量，以及大清河南支潴龙河堤防整治工程测量、施工现场服务等测绘项目25项，承揽的测绘服务总值850多万元。

河北省水利水电勘测设计研究院

【业务】

2013年，河北省水利水电勘测设计研究院完成石家庄、衡水、邢台及保定市南水北调配套工程水厂以上输水管道工程，河北省南水北调配套工程石津干渠工程测绘，南水北调中线京石段防洪影响处理工程，滦河（滦南县、滦县、乐亭县段）治理工程测绘等20多项测绘项目，实现产值591多万元。

【其他】

河北省水利水电勘测设计研究院与北京龙睿鑫云科技发展有限公司、武汉大学共同研制的Topo-Lite三维激光扫描数据处理应用系统，是我国第一个基于地面三维激光扫描数据处理和应用的软件平台，对发挥三维激光扫描仪的价值和拓展相关精细化三维运行维护管理领域有重要作用。

完成的“邢台市南水北调配套工程水厂以上输水管道工程第一设计单元初步设计阶段测量”项目获2013年河北省优秀测绘地理信息工程奖二等奖；“Topo-Lite三维激光扫描数据处理应用系统”项目获2013年中国测绘学会测绘科技进步奖二等奖。完成的“提高三等水准测量精度”课题获2013年河北省科技质量成果奖。

中国石油天然气管道工程有限公司

【业务】

2013年，中国石油天然气管道工程有限公司测绘营业收入8670万元，实现利润1326万元。完成的主要业务涵盖工程测量、摄影测量与遥感、地理信息系统工程等。全年运行主要项目7个。其中，新增中亚天然气管道D线工程（乌兹别克、塔吉克、吉尔吉斯、中国），西气东输三线天然气管道中段（中卫-吉安），西二线平泰支干线3个项目；延续项目包括哈尔滨-沈阳输气管道工程（长春-沈阳段），中卫-贵阳联络线（黔渝段）及支线管道工程，西气东输三线天然气管道东段（江西吉安-福建福州），坦桑尼亚管道项目等4个。承揽的测绘项目顾客满意率超过95%，未发生质量事故和泄密事件。

【其他】

中国石油天然气管道工程有限公司获国家、省部级以上奖励4项，其中“尼日尔阿贾德姆原油管道工程测量”获2013年全国优秀测绘工程奖银奖，“兰州-郑州-长沙成品油管道工程测量”获2013年河北省优秀测绘地理信息工程奖二等奖，“中缅油气管道工程（国内段）澜沧江8#及9#方案航空摄影测量”“长岭-长春-吉化输气管道工程”分获2013年河北省测绘学会科学技术奖二、三等奖。

河北省第一测绘院

【业务】

2013年，河北省第一测绘院完成秦皇岛、衡水和邢台市共1962个村庄的正射影像图制作和1:1000地形图测绘工作，其中测绘帮扶村1279个，农村面貌改造提升重点村683个。承担并完成国家高程控制网一等水准测量京凌线设计路线长度467.4千米、凌绥线设计路线长度168.3千米、绥津线设计路线长度396.6千米、赤凌线设计路线长度189千米一等水准测量任务。完成“应用CORS系统开展农村集体土地确权登记发证示范项目”研究工作。

【其他】

河北省第一测绘院承担的“石家庄市区似大地水准面精化”“衡水市中心城区基础测绘”分获2013年中国卫星导航定位科技进步奖三等奖和全国优秀测绘工程奖铜奖。“基于CORS系统空间位置变化的地质灾害监测预警系统”获国家知识产权局颁发的发明专利证书。

河北省第二测绘院

【业务】

2013年，河北省第二测绘院完成河北省“农村三权”69个县（区）19135个村1:2000线划图项目共5827平方千米；完成2643个帮扶村与农村面貌改造提升重点村1:1000地形图测图。数字秦皇岛通过省级验收，数字邯郸通过国家测绘地理信息局验收。完成北京市房山区、海淀区、石景山区、延庆县农村集体土地确权登记发证所有权工作，并通过北京市国土资源局验收。承担的省内农村集体土地确权登记工作均已通过市级、厅级验收。

积极参与地理国情普查工作，成立项目领导小组和办公室，制定详细的工作计划和质量检查措施，项目进展顺利。

【其他】

河北省第二测绘院承担的“河北省1:2000航空摄影正射影像图制作”“京通、京承、锦承、承隆、石德线铁路线路安全保护区测量”分获2013年全国优秀测绘工程奖金、银奖，“河北省矿业权实地核查成果开发与应用——三维矿产资源网”获2013年中国测绘学会测绘科技进步奖三等奖。“河北省1:2000航空摄影正射影像图制作”“河北省矿业权实地核查成果开发与应用——三维矿产资源网络管理系统”“邯郸市坐标系统和高程系统工程”获2013年河北省测绘学会科学技术奖一等奖，“石家庄市西北城区数字房产工程（Ⅰ测区）”获二等奖。

中国石油集团东方地球物理勘探有限责任公司

【业务】

2013年，中国石油集团东方地球物理勘探有限责任公司共完成物探测量项目132个，工作量26万多千米。国内勘探区域涉及新疆、内蒙古、河北、四川等10多个省区；国际业务覆盖4大洲，涉及伊拉克、乍得、伊朗、沙特阿拉伯等30多个国家。凭借自主研发的海底电缆（OBC）海上勘探综合导航系统（简称Dolphin）中标印尼ENI海上勘探导航项目。承担伊拉克鲁迈拉油田地理信息系统测量项目，完成鲁迈拉油田GPS控制网建设及360多千米的管线探测任务。

【其他】

中国石油集团东方地球物理勘探有限责任公司承担的“震源RTK定位导航设备完善与产业化”获2013年河北省测绘学会科学技术奖二等奖，“2012年塔中4油田二次开发三维地震测量项目”获2013年河北省优秀测绘地理信息工程奖二等奖。

河北中色测绘有限公司（北京中色测绘院有限公司）

【业务】

2013年，河北中色测绘有限公司（北京中色测绘院有限公司）发展数字国土、数字城市建设市场，承担数字国土项目30项、数字城市项目9项、常规测绘市场项目8项，地质测绘市场项目6项。承担的数字邯郸地理空间框架建设地理信息公共平台建设已通过省级验收。参加全国测绘监理标准的制定工作，被确定为组长单位。

【其他】

河北中色测绘有限公司（北京中色测绘院有限公司）获北京测绘学会科学技术进步奖一等奖1项，河北省测绘学会科学技术奖一等奖1项，获中国测绘学会、中国地理信息产业协会科技进步奖三等奖各1项；获河北省优秀测绘地理信息工程奖一等奖1项，全国优秀测绘工程奖铜奖1项，中国地理信息产业优秀工程奖铜奖2项。完成“国产资源一号02C应用试点研究”“基于国产卫星数据的土地利用宏观监测遥感数据研究”2项科技成果的鉴定工作。

河北省制图院（河北省渤海测绘管理中心）

【业务】

河北省制图院（河北省渤海测绘管理中心）开展地理国情普查工作，承担保定、唐山地理国情普查任务，完成地理国情普查统计分析试点区迁西县的统计资料收集和基本统计工作。完成数字霸州地理信息共享服务平台建设，启动涿州、易县、涿鹿等县（市）数字城市建设。河北省渤海测绘管理中心挂牌成立，完成河北省海洋测绘总体规划的编制和沿海陆域1:1万数据获取与更新。完成保定市8个试点村，保定、廊坊2市1033个帮扶村及674个农村面貌改造提升村的测图任务。发挥地理信息优势，为旅游、海洋、国土、交通、旅游、民政等部门提供地理信息服务。

【其他】

河北省制图院（河北省渤海测绘管理中心）获“天地图·河北”杯第三届全省测绘地理信息行业职业技能竞赛团体第二名。1人获地图制图专业个人第二名及“全国测绘地理信息行业优秀技能人才”称号。承担的“河北省地图网”“张家口市张北县农村集体土地确权登记发证”获2013年河北省测绘学会科学技术奖一、二等奖，“华北油田地面建设图集”“石家庄交通地图册”获三等奖；“曹妃甸工业区职工宿舍二期竣工海域使用验收测量”获2013年河北省优秀测绘地理信息工程奖二等奖。

河北省煤田地质局物测地质队

【业务】

2013年，河北省煤田地质局物测地质队完成各类勘探项目20个，包括煤田地质勘查三维物探工程测量116.97平方千米，二维物探工程测量470.65千米，各类勘探控制点146个，各种比例尺地形图47.5平方千米，勘探控制3204.20平方千米。完成的伊吾广汇能源开发有限公司淖毛湖东部煤田勘查区三维地震勘探项目，创造了国内煤田地质勘查三维地震勘探面积单个项目超过100平方千米的记录。

【其他】

河北省煤田地质局物测地质队完成的“河北省大城县大城勘查区煤炭详查地形测量”项目获2013年河北省测绘学会科学技术奖二等奖，“冀中能源邯郸矿业集团贺庄矿业有限公司井田区域地形图测绘”项目获河北省优秀测绘地理信息工程奖二等奖。

化学工业第一勘察设计院有限公司

【业务】

2013年，化学工业第一勘察设计院有限公司实现主营业务收入31756万元、利润总额1161万元，总资产达到24039万元。其中，工程测绘专业实现产值719.7万元（工程控制测量项目1项产值29万元，变形监测项目10项产值378.7万元，其他测量项目13项产值312万元）。

【其他】

化学工业第一勘察设计院有限公司购入双星天宝RTK，将RTK技术与全站仪相结合的方法用于厂区水平位移监测，使用天宝电子水准仪进行厂区建筑物沉降监测，提高了工作效率。完成的“华气安塞液化天然气项目高边坡及弃土大坝变形监测”项目获2013年河北省优秀测绘地理信息工程奖二等奖。通过全国工程勘察与岩土行业诚信单位复评，被授予“2013年度全国化工工程建设优秀企业和优秀服务企业”称号。

承德华勘五一四测绘有限公司

【业务】

2013年，承德华勘五一四测绘有限公司主要承担承德、张家口市三权发证项目。完成“苍山县农村土地承包经营确权登记颁证”“承德六沟新兴产业集聚区1:500地形图勘测采购”“巴克什营1:500地形图测绘”“唐山市海洋局海籍变更调查”“蒙东电网GIS外业数据采集”等项目。

【其他】

承德华勘五一四测绘有限公司承担的“承德市双桥区农村土地调查及土地利用数据库建设”“丰宁凤山新兴产业示范区地形测量”获2013年河北省优秀测绘地理信息工程奖二等奖，“承德市中心城区地籍调查及数据库建设”获2013年河北省国土资源优秀成果奖二等奖。

保定金迪地下管线探测工程有限公司

【业务】

2013年，保定金迪地下管线探测工程有限公司共签订工程合同74个，合同额超过1亿元。完成地下管线探测41027千米，地形图测绘62.53平方千米，场地探测0.127平方千米，输出地下管线图67658幅。

【其他】

保定金迪地下管线探测工程有限公司研发GDInfo排水信息管理平台、基于超图平台的GDInfo综合管线信息管理系统、基于CAD平台的GIS数据交互系统等。“东莞市区地下综合管线普查二期工程普查探测”项目获2013年全国优秀测绘工程奖金奖，“库尔勒市地下综合管线普查及系统建设工程”获新疆维吾尔自治区测绘行业科学技术进步奖二等奖，“永康市城市地下管线普查工程”“桐庐县城地下管线普查（测绘）项目工程（2标段）”分获2013年河北省测绘学会科学技术奖一、二等奖，“滨州市城区地下管网普查及信息管理平台建设”项目获2013年中国地理信息产业优秀工程奖银奖。

河北天元地理信息科技工程有限公司

【业务】

2013年，河北天元地理信息科技工程有限公司实现生产总值5255多万元，其中地籍调查及系统建设约占40%，地下管线探测及系统建设约占30%，航测和数据处理约占10%，房产测量、工程测量、监理等约占5%，市政公用工程约占15%。

【其他】

河北天元地理信息科技工程有限公司完成的“肥乡县数字化城管监督指挥中心工程项目数据普查项目”“西宁市1:500地形图修补测”项目获2013年河北省优秀测绘地理信息工程奖二等奖；“武平县十方、岩前镇地形图及地籍测绘编绘工程”“中冶地质勘查信息管理系统”分获2013年河北省测绘学会科学技术奖二、三等奖。

河北天元地理信息科技工程有限公司获“2010-2013年度中国测绘学会先进集体”“全国实施用户满意工程先进单位-用户满意服务”“河北省诚信企业”等称号。1人获“2010-2013年度中国测绘学会先进个人”“河北省企业诚信建设优秀工作者”称号。获河北省第三届测绘地理信息行业职业技能竞赛地籍测绘专业团体第1名，1人获地籍测绘专业个人第一名；1人获“河北省测绘地理信息技术能手”称号，3人获“河北省测绘地理信息行业优秀技能人才”称号；该公司代表河北省参加第三届全国测绘地理信息行业职业技能竞赛地籍测绘专业竞赛。

河北省第三测绘院

【业务】

2013年，河北省第三测绘院完成测绘生产产值3980万元。完成邢台市1:1万地形图测绘60幅，帮扶村测图1179个，农村面貌改造提升村测图561个。完成承德公路测图、邢台地名调查入库、张家口数字城市建设、饶阳1:1000地形图测绘、滦县高标准基本农田勘测定界、石家庄实景三维、河北省海岛地名编制等项目。

【其他】

河北省第三测绘院开展基于StreetFactory专业化“3D”建模系统的三维模型快速制作等项目。完成保定、唐山、石家庄等市区的实景三维数据生产项目，其中保定市实景三维数据生产项目成果得到国内外有关专家的高度肯定。

河北省第三测绘院完成的“数字石家庄地理空间框架建设项目-A标段”获2013年全国优秀测绘工程奖银奖；“冀州市城镇地籍调查及城镇地籍数据库建设”“曲阳镇控制测量及1:1000比例尺地形图测量”获2013年河北省优秀测绘地理信息工程奖二等奖；“石家庄滹沱新区1:1000数码航测成图”“赤城县城镇地籍调查及城镇地籍数据库建设”分获2013年河北省测绘学会科学技术奖二、三等奖。

秦皇岛市测绘大队

【业务】

2013年，秦皇岛市测绘大队完成秦皇岛市四等以下城市等级控制点46点，完成市区内原有125平方千米范围内310幅1:500数字地形图的更新维护工作。完成其他各类测绘项目150多项，主要包括秦皇岛市城市规划、市内道路工程、各种管网工程、河道治理、旧城改造等城市工程测量和市区内所有地籍测绘、工程项目征地、土地勘测定界、土地开发利用等土地测量项目。共测绘和编制各种图件1500多件，其中1:500工程地形图（含竣工图）53项，总面积49.9平方千米；地籍、宗地图972宗，总面积22.8平方千米；征地图134宗，总面积18.8平方千米；规划用地图54件，总面积4.7平方千米；土地勘测定界图288宗，总面积13.2平方千米。

【其他】

秦皇岛市测绘大队完成的“2011年度秦皇岛市城区1:500地形图更新维护项目”获2013年河北省优秀测绘地理信息工程奖一等奖。

河北省地矿局秦皇岛资源环境勘查院

【业务】

2013年，河北省地矿局秦皇岛资源环境勘查院承担秦皇岛市公用航道疏浚维护工程航道测量工作，完成秦皇岛市6条公用航道多波束全覆盖扫海测量，扫测总长度51.90千米，测量总面积13.8平方千米。协助航政管理部门解决秦皇岛港多年淤积情况。

【其他】

河北省地矿局秦皇岛资源环境勘查院承担的“秦皇岛市昌黎县2011年度海籍变更调查”项目获2013年河北省优秀测绘地理信息工程奖二等奖。

河北省北方勘测设计有限公司

【业务】

2013年，河北省北方勘测设计有限公司新签订沉降观测合同8个。承担白洋淀旅游城1:1000地形测量工程，测量面积6.3平方千米，制作分幅图38幅。完成保定市南二环路地下管线探测工程3.8千米的地下管线探测，形成了较完整的管网综合网络。完成“容城县土地三权确权登记发证项目”容城镇、贾光乡2个乡镇的农村集体土地确权登记发证工作。

【其他】

河北省北方勘测设计有限公司完成的“霸州市

1:1000 数字化地形图测绘工程”获 2013 年河北省优秀测绘地理信息工程奖一等奖，“白洋淀旅游城 1:1000 地形测量工程”“保定市南二环路地下管线探测工程”获三等奖。

河北省地矿局第十一地质大队

【业务】

2013 年，河北省地矿局第十一地质大队承担临城县农村集体土地所有权确权登记发证项目，完成临城县 220 个行政村的集体土地所有权确权登记及临城县 2013 年度土地利用现状变更及数据库更新。承担河北省矿政信息及三维动态管理系统建设及矿山数据收集整理项目，完成矿山三维建模的基础数据采集、三维模型构建等工作。承担邢台市西部山区白云岩矿产资源调查评价地形测量，武安市土岭一带铁矿预查工程测量，武安市西万年一带铁矿预查工程测量，邢台县英谈村、前南峪村地形测图等工作。全年共完成测绘总产值 1100 万元。已完工的项目均经行政主管部门或专家验收通过，测绘产品项目合格率 100%。

【其他】

河北省地矿局第十一地质大队完成的“沙河市管线探测”项目获 2013 年全国优秀测绘工程奖铜奖。该大队被中国矿业联合会地质勘查协会授予“首届中国百强地质队”称号，被邢台市委市直机关工作委员会授予“市直机关先进基层党组织”称号；1 人被中华全国总工会授予“全国五一巾帼标兵”称号。

邢台市勘察测绘院

【业务】

2013 年，邢台市勘察测绘院完成农村风貌改造提升规划地形测绘等项目 336 项，市政管线放线 290 千米。完成邢台市 8 个村 8 平方千米 1:1000 地形图测绘任务。参与完成邢台市城乡规划局三维数字建模 30 平方千米。

【其他】

邢台市勘察测绘院承担的“河北省邢台市西北新区 1:1000 地形图测绘”项目获 2013 年全国优秀测绘工程奖铜奖，“邢台市农村风貌改造提升 1:1000 地形图测绘项目”获河北省优秀测绘地理信息工程奖二等奖。

河北地矿建设工程集团邯郸公司

2013 年，河北地矿建设工程集团邯郸公司主要完成武安市贾家庄铁矿预查测绘，武安市燕山西部铁矿矿区矿山地质环境治理工程测量，张家口崇礼 1:200 地形测绘、沽源 1:500 地形测绘，大唐国际丰宁热电厂地下水专评工程测量等项目。

山西省

概况

截至 2013 年底，山西省共有测绘资质单位 540 家，其中甲级 21 家、乙级 59 家、丙级 155 家、丁级 305 家；私营企业 286 家，占持证单位总数的 53%。2013 年度全省测绘服务总值 12.1 亿元，从业人员 1 万多人。

行业单位完成的重大测绘地理信息项目包括大理摄区、吉兰泰-乌力吉摄区、阿拉善左旗摄区、腾格里工业园区摄区、和田摄区国家基础航空摄影项目；侯马市、尧都区等 10 多项农村集体所有权和农村集体建设用地使用权、宅基地使用权确权发证项目；化建佳园住宅小区沉降观测、太原理工大学新校区图书馆桩基承载力检测及沉降观测、太原万达广场商业综合体基坑监测工程等近 10 项沉降观测项目以及山西省中部引黄工程施工测量监测项目、运城至三门峡高速公路黄河桥连接线施工外业测量、太原市 2013 年新建道路管线测绘等 20 多项测绘项目。

太原市勘察测绘研究院

【业务】

2013年，太原市勘察测绘研究院完成城市主干道E级GPS平面控制点布设100多个，四等水准测量200千米；龙城新区、晋源、晋祠、建材市场等测区1:500地形图测绘54平方千米；晋阳湖、龙城新区、小店测区、市主城区测区、市北部地区测区1:2000地形图测绘640多平方千米；0.5米分辨率数字正射影像图制作1800多平方千米。为风峪沟景观方案设计、牛驼寨公园修建性详细规划、西山地区生态建设发展规划等重点规划项目提供测绘服务。完成中部引黄工程施工测量监测项目，西山16个城郊森林公园绿化考核，太原市市政道路改造工程所需1:500、1:2000地形图和正射影像图测绘等任务。积极推广三维建模新技术，完成府城及长风街以南片区精细模型制作108.3平方千米，东西山地形模型625平方千米，框架模型六城区全覆盖1460平方千米。

【其他】

太原市勘察测绘研究院被评为太原市文明单位、太原市“五一”模范先进单位，获山西省建筑业五一劳动奖状。

山西华晋岩土工程勘察有限公司

【业务】

2013年，山西华晋岩土工程勘察有限公司测量工程专业完成工程项目60多项，涉及工程测绘、地形测量、变形监测、沉降观测、土地调查、地籍确权等方面。主要承担新疆煤制液体燃料输送通道工程前期考察项目、太原市尖草坪区集体建设用地和宅基地使用权确权登记项目一标段、汾河水库生态环境保护试点库周隔离防护工程地形图测绘等项目，全年累计产值2000多万元。

【其他】

山西华晋岩土工程勘察有限公司获得实用新型专利1项，企业级优秀施工工法1项，多项QC成果获省内、行业内技术奖励。“提高农村集体土地所有权权属调查成果的合格率”测绘成果获山西勘察设计协会二等奖。“提高DWG数据转换MDB数据的图形质量”“提高农村地籍调查数据成果的准确率”“提高土地勘测定界成果的精度和效率”被中化二建集团有限公司评为优秀QC小组质量成果。

山西省测绘工程院

【业务】

2013年，山西省测绘工程院完成测绘服务值7958.83万元。其中，山西省测绘地理信息局计划任务总产值2979.5万元，市场任务总产值4979.33万元，市场份额所占比例较2012年增长24.48%。

完成左权测区118幅、汾河流域33幅、汾河流域-左权测区480幅1:1万地形图外业调绘、DLG数据采集及入库工作。完成国家GNSS连续运行基准站（陕西区建设项目）2013年度基础测绘工作、山西省高程现代化建设项目。完成数字介休、数字昔阳地理空间框架建设项目，并通过省级验收；数字大同、数字潞城完成年度建设任务；启动国家边老少区基础测绘专项补助项目数字武乡地理空间框架建设，及数字原平、数字怀仁建设。

在保证山西省GNSS连续运行基准站及综合服务系统正常维护与运行的基础上，不断完善山西省卫星定位连续运行基准站服务系统，完成临县、安泽2个基准站的搬迁工作，浮山、山阴基准站的建设工作；SXCORS用户数量增加到330家，设备入网台数增加到1530台。

完成大连普湾新区以北0.2米航空摄影测量、武汉市中心城区真彩色航空摄影、辽宁省农村集体土地确权登记测绘0.2米航空摄影测量等市场项目，取得较好的社会与经济效益。

【其他】

山西省测绘工程院获国家及省部级奖励5项，其中，“利用卫星定位系统建立与维持高精度坐标框架的关键技术及推广应用”获2013年中国测绘学会测绘科技进步奖一等奖，“全栈式GIS平台uninpho的研制与应用”获2013年中国地理信息科技进步奖二等奖，“山西省汾河主河道流域生态地理环境影像信息系统”获2013年中国地理信息产业优秀工程奖银奖，“山西省全省GPS D级控制点建立”获2013年全国优秀测绘工程奖铜奖。

山西省基础地理信息院

【业务】

2013年，在省级基础测绘方面，山西省基础地理信息院完成的晋城、运城测区1:1万基础地理信息数据通过验收；完成汾河流域和左权测区609幅外业调绘及内业数字线划图采集编辑等工作。在地市和县级基础测绘方面，利用无人飞艇完成运城市10个县航空摄影、外业像控点测量、空三加密和数字正射影像图制作；完成吕梁市各县航空摄影工作；完成晋城市城区、阳城县、泽州县基础航空摄影、像控点测量、空三加密、数字线划图、数字正射影像图制作。

完成“航空与航天影像快速获取与处理系统建设”项目，构建了低空遥感测绘系统生产体系、卫星遥感影像测绘系统生产体系、真三维测绘产品航测生产工艺流程系统，探索出城市精细化三维地图产品生产技术流程。通过公开招投标方式，取得国家土地督察北京局的2013年土地督察业务技术服务项目，项目涉及华北五省，主要是利用GIS、遥感等技术手段进行土地督察业务。

完成山西省17个农村建设用地及宅基地确权发证试点县地籍调查、地籍测绘任务；通过公开招投标方式，取得高平市农村建设用地及宅基地确权发证项目和永久性基本农田划定项目。

【其他】

山西省基础地理信息院完成的“数字阳泉地理空间框架建设”项目获2013年中国地理信息产业优秀工程奖银奖，“数字晋城地理空间框架建设”项目获2013年全国优秀测绘工程奖铜奖。

大同市勘察测绘院

【业务】

2013年，大同市勘察测绘院完成30多项城建测绘项目，44项市政工程项目，10多项大面积地形图测绘项目及多项沉降观测项目，主要包括大同市御河以西地区100平方千米航测影像图制作；左云县云兴镇农村集体土地所有权确权登记发证项目；云冈石窟第十二窟激光扫描，第十一、十三窟外业扫描等。完成93项建设项目核查验线、33项放线、43项验线、53项验收、10多项采光分析等规划测绘任务。

【其他】

大同市勘察测绘院制定《大同市1:500、1:1000、1:2000基础地理数据标准》《大同市1:5000、1:10000基础地理数据标准》《大同市土地利用现状数据标准》等7套数据标准。

辽宁省

概况

2013年，辽宁省测绘地理信息局认真做好全省测绘资质管理工作，通过测绘资质年度注册、地理信息市场整顿、专项执法检查等手段，对违法违规、不符合测绘资质条件等单位，进行依法注销或降级、缓期注册、核减业务范围等处理。至2013年底，全省共有测绘资质单位618家，其中甲级33家、乙级139家、丙级236家、丁级210家。全省测绘资质单位主要分布在测绘、规划、国土等20个行业，从业人员1.3万多人，年服务总值近20亿元。

全省测绘资质单位积极参与“三大平台”建设、地理国情普查、基本比例尺地形图更新和重大工程项目建设，为辽宁沿海经济带开发、城镇化建设、沈阳第十二届全国运动会、锦州世博会等提供准确及时的测绘地理信息服务保障。

辽宁地质海上工程勘察院

2013年，辽宁地质海上工程勘察院完成测绘工程项目22项，其中重大测绘项目18项，主要分布在水深测量、地形测量和管线测量。重点项目包括大连金石国际度假区东地物测量、金州区域离岸岛工程及测量、后石滨海一号路工程测量、大连金渤海岸园区天籁湾海滨浴场沙滩工程1:500地形测量及大连燃气配套工程测量等项目。

辽宁地质勘查局一〇一测绘队

【业务】

2013年，辽宁地质勘查局一〇一测绘队完成产值2100万元。投入资金75万元购置高分辨率遥感影像数据一体化测图系统。完成辽宁省抚顺市新宾县、抚顺县农村集体土地所有权确权登记发证项目，桓仁满族自治县农村集体建设用地调查项目，辽宁中部环线高速公路测量工程，抚顺市采沉区地质灾害监测及信息系统建设等重大工程项目 29 项。

承担抚顺市采沉区地质灾害监测及信息系统建设项目中，B 级 GNSS 自动化监测及二等水准常规监测系统工作，总产值 310 万元，监测面积 25 平方千米。

【其他】

辽宁地质勘查局一〇一测绘队在辽宁省测绘地理信息行业职业技能竞赛地籍测绘比赛中获团体第一名，地图制图比赛中获团体第四名。1 人代表辽宁省参加地籍测绘全国比赛，获“全国测绘地理信息技术能手”称号。该队被抚顺市政府评为“守合同重信用企业”，被辽宁地质勘查局授予“先进单位”称号。

辽宁省地理信息院

【业务】

2013 年，辽宁省地理信息院获得航空摄影甲级资质。完成辽宁省 0.2 米分辨率航摄影像获取项目 41215 平方千米，国家航空遥感影像获取项目总面积 43299 平方千米。

积极参与国家基本比例尺地形图更新、地理国情普查、数字城市建设和国土测绘项目。全年完成辽宁省 1:1 万地形图更新与建库 379 幅、丹东数字城市大比例尺航测成图 100 平方千米、上海 1:2000 地形图修测 398 幅，完成二等水准测量 1202 千米、LN-CORS14 个站的勘选测试、省农村集体土地确权登记发证项目 1:2000 DOM 制作 16645 平方千米，完成辽宁省第一次全国地理国情普查试生产凤城市 228 幅，实施阜新、朝阳、通辽等 7 个风电场风机沉降观测以及哈大高铁地籍测量等项目。

【其他】

辽宁省地理信息院被辽宁省测绘地理信息局评为先进集体。参与的“辽宁省农村集体土地确权登记发证”项目获辽宁省测绘科技进步奖一等奖，“辽宁省地名数据库管理系统”“辽宁省国土资源动态遥感监测”获二等奖，“沈阳市辽河保护区生态修复管理系统”和“IMU/DGPS 系统在基础测绘中的应用”项目获三等奖。“天津市全市域机载 LIDAR 3D 产品制作”和“数字抚顺 1:2000 入库数据及平台数据的生产研究项目”获辽宁省国土资源厅科学技术成果奖二等奖。在辽宁省测绘地理信息行业职业技能竞赛中，该院获地籍测绘项目和地图制图项目团体第二名。

辽宁省摄影测量与遥感院

【业务】

2013 年，辽宁省摄影测量与遥感院建设 LNCORS 基准站 12 座，完成二等水准网观测 885 千米，更新 1:1 万地形图 330 幅。完成辽宁省第一次全国地理国情普查阜新市项目，辽宁省地质灾害危险区搬迁避让项目，辽宁省矿山卫片遥感监测项目；实施了辽宁省土地占补平衡项目和增减挂钩项目，丹东、盘锦、铁岭、辽阳、鞍山 5 市的国家基础航空摄影项目，沈阳、彰武、铁岭、本溪 4 市的辽宁省农村集体土地确权登记发证项目等。

【其他】

辽宁省摄影测量与遥感院在省内易发生滑坡、泥石流等自然灾害地区建立了三维查询分析系统，加入了真三维虚拟现实场景。开发了辽宁省第一次地理国情普查数据整合工具，实现快速整理卫片纠正成果，处理海量的国情普查数据。编写了元数据自动提取工具，提高了工作效率和成果质量。

承担的“利用多源软件基于 ADS80 航空影像的 DOM 高效制作方案”“单点定位技术在本溪摄区 1:500 地形图中应用”分获辽宁省测绘科技进步奖二等奖，“辽宁省低丘缓坡调查”“抚顺市地理国情监测试点项目之林业资源监测”分获辽宁省国土资源厅科学技术成果奖二、三等奖。

沈阳地球物理勘察院

【业务】

2013 年，沈阳地球物理勘察院完成内蒙古通辽市铁路 1:2000 带状地籍测量 210 平方千米，三等水准测量点位 375 个，线路总长 2280 多千米。完成净空测量项目 31 个，实地测量省域军管净空点 132 个，为沈阳军区、辽宁省军区等部门提供净空测量用图 60 多幅，完成阜新县大固本镇油页岩矿区 1:5000 数字化测图 21 平方千米。完成锡林郭勒盟东乌旗玉龙矿业勘测面积 315 平方千米。完成青岛、锦州、辽阳等城市地下管线普查项目，共探测管线近8000千米。全年完成重大测量项目近50项。

【其他】

沈阳地球物理勘察院完成的“厦门市城市地下管网普查”项目获辽宁省测绘科技进步奖一等奖。

辽宁经纬测绘规划建设有限公司

2013年，辽宁经纬测绘规划建设有限公司完成沈阳铁路局铁路用地辽宁段地籍测绘和土地登记发证项目、农村集体土地所有权确权登记发证工作（朝阳县、北票市、双塔区、龙城区、铁岭清河区）、卧龙湖保护区数字化管理平台项目、辽宁省基本农田划定数据建库等项目100多个，编制出版《沈阳经济区国土规划图册》等各种地图（图集、图册）40种，印刷地图40多万张（册）。

辽宁省基础测绘院

【业务】

2013年，辽宁省基础测绘院完成辽宁省1:1万地形图更新与建库项目、辽宁现代测绘基准体系建设项目中的18座LNCORS站勘选和建设任务、二等水准1166千米测量等基础测绘项目和辽宁省第一次全国地理国情普查试生产任务；完成3.95万平方千米辽宁省农村集体土地确权发证登记，5.5万平方千米1:2000正射影像制作项目，辽宁省卫星影像采购与加工项目和全省疑似新增建设用地核查、伪变化图斑核查工作；参与数字锦州、数字鞍山建设和锦州世园会保障服务，为抚顺清源地区抗洪抢险提供测绘保障服务，完成省内多项铁路、公路、电力、土地等测绘工程，拓展了沉降观测、海洋测绘、隧道测量等业务。

【其他】

辽宁省基础测绘院全年投入982.8万元，购买与“像素工厂”软件处理系统相配套的ADS100数码航空摄影仪，提高了装备水平。全年有2项测绘项目获辽宁省测绘科技进步奖，1人被国家测绘地理信息局评选为青年学术和技术带头人。

辽宁省基础地理信息中心

【业务】

2013年，辽宁省基础地理信息中心完成二等水准测量、辽宁省CORS站建设、辽宁省土地确权0.2米分辨率DOM制作、地理国情普查、辽宁省海岸带监测和地图编制等测绘工程项目。主动为数字城市建设提供技术支持，在公众版与政务版地理信息公共服务平台的基础上，建立了基础版地理信息公共数据模板，同时研究利用高德三维发布平台对数字城市三维模型数据进行发布。在地理国情普查中，与有关单位合作研制了集拍摄与定位功能的高性能相机和遥感解译样本制作软件。推广“天地图·辽宁”项目应用，运用车载GPS定位一体化的通讯设备、计算机软硬件及GIS软件，实现了GPS车辆监控功能。

【其他】

辽宁省基础地理信息中心完成的“数字阜新地理空间框架建设”“天地图·辽宁2.0版建设”分获2013年辽宁省测绘科技进步奖一等奖，“基于arcgis环境下基础地理信息数据库系统建设”“辽宁三维地理信息共享服务平台”分获三等奖；在首届“天地图”应用开发大赛中获三等奖；在“天地图·辽宁”应用开发大赛中获得团体一等奖。

抚顺市勘察测绘院

2013年，抚顺市勘察测绘院完成煤矿采沉区地质灾害监测、东露天矿南侧边坡住宅搬迁安置工程测绘、抚顺市城市水准原点建造工程测绘、抚顺市望花区行政区划图编制等45个项目。建立了抚顺市城市规划区内135平方千米1:500全要素地形图图形数据库、抚顺市地下管线数据库、抚顺市近郊区数字地面模型数据库、抚顺市行政区（4区3县）1:10万地形图数据库等，向社会提供模拟成果和数字化成果。为城市规划、房产、旅游等相关行业建立信息管理系统提供地理信息数据。

沈阳美行科技有限公司

【业务】

2013年，沈阳美行科技有限公司研发了全球领先的基于NDS地图增量更新技术的导航系统，实现了方便快捷的地图更新。开发了以导航和地图技术为核心竞争力的位置服务产品——悠悠手机导航，在市场中取得了五星的评价，拥有2500万用户。研发的真三维地图功能，将街边景象和道路信息通过三维矢量技术真实呈现，并提供复杂道路情况下的清晰引导。研发的基于 WIFI 无线通讯的手机和汽车互连技术，可以实现多屏互动，把移动互联网信息接入汽车。产品已装配到宝马、丰田、长城等众多国际、国内汽车中，与多家国际顶级汽车电子系统厂商结成战略合作伙伴。

【其他】

沈阳美行科技有限公司在第三届车载信息服务产业应用联盟会议上获车联先进团体奖，在 2013 中国软件大会上获车载信息化领域杰出企业奖。

大连五星测绘科技有限公司

【业务】

2013 年，大连五星测绘科技有限公司主要完成大连海洋渔业公司港池区域及航道扫海测量，营口港区、盘锦港区部分通航水域扫海测量，连云港市“光阳新港”沉船水下抽油及清障打捞后海域扫海测量及浅地层探测，大连港太平湾散粮码头浅地层剖面测量等业务。

【其他】

大连五星测绘科技有限公司连续多年被辽宁省和大连市评为“守合同重信用”单位。“恒力石化（大连）有限公司港区水文观测”项目获 2013 年辽宁省测绘科技进步奖二等奖。

辽宁省核工业地质局二四一大队

【业务】

2013 年，辽宁省核工业地质局二四一大队完成石家庄市南二环外城区数字房产工程，安徽和县碧桂园二期工程测量，江苏省邳州农村集体土地确权登记调查、东港市和凤城市土地调查试点等项目。

【其他】

辽宁省核工业地质局二四一大队加大设备投入，购置了动态和静态 GPS、全数字航空摄影及遥感测量系统、全站仪等先进的仪器设备，具备大型测绘项目的设计组织能力。

辽宁省地理信息资料馆

2013 年，辽宁省地理信息资料馆积极为地理国情普查项目和土地、矿产、水利等行业提供成果服务。全年提供地形图 1:1 万 5565 幅、1:5 万 1895 幅、1:10 万 36 幅、1:25 万 30 幅，影像数据 1982.9GB，“4D”产品 4692 幅。在“8·16”抚顺市清原县抗洪抢险工作中，迅速启动地理信息应急保障方案，累计提供地图 476 幅。

为确保测绘成果档案安全，辽宁省地理信息资料馆在辽宁省基础测绘院建立测绘成果档案异地备份存储库房，已完成 1:1 万、1:5 万“4D”产品及全省高分辨率卫星影像、航空影像等重要数据的存储备份工作。

10 月，接管省基础地理信息数据库的运行、维护与管理工作，对六大主要功能模块进行测试，保证平稳运行和数据库成果对外提供。

辽宁省测绘地理信息局网络中心

2013 年，辽宁省测绘地理信息局网络中心积极开展数控中心建设，编制了《LNCORS 数据中心建设项目实施方案》《辽宁省连续运行卫星定位服务系统管理暂行规定》《辽宁省连续运行卫星定位服务系统管理暂行规定》等。开展 LNCORS 站点选址、GNSS 测量技术、“927”工程运维及大地坐标系相关技术培训 10 多次。

按照辽宁省测绘地理信息局的工作安排，分别在省测绘基地和省基础测绘院建设涉密测绘生产网络，完成了建设方案制订、论证评估工作。

加强辽宁省测绘地理信息局门户网站建设，优化栏目布局，做好互动交流答复工作。加载了测绘专业技术信息网站内容，通过文字、图片、音频、视频等形式宣传测绘地理信息工作，全年发布信息 879 条。在 2013 年度全国测绘地理信息系统网站建设绩效评估中，辽宁省测绘地理信息局被评为网站专项建设突出单位。

吉林省

概况

截至2013年底，吉林省共有测绘资质单位430家，其中甲级16家、乙级61家、丙级104家、丁级249家，比2012年增加12家。测绘单位专业技术人员5243人。

2013年，全省测绘服务主要以国土资源、测绘、农业、环保、城乡建设与规划及水利电力行业为主，共完成服务总值10亿多元。完成的重点测绘地理信息项目（工程）包括“927”专项工程、“天地图·吉林”“天地图·长春”、蛟安测区2289幅1:1万DLG数据更新、吉林省重点工程500kV延吉-敦化-吉林输电线路工程、东丰县地理国情普查试点项目、梨树新农村建设项目、长吉一体化地理信息综合服务工程专题等项目；以及国家“十一五”规划实施的国内支线——通化三源浦机场机场跑道中心线、无方向信标（NDB）导航台、航管楼、气象雷达站等测量工作。编印出版了《东北地区旅游交通图》《吉林省交通地图集》《长吉图战略规划图集》等各类图册。

长春市国土测绘院

【业务】

长春市国土测绘院完成长春市2012年度土地数据库更新和1885块图斑变更并通过验收。开展三维数据库更新方法研究，取得阶段性成果。4月，根据国土资源部反馈意见，对5个城区和德惠市规划数据库成果进行了调整与修改，7月，长春市土地利用总体规划数据规划数据库成果通过国土资源部验收。编制完成《长春市征而未供图册》。承担朝阳、南关2个区域内约15.2平方千米村庄地籍调查任务，截至11月，完成全部地籍测量外业数据采集和阶段性检查工作。开展长春市CORS网建站工作，已完成5个基准站布设和前期控制资料收集整理工作。

【其他】

长春市国土测绘院获吉林省测绘地理信息行业职业技能竞赛地籍专业团体二等奖和个人三等奖；承担的“长春市宗地代码统一编制”项目获2013年中国地理信息产业优秀工程奖铜奖。

吉林省基础测绘院

【业务】

2013年，吉林省基础测绘院完成基础测绘项目蛟安测区1:1万DLG数据调绘706幅，数据更新空三测量706幅。完成吉林省辽源、四平、延边及云南易门等地农村宅基地地籍调查工作120平方千米，石质文物勘察测绘与古建筑三维制作25处，东北地区机场工程与勘察建设测绘4处，吉林、白城、延边等地地下管网普查2150千米，辽源、龙井、吉林、四平数字城市建设数据采集与处理511平方千米，以及贵州、安徽、浙江等地地形图测绘项目等。

【其他】

吉林省基础测绘院完成1项科研项目的立项工作。完成科技创新项目“基于三维激光扫描技术的矿山安全监测研究”外业数据采集及内业处理工作，开展系统调试和验收工作。完成“地质探测雷达在测绘生产中的应用研究”数据采集工作。编写完成《数字城市三维模型建设规范》，并在数字龙井三维建模中使用。配合吉林省测绘地理信息局数字城市培训工作，编写《数字城市总体规划方案》。制定《吉林省农村承包地确权方案》。受吉林省测绘地理信息局职业技能鉴定中心的委托，承办吉林省测绘地理信息行业职业技能竞赛地籍测绘专业竞赛，获得个人第一、二名，团体第一名。

吉林省地理信息院

【业务】

2013年，吉林省地理信息院（原吉林省第二测绘院）承担并完成数字公主岭地理空间框架建设项目，进入系统集成及测试阶段。承担数字汪清地理空间框架建设，完成汪清主城区 1:500 地形图测绘 15 平方千米，汪清县周边 1:1000 地形图测绘 60 平方千米，管线探测 500 多千米，以及基础地理信息数据更新等工作。承担蛟安测区基础调绘任务，完成 730 幅 1:1 万地形图更新工作。承担吉林市城市地下管网普查工作，完成 1:500 地形图修、补测任务，编制地下管线成果表、管线图、地下管线普查质量检查报告和技术总结报告，建立地下管线数据库，归档成果等。开展地理国情普查工作，启动数字松原地理空间框架建设项目。

年内，主办吉林省测绘与地理信息行业协会地籍测量工作委员会技术经验交流会。

【其他】

吉林省地理信息院承担的“四通白测区 1:10000 DLG、DOM 数据更新”项目通过国家测绘地理信息局组织的 2013 年测绘地理信息成果质量监督检查。

吉林省交通规划设计院

【业务】

2013 年，吉林省交通规划设计院开展的项目主要包括延吉至龙井段高速、辉南至白山高速、吉林至荒岗高速、集安至通化高速、西炮台至长岭子段高速等工程勘察设计工作。承担国家公路网吉林省境内线位规划报告、吉林省公路水路交通运输“十二五”发展规划中期评估报告、吉林省普通公路养护改造工程实施方案（2013－2017）、吉林省西部交通运输发展专项规划报告等多项规划报告编制工作。开展京哈高速公路长春至拉林河段改扩建工程、集双高速公路东丰至双辽段等 3 项工程可行性研究。完成吉林省公路局委托的前扶松花江特大桥危桥加固工程、长白山管委会横天线灾害防治工程等项目的咨询工作。

【其他】

吉林省交通规划设计院承担的“同江至三亚国道主干线长春至珲春支线图们至珲春段高速公路”勘察项目获 2013 年度全国优秀工程勘察设计行业奖工程勘察三等奖、2013 年度吉林省建设工程勘察奖二等奖。“鹤大高速公路通化至新开岭（吉辽界）段”勘察项目获 2013 年度吉林省建设工程勘察奖二等奖。“长春绕城高速公路硅谷互通立交工程可行性研究报告”获吉林省优秀工程咨询成果奖二等奖，“省道大安至通辽公路大安嫩江大桥工程可行性研究报告”“长春绕城高速公路腾飞互通立交工程可行性研究报告”分获三等奖。

长春市测绘院

【业务】

2013 年，长春市测绘院承担数字长春地理空间框架建设工作，已建成数字长春地理空间框架“一库一平台”和 5 个典型应用，通过了国家测绘地理信息局组织的框架验收；完善长春市连续运行卫星定位综合服务系统，开展似大地水准面精化，完成 610 平方千米 1:500、936 平方千米 1:2000 基础地理信息数据更新，583 平方千米地名地址数据的采集与建库，290 平方千米中心城区三维数据采集与建模，建立了覆盖全市域、多尺度、多类型的地理信息数据库。

结合长春市经济技术开发区、二道区、南关区规划分局业务，开发了规划全过程管理系统，将实景影像、三维、移动端逐步应用到规划管理中，在道路三维数据采集上引入移动测量技术，在建筑竣工核实测量中引入 360 度全景影像技术。

【其他】

长春市测绘院参与《数字长春地理空间框架建设与使用管理办法》等行业标准的编写工作。9 月，协助承办吉林省测绘学会大地专业委员会的测绘与地理信息技术交流会。11 月，配合国家测绘地理信息局组织召开数字长春地理空间框架验收与成果发布会。

承担的“长春市高分遥感正射影像制作及地理信息提取”“长春市丝绸地图编制工程”“红旗街万达中心当光测量工程”分获全省优秀城乡规划设计奖一、三等奖和表扬奖。“长春市连续运行卫星定位综合服务系统的开发和应用”获吉林省测绘地理信息科技进步奖二等奖。

中国电力工程顾问集团东北电力设计院

【业务】

2013 年，中国电力工程顾问集团东北电力设计院完成的测绘项目包括国家“十二五”重点工程1000kV浙北-福州特高压交流输变电工程、吉林省重点工程500kV延吉-敦化-吉林输电线路工程、1000kV重庆变电站新建工程等大型电网项目，以及华能伊犁电厂、越南共青电厂、内蒙古奈曼2×300MW电厂等电源项目。

【其他】

中国电力工程顾问集团东北电力设计院完成《火力发电厂工程测量技术规程》修订工作，参与完成中国电力工程顾问集团公司的科技项目“特高压输电线路勘测GIS信息采集方法研究”和“国内外测绘技术标准的对标研究”。8月，该院完成的吉林南500kV输变电工程（变电站部分）站址1:1000数字化地形图成果通过检验。

吉林省基础地理信息中心

【业务】

2013年，吉林省基础地理信息中心承担数字榆树和数字柳河地理空间框架建设项目，至年底，已形成涵盖基础地理信息、调查评价信息等9大类的空间信息，在政府部门得到广泛应用。承担“天地图·吉林”建设，开展数据建库、地图编制和服务发布工作，完成“天地图”省、市节点对接，实现18级~20级矢量地图服务和地名地址服务的省市对接。开发吉林省县（市、区）具体功能区划信息管理系统，开展吉林省防汛抗旱指挥电子地图及工程图制作项目。启动长春市交通管理规划系统、信息化测绘业务运行管理平台和吉林省信息化测绘服务体系建设。

参与《地名地址数据建库技术规程》《吉林省数字城市1:500基础地理信息数据标准》等行业标准的编写工作。6月20日，向省科技厅申请，依托该中心成立吉林省地理省情监测工程技术研究中心，8月21日，吉林省科技厅批准。

【其他】

吉林省基础地理信息中心承担的“天地图·吉林”系统研发、数字通化地理空间框架建设、长春市英文版地理信息服务平台建设分获吉林省测绘地理信息科技进步奖一、二、三等奖。

吉林省航测遥感院

【业务】

2013年，吉林省航测遥感院承担并完成蛟安测区853幅1:1万DLG数据更新、长春市区机载激光雷达1:1万数据产品制作实验项目、长春市区主要道路街景（1000千米）车载激光三维移动测量系统试验项目等多个基础测绘项目，出版《吉林省交通地图集》3000册。完成地理国情普查试点（东丰县）项目、梨树新农村建设项目、长吉一体化地理信息综合服务工程专题项目等多个专题项目。完成省政府办公厅吉林省情用图，查干花地震区应急用图及政府机关用图等服务项目。

承担完成长春市国土三维地籍变更测量，三维地籍数据库三期工程；吉林市南部新城30平方千米地表三维建设试验；长春市供电公司电力设施外业数据采集；长春空港开发区88平方千米1:1000全野外数字化地形图；鸭绿江、图们江通航河道控制网等多个测图、控制项目。承担完成德惠市布海镇农村承包地确权登记试点、大连市主要城市城市道路交通标志标线车载扫描、数字梨树地理空间框架等项目。承担军地联合应急行动三维演示系统建设，吉林省公路地理信息系统数据库建设等。

【其他】

吉林省航测遥感院1人获吉林省熹光测绘科学技术奖鼓励奖。申报了Geoway-checker检查评价方案、无人机和地理信息技术在农业的应用研究、真三维技术在国防和应急中的应用研究3项科技创新项目。1人获省直机关“青年岗位能手”称号，1人获省直机关工会“五一劳动奖章”，该院遥感分院获省直机关“青年文明号”称号。

黑龙江省

概况

截至2013年底，黑龙江省共有测绘资质单位541家，其中甲级29家、乙级80家、丙级173家、丁级259家，较2012年增加14家（甲级增加2家、乙级增加7家、丙级减少8家、丁级增加13家）。黑龙江省测绘地理信息行业从业人员总数达1万人，资质单位服务总值达13亿元。

齐齐哈尔市国土资源勘测规划设计院有限公司

【业务】

2013年，齐齐哈尔市国土资源勘测规划设计院有限公司实现产值5000多万元，涉及地籍测绘、工程测量、（无人飞行器）航空摄影测量、移动式激光雷达扫描测量、数字城市建设等内容。完成讷河市基础地理信息数据建设项目1:500地形图42.33平方千米，探测管线总长352.32千米，三维建模18平方千米；完成富裕县1:500地形测量及地下管线探测工程地形图测量21.1平方千米，探测管线总长387.5千米；完成数字龙江地理空间框架建设一期工程齐齐哈尔测区1:1万地形图更新项目7854平方千米；完成齐齐哈尔市7区7县村庄地籍测量500平方千米，大庆三维建模130平方千米，以及哈尔滨市阿城区、齐齐哈尔市龙江县等12个土地整治项目的勘测、可行性研究、设计和预算工作。

【其他】

齐齐哈尔市国土资源勘测规划设计院有限公司申请并获得6项计算机软件著作权。完成的“讷河市城镇地籍调查”“龙江县城镇地籍调查”获2013年全国优秀测绘工程奖铜奖；“克山县西城镇建制镇地籍调查”获黑龙江省优秀测绘地理信息工程奖银奖；“齐齐哈尔市第二次城镇土地调查”“齐齐哈尔市第二次农村土地调查”分获黑龙江省国土资源厅第二次土地调查优秀成果奖一、二等奖。

双鸭山市国土资源勘测规划院

【业务】

双鸭山市国土资源勘测规划院完成村庄地籍调查测绘项目，开展41个村屯地籍调查。承担28个项目1.84平方千米的征地勘测，完成39宗1.72平方千米土地勘测定界供地测绘。完成194家矿山的复垦现状测绘，面积13.35平方千米；编制矿山土地复垦方案164份。与全市121家煤矿、45家非煤矿山签订了地质测量合同。

【其他】

双鸭山市国土资源勘测规划院完成的“双鸭山市大民煤矿土地复垦方案测绘项目”获黑龙江省优秀测绘地理信息工程奖金奖。

哈尔滨市国土资源勘测规划院

【业务】

2013年，哈尔滨市国土资源勘测规划院共完成日常地籍测绘项目1000多项；预征地与征地项目、农用地转用和土地征收项目、城市批次项目、单独选址项目600多项，作业面积42平方千米；执法监察项目500多项；哈尔滨市本级农村集体土地所有权土地登记发证测绘项目1500多项；地质勘查项目250多项；哈尔滨市郊区高标准基本农田土地整治重大工程勘测规划项目10多项，作业面积350平方千米。完成哈尔滨市城镇（农村）土地调查数据库、农村宅基地调查数据库、地籍档案数据库等数据库建设工作。

【其他】

哈尔滨市国土资源勘测规划院完成的“哈尔滨市阿什河干流道外香坊段防洪及河道整治工程”项目获2013年黑龙江省优秀测绘地理信息工程奖金奖。该院获“省级青年文明号”“文明行业十颗星”和“哈尔滨市文明单位标兵”等称号。

国家测绘地理信息局第四地形测量队（黑龙江第三测绘工程院）

【业务】

2013年，国家测绘地理信息局第四地形测量队（黑龙江第三测绘工程院）完成全国第一次地理国情普查项目新疆、西藏、内蒙古自治区49.2万平方千米内业国情要素采集、外业像控测量、样本采集、外业核查及调查任务；完成内蒙古测区1.9万平方千米内业编辑整理工作。完成数字龙江地理空间框架建设一期工程黑河、佳木斯、大兴安岭、齐齐哈尔测区4567幅1:1万地形图数据生产外业像控点测量、像片调绘及大地控制点普查工作；内业完成了相关“4D”数据产品生产。承担完成1:5万地形数据库重点要素动态更新生产任务黑龙江、北京、天津、河北责任区，其中黑龙江13个生产单元（1298幅），京津冀33个生产单元（510幅）。

【其他】

国家测绘地理信息局第四地形测量队（黑龙江第三测绘工程院）完成“基于国产卫星（资源三号、天绘）影像的开展基础测绘生产技术研究”“天地图成果在农业领域应用示范”“地理国情普查元数据管理子系统”等项目。8项院自主课题获准立项。在科技类核心期刊发表论文13篇。承担的“辽宁GPS B级网”项目获黑龙江省优秀测绘地理信息工程奖银奖。

国家测绘地理信息局黑龙江基础地理信息中心（国家测绘地理信息局黑龙江测绘资料档案馆）

【业务】

2013年，国家测绘地理信息局黑龙江基础地理信息中心（国家测绘地理信息局黑龙江测绘资料档案馆）完成国家基础测绘项目、专项工程和省级基础测绘项目等基础地理信息数据收集47TB，汇交成果资料数据总量约9TB。完成黑河、鸡西、双鸭山、牡丹江4市的数字城市地理空间框架建设及“天地图”市级节点建设，4个市级节点接入国家主节点并正式上线运行。完成黑龙江省第一次全国地理国情普查额济纳旗地表覆盖数据生产，黑龙江省第一批试点区域基本统计齐齐哈尔市、黑河市、呼玛县统计分析工作。利用地理信息应急监测车完成内蒙古牙克石市图里河镇与黑龙江省同江市洪涝灾害应急测绘保障服务，完成数字海伦、数字嘉荫等项目，航摄总面积约300平方千米。

为2013年黑龙江省防汛抗洪应急保障工作提供测绘技术支持，开展基础数据提供、应急指挥用图编制、防洪风险分析、遥感动态监测及灾损统计分析等工作。测绘地理信息应急保障工作受到省委、省政府表彰。

【其他】

国家测绘地理信息局黑龙江基础地理信息中心（国家测绘地理信息局黑龙江测绘资料档案馆）完成“基于天地图的地理农情信息服务平台（天地图·黑土地）研究”等2项测绘前沿技术研究项目。开发了黑河数字城管系统、黑龙江省森林防火电子沙盘指挥系统（升级改版）、黑龙江省防汛地理信息应急指挥原型系统、黑龙江省应急管理地理信息服务平台等，在相关单位及行业中广泛应用。

完成的“黑龙江省国土资源‘一张图’基础地理信息项目”获2013年全国优秀测绘工程奖银奖，“国家自然资源和地理空间基础信息库项目黑龙江省省级试点项目”获2013年黑龙江省优秀测绘地理信息工程奖金奖，“基于安卓系统的位置服务终端软件研发项目”获2013年黑龙江省测绘地理信息科技进步奖二等奖。

该中心被省委、省政府授予“2013年全省抗洪救灾先进集体”称号。3人被评为“2013年全省抗洪救灾先进个人”。

黑龙江省国土资源勘测规划院

【业务】

2013年，黑龙江省国土资源勘测规划院在黑龙江省农村集体建设用地使用权和宅基地使用权确权登记发证工作中，指导全省宗地统一代码编制工作，实现全省132个县（市、区）宗地统一编码全覆盖，完成43个县级单位的村庄地籍调查首级控制测量技术设计和成果审查。承担地籍测绘、摄影测量与遥感（外业）等重大测绘项目8项，测绘总面积达50多万平方千米。

【其他】

黑龙江省国土资源勘测规划院引进1套国土资源无人机应急监测系统，包括无人机3架、监测车

1 辆及相应软硬件配套设施。完成的“黑龙江省三江平原东部地区土地整理重大工程规划研究”获黑龙江省政府省长特别奖。

哈尔滨地图出版社

【业务】

2013 年，哈尔滨地图出版社共出版图书 305 种，其中地图地理类图书 202 种。编制出版《哈尔滨城市通地图册》《牡丹江城市通地图册》《中学地理图解高考读图填图地图册（基础篇）》《中国分省地图系列》等新版图书 156 种；再版《世界地图册》《中国地图册》《司机行车指南地图册》《中国公路详查地图册》《中国城乡交通旅游图册》等地图册及系列单张地图 46 种。教辅类图书《中学地理复习考试地图册》（完全版、综合版）在同类图书中发行量保持良好势头。黑龙江省市县政府工作用图工程建设取得阶段性成果。

承揽了《中国农业银行“一县一品”工作指南》《黑龙江省对俄国际道路交通运输图》《南岗区社区网格分布图》和《北大荒物流集团集装箱场站规划图》等多项地图编制合作项目，社会反响良好。自主研发的电动地图专利产品符合市场需求，销售情况良好。

【其他】

哈尔滨地图出版社编辑部被黑龙江省直机关团工委授予 2012～2013 年度“省直机关青年文明号”称号。编制的《哈尔滨城市通地图册》获 2013 年黑龙江省优秀测绘地理信息工程奖银奖。

齐齐哈尔市勘察测绘研究院

【业务】

2013 年，齐齐哈尔市勘察测绘研究院完成各类测绘项目 954 项，主要涉及民用住宅小区、公共建筑及设施、工业建筑设施、棚户区改造、市政道路桥梁、市政管线和其他市政设施规划测量及放样、日照分析测量、竣工测量、地下管线动态管理及各种工业与民用建设项目等。其中，主要完成国奥集团总部 1∶500 测图 1.4 平方千米、北安市 58 个自然村屯地籍调查测量 12 平方千米、沈阳市马友营子乡 1∶500 测图 3 平方千米、基础测绘项目大地水准面精化三等水准测量 270 千米及 10 个棚户区改造的规划测量。

【其他】

齐齐哈尔市勘察测绘研究院完成的“齐齐哈尔市北苑开发区 1∶1000 地形图测绘工程”获 2013 年黑龙江省优秀测绘地理信息工程奖铜奖。

国家测绘地理信息局第二大地测量队（黑龙江第一测绘工程院）

【业务】

2013 年，国家测绘地理信息局第二大地测量队（黑龙江第一测绘工程院）完成国家现代测绘基准体系基础设施建设一期工程水准路线普查 52 条 1.25 万千米、水准点选埋 674 座、GNSS 大地控制点选建 169 座、一等水准观测 1.28 万千米。完成地理国情监测项目内蒙古鄂伦春自治旗、额尔古纳市、根河市、牙克石市 14 万平方千米的要素采集、外业核查、解译样本采集、像控测量工作，完成根河市数据编辑整理。完成“927”工程 1∶2000、1∶5000 制图数据生产共 130 幅。完成国家基础地理信息数据库动态更新工程山东、山西 1∶5 万地形数据库重点要素更新 28 个生产单元共 794 幅 1∶5 万地形图生产任务。完成数字龙江地理空间框架建设一期工程1∶1万地形图测绘与更新项目三江平原测区航测内业数据入库 320 幅，佳木斯测区内外业 288 幅。

完成中国大陆构造环境监测网络区域网 GNSS 联测项目东北及内蒙古中东部 181 点的观测任务。完成北京市、山东省地面沉降监测、沪宁城际高铁沉降全面监测、上海市轨道交通长期沉降监测、宁安铁路精密控制测量等任务。完成辽宁省基准工程、大庆 CORS 站建设项目一、二等水准测量 2000 千米。

【其他】

国家测绘地理信息局第二大地测量队（黑龙江第一测绘工程院）完成 2012 年～2013 年黑龙江测绘地理信息局科技项目“黑龙江省 CORS 站建设运营及似大地水准面精化方案”研究，与黑龙江工程学院联合完成黑龙江省自然科学基金项目“2000 国家大地坐标系的转换及其对地形图影响研究”；承担国家测绘地理信息局青年学术和技术带头人科研课题“南极长城站、中山站站区附近海湾水下地形技术测量方法研究”、极地测绘科学国家测绘地理信息局重点实验室开放基金项目“基于 GPS 基线演化的极地地壳运动分析”、黑龙江测绘地理信息局测绘科技发展基金项目“高纬地区 GNSS 控制网解算研究”和“地理国情普查控制点库管理子系统”的研究工作。

承揽的“邹平县镇驻地 1:500 比例尺数字化地形图测绘”项目获 2013 年中国地理信息产业优秀工程奖铜奖，“大连市 1:500 数字线划图（DLG）生产项目”获 2013 年全国优秀测绘工程奖铜奖，“合武铁路（上海局管内）精密控制测量”项目获 2013 年卫星导航定位优秀工程和产品奖三等奖，“跨区域现代大地基准精化与应用”“大连市现代测绘基准体系建设项目”分获 2013 年中国测绘学会测绘科技进步奖一、二等奖。

黑龙江省地质矿产局测绘院

【业务】

2013 年，黑龙江省地质矿产局测绘院完成东宁县、萝北县、鸡东县、饶河县村庄地籍调查，呼玛县、宝泉岭基本农田调查，东宁县、海林市土地利用数据库更新，以及数字龙江地理空间框架建设一期工程牡丹江测区 1:1 万地形图测绘与更新等项目。

【其他】

黑龙江省地质矿产局测绘院完成的“鸡西市第二次农村土地调查”获黑龙江省第二次土地调查优秀成果奖二等奖。

齐齐哈尔市水利勘测设计研究院

【业务】

2013 年，齐齐哈尔市水利勘测设计研究院完成水利工程测绘项目 55 项，主要包括纵横断面测量约 1613 延长千米、1:200 大样图 274 幅、等外水准 940 千米等，测绘服务总值达 977 万元。

【其他】

齐齐哈尔市水利勘测设计研究院共升级、购进中海达 H32 型 RTK 10 台套，莱卡 NA2 水准仪 1 台套。

佳木斯市勘察测绘研究院

【业务】

2013 年，佳木斯市勘察测绘研究院完成佳木斯市城市规划、建设测绘 844 项，同江市 11 平方千米 1:1000 数字线划图修测和宝清县 12 平方千米农村地籍测绘，佳木斯市中心区 1025 平方千米基础航空摄影，佳木斯市建成区 190 平方千米基础航空摄影。制作 1:2000 数字正射影像图 1025 幅，1:1000 真正射影像图 760 幅；采集 1:1000 数字高程模型 760 幅；编制正射影像挂图 3 幅。完成佳木斯市建成区 190 平方千米城市三维模型建设工作。完成佳木斯市中心区三维地理信息系统建设。

【其他】

佳木斯市勘察测绘研究院完成的“哈尔滨市 1:000比例尺地形图更新项目”“双鸭山市城市二等平面控制网项目”获 2013 年黑龙江省优秀测绘地理信息工程奖铜奖。

黑龙江龙飞航空摄影有限公司

【业务】

2013 年，黑龙江龙飞航空摄影有限公司完成国家基础测绘航空摄影 5 项 11 个摄区，市场航空摄影项目 7 项。完成国家基础测绘航空摄影南海二摄区及沈阳、营口等摄区共 4. 32 万平方千米。完成松花江流域、林口县、大庆卫星油田、哈尔滨铁路局铁路选线、讷河市、新疆阿勒泰地区等 4. 18 万平方千米航空摄影。

【其他】

黑龙江龙飞航空摄影有限公司与武汉大学联合研发的城市三维模拟规划系统获 2013 年哈尔滨市科技型中小企业技术创新基金支持。

黑龙江省水利水电勘测设计研究院

【业务】

2013 年，黑龙江省水利水电勘测设计研究院完成黑龙江干流防洪工程和三江连通工程规划、汤原县香竹灌区可研工程测量、上海光明牧场改造项目工程测量等测绘项目共 43 项，完成产值 1966 多万元。

【其他】

黑龙江省水利水电勘测设计研究院完成的“穆棱河（中游）治理工程可行性研究工程测量”获 2013 年黑龙江省优秀测绘地理信息工程奖铜奖。

国家测绘地理信息局第三地形测量队（黑龙江第二测绘工程院）

【业务】

2013 年，国家测绘地理信息局第三地形测量队（黑龙江第二测绘工程院）作为国家基础地理信息数据库动态更新工程 1:5 万地形数据库重点要素更新项目牵头单位，主要负责整个项目技术流程，完成江苏、辽宁、吉林、内蒙古自治区 4 个省（区）365 个县（含市辖区）的4602 幅 DLG 重点要素数据更新与汇交工作。完成地理国情普查项目外业核查、解译样本采集、国情要素采集及后期编辑整理工作；“927”一期工程 EPS 制作项目 1:2000 成果 209 幅，1:5000 成果 142 幅；极地重点区域基础测绘工程设施地带中国保护区地形图测绘约 1.5 平方千米。承担数字龙江地理空间框架建设一期工程（包括 2012 年结转工作），完成 1:1 万地形图更新任务佳木斯测区 288 幅、黑河测区 685 幅、大兴安岭测区 1456 幅外业工作，完成牡丹江测区数字影像图调绘 1367 幅、控制点普查 1367 幅。完成北京测区所有权调查项目、新疆塔城地区 1:1 万基础测绘任务、上海市 1:500、1:1000 地形图修补测及零散工程等市场性调节项目。

【其他】

国家测绘地理信息局第三地形测量队（黑龙江第二测绘工程院）取得国情监测数字调绘核查系统、GEOSEY 水准平差系统 2 项计算机软件著作权；国情监测数字调绘核查系统通过国家测绘地理信息局地理国情普查项目测评，已投入生产并在国内推广。承担的黑龙江测绘地理信息局科技发展基金项目“GPS 高程拟合在平地 1:1 万像片控制高程测量中的应用研究”通过验收。

完成的“伊犁州地震灾区 1:1000 比例尺地形图测绘”项目获 2013 年黑龙江省优秀测绘地理信息工程奖金奖。该队二中队被中华全国总工会授予“全国工人先锋号”称号。该队被青岛市勘察院授予“质量信誉优秀合作单位”称号。

牡丹江市勘察测绘研究院

【业务】

2013 年，牡丹江市勘察测绘研究院承担牡丹江市地下管网普查项目，完成外业普查工作，共普查管线点 8.57 万个，探测各类管线共 2456 千米，建立了牡丹江市地下管线信息管理系统。12 月，牡丹江市地下管网外业普查成果通过国家测绘地理信息局黑龙江测绘产品质量监督检查站验收。完成牡丹江市 240 平方千米 1:1000 正射影像图制作及 15 平方千米规划三维辅助决策系统建设。

【其他】

牡丹江市勘察测绘研究院完成的“宁安市石岩镇数字测图”获 2013 年黑龙江省优秀测绘地理信息工程奖银奖，“绥芬河市北寒村 1:1000 数字化地形图”“牡丹江市 1:1000 正射影像图”获铜奖。

国家测绘地理信息局经济管理科学研究所（黑龙江省测绘科学研究所）

【业务】

2013 年，国家测绘地理信息局经济管理科学研究所（黑龙江省测绘科学研究所）主要完成市场性调节项目智慧讷河时空信息云平台建设（一期）；国家测绘地理信息局基础测绘科技项目基于多时相遥感数据的大宗农产品优势产区监测研究；测绘地理信息行业标准项目南极区域低空数字航空摄影规范；黑龙江测绘地理信息局科技基金项目移动测量系统、全景测量技术在数字城市中的应用研究；中国近代地图志编纂前期研究；云服务平台下的地理信息系统技术研究；基于“天地图”的市县级主体功能区规划管理应用研究；黑龙江测绘地理信息局基础测绘成果应用推广项目基于“天地图”的社会宏观经济地理信息系统建设试点研究；国家基础测绘项目极地重点区域基础测绘工程项目以及数字牡丹江、数字抚远、数字双鸭山、数字大兴安岭、数字嘉荫地理空间框架建设等边远少数民族地区基础测绘专项补助项目和省级基础测绘生产项目。

【其他】

国家测绘地理信息局经济管理科学研究所（黑龙江省测绘科学研究所）完成的“边远少数民族地区专项补助项目嘉荫县基础测绘工程”获 2013 年黑龙江省优秀测绘地理信息工程奖银奖，“数字站区管理应用系统开发项目”获 2013 年黑龙江省测绘地理信息科技进步奖三等奖。

黑龙江地理信息工程院

【业务】

2013年，黑龙江地理信息工程院主要完成国家海岛（礁）测绘工程海岛测图与海岛礁系列地图编制、数据处理与基础地理空间数据库建设等任务。完成国家基础地理信息数据库动态更新工程1:5万数据库DLG重点要素更新、1:25万数据库全面缩编更新与建库/总参数据转换等任务。完成地理国情信息普查工作影像处理，数字表面模型、工作底图制作，地理国情本底数据库建设等。完成南极地区重点区域基础测绘工程等重大测绘工程。

承担并完成黑龙江省三江平原、佳木斯、大兴安岭、黑河、齐齐哈尔等地区1:1万地形图测绘与基础地理信息数据库建设，数字龙江地理空间框架数据集建设工程等省级基础测绘任务。完成重庆市1:5000地形图测绘项目、北京市2013年彩色数字正射影像图制作、蒙东电网GIS数据准备项目、南北极环境综合考察与评估专项等市场项目。完成美国、匈牙利、比利时、荷兰、墨西哥、澳大利亚等国外市场项目，并进行定期互访、交流。

【其他】

黑龙江地理信息工程院开发了基础测绘成果坐标系转换软件，完成“地理国情普查内业生产应用集成子系统”“极地基础地理空间数据整合及其管理系统建设”“极地环境遥感调查项目”“基于lidar与倾斜摄影进行三维城市快速建模研究”等科技项目。

黑龙江省航道局

2013年，黑龙江省航道局主要完成松花江下游455-502千米临江屯浅滩测量、佳木斯船坞测量等12个测区的水深平面图测绘。完成中俄例会黑龙江上游457-454千米尹家大炕浅滩等4处水深平面图、中俄例会黑龙江中游82-70千米抚远大夹信子浅滩等9处水深平面图、中俄例会乌苏里江139-137号标大泡子岛浅滩等4处水深平面图测绘工程。

与大连海事大学合作，完成松花江上游哈尔滨至三岔河区段232千米电子航道图制作。完成松花江下游298-444千米外业数据采集工作。

哈尔滨测量高等专科学校测量工程公司

【业务】

2013年，哈尔滨测量高等专科学校测量工程公司完成哈齐高铁路基冻涨变形监测，大唐鸡西电厂煤矸石热电联产机组沉降观测，哈尔滨“智慧管网”系统管网普查探测，天津市内江路、外环线、津港公路梨双公路地下管线测绘，伊春市北部6个区农村地籍调查，安达市村庄地籍调查及数据库建设等18项测绘工程项目。

【其他】

哈尔滨测量高等专科学校测量工程公司开展高速铁路运营期间应进行的控制网复测维护、沿线区域地面沉降监测、沿线地质灾害监测、特殊构筑物变形监测、轨道变形监测等主要监测方法，以及大地测量、InSAR、传感器自动化监测系统、轨检小车等监测方法研究。完成的“吉林省扶余市农村集体土地确权登记发证”项目获2013年黑龙江省优秀测绘地理信息工程奖银奖。

黑龙江中海经测空间信息技术有限公司

【业务】

2013年，黑龙江中海经测空间信息技术有限公司完成港口航道地形图测量20多幅，多波束全覆盖扫海测量项目10项，单波束水下地形测量项目6项，1:500、1:1000、1:2000地形图测量项目3项，土地整理、控制测量、房产测量项目6项，DLG、DEM、DOM产品制作项目3项。

【其他】

黑龙江中海经测空间信息技术有限公司在海洋测绘项目中采用InfoEx影像制图软件、基于GoogleEarth的影像配准软件、基于自动找点的影像配准软件、多维动态气象数据可视化仿真系统、流程化影像分类软件、多源遥感影像融合软件等6项自主研发软件，并获得国家版权局颁发的软件著作权证书。7月，获得高新技术企业证书。

完成的“营口港鲅鱼圈港区25万吨级航道浚后扫海”项目获2013年黑龙江省测绘地理信息科技进步奖三等奖，“外埠港口航道图地形测量”项目获2013年黑龙江省优秀测绘地理信息工程奖银奖。

国家测绘地理信息局第二地理信息制图院（黑龙江省第五测绘地理信息工程院）

【业务】

2013 年，国家测绘地理信息局第二地理信息制图院（黑龙江省第五测绘地理信息工程院）完成地理国情普查试点与试生产项目逊克县 1.7 万平方千米地理国情要素信息提取和地表覆盖分类，地理国情普查项目内蒙古测区 23.8 万平方千米地表覆盖分割解译。完成国家基础地理信息数据库动态更新 1:5 万西部测图区域地形图一体化制图数据生产项目 3516 幅。完成新一代 1:5 万地形图建库与出版工程项目 1202 幅，“天地图 · 黑龙江”数据处理项目 3945 幅，数字龙江地理空间框架数据集建设 1:1 万地形图测绘与更新三江平原测区 176 幅、齐齐哈尔测区 421 幅、牡丹江测区 200 幅。完成黑龙江省基础测绘服务重点项目《黑龙江省地图集》技术设计和所有地理底图的编制工作。

【其他】

国家测绘地理信息局第二地理信息制图院（黑龙江省第五测绘地理信息工程院）承担黑龙江测绘地理信息局科技项目“数字影像地图（DIM）的研究与制作”。承担的“1:5 万西部测绘区域地形图一体化制图数据生产项目”获 2013 年黑龙江省优秀测绘地理信息工程奖金奖。

黑龙江省海天地理信息技术股份有限公司

【业务】

2013 年，黑龙江省海天地理信息技术股份有限公司完成服务外包项目美国格威内特、圣地亚哥 1.5 万平方千米空三加密和数字线划图制作，法国里昂、波尔 1935 平方千米数字高程模型和正射影像图制作，德国地表覆盖分类 310 平方千米，比利时热能影像 22.7 万片，匈牙利水系矢量采集 4645 平方千米。完成苏州北部 1:500 全野外地形测量 25 平方千米，江苏沭阳、溧水、兴化 1:1000 地形图测绘 495 平方千米，西安临潼 1:2000 地形图编辑、入库 495 平方千米，大庆油田油区地籍项目 200 平方千米。完成数字龙江地理空间框架数据集建设 1:1 万地形图测绘与更新佳木斯测区 288 幅、黑河测区 132 幅、牡丹江测区 351 幅，齐齐哈尔测区调绘底图制作 940 幅，三江平原测区地貌更新 120 幅。

【其他】

黑龙江省海天地理信息技术股份有限公司承担黑龙江省高速公路管理局应用项目“基于空间信息的公路可视化管理平台”一期建设，完成科技型中小企业技术创新基金项目“地理信息服务外包产业升级与改造建设”申报。完成的“比利时三维城市建模数据采集生产项目”获 2013 年黑龙江省优秀测绘地理信息工程奖银奖。

江苏省

概况

截至 2013 底，江苏省共有测绘资质单位 703 家，其中甲级 49 家、乙级 106 家、丙级 297 家、丁级 251 家，比上年增加 47 家；测绘资质单位专业技术人员 9526 人，比上年增加 980 人，其中民营企业（测绘资质单位）从业人员 5523 人，占从业人员总数的 40.5%，比上年增加 623 人。

2013 年，全省测绘服务总值主要以国土资源、测绘、城乡建设与规划及水利电力为主，共完成服务总值 27.2 亿元，同比增长 15.25%，其中民营企业（测绘资质单位）服务总值 10.77 亿元。

江苏省地质测绘院

【业务】

2013 年，江苏省地质测绘院承担盐城市 2012 年 ~2013 年基础测绘更新维护工作，完成市区 C、D、E 级 GNSS 网和三、四等水准网的普查、维护和复测，98 平方千米 1:500 数字地形图、727 平方千米

1:1000数字化地形图更新。完成常熟市300平方千米1:1000数字地形图修测，金坛市1573千米地下管线探测；淮安市淮安区、淮阴区、清浦区，金湖县，无锡市新区，江阴市约1586平方千米村庄地籍调查。启动基坑变形监测数据管理系统、地理信息框架平台（SDCGIS框架）开发，完成地下管线测量成图与数据管理系统改造和地图数字化建库系统（MDIGS）升级。

【其他】

江苏省地质测绘院承担的“射阳县村庄地籍调查及数据库建设工程”获2013年全国优秀测绘工程奖银奖；“三维激光扫描技术工业管线应用研究”获2013年江苏省测绘科技进步奖三等奖；“南通市三等水准网建设工程”“泗洪县县域区划内航摄数字化测图工程”获2013年江苏省优秀测绘工程奖一等奖，“宜兴市高铁新城和丁蜀城区1:1000航空摄影测量”获三等奖。在第五届南京印刷产品质量评优交流展示会上，江苏省地质测绘院印刷的《南京通史·明代卷》获精装综合性图书类金奖，《阅江学刊》获平装综合性图书类银奖，《气象科学》和《南京市志》第9卷获综合性图书类优质奖。

镇江市勘察测绘研究院

【业务】

2013年，镇江市勘察测绘研究院主要完成镇江主城区21平方千米综合地下管线普查和管线信息系统建设，建立镇江主城区300平方千米城市三维模型，完成规划放线、验线、竣工测量等规划测绘任务1200多项。引入无人机低空航摄测绘系统并在丹徒生态城等市政府重点项目中发挥积极作用。

【其他】

镇江市勘察测绘研究院与镇江市规划设计研究院、南京大学合作完成移动规划展示平台系统研发工作。该院有5项工程分获省级和市级优秀工程奖二、三等奖，被江苏省测绘地理信息行业协会授予2012-2013年度“诚信测绘单位”称号。

江苏苏州地质工程勘察院

【业务】

2013年，江苏苏州地质工程勘察院完成疏港高速公路、312国道改造工程（苏州段），苏州太湖航道工程，苏州地区供电线路工程，东太湖综合整治工程，苏州沧浪新城、金阊新城和苏州科技城市政工程以及苏州轨道交通工程第三方测量检测与监测、轨道运行保护区间工程监测、大型建筑深基坑监测等市场测绘项目260项，出版测量技术报告300多份。

【其他】

江苏苏州地质工程勘察院完成的“张家港浦项不锈钢有限公司新增厂房（成品库）精密测量工程项目”获中国勘察设计协会2013年度全国优秀工程勘察设计行业奖二等奖，“渔洋山隧道工程测量项目”获2013年江苏省优秀测绘工程奖三等奖。在第三届全省测绘地理信息行业职业技能竞赛中，该院获团体二等奖，个人二、三等奖，2名参赛选手分获“江苏省五一创新能手”和“全省测绘地理信息技术能手”称号。该院继续保持江苏省测绘行业“诚信测绘单位”、江苏省“工程勘察与岩土行业诚信单位”和全国“工程勘察与岩土行业诚信单位”称号。

江苏省地质调查研究院

【业务】

2013年，江苏省地质调查研究院完成各类公益性地质项目测绘任务20项，承接了江苏省淮安、苏州和山东临沂等地区农村村庄地籍调查、农村土地承包经营权登记发证等市场项目；完成的淮安市清浦区、镇江市润州区第二次土地调查等大型测绘项目通过省、市验收。

【其他】

江苏省地质调查研究院承担的“苏州市城市地质信息管理与服务系统开发”项目获2013年中国地理信息产业优秀工程奖金奖，“长江三角洲地区（江苏域）地面沉降GPS监测”与“无锡、常州地面沉降监测与控制管理项目2012年度一等水准测量”项目分获江苏省优秀测绘工程奖二、三等奖，该院获“江苏省诚信测绘单位”称号。

江苏省基础地理信息中心

【业务】

江苏省基础地理信息中心完成基础测绘南京、盐城、宿迁3个测区1011幅DLG更新任务和全部

DOM、DLG的入库工作。为江苏省“两会”制作《长三角区域地图集》，为省政府制作《江苏省省情图册》(2013版)，为省纪委、省委党校等部门提供木框展版挂图300多幅。在泗阳县开展第一次地理国情普查试点工作，项目进展顺利。为14个县(市、区)国土部门的村庄地籍、地形图测绘、地理信息系统建设、集体土地登记发证、“一张图”工程建设、万顷良田建设工程提供服务。启动张家港、大丰、宝应等地的土地变更调查与遥感监测。维护“天地图·江苏”网站运行，共服务40万用户。继续完善数字常州、数字南通、数字新沂、数字武进、数字无锡等地理空间框架建设项目，启动数字淮安项目。完成《江苏省公路图》更新及布图印刷；制印完成宿迁市、常州市、金坛市、海安县、建湖县交通旅游图和连云港市、淮安市政区图；完成《淮安市水系图》《盐城市交通图》《宿豫区影像图》等11种专题地图；制印完成《宿迁市政区图》《沭阳县政区图》《海安县政区图》等；更新编制《盐城市地图》《盐城市区图》《盐城经济技术开发区地图》《城南新区地图》《亭湖区地图》。

【其他】

2013年，江苏省基础地理信息中心科技投入累计近600万元，取得3项软件著作权，1项发明创造专利；负责建设的“江苏省交通地理信息服务平台”获2013年中国地理信息产业优秀工程奖金奖，另有2个项目获银奖；“基于手持差分GPS与3G网络的地籍库快速更新技术研究”获2013年中国地理信息科技进步奖三等奖；完成的项目获江苏省测绘科技进步奖一等奖2项、三等奖1项，江苏省优秀测绘工程奖一等奖3项、二等奖1项、三等奖1项；制作的南水北调东线工程成果展示系统获首届“天地图”应用开发大赛二等奖；职工全年在省级以上刊物公开发表论文50多篇。

长江口水文水资源勘测局

【业务】

2013年，长江口水文水资源勘测局完成澄通河段险工护岸监测和长江江阴至徐六泾河段固定断面观测工作。承担常熟市、太仓市境内长江沿岸诸码头前沿区域的水深监(检)测项目，为码头的安全运行提供基础成果资料。完成“长江口澄通河段通洲沙西水道整治一、二期工程动态监测”项目，为工程设计及施工阶段工作提供技术支撑。完成了“江苏省‘十二五’基础测绘5大湖泊1:1万水下地形测量”项目“滆湖”的测量工作以及江苏省特殊海岛地形、地貌调查工作。开展“常熟市福山水道南岸边滩综合整治工程围堤施工期”“长江口北支新村沙边滩综合整治工程围堤施工期”及“太仓市浏河水源地工程围堤施工期”项目的安全监测工作。

【其他】

长江口水文水资源勘测局开发的“堤防工程安全监测综合处理系统”获江苏省测绘科技进步奖一等奖。

南通市测绘院有限公司

【业务】

2013年，南通市测绘院有限公司承接市规划地形数据采集与建库工程170多平方千米；完成市供电GIS系统数据更新8000平方千米，市1:5000地形图编绘650多平方千米；承接唐闸申遗历史建筑测绘项目，完成古建筑测绘800多幢。承接市滨海园区1:500地形图测量、市观音山镇三维建模、常州金坛1:1000航测项目、常州武进地下管线探测等项目以及南通市地下空间调查工程和启东数字化城市管理系统数据普查。完成市城市博物苑360度全景图浏览系统、南通市文保单位及历史建筑信息管理系统研发等。

【其他】

南通市测绘院有限公司研发了基于移动终端的在线管线查询平台和考勤管理系统、市古建筑及文保单位三维平台等，以及AutoCAD、ArcGIS矢量数据水印加密技术。开展的“基于三维GIS的城市地下空间信息系统技术方案研究”取得阶段性成果，被列入省测绘科研项目计划。

完成的“古建筑测绘及GIS系统建设的一体化技术方案研究”获江苏省测绘科技进步奖二等奖；“南通市三等水准网建设工程”获江苏省优秀测绘工程奖一等奖，“南通滨海园区1:2000规划地形图测绘”获二等奖；“南通市地面沉降监测工程”获2013年全国优秀测绘工程奖银奖。该公司获第三届江苏省职业技能竞赛地籍测量团体一等奖及测绘地理信息技能人才培育突出贡献奖，代表江苏省参加“九成杯”第三届全国测绘地理信息行业职业技能竞赛地籍测绘比赛并获团体二等奖；获“江苏省测绘地理信息文化建设示范单位”及江苏省测绘行业2012-2013年度“诚信测绘单位”称号。

徐州市勘察测绘研究院

【业务】

2013年，徐州市勘察测绘研究院完成覆盖市区约5000平方千米的徐州市现代测绘基准体系建设；完成约6700千米的地下管线探测及系统数据库建设；完成吕梁山风景区189平方千米的1:1000航测成图工作，为吕梁山风景区管理处提供相应基础地理数据；开展铜山区20个乡镇500多家规模企业用地调查及测量工作；完成徐州市轨道交通地铁1号线地面控制网，并提供地下管线探测服务及资料；承担徐州市三维基础地理信息公共平台项目，完成近200平方千米的全要素城市三维模型及市区450平方千米地下管线三维模型建设；完成建筑放验线、竣工、地下管线探测等规划测绘服务1021项；编制出版了各类地图。

【其他】

徐州市勘察测绘研究院完成的“徐州市地下管线第二阶段普查工程”获2013年全国优秀测绘工程奖银奖、江苏省优秀城乡规划设计城市勘测类三等奖；“徐州市现代空间基准建设”获2013年江苏省测绘科技进步奖二等奖、江苏省优秀城乡规划设计城市勘测类一等奖、江苏省优秀测绘工程奖二等奖。该院被评为“2013年市级重合同守信用单位”、江苏省测绘行业2012-2013年度“诚信测绘单位”。

江苏星月测绘有限公司

【业务】

2013年，江苏星月测绘有限公司在大丰高新区成立数据生产服务基地，承接立得空间街景数据内业生产任务；编制完成滨海县和建湖县交通旅游图及大丰市“双核一带”、东台市招商地块分布等专题地图；完成大丰市城区村庄地籍调查和数据库建设业务；研发数字水准仪记簿程序（徕卡DNA03、天宝DINI）、江苏水利工程的变形系统、华信形变测量数据处理系统等。

【其他】

江苏星月测绘有限公司获江苏省测绘地理信息文化建设“优秀单位”、江苏省测绘行业2012-2013年度“诚信测绘单位”称号。参与实施的“建湖县1:1000村庄地籍调查及数据库建设项目”获2013年中国地理信息产业优秀工程奖银奖；“丰县村庄地籍调查”获江苏省优秀测绘工程奖一等奖，组织实施的“盐城市区消费专题地图服务平台”和“盐城市青墩1:2000土地复垦工程无人机航测项目”获三等奖；自主研发的“盐城市体育局十分钟健身圈”获首届“天地图”应用开发大赛优秀奖。

浙江省

概况

截至2013年底，浙江省共有测绘资质单位513家，其中甲级29家、乙级56家、丙级104家、丁级324家；民营测绘单位255家，占全省测绘资质单位总数的49.7%。全省共有测绘从业人员1.2万多人。

2013年，浙江省测绘与地理信息行业单位主要完成1:1万基础地理信息数据快速更新、全省海洋测绘、数字城市地理空间框架建设、“天地图”市县级节点建设、1:2000基础地理信息数据必要覆盖和数据库建设、2000国家大地坐标系转换等重大测绘项目，为国土资源、城乡建设与规划、水利电力、城市管理等行业提供测绘成果服务和地理信息技术支撑。2013年浙江省测绘与地理信息行业服务总值达32.39亿元，比2012年增长15.8%。

浙江华东测绘地理信息有限公司

【业务】

2013年，浙江华东测绘地理信息有限公司主要承担西藏自治区、四川省、云南省水电站工程测量，印度尼西亚、越南、柬埔寨、中非共和国水电和高速公路测量，四川、浙江、贵州、云南省高速公路测量，以及杭州市地铁地下管线测量和深圳地铁3号线市政竣工测量，浙江省海洋测绘水下地形测量和深水岸线调查，珠海横琴岛综合开发勘测设计项目，浙江省第一次地理国情普查等重大项目。全年共完成产值8638万元。

【其他】

浙江华东测绘地理信息有限公司承担的“水电工程征地移民实物指标管理信息系统”获2013年中国测绘学会测绘科技进步奖二等奖，“金沙江白鹤滩水电站建设征地界桩测设”获2013年全国优秀测绘工程奖银奖，“水电水利工程三维数字化设计平台”获2013年浙江省科学技术奖一等奖，“安徽绩溪抽水蓄能电站施工测量控制网建设”获2013年浙江省建设工程钱江杯奖（优秀勘察设计）综合工程一等奖，“临安市村庄数字地籍调查（二期）第二标段”获2013年浙江省优秀测绘与地理信息工程奖二等奖。

浙江省第一测绘院

【业务】

2013年，浙江省第一测绘院共承接各类重大公益项目和社会服务项目40多项。完成1:1万、1:5000全省基础测绘地形图更新809幅，实施了国家现代测绘基准体系基础设施GNSS连续运行基准站建设、浙江省陆海三维测绘基准建设项目、浙江省地理空间数据交换和共享平台2013年度数据库建设、浙江省卫星定位连续运行综合服务系统升级等重大测绘地理信息工作，承担了金华、舟山等市“天地图”市县级节点和数字城市地理空间框架建设，研制了“天地图·浙江”移动版，对全省电子导航地图进行多次更新，编制了浙江古旧地图、浙江省航道图、浙江省重要渔业水域电子地图，舟山群岛新区地图集等地图产品。

【其他】

浙江省第一测绘院完成的“西藏自治区地图集”“‘天地图’浙江省、市、县级节点分布式服务技术研究与应用”分获2013年中国测绘学会测绘科技进步奖二等奖，“基于公共网络的地理信息服务关键技术研究及工程应用”项目获2013年中国地理信息科技进步奖二等奖，“数字乐清地理空间框架建设”“数字绍兴基础地理空间数据建设项目”“浙江省突发事件应急管理地理信息系统”获2013年中国地理信息产业优秀工程奖银奖。

浙江省地理信息中心

【业务】

2013年，浙江省地理信息中心主要承担浙江省地理空间数据交换和共享平台的数据更新，部分市、县数字城市地理空间框架建设及技术支撑，全省第一次地理国情普查试点等重大测绘项目。完成浙江省地理空间数据交换和共享平台各级比例尺框架要素数据库、地名地址库、DEM库、遥感影像库、专题库、三维景观库的数据更新，利用基础测绘更新数据成果对浙江省级基础地理信息数据库的基础库和服务库进行持续更新，并利用实时收集的重大要素变化信息对服务库进行动态更新。加强全省数字城市地理空间框架建设技术支持工作，完成数字城市平台软件的升级改版，协助浦江、磐安、兰溪等13个县（市、区）做好数字城市地理空间框架建设项目的立项、建设工作，协助玉环、上虞、东阳等8个县（市、区）完成数字城市地理空间框架建设项目的验收工作。基于市、县数字城市地理信息公共服务平台，为规划、水利、城管等部门、单位搭建应用系统或提供服务接口。完成浙江省地理国情监测试点工作，编制全省第一次地理国情普查工作界线（以行政界线为基础）确定方案，基本完成绿地率及绿化覆盖率调查技术规程的编制工作，与浙江省森林资源监测中心合作在玉环县利用地理国情普查试点成果开展森林覆盖和平原绿化的监测试点。完成地理国情监测国家测绘地理信息局重点实验室的可行性论证和筹备工作，进入试运行阶段。

【其他】

浙江省地理信息中心承担的“浙江省主体功能区规划地理信息应用平台”“浙江省国土资源‘一张图’基础服务平台关键技术研究与应用”获2013年中国地理信息科技进步奖二、三等奖，“数字衢州地理空间框架建设”获2013年中国地理信息产业优秀工程奖银奖，“浙江省水域变化遥感监测数据处理”获2013年浙江省优秀测绘与地理信息工程奖一等奖，“微心愿系统”获首届“天地图”开发大赛一等奖。

浙江省第二测绘院

【业务】

2013 年，浙江省第二测绘院完成 1∶1 万、1∶5000全省基础测绘地形图更新 1131 幅。承担浙江省海洋测绘工作，完成 2013 年度水下地形测量和深水岸线调查台州海域 406.68 平方千米；完成 1∶2000 海岛（礁）测量舟山北 41 个岛屿 202 平方千米 DLG、DOM、DEM 的测绘生产任务；完成杭州湾与舟山区域 4730 平方千米滩涂地形测量的激光雷达数据处理工作。完成上虞市、绍兴县等县（市、区）近 3000 平方千米 1∶2000 数字航测成图项目。承担第一次全国地理国情普查工作，完成玉环县 451 平方千米地理国情普查试生产。成立应急测绘青年突击队，完成强台风“菲特”过境浙江省时的应急救灾测绘保障工作。开展黄岩区国土资源“一张图”数据库建设、嘉兴经济开发区地理信息资源整合等国土资源数据库建设项目。与浙江省海洋监测预报中心等部门合作，做好玉环县、宁波市镇海区、舟山市等县（市、区）海洋灾害风险调查和隐患排查、风险评估与区划等地理信息技术服务。

【其他】

浙江省第二测绘院承担的“基于 GIS 技术的高速公路智能化交通诱导信息服务系统”获 2013 年中国地理信息科技进步奖三等奖；“义乌市第二次土地调查（农村土地调查）”“黄岩区农村集体土地所有权确权登记发证与系统建设”分获 2013 年中国地理信息产业优秀工程奖银奖；大载荷无人机获国家知识产权专利证书。

宁波市测绘设计研究院

【业务】

2013 年，宁波市测绘设计研究院主要承担基础测绘、规划测绘、重点工程服务、地理信息系统和地图产品开发等工作。基础测绘方面，完成宁波市 2000 国家大地坐标系转换工作，宁波市地面沉降（复测十三期）监测一等水准测量 345 千米、二等水准测量 417 千米，1∶500 地形图测绘 40 平方千米，规划区地形图联动更新 237 平方千米，1∶2.5 万海洋测绘 716 平方千米。规划测绘方面，完成规划放线项目 310 个，竣工测量项目 414 个，其他工程 281 项，管线测量约 870 千米。重点工程服务方面，主要开展宁波市轨道交通 1 号线一、二期和 2 号线一期的控制网复测，2 号线一期竣工测量，3 号线管线详查和南站南北广场管线探测，4 号线管线详查等项目。车载激光扫描与全景成像城市测量系统在城市部件采集领域广泛应用，并全面应用于竣工验收领域；无人机航摄系统用于杭州湾年度影像动态更新工作，并在余姚水灾中完成了陆埠镇 40 多平方千米的航摄数据处理工作。地理信息系统和地图开发方面，完成宁波市智慧位置公共服务平台的立项工作，制作党史办红色电子地图服务平台，编制公益地图“印象宁波-漫游系列”。

【其他】

宁波市测绘设计研究院承担的“车载激光扫描与全景成像城市测量系统”获 2013 年中国测绘学会测绘科技进步奖一等奖；“宁波市水利信息化综合管理平台开发建设”获 2013 年全国优秀测绘工程奖银奖，“富邦世纪商业广场竣工测量”“宁波杭州湾世纪城城市综合体建设项目（A 区）测绘工程”获铜奖；“包头市三维数据管理与规划辅助决策系统开发及应用”获 2013 年中国地理信息科技进步奖三等奖；“宁波市中心区域城市精细三维模型建设与建库（2012 年）”获 2013 年浙江省优秀测绘与地理信息工程奖一等奖。

浙江省河海测绘院

【业务】

2013 年，浙江省河海测绘院承担省公益性项目和横向服务项目 105 项，其中地形图测绘 1 万多平方千米，出图 1180 幅；水文测验 93 个点位。主要完成钱塘江及杭州湾水下地形测量、钱塘江防汛安全管理水下地形测量，开展浙江海洋测绘水下地形测量和深水岸线调查，完成三门核电 3、4 号机组工程海域使用论证水下地形测量 340 平方千米，甬沪宁进口原油管道工程杭州湾海底管道监测探测 48 千米，永嘉县瓯北三江塘标准堤堤线调整水文测量及浙江浙能六横电厂二期工程水下地形和水文测量、舟山马迹山中转码头三期工程水文测量。

【其他】

浙江省河海测绘院承担的“浙江省海洋测绘水下地形测量和深水岸线调查（一标段）”获 2013 年全国优秀测绘工程奖金奖。

浙江省测绘大队

【业务】

2013年，浙江省测绘大队完成公益性项目及横向工程共459项，1:500地形图1万多幅，出版技术总结、资料整编和图集共456份。完成的项目主要包括东阳市域似大地水准面精化1700平方千米、温岭等地1:500村庄数字地籍调查130平方千米、云和县中心城区地下综合管网普查及管线信息系统开发建设项目220千米、椒江区“一张图”数据建库采购项目、三门县农村集体土地所有权登记发证及管理信息系统开发建设项目等，编制了《台州市黄岩区城区图》和《台州市黄岩区行政区划图》等地图产品。

【其他】

浙江省测绘大队承担的“温州市瓯江口新区工程海洋测绘”项目获2013年全国优秀测绘工程奖一等奖，“浙江省温州市浅滩工程三维海洋测绘基准建立与研究”获2013年中国测绘学会测绘科技进步奖三等奖，“杭州市余杭区违法建筑及设施卫星遥感监测”获2013年浙江省优秀测绘与地理信息工程奖三等奖，“天台县县城地下综合管线探测工程以及综合管线地理信息系统建设”获2013年浙江省建设工程钱江杯奖（优秀勘察设计）综合工程三等奖。

福建省

概况

截至2013年底，福建省共有测绘资质单位426家，其中，甲级21家、乙级52家、丙级153家、丁级200家；同比增加22家。民营测绘单位236家，同比增加21家；从业人员8234人。

福建省地理信息产业发展良好，国家北斗产业化应用示范基地落户厦门软件园三期，园区内规划了北斗物联网产业区，建筑面积80万平方米；福建省测绘地理信息局依托数字福建产业园，积极推进海峡西岸地理信息产业园建设。

福建省地质测绘院

【业务】

2013年，福建省地质测绘院完成平潭、漳浦、延平和南安4个试点县（市）的地籍调查，漳州古雷港至龙岩武平高速公路漳州段1:2000地形图测量，平潭综合实验区现代测绘基准体系GNSS卫星连续运行参考站系统建设，福州市农村集体建设用地使用权确权登记发证工作，完成永春、古田、屏南、福安、莆田、厦门、龙岩等项目区旧村复垦测量、旧村复垦竣工测量、土地整理测量、矿山复垦测量等工作。开发矿山地质环境动态监测综合管理系统（一期）、基于国土资源一张图的福建省广义地质项目管理系统、福建省打击非法采矿管理系统等5项应用系统。

【其他】

福建省地质测绘院完成的“龙海市城市及周边地区1:1000数字化地形图测绘”获2013年全国优秀测绘工程奖铜奖，“遥感监测监理快速检查工具开发”和“地测土地年度变更系统”获2013年福建省测绘地理信息科技进步奖三等奖，“龙岩市区地形图及地籍图测绘编绘工程”“2011年厦门市影像（航摄）数据处理及挂图制作”获2013年福建省优秀测绘地理信息工程奖一、三等奖。

福建省国土测绘院

【业务】

2013年，福建省国土测绘院完成沙县农村集体土地所有权确权登记发证、武夷山机场下滑信标测距仪台测绘、青州二次雷达及甚高频工程地形及高程测量、厦门市1:500全野外数字化测量、福清市渔溪镇上张村村庄地籍调查、闽侯县洋里乡2013年农村饮用水安全工程项目线路测绘、三明沙县机场顶面沉降观测、云南省富源县大河煤矿区下草坪矿段工程测量、南安市石井镇1:2000地形图测量、永春县桃溪流域综合治理可研测量等项目。

【其他】

福建省国土测绘院完成的“莆田市1:500数字地形图测绘（B标段/合同包4）”获2013年全国优秀测绘工程奖铜奖，“厦门市个人住房信息系统测绘数据整理B标段”“莆田市1:500数字地形图测绘（B标段/合同包4）”“观音山国际商务营运中心启动区A1地块”获2013年福建省优秀测绘地理信息工程奖三等奖。

福州市勘测院

【业务】

2013年，福州市勘测院完成福州大都市数字航空摄影及DLG、DOM生产，福州市1:500数字线划图数据库II期，数字福州地理空间框架项目，福州市地下管线数据库数据生产建设，福建省第一次全国地理国情普查项目试生产，福州市航测拆迁测量项目单年份航测等项目。开发城市桥梁养护管理信息系统、福建省高速公路（卫星影像地图）实景三维图应用系统、福州市公安消防通信调度系统、福州市经济地理信息系统等信息系统。完成福州市城区约90平方千米三维数字模型建设（含三维地下管线数据）。与福州市仓山区政府签定智慧仓山三维地理信息共享服务平台共建框架协议。

【其他】

福州市勘测院获国家工商行政管理总局授予的“守合同重信用”称号，是福建省测绘地理信息行业单位唯一一家。获国家专利5项。完成的“福建省高速公路（卫星影像地图）实景三维图应用系统”获2013年中国地理信息产业优秀工程奖银奖、全国优秀测绘工程奖铜奖；“福州市经济地理信息系统”获2013年中国地理信息产业优秀工程奖银奖；“福州市地震信息处理与应急指挥系统”获2013年中国地理信息科技进步奖三等奖；“福州市灾害应急平台消防通信调度系统”获2013年中国地理信息产业优秀工程奖铜奖、福建省优秀测绘地理信息工程奖一等奖；“福州市琅岐闽江大桥及接线工程”获福建省优秀测绘地理信息工程奖二等奖、福建省优秀工程勘察设计奖三等奖；“福州市轨道交通2号线地下管线探测”获福建省优秀测绘地理信息工程奖三等奖；“福州市环境监测及污染源管理地理信息系统”获2013年福建省测绘地理信息科技进步奖三等奖。

福建省港航管理局勘测中心

【业务】

2013年，福建省港航管理局勘测中心完成福州港航道维护工程水深测量、湄洲湾航道维护多波束扫测、泉州围头湾航道维护水深测量及厦门港航道维护工程水深测量等航道维护测量。完成苍南电厂航道与港池疏浚项目部分水域多波束扫测及航道停泊区水域与回旋水域水深检测、条帚门航道疏浚工程质量鉴定水深测量、温州中海油丽水36-1气田项目霓屿终端配套码头工程水文测验等工程。全年完成产值2000多万元。

【其他】

福建省港航管理局勘测中心完成的“泉州湾湾口浅区侧扫及多波束扫测”工程获2013年福建省优秀测绘地理信息工程奖三等奖。

福建省制图院

【业务】

2013年，福建省制图院完成《福建省地理国情监测总体方案》《地理国情普查——福建省基本地理省情》项目建议书、《福建省地理国情普查宣传方案》《福建省地理国情普查经费预算方案》的编写，开展地理国情普查厦门试点综合统计分析设计工作。承担公开版地图数据库更新、《福建省情地图集》更新。为100多家单位提供定制地图4500多册（幅），新编和修编公开版地图80多种。

【其他】

福建省制图院编制的《福建省地图集》获2013年福建省优秀测绘地理信息工程奖二等奖，“福建省公开版地图数据库”“福建省1:5000缩编1:10000DLG（漳州、龙岩、三明、宁德、莆田）”获三等奖。

龙岩市勘察测绘大队

【业务】

2013年，龙岩市勘察测绘大队完成龙岩市龙雁、古蛟、永丰三大新区四等GPS网布设和26平方千米1:500数字地形图测量。完成九大片区（包括红坊陆地港片区、东肖动漫片区、排头片区、东山片区、城北片区、西安片区、莲花湖片区、双龙路两侧片区和龙岩大道以东片区）拆迁测量工作总量的70%，其中修测1:500现状图约2.22平方千米、1:100拆迁图96.4万平方米，普查管线约257千米。完成规划竣工测绘项目99个、规划放样项目169个及零星测绘项目26个。

【其他】

龙岩市勘察测绘大队承担的“龙岩市铁山城北片区1:500地形图测绘”项目获2013年福建省优秀测绘地理信息工程奖三等奖。

江西省

概况

截至2013年底，江西省共有测绘资质单位453家，其中甲级24家、乙级50家、丙级82家、丁级297家，从业人员共7640人。测绘资质单位和从业人员的数量比2012年均有较大幅度的增长。全省测绘资质单位共完成测绘服务总值97933.72万元，同比增长25.18%。

江西有色地质测绘院

【业务】

2013年，江西有色地质测绘院共完成各类测绘项目76项，其中农村集体土地所有权确权登记工作基本完成，通过省级验收。完成农村集体建设用地和宅基地地籍测量约200平方千米，权属调查约50平方千米。完成沉降监测项目6个，土地开发、竣工测量8项，以及4个县土地利用现状更新调查及数据库变更。数字婺源基础控制测量、分宜县第一次地理国情普查试生产项目有序开展。

【其他】

江西有色地质测绘院被江西有色地质勘查局评为先进集体。

江西天久测绘院

【业务】

2013年，江西天久测绘院承担的贵溪市、宜春市袁州区、龙虎山、定南县农村集体土地登记确权发证项目发证工作有序进行。完成景德镇市朱溪外围铜钨多金属矿区、天億矿业、冷水银矿地质工程测量，鹰潭市新区路网断面测量及土方量计算。签订9个大型建筑物沉降监测合同。

【其他】

江西天久测绘院新增了GEOWAY地理信息处理软件、GEOWAY DPS数字摄影测量系统、GEOWAY for UAV无人机数据处理系统等软硬件设备。组织人员参加航测培训，掌握了定向建模、空三加密、拓扑规划、自动DEM、自动DOM等功能，全院航测技术水平明显提高。

江西省基础测绘院

【业务】

2013年，江西省基础测绘院完成测绘生产项目40多个。在基础测绘生产方面，完成江西省现代大地基准完善项目测量标志点普查，数字省区航空摄影检校场测量，南昌市地表沉降监测，数字井冈山、数字吉安地理空间框架建设，江西省地理信息公共服务平台建设二期任务，第二代1:1万DLG数据整合升级，1:1万“3D”数据更新，第三代1:1万“3D”产品测制，江西省第一次地理国情普查试生产（渝水区）项目。在测绘市场任务方面，完成江西省农村集体土地确权登记发证调查底图1:2000 DLG制作，共青城市基础测绘项目，数字景德镇大比例尺数据整合，金溪县、吉安县1:1000地形测绘，新建县、永丰县1:1000航测成图项目，南昌市高新区、樟树市、乐平市、上犹县、玉山县、鄱阳县农村集体土地确权登记发证项目。

【其他】

江西省基础测绘院合作承担的“江西省 GPS 基准网站监测系统建设的技术创新与实践”项目获 2013 年中国地理信息科技进步奖二等奖，完成的“玉山县农村集体土地确权登记发证项目（所有权部分）”获江西省优秀测绘工程奖二等奖。

江西省地理国情监测遥感院

【业务】

2013 年，在基础测绘领域，江西省地理国情监测遥感院完成南昌至宁都、南昌至上粟 1∶1 万地形图、1∶2000 三维地形图，环鄱阳湖 1∶1 万地形图制作等项目共 5091 平方千米；南昌县、永新县新农村项目，泰和县 300 个新农村点测绘保障；全省 1∶1 万DLG 数据整合升级项目；数字景德镇基础地理空间框架建设；新抚测区第三代 1∶1 万地形图测制与更新项目；鹰潭测区 1∶1 万 DEM、DOM 数据更新项目等。承担江西省公共服务平台建设项目全省地名地址、路网建设、电子地图 3 方面的任务；服务鄱阳湖生态经济区地理信息公共服务平台建设，得到省委、省政府，国家测绘地理信息局的肯定。承担鹰潭市地理国情普查试点和深化试点工作，开展新干县地理国情普查试生产工作，为全面开展全省地理国情普查工作取得了第一手材料。

【其他】

江西省地理国情监测遥感院完成的“江西省地质灾害隐患点专题地理信息系统项目”“江西省防汛工程专题地理信息系统项目”获 2013 年江西省优秀测绘工程奖二等奖。

江西省地矿测绘院

【业务】

2013 年，江西省地矿测绘院完成测绘地理信息项目 60 多个，范围涉及江西、浙江、广西、福建、海南等地，项目内容涵盖地籍测绘、地形测量、工程测量、地理信息工程、地图制图、航测遥感、软件研发、互联网地图服务等。完成数字化测图 430 多平方千米及各种数据库建设；完成德兴、丰城 2 市矿政管理信息系统，省交通厅农民工工资管理信息系统（桌面版与 android 版），慈溪土地变更系统移动平台（ipad 版），赣南苏区稀土矿地质环境三维可视化系统等多个系统建设；承担了南昌、新建、崇义等地农田整治项目 0.1 米分辨率及赣南高海拔茂密植被山区 0.2 米分辨率航摄工作；完成宁波土地利用图集、南昌街道分区图、南昌市搜房网图等专题图编制，慈溪市 1:2000 地形图编绘等地图制图项目；完成城市管线探测约 600 千米。与东华理工大学签订校企合作协议。

【其他】

江西省地矿测绘院完成的“德兴市矿政管理信息系统建设”“苍南县第二次城镇数字地籍调查”“常山工业园区 1:500 数字地形图测绘”3 个项目分获江西省优秀测绘工程奖一、二、三等奖。

江西省煤田地质局测绘大队

【业务】

2013 年，江西省煤田地质局测绘大队承担南昌市四城区、分宜县、宜丰县、崇义县、芦溪县、铅山县和四川攀枝花农村集体土地确权登记发证项目。采用三维激光扫描技术实施南昌万寿宫古建筑保护测量项目，项目成果得到业主肯定。自筹资金成立江西省中煤投资发展有限公司，投资实施桑海经济技术开发区土地开发项目。完成丰城市土地登记信息动态监管查询系统和崇义县“一张图”遥感影像数据采集及数据库建设项目，与江西省国土资源勘测规划院合作完成江西省土地年度变更省级核查。完成南昌市幸福水渠水域治理 1∶1000 航测地形图项目，宁都县城乡规划建设局 1∶1000 航测地形图项目，江西珠湖农场土地承包经营权正射影像及数字线划图生产工作；赣州特大城市 1∶500 地形图航测项目通过验收。承接埃塞俄比亚奇达公路项目等 3 个国外公路勘测项目，公路勘测长度 177.31 千米。

【其他】

江西省煤田地质局测绘大队承担的“瑞金市 1∶1000航测地形图在土地管理方面的应用研究”“丰城市土地登记信息动态监管查询系统”获 2013 年中国地理信息产业优秀工程奖铜奖；“分宜县农村集体土地所有权确权登记发证项目”获 2013 年江西省优秀测绘工程奖。12 月，与东华理工大学签署协议，成为东华理工大学教学实习基地。

江西省水利规划设计院

【业务】

2013 年，江西省水利规划设计院完成江西省五河防洪治理工程、江西省靖安县地理国情普查、佛山市三水区土地利用变更遥感监测、高明区控制网复测、九江长江东升堤变形监测、尚水花园深基坑监测、江西省共青城市中航城住宅小区沉降监测等项目。

2个项目获江西省水利厅科技项目资助，其中“GNSS/InSAR技术在水利工程变形监测中的应用研究”获重点项目资助；承担的2009年度江西省水利厅重点科技项目“鄱阳湖地理信息系统研究”通过江西省水利厅组织的验收。

【其他】

江西省水利规划设计院完成的“鄱阳湖水利枢纽可行性研究工程测量”“九江长江济益公堤变形监测”分获2013年江西省优秀测绘工程奖二、三等奖，“广东省佛山市三水区南山镇农村集体土地权属调查”项目获2013年广东省优秀测绘地理信息工程奖三等奖。申请国家发明专利1项，获江西省科技成果登记1项，发表测绘类学术论文14篇（其中EI收录1篇）。

江西省地矿局赣西地质调查大队

【业务】

2013年，江西省地矿局赣西地质调查大队承担了江西省共青城市农村集体土地确权登记发证项目，完成集体土地所有权调查工作并通过验收。承担贵溪市农村集体土地确权登记发证项目。配合相关单位完成矿山测量项目14个，包括1:5000地形测量0.4平方千米、1:2000地形测量12.68平方千米、剖面测量19.77平方千米、钻孔放样342个、钻孔坐标定测124个、GPS控制测量29个。完成宜丰县芳溪镇与安远县三百山镇1:2000土地整理项目现状图地形测量相关工作，宜丰县矿山治理项目17座矿山测量项目。参与广东省潮州市某天然气有限公司LNG储备站项目1:500现状地形图测绘工作，通过验收。

【其他】

江西省地矿局赣西地质调查大队1人通过注册测绘师考试，共有注册测绘师2人。在江西省2013年“振兴杯”测绘地理信息行业职业技能竞赛中，2人被授予“全省测绘地理信息技术能手”称号，2人被授予“全省测绘地理信息行业优秀技能人才”称号。参加省测绘成果管理暨涉密测绘成果管理人员岗位培训班，2人获得涉密测绘成果管理人员岗位培训证书。参加全省测绘单位质量检查人员培训，5人获得测绘质量检查员证。

江西核工业测绘院

【业务】

2013年，江西核工业测绘院完成江西省泰和、安福、瑞金、全南等县市的农村集体土地确权登记发证项目，浙江省宁波市慈溪、大榭及江西省永修、定南等县市航空摄影数字化成图项目，四川省宜宾市翠屏区农村土地承包经营权确权登记和管理信息系统建设项目，新疆、福建南平等地的电网GIS数据采集项目，广州市番禺房产测绘项目等，全年累计完成测绘项目产值超5000万元。

【其他】

江西核工业测绘院承担的“广州从化市1:2000第二次农村土地调查”“宁波市鄞州区集体农用地发证”“南昌市城市绿化遥感测定”等多个项目获江西省优秀测绘工程奖，该院被评为全省测绘行业、江西省核工业地质局先进集体。

江西省交通设计院

【业务】

2013年，江西省交通设计院在南昌至宁都高速公路项目中，利用路线、路基路面、互通立交、桥梁和隧道等设计成果与高分辨率卫星影像和DEM叠加，实现全地形公路三维数字化模型的实时飞行和三维互动。开展“公路三维地理信息选线与优化技术研究及推广应用”技术研究，在昌宁、昌栗高速公路建设中得到应用。

【其他】

江西省交通设计院的交通地理信息技术团队获“江西省交通地理信息创新团队”称号。

江西南方测绘院

【业务】

2013年，江西南方测绘院承接市场业务合同26项，合同价款达1800万元。完成测绘地理信息项目共23项，其中工程测量项目16项，地籍测绘及地理信息系统工程项目7项，实现收入1260万元。主要业务包括江西省重点工程——樟树市高速公路经楼连接线两侧1:500地形测量项目、樟树市金属工业园区1:500征地测量项目、吉水县川峰坳铁矿矿区1:1000地形图测量等。

【其他】

江西南方测绘院完成的“靖安县农村集体土地所有权调查项目”获2013年江西省优秀测绘工程奖三等奖。

江西省测绘应急保障服务中心

【业务】

2013年，江西省测绘应急保障服务中心为省重点工程提供高分辨率无人机影像100多平方千米，完成了鄱阳湖旱情监测无人机航摄与数字正射影像图制作800多平方千米等测绘应急任务。完成无人机航摄及影像数据处理近2000平方千米，为农村集体土地确权登记发证、土地整治、城市规划、重大项目选址、新农村建设等提供测绘保障。承担地理国情监测项目全省县（市、区）主城区面积变化监测和峡江县地理国情普查，国家现代测绘基准体系基础设施建设一期工程江西4个新建站和9个改造站的建设以及省级基础测绘项目江西省现代大地基准完善、GPS点和水准点的迁建、1:1万数字线划图数据整合升级等工程，完成了数字抚州地理空间框架建设项目基础地理信息数据采集；抚州市域农村集体土地确权登记发证调查底图1:2000 DOM、DLG（地籍调查矢量图）生产制作，万安县、浮梁县、贵溪市等地农村集体土地所有权登记发证等。

承担江西省GPS基准站网监测系统运维、江西测绘地理信息行业特有职业技能鉴定工作，协助承办江西省“振兴杯”测绘地理信息行业职业技能竞赛，参加省地质灾害应急演练和省国土资源执法无人机遥感监测演示。

【其他】

江西省测绘应急保障服务中心与省基础测绘院合作承担的“江西省GPS基准站网监测系统建设的技术创新与实践”获2013年中国地理信息科技进步奖二等奖。完成的“GPS辅助无人机航摄系统测图可行性研究”和“精密三角高程测量在JXCORS系统观测墩二等水准测量可行性研究”获江西省测绘地理信息局2013年度科技推先和科技创新项目三等奖。1人增选为国家测绘地理信息局青年学术和技术带头人，并入选2013年江西省百千万人才工程；1人考评合格继续为江西省测绘地理信息局技术带头人，1人增选为江西省测绘地理信息局技术带头人。

江西省瑞华国土勘测规划工程有限公司

【业务】

2013年，江西省瑞华国土勘测规划工程有限公司主要承担农村集体土地调查确权登记发证项目和土地开发、整治、复垦等规划设计工作。完成万年县等4个县（区）农村集体土地所有权数据库建设并通过评审；完成万年县GPS控制测量，吉安县富滩乡等地25平方千米地形图测量和86平方千米地籍图外业测量。

【其他】

江西省瑞华国土勘测规划工程有限公司获江西省2013年“振兴杯”测绘地理信息行业技能竞赛地籍测绘团体二等奖，承担的“吉州区农村集体土地所有权确权登记发证项目”获2013年江西省优秀测绘工程奖三等奖。

南昌市测绘勘察研究院

【业务】

2013年，南昌市测绘勘察研究院完成规划核实测量项目600多项，其他测量项目336项。承担数字南昌地理空间框架建设项目中测绘基准完善（南昌市连续运行卫星定位服务系统建设），1:500～1:2000 DLG修测与编绘，1:2000 DEM、DOM数据制作，各类数据建库及平台数据制作等任务，至年底，已完成南昌CORS站点建设、700平方千米DEM、DOM数据制作工作。承担南昌县、红谷滩新区农村地籍调查项目，完成了农村集体土地所有权调查并通过验收，完成农村宅基地1:500地形图测绘约60平方千米。完成2013年版南昌市城区图、南昌市域图编制，红谷滩新区中央商务区约5平方千米三维建模，南昌市约80平方千米地下管线数据整合建库工作。启动南昌市测绘勘察研究院测绘综合管理系统建设与应用。

组织人员参加江西省2013年“振兴杯”测绘地理

信息行业职业技能竞赛，获地籍测绘竞赛团体一等奖、地图制图竞赛团体三等奖，代表江西省参加“九成杯”第三届全国测绘地理信息行业职业技能竞赛地籍测绘竞赛，获地籍测绘竞赛团体三等奖。9月，协助江西省测绘学会举办江西省测绘企业发展论坛活动。

【其他】

南昌市测绘勘察研究院联合承担的“南昌市地下管线管理信息系统”项目获2013年中国地理信息科技进步奖二等奖；独立完成的“南昌2000坐标系建立及转换模型研究”“南昌市测绘勘察研究院测绘综合管理系统”项目分获2013年江西省优秀测绘工程奖一、二等奖。

九江地质工程勘察院

2013年，九江地质工程勘察院承担彭泽、湖口、武宁、修水4个县的农村集体土地确权登记发证工作，打印5万本农村集体所有权土地证，建立土地所有权数据库系统，通过了江西省农村集体土地确权登记发证工作领导小组办公室组织的验收。7月，与省基础测绘院合作完成共青城308平方千米的野外航飞任务，成果已全部提交合作方使用。承接上高县第一次地理国情普查试生产项目，成为江西省第一批参与地理国情普查的单位之一，并完成上高县域范围1348平方千米的野外核查工作。

江西省国土资源测绘工程总院

【业务】

2013年，江西省国土资源测绘工程总院继续开展黎川县、吉水县农村集体土地确权登记发证工作，建成农村集体土地确权部分的数据库，完成黎川县近30平方千米、吉水县50多平方千米宅基地测量，对南昌县土地整治项目进行竣工验收测量，完成30多平方千米施工工程量核算工作；完成上高县低丘缓坡设计项目的测绘工作。受省国土资源厅委托，在吉安市、宜春市开展矿山违法核查测绘工作。承接黎川县正荣矿山地形图测绘工作，对主要矿点、钻孔进行了布设、放样。启动江西省崇仁县地理国情普查工作试生产项目，完成资料收集、内业编辑、外业核查等工作。

【其他】

江西省国土资源测绘工程总院以测绘为主要业务，成立了土地规划部和地质勘查部，承接了省内土地规划设计、复垦设计、开发设计和地质找矿等项目。

中铁大桥局集团第五工程有限公司

【业务】

2013年，中铁大桥局集团第五工程有限公司承接施工项目24个，其中重点项目15个。参与完成福建琅岐、江西修水秋湖里大桥施工测量任务；承接福建平潭公铁两用大桥松下岸至平潭岛段大桥、成贵铁路宜宾金沙江大桥、贵州鸭池河大桥施工测量任务。

【其他】

中铁大桥局集团第五工程有限公司承担的“隧道断面测量系统的开发与应用”获江西省优秀测绘工程奖二等奖，“福银高速九江长江公路大桥A2合同段测绘技术”获三等奖。

江西省电力设计院

【业务】

2013年，江西省电力设计院完成的工程测绘方面项目主要包括雅安至武汉1000kV特高压直流输电线路工程，梦山至安源500kV输电线路工程，石钟山-洪源500kV线路工程，中广核泉山风电场工程，都昌华能蒋公岭风电场工程，五光-百乐220kV线路工程，德兴潭埠500kV变电站工程，黄柏洋220kV变电站工程等。

【其他】

江西省电力设计院完成的“溪洛渡至浙西±800kV特高压直流输电线路工程”获2013年江西省优秀工程勘察设计行业奖优秀工程勘察与岩土工程项目二等奖，“井冈山至澄江220kV输电线路工程测量”“井冈山至文山500kV输电线路工程测量”分获三等奖。

江西省赣西土木工程勘测设计院

【业务】

2013年，江西省赣西土木工程勘测设计院主要承担江西省赣西片区各类水利工程测绘工作，其中集镇防洪工程测绘23个、生态经济区防洪工程测绘

5个、渠系综合整治工程测绘8个、水系连通工程测绘3个、堤防整治工程测绘6个、五河治理工程测绘25个、高标准农田示范项目工程测绘2个、灌区续建配套与节水改造项目测绘3个、病险水闸加固工程测绘11个、大型水利枢纽工程测绘1个、小二型病险水库除险加固工程测绘256个。参与了第一次全国地理国情普查工作。

【其他】

江西省赣西土木工程勘测设计院承担的“宜春市四方井水利枢纽工程项目建议书阶段测绘”获2013年江西省优秀测绘工程奖二等奖。

核工业赣州工程勘察院

【业务】

2013年，核工业赣州工程勘察院完成各类测绘项目约40多个。主要包括于都县城贡江南区、跃洲区1:1000数字化地形图测绘，寻乌县黄泥湖矿点地形测绘，赣县及会昌县农村土坯房测量，赣县土地变更调查，赣州市章贡区房屋面积测绘，赣县农村集体土地确权发证等项目。

【其他】

核工业赣州工程勘察院完成的“赣县农村集体土地所有权确权登记发证”“寻乌县工业园1:500地形图测绘”分获2013年江西省优秀测绘工程奖二、三等奖。

江西省中核测绘院

【业务】

5月，江西省中核测绘院完成江西省广昌县驿前镇姚西村、贯桥村1:1000地形图测量项目A级GPS控制点14个、地形图测绘8.7平方千米。7月，完成江西省广昌县城规划区扩区1:1000地形图测量项目A级GPS控制点14个、地形图测绘5平方千米。11月，参与完成浙江省宁波市象山县1:500数字地形图测量项目1:500数字地形图测量15平方千米。

【其他】

江西省中核测绘院完成的“江西省广昌县城规划区扩区1:1000地形图测量”获2013年江西省优秀测绘工程奖三等奖。12月，该院通过江西省第一次地理国情普查资格审查，获得第一次地理国情普查资格；由乙级资质单位升为甲级资质单位。

江西省国土资源勘测规划院

【业务】

2013年，江西省国土资源勘测规划院承担了2013年国家土地利用动态遥感监测项目，形成了2012年完整的影像数据和图斑信息。承担全省土地执法巡查（预警督察）项目，完成了全省违法用地外业测量，内业处理及报告编写工作，调查全省违法用地面积、地类，占用基本农田及符合土地总体规划情况，为江西省国土资源执法监察总队提供执法依据。承担江西省土地开发复垦项目的竣工勘测工作，江西省农村集体土地所有权数据库建设项目。

【其他】

江西省国土资源勘测规划院承担的“鄱阳湖生态经济区‘湖体核心保护区’界线划定及堤内堤外耕地分布”获2013年江西省优秀测绘工程奖一等奖。

山东省

概况

截至2013年底，山东省共有测绘资质单位772家，其中甲级28家、乙级87家、丙级179家、丁级478家，较2012年增加37家；其中，事业单位185家，企业单位587家；测绘资质单位从业人员15085人，较2012年增加875人；测绘作业证持证人数8698人，较2012年减少355人。

2013年，全省测绘地理信息服务主要以国土资源、测绘、城乡建设与规划及冶金为主，共完成服务总值28.87亿元。全省测绘地理信息行业主要完成的重点测绘地理信息项目（工程类）包括全省集体土地所有权确权发证、广西LNG输气管道工程测量、济南至青岛输气管道二线项目测量、埃塞俄比亚电力输出测绘工程等项目。

山东省国土测绘院

【业务】

2013年，山东省国土测绘院承建山东省“十二五”基础地理信息数据库更新工程（一期），山东省地理信息公共服务平台，数字莱芜、数字泰安、数字垦利地理空间框架建设，山东省1:1万基础地理信息数据库更新工程2013年全省数字正射影像图（DOM）更新，山东省地理国情普查等项目。

【其他】

山东省国土测绘院获2013年中国测绘学会测绘科技进步奖1项，全国优秀测绘工程奖2项，中国地理信息科技进步奖1项；获山东省国土资源科学技术奖8项，其中一等奖5项。

山东省地图院

2013年，山东省地图院共完成各类地图项目210多个，公开出版地图153种，完成印刷2.2万个色令。为省委、省政府及省直部门提供地图服务，提供实木装裱挂图、各类挂图和图书296册（幅）。编制完成《山东省地图》《山东省非物质文化遗产名录图集》《山东省历史地图集（分册）》《邹城市地图册》《济宁市地图》《山东省征地片区综合地价标准》《日照市工作用图》《寿光市地图集》《寿光市工作用图》《诸城市地图集》，编制出版《山东省文化旅游图》。

山东省第四地质矿产勘查院

【业务】

2013年，山东省第四地质矿产勘查院完成青州市第二次农村土地调查、安丘市集体土地所有权确权发证项目、青州市集体土地所有权确权发证项目、莱阳市集体土地所有权确权发证项目、海阳市集体土地所有权确权发证项目等主要测绘任务。

【其他】

山东省第四地质矿产勘查院完成的“青州市第二次农村土地调查”项目获2013年全国优秀测绘工程奖银奖，安丘市集体土地所有权确权发证项目获山东省国土资源科学技术奖一等奖。

山东明嘉勘察测绘有限公司

【业务】

2013年，山东明嘉勘察测绘有限公司共开展测绘项目47个，主要包括烟台市市区农村集体土地确权登记发证及信息系统建设、青岛地铁2号线一期工程第三方监测02标、淄博市文昌湖土地综合整治项目监理、山东省第一次全国地理国情普查试生产任务（张店、淄川区）、高青县农村土地承包经营权确权登记颁证第二批试点项目（标段3）等。全年完成生产总值9100多万元。

【其他】

山东明嘉勘察测绘有限公司完成的“胶州市第二次城镇及村庄土地调查项目”“青岛市地理信息数据测量项目”分获2013年度山东省国土资源科学技术奖二、三等奖，“莱芜市集中居住区和中心村地形图测绘”“莱芜市集中居住区和中心村地形图测绘”获山东省优秀测绘工程奖二等奖。

山东中煤物探测量总公司

【业务】

2013年，山东中煤物探测量总公司完成的主要测绘项目包括潍坊市滨海经济技术开发区基础地理信息数据库更新项目，庆云县城区规划区地形测量，平原县重点镇及重点片区现状地形图测绘，济宁市基础地理信息数据库更新及泗水县、金乡县、平邑县等地的农村集体土地确权登记发证和数据库系统建设等。

【其他】

山东中煤物探测量总公司被授予“山东省省级文明单位”“山东省测绘行业先进集体”“泰安市青年文明号”等称号。完成的“安徽居巢经济开发区巢西北拓展区数字地形图测绘”获山东省煤田地质局科技进步奖一等奖。

青岛海洋工程勘察设计研究院

【业务】

2013年，青岛海洋工程勘察设计研究院完成及承担的项目共58项，发表科技论文13篇（SCI1篇、EI1篇），综合科研报告50多篇。承担卫星高度计业务化应用项目“卫星高度计在海洋测绘基准中的应用”并入选国家科技支撑项目，联合开展海洋二号卫星等高度计标定和校准技术交流。

【其他】

青岛海洋工程勘察设计研究院承担的“海岛潮位与岸线综合测定”“CB22F等4座平台地形测量及地质勘察”分获2013年山东省优秀测绘工程奖一、三等奖。

山东省地质测绘院

【业务】

2013年，山东省地质测绘院主要完成山东省电力测绘、南京输油处管道测绘及信息系统建设、济南市农村集体土地确权登记发证、日照市区1:500基础地理信息数据库建设更新、平阴县城区综合管网普查、山东省第一次全国地理国情普查试生产（兖州市）等重大项目，完成测绘生产总值1.46亿元。

【其他】

山东省地质测绘院获各级奖励18项。合作完成的“无人飞艇地理国情监测关键技术”获山东省科学技术奖二等奖；完成的“原油长输管道人员设施野外综合监测系统的研究及应用”获卫星导航定位科技进步奖三等奖，“固体矿产资源及三维可视化管理系统研究”获山东省国土资源科学技术奖一等奖；“中石化原油管道GPS巡检系统建设”“基于点云数据的输油管道基础设施三维建模工程”“山东省电网设施空间数据采集”“射阳县村庄地籍调查及数据库建设工程”获全国优秀测绘工程奖银奖，“胶州市第二次城镇及村庄土地调查”“潍坊市寒亭区基础地理信息数据库更新”获山东省优秀测绘工程奖一等奖。

山东海天地理信息工程有限公司

【业务】

2013年，山东海天地理信息工程有限公司完成的主要项目包括蒙阴县农村土地承包经营权确权登记办证、平邑县房产管理局测绘发证及平邑县农业局土地确权登记发证、苍山县农村房屋产权登记发证测绘等；完成烟台市福山区地下管线探测项目，日照市区1:500基础地理信息数据建设更新项目监理，长岛县南、北长山岛慢行路设计应用1:500地形图测绘等项目。

【其他】

山东海天地理信息工程有限公司承担的“蓬莱市集体土地所有权确权登记发证及信息系统建设”“昆嵛山国家自然保护区1:500地形图测绘”分获2013年山东省优秀测绘工程奖一、二等奖。

山东电力工程咨询院有限公司

【业务】

2013年，山东电力工程咨询院有限公司完成浙北-浙中-浙南-福州1000kV特高压交流线路工程测量（包8南站-黄岭头）、雅安-武汉1000kV特高压交流线路工程测量（包烧湾-重庆站）、国投新集电力利辛板集电力一期2×1000MW机组工程建设EPC总承包工程测量、华能烟台八角电厂上大压小机组工程测量、华润新能源沂水风电工程测量、中广核沂水唐王山二期风电场工程测量等项目。

【其他】

山东电力工程咨询院有限公司完成的“500kV莱州电厂-光州-大泽送电工程线路测量”获2013年全国优秀测绘工程奖铜奖。“大唐海阳徐家店风电场一期工程（测量）”“500kV莱州电厂-大泽送电工程线路测量”获2013年度电力行业优秀工程勘测奖二等奖；“华润新能源莒县东宏一二期风电场工程测量”获2013年度山东省优秀工程勘察设计奖二等奖，“导线空间距离测量内外业一体化系统V1.0”获2013年度山东省勘察设计优秀软件奖二等奖。

日照市城乡建设勘察测绘院有限公司

【业务】

2013年，日照市城乡建设勘察测绘院有限公司主要完成日照机场的前期选址、规划测图、土地报批图件、净空区障碍物、施工控制网等测量内容；完成日照市国土资源局1:500基础数据库40平方千米更新等项目。

【其他】

日照市城乡建设勘察测绘院有限公司完成的“卧龙山-朱岭控制区 1:500 数字化地形图测量”获山东省优秀工程勘察设计奖三等奖。该院被山东省测绘行业协会授予“先进集体”称号。

山东正元地球物理信息技术有限公司

【业务】

2013 年，山东正元地球物理信息技术有限公司共完成测绘工程 20 多项，包括城市地下管线探测、全野外地形数据采集以及建筑物变形监测等。完成的“牡丹江市地下管线普查及信息系统建设项目”“郑州市地下管线普查工程”等项目均已通过验收。

【其他】

山东正元地球物理信息技术有限公司完成的“滨州市城区地下管网普查及信息管理平台建设”获 2013 年中国地理信息产业优秀工程奖银奖，“东莞市区地下综合管线普查二期工程普查探测项目”获 2013 年全国优秀测绘工程奖金奖。

河南省

概况

截至 2013 年底，河南省共有测绘资质单位 788 家，其中甲级 26 家、乙级 155 家、丙级 253 家、丁级 354 家。测绘从业人员 18275 人，比 2012 年增加 1275 人。私营企业测绘从业人员总数 6112 人，占总人数的 33.4%，同比增长 24.6%。

2013 年，全省测绘资质单位共完成测绘服务总值 20.67 亿元，比 2012 年增长 16.48%，其中，私营企业完成 6.28 亿元，甲级资质单位完成 7.41 亿元。

河南省地图院

【业务】

2013 年，河南省地图院更新编制 2014 版《河南省领导工作用图》，内含各类专题地图共 30 幅；编制 18 个省辖市市域图，《中原经济区国土规划图集》《郑州航空港经济综合实验区影像图》《郑州航空港经济综合实验区地图》；更新县、市挂图 50 幅；合作编制新版河南省旅游图，开封、洛阳市交通旅游图册等。承担技术支持的数字焦作地理空间框架建设项目通过验收；开展小浪底大坝变形观测；承担河南省长葛、固始、遂平、舞钢、襄城、新县、西平、武陟县等农村集体土地调查确权登记地籍调查和数据库建设项目。全年收入 2341 万元。

【其他】

河南省地图院完成的“河南省领导工作用图网络版”获首届“天地图”应用开发大赛三等奖；“WitsMap 地理信息公共服务平台”获 2013 年中国测绘学会测绘科技进步奖三等奖；“舞钢市枣林乡等数字乡镇地理空间框架建设项目”获 2013 年全国优秀测绘工程奖银奖、河南省优质测绘工程（成果）奖一等奖；“河南省行政区域界线电子档案库”获河南省测绘科学技术进步奖一等奖，“河南省农村水利工程地理信息系统”获二等奖；《许昌市领导工作用图》获河南省优质测绘工程（成果）二等奖，《郑州市交通地图册》获三等奖。

河南省遥感测绘院

【业务】

2013 年，河南省遥感测绘院利用机载 LiDAR 数据生产 1:1 万 DSM、DEM、DLG（地貌版）项目 400 幅，完成商丘、新乡市基础测绘项目，数字鲁山地理空间框架建设项目航空摄影，济源、鹤壁、洛阳、三门峡市地理国情普查试生产，以及规划审批辅助决策等应用系统研发和宝丰县 7 个数字乡镇建设。完成的数字鹤壁、数字洛阳基础地理信息数据库通过验收。承担的“天地图·郑州”“天地图·鹤壁”市级节点建设项目通过审查。协助郑州市数字城市办公室完成接入国家主节点工作。完成郑州航空港区1:1000航空摄影和“3D”数据采集、编辑制作400多平方千米。为郑州机场高速公路改扩建工程提供“4D”产品。完成开封、驻马店、信阳农村集体土地确权登记发证省级专项控制测量项目。全年收入5736多万元。

【其他】

河南省遥感测绘院投入630万元用于购置仪器设备与开发软件。在2013第三届河南省测绘地理信息行业职业技能竞赛中，1人获地籍测绘第一名、1人获地图制图第二名，代表河南参加第三届全国测绘地理信息行业职业技能竞赛。完成的“郑州铁路局铁路用地图绘制项目”获2013年全国优秀测绘工程奖金奖；“数字郑州地理信息数据综合服务”“数字鹤壁地理空间框架建设项目基础地理信息数据库建设项目”“数字济源地理空间框架建设项目”获河南省优质测绘工程（成果）奖一等奖，“天地图·郑州”“河南省国土资源厅农村集体土地登记发证省级专项工作控制测量项目”获二等奖，“范县新城区大比例尺基础测绘”“洛阳三门峡测区1:1万第二轮更新项目”获三等奖；“国土资源全信息一张图二、三维一体化服务平台的应用研究”获河南省测绘科学技术进步奖一等奖，“县域城镇地籍调查及数据库建设技术优化应用示范研究”“基于AutoCAD对1:1万DLG SHP格式数据无损转换与自动处理系统”“数字济源地理空间框架建设项目”获二等奖。

河南省测绘工程院

【业务】

2013年，河南省测绘工程院完成周口1:1万人县年数字化编辑440幅；信阳1:1万人县年快速更新302幅，常规更新363幅。启动数字周口、数字安阳、数字偃师、数字潢川建设。引进SSW激光摄影测量系统，服务郑州轨道交通项目和两权发证测图工作。成立HENCORS用户信息管理系统研发及北斗技术应用项目课题组。制作完成DOM济源118幅、焦作167幅、许昌243幅、南阳427幅。承担的数字南阳、数字新蔡通过验收。完成数字许昌三维精细建模175平方千米，数字南阳基础地理信息数据建库757平方千米。完成许昌、漯河、平顶山、南阳等市4万多平方千米859个D级GPS点、4261个E级GPS点的标石制作、选埋、观测。完成上海轨道交通9号线东延伸段三期工程前期勘察工作，上海测区项目地形图修测1459幅。

【其他】

河南省测绘工程院获2013第三届河南省测绘地理信息行业职业技能竞赛地图制图团体一等奖。完成的“LIDAR支持下数字三维城市关键技术及规模化应用”项目获2013年中国测绘学会测绘科技进步奖二等奖。“机载LIDAR建（构）筑物三维重建关键技术研究”获河南省测绘科学技术进步奖特等奖，“电子政务应急服务关键技术研究”获二等奖。“数字二七地理空间框架建设及应用示范项目”“数字新蔡地理空间框架建设项目”获河南省优质测绘工程（成果）奖一等奖，“许昌市地理空间数据源基础测绘项目‘D级GPS三维空间大地控制网’测绘工程”获二等奖，“2013年焦作市、济源市1:1万基础测绘更新正射影像（DOM）项目”获三等奖。

河南省基础地理信息中心

【业务】

2013年，河南省基础地理信息中心完成河南省测绘地理信息局安排任务1000多万元，市场任务1200万元，产值2200万元。测绘产品质量抽验合格率100%。完成郑州市域1:1万地理省情普查342幅7700平方千米，9个地市人县年更新建库1790幅。完成安阳、鹤壁、郑州、漯河、驻马店等市域人县年DOM制作1311幅；全省1:1万地形图二轮数据入库，并全部转换为2000国家大地坐标系；洛宁、淇县、浚县、遂平、西平等地河南省农村集体土地确权和宅基地使用权调查项目1500多平方千米外业调查，并通过验收；数字漯河、驻马店1:1000地形图测绘，1:1000DEM、DOM制作和市域地名采集及应用系统研发；河南省监狱地籍外业测量及地籍数据管理系统研建；郑州航空港经济综合实验区地图数据保密处理；南阳水库航摄与正射影像制作；数字濮阳建设项目政务版和公众版门户网站建设；“天地图·河南”公众版全省二轮数据和9个市域电子地图数据更新。地理国情普查（试点）项目通过国家测绘地理信息局验收。

【其他】

河南省基础地理信息中心获河南省第三届测绘

地理信息行业职业技能竞赛地籍测绘团体第一名和地图制图团体第二名，2 人分别获地籍测绘和地图制图个人第三名。完成的“中原经济区地理国情监测示范——郑汴一体化城市扩展监测与演化研究”获 2013 年中国地理信息科技进步奖二等奖、河南省测绘科学技术进步奖特等奖。“数字濮阳地理空间框架采集与建库工程”获全国优秀测绘工程奖铜奖。“住建规划综合管理信息系统研建”“天地图河南地理信息公共服务平台研建”获河南省测绘科学技术进步奖。“数字鹤壁地理信息数据采集与建库工程”获河南省优质测绘工程（成果）奖一等奖，“濮阳测区 1:1 万快速更新 DOM 影像制作”获二等奖。

河南省水利勘测有限公司

【业务】

2013 年，河南省水利勘测有限公司承担测量工程 22 项，完成的测绘工程项目主要包括南水北调中线一期工程总干渠施工图阶段测量；河南省供水配套工程初设阶段变更及施工图阶段测量；信阳市出山店水库、前坪水库、濮阳调节水库、新密市大潭嘴和云岩宫水库工程测量；伊洛河、北汝河、贾鲁河、涡河、小颍河治理工程测量等。

【其他】

河南省水利勘测有限公司完成的“河南省南水北调受水区供水配套工程陶岔-黄河南首级控制网测量项目”获河南省优秀工程勘察设计奖二等奖，“燕山水库大坝监测控制网改造测量项目”获三等奖；“淮河流域（河南境内）统一高程系统水准标石普查与埋设项目”获河南省水利工程优秀测量奖二等奖；“前坪水库可研阶段 1:2000 地形图测量项目”获河南省优质测绘工程（成果）奖三等奖。

河南省中纬测绘规划信息工程有限公司

【业务】

2013 年，河南省中纬测绘规划信息工程有限公司完成焦作新区 1:2000 数字地形图测绘项目，焦作市 2013 年道路带状地形图及地下管线测绘项目，焦作市北部山区 1:5000 地形图测绘项目，鹤壁新区 1:1000 地形图测绘项目 I 标段，焦作新区文丰路、东苑路和中纬路市政道路测绘等重点工程测绘项目。

完成鲁山县农村集体土地所有权确权登记发证及数据库建设项目约 187 平方千米，沁阳市农村集体土地所有权确权登记发证项目（第一标段）约 187 平方千米，漯河市市辖区农村集体土地所有权调查、确权登记发证及数据库建设项目（A 包）约 451 平方千米等农村集体土地所有权调查工程。

【其他】

河南省中纬测绘规划信息工程有限公司完成的“河南省电力公司电网空间数据采集”获 2013 年全国优秀测绘工程奖铜奖；“数字地形图精度检测自动统计评价系统”获 2013 年中国测绘学会测绘科技进步奖三等奖；“焦作市土地收购储备规划编制研究”获河南省国土资源科学技术奖一等奖，“沁阳市土地利用总体规划修编基础研究”获二等奖；“郑州至焦作城际铁路工程焦作段征地拆迁测绘及实物指标调查项目”获河南省优秀工程勘察设计奖三等奖；“2012 年焦作市 1:500 地形图测绘项目”获河南省优质测绘工程（成果）奖二等奖，“武陟县嘉应观旅游区测量工程”“焦作市锦华苑 6#楼沉降观测”获三等奖。

河南省中纬测绘规划信息工程有限公司获第三届全国测绘地理信息行业职业技能竞赛河南赛区选拔赛团体二等奖；被河南省测绘学会评为 2013 年度全省测绘学会工作先进集体。

河南中化地质测绘院有限公司

【业务】

2013 年，河南中化地质测绘院有限公司签订西藏农村宅基地确权发证项目补充协议 8 份，合同金额 936 万元。中标地籍测绘项目 10 项，合同金额 950 万元；工程测量项目 28 项，合同金额 333 万元；房产测绘项目 2 项，合同金额 196 万元。

完成西藏自治区农村宅基地确权登记项目 50 多平方千米，其中，谢通门县、类乌齐县、察雅县、拉孜县通过验收，左贡县、芒康县、洛隆县达到验收条件。完成河南省农村集体土地所有权登记项目 1000 多平方千米，息县、潢川县、西华县、通许县、博爱县、灵宝市 6 个施工标段及原阳县、辉县市、扶沟县、浚县 4 个监理标段全部通过验收。

【其他】

河南中化地质测绘院有限公司获河南省第三届

测绘地理信息行业职业技能竞赛地籍测绘和地图制图团体第三名。完成的“福建省莆田市文献路一期人防工程基坑变形监测”项目获2013年河南省优质测绘工程（成果）奖二等奖。在核心期刊发表论文6篇。

郑州中核岩土工程有限公司

【业务】

2013年，郑州中核岩土工程有限公司测绘服务总值1182.33万元。完成台山、田湾、山东石岛湾、福清和三门等核电站工程测量工作；中国长城铝业公司、黄河海勃湾水利枢纽工程、郑州市检察院技术通讯大楼等工程项目变形测量工作；中广核工程有限公司西藏桑日并网光伏电站1:500地形图测量，金帆能源甘肃阿克塞太阳能热发电站1:500、1:1000地形图测量。

【其他】

郑州中核岩土工程有限公司地形测量小组获河南省第三届测绘地理信息行业职业技能竞赛地籍测绘团体三等奖；完成的“QC方法在乌兰1:500地形测量中的应用”获2013年度河南省勘察设计行业优秀QC小组一等奖。

广东省

概况

2013年，广东省测绘地理信息行业发展继续保持增长势头，截至年底，广东省拥有测绘资质单位610家，其中甲级43家、乙级132家、丙级184家、丁级251家，比2012年增加19家；测绘质量检验机构1家；测绘从业人员16725人，较2012年增加1170人；完成测绘服务总值37.91亿元，其中非私营企业和合资合作企业25.33亿元、私营企业12.58亿元，较2012年增加22.93亿元。

全省测绘行业单位积极为国家、地方重点工程建设提供测绘地理信息服务保障，参与广东省地理信息公共服务平台建设、数字城市地理空间框架建设、地理国情普查、广东省测量标志普查、“一村一镇一地图”建设、“天地图·广东”建设、1:1万基础地理信息数据库整合升级、1:1万浅海滩涂地形测量、1:500数字地形测量、广东省国土资源在线执法巡查系统开发、广东省公安厅PGIS平台、广东省第一次全国水利普查数据库与管理系统建设、高标准基本农田测量以及交通能源等重点项目建设。

深圳市凯立德科技股份有限公司

【业务】

2013年，深圳市凯立德科技股份有限公司研发移动导航系统C-Car/C-PND版V3.0/V4.0、流动固定测速一体电子狗R510、导航管家V1.0、手机导航V4.8、手机导航（家园版）V4.5 /V4.6/V5.0/V5.1、导航伴侣V1.1/V2.0、移动导航系统iPhone/iPad V9.2/V9.3/V9.5/V9.7/V9.8。推出女性专用版导航仪K316、真3D导航仪K530、7寸导航仪K370、北斗/GPS双卫星系统导航仪K320-BDT等多款便携式导航仪产品。发布实时路况信息支援雅安地震救援行动。

年内，该公司参加2013年第九届广州国际汽车改装服务业展览会、2013年地理信息开发者大会、2013年第二届中国卫星导航与位置服务年会、2013年第八届中国（深圳）国际物流与交通运输博览会等展会。根据赛迪顾问调查报告，该公司自2006年~2013年在国内后装车载和便携式导航市场连续7年市场占有率排名第一。

【其他】

深圳市凯立德科技股份有限公司获“2013年中国卫星导航与位置服务行业50强企业”“2013年中国物流与交通运输博览会创新企业”“2013年中国互联网电子商务地图导航行业龙头企业”“2012年度深圳市重点软件企业”等称号。完成的“关于泛在地理信息的移动通信站点资源管理技术研究及应用”获2013年中国地理信息科技进步奖二等奖。

广州市城市规划勘测设计研究院

【业务】

2013年，广州市城市规划勘测设计研究院承担广州市城市等级导线控制网维护、广州坐标系与2000国家大地坐标系转换研究、广州市城市勘测信息系统维护、广州市地面LiDAR规划信息数据获取与处理、广州市地下管线管网管理智能化工程建设和广州市城市规划地下空间设施普查及测绘。参与住房和城乡建设部《城市地下管线探测技术规程》和国家测绘地理信息局《城市政务电子地图技术规范》《地面三维激光扫描技术规范》《管线信息系统建设技术规范》《管线测量成果质量检验技术规程》的修编。邀请院士参加60周年院庆学术论坛暨科技质量学术月活动，举办测量专业新技术讲座20多场。

【其他】

广州市城市规划勘测设计研究院承担的“多尺度城市空间数据库快速构建及在广州的应用实践”获2013年中国测绘学会测绘科技进步奖二等奖，“多轨InSAR时间序列分析方法及其在珠三角地面沉降监测中的应用”“基于多源数据三维可视化规划管理测量技术体系研究”获三等奖。“广州市二等水准网建设项目”“萝岗区基本地形图更新项目(2010~2012年)”获2013年全国优秀测绘工程奖金奖，“广州市金沙洲居住新城道路交通网络规划管理测量”获银奖，“广州白云国际机场场外航煤输送管道工程项目测量”等3个项目获铜奖。“广州市城市规划基础地理信息服务体系研究及应用”获2013年中国地理信息科技进步奖二等奖。“广州市林业和园林三维实景展示项目”获2013年中国地理信息产业优秀工程奖铜奖。“高密度电阻率法在城市地下目的物探测中的应用”获2013年国土资源（广东）科学技术奖二等奖。“LiDAR测绘生产体系研制及在从化1:5000地形图测制中的应用”获2013年广东省优秀工程勘察设计奖一等奖，“广州旧白云机场管线探测工程”等4个项目获二等奖，“广州市金沙洲居住新城市政道路配套工程测量”等3个项目获三等奖。“广州市金沙洲居住新城道路交通网络规划管理测量”“广州新白云国际机场航站楼及附属建筑规划验收测量”分获2013年广东省优秀测绘地理信息工程奖二等奖。“广州市轨道交通2015年建设线路二等水准控制网测量工程（扩网）”和“广州市2012年城市基本地形图更新（鹤岗测区）”分获2013年广东省优秀城乡规划设计奖（城市勘测类）一、三等奖。

广东省国土资源测绘院

【业务】

2013年，广东省国土资源测绘院承担广东省地理国情普查实施方案和试点实施方案编制，完成佛山市三水、高明2区国家试点，承办全省地理国情普查技术培训班。承担数字县（区）地理空间框架建设，获取32个数字县（区）试点优于0.2米高分辨率航空影像数据，完成1:2000数字正射影像图制作，开展13个数字县（区）建设。承担广东省测量标志普查和测量标志管理信息系统建设、广东省国土资源在线执法巡查系统开发。开展北斗CORS站升级改造试验，完成全省北斗地基增强卫星定位服务系统建设方案和北斗CORS站更新升级方案编制，建成省内首个地市级北斗CORS试验网。引进新型无人机低空遥感系统、无人机数据快速处理软件，开展机载LiDAR技术和地面激光测量系统生产应用。8月，汕头市遭受特大暴雨袭击，该院启动抗洪救灾应急测绘保障响应，采用无人机航空摄影快速获取受灾地区高分辨率影像数据，为抗洪救灾提供支持。

【其他】

广东省国土资源测绘院承担的“广东省2000国家大地坐标框架的建立及实时服务”“全球导航卫星系统连续运行基准站网运行维护关键技术研究”获2013年中国测绘学会测绘科技进步奖二等奖。“惠州市博罗县第二次土地调查”“2009年全国‘一张图’工程建设（广东片）”分获2013年全国优秀测绘工程奖银、铜奖。“广东省土地利用动态监测系统”获2013年国土资源（广东）科学技术奖一等奖。“数字河源地理空间框架建设”“珠海市斗门区农村集体土地所有权确权登记发证”均获2013年广东省优秀测绘地理信息工程奖一等奖，“梅县农村集体土地登记发证”“2011~2013年度深圳市地形图”等7个项目获二等奖。

该院在第三届全国测绘地理信息行业职业技能竞赛地籍测绘竞赛中获团体第一名，1人获个人第二名和“全国技术能手”“青年岗位能手”“全国测绘地理信息技术能手”称号，1人获个人第八名和“全国测绘地理信息技术能手”称号。获“中国四维杯”第九届全国测绘地理信息系统职工定向越野赛优秀组织奖和青年团体第六名。1 人获“全国测绘地理信息行业优秀技能人才”称号，1 人获“全国测绘地理信息行业职业技能鉴定先进工作者”称号。

深圳市勘察测绘院有限公司

【业务】

2013 年，深圳市勘察测绘院有限公司承担深圳市城市轨道交通 9 号线第三方监测、深圳港盐田东港区一期集装箱码头#5 塘陆域形成及地基处理工程监测、重庆轨道交通 3 号线北延线段工程第三方监测（第二次）、深圳市龙华新区现代有轨电车实验线工程 1:500 地形测量及地下管线探测、2012 年度数字深圳空间基础信息平台二维数据库信息更新（外业部分）、深圳市盐田区 2013 年排水小区管网改造工程勘察管线探测及控制点测量、宝安西乡河东项目分户及面积测绘等项目，总产值近 5000 万元。

【其他】

深圳市勘察测绘院有限公司承担的“深勘变形监测信息管理系统”项目获 2013 年中国地理信息科技进步奖三等奖，“深圳市轨道交通二期 3 号线西延段工程控制测量”“恩平市农村集体土地确权及登记发证服务”获 2013 年全国优秀测绘工程奖铜奖，“2010 年度土地利用变更和新增建设用地调查工程外业调查（宝安～光明标段）”获 2013 年中国地理信息产业优秀工程奖铜奖，“房屋拆迁管理信息系统”获 2013 年广东省勘察设计计算机软件三等奖，“北京大学深圳医院外科住院楼基坑支护工程第三方监测”“昆明轨道交通 6 号线一期工程复测及施工测量检测”分获 2013 年广东省优秀工程勘察设计奖一、三等奖。

广东省核工业地质局测绘院

【业务】

2013 年，广东省核工业地质局测绘院完成汕头潮阳市 D 级 GPS 控制网建设、揭阳至惠来高速公路勘测定界。开展佛山市顺德区、三水区，广州市南沙区、萝岗区、花都区，东莞市、连平县等县（区）竣工验收、规划定线、管线测量、变形和形变测量及始兴县、新丰县、阳山县、连山县、郁南县、廉江市等高标准基本农田规划建设。承担广州市花都区中轴线建设房屋拆迁摸查、详查、房产测绘，东莞市常平镇、广州市萝岗区华侨社三旧改造测量，广州市中心城区地形地籍成果更新调查，连山县、阳山县、仁化县、肇庆市鼎湖区等农村集体土地发证数据库建设及年度土地变更调查、数据库更新，罗定市、郁南县城乡用地增减挂钩项目测量，茂名市茂港区勤海码头港池航道测量，磨碟头水闸水下地形测量。完成韶关市武江区、浈江区和乳源县高标准基本农田项目专题图制作。

【其他】

广东省核工业地质局测绘院承担的“东莞地下管道线普查第二期工程项目”获 2013 年全国优秀测绘工程奖金奖。该院在第三届全国测绘地理信息行业职业技能竞赛广东省选拔赛中获第三名。

广东省惠州七五六地质测绘工程公司

2013 年，广东省惠州七五六地质测绘工程公司完成惠东县 1:500 数字地形测量 85.2 平方千米、四等以上 GPS 控制点测量 152 点、四等以上水准路线施测 288.3 千米以及佛山（云浮）产业转移工业园（南园）思劳片区测量项目。开展原控制点和原地形图对于现 GPS 控制点的点位中误差问题相关课题研究，实现原数据在新坐标系中平面坐标的无缝对接和转换。完成惠州市惠城区农村宅基地调查监理和梅州市五华县土地整理项目。承担惠州市、河源市和汕尾市地质灾害应急抢险测绘工作，出动测绘作业人员 126 人次，施测受灾点区域面积 1300 多平方千米，绘制各类灾区地形图 55 幅。承担怀集县黄泥坑特大型金矿详查 1:2000 矿山测量、广东省观赏石资源调查与评价 1:5 万地形图编制、惠东县白马山锡铜多金属矿预查测量等项目。完成各类竣工测量项目 23 项、沉降及变形监测项目 17 项。

广东省电力设计研究院

【业务】

2013 年，广东省电力设计研究院承担华润电力贵州煤电一体化毕节项目一期（2×660MW）新建工程（大方电厂）测量，华润电力贵州煤电一体化毕节项目一期（4×660MW）新建工程（黔西电厂）测量，江西大唐抚州发电厂 2×1000MW 新建工程测量等。完成1000kV雅安至武汉特高压输电线路工程测量、500kV海南联网工程海底电缆综合检测项目。开展500kV海南联网工程海底电网综合检测项目数字化移交项目、广东电网公司三维GIS平台系统设计项目、500kV东坡输变电工程数字化施工管理中心建设项目、基于移动终端的线路施工动态管理技术应用研究、广州局营配信息集成技术咨询等项目。参与中国电力行业规划设计协会组织的测量专业中国电力设计标准与国际标准和国外先进标准比较研究、第四批电力行业中译英标准的审查工作。

【其他】

广东省电力设计研究院承担的“有编码RTK-GPS全站仪一体化地形测量方法及系统”“一种三维模型绘制方法以及装置”“一种三维优化选线系统及其立体场景创建漫游方法及装置”获国家知识产权局颁发的发明专利。“GEDI电网三维协同设计及信息化管理平台”获中国电力行业规划设计协会2013年电力行业工程优秀计算机软件奖一等奖，“GEDI电网基础地理信息系统”获2013年广东省优秀测绘地理信息工程奖一等奖。

广东省测绘技术公司

【业务】

2013年，广东省测绘技术公司承担广东省潮州至惠州高速公路项目DJ1合同段和汕湛高速公路揭西大溪至博罗石坝段（第1标、第4标）征地项目，完成广州市萝岗区、佛冈县以及和平县农村集体土地所有权确权登记发证工作，承担广州萝岗区2013年度商品房、工业厂房、自建房的房产面积测绘和辖区内工程测量、地形测量、地籍测绘及地形地籍成果更新、集体土地使用权地籍调查。

【其他】

广东省测绘技术公司承担的“萝岗区第二次土地调查城镇村庄地籍调查项目合同标段二（东区调查区）”获2013年全国优秀测绘工程奖铜奖，“和平县农村集体土地所有权确权登记发证项目”获2013年广东省优秀测绘地理信息工程奖三等奖。

中水珠江规划勘测设计有限公司

【业务】

2013年，中水珠江规划勘测设计有限公司承担珠江流域重点区域（珠江干流中下游及珠江河口）统一高程系统项目，完成流域重点区域内水准点选埋和水准网联测，将流域内重要的水利枢纽、水文（位）站高程统一到1985国家高程基准，布设高等级水准点1644座，测量二、三等水准线路5149千米，建立高程信息管理系统；承担珠江流域重要河道（西江干流）地形测量项目，完成南盘江源头至云南开远小龙潭水文站河段、红水河广西迁江水文站至石龙三江口河段以及黔江、浔江、梧州-思贤滘河段1:2000横断面测量904条749.18千米，完成思贤滘以下河段1:5000河道地形测量325.3平方千米；开展水利部重点项目云南文山德厚水库工程土地勘测定界、分解到户测量和海南红岭水利枢纽库区土地分解以及云贵地区10多个小型水库测量；参与《水利水电工程施工测量规范》（SL 52-2013）修订工作。

【其他】

中水珠江规划勘测设计有限公司承担的“珠江流域重要河道（珠江河口）地形测量”获2013年全国优秀测绘工程奖铜奖；“委内瑞拉埃罗莎-曼特卡尔农业综合发展项目工程测量”获2013年度广东省优秀测绘地理信息工程奖一等奖；“珠江流域重点区域（珠江干流中下游及珠江河口）统一高程系统”获2013年广东省优秀工程勘察设计奖一等奖，“江西永泰航电枢纽测量工程”获三等奖。

深圳市长勘勘察设计有限公司

【业务】

2013年，深圳市长勘勘察设计有限公司完成东深供水沿线水工建筑物变形监测、新明医院地形测量及放点、深圳市水务集团排水管网数据测量项目、龙岗区同乐万泉片区旧村更新单元项目现状测绘、深圳市罗湖区莲塘街道坳下村道路面积测量、深圳中科纳能研发中心施工控制点测量、新洲码头违法建筑面积测绘、长富金茂大厦基坑支护监测、深圳市地铁2号线竣工测量、东莞虎门沿江大道延长线1:500地形图测量及地下管线探测、惠州花样年花郡花园（一期）11～18栋主体沉降观测等项目，共签订测绘项目合同额4600多万元。

【其他】

深圳市长勘勘察设计有限公司承担的“2011～2013年度全市地形图、地下管线修补测（龙岗标段）及2011～2013年度全市地形图、地下管线修补测工作量普查及监理”获2013年全国优秀测绘工程奖银奖，“深圳市人才园项目基坑支护及相邻地铁隧道第三方监测”获铜奖。“深基坑变形监测的有效控制”获2013年中国有色金属工业工程勘察系统优秀质量管理奖二等奖。“深圳市龙岗信息管道资源普查”获2013年广东省优秀工程勘察设计奖二等奖。

广东省国土资源技术中心（广东省基础地理信息中心）

【业务】

2013年，广东省国土资源技术中心（广东省基础地理信息中心）承担广东省地理信息公共服务平台建设，完成政务版平台、公众版平台与移动端的系统开发，政务版和公众版数据资源建设，基础软硬件设施建设，基于云平台的“天地图·广东”地理信息服务搭建部署，省市互联互通以及数据标准规范、应用示范系统、运维管理制度建设等。承担“天地图·广东”建设，完成数据资源、网站、服务系统的更新升级，建立平台运行维护制度。开展移动地图服务平台软件开发研制，整合各种地理信息资源，构建数据种类多样、使用方便的移动平台。承担数字县（区）地理空间框架建设技术支持，完成21个数字县（区）试点工程设计书评审。承担1:1万基础地理信息数据库整合升级，完成全省1:1万DLG数据整合升级一期（3585幅）和1:1万DEM、DOM整合。

与广东中科遥感技术有限公司联合开展国家发展和改革委员会卫星及应用产业发展专项“珠江三角洲及天津滨海新区高分辨率卫星遥感技术应用项目研究”。与国家测绘地理信息局卫星测绘应用中心合作开展高分辨率遥感卫星在广东省现代测绘和地理信息服务中的综合应用示范课题项目研究，利用资源三号卫星数据资源，开展基础地理信息快速更新、公众影像服务产品制作、应急测绘保障3种应用示范。

【其他】

广东省国土资源技术中心（广东省基础地理信息中心）承担的“移动地图服务平台软件”获计算机软件著作权登记证书。“服务型地理信息公共平台集成化技术体系研究与清远应用”获2013年中国测绘学会测绘科技进步奖二等奖，“数字茂名地理空间框架建设项目”获2013年全国优秀测绘工程奖铜奖，“广东省国土资源‘一张图’信息体系建设与典型应用”获2013年中国地理信息科技进步奖二等奖，“数字阳江地理空间框架建设项目”获2013年中国地理信息产业优秀工程奖金奖，“广东省土地利用信息动态监测系统”“广东省国土资源信息服务体系建设与应用”分获中国信息化（国土资源领域）成果奖二、三等奖。

深圳市中正测绘科技有限公司

【业务】

2013年，深圳市中正测绘科技有限公司承担深圳市地铁2号线、4号线、5号线竣工测量质量监理，完成4号线质量监理、2号线和5号线首级控制测量质量监理。承担深圳市宝安国际机场T3航站楼现状测绘，以及深圳市龙华新区观澜街道观澜（伟禄）保障性住房、海航国兴花园、金马信息物流园、颐安都会中央花园等房产测绘项目。承担深圳市龙华新区观澜街道观城社区和深圳市南山区白石洲沙河五村旧村改造工程拆迁测绘项目。承担深圳市宝安区统建楼地籍调绘和规划核查项目，完成深圳市宝安区所辖6个街道的统建楼调绘、数据采集和登记。

【其他】

深圳市中正测绘科技有限公司承担的“深圳市宝安区松岗商业中心城市更新单元项目测绘工程”获2013年全国优秀测绘工程奖铜奖。

珠海市测绘院

【业务】

2013年，珠海市测绘院主要承担珠海市土地管理和城市规划实施及监督测绘工作，至年底，完成土地预审测绘90项、土地勘测定界测绘和拨地测量287项、地籍测量648项、建设工程规划定位测量297项、建设工程规划验线测量327项、建设工程竣工规划验收测量338项、房产测绘1227项、其他工程测量1185项。承担的主要项目包括珠海市“三溪”人居环境改善重点工程房屋面积测量，珠海市农村民居宅基地测绘，港珠澳大桥连接线征地拆迁测量，珠海横琴新区长隆5.93平方千米1:500地形图测绘，斗门城区黄洋河一河两岸改造工程地形测量，心海洲小区回迁房30万平方米、时代山湖海楼盘11万平方米、南湾国际公馆10万平方米等竣工测量，中信环保工业园1.3平方千米勘测定界等。

【其他】

珠海市测绘院承担的“珠海市‘三旧’改造地块标图建库”“港中旅（珠海）海泉湾度假区（一期工程）竣工规划验收测量”获2013年全国优秀测绘工程奖铜奖；“吉林大学珠海学院房产测绘与竣工规划验收测量”“唐家后环填土工程表面现状1:500数字地形图测绘”获2013年广东省优秀测绘地理信息工程奖二等奖，“时代山湖海花园二、三期房产面积测量与竣工规划验收测量”获三等奖。

广州市房地产测绘院（广州市测绘质量检验中心）

【业务】

2013年，广州市房地产测绘院（广州市测绘质量检验中心）受理各类测绘案件1.64万件。其中，房产类测绘13043件、土地类测绘3357件。完成广州市地形地籍修补测绘约70平方千米，建设用地红线入库及外业调绘3622宗，测绘档案整理及数字化转换3867宗。制定“连片生态用地”的相关认定标准并完成初步摸查工作，累计提供数据图斑11050宗。完成季度新增建设用地和土地抵押登记统计、土地地类分类面积统计等工作。完成全市1604个测量标志普查工作及国家现代测绘基准工程62个控制点的巡查工作。承担近500家（次）甲级以下测绘资质单位的审核，全市土地管理、测绘工程技术中级专业技术资格评审工作，房地产测绘市场专项检查以及市测绘协会管理等工作。建设并管理广州市连续运行卫星定位服务系统，在全市70多个政府部门、各行业单位得到广泛应用。

受国家测绘地理信息局委托，参与《测绘资质分级标准》修订工作。开展国家科技支撑计划“村镇建设用地再开发调查评价关键技术研究与示范”课题研究。编制的《广州市房屋面积测算规范》列入地方技术规范计划；完成的“基于北斗兼容型三星CORS的位置定位服务平台建设与应用”列入广州市2014年科技惠民和智慧城市专项课题。与武汉大学等5所高校进行产学研合作，申报成立广州市测绘地理信息行业工程中心。

【其他】

广州市房地产测绘院承担的“广州市二等水准网建设项目”获2013年全国优秀测绘工程奖金奖。

广州市四维城科信息工程有限公司

2013年，广州市四维城科信息工程有限公司承担番禺区土地房产测绘成果质量审核服务，负责广州市番禺区范围内测绘项目监理、成果质量技术审核、验收及测绘成果数据入库工作，完成地籍调查、地籍测绘、宗地图编制、商品房预售面积测算、公私及商品房房产测量等工作。完成广州市城镇地形地籍成果更新项目中心城区地形地籍修补测及地籍总调查子项目，涵盖地形地籍、权属调查、SHP数据入库、地名地址数据上图、辖区道路门牌上图，修补测面积48.31平方千米，通过专家验收。承担惠东县平海镇、港口镇1:500数字化地形测量，面积13平方千米，通过广东省测绘产品质量监督检验中心验收。承担汕头LPG气库码头泊位水深测量服务（按季度一年四次），完成甲方所属LPG气库内1#、2#、3#泊位港池及调头区的水深测量任务。

组织人员参加国家测绘地理信息局举办的测绘成果核心涉密人员岗位培训和东莞市房产管理局举办的房产测绘业务培训。12月，完成ISO质量管理体系年审工作并通过审核。

广东省水利电力勘测设计研究院

【业务】

2013年，广东省水利电力勘测设计研究院承担茂名市海堤和电白县海堤达标加固工程、西气东输二线工程广州-南宁支干线北江盾构穿越北江大堤安全监测、珠海市横琴新区综合开发项目。完成茂名市高州水库灌区二期和高州市龙湾、博罗县显岗水库灌区续建配套与节水改造以及雷州市青年运河灌区续建配套与节水改造工程改线测量。实施南澳岛供水、兴宁市罗浮河引水、广州城市副中心（增城）增塘水库和西福河补水等工程。承担北江、梅江、汀江重点河段以及高州市鉴江干流、五华县潭下河和周江河等河流治理工程。

【其他】

广东省水利电力勘测设计研究院承担的“湛江市鉴江供水枢纽工程测量”获2013年全国优秀测绘工程奖银奖；“湛江市鉴江供水枢纽工程测量”获2013年广东省优秀测绘地理信息工程奖一等奖，“2009年度北江大堤管理测量”获二等奖。

广东省地图院

【业务】

2013 年，广东省地图院承担 1:5 万 DLG 数据核心要素和重大基础设施、主要地名等要素更新，完成 491 幅 1:5 万 DLG 数据核心要素、广东省及邻区 35 幅 1:25 万、珠三角 1:30 万地图数据更新以及广东省 1:50 万、1:70 万、1:100 万、1:130 万、1:180 万和 1:250 万系列地图数据整理。开展“天地图”一期建设 10 个市电子地图生产及实体数据处理，完成云浮市、湛江市 1:500、1:2000 与 1:1 万 DLG 数据融合处理试点，更新全省地名地址数据库，收集地名地址数据信息约 278 万条。承担“一村一镇一地图”项目技术设计和样图制作。完成系列领导工作用图编制 62 幅，提供省直有关部门地图服务 38 项。更新广州市政务地图库 1:1 万 DLG 数据 355 幅、1:5 万图 64 幅；为惠州、茂名等市编制电子地图及基于移动版的领导公务用图；为交通、文化等部门编制卫星影像图、高速公路图、交通图、历史古迹图、综合规划图、水上城管地图、地方志插图等 15 项 40 幅，地图集 2 册共 19 印张。

【其他】

广东省地图院承担的“广东省土地利用信息动态监测系统”获国土资源（广东）科学技术奖一等奖，“广东省行政界线数据库”获广东省优秀测绘地理信息工程奖二等奖，《广东省交通旅游图》《新编广州市 10 区 2 市交通游览图》被广东省书报刊发行业协会评为 2013 年度“粤版优秀畅销书”。

广州海事测绘中心

【业务】

2013 年，广州海事测绘中心完成海域测量 8757.23 换算平方千米，覆盖我国南海 20 多个主要港口。完成琼州海峡船舶定线制水域扫海测量 1652.4 换算平方千米，全面掌握该水域的水深信息和碍航物分布状况。承担《西沙永兴岛渔业补给基地港池、航道扫海测量》等 40 多项测绘服务项目，涵盖广东、广西和海南沿海海域。完成《钓鱼岛及周边海域示意图》《马六甲海域示意图》等 19 项专题图的编制任务。

全年共启动应急测绘反应预案 13 次，应急扫测面积约 250 平方千米，及时确定沉船沉物位置，准确标示航行障碍，保障了过往船舶的航行安全。联合香港海事局海道测量部开展珠江口龙鼓水道附近船舶搁浅事故水域的水深联测、深港分界附近水域碍航物查证，完善香港与珠江口附近水域的海图数据，开展粤港邻接水域的资料交换及代销香港海图等工作。开发港珠澳大桥通航环境数据服务系统和珠江口主航道海图实时与预报水深在线服务系统，并通过专家验收。

该中心派员参加国际海道测量组织（IHO）海道测量服务和标准委员会第五次会议、东亚海道测量委员会（ECAH）海洋空间数据库架构研讨会及中国测绘地理信息学会学术年会、第二十五届海洋测绘综合性学术研讨会、中国航海学会航标专业委员会测绘学组学术交流会等多项活动。

【其他】

广州海事测绘中心承担的“琼州海峡跨行通道勘察测量项目”获 2013 年全国优秀测绘工程奖银奖，“汕尾‘雅典娜’沉船应急扫海测量”获中国水运建设行业协会 2013 年度水运交通优秀勘察奖三等奖，“珠江口主航道海图实时与预报水深在线服务系统”获 2013 年度中国航海学会科学技术奖二等奖。

广东省地质测绘院

【业务】

2013 年，广东省地质测绘院承担广东省农村集体土地确权发证项目数据建库工作，完成广州花都区、白云区，佛山高明区，肇庆端州区等市、县（区）31991 平方千米的农村集体土地确权登记发证工作。实施岁定市、普宁市、惠来县、东莞市等地 1:500 地形图测绘约 90 平方千米。承担广清城际轨道勘测定界测量、南雄市高标准基本农田建设项目测量、南雄市风电项目测量、南海区燃气管道测量、珠海电厂航道疏浚测量、华润水泥（汕头）有限公司码头港池水域水深测量和广州市、合肥市等地区房产测绘项目。完成佛山市高明区“三旧”改造地块标图建库，信宜市 2013 年度高标准基本农田建设项目勘测设计和预算编制，阳春市高标准基本农田测量和土地规划以及大埔县、揭阳空港经济区土地整治规划编制（2011～2015 年）。承担广东省南岭和武夷成矿带 1:2.5 万地质地理底图 76 幅图的编绘以及珠江三角洲与周边地区地面沉降地质灾害监测。

【其他】

广东省地质测绘院承担的“INSAR 高精度地表形变测量的理论方法研究与应用”获2013年中国测绘学会测绘科技进步奖一等奖；“信宜市农村集体土地所有权确权登记发证”获2013年广东省优秀测绘地理信息工程奖一等奖，“怀集县农村集体土地所有权确权登记发证”“广东省南岭成矿带武夷成矿带1:2.5万地理底图编制（2012年度）”获二等奖，“阳江市江城区农村集体土地所有权确权登记发证”“铜陵市集体土地范围内宅基地房屋测绘”获三等奖。该院被广东省企业联合会、广东省企业家协会联合授予“2012年度广东省最佳诚信企业”“2012年度广东省诚信示范企业”称号，连续10年（2003年~2012年）被广州市工商行政管理局授予“广东省守合同重信用企业”称号。

深圳市规划国土房产信息中心（深圳市空间地理信息中心）

【业务】

2013年，深圳市规划国土房产信息中心（深圳市空间地理信息中心）承担数字深圳空间基础信息平台、深圳市规划土地数字监察平台（“天地网”）升级和推广应用，完成三维 Skyline 平台升级，对全市50多万栋建筑三维模型数据进行优化，新建1.5万栋建筑三维模型数据，更新2.8万千米市政地下管线三维模型；完成数字监察平台（“天地网”）软件以及“天地网”JDK、WEBLOGIC 等架构升级，对案件处理、综合判定、规划土地监察图形、上传行政执法电子监察和指挥大厅等系统进行改造，新建收发文管理、催办管理、纠正率考核和简易案件办理等新系统。完成历史遗留违法建筑处理“一张图”、卫片执法“一张图”、重点巡查路线图、移动巡查轨迹图、违法用地违法建筑案件图斑（除卫片执法图斑）五类图层的数据关联性、一致性梳理和数据整合。承担“天地图·深圳”节点数据省级汇交，完成深圳节点电子地图、影像地图符号化、瓦片服务制作和全市64万个地理实体数据、61万条地名地址数据整合建库。编制13大类共95小类的民生专题地图，形成规划国土公共地图信息权威发布平台。参与国家测绘科技项目“基于物联网技术的城市地理空间数据动态更新技术及应用示范”研究并通过国家测绘地理信息局组织的验收。开展地下管线修补测入库新技术研究，编制《深圳市地下管线数据调研分析报告》，修订《深圳市地下管线探测数据标准》。承担面向网络和专题制图的自适应电子地图库建设研究，编制《平台基础地理信息分类分级与代码标准》，建立分类分级电子地图数据库。

【其他】

深圳市规划国土房产信息中心（深圳市空间地理信息中心）承担的“城市地理信息技术应用”项目在荷兰鹿特丹2013年世界地理空间信息论坛上获2012年度世界地理信息杰出（应用）奖。

广州奥格智能科技有限公司

【业务】

广州奥格智能科技有限公司承担广州市林业和园林局2013年信息化建设，以及广州市“三规合一”信息联动平台、武汉市排水信息综合平台、广州市天河区“三旧”改造管理信息系统、广州供销社农产品安全溯源管理系统、合肥市蜀山区市政设施信息管理系统建设。承担数字阳江地理空间框架1:2000正射影像图及数据库建设、佛山市顺德区地形图数据整理、南海区城乡规划测绘服务及监理、增城市地下管线普查及数据更新维护、顺德区乐从镇污水收集系统地下管线物探测量工程、广州市南沙区水利用地界线调查等。承担江西资溪县鹤城镇农村集体土地确权登记、清远市佛冈县土地登记资料入库。全年，该公司总产值近1亿元。

【其他】

广州奥格智能科技有限公司承担的“广州排水设施管理信息系统项目”获2013年中国地理信息产业优秀工程奖银奖；“奥格多规融合信息管理软件”“奥格规划编制管理软件”获软件著作权证书；超声液位仪获实用新型专利；“基于物联网的城市排水管网监测与模拟预警系统”入选2014年广州市科技计划项目。该公司成为华南智慧城首批战略合作伙伴之一，并成立广东省智慧水务（奥格）工程技术研究中心。

广东南方数码科技有限公司

【业务】

2013年，广东南方数码科技有限公司承担数字淄博地理空间框架建设并通过国家验收；承担数字韶山地理空间框架建设，开发毛泽东足迹功能；承担数字玉溪地理空间框架建设并通过国家验收，玉溪市被国家测绘地理信息局命名为全国数字城市建设示范市；承担中国土地勘测规划院组织实施的国家级遥感监测任务，范围涵盖新疆、辽宁、吉林、山西、云南、河北、湖南等地400多个区（县），面积100多万平方千米。完成高州市集体土地所有权登记发证、广东省第一次全国水利普查数据库与管理系统建设。

【其他】

广东南方数码科技有限公司承担的“长沙市地理空间框架建设”“淄博市国土资源一张图综合管理与应用平台”获2013年中国地理信息产业优秀工程奖金奖，“数字长沙地理空间框架地名地址数据库整合”获铜奖。“一体化空间信息集成交互平台的关键技术与应用”获2013年中国地理信息科技进步奖二等奖。“淄博市博山区国土资源信息管理研究”“青岛市第二次土地调查成果（农村部分）全市成果整理及数据整合工作”分获2013年山东省国土资源科学技术奖一、二等奖。“湖南金水塘矿业有限责任公司横冲尾矿库在线监测系统”获2013年湖南省测绘科技进步奖二等奖。设计作品“第一次全国地理国情普查标识”和“动态监测地理国情科学辅助管理决策”分别被评为国家测绘地理信息局第一次全国地理国情普查标志设计大赛一等奖和优秀标语口号。

该公司被授予“广州市第一批科技小巨人企业”“第四批广州市市级企业技术中心”“广东省2013年国家火炬计划重点高新技术企业”“广东省地理信息系统工程技术研究中心”等称号，连续两年获评“最佳雇主”企业、“广东省诚信示范企业”等称号。

广东省测绘工程公司

【业务】

2013年，广东省测绘工程公司承担穗莞深城际轨道交通、莞惠城际轨道交通项目勘测定界测绘，完成广州、东莞和惠州市约170千米路线的勘测定界技术报告、红线界桩点测埋和地上附属物详查清点工作。承担梅州抽水蓄能电站、兴汕高速公路（兴宁至五华段）、虎门二桥项目的勘测定界测绘。完成肇庆市、梅县约1000个大地控制点普查，丰顺县、吴川县、梅县1:2000数字正射影像生产等工作。开展东莞市常平镇地籍调查试点、广州市集体土地使用权历史档案数据整理和广州市南沙区、番禺区房产测量、勘测定界报告制作、青苗清点等工作。完成乐昌市、兴宁市、梅县、丰顺县、阳山县等多个市、县农村集体土地所有权确权登记发证，面积约7000平方千米。承担佛山市顺德区、廉江市三维模型制作、可量测实景影像（DMI）和360度虚拟全景制作，数字梅县地理空间框架建设，数字东莞地理空间框架三维城市建设质量监理。

【其他】

广东省测绘工程公司承担的“梅县农村集体土地所有权登记发证调查项目（东片区）”获2013年全国优秀测绘工程奖铜奖，“广州市天然气利用工程二期（珠海LNG项目）工程用地测量详查”获2013年广东省优秀测绘地理信息工程奖二等奖。

广东精一规划信息科技有限公司

【业务】

2013年，广东精一规划信息科技有限公司承担广东省公安厅PGIS平台建设，完成广东省公安厅PGIS平台开发并通过公安部专家验收，实现PGIS平台17级~20级矢量地图服务、地名地址服务、信息综合查询服务省市对接，在广东省公安厅得到广泛应用。承担韶关市、肇庆市、云浮市PGIS平台建设。承担东莞市警用地理信息及房屋建筑地址采集项目，完成东莞市11个公安分局辖区650平方千米警用信息采集。承担梅州市警用地理信息与房屋建筑地址采集任务，建立覆盖梅州市全境2万平方千米的警用空间地理信息资源数据库。开发广东省空间标准地址库管理平台，启动惠州市空间标准地址管理平台建设。

年内，该公司参与《广东省公安机关PGIS数据结构规范》《广东省公安机关空间标准地址数据结构规范》等行业标准编写工作。协助承办广东省公安厅空间标准地址专题研究会。

【其他】

广东精一规划信息科技有限公司承担的“空间标准地址挖掘与应用平台应用”获2013年中国地理信息科技进步奖二等奖。

广西壮族自治区

概况

截至2013年底，广西壮族自治区共有测绘资质单位514家，其中甲级17家、乙级72家、丙级226家、丁级199家。测绘从业人员9587人，较2012年增加316人。其中，民营企业从业人员3692人，较2012年增加222人；专业技术人员2564人。

2013年，全区测绘地理信息行业完成服务总值11.95亿元，比2012年同期增加1.69亿元，同比增长16%。测绘服务总值完成量主要以国土资源、测绘、城乡建设与规划和水利电力为主。完成的重点项目（工程）包括广西第一次全国地理国情普查试点，“天地图·广西”14个设区市城区电子地图和影像地图更新，数字钦州、数字河池建设及在部分行业领域的应用，“天地图·北海”市级节点建设数据制作，广西沿海大陆海岸线实际变迁调查，广西乐业至百色高速公路1:2000地形图测绘，贵港覃塘区新农村建设1:2000航测，天峨至凤山公路（凤山段）1:2000地形图测绘等。

南宁市勘察测绘地理信息院

【业务】

南宁市勘察测绘地理信息院工程测量专业共承担工程项目2500多项。完成1:500、1:1000、1:2000大比例尺DLG制作共120平方千米，完成南宁市轨道交通2号线工程控制测量，开展小型无人机航空摄影的测绘生产应用试验工作，完成2013年版南宁市6城区地图、中心城区图的更新换版等工作。

【其他】

南宁市勘察测绘地理信息院完成的“城市综合地下管线信息管理系统及其应用”“基于多视点影像的地理信息快速采集方法研究与应用”分获2013年度南宁市科学技术进步奖二、三等奖；“南宁市数字城管系统地理信息数据更新普查”获2013年中国地理信息产业优秀工程奖铜奖；《弧形建筑物立面图的获取方法研究》获全国测绘科技信息网中南分网第二十七次学术信息交流优秀论文一等奖。

该院在第三届广西测绘地理信息行业职业技能竞赛获地图制图、地籍测绘2个项目团体三等奖及优秀组织奖。院长黄炳强获自治区人力资源和社会保障厅、自治区住房和城乡建设厅颁发的“全区住房建设系统工作成绩优异个人二等功”，1人被评为南宁市第八批专业技术拔尖人才，4人被评为南宁市第七批优秀青年专业技术人才。

广西壮族自治区国土测绘院

【业务】

2013年，广西壮族自治区国土测绘院完成测绘地理信息项目100多项。布设D、E级GPS控制点112个，测绘1:500、1:1000和1:2000数字化地形图185.7平方千米。完成贵港等7个地级市共51个县（市、区）废弃采矿用地外业调查。完成洛湛铁路、湘桂高铁、南广高铁广西区段工程用地全野外数字化地形地籍测绘。完成19个县（市）2012年土地利用变更调查数据建库工作。完成灵山县2013年规划区、巴马县城区重点区域和旅游重点景区等地形测绘项目。开展岑溪等10个县（市）农村宅基地和集体建设用地确权登记发证（二期工程），完成测图95.2平方千米、权属调查10万宗。完成广西耕地质量等级成果补充完善项目和广西农用地综合生产能力调查与评价项目并通过国土资源部验收。

【其他】

广西壮族自治区国土测绘院引进无人机测绘系统，取得无人飞行器测绘航空摄影资质并形成生产力。承担的“苍梧县城镇土地调查及数据库建设”“龙州县城镇土地调查及数据库建设”获2013年全国优秀测绘工程奖铜奖。“梧州市旺村水利枢纽工程淹没区界桩测设及库区1:2000地类地形图测量”项目获2013年广西优质测绘地理信息产品（工程）奖银奖，“柳州市2011年柳太路1:500数字化地形图测绘”“钦州市灵山县三隆镇大马村土地整治测绘”获铜奖。

广西壮族自治区遥感信息测绘院

【业务】

2013 年，广西壮族自治区遥感信息测绘院完成的重大测绘项目包括数字柳州地理空间框架 1:2000 DOM1157 幅，桂林至柳州高速公路鹿寨互通至新兴互通段改扩建工程、天峨至凤山公路、大塘至渠黎公路、乐业至百色高速公路 1:2000 带状航测数字化地形图制作，西林、苍梧、贵港、钦州、巴马等县市新农村规划建设 1:2000 基础地形图测绘，北海市城市震害预测与管理信息系统建设，地理国情普查项目钦南区试点，武鸣华侨农场土地开垦项目等。

【其他】

广西壮族自治区遥感信息测绘院承担的“东兴市总规修编 1:5000 航测地形图测绘”项目获广西优质测绘地理信息产品（工程）奖银奖。该院在“拓普康杯”第三届广西测绘地理信息行业职业技术竞赛地图制图项目中获团体第一名，1 人获个人第一名；在“九成杯”第三届全国测绘地理信息行业职业技能竞赛地图制图赛区获团体三等奖。

广西壮族自治区基础地理信息中心

【业务】

2013 年，广西壮族自治区基础地理信息中心完成的重大测绘工程项目包括“天地图·广西”省市级节点建设升级、电子地图更新、平台功能升级、长效机制建设、6 个应用示范推广、广西节点运行维护等；完成数字广西地理空间框架建设项目可行性研究报告的编制，2000 国家大地坐标系推广北海、柳州辖区 1:1 万“3D”产品基础数据坐标转换，柳州、北海 2 市“天地图”公众版数据坐标转换，广西 14 个地市 1:5000 三维数据更新与外扩，平安合浦 1:5000、1:1 万电子地图制作，数字河池 1:1 万数据处理等。

【其他】

广西壮族自治区基础地理信息中心完成的“广西地理信息公众服务平台技术研究”“基于 GIS 技术的林地生产力分析、评价方法研究”分获广西测绘地理信息科学技术奖一、二等奖。

广西壮族自治区交通规划勘察设计研究院

【业务】

2013 年，广西壮族自治区交通规划勘察设计研究院承接广西地区高速公路、城市道路、港口码头、航运枢纽等工程项目的测绘工作。完成的重大（大型）测绘工程项目包括广西乐业至百色高速公路工程，全长 56 千米；广西桂林至南宁高速公路改扩建鹿寨至新兴段工程，全长 55 千米；大塘至渠黎二级公路工程，全长 95 千米；蒙山县绕城公路工程，全长 13 千米；319 省道龙州至下冻公路工程，全长 12 千米；宁明县爱店隧道工程，全长 3 千米；广西北海铁山港航道二、三期工程，广西绣江复航一期工程等港口工程测量。

【其他】

广西壮族自治区交通规划勘察设计研究院承担的“平乐至钟山高速公路工程”“马江至梧州高速公路工程”分获 2013 年广西优秀工程勘察奖一等奖，“南宁市逸园小区岩土工程勘察”“筋竹至岑溪高速公路岩土工程勘察”“广西区地震局办公室住宅综合楼岩土工程勘察”获二等奖。

桂林市测绘研究院

【业务】

2013 年，桂林市测绘研究院共完成各种测绘任务 672 项，其中为城市规划建设提供数字化地形图服务 192 项，测制 1:500 数字化地形图 43.7 平方千米；建筑放线 241 项，施放桩点 5818 点；竣工测量 154 项，516 栋建筑；管线测量 79 项，管线总长 247.2 千米。完成凤凰林场 1:500 数字化地形图测绘 10 平方千米，兴安 1:500 地形图测绘 6 平方千米，玉林市城市地下管线普查 1200 千米等 6 项市场任务。

【其他】

8 月，桂林市测绘研究院进行轻型飞机低空数字航拍生产 1:500 数字化地形图试验，完成桂林市城北片区 40 平方千米的数码航摄正射影像图和 10 平方千米 1:500 数字线划图。完成的“桂林市临桂县城（含临桂新区）总规修编 1:500 数字化地形图测量及数据入库”项目获 2013 年广西优秀工程勘察奖三等奖。

钦州市测绘院

钦州市测绘院完成钦州市2013年度基础测绘1:500地形图测制18平方千米及中马钦州产业园二期1:500地形图测制15平方千米。完成钦州市区多个小区及城镇共5000多宗地籍测量及权属调查工作，钦北区农村宅基地一期工程项目和钦南区农村宅基地二期工程（测量）工作。承担数字钦州地理空间框架建设项目，完成DOM像控测量、“天地图·钦州”的配图、审图、申请加密工作，完善硬件采购及地形数据入库，完成项目预验收。完成钦州市浦北县土地整治项目测量及设计工作、填海项目竣工测量、年度卫片执法检查、中马钦州产业园项目征地拆迁绘图等。

广西壮族自治区地理信息测绘院

【业务】

2013年，广西壮族自治区地理信息测绘院承担14个县（市）农村宅基地和集体建设用地使用权确权登记发证二期工程任务，共完成地籍测绘面积约124平方千米。完成的重大测绘工程项目包括国家GNSS连续运行基准站建设任务项目、广西CORS基础设施建设项目（土建部分）、德保测区1:1万DLG生产、数字钦州地理空间框架1:2000DOM生产、柳州测区1:1万像片控制测量等项目。

【其他】

广西壮族自治区地理信息测绘院完成的“柳州市2011年1:500、1:1000数字化地形图测绘/修补测”“雒容镇城镇地籍调查项目服务采购土地测绘”分获2013年广西优质测绘地理信息产品（工程）奖银、铜奖。

广西壮族自治区地理国情监测院

【业务】

2013年，广西壮族自治区地理国情监测院完成测绘地理信息服务总值9238万元，比2012年增加1158万元。承担的“927”项目3个站点全部建成，向国家测绘地理信息局上交全部资料并通过省级评审。承担钦南区地理国情普查试点生产技术设计、技术支持及DOM生产、地表覆盖和地理国情要素生产等工作，完成该试点生产任务。继续推进百色、贵港、梧州、贺州、桂林5个数字城市建设项目。完成乐业1:1万DLG生产项目并上交成果资料。完成国家现代测绘基准体系基础设施建设一等水准观测任务。为百色市灾区获取无人飞机航摄影像120平方千米，向百色市政府提供正射影像图，为抗灾决策提供科学依据。

全年累计完成广西15个市（县）“农村三权”调查和确权3000多平方千米。完成1:500和1:1000地形测量约180多平方千米，无人机航空摄影2244平方千米，制作大比例尺DOM约2244平方千米。完成19个土地整理项目，累计完成100多平方千米土地开垦测绘和规划设计工作。完成广西7个市废弃矿用地调查，面积245平方千米。

【其他】

广西壮族自治区地理国情监测院完成的“兴安县第二次土地调查（城镇部分）测绘项目”“崇左市城南科教片区东南面地形图测绘”获2013年全国优秀测绘工程奖铜奖，“基于无人飞机平台的大比例尺成图技术研究”“广西土地调查（城镇部分）关键技术研究及应用”分获广西测绘地理信息科学技术奖二、三等奖。

广西壮族自治区地图院

【业务】

2013年，广西壮族自治区地图院完成自治区基础测绘项目6项，为各级党委、政府部门和广西经济社会发展提供测绘服务保障22项。

完成东兰测区1:1万DLG生产核心要素159幅、全要素27幅，完成地理国情普查钦南区试点项目18幅，编制出版《广西历史地图集》64幅。完成数字崇左地理空间框架建设项目设计书并通过评审，崇左市辖区30平方千米地名地址数据采集、崇左市中心城区1:500地形数据采集建库和高层建筑物三维建模等工作。为自治区领导实地考察编制提供巴马、东兰、龙胜、三江、融水、融安等县绸布地图，提供吴圩国际机场、两江国际机场应急救援综合方格网图。编制柳州市城市空间布局规划系列地图、南宁铁路局线路示意图、贵港市工业企业排污分布图、广西高速公路网路线示意图等普通地图、专题地图136幅。完成横县数字城管地理信息数据普查更新、自治区土地整治项目测量成果验收、自治区农村闲置住宅与一户多宅现状详查试点项目民安镇村庄测绘工程项目等。

【其他】

广西壮族自治区地图院在第一次全国地理国情普查项目中开展生产工艺研究，进行首件产品生产，总结出从底图生产到地理国情要素与地表覆盖要素内、外业获取的经验与方法，为地理国情普查工作大规模生产做好技术准备。与武汉大学合作开展“靖江王陵三维数字化系统”项目，完整、精确地记录并展现靖江王陵现状。完成的“地形实模数控刻制技术集成及若干区域经济实模制作”项目获2013年中国测绘学会测绘科技进步奖三等奖、2013年广西测绘地理信息科学技术奖一等奖。

海南省

概况

截至2013年底，海南省共有测绘资质单位142家，其中甲级7家、乙级17家、丙级44家、丁级74家，分布在测绘、国土、海洋、水电、交通、农业等行业。按单位性质分类，事业单位44家、国有企业20家、私营78家；按行政区划分，海口市75家、三亚市14家、省直辖市县53家。测绘地理信息从业人员2566人，比2012年增长5%，其中高、中、初级专业技术人员共1526人，约占从业人员的60%。2013年，海南省测绘地理信息服务总值3.76亿元，年增长率为15%。

国家测绘地理信息局第四航测遥感院

【业务】

2013年，国家测绘地理信息局第四航测遥感院承担国家基础地理信息数据库动态更新项目工作，完成广东、福建、海南3省1:5万地形图共864幅，广东、福建2省1:5万重点要素更新共762幅，广东、福建、海南、台湾4省1:25万重点要素更新共32幅，广东、福建、海南、台湾4省1:25万制图共85幅，11月，国家基础地理信息数据库动态更新项目全部完成。承担“927”一期工程航空影像1:2000、1:5000立体测图项目，完成海岛测图与海岛（礁）系列地图编制单项工程共302幅，成果质量均为良级以上。承担数字陵水地理空间框架建设项目，完成数字线划图数据库、数字正射影像数据库、数字高程模型数据库、地名数据库、三维景观数据库、全县域政务版及公众版电子地图数据建设，开发了地理信息公共平台建设中数据库管理系统、在线服务系统、数据交换管理系统、门户网站等。完成三亚市育才镇1:1万村庄规划测量、秀英区重点项目正射影像图制作、海南陵水九所岭1:1000正射影像制作等24个市场项目，成果覆盖面积23663.9平方千米，各种比例尺图幅共4195幅。

【其他】

国家测绘地理信息局第四航测遥感院承担的“国家1:5万数据库更新工程二期更新版1:5万地形图设计和数据生产、建库项目”获海南省优秀测绘工程奖一等奖。

国家测绘地理信息局海南测绘资料信息中心

【业务】

2013年，国家测绘地理信息局海南测绘资料信息中心承担数字城市地理空间框架建设与应用任务，为海口市、保亭县、昌江县建设数字城市提供技术支持；承担“天地图”省级、市县级节点建设，包括“天地图”工程建设试点、基于“天地图”的旅游地理信息服务系统建设试点、基于“天地图”的海南省风暴潮淹没与应急疏散路径信息支持系统建设试点；参与国家级、省级基础测绘项目实施，包括1:5万地形数据库重点要素更新（海南、台湾）、1:1万数据库整合升级；为省有关部门编制专题地图，编制了博鳌亚洲论坛年会用图、泛珠大会工作用图、交通能源基础设施图等地图；为省重点项目提供保障服务，开展乐东至三亚凤凰机场段西环高铁勘测定界工作。

【其他】

国家测绘地理信息局海南测绘资料信息中心参与的“南海地图研究”获2013年中国测绘学会测绘科技进步奖二等奖。

国家测绘地理信息局
海南基础地理信息中心

2013年，国家测绘地理信息局海南基础地理信息中心共承担测绘项目40多项，包括第一次全国地理国情普查、海南国际旅游岛数字地理空间框架建设、面向地理国情监测的信息化测绘技术试验等。

至年底，完成数字三亚项目三亚市地名地址及兴趣点数据库及管理系统建设、建筑物三维模型数据处理和360度全景影像数据制作等；组织完成数字定安项目设计书的编写和评审工作，定安县0.2米分辨率数字正射影像数据处理和提供；完成17个市县的第二次地名普查项目并通过验收；编制五指山旅游图、海口市地图、陵水县挂图、白沙县挂图、文昌市旅游图等地图；完成澄迈县金江镇1:1000地形图测绘工程；开展东方市感城镇、板桥镇农村集体土地共有宗地分割确权登记发证项目。

国家测绘地理信息局
第七地形测量队

【业务】

2013年，国家测绘地理信息局第七地形测量队承担地理国情普查试点工作，完成试点区域（海南北部8市县1.6万平方千米）和试生产区域（新疆喀什地区、图木舒克市等区域11万平方千米）地理国情普查工作。承担国家现代测绘基准体系基础设施建设一期工程2013年度工作，完成国家GNSS连续运行基准站建设新建站4座、改造站1座，GNSS大地控制点选建26座，一等水准踏勘补埋1450千米，验潮站支线踏勘补埋22.4千米，一等水准观测1927千米，验潮站支线水准观测39.5千米。完成“927”海岛（礁）测绘一期工程资料归档和上交工作。承担海南连续运行卫星定位综合服务系统（HiCORS）运行维护工作并积极推广建设成果应用。承担数字儋州地理空间框架项目那大镇社区网格管理系统应用推广工作并通过验收。承担海南国际旅游岛数字地理空间框架建设面向智能交通一期工程GIS平台建设示范应用项目并通过验收。启动海南省智能交通一期工程项目，已完成交通GIS平台建设工作。承担并完成西沙群岛盘石屿等8个岛屿1:1000数字地形图测绘。承担湖南省交通运输行业项目，完成年度统计报表、年度公路基础数据库及电子地图更新和60幅挂图编制工作。承担三亚市、东方市农村土地承包经营权确权登记工作。

【其他】

国家测绘地理信息局第七地形测量队自主开发的“土地承包地理信息管理系统V1.0”获得国家版权局颁发的计算机软件著作权登记证书。完成的“基于海南连续运行卫星定位综合服务的位置服务系统”获2013年卫星导航定位科学技术奖三等奖；“三亚育才镇农村土地承包经营权证登记工作四至平面图测绘项目”获2013年海南省优秀测绘工程奖一等奖，“西沙群岛1:1000数字地形图测绘”等2个项目获二等奖；“基于OGC开放标准的轻量级地理信息服务平台关键技术的研究”获2013年海南测绘地理信息局测绘科技进步奖一等奖，“360度街景技术实现及高速公路管理中的应用研究”获三等奖。

海口市土地测绘院

2013年，海口市土地测绘院承担海口市国土资源管理相关测绘业务，共完成地籍调查业务891宗，其他常态性宗地测量2330宗、宗地图制作4619幅、专题图制作14190幅。完成的重大项目测绘工作包括南渡江流域重大整治工程部分项目测量及验收、棚户区（城中村）改造项目测量及图件制作、新坡镇土地整理项目一期竣工工程量复核、沙坡水库片区5.43平方千米1:500数字化地形图测绘、海口市招商合作项目用地航测一期467平方千米航拍（0.1米分辨率1:1000正射影像图）及验收工作等。

海南地质综合勘察设计院

【业务】

2013年，海南地质综合勘察设计院完成南渡江流域土地整治重大工程项目区右岸B段1:2000地形测量，新建海南西环铁路项目（海口至东方段）勘测定界测绘，海南省文昌至琼海高速公路工程琼海段（含博鳌机场连接线）用地勘测定界测绘，万宁市农村集体土地共有宗地分割确权登记发证试点工作，文昌市农村土地承包经营权确权登记颁证试点工作等重点项目。

【其他】

海南地质综合勘察设计院完成的“三亚市椰子州景区1:1000地形测绘”“澄迈县金马现代物流中心1:1000地形测绘”获2013年海南省优秀测绘工程奖三等奖。

重庆市

概况

2013年，重庆市共有测绘资质单位162家，其中甲级4家、乙级32家、丙级105家、丁级21家，分布在测绘、规划建设、国土资源、水利电力等13个行业，从业人员5840人。全年开展数字城市（万州、潼南）、地理国情普查和监测等国家重点工程，开展1:5000地形图测绘、主城区1:2000数字化产品、1:500城市规划区地形图和地籍测绘等市级重点工程，完成大量规划竣工核实、三维仿真模型、地籍变更和土地复垦等工程测量工作，年度测绘服务产值10.93亿元。

重庆市地理信息中心（重庆市遥感中心、重庆市测绘产品质量检验测试中心）

【业务】

2013年，重庆市地理信息中心（重庆市遥感中心、重庆市测绘产品质量检验测试中心）启动重庆市现代测绘基准系统北斗系统改造工程；完成重庆市地理国情普查永川试点工程，编制了普查工作方案、实施方案、质检方案及项目设计书、作业指导书等文件，启动重庆市综合市情系统建设；积极推动数字重庆向智慧重庆升级，启动智慧重庆公共信息平台建设，编制《智慧重庆公共信息平台发展纲要》并报批，继续推动数字潼南、数字綦江建设，进一步升级重庆市地理信息公共服务平台，支撑全市36个部门和单位44个业务系统；更新完善重庆通移动便民服务产品，开设新浪微博重庆微地图、微信重庆地理，为社会提供实时地图服务；创新实施“每周一图”工程，关注市民关心的热点题材，向社会推出《重庆漂流地图》《重庆周边自驾游地图》等专题地图；完成《重庆主城区影像图集》（2014版）编制，《重庆市立体地图》《湖广会馆专题地图》《重庆大学生地图》《重庆儿童游玩地图2013版》等特色地图编制出版工作；开展基于遥感监测、现状调查和分析、地理设计在城乡规划等行业领域的应用工程；做好重庆市地理信息应急服务队、重庆市测绘档案馆日常工程。

【其他】

重庆市地理信息中心获批成为国家博士后工作站，招收进站博士3名，获得3项市级博士后基金资助，2项国家级博士后基金资助。全年新增重庆市科技创新领军人才1人。与武汉大学卫星导航中心建立技术应用合作关系。开展国家“十二五”科技支撑计划“安全保障型城市的评价指标体系与评价系统研发”等课题研究。完成“基于地理空间技术的重庆市第六次人口普查数据分析与运用研究”项目和重庆市地理地图科普行系列活动。全年获得国家专利1项。

该中心全年获省部级科技奖5项，其中“数字长寿地理空间框架建设”获2013年中国地理信息产业优秀工程奖金奖，“数字重庆地理信息平台建设”获2013年中国测绘学会测绘科技进步奖二等奖，“武隆县城市总体规划实施评估”获重庆市优秀城乡规划设计奖二等奖。

重庆市国土资源和房屋勘测规划院

【业务】

2013年，重庆市国土资源和房屋勘测规划院完成项目150多项。完成地籍地形测绘53平方千米，土地复垦测绘1880亩，土地整理测量65平方千米，日常地籍变更外业测量107.3平方千米；完成房产测绘面积3977万平方米；完成农村建设用地复垦项目测绘资料成果审查630个、土地开发整理项目测绘资料成果审查153个，承担完成2012年甘肃省5个区（县）土地变更调查国家级外业核查、2012年度城镇地籍数据汇总、16个区县农用地定级估价更新和重庆市耕地质量等级补充完善等工作。承担重庆市高标准基本农田2013年度实施方案编制和区（县）土地整治规划技术指导工作，完成《重庆市土地整治规划（2011-2015年）》等编制工作。完成2012年度全国土地利用变更调查与遥感监测项目，开展三峡库区后续工作地质灾害防治规划2013年项目无人机航摄，完成120多个典型地灾点航摄任务。

【其他】

重庆市国土资源和房屋勘测规划院立项各类科技项目20项，其中国家级1项、省部级2项；获各类科技奖励8项。“基于城乡统筹的土地利用规划编制技术与应用实践”获2013年重庆市科技进步奖二等奖，“重庆市国土资源GNSS网络信息系统”“保障性住房体系建设的理论、关键技术与应用”获三等奖；“重庆三峡库区无人机低空遥感地质灾害监测”获2013年中国测绘学会测绘科技进步奖三等奖；“重庆市城镇土地定级估价数据建库系统研制”“基于无人机的重庆市三峡库区地质灾害监测技术研究与示范”获2013年中国地理信息科技进步奖三等奖。取得2项软件著作权，研发的“一种用于村镇空间规划的厘米级GNSS应用系统”申请国家实用新型专利，发表论文52篇。

重庆市勘测院（重庆市地图编制中心）

【业务】

2013年，重庆市勘测院（重庆市地图编制中心）完成主城区及周边区域1:500地形图更新工作，为重庆国际博览中心、轨道交通建设、公租房建设、大桥变形监测等重大工程建设提供测绘服务；完成规划核实放线测量、基础竣工测量、竣工地形管线面积测量、管线跟踪竣工测量任务和现状模型更新覆盖、城市设计三维模型制作；以三维数字城市为基础开展三维城市规划、道路、场地、管线、建筑设计、优化及咨询服务，为政府部门提供规划编制、管理、监督、评估等决策支撑服务；完成寸滩保税港区空港现代物流园等多个道路设计项目；编制《重庆市地图》、导厕图、火锅地图、周末休闲地图等多种便民地图，出版发行《重庆历史地图集》第一卷，启动《重庆市社区地图集》编制工作，发布了重庆主城区高分辨率航空影像数据。

【其他】

重庆市勘测院（重庆市地图编制中心）全年取得国家专利2项、著作权10项，获重庆市科学技术成果转化促进会批准的科学技术成果登记4项。拥有完全自主知识产权的新一代集景三维数字城市平台，推广应用到多个省市。参与编写重庆市地方标准《重庆市地下管线探测规范》《重庆市城乡规划基础空间数据标准》《建筑地基基础设计规范》《市政工程地质勘察规范》《重庆市地铁设计规范》和测绘地理信息行业标准《管线测量成果质量检验技术规程》。

全年共获工程奖、科技进步奖37项，其中全国测绘地理信息行业奖23项，全国及地方建设行业奖13项，重庆市政府科技进步二等奖1项。该院职工在各级刊物上发表论文85篇。

该院1人被评为国家测绘地理信息局青年学术和技术带头人，2人被评为全国测绘地理信息技术能手，2人被评为全国测绘地理信息行业优秀技能人才，1人被重庆市委、市政府评为有突出贡献的中青年专家，1人被评为重庆市百名工程技术高端人才，2人被评为重庆市优秀工程师。

重庆数字城市科技有限公司

【业务】

2013年，重庆数字城市科技有限公司在地理信息服务领域重点围绕数字全景地图系统（DPM）、吉信地理信息聚合平台、吉信应急指挥平台等方面积极投入，全年共完成软件和数据服务类项目30多项，业务涵盖建设、规划、环保、公安、农业、气象等多个领域，包括市园林绿化信息管理平台建设、市高速公路地理信息系统建设、市环保化工园区企业实景影像采集等。在数字展览展示服务领域，重点围绕规划展览馆业务方向开展工作，全年共完成集成类项目10多项，包括潼南规划展览馆、南岸智慧城市体验中心、开县规划展览馆等。

【其他】

重庆数字城市科技有限公司获高新技术产品认定2项，重点新产品认定2项，研发的吉信数字全景地图系统（DPM）获科技部中小企业创新基金支持。获中国地理信息产业优秀工程奖3项、中国地理信息科技进步奖2项、中国测绘学会测绘科技进步奖2项、卫星导航定位科学技术奖1项。

四川省

概况

截至2013年底，四川省共有测绘资质单位808家，比2012年增加64家，分布在测绘、国土、建设、规划、水电、铁路、地矿、煤田等20多个行业。其中，甲级34家、乙级128家、丙级314家、丁级332家，民营企业507家，占全省资质单位的62.7%。测绘服务生产总值52.14亿元，同比增长22%。

2013年，全省测绘地理信息单位积极服务经济社会发展，承担了数字成都地理空间框架建设、天府新区国土资源管理“一张图”数据库建设、大渡河瀑布沟水电站建设、成都地铁4号线二期工程、稻城亚丁机场至理塘格聂神山公路改建工程、国道G213映秀至汶川段公路灾后恢复建设等重大测绘工程项目，在农村土地经营权确权、新农村示范区建设规划、居民点地质灾害危险性评估、输电线路改造、天然气管道建设、公路改扩建、森林防火系统建设、矿产资源远景调查、农村电网改造等重点领域提供了大量基础测绘保障和技术支持。承担了马来西亚胡鲁登嘉楼水电站，塞拉利昂宾康格、曼盖水电站，科特迪瓦苏布雷水电站，老挝赛柳 Xe Nua水电站，印尼 SLAU3、KARAI12 水电站，菲律宾大马尼拉供水工程等国际合作项目的测绘保障工作。

四川省核工业地质调查院

【业务】

2013年，四川省核工业地质调查院完成西昌市安宁镇农村集体土地所有权建设用地使用权登记服务项目、万源市永久基本农田划定项目、四川省盐源县马思罗铅锌多金属矿1:2000地形测量项目、东莞市道滘镇农村集体土地所有权确权申报及地籍调查测量项目汉源县城规划区内城镇地籍调查数据库建设等测量任务。

【其他】

四川省核工业地质调查院完成的“眉山市城镇地籍补充调查（修补测）及数据库更新项目”“双流县县域（合江、永兴、三星、现代五项片区）规划用图测绘工程”分获2013年全国优秀测绘工程奖银、铜奖。

成都市国土规划地籍事务中心

2013年，成都市国土规划地籍事务中心加强地理信息系统平台建设，建成土地估价管理信息系统，完善天府新区土地利用规划等专项数据库，完成日常地籍调查1343宗，成蒲铁路勘测定界等14个批次、面积约365.8公顷。完成崇州白头镇、金堂县古顶村等10多个土地整理验收项目航拍任务，古蔺、剑阁等地1:2000航摄及正射影像图制作；完成都江堰、彭州市等区域地质灾害隐患点监测无人机航摄及1:1000DOM、DEM制作；开展高何镇天台山镇等灾区30多平方千米航测，制成1:2000正射影像图。承担泸州市集体土地所有权确权登记检查、蓬安县农村土地承包经营权确权登记项目。

中国建筑材料工业地质勘查中心四川总队

【业务】

2013年，中国建筑材料工业地质勘查中心四川总队完成的测绘业务涉及国土、地质、市政、规划、建筑等领域，主要包括遂宁市安居区集体土地所有权确权登记发证及数据库建设，广元市农村集体土地所有权、农村承包土地经营权、宅基地使用权及农村房屋所有权确权服务，四川省农村集体土地所有权确权登记成果检查检测，四川省彭州市通济镇龙定村水泥用灰岩矿勘探，彭州市国土资源局城镇数据库修补测及城镇地籍数据建库，遂宁市船山区农村集体土地地籍信息库和乡镇场镇地籍信息库建设等40多项，实现经营收入1170多万元，测绘服务总值约750万元。

【其他】

中国建筑材料工业地质勘查中心四川总队完成的“德阳市旌阳区集体建设用地使用权调查、乡镇地籍测绘（第一包）” “仁寿县国土资源局城区1:500城镇地籍测绘及数据库建设项目”分获中国建材工程建设协会2013年度建材行业优秀工程勘察奖一、二等奖。

中铁二院工程集团有限责任公司

【业务】

2013年，中铁二院工程集团有限责任公司开展的测绘业务涉及国内、外铁路、公路、城市轨道交通等领域，内容包括航空摄影测量、铁路公路勘测、精密工程测量、变形监测、GIS系统建设等。完成拉萨-林芝铁路初、定测400千米，深圳地铁6号、11号线控制测量，成渝高速铁路305千米精密控制网测量，石武客运专线驻马店至信阳段运营期间沉降变形监测，宝兰铁路石鼓山隧道三维设计建模，西藏林芝机场高速公路控制测量及1:2000航测制图，委内瑞拉铁矿专线改建、巴基斯坦公路、尼日尔输电工程、肯尼亚机场轻轨、尼日利亚卡杜纳电厂专用线等项目。

【其他】

中铁二院工程集团有限责任公司完成的“海南东环铁路工程测量”获2013年全国优秀测绘工程奖金奖和四川省勘察设计协会勘察类一等奖，“成灌线平面、高程测量及航测制图”获四川省勘察设计协会勘察类二等奖。

中铁二局集团有限公司

2013年，中铁二局集团有限公司测量中心开展的测绘业务涉及高速铁路、城市地铁、高速公路和长大隧道等重大工程的施工复测、控制测量、沉降和变形监测、CPIII测量和轨道精调等。完成高速铁路测绘共909.9千米，主要包括新建兰新第二双线、渝万客运专线、西成客运专线、成渝客运专线、重庆至贵阳线扩能改造工程、新建贵广铁路、新建大同至西安客运专线、新建成都至蒲江铁路等。完成地铁工程项目31个共116千米，市政工程12个，公路工程23个，房建工程12个。

中节能建设工程设计院有限公司

【业务】

2013年，中节能建设工程设计院有限公司开展了建筑工程、地下管线、隧道、变形观测等工程的测绘工作。完成湘银大厦变形监测，成都国际商贸城毗河绿化项目1:500地形测绘，成都市青羊区文家乐平村五组郑昆厂房项目用地地籍测量，水碾河项目地下管线探测等测量任务。

【其他】

中节能建设工程设计院有限公司完成的“成都市成华区理工大学-圣灯片区110kV高压线迁改项目带状地形图及纵横断面测量”获成都市2013年优秀勘察设计奖三等奖。

四川省地震局测绘工程院

【业务】

2013年，四川省地震局测绘工程院在形变监测方面，按计划完成虾拉沱地震台短水准、短基线观测，川主寺地震台短水准观测，鲜水河、安宁河、则木河、龙门山断裂带24个场地各6个周期的短水准、短基线观测；积极做好短临跟踪监测项目，完成鲜水河、安宁河、则木河、龙门山断裂带24个场地各4个周期的短水准、短基线加密观测，对侏倭、格篓、墟虚等场地分别进行1-3周期短基线加密观测，对西昌、宁南跨断层综合观测剖面进行了1个周期水准、重力、GPS坐标联测；开展芦山地震形变监测，完成流动GNSS区域网观测、流动重力网复测、11个跨断层流动短水准场地循环观测、宝兴跨断层短水准场地26个周期的连续观测、虾拉沱地震台16个周期水平形变监测；完成“龙门山断裂带GPS研究项目”14个GPS连续观测站等对外协作项目；完成 GNSS 区域站联测以及陆态网络项目连续重力观测站设备运维。

对外技术服务方面，完成和开展的项目包括焦石坝地区三维地震勘探项目（南块）测量，碧峰峡风景区 1:500 地形地籍测量，富顺县古佛镇天洋、石杨、鹿鸣、强湾村土地整理项目，芦山县、天全县灾后重建规划乡镇村聚集点 1:500 数字化地形图测量等。

【其他】

四川省地震局测绘工程院完成的“虾拉沱地震台断层形变定点台站观测”“断层形变场地观测（水准）、流动重力、松潘连续重力站”分获中国地震局观测质量评比第二、三名。

中国电力工程顾问集团西南电力设计院

【业务】

2013 年，中国电力工程顾问集团西南电力设计院开展的测绘业务涉及火力发电厂、输电线路、变电站等工程的可行性研究设计、初步设计及施工图设计阶段的测绘项目和电厂施工控制网及沉降观测等测量任务。

完成神华江西国华九江煤炭储备（中转）发电一体化工程施工图设计阶段、重庆南桐低热值煤发电新建工程可行性研究设计阶段、阿克苏-巴楚 750kV（减压）输电线路工程、大岗山电站-雅安 500kV 线路工程、浙北-福州特高压交流输变电工程初步设计阶段等工程的线路测量以及神华神东电力万州发电厂施工控制网和沉降观测、贵州盘县电厂沉降观测、浙江舟山电厂沉降观测等测量任务。

【其他】

中国电力工程顾问集团西南电力设计院完成的“青海格尔木至西藏拉萨±400 千伏直流联网工程线路工程测量（唐古拉山～桑利）”获 2013 年全国优秀测绘工程奖金奖。

四川省煤田测绘工程院

【业务】

2013 年，四川省煤田测绘工程院完成主要测绘项目 50 多个，涉及国土、资源勘查、燃气管线、房产测绘、变形监测等业务。承担广元、宜宾、巴中等市县农村土地承包经营权确权颁证及数据库建设项目 5 个，完成无人机低空航空数字摄影 1232 平方千米，生产制作 1:500 数字正射影像图等数字产品，完成土地承包经营权确权 20525 户，确权耕地面积 164.8 平方千米。承担泸州江阳、威远新店等地农村集体建设用地（宅基地）测绘项目 9 个，完成 1:500宅基地宗地图测绘 24 万户，面积 76.51 平方千米。承担达州、宣汉等市县土地整理勘测定界测绘项目 6 个，完成 1:2000 地形图测绘 82.9 平方千米。承担川南煤田古叙矿区大村矿段煤炭资源勘查测量项目，完成 1:5000 地形图矢量化 260 平方千米，1:5000 地形图修补测 115 平方千米，测量钻孔 116 个。承担燃气管线测量项目 5 个，完成管线测量 233.9 千米，1:2000 带状地形图测绘 425.7 千米，1:500 地形图测绘 49.58 平方千米。承担泸州、古蔺等市县公安标准地址信息采集项目 5 个，完成地理信息采集 100.33 万条。承担房产测绘项目 2 个，完成房产测绘 7 栋，面积 8320.2 平方千米。

【其他】

四川省煤田测绘工程院完成的“泸州市规划区农村土地确权颁证项目一标段控制、地形测绘”项目获 2013 年全国优秀测绘工程奖银奖，“燃气管网地理信息系统”获 2013 年四川省测绘地理信息科技进步奖三等奖。

四川省水利水电勘测设计研究院

2013 年，四川省水利水电勘测设计研究院的测绘业务涉及水力发电、水库与灌溉工程、电站和水库的变形测量、地形测量等。共完成 9 个水电站、45 个水利工程的测量工作，20 多座电站和水库的监测工作。完成“4・20”芦山地震震中 14 座电站的应急变形监测工作，以及“7・9”四川特大暴雨石亭江抢险应急测绘等工作。

四川省地质测绘院

2013 年，四川省地质测绘院完成凉山州农村集体土地确权登记发证成果州级检查验收项目（会理、越西、甘洛），遂宁市安居区农村集体建设用地测绘及登记项目（二标段），江阳区农村土地承包经营权确权登记和管理信息系统建设项目，隆昌县农村产权制度改革测绘项目（龙市标段、胡家标段、响石标段）；完成隆昌县全域航测项目、射洪县农业局农村土地承包经营权确权登记测绘航空摄影项目；都江堰灌区毗河供水工程渠系改线勘测定界项目、绵阳绕城高速公路南环线工程征地界线测量及地形地籍图测绘、贵州沿河至榕江高速公路沿河至德江段工程测绘；完成金域阳光一期、二期房屋建设项目沉降观测等变形观测项目。

中国建筑西南勘察设计研究院有限公司

【业务】

2013 年，中国建筑西南勘察设计研究院有限公司承担各类测绘项目 100 多项，涉及航空港、铁路、公路、城市轨道交通、燃气、民用建筑等多个领域，范围涵盖四川、西藏、云南、贵州、浙江、上海、深圳、北京、江苏等地。完成成都新机场、阿坝红原机场等新建机场测量工程，承接成都双流国际机场、达州机场、西昌机场、广元机场等机场的测量工程，测量面积 1.2 万平方千米。承接深圳地铁 9 号线控制网复测、施工检测、成都燃气储配站储气罐变形检测工程。与成都华润燃气设计院、成都城市燃气有限责任公司建立长期合作关系，完成省内外燃气管线勘测 531 千米，成都市主城区燃气管线竣工测量 421 项。

【其他】

中国建筑西南勘察设计研究院有限公司承接的“赤道几内亚吉布劳新城城市测量项目”获 2013 年全国优秀测绘工程奖金奖。

四川省川建勘察设计院

2013 年，四川省川建勘察设计院完成西南油气田分公司低效油气事业部管线测量 115 千米，川中油气矿管线测量 137 千米，川东北油气矿管线测量 154 千米等 16 个工程数字化测绘及 PCM 检测服务。完成成都市二环路沿街建筑物立面测量（金牛区）等任务。对成都地铁 4 号线施工过程中地面及临近建（构）筑物沉降进行监测，实施多个建筑深基坑支护体系的水平、竖向位移监测及高层建筑施工及运营期间沉降监测。完成北湖国际城、圣灯片区安置房等项目的房产测绘工作，产值达 600 多万元。

四川中水成勘院测绘工程有限责任公司

【业务】

2013 年，四川中水成勘院测绘工程有限责任公司完成测绘项目 126 项，涉及水利水电、风电、太阳能光伏发电、市政工程及国外水利水电测绘等。承担金沙江溪洛渡、菠萝、叶巴滩、岗托等水电站，西藏羊湖抽水蓄能电站改造和扩建工程，塞拉利昂宾康格、曼盖水电站，科特迪瓦苏布雷水电站，老挝赛柳 Xe Nua 水电站，印尼 SLAU3、KARAI12 水电站等水电站项目，以及普格、盐源、盐边、西昌、广元等风电和光伏电站项目的勘测工作。工作内容包括控制测量、机载激光扫描、施工测量管理、1:500 ~ 1:2000 地形地籍图测绘、公路测量、大坝变形监测、滑坡监测等。

【其他】

四川中水成勘院测绘工程有限责任公司完成的“四川省雅砻江孟底沟水电站杨房沟 ~ 孟底沟对外交通公路测量”“大渡河双江口水电站坝区、施工区 1:2000DEM 及 DOM 数据成果”获 2013 年全国优秀测绘工程奖铜奖。

中冶成都勘察研究总院有限公司

【业务】

2013 年，中冶成都勘察研究总院有限公司完成测绘项目 180 多项，涉及冶金、石油、交通、市政等工程。承担四川彭州炼厂至成都双流机场航煤输油管道工程、汶川至九寨沟高速公路 1:2000 地形图测量等工程，完成 GNSS 控制测量 85 点、带状地形图测量 426 千米；承担广元至平武高速公路平面及高程控制测量工程、资阳市城东新区基础控制测量 GNSS 控制测量 216 点，水准测量 295 千米；完成宜宾市江安县、资阳市乐至县等勘测定界项目 3.6 万亩，新津县普兴镇、简阳市丹景乡、马尔康县沙尔宗乡等乡镇地形地籍测量项目 40 平方千米；承担成都市高新区中和片区、绵阳 CBD 万达广场、保利玫瑰花语等项目基坑变形监测及建筑物沉降观测任务；承担甘孜藏族自治州炉霍县农村集体土地确权登记发证、凉山州农村集体土地确权登记发证成果州级检查验收项目；承担四川全新燃气有限公司地下燃气管网探测、成都市新建污水处理厂二期工程外部管线探测等管线探测工程。

【其他】

中冶成都勘察研究总院有限公司承担的“巴中至达州高速公路平面及高程控制测量”获2013年全国优秀测绘工程奖铜奖。

四川省交通运输厅公路规划勘察设计研究院

2013年，四川省交通运输厅公路规划勘察设计研究院主要承担17个国家及省级重点高速公路工程测量项目，初测推荐线里程约1300千米，定测里程约450千米。主要完成了乐山-汉源、雅安-康定、汶川-马尔康等高速公路项目的控制测量、地形图及工程的初测和定测工作。

承担了地方道路改（扩）建、路面改造整治工程，桥隧加固工程、市政工程、“4·20”芦山地震灾后交通恢复重建等重大项目，完成甘孜州九龙县城至凉山州界公路工程测量“4·20”芦山强烈地震灾后交通恢复重建重大项目（普通公路）前期工作方案任务应急测量，国道G213映秀至汶川段公路灾后恢复建设测量，国道347线茂县至北川段公路灾后恢复建设测量，灵关至宝盛公路芦山境路段测量等。

成都市勘察测绘研究院

【业务】

2013年，成都市勘察测绘研究院主要完成数字成都地理空间框架建设全部数据生产任务，包括市域范围地理实体、电子地图生产等子项目；完成数字成都地理空间框架地名地址普查第一阶段工作。完成中心城区658平方千米1:2000DOM数据生产工作，“总规信息管理平台二期卫片纠正和正射影像制作”项目，市生态总体规划现状基础数据遥感解译工作，成都地图2013版的编绘更新、成都历史文化地图等系列专题地图编绘（7类）、环城生态区现状规划核实工作图（9个区县）编绘工作。完成市领导办公室挂图制作、市公交集团公司站台用图、市交管局二环路高架图编绘任务、二环高架及匝道全景影像采集工作。做好“4·20”芦山地震邛崃市受灾地区应急测绘保障工作。完成成都市域现代测绘控制系统在天府新区范围的扩建工作。服务全球财富论坛召开，完成二环路道路改造及管线改迁、锦江河道清淤等重大项目测绘。完成马家花园片区改造、蜀龙路五期、熊猫大道等“北改”重点项目测绘。完成成蒲铁路、成昆铁路外绕线、地铁10号线、省人民医院等大型测绘项目。开展新津县城乡规划管理信息系统数据处理服务工作。

【其他】

成都市勘察测绘研究院完成的“双流县规划管理局控规转换工程”获2013年全国优秀测绘工程奖铜奖，“成都市排水设施管理处排水监控管理系统”获四川省测绘地理信息科技进步奖三等奖。

四川省交通运输厅交通勘察设计研究院

【业务】

2013年，四川省交通运输厅交通勘察设计研究院完成遂西高速公路、遂广高速公路建设工程征地放线测量，四川省泸州市沱江小市航运梯级工程测量（预可阶段），沱江（自贡-泸州段）航道升级工程预可行性研究测量，内江城市过境高速公路初步勘察设计测量等工作。

【其他】

四川省交通运输厅交通勘察设计研究院完成的“岷江江道图测量”获2013年全国优秀测绘工程奖银奖。

四川省冶金地质勘查局测绘工程大队

【业务】

2013年，四川省冶金地质勘查局测绘工程大队完成地形、地籍、地质灾害、矿山测绘共229平方千米，勘测定界25500亩，管线探测600千米，高速公路征地放线工程240千米，共完成合同金额约6750万元。

开展集体土地所有权及宅基地使用权确权、基本农田划定、农村承包地调绘、土地整理测绘、卫片执法调绘以及数据库建设工程等126个项目合同，合同金额约5300万元。

【其他】

四川省冶金地质勘查局测绘工程大队完成的“广元市中心城区地籍调查和数据库建设工程”“双流县规划区域内规划用图更新测绘（华阳片区）项目”均获2013年全国优秀测绘工程奖铜奖；“双流

县县域规划用图满覆盖及检查验收工程采购项目（新兴、白沙、太平片区地形图测绘工程118平方千米）”“彭山县青龙镇1:500地形图测绘及1:2000地形图编绘工程”分获中国冶金建设协会优质工程奖二、三等奖。

中铁八局集团有限公司测绘分公司

【业务】

2013年，中铁八局集团有限公司测绘分公司开展在建高铁、新建铁路及城市地铁，高速公路等重大工程施工复测、控制测量、沉降和变形监测、CPIII测量等测绘工作。完成新建铁路东乌-包西铁路联络线CPI、CPII测量和二等水准测量35.789千米；新建成都至蒲江站前工程（CPZQ-2标）CPI、CPII测量和二等水准测量29千米；新建铁路成都到重庆客运专线TJ-1标加密CPI、CPII测量和二等水准测量50.8千米。完成在建高铁成都至都江堰铁路彭州支线工程无砟轨道加密CPII、CPIII测量和二等水准测量20千米；成都地铁1号线南延线首期工程精密导线测量（GPS测量）5.8千米，3号线精密导线测量（GPS测量）20.4千米。高速公路G213线映秀至都江堰段灾后恢复重建工程III标段标控制网复测及控制点加密。

【其他】

中铁八局集团有限公司测绘分公司完成的“石家庄至太原客运专线太行山隧道CPIII控制网测量项目”获四川省优秀测绘工程奖银奖，“无砟轨道施工测量控制网处理系统（WZTCS）”获四川省测绘科技进步奖一等奖。

四川空间信息产业发展有限公司

【业务】

2013年，四川空间信息产业发展有限公司的测绘业务涉及城镇地籍测绘、国土调查、农村集体土地地籍测量、卫片执法、基本农田永久划定等项目。全年完成船山区城镇地籍测量项目17平方千米、绵竹市1:2000地形测量50平方千米、武胜县飞龙镇白坪镇1:500地形测量3平方千米的任务；完成凉山州城镇地籍成果整理项目6个、第二次全国土地调查成果验收整理项目15个、5个县（区）农村集体土地所有权确权登记发证及数据库建设项目124个乡镇4786个社、7个县（区）农村集体建设用地（宅基地）确权登记发证及数据库建设项目95780宗地。组织完成6个项目124个乡镇198万亩基本农田永久性划定工作。完成4个县卫片执法项目，7个县农村土地承包经营权项目调查约50万亩。

【其他】

四川空间信息产业发展有限公司完成的“涪陵区新一轮农村土地房屋登记发证测绘工程（三标段）”“盐边县农村集体土地地籍调查和地籍测量项目”获2013年全国优秀测绘工程奖铜奖。

四川省地质工程勘察院

【业务】

2013年，四川省地质工程勘察院完成测绘类项目165项，主要包括江油市农村土地承包经营权确权登记项目、四川瓦屋山旅游开发项目测绘、四川省自贡富顺县大坡上水库工程建设用地勘测定界、溪洛渡水电站雷波县S307及县乡复建公路勘界测绘等，工作内容包括控制测量、工程测量、地形地籍图测绘及变形监测等。

【其他】

四川省地质工程勘察院完成的“北川县曲山镇新街村安子坪地质灾害应急综合治理工程专业监测项目”获成都市2013年优秀勘察设计奖三等奖。

四川旭普信息产业发展有限公司

2013年，四川旭普信息产业发展有限公司完成梓潼等县城镇地籍测量项目约90平方千米，井研县城镇地籍成果整理项目15个，第二次全国土地调查成果验收整理项目13个，重庆南川等8个县（区）农村集体建设用地（宅基地）确权登记发证及数据库建设项目267819宗。组织完成16个县800多万亩永久基本农田划定工作、8个县卫片执法项目，以及耕地显化项目10个、城市低效用地项目5个、增减挂钩项目26个、供地征地项目3个县共31批、农村土地承包经营权确权项目约8万亩等项目。

四川永鸿测绘有限公司

2013年，四川永鸿测绘有限公司完成地形测量、地籍测绘、摄影测量与遥感、勘测定界等项目

40多项，测绘产值6000多万元。其中，土地变更调查项目2个、遥感监测项目1个、卫片执法项目1个、地形图测绘项目5个、基本农田划定项目4个、农村集体建设用地（宅基地）确权登记颁证及数据库建设项目9个、房产测绘项目2个、工程放样项目1个、土地整理和规划设计项目3个、正射影像图制作项目3个、行政区域界线测绘项目3个、增减挂钩项目2个。主要包括新繁镇1743户集体土地（农村宅基地）确权颁证地籍、房产补测工作，成都市金牛区2012年度土地卫片执法检查工作，金沙江乌东德水电站土地勘测定界内业面积量算及成果图件259幅编制等。

全年无质量事故发生，测绘成果质量优良率达95%以上，合格率100%。

云南省

概况

截至2013年底，云南省共有测绘资质单位698家，其中甲级14家、乙级98家、丙级295家、丁级291家，比2012年增加47家。全省测绘资质单位专业技术人员10089人，较2012年增加718人。全省测绘资质单位中民营企业从业人员5342人，占全省测绘从业人员人数的40.5%，较2012年增加697人。

2013年，全省测绘地理信息服务主要以城乡规划、交通运输、水利水电、农林环保和地矿民政等行业为主，共完成服务总值17.11亿元，其中民营资质单位完成7.13亿元。完成的重点测绘地理信息项目（工程）包括兴地睦边测绘保障服务、低丘缓坡土地综合开发利用试点项目无人机航摄、“天地图·云南”数据资源建设、数字城市建设、云南省救灾力量指挥信息系统建设等。

云南省航测遥感信息院

【业务】

2013年，云南省航测遥感信息院开展《云南省省级基础测绘“十二五”规划》中基础测绘项目生产，完成普洱测区（景洪、澜沧、耿马）594幅、滇中产业新区（易门片36幅、安宁片48幅）、中缅边境（北段、中段525幅）、大理测区215幅1:1万“3D”地图共1418幅的测制任务。开展全国第一次地理国情普查第二批试点和云南省第一次地理国情普查试生产项目，完成试点县玉溪华宁县地理国情普查正射影像制作和试生产昭通水富县、绥江县的地理国情普查任务。承担云南省第一次地理国情普查卫星遥感正射影像图生产项目，完成约18.85万平方千米正射影像图制作。完成云南省兴地睦边农田整治2014年度计划项目——临沧市项目88.7平方千米1:2000地形图测绘任务，为云南省“兴地睦边”农田整治项目顺利进行提供测绘保障服务。承担云南省文山州麻栗坡县农村集体土地确权登记发证项目。

【其他】

云南省航测遥感信息院积极开展测绘科技创新，将相关成果应用到测绘实践中，在SWDC航片、中缅边境Worldview卫片的空三加密和ADS80航片的作业流程等方面取得突破。引进图库一体化编辑系统，生产出符合新的数据规范的DLG建库产品。承担的“云南省1:1万基础地理信息数据生产技术规程研究”“高原地区1:1万航测外业控制测量方法研究”“低空无人机1:1000数字航测成图技术研究”等科技项目稳步推进。

中国水电顾问集团昆明勘测设计研究院

【业务】

2013年，中国水电顾问集团昆明勘测设计研究院开展水电水利、风电、太阳能光伏发电、市政工程、新能源项目开发等工程的测绘服务，服务产值约7600万元。主要完成西藏雅鲁藏布江梯级电站公路测绘、西藏怒江卡西水电站工程枢纽区及进场公路测绘；处理滇中引水工程0.2米分辨率的ADS80影像数据，建立地理信息数据库，开发三维场景漫游浏览服务。完成风电场及太阳能光伏电站项目地形图、正射影像图约600平方千米。完成昆明掌鸠河引水工程输水管线表面变形监测，缅甸瑞丽江一级水电站淤积监测工程等。完成昆明滇池西岸1:500地形测量项目碧鸡测区，昆明南博会建筑物灯光亮化工程测绘，曲靖珠江源大城市马龙县1:500基础地形测量项目等市政工程。完成老挝国家技术培训及土木工程实验中心工程测量，南俄1～南梦3、南衫3A～南衫3B水电站115kV输电线路工程，利用0.5米分辨率遥感数据完成非洲尼日利亚宗格鲁水电站工程测量项目。

【其他】

中国水电顾问集团昆明勘测设计研究院承担的“高海拔山区风电站智能选址与工程优化关键技术研发及产业化示范项目”列入重大科技专项——新能源专项，由云南省科学技术厅立项，获得科技经费280万元；“三维设计成果在地理信息系统中的集成应用研究”由中国水电顾问集团立项，获得科研经费210万元。研发的“工程外部变形监测分析应用软件”和“架空电力线路测量应用软件”取得计算机软件著作权登记证书。

昆明市测绘研究院

【业务】

2013年，昆明市测绘研究院完成阳宗风景名胜区1:500数字地形图测绘工作；承担昆明市22条道路U型断面竣工测量115千米，1:500地形图修补测17.25平方千米，已完成全部数据采集工作；完成昆武高速路1:500数字地形图测绘项目昆明至富民段任务。承担的数字昆明基础数据、实体数据、数据缩编、电子地图兴趣点分类和电子地图数据等标准制定和专业技术设计书编写工作，通过云南省测绘地理信息局验收。完成呈贡区402平方千米数码航摄数据处理和DOM生产、昆明市政务版电子地图制作及“天地图·昆明”交互接口开发。完成昆明市城市规划编制和市级重点项目34项。完成《昆明市委九届七次全会观摩手册用图》等专题图制作26幅，影像图制作89件。

【其他】

昆明市测绘研究院承担的“弥勒县1:500数字化地形测量”项目获2013年全国优秀测绘工程奖金奖。该院在第三届全国测绘地理信息行业职业技能竞赛云南赛区选拔赛中，2人分获一、三等奖。

云南省测绘工程院

【业务】

2013年，云南省测绘工程院完成1:1万基础测绘耿马测区280幅、墨江测区512幅收尾交验工作，昆明测区760幅顺利收尾，大理测区工作全面展开。地理国情普查试生产工作顺利展开，组织140多名职工参加地理国情普查培训，按要求完成双江县试生产工作。文山州、玉溪市似大地水准面精化及地方坐标系建设项目通过验收，项目成果质量被评为优良；滇西南似大地水准面精化及坐标联测项目全面展开。玉溪市元江县低丘缓坡综合开发项目1:500地形图测绘按计划推进。完成香格里拉县、德钦县、会泽县基本农田划定工作；临翔区农村集体土地两权调查发证工作；瑞丽市、文山市地下管线普查及测量项目外业工作；滇池流域、昆明主城区及空港经济区5000平方千米1:1万“3D”地形图测制等市场测绘项目。

【其他】

云南省测绘工程院完成的“精密单点定位技术在省级基础测绘中应用研究”通过科技鉴定，取得云南省科技厅科技成果证书，获云南省政府科技进步奖。

云南省地矿测绘院

2013年，云南省地矿测绘院承担并完成宣威市6052平方千米基础测绘首级控制网建设工作。完成禄丰县临沧市、普洱市、禄丰县等12个测区112平方千米1:500数字化测量，39.6平方千米1:5000数字化测量。承担“兴地睦边”金平县、河口县、禄春县5个乡镇10个测区50平方千米1:2000数字化测量工作。完成1:2000公路测量石屏至红龙厂段、保山市白庙水库至蒲缥段、国道324线西桥至石林段121千米带状数字化测量。承担云南省2013年宗地统一编码省级试点及示范推广工作，完成云南省年度城镇地籍数据库汇总及地籍管理工作进度统计工作，曲靖市麒麟区、宣威市、罗平县、福贡县年度土地矿产卫片执法检查工作，丽江市（1区4县）、曲靖市（1区8县）等地年度土地变更调查与遥感监测工作，禄春县、陆良县、姚安县等地基本农田划定工作。全面开展呈贡县、禄劝县、福贡县等地农村集体土地确权登记发证工作。完成曲靖市等地 2200 平方千米航摄影像外业拍片和内业 1:2000 影像图制作。

中国有色金属工业昆明勘察设计研究院

【业务】

2013 年，中国有色金属工业昆明勘察设计研究院承担控制测量三等点 19 个、四等点 31 个、地籍测量和 1:500 地形图测制 22.64 平方千米、1:1000 地形图 50.16 平方千米、无人机航摄正射影像图 213.5 平方千米、地下管线测量 159.8 千米等 9 大类数字产品测绘。参加巴基斯坦山达克矿区建设的测量项目。

参与《工程摄影测量规范》《尾矿库在线安全监测系统工程技术规范》等国家标准的编写工作。

【其他】

中国有色金属工业昆明勘察设计研究院承担的“虹山煤气储配站搬迁工程相关项目的检测及监测”获云南省住房和城乡建设厅优秀工程勘察奖二等奖。“云南省富宁至滇桂边界（龙留）高速公路 1:2000 地形图测绘”获中国有色金属建设协会优秀工程奖一等奖。

西南有色昆明勘测设计（院）股份有限公司

2013 年，西南有色昆明勘测设计（院）股份有限公司完成测绘地理信息总产值 4310 万元，主要业务包括农村集体土地确权登记发证、矿山储量动态测量、基本农田划定、土地复垦项目、土地整治项目等。其中，农村集体土地确权登记发证已完成全部所有权调查登记发证工作，完成嵩明县 8 万多宗、石林县 2 万多宗确权调查工作。承担了嵩明县、石林县、峨山县、东川区、禄劝县、昆明市、金平县部分矿山的储量动态测量工作。完成基本农田划定丘北县、沾益县的全部工作，质量良好。

云南省地震局形变测量中心

2013 年，云南省地震局形变测量中心负责云南省内 30 个 GNSS 基准站、重力站通讯运维工作，西南片区 36 个 GNSS 基准站设备运维保障及技术支持，安装完成 24 个陆态网络 GNSS 基准站数据监控系统。完成全省 11 处跨断层短水准、短基线场地 11 期观测，滇西地震预报实验场 98 个地磁测点 2 期磁场强度观测，滇西地震预报实验场及南华-昆明-曲靖测线共 108 个测点、110 个测段 2 期重力观测。完成中国大陆构造环境监测网络与中国地壳运动观测网络云南境内 82 个区域网点及地震行业科研专项“川滇地区密集 GPS 形变观测和岩石圈构造变形机制研究”80 个区域点的 GPS 联测。

云南省地图院

2013 年，云南省地图院承担“天地图·云南”省级节点建设，开展系统功能优化、运维系统优化和数据资源建设更新整理等工作，补充地图注记和 16 个中心城市信息点，增加 21 个城市高分辨率卫星影像，更新整理近 5000 幅 1:1 万框架数据；开展“天地图·云南”典型示范应用服务，完成南博会、洱源震后影像发布、车辆监控等专题应用，开发了“天地图”移动端应用，一年内服务访问量达 700 多万次，取得较好社会效益。

承担国家第二批地理国情普查云南省华宁县试点和保山市隆阳区试生产工作，开展普查成果与国土、林业等部门普查数据的对比分析和成果的开发应用。承担德宏州兴地睦边测量，完成 1:2000 测图面积 99 平方千米，项目成果质量被评为优秀。承担云南省备灾救灾系列图编制和应急指挥管理系统建设工作，制作了云南省备灾救灾系列图，开发了云南省应急指挥管理系统，并应用在德钦地震救灾工作中。建立云南省三维影像服务系统。为省委省政府提供地图与地理信息系统服务，提供各类领导应急保障用图 63 项 1000 多幅。承担土地卫片执法、基本农田划定、弥渡县及江川县所有权调查和使用权调查工作，承担大理海西坝区 220 平方千米土地利用变化监测一期工作并启动二期监测等工作。

西藏自治区

概况

截至2013年底，西藏自治区共有测绘资质单位31家，其中甲级1家、乙级10家、丙级13家、丁级7家。全年完成测绘服务总值0.73亿元。测绘从业人员521人。

西藏自治区测绘院

2013年，西藏自治区测绘院共有职工40人，全年产值超过800万元。主要承担了拉孜至噶尔、拉孜至樟木镇基础控制网建设项目，完成110个C级GPS点及1400千米三等水准联测和噶尔至新藏交界点30个C级GPS点的选埋任务。开展8幅1:1万"3D"数字化测绘产品试制工作，承担唐古拉山口33幅1:1万"3D"数字化测绘产品生产任务。4月，启动地理国情普查试点生产，8月，启动拉萨市7县1区地理国情普查正式生产任务，截至年底，完成当雄县、尼木县等地约1.3万平方千米的卫星影像纠正和分幅DOM制作。做好农村宅基地确权调查项目收尾工作，截至11月底，完成桑日、琼结、扎囊、贡嘎、加查、乃东6县的数据入库工作。推进无人机航摄系统在测绘应急保障服务中的应用，5月，在那曲镇开展无人机航摄培训，获取那曲20平方千米高分辨率影像；7月，赴嘉黎县忠玉乡开展高山冰湖监测应急测绘；9月，在当雄县开展实操培训，获取当雄县12平方千米高分辨率影像并编绘1:2000"3D"数字测绘产品；10月，成立无人机应急测绘保障部，开展专题实操培训。

陕西省

概况

2013年，陕西测绘地理信息局积极协调，推进以省政府名义印发促进地理信息产业发展的指导性文件。形成《陕西省人民政府关于促进地理信息产业发展的意见（征求意见稿）》，已完成在测绘地理信息管理部门、资质单位的意见征求工作。印发全省测绘地理信息民营企业技术人员初级职称评审办法，开展民营企业技术人员初级职称评审工作，56家企业的220人获得助理工程师职称。至年底，全省测绘资质单位共433家（甲级36家、乙级89家、丙级177家、丁级131家），其中，事业单位116家，企业单位317家。

2013年，全省测绘服务总值较大的单位主要集中在测绘、煤炭、城乡建设与规划、有色、国土资源、水利水电等行业。测绘资质单位完成测绘服务总值19.51亿元，其中事业单位和国有企业服务总值占总数的76%，民营企业测绘服务总值达4.63亿元，同比增长28%。

国家测绘地理信息局大地测量数据处理中心（陕西省第四测绘工程院）

【业务】

2013年，国家测绘地理信息局大地测量数据处理中心（陕西省第四测绘工程院）承担"927"一期工程项目，实现了海域大地水准面优于8厘米的似大地水准面成果。承担国家现代测绘基准体系基础设施建设一期工程，完成凤县、陇县、靖边、神木、洛川5个站的观测墩及房屋主体建设，子洲站观测墩建设，山阳、洋县2站工作正常开展。承担地理国情监测项目，完成1:5万图140幅。承担地心坐标系维护与推广应用项目，完成31个省（自治区、直辖市）高精度高分辨率格网改正量计算、省级地理信息坐标转换通用软件的编制和调试、14个省（自治区、直辖市）基础地理信息坐标转换软件定制与技术服务及坐标转换技术咨询指导工作。承担国家现代测绘基准数据处理项目，完成项目一等水准网数据处理方案的编制、外业观测数据格式转换软件及部分数据分析工作。

完成宁夏、辽宁卫星导航定位连续运行基准站系统建设全程技术监理与服务，嵊州多个城市基础控制网建设与大地水准面精化；陕西华电蒲城发电有限责任公司一、二、三期工程沉降观测，宁德市测量标志保护牌埋设等。完成山东、浙江等14个省（自治区、直辖市）的省级基础地理信息数据坐标转换软件研制。

【其他】

国家测绘地理信息局大地测量数据处理中心（陕西省第四测绘工程院）承担的“跨区域现代大地基准精化与应用”“大连市现代测绘基准体系建设”项目分获2013年中国测绘学会测绘科技进步奖一、二等奖，“芜湖市似大地水准面精化”项目获陕西省测绘地理信息成果质量奖金奖。数据三室被评选为全国能源化学系统工人先锋号，职工获“陕西省重点领域顶尖人才”“第五届全国优秀科技工作者”等称号。

陕西天润科技股份有限公司

【业务】

2013年，陕西天润科技股份有限公司完成多个省市级重大项目建设。协助陕西测绘地理信息局完成秦岭1:1万地形图空白区测图项目，计133幅图3325平方千米。完成遵义市川黔铁路沿线110平方千米区域地形图测绘及地类调查，为铁路外迁可研性调查报告提供基础信息数据。完成上海市、成都市、杭州余杭等地年度地形图更新修测任务，完成河南、浙江、山西等地12个市、县（区）的农村集体土地所有权调查及确权发证工作。建设了杭州市余杭区地理公共服务平台，开发陕西省旅游信息网站。承担西安市长安区规划信息管理系统（ipad版）开发，数字余杭、智慧浙江等（ipad版）开发项目。

【其他】

陕西天润科技股份有限公司完成的“秦始皇帝陵考古地理信息系统建设”项目获陕西省测绘科技进步奖三等奖。“2011年余杭区基础测绘1:500全野外数字地形图测绘”项目获2013年全国优秀测绘工程奖银奖、中国地理信息产业优秀工程奖铜奖及浙江省2013年度优秀测绘与地理信息工程奖二等奖。“陕西省榆林至渭南输煤管线项目”获陕西省测绘地理信息成果质量奖金奖。“天润空间数据库NaviLite”项目获2013年中国地理信息科技进步奖二等奖。

中国电力工程顾问集团西北电力设计院

【业务】

2013年，中国电力工程顾问集团西北电力设计院承担全国100多项电力工程项目，主要涵盖火力发电、送变电及新能源发电等。完成中电投准东煤电基地五彩湾火电厂一期（2×660MW）、国网能源新疆准东煤电有限公司准东电厂一期（2×660MW）、大唐新疆准东五彩湾（2×660MW超临界）发电、国电新疆昌吉五彩湾电厂一期（2×660MW）、华能新疆吉木萨尔（2×660MW）电厂、新疆天池能源准东五彩湾煤电一体化6个发电工程初步设计阶段的测量工作。完成500kV巴塘-昌都输电线路工程的终勘定位工作。

【其他】

中国电力工程顾问集团西北电力设计院承担的“750kV渭南-乾县输电线路工程”获2013年全国优秀测绘工程奖铜奖。“750kV乌苏-伊犁输电线路工程”获陕西省第十五次优秀工程勘察奖二等奖。“甘肃华电环县南湫49.5MW风电场工程”获电力行业优秀工程勘测奖一等奖。

中铁一局集团第五工程有限公司

【业务】

2013年，中铁一局集团第五工程有限公司完成兰新第二双线（新疆段）JHTJ-3标（88千米），兰新第二双线（甘青段）LXS-4标和LXS-5标（34

千米），南广铁路 NGZQ-6 标（53 千米），合福铁路 HFMG-5 标（30 千米），晋中南铁路 ZNTJ-11 标（10 千米）等客运专线 CPII 复测、CPII 加密测量、CPⅢ轨道控制网测量和轨道精调测量。完成云桂铁路站前七标（60 千米）、宝兰客专 BLTJ-09 标（37 千米）、南广铁路 NGZQ-6 标（49.2 千米）、德大铁路综合Ⅲ标（72.5 千米）复测工作。

【其他】

中铁一局集团第五工程有限公司完成的“高速铁路 CPⅢ控制网测量技术”获 2012 年陕西省测绘科技进步奖三等奖。该公司获中国中铁第十二届测量技能大赛团体第一名。

陕西省煤田地质局物探测量队

【业务】

2013 年，陕西省煤田地质局物探测量队共承担 50 多项测绘项目。承担丝绸之路（甘肃段玉门关测区）烽火台遗址景点测量项目烽火台遗址的三维制作，西安浐河流域 1:5000DOM 制作，陕西省冯家塔矿区 1:5000、1:1 万卫片正射影像图制作，西安市碑林区三维数字城市系统建设。完成洛南县地质灾害详查项目灾害点的地形图测量工作。开展武汉市黄陂区农村集体土地使用权调查，永陇矿区麟游区园子沟煤矿首采区航空摄影及地形图测绘工作。完成银川市无人机 1:1000 地籍调查项目的飞行任务，获取 0.08 米分辨率影像 6000 多张。完成大荔县沙苑生态休闲旅游景区航拍及数字化成图项目的飞行任务，获取 0.08 米分辨率影像 1900 多张，航拍覆盖面积约 65.19 平方千米。

【其他】

陕西省煤田地质局物探测量队自主开发的陕西冯家塔矿区三维虚拟仿真系统 V1.0、历史文物古迹现状及复原数字模拟三维显示系统 1.0.0.0、三维数字社区地理信息系统 1.0.0.0、GIS 数据快速批量展绘到 Google Earth 软件 1.0.0.0 等 4 项软件获得计算机软件著作权登记证书。参与研发的新型金属物探测绘仪获得国家实用新型专利证书。

西北综合勘察设计研究院

【业务】

2013 年，西北综合勘察设计研究院完成商州区区域内的土地利用现状变更调查及遥感监测，西咸新区沣东新城市政园林配套中心红光大道（西三环-科源路，沣泾大道-沣河东路）地下管线探查工作。承担彬县城区 1:1000 地形图测绘项目，完成城区 10.6 平方千米的地形图测绘工作。承担榆阳区煤矿控制网测量项目，完成 10 多个矿的控制测量工作。承担富县工业园区 1:500 地形图测量项目和大唐韩城第二发电有限责任公司沉降观测项目。

【其他】

西北综合勘察设计研究院承担的“商洛市 2011 年度土地利用现状变更调查及遥感监测项目”获陕西省第十五次优秀工程勘察奖三等奖。

西安市勘察测绘院（西安市地理信息中心）

【业务】

2013 年，西安市勘察测绘院（西安市地理信息中心）完成西安阎良、高陵、环山路两侧、楼观台等区域约 340 平方千米 1:1000 航测成图，城区 2215 平方千米正射影像及 DEM 生产；阎良区和西咸新区正射影像生产，城区 23.5 平方千米三维模型生产；西安市市域轨道交通临潼线、草堂线 1:500 综合管线图测绘 329 千米；西安高新区及国际港务区扩区地形图修测 70.4 平方千米；西安市文物局申请世界文化遗产保护项目 GIS 数据处理工作和西安市城市规划道路数据、红线数据等规划数据的处理工作。承担西安市重点项目地铁 5 号线、地铁 6 号线、临潼线控制测量工作和西安地铁 1、2 号线竣工测量工作。

【其他】

西安市勘察测绘院（西安市地理信息中心）承担的“基于 CORS 用户端的实时三维成果智能转换与控制系统”获 2013 年度陕西省优秀城乡规划设计奖（城市勘测类）一等奖，“西安地铁三号线地面控制测量”获二等奖，“西安市地铁三号线综合管线图测绘”“西安市城中村及棚户区地理信息现状数据普查项目”获三等奖。“西安市地铁一号线地下管线图测绘（一期）”获 2013 年全国优秀测绘工程奖铜奖、陕西省第十五次优秀工程勘察奖二等奖。“西安秦汉唐国际文化广场竣工测量”获陕西省第十五次优秀工程勘察奖三等奖。获得 7 项计算机软件著作权证书。

机械工业勘察设计研究院

【业务】

2013 年，机械工业勘察设计研究院共承接工程测量项目 172 项，已完成并提交成果成图的项目 162 项。完成柬埔寨达岱河水库库区地形测量及库容计算、老挝波乔省南耕河灌溉项目地形及坝址断面测量、安哥拉 sk 输变电项目（第一批次）索约-恩泽托 120 千米线路控制测量、喀麦隆雅温得市萨内加水处理厂及配套项目 58 千米线路控制及地形测量等 15 个项目。完成西安-宝鸡客运专线杨凌-宝鸡段 78 千米线路沉降评估，兰新铁路第二双线甘青段 395 千米路基、桥梁、隧道平行观测，新开西安-成都客运专线陕西境内 320 千米线路、宝鸡-兰州客运专线陕西境内 45 千米线路、长沙-株州-湘潭城际铁路沉降评估。承担兰新铁路第二双线甘青段 50 千米线路施工测量和震后复测；西安、南昌、深圳地铁工程施工第三方和地铁运营期间线路变形监测。

【其他】

机械工业勘察设计研究院主要承担的“包兰线惠农-银川段增建二线工程惠农-青草圈 CPⅢ测量成果”获陕西省测绘地理信息成果质量奖银奖。“西安古城墙 14 号、16 号马面区段裂缝、沉陷‘病害’勘察及变形监测”“考考赖净水厂建（构）筑物沉降、裂缝‘病害’勘察”分获陕西省第十五次优秀工程勘察奖一、二等奖。

国家测绘地理信息局第一大地测量队（国家测绘地理信息局精密工程测量院、陕西省第一测绘工程院）

【业务】

2013 年，国家测绘地理信息局第一大地测量队（国家测绘地理信息局精密工程测量院、陕西省第一测绘工程院）承担国家现代测绘基准体系建设项目 2013 年度水准点和 GPS 点选埋，完成预定的一等水准观测任务，共完成水准点普查 2270 点、水准点选埋 1194 点，完成贵州威宁深层基岩水准点选建。承担中国大陆构造环境监测网络、海岛（礁）测绘一期工程、现代基准加密重力和惠州市加密重力测量等重力测量任务，完成绝对重力测量 38 点、一等重力测量 120 点、加密重力测量 15845 点。完成新疆 17.8 万平方千米 533 幅 1:5 万图幅范围地表覆盖、地理国情要素信息的外业调查与核查及数字成果制作，9100 多点遥感解译样本采集，301 点影像控制点采集。完成全国 30 个基线场的基线丈量，16 个 GNSS 接收机检定场测量；建设测绘仪器检定场 4 处，建造多功能检测平台 1 个。完成云南、福建、河南和陕西秦岭等 4 项机载激光雷达数据采集和数据处理，采用 InSAR 技术完成西安市地面沉降监测项目并编写分析报告。完成资源三号卫星检校场靶标铺设，布设 35 个近 5 万平方米靶标，施测高精度像控点 650 点。配合国家测绘地理信息局卫星测绘应用中心首次实现一次靶标布设、国内外多卫星在轨检校计划。

【其他】

国家测绘地理信息局第一大地测量队（国家测绘地理信息局精密工程测量院、陕西省第一测绘工程院）承担的“数字航空摄影测量系列标准制定”获 2013 年中国测绘学会测绘科技进步奖三等奖，“徐州市基础控制测量及似大地水准面精化”项目获陕西省测绘地理信息成果质量奖银奖。

国家测绘地理信息局第二地形测量队（陕西省第三测绘工程院）

【业务】

2013 年，国家测绘地理信息局第二地形测量队（陕西省第三测绘工程院）完成宁夏吴忠地区外业调查与核查及遥感解译样本库制作，宁夏中卫地区正射影像、普查数据生产及部分区域统计分析工作。完成地理国情普查规模化生产任务，包括青海测区正射影像生产，德令哈、乌兰、大柴旦、冷湖、茫崖 5 个县内判采集解译，青海海西、玉树、果洛 3 个州外业调查与核查及遥感解译样本库制作等。完成贵州、四川、重庆约 1400 多千米一等水准观测任务。

在陕西省基础测绘项目中，完成秦岭测图工程佛坪测区、山阳测区野外像片调绘生产及景观图片采集生产任务，镇巴、宝鸡南测区 DLG、DEM 生产；开展山阳测区 1:1 万 DLG、DEM 数据生产。完成秦岭测图安康、商洛等7市县建成区影像挂图生产，“天地图·陕西”18个区县建成区正射影像生产。完成安塞县基础地理信息系统建设项目。推进“天地图·安塞”接入“天地图”国家主节点和省级节点，建立陕西省第一个县级“天地图”节点。

完成陕西省17个县（区）土地利用现状变更与遥感监测数据库建设，镇巴县土地利用总体规划数据库，千阳县、黄龙县高标准基本农田建设工程设计，神木县集体土地确权勘界调查试点等项目。编制完成《陕西省市、县级行政区域界线详图集》并正式发布使用；编制完成渭南市、神木县、靖边县行政区划图册，榆林市等13市县行政区划挂图。建成大佛寺专题管理信息系统和大佛寺三维数字化展示平台，开展钟山石窟精细三维扫描测量项目，开展陕西省明长城及唐帝陵文物保护区域变化监测项目。

【其他】

国家测绘地理信息局第二地形测量队（陕西省第三测绘工程院）获2013年中国测绘学会测绘科技进步奖三等奖1项、全国优秀测绘工程奖铜奖1项，获2013年中国地理信息科技进步奖三等奖2项、中国地理信息产业优秀工程奖银奖1项，获陕西省测绘地理信息成果质量奖银奖1项。在第二届陕西省测绘地理信息行业职业技能竞赛中，获地籍测绘竞赛团体第一名、地图制图竞赛团体第二名；2人分获地籍测绘竞赛第一、二名，获“陕西省技术状元”“陕西省技术能手”“陕西省青年岗位能手”等称号。

在全国测绘期刊发表科技论文16篇。承担国家测绘地理信息局重点实验室科研项目1项、国家测绘地理信息局科研项目1项，承担陕西测绘地理信息局科研项目3项（其中1项为合作完成），开展院际合作科研项目1项、院科研项目5项。

西安大地测绘工程有限责任公司

【业务】

2013年，西安大地测绘工程有限责任公司完成测绘航空摄影、摄影测量与遥感、工程测量、地籍测绘、房产测绘、地理信息系统、地图编制等项目116项，无人机飞行总面积4958平方千米，完成地籍测绘106个行政村、管线测量620千米、房产测绘53万平方米、公路测量400千米。

【其他】

西安大地测绘工程有限责任公司自主研发的大地便携式陆空一体化软件V1.0、大地县级国土资源局办公自动化系统V1.0等多个项目获计算机软件著作权证书和陕西省工业和信息化厅软件产品登记证书。承担的“呼和浩特-包头-鄂尔多斯成品油管道工程无人机航测项目”获2013年全国优秀测绘工程奖银奖，“山西保德地区航空摄影测量数据处理项目”获2013年陕西省测绘地理信息成果质量奖铜奖，“智能化测绘无人机的研究与开发”获2013年中国测绘学会测绘科技进步奖三等奖。

西北有色金属测绘院

2013年，西北有色金属测绘院承担陕西有色榆林煤业有限公司杭来湾煤矿302、303、304盘区建设测绘项目，完成1:1000数字化现状地形图测绘，303、304盘区矿权边界外扩150米，1:5000地形图50平方千米，E级GPS控制点46个。承担陕西有色榆林新材料有限责任公司建设项目沉降观测，观测沉降观测点82个、二等水准20千米。完成陕西省洋县钒钛磁铁矿1:2000地形图测绘23平方千米、GPS控制点40个、矿区建设用地范围1:500地形图测绘，陕西省洛南县回马坪下马沟1:2000地形图测绘项目，甘肃河西堡革命沟1:500地形图等测绘项目。

中国有色金属工业西安勘察设计研究院

2013年，中国有色金属工业西安勘察设计研究院承担完成了潼关-华县工业园输气管道项目工程测量、金堆城钼业有限公司北沟尾矿库地形测量、河南晋煤天庆18305项目厂区控制点测量、陕西神木通用机场工程初步勘察及地形测量、陕西省地方税务局曲江税收数据处理中心场地方格网图测量等工程。完成陕西天宏1250T/年多晶硅厂区二期新建建筑物沉降观测、曲江国际公园2#地块地下车库基坑变形监测、西安石油勘探仪器总厂长庆坊沉降观测等变形测量任务。完成《工程摄影测量规范》报批稿，参与国家标准《尾矿库在线安全监测系统工程技术规范》编写，启动陕西省地方标准《湿陷性黄土地区变形监测规范》编写工作，完成《工程测量术语标准》的推广和宣传工作。

宝鸡市勘察测绘院

【业务】

2013 年，宝鸡市勘察测绘院根据数字化城市管理系统运行情况，及时对相关数据、设备做好更新、完善、维护。完成中心城区测绘工作量 118 平方千米及中心城区遥感影像图数据更新工作。承担宝鸡市卫星定位基准站系统（BJCORS）维护工作。

【其他】

宝鸡市勘察测绘院承担的“凤翔县城市管理部件普查工程”“宝鸡市青铜器博物院、石鼓阁沉降观测工程”获陕西省第十五次优秀工程勘察奖三等奖。“宝鸡市第一建筑工程公司建工大厦建筑基坑水平位移监测、周边建筑沉降观测及建工大厦主体沉降观测工程”获 2013 年度陕西省优秀城乡规划设计奖（城市勘测类）三等奖。

陕西省水利电力勘测设计研究院

【业务】

2013 年，陕西省水利电力勘测设计研究院完成 40 多条陕西省中小河流治理项目的测绘任务并提交设计单位使用。承担并完成陕西省引汉济渭受水区、延安煤油气资源综合利用项目南沟门水库供水、四川省凉山州盐源县龙塘水库灌区、陕西省咸阳市彬长矿区输配水、陕西省榆神供水、新疆塔什库尔干河梯级水电开发、汉中市汉江干流防洪治理等省内外重点水利水电工程项目的基本平面控制约 500 点、高程控制约 1300 千米和地形图约 1200 平方千米。承担榆林王圪堵水库、延安南沟门水库、咸阳亭口水库、西安市李家河水库等在建重点水利枢纽工程的安全监测基准网建立及表面变形观测项目。完成延长石油炼化公司轻烃综合利用项目、千阳县光伏发电项目、工程征地界桩测设及在建水库移民安置等跨行业测绘任务。

【其他】

陕西省水利电力勘测设计研究院承担完成的“西安市辋川河引水李家河水库工程大坝安全监测基准网测量”获陕西省第十五次优秀工程勘察奖二等奖、2013 年陕西省测绘地理信息成果质量奖银奖；“陕西省引汉济渭受水区输配水工程基本平面和高程控制测量”获陕西省第十五次优秀工程勘察奖三等奖。

西安建材地质工程勘察院

【业务】

2013 年，西安建材地质工程勘察院完成陕西省境内工程测量、土地利用现状变更调查与遥感监测、城镇地籍调查、土地整理开发项目规划设计等项目 100 多项，均通过验收。

【其他】

西安建材地质工程勘察院完成的“紫阳县城及蒿坪等 14 个建制镇地籍调查”项目获 2013 年度建材行业优秀工程勘察成果奖二等奖。

国家测绘地理信息局第一航测遥感院（陕西省第五测绘工程院）

【业务】

2013 年，国家测绘地理信息局第一航测遥感院（陕西省第五测绘工程院）承担完成陕西、河南 2 省国家 1:5 万基础地理信息数据库更新工作。完成 1:5 万地形图制图数据更新生产 6657 幅，1:25 万地形数据库更新和地形图制图数据生产 414 幅，涉及新疆、青海、甘肃等 10 个省（自治区、直辖市）。完成秦岭测图工程洋县测区、安康测区、太白-城固南测区、商南-山阳测区“3D”产品 1452 幅。承担完成铜川市 1:1000 航测、无定河干流综合治理基础地理信息数据采集等多个市场项目。完成陕西省重要地理信息变化监测，陕西省范围内 1:1 万 DEM 精细化处理，新疆和甘肃部分地区 53.1 万平方千米正射影像数据生产，地理国情监测项目西部地区数字表面模型（DSM）制作 4440 幅、新疆区域内业判读解译 1644 幅、外业调查与核查 379 幅。开展西部无控制和稀少控制条件下高分辨率、高精度卫星影像纠正技术试验，陕西省 30 个重点示范镇城镇化进程监测，西安市户县 16 个镇城市综合地理国情监测，三星工业园区建设进展监测等地理国情普查技术试验工作。完成国家“863”计划“全球地表覆盖遥感制图与关键技术研究”子项目“美洲地表覆盖分类信息提取”5661 景。引进法国街景工厂，开展三维街景影像处理试验。

【其他】

国家测绘地理信息局第一航测遥感院（陕西省第五测绘工程院）承担的“连云港市数字正摄影像图制作”获2013年全国优秀测绘工程奖铜奖。“铜川市1:1000航测”获陕西省测绘地理信息成果质量奖金奖。

国家测绘地理信息局第一地形测量队（陕西省第二测绘工程院）

【业务】

2013年，国家测绘地理信息局第一地形测量队（陕西省第二测绘工程院）完成国家基础地理信息数据库动态更新项目新疆维吾尔自治区、甘肃省、湖北省共约230.06万平方千米1:5万地形数据库重点要素更新生产。完成甘肃省白银市全境和陕西省榆林市部分区域的地理国情普查试生产，总面积约4万平方千米；新疆、青海部分地区1:5万数字正射影像制作约1259幅；新疆维吾尔自治区和静县、轮台县、库尔勒市等8个县（市）的内业判读与解译、外业核查底图制作，图幅数399幅，总面积约13.5万平方千米；新疆维吾尔自治区和静县、轮台县、库尔勒市等19个县（市）的普查外业生产，图幅数1522幅，总面积约55.3万平方千米。完成国家现代测绘基准体系基础设施建设一期工程一等水准观测约1419千米。完成秦岭测图工程宁陕测区257幅1:1万DLG、DEM数据生产；宝鸡南测区138幅1:1万野外像片调绘生产；商南测区183幅1:1万野外像片调绘生产；商南-山阳测区836幅1:1万像片控制测量生产。完成四川庐山地震灾后重建测绘保障1:500数字化地形图测量2.8平方千米。

【其他】

国家测绘地理信息局第一地形测量队（陕西省第二测绘工程院）承担的“政和县村庄规划编制1:1000地图测绘项目”获陕西省测绘地理信息成果质量奖银奖。“资源三号影像全色与多光谱影像融合方法比较研究”课题获卫星测绘技术与应用国家测绘地理信息局重点实验室开放基金立项。

陕西省交通规划设计研究院

2013年，陕西省交通规划设计研究院承担绥德至延川高速公路控制测量及1:2000地形图测绘，合凤线铜川至旬邑高速公路控制测量及1:2000地形图测绘，西藏泽当至贡嘎机场公路控制测量及1:2000地形图测绘，京藏线青海扎嘛隆至倒趟河段高速公路改建工程控制测量及1:2000地形图测绘。完成西（安）咸（阳）北环线高速公路公路用地界测量放线，神木至佳县高速公路公路用地界测量放线，渭南至玉山高速公路公路用地界测量放线等工作。承担绥德至延川、铜川至旬邑、蒲城至黄龙、扎嘛隆至倒趟河、西安至宝鸡改扩建宝鸡过境公路等项目的初步设计或施工图设计阶段外业纵、横断面测量及对路线有较大影响的主要构造物控制测量工作。承担《陕西省公路交通图集》编制工作。

西安中勘工程有限公司

2013年，西安中勘工程有限公司全年累计完成土地勘测定界项目16个，建筑工程放线项目51个，沉降观测项目54个，变形监测项目18个，地形图等测量测绘工程15个，地形测量12个，房产面积测量项目11个，服务领域涵盖政府保障房建设、旧城改造、房地产开发、大型工矿企业建设等。完成渭南市下属7个区（县）补充地籍调查、市直属土地利用现状调查、土地利用变更调查任务，配合渭南市国土资源局完成了渭南市存量建设用地调查。承担西藏1:25万班戈县、那曲县幅区域重力调查项目，完成调查面积约3万平方千米；青海1:25万刚察县、张掖市幅区域重力调查项目，完成调查面积约2.5万平方千米；渭河盆地1:5万重磁调查项目，完成调查面积约2500平方千米。完善与建立重力仪格值标定场共14个，其中新建7个、完善7个，建立重力标定点标石40个。

中国水利水电第三工程局有限公司

【业务】

2013年，中国水利水电第三工程局有限公司承担大渡河枕头坝一级水电站大坝及发电厂房工程、大渡河枕头坝一级水电站大坝及发电厂房工程、江苏溧阳抽水蓄能电站引水系统及地下厂房工程、内蒙古呼和浩特抽水蓄能电站引水系统土建及钢管安装工程等水电项目；承担福建南龙铁路第6标段、四川梁忠高速、312国道改扩建等公路工程；承担西安沣渭新区 BT 项目、郑州市陇海路快速化工程 BT 项目、兰州机场道路扩建等国内市政工程项目；承担卡塔尔市政工程，斯里兰卡、尼日利亚、几内亚、老挝、越南水电工程，缅甸铜矿开发工程等施工测量任务。全年共完成 38 个在建工程项目，完成测量产值约 2000 多万元。

【其他】

中国水利水电第三工程局有限公司测量总队在中国电力建设集团组织的“电建杯”水工建筑物测量工技能大赛中获团体第五名，个人第八名。

国家测绘地理信息局陕西基础地理信息中心（国家测绘地理信息局陕西测绘资料档案馆）

【业务】

2013 年，国家测绘地理信息局陕西基础地理信息中心（国家测绘地理信息局陕西测绘资料档案馆）共承担基础测绘项目 34 个。其中国家基础测绘项目 15 个、省级基础测绘项目 19 个。完成 2013 年地理国情监测省级试点实施方案编写、第十七届西洽会测绘信息化成果展、秦岭道路网专题图制作等 10 个项目。完成陕西省第三次经济普查地理信息服务工作、宝鸡市快递企业基础信息管理系统搭建工作、“天地图・陕西”旅游地理信息系统建设及完善工作、“天地图・陕西”移动版开发工作。完成榆林南部地区地理国情普查试点生产工作；完成新疆且末县、青海格尔木市和都兰县约 30 万平方千米地理国情要素信息提取、地表覆盖分类及普查工作底图制作工作；完成“天地图・陕西”上线后第四次大规模升级工作，发布“天地图・陕西” 2013 版。

完成“927”一期工程项目、地理国情普查项目等 945 幅 4458GB 数据成果资料和 454 卷文档成果资料的汇交。收集各种比例尺“4D”成果及卫星遥感影像数据近 10 万幅（景），总量达 20.3TB。全年共提供各种比例尺纸质地形图共 4118 幅 8225 张，各种数字成果 16 万多幅、数据量近 94 万 GB，像片及航片扫描数据 9000 多张、数据量 4000GB，各类大地控制成果 3827 点。

【其他】

国家测绘地理信息局陕西基础地理信息中心（国家测绘地理信息局陕西测绘资料档案馆）党总支获 2011-2012 年度陕西测绘地理信息局先进基层党组织称号。基于“天地图・陕西”研发的“测绘生产外业安全管理平台”获首届“天地图”应用开发大赛三等奖。“国家地理格网编码方案研究”获 2013 年中国地理信息科技进步奖三等奖。陕西省应急管理科技支撑项目“陕西省应急体系地理信息平台项目”获 2013 年中国测绘学会测绘科技进步奖二等奖。

西安煤航信息产业有限公司

【业务】

2013 年，西安煤航信息产业有限公司承担包头市区范围影像图地形图更新、包头市城市地下管线普查探测工程、陕京三线（含永唐秦）地理信息系统数据库建设、贵阳市（2012-2013 年度）数字航空摄影项目等 228 项国内测绘任务。签订英国 LIDAR 数据编辑、法国航片卫片数据采集、博茨瓦纳数据采集及入库、加拿大数据修补测、美国 LIDAR 数据处理、巴西数据采集等项目。

【其他】

西安煤航信息产业有限公司承担的“高分立体卫星影像一体化成图产业化应用技术开发”获 2013 年中国测绘学会测绘科技进步奖三等奖，“基于 GIS 的管道完整性数据采集维护系统”获 2013 年中国地理信息科技进步奖三等奖，“汉中市控制测量与中心区 1:500 航测成图项目”和“榆林市地理空间框架建设项目中心城区地下管线普查”项目获 2013 年全国优秀测绘工程奖银奖，“陕西省渭河全线数码航空摄影测量及现状遥感调查”项目获中国地理信息产业优秀工程奖银奖。“航空摄影质量自动检查系统”获中国煤炭地质总局科技进步奖一等奖及西安市科技局科学技术进步奖一等奖，“澄合矿区基础控制网建设及航摄数字化地形图测绘技术研究”获中国煤炭地质总局科技进步奖二等奖。

陕西省地质矿产勘查开发局测绘队（陕西国土测绘工程院）

【业务】

2013 年，陕西省地质矿产勘查开发局测绘队

（陕西国土测绘工程院）完成四川省泸州市江南新区、临港产业物流园区1:500DLG航测项目（第二标段）；四川泸州、云南双江、北京顺义、山东济宁、陕西周至等区县农村土地发证项目；陕西周至、南郑、洛南等县农村基本农田划界项目；陕西省西安市灞桥区正射影像图项目；新疆、甘肃野外电力设施数据采集等项目。

【其他】

陕西省地质矿产勘查开发局测绘队（陕西国土测绘工程院）承担的“泸州市城西、城北新城区1:500数字化地形图测绘项目”获2013年全国优秀测绘工程奖铜奖及陕西省测绘地理信息成果质量奖银奖。

咸阳市勘察测绘院

【业务】

2013年，咸阳市勘察测绘院完成高新区1:1000地形图测绘280多幅，修测1:1000地形图130多幅，完成15条道路的测量放线工作，完成亨通电力设计公司电力线路、西区供热公司热力管道等管线放线测量工作33项。完成拨地测量97处，建筑物放线测量601栋，建筑物验线198栋。完成GPS控制点164个，四等水准测量300多千米，其他测绘工作93项。

【其他】

咸阳市勘察测绘院获得省级优秀勘测成果6项。“中华苑·书香河畔住宅小区2#、3#、7#、8#、16#及会所岩土工程勘察”“陕西国际商贸学院工学院、医药学院、商学院教学楼及体育馆岩土工程勘察”分获陕西省第十五次优秀工程勘察奖二、三等奖；“南洋·维也纳花园（七里铺改造工程）岩土工程勘察”“凤栖路市政工程测量”获2013年度陕西省优秀城乡规划设计奖（城市勘测类）三等奖，“光辉村拆迁改造项目2#～5#住宅楼岩土工程勘察”“咸阳住房公积金管理中心玉泉西路公租房项目7#、8#住宅楼沉降观测”获表扬奖。

中煤西安设计工程有限责任公司

【业务】

2013年，中煤西安设计工程有限责任公司承担并完成52项测绘项目，主要包括榆横工业园区控制网施工方案技术设计及控制网建立、纳林河二号矿井选煤厂及化工输煤系统的测量、山西西山晋兴能源有限责任公司斜沟矿井及选煤厂地形测量等。参与“中煤陕西榆林能源化工有限公司甲醇醋酸系列深加工及综合利用项目卸储煤系统原煤仓地基研究”科研项目。

【其他】

中煤西安设计工程有限责任公司被中国勘察设计协会评定为“全国工程勘察与岩土行业诚信单位”。

中国地震局第二监测中心

【业务】

2013年，中国地震局第二监测中心继续推进国家重大应用基础研究项目中国综合地球物理场观测—鄂尔多斯周缘地区项目。承担2013年度常规地震监测、华北强震强化监视跟踪、陆态网络GNSS区域网观测等8项内容。共完成精密水准测量任务5497.7千米，断层场地水准测量66个场地、177处次的观测任务。对岷县6.6级地震震区7处跨断层场地和8个GPS观测站进行加密观测。完成流动重力观测881点次。共完成GNSS区域网GPS观测375个站点。对关中环线进行监测网优化改造。完成测绘与勘测工程项目20个。

【其他】

中国地震局第二监测中心承担的“中国综合地球物理场观测—青藏高原东缘地区”项目被评为中国地震局“十一五”期间10项最具应用实效的科技成果之一。

中交第一公路勘察设计研究院有限公司

【业务】

2013年，中交第一公路勘察设计研究院有限公司启动《公路勘测规范》（JTG C10-2007）、《公路勘测细则》（JTG C10/T-2007）修订工作。完成的“陕西定汉线宝鸡至平坎高速公路基础控制测量与1:2000成图”项目通过质量体系检查及成果质量检查，“海南省中线高速公路琼中至三亚段（第一标段）1:2000地形图测绘”通过验收，成果质量为优。

【其他】

中交第一公路勘察设计研究院有限公司承担的“车载 LiDAR 扫描技术在公路改扩建项目中的应用研究”获陕西省测绘科技进步奖二等奖、2013 年度陕西省科技进步奖三等奖。

西安中飞航空遥感技术有限公司

【业务】

西安中飞航空遥感技术有限公司承担国家基础航空航天遥感影像获取、地方省市城市规划建设航空摄影及农村集体土地确权登记工作。2013 年，完成全国 26 个摄区遥感影像获取工作，实现生产产值 2170 多万元。承担榆林、渭南、汉中、铜川、兴义、安顺、石嘴山及克拉玛依市摄区基础航空航天遥感影像获取项目，航摄分辨率均优于 0.1 米，总面积 3965 平方千米。开发西安市城乡建设信息管理系统，承担西安市主城区航空摄影项目及图册制作项目。合作开发泸州市城市信息管理系统，获取 0.05 米分辨率航摄影像，覆盖面积 3622 平方千米。承担山西中阳、方山及兴县航空摄影项目，摄区航摄分辨率 0.05 米，总面积近 4000 平方千米。

【其他】

西安中飞航空遥感技术有限公司承担的国家基础航空航天遥感影像获取项目中都匀、兴义、三门峡、克拉玛依、汉中、铜川等摄区成果通过国家基础地理信息中心验收，质量综合评定为优。都匀摄区及铜川摄区 2 个项目获 2013 年陕西省测绘地理信息成果质量奖铜奖。“机载 POS 辅助设备电源系统设计”项目获中航工业试飞中心的“五小创新”技术进步奖三等奖。

国家测绘地理信息局第一地理信息制图院（陕西省第六测绘地理信息工程院）

【业务】

2013 年，国家测绘地理信息局第一地理信息制图院（陕西省第六测绘地理信息工程院）承担全国第一次地理国情普查任务，涉及青海省境内 38.9 万平方千米标准图幅的内业判读，完成 1089 幅 1:5 万地形图 DOM 数据生产。承担西部地区正射影像生产任务，完成 184 幅 1:5 万 DOM 生产。完成 2000 幅新版 1:5 万国家基本比例尺地形图印刷任务。完成秦岭地区 1:1 万地形图空白区测图工程 238 幅 DOM 数据生产，及秦岭测图工程子项目秦岭地区自然保护区 31 幅系列地图的编制工作。编制完成《陕西省工业地图集》，启动《陕西省领导用图》2014 版修编工作，完成省政府应急测绘保障项目《关中产业布局图》等编制工作，完成长武县立体地图制作等。

【其他】

国家测绘地理信息局第一地理信息制图院（陕西省第六测绘地理信息工程院）完成的《陕西省地图集》《陕西省领导用图》分获 2013 年全国优秀测绘工程奖银、铜奖，“国家 1:5 万数据库更新工程 1:5 万地形图制图数据成果”获 2013 年陕西省测绘地理信息成果质量奖银奖。该院在第二届陕西省测绘地理信息行业职业技能竞赛暨全国竞赛陕西选拔赛中获地图制图组团体三等奖。制印部被全国总工会授予“工人先锋号”称号。

中铁一局集团第四工程有限公司精密测量分公司

【业务】

2013 年，中铁一局集团第四工程有限公司精密测量分公司完成郑徐铁路客运专线 ZXZQ06 标精测网及施工控制网复核测量、成武高速公路第十二合同段米仓山隧道工程复核测量、中石油陕京三线输气管道工程（良乡-西沙屯段）复核测量、西成铁路客运专线 XCZQ-1 标施工控制网加密测量、呼准二线复核测量、国道 317 线雀儿山隧道工程 Q2 标精测网复测、新建铁路大理至瑞丽段大保段站前工程三标施工平面控制网及隧道洞内导线测设等测量项目。

【其他】

中铁一局集团第四工程有限公司精密测量分公司承揽的“西宝客专 XBZQ-1 标 CPⅢ控制网测量工程”获 2013 年度陕西省测绘地理信息成果质量奖铜奖。

甘肃省

概况

截至2013年底，甘肃省共有测绘资质单位320家，其中甲级13家、乙级57家、丙级90家、丁级160家。测绘资质单位从业人员6419人，其中民营企业从业人员1754人，占从业人员总数的27%。资质单位主要分布在国土资源、城乡建设与规划、水利水电及交通运输系统。

2013年，全省测绘资质单位共完成服务产值7.96亿元，其中甘肃省测绘地理信息局属3家单位完成1.07亿元，城乡规划和水利水电系统分别完成了2.4亿元和5.38亿元，完成的主要项目包括武威测区1:1万数字地形图缩编生产，甘肃省地理国情普查试点项目，“天地图·陇南”（公众版）建设，“天地图·甘南藏族自治州”（公众版）建设，“天地图·平凉”（公众版）建设，甘肃省兰白、武威测区数据整合处理生产，甘肃省重点矿山环境三维展示系统建设等。

甘肃省测绘工程院

【业务】

2013年，甘肃省测绘工程院作为项目主要实施单位完成了甘肃省卫星定位连续运行基准站网（GSCORS）建设项目。完成甘肃省1:1万基础测绘、省级基础测绘航空摄影地面配合、甘肃省第二次土地调查农村土地调查、甘肃省探矿权设置、甘肃东部百万亩土地整理重点项目基础测绘数据生产、甘肃省第一次全国地理国情普查影像底图生产项目等。“7·22”岷县、漳县交界处地震后，积极组织专业技术人员为灾区赶制0.2米和0.5米分辨率的正射影像图423平方千米。

【其他】

甘肃省测绘工程院完成的“甘肃省探矿权设置方案项目”获2013年全国优秀测绘工程奖铜奖，“中核四〇四有限公司三维管网系统建设工程项目成果”获2012年度甘肃省测绘学会优秀工程奖金奖，“精密单点定位技术在基础控制应用研究项目”获2012年度甘肃省测绘学会科技进步奖二等奖，1人被甘肃省委、省政府授予“舟曲特大山洪泥石流灾后恢复重建先进个人”称号，工程测量分院柳世昆入围“感动测绘人物”30名正式候选人。

甘肃省地质矿产勘查开发局测绘勘查院

【业务】

2013年，甘肃省地质矿产勘查开发局测绘勘查院完成工程测量、地籍调查、地理信息系统、无人机遥感等科研和工程项目90多项。主要包括康县长坝镇6个村乡村规划信息平台、甘肃省重点矿山环境三维展示系统（白银矿区）等地理信息系统工程建设，兰州市低丘缓坡河壑等未利用土地1:1000 DLG、DEM、DOM测绘，内蒙古阿右旗巴丹吉林镇新区地形图测绘，云南红河县基本农田划定及数据库建设，云南南涧县、漾濞县、临沧市、云龙县、曲靖市等多项土地整理工程竣工测量，广东清新县三坑镇北灌区、大秦灌区改造等水利工程测量。完成“无人机在地质灾害应急中的应用研究”“三维激光扫描技术的应用研究和技术推广”等科研项目。

【其他】

甘肃省地质矿产勘查开发局测绘勘查院承担的“舟曲灾后恢复重建地质灾害遥感调查”项目获2013年全国优秀测绘工程奖铜奖和2012年度甘肃省测绘学会优秀工程奖金奖；“乡村发展规划与建设实施调度空间信息平台研究”项目获甘肃省测绘学会科技进步奖二等奖和甘肃省第六届全省职工优秀技术创新成果奖三等奖。

兰州市城市建设设计院

【业务】

2013年，兰州市城市建设设计院完成白银市平川区环城北路工程、兰州新区科教园区道路网工程、兰州市雁白黄河大桥工程、黄河干流兰州城区防洪治理工程可行性研究等30多项工程的测绘任务，开展道路定测191千米，布设GPS控制点385个，完成产值1000多万元。

【其他】

兰州市城市建设设计院承担完成的“兰州新区经十三路（中川大道）道路工程测量”获2012年度甘肃省测绘学会优秀工程奖银奖，“兰州市东西大通道整治工程测量”获铜奖。

甘肃有色工程勘察设计研究院

【业务】

2013年，甘肃有色工程勘察设计研究院承担完成的主要测量项目7个大类近120个。承担的金塔县农村集体土地确权所有权调查工作已全面完成，兰州市城关区、敦煌市、广河县、积石山县集体土地确权登记发证工作有序推进。承担临夏市、积石山县、和政县、康乐县的土地变更调查工作，全部通过国家验收。完成积石山县矿业权实施方案编制数据库、西固区矿产资源规划成果数据库、东乡县矿产资源规划实施方案数据库、东乡县土地整治规划及数据库建设。完成礼县、漳县、广河县等42个灾害点风险区划调查地形测量工作，地质灾害应急治理点工程地形测量20多项，完成永登县民乐乡小有村土地整理地形测量工作，两当县张家乡、云屏乡土地整理测量工作。完成靖远县若笠乡中塬村100兆瓦光伏电站工程地形测量、玉门市矿山地质环境治理工程2013年度实施工程地形测量及地形测量工作。完成平川区矿山环境恢复治理监测工程、两当县张家乡金润玉矿控制地形测量工程、甘肃省秦王川奶牛试验场新址地形测量工程等。

【其他】

甘肃有色工程勘察设计研究院完成的“马坞地沟矿区控制与地形图测量工程”获2012年度甘肃省测绘学会优秀工程奖铜奖。

甘肃省水利水电勘测设计研究院

2013年，甘肃省水利水电勘测设计研究院参与各类工程项目勘测约150多项。配合水利工程项目，开展各项测绘工作，完成布设E级GPS控制点1395座，五等导线测量线路566千米，三角高程线路2848千米，纵横断面测量8285千米，1:500、1:2000地形图测绘面积548.7平方千米，为各项水利工程的规划设计提供技术支持。

中国水电顾问集团
西北勘测设计研究院

【业务】

2013年，中国水电顾问集团西北勘测设计研究院完成的国内重大测绘项目包括西藏帕隆藏布项目、陕西镇安抽水蓄能项目、新疆阜康抽水蓄能电站、新疆克拉玛依引水工程测量、新疆哈密风电基地二期6000MW项目、黄河拉西瓦水电站部分工程测量复核、国电西藏尼洋河多布水电站施工控制网复测等。国外项目包括津巴布韦卡里巴南岸水电站项目、老挝南湃水电站施工控制网测量、圭亚那阿麦拉水电站测量、德尔西水电站测量等6项。

【其他】

中国水电顾问集团西北勘测设计研究院鼓励职工积极参加注册测绘工程师等执业资格考试和继续教育，派员参加多源高分辨率遥感卫星影像信息提取与处理等多个培训班。举办了无人机测量生产性作业飞行试验。

完成的“提高航空摄影测量大比例尺地形图成图效率”获陕西省工程建设优秀QC小组一等奖和国家工程建设优秀QC小组奖，“提高地籍测量中土地面积量算效率”获全国水利系统优秀QC小组一等奖，“提高多视点云数据配准精度”获全国电力行业优秀QC小组二等奖。

兰州市勘察测绘研究院

【业务】

2013年，兰州市勘察测绘研究院完成兰州市基础测绘1:2000数字地形图测绘西固区40平方千米、安宁区142平方千米、兰州新区100平方千米。完成城乡规划定线、城乡用地、规划检测、竣工测量等项目4300项。编制《兰州市洪水淹没风险图》等专题图12幅。完成兰州新区规划成果和土地利用数据建库、兰州新区三维信息平台开发、兰州新区规划国土资源管理信息平台研建等，完成数字兰州地理信息空间框架及应用示范系统建设的实施和数据生产、文档汇编，组织完成兰州市数据中心建设项目基础地理信息数据建库工作，生产提供兰州市近郊4区1:500矢量空间数据180平方千米、3县5区城区1:2000矢量空间数据800平方千米，制作提供近郊4区0.2米和0.5米分辨率、兰州新区0.2米分辨率、三县和红古区建成区0.5米分辨率影像数据。

【其他】

兰州市勘察测绘研究院1人通过注册测绘师资格考试，具备注册测绘师资格人员达11人；完成的“兰州新区数字城市平台研制”获甘肃省测绘学会科技进步奖一等奖，“测绘生产管理系统研制”“数字兰州卫星定位连续运行参考站系统与似大地水准面精化研究”项目获二等奖；“兰州市城关区1:2000数字地形图测绘”获甘肃省测绘学会优秀工程奖银奖。

天水三和数码测绘院

【业务】

2013年，天水三和数码测绘院完成省内航空摄影测量的内外业工作，已入库1:1000数字正射影像图57.8平方千米、1:2000数字正射影像图1908.02平方千米；完成1:2000数字线划图423.95平方千米、1:2000数字地面高程模型197平方千米；完成24个县土地调查，涉及宗地150万宗；完成白银市景泰县漫水滩乡160平方千米的土地承包经营权登记发证试点工作；完成礼县盐官1:1000地形图测绘等12项，涉及面积约162平方千米；完成24个县农村集体土地确权登记发证工作，涉及地籍测量面积约300平方千米；完成张掖市酥油口镇矿区等6项影像图制作及测量工作，涉及面积约18平方千米；合作完成数字天水地理空间框架建设项目基础地理信息数据采集、整理和建库，以及核心区三维模型的建设工作。

【其他】

截至2013年底，天水三和数码测绘院共有7人通过注册测绘师考试。完成的“陇南市第二次土地调查数据成果汇总及管理系统建设”项目获2013年全国优秀测绘工程奖铜奖，“成县三维数字城市项目”获2012年度甘肃省测绘学会优秀工程奖。该院被中央企业团工委授予“青年文明号”称号，被天水市麦积区政府及中共天水市麦积区委员会联合赠予“心系灾区，情暖麦积”锦旗。

甘肃省基础地理信息中心

【业务】

2013年，甘肃省基础地理信息中心完成“天地图·甘肃”数据同构任务，更新电子地图瓦片数据约6300万张，主要完成全省约14万平方千米15级~17级矢量数据同构，约22万平方千米15级~17级影像数据同构，13个市、州大比例尺数据同构。基于“天地图·甘肃”快速建设了“7·22”漳县、岷县6.6级地震灾情专题系统等，灾前灾后三维比对系统，为甘肃省电视台提供地震专题相关资料、三维地理信息系统视频。

完成十（十堰）天（天水）高速公路三维演示系统建设、国家基础测绘科技计划项目面向信息化测绘的省级基础地理信息服务体系研究与建设示范项目，以及《甘肃政务专用图集》编制。

【其他】

甘肃省基础地理信息中心完成的“军地测绘地理信息成果数据格式转换与快速制图技术应用研究”获军队科技进步奖三等奖并通过兰州军区组织科技鉴定，“甘肃省地理信息公共服务平台（天地图·甘肃）建设”获2013年全国优秀测绘工程奖银奖，“成武高速公路三维高仿真地理信息系统研制”通过甘肃省科学技术厅技术鉴定，“庆阳市地理空间框架建设”“甘肃省政务应急保障地图服务技术研究”“成武高速公路三维演示系统”分获2012年度甘肃省测绘学会科技进步奖一、二、三等奖。

甘肃省交通规划勘察设计院有限责任公司

2013年，甘肃省交通规划勘察设计院有限责任公司完成主要测绘项目有兰州至海口高速公路渭源至武都段基础控制测量及航测成图工程、（北）京新（疆）高速白疙瘩至明水段基础控制测量及航测成图工程、兰州东北绕城高速基础控制测量及航测成图工程3个项目。全年完成勘察设计产值3.57亿元。

甘肃省地图院

【业务】

2013年，甘肃省地图院完成甘肃省省级基础测绘张掖、酒泉测区1:5000、1:1万数字地形图生产项目技术设计书编制；武威测区1:1万数字地形图缩编生产；张掖、酒泉测区1:1万、1:5000空三加密，张掖、酒泉测区外业检测点测量；酒泉测区航空摄影成果验收，定西、平凉、陇南、酒泉、临夏5市数字城市航空摄影成果验收；岷县、漳县地震灾后恢复重建项目1:1万数据生产等。完成甘肃东部百万亩土地整治重大工程1:2000地形图测绘1347.5平方千米；完成全省卫星定位连续运行基准站网建设基准站仪器协同安装和基准站A、B级坐标联测；完成甘肃定西“7·22”地震灾区抢险救灾0.2米和0.5米分辨率正射影像图制作各1100平方千米。

完成全省第一次地理国情普查项目试生产1:2.5万Worldview数据加密及DOM制作、资源三号卫星数据加密、DEM匹配及DOM制作，以及1:1万DLG数据生产623平方千米等。

【其他】

甘肃省地图院被甘肃省委、省政府授予“舟曲特大山洪泥石流灾后恢复重建先进集体”称号；完成的“遥感影像集群式数据处理实验研究”获甘肃省测绘学会科技进步奖二等奖；“省级基础测绘武威测区1:10000基础地理信息4D产品设计与生产”“兰白测区1:5000基础地理信息3D产品生产”分获甘肃省测绘学会优秀工程奖金、铜奖。

甘肃省国土资源规划研究院

【业务】

2013年，甘肃省国土资源规划研究院完成宝（宝鸡）兰（兰州）铁路客运专线、十（十堰）天（天水）高速公路甘肃段等单独选址项目及2013年城市（镇）批次建设用地勘测定界工作。完成全省土地变更调查数据库、全省基本农田数据库建设工作。完成国土资源部组织的2013年全国土地利用变更调查监测与核查遥感监测任务、土地资源高分应用系统先期公关技术甘肃省应用示范项目；完成2013年全国“一张图”工程遥感监测工作，甘肃东部百万亩土地整治重大工程部分子项目航拍、像控点测量及基础图件制作，拍摄面积57万亩。

【其他】

甘肃省国土资源规划研究院承担的“2011年全国土地利用变更调查黑龙江、四川遥感监测工程”获甘肃省测绘学会优秀工程奖金奖；“甘肃省土地利用宏观监测应用示范工程”获甘肃省测绘学会科技进步奖一等奖，“甘肃省省级开发区土地集约利用评价成果数据库建设”获三等奖；“2011年全国土地利用变更调查监测与核查遥感监测任务”获2013年全国优秀测绘工程奖铜奖；“甘肃省坡度分级数据生产项目”获2013年度甘肃省科技进步奖三等奖。

甘肃煤田地质局综合普查队

【业务】

2013年，甘肃煤田地质局综合普查队完成宁县付家山勘探区、泾川荔堡~宁县和盛勘探区、合水县瓦岗川勘探区、天水南勘查区等勘探区的煤炭资源勘探二维地震工程测量；完成庄浪南湖电法工程测量；完成宁夏羊场湾煤矿与枣泉煤矿三维地震勘探工程测量等项目，包括二、三维地震勘探线与电法线放样4344.7千米，钻孔测量465个。继续开展武都区、西峰区、卓尼县农村集体土地确权登记发证项目，完成所有权调查及数据库建设，完成使用权调查109518宗、地籍测量100450宗、施测D级GPS控制点207个、E级GPS控制点143个。11月，利用“测量鹰Ⅱ”低空无人机航测技术对天水市皂郊镇门家河村测区进行航拍，获取该测区地面塌陷、滑坡灾害区域的三维立体模型和正射影像数据。

【其他】

甘肃煤田地质局综合普查队承担的“甘肃环县沙井子西部矿区控制测量与地形图航测”项目获2012年甘肃省测绘学会优秀工程奖银奖。

青海省

概况

截至2013年底，青海省共有测绘资质单位104家，其中甲级11家、乙级21家、丙级53家、丁级19家，比2012年增加9家。测绘资质单位专业技术人员3069人，较2012年增加115人。2013年，全省测绘服务主要以国土资源、测绘、地矿、交通、电力及林业等行业为主，共完成服务总值4.72亿元，其中民营企业（测绘资质单位）完成服务总值6241.93万元。完成的重点测绘地理信息项目（工程）包括“天地图·青海”、数字德令哈建设，青海省内航空网络格局建设和民航机场扩容、青海省内公路网建设、青藏铁路及敦煌至格尔木铁路、青海境内长江、黄河干流防洪工程，农村土地确权登记发证工作，西宁市城东区医疗卫生资源信息查询系统建设，《青海省领导工作用图》等各类图册编制。

青海煤炭地质局测绘工程院

【业务】

2013年，青海煤炭地质局测绘工程院完成的测绘项目主要包括河南至大武公路1:2000地形测量约84.29平方千米，307省道民和川口至官亭（大河家黄河桥）一级公路1:2000地形测量约86.5平方千米。参与修订《煤炭资源勘查工程测量规程》。

【其他】

青海煤炭地质局测绘工程院承担的“青海省大柴旦行委团鱼山南煤炭预查控制测量”项目获2013年度青海省测绘学会优秀测绘工程奖二等奖。

青海省地矿测绘院

【业务】

2013年，青海省地矿测绘院承担省重点农业区共8个县的集体土地所有权、宅基地使用权的内、外业调查工作和数据库建设工作。完成8个县1351个村的村界调查工作；3个县10个乡镇的农村宅基地测量调查约53540户，建立县级数据库8个；3个县30个村的农村土地承包经营权确权试点工作；1个州级、4个县级土地利用总体规划编制工作和6个县级规划数据库的建设工作。完成海拔2700米、3200米、3900米、4300米、4600米和5520米的不同航高、不同应用领域和不同地区的无人机航测项目，航飞面积1900多平方千米。为夏日哈木矿区、德令哈市工业园区、五龙沟矿区、蓄集峡水利枢纽工程等项目提供“3D”数据产品。

【其他】

青海省地矿测绘院在青海省科技厅的支持下申请建设青海省高原测绘地理信息新技术重点实验室并正式挂牌，这是我国地矿测绘领域的首个省级重点实验室，2013年该重点实验室结题科研项目4项，出版《高原无人机航测技术》专著1部。

青海省水利水电勘测设计研究院

【业务】

2013年，青海省水利水电勘测设计研究院完成青海省内黄河干流防洪工程、海南州布哈河防洪工程、玛沁县大武镇防洪工程、兴海县日干水库工程、青海省小型水库打捆项目、青海省西干渠工程、青海省茶卡综合防洪工程、长江干流防洪工程、德令哈柯鲁克湖控导工程等项目的测量工作。

【其他】

青海省水利水电勘测设计研究院承担的“青海～西藏±400kV直流联网工程”被国家电网公司评为“国家水土保持生态文明工程”，该院被青海省委、省政府命名为“文明单位”，被青海省总工会授予青海高原“工人先锋号”称号，被青海省测绘学会授予“先进集体”称号。

中国水利水电第四工程局有限公司

【业务】

2013年，中国水利水电第四工程局有限公司承担和完成的主要项目包括金沙江白鹤滩水电站无人机航拍任务、向家坝水电站库区移民代建项目测量技术服务、云南托巴水电站工程测量、宝兰高铁施工测量工作、安哥拉库沃河流域水电开发地形测绘项目等。

【其他】

中国水利水电第四工程局有限公司承担的“三峡水利枢纽工程施工测绘保障”获2013年全国优秀测绘工程奖银奖和青海省测绘学会优秀测绘工程奖一等奖。

青海省第一测绘院

【业务】

2013年，青海省第一测绘院完成2013年度135幅1:1万地形图（格尔木测区）基础测绘任务；开展泽库县和日乡1011平方千米地理国情普查试点工作；基本完成杂多、曲麻莱、天峻、乌图美仁和大柴旦国家GNSS连续运行基准站的土建工程；完成东部城市群楼顶CORS站的落地任务；编写青海省藏区现代测绘基准体系基础设施（一期工程）建设方案和项目设计书，并通过省发展和改革委员会组织的专家组审核。

完成海东市、海西州、黄南州和果洛州农村土体确权登记发证2.9万多户，S308玉树至不冻泉、花石峡至久治、德令哈至香日德、西三线等路段共2660千米的1:2000勘测定界图和外业征地工作，西藏自治区格尔木藏青工业园1:2000地形图测绘，青藏铁路（开心岭至拉萨段）全长约750千米的测绘服务保障任务等。合作完成大比例尺地形图修测和基础数据库建库与图形数据一体化建设等项目。院应用中心继续为青岛蓝色硅谷建设项目提供测绘服务。

【其他】

青海省第一测绘院完成的“青海高原机场建设中磁偏角的测量”项目获青海省测绘学会2013年度优秀测绘科技奖二等奖；参与完成的“国家西部测图工程关键技术及其应用”项目获2013年中国测绘学会测绘科技进步奖特等奖。

青海省第二测绘院

【业务】

2013年，青海省第二测绘院完成2011年度、2012年度1:1万基础测绘的清零工作，为玉树灾后重建阶段的地形地貌和落地建设项目，海东市东部城市群建设提供测绘服务保障，为同仁县，西宁市城东、城南2个经济技术开发区建设提供测绘保障服务，完成西海至德令哈至加定国内公路工程测量、祁连至峨堡公路放线测量、尕海至都兰公路地形测量等。开展地理国情普查、青海省藏区现代测绘基准体系基础设施建设工程等。

【其他】

青海省第二测绘院被青海省总工会授予“青海高原工人先锋号”称号；被青海省测绘地理信息局、青海省测绘与地理信息行业协会授予第三届全国测绘地理信息行业职业技能竞赛青海省选拔赛优秀组织奖；完成的项目获青海省测绘学会2013年度优秀测绘科技奖二等奖。

青海省基础地理信息中心

【业务】

2013年，青海省基础地理信息中心完成青海省地理信息公共服务平台前期研究报告及评审工作，开展了前期技术研究，启动省级公共服务平台实施方案编制工作。组织完成地理国情普查湟源县试点项目83幅1:1万数字正射影像数据的制作、外业样本数据采集、地表覆盖解译、地理国情要素、行业资料收集整理、数据建库等工作。完善“天地图·青海”项目中数据加工、在线服务软件系统搭建、在线服务软件系统功能升级、平台运维管理系统建设、“天地图”应用推广、青海省级节点地理实体同构服务试点等工作。完成数字德令哈地理空间框架建设项目中的城区数据外业调绘采集、德令哈建成区三维模型生产、德令哈建成区数据建库、304平方千米范围正射影像和高程模型的生产工作。与中国测绘科学研究院合作完成三江源自然保护区湿地遥感监测、青海湖流域生态环境遥感监测等地理国情监测试点工作。完成青海省1:1万基础地理信息建库整合升级试点项目。编制2013年青海省“两会”工作用图、《三江源自然保护区生态保护与建设二期规划图》《青海省湟水流域高标准基本农田治理重大工程土地整理系列图》等地图，以及《青海省基础测绘成果目录》。

【其他】

青海省基础地理信息中心完成的“柴达木循环经济试验区地理信息系统”获2013年全国优秀测绘工程奖银奖；“数字青海空间地理信息基础设施建设”项目获青海省测绘学会优秀测绘科技奖一等奖；“青海省领导工作用图”项目获青海省测绘学会优秀测绘工程奖一等奖，“青海省人民医院住院综合楼变形监测”项目获二等奖；合作完成的“三江源黑土滩综合治理技术集成与示范推广”项目获2013年度青海省科学技术进步奖一等奖。该中心入选2013年度青海省信息科学领域人才“小高地”建设单位。

青海天域北斗数码测绘科技有限公司

2013年，青海天域北斗数码测绘科技有限公司完成《中国高速公路及城乡公路网行车地图集》《中国地理地图集》《世界地理地图集》等地图类产品和《中学地理图文详解指导地图册（江苏专版）》《艺考生高考地理备考专题教程》《地理高考提分方案》《重大历史事件编年简表》《新课标初中地理必考问答》等教辅类产品的编制工作，由山东省地图出版社等出版单位正式出版发行。承担部分全国地理教材地图编制任务。航测方面完成湘东地区集体土地确权项目等。

西宁市测绘院

2013年，西宁市测绘院完成《西宁市“十二五”基础测绘发展规划》的上报审批工作，完成西宁市建成区500平方千米航摄工作和正射影像图制作、市区内20平方千米三维模型试点、西宁市土地税源核查、西区城市部件核查工作、西宁市建设用地节约集约评价工作及西宁市四区三县年度土地利用变更调查和卫片核查工作；承担西宁市国土资源“一张图”工程建设和西宁市四区集体土地确权登记发证项目地籍测绘和数据汇总及大通县集体土地确权工作，完成了数据汇总和数据库系统建设。

青海省核工业地质局

2013年，青海省核工业地质局承担老挝人民民主共和国万象省杜拉贡县、甘蒙省他曲县境内钾盐矿控制与地形测绘工作；完成青海省国土资源厅交予的玉树泥石流沟监测任务，同时承担玛沁县拉加镇军功滑坡应急监测工作；完成乌兰县、天峻县境内的多宗地籍测绘工作；完成平安县东方明珠小区等多栋楼盘沉降观测工作等。

青海省柴达木综合地质矿产勘查院

【业务】

2013年，青海省柴达木综合地质矿产勘查院完成格尔木昆仑经济开发区地籍测绘、格尔木牛苦头四角羊铜铅锌矿区地形测绘、格尔木福昆山玉石矿区地形测绘等任务，累计完成D、E级GPS控制点120点，三、四等水准测量200千米，数字化地形地籍图约30平方千米。完成大型风光电企业的土地勘测定界项目10多个，累计9000亩。完成海西州格尔木市、德令哈市、乌兰县、都兰县、大柴旦行委等县市的土地基准地价专题图的编制。

【其他】

青海省柴达木综合地质矿产勘查院获得“青海省文明标兵单位”“首届中国百强地勘单位”等称号。

宁夏回族自治区

概况

截至2013年底，宁夏全区共有测绘资质单位89家，其中甲级3家、乙级15家、丙级24家、丁级47家，比2012年增加4家。按单位性质分类，事业单位41家、国有企业10家、私营企业38家。分布在测绘、规划、建设、国土资源、水利、电力等多个行业。

全年完成宁夏中北部土地开发整理重大工程项目、沿黄经济区1:1万地形图更新项目的航摄任务，开展了灵武市、沙坡头区、泾源县农村集体土地所有权调查工作，完成470幅1:1万基础地理信息数据更新和宁夏国土资源卫星导航基准站网（NXCORS）项目自治区级24个站点建设。为自治区领导编制了宁夏重点项目分布图、宁夏交通图等。

宁夏回族自治区基础测绘院

2013年，宁夏回族自治区基础测绘院完成宁夏中北部土地开发整理重大工程、生态移民区域检查、环境治理、两权调查、彭阳县农村集体土地使用权调查等项目1700多平方千米的航摄任务；完成沿黄测区470幅1:1万基础地理信息数据更新航测工作，宁夏国土资源卫星导航基准站网（NXCORS）项目自治区级24个站点建设；完成自治区主干道路大整治大绿化工程项目青银高速临河至水洞沟段沿线两侧、河东机场周边矿山地质环境治理项目、宁夏中北部土地开发整理重大工程18个项目区的工程量复核任务。

宁夏回族自治区国土测绘院

【业务】

2013年，宁夏回族自治区国土测绘院完成沿黄经济区1:1万地形图更新项目470幅DEM、DOM制作和60幅DLG制作；红寺堡区、彭阳县、泾源县、石嘴山市交通现状图、标准地名图、行政区划图的编绘任务；宁夏1:25万、1:35万、1:50万、1:120万、1:150万政府应急保障用图及银川市区平面图更新工作；河东机场周边青银高速公路黄河大桥至水洞沟两侧环境治理项目40多平方千米1:500地形图测制；宁夏中北部土地开发整理重大工程项目验收阶段8个项目区的无人机影像制作；灵武市、沙坡头区农村集体土地所有权调查工作；完成灵武市4个行政村的农村集体土地使用权调查工作；宁夏中北部土地整理重大工程项目7个项目区的竣工测量和3个项目区的竣工抽检工作；为宁夏回族自治区政府制作1:70万、1:120万《宁夏回族自治区地图》200多幅，为自治区领导编制了宁夏重点项目分布图、宁夏交通图等。

【其他】

宁夏回族自治区国土测绘院承担的“吴忠市基准控制网测量1:500、1:2000地形图测绘及基础地理信息数据库建设”和“宁夏回族自治区第二次土地调查图集”获2013年全国优秀测绘工程奖铜奖。

宁夏回族自治区遥感测绘勘查院（宁夏回族自治区遥感中心）

【业务】

2013年，宁夏回族自治区遥感测绘勘查院（宁夏回族自治区遥感中心）完成宁夏中北部土地开发整理重大工程项目、农业综合开发土地治理监测项目、宁夏黄河东岸防沙治沙项目、石嘴山市炭梁坡矿区项目等4500多平方千米的航测工作，完成宁夏中北部土地开发整理重大工程项目吴忠利通区等6个项目区的竣工测量，完成宁夏5个县（区）27个试点村的农村土地承包经营权确权调查工作，完成西吉县芹菜种植区、鞍山矿山的视频航摄任务，与宁夏电视台合作开展“飞越宁夏”相关内容的视频航摄。

【其他】

宁夏回族自治区遥感测绘勘查院（宁夏回族自

治区遥感中心）承担的“宁夏农业综合开发管理信息系统”获2013年全国优秀测绘工程奖铜奖。7月，完成甘肃省天水市遭受严重泥石流灾害的娘娘坝镇5个行政村航拍任务，受到甘肃省军区“勇担社会责任，弘扬时代能量”的嘉奖。

新疆维吾尔自治区

概况

截至2013年底，新疆维吾尔自治区共有测绘资质单位365家，其中甲级15家、乙级60家、丙级103家、丁级187家，比2012年增加30家；测绘单位从业人员6064人，较2012年增加392人，其中民营企业测绘资质单位从业人员2384人，占从业人员总数的39%。

2013年，新疆测绘服务主要以国土资源、测绘、水利水电、城乡建设和规划及石油行业为主，共完成服务总值9.6亿元，其中民营企业测绘资质单位完成服务总值2.8亿元。

新疆维吾尔自治区基础地理信息中心（新疆维吾尔自治区测绘档案资料馆）

【业务】

2013年，新疆维吾尔自治区基础地理信息中心（新疆维吾尔自治区测绘档案资料馆）接收基础测绘1:500地形图6个测区1825幅、1:1万地形图15个测区1626幅。完成组卷归档545卷，其中基础测绘274卷、基础测绘地形图资料1810幅、航摄像片6022片。

全年对外提供成果资料1196人次；提供地形图14684幅、控制成果11882点，提供各类测绘成果数据总量36.1TB。向各地（州）国土资源局提供20个测区1:500地形图7153幅、6个测区1:1万地形图1142幅。全年无偿为自治区党政机关各部门提供图集、图册、各类挂图1904幅。

完成新疆1:1万基础地理信息数据库建设样例数据生产，750幅DLG数据生产。开展数字城市地理空间框架建设工作，已完成整个项目75%的工作。开展“天地图·新疆“建设，完成2次数据更新，2个平台应用示范和3个专题发布，全疆91个市、县主城区0.5米影像数据发布。制作《图说新疆》多媒体电子地图集、《新疆维吾尔自治区市（县）城区影像图》，制作并出版发行1:100万《新疆地貌交通图》1000套，《自驾游玩转新疆——新疆维吾尔自治区交通图》1.2万册；自主研发并生产“幕布式遥控电动地图”。

【其他】

新疆维吾尔自治区基础地理信息中心（新疆维吾尔自治区测绘档案资料馆）承担的“数字石河子地理空间框架建设项目”获新疆维吾尔自治区测绘行业优秀测绘工程（项目）奖二等奖；该中心继续保持“政风行风示范窗口”称号，档案信息部获“自治区城乡妇女岗位建功先进集体”称号。

乌鲁木齐市国土资源勘测规划院

【业务】

2013年，乌鲁木齐市国土资源勘测规划院完成乌鲁木齐市地籍变更、建设用地预审及供地、备案等测绘项目，地籍变更测绘总面积达160平方千米；完成乌鲁木齐市土地变更调查与遥感监测工作；完成乌鲁木齐市8个建制镇、174个自然村的农村集体土地所有权确权登记发证工作，发证面积71814.2公顷；完成土地矿产卫片执法检查技术服务等工作；完成乌鲁木齐市保障性住房、新建道路、开发园区、高铁等重点建设项目的勘测定界和农用地专用报批。开展乌鲁木齐市似大地水准面精化工作，成果质检等级为优良；完成乌鲁木齐市行政辖区范围内的永久性测量标志用地确权及登记发证工作。

【其他】

乌鲁木齐市国土资源勘测规划院承担的“乌鲁

木齐市国土资源空间信息管理与信息化测绘生产服务平台（二期）项目”获中国信息产业协会优秀工程奖金奖。

新疆维吾尔自治区第一测绘院

【业务】

2013 年，新疆维吾尔自治区第一测绘院共完成地理国情普查、现代大地基准体系建设、基础测绘项目及市场项目等 14 项。完成基础测绘 1:1 万地形图 787 幅航空摄影测量外业工作和 544 幅航空摄影测量内业工作。完成富蕴县可可托海镇 1:500 地形图测绘工作、新疆电网 GIS 数据采集工程，实施克拉玛依油田工程测绘、库车乡镇土地整理、阿克苏集体土地确权登记发证属性数据库建设项目、1:5 万地形图符号化等测绘项目。承担克拉玛依市地理国情普查试点与试生产工作，实施昌吉回族自治州、塔城地区、五家渠市、石河子市、奎屯市、克拉玛依市 18 万平方千米地理国情普查 DOM 制作工作，完成 50 个新建 CORS 站站址勘选、550 个二等水准点、150 个 B 级 GPS 点选埋工作。制作《阿勒泰地区旅游交通图》《阿勒泰地区卫星影像图》《昌吉回族自治州卫星遥感影像图》。

【其他】

新疆维吾尔自治区第一测绘院完成的“阜康市九运街镇和滋泥泉子镇农业综合服务基础地理信息平台建设项目”获 2013 年中国地理信息产业优秀工程奖铜奖和新疆维吾尔自治区测绘行业优秀测绘工程（项目）奖三等奖，“昌吉市绿洲路街道办事处揽翠社区三维地理信息系统建设项目”获第二届新疆维吾尔自治区测绘行业科学技术进步奖，《昌吉回族自治州行政区划图》（涤绸版）获新疆测绘地理信息局首届地图优秀作品奖三等奖。该院被授予 2013 年“自治区级文明单位”称号，2 人获“全国测绘地理信息行业优秀技能人才”称号，1 人入围全国“最美测绘人”候选人。

新疆地矿测绘院

【业务】

2013 年，新疆地矿测绘院完成测绘项目 109 项，主要包括 1:1 万基础测绘吐鲁番地区吐鲁番北测区测图 213 幅 5325 平方千米，阿勒泰地区喀纳斯测区测图 93 幅 2325 平方千米，那拉提滑雪场 1:500 地形图测绘 35 平方千米，伊宁市合作园区已建成道路 56 千米管线测绘、新源县城区管线测绘合计地下管线测量 518 千米等。

【其他】

新疆地矿测绘院完成的“新疆地矿局安全生产及应急救援管理平台项目”获 2013 年中国地理信息产业优秀工程奖金奖、中国地理信息科技进步奖三等奖、中国职业安全健康协会颁发的科学技术奖二等奖、新疆地矿局勘查工程技术奖一等奖；“新疆喀什经济特区喀什市新区 1:500 比例尺地形图测绘项目”获 2013 年全国优秀测绘工程奖铜奖。该院 2 人获 2013 年“全国测绘地理信息行业优秀技能人才”称号，1 人被评为自治区“天山英才”工程第二层次培养人。

乌鲁木齐市城市勘察测绘院

【业务】

2013 年，乌鲁木齐市城市勘察测绘院完成城市规划测量业务 3816 件，乌鲁木齐市规划区内 1:500、1:1000、1:2000 地形图测绘和更新面积共 500 多平方千米。

完成乌鲁木齐市城区 500 平方千米三维模型采集和 320 平方千米标准模型三维数据库建库工作；乌鲁木齐市城市轨道交通建设环境调查项目综合管线调查 503 千米、建（构）筑物调查 1000 栋；乌鲁木齐市数字化城市管理系统数据库市政设施的普查更新项目 50 平方千米；乌鲁木齐市存量房交易中报价格评估系统评税信息数据库建设项目普查建筑物 2.4 万多栋，住宅户约 96.7 万多套；乌鲁木齐市城市交通设施信息采集和数据建库项目 400 平方千米。

完成乌鲁木齐市现代测绘基准体系建设及应用科技项目，构建城市 CGCS2000 坐标系统及地区似大地水准面精化模型。完成数字乌鲁木齐地理空间框架建设项目，搭建城市基础地理信息平台、“天地图·乌鲁木齐”市级节点，建立 9 个市级相关部门的示范应用。

【其他】

乌鲁木齐市城市勘察测绘院承担的“乌鲁木齐市突发公共事件应急平台空间地理信息数据采集及数据库建设”项目获 2013 年新疆维吾尔自治区测绘行业科学技术进步奖二等奖，该院领导班子被乌鲁木齐市委、市政府评为“群众满意好班子”。

水利部新疆维吾尔自治区水利水电勘测设计研究院

【业务】

2013 年，水利部新疆维吾尔自治区水利水电勘测设计研究院完成测绘工程项目共48 项，主要包括桑皮勒水电站工程测量、新疆柯坪县苏巴什水库工程测量、迪那河五一水库下游二级电站地形测量、库车工业园区供水工程补充勘测、新疆乌鲁瓦提水电站扩机工程地形测量、新疆阔布水电站工程施工控制网测量等。共完成 B 级 GPS 测量 47 点、C 级 32 点、D 级 186 点；高程二等水准测量 21. 4 千米、三等 565. 5 千米、四等 704. 6 千米；测绘 1:1 万地形图 897 平方千米、1:5000 地形图 15. 5 平方千米、1:2000 地形图 49. 2 平方千米、1:1000 地形图 3 平方千米、1:500 地形图 4. 3 平方千米；断面测量1 :2000 地形图 319. 3 千米、1:1000 地形图 277. 3 千米；出版技术总结、资料整编共 48 份，出图 1200 多幅。

【其他】

水利部新疆维吾尔自治区水利水电勘测设计研究院完成的“山口水电站变形监测基准网”项目获 2013 年度全国优秀水利水电工程勘测设计奖铜奖，该院被新疆测绘学会授予“先进单位”称号。

新疆维吾尔自治区交通规划勘察设计研究院

【业务】

2013 年，新疆维吾尔自治区交通规划勘察设计研究院完成公路勘测 680 千米，共布设四等 GPS 点 76 个、一级 GPS 点 890 个，测绘 1:2000 地形图 260 平方千米，GPS RTK 放线 420 千米。完成克拉玛依市金龙湖工程项目工程测量、巩乃斯至返修桥公路大中修项目工程测绘、阿克陶县煤矿至恰尔隆乡公路改建工程项目测绘等 8 项重大测绘项目。

【其他】

新疆维吾尔自治区交通规划勘察设计研究院完成的“奎屯至克拉玛依高速公路工程”获 2013 年新疆维吾尔自治区优秀工程勘察奖二等奖。“连云港-霍尔果斯国家高速公路吐鲁番-和田联络线 G3012 墨玉-和田段第一合同段工程测量”获 2013 年全国优秀测绘工程奖铜奖。

新疆维吾尔自治区国土资源规划研究院

2013 年，新疆维吾尔自治区国土资源规划研究院完成全疆 14 个地（州）、98 个县（市、区）2012 年度土地变更调查与遥感监测工作的数据下发、外业指导、内业核查、数据库质量检查、汇总上报工作；完成 2012 年度自治区地籍管理和城镇地籍调查数据更新汇总与上报工作；完成国家级外业核查项目湖南省 5 个区（县）57 个疑问图斑的外业实地核查工作；完成全疆 89 个县（市）城镇地籍调查外业全程质量控制检查工作，城镇地籍调查数据库 30 多个县（市）质量检查工作；完成全疆 14 个地（州）、98 个县（市、区）农村集体土地所有权确权登记发证全程质量控制工作，集体土地所有权确权登记数据库 76 个县（市、区）质量检查工作，5 个县（市）村庄地籍调查试点 1 万多幅 DOM 与 DLG 核对工作；开展土地权属勘测定界工作 11 项，预审图件制作项目 10 项。

新疆电力设计院

【业务】

2013 年，新疆电力设计院开展火力发电厂、新能源（风力、光伏）发电厂、输电线路、变电站等工程的可行性研究设计、初步设计及施工图阶段的测绘项目和电厂施工控制网及沉降观测等测量工作。主要完成火电项目 3 项、新能源（风力、光伏）发电项目 18 项共 160 平方千米的地形测绘工作；完成线路工程 41 项，其中，750kV 及以上电压等级输电线 122 千米，220kV 及以下电压等级输电线 2186 千米；完成变电工程 40 项，其他工程 2 项。完成的主要测绘项目包括灵州-绍兴±800kV 特高压直流输电线路、750kV 西安南-信义变送电线路工程等大型线路工程的测量工作。全年累计完成产值约 2000 万元。

【其他】

新疆电力设计院自主开发的架空输电线路测量成图一体化软件取得计算机软件著作权登记证书，该软件获新疆维吾尔自治区测绘行业科学技术进步奖三等奖；“220kV 塔中-且末输电线路工程”获

2013 年全国优秀测绘工程奖铜奖。

新疆兵团勘测设计院（集团）有限责任公司

【业务】

2013 年，新疆兵团勘测设计院（集团）有限责任公司完成测绘项目共 56 项，产值 4000 多万元。其中大中型项目 10 个，包括基础测绘项目 1 个、工程测绘项目 7 个、地理信息项目 2 个。完成南疆三地州团场 1:1000 地形图测绘 86 平方千米，第三师图木舒克市区域 96 平方千米 1:1000 航测成图，第十三师巴木墩引水工程 75 千米山区管线及公路放线，塔什库尔干（米斯克尼水电站）项目 1:2000 地形图测绘 45 平方千米及 140 千米河道纵横断面测量，云南红河州 1:1000 地形图测绘 70 平方千米，第五师奎屯河新龙口电站（二期电站）21 平方千米工程测量及隧洞线项目等。

完成第三师图木舒克市城市地下管线调查探测及信息管理系统建设项目，第十师北屯市土地资源信息系统建设项目。

【其他】

新疆兵团勘测设计院（集团）有限责任公司天地纵横 QC 小组获 2013 年度新疆工程建设（勘察设计）优秀 QC 小组评选优秀奖，被中国质量协会、中华全国总工会、中华全国妇女联合会及中国科学技术协会共同命名为“2013 年全国优秀质量管理小组”。

新疆维吾尔自治区第二测绘院

【业务】

2013 年，新疆维吾尔自治区第二测绘院完成 1:1 万地形图基础测绘项目 761 幅。承担自治区现代大地控制网建设项目 B 级 GPS、二等水准埋石共 553 座、B 级 GPS 选点 100 个；完成和布克赛尔蒙古自治县 1:1 万航空摄影测量 150 平方千米。完成阿拉山口市 1:1000 地形图测图 60 平方千米全野外测图、1:1000 地形图测绘和布克赛尔机场选址等工作。承担完成新疆第一次全国地理国情普查 5 个地（州、市）30 多万平方千米 DOM 数据的生产过程质量监督检查。完成克拉玛依市地理国情信息普查试点与试生产项目。完成乌鲁木齐 1:1 万资源三号卫星影像精度检测试验项目 18 幅。

全年编制完成 44 种地图产品。完成乌鲁木齐市幸福路派出所警务地理信息系统项目、大湾管委会数字社区项目、阿拉山口市两个街道数字社区管理系统、地形图数据管理系统等。

【其他】

新疆维吾尔自治区第二测绘院完成的《新疆维吾尔自治区经济地图集》获新疆维吾尔自治区科技进步奖二等奖；“警用三维地理信息系统平台建设项目”获 2013 年全国优秀测绘工程奖铜奖；“明华街数字社区综合管理与服务信息平台建设项目”获 2013 年度新疆维吾尔自治区测绘行业优秀测绘工程（项目）奖一等奖；《大美新疆——首届中国亚欧博览会地图册》获新疆测绘地理信息局首届优秀地图作品奖一等奖，《新疆交通旅游图》（涤绸版）和《塔城市行政区划图及卫星影像图》（4 全开）获二等奖，《新疆维吾尔自治区红色经典旅游图》和《新疆维吾尔自治区地图》（维文版）获三等奖。该院获“自治区文明单位”称号，1 个分院获国家级“青年文明号”称号；1 人参加“西部之光”人才培养计划，3 人分别被列入天山英才工程、自治区高层次人才培养计划和少数民族技术骨干进行培养。

新疆石油勘察设计研究院（有限公司）

【业务】

2013 年，新疆石油勘察设计研究院（有限公司）共完成测绘项目 589 项，主要包括哈萨克斯坦阿克纠宾油气田地面工程信息系统建设项目的系统维护工作，油气田综合开发项目阿克区块试采工程，新疆油田公司油田新区产能建设地面工程数字化项目的数据采集及入库，数字克拉玛依地理空间框架建设项目 DLG 数据生产建库 1:500DLG 212 平方千米、1:2000DLG 212 平方千米。

【其他】

新疆石油勘察设计研究院（有限公司）承担的“2011 年克拉玛依市基础测绘项目”获 2013 年全国优秀测绘工程奖银奖；“克拉玛依市基础设施完善和环境改善项目生态湿地建设和再生水储存回用项目测绘工程”获中石油设计集团（CPE）优秀工程勘察奖二等奖，“风城稠油外输管道项目测绘工程”获三等奖。

塔城地区国土资源规划研究院

2013 年，塔城地区国土资源规划研究院完成塔城市 0.73 平方千米 1:500 地形基础测绘补测，裕民县吉也克乡、新地乡、塔城市也门乡土地开发整治 1:5000 地形图测绘 52.67 平方千米，30 个建设用地土地权属勘测定界项目。完成额敏县、和布克赛尔蒙古自治县、裕民县、托里县 4 个县农村集体土地所有权确权登记发证工作并通过自治区验收；完成和布克赛尔蒙古自治县、裕民县基本农田划定工作及地方国有农林牧场确权登记发证工作；完成和布克赛尔蒙古自治县、裕民县、托里县城镇地籍变更调查数据库建设工作；完成塔城市、和丰县、裕民县、托里县城镇地籍数据汇总和塔城地区城镇地籍数据汇总工作。

新疆维吾尔自治区煤田地质局综合地质勘查队

【业务】

2013 年，新疆维吾尔自治区煤田地质局综合地质勘查队完成神新能源公司乌东煤矿矿区控制测量测图及五彩湾五号井田测量项目，新疆阜康市鼎鑫煤矿补充勘探地质测量项目；完成新疆富蕴县卡姆斯特彩北煤炭资源预查二维地震勘查、新疆若羌县拉配泉煤炭资源预查二维地震勘查、新疆若羌县依吞布拉克勒克煤炭资源调查二维地震勘查、新疆哈密市三道岭南勘查区煤炭普查二维地震和新疆和布克塞尔县巴音托哈煤炭资源预查二维地震等测量工作，包括放样点 115314 个，总长 2306.28 千米。

【其他】

新疆维吾尔自治区煤田地质局综合地质勘查队被自治区测绘学会授予“先进单位”称号。

新疆疆海测绘院

【业务】

2013 年，新疆疆海测绘院完成测绘项目 40 多项。其中，大中型测绘项目 10 多个，涉及水利、电力、新能源、新农村建设、风电等领域。测绘 1:1 万地形图 1383.7 多平方千米，1:2000 地形图 150 多平方千米，1:1000、1:500 地形图共 50 多平方千米。

完成大石门水利枢纽工程项目 1:1 万地形图测绘 50 平方千米、1:2000 地形图测绘 9.9 平方千米，哈密东南烟墩第六风电场工程项目 1:2000 地形图测绘 72 平方千米，查干莫顿水电站工程项目 1:1 万地形图测绘 84 平方千米，1:1000 地形图测绘 10 平方千米等主要测绘任务。

【其他】

新疆疆海测绘院完成的“低空数字航空摄影技术在乌苏市高产煤化工基地的应用项目”获新疆维吾尔自治区测绘行业优秀测绘工程（项目）奖二等奖，“基于 IMU/DGPS 组合导航技术在三塘湖供水项目中的应用”获新疆维吾尔自治区测绘行业科学技术进步奖二等奖。

中国地图出版集团

2013年，中国地图出版集团全面按照现代企业制度深度运行，在国家测绘地理信息局党组的正确领导下，深入贯彻党的十八大精神，以科学发展观为指导，紧密围绕稳定发展的改革路线，以打造专业化、集团化、数字化、多元化、国际化的国家地图文化产业航母为主要目标，不断完善法人治理结构，加强企业核心制度建设，明晰发展方向，优化产品线布局，推进国家地图文化产业基地建设，加大国家项目实施推进力度，各项重点工作有序推进，各项改革成效逐步显现。

国家地图文化产业基地效果图

董事长、党委书记：赵晓明
副董事长、党委副书记、总经理：倪庆华
副董事长、党委副书记：杨俊岭
董事、副总经理：高锡瑞
董事、副总经理：杨树德
董事、副总经理：郭　宝
董事、副总经理兼总编辑：徐根才
董事、副总经理：陈平
监事会主席、纪委书记：盛京江
地址：北京西城区白纸坊西街3号
邮编：100054
电话：010-83493138
传真：010-83543814
网址：www.sinomaps.com

教材

丰富多彩的产品

中国测绘科学研究院

地理国情监测研究中心

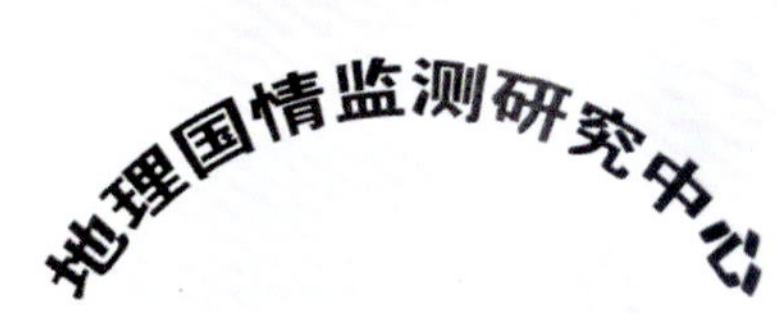

地理国情监测作为测绘地理信息事业发展的全新方向，需要综合利用现代测绘、多维时空数据挖掘、空间信息云计算和网络地理信息系统等技术，实现地理国情信息的动态获取、快速处理、变化检测、综合分析和应用服务。

2012年12月，经国家测绘地理信息局批准，中国测绘科学研究院成立地理国情监测研究中心。该中心挂靠在中国测绘科学研究院地理空间信息工程国家测绘地理信息局重点实验室，整合了大地、航测、遥感、地理信息系统、自然地理、人文地理、统计分析等不同方向的科技力量，组建了近30人的跨学科研究团队，致力于开展地理国情监测技术研究。

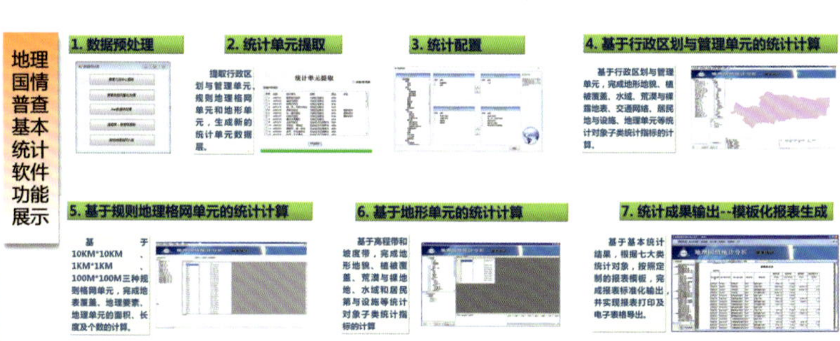

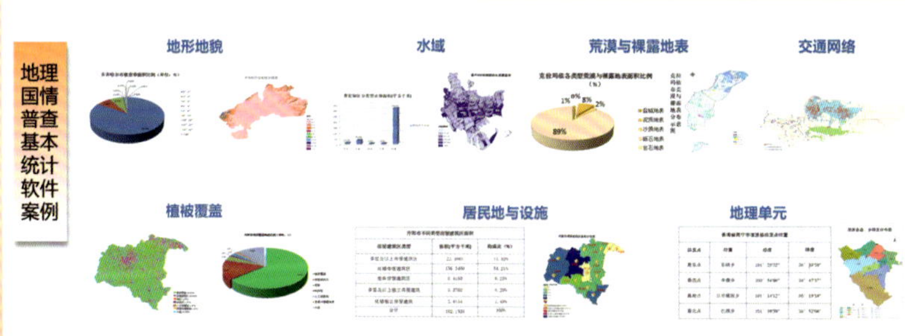

成立1年来，该中心联合高校和科研院所开展地理国情监测模型方法研究、关键技术攻关、生产技术试验，推动创新成果应用，为地理国情普查与监测提供了技术支撑。研制了地理国情信息要素提取与解译软件系统，实现了遥感影像智能分类和典型要素的自动提取，用于地理国情地表覆盖产品的快速辅助生产与基本要素提取的生产，该软件中标国家测绘地理信息局地理国情普查软件采购项目，在全国31个省、自治区、直辖市装配570套。4月，对全国32家地理国情普查试点单位的400多人进行了软件使用培训。

中国测绘科学研究院
地理国情监测研究中心

地理国情监测研究中心开展基本统计模型算法研究，完成4大类8个关键技术试验，编制完成《地理国情普查统计分析方法与预期成果》《地理国情普查基本统计技术规定》等。研制地理国情普查基本统计软件，实现地理国情普查数据基本统计和统计数据质量检查，在全国试点区域推广使用该软件，完成全国31个省份试点基本统计成果汇总，编写完成《全国地理国情普查试点基本统计报告》，组织开展了全国的基本统计成果对比和综合统计试验。

地理国情监测研究中心多次到相关行业单位调研，了解重要地理国情信息监测的需求，编制了《重要地理国情信息监测总体方案》。开展石家庄、南京等城市发展变化监测、青海三江源和青海湖流域监测、四川松潘县自然生态监测、西藏羌塘自然保护区植被覆盖监测、河南安阳三维城市空间变化监测、天津西部地面沉降等工作，突破有关关键技术。完成的松潘县自然生态监测成果作为首批地理国情监测成果向社会公布，受到广泛关注。

联系人：袁捷
电话：010-63880548
邮箱：yuanjie@casm.ac.cn

地址：北京市海淀区莲花池西路28号
邮编：100830
网址：http://www.casm.ac.cn/dlgqjc/home.html

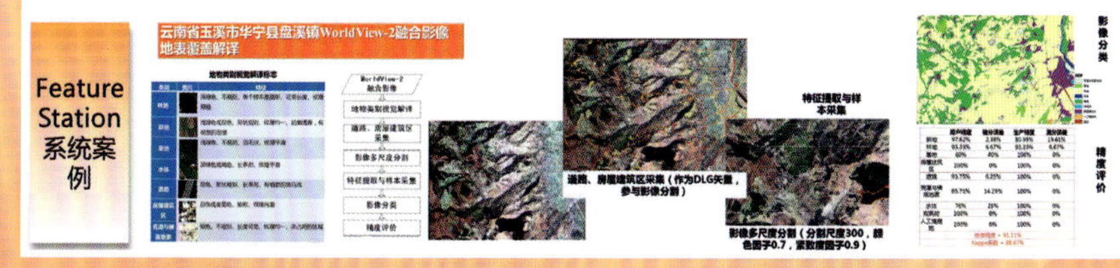

国家基础地理信息中心

第一次全国地理国情普查

根据国务院李克强总理“要加强地理国情监测”重要指示精神，为满足各方面对地理国情信息的迫切需求，经国务院批准、财政部立项，地理国情监测专项于2012年9月启动实施。2013年3月1日，国务院印发《关于开展第一次全国地理国情普查工作的通知》，决定2013年~2015年开展第一次全国地理国情普查工作。普查的目的是查清我国自然和人文地理要素的现状和空间分布情况，建成地理国情监测本底数据库，为开展常态化地理国情监测奠定基础。2013年8月19日，国务院在北京召开第一次全国地理国情普查电视电话会议，地理国情普查工作正式拉开序幕。

普查组织实施原则与机构构成

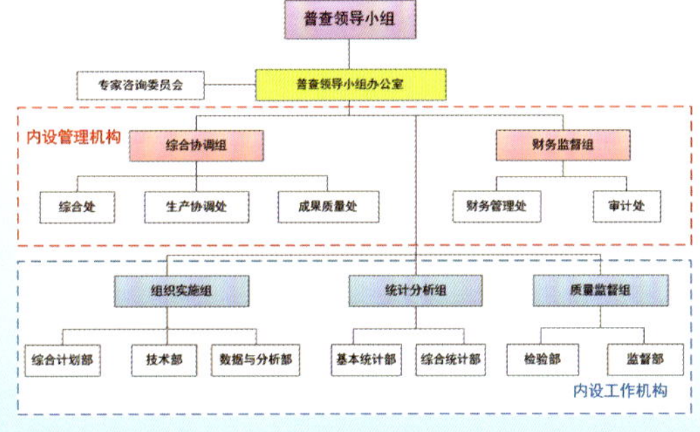

普查机构图

第一次全国地理国情普查按照“全国统一领导、部门分工协作、地方分级负责、各方共同参与”的原则组织实施。国务院第一次全国地理国情普查领导小组办公室设在国家测绘地理信息局，下设综合协调组、财务监督组、组织实施组、统计分析组、质量监督组。国家基础地理信息中心在国家测绘地理信息局的领导下，主要承担普查组织实施任务，负责项目的技术设计、实施管理、技术问题处理、数据汇总建库和信息服务等。

普查范围、对象、内容及普查时点

第一次全国地理国情普查范围为中华人民共和国境内陆地国土（不含香港特别行政区、澳门特别行政区和台湾省），即我国31个省、自治区、直辖市所辖陆地范围。

沿海省（自治区、直辖市）普查数据采集范围为沿海岸线向大陆一侧须全部采集，沿海岸线向海一侧的海岛（礁）根据本省（自治区、直辖市）实施方案确定的范围采集。

普查对象为普查范围内地表基本的自然和人文地理要素，包括地形地貌、植被覆盖、水域、荒漠与裸露地、交通网络、居民地与设施和地理单元等。

地理国情普查的内容分为12个一级类，58个二级类，133个三级类。普查标准时点为2015年6月30日。

国家测绘地理信息局管理信息中心

国家测绘地理信息局管理信息中心原名国家测绘局管理信息中心，成立于1993年11月，挂靠国家测绘局局机关。2005年9月，重新组建为国家测绘局直属事业单位。2012年8月，更名为国家测绘地理信息局管理信息中心。

该中心内设机构3个：综合处（人事处、测绘年鉴编辑部）、统计处、网络应用管理处，在职职工22人。经过多年的人才招聘与培养，中心拥有一支高素质的专业技术人才队伍，职工学历全部在本科以上，拥有硕士学历学位近70%，具有中级以上专业技术职务任职资格的职工占职工总数的95%以上，为履行管理信息服务职责提供了人才保障。

多年来，该中心始终把不断提升领导班子自身建设放在首要位置，以班子重事业、讲团结的良好形象带动整个单位的和谐；以制度建设为抓手，强化内部管理；以加强政治理论和业务知识学习为重点，提升队伍整体素质；注重开展职业道德教育和文化活动，提高单位凝聚力和战斗力。该中心多次受到国家测绘地理信息局和国家有关业务指导部门的表扬，获得过优秀党支部、专项工作先进单位等。

围绕局政府门户网站“三大功能”建设，不断丰富网站内容，完善网站功能，网站社会影响力不断提升，已成为政务公开、宣传测绘地理信息工作的主阵地。网站多次在中国政府网站绩效评估活动中获得奖项。

积极参与局信息化决策重大问题研究、重点信息化项目建设，围绕信息技术管理服务的大方向，完善统一的电子政务应用支撑平台，建设并完善机关内网办公系统、地图审核在线审批系统、国家基础测绘项目管理系统、资质管理系统、测绘地理信息行政执法管理系统等多个政务系统，为提升测绘地理信息部门的政务信息化建设水平，提高机关工作效率发挥重要的作用。保障网络基础设施的稳定运行，始终将网络信息安全作为一项重要工作来抓，不断强化管理，切实提升防护能力，做好技术支持与服务保障。

作为国家测绘地理信息局统计工作的组织管理机构，不断加强统计制度建设，多次对统计指标进行修订，及时编制完成每年的统计季报、半年报、年报工作，开展各类专项统计调查工作，积极撰写统计分析报告、编制统计手册等，切实提升统计信息化水平，始终朝着为领导科学决策提供更加及时、便捷、优质的统计服务的方向而努力。测绘统计工作连续多年受到国家统计局表扬。

自2006年承担《中国测绘地理信息年鉴》编制工作以来，紧密围绕国家局重点工作，不断完善年鉴框架结构，创新年鉴内容和形式，发挥着“存史、资政、育人”的重要作用。积极宣传年鉴，扩大年鉴覆盖面，发挥年鉴应有的价值和作用。自2012年参加中国版协年鉴工作委员会组织的全国年鉴编校质量检查评比以来，年鉴已连续两年荣获一等奖。

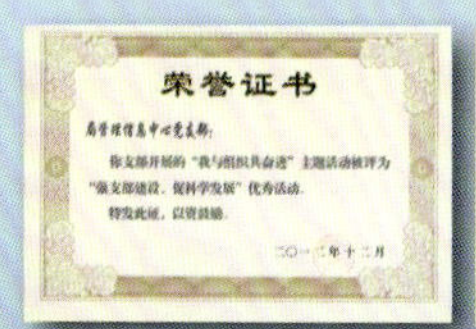

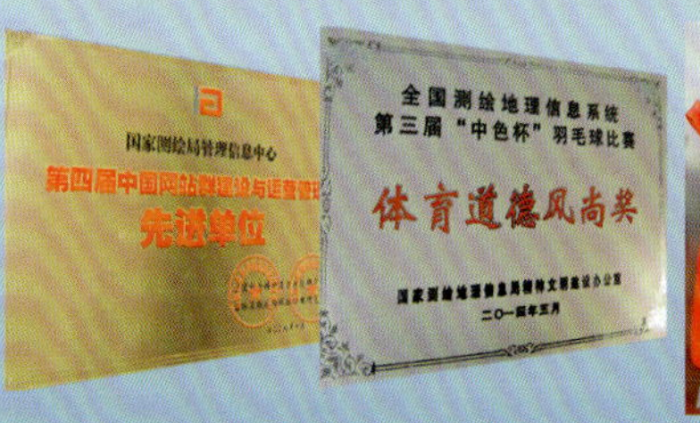

国家测绘产品质量检验测试中心

国家测绘产品质量检验测试中心（以下简称质检中心）是国家测绘地理信息局直属正厅级事业单位，2010 年 9 月 25 日正式挂牌成立。内设 7 个处（室），工作人员 53 人，硕士以上学历占 72%（其中博士 7 人）。

组织开展群众路线现场教育活动

质检中心具有国家级资质认定检测资格，检测范围包括大地测量、工程测量、地籍测绘、行政区域界线测绘、海洋测绘、测绘航空摄影、摄影测量与遥感、地理信息系统工程、三维地理信息模型、导航电子地图、地图编制及互联网地图成果。其中互联网地图成果检验属国内首家获批。

在国家测绘地理信息局的统一部署下，质检中心连续 3 年组织开展了针对数字测绘成果的全国质量监督检查，承担“927”一期工程成果质量检查验收（2011 年 –2013 年）、国家现代测绘基准体系基础设施建设一期工程成果质量检查验收（2012 年 –2016 年）、2000 国家大地坐标系转换成果监督检验（2013 年 –2014 年）和全国第一次地理国情普查质量管理与监督检查（2013 年 –2015 年）等重大任务，促进成果质量稳步提高。积极开展测绘地理信息项目专项质检工作，完成 2013 年度导航电子地图质量测评工作，数字西城、数字通州地理信息三维模型数据委托质检业务，以及航空航天遥感影像、沉降观测等项目成果委托检验工作。

安徽外业工作

国家测绘地理信息局领导慰问中心干部职工

中心领导和外业人员一起工作

质检中心自组建以来，先后申报了“测绘质量控制体系基础设施建设”“地理空间数据获取新型传感器检校、软件及产品测试关键技术研究”“地理信息产品质量认证关键技术研究”等国家和省部级重点项目，为测绘地理信息质检领域科技研发奠定了基础。开展《测绘地理信息质量管理办法》修订工作，进一步加强质量管理。

质检中心以服务“构建智慧中国，监测地理国情，壮大地信产业，建设测绘强国”的战略目标为宗旨，围绕政策研究、标准制订、技术引领和质量把关等核心任务，优化质检外部环境，创新质检技术手段，强化质检能力，切实履行“当质量的坚守者，做消费的保护者”的重要职责。

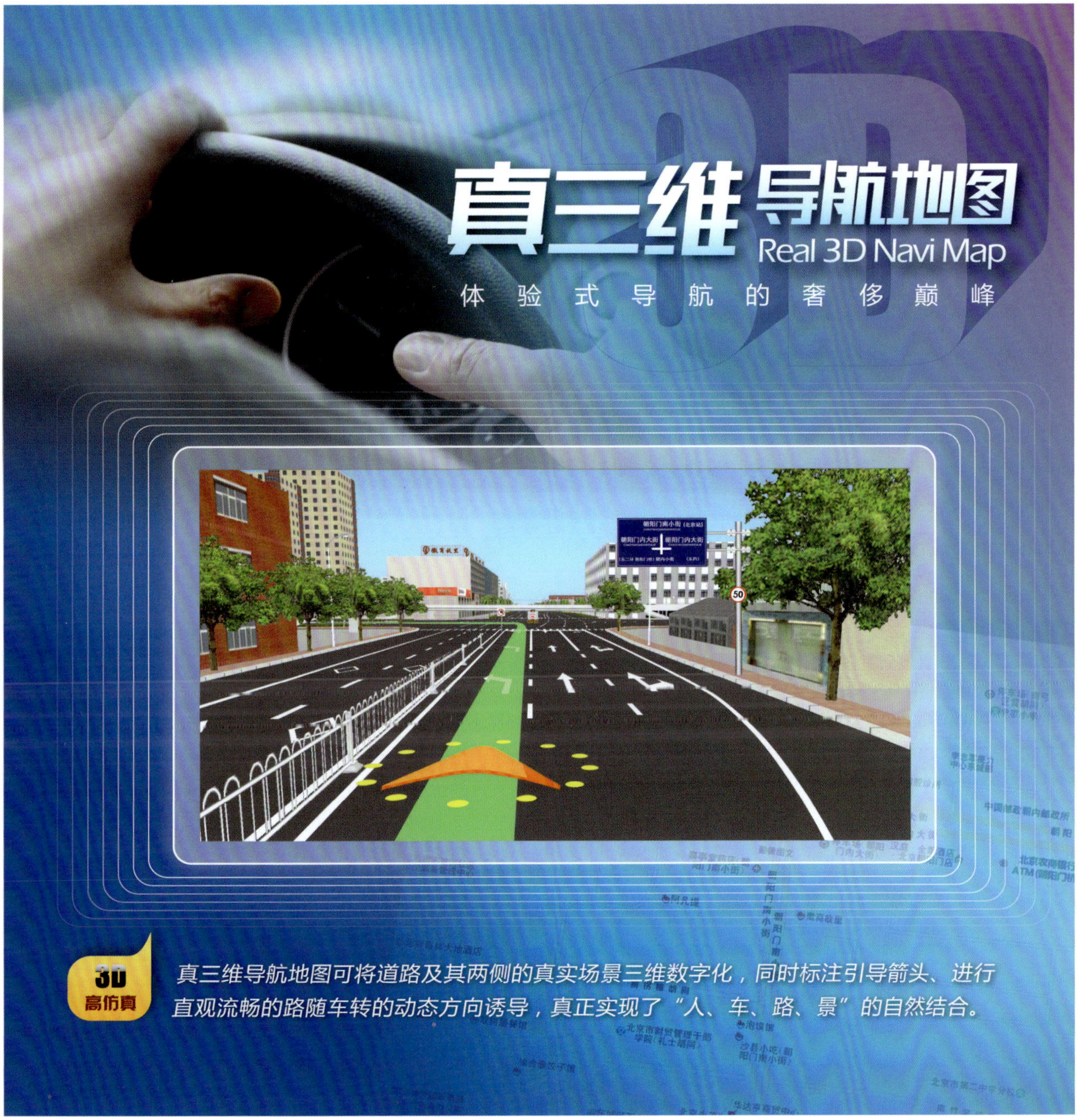

天津中科遥感信息技术有限公司

天津中科遥感信息技术有限公司由中国科学院遥感与数字地球研究所控股，成立于2007年6月，下设5个全资子公司，在北京、天津、河北、广东、江苏、贵州均设有基地，拥有员工近300人，其中具有研究生学历人员占36%，海外归国博士10多人。

公司外景

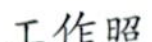

工作照

无人机外业

天津中科遥感信息技术有限公司是国家发展和改革委员会遥感卫星示范基地、遥感卫星应用国家工程实验室的成果转化基地、国家遥感应用工程技术中心产业化基地、中国科学院云计算中心遥感云服务中心、国家高分辨率对地观测系统河北高分数据与服务中心。承担了国家“863”计划、国家发展和改革委员会卫星应用专项、科技部重大仪器专项，及国土资源部、环境保护部、水利部、国家测绘地理信息局、国家海洋局、中国地质调查局一系列科研项目，拥有近50项自主知识产权和多项发明专利。

天津中科遥感信息技术有限公司以发展卫星与遥感应用战略新兴产业为己任，以遥感信息云服务为龙头，以高分辨率遥感数据服务为契机，以区域综合和大众应用市场为驱动，深化行业应用，建成从数据源、处理加工、信息产品生产到区域、行业、大众应用服务的空间遥感信息产业链。该公司已取得ISO9001:2008质量管理体系认证、甲级测绘资质、软件企业认定证书、高新技术企业认证、AAA信用等级证书等，是中国遥感应用协会常务理事单位，国家智慧城市产业联盟、遥感应用产业联盟和高分重大专项产业联盟的发起成员单位之一，是SCI检索期刊《地球科学前沿》的协办单位。公司具有强大市场竞争力和品牌号召力，竭诚为广大客户提供优质的服务！

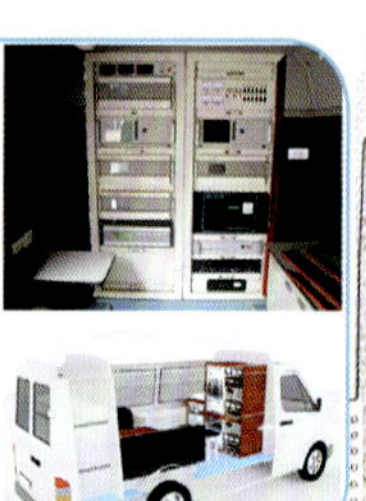

应急指挥监测系统

获奖证书

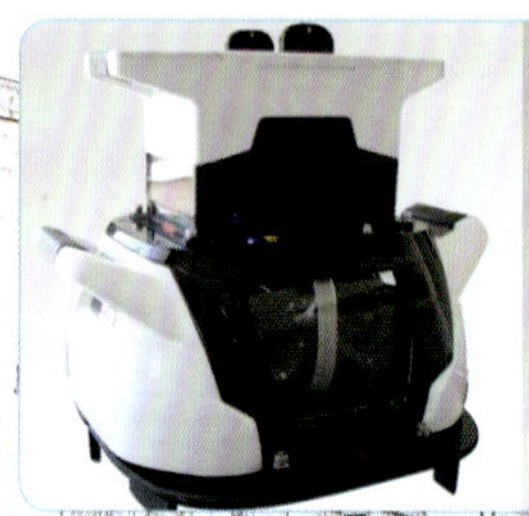

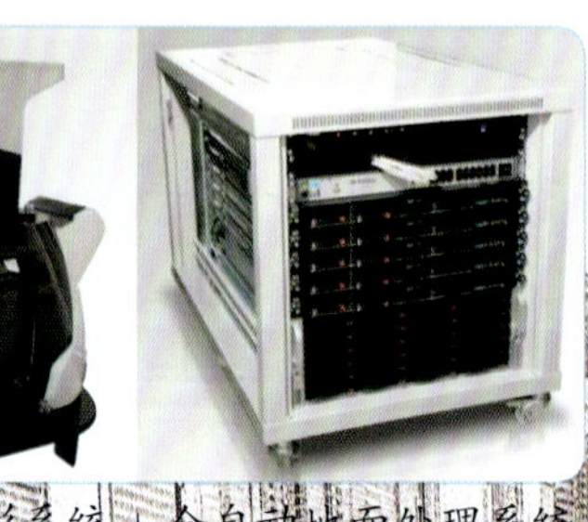

A3数字航空摄影系统+全自动地面处理系统

河北省电力勘测设计研究院

办公大楼

河北省电力勘测设计研究院隶属中国电力建设集团有限公司，创建于1958年，拥有工程勘察综合类甲级资质和甲级测绘资质，主要从事电力系统规划、发电工程和输变电工程及工业与民用建筑工程的勘测设计、技术咨询、工程监理、工程总承包、岩土工程等业务。

该院注册资金3亿元，总资产8.5亿元；在职员工687人，其中专业技术人员599人、各类注册师181人(其中注册测绘师8人)、教授级高工26人、中级以上职称人员455人；拥有综合类及专项类资质证书10多项，通过质量、职业健康和安全、环境三标体系认证。业务范围涉及全国27个省（区、市），成功开拓了孟加拉、刚果（布）、肯尼亚、印度、埃塞俄比亚、希腊等22个境外国家市场。历年来，完成多项工程勘测设计及总承包工作，100多项工程获得省部级及以上奖励。

该院二级部门勘测事业部配备了GPS、全站仪、水准仪、多波束测深系统等勘测设备及软件，固定资产2590万元。2013年部门完成产值1.04亿元，利润4827万元，其中测绘产值3500万元。

河北省电力勘测设计研究院多次入选全国勘察设计综合实力百强企业，被评定为国家高新技术企业，获全国电力行业卓越绩效先进企业特别奖以及中国质量协会颁发的中国质量鼎，连续9年获得《ENR》“中国工程设计企业60强”等称号。

河北省电力勘测设计研究院坚持以“人本中求生存，创新中谋发展，诚信中创效益，高效中铸精品，实现中报社会”的企业核心价值观，以人为本，实现创新、可持续发展，努力建设国际型工程咨询公司。

内蒙古乔泰国土勘测技术有限公司

发展战略研究

内蒙古乔泰国土勘测技术有限公司创立于1999年，拥有甲级测绘资质、甲级土地规划机构、A级土地评估中介机构等资质。是自治区成立较早、规模较大的测绘与国土调查、规划、评估类民营企业。是内蒙古测绘学会、内蒙古测绘协会、内蒙古土地学会、中国土地估价师协会、中国卫星导航定位协会会员理事单位。

内蒙古乔泰国土勘测技术有限公司主要业务范围包括大地测量、工程测量、地籍测绘和数字摄影测量；土地利用、整治、复垦规划；土地估价、旅游规划设计、城乡规划编制和开发区产业与矿产资源规划；地理信息系统建设、国土调查、地籍档案整理和房地产评估等。通过GB/ISO9001:2008质量管理体系认证。拥有员工160多人，其中高级职称15人，注册测绘师、土地估价师、注册城市规划师、土地规划师、会计师等35人。

乌海市满巴拉僧庙蒙医药文化旅游规划图

历年来，该公司完成的项目获中国测绘学会测绘科技进步奖三等奖1项；获内蒙古测绘学会测绘科技进步奖一等奖1项，优秀测绘工程奖银奖3项、铜奖2项。累计完成建筑物沉降观测项目325项，40平方千米以上的1:500和1:1000地形图测绘项目50项等。自主研发了建筑物沉降监测数据处理系统、地籍测量数据处理系统、建设用地批准书管理系统、地籍档案数字化管理系统等。承担了自治区内多项土地规划、城镇地籍调查、征地勘测等任务。在内蒙古农业大学设立乔泰奖学金，奖励测绘工程和土地规划管理专业优秀学生；在武汉大学设立乔泰奖励基金，奖励优秀学生和贫困生。

项目鉴定会

第二次土地调查成果评审会

与武汉大学签约

公司年度管理评审会

阿拉善盟国土资源勘测规划院

阿拉善盟国土资源勘测规划院成立于2003年，2008年取得ISO9001:2008国际质量管理体系认证资格，2009年~2013年连续5年通过北京世标认证中心年度换证审核。具有甲级测绘、乙级地勘、乙级土地规划、乙级地质灾害危险性评估等资质。内设6个部室及额济纳旗、阿拉善右旗2个分院，共有技术人员65名，配备外业测量及出图设备94台（套）。

年度实绩考核

阿拉善盟国土资源勘测规划院组织实施了巴彦浩特镇、阿拉善经济开发区1:1000航测等多项基础测绘项目和孪井滩示范区塔日阿图嘎查、吉兰泰镇哈图陶勒盖嘎查等新农村（新牧区）测绘保障服务示范项目；开展了全国第二次土地调查、矿业权实地核查、矿产资源利用现状调查等国家重点勘测项目及数字阿拉善建设项目前期筹备、旗区基础测绘规划编制等工作；完成临策铁路、银巴高速公路、乌巴一级公路、旗通油路及全盟报批建设用地项目等300多项重点建设项目的测绘、勘界工作；完成阿左旗、阿右旗废弃居民点和工矿废弃地复垦调整利用实施规划的编制及评审备案；完成阿右旗、额济纳旗、孪井滩示范区的集体土地所有权权属调查核实等。

外业踏勘

地籍测量

测量标志普查

阿拉善盟国土资源勘测规划院被阿拉善盟行署评为全盟测绘事业先进单位；2011年被国土资源部授予“全国矿业权实地核查工作优秀承担单位”称号，被自治区国土资源厅党组授予“创先争优活动先进党组织”称号，达到档案工作目标管理自治区（省、部）级标准；2007年~2013年连续七年被盟国土资源局评为领导班子工作目标实绩考核优秀等级。

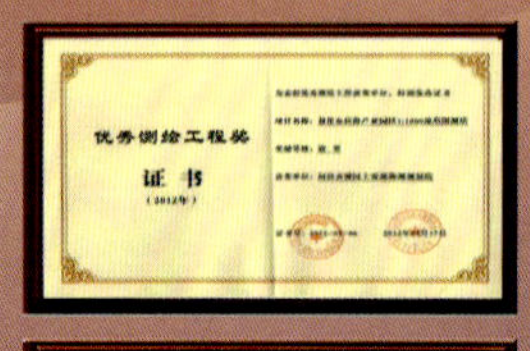

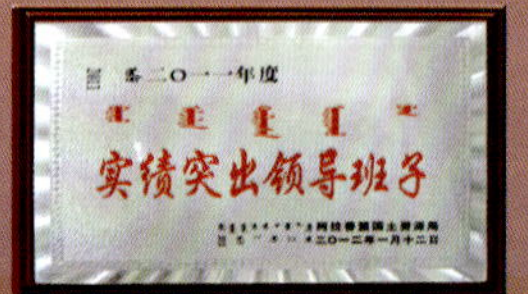

完成的“敖伦布拉格产业园区1:1000地形图测绘”项目获2012年内蒙古自治区测绘学会优秀测绘工程奖银奖，“风光电冶一体化成套设备制造新型燃料及物流装备制造项目用地勘测交界测量”“中节能孪井滩光伏并网发电项目二期工程用地勘测定界测量”获铜奖。阿拉善盟国土资源勘测规划院为提升全盟基础测绘工作、丰富基础测绘资料、促进经济社会发展发挥了重要作用。

联系电话：0483-8356798　　邮箱：alskcy@126.com

中国建筑材料工业地质勘查中心辽宁总队

办公大楼

中国建筑材料工业地质勘查中心辽宁总队始建于 1956 年，具有甲级测绘资质，是以技术人员为主、提供专业技术服务的公益性事业单位。拥有教授级高级工程师、高级工程师、工程师等专业技术人员 200 多人。主要业务包括测绘工程；固体矿产勘查；工程勘察；岩土工程施工；地质灾害危险性评估、地质灾害治理工程勘查、设计与施工；岩矿鉴定与岩土试验等。

中国建筑材料工业地质勘查中心辽宁总队以工程测量、矿山测量为基础，以航空摄影测量、变形监测、地籍测量、地理信息系统工程为依托，配备动态 GPS 接收机、全站仪、高精度电子水准仪、大幅面彩色绘图仪等先进的测量仪器 40 多台（套），全数字摄影测量系统、地形地籍测量等相关软件 30 多套。先后完成省内外大型测绘工程项目 300 多项，在地形图测量、全国第二次土地调查、大地测量等项目中成绩显著，测绘产品合格率达 100%，被辽宁省测绘地理信息局授予“辽宁省测绘行业先进单位”称号。完成的多项测绘成果获优秀工程奖，其中“迁建锦州民用机场测绘工程项目”“辽宁凤凰国际商务中心基坑监测技术研究项目”获辽宁省测绘科学技术进步奖。

中国建筑材料工业地质勘查中心辽宁总队获“全国地质勘查功勋单位”称号；2013 年被人力资源和社会保障部、国有资产监督管理委员会联合授予“中央企业先进集体”称号。

多年来，该队坚持“诚信树品牌、诚心聚力量”的经营理念和“以人为本、追求卓越”的管理方针，树立了良好的企业形象，本着“执着追求，务实进取”的企业精神，愿与社会各界交流合作，互利双赢，携手发展！

沈阳市勘察测绘研究院
（沈阳市地理信息中心）

沈阳市勘察测绘研究院（沈阳市地理信息中心）隶属于沈阳市规划和国土资源局（地理信息局），通过了ISO9001质量体系认证，资料档案管理达到国家二级。拥有甲级测绘、工程勘察类甲级、甲级地质灾害危险性评估、乙级地图编制、乙级互联网地图服务等资质。拥有教授级高级工程师20人、高级工程师35人、工程师68人、助理工程师21人；注册测绘师20人、注册岩土工程师5人；博士1人，硕士研究生50人。

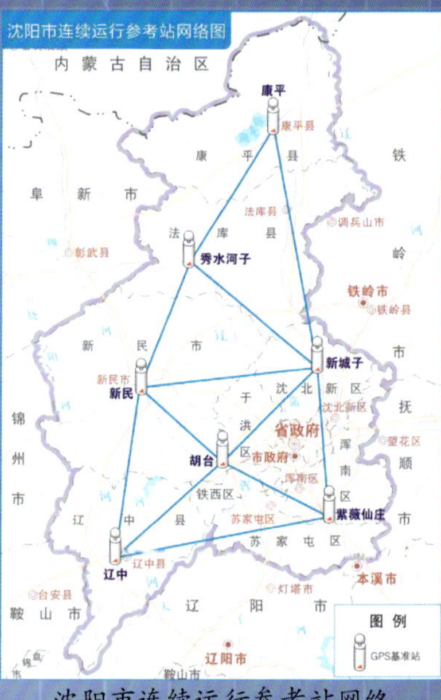

沈阳市连续运行参考站网络

该院先后出版了《中华人民共和国第十二届运动会地图集》《沈阳市交通旅游图》《沈阳市规划图集》《沈阳市土地利用总体规划图集》《沈阳市地图荟萃》《领导工作用图》《沈阳市行政区域界线图册》等各种专题地图、图册。完成数字沈阳地理空间框架建设项目"天地图·沈阳"上线运行，承担"沈阳市高精度三维大地测量基准的建立与似大地水准面的确定"等重大项目，研发了沈阳市基础地理信息系统，为沈阳市和国内20多个城市测绘大比例尺地形图，制作了沈阳市、兰州市规划区域内的数字正射影像图、数字高程模型，将航测遥感技术成果应用于绿地普查等工程项目中。

沈阳市勘察测绘研究院坚持以人为本，注重精神文明建设，充分调动干部职工的积极性，打造了一支团结、奋进、向上的优秀团队。

地图（册）

管网探测

第十届测绘地理信息职工定向越野赛

"天地图·沈阳"

工程地质勘察

中水东北勘测设计研究有限责任公司

中水东北勘测设计研究有限责任公司是水利部所属大型勘测设计单位，是国际工程咨询协会和中国工程咨询协会成员、中国水利水电勘测设计协会副理事长单位。拥有水利、电力、建筑、环境工程设计、工程勘察、监理、测绘等多项甲级资质。

该公司测绘专业获得全国首批甲级测绘资质，通过 ISO9001 质量体系国际标准认证；拥有员工 95 人，技术干部 62 人，其中教授级高级工程师 2 人、高级工程师 17 人、工程师 23 人，5 人取得注册测绘师资格。

历年来，该公司测绘专业完成吉林白山水电站、黑龙江莲花水电站、重庆江口水电站、西藏满拉水利枢纽、云南龙江水利枢纽、内蒙古尼尔基水利枢纽、广西大藤峡水利枢纽等 100 多项大、中型水利设施的测量工作。完成的“黄河刘家峡洮河口排沙洞工程岩塞测量”获 2010 年度吉林省测绘科技进步奖二等奖；“丰满水电站库区测量”“旁多水利枢纽区、灌溉输水洞区施工控制网测量”获 2012 年全国优秀测绘工程奖银奖；“丰满水电站大坝全面治理工程库区深水区测量（264m 高程以下）”获 2013 年吉林省建设工程勘察设计奖二等奖。

公司全体员工坚持质量为本，顾客至上，竭诚为广大客户服务！

地址：吉林省长春市绿园区春城大街 978 号

邮编：130062

电话：0431-87975623/87975083

邮箱：zschgs@vip.163.com

松花江流域统一高程系统二等水准测量

小山大坝变形一等控制网测量

哈尔滨测量高等专科学校测量工程公司

总经理：高树江

哈尔滨测量高等专科学校测量工程公司成立于1993年，隶属黑龙江工程学院，1995年取得甲级测绘资质，2004年通过ISO9001:2008质量管理体系认证。

哈尔滨测量高等专科学校测量工程公司主要从事工程测量、地籍测量、航空摄影测量、房产测绘、地理信息系统工程、测绘软件开发及销售等业务。拥有GPS接收机、全站仪、探地雷达、地下管网探测仪、陀螺全站仪、数字摄影测量工作站、三维激光扫描仪、测量机器人等先进的仪器设备及应用软件，适应现代数字化测绘的需要。

测绘资质证书

单位名称：

业务范围：

法定代表人：

等级及编号：

有效期至：

国家测绘局制

哈尔滨测量高等专科学校测量工程公司积极开展产学研合作，结合承接的生产项目为学生生产实践提供实习平台，为专业教师开展科学研究提供数据和实验平台。在GPS气象遥感技术、数字地面模型、分布式空间数据库、三维建模、三维激光扫描技术、InSAR技术、智慧管网等方面与黑龙江工程学院开展技术合作，取得一批具有实用价值的研究成果。近几年，完成数字地形、地籍测量近1000平方千米，大型工程测量项目几十项，取得较好的效益。承担的“哈齐铁路客运专线路基冻胀变形监测”获黑龙江省优秀测绘地理信息工程奖金奖。

哈尔滨测量高等专科学校测量工程公司以“诚实、守信、优质、高效”为服务宗旨，注重产品质量、信誉和服务，不断强化内部管理，引进和开发高新技术，用最新的测绘科技成果服务社会！

哈尔滨市大地勘察测绘有限公司

哈尔滨市大地勘察测绘有限公司成立于1993年10月，具有乙级测绘资质、黑龙江省第二次土地调查B级资质，土地登记代理、土地利用总体规划修编、黑龙江省基本农田划定省级资质，黑龙江省村庄地籍调查A级资质，土地规划机构乙级资质，是哈尔滨高新技术开发区入园企业。有2人次参加过中国南极科学考察队越冬和度夏科考。

董事长孙微参加公司挂牌仪式

该公司在职职工208人，其中高级工程师8人、工程师12人，初级职称专业技术人员130人。配备全站仪32台、静态GPS8台、动态RTK58台、微机157台、各类车辆19台，年产值近3000万元，利税200多万元。

多年来，哈尔滨市大地勘察测绘有限公司在交通、国土、规划、房产等领域承揽多项国家和地方测绘项目。为2009年哈尔滨第24届世界大学生冬季运动会竞赛场地及辅助设施提供测绘服务，为大运会组委会领导查询、决策、浏览等提供虚拟三维演示系统，为裁判员、运动员制作竞赛手册和竞赛用图。在全国第二次土地调查中，承担6个市（县、区）农村二调，其中1个县成果获省级优秀成果三等奖。承担6个市（县、区）城镇地籍调查，其中1个区成果获省级优秀成果三等奖。完成铁力市土地利用总体规划2006-2020年修编，红兴隆农垦局曙光农场、宁安市高标准基本农田测量设计等项目。承接了黑龙江省2个县的地理国情普查项目。

哈尔滨市大地勘察测绘有限公司在生产管理、科技应用等各方面均已步入良性循环，员工积极性高涨，企业凝聚力不断增强，软硬件设施建设跃上新台阶。本着“科学管理、科技兴企、求实创新、严谨守信”的精神，竭诚为社会各界提供优质的技术服务，确保提供给客户优质产品和服务。

指导内业工作

外业测量现场

国情部工作会议

外业员工

规划部外业测量

连云港万源土地勘测登记代理有限公司

连云港万源土地勘测登记代理有限公司成立于 2004 年，注册资金 500 万元，拥有甲级测绘资质，通过 ISO9001 质量管理体系认证，业务范围包括工程测量、地籍测绘、地理信息系统工程、地图编制、房产测绘、行政区域界线测绘、土地登记代理及相关服务等。

近年来，完成的“连云港经济技术开发区控制测量”“连云港经济技术开发区 1:500 地形测量”“灌西盐场二湾工区复垦项目勘测定界”3 个项目获江苏省优秀测绘工程奖。“连临高速东 11-7 地块农转用勘测定界”“金桥滨海之都经济适用房项目勘测定界”获连云港市优质测绘工程奖。

连云港万源土地勘测登记代理有限公司坚持“周密设计、精心测绘、诚信服务、不断创新”的质量方针，以高质量的测绘成果赢得了广大客户的信赖，为土地管理提供有力的测绘保障。

第三届全省测绘地理信息行业职业技能竞赛暨全国竞赛江苏选拔赛

团体二等奖

竞赛组织委员会
二〇一三年五月

地址：连云港市新浦区通灌南路 95 号

传真：0518-85481697

电话：0518-85523321

邮箱：lyg85481897@126.com

嘉兴市规划设计研究院有限公司

嘉兴市规划设计研究院有限公司前身为嘉兴县规划处，成立于 1980 年，2002 年更名为嘉兴市规划设计研究院，2007 年改制成立国有独资有限责任公司。注册资金 823 万元，办公面积 8000 多平方米，下设规划研究院、市政园林院、测绘地理信息院 3 个业务院和生产技术部、综合部、信息部 3 个管理部门，具有甲级城乡规划编制、乙级市政设计、甲级测绘、乙级工程勘察测量、丙级工程咨询等资质，通过 ISO9001 质量管理体系认证。

测绘地理信息院共有员工 110 多人，其中注册测绘师及中高级职称人员 40 多人，拥有实施大型测绘项目的技术装备和能力，具备地图编制和地理信息数据生产与系统研发实力。该院下设生产经营办、技术质量办、规划测绘所、工程测绘所、地理信息中心和系统研发中心 6 个部门，主要承担规划管理测绘、建设工程测绘、地理信息数据生产和应用系统研发等业务，为城乡规划、建设、管理提供测绘地理信息技术服务。

办公大楼

天地图•嘉兴

测绘地理信息院是浙江省测绘与地理信息学会、嘉兴市测绘与地理信息学会团体会员单位，是浙江省测绘与地理信息行业协会、嘉兴市勘察设计行业协会的常务理事单位；被省、市政府及行业部门授予“守合同重信用”“诚信单位”“诚信纳税单位”等多个称号，多次被评为省市测绘与地理信息学会、行业协会先进单位。

测绘地理信息院充分发挥专业优势，积极参与数字嘉兴、智慧嘉兴建设，完成了嘉兴市现代测绘基准体系、“天地图·嘉兴”等建设任务，承担数字城管、应急指挥等信息化建设项目，开展了地理国情、省情、市情普查工作，获得数十项国家、省、市级优质工程与科技进步奖等奖励，成功实现了测绘技术、管理、业务的转型升级，为嘉兴市城乡建设与发展做出了突出贡献。

测绘宣传

应急测绘

团队建设

安徽省测绘产品质量监督检验站

外业质量监督检验

安徽省测绘产品质量监督检验站成立于1990年6月，是安徽省唯一一家经过省质量技术监督局计量认证和授权的测绘产品质量监督检验机构。业务纳入全省质量技术监督管理网络，受安徽省质量技术监督局、国家测绘产品质量检验测试中心的指导，其检验结论不受任何行政部门的干预，属公正性监督检验机构。业务范围覆盖大地测量、摄影测量、地形测量、工程测量、地籍测量、数字测绘、综合项目等专业。

安徽省测绘产品质量监督检验站下设办公室和2个检验室。共有在岗正式职工13人，其中高级工程师6人、工程师5人，具有本科和硕士学历人员11人。拥有先进的测绘地理信息成果检验仪器设备，具有符合计量认证和实验室授权的质量管理体系。

安徽省测绘产品质量监督检验站承担大量国家和省级基础测绘地理信息项目成果质量的检查验收工作，承担省内年度测绘地理信息项目成果质量的监督检验和客户委托的测绘成果质量检验业务，负责全省数字城市的验收工作、全省第一次地理国情普查过程质量监督检查和验收任务。

安徽省测绘产品质量监督检验站将不断提升测绘地理信息成果检测能力，进一步为广大客户提供“科学、公正、准确、满意”的服务。

安徽省测绘地理信息成果质量监督检验培训会

安徽省测绘地理信息成果质量监督检验内业检查

厦门地质工程勘察院

厦门地质工程勘察院成立于 1983 年，是以工程勘察设计、测绘工程、地质勘查、地质灾害防治为主要业务的专业化综合性生产科研单位，是闽南地区最大的勘测单位。该院共有职工 211 人，其中工程师以上职称 85 人。拥有工程勘察综合类甲级资质和甲级测绘资质，通过了质量、环境、职业健康安全体系及 CMA 计量认证。

省级文明单位奖牌

甲级测绘资质证书

该院拥有先进的 GPS 导航系统、多波速测深系统、测扫声呐系统等仪器设备 150 多台套，在数字城市建设和地理区情监测等领域提供技术支撑。

近年来，该院承担的多项国家和地方重大工程测绘成果获国家和省部级优秀工程奖。先后被评为全国工程勘察与岩土行业诚信单位、福建省文明单位、福建省优秀勘察设计单位、福建省和谐劳动关系优秀企业、福建省勘察设计 3A 级信用企业。

获奖证书

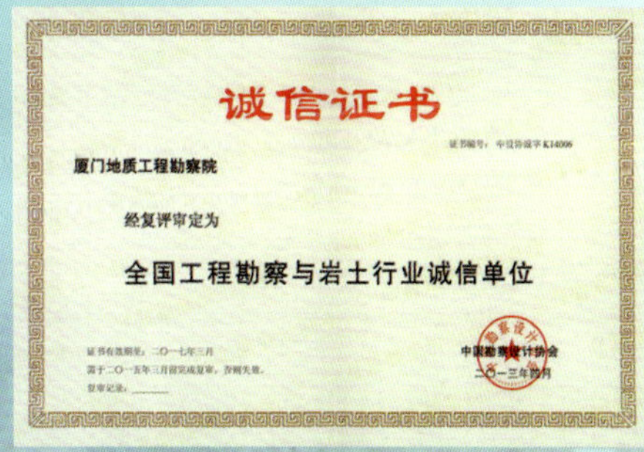

诚信证书

地址：厦门市思明区莲前西路 192 号　　电话：0592-5982292

邮编：361008　　传真：0592-5193464

厦门亿力吉奥信息科技有限公司

公司外景

厦门亿力吉奥信息科技有限公司成立于2002年，注册资本3000万元，在北京、福州、南京、长沙设立4个分支机构，拥有员工500多人。该公司综合应用以地理信息系统、全球导航卫星系统、遥感、通信、激光雷达、物联网技术为代表的“3S+C+R”技术，基于具有自主知识产权的电力GIS基础软件平台——EPGIS，研发电力行业发电、输电、变电、配电、移动现场作业、车辆管理、防灾应急、电动汽车运营管理等方面的电网信息化管理系列软件产品，提供地图加工、数据采集、实施推广、系统集成、运维服务、人才培训及认证等全方位技术服务。

厦门亿力吉奥信息科技有限公司获得互联网地图服务和地理信息系统工程甲级测绘资质，通过了CMMI三级、ISO9001:2008质量管理体系、计算机信息系统集成三级、信息安全服务一级等资质体系认证。完成的项目先后获中国地理信息产业优秀工程奖金奖、中国地理信息科技进步奖一等奖、国家电力监管委员会电力安全生产科技成果奖一等奖、国家电网公司科技进步奖一等奖等省部级奖励20多项，2008年公司被中国地理信息系统协会授予唯一的“电网GIS示范工程承建单位”称号。

厦门亿力吉奥信息科技有限公司将继续完善EPGIS电网信息化管理系列产品和服务，以引领中国电力GIS为发展目标，利用公司先发的市场优势和竞争力，再创辉煌！

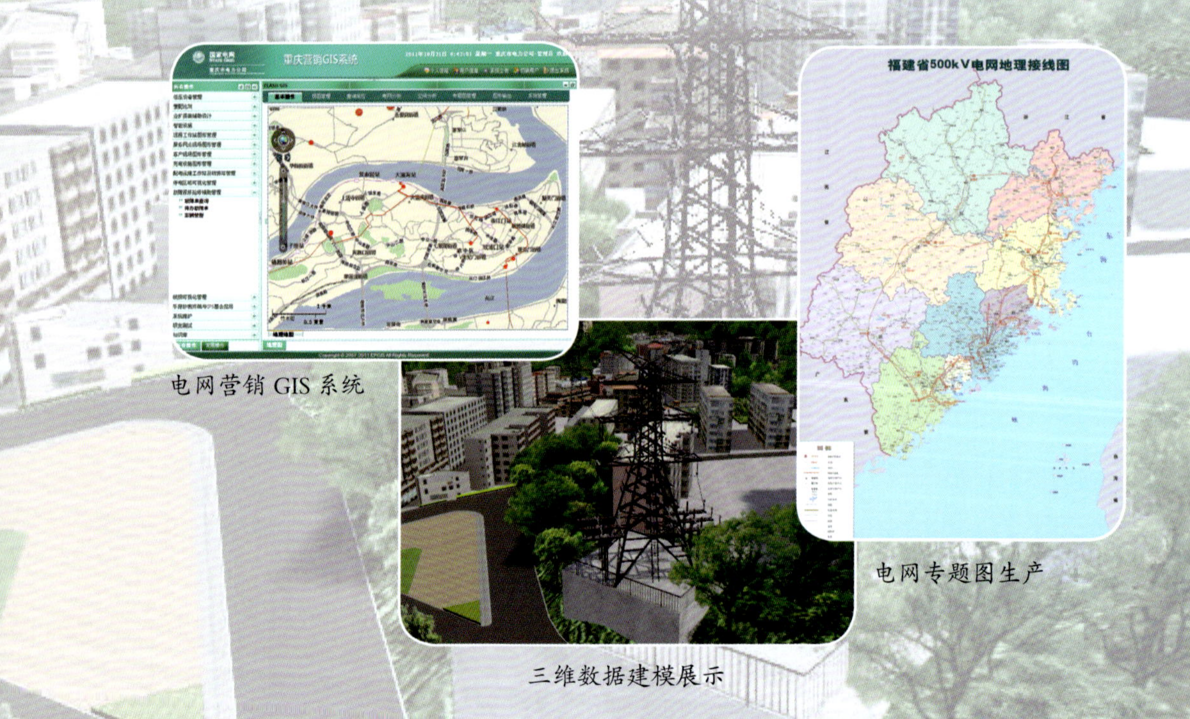

电网营销GIS系统

电网专题图生产

三维数据建模展示

山东省国土测绘院

山东省国土测绘院成立于2001年，是山东省国土资源厅直属事业单位，具有甲级测绘资质，主要承担全省基础测绘更新、基础地理信息数据库建设，省级地理信息公共服务平台的建设、管理和运维，全省卫星定位连续运行综合应用服务系统的管理及维护，卫星遥感应用研究，地图编制，测绘成果与测绘档案管理，测绘成果资料提供及分发服务，测绘仪器检定、测绘产品质量检验，遥感地质及环境地质调查等工作。

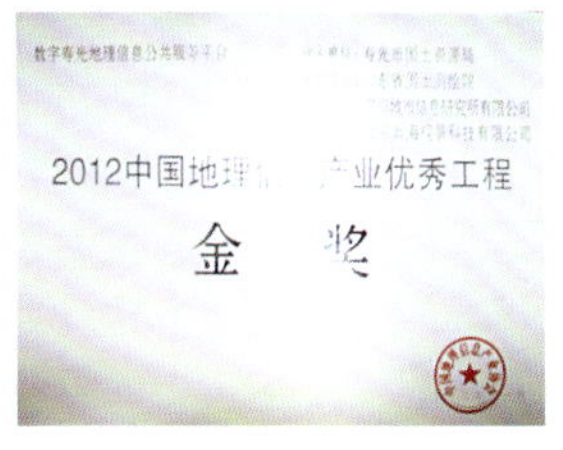

山东省国土测绘院共有正式职工737人，其中具备研究员资格7人、高级技术职称资格54人、注册测绘师资格15人。人才队伍建设成绩斐然，共有国土资源部青年科技骨干1人，国家测绘地理信息局青年学术和技术带头人2人，全国“五一劳动奖章”获得者1人，山东省先进工作者1人，全国测绘地理信息系统劳动模范2人，获全国技术能手、全国青年岗位能手、全国测绘地理信息行业技术能手、全国测绘地理信息行业优秀技能人才称号共2人，获省部级表彰9人。该院获“省级文明单位”“山东省科学技术进步奖”“全国测绘科技工作先进集体”“全国测绘工程白金奖”“全国测绘系统普法工作先进单位”等100多项集体荣誉。

山东省国土测绘院坚持“为经济社会发展提供空间定位服务”的使命，按照“服务大局、服务社会、服务民生”的宗旨，充分发挥技术装备优势，为国家发展战略及政府公共管理与应急保障、全省主题功能区规划、工农业优化、新能源建设、新农村建设等重大规划和重点工程提供了优质的测绘地理信息服务。

山东省副省长孙绍骋视察测绘院工作

援疆测绘

海岛礁测量

在埃塞俄比亚渡河作业

援川队伍

山东省国土测绘院杨艳萍获全国五一劳动奖章

河南省测绘地理信息局信息中心

河南省测绘地理信息局信息中心前身为河南省测绘职工中等专业学校，主要承担全省测绘地理信息行业特有工种职业技能鉴定和测绘地理信息系统技术、人才培训，行业重要信息的收集、整理和分析工作，以及河南省测绘地理信息局统计工作，局门户网站建设、管理、维护和信息更新，《河南测绘地理信息年鉴》及史志编制等工作。

第九届河南省机关事业单位工勤技能岗位人员技能竞赛暨第三届河南省测绘地理信息行业职业技能竞赛实操考核

重要赛事 2013年4月，该中心承办河南省测绘地理信息局、省人力资源和社会保障厅、省总工会、共青团河南省委联合举办的第九届全省机关事业单位工勤技能岗位人员技能竞赛暨第三届河南省测绘地理信息行业职业技能竞赛。6月，协办“九成杯”第三届全国测绘地理信息行业职业技能竞赛地籍测绘（河南）赛区赛事。

国家测绘地理信息局副局长宋超智（前排左五）与中心人员合影

河南省测绘地理信息局局长贯志伟（左一）在“九成杯”第三届全国测绘地理信息行业职业技能竞赛现场指导

鉴定培训 测绘地理信息行业特有工种职业技能鉴定河南站设在局信息中心，承担全省测绘地理信息行业房产测量、地籍测绘、工程测量等职业技能鉴定工作。2013年，完成黄河水利职业技术学院、郑州工贸学校、新乡测绘中等专业学校工程测量、摄影测量和地图制图3个专业毕业生考核鉴定，鉴定人员1756人。举办全省测绘地理信息高新技术、标准、质量培训班，近1000人受训。开展全省测绘地理信息行业地籍测绘专业技师培训。

河南省测绘地理信息局信息中心

统计工作 2013年，河南省测绘地理信息局出台《河南省测绘地理信息统计工作考核评比办法（试行）》。局信息中心培训、考核全省测绘地理信息统计人员804人。全省17个省辖市、159个县（市、区）测绘地理信息行政主管部门及788家测绘资质单位按要求完成统计年报工作。河南省测绘地理信息局及统计工作人员受到国家测绘地理信息局通报表彰。

网站管理 2013年，河南省测绘地理信息局信息中心完成局门户网站729篇稿件的编辑、发布。局门户网站被国家测绘地理信息局评为2013年全国测绘地理信息系统网站建设成绩突出单位，工作人员被评为优秀信息员。

史志与年鉴工作 2013年，河南省测绘地理信息局信息中心完成《河南省测绘地理信息志》编纂工作。河南省测绘地理信息局被评为《中国测绘地理信息年鉴》（2013年卷）优秀供稿单位，撰稿人被中国测绘地理信息年鉴编纂委员会、河南年鉴社评为优秀通讯编辑。

承办全省测绘地理信息志培训

煤炭工业济南设计研究院有限公司

公司领导班子

煤炭工业济南设计研究院有限公司是以勘察、测绘、设计、咨询为主要业务的综合性单位。测绘业务范围包括工程测量：控制、地形、市政工程、建筑工程、线路工程、地下管线、矿山、隧道、变形（沉降）观测、形变测量；地籍测绘、地理信息系统工程、海洋测绘、房产测绘等。

该公司拥有测绘技术人员107人，其中工程技术应用研究员1人、高级工程师10人、工程师20人，注册测绘师5人。配备美国天宝、瑞士莱卡、南方、中海达等GPS接收机60多台、莱卡全站仪20多套、水准仪10台、陀螺全站仪1套等。

近年来，煤炭工业济南设计研究院有限公司广泛开展煤矿、石油、化工、交通、规划、建设等行业测绘业务，积极参与山东省农村集体土地确权、土地承包经营权确权等项目，成果合格率100%。

项目方案研究

煤炭工业济南设计研究院有限公司被授予山东省“青年文明号”称号，多次被评为“山东省测绘行业先进班组”“测绘行业先进集体”和“先进会员单位”，连续15年被评为山东省文明单位，是国家首批高新技术企业。先后获省、部级优秀测绘工程奖24项，其中山东省科技进步奖1项。该公司拥有充足的设备、先进的软件、优秀的技术人员和丰富的管理经验，本着诚信原则，向广大顾客提供优质产品及服务。

圭亚那输电线路测量

斯里兰卡铁路工程测量

陀螺仪

法 律 法 规

重要规范性文件

关于做好地图出版社转制后测绘资质管理工作的通知

测办〔2013〕2号　2013年1月5日

陕西、黑龙江、四川、福建、山东、湖南、广东省测绘地理信息行政主管部门：

按照中央关于深化出版社体制改革的有关政策精神，陕西、黑龙江、四川、福建、山东、湖南、广东等省级测绘地理信息行政主管部门所属的地图出版社相继转制为制（地）图院和出版社有限公司。为促进地图出版社转制后实现转方式、增活力、上水平的目标，现就有关测绘资质管理工作通知如下：

一、依照《测绘资质管理规定》，对已完成转制的地图出版社，由国家测绘地理信息局注销并收回其甲级测绘资质证书。转制后，制（地）图院、出版社有限公司拟继续从事测绘活动的，应当按规定重新提出测绘资质申请。

二、依照《关于对〈测绘资质管理规定〉和〈测绘资质分级标准〉有关具体问题的处理意见》（测办〔2004〕118号）中“对于实行部分转制的持证单位，改革后其条件仍然符合原测绘资质等级和业务范围要求的，继续认可其原有测绘资质等级和业务范围”的规定，对制（地）图院、出版社有限公司提出测绘资质申请且符合条件的，由测绘地理信息行政主管部门按原资质等级及业务范围予以审批。

三、对制（地）图院、出版社有限公司提出的测绘资质申请，由于转制原因造成不符合条件的，本着保稳定、促发展的原则，仍按原业务范围批准。

四、依照《测绘资质管理规定》，对制（地）图院、出版社有限公司在原地图出版社甲级测绘资质业务范围的基础上，再申请新增其他甲级业务范围的，按正常程序办理。

各有关省级测绘地理信息行政主管部门要及时将本通知精神传达至所属的地图出版社，主动加强指导和服务，抓紧办理有关测绘资质审核工作。

关于调整房产测绘资质审批程序的通知

测办〔2013〕6号　2013年1月17日

各省、自治区、直辖市测绘地理信息行政主管部门：

根据《国务院关于第六批取消和调整行政审批项目的决定》（国发〔2012〕52号），建设部门不再承担房产测绘资质初审工作。为此，现就调整房产测绘资质审批程序有关事宜通知如下：

一、房产测绘单位的年度注册和复审换证依据《测绘资质管理规定》办理，不再送房地产行政主管部门征求意见。

二、甲级房产测绘资质申请，由省级测绘地理信息行政主管部门受理、初审后，报国家测绘地理信息局审批发证。乙、丙、丁级房产测绘资质申请，由省级测绘地理信息行政主管部门负责受理、审查、发证。

三、对取得房产测绘资质的单位和测绘资质年度注册时被降低资质等级、注（吊）销房产测绘资质的单位，如需公告，由颁发测绘资质证书的测绘地理信息行政主管部门实施。

四、各省、自治区、直辖市测绘地理信息行政主管部门要加强与同级房地产行政主管部门的沟通协调，做好有关工作衔接，切实加强房产测绘资质管理。

关于测绘单位兼并重组有关资质管理问题的批复

测办〔2013〕29号 2013年5月17日

浙江省测绘与地理信息局：

你局《关于浙江省第三地质大队申请甲级测绘资质有关问题的请示》（浙测〔2013〕65号）收悉。经研究，批复如下：

为加强对测绘单位兼并重组的政策扶持，促进测绘单位快速成长，对具有乙级测绘资质的单位并入其上级具有独立法人资格的单位，且以上级单位名义申请甲级测绘资质的，该乙级测绘单位的专业技术人员、仪器设备、测绘业绩等均可计入其上级单位的资质申报条件。对符合《测绘资质管理规定》和《测绘资质分级标准》规定的甲级测绘资质条件的，为其颁发甲级《测绘资质证书》。

关于《测绘资质管理规定》第七条适用问题的批复

测办〔2013〕34号 2013年5月29日

江苏省测绘地理信息局：

你局《关于是否适用〈测绘资质管理规定〉第七条规定的请示》（苏测〔2013〕51号）收悉。经研究，批复如下：

初次申请测绘资质的单位，应当依照《测绘管理工作国家秘密范围的规定》（国测办字〔2003〕17号），凡从事涉及国家秘密范围测绘成果生产、加工、保管、利用的单位，根据《测绘资质管理规定》第七条的规定和《关于进一步贯彻落实测绘成果核心涉密人员保密管理制度的通知》（国测成发〔2011〕11号），其核心涉密人员应持有省级以上测绘地理信息行政主管部门颁发的涉密人员岗位培训证书。

关于无人飞行器航摄测绘资质审查有关工作的通知

测办〔2013〕35号 2013年6月3日

各省、自治区、直辖市测绘地理信息行政主管部门：

当前，无人飞行器航摄在多个领域开展了广泛应用，发挥了重要作用。针对无人飞行器航摄测绘资质审查中存在的人员考核滞后问题，为保证无人飞行器航摄工作顺利开展，现就无人飞行器航摄测绘资质审查的有关工作通知如下：

一、自本通知发布之日起，对初次申请无人飞行器航摄测绘资质的单位，以及已经取得无人飞行器航摄测绘资质的单位在证书有效期满后申请复审换证的，经审查，如飞行操控技术人员已经无人飞行器航摄设备供应商培训合格，且其他条件均符合无人飞行器航摄测绘资质标准条件，可为其颁发相应等级的《测绘资质证书》，证书有效期统一截至2014年12月31日。

二、我局有关部门正在研究制定无人飞行器飞行操控技术人员考核的配套管理制度，并将适时组织开展相关考核工作。请各省、自治区、直辖市测绘地理信息行政主管部门届时协助我局做好人员考核的材料报送、监督管理等工作。

三、各省、自治区、直辖市测绘地理信息行政主管部门要加强对无人飞行器航摄的监管。对未取得无人飞行器航摄测绘资质但从事无人飞行器航摄的单位，要依法予以查处。

关于印发《测绘地理信息公益性行业科研专项经费管理暂行办法》的通知

国测财发〔2013〕22号　2013年6月26日

各省、自治区、直辖市、计划单列市测绘地理信息行政主管部门，新疆生产建设兵团测绘地理信息主管部门，局所属各单位，机关各司室：

为规范和加强测绘地理信息公益性行业科研专项经费管理，做好公益性行业科研专项试点工作，根据财政部、科技部关于《公益性行业科研专项经费管理试行办法》（财教〔2006〕219号）、《关于调整国家科技计划和公益性行业科研专项经费管理办法若干规定的通知》（财教〔2011〕434号）等有关规定，结合《测绘地理信息发展“十二五”总体规划纲要》《测绘地理信息科技发展“十二五”规划》和测绘地理信息科研业务特点，我局制定了《测绘地理信息公益性行业科研专项经费管理暂行办法》，现予印发，请遵照执行。执行中有何问题，请及时反馈。

测绘地理信息公益性行业科研专项经费管理暂行办法

第一章　总　则

第一条　根据财政部、科技部关于《公益性行业科研专项经费管理试行办法》（财教〔2006〕219号）和《关于调整国家科技计划和公益性行业科研专项经费管理办法若干规定的通知》（财教〔2011〕434号）等有关规定，为规范和加强测绘地理信息公益性行业科研专项（以下简称“专项”）的经费管理工作，提高资金使用效益，制定本办法。

第二条　专项实施的目的是充分调动测绘地理信息行业的力量，解决测绘地理信息事业发展中的应急性、培育性、基础性科技问题，全面提升测绘地理信息领域的自主创新水平和服务经济社会发展的能力。主要包括：

（一）行业应用基础研究；

（二）行业重大公益性技术前期预研；

（三）行业实用技术研究开发；

（四）国家标准和行业重要技术标准研究；

（五）计量、检验检测技术研究。

第三条　专项经费的管理和使用遵循以下原则：

（一）明确职责，严格管理。专项经费管理各方应权责明确、各负其责。要建立严格的经费管理制度，强化对经费预算、拨付、使用、监督、决算等环节的规范管理。

（二）科学安排，整合协调。严格按照专项项目目标，科学合理地编制和安排项目预算，杜绝随意性。加强对测绘地理信息科技经费的统筹协调和有效整合。

（三）专款专用，追踪问效。要严格按照国家有关财务制度的规定，将专项经费纳入单位财务统一管理，单独核算，确保专款专用，并建立面向科研结果的追踪问效机制。

第四条 根据专项项目类型特点，一般采取招标或择优委托方式确定项目承担单位。项目承担单位一般为中国大陆境内具有独立法人资格的科研机构、高等院校、测绘地理信息生产单位、内资或内资控股企业等。

第五条 测绘地理信息系统外的单位承担专项项目的财政资金应占专项经费的一定比例，具体比例由国家测绘地理信息局确定后报送财政部备案。

第六条 专项的业务管理按照《测绘地理信息公益性行业科研专项项目管理暂行办法》执行。

第二章 经费管理职责

第七条 国家测绘地理信息局在专项经费管理方面的主要职责是：

（一）制定专项经费管理相关办法；

（二）组建并负责管理专项管理咨询委员会；

（三）组织专项项目预算评审；

（四）提出专项项目预算及年度预算安排建议；

（五）监督检查专项经费使用情况，协调处理出现的重大财务问题；

（六）组织对项目的财务验收、绩效评价和后评估工作等。

第八条 项目承担单位在项目经费管理方面的主要职责是：

（一）承担专项经费使用和管理的责任主体义务；

（二）按照要求编制项目预算；

（三）按照签订的项目任务书管理和使用专项经费，落实约定的自筹经费和其它配套条件；

（四）接受并配合监督检查、财务验收、绩效评价、后评估等工作。

第三章 项目预算审批程序

第九条 国家测绘地理信息局根据专项管理咨询委员会提出的建议，采取择优委托或者招标方式确定项目承担单位，并组织项目承担单位编制项目预算和实施方案。

第十条 项目预算编制的要求是：

（一）项目预算的编制应当根据项目任务的合理需要，坚持目标相关性、政策相符性和经济合理性原则。

（二）编制项目预算的同时编制来源预算与支出预算。

来源预算除申请专项经费外，有自筹经费来源的，应当提供出资证明或其他相关财务资料。自筹经费包括单位的自有货币资金、专项用于该项目研究的其他货币资金等。

支出预算应当按照经费开支范围确定的支出科目和不同经费来源编列，同一支出科目一般不得同时列支专项经费和自筹经费。支出预算应当对各项支出的主要用途和测算依据等进行详细说明。

（三）有多个单位共同承担一个项目的，要分别编制列示各单位承担的主要任务、经费预算等。

（四）项目预算由项目负责人协助项目承担单位财务部门共同编制。

（五）编制项目预算时，需要同时申明项目承担单位的现有组织实施条件和资源，以及从单位外部可能获得的共享服务，并针对项目实施可能形成的科技资源和成果，提出社会共享的方案或建议。

第十一条 项目预算编制的主要内容包括：

（一）项目基本情况和项目工作量；

（二）项目参加人员基本情况；

（三）项目明细预算及测算依据；

（四）自筹经费来源证明；

（五）承诺书。

第十二条 国家测绘地理信息局建立预算评审专家库，制定预算评审细则，建立和完善预算评审专家的遴选、回避、信用和问责制度。

第十三条 国家测绘地理信息局组织专家对项目预算进行评审。根据预算评审结果，提出专项项目预算安排建议，并按照优先顺序排序后及时报送财政部。

第十四条 国家测绘地理信息局根据财政部批复的项目总预算，与项目承担单位签订项目任务书，下达项目总预算。

第十五条 国家测绘地理信息局根据财政部部门预算编制的要求和批复的项目总预算，在部门预算中报送年度项目预算。批复预算的项目应当纳入全国科研项目预算管理数据库统一管理，分年度滚动安排。

第十六条 实行招标投标管理的项目，按照国家招投标的有关规定执行。

第十七条 专项经费预算安排可以探索实行“项目先启动、依据成果后补助”等方式。

第四章 项目经费开支范围

第十八条 项目经费是指在项目组织实施过程中与项目研究开发活动相关的、由专项经费支付的各项费用，分为直接费用和间接费用。

第十九条 直接费用是指在项目研究开发过程中发生的与项目直接相关的费用，主要包括设备费、材料费、测试化验加工费、燃料动力费、差旅费、会议费、国际合作与交流费、出版/文献/信息传播/知识产权事务费、劳务费、专家咨询费和其他支出等。

（一）设备费：是指在项目研究开发过程中购置或试制专用仪器设备，对现有仪器设备进行升级改造，以及租赁外单位仪器设备而发生的费用。专项经费要严格控制设备购置费支出。

（二）材料费：是指在项目研究开发过程中消耗的各种原材料、辅助材料等低值易耗品的采购及运输、装卸、整理等费用。

（三）测试化验加工费：是指在项目研究开发过程中支付给外单位的检验、测试、化验及加工等费用。

（四）燃料动力费：是指在项目研究开发过程中相关大型仪器设备、专用科学装置等运行发生的可以单独计量的水、电、气、燃料消耗费用等。

（五）差旅费：是指在项目研究开发过程中开展科学实验（试验）、科学考察、业务调研、学术交流等所发生的外埠差旅费、市内交通费用等。差旅费的开支标准应当按照国家有关规定执行。

（六）会议费：是指在项目研究开发过程中为组织开展学术研讨、咨询以及协调项目或项目验收等活动而发生的会议费用。项目承担单位应当按照国家有关规定，严格控制会议规模、会议数量、会议开支标准和会期。

（七）国际合作与交流费：是指在项目研究开发过程中，与项目直接相关的、需要项目研究人员出国或邀请外国专家来华参与项目工作的费用。国际合作与交流费应当严格执行国家外事经费管理的有关规定。项目发生国际合作与交流费时，应当事先报经测绘地信局审核同意。

（八）出版/文献/信息传播/知识产权事务费：是指在项目研究开发过程中，需要支付的出版费、资料费、专用软件购买费、文献检索费、专业通信费、专利申请及其他知识产权事务等费用。

（九）劳务费：是指在项目研究开发过程中支付给项目组成员中没有工资性收入的相关人员（如在校研究生）和项目组临时聘用人员等的劳务性费用。

（十）专家咨询费：是指在项目研究开发过程中支付给临时聘请的咨询专家的费用。专家咨询费不得支付给参与专项经费及其项目管理相关的工作人员。专家咨询费的开支标准按照《公益性行业科研专项经费管理试行办法》（财教〔2006〕219 号）规定执行。

（十一）其他支出：是指项目在研究开发过程中发生的除上述费用之外的其他支出，应当在申请预算时单独列示，单独核定。

第二十条 间接费用是指项目承担单位在组织实施项目过程中发生的无法在直接费用中列支的相关费用。主要包括项目承担单位为项目研究开发提供的现有仪器设备及房屋，水、电、气、暖消耗，有关管理费用的补助支出，以及绩效支出等。其中绩效支出是指项目承担单位为提高科研工作绩效安排的相关支出。间接费用及绩效支出的比例按照《关于调整国家科技计划和公益性行业科研专项经费管理办法若干规定的通知》（财教〔2011〕434 号）规定执行。

间接费用按项目统一核定，多个单位共同参与的项目由各单位共同协商提出分解方案，在项目预算中明确，并分别纳入各自单位财务统一管理，统筹安排使用。其中绩效支出，由所在单位根据国家有关规定统筹安排。各项目承担单位不得在核定的间接费用以外再以任何名义在项目经费中重复提取、列支相关费用。

第五章 项目预算执行

第二十一条 专项经费的拨付按照财政资金支付管理的有关规定执行。经费使用中涉及政府采购的，按照政府采购有关规定执行。

第二十二条 项目承担单位不得随意向其他单位转拨资金。确因项目需要，必须与其他单位合作完成并安排相应经费的，原则上在项目承担单位实行报账制；特殊情况必须拨付资金的，按如下规定办理：

（一）由项目承担单位与合作单位签订委托合同，明确责任与权利；

（二）按照项目预算格式编制明细支出预算，支出结构应与承担单位预算书相符；

（三）将委托合同报国家测绘地理信息局备案，并办理资金拨付手续。

第二十三条 项目承担单位应当严格按照下达的项目预算执行，一般不予调整。确有必要调整时，应当按照以下程序审批：

（一）项目预算、项目年度预算的调整和项目承担单位的变更应当经国家测绘地理信息局审核后，报财政部批准。

（二）在项目实施期间出现项目计划任务调整、项目负责人变更或调动单位等重大事项，项目负责人和项目承担单位应当及时报国家测绘地理信息局批准。

（三）项目预算和项目年度预算不变的情况下，直接费用中材料费、测试化验加工费、燃料动力费、出版/文献/信息传播/知识产权事务费、其他支出预算如需调整，项目组和项目负责人根据实施过程中科研活动的实际需要提出申请，由项目承担单位审批，国家测绘地理信息局在中期财务检查或财务验收时予以确认。设备费、差旅费、会议费、国际合作与交流费、劳务费、专家咨询费预算一般不予调增，如需调减可按上述程序调剂用于项目其他方面支出。间接费用不得调整。

第二十四条 项目承担单位应当严格按照本办法的规定，制定内部管理办法，建立健全内部控制和监督制约机制，强化项目预算调整审批程序，加强对专项经费的监督和管理，对专项经费及其自筹经费分别进行单独核算。

第二十五条 项目承担单位应当严格按照本办法规定的经费开支范围和标准规范支出。严禁使用专项经费支付各种罚款、捐款、赞助、投资等，严禁以任何方式变相牟取私利。

第二十六条 项目承担单位应当按照规定编制项目经费年度财务决算。项目经费下达之日起至年度终了不满3个月的，当年可以不编报年度财务决算，其经费使用情况在下一年度的财务决算中反映。项目财务决算由项目承担单位财务部门编制，于每年的4月20日前将上年度财务决算报国家测绘地理信息局。国家测绘地理信息局审核汇总后，于每年的5月20日前将专项经费财务决算报送财政部。

第二十七条 在研项目的年度结存经费，结转下一年度按规定继续使用。项目因故终止，项目承担单位财务部门应及时清理账目与资产，编制财务报告和资产清单，按程序报送国家测绘地理信息局。国家测绘地理信息局组织清查工作，收回剩余经费（含处理已购物资、材料及仪器、设备的变价收入），并按照财政部关于结余资金管理的有关规定执行处理。

第二十八条 专项经费形成的固定资产属国有资产，一般由项目承担单位进行管理和使用，国家有权调配用于相关科学研究开发。专项经费形成的知识产权等无形资产的管理，按照国家有关规定执行。

专项实施中所需的仪器设备应当尽量采取共享方式取得。专项经费形成的大型科学仪器设备、科学数据、自然科技资源等，按照国家有关规定开放共享，减少重复浪费，提高资源利用效率。

第六章 监督检查与绩效考评

第二十九条 国家测绘地理信息局加强对项目经费拨付使用的监督检查、验收审计和绩效考评，配合财政部、科技部开展监督检查工作。

第三十条 项目完成后，项目承担单位应及时向国家测绘地理信息局提出验收申请。项目验收分为财务验收和业务验收两个阶段，财务验收是进行业务验收的前提。

第三十一条 国家测绘地理信息局负责组织对项目进行财务审计与财务验收，财务审计是财务验收的重要依据。存在下列行为之一的，不得通过财务验收：

（一）编报虚假预算，套取国家财政资金；

（二）未对专项经费进行单独核算；

（三）截留、挤占、挪用专项经费；

（四）违反规定转拨、转移专项经费；

（五）提供虚假财务会计资料；

（六）未按规定执行和调整预算；

（七）虚假承诺、自筹经费不到位；

（八）其他违反国家财经纪律的行为。

第三十二条 项目通过验收后，项目承担单位须在一个月内及时办理财务结账手续。项目经费如有结余，须及时全额上缴国家测绘地理信息局，由国家测绘地理信息局按照财政部关于结余资金管理的有关规定执行。

第三十三条 国家测绘地理信息局结合项目财务验收和业务验收工作，逐步建立对专项经费的绩效评价制度。

第三十四条 对于不按规定管理和使用专项经费、不及时编报决算、不按规定进行会计核算的项目承担单位，将通报批评并限期整改。对整改不力的，视情节予以暂停或核减拨款、终止项目、取消承担专项资格等处理。

对项目负责人弄虚作假及存在违法违纪行为的，按照国家有关规定追究责任。

第三十五条 年度检查、财务审计、财务验收和绩效考评的结果将作为调整项目承担单位专项经费预算及未来项目立项的重要依据。

第七章 附 则

第三十六条 项目承担单位可以根据本办法制定管理细则，报国家测绘地理信息局备案。

第三十七条 本办法由国家测绘地理信息局负责解释。

第三十八条 本办法自发布之日起施行。

关于测绘单位委托无测绘资质单位开展地名要素征集有关问题的批复

测办〔2013〕49 号 2013 年 7 月 2 日

山西省测绘地理信息局：

你局《关于测绘单位委托无测绘资质单位开展地名要素征集有关问题的请示》（晋测字〔2013〕14 号）收悉。经研究，批复如下：

一、根据《中华人民共和国测绘法》第二条对测绘的定义，采集地名信息以及将地名标注在地图上的行为，属于测绘活动。

二、根据《中华人民共和国测绘法》第二十二条、二十四条的规定，从事测绘活动的单位应当依法取得相应等级和业务范围的测绘资质证书，且不得将测绘活动授权或委托给无测绘资质单位承担。否则，应当根据《中华人民共和国测绘法》第四十二条、四十三条的规定予以相应处罚。

三、测绘地理信息行政主管部门应当不断健全地图市场监管协作工作机制，引导地图广告从业单位和个人恪守职业道德、守法诚信经营。对利用地图广告进行虚假宣传、价格欺诈等活动的，要联合有关部门依法予以相应处理。

关于公布可在公开地图上表示的机场的通知

国测图发〔2013〕1 号 2013 年 7 月 12 日

各省、自治区、直辖市测绘地理信息行政主管部门，各有关单位：

为加强地图编制管理，规范公开地图内容表示，经商中国民用航空局，目前可在公开地图上表示的我国机场共 238 个，现予公布（详见附件）。请各地、各单位认真做好机场符号、名称在公开地图上的表示以及地图审核等工作，依法加强地图市场监管。自本通知印发之日起，《关于在公开地图上表示民用机场的通知》（国测成字〔2006〕5 号）和《关于在公开地图上表示新增民用机场的通知》（国测图发〔2010〕1 号）废止。

附件：可在公开地图上表示的机场名单

可在公开地图上表示的机场名单

序号	机场名	序号	机场名	序号	机场名
1	北京首都国际机场	32	巴彦淖尔天吉泰机场	63	华山医院高架直升机场
2	北京南苑机场	33	满洲里西郊机场	64	上海瑞金医院高架直升机场
3	定陵机场	34	根河敖鲁古雅机场	65	龙华机场
4	平谷金海湖机场	35	锡林浩特巴彦宝力格机场	66	上海高东直升机场
5	北京密云穆家峪机场	36	大连周水子国际机场	67	南京禄口国际机场
6	天津滨海国际机场	37	沈阳桃仙国际机场	68	无锡硕放机场
7	天津塘沽机场	38	朝阳机场	69	徐州观音机场
8	滨海东方通用直升机场	39	丹东浪头机场	70	连云港白塔埠机场
9	天津滨海窦庄通用机场	40	锦州机场	71	常州奔牛机场
10	石家庄正定国际机场	41	鞍山腾鳌机场	72	盐城南洋机场
11	秦皇岛山海关机场	42	长海大长山岛机场	73	南通兴东机场
12	唐山三女河机场	43	白山长白山机场	74	淮安涟水机场
13	邯郸机场	44	法库财湖机场	75	扬州泰州机场
14	河北黄骅治蝗机场	45	鞍山新开河通用机场	76	徐州杨庙农用机场
15	河北迁安五重安机场	46	长春龙嘉国际机场	77	南京老山直升机场
16	运城张孝机场	47	延吉朝阳川机场	78	泰州春兰直升机场
17	太原武宿国际机场	48	白城通用机场	79	江阴华西直升机场
18	长治王村机场	49	哈尔滨太平国际机场	80	杭州萧山国际机场
19	大同云冈机场	50	鸡西兴凯湖机场	81	宁波栎社国际机场
20	大同东王庄机场	51	伊春林都机场	82	温州龙湾国际机场
21	呼和浩特白塔国际机场	52	大庆萨尔图机场	83	舟山普陀山机场
22	乌兰浩特义勒利特机场	53	漠河古莲机场	84	衢州机场
23	通辽机场	54	佳木斯东郊机场	85	台州路桥机场
24	包头二里半机场	55	牡丹江海浪机场	86	义乌机场
25	呼伦贝尔海拉尔机场	56	齐齐哈尔三家子机场	87	杭州浙医二院高架直升机场
26	赤峰玉龙机场	57	黑河机场	88	建德千岛湖通用机场
27	鄂尔多斯伊金霍洛机场	58	加格达奇嘎仙机场	89	舟山五岛直升机场
28	二连浩特赛乌素机场	59	加格达奇机场	90	东阳横店通用机场
29	阿尔山伊尔施机场	60	上海浦东国际机场	91	黄山屯溪机场
30	乌海机场	61	上海虹桥国际机场	92	合肥新桥国际机场
31	锡林浩特机场	62	上海国际赛车场直升机场	93	阜阳机场

序号	机场名	序号	机场名	序号	机场名
94	安庆机场	125	上街机场	156	梧州长洲岛机场
95	福州长乐国际机场	126	武汉天河国际机场	157	三亚凤凰国际机场
96	厦门高崎国际机场	127	宜昌三峡机场	158	海口美兰国际机场
97	泉州晋江机场	128	襄阳刘集机场	159	海南东方通用航空机场
98	连城冠豸山机场	129	恩施许家坪机场	160	南航三亚直升机起降场
99	武夷山机场	130	荆门漳河机场	161	海南西庆机场
100	厦门厦金湾直升机场	131	沙市机场	162	重庆江北国际机场
101	福州竹岐直升机场	132	长沙黄花国际机场	163	万州五桥机场
102	南昌昌北国际机场	133	张家界荷花机场	164	黔江武陵山机场
103	井冈山机场	134	怀化芷江机场	165	成都双流国际机场
104	景德镇罗家机场	135	永州零陵机场	166	绵阳南郊机场
105	赣州黄金机场	136	常德桃花源机场	167	西昌青山机场
106	九江庐山机场	137	广州白云国际机场	168	甘孜康定机场
107	南昌青云谱机场	138	珠海金湾机场	169	宜宾菜坝机场
108	九江威家直升机场	139	深圳宝安国际机场	170	达州河市机场
109	九江庐山直升机场	140	揭阳潮汕机场	171	南充高坪机场
110	青岛流亭国际机场	141	佛山沙堤机场	172	攀枝花保安营机场
111	济南遥墙国际机场	142	湛江机场	173	九寨黄龙机场
112	潍坊机场	143	梅县机场	174	泸州蓝田机场
113	威海大水泊机场	144	阳江合山机场	175	广元盘龙机场
114	烟台莱山国际机场	145	罗定机场	176	新津机场
115	东营胜利机场	146	湛江新塘直升机场	177	广汉机场
116	济宁曲阜机场	147	湛江坡头直升机场	178	遂宁机场
117	临沂沭埠岭机场	148	深圳南头直升机场	179	贵阳龙洞堡国际机场
118	滨州大高通用机场	149	珠海九洲机场	180	黔南州荔波机场
119	济南平阴农用机场	150	中山通用机场	181	黎平机场
120	蓬莱沙河口机场	151	桂林两江国际机场	182	安顺黄果树机场
121	郑州新郑国际机场	152	南宁吴圩国际机场	183	兴义机场
122	南阳姜营机场	153	北海福成机场	184	铜仁凤凰机场
123	洛阳北郊机场	154	柳州白莲机场	185	遵义新舟机场
124	安阳北郊机场	155	百色机场	186	昆明长水国际机场

序号	机场名	序号	机场名	序号	机场名
187	丽江三义机场	205	榆林榆阳机场	223	喀什机场
188	迪庆香格里拉机场	206	安康机场	224	和田机场
189	腾冲驼峰机场	207	汉中西关机场	225	库尔勒机场
190	文山普者黑机场	208	蒲城内府通用机场	226	克拉玛依机场
191	临沧机场	209	嘉峪关机场	227	吐鲁番交河机场
192	普洱思茅机场	210	兰州中川机场	228	哈密机场
193	保山云瑞机场	211	金昌金川机场	229	阿克苏机场
194	德宏芒市机场	212	敦煌机场	230	库车龟兹机场
195	昭通机场	213	天水麦积山机场	231	布尔津喀纳斯机场
196	大理机场	214	庆阳机场	232	新源那拉提机场
197	西双版纳嘎洒机场	215	张掖甘州机场	233	阿勒泰机场
198	拉萨贡嘎机场	216	西宁曹家堡机场	234	博乐阿拉山口机场
199	林芝米林机场	217	格尔木机场	235	塔城机场
200	昌都邦达机场	218	玉树巴塘机场	236	伊宁机场
201	阿里昆莎机场	219	银川河东机场	237	且末机场
202	日喀则机场	220	中卫沙坡头机场	238	石河子山丹湖通用航空机场
203	西安咸阳国际机场	221	固原六盘山机场		
204	延安机场	222	乌鲁木齐地窝堡国际机场		

关于做好测绘资质管理信息系统运行维护经费保障工作的通知

测办〔2013〕77号　2013年12月5日

各省、自治区、直辖市测绘地理信息行政主管部门：

近年来，国家测绘地理信息局认真贯彻国务院关于加快推进电子政务建设的要求，组织开发建立了测绘资质管理信息系统（以下简称资质系统），实现了各等级测绘单位资质审批的在线办理，对提高行政效率、增强监管能力，取得明显成效。但是，资质系统的运行维护经费保障机制尚不健全，制约了行政许可在线办理的科学发展。为保障资质系统健康稳定运行，现就有关事项通知如下：

一、理顺财政投入机制。按照“分级管理、分级投入”的原则，今后，全国甲级测绘单位应用资质系统所需维护费用，由国家测绘地理信息局部门预算解决。全国乙、丙、丁级测绘单位应用资质系统所需维护费用，由所在省级测绘地理信息行政主管部门向本级财政申请支持解决。

二、科学测算维护费用。国家测绘地理信息局将组织对全国甲级测绘单位应用资质系统所需维护费用进行论证，确定投入总额。各省级测绘地理信息行政主管部门可以参照国家局模式或者与资质系统研发单位协商一致，确定本辖区内乙、丙、丁级测绘单位所需维护费用，确保足额落实到位。

三、停止一切收费行为。国家测绘地理信息局已要求资质系统研发单位停止向测绘单位收取软件购置费，今后也不得以升级维护、咨询服务等其他任何名义向测绘单位收取费用。

四、落实经费保障责任。请各省级测绘地理信息行政主管部门将本通知要求传达至市、县级测绘地理信息行政主管部门和本辖区内所有测绘单位，对仍存在的收费行为要予以纠正。国家测绘地理信息局对各省资质系统运行维护经费保障机制落实情况进行指导，并将此项工作完成情况纳入省级测绘地理信息行政主管部门贯彻落实科学发展观年度测绘地理信息工作绩效考核指标体系。各地在执行本通知中遇到的问题和建议，请及时向我局报告。

关于街景影像地图采集制作活动有关政策问题的批复

测办〔2013〕83号　2013年12月25日

安徽省国土资源厅：

《安徽省国土资源厅关于深圳市大地通途信息技术有限公司来我省进行三维城市实景采集的请示》（皖国土资函〔2013〕1041号）收悉。经研究，批复如下：

一、目前，国家测绘地理信息局正在组织修订《测绘资质分级标准》（以下简称《标准》）。《标准》发布实施前，依法取得地理信息系统工程测绘资质中的“外业地理信息数据采集”和“外业采集的地理信息数据处理”业务范围的单位，可以在作业限额内从事街景影像地图采集制作活动。《标准》发布实施后，从业单位应当重新申请取得相应的测绘资质。

二、测绘单位在测绘资质许可的业务范围内依法开展测绘活动，原则上不需对采集设备和作业方案进行安全评估。编制形成的实景地图，应按照规定送测绘地理信息行政主管部门进行地图审核，经审核批准取得审图号后方可公开使用。为确保地理信息安全，有审核权的测绘地理信息行政主管部门在必要时应召集军队测绘部门、保密部门等有关各方对送审的实景地图进行安全评估。

规范性文件目录

综合

国务院有关测绘地理信息工作的文件

国务院关于开展第一次全国地理国情普查的通知（国发〔2013〕9号　2013年2月28日）

国务院办公厅关于成立第一次全国地理国情普查领导小组的通知（国办发〔2013〕49号　2013年6月8日）

张高丽副总理在第一次全国地理国情普查电视电话会议上的讲话（国办内部情况通报〔2013〕第42期　2013年8月20日）

综合文件

关于认真学习贯彻李克强副总理对测绘地理信息工作重要批示的通知（国测办发〔2013〕1号　2013年1月4日）

关于印发2013年测绘地理信息工作要点的通知（国测办发〔2013〕2号　2013年1月8日）

关于报送国家测绘地理信息局2013年重点任务工作方案及2013-2017年重点工作任务的报告（国

测办发〔2013〕7号 2013年4月25日）

关于印发《国家测绘地理信息局工作规则》的通知（国测办发〔2013〕9号 2013年5月23日）

关于组建国务院第一次全国地理国情普查领导小组办公室的通知（国测办发〔2013〕10号 2013年7月16日）

关于向新时期测绘好干部——杨艳萍同志学习的决定（国测党发〔2013〕29号 2013年9月22日）

中共国家测绘地理信息局党组关于认真学习宣传贯彻党的十八届三中全会精神的通知（国测党发〔2013〕38号 2013年12月5日）

关于全国省级测绘地理信息行政主管部门贯彻落实科学发展观2013年度测绘地理信息工作绩效考核结果的通报（国测人发〔2013〕46号 2013年12月27日）

政务管理

关于调整国家测绘应急保障工作流程（I级）中有关人员的通知（国测办发〔2013〕5号 2013年3月8日）

关于进一步加强和规范测绘地理信息新闻发布和对外宣传管理的通知（测办〔2013〕19号 2013年3月28日）

关于印发《国家测绘应急保障宣传工作预案》的通知（测办〔2013〕48号 2013年6月29日）

关于印发《国家测绘地理信息局机关食堂公务接待用餐管理暂行办法》的通知（测办〔2013〕60号 2013年9月26日）

关于印发《国家测绘地理信息局精简机关公文管理规定》的通知（测办〔2013〕61号 2013年9月26日）

关于印发《国家测绘地理信息局会议管理办法》的通知（国测办发〔2013〕13号 2013年11月13日）

关于印发《国家测绘地理信息视频会议系统管理暂行办法》的通知（测办〔2013〕75号 2013年11月25日）

市场监管与执法

关于做好地图出版社转制后测绘资质管理工作的通知（测办〔2013〕2号 2013年1月5日）

关于废止《测绘行业特有工种职业技能鉴定站审批程序规定》等3件规范性文件的决定（国测法发〔2013〕1号 2013年1月5日）

关于调整房产测绘资质审批程序的通知（测办〔2013〕6号 2013年1月17日）

关于加强测绘地理信息法规、规章、重要规范性文件备案工作的通知（测办〔2013〕7号 2013年1月22日）

关于2012年7月至12月审核批准的甲级测绘资质单位名单公告（公告〔2013〕第1号 2013年2月27日）

关于印发国家测绘地理信息局2013年立法工作计划的通知（国测法发〔2013〕3号 2013年4月29日）

关于开展测绘地理信息“六五”普法中期检查督导的通知（国测办发〔2013〕8号 2013年5月17日）

关于测绘单位兼并重组有关资质管理问题的批复（测办〔2013〕29号 2013年5月17日）

关于2012年测绘地理信息违法典型案件的通报（国测法发〔2013〕5号 2013年5月30日）

关于无人飞行器航摄测绘资质审查有关工作的通知（测办〔2013〕35号 2013年6月3日）

关于测绘单位委托无测绘资质单位开展地名要素征集有关问题的批复（测办〔2013〕49号 2013年7月2日）

关于公布2013年“8·29”测绘法宣传日主题、宣传口号、公益短信和宣传画有奖征集活动评选结果的通知（测办〔2013〕54号 2013年8月7日）

关于做好测绘资质管理信息系统运行维护经费保障工作的通知（测办〔2013〕77号 2013年12月5日）

关于街景影像地图采集制作活动有关政策问题的批复（测办〔2013〕83号 2013年12月25日）

机构设置与人事管理

机构设置

关于组建国家测绘地理信息联合国项目管理办公室的通知（国测人发〔2013〕3号 2013年1月4日）

关于中国地图出版集团设立国家版图编制教育传媒中心的批复（国测人发〔2013〕2号 2013年1月7日）

关于国家测绘地理信息局重庆测绘院相关内设机构更名的批复（国测人发〔2013〕23号 2013年4月9日）

关于组建国家测绘地理信息局党校和国家测绘地理信息局管理干部学院的通知（国测党发〔2013〕25号 2013年9月4日）

关于国家测绘地理信息局职业技能鉴定指导中心内设机构调整的批复（国测人发〔2013〕45号 2013年12月20日）

人事管理

关于局属事业单位专业技术二级岗位聘用的通知（国测人发〔2013〕7号 2013年1月15日）

关于公布2012年享受政府特殊津贴人员的通知（国测人发〔2013〕18号 2013年3月11日）

关于公布国家测绘地理信息局青年学术和技术带头人考评与增选结果的通知（国测人发〔2013〕19号 2013年3月29日）

关于授予武润泽等30名同志全国测绘地理信息技术能手荣誉称号的决定（国测人发〔2013〕28号 2013年7月30日）

关于转发中共中央组织部《关于进一步规范党政领导干部在企业兼职（任职）问题的意见》的通知（国测党发〔2013〕34号 2013年11月12日）

关于进一步加强和规范评比达标表彰活动管理工作的通知（国测人发〔2013〕42号 2013年12月8日）

规划与财务工作

关于转发财政部《国家地理国情监测专项资金管理办法》的通知（国测财发〔2013〕2号 2013年1月5日）

关于印发《关于规范和加强测绘地理信息部门业务项目支出管理的意见》的通知（国测财发〔2013〕6号 2013年3月7日）

关于印发《联合国基金项目配套经费管理暂行办法》的通知（国测财发〔2013〕7号 2013年3月7日）

关于印发《国家现代测绘基准体系基础设施建设一期工程财务管理办法》的通知（国测财发〔2013〕8号 2013年3月15日）

关于印发《测绘地理信息部门项目支出预算编制及评审指南》的通知（国测财发〔2013〕10号 2013年3月27日）

关于印发《测绘地理信息公益性行业科研专项经费管理暂行办法》的通知（国测财发〔2013〕22号 2013年6月25日）

关于印发测绘地理信息公益性行业科研专项项目预算编制指南的通知（测财函〔2013〕61号 2013年7月9日）

关于印发2014年测绘地理信息公益性行业科研专项项目预算评审的通知（测财函〔2013〕70号 2013年7月31日）

关于进一步加强行政事业性收费收入收缴管理工作的通知（国测财发〔2013〕47号 2013年9月22日）

关于印发《国家测绘地理信息局政府采购合同范本》的通知（国测财发〔2013〕66号 2013年12月27日）

基础测绘

关于印发《国家基础地理信息数据库动态更新项目管理办法》的通知（测办〔2013〕10号 2013年2月20日）

关于加快2000国家大地坐标系推广使用的通知（国测国发〔2013〕11号 2013年2月20日）

关于全面开展省级1:10000基础地理信息数据库整合升级工作的通知（国测国发〔2013〕12号 2013年2月27日）

关于印发智慧城市时空信息云平台建设试点技术指南的通知（测办〔2013〕12号 2013年3月12日）

关于加强数字城市公众服务系统接入“天地图”主节点工作的通知（测办〔2013〕24号 2013年4月17日）

2012年全国测绘地理信息成果质量监督检查情况通报（国测国发〔2013〕21号 2013年5月6日）

关于印发《2000国家大地坐标系推广使用技术指南》和《大地测量控制点坐标转换技术规程》的

函（测办函〔2013〕66号 2013年6月5日）

关于加快数字城市地理空间框架建设全面推广应用的通知（国测国发〔2013〕27号 2013年6月7日）

关于进一步加强测绘地理信息质量管理的通知（国测国发〔2013〕29号 2013年6月13日）

关于印发《全国1:1万基础地理信息数据库整合升级项目管理办法》的通知（测办〔2013〕64号 2013年10月16日）

地理国情普查

关于贯彻《国务院关于开展第一次全国地理国情普查的通知》的通知（国测国发〔2013〕15号 2013年3月19日）

关于印发《地理国情普查工作证管理办法》的通知（国测国发〔2013〕24号 2013年6月3日）

关于做好全国地理国情普查所需影像资料领用工作的通知（国测国发〔2013〕33号 2013年6月17日）

关于成立第一次全国地理国情普查专家咨询委员会的通知（国地普办〔2013〕2号 2013年7月26日）

关于印发《第一次全国地理国情普查总体方案》和《第一次全国地理国情普查实施办法》的通知（国地普发〔2013〕1号 2013年7月27日）

关于印发第一次全国地理国情普查督导员（Ⅰ类、Ⅲ类）培训考核合格名单的通知（国地普办〔2013〕4号 2013年7月31日）

关于深入学习贯彻落实张高丽同志在第一次全国地理国情普查电视电话会议上的重要讲话精神的意见（国地普办〔2013〕8号 2013年8月29日）

关于印发《国务院第一次全国地理国情普查领导小组办公室工作规则》的通知（国地普办〔2013〕10号 2013年9月3日）

关于加快推进第一次全国地理国情普查当前几项重点工作的通知（国地普办〔2013〕11号 2013年9月6日）

关于印发《第一次全国地理国情普查实施方案》的通知（国地普办〔2013〕12号 2013年9月16日）

关于印发《地理国情普查内容与指标》等六个技术文件的通知（国地普办〔2013〕13号 2013年9月17日）

关于进一步深入开展地理国情普查试点工作的通知（国地普办〔2013〕14号 2013年9月23日）

关于做好第一次全国地理国情普查林业协调保障有关工作的通知（国地普办〔2013〕19号 2013年10月29日）

关于进一步加快推进第一次全国地理国情普查重点工作的通知（国地普办〔2013〕22号 2013年11月15日）

关于做好第一次全国地理国情普查有关能源信息收集汇总工作的通知（国地普办〔2013〕27号 2013年11月25日）

关于印发《地理国情普查底图制作技术规定》等四个技术文件的通知（国地普办〔2013〕23号 2013年11月26日）

关于印发《第一次全国地理国情普查项目管理办法》的通知（国地普办〔2013〕29号 2013年12月16日）

测绘成果管理与地理信息服务

关于表彰国家版图意识宣传教育和地图市场监管工作先进集体和先进个人的决定（国图宣教管〔2013〕1号 2013年1月6日）

关于公布“祖国在心中”——全国国家版图知识竞赛获奖结果的通知（国图宣教管〔2013〕2号 2013年1月6日）

关于公布“中图杯——全国少儿手绘地图大赛”评选结果的通知（国图宣教管〔2013〕3号 2013年1月6日）

关于做好国家现代测绘基准体系基础设施建设一期工程中测量标志保护工作的通知（国测成发〔2013〕3号 2013年4月11日）

四川省芦山灾区测绘地理信息成果公告（公告〔2013〕第2号 2013年4月25日）

天地图2013版正式启用公告（公告〔2013〕第3号 2013年6月17日）

关于公布可在公开地图上表示的机场的通知（国测图发〔2013〕1号 2013年7月12日）

关于进一步规范重要地理信息在公开地图上表示的通知（国测图发〔2013〕2号 2013年8月2日）

关于开展领导工作用图共享工作的通知（国测

图发〔2013〕3号 2013年9月16日）

国家测绘地理信息局 国土资源部 国家安全部 国家保密局关于开展全国地勘涉密测绘成果和地质资料使用与管理专项检查的通知（国测成发〔2013〕11号 2013年11月8日）

科技与国际合作

关于成立测绘地理信息公益性行业科研专项管理咨询委员会的通知（测办〔2013〕43号 2013年6月25日）

关于印发《测绘地理信息公益性行业科研专项项目管理暂行办法》的通知（国测科发〔2013〕5号 2013年7月4日）

国家标准化管理委员会 国家测绘地理信息局等25部门关于印发《社会管理和公共服务综合标准化试点细则（试行）》的通知（国标委服务联〔2013〕61号 2013年7月12日）

关于批准发布《数字水准仪检定规程》等5项测绘地理信息计量检定规程的公告（公告〔2013〕第4号 2013年8月5日）

关于印发《国家测绘地理信息局外事和香港澳门台湾事务管理规定》的通知（国测外发〔2013〕2号 2013年9月26日）

国家标准化管理委员会 国家测绘地理信息局等九部门关于印发《高技术服务业标准制修订工作指导意见》的通知（国标委服务联〔2013〕81号 2013年9月30日）

关于批准公布《大地测量数据库基本要求》等10项测绘地理信息行业标准的公告（公告〔2013〕第5号 2013年12月20日）

党的建设

中共国家测绘地理信息局党组关于认真学习贯彻十八届中央纪委二次全会精神的通知（国测党发〔2013〕8号 2013年1月29日）

中共国家测绘地理信息局党组关于2013年党风廉政建设和反腐败工作的实施意见（国测党发〔2013〕9号 2013年3月1日）

关于印发《国家测绘地理信息局党的群众路线教育实践活动领导小组工作规则》的通知（国测群组发〔2013〕1号 2013年7月4日）

中共国家测绘地理信息局党组关于印发《国家测绘地理信息局深入开展党的群众路线教育实践活动实施方案》的通知（国测党发〔2013〕20号 2013年7月5日）

关于认真学习贯彻习近平总书记重要讲话精神的通知（国测群组发〔2013〕4号 2013年10月14日）

关于成立国家测绘地理信息局党的群众路线教育实践活动制度建设工作组的通知（国测群组发〔2013〕5号 2013年11月1日）

关于做好教育实践活动整改落实、建章立制环节工作的通知（国测群组发〔2013〕6号 2013年11月28日）

地方法规、规章及重要规范性文件

《河北省测绘成果管理办法》修正案

2013年4月27日河北省政府第3次常务会议通过，2013年5月10日河北省人民政府令第2号公布

第三十六条中的“一倍以上三倍以下”修改为“二倍”。

附：《河北省测绘成果管理办法》

河北省测绘成果管理办法

第一章 总 则

第一条 为加强测绘成果管理，促进测绘成果的利用，满足经济建设、国防建设和社会发展的需要，根据《中华人民共和国测绘成果管理条例》等有关法律、法规的规定，结合本省实际，制定本办法。

第二条 在本省行政区域内汇交、保管、提供、利用、销毁测绘成果和审核、公布本省的重要地理信息数据，应当遵守本办法。

第三条 本办法所称测绘成果，是指通过测绘形成的数据、信息、图件以及相关的技术资料。测绘成果分为基础测绘成果和非基础测绘成果。

下列测绘成果为基础测绘成果：

（一）为建立全国统一的测绘基准和测绘系统进行的天文测量、三角（导线）测量、水准测量、卫星大地测量和重力测量所获取的数据及图件；

（二）基础航空摄影所获取的数据和影像资料；

（三）遥感卫星和其他航天飞行器对地观测所获取的基础地理信息遥感资料；

（四）国家基本比例尺地图、影像图及其数字化产品；

（五）基础地理信息系统的数据和信息；

（六）全省性地图的基础地理底图的数据和信息；

（七）与基础测绘成果有关的其他技术资料。

非基础测绘成果，是指除基础测绘成果以外具有专业内容的测绘成果。

第四条 县级以上人民政府应当加强对测绘成果管理工作的领导，组织有关部门制定测绘成果的共享政策和测绘成果社会化应用的激励措施，并及时协调解决测绘成果管理工作中出现的重大问题。

第五条 县级以上人民政府测绘行政主管部门负责本行政区域测绘成果工作的统一监督管理。

县级以上人民政府其他有关部门按照职责分工，负责本部门有关的测绘成果工作。

第六条 汇交、保管、公布、提供、利用和销毁测绘成果，应当遵守有关档案和保密法律、法规的规定，保证测绘成果的安全，防止损毁、丢失或者泄密。

第七条 测绘成果知识产权受法律保护，任何单位和个人不得侵犯测绘成果所有权人的合法权益。

第二章 测绘成果汇交

第八条 测绘成果实行无偿汇交制度。基础测绘成果应当汇交副本；非基础测绘成果应当汇交目录。

第九条 利用财政投资完成的测绘项目，由承担测绘项目的单位按规定向提供财政资金的测绘行政主管部门汇交测绘成果副本或者目录。

利用其他投资完成的测绘项目，其出资人应当依照下列规定汇交测绘成果目录：

（一）测绘范围跨省、自治区、直辖市或者设区的市行政区域的，向省测绘行政主管部门汇交测绘成果目录；

（二）测绘范围跨县（市、区）行政区域的，向设区的市测绘行政主管部门汇交测绘成果目录；

（三）其他测绘项目向县（市、区）测绘行政主管部门汇交测绘成果目录。

第十条 测绘成果副本或者目录应当自测绘项目验收完成之日起三个月内向测绘行政主管部门汇交。

县（市、区）和设区的市测绘行政主管部门应当分别于每年3月底、4月底前，向上一级测绘行政主管部门汇交上一年度的测绘成果副本或者目录。

第十一条 汇交的测绘成果副本或者目录，应当保证数据准确、资料完整，并整饰规范。

第十二条 测绘行政主管部门在收到汇交的测绘成果副本或者目录后应当出具汇交凭证，并在十个工作日内将测绘成果副本或者目录移交测绘成果保管单位。

第十三条 省测绘行政主管部门应当按年度编制全省的测绘成果资料目录，并于次年6月底前向社会公布。

第三章 测绘成果保管

第十四条 汇交的测绘成果资料由测绘行政主

管部门委托的具备相应条件的单位保管；按规定不予汇交的测绘成果资料由测绘项目出资人或者其委托的单位保管。

第十五条 测绘成果保管单位应当依照档案法律、法规的规定，建立健全测绘成果资料归档保管制度，配备必要的设施、设备，并采取有效的防火、防盗、防潮、防磁化、防泄密和防有害生物损害等措施，确保测绘成果资料的完整和安全。

第十六条 测绘行政主管部门应当依照国家和本省有关规定，定期将基础测绘成果资料备份后移送异地存放。

第十七条 测绘成果保管单位对属于国家秘密的测绘成果资料，应当统一编号、登记造册，并制定具体的保管、领取和借用措施；收发、传递或者派出人员外出携带属于国家秘密的测绘成果资料，必须采取安全措施；对经批准复制的属于国家秘密的测绘成果资料，应当按原件密级保管；在单位分立、合并或者被撤销、终止时，应当按规定销毁或者移交属于国家秘密的测绘成果资料。

第十八条 未经测绘成果所有权人同意，测绘成果保管单位及其工作人员不得擅自复制、转让或者转借测绘成果资料。

复制、转让或者转借属于国家秘密的测绘成果资料，依照保密法律、法规的规定执行。

第十九条 销毁属于国家秘密的测绘成果资料，必须依照国家有关规定履行审批手续。

负责实施销毁工作的单位对拟销毁的属于国家秘密的测绘成果资料，应当统一编号、登记造册，并在销毁后按规定向测绘行政主管部门备案。销毁登记册经销毁鉴定人、批准人和监销人盖章、签名后，由测绘成果保管单位负责归档保存。

第四章 测绘成果提供与利用

第二十条 基础测绘成果和利用财政投资完成的其他测绘成果，用于国家机关决策和社会公益性事业的，应当无偿提供。各级人民政府及其有关部门和军队因防灾、减灾、国防建设等公共利益的需要，可以无偿利用测绘成果。

除前款规定外，测绘成果依法实行有偿使用制度。收费标准依照国务院有关部门的规定执行。

第二十一条 需要利用本省属于国家秘密的基础测绘成果的，应当提出明确的利用目的和范围，报测绘行政主管部门审批。

需要利用其他省、自治区、直辖市属于国家秘密的基础测绘成果的，应当向省测绘行政主管部门办理转函手续。

第二十二条 省测绘行政主管部门负责审批下列属于国家秘密的基础测绘成果的提供利用：

（一）国务院有关部门和省人民政府有关部门组织测制的四等以上平面控制网、高程控制网和空间定位网的数据、图件；

（二）一比五千、一比一万国家基本比例尺地图、影像图及其数字化产品；

（三）基础测绘航空摄影获取的数据、影像资料和用于获取基础地理信息的遥感资料；

（四）全省性基础地理信息系统的数据、信息；

（五）国务院测绘行政主管部门规定由省测绘行政主管部门负责审批的其他属于国家秘密的基础测绘成果。

设区的市、县（市、区）测绘行政主管部门负责审批下列属于国家秘密的基础测绘成果的提供利用：

（一）设区的市人民政府有关部门和县（市、区）人民政府有关部门组织测制的四等以上平面控制网、高程控制网和空间定位网的数据、图件；

（二）一比五百、一比一千、一比二千国家基本比例尺地图、影像图及其数字化产品；

（三）设区的市和县（市、区）基础地理信息系统的数据、信息；

（四）省测绘行政主管部门规定由设区的市或者县（市、区）测绘行政主管部门负责审批的其他属于国家秘密的基础测绘成果。

第二十三条 申请利用属于国家秘密的基础测绘成果，应当向测绘行政主管部门提交下列材料：

（一）申请表；

（二）申请人及其经办人员的有效身份证明；

（三）利用基础测绘成果的项目设计书、合同或者有关部门的项目批准文件；

（四）国务院测绘行政主管部门规定的其他材料。

第二十四条 测绘行政主管部门应当自收到申请人提交的利用属于国家秘密的基础测绘成果申请表和其他有关材料之日起20个工作日内决定批准或者不予批准。能够当场作出批准决定的，应当当场作出决定。决定不批准利用的，应当以书面形式向申请人说明理由。

第二十五条 向境外提供本省属于国家秘密的测绘成果的，应当报省测绘行政主管部门审批。省测绘行政主管部门在审批前应当征求军队有关部门的意见。

第二十六条 利用属于国家秘密的基础测绘成果的申请经测绘行政主管部门批准后，测绘成果保管单位应当及时向被许可利用人提供，并在提供的测绘成果资料的包装或者介质的显著位置标注测绘成果的秘密等级。

第二十七条 基础测绘成果的被许可利用人应当遵守下列规定：

（一）利用属于国家秘密的基础测绘成果的，与批准其利用测绘成果的测绘行政主管部门签订保密责任书，并采取有效的保密措施；

（二）按批准的利用目的和范围利用测绘成果；

（三）不得擅自复制测绘成果或者将测绘成果转让、转借给其他单位、个人利用；

（四）因机构改革和企业分立、合并等原因致使利用测绘成果的主体资格发生变更的，及时向批准其利用测绘成果的测绘行政主管部门备案；

（五）委托其他单位和个人承担测绘成果的利用或者再开发任务的，在委托任务完成后及时回收或者销毁测绘成果及其衍生产品。

第二十八条 县级以上人民政府有关部门和单位应当及时向本级测绘行政主管部门提供用于基础地理信息更新的地名、境界、交通、电力、水系、土地覆盖等信息，协助测绘行政主管部门做好基础地理信息数据库和系统的维护及更新工作，保持地理信息资料的现势性。

各级测绘行政主管部门应当及时向本级人民政府有关部门和单位提供用于国家机关决策和社会公益事业的各类基础地理信息数据。

第五章 重要地理信息数据审核与公布

第二十九条 本省的重要地理信息数据实行统一审核、公布制度。

除法规、规章规定的国家机关外，其他任何单位或者个人不得擅自公布本省的重要地理信息数据。

第三十条 本省的重要地理信息数据包括：

（一）经省人民政府批准的县（市、区）的行政区域界线长度、位置和行政区域面积；

（二）本省版图的重要特征点、地势和地貌分区位置；

（三）拟冠以“河北”、“河北省”、“全省”等字样的地理信息数据；

（四）本省的主要河流源头、长度，湖泊（洼淀）的面积、深度和海岸线的长度；

（五）本省重要山峰的高程和位置；

（六）本省其他重要自然和人文地理实体的位置、高程、深度、面积、长度等地理信息数据。

第三十一条 除按规定由国务院测绘行政主管部门负责审核的外，本省的重要地理信息数据经省测绘行政主管部门会同省人民政府有关部门和军队有关部门调查核实后，由省人民政府或者省人民政府授权的部门向社会公布。

第三十二条 在行政管理、新闻传播、对外交流、教育教学和广告宣传等对社会公众有影响的活动中需要使用本省的重要地理信息数据的，应当使用依法公布的数据。

第三十三条 公民、法人或者其他组织可以向省测绘行政主管部门提出审核公布重要地理信息数据的建议。

省测绘行政主管部门接到审核公布重要地理信息数据的建议后，应当依法受理。

第三十四条 建议审核公布重要地理信息数据，应当向省测绘行政主管部门提交下列材料：

（一）建议人及其经办人员的有效身份证明；

（二）建议公布重要地理信息数据的必要性说明；

（三）建议人获取重要地理信息数据的技术方案以及对有关数据进行验收评估的材料。

第六章 法律责任

第三十五条 测绘行政主管部门有下列行为之一的，由本级人民政府或者上级人民政府测绘行政主管部门责令改正，通报批评；情节严重的，对直接负责的主管人员和其他直接责任人员依法给予处分或者依法取消其行政执法资格：

（一）不按规定向上一级测绘行政主管部门汇交测绘成果副本或者目录的；

（二）收到汇交的测绘成果副本或者目录后未出具汇交凭证，或者未按规定向测绘成果保管单位移交的；

（三）未依法编制和公布测绘成果资料目录的；

（四）不依法办理基础测绘成果提供利用的行政许可的；

（五）不依法履行监督管理职责，发现违反测绘成果管理法律、法规、规章的行为不及时查处的。

第三十六条 违反本办法第二十七条第二项、第五项规定的，由测绘行政主管部门责令限期改正，并处违法所得一倍以上三倍以下最高不超过三万元的罚款；没有违法所得的，处一千元以上一万元以下的罚款。

第七章 附则

第三十七条 本办法自2009年3月1日起施行。

河北省地理信息交换共享管理办法

2013年11月19日省政府第12次常务会议讨论通过，2013年11月27日河北省人民政府令第12号公布，自2014年1月1日起实施

第一条 为规范地理信息交换共享行为，促进地理信息资源的开发利用，保障地理信息为经济建设和社会发展服务，根据国家和本省有关法律、法规的规定，结合本省实际，制定本办法。

第二条 本办法所称地理信息，是指有关国家机关、社会团体、企业和事业单位（以下统称有关机关和单位），在履行公共管理和公共服务职能及生产经营活动中获取的与地理位置及其时态有关的自然、经济、社会等方面的信息。

第三条 在本省行政区域内开展地理信息交换共享及相关活动，应当遵守本办法。

第四条 使用财政资金或者其他国有资金为主投资获取的地理信息，应当依照本办法的规定实行交换共享；使用其他资金为主投资获取的地理信息，鼓励参与交换共享。

第五条 县级以上人民政府应当加强对地理信息交换共享工作的领导，建立健全地理信息交换共享的协调和服务机制，积极推进相关基础设施建设，促进地理信息的开发和社会化应用。

第六条 县级以上人民政府负责地理信息工作的行政主管部门（以下简称地理信息工作主管部门）会同工业和信息化主管部门负责本行政区域的地理信息交换共享工作。

第七条 各级地理信息工作主管部门应当依照国家和本省有关规定，依托全省统一的电子政务网络和信息交换共享平台，建设、管理本级的地理信息公共服务平台，实现地理信息资源的共享。

县级以上人民政府应当将地理信息公共服务平台及相关应用系统的建设、运行和维护纳入本级基础测绘规划和信息化发展规划。

第八条 各级地理信息工作主管部门承担地理信息交换共享服务工作的专职或者兼职机构（以下简称服务机构）按照规定的范围，负责有关机关和单位提交的地理信息的数据处理、集成、整合、管理及地理信息公共服务平台的运行、维护等工作。

第九条 采集地理信息数据应当使用国家规定的空间定位基准，并执行国家和本省规定的地理信息数据标准。

第十条 县级以上人民政府有关部门应当按照本办法所附《河北省地理信息交换共享目录》的要求，向相应的服务机构无偿提交地理信息。

依法应当保密或者按规定限制使用的地理信息，在向服务机构提交时应当注明密级、保密期限或者限制范围。

地理信息的具体提交办法由省地理信息工作主管部门会同有关部门制定。

省工业和信息化主管部门应当将《河北省地理信息交换共享目录》纳入全省政务信息资源目录。

第十一条 向服务机构提交的地理信息应当合法、完整、准确和规范。服务机构对收到的地理信息应当进行核查，对不符合质量要求的，退回有关机关和单位，并要求其修改、补充后重新提交。

第十二条 向服务机构提交的地理信息的内容发生变化的，有关机关和单位应当及时更新，并将更新后的地理信息按季度汇总后向服务机构提交。

第十三条 省级地理信息公共服务平台采用的

地理信息，以一比一万（城市规划区为一比五千）比例尺为基础进行数据处理、集成和整合；设区的市级和县（市）级地理信息公共服务平台采用的地理信息，以一比五百、一比一千、一比两千比例尺为基础进行数据处理、集成和整合。

第十四条 服务机构应当遵守下列规定：

（一）建立健全地理信息交换共享服务的各项制度和安全保密措施，保证地理信息的完整、准确和安全；

（二）在规定期限内完成地理信息的数据处理、集成和整合工作；

（三）在地理信息工作主管部门的门户网站公布地理信息目录和用户权限、获取途径等事项，供公众浏览、查询地理信息，并按规定提供下载服务；

（四）建立面向社会公众的公益性地图网站，通过互联网向公众无偿提供地理信息服务；

（五）及时响应和回复用户提出的地理信息共享需求，对用户开发应用地理信息的工作提供技术支持和服务；

（六）不得利用交换共享的地理信息从事经营性活动。

第十五条 地理信息的提供和使用，按国家和本省有关规定执行。其中用于国家机关决策、社会公益性事业及城乡规划建设、行政区划和行政区域界线管理的，应当无偿提供。

政府及其有关部门和军队因防灾、减灾、国防建设等公共利益的需要，无偿使用地理信息。

参与地理信息交换共享的有关机关和单位需要使用相关地理信息的，应当无偿提供。

第十六条 各级地理信息工作主管部门应当根据当地突发事件应急处置工作的需要，建立突发事件应急处置地理信息保障机制，并制定相关应急预案。

在突发事件应急处置工作中，地理信息工作主管部门应当按相关应急预案和应急指挥机构的要求，及时采集、整合、报送应急处置工作所需的各类地理信息数据，并提供相应的技术服务。

地理信息工作主管部门采集地理信息数据时，有关机关和单位应当予以支持和配合，无偿提供相关信息。

第十七条 县级以上人民政府应当按国家有关规定，组织开展本行政区域内地理国情的普查和日常监测工作，全面、准确掌握本地的地理国情信息，并将其纳入地理信息交换共享范围，提高地理信息对当地经济和社会发展的服务能力。

第十八条 依法应当保密的地理信息的数据传输、处理、提供、利用和管理，依照保密法律、法规、规章的规定执行。

第十九条 各级地理信息工作主管部门应当会同工业和信息化等部门，定期对地理信息公共服务平台及其应用系统的运行、维护情况和地理信息交换共享情况进行监督检查，督促、指导有关机关和单位做好相关工作。

第二十条 地理信息工作主管部门的工作人员在地理信息交换共享管理工作中滥用职权、玩忽职守、徇私舞弊，尚不构成犯罪的，依法给予处分；构成犯罪的，由司法机关依法追究刑事责任。

第二十一条 违反本办法第九条、第十条第一款和第十二条规定的，由地理信息工作主管部门提请本级人民政府给予通报批评，责令限期改正；拒不改正的，暂停向其提供地理信息。

第二十二条 违反本办法第十四条规定的，由地理信息行政主管部门责令限期改正，并对其主管负责人或者直接责任人依法给予处分。

第二十三条 违反本办法第十条第二款和第十八条规定的，由保密部门依法处理；构成犯罪的，由司法机关依法追究刑事责任。

第二十四条 本办法自2014年1月1日起施行。

吉林省人民政府关于扶持遥感卫星及应用产业发展的意见

吉政发〔2013〕29号 2013年9月24日

各市（州）人民政府，长白山管委会，各县（市）人民政府，省政府各厅委办、各直属机构：

卫星及应用产业是国家大力发展的战略性新兴产业，当前正处于从试验应用型向业务服务型转变的重要阶段。卫星及应用产业主要包括卫星广播通信、卫星导航、卫星遥感等。我省在卫星遥感方面具有明显优势、发展潜力巨大。为深入贯彻落实创新驱动发展战略，加快遥感卫星及应用产业发展，尽快形成遥感卫星研制、运营服务、商业化应用能力，培育战略性新兴产业新的增长极，根据《“十二五”国家战略性新兴产业发展规划》和全省科技创新大会精神，现就扶持我省遥感卫星及应用产业发展提出以下意见：

一、指导思想和发展目标

（一）指导思想。准确把握卫星及应用产业发展的有利时机，面向经济社会发展和公共事业的重大需求，依托中科院长春光机所在航天光学遥感领域的技术积累和工程优势，以技术创新为动力，以统筹资源为手段，以市场化运作为方向，加快推动遥感卫星研制、生产及商业化应用，打造国际技术一流、体制机制创新、市场化程度高的遥感卫星及应用产业高地，确立引领国内遥感卫星发展的核心地位，带动我省战略性新兴产业发展。

（二）发展目标。力争到2015年，完成“吉林-1号”遥感卫星研制开发和系统集成，实现我省首颗遥感星试飞，在农林水利、国土资源、环保、测绘等领域应用试验；到2020年，初步建成自主、完善、领先的技术创新体系，培育形成卫星制造“领军”企业和一批卫星应用及服务企业群，应用领域不断拓展、应用模式不断创新，吉林省遥感卫星及应用产业力争实现产值200亿元。

二、提升遥感卫星及应用产业自主创新能力

（三）加速遥感卫星及应用关键技术研发。突出中科院长春光机所技术创新主体地位，加强协同创新，围绕遥感卫星制造及应用，重点突破高分辨率宽覆盖卫星、精密定轨与卫星管理、卫星组网、信息智能提取、空间信息三维显示、遥感一体化综合处理和分发应用、高分辨高光谱遥感图像处理与应用等关键技术，为产业化生产提供技术支撑。

（四）建设小卫星国家地方联合工程研究中心。以中科院长春光机所为牵头单位，联合哈尔滨工业大学等科研机构，在“快舟飞行器工程中心”基础上，进一步完善光学载荷研制开发、卫星总装与总测、整星空间环境试验与检测等条件，创新体制机制，强化协同创新，深化系统集成，加快推进卫星产品标准化、系列化、模块化、信息化。

（五）组建吉林省遥感卫星及应用协同创新中心。由中科院长春光机所作为发起单位，联合吉林省测绘地理信息局、中科院对地观测与数字地球科学中心、中科院长春地理所、吉林大学等单位，充分发挥各自在遥感卫星研制、测控、数据接收和影像处理及应用领域的技术优势，在遥感卫星研制和应用的工程化方面开展全面合作，加速技术成果产业化。

三、推动遥感卫星及应用产业集聚化发展

（六）规划建设吉林省遥感卫星及应用示范基地。长春市依据总体规划，确定具有发展条件的区域，按照集聚化、市场化、规模化发展方向，规划建设吉林省遥感卫星及应用示范基地，完善基础设施，落实配套条件，省、市集成政策资源，吸引各类创新创业资源要素，加快形成承载能力和集群效应。

（七）搭建卫星遥感应用综合服务平台。以提高公共服务能力为目标，整合各方资源，重点建设遥感图像接收处理站、遥感应用产品生产中心和遥感应用服务中心等，构建以卫星遥感图像获取、接收、处理和应用为核心的各类遥感产品生产和服务产业集群，不断提高卫星遥感数据应用效益和水平。

四、加快遥感卫星产业化生产及商业化应用

（八）组建长春长光奥宇科技有限公司。按照政府引导、多方参与、市场化运作的原则，组建长春长光奥宇科技有限公司，由中科院长春光机所发起，形成政府、科研机构、企业、战略投资者等多元投入模式，以遥感卫星生产及应用为主营方向，组织实施遥感卫星及应用产业化项目，努力发展成我省遥感卫星及应用领域的核心企业。

（九）成立吉林省遥感卫星及应用产业联盟。以市场为导向，按照产学研用紧密结合的原则，成立吉林省遥感卫星及应用产业联盟，政府、企业、高校和科研机构、应用单位参与，协调各方之间合作关系，促进产业链上下游对接，组织制定技术、产品和行业标准，加大知识产权保护力度，提升我省遥感卫星及应用产业的整体竞争力。

（十）建立卫星遥感应用的促进机制。加快卫星遥感应用技术研发和应用系统建设，加快培育卫星遥感服务企业，促进卫星遥感数据在重要行业和区域发展中的应用。组织实施卫星遥感应用示范工程，农林水利、国土资源、环保、测绘、气象、防灾减灾、区域开发、城乡规划以及交通运行监测等省内公共管理和服务领域率先应用。卫星遥感应用与服务企业应创新商业运营模式，建立合理的价格形成机制，大力培育和开发市场。

（十一）加强国际交流与合作。支持遥感卫星及应用企业、科研单位“走出去”，开展国际技术交流与合作，开拓国际应用市场，推动遥感卫星应用产品和服务的出口，提升我省遥感卫星及应用产业发展的国际化水平。

五、加强组织领导，加大政策扶持和保障力度

（十二）将省政府星载一体化小卫星项目推进工作组调整为吉林省遥感卫星及应用产业发展推进组。在推进组的领导下，统筹规划、分解任务、落实责任，研究制定有针对性和实效性的政策措施，协调解决遥感卫星及应用产业发展中的重大问题；成立吉林省遥感卫星及应用产业发展专家咨询委员会，为我省遥感卫星及应用产业发展提供决策咨询。

（十三）合力支持遥感卫星及应用产业发展。省及长春市集成相关资源要素，在基地建设、基础设施、企业发展、项目实施、人才引进等各方面给予政策倾斜。国土资源、规划、环保、住房城乡建设、人力资源社会保障、工商、税务等相关部门要加大对遥感卫星及应用企业的服务力度，开辟绿色通道，简化办事流程，提高工作效率。

（十四）切实加大投入力度。逐步增加政府扶持遥感卫星及应用产业发展所需资金，科技研发、战略性新兴产业发展等专项资金优先向遥感卫星及应用领域倾斜。省及长春市发展改革、工业信息化、科技、财政等相关部门要积极争取国家各项政策支持。鼓励各类金融机构、风险投资基金投向遥感卫星及应用产业，促进形成多元化投（融）资渠道。

（十五）加强人才培养培训。发挥我省科教资源优势，积极支持高等院校加强卫星及应用领域重点学科和专业建设，培养专业技术人才；引进并用好国内外卫星及应用领域高层次人才，研究制定引进人才政策；加强职业技术培训，完善培训、实习基地等服务设施。

（十六）营造产业发展环境。加快建设遥感卫星及应用产业发展基础设施，尽快形成以示范基地为核心的基础条件和区位优势。加大政府主导的遥感卫星及应用自主创新能力、公共服务平台、产业化项目等实施力度，推动遥感卫星生产、应用及市场培育。利用长春中国光学科学技术馆等阵地，宣传、普及卫星及应用知识。

江西省人民政府办公厅关于印发江西省地理信息产业发展规划（2013-2020年）的通知

赣府厅发〔2013〕12号 2013年6月6日

各市、县（区）人民政府，省政府各部门：

《江西省地理信息产业发展规划（2013-2020年）》已经省政府同意，现印发给你们，请结合实际认真贯彻执行。

江西省地理信息产业发展规划（2013-2020年）

地理信息产业是生产性服务业，也是以现代测绘和地理信息系统、遥感、卫星导航定位等技术为基础，以地理信息资源的开发和利用为主体的战略性新兴产业。地理信息产业，包括测量产业、地图产业、导航定位产业、遥感产业及地理信息系统产业等主要内容。发展地理信息产业对于推动经济增长、转变经济发展方式、提高信息化水平、维护国家安全利益具有重要意义。为促进我省地理信息产业快速健康发展，根据《国务院关于加强测绘工作的意见》、《江西省国民经济和社会发展第十二个五年规划纲要》、《江西省地理信息服务体系建设“十二五”规划》以及国家关于促进地理信息产业发展的有关政策规定，制定本规划。规划期为2013-2020年。

一、产业发展面临的基本形势

（一）产业发展基础。

1. 地理信息资源日益丰富。获取、更新了覆盖全省的高分辨率航空影像和卫星影像数据，实现了第二代1:1万数字地形图的全省覆盖，建成省级1:1万基础地理信息数据库。设区市大比例尺数据实现主城区覆盖，数字城市建设全面展开，天地图·江西省级节点及部分市级节点实现与国家主节点对接并提供协同服务。初步建成全省多级分布式公众地理信息服务体系，并在多个行业得到应用。

2. 保障支撑能力逐步加强。建成覆盖全省的卫星定位连续运行基准站网，引进无人机航空摄影系统、应急保障新型测绘装备，建成省级基础地理信息数据生产基地和测绘成果资料档案馆，进一步提升了规模化生产和数据存储、管理、分发服务能力。市、县（区）也加大了装备投入，购置了一批先进测绘装备。全省地理信息保障支撑能力显著提高。

3. 产业发展主体不断壮大。近年来，我省地理信息产业逐步发展，产业初具规模。2012年，全省地理信息企事业单位420多家，涉及国土、地矿、水利、核工业、规划、建设等近20个部门和领域，从业人员达1万多人，地理信息产业年总产值达20多亿元，省测绘地理信息创新基地将于2014年投入使用。

（二）面临的形势。

未来一段时期是全面建成小康社会的关键时期，是加快转变经济发展方式的攻坚期，也是促进地理信息产业大发展大繁荣的重要战略机遇期。

1. 全球地理信息产业进入爆发式增长期。以GPS为代表的卫星导航应用市场已成为继移动通信和互联网之后的第三大信息经济新增长点。我国北斗卫星系统的快速组网和北斗民用化的快速推进，给地理信息产业发展带来了强劲的动力。2010年，全球车用GPS硬件市场高达219亿美元。美国GIS市场规模近年来的年增长率接近35%，纯商业化应用的年增长率高达100%。我国地理信息产业在“十一五”期间以每年超过25%的速度持续快速增长。已有10多家地理信息企业上市，有50多家公司正步入上市进程。

2. 党和政府更加重视地理信息产业发展。近年来，党和国家领导人多次到地理信息企业考察并作出重要指示。国务院印发了《“十二五”国家战略性新兴产业发展规划》，提出了“大力推进卫星遥感、通信广播、导航定位等空间信息资源产业化应用”，国家把地理信息产业作为战略性新兴产业来发展。省委、省政府主要领导多次对加快地理信息产业发展作出指示和批示。我省2013年政府工作报告也明确提出“要积极发展新一代信息技术产业和生产性信息服务业，大力发展地理信息产业”。

3. 转变经济发展方式和构建和谐社会赋予地理信息产业新使命。未来一段时期，我省将进一步加快转变经济发展方式，大规模发展绿色经济、循环经济和低碳经济。地理信息产业具有科技含量高、环境污染少、市场前景广阔、吸纳就业能力强等特点，而且是民生服务的重要组成部分。加快地理信息产业发展能够准确把握自然环境的现状和变化趋势，有利于以最低的资源消耗和环境代价达到最好的效益，有利于加快各行业的信息化建设，对建设生态文明、服务“四化”、保障人民生命财产安全等方面具有重要作用。

4. 深入实施我省三大国家战略给地理信息产业发展带来新机遇。随着促进中部地区崛起、鄱阳湖生态经济区建设和赣南等原中央苏区振兴三个国家战略的深入实施，一大批重点工程和民生项目将开工建设，地理信息新应用与新服务不断产生，市场前景极为广阔，地理信息产业正迎来快速发展的黄金战略机遇期。

（三）存在的问题。

由于我省地理信息产业起步较晚，地理信息产业消费需求增长与产业发展相对滞后的矛盾较为明显，主要表现在：一是基础地理信息资源不够丰富，共享服务能力不足，地理信息产业链不够完整；二是技术自主创新能力不足，应用潜力挖掘不够，相关政策配套不够完善；三是企业数量少、规模小、集中度低，缺乏大型龙头企业，核心竞争力不强等。

二、总体思路

（一）指导思想。

深入贯彻落实科学发展观，着眼于经济发展方式转变，进一步夯实地理信息资源基础，加强地理信息资源开发应用与技术自主创新，强化政策扶持和监督管理，完善产业链，优化产业结构，做大产业规模，着力培育地理信息知名品牌和企业，加强人才队伍建设和技术创新体系建设，将地理信息产业培育成我省战略性新兴产业的重要组成部分，在服务经济社会发展和民生改善等方面发挥重要作用，为建设富裕和谐秀美江西作出新的贡献。

（二）基本原则。

1. 市场主体，政府引导。政府引导推动与市场配置资源相结合，发挥政府的规划引导、政策激励和组织协调作用，充分调动企业主体的积极性，切实发挥市场在资源配置中的基础性作用。

2. 科技创新，对外合作。建立我省地理信息科技创新体系，研发卫星导航、卫星遥感应用等关键技术，加强国际交流与合作，提升自主创新能力。

3. 规范管理，广泛应用。加强全省测绘地理信息统一监管，积极推进地理信息公共服务平台建设，促进地理信息高效、广泛利用。

4. 重点发展，整体推进。系统规划全省地理信息产业发展，明确并大力发展重点领域，做大做强优势企业，促进产业集聚发展、整体推进和全面提升。

三、目标任务

（一）发展目标。

到2020年的总体目标是：通过引进和培育若干个地理信息产业龙头企业和一批充满活力的中小型企业，形成涵盖装备制造、软件研发、系统集成和地理信息获取、处理、服务和应用的完整产业链，建成一个省级地理信息产业园。拓展地理信息产品和服务的应用和消费领域，大力推进面向政府管理决策、面向企业信息化建设、面向社会大众生活的地理信息应用。到2015年，全省地理信息及相关产业年总产值超过40亿元，到2020年，达到200亿元，应用领域更为广泛，产业体系较为完善，产业规模显著扩大，市场竞争力显著增强，达到国内先进水平。具体主要指标见附件。

（二）发展重点。

1. 大力推进现代测绘产业发展。全面加快数字城市地理空间框架和地理信息公共服务平台建设，实现地理信息“一站式”服务和全方位共享。建立完善现代测绘基准体系，统一全省测绘基准，提高定位服务水平。全面实现基础地理信息有效覆盖，不断丰富基础地理信息数据内容，增强我省基础地理信息资源的战略储备和保障水平。加快信息化测绘体系建设，推进测绘信息化进程，为经济社会发展提供可靠、适用、及时的测绘保障。加强地理信息应用系统软件研发，开发具有我省自主知识产权的地理信息软件产品。引导具有民族品牌现代高端测绘地理信息装备制造业集聚发展。

2. 加快发展航空航天遥感技术及应用。大力发展低空无人机测绘遥感技术、雷达测图技术和高分辨率卫星遥感技术，提高基础航空摄影和卫星遥感影像数据获取及应用能力。新建一座遥感卫星地面接收站，建立多星数据源接收获取平台。建立并行处理、高速运算的大型遥感影像数据处理与应用中心，加强遥感数据处理技术研发，提高遥感影像数据处理、分析及开发应用能力与水平。大力推进遥感影像数据和技术在经济建设、社会管理、科学研究等方面的应用，促进遥感产业的发展。

3. 优先发展导航与位置服务业。加快本省导航数据体系建设，逐步形成我省全息导航地图获取、融合与更新工艺。建立本省的导航与位置服务中心，研发接收处理兼容北斗和其他卫星数据的多模式软件。加快推进现代测绘基准的广泛使用和北斗卫星导航的社会化应用。推动导航与位置服务和通信网、互联网、物联网应用的融合发展，深化导航电子地图、互联网地图等基于位置的服务应用，促进地理信息在智能交通、物流监控、电子商务、智慧医疗、智能养老等涉及民生领域的应用，培育新的经济增长点。形成3-5家在车船导航、手机导航、智能交通等方面的导航与位置服务骨干企业。

4. 繁荣地图及地理信息文化产品市场。鼓励地图产品制作单位开发新颖实用的地图产品。大力推进地理信息在网络地图服务、车载导航、手机定位、物流配送、移动目标监控、定位服务、电子商务等新型地图服务业态中的广泛应用，使地理信息与大众日常生活紧密结合，提升人民群众生活品质。支持企业开展地理信息文化研究，引进和培育1-2家地名文化创意龙头企业，在现有地理信息基础上，充分挖掘地名、地址的历史文化内涵，加载形式多样的文化信息内容，形成以地理信息为核心的动漫、网游、智力、教育等文化产品，培育地理信息文化创意产品市场。

5. 重点发展测绘地理信息应用服务业。提升测绘地理信息应用保障服务能力。整合、分析基础地理信息数据及相关部门数据，构建时点统一、标准一致的地理国情本底数据库，开展地理国情普查。在普查的基础上开展动态、实时、按需定制的地理国情监测。抓住全球地理信息产业布局调整的机遇，积极发展具有江西特色的地理信息外包服务。深入挖掘地理信息资源开发利用的产业化潜力，大力推进面向政府管理决策、面向企业信息化建设、面向社会大众生活的地理信息应用。

四、重点工程

选择一些有利于促进产业链完善、扩大产业规模、推动科技创新、加速产业应用升级的重点领域作为发展重点，加大政策支持和引导力度，实现重点突破。

（一）引导产业集聚发展工程。

根据“市场配置资源、企业创造价值、政府营造环境”的原则，建成集研发、生产、服务为一体的，以企业为主体、产学研相结合的地理信息科技产业园。按照“一园多区”的空间布局，以南昌市为核心区，其他10个设区市可按照各自地理信息产业发展基础和经济发展定位的不同，建设地理信息产业扩展区。

产业园建设内容主要包括建设数据处理中心、云计算中心、地理信息软件研发基地、地理信息应用转化基地、地理信息创业孵化基地、装备制造基地及地理信息灾害备份中心。引进和培育若干龙头企业和知名品牌，制定优惠政策，引导信息获取、数据处理、地图制作、软件开发、系统集成、互联网信息服务、装备制造等相关地理信息企业集聚发展。到2015年，在南昌建成一个规模约300亩的地理信息产业园，入驻20家以上有一定规模的企业，引进资金20亿元以上。到2020年，全省地理信息产业园入驻有一定规模的企业50家以上，引进资金50亿元。

（二）突发事件快速响应能力建设工程。

加快突发事件快速响应体系建设。建设应急地理信息服务平台，并与政府综合应急平台互联互通。整合国家自然资源和地理空间基础信息库及有关部门和单位的国情监测数据，建成应急地理信息资源数据库。完善测绘应急服务保障基础设施，形成实时或准实时的多平台、多传感器、全天候、全天时的地空一体化的对地观测数据获取系统，提高突发事件现场快速获取能力。加强测绘应急服务队伍建设，建立有关部门、科研院所、军队和地方间的分工协作和信息共享机制，开展应急培训与演练，增强应急的同步响应能力。

到2015年，完成实时应急地理信息数据资源建设，完成应急地理信息服务平台建设，建立测绘应急服务队伍。到2020年，全面建成突发事件快速响应体系。

（三）智慧城市时空信息云平台建设工程。

进一步推动“数字城市”地理信息公共服务平台建设工作，扩大平台的应用服务领域。开展“智慧城市”建设，通过建设时空数据库、开发时空信息云平台、完善支撑环境和开发典型应用示范，建设“智慧城市”时空信息云平台。

到2015年，完成11个设区市“数字城市”地理信息公共服务平台建设，各设区市平台应用系统扩展至15个以上；完成5个县级“数字城市”地理信息公共服务平台建设，各县级平台应用系统扩展至5个以上。到2020年，完成各平台的云构架转型，平台应用领域扩展到30个以上；完成20个县级“数字城市”地理信息公共服务平台建设，各县级平台应用系统扩展至10个以上。到2020年，完成2个以上市级“智慧城市”和5个以上县级“智慧城市”的时空信息云平台建设项目，每个城市实现30个“智慧城市”应用系统。

（四）装备与设施制造业发展工程。

针对南方地区航空影像获取困难的瓶颈问题，结合我省重点发展航空产业的战略部署，重点发展无人机、低空数码影像获取系统、测量型卫星接收器、低空无人机制造、机载激光雷达等技术装备，形成一批具有自主知识产权的先进技术装备。引入国内外测绘装备知名企业进入地理信息产业园，大力推进测绘地理信息应用服务技术装备升级换代，提升现代化技术装备水平。

到2020年，引进或培育2家具有自主知识产权的测绘地理信息技术装备的龙头企业，带动相关配套零部件生产企业向“专、精、特”方向发展，提升地理信息技术装备制造的专业化、精细化水平。

（五）综合地理信息平台建设与应用推广工程。

建成省级地理信息公共服务平台，完成11个设区市及20个县地理信息公共服务平台的建设，实现国家、省、市、县（区）节点互联互通。利用基础地理信息数据库和综合地理信息数据库，结合导航与位置服务，支撑或辅助开发交通、物流、电子商务、医疗等有关行业专题地理信息平台系统。积极培育地理信息消费市场，加大平台在移动终端的开发力度，增强平台与物联网的契合程度。

到2015年，重点以地理信息公共服务平台为基础，加强地理信息在国家、省重点地理信息相关系统的应用，推进地理信息在旅游、绿色生态和“四化”建设方面的应用。到2020年，全面推进地理信息在经济产业布局、区域文化、社会创新管理、生态文明建设等全方位的应用。

（六）重大项目示范工程。

依托国家目前正在开展的“数字城市”建设、地理国情监测、天地图、国家航空摄影应急保障、地理信息产业云计算中心等重大项目，争取在全国产业布局中国家级地理信息重大项目更多落户我省。建设以云计算中心、大规模集群式遥感影像处理中心、生态资源环境监测重点实验室等为主要内容的2-3个技术开发应用产业示范基地，积极推广地理信息及技术在行政管理、规划决策、资源管理、突发事件处置、百姓日常生活等方面的应用，以重大项目建设带动江西地理信息产业快速发展。

（七）开拓国际测绘地理信息市场工程。

以江西省地理信息产业园为依托，积极接纳发达国家的地理信息产业外包业务，形成地理信息数据加工等信息服务外包特色品牌。在我省地理信息企业中，选取规模大、效益好，具有国际地理信息项目合作基础的3-5家甲级测绘资质单位，进行重点扶持。

在国外建立地理信息国际项目合作基地，为我省地理信息企业参与国际竞争建立稳定的国际营销渠道。定期选派地理信息队伍经营管理人员和专业技术人员参与国际合作研究、技术交流、人才培养、访问考察等形式多样的交流活动，带动我省地理信息企业着力开拓国际地理信息市场。

五、保障措施

（一）加强组织领导。

建立促进地理信息产业发展工作协调机制。省发展改革、省测绘地理信息行政主管部门牵头统筹规划地理信息产业发展工作，建立健全规划实施机制，科学制定年度实施计划，将任务逐年分解落实，保证规划实施的系统性、连续性。市、县（区）人民政府要健全测绘地理信息行政管理体制，强化市、县（区）政府测绘地理信息工作管理职责，支持和促进地理信息产业持续、规范、强劲发展。

（二）建立健全政策扶持体系。

加强财政税收金融支持。各级政府应加大财政投入，建立多元化投入分担机制，多渠道筹集支持地理信息产业发展资金。完善政府采购中支持自主知识产权地理信息产品及服务的有关制度，为地理信息企业参与政府采购创造更多的机会和更好的条件。认真落实相关税收优惠政策，切实减轻地理信息企业税收负担。支持企业通过并购、参股等方式进入地理信息产业，鼓励地理信息企业兼并重组。加大对地理信息企业投资、融资、信贷等的支持力度。

（三）优化产业发展环境。

健全和完善促进地理信息产业发展的政策。建立健全地理信息市场招投标、资产评估、信用评估、咨询服务制度，以及工程监理、监督检验等质量保障体系。加大地理信息知识产权保护力度。完善地理信息市场统一监管机制，建立地理信息市场的日常巡查和专项执法检查机制，规范地理信息市场秩序。统筹协调我省地理信息获取、分发和更新工作，推进地理信息资源的交换与共享。加强中部地区区域合作，积极构建平台共建、资源共享、人才共用的协作发展模式。

（四）强化人才和技术支撑。

建立健全地理信息科技人才培养、引进和使用机制，鼓励地理信息生产服务机构与高校等相关科研机构通过联合共建等方式进行人才交流。支持本省高校面向地理信息产业人才需求调整相应专业学科设置，加大高层次地理信息专业人才的培养力度，鼓励具备条件的职业技术学院开展测绘地理信息职业技术教育。支持我省测绘地理信息科研人员积极参与和领衔承担国家级测绘地理信息相关科技项目研究，在突破关键技术的同时，造就一批高科技人才。在引进、消化、吸收国内外地理信息先进技术的基础上，支持企业、高校和科研院所加强自主创新和地理信息技术集成，开发智能化地理信息高端软件和系统集成产品，提高科技成果转化率。

附件：江西省地理信息产业发展规划主要指标（略）

关于印发《江西省航空航天遥感影像资料管理规定》的通知

江西省测绘地理信息局　江西省财政厅

赣测发〔2013〕133号　2013年12月9日

各市、县（区）人民政府，省政府各部门：

为加强我省航空航天遥感影像资料管理，避免重复投资和采购，促进航空航天遥感影像资料的开发利用，保障国家安全和利益，更好地服务我省经济社会科学发展，根据测绘成果管理相关法律法规及《江西省人民政府办公厅关于加强全省航空航天遥感影像资料统一管理的通知》，省测绘地理信息局、省财政厅制定了《江西省航空航天遥感影像资料管理规定》，现予印发，请各地各有关单位在本省行政区域内采购、加工处理、保管、提供、公开出版、登载、展示航空航天遥感影像资料，遵照本规定执行。

附件

江西省航空航天遥感影像资料管理规定

第一条 为加强我省航空航天遥感影像资料管理，避免重复投资和采购，促进航空航天遥感影像资料的开发利用，根据测绘成果管理相关法律法规，结合我省实际，制定本规定。

第二条 在本省行政区域内采购、加工处理、保管、提供、公开出版、登载、展示航空航天遥感影像资料，应遵守本规定。

第三条 省测绘地理信息局负责我省航空航天遥感影像资料的统一获取监督管理。省测绘成果资料档案馆负责航空航天遥感影像资料保管、提供及保密处理工作。

各级财政负责我省航空航天遥感影像资料年度购买计划的审核并进行资金统筹。

审计机关对取得财政资金的单位和项目、运用财政资金的真实、合法和效益情况，依法进行审计监督。

市、县测绘地理信息行政主管部门负责编制辖区内航空航天遥感影像资料年度计划并负责资料使用监督管理。

第四条 涉及国家秘密的航空航天遥感影像资料，按照国家保密法律法规管理。

第五条 省直各部门、单位根据工作实际提出航空航天遥感影像资料需求，市、县航空航天遥感影像资料需求由所在设区市测绘地理信息行政主管部门负责汇总。并于每年 7 月底前报送省测绘地理信息局，省测绘地理信息局根据需求商有关部门制定采购计划。

第六条 省测绘地理信息局每年第一季度根据采购计划安排采购工作。

应急保障需要的航空航天遥感影像资料，优先安排采购。

第七条 省测绘地理信息局定期向社会公开发布已采购的航空航天遥感影像资料目录、元数据等，方便各部门、单位和公众查询及获取。

第八条 凡申请使用空间位置精度低于 50 米或影像地面分辨率低于 0.5 米的非国家秘密航空航天遥感影像资料，持当地测绘地理信息行政主管部门证明函、使用项目立项或财政投资文件，填写《航空航天遥感影像数据资料使用申请表》（见附件），向省测绘地理信息局申请办理。

第九条 申请使用属于国家秘密航空航天遥感影像资料，应按照《江西省测绘成果管理办法》办理。

第十条 用于突发公共事件的防范处置工作应急保障的航空航天遥感影像资料，可以优先提供使用，事后补办相关手续。

第十一条 省直有关部门、单位和市、县人民政府有关部门用于国家机关决策和公益性事业和因防灾、减灾、国防建设、国家安全等公共利益需要使用航空航天遥感影像资料的，凭相关证明和材料，实行无偿提供使用。

第十二条 用户获取的航空航天遥感影像资料，仅限于批准的项目使用，不得以任何形式转让或从事商业性使用。项目完成后，若使用的是属于国家秘密航空航天遥感影像资料，应当按照有关规定及时销毁。

第十三条 使用属于国家秘密航空航天遥感影像资料委托第三方承担开发、利用任务的，第三方应具备相应的保密管理设施和条件，涉及测绘活动的，还应具备相应的测绘资质；使用单位应与第三方签订保密协议，项目完成后，使用单位必须按照保密规定及时回收或监督第三方销毁相应航空航天遥感影像资料及其衍生产品。

第三方为外国组织和个人，以及在我国注册的外商独资企业和中外合资、合作企业的，用户应当履行对外提供我国测绘成果的审批程序，依法经省测绘地理信息局批准后，方可委托。

第十四条 向社会公开出版、传播、登载和展示遥感影像的，应当报送省测绘地理信息局进行地图审核，并取得审图号。公开出版、传播、登载和展示的内容应当符合下列要求：

（一）符合《基础地理信息公开表示内容的规定（试行）》；

（二）符合《公开地图内容表示若干规定》；

（三）符合《公开地图内容表示补充规定（试行）》；

（四）符合国家其他法规制度要求，不得标注、显示禁止公开的信息。

第十五条 从事航空航天遥感影像加工处理、地名地物属性标注等活动，应当按规定取得相应的测绘资质。

第十六条 本规定由省测绘地理信息局负责解释。

第十七条 本规定自发布之日起实施。

附件：航空航天遥感影像资料使用申请表（略）

海南省地理信息公共平台建设与应用管理办法

琼府〔2013〕77 号 2013 年 12 月 4 日

第一条 为推动地理信息资源的共享和应用，规范地理信息公共平台的建设与管理，根据《中华人民共和国测绘法》等法律、法规的规定，结合本省实际，制定本办法。

第二条 本省行政区域内地理信息公共平台的建设与应用、运行管理、数据更新等活动，适用本办法。

本办法所称的海南省地理信息公共平台（以下简称地理信息公共平台）是国家测绘地理信息局和海南省人民政府共建“海南国际旅游岛数字地理空间框架”的重要内容，是实现海南省数字地理空间框架应用服务功能的数据、软件及其运行支撑环境的总称。

本办法所称应用系统是支持地理信息公共平台数据应用的区域性或行业性的专题地理信息系统。

第三条 地理信息公共平台是我省权威的、唯一的、通用的公共地理信息基础设施。其依托基础地理信息标准数据集，通过在线调用、服务器前置和离线提供等三种方式为政府部门、企事业单位和社会公众提供数字地图、信息查询、空间分析等地理信息服务。

本省相关部门应当在地理信息公共平台的支撑下，按照分建共享的原则开展专业应用，规范、合理使用地理信息服务，不得重复建设。

第四条 省测绘地理信息行政主管部门为地理信息公共平台的建设和管理单位，负责全省地理信息公共服务的指导、协调和监督，组织实施地理信息公共平台中的基础地理信息数据的采集、更新、维护及社会化应用服务，指导市县地理信息公共平台的建设与应用。

省信息化行政主管部门应当会同省测绘地理信息行政主管部门及其他相关部门组织制定本省地理信息公共平台的数据、服务和应用等标准规范，配合做好全省地理信息公共服务的指导和协调工作。

市县测绘地理信息行政主管部门负责本行政区域内的地理信息公共平台建设与应用，并与省地理信息公共平台互联互通。市县地理信息公共平台建设完成后，应根据本办法，结合市县实际，制定相应的地理信息公共平台建设与应用管理办法，报省测绘地理信息行政主管部门备案。

第五条 省测绘地理信息行政主管部门所属承担地理信息公共平台建设与应用的机构（以下简称服务机构）具体负责地理信息公共平台的日常管理、运行和技术支持工作，并为应用系统的建设提供技术服务。

第六条 省测绘地理信息行政主管部门应当会同省人民政府有关部门制定地理信息公共平台的升级、更新和维护年度计划，并纳入省级国民经济和社会发展年度计划。属地方财政投入范围内的基础地理信息数据采集、更新，所需经费纳入年度各级政府财政预算安排。

第七条 省政府相关部门对涉及地理信息系统的信息化建设项目进行备案，应告知省测绘地理信息行政主管部门；对涉及地理信息系统的信息化建设项目进行审批，应书面征求省测绘地理信息行政主管部门对有关地理信息系统的技术方案的意见。

第八条 省测绘地理信息行政主管部门应当按照下列标准及时更新地理信息公共平台的基础地理信息数据：

（一）全省统一布设的平面控制网、高程控制网和空间定位网每5年至8年复测更新一次；

（二）1:1万比例尺基础地理信息数据，平原、沿海地区每1年更新一次，丘陵、低山地区每2年至3年更新一次，其他地区每5年更新一次；

（三）重点区域的基础地理信息数据，根据需要及时更新。

第九条 应用系统信息数据的更新由提供此类数据的相关部门负责。

第十条 行政机关及其他具有管理公共事务职能的组织，在公共管理过程中形成的地理信息数据应纳入地理信息公共平台数据共享范围，并利用地理信息公共平台进行发布，地理信息数据之间的共享和交换应通过省数据共享平台实现。

共享数据的内容与目录按照本省相关规定执行。

第十一条 共享数据均以服务的形式通过地理信息公共平台发布，地理信息公共平台支持的OGC（开放地理信息系统协会）标准服务包括：OGC CSW网络目录服务、OGC WMS网络地图服务、OGC WFS网络要素服务、OGC WCS网络覆盖服务、OGC WPS网络处理服务、OGC WMTS网络地图瓦片服务和OGC WFS-G地名词典服务等OGC标准服务。

提供单位应保证提供共享数据的合法、准确与规范，并对因共享数据本身存在的问题给使用方造成的影响承担责任。

第十二条 服务机构按照相关程序，负责地理信息公共平台共享数据发布服务的日常审核工作，审核工作自收到申请之日起10个工作日内完成。

第十三条 服务机构不得利用有关部门和单位提交的地理信息数据及服务从事营利性活动。

第十四条 涉及国家秘密、商业秘密和个人隐私的地理信息数据的传输、处理、提供、利用和管理，按照有关法律、法规执行。

第十五条 行政机关及其他具有管理公共事务职能的组织可无偿使用地理信息公共平台发布的地理信息服务。

第十六条 本办法由省测绘地理信息行政主管部门负责解释。

第十七条 本办法自颁布之日起施行。

青岛市测绘地理信息管理办法

2013年3月25日青岛市人民政府第21次常务会议通过，2013年5月2日
青岛市人民政府第226号令公布，自2013年7月1日起施行

第一章 总 则

第一条 为加强测绘地理信息管理，促进测绘地理信息事业发展，保障测绘地理信息事业为经济建设、国防建设、城乡建设和社会发展服务，根据《中华人民共和国测绘法》、《中华人民共和国测绘成果管理条例》、《山东省测绘管理条例》等有关法律、法规的规定，结合本市实际，制定本办法。

第二条 本办法适用于本市行政区域和管辖海域内的测绘地理信息活动及其管理。

军事测绘按照有关法律法规的规定执行。

第三条 市国土行政主管部门负责全市测绘地理信息工作的监督管理。

区（市）国土行政主管部门负责本行政区域测绘地理信息工作的监督管理，并接受市测绘地理信息行政主管部门的业务指导。

发展改革、财政、工商、价格、文广新、质监、保密、国家安全、通信等有关部门按照各自职责做好测绘地理信息相关工作。

第四条 市、区（市）人民政府应当加强对测绘地理信息工作的领导，将基础测绘纳入本级国民经济和社会发展规划及年度计划，所需经费列入本级财政预算。

第五条 鼓励测绘科技创新，鼓励使用先进的技术和设备，提高测绘水平。对在测绘科技进步中做出突出贡献的单位和个人，按照有关规定给予奖励。

第六条 从事测绘地理信息活动应当遵守保密法律、法规的规定，采取必要的保密措施，保障测绘地理信息成果的安全。

第七条 测绘地理信息成果所有权受法律保护，任何单位和个人不得侵犯测绘地理信息成果所有权人的合法权益。

第二章 基础测绘和地理信息

第八条 市、区（市）测绘地理信息行政主管部门应当会同本级人民政府有关部门组织编制本行政区域的基础测绘规划，报本级人民政府批准，并报上一级测绘地理信息行政主管部门备案后组织实施。

市、区（市）人民政府有关部门编制专业规划涉及测绘地理信息业务的，应当征求本级测绘地理信息行政主管部门意见。

第九条 下列基础测绘工作，由市测绘地理信息行政主管部门组织实施：

（一）全市统一的平面控制网、高程控制网和空间定位网的建立、复测与维护；

（二）市级财政负担的1:500、1:1000、1:2000、1:5000、1:10000基本比例尺地图、影像图、数字化产品的测制与更新及其数据库的建立、维护与更新；

（三）市级地理空间框架的建立、维护与更新；

（四）市级财政负担的测绘基础设施建设、维护和更新；

（五）市级财政负担的航空摄影与遥感测绘；

（六）市级基础地理底图与地图集（册）的编制；

（七）地理市情监测；

（八）市级测绘应急保障；

（九）省、市测绘地理信息行政主管部门确定的其他基础测绘项目。

第十条 下列基础测绘工作，由区（市）测绘地理信息行政主管部门组织实施：

（一）本行政区域内四等以下平面和高程控制网的建立、复测与维护，

（二）本级财政负担的1:500、1:1000、1:2000基本比例尺地图、影像图、数字化产品测制与更新及其数据库的建立、维护与更新；

（三）本级地理空间框架的建立、维护与更新；

（四）本级财政负担的测绘基础设施建设、维护和更新；

（五）本行政区域基础地理底图与地图集（册）的编制；

（六）地理区（市）情监测；

（七）本级测绘应急保障；

（八）市测绘地理信息行政主管部门确定的其他基础测绘项目。

第十一条 建立基础测绘成果定期更新和实时更新相结合的制度。

平面控制网、高程控制网和空间定位网应当每5年维护、更新一次，1:5000、1:10000比例尺地图每5年更新一次，1:1000、1:2000比例尺地图每2年更新一次，1:500比例尺地图每1年更新一次。

经济建设、社会发展和城市规划建设急需的基础测绘成果应当及时更新。

第十二条 市测绘地理信息行政主管部门应当建立测绘地理信息成果共享机制。政府部门、国有企事业单位利用财政性资金产生的地理信息成果，以及其他经政府部门审批项目所产生的地理信息成果，市测绘地理信息行政主管部门应当会同相关部门及时更新数据，并通过地理空间框架的基础平台在全市共享。

第十三条 利用财政性资金投资建立涉及地理信息的相关专业信息系统，应当以本级基础地理空间框架为基础平台。

建立其他信息系统，应当采用本市统一的基础地理信息数据。

第十四条 测绘地理信息行政主管部门应当定期开展测量标志巡查、普查工作，组织实施测量标志维护计划，依法设立明显标记或者标牌，对损坏的测量标志应当及时组织维修，恢复测量标志使用效能。

测量标志的设置、使用、迁建应当按照有关规定执行。

第十五条 测绘地理信息行政主管部门应当以基础地理信息为依托，开展本行政区域内地理市情监测工作，为政府决策、国土资源管理、生态环境保护、突发事件应对、城乡规划建设等提供地理市情综合服务。

第十六条 测绘地理信息行政主管部门应当制定本级测绘应急保障预案，开展应急保障演练，提高防灾、减灾和救灾保障能力。

第十七条 从事测绘地理信息活动应当采用国家统一的测绘基准和测绘系统，执行国家、省、市规定的测绘地理信息技术标准和规范。

因建设、城市规划和科学研究确需建立相对独立平面坐标系统的，应当与国家统一的坐标系统相联系，并按照国家和省有关规定报请批准。

第三章 测绘资质和市场管理

第十八条 从事测绘地理信息活动的单位，应当依法取得相应等级的测绘资质，并在资质许可的范围内从事测绘活动。测绘项目组织单位应当依据国家、省测绘资质分级标准，委托具有相应资质的单位进行测绘活动。

第十九条 测绘地理信息专业技术人员只能受聘于一家有测绘资质的单位从事测绘地理信息活动，测绘单位应当依法与其办理相关聘用手续。

注册测绘师的管理和聘用按照国家有关规定执行。

第二十条 测绘人员进行测绘地理信息活动时，应当持有国家统一颁发的测绘作业证。需要有关单位或者个人协助的，应当提前告知并出示测绘作业证，有关单位或者个人应当予以协助，不得妨碍和阻挠。

第二十一条 依照有关法律、法规规定需要进行招标投标的测绘项目，应当通过招标投标的方式确定测绘单位。测绘项目实行招标投标的，招标单位不得向不具有相应资质等级的单位发包，不得低于测绘成本发包。

涉及国家安全、国家秘密的测绘项目和测绘地理信息行政主管部门组织的基础测绘项目，按照国家、省、市有关规定，可以不实行招标投标。

第二十二条 禁止下列行为：

（一）伪造、涂改、转借、转让和出租测绘资质证书；

（二）超出资质等级许可的范围从事测绘地理信息活动；

（三）以其他测绘单位的名义从事测绘地理信息活动；

（四）允许其他测绘单位或者个人以本单位名义从事测绘地理信息活动；

（五）转包、违法分包测绘项目；

（六）法律、法规、规章禁止的其他行为。

第二十三条 在本市承担测绘项目的测绘单位，在测绘项目实施前，应当按规定向测绘地理信息行政主管部门办理测绘项目登记手续。

境外组织或者个人经国家批准来本市从事测绘地理信息活动的，应当向市测绘地理信息行政主管部门交验国家、省有关批准文件，在批准的区域和范围内进行测绘，并接受市测绘地理信息行政主管部门的监督。

第二十四条 测绘地理信息行政主管部门应当加强对测绘单位的监督检查，建立测绘地理信息市场信用体系，定期向社会公布测绘单位相关信息。

测绘单位应当接受测绘地理信息行政主管部门的监督检查，并如实提供与监督检查有关的情况和材料。

第四章 成果管理和使用

第二十五条 测绘单位应当建立健全质量保证体系，对其完成的测绘地理信息成果质量负责。

市、区（市）测绘地理信息行政主管部门应当会同质监部门共同加强对测绘产品质量的监督管理。

基础测绘项目、重点工程测绘项目、使用财政性资金五十万元以上的测绘项目以及使用财政性资金五十万元以上的建设工程测绘项目，其测绘地理信息成果应当由专业测绘产品质量检验机构进行检验。

任何单位和个人不得提供和使用未经检验或者检验不合格的测绘成果。

第二十六条 测绘地理信息成果汇交实行分级管理。市测绘地理信息行政主管部门负责全市测绘地理信息成果汇交的统一监督管理。区（市）测绘地理信息行政主管部门负责本行政区域内的测绘地理信息成果汇交的监督管理。

测绘项目出资人与承担测绘项目的单位应当约定由一方向测绘地理信息行政主管部门汇交测绘成果资料，并保证汇交的测绘成果资料真实齐全、整理规范。

第二十七条 测绘地理信息成果应当自测绘项目验收完成之日起30日内无偿汇交。基础测绘成果应当汇交副本，其他测绘地理信息成果应当汇交目录。测绘地理信息行政主管部门在收到汇交的测绘地理信息成果副本或者目录后应当出具汇交凭证。

市测绘地理信息行政主管部门应当建立测绘地理信息成果目录编制和发布机制，及时编制和更新测绘地理信息目录，并向社会公布，促进测绘地理信息成果的社会化利用。

区（市）测绘地理信息行政主管部门应当于每年1月将上一年度的测绘地理信息成果汇交情况报市级测绘地理信息行政主管部门。

具体汇交办法由市测绘地理信息行政主管部门制定。

第二十八条 使用财政性资金的测绘项目和使用财政性资金的建设工程测绘项目，有关部门在批准立项、审批资金前，应当书面征求本级测绘地理信息行政主管部门的意见。有适宜测绘地理信息成果的，应当充分利用，避免重复测绘。

第二十九条 财政部门在对使用财政性资金的测绘项目和使用财政性资金的建设工程测绘项目进行结算审查时，应当查验测绘地理信息成果汇交凭证；无汇交凭证的，不予办理财政资金结算手续。

第三十条 测绘地理信息成果的生产、使用和保管单位应当建立测绘地理信息成果及资料档案管理制度，加强测绘地理信息成果管理现代技术的应用，保障测绘地理信息成果的完整和安全。

测绘地理信息成果属于国家秘密的，其密级的确定、变更、解密及其复制、使用、转让、转借、保管，按照保密有关法律、法规的规定执行。

测绘地理信息行政主管部门应当对涉密测绘地理信息成果的使用和管理情况进行监督检查。

第三十一条 基础测绘成果和使用财政性资金完成的其他测绘地理信息成果，用于国家机关决策和社会公益性事业的，应当无偿提供；其他情况使用测绘地理信息成果的，实行有偿使用，有偿使用的收费标准由市价格行政主管部门会同市测绘地理信息行政主管部门制定。

政府及其有关部门和军队为防灾、减灾、国防建设等公共利益或者应对重大突发事件，可以无偿使用测绘地理信息成果，测绘地理信息成果所有权人应当及时提供。

第三十二条 经审核同意公开出版的地图产品应当标明地图审图号。经审定的地图内容、形式发生变化的，应当重新报审。

保密地图和内部地图不得以任何形式公开出版、发行、销售和展示。

第三十三条 用于导航服务的电子地图和提供浏览、搜索、定位等服务的互联网地图，未经依法审核批准，一律不得公开登载、传输。

第五章 法律责任

第三十四条 违反本办法第十七条规定，在本行政区域内从事测绘地理信息活动，未采用国家统一的测绘基准和测绘系统或者未执行国家、省、市规定的测绘地理信息技术标准和规范的，由测绘地理信息行政主管部门给予警告，责令改正，可以并处一万元以上三万元以下的罚款。

第三十五条 违反本办法第十九条规定，测绘技术人员受聘于两个及两个以上单位从事测绘活动的，由测绘地理信息行政主管部门给予警告，责令改正，并处一千元罚款。

第三十六条 违反本办法第二十三条规定，境外组织或者个人经国家批准来本市从事测绘地理信息活动，未向市测绘地理信息行政主管部门交验国家、省有关批准文件的，由测绘地理信息行政主管部门给予警告，责令改正，可以并处一万元以上三万元以下的罚款。

第三十七条 违反本办法规定，法律、法规和规章已有处罚规定的，从其规定。

第三十八条 从事测绘地理信息管理的工作人员玩忽职守、滥用职权、贪污受贿、徇私舞弊的，由其所在单位或者上级主管部门给予处分；构成犯罪的，依法追究刑事责任。

第六章 附 则

第三十九条 本办法自2013年7月1日起施行。

公　告

国家测绘地理信息局公告

国家测绘地理信息局公告

（第 1 号　2013 年 2 月 27 日）

依据《中华人民共和国测绘法》、《测绘资质管理规定》和《测绘资质分级标准》，2012 年 7 月至 12 月，国家测绘地理信息局审核批准了北京车网互联科技股份有限公司等 19 家单位为甲级测绘资质单位。

特此公告。

2012 年 7 月至 12 月审核批准的甲级测绘资质单位名单

序号	单位名称	省份	资质证号	法定代表人	甲级专业范围
1	北京车网互联科技股份有限公司	北京	甲测资字 11002097	黄　翊	互联网地图服务。
2	中国地质调查局发展研究中心（全国地质资料馆）	北京	甲测资字 11002098	严光生	互联网地图服务。
3	北京数字政通科技股份有限公司	北京	甲测资字 11002099	吴强华	地理信息系统工程；互联网地图服务。
4	国信司南（北京）地理信息技术有限公司	北京	甲测资字 11002100	朱　武	地理信息系统工程：摄影测量数据处理、空间遥感地理信息数据处理、外业采集的地理信息数据处理、地图数字化、建立数据库、建立基础地理信息系统、建立专业地理信息系统；互联网地图服务。

序号	单位名称	省份	资质证号	法定代表人	甲级专业范围
5	辽宁宏图创展测绘勘察有限公司	辽宁	甲测资字21002033	韩国超	地籍测绘；地理信息系统工程：外业采集的地理信息数据处理、建立数据库、建立基础地理信息系统、建立专业地理信息系统、外业地理信息数据采集；摄影测量与遥感；工程测量：控制、地形、城乡用地、市政工程、水利工程、线路工程、地下管线、形变测量。
6	启明信息技术股份有限公司	吉林	甲测资字22002048	徐建一	互联网地图服务。
7	连云港市勘察测绘院有限公司	江苏	甲测资字32002048	王绪林	工程测量：控制、地形、城乡规划定线、城乡用地、规划检测、日照、市政工程、水利工程、建筑工程、精密工程、线路工程、地下管线、桥梁、隧道、变形（沉降）观测、形变、竣工测量；地籍测绘；房产测绘。
8	江苏南京地质工程勘察院	江苏	甲测资字32002050	田开洋	工程测量。
9	宁波上航测绘有限公司	浙江	甲测资字33002027	陈正荣	海洋测绘；工程测量：控制、地形、城乡规划定线、城乡用地、规划检测、日照、市政工程、水利工程、建筑工程、精密工程、线路工程、桥梁、隧道、变形（沉降）观测、形变、竣工测量。
10	核工业赣州工程勘察院	江西	甲测资字36002025	李金泉	工程测量：控制、地形、线路工程、桥梁、矿山、隧道测量；地籍测绘。
11	煤炭工业济南设计研究院有限公司	山东	甲测资字37002095	秦瑞娟	工程测量：控制、地形、市政工程、建筑工程、线路工程、地下管线、矿山、隧道、变形（沉降）观测、形变测量。
12	日照市城乡建设勘察测绘院有限公司	山东	甲测资字37002096	安玉臻	工程测量：控制、地形、城乡规划定线、规划检测、日照、市政工程、建筑工程、变形（沉降）观测、形变测量、竣工测量。
13	胜利油田胜利勘察设计研究院有限公司	山东	甲测资字37002097	桑运水	工程测量：控制、地形、线路工程、地下管线测量。

序号	单位名称	省份	资质证号	法定代表人	甲级专业范围
14	河南省啄木鸟地下管线检测有限公司	河南	甲测资字41002025	张明举	工程测量：控制、地形、城乡规划定线、城乡用地、规划检测、市政工程、建筑工程、线路工程、地下管线、变形（沉降）观测、形变、竣工测量；地籍测绘；摄影测量与遥感。
15	郑州中核岩土工程有限公司	河南	甲测资字41002026	方仁宝	工程测量：控制、地形、城乡规划定线、城乡用地、规划检测、日照、市政工程、水利工程、建筑工程、精密工程、线路工程、桥梁、隧道、变形（沉降）观测、形变、竣工测量；地籍测绘。
16	四川空间信息产业发展有限公司	四川	甲测资字51002030	崔亚军	地籍测绘；地理信息系统工程：外业采集的地理信息数据处理、地图数字化、建立数据库、建立专业地理信息系统、外业地理信息数据采集。
17	贵州省地质矿产勘查开发局一〇一地质大队	贵州	甲测资字52002014	杨宗文	工程测量：控制、地形、城乡规划定线、城乡用地、市政工程、建筑工程、竣工测量；地籍测绘；地理信息系统工程：摄影测量数据处理、外业采集的地理信息数据处理、地图数字化、建立数据库、建立基础地理信息系统、建立专业地理信息系统、外业地理信息数据采集。
18	宁夏回族自治区遥感测绘勘查院（宁夏回族自治区遥感中心）	宁夏	甲测资字64002003	吴加敏	摄影测量与遥感；工程测量：控制、地形、市政工程、线路工程、水利工程测量；地籍测绘。
19	新疆水利水电勘测设计研究院疆海测绘院	新疆	甲测资字65002015	李安福	工程测量：控制、地形、城乡规划定线、城乡用地、规划检测、日照、市政工程、建筑工程、线路工程、桥梁、隧道、竣工测量；摄影测量与遥感。

国家测绘地理信息局公告

（第 2 号 2013 年 4 月 25 日）

为满足四川省芦山“4·20”7.0 级强烈地震抗震救灾指挥决策、抢险救灾工作需要，国家测绘地理信息局紧急组织制作了一批灾区的测绘地理信息成果。现公告如下：

一、四川省芦山“4·20”7.0 级强烈地震灾区测绘地理信息成果包括灾区的影像数据、专题图数据、基础地理信息数据等。

二、灾区测绘地理信息具体成果包括：

（一）影像数据

1. 芦山县、宝兴县和天全县的震前 0.68 米分辨率的 Pleiades 卫星影像、2.1 米分辨率的资源三号卫星影像。

2. 雅安市区、芦山县芦阳镇、芦山县飞仙关镇、芦山县清仁乡、天全县始阳镇、天全县新华乡、天全县多功乡的震后 0.5 米分辨率高空航摄影像。

3. 雅安市雨城区上里镇、雅安市名山区百丈镇百丈水库、芦山县太平镇、芦山县宝盛乡、芦山县龙门乡、芦山县双石镇、宝兴县穆坪镇的震后 0.16 米分辨率无人机低空航摄影像。

（二）专题图数据

1. 行政区划图

四川省行政区划图、雅安市行政区划图、芦山县行政区划图、宝兴县行政区划图、芦山县地势图。

2. 影像图

雅安市雨城区上里镇、雅安市名山区百丈镇百丈水库、芦山县太平镇、芦山县龙门乡、芦山县宝盛乡、芦山县双石镇、宝兴县穆坪镇（救援现场、兵难功、关底下、新光村、老关口）震后无人机影像图；

雅安市区、芦山县芦阳镇、芦山县飞仙关镇、芦山县清仁乡、天全县始阳镇、天全县新华乡、天全县多功乡震后航空影像图；

芦山县太平镇、芦山县宝盛乡、宝兴县穆坪镇震前震后对比图。

（三）基础地理信息数据

覆盖雅安地区的震前 1:5 万、1:25 万 DLG、DEM、DOM 数据。

三、四川省芦山“4·20”7.0 级强烈地震灾区测绘地理信息成果由国家基础地理信息中心负责保管，成果的提供和使用依照基础测绘成果管理的有关规定办理。

四、我局将继续开展灾区测绘地理信息的获取和处理工作，请及时关注国家测绘地理信息局政府网站成果分发服务栏目（data. sbsm. gov. cn）查询可提供的测绘地理信息成果。

特此公告。

国家测绘地理信息局公告

（第 3 号 2013 年 6 月 17 日）

为贯彻落实李克强总理关于加强国家地理信息公共服务平台天地图建设与应用工作的重要指示精神，近年来国家测绘地理信息局举全行业之力，不断丰富天地图数据资源，完善服务功能，全力打造天地图民族品牌。目前，天地图 2013 版已具备正式提供在线地理信息服务的条件，即日起正式启用。

天地图 2013 版是国家测绘地理信息局推出的第四个版本，整体服务性能较上一版本提升了 4–5 倍，数据源由30TB增至60TB，在线发布数据量由0.85TB增至3TB。天地图2013版主要包括平台软件（V2.0）、英文频道（V1.0）、综合信息服务频道（V1.0）、三维城市服务频道（V2.0）、手机地图等，集成了丰富的地理信息数据资源，提供标准的应用程序接口（API），可为社会公众提供基本的地理信息公共服务。

国家测绘地理信息局欢迎社会各界使用天地图提供的在线地理信息服务，并组织有关单位做好天地图技术支持与服务。为确保提供高效的在线地理信息服务，国家测绘地理信息局将每年组织对天地图至少进行一次主要地理信息要素的更新，并及时升级软硬件，不断完善各项服务功能。

互联网访问地址：www. tianditu. com、www. tianditu. cn。

国家电子政务外网访问地址：tianditu. cegn. cn、mapworld. cegn. cn。

特此公告。

附件

天地图2013版简介

一、数据内容

天地图2013版数据内容主要包括多比例尺矢量数据、多分辨率遥感影像数据、地形晕渲数据、地名地址数据以及有关综合信息等，主体数据现势性达到2012年秋冬，部分重要地名现势性达到2013年春。具体内容详见下表：

数据类型	名称（比例尺/分辨率）	覆盖范围	显示级别
电子地图	矢量数据（1:100万）	全球	1-10级
	矢量数据（1:25万-1:100万）	全国	1-12级
	导航电子地图数据	全国	13-18级
影像图	影像数据（250米）	全球	1-10级
	影像数据（15-30米）	全国	8-10级
	影像数据（2.5米）	全国	11-14级
		国外局部	11-14级
	影像数据（0.5米）	全国400多个城市	15-18级
地形晕渲图	地形晕渲数据	全球	1-10级
	地形晕渲数据	全国	1-14级
地名地址库	全球地名数据	国家、省级行政区划	
	全国地名数据	省、地市、县、乡镇、行政村、自然村等	
	全国兴趣点（POI）数据	餐饮、宾馆、学校、医院、银行、加油站、车站等	
综合信息	第六次全国人口普查数据	省级人口统计信息	
	旅游景点数据	全国4A和5A级景区信息	

二、主要功能

天地图2013版以平台软件（V2.0）为核心，提供了地图显示、浏览、搜索、测量、标注、打印以及驾车路径、公交路线规划等基本服务功能，采用了全新的电子地图渲染方案，整体配图清新、自然、层次分明。在此基础上，开通了英文频道（V1.0）、综合信息服务频道（V1.0）和三维城市服务频道（V2.0），并更新了手机地图。

（一）天地图平台软件（V2.0）采用了自主研发的基于云计算技术的数据存储、服务发布、地名搜索等系统，地图瓦片数据服务并发响应超过15000次/秒，地名搜索服务并发响应超过2000次/秒，响应时间小于0.6秒。支持多节点的访问负载均衡，能够灵活调配服务资源，有效分担访问压力。细化了分类搜索，优化了地名兴趣点查询结果排序；增加地标搜索的直接跳转，增加大量国外主要城市的搜索及跳转；新增了公交搜索功能，支持公交线路规划、公交线路和站点查询；优化了驾车规划逻辑和操作功能。全面优化网页程序，提高了地图首次加载与浏览速度。新增投影切换功能，支持“经纬度”和“球面墨卡托”两种方式。全面升级API，规范了资源服务地址；新增了文件容量更小的JS API和移动iOS API、iOS SDK，调用方便简单。具体功能详见下表：

功能	内容	说明
地图显示	地图	交通、水系、境界线、居民地等。
	影像	不同分辨率遥感影像。
	地形	地形晕渲。
	图层	支持中文地名、英文地名、道路、水系、铁路、境界等多个图层的叠加和选取。
地图浏览	当前中心点区域显示	当前地图中心点的行政区划。
	区域列表切换	1. 将当前地图中心点切换到指定行政区域，并缩放到合适级别； 2. 兼顾搜索区域的选择。
	搜索行政区切换	通过搜索国家、省、市、县名称，将当前地图所在区域切换至搜索的行政区域。
	地图切换	地图、影像、地形等不同浏览方式之间的切换。
	放大	放大地图：鼠标双击放大、鼠标滚轮放大、骨棒放大、键盘“+”放大。
	缩小	缩小地图：鼠标滚轮缩小、骨棒缩小、键盘“-”缩小。
	漫游	平移地图：鼠标拖动漫游、骨棒漫游、键盘方向键漫游。
	全屏	将地图进行全屏显示。
地图工具	清空	点击后，清除地图上所有的搜索结果、测量、标注等信息。
	打印	通过打印可保存当前地图、搜索结果、自驾规划结果和公交规划结果等内容。
	测距	提供任意两点及多点之间的距离测量。
	测面	以三角形或多边形的方式在地图上进行面积测量。
	点的标绘	对感兴趣的点进行标注。
	线的标绘	对感兴趣的路线进行标注。
	面的标绘	对感兴趣的面状区域进行标注。
	导航骨棒	地图浏览的工具，可以进行地图放大、缩小、漫游操作。
	地图上右键功能	右键快捷设置起点、终点，也可以进行放大、缩小、居中操作等。

<table>
<tr><th>功能</th><th>内容</th><th>说明</th></tr>
<tr><td rowspan="6">图层</td><td>中文地名</td><td>标注中文地名。</td></tr>
<tr><td>英文地名</td><td>标注英文地名。</td></tr>
<tr><td>道路</td><td>在影像、地形视图中可以添加该图层，显示道路路网。</td></tr>
<tr><td>行政区界</td><td>在影像、地形视图中可以添加该图层，显示行政区界。</td></tr>
<tr><td>铁路</td><td>在影像、地形视图中可以添加该图层，显示铁路路网。</td></tr>
<tr><td>水系</td><td>在影像、地形视图中可以添加该图层，显示水系。</td></tr>
<tr><td rowspan="7">搜索</td><td>一般搜索</td><td>在搜索框输入关键字，在指定的行政区划（级别由当前比例尺决定）查找。</td></tr>
<tr><td>视野内搜索</td><td>在当前地图显示范围内搜索，然后在搜索结果列表中选择某一名称，即可将地图定位到该名称所在范围。</td></tr>
<tr><td>周边搜索</td><td>对某 POI 点进行周边搜索。</td></tr>
<tr><td>分类查找</td><td>按照分类列表中的分类词查找某一类地名。</td></tr>
<tr><td>输入查询词建议</td><td>该功能可以减少用户的输入，能在第一时间让用户知道是否有其最想要的结果，如果命中用户想要的，则直达目的。</td></tr>
<tr><td>模糊搜索</td><td>根据用户输入的不完整关键字（包括地名简称、别称等），系统判断给出搜索结果。</td></tr>
<tr><td>搜索意图提示词</td><td>根据用户输入的关键字，系统给出相应的提示词。</td></tr>
<tr><td rowspan="8">驾车路线规划</td><td rowspan="3">计算条件</td><td>最快路线。</td></tr>
<tr><td>最短路线。</td></tr>
<tr><td>不走高速。</td></tr>
<tr><td>途经点</td><td>在行程中，用户可以设置 1-10 个想要途经的点。</td></tr>
<tr><td rowspan="4">路线检索结果</td><td>地图路线预览。</td></tr>
<tr><td>总里程。</td></tr>
<tr><td>预估时间。</td></tr>
<tr><td>路线描述。</td></tr>
<tr><td rowspan="8">公交路线查询</td><td rowspan="4">计算条件</td><td>较快捷。</td></tr>
<tr><td>不坐地铁。</td></tr>
<tr><td>少换乘。</td></tr>
<tr><td>少步行。</td></tr>
<tr><td rowspan="4">路线检索结果</td><td>地图路线预览。</td></tr>
<tr><td>换乘次数、总里程。</td></tr>
<tr><td>预估时间。</td></tr>
<tr><td>路线描述。</td></tr>
</table>

（二）英文频道（V1.0）实现了对天地图平台软件、数据内容的全英文化表达，建立了英文地名搜索引擎，并在页面设计和交互体验上，与天地图主体风格保持一致。发布了100多万条地名数据，主要地理要素能够实现与天地图主体数据的同步更新。英文频道（V1.0）的发布，标志着天地图多语言服务的启动，为未来蒙文版、维文版的建设打下了基础。

（三）综合信息服务频道（V1.0）在现有数据和服务功能的基础上，整合了来自有关专业部门的人口和旅游信息，实现与位置信息的深度融合，为用户提供辅助业务决策和综合信息服务。发布的人口信息是以国家统计局第六次全国人口普查资料为基础，以省级行政区域为单位，空间化表达了各地人口数量、密度、结构、自然增长率、家庭户规模、老年人口比率等信息；发布的旅游信息以国家旅游局提供的全国4A级、5A级景区信息为基础，包括各景点的名称、地址、联系电话、开放时间、票价以及详细描述等。

（四）三维城市服务频道（V2.0）发布了天津、黄冈、黄石、克拉玛依、烟台、丹东等6个城市城区的三维城市模型。该频道集多模式地图浏览、多形式信息查询、多内容空间量测分析和信息服务等功能于一体，以真三维形式展现城市风貌。用户可通过浏览三维场景体验这些城市的真实世界，还可以在此基础上实现二次开发应用，打造出丰富多彩的城市应用管理平台。

（五）升级手机地图，发布了苹果iOS（V2.0）、安卓Android（V2.1）手机地图，支持地图浏览、兴趣点查找、公交路线规划、驾车路线规划、离线数据下载、实时定位等功能。

三、服务方式

（一）普通访问。用户可使用多种浏览器通过互联网或者国家电子政务外网直接访问天地图2013版，进行地图浏览、地名地址搜索、距离和面积量算、点线面标绘、公交查询、驾车规划、用户标注及纠错、屏幕截图打印等操作。

（二）在线调用。天地图2013版API是基于JavaScript语言编写的应用程序接口，对于接入调用的开发环境没有特殊要求。专业用户可通过API在线调用天地图2013版地理信息服务资源，利用eclipse、myEclipse等开发工具进行开发。

（三）前置服务。针对个性化需求，天地图2013版还提供以“数据+软件+硬件+服务”的打包形式，为用户提供独立网络环境中符合OGC标准的WMTS地理信息服务，并可定制开发各类专业应用功能。

国家测绘地理信息局公告

（第4号 2013年8月5日）

根据《中华人民共和国计量法》有关规定，《数字水准仪检定规程》等5项测绘地理信息计量检定规程已经国家测绘地理信息局批准，现予以发布实施。

序号	编号	名称	实施日期
1	JJG（测绘）2101-2013	数字水准仪检定规程	2013-10-01
2	JJG（测绘）2102-2013	因瓦条码水准标尺检定规程	2013-10-01
3	JJG（测绘）2301-2013	全球导航卫星系统（GNSS）测量型接收机RTK检定规程	2013-10-01
4	JJG（测绘）3401-2013	数字航摄仪检定规程	2013-10-01
5	JJG（测绘）5201-2013	陀螺经纬仪检定规程	2013-10-01

特此公告。

国家测绘地理信息局公告

（第5号　2013年12月20日）

根据《中华人民共和国标准化法》有关规定，国家测绘地理信息局批准实施《大地测量数据库基本要求》等10项测绘地理信息行业标准，现予以公布。

特此公告。

序号	行业标准编号	行业标准名称	代替标准号	实施日期
1	CH/T 2012-2013	大地测量数据库基本要求		2014-01-01
2	CH/T 4018-2013	基础地理信息应急制图规范		2014-01-01
3	CH/T 1032-2013	归档测绘文件质量要求		2014-01-01
4	CH/T 1029. 2-2013	航空摄影成果质量检验技术规程　第2部分：框幅式数字航空摄影		2014-01-01
5	CH/T 1029. 3-2013	航空摄影成果质量检验技术规程　第3部分：推扫式数字航空摄影		2014-01-01
6	CH/T 9009. 1-2013	基础地理信息数字成果 1:5000 1:10000 1:25000 1:50000 1:100000 第1部分：数字线划图	CH/T 1011-2005	2014-01-01
7	CH/T 9020. 1-2013	基础地理信息数字成果 1:500 1:1 000 1:2000 生产技术规程　第1部分：数字线划图		2014-01-01
8	CH/T 9020. 2-2013	基础地理信息数字成果 1:500 1:1000 1:2000 生产技术规程　第2部分：数字高程模型		2014-01-01
9	CH/T 9020. 3-2013	基础地理信息数字成果 1:500 1:1000 1:2000 生产技术规程　第3部分：数字正射影像图		2014-01-01
10	CH/T 9021-2013	国家基本比例尺地图 1:50000 晕渲地形图		2014-01-01

测绘质量检查公告

2012年全国测绘地理信息成果质量监督检查情况通报

（第21号 2013年5月6日）

根据《中华人民共和国测绘法》，国家测绘地理信息局于2012年3月-2013年3月期间，组织开展了全国测绘地理信息成果质量监督检查（以下简称“监督检查”）。监督检查内容为甲级测绘资质单位在2010年1月-2011年12月期间完成的1:10000地形图，包括数字线划图、数字高程模型、数字正射影像图等成果。现将有关情况通报如下。

一、监督检查总体情况

根据各省、自治区、直辖市测绘地理信息行政主管部门上报的1:10000地形图的项目情况，国家测绘地理信息局抽取了甲级测绘资质单位完成的30个测绘项目，涉及到25个省级行政区域。受国家测绘地理信息局委托，由国家测绘产品质量检验测试中心牵头，四川测绘产品质量监督检验站等单位（以下简称为“检验单位”）参加了项目成果质量监督检验工作。

（一）第一次检验结果情况

2012年7月至11月，检验单位对被抽取的30个测绘项目进行了现场检验工作，经汇总、统计、核查，初步评定了检验项目样本质量，其中15个项目的样本质量合格（见附件1），另外15个项目的样本质量存在较为严重的质量问题（见附件2）。

样本存在的主要质量问题包括：

1. 数字线划图成果主要质量问题：位置精度粗差率超限、图幅不接边、要素属性错漏、丢失或多余、要素关系不合理或表达错误、元数据错漏等；

2. 数字高程模型成果主要质量问题：高程检测点精度粗差率超限、相邻图幅同名格网高程值不一致（未接边）、格网范围与设计不符等；

3. 数字正射影像图成果主要质量问题：图幅范围与设计不符。

针对本次检验的具体情况，为进一步确认各省基础测绘质量状况，并督促成果质量的改善，国家测绘地理信息局决定对存在较严重问题的项目进行第二次抽检。

（二）第二次检验结果情况

2012年12月至2013年3月，检验单位按照原检验技术流程、标准，对存在较为严重质量问题的15个项目进行了第二次检验。经检验，这些项目承担单位都进行了认真的整改，大部分单位的整改范围覆盖了整个项目，并出具了书面整改报告；检验样本均经过认真修改、完善，成果质量状况有了明显改善，未出现严重的质量问题，达到了合格要求。

二、主要问题与分析

（一）对质量管理工作重视不够

部分领导干部，没有把质量工作作为头等大事来抓，质量管理各项工作未落到实处。部分测绘地理信息单位质量管理存在漏洞，相关人员不认真履行职责，存在片面追求经济效益、赶工期，而忽视成果质量的现象，甚至有的单位人力、物力优先保证市场项目，将基础测绘任务置于从属地位，对基础测绘成果质量重视不够。

（二）质量管理体系执行不严

部分测绘地理信息单位质量保证体系建设比较薄弱，执行不到位，质量责任界定不清，未严格落实质量责任制；技术设计与生产实际相脱节，设计审查走形式；对标准、规范、设计的培训不够、交流不足，作业人员、检查验收人员执行相关规定不坚决、不严格；对质量控制的关键节点把关不严，仪器检定审查不严、两检一验落实不到位等。

（三）质检单位质检能力不足

部分质检单位人力严重不足，技术装备能力相对落后，自身研发能力明显偏弱；设备老化，缺乏自动化程度高的质检软件，缺乏新技术、新产品的质检技术，难以担当起质量把关的重任。

（四）部分作业人员职业素质不高、责任心缺乏

部分作业人员对自身要求不严，缺乏责任心，甚至缺乏起码的职业道德，忽视标准规范和技术设计的执行，对测绘地理信息成果质量产生严重影响。

三、要求

为贯彻落实李克强总理对测绘地理信息工作提出的以“强基础、提能力”为主线，以“提质量、增效益”为中心的指示精神，围绕国家测绘地理信息局“构建智慧中国、监测地理国情、壮大地信产业、建设测绘强国”的战略目标，现就加强质量管理工作提出如下要求：

（一）进一步提高对质量工作的认识。各级测绘地理信息行政主管部门，尤其是各级领导要高度重视质量管理工作，充分认识生产并提供可靠的测绘地理信息成果、保证并不断提高基础测绘成果质量水平是经济社会发展对测绘地理信息工作最基本的要求，是事业发展的立足之本，并不断强化责任意识，增强履行质量监督管理职责的能力和水平，促进测绘地理信息成果整体质量的提升。

（二）切实抓好质量问题整改工作。各省级测绘地理信息行政主管部门要以本次监督检查为契机，指导有关单位举一反三，深入分析问题产生的原因，认真查找质量管理工作中的不足，进一步落实质量管理各项制度和措施，对成果质量进行一次全面的梳理、整改，不断提高质量管理能力和水平。

（三）强化生产单位的内部质量管理。各级测绘地理信息行政主管部门要加强管理，督促测绘地理信息单位建立覆盖本单位全部业务范围的质量保证体系，建立严格的项目成果“两级检查、一级验收”制度，建立与经济效益相挂钩的质量责任制以及质量奖惩工作机制等，并强化对质量保证体系以及相关制度落实情况的考核。

（四）加强对关键环节的质量控制。各级测绘地理信息行政主管部门要指导测绘地理信息单位严格按照国家有关规定，对项目实施中使用的仪器设备必须进行检定和校准；督促测绘地理信息单位加强对项目设计和设计审批的管理，坚持先设计后生产的原则，严格设计审批程序；做好项目实施前的生产培训，加强对过程质量的控制；严格落实测绘地理信息成果质量“两级检查，一级验收”制度，特别重视两级检查对质量的控制作用，全部使用或部分使用财政投资的测绘地理信息项目成果，应当经省级以上测绘地理信息成果质检单位检查验收。

（五）加大监督检查力度。国家级监督检查每年覆盖全国各省级行政区的资质单位，并不断扩大监督检查的覆盖面，各省级测绘地理信息行政主管部门要积极支持和配合全国监督检查工作，并结合本地实际制定本行政区域内的监督检查计划，监督检查覆盖周期要达到《关于加强测绘质量管理的若干意见》（国测国字〔2008〕2号）的要求，并切实保证监督检查工作的有效开展。

（六）加强质检单位能力建设。各级测绘地理信息行政主管部门要建立明确的质检工作机制，保证质检单位独立履行职责，任何单位、任何领导不得干预质检工作及其对结论的独立判定，保证质检工作的公正性和权威性；要着力改善质检工作投入机制，加大质检单位基础设施建设和检验装备的投入力度。质检单位要不断进取，提高新技术、新装备、新成果的检验与测试水平，全面提升履职能力；着力引进、培养高素质人才，不断加强质检人员的培训、考核工作，全面提升质检人员的职业素质与技术水平。

附件 1

第一次检验样本质量达到合格项目

序号	项目成果名称	承担单位	检验成果	批成果质量
1	承德测区 1:1 万 DLG 制作（第二批）成果	河北省制图院	DLG	合格
2	锡林浩特测区 160 幅 1:10000 地形图 DLG、DEM、DOM 成果	内蒙古自治区地图制印院	DLG、DEM、DOM	合格
3	鄂托克旗、杭锦旗测区 1:10000 地形图 DLG、DEM、DOM 成果	内蒙古自治区航空遥感测绘院	DLG、DEM、DOM	合格
4	2010 年省基础测绘（齐齐哈尔测区）DLG、DOM 成果	黑龙江第一测绘工程院	DLG、DOM	合格
5	江苏省基础测绘 1:1 万更新（盐城测区）DLG、DOM 成果	江苏省基础地理信息中心	DLG、DOM	合格
6	嘉兴测区 1:10000 3D 产品快速更新 DLG、DEM、DOM 成果	浙江省第二测绘院	DLG、DEM、DOM	合格
7	寿宁、浦城测区 1:10000 DLG 成果	福建省测绘院	DLG	合格
8	2010 年省基础测绘修铜测区 1:10000 数字摄影测量 3D 项目成果	江西省地理国情监测遥感院	DLG、DEM、DOM	合格
9	南阳、驻马店测区二轮 1:1 万更新调绘和编辑 DLG 成果	河南省测绘工程院	DLG	合格
10	襄阳随州 1:1 万数字线划图覆盖 DLG 成果	湖北省测绘工程院	DLG	合格
11	粤东测区 1:1 万地形图框架要素更新（汕尾市）DLG 成果	广东省国土资源测绘院	DLG	合格
12	四川汶川地震灾后恢复重建测绘专项建设工程 DLG、DEM 成果	四川省第二测绘地理信息工程院	DLG、DEM	合格
13	平庆测区 1:10000 3D 产品生产（2 期）DLG、DEM、DOM 成果	甘肃省基础地理信息中心	DLG、DEM、DOM	合格
14	昌吉州 1:10000 基础测绘 DLG、DEM、DOM 成果	新疆维吾尔自治区第一测绘院	DLG、DEM、DOM	合格
15	塔城地区 1:10000 基础测绘 DLG、DEM、DOM 成果	新疆维吾尔自治区第二测绘院	DLG、DEM、DOM	合格

附件2

第一次检验样本质量存在较为严重质量问题项目

序号	项目成果名称	承担单位	检验成果	主要质量问题
1	晋北测区 1:10000 基础地理信息数据更新 DLG、DEM、DOM 成果	山西省基础地理信息院	DLG、DEM、DOM	DLG 数据层多属性项、要素属性值错漏、表征质量错漏比率超限；DOM 样本数据范围与设计不符。
2	蛟河测区基础测绘 DLG、DEM 成果	吉林省地理信息工程院	DLG、DEM	DEM 中同名格网点高程值不一致。
3	淮北测区 1:10000 比例尺基础测绘 DLG、DEM、DOM 成果	安徽省第四测绘院	DLG、DEM、DOM	DLG 地物检测点高程精度粗差率超限，要素多余和遗漏比率超限；DEM 幅高程精度粗差率超限；DOM 数据范围与设计不一致。
4	山东省日照测区 1:10000 基础地理信息数据采集、更新与建库 3D 成果	山东省国土测绘院	DLG、DEM、DOM	DLG 多余数据层、图层多余属性项，与设计不符；要素属性值错漏比率超限。
5	邵阳测区 1:1 万地形数据更新 DLG、DEM、DOM 成果	湖南省第一测绘院	DLG、DEM、DOM	DLG 数据中有 4 个图层的属性项定义不符合设计要求，要素遗漏和多余比率超限。
6	长株潭测区 1:1 万地形要素更新项目 DLG、DEM 成果	湖南省第三测绘院	DLG、DEM	DEM 样本中同名格网高程值不一致。
7	百色测区（田东、田阳）1:10000 DLG 生产成果	广西第一测绘院	DLG	DLG 重要要素与一般要素属性值错漏比率超限；要素多余和遗漏比率超限；高程点的高程值未按要求加改正数，沿用 1956 黄海高程系的高程值。
8	玉林测区 1:1 万 DLG 生产成果	广西航空遥感测绘院	DLG	DLG 要素不接边，要素遗漏和多余比率超限。
9	2010 年度四川省地理空间基础框架建设项目 DLG、DEM、DOM 成果	四川省遥感信息测绘院	DLG、DEM、DOM	DLG 重要要素分类代码错误比率超限；高速公路与其它道路关系不合理。
10	贵阳市 1:1 万基础测绘数字化产品（贵阳测区）DLG、DEM、DOM 成果	贵州省第二测绘院	DLG、DEM、DOM	DLG 地物检测点平面精度粗差率超限；要素属性值错漏、要素遗漏和多余比率超限；DEM 存在同名格网点高程不一致，格网范围与理论格网范围不一致。

序号	项目成果名称	承担单位	检验成果	主要质量问题
11	红河测区160幅1:1万3D入库数据产品航测内外业一体化生产DLG、DEM、DOM成果	云南省航测遥感信息院	DLG、DEM、DOM	DEM同名格网点高程值不一致。
12	西藏重点地区1:10000基础地理信息数据生产日喀则测区DLG、DEM、DOM成果	青海省第二测绘院	DLG、DEM、DOM	DLG要素属性值错漏、要素多余和遗漏比率超限；DEM同名格网点高程值不一致，格网范围与理论格网范围不一致。
13	四川汶川地震灾后恢复重建测绘专项工程旺苍测区1:10000 DLG、DEM、DOM成果	国家测绘局第一航测遥感院	DLG、DEM、DOM	DEM同名格网点高程值不一致。
14	青海东部农业区1:1万地形图测绘五期DLG、DEM、DOM成果	青海省第一测绘院	DLG、DEM、DOM	DLG重要要素分类代码和属性值错漏、要素遗漏和多余比率超限。
15	宁夏基础测绘三期2011年项目DLG、DEM、DOM成果	宁夏国土测绘院	DLG、DEM、DOM	DLG地物平面精度检测点超限；要素属性值错漏比率超限；图层属性项定义与设计不符。

重大测绘科技成果公告

2013年国家测绘地理信息局重点实验室评估报告

根据《国家测绘地理信息局重点实验室建设与管理办法（试行）》，我局组织开展了2011-2012年度国家测绘地理信息局重点实验室（以下简称“重点实验室”）评估，按要求共有地球物理大地测量等12个重点实验室参加评估。现将评估结果通报如下：

1. 两年来重点实验室整体发展情况

两年来，重点实验室面向国家重大需求，围绕国家测绘地理信息事业转型升级的目标，瞄准测绘地理信息科技发展前沿，在科学研究、人才培养、团队建设、成果转化和合作交流等方面取得了重要进展，使测绘地理信息自主创新水平和科技保障能力得到了很大提升。

（1）重点实验室成为承担国家重大科技计划与工程任务的重要力量。

重点实验室将测绘地理信息与云计算、大数据等高新技术紧密融合，培育了“地理国情监测应用系统”、“全球地表覆盖遥感制图与关键技术研究”等一批国家级重大科技项目。两年来，参评重点实验室获得国家科技计划项目176项，经费支持近2亿元。其中，973项目3项，自然基金140项，863项目12项，科技支撑计划项目13项。

（2）重点实验室围绕学科前沿，服务国家重大需求，努力提升创新能力和研究水平，研究成果显著。

重点实验室着力解决经济社会发展、国家安全以及测绘地理信息事业发展中的关键技术问题，取得了国防交通地理信息系统、全球卫星导航系统精密定轨定位技术、测绘基准和空间信息快速获取技术、大面阵数字航空影像获取技术、全数字化土地资源评价技术、轻小型组合宽角航空相机等一大批重要成果，在国际顶级期刊《Science》上发表重要论文。评估期内，参评重点实验室获得国家科技进步一等奖1项，二等奖5项，省部级一等奖14项，二等奖26项，SCI论文123篇，EI论文403篇，专著40部，发明专利46项，实用专利、软件著作权185项。

（3）重点实验室凝聚和培养了大批高水平科技人才。

重点实验室高度重视队伍建设和人才培养，积极采取各种有效措施营造良好的学术氛围，吸引和培养了一大批学术思想活跃的优秀学术带头人，形成了一批知识年龄结构合理、具有重要影响力的研究团队。重点实验室固定人员中有两院院士7人（2011年以来新增3人），创新人才等国家级称号近30人，通过加强自身“造血”，培养了杰出青年基金获得者、长江学者等优秀科技人才，12名局科技领军人才均为重点实验室主任或技术骨干。此外，重点实验室还拥有省部级称号30多人，博导100余人，副教授200余人，培养了博士后50多人，博士300余人，硕士近2000人。

（4）重点实验室成为学术交流与合作的重要基地。

重点实验室通过与国内外著名研究机构合作、发起和主办高水平的国际重要学术会议、有关研究人员在国际学术机构和期刊任职等方式，提高了重点实验室在国内外的知名度和影响力。两年来，多名重点实验室主任或骨干在国际组织任职，一人当选国际制图协会（ICA）副主席。主办承办国际重要学术会议12次，国内会议15次。成立了目前亚洲唯一的IGS（国际GNSS服务组织）分析中心。重点实验室开放经费达800万元左右，对外开放度达到60%，开放基金的80%以上由35岁以下的年轻博士和讲师承担。

（5）重点实验室成为连接高校与生产单位的重要桥梁与纽带，带动地方科技进步。

重点实验室的依托单位之间通过互派挂职、开办讲座、培训班、联合申报项目等形式加强合作，将重点实验室成果和技术优势有效辐射到陕西、河北和武汉等14个省、市，为生产单位解决了实际问题。两年来，为地方生产单位培养了工程硕士100余人，举办交流研讨会近20场，有效促进地方测绘地理信息科技进步和发展。

2. 评估结果

（1）评估结果为优秀的重点实验室

a. 地球物理大地测量国家测绘地理信息局重点实验室

b. 数字制图与国土信息应用工程国家测绘地理信息局重点实验室

c. 地理空间信息工程国家测绘地理信息局重点实验室

d. 现代工程测量国家测绘地理信息局重点实验室

e. 导航与位置服务国家测绘地理信息局重点实验室

（2）评估结果为合格的重点实验室

a. 对地观测技术国家测绘地理信息局重点实验室

b. 国土环境与灾害监测国家测绘地理信息局重点实验室

c. 精密工程与工业测量国家测绘地理信息局重点实验室

d. 现代城市测绘国家测绘地理信息局重点实验室

e. 极地测绘科学国家测绘地理信息局重点实验室

f. 海岛（礁）测绘技术国家测绘地理信息局重点实验室

g. 矿山空间信息技术国家测绘地理信息局重点实验室

省级测绘地理信息公告

关于2013年测绘地理信息成果质量监督检查情况的通报

(湖南省国土资源厅 2013年11月11日)

各市州国土资源局，各有关测绘单位：

根据《关于开展2013年测绘地理信息成果质量监督检查的通知》(湘国土资办发〔2013〕54号)，省国土资源厅组织3个检查组于2013年6月至8月，分别对长沙、岳阳、株洲、湘潭、衡阳、郴州等6市33家甲、乙级测绘资质单位进行了测绘地理信息成果质量监督检查。现将主要情况通报如下：

一、基本情况

根据《湖南省测绘地理信息成果质量监督检查实施方案》，省检查组共抽检33家甲、乙级测绘资质单位，占全省甲、乙级测绘资质单位的24.4%。在每个受检资质单位近三年测绘地理信息成果中随机抽取1个备检项目，检查内容包括：外业数据核查、内业成果检查、技术文档审查等。经评定，成果质量批合格30个，批不合格3个，抽样合格率90.9%。

大部分资质单位建立了质量管理体系和制度，内设了质量管理机构，配备了质量管理人员，对用于生产的仪器、设备按要求进行了检定。大部分资质单位能有效执行质量管理体系和制度，按照要求组织生产，落实了两级检查一级验收制度。大部分抽检项目技术设计有效、合理，技术指标明确，可操作性强，发挥了指导生产的作用，测绘成果主要质量元素符合相应的标准、规范要求。

二、存在的主要问题

监督检查中发现部分资质单位存在如下问题：

1. 质量控制和管理停留在纸上、墙上，制度建立了，但未得到有效执行，未严格按照规范流程组织生产，对成果质量心存侥幸；

2. 缺乏质量控制和管理的实施细则，现有质量控制和管理制度线条粗，职责不明，可操作性不强，实际作用不大；

3. 质量检查内容、生产过程管理、质量奖惩、人员培训等未记录或记录不完整、不规范；

4. 生产项目无技术设计书、检查报告、技术总结，原始记录不按要求归档，资料签名缺失。有的技术总结内容不完整，缺关键技术指标的精度统计及分析，有的仍在使用作废的标准规范；

5. 地形图成果中存在错绘、漏绘、要素表示不规范、高程注记点密度不够、数据归层错误等质量问题；

6. 个别单位作业程序不符合规范要求，项目控制点平面坐标成果存在系统偏移。

三、监督检查结论

此次测绘地理信息成果质量监督检查的33家受检甲、乙级单位中，经质量评定，测绘项目成果质量批合格30个，批不合格3个。对测绘项目成果质量批不合格的湖南天源国土资源勘查有限公司（乙级）、岳阳百利勘测科技有限公司（乙级）、湖南黄沙坪铅锌矿（乙级）3家单位，责成全面整改，按时上报整改报告及成果，待复审后做出处理。

四、要求

根据此次监督检查的情况，为提高我省测绘地理信息成果质量，增强测绘地理信息保障能力和服务水平，现就加强质量管理工作提出如下要求：

1. 强化质量意识。各市州局要高度重视质量管理工作，强化质量意识和责任意识，充分认识成果质量是测绘地理信息事业发展的立足之本，不断增强履行质量监督管理职责的能力和水平。各资质单位要强化“质量第一，信誉至上”的理念，深刻认识成果质量是企业生存和发展的立身之本，必须严格管理，规范生产，确保质量，切实发挥测绘地理信息在经济社会发展中的基础和保障作用。

2. 抓好整改工作。各市州局要加强辖区内成果质量问题整改工作的监督和指导。各相关单位要以本次监督检查中发现的问题为切入点，举一反三，深入分析问题产生的原因，认真排查质量管理工作中的不足，制定切实可行的整改方案，确保整改工作落实到位。

3. 提高成果质量。各资质单位要加强对项目设计和设计审批的管理，坚持先设计后生产的原则，严格设计审批程序；做好项目实施前的生产培训，认真开展质量教育工作；严格落实测绘地理信息成果质量“两级检查，一级验收”制度，高度重视两级检查对质量的控制作用，以作业质量、工作质量和严格的过程控制确保成果质量，推动测绘地理信息事业健康稳定发展。

附件：2013 年甲、乙级资质单位测绘地理信息成果质量监督检查结果（略）

关于征集四川省第一次全国地理国情普查工作入选专业队伍的公告

四川省第一次全国地理国情普查工作领导小组办公室

（第 1 号　2013 年 11 月 19 日）

我省第一次全国地理国情普查工作作业范围广、技术要求高、任务难度大，根据省政府“组织好普查的专业队伍”的要求，经研究决定在全省范围内公开征选 14 家四川省第一次全国地理国情普查工作专业队伍。现将有关事项公告如下：

一、主要工作任务

普查底图制作、数据采集与处理、外业调查与核查、标准时点核准、数据集建设、普查信息的整理汇总和统计分析等工作。

二、资格条件

1. 在四川省内注册具有独立法人资格的省内单位或已签订入驻西部地理信息科技产业园协议的具有独立法人资格的省内外单位，且具有有效的营业执照、组织机构代码证、税务登记证；

2. 具有测绘地理信息主管部门颁发的乙级及以上摄影测量与遥感资质或地理信息系统工程资质；

3. 具有独立承担民事责任的能力；

4. 2012 年度财务报表；

5. 2012 年社保资金缴纳证明及纳税证明；

6. 2010 年 1 月至 2013 年 10 月，在测绘活动中没有重大违法违规记录的声明；

7. 具有履行合同、协议或计划所必需的设备、人员和专业技术能力；

8. 在成都市区域内具有 400 平方米以上自有办公用场所或已签订入驻西部地理信息科技产业园协议；

9. 四川省外单位除以上条件外，还应具备在四川省内设有分支机构，并经四川省测绘地理信息局备案。

三、特殊要求

1. 承担普查底图制作、数据采集与处理、外业调查与核查、标准时点核准工作的单位需具备乙级及以上摄影测量与遥感资质；承担数据集建设、普查信息的整理汇总和统计分析工作的单位需具备乙级及以上地理信息系统工程资质；

2. 承担单位需具有 1 名以上注册测绘师，且任务负责人必须为注册测绘师；高级测绘工程师的人数不少于 2 人；

3. 优先征选 2009 年以来独立从事过国家及四川省基础测绘任务，且无不良记录的单位。

四、报名须知

报名采取自愿方式。报名时，需提交以下资料（提供的资料一式五份并加盖公章，除注明必须提供原件的资料外，其余资料均可提供复印件，原件可在报名现场核查时出具）：

1. 四川省第一次全国地理国情普查工作入选单位征集申报材料（附件2）；
2. 独立从事国家及四川省级基础测绘项目的主要业绩证明；
3. 单位法人营业执照或组织机构代码证原件及加盖公章的复印件；
4. 年度注册合格的资质等级证书原件及加盖公章复印件；
5. 单位职工缴纳养老保险证明原件及加盖公章复印件；
6. 申报单位经办人介绍信；
7. 申报单位经办人身份证原件及复印件；
8. 成都市自有办公场所房产证或入驻西部地理信息科技产业园协议原件及加盖公章复印件；
9. 省外单位提供四川省测绘地理信息局备案材料。

五、资格审核及入选

报名截止后，省普查办组织相关人员对参选单位填写的申请表及提供的相关资料按照《四川省第一次全国地理国情普查工作专业单位征集评定标准》（附件1）进行审核，符合入选条件的普查专业单位，在省测绘地理信息局网站公示7天。符合条件的纳入入选单位。

入选单位参与普查工作的人员须参加由省普办统一组织的技术培训，经考试合格者，方可承担相应的普查工作任务。

入选的普查专业单位，可直接通过随机抽取获得省普查办需要和承担省第一次地理国情普查工作任务资格，并承担相应的责任。被随机抽中的入选单位即可与普查办签订目标责任书并在四川省行政辖区范围内开展地理国情普查工作任务。

入选单位若违背工作任务协议或合同有关规定，我办可解除合同，并视情节轻重经我办组织审查后剔出入选单位名单。凡未入选的单位，不得在四川省行政辖区范围内开展地理国情普查工作。

六、报名时间

2013年11月19日~27日，每天上午9：00~下午17：00（公休日、节假日除外）。

联系人：石江南

电话：028-66065631

传真：028-66065668

地址：四川省成都市高新区九兴大道7号省第一次全国地理国情普查领导小组办公室综合协调组

特此公告。

附件：1. 四川省第一次全国地理国情普查工作专业单位征集评定标准（略）

2. 四川省第一次全国地理国情普查工作入选单位征集申报材料（略）

关于四川省地理国情普查入选专业队伍名单公示的公告

四川省第一次全国地理国情普查领导小组办公室

（第2号　2013年12月2日）

根据《四川省第一次全国地理国情普查领导小组办公室关于征集四川省第一次全国地理国情普查工作入选专业队伍的公告》相关规定，经申报、评审等程序，按得分高低排序，四川省第一测绘工程院等17家单位拟入选我省首批地理国情普查专业队伍。现公示如下：

1. 四川省第一测绘工程院

2. 四川省第二测绘地理信息工程院
3. 四川省第三测绘工程院
4. 四川省遥感信息测绘院
5. 四川省基础地理信息中心
6. 四川省煤田测绘工程院
7. 四川省测绘地理信息局测绘技术服务中心
8. 中铁二院工程集团有限责任公司
9. 中测新图（北京）遥感技术有限责任公司
10. 四川省冶金地质勘查局测绘工程大队
11. 成都市勘察测绘研究院
12. 四川省地质测绘院
13. 四川中水成勘院测绘工程有限责任公司
14. 四川旭普信息产业发展有限公司
15. 四川空间信息产业发展有限公司
16. 四川永鸿测绘有限公司
17. 四川金土地实业有限公司

对上述拟入选单位，在公示期限内，社会各界可按照实事求是的原则，通过来信、来电、来访等形式，向四川省第一次全国地理国情普查领导小组办公室反映公示对象存在的情况和问题。以单位名义反映情况的应加盖本单位公章；以个人名义反映情况的应签署或自报本人真实姓名。

本次公示的为第一批拟入选专业队伍，我办将根据普查工作需要，适时增补第二批地理国情普查专业队伍。

公示时间：2013 年 12 月 2 日至 6 日，公示期 5 天。

联系人：石江南

电话：028-66065631

传真：028-66065668

地址：四川省成都市高新区九兴大道 7 号省第一次全国地理国情普查领导小组办公室综合协调组

关于公布四川省地理国情普查入选专业队伍名单的公告

四川省第一次全国地理国情普查领导小组办公室

（第 3 号　2013 年 12 月 10 日）

根据《四川省第一次全国地理国情普查领导小组办公室关于征集四川省第一次全国地理国情普查工作入选专业队伍的公告》相关规定，经自愿报名、资格审查、评审、公示等程序，四川省第一测绘工程院等 17 家单位正式入选我省首批地理国情普查专业队伍。现予以公告，具体名单如下：

1. 四川省第一测绘工程院
2. 四川省第二测绘地理信息工程院
3. 四川省第三测绘工程院
4. 四川省遥感信息测绘院
5. 四川省基础地理信息中心
6. 四川省煤田测绘工程院
7. 四川省测绘地理信息局测绘技术服务中心

8. 中铁二院工程集团有限责任公司
9. 中测新图（北京）遥感技术有限责任公司
10. 四川省冶金地质勘查局测绘工程大队
11. 成都市勘察测绘研究院
12. 四川省地质测绘院
13. 四川中水成勘院测绘工程有限责任公司
14. 四川旭普信息产业发展有限公司
15. 四川空间信息产业发展有限公司
16. 四川永鸿测绘有限公司
17. 四川金土地实业有限公司

四川省测绘地理信息局　四川省质量技术监督局公告

（第 1 号　2013 年 11 月 22 日）

为加强测绘地理信息质量统一监管，提高测绘地理信息成果整体质量水平，根据《四川省测绘管理条例》及国家测绘地理信息局的相关要求，结合我省测绘地理信息质量工作实际，四川省测绘地理信息局、四川省质量技术监督局于 2013 年 4-10 月在全省范围内联合开展了 2013 年度四川省测绘地理信息质量监督检查工作。监督检查委托四川省测绘产品质量监督检验站具体实施。本次共抽查 79 家测绘资质单位，抽查内容包括各被检单位质量管理体系情况及一项典型测绘地理信息成果质量。检查工作得到了有关市州测绘地理信息、质量技术监督行政主管部门以及各被检单位的大力支持和配合，检查达到了预期目的。

检查结果将作为测绘地理信息行政主管部门进行资质管理时对测绘生产单位业绩和质量认定的重要依据，其质量信息录入测绘地理信息市场信用信息管理平台。省测绘地理信息局依法对成果质量不合格的单位进行行政处罚，对质量管理体系不合格的单位下发书面整改意见。

特此公告。

附件：2013 年四川省测绘地理信息质量监督检查结果汇总表（略）

陕西省测绘地理信息局公告

（第 1 号　2013 年 2 月 25 日）

按照《国家测绘地理信息局陕西省人民政府合作开展地理国（省）情监测试点协议书》的要求，我省已监测获取了第二批陕西省地理国（省）情信息。经陕西省地理国（省）情监测试点工作领导小组审定，陕西省人民政府批准并授权，陕西省测绘地理信息局以《陕西基本地理省情白皮书（2012）》和《陕西基本地理省情蓝皮书（2012）》予以发布。其中，《陕西基本地理省情白皮书（2012）》的信息内容供社会公众公开使用；《陕西基本地理省情蓝皮书（2012）》的信息内容按照《陕西省测绘成果管理条例》规定的程序，经批准后提供使用。上述监测成果由陕西省地理国情信息中心保管和提供。

特此公告。

附件：1. 《陕西省地理省情白皮书（2012）》（略）

2. 《陕西省地理省情蓝皮书（2012）》（略）

陕西省测绘地理信息局公告

（第2号　2013年2月26日）

经陕西省人民政府批准，陕西省测绘地理信息局组织实施了秦岭地区1:10000地形图空白区测图工程。截止2012年底，已测制完成第一批成果，共获取该区域内2万平方千米0.5米分辨率数字正射影像，31个自然保护区数字地图，覆盖5.7万平方千米区域的秦岭地区路网数据和汉滨区、商州区、商南县、山阳县、柞水县、丹凤县、镇安县等7个区县城区数字影像图。

该成果现已归档至陕西省基础地理信息中心。用户可按照《陕西省测绘成果管理条例》规定的程序，经批准后提供使用。

特此公告。

附件：秦岭地区1:10000测图工程一期成果信息（略）

陕西省测绘地理信息局公告

（第3号　2013年6月24日）

经我局2013年6月13日常务会议审定，现将清理后的《陕西省测绘地理信息局规范性文件目录》予以公布。未列入本次公布目录的规范性文件自公布之日起不再执行。

陕西省测绘地理信息局规范性文件目录

（2013年6月）

序号	文件名称	文号	印发时间	生效时间
1	关于印发《陕西省测绘地理信息成果质量监督检查管理办法》的通知	陕测发〔2013〕4号	2013.1.11	2013.1.11
2	关于印发《陕西省测绘地理信息成果质量奖评选办法》的通知	陕测发〔2013〕5号	2013.1.11	2013.1.11
3	陕西省信息化领导小组办公室陕西省测绘地理信息局关于印发《地理信息公共服务平台使用管理办法（试行）》的通知	陕信化办发〔2012〕37号	2012.12.7	2012.12.7
4	关于印发《陕西省测绘地理信息行业民营企业专业技术人员初级职称评审暂行办法》的通知	陕测发〔2012〕66号	2012.11.16	2012.11.16
5	关于印发进一步加强和改进全省测绘地理信息宣传工作的实施办法的通知	陕测办〔2011〕19号	2011.12.8	2012.1.1

序号	文件名称	文号	印发时间	生效时间
6	关于规范行政处罚自由裁量权工作的通知	陕测法〔2011〕6号	2011.10.19	2011.10.19
7	陕西省测绘地理信息局陕西省发展和改革委员会关于印发陕西省“十二五”基础测绘规划的通知	陕测发〔2011〕5号	2011.8.9	2011.8.9
8	关于印发《陕西省基础测绘项目和财政专项测绘成果资料归档实施细则（试行）》的通知	陕测成〔2011〕11号	2011.3.19	2011.4.1
9	关于印发《陕西省测绘质量检验专家认定及管理办法（暂行）》的通知	陕测发〔2010〕50号	2010.6.2	2010.6.2
10	关于印发《陕西省测绘成果副本和目录汇交实施办法（试行）》的通知	陕测发〔2009〕114号	2009.11.30	2010.1.1
11	关于印发《陕西省测绘应急保障预案》的通知	陕测发〔2009〕115号	2009.11.30	2009.12.1
12	关于印发《陕西省测绘技术质量保证体系考核内容及分值评定细则》的通知	陕测发〔2009〕70号	2009.6.29	2009.6.29
13	关于印发《测绘专业技术职务任职资格评审办法（试行）》的通知	陕测发〔2009〕25号	2009.2.24	2009.2.24
14	关于印发《陕西省测绘项目备案管理暂行办法》的通知	陕测发〔2009〕21号	2009.2.10	2009.2.10
15	关于印发陕西省地图审核等4项测绘行政许可审批程序规定的通知	陕测发〔2009〕7号	2009.1.16	2009.1.16
16	关于印发《市、县级测绘行政管理职能事项》的通知	陕测发〔2008〕100号	2008.9.29	2008.9.29
17	关于印发测绘资质审批程序规定等7项测绘行政许可审批程序规定的通知	陕测发〔2005〕93号	2005.11.01	2005.11.01

陕西省测绘地理信息局公告

（第4号　2013年7月26日）

根据李克强总理关于加强“天地图”（地理信息公共服务平台）建设与应用的重要指示精神，按照国家测绘地理信息局的统一部署，在省信息化领导小组办公室的支持下，省测绘地理信息局大力开展“天地图·陕西”（陕西省地理信息公共服务平台）建设，不断丰富数据资源，强化服务功能体系，扩大应用领域范围。目前，“天地图·陕西”2013版暨西安街景地图已建设完成，即日起上线服务。

“天地图·陕西”2013版基于电子政务内网、电子政务外网和互联网环境构建，集成国家天地图服务资源，整合了全省海量地理信息，数据源由0.5TB增至2TB，在线发布数据量由80GB增至180GB；除具备电子地图、地理实体、地理分析、标准应用程序接口（API）和定制服务外，还包括旅游地图网、手机地图、西安市街景地图等内容，为政府部门和社会公众提供最为权威、可靠的陕西省地理信息服务。

陕西省测绘地理信息局欢迎社会各界使用“天地图·陕西”，并指定陕西省基础地理信息中心进行“天地图·陕西”的运行维护和服务支持。今后，将每年对“天地图·陕西”主要地理要素进行至少一次的更新，及时升级软硬件，不断完善服务功能。

政府部门、企事业单位使用“天地图·陕西”的申请程序，按照《地理信息公共服务平台使用管理办法（试行）》（陕信化办发〔2012〕37号文件）的有关规定执行。

“天地图·陕西”互联网访问地址：http://emap.shasm.gov.cn。

特此公告。

附件：“天地图·陕西”2013版简介（略）

陕西省测绘地理信息局公告

（第5号　2013年10月15日）

依据《陕西省测绘成果管理条例》和《陕西省测绘地理信息成果质量监督检查管理办法》，我局组织对本省40家测绘单位近两年完成的测绘地理信息成果质量进行了监督检查。其中37家单位质量管理体系和成果质量判定合格；2家单位成果质量判定不合格；1家单位质量管理体系和成果质量均判定不合格。

特此公告。

附件：2013年陕西省测绘地理信息成果质量监督检查结果（略）

陕西省测绘地理信息局公告

（第6号　2013年11月11日）

为了鼓励测绘单位争创优质成果，给政府决策、工程建设和人民群众生活提供可靠的测绘地理信息保障，推动全省测绘事业和地理信息产业健康发展，根据《陕西省测绘地理信息成果质量奖评选办法》，我局开展了2013年度全省测绘地理信息成果质量奖评选工作。在54项申报成果中评出优秀测绘地理信息成果质量金奖6项、银奖11项、铜奖17项。

现予公告。

附件：2013年陕西省测绘地理信息成果质量奖评选结果（略）

大　事　记

一月

【2 日】中共山西省委书记袁纯清对全省测绘地理信息工作作出批示："我省测绘地理信息工作无论是基础性工作还是为之开展的服务工作都取得了明显成绩，要按照克强副总理的批示精神，树立数字化、信息化理念，进一步加强基础工作，推进信息共享，更好地服务于我省资源的勘测、开采、防灾以及城镇化建设。"

【6 日】福建省科学技术厅批准福建省测绘学会设立福建省测绘地理信息科学技术奖。

【7 日】浙江省副省长王建满对全省测绘与地理信息工作作出批示："2012 年，全省测绘与地理信息系统广大干部职工坚持以科学发展观为指导，紧紧围绕省委省政府的决策部署，勇于创新，敢于探索，勤于创业，乐于奉献，测绘与地理信息各项工作都取得了新成就，为全省经济社会发展提供了有力支持和保障，继续走在了全国的前列。新的一年里，希望全系统深入贯彻落实党的十八大精神，服务发展，服务民生，再接再厉，再创佳绩，努力推动各项工作再上新台阶，为干好'一三五'，实现'四翻番'，建设'两富'现代化浙江作出新贡献!"

【7 日】新疆维吾尔自治区测绘地理信息局联合自治区新闻出版局召开国家版图意识宣传教育活动动员大会，在全区新闻出版系统组织开展国家版图意识宣传教育活动。

【9 日】由国家测绘地理信息局、中央宣传部、外交部、教育部、工业和信息化部、公安部、民政部、商务部、海关总署、工商总局、新闻出版总署、国务院新闻办公室、国家保密局 13 个部门组成的全国国家版图意识宣传教育和地图市场监管工作协调指导小组召开全国国家版图意识宣传教育和地图市场监管工作总结表彰电视电话会议，主会场设在北京。国家测绘地理信息局局长徐德明出席会议并讲话。全国国家版图意识宣传教育和地图市场监管工作协调指导小组组长、国家测绘地理信息局副局长闵宜仁主持会议。

【9 日】浙江省代省长李强在浙江省测绘与地理信息局报省政府《关于完成浙江省地理国情监测试点工作及报送工作总结的报告》上作出批示："地理国情是基本国情的重要组成部分，开展地理国情监测，是党委、政府科学决策的重要依据和基础性工作。2011 年以来，在国家测绘地理信息局的支持指导下，省测绘与地理信息局积极牵头协调、认真组织实施我省地理国情监测国家试点，通过近两年的努力圆满完成试点工作任务，取得了重要成果，值得充分肯定。希望省测绘与地理信息局在巩固试点工作成果的基础上，再接再厉，进一步加强理论研究、科技创新、实践探索和机制建设，全面推进我省地理省情普查监测等测绘与地理信息各项工作。"

【9 日】浙江省测绘与地理信息局在杭州召开全省测绘与地理信息局长会议。

【9 日】甘肃省委、省政府在兰州召开舟曲灾后恢复重建总结表彰大会，甘肃省地图院被授予"先进集体"称号，甘肃省测绘工程院工程师达朝宗被授予"先进个人"称号。

【10 日】全国测绘地理信息系统网站建设会议在哈尔滨召开，国家测绘地理信息局副局长宋超智出席会议并讲话。

【10 日】中国地图出版集团陈平、赫建忠当选全国新闻出版行业第三批领军人才。

【10 日】山西省测绘地理信息局与武汉大学举行山西省测绘地理信息院士工作站签字仪式。

【10 日】陕西省测绘地理信息工作会议在西安召开。

【11 日】中国地图出版集团出版的《十年徒步中国》当选为 60 种"2012 年度中国影响力图书"

之一，被评为“2012 年度中国十大非小说影响力图书”。

【12 日】总参测绘导航局下发通报，对获 2012 年度军事测绘导航重大工程建设奖的参建单位和做出突出贡献的个人给予表彰。

【14 日】青海省委常委、常务副省长徐福顺对全省测绘地理信息工作作出批示：“肯定该局所取得的成就，望进一步发挥作用。”

【15 日】总参测绘导航局下发通报，对获 2012 年度全军测绘导航技术能手的人员给予表彰。

【18 日】在 2012 年度国家科学技术大会上，中国测绘科学研究院李成名为第一完成人的“国防交通地理信息系统关键技术及应用”项目获国家科学技术进步奖一等奖，刘先林院士为第一完成人的“大面阵数字航空影像获取关键技术及装备”项目获国家科学技术进步奖二等奖，林宗坚为第一完成人的“轻小型组合宽角航空相机研制及低空 UAV 航测应用”项目获国家技术发明奖二等奖。

【18 日】黑龙江测绘地理信息局局长朱杰当选中国人民政治协商会议黑龙江省第十一届委员会委员。

【18 日 ~22 日】四川测绘地理信息局为甘孜州白玉县 5.4 级地震抗震救灾提供救灾专用图等保障服务。

【22 日】黑龙江省卫星导航与位置服务产业技术创新战略联盟成立。

【23 日】国家测绘地理信息局党组书记、局长徐德明主持召开局党组扩大会议，学习传达中共中央总书记习近平在十八届中央纪委二次全会上重要讲话精神和中央纪委二次全会精神。

【23 日】陕西省副省长郑小明视察陕西省测绘地理信息局，对陕西省测绘地理信息工作作出批示。

【23 日】陕西省测绘地理信息局获“2012 年陕西省政府网站建设管理先进单位”称号。

【24 日】吉林省测绘地理信息工作会议在长春召开。

【24 日】福建省连续运行卫星定位服务系统（FJCORS）项目建成并投入使用。

【28 日】四川测绘地理信息局党组被中共四川省委宣传部、省直机关工委评为中心组理论学习先进单位。

【31 日】河南省测绘地理信息工作会议在郑州召开。

▲安徽省首辆地理信息应急测绘车投入使用。

二月

【1 日】国家测绘地理信息局在吉林召开“天地图”建设与应用工作会议，副局长闵宜仁出席会议并讲话。

【1 日】陕西省测绘学会获省科协“学会服务能力提升优秀科技社团一等奖”。

【1 日】甘肃省测绘地理信息工作会议在兰州召开。

【2 日】中国地图出版集团出版的《北京古地图》和《中华舆图志》获第四届中华优秀出版物提名奖。

【16 日】郑州测绘学校团委获河南省省直院校“十佳团委”称号。

【19 日】国土资源部、海军在北京举行关于地质调查与海洋测绘合作 2013 年度工作会议。海军副司令员丁一平、国土资源部副部长汪民出席会议并讲话，海军副参谋长冷振庆主持会议。

【26 日】河北省副省长张杰辉在对全省国土资源工作的批示中指出“要加快推进数字城市建设，做大做强‘天地图·河北’品牌”。

【26 日】广西壮族自治区党委常委、自治区副主席林念修对全区测绘地理信息工作作出批示：“赞成你们对去年工作的总结和对今年重点工作的部署。去年，全区测绘地理信息系统围绕中心，服务大局、服务社会、服务民生，成效显著，为我区经济社会发展提供了有力的保障服务。望巩固成果、再接再厉、奋发有为，全面完成各项任务，再创佳绩。”

【26 日】陕西测绘地理信息局在西安召开秦岭地区 1:1 万测图工程一期成果发布会，发布秦岭地区 1:1 万测图工程一期成果。

【27 日】吉林省测绘地理信息局被吉林省直机关工委评为 2012 年党的工作目标管理责任制考核先进单位。

【27 日】江西省测绘地理信息工作暨党风廉政建设工作会议在吉安市万安县召开。

【27 日】山东省副省长孙绍骋到省国土测绘院视察工作。

【28 日】国务院印发《国务院关于开展第一次全国地理国情普查的通知》（国发〔2013〕9 号）。

【28日】2013年山西省测绘地理信息工作会议在太原召开。

【28日】江苏省测绘地理信息工作会议在南京召开。

【28日】云南省测绘地理信息工作会议在昆明召开。

【28日】云南省测绘地理信息局举办“天地图·云南”公众版地图网新闻发布会。新华社、《云南日报》、云南电视台、《大公报》等20多家媒体进行集中宣传报道。

▲国家地图文化产业基地正式投入使用。

▲2013年江西省《政府工作报告》明确提出要“积极发展新一代信息技术产业和生产性信息服务业，大力发展地理信息产业”。这是江西省连续两年在省政府工作报告中对加快地理信息产业发展予以明确。

▲江西省测绘地理信息局获省直单位档案工作规范化管理“优秀单位”称号。

▲三沙市地理信息数据整合与平台建设应用技术研究科技项目通过立项。

三月

【1日】四川应急测绘网（www. scyjch. org）正式上线运行。

【3日~5日】国家测绘地理信息局局长徐德明、副局长李朋德，湖南省国土资源厅副厅长杨维刚，国家基础地理信息中心原总工程师李莉作为全国政协第十二届委员会委员，出席全国政协十二届一次会议。

【5日】全国地理国情普查工作座谈会在北京召开，国家测绘地理信息局副局长李维森出席会议并讲话，局总工程师胥燕婴主持会议，局机关相关司（室）、各有关直属单位和各省、自治区、直辖市测绘地理信息系统相关负责人50多人参加座谈。

【6日】甘肃省基础地理信息中心地图编制部被甘肃省妇女联合会、省妇女“巾帼建功”“双学双比”活动领导小组授予“甘肃省巾帼文明岗”称号。

【7日】国家测绘地理信息局副局长王春峰率代表团赴欧洲访问，出席与意大利合作开展的“天地图”应用战略合作协议签约仪式。

【8日】国家基础地理信息中心首次研制完成全球30米分辨率全球水体产品数据。

【8日】吉林省省长巴音朝鲁对吉林省贯彻落实国务院部署开展的第一次全国地理国情普查工作作出批示：“按照通知要求，做好前期准备工作。”

【8日】陕西省政府成立省北斗卫星应用示范工作领导小组。副省长李金柱担任领导小组组长，陕西测绘地理信息局副局长王晓国等30个厅局和各级政府部门有关负责人为领导小组成员。

【9日】诺贝尔物理学奖获得者丁肇中教授受聘为中国测绘科学研究院特别顾问暨测绘地理信息国际联合研究中心揭牌仪式在中国测绘创新基地举行。

【9日】青海省测绘地理信息暨党风廉政建设工作会议在西宁召开。

【12日~17日】荷兰地籍土地登记与测绘局代表团访问国家测绘地理信息局。中荷双方签署《中国国家测绘地理信息局和荷兰地籍土地登记与测绘局关于在地理信息管理领域合作谅解备忘录》。

【13日】海军司令部航海保证部与英国海军海道测量局在北京举行两国海道测量官方机构技术交流会。

【15日】浙江省测绘与地理信息局被评为浙江省2012年度依法行政工作考评优秀单位。

【15日】陕西省副省长白阿莹到陕西测绘地理信息局考察调研。

【15日】甘肃省首个卫星定位连续运行基准站在白银完成安装调试，正式开通试运行，标志着全省卫星定位连续运行基准站网建设成果开始局部对外发布服务。

【18日】“天地图”网站V2.0版正式上线运行。

【18日】国家测绘地理信息局召开传达贯彻“两会”精神干部大会，局长徐德明传达十二届全国人大一次会议和全国政协十二届一次会议精神，对测绘地理信息系统贯彻落实“两会”精神提出明确要求。

【19日】国家测绘地理信息局印发《关于贯彻〈国务院关于开展第一次全国地理国情普查的通知〉的通知》。

【20日】海南省测绘地理信息局召开2013年全省测绘地理信息局长会议。

【21日】国家测绘地理信息局党组召开扩大会议，传达贯彻国务院第一次全体会议精神、国务院总理李克强的重要讲话精神以及国务院副总理张高丽在视察国土资源部时的重要讲话精神，研究部署

推动测绘地理信息工作。国家测绘地理信息局党组书记、局长徐德明主持会议并讲话。局领导班子全体成员、总工程师及局机关各司（室）主要负责人参加会议。

【22 日】第三届全国地理信息标准化技术委员会第五次全体会议在中国测绘创新基地召开。地标委主任委员、国家测绘地理信息局副局长李朋德主持会议并讲话。

【24 日】财政部正式批准国家测绘地理信息局参加公益性行业科研专项试点，将测绘地理信息行业纳入公益性行业科研专项试点范围。

【25 日】东北三省地理国情普查工作座谈会在长春召开，辽宁、吉林、黑龙江省测绘地理信息局有关负责人出席座谈会。

【25 日 ~29 日】国家测绘地理信息局在北京举办局处级干部学习贯彻十八大精神培训班。局党组副书记、副局长王春峰出席开班式并作动员讲话，党组成员、纪检组组长张荣久主持开班式。

【26 日】河北省首次地理信息无人机火灾现场信息监测实地演练在承德市举行。

【26 日】福建省人大常委会副主任黄琪玉到福建省测绘地理信息局调研考察。

【27 日】国家测绘地理信息局党组书记、局长徐德明主持召开局党组会，传达贯彻国务院总理李克强在国务院第一次廉政工作会议上的重要讲话精神，就贯彻落实会议精神进行研究部署。

【27 日】第一次全国地理国情普查第二批试点启动会暨全国地理国情普查技术培训班在杭州举办。国家测绘地理信息局副局长李维森出席会议并讲话，局总工程师胥燕婴出席会议。

【27 日 ~28 日】广东省国土资源厅在广州召开全省测绘工作会议。

【28 日】国家测绘地理信息局测绘标准化研究所牵头编制的《GB/T13923-2006 基础地理信息要素分类与代码》等 9 项标准获中国标准创新贡献奖三等奖。

【28 日】《江苏省海岛保护规划（2011-2020）》获江苏省政府正式批复。

【29 日】《中国测绘报》2012 年度好新闻奖评选揭晓。共评出特别奖 1 个，消息 10 篇、通讯 17 篇、优秀评论 1 篇、专刊优秀稿件 4 篇、优秀新闻摄影 4 幅、副刊作品 13 篇、优秀版面 4 个，总计 8 类 54 篇（个）。《中国测绘》杂志同时评出 2012 年度优秀作品 9 篇。

四月

【3 日】国家基础地理信息中心蒋捷被授予“全国能源化学系统五一劳动奖章”。

【8 日】国家测绘地理信息局召开局专题会议，研究贯彻落实国务院关于行政审批制度改革的有关要求，部署局行政审批改革工作。

【8 日】山西省委常委、常务副省长高建民到省测绘地理信息局调研。

【8 日】江西省抚州市黎川县成立测绘地理信息局，这是江西省首个县级测绘地理信息局。

【9 日】全国测绘地理信息系统党风廉政建设工作会议在北京召开。国家测绘地理信息局党组书记、局长徐德明出席会议并讲话；局党组副书记、副局长王春峰主持会议并作会议总结；党组成员、纪检组组长张荣久作工作报告；党组成员、副局长李维森、闵宜仁，副局长李朋德出席会议。

【10 日】新任国土资源部部长、党组书记，国家土地总督察姜大明到中国测绘创新基地视察并召开座谈会。

【11 日】陕西测绘地理信息局与省民政厅联合发布《陕西省市、县级行政区域界线详图集》，结束了陕西没有法定市、县两级行政区域界线专题地图的历史。

【11 日】总参测绘导航局与武汉大学在北京签署战略合作协议。测绘导航局局长薛贵江、武汉大学校长李晓红参加签字仪式并讲话。

【16 日 ~19 日】四川省第一届测绘地理信息行业（长城仪器杯）职业技能竞赛在成都市举行。

【19 日】“《上海旅游交通图》被大量盗版”案（深圳汇亿丰盗版案）被列为 2012 年上海保护知识产权十大典型案例的第二大案例。

【20 日】四川省雅安市芦山县发生 7.0 级地震，国家测绘地理信息局立即启动应急保障机制，通过资源三号卫星获取芦山县灾前 2.1 米分辨率卫星影像图，制作完成《芦山县地势图》《芦山县行政区划图》《雅安市行政区划图》《四川省行政区划图》等，提供给国务院应急管理办公室、国土资源部、中国地震局等部门，用于抗震救灾工作。17 时，通过无人机获取芦山县核心灾区太平镇的首批高分辨率航空影像，赶制芦山县太平镇震后 0.16 米分辨率

无人机航拍影像图。

【20日】四川雅安市芦山县发生7.0级地震后，总参测绘导航局快速组织测绘导航部队，开展抗震救灾保障工作。

【22日】国家基础地理信息中心成为中央电视台《远方的家》栏目地图支持单位，为该栏目提供长期地图支持。

【22日~24日】第一期发展中国家测绘地理信息局长培训班在北京举行。国家测绘地理信息局副局长李朋德、联合国统计司全球地理信息管理顾问张保罗出席开班式并致辞。

【23日】国家测绘地理信息局召开芦山地震应急测绘保障专题会，通报四川芦山7.0级地震测绘应急保障工作情况，对下一步开展灾后重建测绘保障进行部署。副局长王春峰、闵宜仁出席会议并讲话。

【23日】国家1:5万基础地理信息数据库动态更新工程通过专家验收，国家测绘地理信息局向社会公布2012版1:5万数据库。

【24日】国家测绘地理信息局印发《关于开展“十八大礼赞”测绘地理信息文化系列活动的通知》，组织开展系列文化活动。

【24日】山西省测绘地理信息局、省总工会、省人力资源和社会保障厅在太谷县联合举办第一届全省测绘地理信息行业职业技能竞赛。竞赛设地籍测绘、地图制图、摄影测量3个科目，来自全省测绘地理信息行业的52支队伍320多人参加竞赛。

【25日】国家测绘地理信息局发布2013年第2号公告，向社会公布四川省芦山7.0级强烈地震灾区的测绘地理信息成果目录。

【25日】数字玉溪地理空间框架项目通过专家验收，数字玉溪地理信息公共平台开通。玉溪市被授予“全国数字城市示范市”称号。

【25日】青海省劳动竞赛委员会和青海省总工会授予青海省第二测绘院薛天云“‘十二五’中期建功立业竞赛先进个人”称号。

【26日】海南国际旅游岛数字地理空间框架建设通过验收，我国首个数字省区地理空间框架建设完成。

【26日】国家测绘地理信息局第一地理信息制图院制印部被中华全国总工会授予“全国工人先锋号”称号。

【26日】甘肃省委常委、常务副省长刘永富到省测绘地理信息局调研，省政府副秘书长马自学陪同。

【28日】中国测绘科学研究院刘纪平、李成名入选2012年国家创新人才推进计划中青年科技创新领军人才，国家测绘地理信息局卫星测绘应用中心卫星测绘关键技术创新团队入选重点领域创新团队。

▲江西省基础地理信息中心顾华奇获“全国五一劳动奖章”。

▲宜春市国土资源局创新测量标志保护模式，将奉新县作为试点，设立江西省首个测量标志保护站。

▲《海南省志·测绘志》获海南省第七次社会科学优秀成果奖。

▲海南测绘地理信息局被评为海南省政府门户网站信息工作先进单位。

▲武汉大学测绘学院院长李建成获“全国五一劳动奖章”。

五月

【2日】青岛市政府印发《青岛市测绘地理信息管理办法》，自7月1日起施行。

【3日】郑州测绘学校团委被共青团河南省委授予“河南省五四红旗团委”称号。

【6日】“天地图”政务版在国家电子政务外网开通。

【8日】“天地图”三维城市测试版（V2.0Beta）正式上线。

【8日】福建省首届“海西测绘地理信息杯”职业技能竞赛在福州举办。

【8日~9日】副总参谋长侯树森上将视察总参驻兰州某测绘大队。

【10日】浙江省副省长黄旭明在省政府副秘书长陈龙、省国土资源厅厅长陈铁雄等的陪同下，到浙江省测绘与地理信息局调研。

【10日~14日】副总参谋长侯树森上将视察总参驻成都某测绘大队。

【13日】河北省地理信息局召开全省第一次地理国情普查工作启动动员大会，部署第一次地理国情普查工作。

【13日】新疆维吾尔自治区测绘地理信息局召开基础测绘成果服务新疆经济社会发展新闻发布会，通报1998年自治区基础测绘实施以来取得的成绩及

其成果服务新疆经济社会发展情况，新疆独特地图文化以及测绘地理信息局为地震灾后重建和突发事件应急处置及时提供测绘保障的情况。23家新闻单位的近30名记者参加发布会。

【13日~16日】2013年世界地理空间信息论坛在鹿特丹召开，国家测绘地理信息局获世界杰出国家测绘地理信息管理部门奖，这是发展中国家测绘地理信息政府部门首次获得该奖项。

【17日】河南省测绘地理信息局为中央领导提供《领导工作用图》。

【18日】《山东省信息化测绘生产管理系统建设总体设计方案》通过山东省国土资源厅（测绘地理信息局）组织的评审，山东省省级信息化测绘体系建设正式启动。

【23日】国家测绘地理信息局召开学习李克强同志视察中国测绘创新基地重要讲话暨国家测绘局更名国家测绘地理信息局两周年座谈会。局长徐德明出席会议并讲话，副局长王春峰主持会议，局领导班子全体成员出席会议。

【24日】全国测绘地理信息系统办公室主任工作会议在井冈山市召开。国家测绘地理信息局副局长王春峰出席会议并讲话。

【27日~31日】全国测绘地理信息系统“九成杯”乒乓球比赛在大连举行，36个代表队300多名选手参加比赛。

【28日】国家测绘地理信息局印发《第一次全国地理国情普查2013年培训方案》。

六月

【4日】第十届“长三角”地理信息共建共享联席会议在安徽合肥召开，上海、江苏、浙江、安徽三省一市测绘地理信息主管部门负责人、有关处（室）及局属单位代表出席会议。

【5日】国家测绘地理信息局副局长李朋德在中国测绘创新基地会见由委内瑞拉航天局局长维克托·卡诺率领的代表团，双方在卫星测绘应用合作领域达成共识。

【7日~10日】第三届全国职业院校技能大赛高职组测绘测量竞赛在南阳市举办，来自全国部分测绘地理信息职业院校的60支代表队240名选手参赛。

【8日】国务院办公厅印发《国务院办公厅关于成立第一次全国地理国情普查领导小组的通知》（国办发〔2013〕49号）。

【9日】经浙江省政府同意，建立浙江省促进地理信息产业发展联席会议制度。

【14日~15日】郑州测绘学校2名教师在第七届河南省高等学校测绘学科青年教师讲课竞赛高职组比赛中分获特等奖和二等奖。

【15日~19日】第三届全国测绘地理信息行业职业技能竞赛地籍测绘总决赛在郑州举办，来自全国除西藏外的各省、自治区、直辖市和新疆生产建设兵团的31支代表队62名选手参赛。

【17日】国家测绘地理信息局在山东日照市召开测绘地理信息行政审批制度改革研讨会，副局长宋超智出席并讲话。

【18日】国家测绘地理信息局与重庆市政府在重庆签署《科学发展富民兴渝测绘保障暨智慧重庆建设合作协议》。国家测绘地理信息局副局长王春峰、李维森，重庆市副市长凌月明出席签字仪式。

【18日】“天地图”2013版和“天地图”英文版正式上线。

【18日~23日】国家测绘地理信息局在重庆举办数字城市建设专题研究班。国家测绘地理信息局副局长王春峰、李维森、宋超智，党组成员、纪检组组长于贤成出席。全国28个省（自治区、直辖市）所辖市政府分管副市长，部分省（自治区、直辖市）测绘地理信息行政主管部门负责人共72人参加学习。

【19日】国家测绘地理信息局发布启事，举办“中科宇图杯”微博测绘地理信息法律知识有奖问答活动。活动期间共有33895人次参与答题，转发微博41378次。

【20日】中共中央政治局委员、北京市委书记郭金龙到天地图有限公司调研。

【20日】国家测绘地理信息局与山西省政府在北京签订《关于加强山西省国家资源型经济转型综合配套改革试验区测绘地理信息服务合作协议》。国家测绘地理信息局局长徐德明，山西省委常委、副省长高建民出席签约仪式并致辞。国家测绘地理信息局副局长李维森和高建民代表双方在协议书上签字。国家测绘地理信息局总工程师胥燕婴出席仪式。

【20日】国家测绘地理信息局在成都召开应急测绘保障工作座谈会，全面总结近年来应急测绘保

障工作经验，针对灾害应对与测绘应急能力建设进行探讨。国家测绘地理信息局副局长闵宜仁、国务院应急管理办公室相关负责人出席座谈会并讲话。

【20日】经陕西省政府同意，陕西省信息化领导小组印发《“数字陕西·智慧城市”发展纲要(2013-2017)》和《“数字陕西·智慧城市”发展纲要实施意见》。

【25日】国家测绘地理信息局举行党的群众路线教育实践活动院士座谈会，测绘地理信息界11位院士参加座谈。

【26日】四川省委、四川省政府授予四川测绘地理信息局测绘技术服务中心应急测绘中队赵祯四川省“4·20”芦山强烈地震抗震救灾先进个人称号。

【28日】江苏省测绘地理信息局直属机关党委被省级机关工委评为省级机关先进基层党组织。

【29日】北京市委常委、常务副市长李士祥到国家地理信息科技产业园考察。

▲中国地图出版集团中华地图学社有限公司获上海市新闻出版行业文明单位称号。

▲黑龙江第二测绘工程院第二测量队被中华全国总工会授予“全国工人先锋号”称号，国家测绘地理信息局黑龙江基础地理信息中心被黑龙江省总工会授予“黑龙江省五一劳动奖状”，黑龙江省测绘产品质量监督检验站罗鹏被授予“黑龙江省五一劳动奖章”。

▲江西省政府办公厅印发《江西省地理信息产业发展规划（2013-2020年)》（赣府厅发〔2013〕12号）。

七月

【2日】中国航海图书出版社编制出版的《中国海区电子海图》获首届解放军出版奖音像制品和电子出版物奖。

【3日】国家测绘地理信息局在北京召开2013年测绘地理信息成果质量监督检查启动会，统一对全国22家承担单位的22个项目进行质量监督检查样本抽取。

【3日】四川省第一次全国地理国情普查领导小组成立，副省长王宁任组长。

【4日】上海市政府印发《上海市人民政府关于本市开展一次地理国情普查和监测的通知》（沪府发〔2013〕47号），部署开展全市地理国情普查和监测工作。

【4日】“天地图·陕西”正式链接到陕西省政府门户网站首页，成为陕西省政府网站唯一为社会公众提供“一站式”在线地理信息服务的支持保障平台。

【5日】国家测绘地理信息局印发《国家测绘地理信息局深入开展党的群众路线教育实践活动的实施方案》。

【5日】国家测绘地理信息局召开党的群众路线教育实践活动动员大会，深入学习贯彻中央党的群众路线教育实践活动工作会议精神，对开展教育实践活动进行动员部署。局党组书记、局长，局党的群众路线教育实践活动领导小组组长徐德明作动员讲话。中央第30督导组组长吴定富代表督导组讲话。局党组副书记、副局长，局教育实践活动领导小组副组长王春峰主持会议。

【8日】中国地图出版集团主办的《地图》杂志被国家新闻出版广电总局评为“2013年百强社科期刊”。

【8日】吉林省机构编制委员会办公室批复（吉编事字〔2013〕54号)，同意设立省纪委驻吉林省测绘地理信息局纪检组。

【8日~11日】第三届全国测绘地理信息行业职业技能竞赛地图制图总决赛在成都举办，来自全国除西藏外的各省、自治区、直辖市和新疆生产建设兵团的31支代表队62名选手参赛。

【10日】国家测绘地理信息局经国土资源部向国务院报送《全国基础测绘中长期规划纲要（2014-2020年)》。

【10日】国家测绘地理信息局局长徐德明为西部地理信息科技产业园授牌。

【11日】“九成杯”第三届全国测绘地理信息行业职业技能竞赛在成都闭幕。国家测绘地理信息局局长徐德明和四川省副省长王宁出席闭幕式并讲话，国家测绘地理信息局副局长宋超智作竞赛总结，局总工程师胥燕婴作技术点评。

【13日】“新世纪版《中华人民共和国国家大地图集》编研”项目启动会在北京召开。国家测绘地理信息局、科技部、中国科学院、武汉大学、国家基础地理信息中心、中国地图出版集团、中国测绘科学研究院、国家测绘地理信息局卫星测绘应用中心、黑龙江测绘地理信息局等相关单位近30名代表

参加会议。

【15 日 ~17 日】国家测绘地理信息局在成都举办第二期局处级干部学习贯彻十八大精神培训班，党组副书记、副局长王春峰出席开班式并讲话。

【16 日】国家测绘地理信息局印发《关于组建国务院第一次全国地理国情普查领导小组办公室的通知》。

【17 日】浙江省政府印发《关于在全省开展第一次地理国情普查的通知》，部署开展浙江省第一次地理国情普查工作。

【17 日】陕西省政府办公厅印发通知，成立省第一次全国地理国情普查领导小组。

【17 日】总参测绘导航局组织有关测绘导航部队完成中国与俄罗斯国界第一次联合检查航空摄影任务，获取中俄国界 4100 多千米界线两侧各 5 千米影像数据。

【18 日】《河北省人民政府关于做好第一次全国地理国情普查工作的通知》（冀政〔2013〕41 号）印发，对开展全省第一次地理国情普查工作、建立常态化地理国情监测机制进行部署。

【18 日】总参测绘导航局与中国电信集团公司在北京举行战略合作协议签订仪式。总参某部副部长郭玉林、中国电信集团公司总经理杨杰出席仪式并讲话，总参测绘导航局局长薛贵江和中国电信集团公司副总经理张继平签署协议。

【19 日】广东省委常委、副省长徐少华和副省长许瑞生到广东省国土资源厅调研。

【19 日】四川省副省长侍俊到四川测绘地理信息局调研。

【20 日】中国报纸副刊研究会评出第 23 届中国新闻奖报纸副刊作品初评暨 2012 年全国报纸副刊作品年赛获奖作品，中国测绘报社推荐的杂文《拯救孩子》获副刊作品铜奖，《那年那月》获专栏二等奖，2012 年 2 月 28 日四版获副刊版面二等奖。

【21 日 ~23 日】第七届全国高等学校测绘学科青年教师讲课竞赛在哈尔滨举办。

【22 日】中国地图出版社被国家新闻出版广电总局授牌为全国首批数字出版转型示范单位。

【22 日】甘肃省定西市岷县、漳县交界处发生 6.6 级地震，国家测绘地理信息局立即启动测绘应急保障机制，为决策指挥、抢险救灾、灾情评估等提供保障服务。

【23 日 ~27 日】国家测绘地理信息局副局长李朋德率代表团赴英国出席联合国全球地理信息管理专家委员会第三次会议以及 2013 年剑桥世界测绘地理信息局长会议。代表团在大会期间举办“中国测绘地理信息国际合作日”活动，集中展示我国在测绘地理信息领域取得的显著成就和综合实力。

【25 日】国务院法制办公室副主任夏勇到国家测绘地理信息局开展《地图管理条例》立法调研。

【25 日】第 27 届中国产业经济新闻奖评选结果揭晓。中国测绘报杂文《金牌的困惑》获副刊作品一等奖；《小岗村飞来无人机》获通讯二等奖；《我国成功发射首颗高精度立体测绘资源卫星资源三号》《中国钓鱼岛及其附属岛屿地图出版发行》获消息三等奖；2012 年 1 月 10 日一版获新闻版面三等奖；《加强行业宣传助推行业繁荣》获新闻论文三等奖。

【26 日】国家测绘地理信息局门户网站发布甘肃岷县、漳县 6.6 级地震灾区专题地图。

【26 日】中国测绘科学研究院张继贤、刘纪平、燕琴、党亚民、李成名、黄国满、赵春梅、张永红、程鹏飞入选中国博士后科学基金评审专家库。

【26 日】海南省政府办公厅印发《关于成立海南省第一次全国地理国情普查领导小组的通知》，成立海南省第一次全国地理国情普查领导小组。

【26 日】青海省政府下发《关于开展第一次全国地理国情普查的通知》，成立青海省第一次全国地理国情普查领导小组。省委常委、常务副省长骆玉林任领导小组组长，领导小组办公室设在省测绘地理信息局。

【27 日】国务院第一次全国地理国情普查领导小组办公室下发《关于成立第一次全国地理国情普查专家咨询委员会的通知》（国地普办〔2013〕2 号），成立第一次全国地理国情普查专家咨询委员会。

【27 日】国务院第一次全国地理国情普查领导小组办公室印发《第一次全国地理国情普查总体方案》和《第一次全国地理国情普查实施办法》。

【27 日】“天地图 · 陕西”2013 版暨西安街景地图上线发布会在西安举行，西安街景地图作为全国省级第一个发布的街景地图同时在该平台上线。

【29 日】甘肃省政府印发《甘肃省人民政府关于在全省开展第一次全国地理国情普查的通知》（甘政发〔2013〕69 号），部署第一次地理国情普查工作。

【29日】甘肃省政府印发通知，成立甘肃省第一次全国地理国情普查领导小组。

【30日】中国测绘职工思想政治工作研究会印发《关于中国测绘职工思想政治工作研究会2012年度重点课题优秀研究成果评选结果的通知》，共评出组织奖9名、个人奖26名。

【30日】数字古交地理空间框架建设项目通过验收，标志着山西省首个数字县城建成。

【31日】国家测绘地理信息局局长徐德明在北京会见联合国副秘书长吴红波。国家测绘地理信息局副局长李朋德参加会见。

▲江西省测绘地理信息局获“2012年度全省公共机构节能工作优秀单位”“2012年度全省社会管理综合治理目标管理先进单位”称号。

▲江西省测绘应急保障服务中心易明华被批准为省级“百万人才工程”人选。

▲甘肃省岷县、漳县交界处6.6级地震发生后，甘肃省测绘地理信息局为抗震救灾编制提供区划图、影像图和各类专题图近400幅，受到省领导、有关部门和社会各界的好评。

八月

【1日】国家测绘地理信息局和总参测绘导航局共同签署《关于进一步推进军地测绘融合发展协议》。国家测绘地理信息局局长徐德明、总参测绘导航局局长薛贵江出席签字仪式并讲话。国家测绘地理信息局副局长王春峰、总参测绘导航局副局长孙刚代表双方签署协议。国家测绘地理信息局副局长李维森、宋超智、李朋德，党组成员、纪检组组长于贤成，总工程师胥燕婴和总参测绘导航局副局长徐秋龙等出席仪式。

【3日】四川省省长魏宏对四川测绘地理信息局“6·18”以来的抗震救灾保障工作作出批示：“请报东明同志阅示：感谢四川测绘地理信息局对我们工作的支持。这次测绘分析结果对我们全面掌握情况十分重要。”

【7日】国家测绘地理信息局与中国石油天然气集团公司签署战略合作框架协议，在中国石油地理信息系统建设、地理信息资源共享与应用、涉密数据处理等方面开展合作。

【7日】江苏省政府办公厅印发《关于成立第一次全省地理国情普查领导小组的通知》，正式成立江苏省第一次全省地理国情普查领导小组。

【7日】青海省劳动竞赛委员会和青海省总工会授予青海省第二测绘院技术应用研究中心全省重点工程重点项目建设先进集体和青海高原“工人先锋号”称号。

【8日】陕西省第一个区（县）级测绘地理信息局在商洛市商州区挂牌成立。

【9日】江西省地理信息科技产业园签约落户南昌县小蓝经济开发区。

【13日】国家测绘地理信息局召开数字城市及智慧城市建设新闻发布会，副局长李维森在会上发布全国数字城市建设成果及推进智慧城市建设试点情况。

【15日】江西省政府印发《江西省人民政府关于做好第一次全国地理国情普查的通知》，对做好全省第一次地理国情普查工作进行部署。

【15日~21日】“中国四维杯”第九届全国测绘地理信息职工定向越野赛在广东省中山市举办。

【16日】吉林省政府办公厅发出通知，成立吉林省第一次地理国情普查领导小组。常务副省长马俊清任组长，省政府副秘书长赵彪、省统计局局长冯巍和省测绘地理信息局局长张立民任副组长。领导小组办公室设在省测绘地理信息局。

【16日】由吉林省测绘学会、黑龙江省测绘地理信息学会、辽宁省测绘学会共同主办的第十二届东北三省测绘学术与信息交流会议在吉林省延吉市召开。

【19日】第一次全国地理国情普查电视电话会议在北京召开。中共中央政治局常委、国务院副总理、第一次全国地理国情普查领导小组组长张高丽出席会议并讲话。国家测绘地理信息局局长、国务院第一次全国地理国情普查领导小组副组长徐德明就普查工作总体安排作说明，财政部副部长刘昆在主会场发言，陕西省副省长白阿莹在陕西分会场发言。

【21日】浙江省测绘与地理信息局在杭州召开全省测绘与地理信息局长会议。

【22日】国家测绘地理信息局与国家安全生产监督管理总局在北京签署《关于建立应急联动工作机制的协议》。

【23日】福建省政府印发《关于开展第一次地理国情普查工作的通知》（闽政〔2013〕36号），成立福建省第一次地理国情普查工作领导小组，副

省长洪捷序任组长，领导小组办公室设在福建省测绘地理信息局。

【23 日】广东省政府办公厅下发《广东省人民政府办公厅关于成立广东省第一次全国地理国情普查领导小组的通知》（粤办函〔2013〕505 号），副省长许瑞生任组长，省政府副秘书长罗欧、省国土资源厅厅长邬公权、省统计局局长幸晓维任副组长，领导小组共由 27 个成员单位组成。

【23 日 ~24 日】华东六省一市测绘学会学术交流会在山东日照召开。

【25 日 ~9 月 2 日】国家测绘地理信息局组团赴德国参加国际地图制图协会（ICA）2013 年大会。我国选送的地图作品在大会上荣获多项大奖。其中，中国地图出版社出版的《世界 8000 米以上雪山图集》获国际地图展览唯一一项参会代表票选大奖，青岛市勘察测绘研究院出版的《剪纸地图》获专家评审委员会其他地图产品类一等奖，中国地图出版社出版的《嫦娥一号全月球地形图集》获专家评审委员会地图集类三等奖，河南郑州航空港区第三小学王致琳同学创作的《和谐》获芭芭拉·佩什尼克儿童地图大赛 9-12 岁年龄组二等奖。这是我国历年参展获奖等级最高、获奖数量最多的一次。

【26 日】2013 年全国测绘地理信息局长座谈会在国家地理信息科技产业园召开。

【27 日】河北省副省长张杰辉对省第一次全国地理国情普查工作做出批示：“省地理信息局工作主动，抓得及时，准备工作走在了全国前列。要继续努力，争取在质量、速度和成果应用方面走在全国前列。请财政及有关部门给予大力支持。”

【28 日】安徽省第一次地理国情普查领导小组成立。安徽省委常委、副省长陈树隆任组长，领导小组共由 23 个成员单位组成，领导小组办公室设在安徽省国土资源厅。

【29 日】国家测绘地理信息局与山西省政府联合在太原举办测绘法宣传日主场活动。国家测绘地理信息局局长徐德明、副局长宋超智，山西省委常委、常务副省长高建民，山西省委常委、太原市委书记陈川平，山西省人大常委会副主任牛仁亮等出席宣传活动。

【29 日】山东省政府办公厅印发《关于成立山东省第一次全国地理国情普查领导小组的通知》，正式成立山东省第一次全国地理国情普查领导小组。副省长孙绍骋任组长，领导小组办公室设在省国土资源厅。

【30 日】国家测绘地理信息局在北京举办杨艳萍同志先进事迹报告会。局长徐德明在会前会见杨艳萍，副局长王春峰在报告会上讲话。局在京领导班子成员，中央第 30 督导组成员王育锋出席。

【30 日】沈阳军区与辽宁、吉林、黑龙江省政府联合印发《东北地区军地联合测绘保障实施办法》。

▲国家测绘地理信息局组织编纂的《中国测绘地理信息年鉴》（2013 年卷）正式出版发行。

九月

【2 日】“天地图·榆林”正式接入“天地图”国家主节点并上线运行，实现了国家、省、市三级节点信息的互联互通和服务聚合。榆林成为陕西省第一个接入“天地图”国家主节点的市级城市。

【3 日】河北省政府办公厅印发《关于成立河北省第一次全国地理国情普查领导小组的通知》，副省长张杰辉任领导小组组长，省政府副秘书长杨国占、省国土资源厅厅长张绍廉、省统计局局长郭洪波、省地理信息局局长高献计任副组长，领导小组由 20 多个成员单位组成。

【6 日】“天地图”长沙数据中心建成并投入使用。

【9 日】江西省第一次地理国情普查领导小组成立。

【11 日】青海省政府办公厅印发《关于加快青海省地理信息公共服务平台建设的实施意见》，成立青海省地理空间信息协调领导小组，副省长马顺清任组长，20 家单位相关负责人为成员。

【13 日】国家测绘地理信息局组织召开面向中央部委的“天地图”应用工作座谈会，向教育部、国家统计局、国家林业局、国家气象局、国家海洋局、南水北调办公室等 17 个部门和单位宣传推介“天地图”。

【14 日 ~15 日】2013 年全国注册测绘师考试举行，22439 名测绘地理信息专业技术人员参加考试。

【15 日】2013 中国地理信息产业大会在山东潍坊市召开。全国政协副主席罗富和为中国地理信息产业示范基地授牌，全国政协教科文卫体委员会主任、中国科学院院士徐冠华为中国地理信息培训咨询中心授牌，国家测绘地理信息局副局长李维森、

山东省政协副主席栗甲出席会议并讲话。

【17日】国务院第一次全国地理国情普查领导小组办公室印发《第一次全国地理国情普查实施方案》。

【18日】科技部副部长曹健林到国家地理信息科技产业园开展党的群众路线教育实践活动调研。

【22日】国家测绘地理信息局党组作出《关于向新时期测绘好干部——杨艳萍同志学习的决定》，授予杨艳萍“新时期测绘好干部”称号，号召全国测绘地理信息系统广大干部职工向杨艳萍学习。

【24日】吉林省人民政府出台《关于扶持遥感卫星及应用产业发展的意见》。

【24日】江苏省测绘地理信息局开展以抗震救灾为主题的测绘地理信息应急保障演练，局机关和相关直属单位共106人参演，出动应急移动数据采集车等设备83台（套）。

【26日】云南省政府办公厅印发《关于成立云南省第一次全国地理国情普查领导小组的通知》（云政办函〔2013〕105号），成立云南省第一次地理国情普查领导小组及其办公室。

【27日】2012年全国法制好新闻评选揭晓。国家测绘地理信息局组织推荐、《中国测绘报》刊发的《中国钓鱼岛及其附属岛屿地图出版发行》获消息类二等奖。

【29日】吉林省政府印发《吉林省人民政府关于开展全省第一次地理国情普查的通知》，部署全省第一次地理国情普查工作。

【29日】黑龙江省机构编制委员会印发《关于成立黑龙江省第一次全国地理国情普查工作领导小组的通知》。

【30日】山西省第一次全国地理国情普查领导小组审议通过《第一次全国地理国情普查山西省实施方案》和《山西省第一次全国地理国情普查成员单位工作职责》。

▲“天地图·江苏”正式接入江苏省政府网站“中国江苏”。

十月

【6日】江苏省测绘地理信息局机关国土测绘处被评为“2011－2012年度江苏省省级机关文明处室”。

【10日～12日】中国测绘学会第十次全国会员代表大会暨2013年学术年会在北京召开。民政部民间组织管理局副局长廖鸿宣布中国测绘学会更名为中国测绘地理信息学会。

【12日】河南省政府办公厅印发《关于成立河南省第一次全国地理国情普查领导小组的通知》，副省长赵建才任组长，省政府副秘书长刘世伟、省国土资源厅厅长盛国民、省统计局局长胡五岳、省测绘地理信息局局长贾志伟任副组长。

【15日】由联合国全球地理信息管理委员会和中国国家测绘地理信息局共同主办、国家测绘地理信息局联合国项目管理办公室和四川测绘地理信息局承办的联合国全球地理信息管理成都论坛召开。国家测绘地理信息局局长徐德明、联合国副秘书长吴红波、四川省副省长王宁出席开幕式并致辞，国家测绘地理信息局副局长、联合国全球地理信息管理亚太区域委员会主席李朋德主持开幕式。来自40多个国家和地区以及联合国及相关组织的代表近200人参加论坛。

【16日】江苏省测绘工程院被江苏省精神文明建设指导委员会评为“2010－2012年度江苏省文明单位”。

【18日】江苏省人民政府办公厅印发《关于做好第一次全省地理国情普查工作的通知》（苏政办发〔2013〕9号），对全省第一次地理国情普查工作作出明确要求。

【21日】杨艳萍同志先进事迹全国测绘地理信息系统首场巡回报告会在成都举行。

【28日】国家测绘地理信息局与国家旅游局签署战略合作框架协议，就地理信息与旅游信息的深度融合开展合作。

▲黑龙江测绘地理信息局、国家测绘地理信息局黑龙江基础地理信息中心被省委、省政府授予“2013年全省抗洪救灾先进集体”称号，赵敏等4人被评为“2013年全省抗洪救灾先进个人”。

十一月

【1日～10日】国家测绘地理信息局组团赴埃塞俄比亚出席第14届全球空间数据基础设施大会。国家测绘地理信息局副局长李维森当选全球空间数据基础设施协会执行局成员。

【4日～8日】第二期发展中国家测绘地理信息局长培训班在北京和南京举行，亚洲、非洲和拉丁

美洲多个发展中国家的测绘地理信息部门负责人参加培训。

【6 日】国务院第一次全国地理国情普查领导小组办公室在北京召开第一次全国地理国情普查质量培训班，来自全国的质量管理人员及质量检查技术骨干 200 多人参加培训。

【8 日】国家测绘地理信息局、国土资源部、国家安全部和国家保密局联合印发《关于开展全国地勘行业涉密测绘成果和地质资料使用与管理专项检查的通知》（国测成发〔2013〕11 号）和《关于印发全国地勘行业涉密测绘成果和地质资料使用与管理专项检查工作方案的通知》（地测成资检〔2013〕1 号），部署开展全国地勘行业涉密测绘成果和地质资料使用与管理专项检查。

【15 日】山西省首次测绘应急保障演练在太原市举行。省政府应急管理办公室、省国土资源厅、省防汛抢险总队、省林业厅、省地震局等单位负责人观摩演练。省测绘地理信息局相关处（室）、局属有关单位 100 多人参加演练。

【18 日】广西壮族自治区党委常委、自治区副主席林念修对广西地理国情普查工作作出批示：“批转自治区普查办，要按通知要求抓好我区工作，有什么问题要及时报告，确保各项工作按计划推进。”

【19 日】河北省政府第 12 次常务会审查通过《河北省地理信息交换共享管理办法》，2014 年 1 月 1 日颁布实施。

【19 日】黑龙江省政府印发《黑龙江省人民政府关于开展第一次全国地理国情普查的通知》，全面部署地理国情普查工作。

【19 日】山东省第一次全国地理国情普查领导小组印发《第一次全国地理国情普查山东省实施方案》。

【19 日】总参测绘导航局与湖北省政府在武汉签署战略合作协议。总参某部副部长曲睿、湖北省副省长许克振为军民融合创新中心揭牌，总参测绘导航局局长薛贵江参加。

【21 日】广东省政府下发《广东省人民政府关于做好第一次全国地理国情普查的通知》（粤府函〔2013〕236 号），部署全省地理国情普查工作。

【22 日】青岛市国土资源和房屋管理局启动测绘应急保障预案，为青岛开发区中石化黄潍输油管线一输油管道爆炸抢险工作提供开发区局部工作用图 6 幅、影像图 6 幅、1∶2000 地形图电子版地图 71 幅。

【26 日】国家测绘地理信息局部署开展 2014 年测绘资质年度注册工作，按照简政放权、强化服务的原则进行大幅简化，不再进行统一申报、受理核查和实地抽查。

【26 日】国家测绘地理信息局局长徐德明在北京会见来访的瑞典公共管理与住房事务大臣阿特法一行。

【26 日 ~29 日】总参测绘导航局在北京组织召开 2014 年度全军测绘导航任务协调会，协调对接 2014 年度全军测绘导航任务。

【29 日 ~30 日】国家测绘地理信息局党组务虚会在北京召开，党组书记、局长徐德明主持会议并讲话，党组成员、副局长、总工程师出席会议。机关各司（室）、局属各单位主要负责人，部分省级测绘地理信息行政主管部门主要负责人和部分测绘地理信息企业代表参加会议。

▲山西省综合地理信息中心研制的“山西省地理信息公共服务平台”获山西省科技进步奖一等奖。

十二月

【4 日】国务院第一次全国地理国情普查领导小组办公室通过权威媒体向社会公布了首批地理国情监测成果。

【4 日】《地图管理条例》草案通过国务院法制办公室办务会审议。

【16 日】武汉大学测绘学院姚宜斌获第十三届中国青年科技奖。

【17 日】陕西测绘地理信息局艾勇获第八届全国“人民满意的公务员”称号。

【17 日】国家测绘地理信息局局长徐德明在北京接见第八届全国“人民满意的公务员”艾勇。

【18 日】陕西省政府印发《陕西省人民政府关于开展第一次全国地理国情普查的通知》（陕政发〔2013〕51 号），全面部署陕西省地理国情普查工作。

【19 日】总参某部通报表彰 2013 年度全军测绘导航标兵和重大工程建设奖获奖单位与个人。

【20 日】联合国副秘书长吴红波参观考察国家地理信息科技产业园。

【20 日】江苏省“十二五”省级基础测绘成果

（2011-2013）通过验收。

【20 日】广西壮族自治区政府印发《广西壮族自治区人民政府关于做好我区第一次全国地理国情普查工作的通知》（桂政发〔2013〕60 号），全面部署广西第一次全国地理国情普查工作。

【23 日】浙江省测绘与地理信息局王帮进获第三届全省“人民满意的公务员”称号。

【26 日】国家 1:25 万基础地理信息数据库联动更新项目完成并通过国家测绘地理信息局组织的项目验收。

【31 日】中国地图出版社与中国社会科学出版社合作出版的《中华人民共和国国家历史地图集·第一册》获第三届中国出版政府奖图书奖，出版的《中华舆图志》《中国血吸虫病地图集》获第三届中国出版政府奖图书奖提名奖，《中华舆图志》获第三届中国出版政府奖装帧设计奖，《高德导航电子地图（安卓版）》获第三届中国出版政府奖电子出版物奖提名奖。

▲2013 年两院院士增选结果公布，中国科学院地理科学与资源研究所副所长周成虎当选中国科学院院士，深圳市规划和国土资源委员会（海洋局）副主任郭仁忠当选中国工程院院士。至此，测绘地理信息界两院院士达 21 人。

▲中国地图出版集团出版的《LonelyPlanet：云南》当选“2013 年度中国影响力图书”。

▲江西省测绘地理信息局、省财政厅联合制定《江西省航空航天遥感影像管理规定》。

▲宜春市政府测绘地理信息办公室更名为宜春市测绘地理信息局，为江西省首个设区市测绘地理信息局。

▲《甘南藏族自治州地图集》正式出版发行，这是甘肃省第一本汉藏双语地图集。

湖北省测绘产品质量监督检验站
（湖北省测绘仪器检定测试所）

湖北省测绘产品质量监督检验站（湖北省测绘仪器检定测试所）组建于1991年，是湖北省唯一的法定进行测绘产品质量监督检验、地图审查、仲裁检验和测绘仪器鉴定测试的事业单位。拥有职工22人，专业技术人员占80%，高级工程师10人（其中正高级工程师4人）；检测仪器38台（套），检验系统软件26套；实验室面积1000多平方米。下设的湖北庙岭测绘仪器检定场是集GPS、全站仪、光电测距仪等高新测绘仪器检校于一体的综合性检定场。

湖北省测绘产品质量监督检验站（湖北省测绘仪器检定测试所）主要承担大地测量、摄影测量与遥感、工程测量、行政区域测绘、地籍测绘、房产测绘、地图编制与印刷、地理信息系统工程等测绘产品质量的监督检验，测绘产品质量争议的仲裁检验，测绘项目的委托验收和评优检验；在测绘资格审查认证及年检工作中，承担有关测绘标准实施监督、质量管理评价及产品质量检验任务，测绘科研项目及新产品的质量鉴定、检测检验。负责授权范围内的测绘仪器和设备的检定、测试任务，包括光电测距仪、全站仪、GPS接收机、经纬仪、水准仪、平板仪、准直仪、铅垂仪、钢卷尺、水准尺等测量长度、角度计量器具，以及北斗导航定位终端产品检测测试。

历年来，湖北省测绘产品质量监督检验站（湖北省测绘仪器检定测试所）不断加强自身建设，提高检验、检定和管理水平，确保了产品质量检验和仪器检定的公正性、科学性、权威性。先后为行政界线详查、交通规划与建设、土地调查、新农村建设、西部大开发、数字城市建设、地理国情普查、卫星导航与定位服务等重大项目及基础测绘工程提供质量服务，在质量管理方面严格把关，发挥了重要作用。

角度检测　办公场所　外业检验　长度检测　测绘仪器检定场

湖北省鄂西地质测绘队

湖北省鄂西地质测绘队成立于1986年，隶属湖北省宜昌地质勘探大队，拥有甲级测绘资质，通过了GB/T19001-2008认证。

队长张忠

测绘队队标

该队共有职工60人，其中高级工程师9人、工程师18人、注册测绘师5人。配备GPS接收机25台，全站仪15台，水准仪7台，绘图仪2台，以及无人驾驶飞机和相关内业航测、遥感处理软硬件等。

湖北省鄂西地质测绘队实行测绘产品质量管理二级检查、一级验收制度，形成了作业组-项目部-质管部-委托方的质量管理模式。坚持“精心测绘、周密策划、诚信为本、不断创新”的质量管理方针，在保持测绘产品质量管理过程中传统做法的基础上，不断根据市场经济新形势创新质量管理方法，承担的项目多次获全国及湖北省优秀测绘工程奖。

内业部

无人机起飞

湖北省鄂西地质测绘队全体职工同甘共苦、群策群力，逐步建成一支具有现代化规范管理、专业化技术管理的测绘队伍，愿为广大客户提供优质服务！

仪器设备

档案室

地址：湖北省宜昌市夷陵区小溪塔镇湖光路金地广场7楼
邮 编：443100
电 话：0717-7853119
传 真：0717-7853119
E-mail：435313656@qq.com

广东省测绘产品质量监督检验中心

广东省测绘产品质量监督检验中心成立于1992年，隶属广东省国土资源厅，是省级测绘质量监督检查单位。内设5个科室，拥有员工23人，其中高级工程师10人、工程师9人、助理工程师3人。主要承担全省测绘质量监督检验和测绘装备的检定工作；各类地图技术审查，并向行政主管部门提交地图审查意见书；涉密测绘成果、重要地理信息数据的技术审查，地图备案等相关工作。通过广东省质量技术监督局实验室资质认定，取得授权证书和计量认证证书及测绘仪器检定专项计量授权证书。

该中心贯彻“严格标准、客观公正、科学准确、持续改进”的质量方针，提供优质的测绘服务保障。按照有关法律法规要求，连续6年开展全省分级测绘质量监督检查工作，开展省级基础测绘项目成果强制检验和地图技术审查工作，履行测绘成果市场委托检验和测绘仪器检定工作职能及测绘地理信息市场信用体系建设工作，为广东省测绘行政主管部门提供测绘技术支撑和服务保障。

地图技术审查

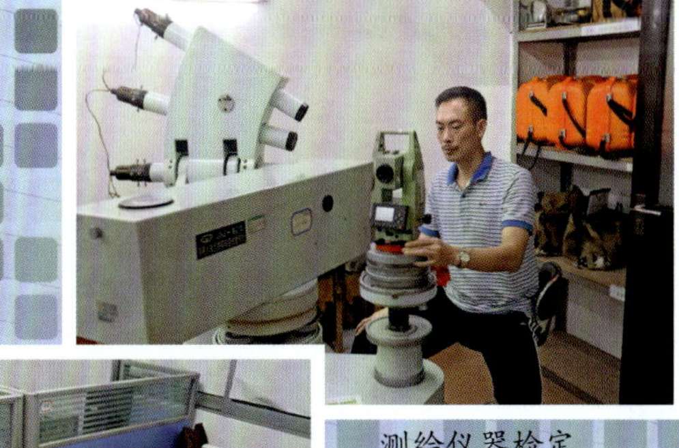

测绘仪器检定

地理国情普查项目过程检查

广州市房地产测绘院
（广州市测绘产品质量检验中心）

广州市房地产测绘院（广州市测绘产品质量检验中心）是广州市国土资源和房屋管理局下属事业单位，拥有甲级测绘资质，业务范围主要包括房产测量、地籍测绘、工程测量、地理信息系统工程、互联网地图服务等；拥有教授级高级工程师2名，高级工程师16名，初、中级专业技术人员50名，博士、硕士研究生18名。

与五所高校建立产学研合作关系

该院主要负责广州市测绘成果及数据的归集管理以及基础测绘、地籍调查测量、行政区域界线测绘、房产测绘、土地勘测等工作，受广州市国土资源和房屋管理局委托，负责审核广州市用于权属登记的房地产测绘成果，承担广州市测绘成果质量检查和测绘应急服务保障工作的技术性、事务性工作，承担现代测绘技术的应用研究，对各区（市）分局（局）的测绘工作进行技术指导。

近年来，广州市房地产测绘院向基础测绘和地理信息公共服务转型升级，争取多元化发展。承担开展第二次全国土地调查、地理国情普查、地形地籍修补测绘、基础控制网测量等基础性、公益性和城建重点项目的测绘任务，为广州市经济和社会发展提供了有效的测绘服务保障。

测绘应急服务保障演练

广州市连续卫星定位服务系统

该院与武汉大学、中山大学等5所高校签订产学研合作协议，申报成立广州市测绘地理信息工程中心，承担国土资源部科技试点项目“广州市行业用地调查试点项目”、科技部重点项目“村镇建设用地再开发调查评价技术研究开发”、广州市2014年科技惠民和智慧城市专项课题“基于北斗兼容型三星CORS的位置定位服务平台建设与应用”等。加快推进规范化标准化建设，参与编写《广州市测绘管理办法》《房产测量规范》《广州市地下空间产权测绘技术规范》《广州市房屋面积测算规范》。完成的项目先后获得国土资源科学技术奖、测绘科技进步奖、优秀测绘工程奖等省部级奖项。

广州市测绘地理信息工程中心挂牌成立

标准研讨会

广州市四维城科信息工程有限公司

广州市四维城科信息工程有限公司成立于2000年，2004年通过ISO9001质量体系认证，2006年取得甲级测绘资质并通过省级档案管理认证，是民营测绘企业的先行者。历经多年发展，成立了陆测大队、海测大队、地理信息中心、快速反应机动大队；在海南、厦门、宁波、大连、宁夏等地设立分公司；拥有员工300多人，其中博士3人、硕士5人、高级技术人员15人、A级国际海道测量师3人、B级国际海道测量师5人、中级技术人员30多人。

该公司测绘人员大多来自测绘行业及院校，中高层业务及技术骨干大多具有20年以上的测绘工作经验，作风严谨、技术过硬，多次得到省、市业务主管部门的肯定。经过全体员工的不懈努力，已形成地形地籍测量、工程测量、房产测量等一批优势测绘专业，多个项目被评为省部级优质测绘项目。

海南测绘地理信息局

2013 年，海南测绘地理信息局紧紧围绕各级党委、政府的中心工作，坚持服务大局、按需测绘、统筹发展的宗旨，全省测绘地理信息工作取得新进展。

“三大平台”建设与应用全面推进。海南省第一次全国地理国情普查工作全面启动，省政府成立普查领导机构，召开普查领导小组第一次全体会议，完成普查试点工作。海南国际旅游岛数字地理空间框架建设项目通过验收，《海南省地理信息公共平台建设与应用管理办法》以省政府规范性文件印发，全省 65% 的市县启动数字城市地理空间框架建设。“天地图 · 海南”省市级节点应用全面推广，“天地图 · 海南”地理实体服务建设全面完成，基于“天地图 · 海南”节点服务资源和应用程序接口的应用持续拓展，“天地图 · 保亭”“天地图 · 昌江”通过“天地图”国家主节点接入测试。

测绘地理信息公共服务能力进一步增强。海南测绘地理信息局各所属单位积极为省重点工程提供测绘保障服务，完成西沙群岛部分岛屿 1:1000 数字地形图测绘，参与远海岛礁地理信息监测示范工程项目建设，为三沙市规划建设提供基础地理信息数据。为领导机关宏观决策、博鳌论坛等重大活动提供领导工作用图 400 多件。

“8 · 29”测绘法宣传日版图拼图活动

开展导航地图市场检查

测绘地理信息统一监管能力大幅提升。海南测绘地理信息局制定印发《海南省测绘地理信息市场信用信息管理暂行办法》《海南省测绘地理信息局地图审核程序规定》等规范性文件。完成全省首次测绘地理信息信用等级评定工作，公布测绘单位的信用信息及信用等级。开展测绘地理信息行政执法检查，联合省教育厅开展国家版图意识宣传周活动，会同省国土环境资源厅、国家安全厅、保密局和地质局联合开展地勘行业保密专项检查。

人才队伍建设进一步加强。海南测绘地理信息局与山东科技大学签署合作协议，以海岛（礁）测绘技术国家测绘地理信息局重点实验室为平台，开展海洋遥感、海洋测量、海洋制图、海洋信息等领域的合作。与武汉大学建立长期稳定的合作关系，在基础测绘、防灾减灾、信息化建设等方面共同培养人才。

海南国际旅游岛数字地理空间框架建设项目验收会

2013 年海南省涉密测绘成果管理人员岗位培训班

与山东科技大学签署合作协议

海南图语地理信息技术有限公司

海南图语地理信息技术有限公司成立于2006年，注册资本1000万元，具有乙级测绘资质，通过ISO质量体系认证、国家高新技术企业认证，取得8项软件著作权证书，拥有较为完整的证书体系。图语公司本着“以图为语，精准掌控，创造价值”的发展理念，苦练内功，开拓创新，赢得市场。

以图为语，苦练内功。图语公司注重培养项目经理人和工程师，内设7个部门，共有员工100多人，其中高中级技术人才13人，本科学历人员60%以上。拥有先进的仪器设备200多台，其中服务器2台、磁盘阵列2台、图形工作站30台、全站仪15套、静态GPS 4套、RTK GPS12套等。

精准掌控，开拓创新。图语公司在国土、建设、三防、交通、地震、气象、水利、国防、旅游、开发等领域不断开拓，为客户在GIS、测绘、调查、地图、数据库、建模和选址等业务方面提供精准可靠的服务，获得市场高度认可。近年来，图语公司完成各类地理信息技术服务项目2000多项，其中专业调查涵盖范围10万平方千米，调查里程40万千米，大比例尺地形图测绘面积达3万平方千米，编制各类专题图3000多幅，建设省级专题数据库4个，市县级数据库20个，开展科学选址研究15个，开发地理信息管理系统10多个。

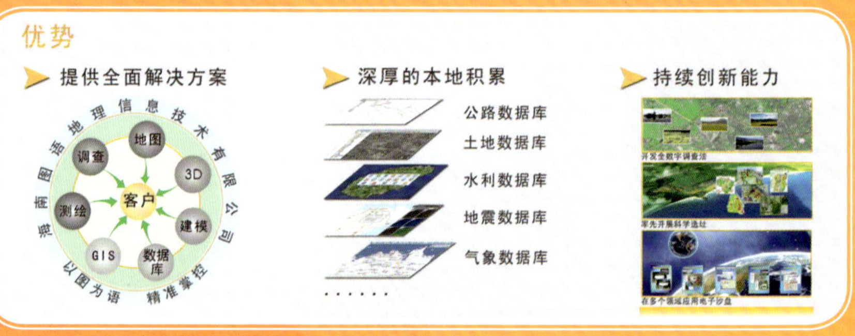

创造价值，提升能力。图语公司连续在全国和地方刊物上发表论文并获奖，论文《GIS支持下的旅游岛城镇开发科学选址》获全国测绘信息网中南分网二等奖，《利用GIS技术建设防洪抢险应急预案数据库的实践》获海南地理信息优秀论文二等奖。

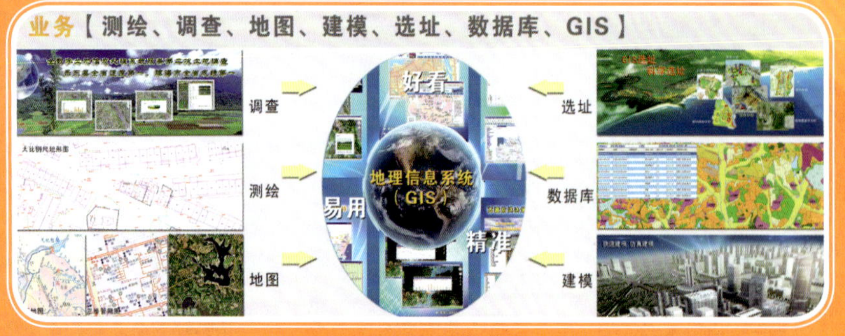

地址：海南省海口市海府路16号亚希大厦1207

电话：（0898）65369636　传真：（0898）65229736

网址：http://www.mapsay.net

海南天琦测绘信息工程有限公司

办公场所

海南天琦测绘信息工程有限公司成立于2004年，具有乙级测绘资质，是海南省测绘学会理事单位。业务范围包括乙级工程测量、地籍测绘、无人飞行航摄和摄影测量与遥感；丙级地理信息系统、海洋测绘。拥有一支测量经验丰富、技术全面、综合素质较高的队伍，职工60人，其中高工6人、工程师17人。

海南天琦测绘信息工程有限公司配置无人飞行器测绘航空摄影系统、灵锐S86-RTK、徕卡1200型全站仪、南方系列全站仪等先进测量设备，主要仪器设备均经质检站检定，设有专门的仪器设备库房，建有档案资料室。建立并完善测量生产技术管理规章制度，设置专门的质量检验机构和人员，拥有完善的测绘成果质量保证制度和测绘成果及资料档案管理制度。

海南天琦测绘信息工程有限公司专注于技术竞争力的培养和专业市场的开拓，推进标准化和信息化建设，购置计算机网络服务器，研发测绘信息管理系统，基本实现主营测绘业务生产全过程的自动化、信息化作业。

在测绘地理信息主管部门的指导下，海南天琦测绘信息工程有限公司秉承“诚信测绘，追求卓越”的专业操守，规范作业，守法经营，竭诚为各界提供优质高效的测绘技术报务！

办公前台

办公环境

荣誉证书

海南天琦测绘信息工程有限公司：

在2013年度海南省优秀测绘工程奖评选活动中，你单位报送的“三亚市凤凰镇行政村及自然村1:2500地形图测绘”项目荣获二等奖，特发此证。

海南省测绘学会

20[illegible]年12月

荣誉证书

员工活动

无人机

无人机及航飞操控师

重庆市国土资源和房屋勘测规划院

重庆市国土资源和房屋勘测规划院是重庆市国土资源和房屋管理局的科技型技术支撑单位，其前身为重庆市土地勘测规划院。该院拥有地籍测绘、房产测绘、工程测量、地理信息系统工程、行政区域界线测绘甲级资质，土地规划国家甲级资质和地图编制、摄影测量与遥感乙级资质，具有开展规划环境影响评价资格，通过了ISO9001质量管理体系认证。主要承担地籍测绘，地籍变更测绘，土地遥感监测，房产测绘，房屋建筑面积测算，测绘技术指导，土地资源调查评价和土地利用规划的编制、修订及应用中的技术性工作，土地房屋管理相关政策研究等工作。

国土资源部土地利用重点实验室
重庆研究中心成立

国家遥感应用工程技术研究中心
重庆研究中心成立

重庆市国土资源和房屋勘测规划院内设15个部门，共有职工300多人，其中具有大学本科以上学历的职工占58.3%，具有中高级职称的技术人员共134人。拥有重庆市学术技术带头人1人、学术技术带头人后备人选1人、入选“国土资源部百名科技人才计划”1人、国土资源部青年科技骨干2人、住房和城乡建设部房产测绘专家组成员1人、全国测绘奖章获得者3人、国土资源部技术能手1人、重庆市有突出贡献中青年专家1人、重庆市优秀专业技术人才2人、重庆市国土房管系统专家库11人，近30人次获得省部级及以上个人荣誉，是一支一专多能、全面发展的新型勘测规划人才队伍。

重庆市国土资源和房屋勘测规划院始终坚持“质量立院、科技兴院、人才强院、文化促院、依法治院”的建院思路，2010年成为重庆市首批博士后工作站，2011年组建国家遥感应用工程技术中心重庆研究中心和国土资源部土地利用重点实验室重庆研究中心，2013年获准设立国家级博士后工作站和重庆市级工程技术研究中心。近年来，承担渝怀、兰渝铁路勘界、三峡库区移土培肥专项测绘、第二次土地调查、重庆市主城区800平方公里初始地籍测绘及数据库建设、重庆市公共租赁住房房屋面积测绘等国家级、市级重点工程50多项，自主研发重庆市城镇地籍管理信息系统、重庆市房产测绘管理信息系统等10多个软件系统，取得软件著作权12项、实用新型专利2项、发明专利1项，获得国土资源部、国家测绘地理信息局、重庆市政府科技进步奖和科技成果奖50多项，成果在相关行业得到广泛应用。

60周年院庆成果展

重庆市国土资源和房屋勘测规划院
博士后科研工作站
POSTDOCTORAL PROGRAMME
人力资源和社会保障部
全国博士后管委会 制发
二〇一三年八月

博士后科研工作站

四川永鸿测绘有限公司

四川永鸿测绘有限公司成立于2003年5月，注册资金2066万元，拥有甲级测绘资质，通过ISO质量管理体系认证，是集工程测量、地籍测绘、摄影测量与遥感、航空摄影、行政区域界线测绘、地理信息系统工程、房产测绘、土地整理规划设计和农村土地承包经营权确权登记等多项工作为一体的专业测绘和规划设计公司，是四川省西部地理信息产业园首批入园企业。

该公司共有测绘技术、规划设计人员300多人，其中高级工程师12人、注册测绘师1人；航空摄影与遥感技术骨干60人（80%的人员具有15年以上工作经历）、大地测量技术骨干20人、地籍测量技术骨干45人、工程测量技术骨干55人、地理信息系统技术骨干80多人。

公司领导

四川永鸿测绘有限公司各种软硬件仪器、设备配备齐全，拥有各种工作用车15辆、绘图仪6台、大型扫描器3台、全站仪60多台、单双频GPS30多台（套）、水准仪10多台、手持测距仪40多台、全数字摄影测量系统20多套，以及无人机2架、高分辨率数码摄像机2台。历年来，完成地形测量、地籍测绘、摄影测量与遥感、勘测定界、第二次全国土地调查等项目数百项，成果质量优良率达90%以上，合格率100%。

四川永鸿测绘有限公司各项基础业务扎实，具有较强的自主创新和探索能力。完成的“合江县江北片区川渝高速公路以北82平方公里航测1:2000地形图测绘”“新都区新繁镇1:500地形图测绘”项目分别被四川省测绘学会评为2010–2012年四川优秀测绘工程奖银奖和铜奖。

合江1:2000数字线划图

航测室

部分员工合影

外业测量记录

内业作业

公司地址：成都市金牛区茶店子西街36号金璐天下2单元22楼
公司网址：www.scyhch.com
电话：028-65326959
传真：028-65326959
邮箱：734882484@qq.com

延安市测绘管理办公室

延安市测绘管理办公室成立于2002年，隶属于延安市国土资源局，编制5人，是延安市测绘地理信息管理单位。多年来，坚持测绘地理信息工作服务、服从于全市经济建设和社会发展大局的工作思路，认真做好测绘地理信息各项管理工作，积极推进基础测绘工作。

近年来积极自筹资金或争取财政资金，5次编制出版《延安市交通商贸旅游图》《延安市办公挂图》《延安市政区图》《延安市地图集》《延安市城区影像地图集》各3000多份（册），全部赠送市级领导和各工作部门。连续4年申请中央老少边基础测绘项目补助经费，实施延安市城市规划区及安塞县基础地理信息系统建设项目。编制《延安市基础测绘“十二五”规划》，并经延安市政府批准实施，分年度组织实施延安市城区基础测绘控制、大比例尺测图和城市三维演示系统建设等项目。全面完成延安市城区航拍、新区64.5平方千米1:500测图工作。

延安市测绘管理办公室2008年被评为全国市县测绘管理先进单位，2011年被评为陕西省测绘行业先进集体、2012年被评为陕西省行政执法先进集体。其主管局延安市国土资源局在陕西省测绘地理信息局年度目标考核中，分别于2009、2011、2012、2013年度被评为优秀单位。

西安地图出版社

西安地图出版社发展历程

西安地图出版社成立于 1985 年，是国务院出版行政管理部门和测绘地理信息行政主管部门核准的专业出版机构。其主业是出版发行各类地图、地学、地理学和相关的自然科学、科技类图书，同时经营与主业相应的网络电子版产品，研发和推广特种地图。

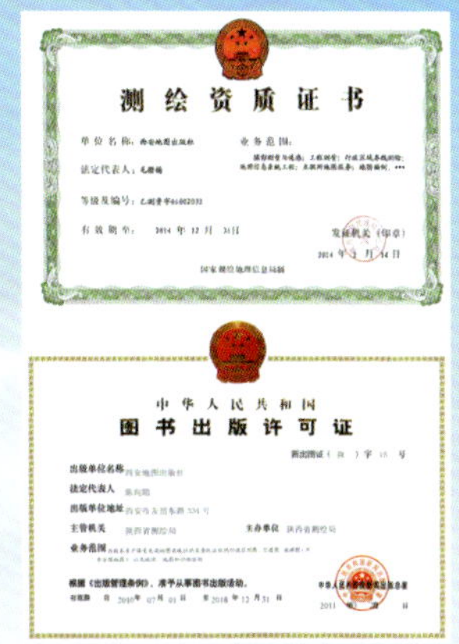

西安地图出版社自成立以来，坚持“开拓、创新、优质、高效”的办社宗旨，充分发挥行业优势，不断引进先进技术和设备，已成为能够独立完成国家大型项目的设计、编制出版和出版发行全国及地方性地图作品的特色出版单位。承担国家基本比例尺地形图、数字地图和经济、科学、自然、人文等专题地图的编制任务，多次获得国家各级次各类别奖励。培养出了一支技术过硬、作风优良、经验丰富的编辑队伍，为出版社的科学发展奠定了坚实的基础。

2012 年，西安地图出版社顺利完成文化体制改革工作。前进方向明确、资源享用充分、组织结构合理、工作任务具体、经营方式灵活、服务质量优良、发展前景广阔。

◆部分出版书籍

西安地图出版社优秀成果

西安地图出版社以测绘地理信息成果社会化应用和繁荣地图出版为己任，传承测绘文化精神，创新出版事业。29 年来编制、生产和出版各类地图和图书 4000 多种，编制完成 1:250 万、1:300 万《中华人民共和国地图》等大型挂图，完成国家大图集中《普通地图集》《农业地图集》《自然地图集》《经济地图集》《西部人文地图集》等重点项目的制图任务，承接中国科学院《1:100 万中国土地资源图》《1:100 万中国土地利用图》《1:100 万、1:400 万中国土壤图》等大型专题地图的编制出版任务，编制出版了《陕西省地图集》《延安市城区影像地图集》《西安市城区变迁地图集》等地方性大图集；出版了一批学术水平高、影响大的地图集，如《中华人民共和国 1:100 万土地资源图集》《西安市地图集》《中国文物地图集辽宁分册》《陕西省领导用图》等几十种图书获省、部级奖项的优秀产品。

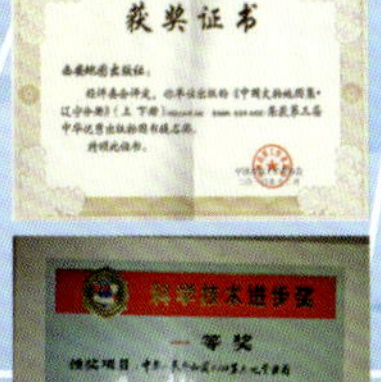

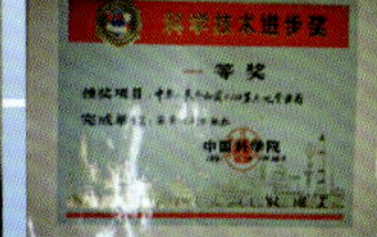

◆图书展示

◆集体活动

地址：陕西省西安市友谊东路 334 号 邮编：710054 电话：029-87604376 网址：www.xadtcbs.com

渭南市秦泰工程勘察设计有限公司

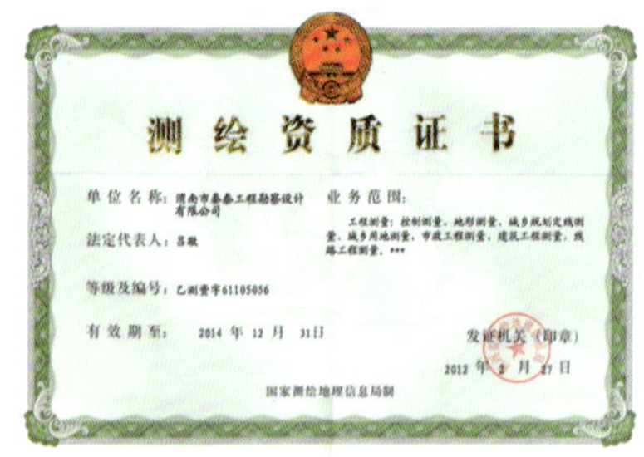

测绘资质证书

单位名称：渭南市秦泰工程勘察设计有限公司

业务范围：

工程测量：控制测量、地形测量、城乡规划定线测量、城乡用地测量、市政工程测量、建筑工程测量、线路工程测量、＊＊＊

等级及编号：乙测资字61105056

有效期至：2014年12月31日

发证机关（印章）

2012年2月27日

国家测绘地理信息局制

渭南市秦泰工程勘察设计有限公司创建于2001年，拥有工程测量乙级资质、土地规划乙级资质、工程勘察乙级资质、工程设计丙级资质。业务范围包括工程测量、土地规划、工程勘察、工程设计资质等级范围内的项目。

渭南市秦泰工程勘察设计有限公司拥有员工68人，管理人员和技术骨干36人，其中中高级技术人员29人，95%以上员工具备本专科学历，具有丰富的实践经验。下设测绘、土地勘察、地质勘察、道路设计4个分公司，配备先进的测绘、勘察设备36套，办公自动化设备48台。

2013年，该公司承担滇中产业新区长水机场至广通高速公路测绘项目、西临高速改扩建测绘、G316西乡段改扩建测设项目、永寿县农村集体土地所有权登记发证项目地籍控制测量、潼关中金冶炼新建1000吨项目新厂址1:1000地形图测量等多个项目。

总部地址：渭南市乐天大街中段金信大厦409室

电话：0913-8103615

传真：0913-8103615

网址：www.qtkcsj.com

邮箱：qtgckcsj@163.com

邮编：714000

斯里兰卡机场高速测量

塞内加尔项目动员会

江西广昌至吉安测绘项目

西藏项目测量工作

职工大会合影

新疆石油勘察设计研究院（有限公司）

新疆石油勘察设计研究院（有限公司）成立于1958年，2009年整体划转到中国石油集团工程设计有限责任公司；拥有测绘工程、岩土工程勘察专业类技术人员70多人，其中高级工程师10人，工程师26人，注册测绘师5人，注册岩土工程师5人；主要承担工程测量、大地测量、地籍测绘、摄影测量与遥感、地理信息系统工程及岩土工程勘察、设计、检测、监理等业务。

新疆石油勘察设计研究院（有限公司）配备全站仪、三维激光扫描仪、测绘无人机等现代化专业勘察测量设备100多（台）套，机助成图软件、GIS软件、遥感及航空摄影数据处理软件、岩土工程试验及成果编制软件等专业应用软件60多套。具有工程勘察、工程测量、基础测绘、地籍测绘、管线探测、数据处理、机制成图、地基处理、土工试验及检测、监测等各种工程技术解决方案。参与完成的多个项目获国家级、省部级优秀工程勘察奖和测绘科技进步奖。

新疆疆海测绘院

新疆疆海测绘院成立于 1984 年，原名新疆水利水电勘测设计研究院疆海测绘院。拥有甲级测绘资质，通过 ISO9001:2000 质量管理体系认证，取得质量、环境、职业健康安全管理体系认证，是新疆测绘学会、新疆测绘行业协会团体会员单位。

新疆疆海测绘院共有职工 95 人（包括专业技术人员 71 人），其中高级工程师 10 人、工程师 20 人、助理工程师 18 人、技术员 23 人，本科及以上学历 42 人。配备车辆 16 辆，海燕飞机 1 架，SWDC–4 数字航摄仪 2 台，全站仪 11 台，精密电子、光学水准仪 8 台，进口、国产 GPS 接收机 34 台，全数字摄影测量工作站 25 台，影像扫描仪 1 台，绘图仪 2 台，计算机 65 台及配套的数据处理软件、成图软件等。

2009 年，该院开拓了航空摄影领域，先后购买了两台 SWDC 数字航摄仪及一架海燕 650C 航摄飞机，新技术的成功运用，使该院在新疆测绘市场打开了局面，此举还得到了中国民用航空新疆管理局的大力支持，并于 2011 年 5 月为该院颁发了非经营性通用航空登记证。2013 年该院为航摄飞机加载了 POS 惯导系统，实现了稀少或无地面控制点的航空摄影测量，在航空摄影领域又向前迈进了一大步。是西北首家具有数字航摄仪及配套航摄飞机的甲级航空摄影资质单位。

国产海燕 650C 型轻型飞机

统 计 资 料

表 3 2006-2013 年测绘资质单位数量、从业人员和服务总值

地区	2006 年			2007 年			2008 年			2009 年		
	测绘服务总值（万元）	年末单位数量（个）	年末从业人员（人）	测绘服务总值（万元）	年末单位数量（个）	年末从业人员（人）	测绘服务总值（万元）	年末单位数量（个）	年末从业人员（人）	测绘服务总值（万元）	年末单位数量（个）	年末从业人员（人）
合　计	**1451268**	**9917**	**223864**	**1850293**	**10952**	**244524**	**2206123**	**11269**	**260561**	**2969868**	**11657**	**265899**
北　京	263683	180	10787	225365	192	12862	237264	201	15095	396739	238	16558
天　津	66821	92	4569	98108	88	4499	114857	93	4582	135293	100	3961
河　北	76929	451	9094	76014	582	14665	86172	602	18915	108391	627	13155
山　西	27153	352	6377	30079	380	6269	40769	401	6888	55510	408	7321
内蒙古	29179	332	8045	28083	366	10429	43822	386	8371	51394	449	8447
辽　宁	46618	537	10815	65374	564	10874	78709	590	12265	101094	509	11151
吉　林	41735	359	8165	42483	393	6136	48797	398	6602	84338	391	7631
黑龙江	44945	425	8327	48361	450	9015	63545	464	9295	73541	489	9396
上　海		132	5171	66208	127	4403	78371	134	4925	108379	133	5382
江　苏	85708	484	9857	111403	556	10392	120496	576	10696	121184	579	11541
浙　江	91092	425	7741	98634	452	7796	114235	451	8682	128316	473	9686
安　徽	42978	301	7017	56587	345	7684	62961	353	8566	68800	390	7975
福　建	38014	327	5209	41892	348	5538	52630	364	5563	56824	362	5708
江　西	21632	242	6082	29546	312	5253	35885	331	5478	45525	344	6008
山　东	69850	650	10424	84915	665	12017	104396	648	12386	122746	683	12614
河　南	46126	426	10261	56336	556	11193	91278	573	12866	106039	613	14213
湖　北	4447	474	13699	138951	498	15703	143432	510	17615	194691	525	17743
湖　南	62545	524	10714	84798	554	10415	89343	564	10796	132165	566	12019
广　东	85461	500	7186	104367	543	10328	122169	576	11168	140196	581	12819
广　西	46399	341	7599	37519	363	7426	45548	375	7606	59666	376	8636
海　南	5166	70	1192	6971	77	1291	10558	89	1372	15808	94	1669
重　庆	22625	90	2032	27805	98	1946	28308	107	1966	51626	117	3535
四　川	83226	472	12420	99591	544	15863	129561	593	14640	162184	594	14229
贵　州	18681	268	5706	22290	348	5796	27281	299	6406	52229	362	6158
云　南	23635	569	8172	51124	597	11053	60004	616	11873	96719	619	13851
西　藏	2631	30	765	1174	32	776	2570	33	791	2826	31	830
陕　西	53881	228	10938	56725	238	9918	95154	242	11271	192306	267	9404
甘　肃	22358	264	6377	24815	276	6460	27763	291	5782	48210	286	5565
青　海	5719	66	3547	8725	64	3099	13883	75	2310	14722	82	2611
宁　夏	3323	63	1441	5189	81	1179	5780	73	1257	9477	82	1353
新　疆	18709	243	4045	20863	263	4246	30584	261	4533	32929	287	4730

2006-2013 年测绘资质单位数量、从业人员和服务总值（续）

地区	2010 年			2011 年			2012 年			2013 年		
	测绘服务总值（万元）	年末单位数量（个）	年末从业人员（人）	测绘服务总值（万元）	年末单位数量（个）	年末从业人员（人）	测绘服务总值（万元）	年末单位数量（个）	年末从业人员（人）	测绘服务总值（万元）	年末单位数量（个）	年末从业人员（人）
合计	**3286429**	**11595**	**267188**	**4773424**	**12512**	**290648**	**5302259**	**13261**	**304899**	**6064551**	**14040**	**328631**
北京	452150	261	18839	656556	299	21456	667731	311	21667	786993	318	23838
天津	135295	96	4002	93628	100	4113	95191	104	4259	136878	111	4629
河北	129337	615	12622	176574	637	13122	174848	682	14917	214721	722	16030
山西	62884	419	8062	98567	457	9043	112475	498	9854	123630	540	10853
内蒙古	60378	486	7511	100444	499	9400	124471	530	10003	130522	569	10557
辽宁	163549	585	9631	184395	574	12259	208021	620	13220	188683	618	13897
吉林	55514	385	6953	84098	415	7036	94357	418	7085	100478	430	7568
黑龙江	90449	499	10228	110824	490	10001	124985	527	10711	134671	541	10460
上海	103811	124	4911	194267	161	6300	190479	174	6889	192904	182	6632
江苏	130776	555	10915	224972	594	11558	232556	656	12776	271553	703	13639
浙江	151316	455	10295	252689	464	10744	279731	487	11800	323910	513	12488
安徽	79126	412	8386	108267	447	8847	124041	458	9525	143393	487	9820
福建	80408	355	5761	116397	376	7369	142262	404	7923	192821	426	8234
江西	48387	332	5645	64966	384	6273	78231	422	6558	97934	453	7640
山东	136921	669	12937	215049	710	13978	246153	735	15291	288712	772	16608
河南	109540	606	14257	156020	692	15636	177476	749	17000	206718	788	18275
湖北	234468	537	17771	351976	536	17771	338840	571	14094	429953	612	17398
湖南	131092	554	11422	157878	574	11641	169881	569	11673	213571	578	11980
广东	178219	519	13163	285563	586	14852	356210	591	15555	379138	610	16725
广西	68747	427	9124	107242	427	8909	102610	465	9271	119468	514	9587
海南	15099	95	1563	46937	116	2134	32618	130	2441	37583	142	2566
重庆	67969	117	4321	89023	133	4744	114661	148	5247	109307	162	5840
四川	171909	606	14575	234323	658	17122	442458	744	18964	521376	808	21684
贵州	55219	339	6787	77627	371	6696	89049	380	6849	99742	401	7104
云南	84510	559	12870	172314	672	12370	157293	651	13305	171115	698	14404
西藏	2789	29	730	6197	28	490	4778	31	529	7269	31	521
陕西	168130	263	9505	238218	339	11393	194026	387	11681	195135	433	12569
甘肃	45681	273	5222	48557	292	5930	69963	304	5820	79604	320	6419
青海	17847	85	2778	28181	88	2781	49150	95	2848	47239	104	3069
宁夏	10505	68	1303	19699	76	1305	20210	85	1472	23516	89	1533
新疆	44405	270	5099	71977	317	5375	87506	335	5672	96016	365	6064

表4 2006-2013年测绘地理信息系统服务总值和从业人员

地区	2006年		2007年		2008年		2009年	
	测绘服务总值（万元）	年末从业人员（人）	测绘服务总值（万元）	年末从业人员（人）	测绘服务总值（万元）	年末从业人员（人）	测绘服务总值（万元）	年末从业人员（人）
合计	**278516**	**23209**	**309284**	**23913**	**367734**	**24521**	**450701**	**24726**
北京	16000	856	20000	869	21967	860	24000	865
天津	8799	503	9408	530	9607	559	16638	632
河北	5635	662	6048	660	7652	660	10115	660
山西	4377	564	4805	615	7906	625	12666	679
内蒙古	4090	676	5280	678	5979	672	10425	684
辽宁	6404	847	4878	699	4638	697	3347	695
吉林	4153	728	5302	709	6996	678	11474	655
黑龙江	20277	2261	25018	2302	28287	2246	25892	2202
上海	10878	393	8931	388	12254	380	14006	373
江苏	7436	630	8296	559	9799	576	11359	562
浙江	6456	602	7063	674	9814	713	11914	751
安徽	4025	538	4110	553	5533	552	6554	572
福建	5264	541	5537	556	7255	539	8435	433
江西	3137	549	4406	524	5638	531	6158	546
山东	6657	651	10056	912	7239	782	10416	778
河南	5755	560	6391	626	7041	849	8287	792
湖北	4447	474	5852	467	8165	498	10198	505
湖南	7181	739	9748	845	10270	820	12083	802
广东	7843	898	7603	956	9071	1001	9773	1040
广西	7542	1111	9590	1091	12650	1225	17721	1099
海南	2179	261	2645	284	3905	309	4324	295
重庆	10830	258	10480	571	13030	571	18711	743
重庆测绘院	2507	304	3268	326	4508	359	6009	360
四川	13798	1596	16458	1585	18649	1702	22845	1575
贵州	3079	636	2952	543	4497	705	10510	735
云南	4320	480	4937	507	5585	518	7299	510
西藏	73	37	641	37	455	42	1475	43
陕西	15975	1830	17974	1799	21676	1813	27746	1983
甘肃	3204	488	5169	498	6325	450	8854	468
青海	3948	410	5589	415	6946	388	6221	485
宁夏	400	261	812	263	1181	272	2087	255
新疆	2575	580	3332	594	5112	607	5520	599
青岛								
大连								
宁波								
深圳								
厦门								
中国地图出版集团	56030	514	44750	492	55241	521	63145	524
测绘研究院	6551	389	11167	385	13027	391	15250	401
地理信息中心	3252	144	4959	145	3375	149	6712	146
卫星应用中心								
质量检验中心								
国家局及其其他直属单位		238		256		261		279

2006–2013 年测绘地理信息系统服务总值和从业人员（续）

地区	2010 年		2011 年		2012 年		2013 年	
	测绘服务总值（万元）	年末从业人员（人）	测绘服务总值（万元）	年末从业人员（人）	测绘服务总值（万元）	年末从业人员（人）	测绘服务总值（万元）	年末从业人员（人）
合 计	**507412**	**25076**	**647882**	**26069**	**749174**	**25839**	**835158**	**26155**
北 京	25200	919	28540	947	28236	897	27556	854
天 津	17470	647	14766	664	17030	682	22752	672
河 北	12975	651	18423	650	28745	635	39921	657
山 西	15853	704	13900	718	22157	741	22577	744
内蒙古	9031	704	12083	712	18350	741	22594	724
辽 宁	3331	695	9304	692	14383	686	23509	680
吉 林	17300	633	11436	604	8574	594	13163	604
黑龙江	26447	2235	32325	2103	33754	2046	36963	2050
上 海	15060	376	18543	372	21454	361	19341	358
江 苏	11904	562	21463	566	26774	563	31780	588
浙 江	16305	771	19430	799	23905	871	29162	967
安 徽	9427	590	13086	682	16343	658	20709	654
福 建	10351	417	12408	414	15431	435	17306	437
江 西	7781	570	12314	577	20449	535	19079	546
山 东	14173	778	21076	768	22915	764	25742	777
河 南	9022	708	15464	696	14460	689	18344	714
湖 北	12270	516	14409	487	20171	484	23465	502
湖 南	13400	768	19909	748	29182	741	33947	773
广 东	9179	1039	19415	1002	24028	1021	22364	1025
广 西	16986	1112	23313	1120	20560	1090	24645	1099
海 南	4548	317	7876	342	10023	384	10955	401
重 庆	20700	810	14906	899	26190	974	15987	1003
重庆测绘院	6710	400	8516	435	9727	474	11139	465
四 川	25700	1577	36679	1532	39506	1504	51327	1461
贵 州	12047	811	18755	801	16078	723	22857	700
云 南	8915	525	12633	553	17989	572	20184	594
西 藏	199	49	576	52	626	56	757	60
陕 西	25443	2031	39072	2018	42531	1914	47795	2042
甘 肃	7839	463	8477	446	13655	433	10641	435
青 海	9533	451	13961	395	11568	379	14128	441
宁 夏	2599	262	4212	237	5824	254	8540	250
新 疆	9412	579	14788	587	13559	534	13208	529
青 岛				6		5		5
大 连			935	62	960	59	800	68
宁 波			9079	342	8677	349	9531	183
深 圳			17215	439	9901	435	8436	463
厦 门			2512	142	2886	139	2898	147
中国地图出版集团	63083	548	44464	528	43674	447	48028	450
测绘研究院	21003	383	17962	382	15393	384	13691	373
地理信息中心	6961	144	10978	142	13979	149	11437	150
卫星应用中心	1473	42	2823	66	5271	81	5472	88
质量检验中心			584	33	1470	47	1330	50
国家局及其其他直属单位		289	9274	309	12788	309	11099	372

表 5 1974-2013 年测绘地理信息系统测绘成果提供

年 份	地形图（万张）	数字成果（GB）	测绘基准成果（万点）	航摄成果（万片）	航摄成果（平方千米）
1974	33.0		4.6	2.0	
1975	71.7		10.4	5.9	
1976	109.5		14.5	23.1	
1977	108.3		35.4	47.1	
1978	207.8		29.4	68.1	
1979	349.4		35.8	122.8	
1980	215.1		58.6	172.7	
1981	189.6		73.2	142.7	
1982	284.8		56.0	150.1	
1983	238.7		86.6	134.4	
1984	211.8		46.1	149.9	
1985	165.9		32.1	84.4	
1986	291.2		17.5	71.9	
1987	131.7		15.6	71.6	
1988	132.3		27.0	72.0	
1989	120.2		10.2	59.4	
1990	122.3		9.2	40.8	
1991	118.1		9.0	40.7	
1992	160.2		9.0	25.7	
1993	130.1		5.4	6.8	
1994	58.1		4.1	5.2	
1995	58.3		3.9	6.9	
1996	62.4		3.6	6.3	
1997	62.4		4.5	10.1	
1998	43.1		5.6	15.6	
1999	69.2		4.7	10.1	
2000	102.4		5.4	12.8	
2001	80.7		5.4	37.2	
2002	69.6		6.6	30.3	
2003	69.4		14.8	44.7	
2004	79.6		10.1	37.8	
2005	65.9		7.1	35.2	
2006	61.4	10404.0	15.2	52.5	
2007	62.9	10252.6	15.3	36.2	
2008	52.3	48357.8	17.8	46.1	
2009	46.5	17082.5	28.3	70.4	
2010	39.5	47969.6	26.0	63.2	
2011	45.2	38147.5	17.8	51.4	
2012	34.3	63900.0	26.1		3727403
2013	30.3	81005.3	25.8		2588035

注：1997、1998 年航摄成果含像片图。2012 年起航摄成果计量单位改为“平方千米”。

表 6 1974–2013 年测绘地理信息系统地图图书出版

年 份	品种（种）	总印数（万幅/万册）	总定价（万元）
1974	47	3242	563
1975	65	4753	599
1976	76	2690	633
1977	75	2829	818
1978	80	5553	894
1979	117	5171	1566
1980	178	4373	1277
1981	256	4073	1748
1982	211	4069	1692
1983	189	4625	1946
1984	254	5957	3028
1985	262	7895	5274
1986	257	6450	3294
1987	269	8180	4143
1988	364	7877	5305
1989	369	7844	7038
1990	426	10655	9938
1991	611	12543	11119
1992	699	18340	19778
1993	936	16969	23209
1994	970	16712	26992
1995	1027	19793	41708
1996	1264	28718	62149
1997	1429	27602	66819
1998	1584	27914	84501
1999	1847	28604	87377
2000	1621	14800	62453
2001	1586	10818	57996
2002	1947	18432	68063
2003	2040	12587	70093
2004	2297	16241	84872
2005	2266	17657	93139
2006	2433	14963	79591
2007	2331	13199	67724
2008	2291	14297	70730
2009	2519	14626	85427
2010	2917	13762	84090
2011	3912	18356	230803
2012	3685	12156	132878
2013	4337	15863	147953

二、测绘地理信息管理机构

表7 2013年测绘地理信息管理机构设置

地区	地级行政区							
	行政区划总数（个）	设置测绘地理信息管理机构的区划数（个）						从事测绘地理信息管理工作人员数（人）
			#机构挂牌个数	按机构隶属关系分		按机构性质分		
				国土资源部门	建设规划部门	行政编制	事业编制	
合计	**333**	**325**	**193**	**241**	**84**	**267**	**58**	**1368**
北京								
天津								
河北	11	11	11	11		11		45
山西	11	11	11	11		8	3	79
内蒙古	12	12		12		12		31
辽宁	14	14	8	5	9	7	7	65
吉林	9	9	3		9	5	4	23
黑龙江	13	13	8		13	6	7	73
上海								
江苏	13	13	3	12	1	12	1	52
浙江	11	11	11		11	9	2	72
安徽	16	16	1	16		14	2	56
福建	9	9	5	9		3	6	38
江西	11	11	7	10	1	10	1	40
山东	17	17	7	16	1	16	1	75
河南	17	17	9	17		15	2	62
湖北	13	13	13		13	10	3	46
湖南	14	14	10	14		13	1	47
广东	21	21		21		21		96
广西	14	14	14	14		14		88
海南	3	2	2	2		2		5
重庆								
四川	21	21	21	5	16	21		71
贵州	9	9	8	9		9		40
云南	16	16	1	16		14	2	54
西藏	7							
陕西	10	10	4	1	9	9	1	32
甘肃	14	14	9	13	1	6	8	82
青海	8	8	8	8		4	4	16
宁夏	5	5	5	5		5		18
新疆	14	14	14	14		11	3	62

注：表中行政区划总数摘自《2014中国统计摘要》。

2013 年测绘地理信息管理机构设置（续）

地 区	县级行政区							
	行政区划总数（个）	设置测绘地理信息管理机构的区划数（个）						从事测绘地理信息管理工作人员数（人）
			#机构挂牌个数	按机构隶属关系分		按机构性质分		
				国土资源部门	建设规划部门	行政编制	事业编制	
合 计	**2853**	**2143**	**855**	**1651**	**492**	**1414**	**729**	**6409**
北 京	16							
天 津	16	16			16	15	1	52
河 北	172	167	128	167		75	92	677
山 西	119	111	111	111		44	67	413
内蒙古	102	56		56		46	10	142
辽 宁	100	33	11	2	31	18	15	94
吉 林	60	41	17		41	16	25	118
黑龙江	128	65	7		65	7	58	128
上 海	17	7	6		7		7	27
江 苏	100	76	5	76		38	38	222
浙 江	90	63	60		63	58	5	227
安 徽	105	73		73		52	21	243
福 建	85	71	17	71		26	45	188
江 西	100	94	10	89	5	59	35	278
山 东	137	124	18	124		77	47	464
河 南	159	114	7	114		55	59	349
湖 北	103	67	61		67	15	52	189
湖 南	122	106	10	106		95	11	259
广 东	121	121		121		112	9	362
广 西	110	75	2	75		75		240
海 南	20	16	16	16		16		46
重 庆	38	29			29	21	8	117
四 川	183	181	141	34	147	181		362
贵 州	88	84	63	84		74	10	156
云 南	129	129		129		121	8	381
西 藏	74							
陕 西	107	19	3		19	17	2	53
甘 肃	86	73	30	71	2	15	58	312
青 海	43	10	10	10		2	8	43
宁 夏	22	21	21	21		11	10	59
新 疆	101	101	101	101		73	28	208

三、测绘资质单位

表8 2013年按类别分单位数量和服务总值

类别	年末资质单位数量（个）							测绘服务总值（万元）
	合计	按资质等级分				按单位性质分		
		甲级	乙级	丙级	丁级	事业单位	企业单位	
合计	**14040**	**784**	**2360**	**4665**	**6231**	**4262**	**9778**	**6064551.2**
测绘地理信息[①]	180	129	44	5	2	149	31	780568.3
国土资源	1998	123	373	655	847	1529	469	758117.2
城乡建设与规划	2587	85	266	718	1518	1483	1104	841196.1
铁道	86	18	48	13	7	1	85	255239.0
交通运输	281	38	99	93	51	128	153	201583.4
水利水电	715	84	179	249	203	425	290	465916.7
通讯	11	6	4		1		11	3660.8
石油	79	14	27	26	12	3	76	87715.2
石化	8	2	3	2	1	1	7	3604.8
煤炭	278	21	87	80	90	120	158	119035.3
有色	131	18	54	36	23	53	78	79527.4
农业	20	1	10	7	2	14	6	4591.4
林业	44	3	15	13	13	39	5	16658.5
地震	16	6	8	2		13	3	15857.6
海洋	60	6	7	18	29	50	10	20205.6
环保	5	1	1	2	1	3	2	2986.4
公安武警	4		2	2		2	2	225.0
科教文卫	69	7	37	24	1	39	30	30297.5
航空航天	14	9	4	1		2	12	86003.7
冶金	111	14	41	28	28	19	92	155142.8
其他系统	958	76	243	248	391	189	769	428639.8
私营企业	6380	120	807	2443	3010	—	6380	1703100.5
合资合作企业	5	3	1		1	—	5	4678.1

① 包含测绘地理信息系统单位开办的测绘企业，下同。

表9 2013年按地区分单位数量和服务总值

地区	年末资质单位数量（个）							测绘服务总值（万元）
	合计	按资质等级分				按单位性质分		
		甲级	乙级	丙级	丁级	事业单位	企业单位	
合 计	**14040**	**784**	**2360**	**4665**	**6231**	**4262**	**9778**	**6064551.2**
北 京	318	100	110	56	52	41	277	786993.0
天 津	111	17	32	55	7	31	80	136877.9
河 北	722	45	100	200	377	163	559	214721.3
山 西	540	21	59	155	305	146	394	123630.4
内蒙古	569	15	127	216	211	123	446	130522.0
辽 宁	618	33	139	236	210	203	415	188682.8
#大 连	98	6	26	50	16	10	88	54512.4
吉 林	430	16	61	104	249	124	306	100477.6
黑龙江	541	29	80	173	259	142	399	134670.6
上 海	182	22	65	69	26	19	163	192904.3
江 苏	703	49	106	297	251	164	539	271552.6
浙 江	513	29	56	104	324	119	394	323909.6
#宁 波	66	4	11	9	42	19	47	79166.7
安 徽	487	19	66	107	295	152	335	143392.5
福 建	426	21	52	153	200	113	313	192821.4
#厦 门	40	9	8	13	10	9	31	68883.3
江 西	453	24	50	82	297	182	271	97933.7
山 东	772	28	87	179	478	185	587	288712.0
#青 岛	90	4	16	27	43	16	74	50500.0
河 南	788	26	155	253	354	188	600	206718.3
湖 北	612	45	124	274	169	299	313	429952.7
湖 南	578	32	102	196	248	398	180	213570.6
广 东	610	43	132	184	251	239	371	379137.7
#深 圳	51	16	25	8	2	3	48	110936.0
广 西	514	17	72	226	199	138	376	119468.4
海 南	142	7	17	44	74	44	98	37583.5
重 庆	162	4	32	105	21	37	125	109307.2
四 川	808	34	128	314	332	197	611	521376.1
贵 州	401	15	58	128	200	154	247	99741.8
云 南	698	14	98	295	291	235	463	171115.2
西 藏	31	1	10	13	7	14	17	7268.5
陕 西	433	36	89	177	131	116	317	195135.2
甘 肃	320	13	57	90	160	114	206	79603.5
青 海	104	11	21	53	19	34	70	47238.7
宁 夏	89	3	15	24	47	33	56	23515.8
新 疆	365	15	60	103	187	115	250	96016.3

表 10 2013 年按类别分测绘从业人员

计量单位：人

类 别	年末从业人员数						年平均从业人员数
	合计	#测绘作业证持证人数	#测绘专业技术人员数				
			小计	#高级	#中级	#初级	
合 计	**328631**	**168709**	**216821**	**29729**	**76512**	**98891**	**307626**
测绘地理信息	23942	12075	16717	2573	5150	6920	23656
国土资源	42806	23125	29785	4030	11003	13668	39419
城乡建设与规划	45325	25754	30266	3740	11423	13622	42311
铁 道	7822	4203	4118	767	1471	1787	7521
交通运输	12627	6800	7962	1742	3038	2734	11667
水利水电	23801	14934	16406	3314	6095	6058	21854
通 讯	310	72	135	8	59	68	280
石 油	5153	2877	2521	398	1059	1022	4816
石 化	376	125	214	70	63	76	371
煤 炭	9906	5090	5495	895	1963	2497	9101
有 色	4721	2585	3442	546	1340	1445	4314
农 业	554	277	448	145	200	102	538
林 业	2176	968	1715	584	667	423	2102
地 震	1147	649	849	216	260	256	1038
海 洋	1265	718	895	243	361	299	1164
环 保	153	65	127	23	43	61	149
公安武警	75	17	53	3	24	26	50
科教文卫	2349	1200	1849	755	661	385	2240
航空航天	2468	867	681	91	214	366	2386
冶 金	5807	3858	3567	421	1177	1715	5328
其他系统	23344	11525	15531	2379	5520	6942	22137
私营企业	112404	50895	73983	6785	24705	38374	105084
合资合作企业	100	30	62	1	16	45	100

表 11 2013 年按地区分测绘从业人员

计量单位：人

地 区	年末从业人员数						年平均从业人员数
	合计	#测绘作业证持证人数	#测绘专业技术人员数				
			小计	#高级	#中级	#初级	
合 计	**328631**	**168709**	**216821**	**29729**	**76512**	**98891**	**307626**
北 京	23838	6278	11884	1867	3984	5111	22598
天 津	4629	2732	3057	613	1119	1197	4455
河 北	16030	7868	10043	1477	3624	4696	14965
山 西	10853	5480	6623	727	2537	3191	10055
内蒙古	10557	4985	7448	1179	2933	3075	9786
辽 宁	13897	8663	9587	1445	3868	4016	12825
#大 连	2672	1743	2091	266	799	1003	2547
吉 林	7568	3768	5243	1121	1892	2001	7016
黑龙江	10460	4629	6907	1140	2741	2615	9849
上 海	6632	2642	4065	646	1397	1836	6458
江 苏	13639	7195	9526	1423	3442	4328	12745
浙 江	12488	7679	8162	891	2981	3990	12075
#宁 波	1862	1181	1261	147	424	605	1769
安 徽	9820	5923	6257	775	2148	3079	9166
福 建	8234	4240	5621	656	1982	2745	7749
#厦 门	1965	779	880	120	337	394	1825
江 西	7640	3856	4986	664	1778	2367	7110
山 东	16608	8698	11114	1538	3724	5110	15085
#青 岛	1933	1378	1384	250	440	618	1796
河 南	18275	10534	12406	1417	4296	5932	17643
湖 北	17398	8054	11427	1664	4221	4767	16309
湖 南	11980	7433	8454	1214	3167	3709	11415
广 东	16725	6452	10082	1381	3219	4505	15465
#深 圳	3318	1272	1856	280	536	858	3205
广 西	9587	5205	6636	609	2224	3375	8928
海 南	2566	1320	1657	196	475	855	2382
重 庆	5840	3686	3473	537	1098	1258	5523
四 川	21684	11867	15257	1379	4584	8734	19667
贵 州	7104	4168	5035	663	1749	2293	6815
云 南	14404	9209	10089	1265	3632	4622	13193
西 藏	521	357	363	44	112	179	507
陕 西	12569	7433	9015	1378	3211	3987	11941
甘 肃	6419	3370	4610	713	1682	1808	6055
青 海	3069	1394	2324	264	769	1054	2776
宁 夏	1533	932	1029	184	373	432	1408
新 疆	6064	2659	4441	659	1550	2024	5662

表 12 2013 年按类别分主要仪器设备

计量单位：台/套

类 别	GPS 接收机	全站仪	经纬仪（含电子）	水准仪（含电子）	测深仪	地下管线探测仪	低空无人驾驶摄影飞机	航摄仪	全数字摄影测量系统	遥感图像处理系统	图形编辑工作站	绘图仪
合 计	**79597**	**57691**	**7093**	**40032**	**4636**	**4404**	**494**	**572**	**9649**	**4244**	**31837**	**17383**
测绘地理信息	5513	3770	304	1688	101	382	109	87	3230	821	6192	843
国土资源	13255	8228	713	4566	377	334	92	49	714	675	4454	3110
城乡建设与规划	6779	7975	1099	5671	202	511	23	18	706	233	3642	2475
铁 道	2134	2063	62	2043	60	29		13	161	9	252	289
交通运输	2419	1961	259	2130	697	29	2	2	35	6	221	479
水利水电	5917	4378	893	3547	936	98	18	14	414	167	1038	1043
通 讯	51	8		2		1			5			1
石 油	4042	1006	66	333	137	55	4	8	88	47	38	218
石 化	73	123	11	58	3	14			19			12
煤 炭	2205	1598	481	1088	34	65	11	17	315	42	621	558
有 色	1786	887	144	570	132	195	5	9	79	11	136	322
农 业	126	82	8	66	15	1	2	2	9	14	156	34
林 业	1687	152	91	164	1	1			7	60	347	79
地 震	235	149	24	180	5	9			13	0	54	21
海 洋	371	115	19	157	237	8	9		2	12	102	84
环 保	25	23	1	22		3					2	7
公安武警	62	11		10	2						1	8
科教文卫	763	669	718	807	70	25	6	18	199	124	440	141
航空航天	104	77	28	90	2	10		33	55	64	145	24
冶 金	1290	1260	342	843	62	246	10	10	145	32	368	274
其他系统	4906	3908	497	2905	338	228	56	82	534	394	2129	1136
私营企业	25848	19241	1333	13088	1224	2157	147	210	2919	1533	11499	6224
合资合作企业	6	7		4	1	3						1

2013年按类别分主要仪器设备（续）

计量单位：台/套

类　别	扫描仪	服务器	磁盘阵列	磁带库	交换机	手持测距仪	重力仪	雷达系统	水平仪	野外通讯系统	卫星导航定位数据处理系统	地理信息应急监测车
合　计	**12667**	**20649**	**3205**	**1353**	**14909**	**37064**	**364**	**136**	**1519**	**76213**	**2066**	**54**
测绘地理信息	674	2846	628	115	1555	1810	10	3	10	2350	63	17
国土资源	2074	2419	414	142	1929	3792	101	9	308	8288	388	6
城乡建设与规划	1560	2177	356	89	1776	7772	17	19	133	8750	115	1
铁　道	179	224	33	11	296	166		6	41	1530	69	
交通运输	396	623	40	21	758	289	9	12	101	2241	91	
水利水电	801	1145	191	110	1520	806	2	10	169	6565	195	2
通　讯	2	52	3	2	28	20				50		
石　油	138	133	19	135	144	89	16	1	2	13120	92	
石　化	11	6	2		3	17		1		105	1	
煤　炭	264	205	40	23	293	488	9	2	9	2347	69	1
有　色	235	100	15	19	114	535	6	2	51	1208	26	
农　业	30	20	4	2	21	41				49	1	
林　业	125	240	25	22	156	528			23	106	1	
地　震	60	65	5	3	30	88	39	1	1	160	11	
海　洋	105	152	31	9	127	31	3		7	208	33	2
环　保	3	3			4	6				28	1	
公安武警	5	8				2				28	1	
科教文卫	180	698	120	13	478	186	7	8	7	327	65	1
航空航天	33	69	32	9	55	48				10	20	
冶　金	188	145	43	24	154	386	17	9	42	1223	39	
其他系统	972	1566	214	134	904	2797	39	19	117	4473	199	1
私营企业	4630	7528	986	466	4531	17167	89	34	498	23047	586	23
合资合作企业	2	225	4	4	33							

表13　2013年按地区分主要仪器设备

计量单位：台/套

地区	GPS接收机	全站仪	经纬仪（含电子）	水准仪（含电子）	测深仪	地下管线探测仪	低空无人驾驶摄影飞机	航摄仪	全数字摄影测量系统	遥感图像处理系统	图形编辑工作站	绘图仪
合　计	**79597**	**57691**	**7093**	**40032**	**4636**	**4404**	**494**	**572**	**9649**	**4244**	**31837**	**17383**
北　京	2537	1872	178	1626	55	263	39	101	807	474	4284	540
天　津	1362	784	79	841	192	107	4	12	134	13	630	232
河　北	4967	3128	431	1969	273	1458	15	15	351	161	865	916
山　西	2385	1928	240	1366	36	25	15	33	305	104	696	619
内蒙古	3367	1916	261	1501	58	45	4	6	155	39	836	670
辽　宁	3108	2218	373	1633	288	160	22	18	751	205	1544	781
#大连	462	338	24	271	149	25	3	4	94	73	202	158
吉　林	1673	1427	153	950	20	42	16	14	157	34	555	372
黑龙江	5295	1770	151	1287	92	47	13	13	564	66	1271	495
上　海	1079	1002	188	1045	276	146	1	6	63	21	151	251
江　苏	2772	2695	220	2107	361	265	13	9	431	208	2340	830
浙　江	2310	2150	147	1218	289	193	13	9	184	93	1097	728
#宁波	314	295	13	180	78	40	2	2	41	24	94	110
安　徽	2059	1921	298	1416	134	86	10	5	270	80	926	578
福　建	1753	1702	178	1076	218	86	2	5	191	136	564	480
#厦门	358	333	9	262	54	17		2	96	73	219	64
江　西	1451	1373	213	920	76	36	12	7	198	110	631	358
山　东	3270	2736	209	1671	293	122	12	18	404	106	1183	1079
#青岛	387	320	23	226	124	7	2		10	5	80	128
河　南	4060	3412	408	2321	117	183	23	19	531	217	1783	945
湖　北	3836	3022	499	2138	323	119	26	29	469	300	1235	804
湖　南	2786	2242	303	1297	97	96	8	6	195	174	781	748
广　东	2867	2625	96	1634	680	275	17	35	275	261	2325	947
#深圳	472	359	6	236	86	77	2	3	21	47	526	94
广　西	2278	1808	186	1153	174	28	29	10	155	126	988	591
海　南	785	510	39	366	116	17	8	4	40	35	501	142
重　庆	1219	1383	241	627	41	113	11	6	263	66	194	279
四　川	5647	4332	348	2536	120	222	53	64	664	270	1667	1013
贵　州	2015	1407	246	898	70	27	19	21	221	139	439	461
云　南	4144	2357	488	1745	89	46	24	28	180	127	903	805
西　藏	182	115	21	93	2	2	2		10		14	33
陕　西	3923	2647	368	2203	66	89	16	45	793	338	1845	677
甘　肃	1903	1205	289	867	53	40	30	5	366	129	568	380
青　海	1427	579	60	363	8	18	12	4	121	61	192	144
宁　夏	451	250	60	190	9	4	10	1	44	14	207	83
新　疆	2686	1175	122	975	10	44	15	24	357	137	622	402

2013 年按地区分主要仪器设备（续）

计量单位：台/套

地 区	扫描仪	服务器	磁盘阵列	磁带库	交换机	手持测距仪	重力仪	雷达系统	水平仪	野外通讯系统	卫星导航定位数据处理系统	地理信息应急监测车
合 计	**12667**	**20649**	**3205**	**1353**	**14909**	**37064**	**364**	**136**	**1519**	**76213**	**2066**	**54**
北 京	654	5194	484	134	2123	1317	13	14	12	1634	93	2
天 津	121	155	49	16	161	409	9	2	30	612	30	
河 北	595	554	99	165	485	1459	24	7	31	2673	98	1
山 西	386	381	51	22	215	883	8	1	40	1647	44	1
内蒙古	412	524	58	13	252	788	4	3	28	1866	74	1
辽 宁	441	564	92	40	593	1722	4	2	25	1885	56	4
#大连	78	102	7	5	162	494			1	376	10	
吉 林	231	434	44	18	192	757		4	22	929	16	1
黑龙江	335	331	78	15	220	1367	3	1	14	1457	51	1
上 海	181	875	74	46	479	379	2	7	32	1064	37	
江 苏	525	873	172	122	708	2670	9	11	20	2134	98	1
浙 江	422	816	184	28	585	1586	7	2	38	2385	61	1
#宁波	56	137	11	7	128	229		1	4	379	21	1
安 徽	477	435	85	36	460	1704	23		59	2063	57	
福 建	306	481	75	23	358	1749	6	2	35	1728	39	1
#厦门	45	56	15	6	44	216	5		1	313	11	
江 西	346	181	66	44	219	1021	4	1	34	1273	40	2
山 东	577	776	104	39	624	1572	5	5	21	2706	119	9
#青岛	85	107	16	4	119	260			15	324	6	
河 南	759	837	122	109	632	2248	36	8	89	5653	146	
湖 北	726	966	164	75	875	1292	60	13	83	3984	143	13
湖 南	591	623	117	43	602	1030	27	5	51	2520	70	
广 东	650	1375	220	85	1034	2547	15	7	15	2846	131	
#深圳	94	341	44	23	196	510		1	2	413	12	
广 西	409	419	88	17	544	1601			24	1938	33	2
海 南	112	198	81	17	128	334		3	14	515	15	1
重 庆	183	249	41	17	275	456	5	4	47	1170	23	1
四 川	867	776	153	71	988	1794	7	6	72	17161	119	3
贵 州	368	495	56	28	287	822	19	13	129	1680	38	1
云 南	707	673	125	34	487	2332	11	3	175	3954	78	1
西 藏	19	6	3	2	8	33			3	236	8	
陕 西	478	565	93	44	696	1561	19	3	92	3543	157	1
甘 肃	324	309	134	29	246	551	17	4	39	1668	88	5
青 海	100	75	14	5	99	224	16	3	210	1440	12	1
宁 夏	70	113	10	5	37	110	4		1	321	12	
新 疆	295	396	69	11	297	746	7	2	34	1528	80	

四、测绘地理信息系统单位

（一）测绘服务总值

表14 2013年测绘服务总值和劳动生产率

单位	测绘服务总值（万元）	全员劳动生产率（元/人）
合计/平均值	**835157.9**	**320045**
北京	27556.3	313496
天津	22751.8	340595
河北	39920.9	610412
山西	22577.4	303460
内蒙古	22593.9	308239
辽宁	23509.5	344714
吉林	13163.3	220123
黑龙江	36963.1	181726
上海	19340.9	538743
江苏	31779.8	559503
浙江	29161.8	307939
安徽	20709.0	317136
福建	17306.4	400610
江西	19078.6	349425
山东	25741.6	331295
河南	18344.5	258010
湖北	23465.0	470240
湖南	33946.6	441438
广东	22363.7	221862
广西	24645.4	223237
海南	10955.3	273883
重庆	15987.1	163970
重庆测绘院	11139.2	239553
四川	51326.8	350593
贵州	22856.7	320122
云南	20184.5	351646
西藏	756.6	126097
陕西	47795.1	236844
甘肃	10640.9	244619
青海	14127.8	320357
宁夏	8540.1	341604
新疆	13207.7	250620
青岛		
大连	800.0	117647
宁波	9531.4	520839
深圳	8436.0	160993
厦门	2897.8	197127
中国地图出版集团	48027.7	1067282
测绘研究院	13691.0	361240
地理信息中心	11436.9	762460
卫星应用中心	5472.0	659275
质量检验中心	1329.6	265916
国家局及其其他直属单位	11098.6	301591

（二）生产

表 15　2013 年测绘基准建设

单　　位	卫星定位连续运行基准站（座）	GPS 测量（点）	水准测量		重力测量（点）	似大地水准面精化（平方千米）
			点数（点）	水准观测长度（千米）		
合　计	**113**	**40935**	**30608**	**151453**	**11512**	**293450**
北　京				1050		
天　津	1	4216	1700	5290		
河　北		5967	75	2311		
山　西		1364		2900		
内蒙古		392	100	1980		
辽　宁		103	485	3677		
吉　林			50	578		
黑龙江		384	5322	16319		
上　海						
江　苏	4	120		1700		
浙　江	9	2724	282	5640	9	8273
安　徽	4	2359	1104	2708		
福　建	7	266	446	4077	7	22959
江　西		658	150	327		
山　东		676	5	2162		
河　南		10038				
湖　北		1100	270	2800		
湖　南		7	45	458		800
广　东		52	205	2630		
广　西	33	1601	977	3086		
海　南	4	149	258	1780		
重　庆		356	310	1600		
重庆测绘院		596	74	2979		
四　川	4	1815	740	13664		
贵　州		1230	877	451		
云　南	22	851	437	3842		2200
西　藏		98	98	1400		
陕　西		589	3432	15017	11	245718
甘　肃						
青　海	15	2310	373	457		
宁　夏		30				
新　疆		241	450	432		
青　岛						
大　连	9	37	266	1830		13500
宁　波	1					
深　圳						
厦　门						
中国地图出版集团						
测绘研究院		54				
地理信息中心		552	12077	48308	11485	
卫星应用中心						
质量检验中心						

表 16 2013 年航空航天遥感资料获取

计量单位：平方千米

单 位	航空摄影	卫星影像获取
合 计	**2420699.7**	**164170798.6**
北 京		
天 津	14590.0	
河 北	870.0	
山 西	10703.1	
内蒙古	47251.0	24725.0
辽 宁	134354.0	
吉 林	53805.5	
黑龙江	85225.0	391.0
上 海	8000.0	
江 苏	4098.3	102600.0
浙 江	26828.0	880000.0
安 徽	18569.7	
福 建	43149.6	46000.0
江 西	3280.0	
山 东	33559.0	191837.0
河 南	25383.0	
湖 北	57900.0	161428.0
湖 南	2525.0	
广 东	1500.0	7434.0
广 西	2397.5	
海 南	28959.2	26301.0
重 庆	73535.5	82283.8
重庆测绘院		
四 川	12471.7	
贵 州	5372.0	329270.0
云 南	4109.0	
西 藏	32.0	200.0
陕 西	195198.5	1085.0
甘 肃		
青 海	1054.3	259200.0
宁 夏	12068.0	85545.0
新 疆	11424.0	1065026.0
青 岛		10654.0
大 连	1500.0	
宁 波	701.0	
深 圳		
厦 门		
中国地图出版集团		
测绘研究院	218270.5	1073.8
地理信息中心	1282015.3	4895745.0
卫星应用中心		156000000.0
质量检验中心		

表 17　2013 年地理信息数据生产（一）

计量单位：幅，平方千米

单　位	数字线划地图（DLG）													
	合计		#1:5 万		#1:1 万		#1:5000		#1:2000		#1:1000		#1:500	
	图幅数	面积	图幅数	面积	图幅数	面积	图幅数	面积	图幅数	面积	图幅数	面积	图幅数	面积
合　计	**365906**	**26849624**	**36615**	**17043741**	**57522**	**1483632**	**6265**	**41970**	**55073**	**46653**	**97880**	**24968**	**111832**	**7160**
北　京	8433	12070			457	9140			3376	2700			4600	230
天　津	9247	18377			700	17500			567	454			7980	424
河　北	48945	61714			2712	47161	65	300	9944	4965	25166	8650	11058	638
山　西	3001	38342			1520	38000			168	168	492	123	821	51
内蒙古	954	18198			724	17601	70	438	160	160				
辽　宁	4955	21282			834	20330			398	398	1713	428	2010	125
吉　林	2289	53074			2289	53074								
黑龙江	29481	10960709	13863	7148400	3713	93975	672	4040	127	94	3952	970	6916	430
上　海	31586	12499			148	3240			7581	6065	13345	2669	10512	526
江　苏	10378	100076			3843	97316			1669	1669	4290	1055	576	36
浙　江	36169	107706			3578	100184	165	823	4426	4949			28000	1750
安　徽	15868	33226			1000	27175	84	370	1280	670	10551	2246	2776	165
福　建	594	7994			176	5016	418	2978						
江　西	6469	592616	442	166900	3125	87642			1000	1000	1900	475		
山　东	12990	40644			1516	37900			1874	1874	1440	360	8160	510
河　南	17678	53665			2188	48790	233	1228	1014	977	10677	2459	3566	212
湖　北	24851	61688			1979	52895			5500	5500	11772	2943	5600	350
湖　南	6619	52353			1763	49944			1607	1557	3196	799	53	53
广　东	8629	369761			6599	176592	1725	10890	279	279				
广　西	4009	45402			1520	43873	16	34	2200	1422	263	73	10	1
海　南	2746	478656	1292	475189	127	3235					1029	202	298	30
重　庆	1189	9010					1029	9000					160	10
重庆测绘院	5684	478830	1084	466663	157	4239	942	6311	1491	1491			2010	126
四　川	28819	3419786	8108	3266165	5200	145024	334	2339	5171	5104	840	210	9166	945
贵　州	4794	27316			884	24756			2470	2470			1440	90
云　南	3310	112060	61	28499	2808	83262	19	112	171	171			251	16
西　藏	8	240			8	240								
陕　西	17262	9510177	11765	5491925	2116	49580			656	650	2305	513	144	9
甘　肃	3809	36401			1294	32350	384	2400	1491	1491	640	160		
青　海	518	12950			518	12950								
宁　夏	250	6250			250	6250								
新　疆	9291	91803			3644	91100			63	63	1549	388	4035	252
青　岛														
大　连														
宁　波	622	3392			132	3300							490	92
深　圳	2470	150									2470	150		
厦　门														
中国地图出版集团														
测绘研究院	1989	1205					109	708	390	312	290	95	1200	90
地理信息中心														
卫星应用中心														
质量检验中心														

2013 年地理信息数据生产（二）

计量单位：幅，平方千米

单位	数字高程模型（DEM）													
	合计		#1:5 万		#1:1 万		#1:5000		#1:2000		#1:1000		#1:500	
	图幅数	面积	图幅数	面积	图幅数	面积	图幅数	面积	图幅数	面积	图幅数	面积	图幅数	面积
合计	**232511**	**3873390**	**6903**	**2702002**	**38349**	**995948**	**7021**	**47062**	**114970**	**115450**	**44619**	**10903**	**20649**	**2024**
北京														
天津	689	12743			689	12743								
河北	1437	4850					802	4220	635	630				
山西	2010	18063			678	16950			1040	1040	292	73		
内蒙古	724	17601			724	17601								
辽宁	1769	21266			834	20330			935	935				
吉林														
黑龙江	5408	125571	101	40002	3218	81075	672	4040	133	133	1284	321		
上海														
江苏														
浙江	8127	106180			3581	100268	165	823	4341	5079	40	10		
安徽	4394	1469							1053	858	3341	611		
福建														
江西	160	160							160	160				
山东	15074	52844			2000	50000			1874	1874	1440	360	9760	610
河南	16671	8958			400	3566	132	757	993	965	15146	3669		
湖北	91408	126160			1408	36160			90000	90000				
湖南	8692	18833			471	13252			3853	3853	3520	880	848	848
广东	6599	179592			6599	179592								
广西														
海南	27	810			27	810								
重庆	1029	9000					1029	9000						
重庆测绘院	7215	26922			153	3457	3424	23000	318	334			3320	131
四川	37747	1221607	2887	1096000	4153	111315	330	2310	7316	7252	17540	4385	5521	345
贵州	1028	28788			1028	28788								
云南	3790	80350			2671	79138	19	112	1100	1100				
西藏	20	252			8	240			12	12				
陕西	6599	1589238	3915	1566000	976	22740			72	89	1636	409		
甘肃	4265	99425			3881	97025	384	2400						
青海	518	13288			518	13288								
宁夏	470	11750			470	11750								
新疆	3620	90500			3620	90500								
青岛														
大连														
宁波	99	2500			99	2500								
深圳														
厦门														
中国地图出版集团														
测绘研究院	2922	4670			143	2860	64	400	1135	1135	380	185	1200	90
地理信息中心														
卫星应用中心														
质量检验中心														

2013 年地理信息数据生产（三）

计量单位：幅，平方千米

单位	数字栅格地图（DRG）													
	合计		#1:5万		#1:1万		#1:5000		#1:2000		#1:1000		#1:500	
	图幅数	面积	图幅数	面积	图幅数	面积	图幅数	面积	图幅数	面积	图幅数	面积	图幅数	面积
合 计	**14565**	**169047**			**5709**	**158360**	**412**	**2572**	**4956**	**4956**	**3120**	**3120**	**368**	**38**
北 京														
天 津														
河 北														
山 西														
内蒙古														
辽 宁														
吉 林														
黑龙江														
上 海														
江 苏														
浙 江														
安 徽	1000	27175			1000	27175								
福 建														
江 西														
山 东														
河 南														
湖 北														
湖 南	4467	77811			2702	76046			1765	1765				
广 东														
广 西														
海 南														
重 庆														
重庆测绘院														
四 川	497	12264			298	11920	28	172	171	171				
贵 州	6481	10882			173	4844			3020	3020	3000	3000	288	18
云 南														
西 藏														
陕 西														
甘 肃	1678	34750			1294	32350	384	2400						
青 海	135	3350			135	3350								
宁 夏	107	2675			107	2675								
新 疆														
青 岛														
大 连														
宁 波														
深 圳														
厦 门														
中国地图出版集团														
测绘研究院	200	140									120	120	80	20
地理信息中心														
卫星应用中心														
质量检验中心														

2013 年地理信息数据生产（四）

计量单位：幅，平方千米

单位	数字正射影像（DOM）													
	合计		#1:5万		#1:1万		#1:5000		#1:2000		#1:1000		#1:500	
	图幅数	面积	图幅数	面积	图幅数	面积	图幅数	面积	图幅数	面积	图幅数	面积	图幅数	面积
合计	**682988**	**10684135**	**14553**	**6779217**	**104604**	**2718778**	**39971**	**278090**	**387203**	**379902**	**87569**	**22620**	**44082**	**3096**
北京														
天津	18368	40049			564	14100	2201	13206	15603	12743				
河北	32027	237885	62	25000	8104	202600			5753	7000	11988	2924	6120	360
山西	18020	30578			952	23790			6046	6045	292	73	10730	670
内蒙古	1756	33401			1756	33401								
辽宁	29147	48644			834	20330			28313	28313				
吉林	706	16238			706	16238								
黑龙江	13190	952241	1909	719002	9232	228994	632	3790	133	133	1284	321		
上海	9837	8000							9837	8000				
江苏	26232	109126			4139	105544					15733	3221	6360	362
浙江	11423	101057			3268	91504	165	823	7990	8730				
安徽	15491	40448			1000	27175	387	4450	4139	3402	9785	2802		
福建	3066	88301			3066	88301								
江西	36391	144724			4007	113000			31584	31584	480	120	320	20
山东	20368	185344			7294	182500			1874	1874	1440	360	9760	610
河南	7646	75382			2853	73242	132	757	335	307	4326	1076		
湖北	223332	239010			617	16385			222595	222595	120	30		
湖南	45326	240095			1650	45771	25679	179753	14413	13291	3520	880	64	400
广东	22693	228795			6599	176592	6319	45298	6975	6205	2800	700		
广西	1273	3331			119	2100	15	92	1139	1139				
海南	2244	16318	52	16000							2192	318		
重庆	614	4074					550	4010	64	64				
重庆测绘院	4849	558234	1231	535040			3424	23000	194	194				
四川	34926	1382515	2822	1275050	3543	97270			5500	5465	17540	4385	5521	345
贵州	20327	39638			821	22988			17200	16200	1826	420	480	30
云南	5516	270163			2671	79138	19	112	1100	1100				
西藏	67	252			55	240			12	12				
陕西	8839	3318055	6306	3308725	339	8475			558	446	1636	409		
甘肃	6396	101076			3881	97025	384	2400	1491	1491	640	160		
青海	383	9575			383	9575								
宁夏	916	22900			916	22900								
新疆	9810	406770	14	5400	3644	91100					425	106	2627	164
青岛														
大连														
宁波	272	2640			99	2500			173	140				
深圳														
厦门														
中国地图出版集团														
测绘研究院	49537	897277	157	63000	31492	826000	64	400	4182	3428	11542	4314	2100	135
地理信息中心														
卫星应用中心	2000	832000	2000	832000										
质量检验中心														

表 18　2013 年地图编制

单　位	地形图（幅）							专题地图（种）	地图集（种）	电子地图（种）
		#1:5 万	#1:1 万	#1:5000	#1:2000	#1:1000	#1:500			
合　计	**120235**	**17811**	**16396**	**1743**	**17686**	**23592**	**40564**	**3719**	**502**	**400**
北　京	4720						4720	30	4	4
天　津										
河　北								2		
山　西	4977		927		548	492	3010	51	8	
内蒙古	1078		66		244		768	23	1	
辽　宁	22			3	15			44	1	
吉　林								14	1	1
黑龙江	15011	13628	824	190	123			95	2	8
上　海	31438				7581	13345	10512		2	
江　苏	5737		1011		1300	2850	576	2	1	
浙　江	9577		1639	165	4341	40	3392	80	6	3
安　徽	968				7	961		291	19	1
福　建	176		176					126	2	
江　西	5							42		
山　东	1936						1936	162	15	
河　南	2353		15	146	556	1635		9	3	9
湖　北								6	3	2
湖　南	2270		2112	27	90			50	7	9
广　东	10791		6599		58	120	4000	19	1	14
广　西	30		30					38	1	7
海　南	1251	864		254	48			104	18	1
重　庆	31	8						752	11	30
重庆测绘院	7194	1195	157	942	1031		2010	17		1
四　川	3594	1956	976		270		392	121	39	4
贵　州	358				70		288	23	3	2
云　南	3559		992	16	953	83	1515	22	2	6
西　藏										
陕　西	396	160	97					52	4	1
甘　肃	1							11	1	1
青　海	4094		135		451	64	3444	112	2	
宁　夏	12								1	
新　疆	6076		640			1502	3921	214		1
青　岛										
大　连										
宁　波								11	1	
深　圳	2470					2470		1		1
厦　门										
中国地图出版集团								634	340	147
测绘研究院	110					30	80		3	
地理信息中心								561		147
卫星应用中心										
质量检验中心										

表 19　2013 年界线测绘和工程测量

单　位	地籍测绘	房产测绘	行政区域界线测绘		工程测量（项）				
	面积（平方千米）	面积（万平方米）	测量长度（千米）	点数（点）	合计	50 万以上	50 万（含）-200 万	200 万（含）-500 万	500 万及以上
合　计	**24793.7**	**10310.1**	**1276.6**	**1253**	**12709**	**12266**	**327**	**74**	**42**
北　京	1.5	65.5			4197	4149	47	1	
天　津	345.5				1054	1025	25	4	
河　北	6190.0				14	12	2		
山　西					10	3	6		1
内蒙古	670.3		62.0	12	14	11	3		
辽　宁	24.0				13	13			
吉　林	5.8				30	21	7	2	
黑龙江	55.9	500.0			57	50	6	1	
上　海					1895	1858	31	4	2
江　苏					7	6		1	
浙　江	190.0				17	15		2	
安　徽	24.0	186.7	200.0	3	15	14	1		
福　建		1015.9			33	14	13	4	2
江　西	20.0				31	19	9	3	
山　东	130.0	2.0			46	40	5	1	
河　南	1060.6		210.0	20	1	1			
湖　北	4088.0				104	100	2		2
湖　南	4682.0	200.0	700.0	850	24	16	4	2	2
广　东	1.3	424.7	91.0	7	14	8	5	1	
广　西	1080.0	413.5			57	54	2	1	
海　南	48.7	74.0	13.6	12	87	79	5	2	1
重　庆		3851.2			3072	3046	19	4	3
重庆测绘院	60.0				141	128	5	1	7
四　川	587.3	480.0			255	139	74	27	15
贵　州	10.4	573.7		15	141	138	3		
云　南	4478.0				41	21	14	3	3
西　藏									
陕　西	856.5				50	30	15	4	1
甘　肃	2.0				6	2	1	2	1
青　海	155.1	375.3		334	117	101	15		1
宁　夏	15.0				5	3	1	1	
新　疆	5.6				13	7	3	3	
青　岛	1.3	97.6			27	27			
大　连					8	8			
宁　波		150.0			722	720	2		
深　圳		1900.0			390	387	2		1
厦　门									
中国地图出版集团									
测绘研究院	4.9				1	1			
地理信息中心									
卫星应用中心									
质量检验中心									

表 20　2013 年地理信息系统开发

单　位	系统开发数量（项）	系统开发经费（万元）	
		收费金额	免费金额
合　计	**298**	**28803.1**	**1887.3**
北　京	6	4472.4	
天　津	4	230.0	
河　北	6	777.0	
山　西	19	1120.0	
内蒙古			
辽　宁			
吉　林	4	389.0	
黑龙江	7	77.3	70.0
上　海	7	629.0	
江　苏	7	819.6	
浙　江	26	5487.1	
安　徽			
福　建	20	1149.9	250.0
江　西	5	661.1	
山　东	2	745.3	
河　南	26	833.1	
湖　北	7	622.5	
湖　南	1	75.0	
广　东	2	324.0	
广　西	5	169.2	60.0
海　南	19	986.7	10.0
重　庆	2		58.0
重庆测绘院	6	370.0	120.0
四　川	17	2899.5	550.0
贵　州	6	460.0	80.0
云　南	7	492.7	
西　藏			
陕　西	13	1359.3	132.5
甘　肃	7	1018.4	
青　海	15	57.5	240.0
宁　夏			
新　疆	7	40.0	18.0
青　岛			
大　连			
宁　波	3	156.0	
深　圳	5	460.0	40.0
厦　门			
中国地图出版集团			
测绘研究院	24	1579.3	48.0
地理信息中心	6	292.2	
卫星应用中心	7	50.0	210.8
质量检验中心			

表21 2013年全国1:1万地图覆盖

计量单位：平方千米，幅

单位	地形图		数字线划地图（DLG）		数字高程模型（DEM）		数字正射影像（DOM）	
	面积	图幅数	面积	图幅数	面积	图幅数	面积	图幅数
合计	**5009403**	—	**4792946**	—	**4173732**	—	**4433168**	—
北京	16400	933	16400	933	16400	933	16400	933
天津	11900	553	11900	553	11900	553	11900	553
河北	188000	8108	188000	8108	138000	5524	188000	8108
山西	156700	6317	156700	6317	156700	6317	156700	6317
内蒙古	406375	16515	406375	16515	311900	12736	311900	12736
辽宁	145900	6508	118556	4839	118556	4839	105816	4319
吉林	187400	8636	187400	8636	28911	1257	80454	3498
黑龙江	252000	15206	252000	15206			91722	4168
上海	6341	322	6341	322				
江苏	107736	4258	107736	4258	66330	2503	107736	4258
浙江	101800	4349	101800	4244	101800	4244	101800	4244
安徽	139400	5467	139400	5467	139400	5467	139400	5467
福建	124000	4689	124000	4689	124000	4689	124000	4689
江西	166900	6197	166900	6197	166900	6197	166900	6197
山东	157100	6400	152755	5967	152755	5967	152755	5967
河南	167000	6562	167000	6562	167000	6562	167000	6562
湖北	145600	5600	183162	6809	184104	6844	172241	6403
湖南	211800	7834	211800	7770	211800	7770	207462	7305
广东	179800	6599	179800	6599	179800	6599	179800	6599
广西	235300	8446	236700	8495	236700	8495	236700	8495
海南	34000	1854	34000	1854	34000	1854	34000	1854
重庆	82400	3263	82400	3263	82400	3263	75886	2762
四川	210700	7989	210700	7989	210700	7989	360000	13300
贵州	176000	6543	30000	1092	175000	6483	30000	1092
云南	380009	13014	302278	10352	306483	10496	306483	10496
西藏	31100	1067	31100	1067	31100	1067	31100	1067
陕西	150075	6003	150075	6003	149600	5876	133626	5345
甘肃	247200	9888	247200	9888	247200	9888	251875	10075
青海	57353	2223	57353	2223	29929	1747	41723	1620
宁夏	57690	2250	57690	2250	57690	2250	57690	2250
新疆	475425	19017	475425	19017	336675	13467	392100	15684

（三）地图图书出版和地图审核

表 22　2013 年地图图书出版

出版单位	品种（种）						总印张（千印张）					
	纸质地图				电子地图	一般出版物	纸质地图				电子地图	一般出版物
		新版	重版	再版				新版	重版	再版		
合　计	**1635**	**643**	**851**	**141**	**71**	**2631**	**74578**	**12866**	**56237**	**5475**		**550860**
黑龙江	128	82	46			103	5789	607	5182			1766
福　建	71	68	3				1195	1170	25			
山　东	124	76		48		43	1223	618		605		2433
湖　南	125	40	85			44	2129	825	1304			2729
广　东	77	15	44	18		10	1215	143	956	116		63
四　川	244	70	167	7		116	4446	637	3674	136		3993
陕　西	88	41		47		68	5695	1479		4216		1234
中国地图出版集团	778	251	506	21	71	2247	52885	7387	45097	402		538642

续表

出版单位	总印数/总复制数（万幅/万册，万张）						总造货码洋（万元）					
	纸质地图				电子地图	一般出版物	纸质地图				电子地图	一般出版物
		新版	重版	再版				新版	重版	再版		
合　计	**2043**	**488**	**1346**	**210**	**91**	**13729**	**34481**	**12260**	**20373**	**1847**	**7355**	**106117**
黑龙江	120	34	86			10	2740	1085	1655			1646
福　建	36	34	2				1228	1216	12			
山　东	164	67		97		48	2611	1709		902		1166
湖　南	176	79	97			36	1436	630	806			844
广　东	70	11	41	18		10	882	402	382	98		45
四　川	173	40	127	6		72	2109	497	1540	72		1427
陕　西	146	90		56		7	1964	1454		510		1651
中国地图出版集团	1158	133	993	32	91	13547	21511	5268	15978	265	7355	99339

表 23 2013 年地图审核

单位	地图审核（件）			地图内容审查						
	收到送审数	受理审核数	批准通过数	地图（集、册、幅）（幅）	对外加工印刷品插附地图（幅）	图书报纸期刊插附地图（幅）	地球仪（个）	导航电子地图（件）	互联网地图（件）	其他地图（幅）
合计	**6935**	**6630**	**5801**	**29581**	**35896**	**76998**	**472**	**199**	**246**	**1343**
北京	42	42	40	37						
天津	13	13	13	6		5			1	
河北	31	31	29	21		1			7	1
山西	39	39	39	30		2			7	
内蒙古	20	20	20	2						
辽宁	76	76	45	205	75	30			5	
吉林	102	102	105	1124		3426				
黑龙江	130	121	94	85		1			8	
上海	125	125	125	533		553			6	
江苏	160	160	160	128		12			13	2
浙江	346	346	346	1833		213	166		15	206
安徽	30	30	30	10				1	2	17
福建	90	90	87	75		7			7	
江西	70	70	70	64		4			2	
山东	192	192	191	45		6			18	61
河南	89	89	89	790					3	
湖北	82	82	82	60		7			11	4
湖南	67	67	67	642	3	1			6	
广东	116	116	101	80	2	101	1		17	
广西	78	78	78	210	113	90			5	7
海南	74	74	74	374	63	58			9	
重庆	62	62	61	70		51			1	
四川	80	80	78	344		110			10	2
贵州	38	38	38	32		4				2
云南	39	39	39	165		8			3	28
西藏	6	6	6	4		2				
陕西	44	44	44	517		24			2	166
甘肃	37	37	37	18					18	1
青海	18	18	18	173		7				
宁夏	23	23	23	3	1	19				
新疆	71	71	71	300		64			1	29
国家测绘地理信息局	4545	4249	3501	21601	35639	72192	305	198	69	817

（四）科技

表 24 2013 年测绘地理信息系统科技研究

科技活动	研究项目数（项）		完成项目数（项）		经费投入（万元）				项目人员（人）	
		#新开项目数		#新开项目数		财政投入	自筹资金	其他资金	总数	#客座人员
合　　计	**914**	**616**	**495**	**308**	**48493. 4**	**22277. 1**	**20773. 5**	**5442. 9**	**4382**	**224**
按活动类型分：										
测绘基础研究	75	40	40	11	10878. 8	4754. 8	5490. 4	633. 7	406	30
测绘应用研究	482	336	244	159	19530. 7	10429. 4	6787. 9	2313. 4	2319	133
测绘技术开发	322	220	194	132	17391. 7	6661. 4	8252. 9	2477. 4	1481	39
测绘软科学研究	35	20	17	6	692. 2	431. 6	242. 2	18. 4	176	22
按计划类型分：										
国家计划	70	32	16	5	13060. 6	7967. 4	2278. 7	2814. 5	417	33
部门计划	185	114	83	57	16735. 5	7852. 6	7557. 0	1326. 0	914	44
#国家局计划	112	62	58	40	12484. 9	6497. 0	5981. 8	6. 0	537	39
地方计划	110	69	59	30	6626. 4	3092. 5	2678. 5	855. 4	758	42
单位计划	477	340	315	201	10892. 9	3157. 1	7556. 8	179. 0	1996	99
国际合作计划	5	4			92. 0	92. 0			29	6
其他计划	67	57	22	15	1085. 9	115. 4	702. 5	268. 0	268	

表 25 2013 年直属单位科技研究

科技活动	研究项目数（项）		完成项目数（项）		经费投入（万元）				项目人员（人）	
		#新开项目数		#新开项目数		财政投入	自筹资金	其他资金	总数	#客座人员
合　计	**481**	**289**	**217**	**126**	**32832.2**	**17344.1**	**10400.2**	**5087.9**	**2140**	**108**
按活动类型分：										
测绘基础研究	47	21	18	3	10342.0	4489.9	5236.4	615.7	201	17
测绘应用研究	287	186	117	77	11982.2	6893.0	2920.8	2168.4	1334	61
测绘技术开发	137	76	77	42	10089.1	5591.6	2196.1	2301.4	562	30
测绘软科学研究	10	6	5	4	419.0	369.6	47.0	2.4	43	
按计划类型分：										
国家计划	65	29	16	5	12282.6	7709.5	1758.7	2814.5	365	33
部门计划	142	85	63	44	14219.6	7120.8	5772.8	1326.0	581	19
#国家局计划	100	54	51	36	11766.9	6113.0	5647.8	6.0	460	19
地方计划	51	30	27	12	1422.5	249.6	423.5	749.4	227	15
单位计划	166	97	94	53	4417.6	2056.9	2356.7	4.0	736	35
国际合作计划	5	4			92.0	92.0			29	6
其他计划	52	44	17	12	397.9	115.4	88.5	194.0	202	

表 26 2013 年科技成果

指标名称	计量单位	测绘地理信息系统	
			#直属单位
完成成果	项	197	71
成果登记	项	56	26
已应用成果	项	149	48
发表论文	篇	1499	572
1. 国内	篇	1431	505
其中：SCI	篇	100	
EI	篇	103	39
2. 国外	篇	68	67
其中：SCI	篇	12	11
EI	篇	30	30
出版科技著作	部	12	11
专利申请受理	项	54	40
其中：发明专利	项	37	32
专利授权	项	36	27
其中：发明专利	项	23	19
国外授权	项		
成果获奖	项	331	87
1. 国际科技奖	项	3	2
2. 国家科技奖	项	2	2
3. 省部级科技奖	项	107	45
4. 省部级以下科技奖	项	82	16
5. 社会科技奖	项	87	18
6. 其他	项	50	4
技术转让收入	万元	512	122
科技成果转化	项	68	39
其他科技产出	—		
1. 形成国家或行业标准数	项	16	13
2. 软件著作权数	项	85	63

（五）人力资源

表 27　2013 年直属单位人员

计量单位：人

直属单位	年末单位个数	从业人员年末人数					离开本单位仍保留劳动关系的职工人数
			#女性	在岗职工		其他从业人员	
					#在编职工		
合　计	**66**	**7902**	**2611**	**7188**	**4973**	**714**	**8**
陕　西	18	2042	719	1800	1153	242	3
黑龙江	14	2050	635	1814	1360	236	
四　川	10	1461	411	1440	986	21	5
海　南	7	401	139	358	133	43	
重庆测绘院	1	465	113	465	235		
中国地图出版集团	3	450	203	435	300	15	
测绘研究院	1	373	116	313	263	60	
地理信息中心	1	150	60	150	150		
卫星应用中心	1	88	30	88	70		
测绘宣传中心	1	41	24	41	41		
管理信息中心	1	22	11	22	22		
地图审查中心	1	22	12	22	22		
发展研究中心	1	21	11	21	21		
技能鉴定中心	1	20	10	20	19		
质量检验中心	1	50	20	47	47	3	
北戴河休养院	1	30	3	16	16	14	
测绘学会	1	18	6	10	10	8	
机关服务中心	1	94	50	22	21	72	
国家局机关	1	104	38	104	104		

2013 年直属单位人员（续）

计量单位：人

直属单位	从业人员年平均人数				年末累计离退休人员		
		在岗职工		其他从业人员		离休人员	退休人员
			#在编职工				
合 计	**7861**	**7143**	**4954**	**718**	**3970**	**152**	**3818**
陕 西	2018	1771	1156	247	1288	53	1235
黑龙江	2034	1804	1353	230	883	19	864
四 川	1464	1443	969	21	778	24	754
海 南	400	357	132	43	30		30
重庆测绘院	465	465	235		190	2	188
中国地图出版集团	450	430	299	20	399	19	380
测绘研究院	379	316	271	63	210	15	195
地理信息中心	150	150	150		73	2	71
卫星应用中心	83	83	70				
测绘宣传中心	41	41	41		1		1
管理信息中心	22	22	22		2		2
地图审查中心	22	22	22				
发展研究中心	20	20	20				
技能鉴定中心	21	21	20		1		1
质量检验中心	50	50	47		11		11
北戴河休养院	30	16	16	14	18		18
测绘学会	18	10	10	8	10		10
机关服务中心	94	22	21	72	3		3
国家局机关	100	100	100		73	18	55

表 28 2013 年地方单位人员

计量单位：人

地方单位	年末单位个数	从业人员年末人数				其他从业人员	离开本单位仍保留劳动关系的职工人数
			#女性	在岗职工	#在编职工		
合 计	**188**	**18253**	**5390**	**17370**	**13639**	**883**	**255**
北 京	1	854	260	854	588		
天 津	1	672	178	672	416		
河 北	9	657	178	657	510		
山 西	12	744	266	744	744		43
内蒙古	7	724	236	724	569		
辽 宁	9	680	276	680	680		
吉 林	12	604	147	604	586		28
上 海	1	358	86	358	358		
江 苏	10	588	151	588	499		
浙 江	7	967	240	963	521	4	20
安 徽	11	654	159	497	446	157	
福 建	5	437	112	437	437		
江 西	7	546	189	546	462		38
山 东	3	777	173	642	642	135	
河 南	10	714	266	714	537		
湖 北	8	502	173	502	502		
湖 南	9	773	206	694	460	79	1
广 东	6	1025	261	1025	587		
广 西	10	1099	369	761	665	338	119
重 庆	2	1003	216	1003	264		
贵 州	6	700	250	629	558	71	
云 南	10	594	214	576	538	18	6
西 藏	2	60	10	60	60		
甘 肃	7	435	126	435	435		
青 海	5	441	119	441	441		
宁 夏	5	250	54	245	245	5	
新 疆	7	529	196	529	529		
青 岛		5	1	5	5		
大 连	1	68	38	68	38		
宁 波	2	183	52	183	134		
深 圳	2	463	188	387	120	76	
厦 门	1	147		147	63		

注：表中单位个数不包括北京、天津、内蒙古、安徽、山东、湖南、广东、重庆、贵州、宁夏、青岛、大连、宁波、深圳、厦门等测绘地理信息行政主管部门机关，从业人员中山东、广东包括机关全部人员，其余只包括机关测绘管理部门的工作人员，下同。

2013 年地方单位人员（续）

计量单位：人

地方单位	从业人员年平均人数				年末累计离退休人员		
		在岗职工		其他从业人员		离休人员	退休人员
			#在编职工				
合　计	**18234**	**17333**	**14179**	**901**	**9632**	**244**	**9388**
北　京	879	879	597		590	11	579
天　津	668	668	425		357	1	356
河　北	654	654	654		398	15	383
山　西	744	744	744		447	8	439
内蒙古	733	733	578		412	14	398
辽　宁	682	682	682		404	19	385
吉　林	598	598	580		400	19	381
上　海	359	359	359		297	3	294
江　苏	568	568	568		401	11	390
浙　江	947	945	534	2	265	17	248
安　徽	653	465	454	188	234	5	229
福　建	432	432	432		425	7	418
江　西	546	546	546		241	5	236
山　东	777	642	642	135	381	12	369
河　南	711	711	534		352	9	343
湖　北	499	499	499		389	7	382
湖　南	769	690	687	79	561	7	554
广　东	1008	1008	580		476	23	453
广　西	1104	770	673	334	496	8	488
重　庆	975	975	248		108	1	107
贵　州	714	643	572	71	357	2	355
云　南	574	556	524	18	447	10	437
西　藏	60	60	60		13		13
甘　肃	435	435	435		329	15	314
青　海	441	441	441		380	6	374
宁　夏	250	248	248	2	27		27
新　疆	527	527	527		425	9	416
青　岛	5	5	5		2		2
大　连	68	68	38				
宁　波	183	183	136				
深　圳	524	452	114	72	18		18
厦　门	147	147	63				

表 29　2013 年直属单位从业人员增减变动

计量单位：人

直属单位	年末从业人员	增加从业人员数							减少从业人员数								
		合计	从农村招收人员	从城镇招人员	录用毕业生	复员转业军人安置	调入	其他	合计	退休	退职	开除、除名、辞退	终止、解除合同	离开本单位仍保留劳动关系职工	死亡	调出	其他
合　计	**7902**	**980**	**18**	**86**	**277**	**4**	**260**	**335**	**820**	**153**	**6**	**5**	**392**	**8**	**12**	**231**	**13**
陕　西	2042	382		13	61		174	134	254	53	2		19	3	3	168	6
黑龙江	2050	158		2	42		20	94	157	39		1	80		5	32	
四　川	1461	220	14	56	122	3	14	11	263	15	3		227	5		13	
海　南	401	41	4	6	16		4	11	24	4		3	12		1	4	
重庆测绘院	465	22			3			19	31	10			15		2	4	
中国地图出版集团	450	42			5		29	8	39	4			28				7
测绘研究院	373	14		9	5				25	13	1		9		1	1	
地理信息中心	150	8			5		3		7	4						3	
卫星应用中心	88	10			7		1	2	3				2			1	
测绘宣传中心	41	3			1		2		1							1	
管理信息中心	22	1					1		1							1	
地图审查中心	22	1			1												
发展研究中心	21	2			2												
技能鉴定中心	20								1							1	
质量检验中心	50	7			7				4	2						2	
北戴河休养院	30																
测绘学会	18	5						5	2	2							
机关服务中心	94	54				1	2	51	3	3							
国家局机关	104	10					10		5	4		1					

表 30　2013 年地方单位从业人员增减变动

计量单位：人

地方单位	年末从业人员	增加从业人员数							减少从业人员数								
		合计	从农村招收人员	从城镇招人员	录用毕业生	复员转业军人安置	调入	其他	合计	退休	退职	开除、除名、辞退	终止、解除合同	离开本单位仍保留劳动关系职工	死亡	调出	其他
合　计	**18253**	**1467**	**9**	**109**	**771**	**37**	**317**	**224**	**1147**	**553**	**2**	**10**	**261**	**1**	**17**	**271**	**32**
北　京	854	16			12	1	3		59	29			20		1	3	6
天　津	672	32			10			22	42	33							9
河　北	657	53			28	2	22	1	31	19						12	
山　西	744	21			8	4	6	3	18	15						2	1
内蒙古	724	26			12	2	12		43	13	1		17		1	11	
辽　宁	680	98			8	1	87	2	104	19						85	
吉　林	604	34			27		2	5	24	20		1				3	
上　海	358	13			12		1		16	13			1			2	
江　苏	588	57			37	2	17	1	32	12						20	
浙　江	967	166	3	40	53	1	6	63	70	17			42			7	4
安　徽	654	39	3	16		4	8	8	43	30					2	10	1
福　建	437	40			26	1	13		32	23			5			4	
江　西	546	52			23		27	2	41	27		4				8	2
山　东	777	28		1	26	1			15	10			2		2	1	
河　南	714	74			45	2	17	10	49	18		1	10			19	1
湖　北	502	37		7	19	3	6	2	19	13			3			3	
湖　南	773	62		2	43	2	3	12	30	19		2	4		1		4
广　东	1025	84	2	8	39	4	10	21	80	10		1	58			7	4
广　西	1099	100		8	55		11	26	91	31			49		2	9	
重　庆	1003	47		1	43		3		18	5		1	9		1	2	
贵　州	700	94			89		5		117	111					1	5	
云　南	594	43		2	32	2	6	1	21	7			2	1	2	9	
西　藏	60	7			6		1		3	1					1	1	
甘　肃	435	20			13		6	1	18	14					1	3	
青　海	441	81			67	3	11		19	9						10	
宁　夏	250	6	1		3	1	1		10	8					2		
新　疆	529	39			16	1	22		44	20			2			22	
青　岛	5																
大　连	68	7			2		3	2	3	1						2	
宁　波	183	13		10			2	1	13				9			4	
深　圳	463	66		14	15		6	31	38	2	1		28			7	
厦　门	147	12			2			10	4	4							

表 31 2013 年直属单位年末从业人员分类

计量单位：人

直属单位	机关工作人员			事业单位工作人员				企业工作人员
		公务员及其他行政人员	工勤技能人员		管理人员	专业技术人员	工勤技能人员	
合　计	**300**	**297**	**3**	**7126**	**749**	**4086**	**2291**	**476**
陕　西	62	59	3	1954	180	1167	607	26
黑龙江	48	48		2002	70	909	1023	
四　川	48	48		1413	205	751	457	
海　南	38	38		363	26	297	40	
重庆测绘院				465	38	408	19	
中国地图出版集团								450
测绘研究院				373	66	289	18	
地理信息中心				150	41	99	10	
卫星应用中心				88	24	60	4	
测绘宣传中心				41	13	19	9	
管理信息中心				22	12	10		
地图审查中心				22	5	17		
发展研究中心				21	6	15		
技能鉴定中心				20	9	10	1	
质量检验中心				50	12	34	4	
北戴河休养院				30	13		17	
测绘学会				18	9	1	8	
机关服务中心				94	20		74	
国家局机关	104	104						

表 32 2013 年地方单位年末从业人员分类

计量单位：人

地方单位	机关工作人员			事业单位工作人员				企业工作人员
		公务员及其他行政人员	工勤技能人员		管理人员	专业技术人员	工勤技能人员	
合 计	**1002**	**966**	**36**	**17159**	**1578**	**11910**	**3671**	**92**
北 京	7	7		847	124	323	400	
天 津	5	5		667	92	237	338	
河 北	51	45	6	606	55	393	158	
山 西				744	161	447	136	
内蒙古	5	5		719	45	449	225	
辽 宁	42	39	3	638	64	524	50	
吉 林	38	34	4	566	77	408	81	
上 海				358	38	251	69	
江 苏	59	57	2	529	27	413	89	
浙 江	47	45	2	920	66	671	183	
安 徽	8	8		646	94	300	252	
福 建	41	38	3	396	18	316	62	
江 西	39	35	4	507	42	386	79	
山 东	127	127		650	37	584	29	
河 南	38	34	4	676	35	478	163	
湖 北	49	49		453	65	312	76	
湖 南	25	25		712	55	514	143	36
广 东	152	152		873	39	760	74	
广 西	29	29		1070	66	820	184	
重 庆	15	15		988	68	517	403	
贵 州	16	16		684	39	593	52	
云 南	32	32		506	47	428	31	56
西 藏	26	21	5	34		31	3	
甘 肃	37	37		398	37	297	64	
青 海	35	32	3	406	34	358	14	
宁 夏	19	19		231	26	168	37	
新 疆	37	37		492	45	414	33	
青 岛				5	5			
大 连	4	4		64		64		
宁 波	5	5		178	40	126	12	
深 圳	8	8		455	29	282	144	
厦 门	6	6		141	8	46	87	

（六）专业人才

表33 2013年测绘地理信息系统专业技术人员

计量单位：人

类别＼年龄	合计	30岁以下	30-40	41-50	51-60	60岁以上
总　数	**17755**	**5884**	**5980**	**4062**	**1819**	**10**
其中：女性	5352	1784	1907	1264	393	4
高　级	3000	3	919	1520	553	5
#正高级	400		30	236	132	2
中　级	5403	541	2774	1435	652	1
初　级	6129	3213	1590	817	507	2
其　他	3223	2127	697	290	107	2

续表

类别＼学历	合计	博士研究生	硕士研究生	大学本科		大学专科	中专及以下
					#获取博士、硕士学位		
总　数	**17755**	**210**	**2190**	**8731**	**696**	**3726**	**2898**
其中：女性	5352	50	783	2803	190	1158	558
高　级	3000	123	435	2116	253	293	33
#正高级	400	52	64	273	40	11	
中　级	5403	71	771	2805	202	1282	474
初　级	6129	3	702	2790	152	1504	1130
其　他	3223	13	282	1020	89	647	1261

表34 2013年直属单位专业技术人员

计量单位：人

类别＼年龄	合计	30岁以下	30-40	41-50	51-60	60岁以上
总 数	**5098**	**1593**	**1489**	**1335**	**676**	**5**
其中：女性	1704	537	532	466	167	2
高 级	931		210	517	201	3
#正高级	132		12	77	41	2
中 级	1613	136	760	462	255	
初 级	1378	676	251	260	191	
其 他	1176	781	268	96	29	2

续表

类别＼学历	合计	博 士研究生	硕 士研究生	大学本科		大学专科	中专及以下
					#获取博士、硕士学位		
总 数	**5098**	**148**	**734**	**2036**	**179**	**1166**	**1014**
其中：女性	1704	35	294	672	57	419	284
高 级	931	86	163	587	83	85	10
#正高级	132	35	29	66	15	2	
中 级	1613	53	258	641	53	454	207
初 级	1378	2	218	436	29	323	399
其 他	1176	7	95	372	14	304	398

表35 2013年西部地区专业技术人员

计量单位：人

类别＼年龄	合计	30岁以下	30-40	41-50	51-60	60岁以上
总 数	**6800**	**2410**	**2083**	**1556**	**750**	**1**
其中：女性	1973	716	610	489	158	
高 级	909	1	231	471	206	
#正高级	116		6	71	39	
中 级	2052	203	901	647	300	1
初 级	2615	1344	674	378	219	
其 他	1224	862	277	60	25	

续表

类别＼学历	合计	博士研究生	硕士研究生	大学本科		大学专科	中专及以下
					#获取博士、硕士学位		
总 数	**6800**	**27**	**752**	**2922**	**229**	**1745**	**1354**
其中：女性	1973	3	265	917	72	554	234
高 级	909	19	160	607	82	110	13
#正高级	116	9	21	85	11	1	
中 级	2052	6	276	921	63	611	238
初 级	2615		251	1170	71	688	506
其 他	1224	2	65	224	13	336	597

表 36 2013 年测绘地理信息系统专家

计量单位：人

类别＼年龄	合计	30 岁以下	30-40	41-50	51-60	60 岁以上
总人数	**326**	**2**	**67**	**85**	**42**	**130**
其中：女性	40		5	11	6	18
院士	3				1	2
享受政府特殊津贴专家	200		2	31	38	129
其中：国务院	187		2	26	32	127
省级政府	13			5	6	2
有突出贡献专家	19			9	4	6
百千万人才工程专家	22		2	16	4	
省部级专家	117	2	65	47	3	
#国家局	104	2	63	38	1	

续表

类别＼学历	合计	博 士研究生	硕 士研究生	大学本科		大学专科	中专及以下
					#获取博士、硕士学位		
总人数	**326**	**51**	**68**	**185**	**29**	**13**	**9**
其中：女性	40	6	6	27	2	1	
院士	3	1		2	1		
享受政府特殊津贴专家	200	23	27	128	7	13	9
其中：国务院	187	21	25	120	5	12	9
省级政府	13	2	2	8	2	1	
有突出贡献专家	19	3	6	10	1		
百千万人才工程专家	22	11	5	6	2		
省部级专家	117	31	39	47	18		
#国家局	104	27	38	39	15		

表 37 2013 年直属单位专家

计量单位：人

类别 \ 年龄	合计	30 岁以下	30-40	41-50	51-60	60 岁以上
总人数	**222**	**1**	**27**	**49**	**22**	**123**
其中：女性	30		2	7	3	18
院士	2					2
享受政府特殊津贴专家	170		1	25	22	122
其中：国务院	167		1	22	22	122
省级政府	3			3		
有突出贡献专家	13			5	2	6
百千万人才工程专家	16		1	12	3	
省部级专家	53	1	27	25		
#国家局	52	1	27	24		

续表

类别 \ 学历	合计	博士研究生	硕士研究生	大学本科		大学专科	中专及以下
					#获取博士、硕士学位		
总人数	222	35	40	128	10	11	8
其中：女性	30	3	5	21		1	
院士	2			2	1		
享受政府特殊津贴专家	170	16	21	114	4	11	8
其中：国务院	167	15	20	113	4	11	8
省级政府	3	1	1	1			
有突出贡献专家	13	3	3	7			
百千万人才工程专家	16	10	4	2			
省部级专家	53	22	20	11	5		
#国家局	52	21	20	11	5		

表 38 2013 年西部地区专家

计量单位：人

类别＼年龄	合计	30 岁以下	30-40	41-50	51-60	60 岁以上
总人数	**89**	**2**	**19**	**23**	**14**	**31**
其中：女性	7			2	1	4
院士						
享受政府特殊津贴专家	51		1	6	13	31
其中：国务院	45		1	5	8	31
省级政府	6			1	5	
有突出贡献专家	4			4		
百千万人才工程专家	2			1	1	
省部级专家	33	2	18	12	1	
#国家局	31	2	18	10	1	

续表

类别＼学历	合计	博士研究生	硕士研究生	大学本科		大学专科	中专及以下
					#获取博士、硕士学位		
总人数	**89**	**13**	**16**	**51**	**9**	**6**	**3**
其中：女性	7		1	5		1	
院士							
享受政府特殊津贴专家	51	4	3	35	5	6	3
其中：国务院	45	4	3	30	3	5	3
省级政府	6			5	2	1	
有突出贡献专家	4	1	1	2			
百千万人才工程专家	2	1	1				
省部级专家	33	7	12	14	4		
#国家局	31	7	12	12	4		

（七）测绘成果管理与应用

表 39　2013 年按类别分地形图、专题地图、地图集和电子地图提供

类　　别	地形图（张）			专题地图（张）	地图集（册）	电子地图（MB）
	总数	#1:1 万	#1:5 万			
合　　计	**302532**	**69353**	**38500**	**26218**	**4021**	**97862**
一、按成果领用单位类型						
1. 党政机关	14434	4736	1171	15845	1153	40342
2. 事业单位	101819	34612	23233	3720	539	56155
3. 企业	176674	27198	13191	648	35	1365
#私营企业	49127	4414	2726	103		1
#涉外企业	2532					
4. 国（境）外组织机构	54					
5. 其他	9551	2807	905	6005	2294	
二、按成果应用领域						
1. 党政领导机关	5559	798	224	15339	689	4020
#用于应急保障	63			527	6	
2. 测绘	31379	13341	7751	1826	492	77620
3. 土地	15706	2510	674	253	51	17
4. 地矿	19873	10374	7815	12	4	
5. 城乡建设与规划	115635	2081	671	222	350	2834
6. 铁道	3721	1282	1252	32	12	
7. 交通运输	17735	11937	2735	373	1	3647
8. 水利水电	22198	11646	3983	39	31	11
9. 通讯	2151	512	214	10		
10. 石油	5800	3855	1616			
11. 石化	563	389	45	104		
12. 煤炭	1926	1150	605	3		
13. 农业	3162	910	1927	7		
14. 林业	7678	2665	2633	20	4	5324
15. 气象	3	3		2		2210
16. 地震	322	165	141		3	432
17. 海洋	207	63		8		
18. 环保	9613	452	828	58	1	
19. 公安武警	984	12	113	228	10	1
20. 烟草	76			4		
21. 科教文卫	8814	732	408	182	4	
22. 出版	32			1		
23. 民政	672	136	528	335	1	
24. 军队	2344	283	543	672	19	
25. 航空航天	2513	241	1294			
26. 冶金	338	144	105	5		
27. 其他	23528	3672	2395	6483	2349	1746
三、按成果使用方式						
1. 有偿使用	268057	56338	31976	11003	2507	10341
2. 无偿使用	34475	13015	6524	15215	1514	87521

表 40 2013 年按地区分地形图、专题地图、地图集和电子地图提供

类别	地形图（张）			专题地图（张）	地图集（册）	电子地图（MB）
	总数	#1:1 万	#1:5 万			
合计	**302532**	**69353**	**38500**	**26218**	**4021**	**97862**
北京	13604	1233				
天津	36					
河北	2832	1991	642			
山西	4678	3830	756	1776		
内蒙古	8039	2948	4237	920		
辽宁	2937	2036	865	779		
吉林	4275	2901	1216	11000	400	
黑龙江	2378	949	1151			
上海	149644					
江苏	1889	1605	280		156	
浙江	992	920	72			
安徽	4839	4029	790			
福建	3319	2144	1011	15		71126
江西	2955	2440	446			
山东	1779	1340	313			
河南	1039	886	125	4923	1212	
湖北	851	450	344	1		
湖南	4269	3862	339			
广东	2078	2056	22			
广西	4558	3924	571			
海南	209	143	45	744	15	1
重庆	2138	1662	225	95	493	907
四川	3438	805	1608			
贵州	7178	5611	1483			
云南	5750	4744	822			
西藏	1801	8	1299		1208	80
陕西	8225	6966	852	77		
甘肃	9565	5794	3393	535		
青海	4454	674	2928	94	102	
宁夏	1565	1338	132			
新疆	17189	2037	5404	3836	435	23640
青岛	5507	27				
大连	263					
宁波	8344					
深圳	573			855		2108
厦门	1181			568		
地理信息中心	8161		7129			

表 41　2013 年按类别分数字测绘成果提供

计量单位：幅，GB

类　别	数字线划地图（DLG）						数字高程模型（DEM）					
	合计		#1:1 万		#1:5 万		合计		#1:1 万		#1:5 万	
	图幅数	数据量	图幅数	数据量	图幅数	数据量	图幅数	数据量	图幅数	数据量	图幅数	数据量
合　计	**547316**	**8613.5**	**203440**	**3579.3**	**235509**	**4580.8**	**281898**	**1968.4**	**182965**	**1627.7**	**89717**	**275.5**
一、按成果领用单位类型												
1. 党政机关	109586	800.0	35490	274.9	31818	464.0	37176	198.7	29138	173.1	6218	15.9
2. 事业单位	350143	6290.8	169894	3194.9	119917	2834.2	229234	1671.4	149208	1386.9	73463	235.4
3. 企业	105664	992.2	10338	103.6	50006	758.9	9212	41.3	8228	34.3	151	0.5
#私营企业	55752	739.9	1087	9.0	47624	723.8	82	0.32	54	0.2	28	0.1
#涉外企业	160	0.159										
4. 国（境）外组织机构												
5. 其他	36508	530.4	759	5.8	34992	523.6	16664	57.1	6617	33.4	10047	23.7
二、按成果应用领域												
1. 党政领导机关	1638	6.3	458	4.2	506	1.3	694	3.0	196	2.0	498	1.0
#用于应急保障	211	0.4	197	0.4								
2. 测绘	297297	4435.4	152327	2803.6	115549	1536.4	201847	1518.0	146871	1331.2	49346	149.5
3. 土地	35799	1672.8	20351	330.4	1736	1257.9	12680	99.0	11678	79.0	945	15.0
4. 地矿	6682	58.5	2598	20.6	3688	36.7	3583	19.2	2187	15.1	1396	4.1
5. 城乡建设与规划	87595	262.0	11296	92.7	994	12.3	3609	21.3	2835	20.1	87	0.6
6. 铁道	1386	3.8	1157	3.0	66	0.7						
7. 交通运输	4285	27.0	2993	19.9	649	6.5	585	1.9			583	1.8
8. 水利水电	88982	872.8	8673	72.1	49300	750.7	25072	73.2	789	5.3	24283	67.9
9. 通讯	4217	5.0	185	0.9								
10. 石油	189	1.7	121	1.3	38	0.4	37	0.1	37	0.1		
11. 石化	12	0.03	7	0.03								
12. 煤炭	329	4.6	130	1.2	188	3.4	200	0.6	200	0.6		
13. 农业	248	1.2	231	1.1	2	0.03						
14. 林业	29731	12.8	155	1.7	189	2.8	87	0.3			87	0.3
15. 气象	3	0.01	3	0.01								
16. 地震	7554	40.7	6046	29.5	674	5.8	218	4.4			218	4.4
17. 海洋	470	2.6	302	2.3	24	0.1	2815	14.71	1705	6.1	1	0.01
18. 环保	1075	7.0	352	1.7	527	5.2	1699	9.4	1411	8.7	288	0.7
19. 公安武警	30021	29.2	9	0.2	593	13.8	9	0.04	9	0.04		
20. 烟草	9	0.01										
21. 科教文卫	40323	156.7	398	4.5	9906	135.4	9849	23.8	131	0.8	9643	22.2
22. 出版	33	0.1	4	0.02			14	0.04			14	0.04
23. 民政	258	1.0	198	0.8	55	0.2						
24. 军队	26402	393.4	944	6.4	25000	386.2	7793	37.8	6872	34.9	921	2.9
25. 航空航天	717	12.4	61	0.4	507	11.2	945	6.5			123	0.3
26. 冶金	66	0.4	34	0.3	14	0.1						
27. 其他	55398	606.0	17902	180.5	27605	413.6	23881	134.8	21514	123.7	1533	4.6
三、按成果使用方式												
1. 有偿使用	174105	1788.7	36647	318.5	94180	1263.2	28570	105.2	7488	35.2	19263	56.4
2. 无偿使用	414148	6824.8	176837	3260.8	142700	3317.6	255099	1863.1	177086	1592.6	70616	219.1

2013 年按类别分数字测绘成果提供（续）

计量单位：幅，GB

类　　别	数字栅格地图（DRG）						数字正射影像图（DOM）					
	合计		#1:1 万		#1:5 万		合计		#1:1 万		#1:5 万	
	图幅数	数据量	图幅数	数据量	图幅数	数据量	图幅数	数据量	图幅数	数据量	图幅数	数据量
合　　计	**22756**	**339.3**	**17466**	**276.9**	**4350**	**36.3**	**352909**	**67290.0**	**167245**	**39496.2**	**47411**	**16020.3**
一、按成果领用单位类型												
1. 党政机关	1307	25.9	997	24.7	215	1.0	52992	6477.1	21600	3623.1	5054	1307.5
2. 事业单位	17649	256.5	13733	201.7	3121	29.4	304789	59785.9	143643	35214.3	41951	14372.6
3. 企业	3432	54.2	2511	48.3	875	5.4	2247	423.9	1490	394.9	5	1.6
#私营企业	877	17.2	643	15.0	230	2.1	660	133.8	632	131.7		
#涉外企业												
4. 国（境）外组织机构												
5. 其他	370	2.8	226	2.2	140	0.5	7460	603.1	6710	264.0	733	338.6
二、按成果应用领域												
1. 党政领导机关	184	1.4	11	0.6	169	0.8	24051	1707.9	793	230.5	1	0.8
#用于应急保障												
2. 测绘	11846	114.9	9526	96.9	1887	15.3	244534	47424.0	126145	27456.2	43925	14323.4
3. 土地	682	13.2	595	12.8	87	0.4	24024	5198.1	10062	3954.8	12	1.6
4. 地矿	1190	24.4	894	22.9	293	1.5	1600	84.4	1492	59.2	108	25.2
5. 城乡建设与规划	1227	33.9	988	32.4	144	1.4	16806	3578.7	4747	2218.6	363	141.5
6. 铁道	324	3.6	324	3.6			2	0.2	2	0.2		
7. 交通运输	2184	32.2	1920	30.0	242	2.1	15283	1196.9	10	0.3	456	414.0
8. 水利水电	1771	40.9	1402	35.5	345	5.2	13612	1148.6	3775	795.4		
9. 通讯												
10. 石油	428	1.7	24	0.7	404	1.1	2	0.2	2	0.2		
11. 石化	3	0.01			3	0.01						
12. 煤炭	91	1.3	87	1.3	4	0.02	11	1.2	11	1.2		
13. 农业	72	4.5	59	3.8	13	0.7	9608	21.6	8	0.2		
14. 林业	705	12.4	686	12.3	11	0.05	17970	3192.1	8120	3166.0		
15. 气象							9837	2.6				
16. 地震							38	8.0			38	8.0
17. 海洋	1	0.01			1	0.01	127	13.3	127	13.3		
18. 环保	95	0.6	20	0.3	74	0.2	9038	732.5	1492	116.6	238	27.0
19. 公安武警							977	552.5	394	357.4	583	195.1
20. 烟草												
21. 科教文卫	260	7.8	231	5.2	28	2.6	9878	250.8	15	5.3	26	3.0
22. 出版							1350	102.0				
23. 民政							82	26.5	82	26.5		
24. 军队	135	3.6	94	1.4	41	2.2	7175	604.0	6673	290.2	485	313.3
25. 航空航天	132	3.1	78	2.5	50	0.2						
26. 冶金	75	0.5	13	0.2	58	0.2						
27. 其他	1468	39.3	630	14.7	497	2.3	24750	1444.0	21011	804.5	1726	567.3
三、按成果使用方式												
1. 有偿使用	12010	194.0	8882	170.7	2653	19.9	48111	12746.4	5304	1319.1	25627	9948.4
2. 无偿使用	10756	145.3	8593	106.2	1698	16.4	322176	54543.7	162094	38177.1	21864	6071.9

表 42 2013 年按地区分数字测绘成果提供

计量单位：幅，GB

地区	数字线划地图（DLG）						数字高程模型（DEM）					
	合计		#1:1 万		#1:5 万		合计		#1:1 万		#1:5 万	
	图幅数	数据量	图幅数	数据量	图幅数	数据量	图幅数	数据量	图幅数	数据量	图幅数	数据量
合 计	**547316**	**8613.5**	**203440**	**3579.3**	**235509**	**4580.8**	**281898**	**1968.4**	**182965**	**1627.7**	**89717**	**275.5**
北 京	3043	2.4	75	0.1								
天 津	15191	18.5	950	3.7								
河 北	17838	87.1	17295	84.4	542	2.6	35202	343.8	35108	342.9	94	0.9
山 西	4316	50.3	3599	27.2	717	23.1	366	1.2	364	1.2	2	0.01
内蒙古	25542	202.3	20901	185.0	4501	16.7	23959	137.4	22550	133.2	1409	4.2
辽 宁	4283	8.5	3513	6.9	742	1.5	2621	5.1	2150	4.2	471	0.9
吉 林	6625	834.2	5984	804.8	612	27.3	3202	38.3	2852	32.3	350	6.0
黑龙江	53118	570.6	14661	157.5	38457	413.1	21516	63.0	3805	11.1	17711	51.9
上 海	33502	198.5	70	0.3								
江 苏	4471	34.9	4166	30.7	304	4.1	1754	14.8	1725	14.7	29	0.1
浙 江	6636	174.2	4326	123.7	329	8.6	6402	97.6	4119	71.4	410	1.7
安 徽	6243	603.4	5846	582.0	393	21.4	5516	216.2	5381	215.5	135	0.6
福 建	7673	311.8	4714	290.6	338	9.5	8072	63.9	4641	56.7	341	1.2
江 西	14381	153.5	13414	126.2	967	27.3	4695	67.5	4253	66.2	442	1.3
山 东	4638	38.0	2456	16.6	1929	19.9	3915	20.6	2126	9.5	519	1.6
河 南	6832	67.0	6368	59.6	464	7.4	4588	76.0	4124	74.0	464	2.0
湖 北	1584	23.6	749	7.3	828	16.2	450	0.9	379	0.7	71	0.1
湖 南	15151	177.1	13963	151.4	1070	25.4	13423	53.6	13135	52.6	234	0.7
广 东	3532	65.2	3179	57.0	353	8.2	6585	123.4	6545	123.2	40	0.1
广 西	1094	22.4	990	19.5	95	2.7	132	0.4	132	0.4		
海 南	2148	25.9	1977	22.7	144	3.1	462	0.6	436	0.5	26	0.1
重 庆	3605	20.3	3296	19.2	23	0.8	2859	25.0	2859	25.0		
四 川	9269	1553.4	7690	237.0	1516	1257.4	7480	70.4	6307	46.0	1116	19.4
贵 州	2082	42.6	1557	36.3	523	6.2	15789	86.0	14784	82.6	1005	3.5
云 南	2938	30.7	1789	17.1	976	12.9	1823	16.2	1253	12.2	397	1.4
西 藏	492	5.4	453	5.3	35	0.1	449	1.4	449	1.4		
陕 西	2021	35.1	1279	8.5	733	26.5	6665	32.8	6579	32.6	86	0.2
甘 肃	2472	94.4	2215	90.8	203	3.0	779	9.2	594	7.0	9	0.1
青 海	1064	12.7	651	8.2	411	4.5	304	2.1	294	2.0	10	0.1
宁 夏	860	2.7	860	2.7								
新 疆	77581	477.7	53471	395.4	8242	64.7	40228	220.8	36021	208.5	4158	12.0
青 岛	5229	18.6	27	0.04								
大 连	292	0.1										
宁 波	5593	5.8	845	0.9								
深 圳	7359	36.8	111	0.3								
厦 门	14588	14.2					687	0.7				
地理信息中心	174030	2593.0			170062	2566.3	61975	179.7			60188	165.6

2013 年按地区分数字测绘成果提供（续）

计量单位：幅，GB

地区	数字栅格地图（DRG）						数字正射影像图（DOM）					
	合计		#1:1 万		#1:5 万		合计		#1:1 万		#1:5 万	
	图幅数	数据量	图幅数	数据量	图幅数	数据量	图幅数	数据量	图幅数	数据量	图幅数	数据量
合计	**22756**	**339.3**	**17466**	**276.9**	**4350**	**36.3**	**352909**	**67290.0**	**167245**	**39496.2**	**47411**	**16020.3**
北京												
天津							15966	888.7				
河北	2	0.5					31537	12319.1	31537	12319.1		
山西	736	8.7	727	5.7	8	2.9	333	25.4	333	25.4		
内蒙古	455	1.1			455	1.1	22584	849.2	21683	561.2	901	288.0
辽宁	769	11.3	769	11.3			1886	36.8	1543	30.1	343	6.7
吉林							3483	1182.5	3200	1099.6	283	82.9
黑龙江	1878	7.3	1337	5.2	296	1.2	27566	10768.0	2886	1127.3	24680	9640.6
上海							9837	1876.8				
江苏	1	0.01	1	0.01			4168	10413.1	4139	10363.2	29	49.9
浙江	3438	41.4	3241	39.6	154	1.4	6494	5117.9	4263	4776.7	325	192.5
安徽	1277	9.0	1270	9.0	7	0.04	5457	2598.9	5346	2563.7	111	35.2
福建							4802	230.7	4737	213.2	33	14.7
江西	451	4.5	410	2.2	41	2.2	28099	1920.8	24761	1640.5		
山东	249	5.6	81	2.5	168	3.0	3475	1462.9	3019	1048.9	456	414.0
河南							6669	422.3	6205	245.6	464	176.7
湖北	443	4.2	417	4.1	26	0.1	75	2.2	10	0.3	61	1.8
湖南							3341	425.2	2383	172.4	751	237.2
广东							6493	644.8	6493	644.8		
广西	2186	20.3	1769	18.0	408	2.2	347	11.7	347	11.7		
海南	13	0.1	4	0.01	9	0.05	96842	7319.9	484	15.7		
重庆	147	0.3	53	0.2								
四川	3375	69.9	2783	61.5	563	7.8	715	51.3	715	51.3		
贵州	973	57.0	895	56.5	78	0.4	2364	799.2	1222	61.5	1142	737.8
云南	3109	35.8	2814	34.22	122	0.6	1500	45.3	1317	39.3	10	0.8
西藏	1	0.3			1	0.3	449	18.1	449	18.1		
陕西	29	0.1	29	0.1			7328	1144.4	7181	1082.6	147	61.7
甘肃	772	7.4	170	5.0	591	2.3	1412	99.5	1002	78.3	222	6.5
青海	463	12.0	291	5.2	172	6.8	7615	1195.8	291	11.3	16	6.7
宁夏	408	17.2	380	16.6	28	0.6	1348	4.1	1348	4.1		
新疆	1113	3.9	25	0.1	1034	2.6	38715	2816.0	30224	1114.5	6073	1643.9
青岛	278	21.0										
大连												
宁波												
深圳							141	180.1	127	175.6	2	3.9
厦门							506	0.5				
地理信息中心	190	0.7			189	0.7	11362	2418.8			11362	2418.8

表43 2013年按类别分测绘基准成果、航摄成果和卫星影像提供

类别	测绘基准成果（点）	航摄成果		卫星影像	
		面积（平方千米）	数据量（GB）	面积（平方千米）	数据量（GB）
合计	**257559**	**2588035**	**462179.9**	**16351398**	**224026.8**
一、按成果领用单位类型					
1. 党政机关	38024	72618	36987.7	7769792	142940.6
2. 事业单位	177079	2439716	420688.6	8581254	81080.0
3. 企业	38127	47779	4300.6	352	6.3
#私营企业	13084	16504	250.2		
#涉外企业					
4. 国（境）外组织机构					
5. 其他	4329	27922	202.9		
二、按成果应用领域					
1. 党政领导机关	315	31	1.0		
#用于应急保障	31				
2. 测绘	174065	2469681	450377.1	13539129	212696.0
3. 土地	3843	6994	3792.8	493381	619.5
4. 地矿	14559	15201	115.8	21603	63.3
5. 城乡建设与规划	2454	28932	7097.3	837	17.8
6. 铁道	1369	16446	274.2		
7. 交通运输	3582	622	10.5	6014	91.7
8. 水利水电	6706	13484	149.0	196172	192.7
9. 通讯	153				
10. 石油	2027				
11. 石化	640				
12. 煤炭	2081			1400	8.0
13. 农业	36			34837	45.0
14. 林业	395			325385	362.0
15. 气象	26280				
16. 地震					
17. 海洋	275	200	2.3	6358	33.7
18. 环保	15			1195918	143.2
19. 公安武警	99				
20. 烟草					
21. 科教文卫	2060	4764	22.6	108313	10.8
22. 出版					
23. 民政					
24. 军队	10014	25300	199.5		
25. 航空航天	155				
26. 冶金	728			900	5.1
27. 其他	5708	6381	137.8	421152	9738.0
三、按成果使用方式					
1. 有偿使用	74203	90807	1961.8	130343	99.9
2. 无偿使用	183356	2497228	460218.1	16221055	223927.0

表 44 2013 年按地区分测绘基准成果、航摄成果和卫星影像提供

地 区	测绘基准成果（点）	航摄成果		卫星影像	
		面积（平方千米）	数据量（GB）	面积（平方千米）	数据量（GB）
合 计	**257559**	**2588035**	**462179.9**	**16351398**	**224026.8**
北 京	10709				
天 津	72				
河 北	421	395190	3686.4	176109	5050.6
山 西	654				
内蒙古	12743	225817	12730.5	1601838	10868.0
辽 宁	2539				
吉 林	5059	100900	3091.8	360000	2149.4
黑龙江	1847				
上 海	7196				
江 苏	8531	1316	1115.0		
浙 江	2096	42273	6297.3	1486689	62.5
安 徽	6732	123423	26978.2	874036	2329.4
福 建	863	2260	4756.5	2525619	3454.5
江 西	4860	244119			
山 东	669	1896	666.5	166439	390.0
河 南	2503	136322	3659.3	364000	2206.4
湖 北	563	42482	348.7	31028	60.1
湖 南	30056	108897			
广 东	14318	60736	3343.9	134079	3170.7
广 西	4397	25610	55.2		
海 南	8539	21185	7205.3	61481	608.2
重 庆	647	4827	675.5	55939	631.1
四 川	1331	31487	4836.4	2300	13.1
贵 州	8802	50862	606.5	187470	950.0
云 南	33405	327316	27387.2	497616	10521.3
西 藏	748				
陕 西	3827	86793	3869.2	86400	1.3
甘 肃	16383	56800	315429.7	4380	4962.9
青 海	4147	1450	152.4		
宁 夏	805	15490	14.1		
新 疆	12643	422223	7408.6	1008641	31291.5
青 岛	41				
大 连					
宁 波	247				
深 圳	31				
厦 门					
地理信息中心	49135	58360	27865.7	6727334	145305.9

表 45 2013 年测绘成果汇交

地区	汇交目录（条）	汇交副本（套）
合计	**31771**	**1149**
北京		
天津	15	15
河北		871
山西		
内蒙古		
辽宁	4338	
吉林	3059	4
黑龙江	2498	19
上海		
江苏	8654	
浙江	153	
安徽		
福建	1	48
江西	22	3
山东		
河南	169	
湖北		
湖南	2006	5
广东	757	7
广西		
海南	3941	
重庆		
四川	94	1
贵州		
云南		10
西藏		
陕西	1891	59
甘肃	1810	8
青海		
宁夏		5
新疆	2320	
青岛	43	80
大连		
宁波		
深圳		14
厦门		

表 46　2013 年测绘成果共享协议签订情况

计量单位：份

地　区	测绘成果共享协议累计签订数量	#本年签订数量
合　计	**265**	**41**
北　京		
天　津		
河　北	5	
山　西		
内蒙古		
辽　宁	8	
吉　林	19	1
黑龙江	21	4
上　海	17	7
江　苏	31	2
浙　江	21	2
安　徽	12	1
福　建	12	
江　西	22	
山　东		
河　南		
湖　北	8	
湖　南	12	4
广　东		
广　西		
海　南	10	
重　庆		
四　川	3	3
贵　州		
云　南	4	
西　藏		
陕　西	18	3
甘　肃	6	
青　海		
宁　夏		
新　疆	2	
青　岛	2	
大　连		
宁　波	12	3
深　圳	15	10
厦　门	5	1

（八）固定资产

表 47 2013 年主要固定资产投资

计量单位：万元

单位	房屋						设备			汽车		
	年末产值	本年增加原值	本年减少原值	建筑面积（平方米）	#办公用房	#业务用房	年末原值	本年增加原值	本年减少原值	年末原值	本年增加原值	本年减少原值
合计	**118116.8**	**564.5**	**8088.8**	**999325.9**	**496032.1**	**163195.5**	**384792.7**	**61855.8**	**14860.8**	**51300.9**	**2935.8**	**1985.0**
北京	3476.6			56280.2	26129.8	30150.4	8802.8	637.0	553.0	1600.0	118.4	246.1
天津	1866.0			13931.0		8858.0	5942.4	489.6	378.8	1066.9	27.5	58.9
河北	1027.6			16497.3	14843.7		8685.6	2039.6	252.5	880.3	106.2	84.3
山西	3578.1			44485.4	14971.4	2300.0	21467.2	1441.8	196.5	1018.8	143.0	128.5
内蒙古	2120.4			17122.3	14178.1	2330.8	16209.4	4331.0	46.6	1577.1	49.8	
辽宁	5230.7	0.1		36924.5	20030.5		11805.5	3207.8	573.7	949.4		111.9
吉林	603.8			6138.6	3403.0	2457.6	9504.6	529.6	156.5	997.0	83.2	57.9
黑龙江	8047.0		16.8	112349.0	42248.3	372.1	19674.9	3001.6	1352.2	4100.1	100.7	146.5
上海	8563.3			30402.9			8565.6	568.9	691.5	544.8	9.0	
江苏	579.5			17721.0	7888.0	9833.0	12238.6	2528.5	329.1	1380.0	127.8	
浙江	1224.2			18427.8	2992.9	13007.4	11601.3	1233.5	52.8	1685.6	208.1	12.5
安徽	564.4			16437.2	14577.5	1859.7	7538.6	2824.4	801.5	1078.3	241.0	90.2
福建	932.4			4372.4	4372.4		8660.9	1946.3	646.3	909.0	51.2	43.1
江西	370.0			14202.2	9772.3		9378.4	2006.0		1095.5	5.7	
山东	4553.8			25183.7	22375.2		11708.3	1958.6	299.9	877.2		
河南	1095.3			12602.8	9601.8		10175.0	1209.3	37.0	1146.6	125.6	
湖北	2146.0			17905.0	13933.0		7828.9	1415.5	396.1	1169.4	93.2	88.6
湖南	2237.0	1.3	2070.9	17443.5	10741.7	6701.8	13028.3	2653.6	1393.5	1123.0	29.9	70.3
广东	278.1	55.8		40.0		40.0	9153.5	585.6	263.3	1288.1	54.6	
广西	761.7			25070.4	5902.5		12636.7	608.9	912.8	1311.7	83.1	144.6
海南	3444.8			24139.4	16188.9		7748.3	895.1	104.9	1739.2	68.2	38.0
重庆	4021.4			10049.4	10049.4		6744.5	722.8	65.9	1645.8	170.0	65.9
四川	10092.3			108488.2	28010.5	21179.8	24518.1	5151.4	1097.4	3976.9	50.7	164.0
贵州	1179.4	30.0		28772.0	10214.0		6732.3	1551.4		1269.2		
云南	915.3			19081.7	10848.0		8263.8	893.4	495.3	1703.0	74.7	
西藏	178.9	24.9		3300.0	870.0		358.2	89.0	516.6	194.2	8.4	
陕西	18300.0		5952.4	93922.5	77074.8	3258.6	28967.7	3778.7	546.7	4742.3		181.4
甘肃	1111.9			19071.1	12589.0	4200.0	8725.2	1902.7	58.7	918.9	56.3	10.5
青海	403.2			4993.4	4993.4		7025.1	2175.2	450.4	1048.8	179.7	122.5
宁夏							2789.8	1192.8	207.5	692.6		38.0
新疆	4151.6			20073.0	17337.0		8447.8	892.3	348.2	1853.0	407.7	29.1
青岛												
大连	180.0			925.7	925.7		776.5	110.0		43.5	20.0	
宁波	880.9			1196.9	1034.8		3514.0	782.0	218.0	571.0		20.0
深圳	25.0			1509.0	1509.0		1716.5	254.8		362.2	83.6	
厦门	145.9			1794.6			1155.0	85.6	24.7	248.0		
中国地图出版集团	7471.6	452.4	35.2	32330.6	17491.6	14839.1	3137.1	170.5	289.0	1308.9		15.1
重庆测绘院	2773.0			27931.3		27931.3	5278.4	544.4		1120.6	13.7	
测绘研究院	2685.6		13.5	39950.9	11723.2	11126.2	15861.6	2578.6	227.2	712.0		
地理信息中心	5321.4			24474.3	9304.0	2749.7	11373.7	1700.8	587.0	368.3	125.5	
卫星应用中心							1371.8	292.7		38.1		
测绘宣传中心							955.4	127.1		144.2		
管理信息中心							440.9	318.4	225.8			
地图审查中心							260.4	60.5	12.6	14.2		
发展研究中心							137.2	17.3	34.2			
技能鉴定中心							94.7	5.8		23.7		
质量检验中心							802.6	114.2		117.6		
北戴河休养院	179.9			6169.0	291.0		282.1	2.3		70.8		
测绘学会							124.9	10.8		33.6		
机关服务中心							178.9	30.6		81.6		
国家局机关	5398.8			27615.7	27615.7		2403.7	187.5	17.1	459.9	19.3	17.1

注：宁夏国土资源厅房屋均由厅机关统一管理，未作统计。

表 48　2013 年主要设备数量

计量单位：台/套

设备名称	年末数量						本年增加数量	本年减少数量
	合计	按质量状况分			按存在状态分			
		完好	待修	待废	在用	闲置		
GPS 接收机	5713	5299	41	373	5294	419	656	146
全站仪	3715	3547	26	142	3528	187	302	216
经纬仪	366	277	26	63	249	117		37
水准仪	1626	1552	7	67	1527	99	93	83
测深仪	82	80	1	1	78	4	6	8
地下管线探测仪	381	353	6	22	362	19	52	24
低空无人驾驶摄影飞机	93	91	2		90	3	24	3
航摄仪	46	46			46		12	2
全数字摄影测量系统	2969	2928	2	39	2928	41	471	60
遥感图像处理系统	697	697			697		102	8
图形编辑工作站	5383	5308		75	5304	79	1644	104
绘图仪	812	780	1	31	780	32	99	34
扫描仪	725	704	3	18	702	23	92	44
服务器	2681	2637		44	2637	44	547	100
磁盘阵列	587	570	1	16	571	16	101	12
磁带库	107	102		5	101	6	22	6
交换机	1588	1548	2	38	1546	42	297	47
台式计算机	24591	22895	61	1635	22859	1732	2928	1682
便携式计算机	11281	10572	36	673	10587	694	2216	359
手持测距仪	1702	1664	1	37	1664	38	216	56
重力仪	10	10						1
雷达系统	3	3			3		2	
水平仪	11	11			9	2		
野外通讯系统	2321	2057	23	241	2046	275	249	428
卫星导航定位数据处理系统	89	89			89		6	12
地理信息应急监测车	15	15			15		5	1
载货汽车	135	126		9	125	10	15	17
越野汽车	682	660	2	20	661	21	61	36
载客汽车	563	543	3	17	545	18	39	41
轿车	616	592	8	16	599	17	42	36

表 49　2013 年各单位主要设备数量

计量单位：台/套

单　　位	GPS 接收机	全站仪	经纬仪	水准仪	测深仪	地下管线探测仪	低空无人驾驶摄影飞机	航摄仪	全数字摄影测量系统	遥感图像处理系统
合　计	**5713**	**3715**	**366**	**1626**	**82**	**381**	**93**	**46**	**2969**	**697**
北　京	56	106	16	87		20	2		25	
天　津	98	90	24	83	2	36	3		10	
河　北	248	310	25	132	2	1	2	2	116	53
山　西	122	75		43	1	1	3	8	112	14
内蒙古	309	74		41		8	2	2	86	10
辽　宁	192	132	1	74	2	13	2	7	138	2
吉　林	139	166		52		20	3	2	51	2
黑龙江	439	202	3	120	9	7	3	3	324	2
上　海	119	95	1	61		28	1		3	
江　苏	132	53	21	56	15	16			43	23
浙　江	89	69	14	49	12	2	5		66	5
安　徽	118	80	2	50	2	4	6		106	16
福　建	102	74	84	28	5	6	2	2	38	28
江　西	150	125	6	43	2	1	2	2	97	38
山　东	147	57		8	3		1		44	3
河　南	167	161	12	37		5	4	1	85	3
湖　北	91	74		24		3	1		101	63
湖　南	166	142	12	34	3	6	3	1	89	30
广　东	81	170	3	33	4		2		48	10
广　西	242	187	1	47	3	7	3		71	98
海　南	136	93	4	35	2		1		17	10
重　庆	99	134		13	1	62	5		48	4
四　川	472	264	14	80	2	109	7	1	298	51
贵　州	127	95	1	16	1	1	12	1	123	69
云　南	197	77	8	22	1	2	1		69	52
西　藏	10	6		9			2		10	
陕　西	657	149	20	140	1	2	2	3	184	44
甘　肃	141	80	1	22		3	4	3	172	23
青　海	104	85	3	44	1	1	4		70	15
宁　夏	77	33	40	21			1	1	23	7
新　疆	185	81	46	60			1	1	116	6
青　岛										
大　连	15	10		7		1			15	
宁　波	12	18		13	5	5	2	2	19	4
深　圳	19	11	2	7		1				1
厦　门	12	14		6		1				
中国地图出版集团										
重庆测绘院	126	117		23	3	9	1		134	1
测绘研究院	73	4	2	5				4	13	7
地理信息中心	31	1							1	2
卫星应用中心	2									
测绘宣传中心										
管理信息中心										
地图审查中心	1									
发展研究中心										
技能鉴定中心										
质量检验中心	10	1		1					4	1
北戴河休养院										
测绘学会										
机关服务中心										
国家局机关										

2013 年各单位主要设备数量（续一）

计量单位：台/套

单　位	图形编辑工作站	绘图仪	扫描仪	服务器	磁盘阵列	磁带库	交换机	台式计算机	便携式计算机	手持测距仪
合　计	**5383**	**812**	**725**	**2681**	**587**	**107**	**1588**	**24591**	**11281**	**1702**
北　京	35	25	19	88	8	1	73	789	260	78
天　津	185	36	15	39	8	1	29	498	165	42
河　北	55	25	37	47	9	1	13	752	245	41
山　西	241	21	22	75	16	5	27	410	129	29
内蒙古	161	30	21	36	10	1	19	414	351	
辽　宁	47	24	18	67	28	6	23	806	281	46
吉　林	89	26	18	34	14	2	19	426	102	26
黑龙江	669	49	42	105	37	2	64	1540	847	132
上　海	51	23	16	58	37	9	141	692	173	13
江　苏	158	17	17	71	17	8	56	776	585	118
浙　江	257	21	23	121	39	1	38	861	395	58
安　徽	154	30	23	29	16	5	26	543	189	75
福　建	89	18	14	49	14		23	570	334	113
江　西	152	19	22	46	13	6	22	392	133	55
山　东	229	10	13	78	16	4	119	455	225	
河　南	122	34	24	60	19	3	43	1068	492	140
湖　北	21	15	15	30	7		17	660	300	52
湖　南	185	32	32	40	13	3	38	1054	428	50
广　东	125	32	23	78	15	4	82	659	251	53
广　西	18	35	24	69	23	5	54	1290	369	90
海　南	122	10	13	55	19	7	15	274	206	18
重　庆	56	23	4	49	6	5	38	637	137	32
四　川	324	51	36	104	37	2	43	1567	924	64
贵　州	149	21	23	46	7	2	33	650	144	48
云　南	164	15	25	52	11		24	320	316	31
西　藏		2	2	3	1		4			
陕　西	412	58	42	162	25	3	161	1999	950	147
甘　肃	223	15	12	104	17	1	51	379	300	3
青　海	47	13	4	29	3		12	409	168	9
宁　夏	29	7	10	9	3		8	212	106	15
新　疆	108	21	22	43	14	3	35	467	270	19
青　岛										
大　连	58	3	3	2		1	4			12
宁　波	38	11	4	70	4	1	52	210	127	20
深　圳	61	7	7	51	6	3	5	185	43	48
厦　门	2	5	1	3		1	3			17
中国地图出版集团	168	6	15	37			9	438	95	
重庆测绘院		9	3	27	6		22	285	192	
测绘研究院	221	7	30	183	35	3	78	844	563	4
地理信息中心	150	3	23	384	28	6	56	328	200	
卫星应用中心	6	1		24	3	1	5	13	25	
测绘宣传中心				10	1			99	24	
管理信息中心			1	5				37	9	
地图审查中心			2	3	1			39	20	
发展研究中心				1			2	48	8	
技能鉴定中心			1	2				22	15	
质量检验中心	2	2	3	3	1	1	2	80	57	4
北戴河休养院								11	4	
测绘学会								18	21	
机关服务中心			1					33	10	
国家局机关								332	93	

2013 年各单位主要设备数量（续二）

计量单位：台/套

单 位	重力仪	雷达系统	水平仪	野外通讯系统	卫星导航定位数据处理系统	地理信息应急监测车	载货汽车	越野汽车	载客汽车	轿车
合 计	**10**	**3**	**11**	**2321**	**89**	**15**	**135**	**682**	**563**	**616**
北 京				5				7	53	23
天 津				34					42	18
河 北				60	20	1		4	1	31
山 西				26	3		1	14	2	23
内蒙古				48	2	1		21	13	8
辽 宁				70	2			8	16	17
吉 林					1	1		21	28	20
黑龙江				103	3	1		67	50	28
上 海				147				1	22	1
江 苏				11	9	1		19	12	19
浙 江				10			4	33	17	19
安 徽			1	23		1		18	20	9
福 建				57	1	1	4	11	10	17
江 西				9	3		9	15	3	21
山 东	1	1		2				18	3	10
河 南				55			14	18	15	22
湖 北		1		39	2			13	10	19
湖 南				3				13	13	13
广 东				97			36	12	10	7
广 西				118		1		25	15	12
海 南				41		1	6	24	14	20
重 庆			10	124		1	6	26	27	24
四 川				81	21	1	3	49	42	48
贵 州				27	1	1	2	34	5	11
云 南				60		1		34	11	13
西 藏				6				3	2	
陕 西	7			619	3	1	2	75	29	26
甘 肃				39	5		15	16	2	11
青 海				55	1		2	21	5	9
宁 夏				4	2		12	6	1	2
新 疆				184	4		13	24	4	16
青 岛										
大 连								1		
宁 波		1		50		1	2	1	10	7
深 圳				10				4	12	7
厦 门									5	
中国地图出版集团								1	12	29
重庆测绘院				30			4	17	12	10
测绘研究院	2			39	1			5	4	13
地理信息中心				8					6	4
卫星应用中心				4						
测绘宣传中心									1	5
管理信息中心										
地图审查中心									1	
发展研究中心										
技能鉴定中心										1
质量检验中心				2	5			3	1	
北戴河休养院									1	2
测绘学会									1	
机关服务中心				21						3
国家局机关										18

（九）国际交流与合作

表 50 2013 年国际交流与合作

出访和接待情况

计量单位：项，人次

内容	出访		接待	
	项目数	人次数	项目数	人次数
合　计	**207**	**607**	**84**	**510**
考察访问	40	85	49	240
国际会议	87	234	8	160
合作研究	16	77	17	64
培训进修	34	117	9	43
科技展览	9	57		
其　他	21	37	1	3

国际合作项目和签订合作协议

	国际合作项目（项）	签订合作协议（份）
数量	6	7

（十）教育培训

表51 2013年教育培训

指标名称	计量单位	数量
一、参加教育培训人员	—	—
1. 人员数	人	14041
其中：学历教育	人	1024
（1）管理人员	人	1798
（2）专业技术人员	人	9726
（3）其他人员	人	2517
2. 人次数	人次	69747
其中：境外培训	人次	209
党校培训	人次	534
（1）政治理论培训	人次	11939
（2）业务培训	人次	48533
（3）其他培训	人次	9275
二、教育培训经费支出	万元	11483.4
1. 组织培训	万元	4211.3
2. 参加培训	万元	7272.1
三、组织教育培训	次	6094
1. 政治理论培训	次	1168
2. 业务培训	次	4529
3. 其他培训	次	397

（十一）立法执法

表 52 2013 年测绘法规

中央法规

计量单位：件

法律	行政法规	部门规章
1	4	6

地方法规

计量单位：件

单位	地方性法规	地方政府规定		
			#本年新制定	#本年修订
合计	**35**	**81**	**4**	**1**
北京	1			
天津	1	1		
河北	1	9	1	1
山西	1	2		
内蒙古	2			
辽宁	1	4	1	
吉林	1	5		
黑龙江	1	5		
上海	1	3		
江苏	2	5		
浙江	1	5		
安徽	1	1		
福建	1	2		
江西	1	1		
山东	1	3		
河南	1	1		
湖北	2	6		
湖南	1	2		
广东	1	1		
广西	1			
海南	1	1		
重庆	1	1		
四川	1	4	1	
贵州	1	2		
云南	1	3		
西藏	1			
陕西	2	1		
甘肃	1	4		
青海	1	1		
宁夏	1	3		
新疆	1	2		
青岛		1	1	
大连				
宁波		1		
深圳				
厦门		1		

表53 2013年测绘行政执法

类 别	开展执法检查（次）	开展重大专项执法行动（项）	发现涉嫌违法行为（起）	立案调查涉嫌违法案件（件）	做出行政处罚案件（件）
合 计	**5599**	**842**	**385**	**117**	**87**
市场准入类	993	119	173	40	25
测绘项目类	919	117	33	9	6
地图类	958	270	94	29	25
测绘成果类	1049	167	55	19	16
涉外测绘	223	14	7	5	2
涉军测绘	63	12	1		
测量标志	1307	128	16	11	9
其他	87	15	6	4	4

（十二）数字城市建设

表54 2013年数字城市地理空间框架建设

计量单位：个

单位	地级行政区			县级行政区			乡镇级行政区		
	总数	#开展建设数字城市	#建成数字城市	总数	#开展建设数字城市	#建成数字城市	总数	#开展建设数字城市	#建成数字城市
合计	**333**	**323**	**159**	**2853**	**306**	**92**	**40493**	**51**	**1**
北京				16	6	3	325	1	
天津				16			240		
河北	11	11	3	172	25		2245		
山西	11	11	5	119	8	4	1398		
内蒙古	12	11	2	102	5		1010		
辽宁	14	14	6	100	5	1	1521		
吉林	9	9	3	60	8	1	900		
黑龙江	13	13	8	128	2		1279		
上海				17	17	17	208		
江苏	13	13	3	100	19		1265		
浙江	11	11	11	90	63	16	1324		
安徽	16	16	3	105			1508		
福建	9	9	5	85	6		1104		
江西	11	11	5	100	2		1546		
山东	17	17	13	137	36	18	1826		
河南	17	17	4	159	16	6	2404	50	1
湖北	13	13	6	103	9	1	1232		
湖南	14	14	6	122	5	2	2407		
广东	21	21	21	121	45	10	1585		
广西	14	14	4	110	2		1247		
海南	3	3		20	9	1	224		
重庆				38	6	3	1016		
四川	21	21	12	183	2	1	4657		
贵州	9	9		88			1507		
云南	16	14	12	129	1	1	1388		
西藏	7	7	7	74			694		
陕西	10	10	2	107	3	2	1420		
甘肃	14	13	4	86	3	3	1347		
青海	8	7	7	43	1		395		
宁夏	5	3	1	22			237		
新疆	14	11	6	101	2	2	1034		

（十三）“天地图”建设

表 55 2013 年“天地图”节点接入

计量单位：个

	省级节点接入主节点	地（市）级			县（市）级		
		行政区划总数	#只接入省级节点	#同时接入主节点和省级节点	行政区划总数	#只接入省级节点	#同时接入主节点和省级节点
合　计	**30**	**333**	**24**	**65**	**2853**	**24**	**19**
北　京	1				16		
天　津	1				16		
河　北	1	11		2	172		
山　西	1	11	2	2	119		
内蒙古	1	12			102		
辽　宁	1	14	2	3	100	1	
吉　林	1	9		1	60		
黑龙江	1	13		5	128		
上　海	1				17		
江　苏	1	13		6	100		2
浙　江	1	11		11	90		10
安　徽	1	16		3	105		
福　建	1	9		2	85		
江　西	1	11		4	100		
山　东	1	17	9	6	137	18	
河　南	1	17		1	159		1
湖　北	1	13		2	103		
湖　南	1	14		1	122		
广　东	1	21	4		121		
广　西	1	14		1	110		
海　南	1	3			20		2
重　庆	1				38		2
四　川	1	21		10	183		
贵　州	1	9			88		
云　南	1	16			129		
西　藏		7			74		
陕　西	1	10	1	2	107		
甘　肃	1	14	6	3	86	1	
青　海	1	8			43	4	
宁　夏	1	5			22		
新　疆	1	14			101		2

注：表中行政区划总数摘自《2014 中国统计摘要》。

附　录

全国测绘地理信息系统领导干部名录

国家测绘地理信息局机关司级以上干部名录

局领导

局　长、党组书记	徐德明
副局长、党组副书记	王春峰
副局长、党组成员	李维森　宋超智　闵宜仁
党组纪检组组长、党组成员	于贤成
副局长	李朋德

局总工程师

胥燕婴

办公室

主　任	周远波
副主任	周　星

规划财务司

司　长	王宝民
正局级干部	柏玉霜
副司长	陈常松　刘勤胜（兼财务结算中心主任）张学锋

国土测绘司

司　长	白贵霞
巡视员	辛少华
副司长	翟义青　孔金辉

法规与行业管理司

司　长	王保立
副司长	张万峰　李维兵

副巡视员　李媛媛　张卫平（借调我国驻德国大使馆）

地理信息与地图司（测绘成果管理司）

司　长　赵继成
副司长　程　军　刘大可
副巡视员　徐心蕊

科技与国际合作司

司　长　张燕平
副司长　王　倩　吴　岚

人事司

司　长　李赤一
副司长　雷　斌（挂职黑龙江省伊春市委常委、副市长）
王久辉　任振宇

直属机关党委（纪检监察审计室）

专职副书记　李　烨
直属机关工会主席　刘新英
副书记、纪委书记、纪检监察审计室主任　王咏梅

离退休干部办公室

主　任　林振中

国家测绘地理信息局直属单位、挂靠单位领导班子成员名录

陕西测绘地理信息局

局　长、党组书记　武文忠
副局长、党组成员　成燕辉　肖　平　王晓国　岳建利
党组纪检组组长、党组成员　施仲刚
巡视员　臧克福
副巡视员　陈向阳　张合安
工会主席　路冠陆

黑龙江测绘地理信息局

局　长、党组成员　朱　杰
党组书记、副局长　鲍英华
副局长、党组成员　徐开明　裴宝军　郝科铭
党组纪检组组长、党组成员　邢京锁
巡视员　孙明晶
工会主席　胡秀琴

四川测绘地理信息局

局　长、党组书记	马　赟
副局长、党组副书记	余国珊
副局长、党组成员	周　社　杨　升　谢维挺
党组纪检组组长、党组成员	涂　军
副巡视员	曹颖华
工会主席	杨承宇
副厅局级干部	戴昌礼

海南测绘地理信息局

局　长、党组书记	杨宏山
副局长、党组成员	蔺　赞　李劲松　许　裕
党组纪检组组长、党组成员	詹宏海
巡视员	黄世伟
工会主席	谭之明

中国地图出版集团

董事长、党委书记	赵晓明
副董事长、总经理、党委副书记	倪庆华
副董事长、党委副书记	杨俊岭
董事、副总经理	高锡瑞　杨树德　郭　宝　陈　平
董事、副总经理兼总编辑	徐根才
监事会主席、纪委书记、工会主席	盛京江

中国测绘科学研究院

院　长、党委副书记	张继贤
党委书记、副院长	李永春
副院长	王　权　马宗新　刘纪平　燕　琴
纪委书记、工会主席	顾忠良

国家基础地理信息中心

主　任、党委副书记	李志刚
党委书记、副主任	金舒平
总工程师	陈　军
正局级干部	李伟建　李　莉
副主任	王东华　罗建军　刘若梅
纪委书记、工会主席	陈新湖

国家测绘地理信息局卫星测绘应用中心

主　任、党委副书记	冯先光
党委书记、副主任	刘小波
副主任	孙承志　黄　鹦　唐新明

中国测绘宣传中心

主　任　　周德军（兼中国测绘报社副社长）
副主任　　雷德容（兼中国测绘报社副社长）
副主任　　陈兰芹（兼中国测绘报社总编辑）

国家测绘地理信息局管理信息中心

主　任　　王起民
正局级干部　　辛　英　刘天安
副主任　　丁明柱　庞秋红

国家测绘地理信息局地图技术审查中心

主　任　　叶银虎
副主任　　赵　晖　张文晖

国家测绘地理信息局测绘发展研究中心

主　任　　张辉峰
副主任　　徐永清

国家测绘地理信息局职业技能鉴定指导中心（国家测绘地理信息局党校、国家测绘地理信息局管理干部学院）

主　任　　易树柏
副主任　　吴卫东　牛　黎
党校校长（管理干部学院院长）　　王春峰（兼）
党校副校长（管理干部学院副院长）　　李赤一（兼）
易树柏（负责日常工作）

国家测绘产品质量检验测试中心

主　任　　程鹏飞
临时党委书记　　李赤一（兼）
副主任　　袁　宏
总工程师　　张　莉

国家测绘地理信息局重庆测绘院

院　长、党委书记　　王冬滨
常务副院长　　山　川
副院长　　杨　洪（兼总工程师）　蒋世明
纪委书记　　蒋民龙
工会主席　　方庆春

国家测绘地理信息局机关服务中心

主　任　　吴　松
副主任　　于建明

国家测绘地理信息局三亚测绘技术开发服务培训中心

主　任	杨宏山（兼）
副主任	李劲松（兼）

国家测绘地理信息局北戴河休养院

院　长	张锡浩
副院长	林　强　刘春艳

中国测绘地理信息学会

理事长	李维森（兼）
副理事长、秘书长	彭震中
正局级干部	易杰军
专职副秘书长	马振福

中国地理信息产业协会

会　长	宋超智（兼）
常务副会长、秘书长	胥燕婴（兼）
专职副秘书长	汤　海

中国卫星导航定位协会

会　长	张荣久
常务副会长、秘书长	苗前军
专职副秘书长	范京生

全国地理信息标准化委员会

秘书长	牛　靖

各省、自治区、直辖市、计划单列市测绘地理信息行政主管部门及有关测绘地理信息单位，新疆生产建设兵团测绘地理信息主管部门领导班子成员名录

北京市规划委员会

主　任	黄　艳
副主任、党组书记	王英杰
副主任、党组成员	邱　跃　周楠森　刘玉民　王　飞　王　玮
党组成员、纪检组组长	周忠秀
总规划师、党组成员	施卫良
委　员	曹跃进　叶大华

北京市勘察设计和测绘地理信息管理办公室

主　任	叶大华（兼）
副主任	叶　嘉　李节严　王金坡

北京市测绘设计研究院

院　长、党委副书记	温宗勇
党委书记	郝赛英
党委副书记、纪委书记、工会主席	王瑞平
常务副院长	杨伯钢
副院长	梁　贵　王继明　陈品祥　程　祥
总工程师、院长助理	贾光军
总会计师	代　为

天津市规划局

局　长、党组书记	严定中
党组副书记	战秋艳
巡视员、常务副局长、党组成员	李春梅
副局长、党组成员	鲁承斌　郭凤平　郑嘉轩　沈　磊
副局长、滨海新区规划和国土资源管理局局长	霍　兵
总建筑师	秦　川
副局级巡视员	诸　铭　刘　荣　侯学钢

天津市测绘院

党委书记、副院长	刘俊卫
院　长、党委副书记	马华山
党委副书记	段立凯
纪检书记、工会主席	仉　明
副院长	韩振镖　刘凤杰　黄　甡
总工程师	胡　珂
副院长	史廷玉　刘玉财

河北省地理信息局

河北省国土资源厅副厅长、党组成员 河北省地理信息局局长、分党组书记	高献计
副局长、分党组成员	续铁枢　曹　立
总工程师、分党组成员	李爱生
副局长、分党组成员	王明才

山西省测绘地理信息局

山西省国土资源厅党组成员 山西省测绘地理信息局党组书记、局长	张宝玉
副巡视员	于建刚

纪检组长、党组成员	王喜瑞
副局长、党组成员	孔令礼
总工程师、党组成员	秦炎平
总经济师、党组成员	王秀珍

内蒙古自治区国土资源厅

厅长、党组书记	李世镕
巡视员、党组成员	孔燕燕
副厅长、党组成员	王富友
纪检组组长、党组成员	敖　拉
副厅长、党组成员	陈　伟
总工程师、党组成员	张　宏
副厅长、党组成员	王　杰
副巡视员	王重明　赵大勇

内蒙古自治区测绘地理信息局

党委书记、局长	吴齐文
副局长	赵新刚
副局长、纪检书记	郭党师

辽宁省测绘地理信息局

辽宁省国土资源厅副厅长、党组成员	
辽宁省测绘地理信息局分党组书记、局长	吴景涛
副局长、分党组成员	柏惠印　李建国　张中凯　于百云

吉林省测绘地理信息局

局　长、党组书记	张立民
副局长、党组成员	郭　燕　张凤赞　李文忠

上海市测绘管理办公室（上海市测绘院）

党委书记	陆洁中
主任（院长）	孙红春
党委副书记	杭　燕
副主任（副院长）	陈德兵　季善标
常务副主任	朱　萼
纪委书记	杨勤华
党委委员	赵宝康　陆伟军（兼工会主席）
总工程师	郭容寰

江苏省测绘地理信息局

江苏省国土资源厅副厅长、江苏省测绘地理信息局局长	刘　聪
江苏省国土资源厅党组成员、江苏省测绘地理信息局党组书记	施建石
副局长、党组成员	史照良　谢建平

纪检组组长、党组成员	龚 琴
副局长、党组成员	钱承新 王 祥
党组成员、直属机关党委书记	黄建东

浙江省测绘与地理信息局

局 长、党委书记	陈建国
副局长、党委委员、直属机关党委书记	鲍伟民
副局长、党委委员	马建平 周方根
纪委书记、党委委员	钱文华
党委委员、人事处处长、直属机关党委副书记	徐焕凤
副巡视员	许金成
副厅级干部	徐 韬

安徽省国土资源厅

厅 长、党组书记	孙爱民
副厅长、党组成员	俞凤翔 潘海滨 李世蕴
党组成员、政治部主任	晏 飞
党组成员、省测绘局局长	蒋学军
党组成员、纪检组长	江献军

安徽省测绘局（安徽省测绘总院）

安徽省国土资源厅党组成员	
局 长、党委书记	蒋学军
党委副书记、纪委书记	董 宁
副局长	朱 平 张耀波
总工程师	余建平
调研员	高承云

福建省测绘地理信息局

福建省国土资源厅党组成员	
福建省测绘地理信息局局长	陈跃进
党组书记、副局长	林 辉
副局长	陈智仁 林孝文
总工程师	简灿良

江西省测绘地理信息局

江西省国土资源厅党组成员	
江西省测绘地理信息局局长	高振华
党委书记	匡 猛
副局长	钟永辉
纪委书记	敖颠根
副局长	袁仁亮 焦三梓

山东省国土资源厅（山东省测绘地理信息局）

厅　长、党组书记	刘俭朴
副厅长、党组成员	张庆坤
副厅长	王玉志
副厅长、党组成员	宇向东　王桂鹏
测绘地理信息局局长	吴玉海
党组成员、纪检组组长、监察专员	袁如英
副巡视员	宁廷河
测绘地理信息局副局长	曲伟刚　袁振林

河南省测绘地理信息局

河南省国土资源厅党组成员	
河南省测绘地理信息局党委书记、局长	贾志伟
副局长、党委成员	禄丰年　王进福

湖北省测绘地理信息局

局　长、党组书记	陈文海
副局长、党组成员	何保国　李建国　柯美忠
纪检组组长、党组成员	王耀鸣
总工程师、党组成员	郭建华
副巡视员、直属机关党委书记	郑永益

湖南省国土资源厅（湖南省测绘地理信息局）

党组书记、厅长	方先知
党组副书记、副厅长	颜学毛
副厅长	杨维刚
党组成员、副厅长	胡进安
党组成员、纪检组长	易显奇
党组成员、副厅长	厉　坤
党组成员、总工程师	彭　悦
党组成员、副厅长	王善明　尹学朗
党组成员、总经济师	孙　敏
党组成员、省国土资源执法监察总队总队长	范荣华
党组成员、省测绘地理信息局专职副局长	金勇章
副巡视员	张　瑛　彭晓玉

广东省国土资源厅

厅　长、党组书记	邬公权
巡视员、党组成员	沈绍梅
副厅长、党组成员	黄奕锋　涂高坤　杨俊波　邢建江　李俊祥
纪检组组长、党组成员	叶伟龙

总工程师、党组成员 杨林安
执法监察局局长、党组成员 李 师
副巡视员 张超群 罗国斌

广西壮族自治区测绘地理信息局

局 长、党组书记 陈仲怀
副局长、党组成员 卢显泰 李占元
总工程师、党组成员 周 涛

重庆市规划局

党组书记、局长 曹光辉
党组成员、副局长 汪子发 邱建林 张 远 王 岳
党组成员、纪检组长 彭晓麟
总建筑师 张 睿
党组成员、规划展览馆馆长 桑东升
党组成员、副巡视员 田茂明
副巡视员 甘 红

贵州省国土资源厅

党组书记、厅长 朱立军
党组成员、副厅长 周从启 王赤兵 周 文 肖才忠
党组成员、总规划师 董晓峰
党组成员、总工程师 郭 强
党组成员、机关党委书记 杨真贵
党组成员、驻厅纪检组组长 闫海山
正厅级干部 安高智
副巡视员 沈可定

云南省测绘地理信息局

局 长、党组书记 耿 弘
副局长、党组成员 王陆忠 刘继元 邹亚光 王卫国

西藏自治区测绘局

西藏自治区国土资源厅党组成员、副厅长
西藏自治区测绘局党总支书记、局长 王维拉
副局长 扎西多吉 许言海（援藏干部）

甘肃省测绘地理信息局

党委书记、局长 缪树德
党委委员、副局长 苗天宝 陈 钢
党委委员、纪委书记 郭生亮
党委委员、副局长 牟应录

青海省测绘地理信息局

党委书记、局长	董永弘
党委副书记、副局长	唐千里
副局长	卢晓平　郗利华
纪委书记	辛全林
总工程师	黄伟星

宁夏回族自治区国土资源厅

厅　长、党组书记	王　政
副厅长、党组副书记，地矿局党委书记、局长	徐占海
副厅长、党组副书记	李捍国
副厅长、党组成员	张玉英　马　鑫
总规划师、党组成员	韦晓龙
总工程师、党组成员	包　敏
党组成员、纪检组长	于晓峰
党组成员、土地征收储备局局长	杨兴叶
副巡视员	张　黎　王援生

新疆维吾尔自治区测绘地理信息局

新疆维吾尔自治区国土资源厅党组副书记、副厅长 新疆维吾尔自治区测绘地理信息局党组书记（厅长级）	平新来
党组副书记、局长	李全战
副巡视员、党组成员、纪检组组长	艾买提·艾达洪
党组成员、副局长	常戈军

新疆生产建设兵团国土资源局

局　长、党组书记	黄国强
副局长、党组成员	闫丽莉　张新安（挂职）　李佼玉
纪检组长、党组成员	杜学明

青岛市国土资源和房屋管理局

党委书记、副局长	陈立新
党委委员、纪委书记	田忠源
党委委员、副局长	潘思晓
副局长	王咸宁
党委委员、副局长	赵富安　付荣云
党委委员、市国土资源执法监察支队支队长	马　刚
党委委员、总经济师	潘　奇
巡视员	陈培新　李　平

大连市规划局

党委书记、局长	王　君

市规划委员会办公室主任、副局长（正局级）	唐东宁
副局长	张继良　刘东立　宋继先
党委副书记、纪委书记	石　山
副局长	陈　艳
副巡视员	车　林

宁波市规划局（宁波市测绘与地理信息局）

局　长	王丽萍
党委书记	阮志贤
党委委员、副局长、副书记	郑声轩
党委委员、总规划师	袁朝晖
党委委员、副局长	李明华　陈为民
党委委员、市纪委驻局纪检组组长	金维连
副巡视员	周志刚
党委委员、组织人事处处长	金明强

深圳市规划和国土资源委员会

党组书记、主任（局长）	王幼鹏
党组成员、副主任（副局长）	郭仁忠　黄　珽　梁俊乾
党组成员、机关委员会专职书记	户从义
党组成员、副主任（副局长）	薛　峰
党组成员、副主任（副局长）兼土地整备局局长	刘世会
党组成员、监察支队支队长	覃跃良
副巡视员	韩肖平

厦门市国土资源与房产管理局

局长、党组书记	余江河
副局长、党组成员	郭俊胜
纪检组长、党组成员	王星旦
副局长、党组成员	代　敏　吴志坚
总规划师、党组成员	卢海林
副局长、党组成员	林建和
正处（副局）级纪检监察员	韩奎玉

测绘地理信息人物名录

全国政协委员

徐德明　李朋德　杨维刚　李　莉

院　士

中国科学院

陈俊勇　许厚泽　李德仁　徐冠华　童庆禧　高　俊　李小文　杨元喜　郭华东　龚健雅　周成虎

中国工程院

李德仁　刘先林　宁津生　魏子卿　王任享　刘经南　王家耀　张祖勋　许其凤　李建成　郭仁忠

国家测绘地理信息局直属单位享受政府特殊津贴人员（1990 年～2012 年）

刘先林　陈俊勇　杨明辉　顾旦生　田伯键　夔中羽　刘永诺　陈　军　张清浦　杜祥明　毛可标
冯浩鉴　朱德愉　刘四宁　胡建国　田　成　穆宝菡　杨　可　叶泰棋　文沃根　邱志成　苗履丰
孙立业　左传惠　徐　善　周英武　徐道盈　楚良才　李炳亚　赵先恒　梁振英　林宗坚　徐国华
董鸿闻　徐伯清　王惠民　张书荣　许卓群　朱梅珍　薛　璋　王惠然　王福履　蔡金生　王满英
翟声柱　方恒华　彬文文　湘北麦　柏　楠　郑家声　林天冲　石奉天　陆用森　赵熙林　张武冰
周忠谟　王增藩　张家庆　张伟兼　李道义　邱其宪　周祚域　周祚义　潘新诺　王鸿生　任维春
陈仁恕　刘肇德　何汉启　黄克明　蒋景瞳　戴其潮　钱天久　陈继良　姜翔鸾　张三省　赵一昌
张定兰　郁期青　席德昆　麻英暖　周光楹　周正谊　潘达忠　吴孟起　龙宗英　端木杰　刘明光
陈　潮　凌大夏　王淑华　金　符　陈振华　黄衍其　秦金泉　干福弟　黄武英　李　莉　李广源
刘凤德　杨　凯　冯孟华　姚绪荣　卢瑞虹　高文朗　沈安生　施品浩　林晓慧　余国珊　彭安仁
朱长盛　余文芳　周良姬　恒　炼　张学良　苏山舞　王谭强　吴郁芬　郭锡正　李左清　徐承天
李　根　洪张燕　平关大　任丘金　宏张骥　肖国雄　向宗藩　刘纪平　王东华　顾乃福　成燕辉
马林波　张安川　刘若梅　闵宜仁　李毓麟　刘宗杰　苗前军　李绍明　郭春喜　庞尚益　张开昶
王明善　肖学年　张继贤　李英成　孙晓生　程鹏飞　肖　平　李伟建　古一鸣　王　权　徐开明
蒋　捷　周　敏　杨　升　周　社　燕　琴　张江齐　徐根才　李成名　王晓国　商瑶玲　金玉平
周德军　金舒平　黄国满　高锡瑞　唐新明　王小军　党亚民　张　力　张　鹏

百千万人才工程国家级人选

张继贤　程鹏飞　陈　军　刘若梅　王东华　蒋　捷　刘纪平　商瑶玲　徐开明　党亚民　张　力
唐新明　张　鹏　李成名　李英成

海外高层次人才引进计划人选

吴晓良　徐永龙　关鸿亮　单　杰　史文中　萧世伦　周国清　李志林　李荣兴　韩绍伟　朱敦尧
施建成　何宏昌　柳　林

国家测绘地理信息局科技领军人才

陈　军　李成名　张继贤　郭春喜　王东华　刘纪平　刘耀林　李满春　顾行发　唐新明　程鹏飞
童小华

国家创新人才推进计划中青年科技创新领军人才

刘纪平　李成名

国家创新人才推进计划重点领域创新团队

国家测绘地理信息局卫星测绘应用中心卫星测绘关键技术创新团队

全国新闻出版行业领军人才

徐根才　周　敏　芦仲进　倪庆华　陈　平　赫建忠

国家测绘地理信息局青年学术和技术带头人名单（2013 年～2015 年）

张海涛　冯学兵　陈廷武　刘　光　黄　勇　贾有良　邓世军　赵英志　王润峰　陈永立　杨爱民
石建军　王荣宝　王　峰　丰　勇　王　铮　刘振宇　张洪文　杨爱玲　曲　平　毛炜青　冯　琰
吴张峰　朱风云　刘　波　沈　飞　卢　刚　楼燕敏　曾文华　李东阳　张耀波　侯恩兵　袁存忠
余丽钰　吴铭杰　欧立业　易明华　张立国　相恒茂　张　伟　李国清　卢清国　邱儒琼　段志强
洪　亮　华亮春　肖祥红　刘华光　吴永静　李成钢　廖超明　李　毅　欧小善　袁　超　陈良超
陈现春　杨正银　陈中林　李　冲　曾衍伟　甘　泉　刘建川　刘　吉　金宝轩　曹建成　王　斌
张　智　邓国庆　兀　伟　聂建亮　曹建君　李克恭　吴文魁　王　苑　许长军　杨　波　刘　涛
辛海强　罗和平　何忠焕　李兆雄　潘建平　芦仲进　司连法　余　凡　朱　萌　卜庆华　李成名
章传银　张　力　刘正军　张永红　张福浩　李海涛　秘金钟　王　继　周张鹏　翟　永　廖安平
周　旭　孙占义　刘建军　李志才　黄　蔚　蒋志浩　常晓涛　汪汇兵　王华斌　阮于洲　刘　利
吉建培

先进集体和先进个人名录

第八届全国“人民满意的公务员”

艾　勇　　陕西测绘地理信息局

全国工人先锋号

国家测绘地理信息局第一地理信息制图院制印部
国家测绘地理信息局第三地形测量队第二测量队

全国省级测绘地理信息行政主管部门贯彻落实科学发展观 2013 年度测绘地理信息工作绩效考核受表彰单位

优秀单位（12 家）

浙江省测绘与地理信息局
江西省测绘地理信息局
河北省地理信息局
辽宁省测绘地理信息局
山东省国土资源厅（测绘地理信息局）
江苏省测绘地理信息局
四川测绘地理信息局
广西壮族自治区测绘地理信息局
北京市规划委员会
黑龙江测绘地理信息局
河南省测绘地理信息局
重庆市规划局

达标单位（19 家）

福建省测绘地理信息局
山西省测绘地理信息局
陕西测绘地理信息局
吉林省测绘地理信息局
海南测绘地理信息局
广东省国土资源厅（测绘局）
新疆维吾尔自治区测绘地理信息局

上海市测绘管理办公室（测绘院）
湖北省测绘地理信息局
湖南省国土资源厅（测绘地理信息局）
天津市规划局
甘肃省测绘地理信息局
云南省测绘地理信息局
贵州省国土资源厅（测绘局）
青海省测绘地理信息局
安徽省国土资源厅
宁夏回族自治区国土资源厅（测绘地理信息局）
内蒙古自治区国土资源厅
西藏自治区测绘局

突出进步单位（2 家）

山西省测绘地理信息局
吉林省测绘地理信息局

特色工作创新单位（4 家）

福建省测绘地理信息局（海洋测绘）
陕西测绘地理信息局（地理国情普查与监测）
新疆维吾尔自治区测绘地理信息局（管理创新）
上海市测绘管理办公室（测绘院）（天地图建设）

全国测绘地理信息技术能手

（按竞赛成绩排序）

地籍测绘竞赛成绩第 1–15 名选手

武润泽	北京市测绘设计研究院
瞿申润	广东省国土资源测绘院
孙光文	河南省地图院
仇　俊	湖南省第一测绘院
党军勇	国家测绘地理信息局第二地形测量队
隋正苏	辽宁地质勘查局一〇一测绘队
车红磊	江苏省南通市测绘院有限公司
陈永就	广东省国土资源测绘院
李砾砾	江苏省南通市测绘院有限公司
王光泽	江西省南昌市测绘勘察研究院
李正洪	广西壮族自治区地理国情监测院
陈小松	浙江省宁波市测绘设计研究院
徐红波	湖南省第一测绘院
李　鹏	重庆市勘测院

高永超	国家测绘地理信息局第三大地测量队

地图制图竞赛成绩第1–15名选手

任银萍	江苏省测绘工程院
向　勇	国家测绘地理信息局第三航测遥感院
高何利	长江空间信息技术工程有限公司（武汉）
佘迎晨	湖南省第三测绘院
朱利坤	国家测绘地理信息局第一航测遥感院
王天明	黑龙江地理信息工程院
李莎莎	国家测绘地理信息局第一航测遥感院
李　蕾	辽宁省基础地理信息中心
李桂芬	黑龙江地理信息工程院
谭志华	重庆市勘测院
郭小玉	广西壮族自治区遥感信息测绘院
何秀国	长江空间信息技术工程有限公司（武汉）
易　舟	湖南省第三测绘院
何　丽	国家测绘地理信息局第三航测遥感院
杨　婷	江苏省测绘工程院

国家版图意识宣传教育和地图市场监管工作先进集体和先进个人

先进集体（79家）

工业和信息化部电信管理局市场管理处
新闻出版总署出版管理司图书处
中国地图出版集团地图文化出版分社
国家测绘地理信息局地图技术审查中心
北京市勘察设计和测绘地理信息管理办公室
北京市测绘设计研究院制图中心
北京市通州区教师研修中心地理教研室
北京市公安局网络安全保卫总队一大队
中华人民共和国北京海关加工贸易监管处
天津市规划局
天津市新闻出版局
河北省地理信息局
河北省石家庄市长安区教育局
河北省保定市国土资源局
山西省太原市国土资源局
山西省长治市工商行政管理局
内蒙古自治区呼和浩特市国土资源局
辽宁省测绘地理信息局
辽宁省抚顺市规划局

吉林省长白山管理委员会住房和城乡建设局
吉林省吉林市规划局
黑龙江省双鸭山市国家版图意识宣传教育和地图市场监管协调指导小组
黑龙江省伊春市测绘地理信息局
上海市测绘管理办公室
上海市东方社区信息苑
江苏省测绘地理信息局
江苏教育学院附属小学
江苏省射阳县人民政府
江苏省南京海关驻邮局办事处查验科
江苏省工商行政管理局市场处
浙江省国家版图意识宣传教育和地图市场监管协调指导小组
浙江省宁波市测绘与地理信息局
浙江省象山县测绘与地理信息局
安徽省测绘产品质量监督检验站
中华人民共和国厦门海关
福建省测绘地理信息局
福建省教育厅
江西省测绘地理信息局
江西省教育厅
江西省萍乡市国土资源局
山东省泰安市国土资源局
山东省济南历元学校
山东省国土资源厅
河南省测绘地理信息局
河南省郑州市国土资源局
河南省民政厅
湖北省武汉市国土资源和规划局（测绘局）
湖北省国家版图意识宣传教育和地图市场监管联席会议办公室
湖南省国土资源厅宣传中心
湖南省娄底市国土资源局
广东省国土资源厅
中华人民共和国蛇口海关
广西壮族自治区新闻出版局
广西壮族自治区柳州市国土资源局
广西壮族自治区百色市国土资源局测绘行政主管科
海南省测绘地理信息局
海南省三亚市测绘地理信息局
重庆市规划局
四川测绘地理信息局
四川省新闻出版局
四川省成都市规划管理局
贵州省毕节市国土资源局

贵州省水城县第一小学
云南省昆明市国土资源局
云南省曲靖市国土资源局
西藏自治区测绘局
西藏自治区工商行政管理局市场处
陕西省铜川市规划局
陕西省西安市规划局
甘肃省张掖市国土资源局
甘肃省庆阳市测绘局
青海省测绘地理信息局
青海省通信管理局
宁夏回族自治区国土资源厅（测绘地理信息局）
宁夏回族自治区吴忠市国土资源局（测绘地理信息局）
新疆维吾尔自治区测绘地理信息局
新疆维吾尔自治区教育厅
新疆维吾尔自治区新闻出版局图书出版管理处
新疆维吾尔自治区国家保密局

先进个人（141 人）

张　伟	外交部边界与海洋事务司
谭燕齐	工业和信息化部电信研究院
陈克相	民政部区划地名司
胡文贤	商务部外国投资管理司
张予西	国家保密局指导管理司
吴剑锋	国家测绘地理信息局地理信息与地图司
卜庆华	中国地图出版集团地图文化出版分社
赵　晖	国家测绘地理信息局地图技术审查中心
杨云平	北京市国家保密局
乌力吉	北京市教育委员会
刘　炜	北京市规划委员会通州分局
陈　泉	北京市勘察设计和测绘地理信息管理办公室
王　鹏	北京市公安局网络安全保卫总队一大队
刘亚洁	天津市规划局
齐　军	天津市规划局
纪　林	天津市教育委员会
赵晓冬	天津市新闻出版局
解化荣	河北省地理信息局
赵立芬	河北省石家庄市教育局
杨永生	河北省保定市涿州国土资源局
边海英	河北省石家庄市国土资源局
刘淑莲	山西省阳泉市文化市场行政综合执法大队
盖国祥	山西省长治市文化市场行政综合执法大队
于安社	山西省阳城县国土资源局

王亚卓　　山西省安泽县国土资源局
苑爱华　　内蒙古自治区地图院
曹文利　　辽宁省测绘地理信息局
冯艳铃　　辽宁省大连市规划局
熊天民　　辽宁省抚顺市规划局
杨吉隆　　吉林省测绘地理信息局
康　彤　　吉林省吉林市新闻出版局
王小东　　吉林省公主岭市测绘局
刘金泉　　吉林省白城市住房和城乡建设局
陆宇光　　黑龙江省测绘地理信息局
郑维岳　　黑龙江省双鸭山市规划局
王大忠　　黑龙江省双鸭山市田家炳中学
李公春　　黑龙江省伊春市测绘地理信息局
赵晓莉　　黑龙江省伊春八一中学
朱元溥　　上海市测绘管理办公室
王怡蓓　　上海市测绘管理办公室
王　薇　　上海市委宣传部
胡　敏　　上海市浦东新区测绘管理办公室
缪利斌　　上海市公安局网络安全保卫总队
陈洪良　　江苏省测绘地理信息局
顾善才　　江苏省外事办公室
赵　军　　江苏省新闻出版局
陶建芬　　江苏省南通师范学校第一附属小学
叶　琳　　江苏省常州市国土资源局
石高平　　江苏省工商行政管理局
吴讯波　　中华人民共和国江阴海关
杨兆芳　　江苏省宿迁市国土资源局
罗秀锋　　浙江省测绘与地理信息局
杨念迅　　浙江省新闻出版局
李　捷　　浙江省杭州市规划局
胡　焕　　浙江省嘉兴市南湖区教育局
何卫荣　　浙江省义乌市测绘地理信息局
王呈毅　　安徽省测绘局
程汉生　　安徽省合肥市国土资源局
吴　波　　安徽省合肥市公安信息中心
蔡晨晨　　中华人民共和国厦门海关
魏有春　　福建省厦门市文化市场综合执法支队一大队
黄忠铿　　福建省测绘地理信息局地图审查中心
薛宁红　　福建省教育厅
陈　伦　　福建省国家保密局
彭哲憬　　中华人民共和国福州海关
李瑛江　　西省测绘地理信息局
赖旻琼　　江西省工商行政管理局

黄 练	江西省公安厅治安总队
徐 静	江西省南昌市城乡规划局
刘宇平	江西省上饶市国土资源局
许玉恒	山东省聊城市国土资源局
田宏红	山东省日照市国土资源局
赵春美	山东省潍坊第八中学
程福蒙	山东省烟台市教育局
蒋小冲	山东省东营市国土资源局东营分局
许翔云	河南省测绘地理信息局
张宏广	河南省民政厅
丁武营	河南省基础教育教学研究室
王 磊	河南省通信管理局
郭秋敏	河南省平顶山市测绘地理信息局
祝 莹	湖北省武汉市国土资源和规划局（测绘局）
胡 伟	湖北省新闻出版局
万子凡	湖北省黄石市测绘地理信息局
杨 宏	湖北省通信管理局
周 骥	湖南省衡阳市国土资源局局
梁少敏	湖南省郴州市国土资源局
胡云华	湖南省长沙市天心区红卫小学
袁竹青	湖南省国家安全厅
马必文	广东省委宣传部
肖 林	广东省新闻出版局
林桂芸	广东省经济和信息化委
张永林	广东省测绘产品质量监督检验中心
董 穗	广东省对外贸易经济合作厅
周三胜	广西壮族自治区新闻出版局
李金健	广西壮族自治区工商行政管理局
唐风珍	广西壮族自治区北海市国土资源局
韦晶晶	广西壮族自治区田阳县国土资源局
李 诚	广西壮族自治区钦州市国土资源局
陈振华	海南省教育厅
曹志成	海南省文化广电出版体育厅
杨海祥	海南省工商行政管理局
肖 峰	海南省通信管理局
杨 鑫	重庆市规划局
付 强	重庆市规划监察执法总队
汪 蓓	重庆市规划局
赵 庆	重庆市国家保密局
程多祥	四川测绘地理信息局
刘国强	四川测绘地理信息局
范建鹏	四川省成都市规划管理局
宋文君	四川省新闻出版局

陈伟亮	贵州省国土资源厅
周建明	贵州省工商行政管理局
谭成福	贵州省贵阳市新闻出版局
顾　红	贵州省黔南州国土资源局
黄小娟	云南省测绘地理信息局
贾曼华	云南省昆明市国土资源局
沈　鹰	云南省曲靖市国土资源局
聂建军	云南省新闻出版局
袁永明	西藏自治区测绘局
许言海	西藏自治区测绘局
次松拉姆	西藏自治区测绘局
潘巨仁	西藏自治区工商行政管理局
许文学	陕西省教育厅
任　健	陕西省测绘地理信息局
魏群学	陕西省铜川市七一路小学
刘秀军	陕西省渭南市城乡规划管理局
王天虎	甘肃省敦煌市国土资源局
冯　静	甘肃省嘉峪关市国土资源局
杨英芳	甘肃省定西市国土资源局
秦社龙	甘肃省新闻出版局
李　勇	青海省国家保密局
陈晓丽	青海省测绘地理信息局
张宗益	青海省测绘地理信息局
李　湘	宁夏回族自治区国土资源厅（测绘地理信息局）
尚继军	宁夏回族自治区教育厅
徐万生	宁夏回族自治区银川市国土资源局（测绘地理信息局）
袁　英	新疆维吾尔自治区测绘地理信息局
凯赛尔·玉山	新疆维吾尔自治区新闻出版局
艾山江·艾尼瓦尔	塔城地区国土资源局（测绘地理信息局）
许　晋	新疆维吾尔自治区国家安全厅第一总队
高建新	新疆维吾尔自治区阿克苏市国土资源局

军队测绘导航部队先进个人

2013 年度全军测绘导航标兵

刘　强	65014 部队
李　韡	66444 部队
王　剑	68029 部队
孟庆君	72515 部队
海　靖	73061 部队
赵梦琪	75711 部队

王天林	78138 部队
项泽伟	92292 部队
龚　涛	92678 部队
刘　鹏	95956 部队
张孝赫	96633 部队
曹忠来	96151 部队
王天玉	96251 部队
李文浩	63870 部队
赵应娟	61363 部队
赵　鹤	61081 部队
戴树伟	61206 部队
陈卫家	61206 部队
赵魏强	61206 部队
战艳玲	61175 部队
丁　辉	61175 部队
李武岐	61243 部队
杨仁智	61287 部队
胡振龙	61618 部队

2013 年度作战部队优秀专业技术人才奖

付　勇	61175 部队
马延敏	61243 部队
谢　波	63883 部队

军队优秀专业技术人才岗位津贴者

一类

胡　莘	61540 部队
游　雄	解放军信息工程大学地理空间信息学院

二类

孙中苗	61540 部队
曾　军	61540 部队
袁　立	96656 部队
龚志辉	解放军信息工程大学地理空间信息学院
刘海砚	解放军信息工程大学地理空间信息学院
万　刚	解放军信息工程大学地理空间信息学院
李建胜	解放军信息工程大学导航与空天目标工程学院

军队院校育才奖

金奖

游　雄	解放军信息工程大学地理空间信息学院
胡捍英	解放军信息工程大学导航与空天目标工程学院

银奖

范大昭	解放军信息工程大学地理空间信息学院
魏海平	解放军信息工程大学地理空间信息学院
李少梅	解放军信息工程大学地理空间信息学院
蔡中祥	解放军信息工程大学地理空间信息学院
吕志伟	解放军信息工程大学导航与空天目标工程学院

国家测绘地理信息局2012年度“五型机关”创建活动先进集体和先进个人

先进司室（3个）

地理信息与地图司（测绘成果管理司）
人事司
直属机关党委（纪检监察审计室）

先进处（室）（9个）

办公室政策研究与新闻处
规划财务司预算处
国土测绘司遥感信息处（地理国情监测处）
法规与行业管理司执法监督处
地理信息与地图司（测绘成果管理司）成果管理处
科技与国际合作司外事处（港澳台事务处）
人事司公务员处
直属机关党委（纪检监察审计室）党委办公室
离退休干部办公室

先进个人（25名）

办公室	李志霞　蒋　睿　胡雪霁　杨和平
规划财务司	徐子蒙　蒋丽华　白振栋
国土测绘司	田海波　姚一静　张贵钢
法规与行业管理司	程晓军　郭鹏辉　李　倩
地理信息与地图司（测绘成果管理司）	徐　永　刘金玉　卢卫华

科技与国际合作司	郑作亚　严荣华　姜晓虹
人事司	杜　明　田　青　杨　娉
直属机关党委（纪检监察审计室）	杜文广　柳　静　张桂侠

全国测绘地理信息系统第三届乒乓球比赛获奖名单

冠　军	大连九成测绘企业集团
亚　军	山西省测绘地理信息局
季　军	上海市测绘院
优秀组织奖	国家测绘地理信息局机关、福建省测绘地理信息局、四川测绘地理信息局、国家基础地理信息中心
体育道德风尚奖	湖北省测绘局、陕西省测绘地理信息局、国家测绘产品质量检验测试中心、国家测绘地理信息局测绘发展研究中心

其他获省部级表彰的先进集体和先进个人

先进集体

国家测绘地理信息局在财政部2012部门决算考核评比中获得决算编审先进工作单位一等奖

黑龙江测绘地理信息局、国家测绘地理信息局黑龙江基础地理信息中心被黑龙江省委、省政府评为2013年全省抗洪救灾先进集体

国家测绘地理信息局黑龙江基础地理信息中心被黑龙江省总工会授予“黑龙江省五一劳动奖状”

上海市测绘院获2011-2012年度上海市文明单位称号

国家测绘地理信息局第二地形测量队三中队、陕测后勤服务中心环卫队被评为陕西省工人先锋号

甘肃省地图院被甘肃省委、省政府授予“舟曲特大山洪泥石流灾后恢复重建先进集体”称号

先进个人

武汉大学测绘学院姚宜斌获第十三届中国青年科技奖

北京市规划委员会罗威被北京市发展和改革委员会、市环保局、市人力资源和社会保障局、市财政局联合表彰为北京市节能减排先进个人

黑龙江测绘地理信息局赵敏，国家测绘地理信息局黑龙江基础地理信息中心董卫、王艳艳、林峰被黑龙江省委、省政府评为“2013年全省抗洪救灾先进个人”

黑龙江省测绘产品质量监督检验站罗鹏被黑龙江省总工会授予黑龙江省五一劳动奖章

上海市测绘院徐伟立获国家版权局颁发的2012年度查处侵权盗版案件有功个人三等奖

上海市测绘院张桂芬被共青团上海市委员会评为“2012年度上海市标杆青年突击手”

四川测绘地理信息局测绘技术服务中心赵祯被中共四川省委、省政府授予四川省“4·20”芦山强烈地震抗震救灾先进个人称号

国家测绘地理信息局陕西测绘产品质量监督检验站王虹被评为全国五一巾帼标兵

陕西测绘地理信息局丁华被评为全国优秀工会积极分子

国家测绘地理信息局陕西测绘产品质量监督检验站赵龙被评为全国国土资源系统技能竞赛工作先进个人

陕西省第二测绘工程院八分院于金芝、商洛市城乡建设规划局杨峪河城市规划建设管理所毛建繁、国家

测绘地理信息局第一地理信息制图院蔡清华获2012-2013年度“陕西省优秀青年岗位能手”称号

陕西省第三测绘工程院贾明明、省第二测绘工程院闫建辉、省第五测绘工程院朱利坤、李莎莎和魏秋耘获“陕西省青年岗位能手”称号

甘肃省测绘工程院达朝宗被授予“舟曲特大山洪泥石流灾后恢复重建先进个人”称号

科技奖励名单

国家科技奖励

项 目 名 称：国产民用高分辨率立体测图卫星测绘和应用关键技术
项 目 编 号：J-25201-1-01
获奖类别及等级：国家科学技术进步一等奖
完 成 单 位：国家测绘地理信息局卫星测绘应用中心、武汉大学、中国测绘科学研究院、中国人民解放军信息工程大学
主 要 完 成 者：唐新明 孙承志 龚健雅 张 过 李朋德 邱振戈 谢俊峰 范大昭 王华斌 祝小勇 周晓青 高小明 赵春梅 赵齐乐 周 平

项 目 名 称：机载多波段多极化干涉SAR测图系统
项 目 编 号：J-25201-2-01
获奖类别及等级：国家科学技术进步二等奖
完 成 单 位：中国测绘科学研究院、武汉大学、中国科学院对地观测与数字地球科学中心、中国科学院电子学研究所、中国电子科技集团公司第三十八研究所、中国飞行试验研究院、四维航空遥感有限公司、四川省遥感信息测绘院、国家测绘地理信息局重庆测绘院、国家测绘地理信息局第二地形测量队
主 要 完 成 者：张继贤 黄 国 满燕琴 李平湘 李 震 宋庆国 向茂生 江 凯 张永红 赵 争 关鸿亮 程春泉 卢丽君 韩颜顺 杨书成

2013年中国测绘学会测绘科技进步奖

特等奖（3项）

项 目 编 号：2013-01-00-01
项 目 名 称：北斗运控系统集成、优化与建设
主要完成人：周建华 周 兵 王 刚 张素成 唐 波 李树洲 郭 睿 王 瑶 徐建华 韩春好 潘 颖 柳其许 赵文军 廖新浩 赵金贤 陈金平 楚恒林 蔚保国 桑怀胜 刘 利 潘 峰 马 煦 李献球 谢金石 丁宏毅 陈刘成 王 宇 胡彩波 李朝晖 陶春燕
主要完成单位：北京卫星导航中心

项 目 编 号：2013-01-00-02
项 目 名 称：全国水利普查空间信息系统构建与应用
主要完成人：蔡　阳　陈子丹　程益联　刘丽芬　谢文君　詹全忠　陈德清　付　静　成建国　蒋　捷　雷　莹　王爱莉　吴礼福　万定生　王位鑫　项彩虹　陈春华　周维续　曾　焱　朱　武　肖凤林　陈真玄　唐　燕　李士进　王晓岭　廖华军　刘　祥　林任齐　贾鹏鹏　谭日昌
主要完成单位：水利部水利信息中心、国家基础地理信息中心、北京超图软件股份有限公司、北京吉威数源信息技术有限公司、河海大学、北京东方道迩信息技术股份有限公司、北京金水信息技术发展有限公司、国信司南（北京）地理信息技术有限公司

项 目 编 号：2013-01-00-03
项 目 名 称：国家西部测图工程关键技术及其应用
主要完成人：张继贤　张　力　辛少华　燕　琴　郝科铭　肖　平　袁晓宏　杨　升　黄国满　刘纪平　李海涛　苏山舞　张福浩　王英斌　危金刚　邓新安　孙茂军　颉继珍　韦纯训　胡兴树　马　钰　高武俊　许　骥　丁　剑　苏凤岐　胡勇志　谢露蓉　郑福海　倪文辉　文汉江
主要完成单位：中国测绘科学研究院、陕西测绘地理信息局、黑龙江测绘地理信息局、四川测绘地理信息局、国家测绘地理信息局重庆测绘院、新疆维吾尔自治区测绘地理信息局、青海省测绘地理信息局、甘肃省测绘地理信息局、云南省测绘地理信息局、海南测绘地理信息局

一等奖（11 项）

项 目 编 号：2013-01-01-01
项 目 名 称：利用卫星定位系统建立与维持高精度坐标框架的关键技术及推广应用
主要完成人：姜卫平　刘经南　张　鹏　姚宜斌　陈宏奕　胡大国　蒋志浩　周晓慧　曾　波　曾广鸿　孙占义　李　昭　杨　凯　刘鸿飞　许超钤
主要完成单位：武汉大学、国家基础地理信息中心、山西省测绘工程院、广州市国土资源和房屋管理局

项 目 编 号：2013-01-01-02
项 目 名 称：智能路面综合检测装备研发及产业化
主要完成人：李清泉　毛庆洲　张德津　曹　民　杨必胜　曲　旋　王新林　曾　星　卢　毅　张志刚
主要完成单位：武汉武大卓越科技有限责任公司、武汉大学

项 目 编 号：2013-01-01-03
项 目 名 称：环境空气卫星遥感技术工程化及其应用
主要完成人：王　桥　厉　青　陶金花　王中挺　周春艳　陈良富　张丽娟　毛慧琴　陈　辉　苏　林　王子峰　孙中平　游代安　洪运富　李莘莘
主要完成单位：环境保护部卫星环境应用中心、中国科学院遥感与数字地球研究所、南京师范大学

项 目 编 号：2013-01-01-04
项 目 名 称：基于多源自主卫星遥感的陆海环境关键要素定量化监测技术及应用
主要完成人：顾行发　金　松　王晋年　余　涛　陈仲怀　孟庆岩　刘仁义　周　翔　李　丽　彭　玲　明　涛　池天河　方　莉　王春梅　张　霞

主要完成单位：中国科学院遥感与数字地球研究所、天津中科遥感信息技术有限公司、北京市遥感信息研究所、浙江大学、广西测绘地理信息局

项 目 编 号：2013-01-01-05
项 目 名 称：车载激光扫描与全景成像城市测量系统
主要完成人：闫 利 陈长军 陈为民 聂 倩 林 昀 文学东 王 刚 曹学礼 谢 洪 张荣华 李丹农 徐狄军 贾 毅 刘 勇 李俊峰
主要完成单位：宁波市测绘设计研究院、武汉大学、宁波市规划局（宁波市测绘与地理信息局）

项 目 编 号：2013-01-01-06
项 目 名 称：三维地理信息系统平台软件与示范应用
主要完成人：朱 庆 眭海刚 刘 刚 郑文庭 李宗华 刘学军 张叶廷 杜志强 吴冲龙 彭明军 朱 军 邵振峰 高 山 许伟平 何珍文
主要完成单位：武汉大学、中国地质大学（武汉）、浙江大学、武汉市国土资源和规划信息中心、南京师范大学、西南交通大学

项 目 编 号：2013-01-01-07
项 目 名 称：InSAR高精度地表形变测量的理论方法研究与应用
主要完成人：朱建军 丁晓利 李志伟 胡 俊 汪云甲 张杏清 谢荣安 汪长城 王琪洁 戴吾蛟 冯光财
主要完成单位：中南大学、香港理工大学、中国矿业大学、广东省地质测绘院

项 目 编 号：2013-01-01-08
项 目 名 称：电子政务空间辅助决策测绘保障示范
主要完成人：刘纪平 张福浩 石丽红 赵 荣 谭 海 陶坤旺 王 亮 董 春 孙立坚 康风光 苏德国 栗 斌 朱 翊 王 勇 徐胜华
主要完成单位：中国测绘科学研究院

项 目 编 号：2013-01-01-09
项 目 名 称：基于RPC模型的星载SAR和InSAR数据处理关键技术
主要完成人：张 过 李德仁 秦绪文 祝小勇 李 贞 费文波 潘红播 蒋永华
主要完成单位：武汉大学、国家测绘地理信息局卫星测绘应用中心

项 目 编 号：2013-01-01-10
项 目 名 称：跨区域现代大地基准精化与应用
主要完成人：郭春喜 白贵霞 王 斌 张全德 程传录 张 远 党亚民 马新莹 王文利 伊海波 陈现春 陈惠军 王小瑞 韩买侠 张世娟
主要完成单位：国家测绘地理信息局大地测量数据处理中心、国家基础地理信息中心、中国测绘科学研究院、国家测绘地理信息局第三大地测量队、国家测绘地理信息局第一大地测量队、国家测绘地理信息局第二大地测量队、重庆市规划局、安徽省测绘局、大连市测绘院、兰州市勘察测绘研究院

项 目 编 号：2013-01-01-11
项 目 名 称：大地测量数学数值分析理论与应用

主要完成人：边少锋　李厚朴　纪　兵　童余德　金际航　陈永冰　侯世喜　胡柏青　卞　鸿
　　　　　　魏常路　宾常国　宾刘敏　吴太旗　吴　苗　刘　睿
主要完成单位：海军工程大学

二等奖（38 项）

项目编号：2013-01-02-01
项目名称："一张图"国土资源综合监管平台
主要完成人：钟耳顺　宋关福　梁　军　王尔琪　安代伟　杨　憬　王海芹　谢明辉　郑文鉴
　　　　　　程丽丽
主要完成单位：北京超图软件股份有限公司

项目编号：2013-01-02-02
项目名称：人口普查与调查信息空间统计管理与分析系统
主要完成人：王英杰　刘德钦　余卓渊　马维军　杨小唤　李洪省　罗　斌　严　虹　程　佳
　　　　　　冯　亮
主要完成单位：中国科学院地理科学与资源研究所、中国测绘科学研究院

项目编号：2013-01-02-03
项目名称：基于本体模型的自主制图服务中间件关键技术研究
主要完成人：杜清运　任　福　蔡忠亮　陈少勤　肖建华　李永丰　王明军　亢孟军　王少一
　　　　　　江文萍
主要完成单位：武汉大学、浙江省测绘科学技术研究院、湖北省地图院、武汉市测绘研究院

项目编号：2013-01-02-04
项目名称：大型遥感一体化服务平台研发与应用
主要完成人：吴信才　谢　忠　周顺平　徐世武　万　波　吴　亮　郑　坤　张发勇　罗显刚
　　　　　　高　伟
主要完成单位：武汉中地数码科技有限公司、北京中地时空数码科技有限公司

项目编号：2013-01-02-05
项目名称：数字重庆地理信息平台建设
主要完成人：张　远　罗灵军　张泽烈　陈翰新　袁　超　向泽君　李　静　王昌翰　邓仕虎
　　　　　　陈良超
主要完成单位：重庆市地理信息中心、重庆市勘测院、重庆市规划局、重庆数字城市科技有限公司

项目编号：2013-01-02-06
项目名称：省级地理信息公共服务平台关键技术研究与应用
主要完成人：孔兆慧　张立国　相恒茂　钟全宝　王　峰　毛继军　张　伟　孙久虎　焦　英
　　　　　　华江娜
主要完成单位：山东省国土测绘院

项目编号：2013-01-02-07
项目名称：全球 30 米多光谱遥感影像几何和光谱高精度重建关键技术及应用

主 要 完 成 人：廖安平 张宏伟 曹 鑫 何超英 陈学泓 陈利军 朱孝林 陈 晋 王 京
彭 舒
主要完成单位：国家基础地理信息中心、北京师范大学、国信司南（北京）地理信息技术有限公司

项 目 编 号：2013-01-02-08
项 目 名 称：LiDAR 支持下数字三维城市关键技术及规模化应用
主 要 完 成 人：禄丰年 宋新龙 于海洋 田耀永 肖 锋 程 钢 邓学锋 侯 岳 许传阳
张育民
主要完成单位：河南省测绘工程院、河南理工大学

项 目 编 号：2013-01-02-09
项 目 名 称：开放式地理信息共享平台及义乌示范
主 要 完 成 人：刘 勤 刘坚耿 项晓彬 孙 伟 管 雷 寿春法 孙隆祥 张成成 焦孟凯
洪志远
主要完成单位：义乌市勘测设计研究院、北京四维远见信息技术有限公司、中国测绘科学研究院

项 目 编 号：2013-01-02-10
项 目 名 称：亚丁湾地区地理影像保障系统
主 要 完 成 人：罗奋勇 陈新元 汪 明 龚桂荣 郭力刚 王 惠 李书玲 闫众清 马 麟
许 跞
主要完成单位：中国人民解放军 61512 部队

项 目 编 号：2013-01-02-11
项 目 名 称：黄河地理信息数据库建设关键技术与应用
主 要 完 成 人：高庆方 刘豪杰 薄伟伟 温红英 丁俊杰 贾红玲 胡 洁 王艳洲 王新福
姜成桢
主要完成单位：黄河勘测规划设计有限公司
项 目 编 号：2013-01-02-12
项 目 名 称：机载 LiDAR 与摄影测量集成技术在贵州山区（惠水长田）1:500 比例尺地形测量中的应用研究
主 要 完 成 人：刘 吉 孙俊英 王迪伟 张本国 王滋政 王 师 潘红燕 张天巧 王毓钤
李 娟
主要完成单位：贵州省第二测绘院、广州建通测绘技术开发有限公司

项 目 编 号：2013-01-02-13
项 目 名 称：近海和陆地卫星测高波形重定及应用
主 要 完 成 人：郭金运 常晓涛 孙佳龙 高永刚 刘 新 孔巧丽 杨 红 杨 磊 李国伟
张凯华 胡志博
主要完成单位：山东科技大学、国家测绘地理信息局卫星测绘应用中心、福州大学、淮海工学院

项 目 编 号：2013-01-02-14
项 目 名 称：西藏自治区地图集
主 要 完 成 人：曹纯贫 甘 昱 王维拉 占攀峰 李水英 应其浩 旭 红 王慧娟 吴侃侃

谢　娟
主要完成单位：浙江省第一测绘院、西藏自治区测绘局

项 目 编 号：2013-01-02-15
项 目 名 称：中国主要火山地壳形变监测及活动性分析
主 要 完 成 人：王庆良　胡亚轩　崔笃信　梁伟锋　王文萍　季灵运
主要完成单位：中国地震局第二监测中心

项 目 编 号：2013-01-02-16
项 目 名 称：遥控测量船研制及应用
主 要 完 成 人：王先登　王　良　杨传华　王光武　胡忠权　张　源　毛爱平　黄兆星　何毅敏
徐　为
主要完成单位：长江武汉航道局

项 目 编 号：2013-01-02-17
项 目 名 称：特大异型超高悬挑结构精密工程测量技术研究及其应用
主 要 完 成 人：杨伯钢　张胜良　彭明祥　过静珺　陆静文　侯本才　卢德志　焦俊娟　孔令彦
訾景龙
主要完成单位：中国建筑股份有限公司、北京市测绘设计研究院、中建一局集团建设发展有限公司、北京中建华海测绘科技有限公司、清华大学、北京市绘寰测绘事务所

项 目 编 号：2013-01-02-18
项 目 名 称：北斗地基增强系统湖北示范项目
主 要 完 成 人：柯美忠　刘经南　施　闯　李　剑　张　扬　杨志彪　陈　豪　胡　承　杨华先
胡　刚
主要完成单位：湖北省测绘工程院、武汉大学卫星导航定位技术研究中心、湖北省气象信息与技术保障中心、和芯星通科技（北京）有限公司

项 目 编 号：2013-01-02-19
项 目 名 称：卫星导航定位技术开发与应用及其推动大地测量学发展
主 要 完 成 人：金双根　朱文耀　吴学睿
主要完成单位：中国科学院上海天文台

项 目 编 号：2013-01-02-20
项 目 名 称：空间构件形位检测技术研究与应用
主 要 完 成 人：于胜文　刘尚国　万志波　刘国林　郑文华　李　英　王喜芹　成　枢　景　冬
韩晓冬
主要完成单位：山东科技大学、青岛大学、青岛海徕天创科技有限公司

项 目 编 号：2013-01-02-21
项 目 名 称：大规模卫星遥感影像快速处理与在线服务产业化技术体系建设
主 要 完 成 人：程晓阳　柴　琦　陈汭新　马　翊　曹伟明　朱广堂　齐连惠　曹久久　姜莉莉
曾钢良

主要完成单位：北京天目创新科技有限公司、佛山市城市地理信息中心

项 目 编 号：2013-01-02-22
项 目 名 称：电子纸地图技术
主要完成人：吴长枝 杨春成 申慧群 何列松 付少锋 谢 鹏 李 宏 周校东 欧阳峰 汶建龙
主要完成单位：西安测绘研究所

项 目 编 号：2013-01-02-23
项 目 名 称：Topo-Lite 三维激光扫描数据处理应用系统
主要完成人：孙景亮 孙德鸿 王海城 徐进军 刘 建 蒋 涛 孙 晓 周谦益 刘桂霞 邹进贵
主要完成单位：水利部河北水利水电勘测设计研究院、北京龙睿鑫云科技发展有限公司、武汉大学、河北省交通规划设计院

项 目 编 号：2013-01-02-24
项 目 名 称：低轨遥感卫星精密定轨关键技术研究及应用
主要完成人：赵春梅 张利明 丁 剑 李 谦 卫志斌 成英燕 张小强 盛传贞
主要完成单位：中国测绘科学研究院

项 目 编 号：2013-01-02-25
项 目 名 称：南海地图研究
主要完成人：徐永清 宁镇亚 徐 坤 徐根才 赵书轩 周北燕
主要完成单位：国家测绘地理信息局测绘发展研究中心、中国地图出版社、国家测绘地理信息局海南测绘资料信息中心

项 目 编 号：2013-01-02-26
项 目 名 称：陕西省应急管理科技支撑项目——陕西省应急体系地理信息平台
主要完成人：王晓国 吴 晨 李祥武 张 智 曹建成 员建明 张 勤 余晓松 王 博 金 鼎
主要完成单位：国家测绘地理信息局陕西基础地理信息中心

项 目 编 号：2013-01-02-27
项 目 名 称：轨道工程安全三维高精度智能监测体系及工程应用
主要完成人：储征伟 胡伍生 佘 才 高朱斌 张柏林 杨 旭 左都美 钟金宁 郑敦勇 段 伟
主要完成单位：南京市测绘勘察研究院有限公司、东南大学、南京地铁集团有限公司

项 目 编 号：2013-01-02-28
项 目 名 称：大连市现代测绘基准体系建设项目
主要完成人：孙义鹏 郭春喜 马林波 程 俊 张文谋 程传录 张亚峰 马新莹 王文利 李 兵
主要完成单位：大连市测绘院、国家测绘地理信息局大地测量数据处理中心、国家测绘地理信息局第二

大地测量队

项 目 编 号：2013-01-02-29
项 目 名 称：法截面子午线椭球空间几何理论
主要完成人：金立新　付宏平　陈向阳　冯　威　陈光金　王道德　高玉峰　净文常　秦学珍　周安荔
主要完成单位：中铁第一勘察设计院集团有限公司、甘肃铁道综合工程勘察院有限公司

项 目 编 号：2013-01-02-30
项 目 名 称：广东省2000国家大地坐标框架的建立及实时服务
主要完成人：林良彬　许耿然　徐　天　周旭斌　林　铁　刘文建　陈长波　阳　力　任　娟　宋树军
主要完成单位：广东省国土资源测绘院

项 目 编 号：2013-01-02-31
项 目 名 称：MapShow地理信息系统的研发与应用
主要完成人：王　振　董　军　王文国　姚　迪　陆　璐　刘　影　孙成林　陈川南　付忠实　张艳玲
主要完成单位：辽宁省国土资源调查规划局、辽宁达荣信息技术有限公司

项 目 编 号：2013-01-02-32
项 目 名 称：规划监督测量三环节智能一体化系统
主要完成人：谢征海　周志军　张　平　杨本廷　刘远凯　朱清海　吕　楠　刘　寓　华媛媛　李　菲
主要完成单位：重庆市勘测院、重庆数字城市科技有限公司

项 目 编 号：2013-01-02-33
项 目 名 称：多尺度城市空间数据库快速构建及在广州的应用实践
主要完成人：张　荣　艾廷华　刘　洋　何华贵　陈　飞　张　翔　詹金瑞　陶　岚　禹文豪　张百灵
主要完成单位：广州市城市规划勘测设计研究院、武汉大学

项 目 编 号：2013-01-02-34
项 目 名 称：水电工程征地移民实物指标管理信息系统
主要完成人：吴关叶　龚和平　杨秋和　燕樟林　林永钢　卞炳乾　毛振军　刘仁义　史建伟　张　丰
主要完成单位：浙江华东测绘有限公司、中国水电顾问集团华东勘测设计研究院、浙江大学

项 目 编 号：2013-01-02-35
项 目 名 称：服务型地理信息公共平台集成化技术体系研究与清远应用
主要完成人：周旭斌　钟远军　任　娟　蔡筱倩　李　照　陈小兵　黎慧斌　林澍哲　李　自　杨辉山
主要完成单位：广东省国土资源技术中心、清远市国土资源局

项 目 编 号：2013-01-02-36
项 目 名 称："天地图"浙江省、市、县级节点分布式服务技术研究与应用
主要完成人：曹纯贫 周友生 胡传文 邱新忠 傅轩诚 董 志 刘晓忠 李水英 彭 瑞 朱 俊
主要完成单位：浙江省第一测绘院、浙江省地理信息中心

项 目 编 号：2013-01-02-37
项 目 名 称：三维数字化建模软件研发及应用
主要完成人：窦华成 邓世军 黄先锋 李建平 张 帆 江 宇 程三胜 高 健 王国飞 李文棋
主要完成单位：天津市勘察院、天津市星际空间地理信息工程有限公司、武汉大学

项 目 编 号：2013-01-02-38
项 目 名 称：应急测绘基准后续服务技术方案研究
主要完成人：陈现春 陈 刚 李开君 鄢中堡 王明善 胡启玲 包 海 张 芯 兰启贵
主要完成单位：四川省第一测绘工程院、中国地质大学（武汉）

三等奖（57 项）

项 目 编 号：2013-01-03-01
项 目 名 称：重大自然灾害孕险基础地理环境因子分析与数据产品研发
主要完成人：王 茜 蒋 捷 杨 昕 黄蔚查 祝 华 张红平 祝士杰
主要完成单位：国家基础地理信息中心、南京师范大学

项 目 编 号：2013-01-03-02
项 目 名 称：无人飞艇地理国情监测关键技术
主要完成人：潘宝玉 苏国中 王 冬 范存国 刘 嘉 张 兰 刘凤英
主要完成单位：山东省地质测绘院、山东科技大学、中国测绘科学研究院、北京测科空间信息技术有限公司

项 目 编 号：2013-01-03-03
项 目 名 称：基于模型的天保工程遥感数据综合处理、评估技术与应用推广
主要完成人：徐泽鸿 杨雪清 张 扬 田 棢 邸富宏 王福生 陈 健
主要完成单位：国家林业局调查规划设计院、北京吉威数源信息技术有限公司

项 目 编 号：2013-01-03-04
项 目 名 称：阿根廷 San Juan 站卫星激光测距系统的设计、集成与实现
主要完成人：王谭强 刘卫东 郭唐永 项清革 刘乃苓 韩延本 瞿 锋
主要完成单位：中国测绘科学研究院、国家天文台、中国地震局地震研究所

项 目 编 号：2013-01-03-05
项 目 名 称：面向政府的跨平台非结构化地图数据库服务系统
主要完成人：赵 勇 周治武 赵婷婷 梅 洋 朱 杰 张志华 胡振彪
主要完成单位：国家基础地理信息中心、青岛市勘察测绘研究院、国信司南（北京）地理信息技术有限公司

项 目 编 号：2013-01-03-06
项 目 名 称：三维城市设计平台研究与应用
主要完成人：陈翰新　陈良超　薛　梅　唐相桢　王国牛　何兴富　王昌翰
主要完成单位：重庆市勘测院

项 目 编 号：2013-01-03-07
项 目 名 称：青藏高原东北缘重力变化及机理研究
主要完成人：祝意青　梁伟锋　徐　云　马胡斌　郭树松　朱桂芝　刘　芳
主要完成单位：中国地震局第二监测中心

项 目 编 号：2013-01-03-08
项 目 名 称：无地面控制航天摄影测量高精度定位技术
主要完成人：江振治　王　刃　朱新慧　张献瑞　黄　艳　苏永宪　李含璞
主要完成单位：西安测绘研究所

项 目 编 号：2013-01-03-09
项 目 名 称：全过程信息化电网技术在青藏直流联网工程中的应用
主要完成人：李凤亮　孙朝阳　邹　立　郑彦春　任艳丽　李志斌　项　伟
主要完成单位：北京洛斯达数字遥感技术有限公司

项 目 编 号：2013-01-03-10
项 目 名 称：高分立体卫星影像一体化成图产业化应用技术开发
主要完成人：谭克龙　张新利　康高峰　谢志清　原喜屯　李　力　刘继宝
主要完成单位：西安煤航信息产业有限公司

项 目 编 号：2013-01-03-11
项 目 名 称：基于 DSM 和遥感信息的土地利用变化监测研究与应用
主要完成人：郭容寰　冯　琰　杨常红　潘　琛　王光耀　顾星晔　夏兰芳
主要完成单位：上海市测绘院

项 目 编 号：2013-01-03-12
项 目 名 称：城市高分辨率影像的地物自动提取与高效计算关键技术及应用
主要完成人：赵西安　倪金生　吕京国　谭　靖　万　利　蔡艳辉　田自强
主要完成单位：北京建筑大学（原北京建筑工程学院）、北京东方泰坦科技股份有限公司、中国环境科学研究院、中国测绘科学研究院

项 目 编 号：2013-01-03-13
项 目 名 称：高分辨率卫星影像在输电线路终勘工程中的应用研究
主要完成人：徐　辉　易　祎　陈　功　胡　鑫　程正逢　周　勇　袁　亮
主要完成单位：中国电力工程顾问集团中南电力设计院

项 目 编 号：2013-01-03-14
项 目 名 称：油罐容积高精度自动测量系统

主要完成人：李宗春 范百兴 李玉广 张冠宇 冯其强 李 丛 杨 振
主要完成单位：解放军信息工程大学、国防科技工业大容量一级计量站

项目编号：2013-01-03-15
项目名称：地形实模数控刻制技术集成及若干区域经济实模制作
主要完成人：周国奎 韦清嫄 周创熙 陆朝锋 廖顺华 王向飞 罗俊平
主要完成单位：广西壮族自治区地图院

项目编号：2013-01-03-16
项目名称：城市地下空间信息集成管理平台研究与应用
主要完成人：向 泽 君明镜 李 响 梁建国 李碧全 张世能 万正忠
主要完成单位：重庆市勘测院

项目编号：2013-01-03-17
项目名称：基于MMS的道路路况调查与信息化管理系统
主要完成人：余祖锋 丁 美 王卫安 沈日庚 周 良 徐敏生 周丰年
主要完成单位：上海市城市建设设计研究总院、同济大学

项目编号：2013-01-03-18
项目名称：智能化测绘无人机的研究与开发
主要完成人：王小平 王根铎 祁建著 田雨鸣 马甲乐 周新池 孟宪光
主要完成单位：西安大地测绘工程有限责任公司

项目编号：2013-01-03-19
项目名称：数字地形图图形分发服务与管理系统
主要完成人：赵春香 陈品祥 李 鸣 高文超 李 昂 陈冬宁 崔 磊
主要完成单位：北京市测绘设计研究院

项目编号：2013-01-03-20
项目名称：数字航空摄影测量系列标准制定
主要完成人：邓国庆 张 坤 亓 伟 马聪丽 刘小强 段怡红 吕玉霞
主要完成单位：国家测绘地理信息局测绘标准化研究所、国家测绘地理信息局第一航测遥感院、国家测绘地理信息局第三航测遥感院、国家测绘地理信息局第一大地测量队、西安三石软件有限责任公司

项目编号：2013-01-03-21
项目名称：无人机遥感技术在突发事件测绘保障中的应用研究
主要完成人：杨晋强 宫辉力 王义祥 徐 琳 杜红悦 张彦豪 周 萍
主要完成单位：兰州军区第一测绘大队、首都师范大学、云南师范大学

项目编号：2013-01-03-22
项目名称：多轨InSAR时间序列分析方法及其在珠三角地面沉降监测中的应用
主要完成人：喻永平 王 华 林 鸿 李长辉 陈焕然 丘广新 黎树禧

主要完成单位：广州市城市规划勘测设计研究院、广东工业大学、广州市地下铁道总公司

项 目 编 号：2013-01-03-23
项 目 名 称：面向村镇规划的空间信息更新技术集成及应用
主要完成人：郭增长　张合兵　王育红　牛海鹏　李　伟　张小虎　王庆林
主要完成单位：河南理工大学、矿山空间信息技术国家测绘地理信息局重点实验室

项 目 编 号：2013-01-03-24
项 目 名 称：隧道自动化控制测量及数据处理应用研究
主要完成人：季善标　王光耀　姚顺福　王晓峰　陆　峰　杨常红　陈纪东
主要完成单位：上海市测绘院

项 目 编 号：2013-01-03-25
项 目 名 称：燕郊国家级高新区地上地下一体化三维地理信息系统建设
主要完成人：马小计　尹维杰　武　娟　马熹肇　田　庆　宁利立　顾　慧
主要完成单位：北京中色测绘院有限公司

项 目 编 号：2013-01-03-26
项 目 名 称：WitsMap 地理信息公共服务平台
主要完成人：冯中卫　黄振勇　王联欢　卢清国　赵慧芬　王东辉　周雪丽
主要完成单位：河南省地图院

项 目 编 号：2013-01-03-27
项 目 名 称：厦门市现代测绘基准体系建设
主要完成人：江春发　柏华岗　姚宜斌　林锦星　商永杰　邹贤才　郭垂注
主要完成单位：厦门市测绘与基础地理信息中心、国家测绘地理信息局第一大地测量队、武汉大学测绘学院

项 目 编 号：2013-01-03-28
项 目 名 称：数字包头地理空间框架建设
主要完成人：张　建　李兰维　苏学杰　李　峰　张贵俊　吴　彬　于　欣
主要完成单位：包头市国土资源局、包头市国土资源信息中心、内蒙古自治区地图院

项 目 编 号：2013-01-03-29
项 目 名 称：地籍调查图库一体智能化处理技术研究与应用
主要完成人：王厚之　彭清山　李　琪　程　琦　刘　昊　何　伟　张义明
主要完成单位：武汉市测绘研究院

项 目 编 号：2013-01-03-30
项 目 名 称：CRTS Ⅱ型轨道板制板检测系统的研制
主要完成人：张凤华　高治双　张志安　张瑞森　李建军　王晋生　刘军华
主要完成单位：中铁十二局集团有限公司、中铁十二局集团第三工程有限公司

项 目 编 号：2013-01-03-31
项 目 名 称：包头市三维动态高精度控制基准研究与建设
主要完成人：张宏伟 姚宜斌 毛文军 田 炯 杨志刚 陈 飞 高 峰
主要完成单位：包头市测绘院、武汉大学测绘学院

项 目 编 号：2013-01-03-32
项 目 名 称：CRTSII 型板式无砟轨道测量技术
主要完成人：杜嘉俊 汪梨园 陈心一 张义理 杜 鹃 翟宝珍
主要完成单位：中铁十七局集团有限公司、中铁十七局集团第一工程有限公司、成都普罗米新科技有限公司

项 目 编 号：2013-01-03-33
项 目 名 称：中国专题地图集出版数据图库建设与信息共享集成技术研究
主要完成人：杜军海 高晓梅 孙吉祥 黄仁涛 庞小平 徐 阳 费宇红
主要完成单位：中煤地西安地图制印有限公司、武汉大学、中国地质科学院水文地质环境地质研究所

项 目 编 号：2013-01-03-34
项 目 名 称：Wk-2 小型固定翼无人机遥感系统
主要完成人：刘 潘 张兴元 魏 国 张 瑛 廖福华 叶永兴 施 涛
主要完成单位：中冶集团武汉勘察研究院有限公司

项 目 编 号：2013-01-03-35
项 目 名 称：基于 WebGIS 的地震监测综合信息系统
主要完成人：王秀英 刘爱春 王 松 陈 征 颜 蕊 刘大鹏 甄 盟
主要完成单位：地壳应力研究所、中国地震台网中心

项 目 编 号：2013-01-03-36
项 目 名 称：南宁市规划管理局规划审批与动态监察图文一体化系统
主要完成人：陈 明 邓曙光 姚 胜 潘 晓 吕茂森 黄炎佳 陈聖鎏
主要完成单位：南宁市规划信息技术中心、南宁市城规地理信息技术中心、上海数慧系统技术有限公司

项 目 编 号：2013-01-03-37
项 目 名 称：基础地理信息 4D 1:10000 1:50000 生产技术规程及成果系列标准制定
主要完成人：张 坤 周 一 马聪丽 段怡红 郭玉芳 邓国庆 刘小强
主要完成单位：国家测绘地理信息局测绘标准化研究所、国家测绘地理信息局第二地形测量队

项 目 编 号：2013-01-03-38
项 目 名 称：三维数字化 GIS 在电力规划设计中的应用研究
主要完成人：庞 可 张先俊 潘 诚 曹志民 张继军 吴晓辉 付华臣
主要完成单位：河南省电力勘测设计院

项 目 编 号：2013-01-03-39
项 目 名 称：基于多源数据三维可视化规划管理测量技术体系研究
主要完成人：陈焕然 彭振中 林 鸿 丘广新 李 潇 林慧敏 王 峰

主要完成单位：广州市城市规划勘测设计研究院

项 目 编 号：2013-01-03-40
项 目 名 称：移动激光扫描数据处理技术研究
主要完成人：王成宾　陈　炜　杨　猛　刘宗毅　王元明　高　峰　张晓东
主要完成单位：西安测绘研究所

项 目 编 号：2013-01-03-41
项 目 名 称：漳州市城市地理信息综合平台（基础地理信息平台）
主要完成人：郑金水　洪锦山　赵建军　许友莲　陈丽慧　姚小荣　张爱民
主要完成单位：漳州市测绘设计研究院、北京建设数字科技股份有限公司

项 目 编 号：2013-01-03-42
项 目 名 称：杭房测绘软件和测绘成果建库工程及以图管房应用
主要完成人：吕利清　谢振存　王茂林　郑向东　姚丽萍　李永顺　杨海刚
主要完成单位：杭州市房产信息中心、杭州市房地产测绘公司、杭州开拓房地产测绘事务所

项 目 编 号：2013-01-03-43
项 目 名 称：海事测绘综合处理系统
主要完成人：汪连贺　董　江　桑　金　缪锦根　董希贵　张墨起　黄东武
主要完成单位：天津海事测绘中心（原天津海测大队）

项 目 编 号：2013-01-03-44
项 目 名 称：重庆三峡库区无人机低空遥感地质灾害监测
主要完成人：张孝成　马泽忠　王　磊　刘智华　周志跃　张　军　曹　蕾
主要完成单位：重庆市国土资源和房屋勘测规划院、重庆市欣荣土地房屋勘测技术研究所、重庆市地质环境监测总站、重庆市平正房地产测量事务所

项 目 编 号：2013-01-03-45
项 目 名 称：山西省以工代赈管理信息系统
主要完成人：韩兆双　张建峰　于　颂　樊贵平　马翠萍　赵志民　杨爱民
主要完成单位：山西省遥感中心

项 目 编 号：2013-01-03-46
项 目 名 称：全球导航卫星系统连续运行基准站网运行维护关键技术研究
主要完成人：武军郦　宋玉兵　李志才　陈明尹　昊　华　连镇华　刘文建
主要完成单位：国家基础地理信息中心、江苏省测绘工程院、湖南省测绘科研所、福建省测绘院、广东省国土资源测绘院

项 目 编 号：2013-01-03-47
项 目 名 称：中山市基础地理信息系统建设数据获取关键技术
主要完成人：李　胜　王铁军　申传明　曹永桃　郑福海　冷海芹　曲　平
主要完成单位：黑龙江地理信息工程院、中山市基础地理信息中心、湖北省国土测绘院

项 目 编 号：2013-01-03-48
项 目 名 称：河北省矿业权实地核查成果开发与应用——三维矿产资源网络管理系统
主要完成人：丁建伟 王敬泉 李汉光 孙 琦 王兴坤 孟亚宾 崔巍然
主要完成单位：河北省第二测绘院

项 目 编 号：2013-01-03-49
项 目 名 称：大比例尺航测一体化系统研究与应用
主要完成人：陈华刚 谢征海 梁建国 胡开全 张 燕 王昌翰 周智勇
主要完成单位：重庆市勘测院

项 目 编 号：2013-01-03-50
项 目 名 称：浙江省温州市浅滩工程三维海洋测绘基准建立与研究
主要完成人：项谦和 黎增锋 庄小将 陈春雷 徐和平 杨元兴 谭坤龙
主要完成单位：浙江省测绘大队

项 目 编 号：2013-01-03-51
项 目 名 称：鄂尔多斯市巴彦门肯国家一等三角点保护工程项目
主要完成人：李 君 李建都 秦德利 张胜利 张振东 李贵中 黄少波
主要完成单位：内蒙古乔泰国土勘测技术有限公司

项 目 编 号：2013-01-03-52
项 目 名 称：房产管理三维地理信息系统
主要完成人：李建新 张 娜 刘志勇 李景芳 刘 更 李 静 和会青
主要完成单位：保定房屋测绘队

项 目 编 号：2013-01-03-53
项 目 名 称：数字地形图精度检测自动统计评价系统
主要完成人：蔡建德 张福利 田德林 尹祥杰 刘学杰 米思莹 朱明建
主要完成单位：河南省测绘产品质量监督站、河南省中纬测绘规划信息工程有限公司

项 目 编 号：2013-01-03-54
项 目 名 称：车载激光测量在高速公路改扩建工程中的应用
主要完成人：陈晓林 王刊生 王 晶 郑 亮 曾 力 李圣明 邵 俊
主要完成单位：中交第二公路勘察设计研究院有限公司

项 目 编 号：2013-01-03-55
项 目 名 称：湖南省县级行政区域界线详图集
主要完成人：刘正敏 陈葵庄 刘治玉 周建平 张美华 赵晨光 杜彤兵
主要完成单位：湖南省地图院

项 目 编 号：2013-01-03-56
项 目 名 称：多尺度空间分析技术遥感信息应用系统的研究与开发
主要完成人：张志华 展 昀 刘延勇 位鲁青 甘宇亮 李 丹 黄 蓉

主要完成单位：青岛市勘察测绘研究院、国家海洋局北海环境监测中心

项　目　编　号：2013-01-03-57
项　目　名　称：遥感技术在城乡规划中的应用研究
主 要 完 成 人：郑建敏　刘家祥　殷　年　刘德明　孙　丽　张文金　陈　梅
主要完成单位：合肥市测绘设计研究院

2013 年中国地理信息产业优秀工程奖

金奖（40 项）

项目名称：中国地质调查数据网
业主单位：中国地质调查局发展研究中心
承建单位：中国地质调查局发展研究中心、中国地质大学（武汉）地理信息系统软件及应用教育部工程研究中心、武汉中地数码科技有限公司、武大吉奥信息技术有限公司、北京大学
完 成 人：李超岭　吕　霞　李健强　谭永杰　陈　辉　韩志军　朗宝平　李丰丹　刘　畅　刘园园

项目名称：长沙市地理空间框架建设
业主单位：长沙市国土资源局
承建单位：广东南方数码科技有限公司
完 成 人：傅青山　文小岳　王　忠　汤开文　彭能舜　王洪飞　李少鹏　梁哲恒　俞志宏　唐武林

项目名称：国家海岛管理系统
业主单位：国家海洋信息中心
承建单位：北京国遥新天地信息技术有限公司
完 成 人：何广顺　林　宁　徐文斌　王　丰　崔晓健　王　晶　肖　剑　冯新宇　李　凯　徐桂朋

项目名称：江苏省交通地理信息服务平台
业主单位：江苏省交通通信信息中心
承建单位：江苏省基础地理信息中心
完 成 人：金　凌　钱郭锋　陆元良　邱卫云　许玉英　范明华　鲁　威　徐志忠　许成涛　徐建刚

项目名称：数字长寿地理空间框架建设
业主单位：重庆市长寿区规划局
承建单位：重庆市地理信息中心、重庆市勘测院
完 成 人：殷湖北　张泽烈　郑持辉　李川龙　邓仕虎　李忠朕　朱俊丰　王　斌　陈华刚　文雪中

项目名称：中国太平洋保险产险企业客户保险风险管理系统
业主单位：中国太平洋财产保险股份有限公司
承建单位：浙江中科数城软件有限公司
完 成 人：许志春　毛俊嵘　徐晓祥　雷兴华　刘树杰　高如海　孙光勇　沈舟峰　何和兵　韩巍强

项目名称：数字宁波地理空间框架建设项目
业主单位：宁波市规划局、宁波市测绘与地理信息局
承建单位：宁波市规划与地理信息中心
完 成 人：朱 强 高 峰 钟文军 朱锦辉 祝方雄 田 冉 蒋波涛 游 林 张志强 邬懿宁

项目名称：苏州市数字城管应用平台
业主单位：苏州市市容市政管理局
承建单位：苏州市规划编制信息中心
完 成 人：曹南平 姚阿龙 谢晓春 高苏新 周旭东 周菊芳 李 宏 周 皓 李林燕 陈继山

项目名称：河北省公共气象服务平台
业主单位：河北省气象局
承建单位：北京超图软件股份有限公司
完 成 人：赵建明 付桂琴 王跃峰 谷永利 聂恩旺 石伟伟 邹晨曦 邹 伟 刘 宝 王庆飞

项目名称：深圳市城乡一体化地籍信息整合应用工程
业主单位：深圳市规划和国土资源委员会
承建单位：深圳市规划国土房产信息中心
完 成 人：谢建良 荣 芳 李 东 刘 玲 彭子凤 贺 彪 成雁婷 胡拥政 俞 晖 费新勇

项目名称：基于激光雷达和倾斜摄影技术的咸宁市三维辅助规划审批系统
业主单位：咸宁市城乡规划局（测绘局）
承建单位：北京东方道迩信息技术股份有限公司、咸宁市勘察测绘院
完 成 人：陈从荆 张生德 刘 勇 阚晓云 何 滔 程 垒 杨昊雨 陈 平 杨明军 王超鹏

项目名称：宁波智慧城管软件项目（一期）
业主单位：宁波市智慧城管中心
承建单位：北京数字政通科技股份有限公司
完 成 人：徐向波 王 芳 何东升 蒋 敏 韩悦庭 赵庆彪 王慧慧 李 明 李卓昱 丁天平

项目名称：潍坊市城区基础地理信息数据库建设项目
业主单位：潍坊市国土资源局
承建单位：山东正元地理信息工程有限责任公司
完 成 人：刘树亮 郑 一 徐衍波 张德科 丁肇军 刘乾忠 郑茂存 于茂军 张畔涛 王 雷

项目名称：数字柳州地理空间框架建设项目
业主单位：柳州市国土资源局
承建单位：柳州市国土资源信息中心、柳州市国土资源信息测绘所
完 成 人：余丽琼 廖超永 王晓慧 黄 俊 罗雪峰 潘祯合 梁 佳 杨胜荣 陈 正 刘 广

项目名称：新疆地矿局安全生产及应急救援管理平台
业主单位：新疆维吾尔自治区地质矿产勘查开发局
承建单位：新疆地矿测绘院

完 成 人：王文彬　丁勇江　郑　荣　农肖肖　帕里旦　李　昆　张毅琼　聂　磊

项目名称：中原油田地面工程综合管理系统
业主单位：中石化中原油田分公司采油一厂
承建单位：北京超图软件股份有限公司
完 成 人：顾　南　刘胜永　吴军民　李江杰　高　磊　杨龙飞　张海潮　高铁钢　刘　欣　史书臣

项目名称：宁波市金土工程一期
业主单位：宁波市国土资源局
承建单位：宁波市国土资源信息中心、北京数字政通科技股份有限公司
完 成 人：万江波　蔡　洁　周文奇　彭秋荀　徐财江　王晓东　顾群凯　周张琪　陆　涛　包　震

项目名称：淄博市国土资源一张图综合管理与应用平台
业主单位：淄博市国土资源局
承建单位：广东南方数码科技有限公司
完 成 人：董云波　张兴忠　田保刚　吴建廷　冷晋王　洪　飞　梁哲恒　范　龙　陶　超　杨智林

项目名称：南京市地理信息公共服务平台
业主单位：南京市规划局
承建单位：南京市城市规划编制研究中心、武大吉奥信息技术有限公司、南京师范大学
完 成 人：赵晶夫　党　培　崔　蓓　赵　伟　陈　踊　孙玉婷　马建东　孙淮涟　张书亮　诸敏秋
胡　祺　迟有忠　尹向军　周　亮　应　莹

项目名称：上海市户外广告监查管理系统
业主单位：上海市绿化和市容管理信息中心
承建单位：上海市测绘院
完 成 人：钱　杰　汪旻琦　朱剑声　毛炜青　胡春凌　吴张峰　谈文琦　邓　迅　顾星晔　史济文

项目名称：济宁市城乡规划局“数字规划”管理系统
业主单位：济宁市城乡规划局
承建单位：广州城市信息研究所有限公司
完 成 人：祝清荣　刘海涛　陈志方　王新友　李　雪　曹永峰　樊　星　张文静　邓　峰　居兆海

项目名称：全国地质调查工作部署信息系统
业主单位：中国地质调查局发展研究中心
承建单位：中国地质调查局发展研究中心、北京超图软件股份有限公司
完 成 人：屈红刚　谭永杰　高延光　宋　越　张翠光　张开军　刘　威　刘志逊　郑文鉴　缪谨励

项目名称：湖北省水利业务应用系统地理信息共享服务平台（一期）
业主单位：湖北省水利厅信息中心
承建单位：北京超图软件股份有限公司
完 成 人：朱光军　彭乐元　杨　靖　蔡　胜　汪兰芳　廖华军　吴建国　杨小琴　王九龙　梁碧苗

项目名称：北京市绿化隔离地区绿地动态监测管理系统
业主单位：北京市园林绿化局
承建单位：北京市测绘设计研究院
完 成 人：杨伯钢　蔡宝军　杨振君　齐宝林　顾　娟　杨　静　刘清丽　白晓辉　刘　鹏　董承玮

项目名称：南钢综合管线探测与信息系统建立项目
业主单位：南京南钢产业发展有限公司
承建单位：南京市测绘勘察研究院有限公司
完 成 人：储征伟　蒋筱春　郭江宁　陈元学　王鸣霄　熊朝亮　董庆金　应保华　邹承章　韩文泉

项目名称：郑州市城乡规划信息系统
业主单位：郑州市城乡规划局
承建单位：上海数慧系统技术有限公司
完 成 人：张京祖　高　峰　黄广政　樊霄鹏　齐春鹏　刘建敏　高　强　王瑞朋　杨琴芝　赵文强

项目名称：号百 POI 生产管理平台
业主单位：号百信息服务有限公司
承建单位：上海杰狮信息技术有限公司
完 成 人：詹起林　朱飞鸽　陈　炜　涂智洪　叶　嘉　顾耀虎　涂　科　程　凯　林少丽　蔡明华

项目名称：重庆国际博览中心建设及运营智慧管理系统
业主单位：重庆悦来投资发展有限公司
承建单位：重庆市勘测院
完 成 人：向泽君　王福清　熊寄然　明　镜　薛　梅　王国牛　唐相桢　李　响　李莲芳　周成涛

项目名称：乌鲁木齐市国土资源空间信息管理与信息化测绘生产服务平台（二期）
业主单位：乌鲁木齐市国土资源勘测规划院
承建单位：上海数慧系统技术有限公司、浙江浙大万维科技有限公司
完 成 人：李伟风　李雪义　吕　鸣　翟玉平　周晓顺　李燕萍　邹　朝　周祖浩　张红亮　王晓东

项目名称：深圳市光明新区土地整备综合管理信息系统建设工程
业主单位：深圳市光明新区土地整备中心
承建单位：深圳市勘察研究院有限公司
完 成 人：周运林　褚　宏　卢永华　刘刚承　李　凡　朱寒光　韩　葵　马陶然　谢涛明　任华亮

项目名称：赣州市一张图矿政管理信息系统
业主单位：赣州市矿产资源管理局、中国地质调查局
承建单位：北京超图软件股份有限公司
完 成 人：李国清　马钊善　黄炎峰　黄小洪　刘建华　谢　伟　安代伟　郑文鉴　何海舰　王　建

项目名称：面向 PGIS 的北斗双模移动警务终端及新疆公安缉毒扁平化指挥系统应用
业主单位：新疆维吾尔自治区公安厅禁毒总队
承建单位：北京合众思壮科技股份有限公司

完 成 人：刘　丹　郭冬梅　王　昭　朱树彤　李　刚　梁　涛　张国永　李　超　谢东旺

项目名称：GIS 技术在西气东输征收评估中的应用——以西气东输二线工程广深支干线为例
业主单位：深圳市规划和国土资源委员会
承建单位：深圳市房地产评估发展中心、深圳市土地整备局
完 成 人：耿继进　周　辉　宋亦军　刘九生　余奕鹏　刘　颖　郑伟强　于海璁　张俊平　舒特斯

项目名称：2011 年天津市地理市情监测
业主单位：天津市规划局
承建单位：天津市测绘院
完 成 人：刘俊卫　马华山　史廷玉　于建成　贾有良　寇付友　汪　伟　李承鑫　蒋俊华　邵金修

项目名称：数字徐州地理空间框架项目
业主单位：徐州市国土资源局
承建单位：武大吉奥信息技术有限公司
完 成 人：李　钢　王孝强　杨　曦　蒋怡然　王亚军　胡　斌　楚　亮　吴　昊　贾　宏　刘　高

项目名称：沈阳规划国土“一张图”及综合业务电子政务系统
业主单位：沈阳市规划和国土资源局
承建单位：沈阳市规划和国土资源局信息中心、武大吉奥信息技术有限公司
完 成 人：陈乃权　毛立红　凌海锋　黄　宇　范　凯　顾冬园　林　洋　王国峰　陈新伟　刘少波

项目名称：苏州市城市地质信息管理与服务系统开发项目
业主单位：苏州市国土资源局
承建单位：江苏省地质调查研究院、武汉中地数码科技有限公司
完 成 人：龚绪龙　吴维群　邵繁荣　于　军　高　立　顾玉根　万　波　李三凤　张　平　关艺晓

项目名称：深圳市福田区部件数据采集建库项目
业主单位：深圳市福田区城市管理局
承建单位：测绘遥感信息工程国家重点实验室深圳研发中心、深圳市多维空间信息技术有限公司、深圳市好山水测绘科技有限公司
完 成 人：杨沾吉　徐汝东　陆斯敏　李开颖　高　杰　刘　进　代　玲　刘　云　覃丽冰　刘正浩

项目名称：新疆喀什市国土资源综合信息管理平台（暨深圳对口援疆项目：喀什市土地交易信息化平台）
业主单位：新疆维吾尔自治区喀什市国土资源局
承建单位：北京苍穹数码测绘有限公司、深圳市对口支援新疆工作前方指挥部
完 成 人：谭吉福　刘　旭　赵晓方　杜　乐　杨　春　蒋善龙　张自杰　王婷京　王　宁　王希营

项目名称：数字阳江地理空间框架建设项目
业主单位：阳江市国土资源局
承建单位：广东省国土资源技术中心、惠州泊锐勘测有限公司
完 成 人：钟远军　李金岥　赵剑辉　李　自　高　波　赵智源　林澍哲　黎慧斌　李　照　刘雪俊

银奖（73 项）

项目名称：聊城公安社区警务系统
业主单位：聊城市公安局
承建单位：方正国际软件（北京）有限公司
完 成 人：杜跃民 于长江 李宏伟 臧 晶 董 戈 王晓刚 隋 凯 赵 安 杨艳艳 马媛媛 徐 宁 孙士鹏 张诗祺 苏培俊

项目名称：沈阳市数字林业核心平台
业主单位：沈阳市林业局
承建单位：北京地林伟业信息技术有限责任公司
完 成 人：曹 波 白 海 刘永杰 邓春成 王琬淳 宋 戟 刘 波 祁 燕 刘 贞 陈 旭

项目名称：中海油船舶油耗监控系统
业主单位：中海油信息科技有限公司天津分公司
承建单位：北京超图软件股份有限公司
完 成 人：郭延海 魏振生 魏 伟 林晓琳 高铁刚 顾 南 刘堂伟 王爱民 吉晓峰 郑占国

项目名称：江苏海事局综合执法管理信息系统（沿海 GIS）
业主单位：江苏海事局
承建单位：江苏省测绘工程院
完 成 人：徐地保 王 磊 徐建新 田 池 王 勇 张燕平 张建龙 张光伟 夏金锋 李乃强

项目名称：青海省土地整治管理信息系统
业主单位：青海省土地统征整理中心
承建单位：北京超图软件股份有限公司
完 成 人：朱小川 薛洪栓 谢吉才 李维荣 安代伟 郑文鉴 郑钦平 祁进贵 胡燕林 杨 正

项目名称：太原市国土资源综合信息监管平台
业主单位：太原市国土资源局
承建单位：北京数字政通科技股份有限公司
完 成 人：肖新卯 张占军 李 荣 宁浩通 赵晓卿 李海波 樊中明 王晶晶 常俊风 辛 镇 马志宏 刘彦峰 余小涛

项目名称：徐州市数字化城市管理信息系统
业主单位：徐州市数字化城市管理监督指挥中心
承建单位：北京数字政通科技股份有限公司
完 成 人：李 军 马 亮 胡居平 刘景春 高志鹏 蔡成浩 李 理 朱恒春 杨林赐 王洪深

项目名称：绥中 36-1 油田一期调整开发项目工程勘察及海管海缆电子海图信息系统
业主单位：中海油服工程勘察中心
承建单位：北京超图软件股份有限公司
完 成 人：雷方辉 李家钢 王俊勤 吴海京 任世焱 周杨锐 高铁钢 郭延海 魏振生 顾 南

项目名称：朔黄铁路综合地理信息系统
业主单位：朔黄铁路发展有限责任公司
承建单位：武大吉奥信息技术有限公司
完 成 人：薛继连 贾晋中 陈 伟 邱 文 李 涛 张 捷 王守东 张 强 胡刚勇 邵 帅

项目名称：顺德区基础地理信息共享交换系统建设项目
业主单位：佛山市顺德区国土城建和水利局
承建单位：佛山市顺德区地理信息中心、广州城市信息研究所有限公司
完 成 人：谭敬和 余应刚 易曙贤 区剑萍 童凤娇 黎景良 李太元 于素民 陆生强 郭珊珊

项目名称：神东矿区卫星遥感监测业务化运行系统
业主单位：神华地质勘查有限责任公司
承建单位：中国科学院遥感与数字地球研究所
完 成 人：李家国 孟淑英 孟庆岩 赵 磊 王春梅 李红玲 米晓飞 肖金榜 王 栋 李晓琴

项目名称：甘肃省水利厅石羊河流域水资源调度管理信息系统
业主单位：甘肃省水利厅石羊河流域管理局
承建单位：北京苍穹数码测绘有限公司
完 成 人：杨 东 刘志荣 陈吉平 马雁萍 方良斌 于 航 廖卫红 何玉江 杨宏伟 段德亮

项目名称：哈尔滨市地理信息系统公共服务平台
业主单位：哈尔滨市城乡规划局
承建单位：哈尔滨市勘察测绘研究院
完 成 人：陈世宏 姜 波 陈祥葱 王 雷 卢廷玉 李 浩 高洪主 魏志寰 陈庆华 王建文

项目名称：基于电力行业 GIS 空间信息平台的主配网数据全过程处理及应用工程
业主单位：安徽省电力公司
承建单位：天津市普迅电力信息技术有限公司
完 成 人：解伟光 韩双立 邱欣杰 王汝英 胡振斌 赵光俊 张 健 张云龙 朱华龙 张 立

项目名称：晋江市国土资源集成一体化应用平台
业主单位：晋江市国土资源局
承建单位：广州城市信息研究所有限公司
完 成 人：张健龙 朱文育 蔡天文 林健全 郭春生 孔全咏 刘 夏 贺俊华 龙镜华 郑永钦

项目名称：重庆市城市园林绿化管理信息平台
业主单位：重庆市风景园林规划研究院
承建单位：重庆数字城市科技有限公司、重庆市勘测院
完 成 人：廖聪全 朱 圣 许 英 吕 楠 邓剑峰 李 坤 华媛媛 李 菲 王 莉 张 俊

项目名称：宁夏回族自治区国土资源数据中心建设项目
业主单位：宁夏回族自治区国土资源地理信息中心
承建单位：上海数慧系统技术有限公司

完 成 人：崔树国 汤育红 张建宁 吴卓瑾 赫 瑞 李 霞 周祖浩 吴亚男 胡静静 韩 韦

项目名称：浙江省突发事件应急管理地理信息系统
业主单位：浙江省人民政府突发公共事件应急管理办公室
承建单位：浙江省第一测绘院
完 成 人：陈陆军 张卫东 胡传文 邱新忠 陈 璐 沈钜龙 田毅清 傅轩诚 朱 俊 王 玲

项目名称：宁波公安警用地理信息应用平台
业主单位：宁波市公安局科技通信管理局
承建单位：北京山海经纬信息技术有限公司
完 成 人：黄蔚民 吕 军 周秉江 江 晖 杨文彬

项目名称：数字阳泉地理空间框架建设
业主单位：阳泉市国土资源局
承建单位：山西省基础地理信息院
完 成 人：李晓红 吴博义 王光荣 郭海青 马艳茹 郑文忠 何军利 李永军 夏志英 成 功

项目名称：北京丰顺驾校实际道路驾驶技能（科目三）考试系统
业主单位：北京丰顺机动车驾驶员培训中心
承建单位：安徽三联交通应用技术股份有限公司、北京合众思壮科技股份有限公司
完 成 人：魏 涛 刘二政 刘 严 程 力 张 松 綦建华 赵晓林 李小川 庞月涛 庞月标

项目名称：建湖县 1:1000 村庄地籍调查及数据库建设项目
业主单位：建湖县国土资源局
承建单位：江苏省基础地理信息中心、江苏星月测绘有限公司
完 成 人：周小平 范明华 季顺海 武俊红 陈 路 周兴付 徐洪新 王 慧 刘福春 彭光建

项目名称：广西壮族自治区水土保持信息管理系统
业主单位：广西壮族自治区水土保持监测总站
承建单位：北京地拓科技发展有限公司
完 成 人：俞 孜 史明昌 梁志鑫 卢宝鹏 刘兰兰 苏方伟 李 茂 黄艳霞 何衍海 张 焘

项目名称：陕西省渭河全线数码航空摄影测量及现状遥感调查
业主单位：陕西省江河水库管理局
承建单位：西安煤航信息产业有限公司
完 成 人：张文若 赵振武 康高峰 王晓鹏 李慧敏 高会军 李 力 吕军超 周亚丽 杨恩仓

项目名称：天津市主城区地下空间信息综合管理系统
业主单位：天津市地下空间规划管理信息中心
承建单位：北京国遥新天地信息技术有限公司、天津市蓝地科技发展有限公司
完 成 人：王 超 李 伟 杨志刚 郭 鹏 李世恒 范桂芳 娄书荣 刘光媛 吴 瑕 王俊清

项目名称：广州排水设施管理信息系统（一期）项目

业主单位：广州市污水治理工程管理办公室
承建单位：广州奥格智能科技有限公司
完 成 人：庞家锋　李天兵　陈颖希　林伟国　王　政　王海锋　李海明　张亚娟　陈　琨　张惠斌

项目名称：湖北省森林资源信息管理系统
业主单位：湖北省林业调查规划院
承建单位：北京地林伟业信息技术有限责任公司
完 成 人：刘新胜　易红新　刘永杰　陈　强　罗　刚　黄光体　邓春成　祁　燕　肖　汉　金蒙遥

项目名称：数字乐清地理空间框架建设
业主单位：乐清市住房和城乡规划建设局
承建单位：浙江省第一测绘院
完 成 人：陈陆军　张卫东　叶克勤　周友生　邹文明　项志勇　蔡志刚　叶传品　刘静华　黄行珍

项目名称：海安县新农村建设测绘保障服务示范项目
业主单位：海安县住房和城乡建设局、海安县国土资源局
承建单位：江苏省基础地理信息中心
完 成 人：钱郭峰　范明华　孙国祥　徐建刚　武华松　李润芝　杨　治　马松山　薛俊勇　聂时贵

项目名称：数字绍兴基础地理空间数据建设项目
业主单位：绍兴市规划局
承建单位：浙江省第一测绘院
完 成 人：黄鑫雄　项志勇　汪建光　陈瑞祥　李军吉　仇建明　周友生　蔡志刚　苏洋洋　黄行珍

项目名称：长山列岛航空摄影
业主单位：国家基础地理信息中心
承建单位：中测新图（北京）遥感技术有限责任公司
完 成 人：曾　云　王　波　赵俊霞　吴会军　郑安武　刘　杰　王文军　张　娟　霍　欣　叶冬梅

项目名称：太原地名地址数据采集与建库项目
业主单位：太原市国土资源局
承建单位：太原市基础地理数据中心
完 成 人：卫启云　王　琪　郭　生　杨俊艳　渠伟勇　郭红英　董学潮　赵　敏　张　吉　翟红利

项目名称：南宁市城市空间数据库
业主单位：南宁市城规地理信息技术中心
承建单位：上海数慧系统技术有限公司
完 成 人：陈　明　邓曙光　姚　胜　潘　晓　唐　静　孔静仪　林文琦　王　慧　潘少海　罗　亚

项目名称：中新天津生态城企业级 GIS 在城市建设管理中的综合应用
业主单位：天津生态城投资开发有限公司
承建单位：伟景行科技股份有限公司、天津市测绘院
完 成 人：孟　群　徐志强　王　伟　高　杰　乔　炜　廉光伟　李光熠　刘新国　仇宁海　张学民

项目名称：聊城市城区地下管线普查和信息化建设
业主单位：聊城市规划局
承建单位：北京市艾迪讯科技发展有限公司
完 成 人：李猷滨 郭守印 徐丽霞 黄 明 蔡珊珊 李大鹏 贾海孟 吴正刚 张 凯 马永军

项目名称：山西省矿业权实地核查项目
业主单位：山西省国土资源厅
承建单位：山西省煤炭地质物探测绘院、山西省矿山调查测量队
完 成 人：王祖敏 郑民刚 郑秀丽 任斗金 崔玉柱 李国锋 陈全喜

项目名称：株洲市城市三维仿真及规划辅助决策系统
业主单位：株洲市规划局、株洲市规划信息服务中心
承建单位：伟景行科技股份有限公司
完 成 人：边 宁 郭 敏 曹 阳 罗月泓 卢小琴 谌 虎 肖 纲 张保军 仇宁海 王彩兰

项目名称：福州市经济地理信息系统
业主单位：福州市统计局
承建单位：福州市勘测院
完 成 人：郑新清 刘靖球 曹寿全 肖 潇 秦萍霞 胡飞雁 黄永盛 方碧云 李 莉 刘春辉

项目名称：华龙网地图频道
业主单位：重庆华龙网新闻传媒有限公司
承建单位：重庆市勘测院
完 成 人：向泽君 李 斌 郑运松 郑 磊 颜 宇 夏鲁宏 白轶多 夏 君 胡 颖 蒲友剑

项目名称：基于GT SERVER E图管理信息系统
业主单位：天津市规划局
承建单位：天津市规划信息中心、天津中科遥感信息技术有限公司、广东中科遥感技术有限公司
完 成 人：李春梅 杨邦会 才 睿 李 儒 俞 斌 殷响林 陈大庆 徐津梅 任伏虎 吴广竹

项目名称：佛山市公安局智能警务联合作战平台
业主单位：佛山市公安局
承建单位：永泰软件有限公司
完 成 人：白国辉 吴湛才 徐 勇 何应淋 陈海光 高永清 汤代佳 李 镇 胡胜军 邵 俊

项目名称：龙门县“金土工程”一期数据库和应用系统建设
业主单位：龙门县国土资源局
承建单位：北京三正科技有限公司
完 成 人：罗敏军 廖爱华 陈名露 郑 磊 孙良俊 王宇翔 许洪波 谭红波 郑林松 邱锐洁

项目名称：油气管道选定线地理信息平台的研究与应用
业主单位：中国石油集团工程设计有限责任公司西南分公司
承建单位：四川省遥感信息测绘院

完 成 人：蒋红兵　杜　毅　杨正银　谌贵宇　卿太钢　黄青伦　杨　茂　蒙　印　龚建辉　杨　涛

项目名称：数字衢州地理空间框架建设
业主单位：衢州市规划局
承建单位：浙江省地理信息中心、衢州市测绘院
完 成 人：朱宏斌　吴志宜　刘　坤　徐大璐　谭　平　冯　敏　陈　坦　李路英　田晓光　俞　亮

项目名称：武汉市汉阳区地理信息服务平台及其在数字化城市管理中的应用
业主单位：武汉市汉阳区政府信息化管理办公室
承建单位：武汉市测绘研究院
完 成 人：李　黎　刘　涛　王中科　郭明武　张　森　向　祎　陈　涛　范　琳　蔡　晴　杨健平

项目名称：新疆巴音郭楞蒙古自治州第二次土地调查数据库及管理系统建设工程
业主单位：巴州国土资源局
承建单位：巴州国土资源勘测规划设计院
完 成 人：范恩海　赵树斐　王宪玖　杨青山　席元萍　黄　盖　夏尚林　孙成龙　希　来　黄丽红

项目名称：珠海市国土资源局数字珠海地理空间框架建设之数据资源建设工程
业主单位：珠海市国土资源局
承建单位：广州城市信息研究所有限公司
完 成 人：陈炎新　周　军　贠法长　李承纲　王昌吉　郝　林　陈举平　黎　彬　龚　勋　张　轶
王昌吉　郝　林

项目名称：增城市城乡规划管理信息化平台升级改造项目
业主单位：增城市城乡规划局
承建单位：增城市城乡规划测绘院、广州城市信息研究所有限公司
完 成 人：蒋万芳　毛敢良　刘　卫　曹凯滨　黄　悦　何伟豪　陈振宇　谭扬清　蔡瑞佳　赖植奇

项目名称：静海县城区地下管线测绘及系统建库项目
业主单位：天津市静海县规划局
承建单位：天津市测绘院
完 成 人：刘文强　李明云　吴洪涛　胡勤军　尹　端　闵　星　张　博　孟国粱　陈洪亮　伍香永

项目名称：山西省汾河主河道流域生态地理环境影像信息系统
业主单位：山西省测绘地理信息局
承建单位：山西省测绘工程院
完 成 人：陈弘奕　曾　波　张永战　杨庚印　毕　刚　何丽敏　张彦芬　贾治平　王虎胜　李　峰

项目名称：临港产业区规划及建设运营管理系统
业主单位：上海临港经济发展集团有限公司
承建单位：上海市测绘院
完 成 人：郭容寰　孙　萌　王光耀　毛炜青　杨常红　姚顺福　王　伟　陈海慈　顾瑞笠　吴张峰

项目名称：武汉市城乡规划动态监管信息系统建设
业主单位：武汉市国土资源和规划局
承建单位：武汉市国土资源和规划信息中心
完 成 人：张文彤　马文涵　李宗华　黄　新　彭明军　姚春辉　罗明俊　曾佳书　朱　波　周海燕

项目名称：梅州市梅江区农村集体土地确权登记发证项目
业主单位：梅州市国土资源局
承建单位：深圳市中地软件工程有限公司
完 成 人：陈明娥　涂江涛　刘立君　张　显　吴　敏　黄　亮　王之顺　钟建兵　蔡广雄　张雪玲

项目名称：黄岩区农村集体土地所有权确权登记发证与系统建设
业主单位：台州市国土资源局黄岩分局
承建单位：浙江省第二测绘院
完 成 人：楼燕敏　吴德明　余华芬　沈　欣　张　丰　郑永忠　邓　洁　聂晨晖　徐炳华　侯文明

项目名称：滨州市城区地下管网普查及信息管理平台建设
业主单位：滨州市规划局
承建单位：滨州市规划局、保定金迪地下管线探测工程有限公司、山东正元地理信息工程有限责任公司
完 成 人：周　军　牛振彬　史小军　贾伟召　薛守元　赵　勇　李卫华　杨　芬　时聪辉　李全乐

项目名称：水利卫星数据共享应用平台建设采购项目多分辨率遥感数据处理
业主单位：水利部水利信息中心
承建单位：国信司南（北京）地理信息技术有限公司、国家基础地理信息中心
完 成 人：朱　武　刘丽芬　孙运豪　雷　莹　胡朵朵　李　明　夏国富　李亚涛　张景景　陈　伟

项目名称：深圳东部华侨城景区内部综合指挥调度平台
业主单位：深圳东部华侨城
承建单位：北京超图软件股份有限公司
完 成 人：徐　俊　段连宇　谌亚斌　王　为　王　宇　梁　军　杨海燕　柳　慧　王　岩　孙　波

项目名称：天地图·宁夏
业主单位：宁夏国土资源地理信息中心
承建单位：武大吉奥信息技术有限公司
完 成 人：崔树国　张建宁　陈　瑞　王立刚　吴卓瑾　池淑文　包雪翔　邱　文　黄福华　熊　俊

项目名称：番禺城市燃气管网 GIS 信息系统
业主单位：广州市番禺煤气有限公司
承建单位：深圳市中铭勘测工程有限公司
完 成 人：徐兴亮　任叶锋　于海亮　黄文华　丁永亮　梁　清　桂佩华　陈德龙　胡继明　姜同霖

项目名称：汉中市第二次土地调查市级汇总
业主单位：汉中市国土资源局
承建单位：国家测绘地理信息局第二地形测量队

完 成 人：刘云峰　钟智勇　王永红　冯建伟　岳永胜　赵建荣　杨黎康　吴辉平　连　恒　刘永雷

项目名称：武汉市城乡一体化建设用地报批管理信息系统建设与应用
业主单位：武汉市国土资源和规划局
承建单位：武汉市国土资源和规划信息中心
完 成 人：马文涵　李宗华　童秋英　罗长林　汪如民　付　为　王　廷　彭兰霞　邓　悦　史　琨
韩振镖　胡　珂　于海波　童玉平　冯　涛　吴永军　王建国　关　昆

项目名称：福建省高速公路（卫星影像地图）实景三维图应用系统
业主单位：福建省高速公路有限责任公司
承建单位：福建省高速公路有限责任公司、福州市勘测院
完 成 人：王　辉　陈士俊　段东滨　刘　仁　黄　磊　龚俊鹏　白　昕　包忠聪　翁莉彬　郑艳芬

项目名称：天津城投集团土地置业业务 GIS 管理平台项目
业主单位：天津城市基础设施建设投资集团有限公司
承建单位：天津市测绘院、天津金宇信息技术有限公司
完 成 人：韩振镖　胡　珂　于海波　童玉平　冯　涛　吴永军　王建国　关　昆　吴　迪　张　硕

项目名称：世景图库接入服务在导航电子地图更新中的创新应用
业主单位：北京四维图新科技股份有限公司
承建单位：北京航天世景信息技术有限公司
完 成 人：朱继东　张文庭　党安松　张志云　薛　兵　陈学堂　赵齐兵　徐　鹏　刘　鑫　刘红波

项目名称：常州高新区专题工业园项目信息系统建设
业主单位：常州市规划局新北分局
承建单位：常州市新北测绘勘察中心
完 成 人：朱学明　钱云飞　季岳明　吴　兵　缪爱兰　曹　峰　潘文亮　俞晓路　佟国功　吴叶枫

项目名称：四川省凉山州城市基础控制网建立及改造
业主单位：凉山彝族自治州测绘局
承建单位：四川省第三测绘工程院
完 成 人：张　云　董学智　李　胜　谭　理　刘　江　莫建明　张　建　陈勇侯　华　斌　申学林

项目名称：潍坊市国土资源测政管理系统
业主单位：潍坊市国土资源局
承建单位：杭州今奥信息技术有限公司
完 成 人：刘树亮　郑　一　张德科　赵娉婷　刘乾忠　马　国　张益琳　刘晓婧　何玉生　陈怀民

项目名称：北京市文物资源信息数据库建设一期工程软件开发与数据整理加工入库
业主单位：北京市文物局
承建单位：北京市测绘设计研究院
完 成 人：冯学兵　刘　光　郑　源　陶迎春　唐建智　张　培　谢思铭　赵庆亮　郑国江　赵　琦

项目名称：中央地勘基金项目立项管理信息系统研究与建设
业主单位：国土资源部中央地质勘查基金管理中心
承建单位：北京中地时空数码科技有限公司
完 成 人：王丽萍 陈兴华 童红兵 刘少纯 姜 萍 王 萌 杨祺鹏 徐能通 孙瑞静 焦 健

项目名称：哈尔滨群力新区三维信息化管理平台建设工程
业主单位：哈尔滨市群力新区开发建设管理办公室
承建单位：高德软件有限公司
完 成 人：金 鑫 王 娴 李 帅 代雪峰 高丽萍 靳晓兰 曹福霞 王建伟 张单田

项目名称：开发区数字城市基础设施管理系统
业主单位：杭州鸿达市政公用事业服务有限公司
承建单位：杭州九问数字科技有限公司
完 成 人：金国祥 林慧铭 陈建祥 李晓勇 缪明远 卞 卡 章建军 陆 军 朱高峰 于国文

项目名称：深圳市东部华侨城地下管线信息系统（OCTSPGIS）
业主单位：深圳东部华侨城有限公司
承建单位：深圳市工勘岩土工程有限公司
完 成 人：郭 清 姜信东 李 伟 陈石勇 陶光明 王成辉 朱传波 郭逸超 胡亚江 吴晓玲

项目名称：铜山区铜山城区综合管线信息系统
业主单位：徐州市铜山区规划局
承建单位：广州城市信息研究所有限公司
完 成 人：王建栋 张雪芹 唐 辉 王承龙 葛宪文 唐 洪 王维清 孙纪文 桂尚品 王 涛

铜奖（60 项）

项目名称：2011 年余杭区 1:500 全野外地形图测绘及数据库建设
业主单位：杭州市余杭区住房和城乡建设局
承建单位：陕西天润科技股份有限公司
完 成 人：曹华生 胡俊勇 王亚平 沈 川 杨秀琼 邓云青 曾红伶 任玉冰 李 芳 韩晓宁

项目名称：面向广域网应用的重庆电力数字地理信息库建设及应用工程
业主单位：重庆市电力公司
承建单位：重庆数字城市科技有限公司、重庆市勘测院
完 成 人：向泽君 蒋 程 向 煜 曹 欣 谢 年 李 振 向 华 曾 剑 徐艇伟 张 彦

项目名称：天津滨海新区地质资料二次开发项目
业主单位：天津市地质资料馆
承建单位：天津市地质工程勘察院
完 成 人：孙维平 闫 勇 李 锁 闫 霈 王 燕 赵吉红 雷培圣 宋 娜 张云霞 张惠生

项目名称：基于数字十堰地理空间框架三维建模的规划方案比选系统项目
业主单位：十堰市规划局

承建单位：湖北省航测遥感院、北京四维益友信息技术有限公司
完 成 人：何保国　周志诚　朱文华　方　敏　黄国清　马晓晶　陆　豪　贺红卫　李　明　张西燕

项目名称：宁波市规划信息综合管理平台
业主单位：宁波市规划局、宁波市测绘与地理信息局
承建单位：宁波市规划与地理信息中心
完 成 人：高　峰　祝方雄　乐　恒　田　冉　朱清苗　张伟伟　张碧静　姚　英　朱艳艳　叶宇菁

项目名称：阳新农村集体土地所有权确权登记发证工程
业主单位：阳新县国土资源局
承建单位：武大吉奥信息技术有限公司
完 成 人：俞永佳　柯幸福　乐进龙　程贤华　石显猛　黄　敏　李　碧　郭　帆　刘　婷　王　丹

项目名称：无人飞机航摄系统在国土监察执法中的应用服务
业主单位：安徽省国土资源厅执法局
承建单位：安徽省第一测绘院、安徽省第四测绘院
完 成 人：胡张武　汪跃平　谈五洲　宋国军　方　剑　翟姗姗　杨林友　张新萍　葛玉娟　陈春平

项目名称：青岛规划展览馆测绘地理信息厅建设
业主单位：青岛市城乡规划展览馆筹建指挥部办公室
承建单位：青岛市勘察测绘研究院
完 成 人：张志华　黄　蓉　刘祥明　王海银　胡振彪　杨昭平　吴　丹　乔相飞　杜　鹏　焦俊超

项目名称：宁夏国土资源厅基本农田保护管理系统
业主单位：宁夏回族自治区国土资源厅
承建单位：北京苍穹数码测绘有限公司
完 成 人：崔树国　张建宁　李　强　李　霞　吴卓瑾　陈　瑞　王立刚　郝瑞　贾弼显　马　鑫

项目名称：临沂市城区 178 平方公里 1:500 比例尺数字化地形图测绘、更新工程
业主单位：临沂市国土资源局
承建单位：临沂市国土资源局测绘院
完 成 人：林黎明　李　涛　张珂霞　王相群　解　磊　宁　超　马素潇　高兆伟　林　潭　刘宗玉

项目名称：武汉市地质灾害与矿产资源数据库建设
业主单位：武汉市国土资源和规划局
承建单位：武汉市测绘研究院
完 成 人：廖建生　李　黎　徐德馨　张春梅　程　琦　熊毅明　叶　琳　官善友　薛　蔷　梅克玲

项目名称：数字长沙地理空间框架地址地名数据库整合等项目
业主单位：长沙市国土资源局
承建单位：广东南方数码科技有限公司
完 成 人：文小岳　肖　奇　罗　文　李　珺　李　军　刘小芬　徐志庆　何　斌　李春华　徐清斯

项目名称：青岛市世园会园区三维虚拟仿真系统
业主单位：青岛世园（集团）有限公司
承建单位：青岛市勘察测绘研究院
完 成 人：张志华 展二鹏 甘宇亮 陈庆节 韩 勇 胡耀东 乔相飞 马纯永 李 丹 滕紫晴

项目名称：广州市林业和园林局三维实景展示项目
业主单位：广州市林业和园林局
承建单位：广州市城市规划勘测设计研究院
完 成 人：林慧敏 吴 敏 张珊珊 邹镰钊 卢智婷 梁飞龙 张 鹏 程栗娟 许 帆 张河远

项目名称：瑞金市 1:1000 航测地形图在土地管理方面的应用研究
业主单位：瑞金市国土资源局
承建单位：江西省煤田地质局测绘大队
完 成 人：李胜天 刘丽娟 田 甜 谢志明 唐兵香 熊 文 王 翠 黄 霞 龚 鸣 罗 芬

项目名称：阜康市九运街镇和滋泥泉子镇农业综合服务基础地理信息平台建设项目
业主单位：阜康市国土资源局
承建单位：新疆维吾尔自治区第一测绘院
完 成 人：王 勇 李少军 朱 翊 刘晓东 海 青 沈 忱 黄晓东 吴永生 王 凯 耿 壮

项目名称：丰城市土地登记信息动态监管查询系统
业主单位：丰城市国土资源局
承建单位：江西省煤田地质局测绘大队
完 成 人：王荣辉 涂琼珺 周建华 周就猫 陈 伟 曾章华 聂 飞 邹 婧 漆 珊 胡 嵘
刘开红 徐贵兴

项目名称：辽宁省矿业权设置方案数据库管理系统
业主单位：辽宁省国土资源厅信息中心
承建单位：北京苍穹数码测绘有限公司
完 成 人：刘国华 李东风 段 磊 刘 封 孙立双 谭吉福 陈振兴 史燕婷 胡 祥 魏 颖

项目名称：燕郊国家级开发区地上地下一体化三维地理信息系统建设
业主单位：燕郊高新区住房和规划建设局
承建单位：北京中色测绘院有限公司、河北中色测绘有限公司
完 成 人：王洪林 李 磊 付 和 曾范航 王海顺 罗 颖 刘 蕾 贾 颖 刘保华 祁晴晴

项目名称：昆明市建筑、道路现状及属性调查项目
业主单位：昆明市规划局
承建单位：深圳市勘察研究院有限公司
完 成 人：胡朝辉 肖知平 孙丰浩 雷远建 汪国宏 杨华宇 黄小艺 丁仁军 张海文 李 凡

项目名称：新疆巴州和硕县第二次土地调查数据库建设工程
业主单位：和硕县国土资源局

承建单位：巴州国土资源勘测规划设计院
完 成 人：早热古力·吐尔逊　鲜玉莲　祝元卫　汤学才　唐　璞　马小军　张　旭　石　慧　魏显龙　贺达强

项目名称：湖北省开发区土地集约利用数据库及管理系统建设项目
业主单位：湖北省国土资源厅
承建单位：北京苍穹数码测绘有限公司
完 成 人：赵鸣仁　张昌梅　代华霞　熊　健　王莉娟　余良勇　肖　铮　熊　伟　朱　江　鄢双情

项目名称：内蒙古呼和浩特国土资源“一张图”及综合监管平台建设（一期）
业主单位：呼和浩特市国土资源局
承建单位：北京苍穹数码测绘有限公司
完 成 人：杨锐麟　沈艳秋　王　晶　郭红君　易学武　陈　柳　王　宁　张文雪　王希营　李　潘

项目名称：西藏自治区班戈县苦嘎铜矿 1:10000 地形图测绘
业主单位：吉林省地质矿产勘查开发研究院
承建单位：吉林省地矿测绘院
完 成 人：史立强　于志忠　张　宇　孟祥伍　郑桂芬　胡维阳　陈乃桥　王　军　孔维龙　武铁建

项目名称：福州市灾害应急平台消防通信调度系统
业主单位：福州市公安消防支队
承建单位：福州市公安消防支队、福州市勘测院
完 成 人：欧阳天秋　陈建华　王　斌　陈秉安　吴　建　林星飞　黄　磊　刘　仁　白　昕　林亦林

项目名称：汾西矿业集团公司介休地区“数字化”三维地理信息系统构建技术研究
业主单位：山西汾西矿业（集团）有限责任公司
承建单位：山西省煤炭工业厅煤炭资源地质局
完 成 人：张春燕　郭景林　邢向荣　孟吉祥　苏江涛　赵益晨　王晓莉　侯　博　谢延龙　李阿娜

项目名称：图联警用地理信息地图数据查询系统 V1.0
业主单位：淮南市公安局
承建单位：淮南市图联网络科技有限公司
完 成 人：余学祥　孟　斌　陈冠银　彭金良　吕浩文　曹凤英　袁　姚　张　倩　李　琴

项目名称：光纤网络资源管理系统
业主单位：上海市信息管线有限公司
承建单位：上海杰狮信息技术有限公司
完 成 人：黄河清　丁　石　马肖玲　吴　珊　顾耀虎　薛亚娜　沈　敏

项目名称：胶南市三维数字城市一期试点区域建设项目
业主单位：胶南市委市政府计算机中心
承建单位：山东正元地理信息工程有限责任公司
完 成 人：刘树亮　郑　一　徐衍波　张德科　丁肇军　刘乾忠　郑茂存　丁茂军　张畔涛　王　雷

项目名称：西安市规划局城乡规划辅助决策支持系统
业主单位：西安市城市规划信息中心
承建单位：上海数慧系统技术有限公司
完 成 人：李 涛 席 侃 孙玉山 邹 琳 刘金龙 徐 猛 王勇良 韦富杰

项目名称：统筹城乡村镇建设信息管理平台
业主单位：重庆市建设信息中心
承建单位：重庆数字城市科技有限公司、重庆市勘测院
完 成 人：黄长明 蒲晓明 陈 轩 吕 楠 徐占华 刘 寓 邓剑峰 袁 铁 王 游 张 洪

项目名称：福建省防汛三维地理信息系统
业主单位：福建省实施国家防汛抗旱指挥系统项目办
承建单位：福建省基础地理信息中心
完 成 人：袁存忠 吴 飞 余丽钰 黄梦龙 吴金塔 池毓榕 王伟凡 林乾开 谢晓云 高 飞

项目名称：青海-西藏±400kV 直流输电线路三维数字化移交
业主单位：国家电网公司特高压直流建设部
承建单位：北京洛斯达数字遥感技术有限公司
完 成 人：蒋荣安 肖少辉 尹华政 周 敏 向 辉 商浩亮 侯小波 陈章华 赵 丹 任培祥

项目名称：新疆巴州轮台县第二次土地调查数据库建设工程
业主单位：轮台县国土资源局
承建单位：巴州国土资源勘测规划设计院
完 成 人：杨 玲 杨智云 鲍 骏 郭平斯 琴毕力克 王家利 杨克全 艾克拜尔·依不拉音 白云江 宋光东

项目名称：上海自来水市北有限公司维修服务现场管理系统
业主单位：上海自来水市北有限公司
承建单位：上海积成慧集信息技术有限公司
完 成 人：徐 浩 颜愉愉 刘江洁 李子原 陈益峰 李金龙 陈 名 吉冼峰 吴 迈 郭 寰

项目名称：深圳市历史遗留违法建筑普查申报验收及处理工作全市统一底图外业技术支持
业主单位：深圳市规划土地监察支队
承建单位：深圳市中地软件工程有限公司
完 成 人：邓江涛 廖永生 文福新 孙玉龙 陈明娥 涂江涛 李 永 徐小岚 何 辉 吴 敏

项目名称：2010 年度土地利用变更和新增建设用地调查工程外业调查（宝安-光明标段）
业主单位：深圳市规划和国土资源委员会
承建单位：深圳市勘察测绘院有限公司
完 成 人：张 燕 罗家全 吴凤深 周贻港 杨 猛 周 振 叶 琴 李小谦 田 坤 魏 波

项目名称：常熟市人防战备信息管理平台
业主单位：常熟市人防战备信息管理平台

承建单位：苏州盛景数字技术服务有限公司
完 成 人：汪小东　俞建清　秦鹤明　任　俣　刘志勇　鲁雪松　胡伏原　曾书昶　牛桂珍　陈灵军

项目名称：中国兰英大峡谷三维地理信息系统建设
业主单位：重庆市巫溪县人民政府
承建单位：重庆市勘测院
完 成 人：郑持辉　薛　梅　何兴富　王　国　牛李响　胡章杰　蓝　图　明　镜　王阳生　唐相桢

项目名称：南宁市数字城管系统地理信息数据更新普查
业主单位：南宁市城市管理监督中心
承建单位：南宁市勘察测绘地理信息院
完 成 人：陈　龙　蔡　祥　阮　明　晏明星　刘海荣　韦志勇　温文合　龙慧萍　漆小英　华若宇

项目名称：上海自来水市北有限公司管网业务工作平台系统
业主单位：上海自来水市北有限公司
承建单位：上海积成慧集信息技术有限公司
完 成 人：徐　浩　颜愉愉　刘江洁　李子原　陈益峰　陈　炯　韩　冰　丁正明　赵　洋　谭治冰

项目名称：邹平县镇驻地 1:500 比例尺数字化地形图测绘
业主单位：邹平县国土资源局
承建单位：国家测绘地理信息局第二大地测量队
完 成 人：张亚峰　梁安宝　康纪波　刘振宇　马国辉　张旭生　王洪斌　杨志刚　刘晶源　吕立楠

项目名称：长春市宗地代码统一编制
业主单位：长春市国土资源局
承建单位：长春市国土测绘院
完 成 人：裴毓铁　张晓东　罗志国　陈　雷　周　懿　白雪武　韩梦竹　徐　菲　孙文君　杨立华

项目名称：潍坊市国土资源矿政管理系统
业主单位：潍坊市国土资源局
承建单位：杭州今奥信息技术有限公司
完 成 人：刘树亮　郑　一　马金城　张德科　昃庆民　张金鑫　杨先连　刘乾忠　何玉生　陈怀民

项目名称：常州市福利彩票 GIS 管理信息系统
业主单位：常州市福利彩票发行中心
承建单位：常州市测绘院
完 成 人：刘全海　葛国平　潘伯鸣　张云青　陈再春　赵红亮　陈　凯　陈　征　华文俊　邵田丽

项目名称：广州市道路特征数据采集与整理服务项目
业主单位：广州市道路交通工程研究中心
承建单位：广州绘宇智能勘测科技有限公司
完 成 人：范海林　谭军辉　王大成　谢实海　朱　强　高德利　李国桥　曾　滢　谷海娇　刘美娟

项目名称：镇安污水处理厂 GIS 系统
业主单位：佛山市禅城区国土城建和水务局
承建单位：佛山市城市地理信息中心
完 成 人：顾艳丽 郑 楠 罗 杨 毛一婷 郭洁媚 李丽丹 郭嘉殷 何嘉镰 周礼佳

项目名称：中宁县城镇地籍调查
业主单位：中宁县国土资源局
承建单位：宁夏煤炭勘察工程公司
完 成 人：王汉存 李怀仓 谷全志 古 斌 吴宁山 徐耀文 胡文学 李海亮 张亚玲 张 朋

项目名称：福建省 2010 年新农村建设测绘保障服务示范项目——安溪县三维地理信息系统
业主单位：福建省测绘地理信息局
承建单位：福建省基础地理信息中心
完 成 人：袁存忠 余丽钰 吴 飞 王伟凡 刘宜灼 邓淑丹 陈米思 龚知凡 黄 楠 许辉毅

项目名称：数字龙岩地理空间框架建设大比例尺数据整合改造
业主单位：龙岩市国土资源局
承建单位：厦门银据空间地理信息有限公司
完 成 人：翁其强 吴哲宁 肖金发 谢珍莲 张维玲 邢淑晶 白明远 陈凤娟 邓永火 林 翔

项目名称：燕郊国家级开发区地下三维管网地理信息系统建设工程
业主单位：燕郊高新区市政管理局
承建单位：河北中色测绘有限公司、北京中色测绘院有限公司
完 成 人：王洪林 李 磊 付 和 曾范航 王海顺 罗 颖 刘 蕾 贾 颖 刘保华 祁晴晴

项目名称：广州市农资市场监管信息平台建设项目
业主单位：广州市农业信息中心
承建单位：广东旭普空间信息技术产业发展有限公司
完 成 人：毛海峰 李 斌 郭先军 邹艳萍 李智宇 冯美柱 曾国洪 刘春廷 陈小明 方桔群

项目名称：临沂市兰山区、罗庄区、经济技术开发区行政区域界线测绘
业主单位：临沂市兰山区民政局
承建单位：临沂市国土资源局测绘院
完 成 人：冉 飞 李雨潇 宋煜路 黄 超 杨嘉伟 刘 颖 李洪爱 韩军生 凌化超 吕先进

项目名称：天津市津汉公路-机场大道立交工程
业主单位：天津市政建设发展有限公司
承建单位：天津市宽达市政工程测绘有限公司
完 成 人：曹 林 滕 民 张星英 孙锡勇 崔 锟 徐震民 刘志梅 付雅斌 李明涛 苏明宇

项目名称：新疆巴州焉耆县土地利用总体规划修编数据库建设工程
业主单位：焉耆县国土资源局
承建单位：巴州国土资源勘测规划设计院

完 成 人：胡　玥　马小军　妩仁其美格　夏　燕　夏尚林　希　来　赵子维　王　璐　铁日巴依
孙成龙

项目名称：上海市崇明东滩国家级鸟类自然保护区综合管理信息系统
业主单位：上海市绿化和市容管理信息中心
承建单位：上海杰狮信息技术有限公司
完 成 人：袁　晨　黄玉红　储鹏程　陈　光　沈　敏　李罗恒　薛亚娜　朱飞鸽　黄　海　张校玮

项目名称：新疆巴音郭楞蒙古自治州和静县土地利用总体规划修编数据库建设工程
业主单位：和静县国土资源局
承建单位：巴州国土资源勘测规划设计院
完 成 人：郭　平　陈丹丹　黄　盖　陈少敏　巴音热　周　玲　艾力牙尔　张　静　安丽莎　刘宸雨

项目名称：天津海河教育园区 7 所高职院校、部分公建项目和配套场站点房产测绘
业主单位：天津海河教育园区投资开发有限公司
承建单位：天津市国土资源测绘和房屋测量中心
完 成 人：王华中　王　磊　王　扬　张龙军　赵丽娟　雷　洋　倪士伟　张　明　王海山　刘　伟

项目名称：新疆巴音郭楞蒙古自治州且末县土地利用总体规划修编数据库建设工程
业主单位：且末县国土资源局
承建单位：巴州国土资源勘测规划设计院
完 成 人：杨　玲　杨智云　段志刚　加米拉　胡敬红　席元萍　刘欢欢　亓永合　罗　艳　吴　凌

项目名称：天津市海河下游开发保障性住房房产测绘
业主单位：天津海河下游开发有限公司
承建单位：天津市国土资源测绘和房屋测量中心
完 成 人：石　磊　林　娜　卢华鹏　王　扬　吴金国　王　磊　韩全聚　翁裕辉　姚娇梦　王　莎

其他省部级科技奖励项目

项 目 名 称：一种轻小型航空遥感集成装置
获奖类别及等级：中国专利优秀奖
完 成 单 位：中国测绘科学研究院、北京四维远见信息技术有限公司
主 要 完 成 者：左建章　关艳玲　刘先林　刘宗杰　杨铁利　苏玉杨　姚继峰

项 目 名 称：北斗二号激光测距系统
获奖类别及等级：军队科技进步奖一等奖
完 成 单 位：上海天文台、中国测绘科学研究院、北京光南科技发展有限公司
主 要 完 成 者：张忠萍　程鹏飞　谢彦民　朱能鸿　瞿　锋　张海峰　毕　健　杨华峰　韩美兰
王谭强　陈振东　张大鹏　李　朴　李　港　李　谦

项 目 名 称：无人飞艇地理国情监测关键技术

获奖类别及等级：山东省科学技术二等奖
完　成　单　位：山东省地质测绘院、山东科技大学、中国测绘科学研究院、北京测科空间信息技术有限公司
主 要 完 成 人：潘宝玉　苏国中　王　冬　范存国　刘　嘉　张　兰　刘凤英　柳跃东　李永荣

项　目　名　称：基础地理信息要素分类与代码等 9 项标准
获奖类别及等级：中国标准创新贡献奖三等奖
完　成　单　位：北京市测绘设计研究院

项　目　名　称：利用 IGS 站和 CORS 技术进行 GPS 接收机校准研究
获奖类别及等级：云南省科技进步奖二等奖
完　成　单　位：云南省测绘产品检测站、昆明理工大学、昆明市测绘研究院
主 要 完 成 者：邱云峰　施　昆　倪　津　侯至群　陈裕汉　陈海林　郭毅力　虞　军　刘红强

项　目　名　称：精密单点定位技术在省级基础测绘中应用研究
获奖类别及等级：云南省科技进步奖三等奖
完　成　单　位：云南省测绘工程院
主 要 完 成 者：韦纯训　汪燕麟　黄彦锋　杨映泉　赵永恒　后增旭　宋有宾

项　目　名　称：军地测绘信息成果数据格式转换与快速制图技术应用研究
获奖类别及等级：军队科技进步奖三等奖
完　成　单　位：甘肃省基础地理信息中心
主 要 完 成 者：李克恭　苏登文　张斌才　王建丽　张红霞　董　琨　马　超

甲级测绘资质单位名录

北京市（100 家）

北京市房地产勘察测绘所
中国地图出版社
北京同创达勘测有限公司
高德软件有限公司
中国石油集团工程设计有限责任公司
北京苍穹数码测绘有限公司
北京数字空间科技有限公司
地质出版社
北京市勘察设计研究院有限公司
北京四维图新科技股份有限公司
北京市信息资源管理中心
北京天下图数据技术有限公司
北京世纪国源科技发展有限公司
北京搜狗信息服务有限公司
北京图为先科技有限公司
北京图盟科技有限公司
北京百度网讯科技有限公司
诺基亚联新互联网服务有限公司
北京新浪互联信息服务有限公司
北京天元四维科技有限公司
人民交通出版社
北京长地万方科技有限公司
易图通科技（北京）有限公司
中科宇图天下科技有限公司

北京京昌工程测绘技术有限公司
中航四维（北京）航空遥感技术有限公司
北京四维益友信息技术有限公司
北京市测绘设计研究院
北京灵图软件技术有限公司
科菱航睿空间信息技术有限公司
中铁工程设计咨询集团有限公司
建设综合勘察研究设计院有限公司
北京新兴华安测绘有限公司
北京爱地地质勘察基础工程公司
北京世纪高通科技有限公司
北京城际高科信息技术有限公司
北京勘察技术工程有限公司
北京四维空间数码科技有限公司
北京星天地信息科技有限公司
中国水电顾问集团北京勘测设计研究院
北京市地质工程勘察院
北京国测信息科技有限责任公司
北京华星勘查新技术公司
北京东方道迩信息技术股份有限公司
中兵勘察设计研究院
中国电力工程顾问集团华北电力设计院工程有限公司
北京航天勘察设计研究院有限公司
中航勘察设计研究院有限公司
北京地星伟业数码科技有限公司
北京东方新星石化工程股份有限公司
中国四维测绘技术有限公司
中国国土资源航空物探遥感中心
北京城建勘测设计研究院有限责任公司
中国土地勘测规划院
国家林业局调查规划设计院
中测新图（北京）遥感技术有限责任公司
北京时正兴测绘工程技术有限公司
北京掌城科技有限公司
北京老虎宝典科技有限责任公司
北京协进科技发展有限公司
北京搜房科技发展有限公司
北京腾瑞万里信息技术有限公司
中国移动通信集团公司
北京中天路通工程勘测有限公司
第一视频通信传媒有限公司
北京千橡网景科技发展有限公司
中交宇科（北京）空间信息技术有限公司
中国测绘科学研究院
中国科学院遥感与数字地球研究所
国家基础地理信息中心
中国科学院地理科学与资源研究所
北京汇通国力软件技术有限公司
北京超图软件股份有限公司
北京地拓科技发展有限公司
北京中交兴路信息科技有限公司
北京捷泰科技有限公司
北京合众思壮科技股份有限公司
北京恒华伟业科技股份有限公司
中国电信股份有限公司
北京紫光百会科技有限公司
伟景行科技股份有限公司
盘古文化传播有限公司
北京网易有道计算机系统有限公司
北京帝测科技发展有限公司
天地图有限公司
北京拉手网络技术有限公司
中国软件与技术服务股份有限公司
北京威特空间科技有限公司
北京九五智驾信息技术股份有限公司
北京智德典康电子商务有限公司
北京三友宇天测绘有限公司
国家测绘地理信息局卫星测绘应用中心
北京车网互联科技股份有限公司
中国地质调查局发展研究中心（全国地质资料馆）
北京数字政通科技股份有限公司
国信司南（北京）地理信息技术有限公司
北京捷泰天域信息技术有限公司
北京航天世景信息技术有限公司
北京国遥新天地信息技术有限公司
正元地理信息有限责任公司

天津市（17 家）

中铁隧道勘测设计院有限公司
铁道第三勘察设计院集团有限公司
天津水运工程勘察设计院
天津港湾水运工程有限公司
天津市地质工程勘察院
天津市勘察院
交通运输部北海航海保障中心天津海事测绘中心
天津市市政工程设计研究院

中交天津港航勘察设计研究院有限公司
天津市测绘院
天津金宇信息技术有限公司
天津市水利勘测设计院
中国地震局第一监测中心
中交第一航务工程勘察设计院有限公司
中水北方勘测设计研究有限责任公司
天津市国土资源测绘和房屋测量中心
天津市星际空间地理信息工程有限公司

河北省（45 家）

河北省基础地理信息中心
河北格瑞空间信息技术有限公司
河北省保定地质工程勘查院
河北建设勘察研究院有限公司
中冀兵北工程勘察设计有限公司
中国建筑材料工业地质勘查中心河北总队
河北博翔地理信息技术有限责任公司
邯郸市恒达地理信息工程有限责任公司
河北九华勘查测绘有限责任公司（华北地质勘查局五一九大队）
河北水文工程地质勘察院
河北中核岩土工程有限责任公司
唐山中地地质工程公司
河北省水利水电第二勘测设计研究院
河北省水利水电勘测设计研究院
中国石油天然气管道工程有限公司
河北冀东建设工程有限公司
河北省第一测绘院
河北省第二测绘院
中国石油集团东方地球物理勘探有限责任公司
河北中色测绘有限公司（北京中色测绘院有限公司）
河北省制图院
河北省煤田地质局物测地质队
化学工业第一勘察设计院有限公司
承德华勘五一四测绘有限公司
保定金迪地下管线探测工程有限公司
中国兵器工业北方勘察设计研究院有限公司
河北天元地理信息科技工程有限公司（中国冶金地质勘查工程总局一局测绘大队）
河北省第三测绘院
河北省地质测绘院（河北省欣航测绘院）
河北省地矿局石家庄综合地质大队
石家庄市勘察测绘设计研究院
核工业航测遥感中心
秦皇岛市测绘大队
中勘冶金勘察设计研究院有限责任公司
河北恒华信息技术有限公司
河北省地矿局秦皇岛资源环境勘查院
中国二十二冶集团有限公司
河北省北方勘测设计有限公司
河北省地矿局第十一地质大队
邢台市勘察测绘院
河北天地资源勘测规划设计工程有限公司
河北省地质矿产勘查开发局第四地质大队
河北地矿建设工程集团邯郸公司
河北卓尔地理信息技术有限公司
河北省电力勘测设计研究院

山西省（21 家）

山西省第五地质工程勘察院
太原市勘察测绘研究院
中铁十二局集团有限公司
山西省地质测绘院（山西省地质勘查局测绘队）
山西华晋岩土工程勘察有限公司
山西省第二地质工程勘察院
山西省第六地质工程勘察院
山西省电力勘测设计院
山西省交通规划勘察设计院
山西省勘察设计研究院
山西地宝能源有限公司
山西省煤炭地质物探测绘院
山西省水利水电勘测设计研究院
阳泉新宇岩土工程有限责任公司
山西省第三地质工程勘察院
太原航空摄影有限公司
山西省测绘工程院
山西省基础地理信息院
山西省地图集编纂委员会办公室
中国冶金地质总局第三地质勘查院
山西天昇测绘工程有限公司

内蒙古自治区（15 家）

内蒙古自治区煤田地质局勘测队（内蒙古煤炭地质勘查（集团）测绘院有限公司）
内蒙古交通设计研究院有限责任公司

包钢勘察测绘研究院
包头市测绘院
呼和浩特市勘察测绘研究院
内蒙古自治区测绘院
内蒙古自治区地质测绘院（内蒙古地质测绘有限责任公司）
内蒙古电力勘测设计院
内蒙古自治区航空遥感测绘院
内蒙古自治区水利水电勘测设计院
内蒙古自治区土地调查规划院
核工业二〇八大队
内蒙古自治区地图院
内蒙古乔泰国土勘测技术有限公司
阿拉善盟国土资源勘测规划院

辽宁省（33 家）

大连九成测绘信息有限公司
辽宁地质海上工程勘察院
辽宁地质勘查局一〇一测绘队
辽宁省交通规划设计院
辽宁地矿测绘院
辽宁省水利水电勘测设计研究院
辽宁省冶金地质勘查局地质勘查研究院
辽宁有色勘察研究院
辽宁省地理信息院
辽宁省摄影测量与遥感院
鞍钢集团工程技术有限公司
大连市勘察测绘研究院有限公司
中煤国际工程集团沈阳设计研究院
中冶沈勘工程技术有限公司
沈阳地球物理勘察院
沈阳市公路规划设计院
中国建筑材料工业地质勘查中心辽宁总队
辽宁电力勘测设计院
沈阳市勘察测绘研究院（沈阳市地理信息中心）
中油辽河工程有限公司
国家海洋环境监测中心
辽宁经纬测绘规划建设有限公司
辽宁省基础测绘院
辽宁省城乡建设规划设计院
辽宁省化工地质勘查院
辽宁达荣信息技术有限公司
辽宁省基础地理信息中心
大连东软思维科技发展有限公司
抚顺市勘察测绘院
沈阳美行科技有限公司
辽宁宏图创展测绘勘察有限公司
大连五星测绘科技有限公司
辽宁省核工业地质局二四一大队

吉林省（16 家）

长春市国土测绘院
吉林省基础测绘院
吉林省水利水电勘测设计研究院
吉林省地理信息院
中水东北勘测设计研究有限责任公司
吉林省地矿测绘院
吉林省交通规划设计院
四平市地勘测绘院
长春市测绘院
中国电力工程顾问集团东北电力设计院
吉林省基础地理信息中心
吉林省航测遥感院
吉林市勘测设计院
中国建筑材料工业地质勘查中心吉林总队
启明信息技术股份有限公司
长春五度空间数据有限公司

黑龙江省（29 家）

齐齐哈尔市国土资源勘测规划设计院有限公司
双鸭山市国土资源勘测规划院
哈尔滨市国土资源勘测规划院
国家测绘地理信息局第四地形测量队（黑龙江第三测绘工程院）
国家测绘地理信息局黑龙江基础地理信息中心（国家测绘地理信息局黑龙江测绘资料档案馆）
黑龙江省国土资源勘测规划院
哈尔滨地图出版社
齐齐哈尔市勘察测绘研究院
国家测绘地理信息局第二大地测量队（黑龙江第一测绘工程院）
黑龙江省地质矿产局测绘院
齐齐哈尔市水利勘测设计研究院
佳木斯市勘察测绘研究院
中国能源建设集团黑龙江省电力勘察设计研究院
大庆油田工程有限公司

黑龙江龙飞航空摄影有限公司
黑龙江省煤田地质物测队
哈尔滨市勘察测绘研究院
黑龙江省林业设计研究院
黑龙江农垦勘测设计研究院
黑龙江省水利水电勘测设计研究院
国家测绘地理信息局第三地形测量队（黑龙江第二测绘工程院）
牡丹江市勘察测绘研究院
国家测绘地理信息局经济管理科学研究所（黑龙江省测绘科学研究所）
黑龙江地理信息工程院
黑龙江省航道局
哈尔滨测量高等专科学校测量工程公司
黑龙江中海经测空间信息技术有限公司
国家测绘地理信息局第二地理信息制图院（黑龙江省第五测绘地理信息工程院）
黑龙江省海天地理信息技术股份有限公司

上海市（22 家）

上海市地籍事务中心（上海市土地登记事务中心）
上海市测绘院
上海东亚地球物理勘查有限公司
中船勘察设计研究院有限公司
上海东海海洋工程勘察设计研究院
上海达华测绘有限公司
上海京海工程技术有限公司
上海市城市建设设计研究总院
上海市岩土工程检测中心
上海市政工程设计研究总院（集团）有限公司
中国电力工程顾问集团华东电力设计院
上海岩土工程勘察设计研究院有限公司
上海海洋石油局第一海洋地质调查大队
中交第三航务工程勘察设计院有限公司
交通运输部东海航海保障中心上海海事测绘中心
上海吉图软件开发有限公司
上海美斯恩网络通讯技术有限公司
号百信息服务有限公司
上海安吉星信息服务有限公司
上海市地质调查研究院
上海杰图软件技术有限公司
上海航遥信息技术有限公司

江苏省（49 家）

苏州数字地图网络科技有限公司
江苏省地质测绘院
南京市测绘勘察研究院有限公司
镇江市勘察测绘研究院
江苏省电力设计院
江苏连云港地质工程勘察院
常州市测绘院
苏州工业园区测绘地理信息有限公司
江苏省地质勘查技术院
江苏苏州地质工程勘察院
苏州市测绘院有限责任公司
无锡市测绘院有限责任公司
江苏省地质调查研究院
江苏省金威测绘服务中心
化学工业岩土工程有限公司
江苏煤炭地质物测队
江苏省测绘工程院
江苏省基础地理信息中心
长江口水文水资源勘测局
江苏省工程勘测研究院有限责任公司
江苏省金威遥感数据工程有限公司
江苏省水文地质工程地质勘察院
南京市国土资源信息中心
南通市测绘院有限公司
长江水利委员会长江下游水文水资源勘测局
淮安市测绘勘察研究院有限公司
徐州市勘察测绘研究院
华东有色测绘院
淮安市水利勘测设计研究院有限公司
江苏兰德数码科技有限公司
江苏易图地理信息工程有限公司
南京市房屋产权监理处
南京北极测绘研究院有限公司
江苏省在这里数字科技有限公司
天泽信息产业股份有限公司
苏州海客科技有限公司
神州图骥地名信息技术股份有限公司
南京城际在线信息技术有限公司
江苏科信岩土工程勘察有限公司
江苏星月测绘有限公司
江苏中科博泰集成应用有限公司

南京国图信息产业股份有限公司
中铁大桥局股份有限公司
连云港市勘察测绘院有限公司
江苏南京地质工程勘察院
盐城市勘察测绘院
魔盒信息科技有限公司
江苏省地质工程勘察院
江苏省土地勘测规划院

浙江省（29 家）

浙江华东建设工程有限公司
阿里云计算有限公司
杭州阿拉丁信息科技股份有限公司
浙江省工程勘察院
浙江华东测绘有限公司
浙江省第一测绘院
丽水市勘察测绘院
浙江煤炭测绘院
浙江省地理信息中心
浙江省第二测绘院
浙江有色测绘院
宁波冶金勘察设计研究股份有限公司
杭州市勘测设计研究院
温州市勘察测绘研究院
宁波市测绘设计研究院
浙江省电力设计院
浙江省第十一地质大队
浙江省第一地质大队
浙江省河海测绘院
国家海洋局第二海洋研究所
浙江省水利水电勘测设计院
中国水利水电第十二工程局有限公司
核工业湖州工程勘察院
浙江建材测绘院
义乌市勘测设计研究院
浙江省测绘大队
宁波上航测绘有限公司
嘉兴市规划设计研究院有限公司
浙江省第三地质大队

安徽省（19 家）

马鞍山测绘技术院
安徽省煤田地质局物探测量队
安徽省第二测绘院
芜湖市勘察测绘设计研究院有限责任公司
安徽省地质测绘技术院
安徽二水测绘院
华东冶金地质勘查局测绘总队
安徽省地矿局安庆测绘技术院
安徽省第三测绘院
安徽省城建设计研究院
安徽省基础测绘信息中心（安徽省测绘档案资料馆）
安徽省第四测绘院
安徽省第一测绘院
安徽省水利水电勘测设计院
合肥市测绘设计研究院
中水淮河规划设计研究有限公司
安徽长江河道测绘研究院
蚌埠市勘测设计研究院
中国能源建设集团安徽省电力设计院

福建省（21 家）

福建省地质测绘院
厦门银据空间地理信息有限公司
福建省基础地理信息中心
厦门地质工程勘察院
厦门闽矿测绘院
福建省测绘院
福建省国土测绘院
福州市勘测院
漳州市测绘设计研究院
福建省水利水电勘测设计研究院
厦门海洋工程勘察设计研究院
福建省交通规划设计院
福建省港航管理局勘测中心
厦门地震勘测研究中心
厦门市测绘与基础地理信息中心
福建省制图院
厦门精图信息技术股份有限公司
福建绎天数字城市信息科技有限公司
福州开睿动力通信科技有限公司
厦门亿力吉奥信息科技有限公司
龙岩市勘察测绘大队

江西省（24 家）

江西有色地质测绘院

江西天久测绘院
江西省基础测绘院
江西省地理国情监测遥感院
江西省地矿测绘院
江西省煤田地质局测绘大队
江西省水利规划设计院
江西省地质矿产勘查开发局赣西地质调查大队
江西核工业测绘院
江西省交通设计院
江西南方测绘院
江西省测绘应急保障服务中心
江西省瑞华国土勘测规划工程有限公司
南昌市测绘勘察研究院
江西省基础地理信息中心
九江地质工程勘察院
江西省地质矿产勘查开发局赣东北大队
江西省国土资源测绘工程总院
中铁大桥局集团第五工程有限公司
江西省电力设计院
江西省赣西土木工程勘测设计院
核工业赣州工程勘察院
江西省地球物理勘察技术院
江西省中核测绘院

山东省（28 家）

青岛市勘察测绘研究院（青岛市基础地理信息与遥感中心）
山东省国土测绘院
济南市勘察测绘研究院
临沂市国土资源局测绘院
山东省地图院
山东省第四地质矿产勘查院
山东明嘉勘察测绘有限公司
山东中煤物探测量总公司
山东省水利勘测设计院
潍坊市勘察测绘研究院
青岛海洋工程勘察设计研究院
淄博市勘察测绘研究院有限公司
山东省地质测绘院
山东海天地理信息工程有限公司
山东省城乡建设勘察院
中国石化集团胜利石油管理局
青岛海大工程勘察设计开发院有限公司
山东正元数字城市建设有限公司
山东省物化探勘查院
青岛创想互动数字科技有限公司
济南市房产测绘研究院
山东省经纬工程测绘勘察院
山东电力工程咨询院有限公司
山东省地质矿产勘查开发局第五地质大队
煤炭工业济南设计研究院有限公司
日照市城乡建设勘察测绘院有限公司
中石化石油工程设计有限公司
山东正元航空遥感技术有限公司

河南省（26 家）

河南省有色测绘有限公司
郑州市市政工程勘测设计研究院
河南省地图院
河南省煤田地质局物探测量队
黄河水文勘察测绘局
中铁大桥局集团第一工程有限公司
河南省遥感测绘院
河南省测绘工程院
河南省基础地理信息中心
河南省地质矿产勘查开发局测绘地理信息院
河南省水利勘测有限公司
郑州市规划勘测设计研究院
信阳公路勘察设计院
河南省交通规划勘察设计院有限责任公司
河南省科学院地理研究所
河南省中纬测绘规划信息工程有限公司
河南省地球物理工程勘察院
小浪底水利水电工程有限公司
黄河勘测规划设计有限公司
河南省电力勘测设计院
河南中化地质测绘院有限公司
河南省信阳工程地质勘察院
北京华星勘查新技术公司信阳测绘院
河南大地地理信息测绘院
河南省啄木鸟地下管线检测有限公司
郑州中核岩土工程有限公司

湖北省（45 家）

立得空间信息技术股份有限公司
武汉中地数码科技有限公司

长江水利委员会长江科学院
中冶集团武汉勘察研究院有限公司
湖北省航测遥感院
湖北省神龙地质工程勘察院
武汉科岛地理信息工程有限公司
长江航道局
湖北省国土测绘院
武大吉奥信息技术有限公司
长江岩土工程总公司（武汉）
湖北省鄂东北地质大队
湖北省鄂东南地质大队
中交第二航务工程勘察设计院有限公司
中铁第四勘察设计院集团有限公司
湖北省基础地理信息中心（湖北省测绘成果档案馆）
湖北省地图院
湖北省电力勘测设计院
湖北省交通规划设计院
湖北省水利水电规划勘测设计院
中南勘察设计院（湖北）有限责任公司
长江空间信息技术工程有限公司（武汉）
中国电力工程顾问集团中南电力设计院
长江三峡勘测研究院有限公司（武汉）
长江水利委员会水文局
武汉市政工程设计研究院有限责任公司
中机三勘岩土工程有限公司
中铁大桥勘测设计院集团有限公司
中国长江三峡集团公司
湖北省测绘工程院
武汉市测绘研究院
长江水利委员会长江中游水文水资源勘测局
中国葛洲坝集团股份有限公司测绘工程院
中工武大设计研究有限公司
中国石化集团江汉石油管理局地球物理勘探公司
中石化江汉石油工程设计有限公司
中交第二公路勘察设计研究院有限公司
中国地震局地震研究所
中国科学院测量与地球物理研究所
湖北同城一家网络科技有限责任公司
武汉市国土资源和规划信息中心（武汉市地理信息中心）
武汉航天远景科技有限公司
武汉市房产测绘中心
中铁大桥局集团第二工程有限公司
武汉光庭信息技术有限公司

湖南省（32 家）

湖南省勘测设计院
长沙市国土资源测绘院
常德市国土资源规划测绘院
湖南省勘察测绘院
湖南省第三测绘院（湖南省基础地理信息中心）
湘潭市勘测设计院
株洲中天高科技勘测工程有限公司
中国有色金属长沙勘察设计研究院有限公司
湖南省工程勘察院
中国水电顾问集团中南勘测设计研究院有限公司
湖南省地质测绘院
湖南省煤田地质局物探测量队
湖南省水工环地质工程勘察院
长沙市规划勘测设计研究院
湖南科创电力工程技术有限公司
湖南省第一测绘院
湖南省第二测绘院
湖南省交通规划勘察设计院
中国水利水电第八工程局有限公司
核工业衡阳第二地质工程勘察院
衡阳市规划设计院
湖南省水利水电勘测设计研究总院
中国石化集团西南石油局第五物探大队
湖南省资源规划勘测院
湖南有色测绘院
湖南地图出版社
湖南省地质科学研究院（湖南省国土资源规划院）
湖南图维依动网络有限公司
株洲市规划设计院
湖南省湘南地质勘察院
湖南省地图院
益阳市国土资源规划设计测绘院

广东省（43 家）

深圳市凯立德科技股份有限公司
深圳市腾讯计算机系统有限公司
广州市城市规划勘测设计研究院
广东省国土资源测绘院
深圳市勘察研究院有限公司
深圳市勘察测绘院有限公司
广东省核工业地质局测绘院

广东省惠州七五六地质测绘工程公司
广东省电力设计研究院
广东省测绘技术公司
中交广州航道局有限公司
中交第四航务工程勘察设计院有限公司
中水珠江规划勘测设计有限公司
国家海洋局南海工程勘察中心
深圳市长勘勘察设计有限公司
深圳地质建设工程公司
深圳市地籍测绘大队
深圳市蓝天鹤测绘有限公司
深圳市水务规划设计院
广东省国土资源技术中心
深圳市中正测绘科技有限公司
珠海市测绘院
广州市房地产测绘院
广州市四维城科信息工程有限公司
广东省水利电力勘测设计研究院
广东省地图院
交通运输部南海航海保障中心广州海事测绘中心
广州海洋地质调查局
广东省地质测绘院
深圳市爱华勘测工程有限公司
深圳市车音网科技有限公司
深圳市规划国土房产信息中心
深圳市赛格导航科技股份有限公司
广州奥格智能科技有限公司
广东华业龙图信息技术股份有限公司
广州建通测绘技术开发有限公司
广东南方数码科技有限公司
广州华多网络科技有限公司
深圳市超级云计算机科技有限公司
广州邦鑫勘测科技有限公司
广东省测绘工程公司
深圳市美赛达科技股份有限公司
广东精一规划信息科技有限公司

广西壮族自治区（17 家）

广西有色勘察设计研究院
南宁市勘察测绘地理信息院
广西壮族自治区国土测绘院
广西壮族自治区遥感信息测绘院
广西壮族自治区基础地理信息中心
广西壮族自治区交通规划勘察设计研究院
广西壮族自治区水利电力勘测设计研究院
广西电力工业勘察设计研究院
桂林市测绘研究院
柳州市勘察测绘研究院
钦州市测绘院
广西壮族自治区地理信息测绘院
广西壮族自治区地理国情监测院
广西壮族自治区地图院
北海市国土资源信息中心
南宁市国土资源信息中心
柳州市国土资源信息测绘所

海南省（7 家）

国家测绘地理信息局第四航测遥感院
国家测绘地理信息局海南测绘资料信息中心
国家测绘地理信息局海南基础地理信息中心
国家测绘地理信息局第七地形测量队
海口市土地测绘院
海口市城市规划设计研究院
海南地质综合勘察设计院

重庆市（4 家）

重庆市地理信息中心
重庆市国土资源和房屋勘测规划院
国家测绘地理信息局重庆测绘院
重庆市勘测院

四川省（34 家）

四川省基础地理信息中心
中国石油集团川庆钻探工程有限公司地球物理勘探公司
四川省核工业地质调查院
成都市国土规划地籍事务中心
中国建筑材料工业地质勘查中心四川总队
中铁二院工程集团有限责任公司
中铁二局集团有限公司
中节能建设工程设计院有限公司
四川省遥感信息测绘院（国家测绘地理信息局第三航测遥感院）
四川省第一测绘工程院（国家测绘地理信息局第三大地测量队）
四川省地震局测绘工程院
四川省第三测绘工程院（国家测绘地理信息局地下

管线勘测工程院）（国家测绘地理信息局第六地形测量队）
中国电力工程顾问集团西南电力设计院
四川省煤田测绘工程院
四川省水利水电勘测设计研究院
四川省地质测绘院
中国建筑西南勘察设计研究院有限公司
四川省川建勘察设计院
四川中水成勘院测绘工程有限责任公司
中冶成都勘察研究总院有限公司
四川省交通运输厅公路规划勘察设计研究院
成都市勘察测绘研究院
四川省交通运输厅交通勘察设计研究院
四川省冶金地质勘查局测绘工程大队
中国水利水电第七工程局有限公司
四川省冶金地质勘查局六〇一大队
四川省煤田地质局一三七队
中铁八局集团有限公司
四川空间信息产业发展有限公司
四川测绘地理信息局测绘技术服务中心（四川省测绘技术服务中心）
四川省第二测绘地理信息工程院（国家测绘地理信息局第三地理信息制图院）
四川省地质工程勘察院
四川旭普信息产业发展有限公司
四川永鸿测绘有限公司

贵州省（15 家）

贵州省第一测绘院
贵州省第二测绘院
贵州地矿测绘院
贵州省水利水电勘测设计研究院
中国水电顾问集团贵阳勘测设计研究院
贵阳市测绘院
贵州黔美测绘工程院
贵州有色地质工程勘察公司
中铁五局（集团）有限公司
贵州省第三测绘院
贵州省地质矿产勘查开发局一〇六地质大队
中国建筑材料工业地质勘查中心贵州总队
贵州天地通科技有限公司
贵州省地质矿产勘查开发局一〇一地质大队
遵义水利水电勘测设计研究院

云南省（14 家）

昆明市国土规划勘察测绘研究院
云南省航测遥感信息院
国家林业局昆明勘察设计院
中国水电顾问集团昆明勘测设计研究院
昆明市测绘研究院
云南省测绘工程院
中国水利水电第十四工程局有限公司
云南省地矿测绘院
中国有色金属工业昆明勘察设计研究院
西南有色昆明勘测设计（院）股份有限公司
云南省交通规划设计研究院
云南省水利水电勘测设计研究院
云南省地震局形变测量中心
云南省地图院

西藏自治区（1 家）

西藏自治区测绘院

陕西省（36 家）

国家测绘地理信息局大地测量数据处理中心（陕西省第四测绘工程院）
中铁第一勘察设计院集团有限公司
陕西天润科技股份有限公司
中国电力工程顾问集团西北电力设计院
中铁一局集团第五工程有限公司
陕西省煤田地质局物探测量队
西北综合勘察设计研究院
西安市勘察测绘院
机械工业勘察设计研究院
国家测绘地理信息局第一大地测量队（国家测绘地理信息局精密工程测量院、陕西省第一测绘工程院）
国家测绘地理信息局第二地形测量队（陕西省第三测绘工程院）
西安长庆科技工程有限责任公司
西安大地测绘工程有限责任公司
西北有色金属测绘院
中国有色金属工业西安勘察设计研究院
宝鸡市勘察测绘院
陕西省水利电力勘测设计研究院
西安建材地质工程勘察院
国家测绘地理信息局第一航测遥感院（陕西省第五

测绘工程院）
神华神东煤炭集团有限责任公司（地质勘探测量公司）
国家测绘地理信息局第一地形测量队（陕西省第二测绘工程院）
陕西省交通规划设计研究院
西安中勘工程有限公司
中国水利水电第三工程局有限公司
国家测绘地理信息局陕西基础地理信息中心（国家测绘地理信息局陕西测绘资料档案馆）
西安煤航信息产业有限公司
陕西省地质矿产勘查开发局测绘队（陕西国土测绘工程院）
西安华测航摄遥感有限公司
咸阳市勘察测绘院
中煤西安设计工程有限责任公司
中国地震局第二监测中心
西安地图出版社
中交第一公路勘察设计研究院有限公司
中铁一局集团有限公司
西安中飞航空遥感技术有限公司
国家测绘地理信息局第一地理信息制图院（陕西省第六测绘地理信息工程院）

甘肃省（13 家）

甘肃省测绘工程院
甘肃省地质矿产勘查开发局测绘勘查院
兰州市城市建设设计院
甘肃有色工程勘察设计研究院
甘肃省水利水电勘测设计研究院
中国水电顾问集团西北勘测设计研究院
兰州市勘察测绘研究院
天水三和数码测绘院
甘肃省基础地理信息中心
甘肃省交通规划勘察设计院有限责任公司
甘肃省地图院
甘肃省国土资源规划研究院
甘肃煤田地质局综合普查队

青海省（11 家）

青海煤炭地质局测绘工程院
青海省地矿测绘院
青海省水利水电勘测设计研究院
中国水利水电第四工程局有限公司
青海省第一测绘院
青海省第二测绘院
青海省基础地理信息中心
青海天域北斗数码测绘科技有限公司
西宁市测绘院
青海省核工业地质局
青海省柴达木综合地质矿产勘查院

宁夏回族自治区（3 家）

宁夏回族自治区基础测绘院
宁夏回族自治区国土测绘院
宁夏回族自治区遥感测绘勘查院（宁夏回族自治区遥感中心）

新疆维吾尔自治区（15 家）

新疆维吾尔自治区基础地理信息中心
乌鲁木齐市国土资源勘测规划院
新疆维吾尔自治区第一测绘院
新疆地矿测绘院
乌鲁木齐市城市勘察测绘院
水利部新疆维吾尔自治区水利水电勘测设计研究院
新疆维吾尔自治区交通规划勘察设计研究院
新疆维吾尔自治区国土资源规划研究院
新疆电力设计院
新疆兵团勘测设计院（集团）有限责任公司
新疆维吾尔自治区第二测绘院
新疆石油勘察设计研究院（有限公司）
塔城地区国土资源规划研究院
新疆维吾尔自治区煤田地质局综合地质勘查队
新疆疆海测绘院

索 引

D

F

G

H

W

X

图书在版编目（CIP）数据

中国测绘地理信息年鉴．2014 / 国家测绘地理信息局编．—北京：测绘出版社，2014.8
ISBN 978-7-5030-3542-5

Ⅰ．①中…　Ⅱ．①国…　Ⅲ．①测绘事业—中国—2014—年鉴　Ⅳ．① P2-54

中国版本图书馆 CIP 数据核字（2014）第 166307 号

责任编辑 贾晓林 马驰原 程立海 李鹏飞　**封面设计** 李黎　**责任校对** 张文婷　**责任印制** 王超

出版发行	测绘出版社		
地　址	北京市西城区三里河路 50 号	电　话	010-68531609 68512386（门市部） 010-63881627（年鉴编辑部）
邮政编码	100045		
电子邮箱	smp@sinomaps.com	网　址	www.chinasmp.com
印　刷	北京华联印刷有限公司	经　销	新华书店
成品规格	185mm × 260mm	彩　插	84 页
印　张	41	字　数	124 万
版　次	2014 年 8 月第 1 版	印　次	2014 年 8 月第 1 次印刷
印　数	0001—4500	定　价	278.00 元

书　号 ISBN 978-7-5030-3542-5/P · 738
审 图 号 GS（2014）1404号
如有印装质量问题，请与我社联系调换。